国家出版基金项目
NATIONAL PUBLICATION FOUNDATION

中華博物通考

總主編 張述錚

花卉卷

本卷主編
張標 李紅霞 高樹海

上海交通大學出版社

圖書在版編目（CIP）數據

中華博物通考. 花卉卷 / 張述錚總主編；張標, 李
紅霞, 高樹海本卷主編.—上海：上海交通大學出版社,2024.1
　　ISBN 978-7-313-29821-8

　　Ⅰ.①中… Ⅱ.①張… ②張… ③李… ④高… Ⅲ.
①百科全書—中國—現代②花卉—觀賞園藝—中國 Ⅳ.
①Z227②S68

　　中國國家版本館CIP數據核字(2023)第237821號

特約編審：王興康　　胡名正
責任編輯：王化文
裝幀設計：姜　明

中華博物通考 · 花卉卷

總　主　編：張述錚
本卷主編：張標　李紅霞　高樹海
出版發行：上海交通大學出版社　　　地　　址：上海市番禺路951號
郵政編碼：200030　　　　　　　　　電　　話：021-64071208
印　　製：蘇州市越洋印刷有限公司　經　　銷：全國新華書店
開　　本：890mm×1240mm　1／16　印　　張：38
字　　數：785千字
版　　次：2024年1月第1版　　　　　印　　次：2024年1月第1次印刷
書　　號：ISBN 978-7-313-29821-8
定　　價：456.00元

《中華博物通考》學術顧問

《中華博物通考·花卉卷》編纂委員會

主　　編：張　標　　李紅霞　　高樹海

副 主 編：陳俊强　　劉　芳　　劉德興　　馮榮光

撰 稿 人：張　標　　李紅霞　　高樹海　　陳俊强　　劉　芳　　劉德興　　馮榮光
　　　　　朱　麗　　張　浩　　鄭連保　　張秀君　　閻浩然　　王　萍　　蔣紅彬
　　　　　朱會萍

導　論

——縱論中華博物學的沉淪與重建

引　言

　　在中國當代，西方博物學影響至巨，自鴉片戰争以來，屈指已歷百載。何謂"西方博物學"？"西方博物學"是以研究動植物、礦物等自然物爲主體的學科，但不包含社會領域的社會生活，至 19 世紀後期已完成學術使命，成爲一種保護大自然的公益活動，但國人却一直承襲至今。中華久有自家的博物學，已久被忘却，無人問津，這一狀况實是令人不安。前日偶見《故宮裏的博物學》問世，精裝三册，喜出望外，以爲我中華博物學終得重生，展卷之後始知，該書是依據清乾隆時期皇室的藏書《清宮獸譜》《清宮鳥譜》《清宮海錯圖》（"海錯"多指海中錯雜的魚鼈蝦蟹之類）繪製而成，其中一些并非實有，乃是神話傳説之物。其内容提要稱"是專爲孩子打造的中華文化通識讀本"，而對博物院内琳琅滿目的海量藏書則隻字未提。這就是説，博物院雖有海量藏品，却與故宮裏的博物學毫不相干，或曰并不屬於博物學的研究範圍。此書的編纂者是我國的著名專家，未料我國這些著名專家所認定的博物學仍是西方的博物學。此書得以《故宮裏的博物學》的名義出版，又證我國的出版界對於此一命題的認同，竟然不知我中華久有自家的博物學。此書如若改稱《故宮裏的皇室動物圖譜》，則名正言順，十分精彩，不失爲一部别具情趣的兒童讀物，但原書名却無意間形成一種誤導，孩子們可能會據此認定：唯有鳥獸蟲魚之類才是中華文化中的大學問，故而稱之爲"博物學"，最終會在其幼小心靈裏留下西方博物學的深深印記。

何以出現這般狀况？因爲許多國人對於傳統的中華博物及中華博物學，實在是太過陌生！那麽，何謂"博物"？本文指稱的"博物"，是指隸屬或關涉我中華文化的一切可見或可感知之物體物品。何謂"中華博物學"？"中華博物學"的研究主體是除却自然界諸物之外，更關涉了中國社會的各個方面各個領域，進而關涉了我中華民族的生息繁衍，關涉了作爲文明古國的盛衰起落，足可爲當代或後世提供必要的藉鑒，是我國獨有、無可替代的學術體系。故而重建中華博物學，具有歷史的、現實的多方面實用價值。我中華博物學起源久遠，至遲已有兩千年歷史，祇是初始没有"博物學"之名而已。時至明代，始見"博物之學"一詞。如明楊士奇《東里續集》卷一八評述宋陸佃《埤雅》曰："此書於博物之學蓋有助焉。"此一"博物之學"，可視爲"中華博物學"的最早稱謂。又，《四庫全書總目提要》卷一三六評清陳元龍《格致鏡原》曰："〔此書〕分三十類：曰乾象，曰坤輿，曰身體，曰冠服，曰宮室，曰飲食，曰布帛，曰舟車，曰朝制，曰珍寶，曰文具，曰武備，曰禮器，曰樂器，曰耕織器物，曰日用器物，曰居處器物，曰香奩器物，曰燕賞器物，曰玩戲器物，曰穀，曰蔬，曰木，曰草，曰花，曰果，曰鳥，曰獸，曰水族，曰昆蟲，皆博物之學。"此即古籍述及的"中華博物學"最爲明確、最爲全面的定義。重建的博物學於"身體"之外，另增《函籍》《珍奇》《科技》等，可以更全面地融匯古今。在擴展了傳統博物學天地之外，又致力於探索浩浩博物的淵源、流變，以及同物異名與同名异物的研究，致力於物、名之間的生衍關係的考辨。"博物學"本無須冠以"中華"或"中國"字樣，在當代爲區別於西方的"博物學"，遂定名爲"中華博物學"，或曰"中華古典博物學"。"中華博物學"，國人本當最爲熟悉，事實却是大出所料，近世此學已成了過眼雲烟，少有問津者，西方博物學反而風靡於中國。何以形成如此狀况？何以如此本末倒置？這就不能不從噩夢般的中國近代史談起。

一、喪權辱國尋自保，走投無路求西化

清王朝自鴉片戰争喪權辱國之後，面對列强的進逼，毫無氣節，連連退讓，其後又遭

甲午戰爭之慘敗，走投無路，於是由所謂"師夷之長技"，轉而向日本求取西化的捷徑，以便苟延殘喘。日本自 19 世紀始，城鄉不斷發生市民、農民暴動，國內一片混亂。1854年 3 月，又在美國鐵艦火炮脅迫之下，簽訂《神奈川條約》。四年後再度被迫與美國簽訂通商條約。繼此以往，荷、俄、英、法，相繼入侵，條約不斷，同百年前的中國一樣，徹底淪爲半封建半殖民地社會，當權的幕府聲威喪盡。1868 年 1 月，天皇睦仁（即明治天皇）下達《王政復古大號令》，廢除幕府制度，但值得注意的是仍然堅守"大和精神"，幷未全部廢除自家原有傳統。同年 10 月，改元明治，此後的一系列變革措施，即稱之爲"明治維新"。維新之後，否定了"近習華夏"，衝決了"東亞文化圈"，上自天皇，下至黎民，勤力同心，在"富國强兵、置産興業"的前提之下，遠法泰西，大力引入嶄新的科學技術，從而迅速崛起，廢除了與列强的一切不平等條約，成爲令人矚目的世界强國之一。可見"明治維新"之前，日本內憂外患的遭遇，與當時的中國非常相似。在此民族存亡的關鍵時刻，中國維新派代表人物不失時機，遠渡東洋，以日本爲鏡鑒，在引進其先進科技的同時，也引進了日本人按照英文 natural history 的語意翻譯成的漢語"博物學"，雖幷不準確，但因出於頂禮膜拜，已無暇顧及。況且，自甲午戰爭至民國前期，日源語詞已成爲漢語外來語詞庫中的魁首，遠超英法俄諸語，且無任何外來語痕迹，最難識別。如"民主""科學""法律""政府""美感""浪漫""藝術界""思想界""無神論""現代化"等，不勝枚舉。國人曾試圖自創新詞，但敗多勝少，祇能望洋興嘆。究其原因，幷非民智的高下，也幷非語種的優劣，實則是國力强弱的較量，國强則國威，國威則必擁有强勢文化，而强勢文化勢必涌入弱國，面對强勢文化，弱國豈有話語權？西方的"博物學"進入中國，遒勁而又自然。

那麼，西方博物學源於何時何地？又經歷了怎樣的發展變化？答曰：西方博物學發端於古希臘亞里士多德（公元前 384—前 322）《動物志》之類著述，又經古羅馬老普林尼（公元 23—79）的《自然史》，輾轉傳至歐洲各國。其所謂博物除却動植物外，更有天文、地理、人體諸類。這是西方的文化背景與知識譜系，西人習以爲常，喜聞樂見。在歐洲文藝復興和美洲地理大發現之後，見到別樣的動物、植物以及礦物，博物學得到長足發展。至 19 世紀前半期，博物學形成了動物學、植物學和礦物學三大體系，達於鼎盛。至 19世紀後期，動物學、植物學獨立出來，成爲生物學，礦物學則擴展爲地質學，博物學已被架空。至 20 世紀，博物學已不再屬於什麼科學研究，而完全變成一種生態與環境探索，以供民衆休閑安居的社會活動。其時，除却發端於亞里士多德的"博物學"之外，也有後起的"文化博物學"（Cultural Museology），這是一門非主流的綜合性學科，旨在研究人類一切文化遺產，試圖展示并解釋歷史的傳承與發展，但在題材視野、表達主旨等方面與中華傳統博物學仍甚有差異。面對此類非主流論説，當年的譯者或視而不見，或有意摒弃，其志在振興我中華。

在尋求救國的路途中，仁人志士們目睹了西方先進文化，身感心受，嚮往久之。"試航東西洋一游，見彼之物質文明，莊嚴燦爛，而回首宗邦，黯然無色，已足明興衰存亡之由，長此以往，何堪設想？"（吳冰心《博物學雜誌》發刊詞，1914 年 1 月，第 1 ~ 4 頁），此時仁人志士們滿腔熱血，一心救國。但如何救國，却茫茫然，如墮五里霧中。這一救國之路從表象上觀察似乎一切皆以日本爲鏡鑒，實則迥别於"明治維新"之路，未能把握"富國强兵、置產興業"之首要方嚮，而當年的執政者却祇顧個人權勢的得失，亦無此遠大志嚮。仁人志士們雖振臂疾呼，含泪吶喊，祇飄摇於上層精英之間，因一度失去民族自信、文化自信，而不知所措，矛頭直指孔子及千載儒學，進而直指傳統文化。五四運動前夜，北京大學著名教授錢玄同即正告國人"欲驅除一般人之幼稚的野蠻的頑固的思想"，就必須要"廢孔學"，必須要"廢漢文"（錢玄同《中國今後的文字問題》，載 1918 年 4 月 15 日《新青年》第 4 卷第 4 號）。翌年，五四運動爆發，仁人志士們高舉"德謨克拉西"（民主）、"賽因斯"（科學）兩面大旗，掀起反帝反封建的狂濤巨瀾，成爲中國近現代史上的偉大里程碑，中國人民自此視野大開。這兩面大旗指明了國家强弱成敗的方嚮。但與此同時，仁人志士們又毫不猶豫，全力以赴，要堅决"打倒孔家店"。於是，孔子及其儒家學説成了國弱民窮的替罪羊！接踵而至的就是對於漢字及其代表的漢文化的徹底否定。偉大革命思想家魯迅也一直抨擊傳統觀念、傳統體制，1936 年 10 月，在他逝世前夕《病中答救亡情報訪員》一文中，竟然斷言："漢字不滅，中國必亡！"而新文化運動的主要人物之一胡適更是語出驚人："我們必須承認我們自己百事不如人，不但物質機械上不如人，不但政治制度不如人，并且道德不如人，知識不如人，文學不如人，音樂不如人，藝術不如人，身體不如人。"中華民族是"又愚又懶的民族"，是"一分像人，九分像鬼的不長進民族"（胡適《介紹我自己的思想》，1930 年 12 月亞東圖書館初版《胡適文選》自序）。這是五四運動前後一代精英們的實見實感，本意在於革故鼎新，但這些通盤否定傳統文化的主張，不啻是在緊要歷史關頭的一次群情失控，是中國文化史中的一次失智！在這樣的歷史背景、這樣的歷史氣勢之下，接受西方“博物學”就成了必然，有誰會顧及古老的傳統博物學？

　　在引進西方博物學之後，國人紛予效法，試圖建立所謂中華自家的博物學，於是圍繞植物學、動物學兩大方面遍搜古今，窮盡群書，着眼於有關動植物之類典籍的縱橫搜求，但這并非我中華的博物全貌，也并非我中華博物學，況且在中華古典博物學中，也罕見西方礦物學之類著作，可見，試圖以西方的博物學體系，另建中華古典博物學，實在是削足適履、邯鄲學步。自 1902 年始，晚清推行學制改革，先後頒布了“壬寅學制”“癸卯學制”。1905 年，根據《奏定學堂章程》，已將西方博物學納入中學的課程設置。其課程分為植物、動物、礦物、人體生理學四種，分四年講授。1912 年中華民國成立後，江浙等地出現過博物學會和期刊，稍後武昌高等師範學校設立了博物學系，出版過《博物學雜誌》，主要研究動物學、植物學及人體生理學，隨後又將博物學系改稱生物學系，《博物學雜誌》也相應改稱《生物學雜誌》，重走了西方的老路。北京高等師範學校也有類似經歷，甚為盲目而混亂。至 30 年代，發現西方博物學自 20 世紀始，已轉型為生態與環境探索，國人因再無興趣，對西方博物學的大規模推廣、學習在中國遂告停止，但因影响至深，其餘風猶存。

二、中華典籍浩如海，博物古學何處覓？

　　應當指出，中國古代典籍所載之草木、鳥獸、蟲魚之類，亦有別於西方，除却其自身屬性特徵外，又常常被人格化，或表親近，或加贊賞，體現了另一種精神情愫。如動物龜、鶴，寓意長壽（其後，龜又派生了貶義）；豺、狼、烏鴉、貓頭鷹，或表殘忍，或表不祥；其他如十二生肖，亦各有象徵，各有寓意。而那些無血肉、無情感的植物，同樣也被賦予人文色彩。如漢班固《白虎通·崩薨》載：“《春秋含文嘉》曰：天子墳高三仞，樹以松；諸侯半之，樹以柏；大夫八尺，樹以欒；士四尺，樹以槐；庶人無墳，樹以楊、柳。”足見在我國古老的典制禮俗中，松、柏、欒、槐、楊、柳，已被賦予了不同的屬性，被分為五等，楊、柳最為低賤；就連如何埋葬也分為五等，嚴於區別，從墳高三仞到無墳，成為天子到庶人的埋葬標志。實則墳墓分為等級，早在公元前 3300 年至公元前 2300 年的良渚古城遺址已經發現。這些浩浩博物，廣泛涉及了古老民族和古老國度的典制與禮俗，我國學人也難盡知，西方的博物學又當如何表述？

可見西方博物學絕難取代中華古典博物學，中華古典博物學的研究範圍，遠超西方博物學，或可說中華古典博物學大可包容西方博物學。如今，這一命題漸引起國內一些有識之士、專家學者的關注。那麼，中華古典博物學究竟發端於何時何地？有無相對成型的體系？如何重建？答曰：若就人類辨物創器而言，上古即已有之，環宇盡同。若僅就我中華文獻記載而言，有的學者認爲當發端於《周易》，因爲"易道廣大，無所不包"（《四庫全書總目提要》卷九），或認爲發端於《書・禹貢》，因爲此書廣載九州山河、人民與物產。《周易》《禹貢》當然可以視爲中華博物學的源頭。而作爲中華博物學體系的領銜專著，則普遍認爲始於晋代張華《博物志》。而論者則認爲，中華博物學成爲一門相對獨立的學科體系，當始於秦漢間唐蒙的《博物記》，此書南北朝以來屢見引用，張華《博物志》不過是續作而已。對此，前人久有論述。如《四庫全書總目提要》卷一四二曰："劉昭《續漢志》注《律曆志》引《博物記》一條，《輿服志》引《博物記》一条，《五行志》引《博物記》二條，《郡國志》引《博物記》二十九條……今觀裴松之《三國志》注（《魏志・太祖紀》《文帝紀》《吳志・孫賁傳》等）引《博物志》四條，又於《魏志・涼茂傳》中引《博物記》一條，灼然二書，更無疑義。"再如宋周密《齊東野語・野婆》曰："《後漢・郡國志》引《博物記》曰：'日南出野女，群行不見夫，其狀晶且白，裸袒無衣襦。'得非此乎？《博物記》當是秦漢間古書，張茂先（張華，字茂先）蓋取其名而爲《志》也。"再如明楊慎《丹鉛總錄》卷一一："漢有《博物記》，非張華《博物志》也，周公謹云不知誰著。考《後漢書》注，始知《博物記》爲唐蒙作。"如前所述，此書南北朝典籍中多有引用，如僅在南朝梁劉昭《續漢志》注中，《博物記》之名即先後出現了三十三次之多。據有關古籍記載，其內包括了律曆、五行、郡國、山川、人物、輿服、禮俗等，盡皆實有所指，無一虛幻。故在明代有關前代典籍分類中，已將唐蒙《博物記》與三國魏張揖《古今字詁》、晋呂靜《韻集》、南朝梁阮孝緒《古今文詁》、唐顏元孫《干祿字書》、宋洪适《隸釋》等字書、韵書并列（見明顧起元《說略》卷一五），足見其學術地位之高，而張華《博物志》則未被錄入。

至西晋已還，佛道二教廣泛流傳，神仙方士之說大興，於是張華又衍《博物記》爲《博物志》，其書內容劇增，自卷一至卷六，記載山川地理、歷史人物、草木蟲魚，這些當是紀要考訂之屬，合乎本文指稱的名副其實的博物學系統。此外，又力仿《山海經》的體例，旨在記載异物、妙境、奇人、靈怪，以及殊俗、瑣聞等，諸多素材語式，亦幾與《山海經》盡同，若"羽民國，民有翼，飛不遠……去九嶷四萬三千里"云云，并非"浩博實物"，已近於"志怪"小説。張華自序稱其書旨在"博物之士覽而鑒焉"，張序指稱的"博物之士"，義同前引《左傳》之"博物君子"，其"博物"是指"博通諸種事物"，虛虛實實，紛紛紜紜，無所不包。此類記述，正合世風，因而《博物志》大行其道，《博物記》則漸被冷落，南北朝之後已失傳，其殘章斷簡偶見於他書，可輯佚者甚微。後世輾轉相引，又常與《博物志》混同。《博物志》至宋代亦失傳，今本十卷爲采摭佚文、剽掇他書而成，真僞雜糅，亦非原作。其後又有唐人林登《續博物志》十卷，緊接《博物志》之後，更拓其虛幻内容，以記神异故事爲主，多是叙述性文字，其條目篇幅較長，宋代之後也已亡佚。再後宋人李石又有同名《續博物志》十卷，其自序稱："次第仿華書，一事續一事。"實則并不盡然，華書首設"地理"，李書改增爲"天象"，其他内容，間有與華書重複者，所續多是後世雜籍，宋世逸聞。此書雖有舛亂附會之弊，仍不失爲一部難得的繼補之作。李書之後，又有明人游潛《博物志補》三卷，仍係補張華之《志》，旨趣體例略如李石之《續志》，但頗散漫，時補時闕，猥雜冗濫。李、游一續一補，盡皆因仍張《志》，繼其孑遺。以上諸書之所謂"博物"，一脉相承，注重珍稀之物而外，多以臚列奇事异聞爲主旨，同"浩博實物"的考釋頗有差异。游潛稍後，明董斯張之《廣博物志》五十卷問世，始一改舊例，設有二十二類，下列子目一百六十七種，所載博物始於上古，達於隋末，不再因仍張《志》而爲之續補，已是擴而廣之，另闢山林，重在追溯事物起源，其中包括職官、人倫、高逸、方技、典制，等等。其後，清人陳逢衡著有《續博物志疏證》十卷、《續博物志補遺》一卷，對李石《續志》逐條研究探索，并又加入新增條目，成爲最系統、最深入的《續》説。其後，徐壽基又著有《續廣博物志》十六卷，繼董《志》餘緒，於隋代之後，逐一相繼，直至明清，頗似李石之續張華。但《廣志》《續廣志》之類，仍非以專考釋"浩博實物"爲主旨。我國第一部以"博物"命名而研究實物的專著，當爲明末谷應泰之《博物要覽》。該書十六卷，惜所涉亦不過碑版、書畫、銅器、窑器、瑪瑙、珊瑚、珠玉、奇石等玩賞之器物，皆係作者隨所見聞，摭録成帙；所列未廣，其中碑版書畫，尤爲簡陋，難稱浩博，其影響遠不及前述諸《志》，但所創之寫實體例，則非同尋常。而最具權威者，當是明末黄道周所著《博物典彙》，該書共二十卷，所涉博物，始自遠古，達於當朝，上自天文地理，下至草木蟲魚，盡予囊括，并以其所在時代最新的觀點、視野，對歷代博物著述進行了彙總研究。如卷一關於"天文"之考釋，下設"渾天""七曜"，"七曜"下又設"日""月""五星"，再後又有"經星圖""緯星圖""二十八宿"。又如卷七關於"后妃"，下設"宮闈内外之分""宮闈預政之誡"，緊隨其後的即教育"儲貳"之法，等等，甚爲周嚴。

以上諸書就是以"博物"命名的博物學專著。在晚清之前，代代相繼，發展有序，并時有新的建樹。

與這些博物學專著相并行，相匹配，另有以"事"或"事物"命名，旨在探索事物起源的博物學專著。初始之作爲北魏劉懋《物祖》十五卷，稍後有隋謝昊《物始》十卷，是對《物祖》的一次重大補正。《物始》之後，有唐劉孝孫等《事始》三卷，又有五代馮鑑《續事始》十卷，是對《事始》的全面擴展與開拓。《續事始》之後，另有宋高承《事物紀原》十卷，此書分五十五個類目，上自"天地生植"，中經"樂舞聲歌""輿駕羽衛""冠冕首飾""酒醴飲食"，直至"草木花果""蟲魚禽獸"，較《物祖》《物始》尤爲完備，遂成博物學的百代經典。接踵而來者有明王三聘《古今事物考》八卷，效法《紀原》之體，自古至今，上至天文地理，下至昆蟲草木，中有朝制禮儀、民生器用、宮室舟車，力求完備，較之他書尤得要領，類居目列，條理分明，重在古今考釋，一事一物，莫不求源溯始，考核精審。此書載録服飾資料尤爲豐富，如卷一有上古禮制之種種服式，非常全面，卷六所載後世之巾冠、衣、佩、帶、襪、履舄、僧衣、頭飾、妝飾、軍服等百餘種，考證多引原書原文，確然有據，甚爲難得。就全書而言，略顯單薄。明徐炬又有《古今事物原始》三十卷，此書仿高承《紀原》之體，又參《事物考》之章法，以考釋制度器物爲主，古今上下，盡考其淵源，更有所得，凡日月星辰、山川草木，亦必確究其淵源流變，但此與天地共生之浩浩博物，四百餘年前的一介書生，豈可臆測而妄斷？爲此而輾轉援引，頗顯紛亂。且鳥獸花草之起首，或加偶語一聯，或加律詩二句，而後逐一闡釋，實乃蛇足。其書雖有此瑕疵，却不掩大成。與王、徐同代的還有羅頎《物原》二卷（《四庫》本作一卷），羅氏以《紀原》不能黜安崇真，故更訂爲十八門，列二百九十三條，條條錘實。如，刻漏、雨傘、鋦子（用於連合破裂器物的兩腳釘）、酒、豆腐之類的由來，多有創見。惜違《紀原》明記出典之體，又背《事物考》之道，凡有考釋，則溷集衆説爲一。如，烏孫公主作琵琶，張華作苔紙，皆茫然不知所本。不過章法雖有差失，未臻完美，但其功業甚巨，《物原》成爲一部研究記述我國先民發明創造的專著。時至清代，陳元龍又撰

《格致鏡原》一百卷。何謂"格致鏡原"？意即格物致知，以求其本原。此書的子目多達一千七百餘種，明代以前天地間萬事萬物盡予羅致，一事一物，必究其原委，詳其名號，廣博而精審，終成中華古典博物學的巔峰之作。

以上兩大系列專著，自秦漢以來，連續兩千載，一脉相承，這并非十三經、二十六史之類的敕編敕修，無人號令，無人支持，完全出自一種無形的力量，出自文化大國、中華文脉自惜自愛的傳承精神，從而構成浩大的博物學體系。在我國學術研究史中，在我國圖書編纂史中，乃至於世界文化史中，當屬大纛獨立，舉世無雙！本當如江河之奔，生生不息，終因清廷喪權辱國、全盤西化而戛然中斷。

三、博物古學歷磨難，科技起落何可悲！

回顧我國漫長的文化史可知，中華博物學是在傳統的"重道輕器"等陳腐觀念桎梏下，以強大的民族自覺精神、民族意志爲推動力，砥礪前行，千載相繼，方成獨立體系，因而愈加難得，愈加可貴。

"重道輕器"觀念是如何出現的？何謂"道器"？兩者究竟是何關係？《周易・繫辭上》曰："形而上者謂之道，形而下者謂之器。"何謂"道"？所謂道乃"先天地生"，無形無象、無聲無色、無始無終、無可名狀，爲"萬物之所然也，萬理之所稽也"（見《韓非子・解老》），是指形成宇宙萬物之本原，是形成一切事理的依據與根由。何謂"器"？器即宇宙間實有的萬物，包括一切科技發明，至巨至大，至細至微，充斥天地間，而盡皆不虛，或有實物可見，或有形體可指。器即博物，博物即器。"道器關係"本是一種有形無形、可見與不可見的生衍關係，并無高下之分，但在傳統文化中卻另有解釋。如《周禮・考工記序》曰："坐而論道，謂之王公；作而行之，謂之士大夫；審曲面執，以飭五材，以辨民器，謂之百工。"又曰："智者創物，巧者述之，守之世，謂之百工。百工之事，皆聖人之作也。"此文突顯了"道"對於"器"的指導與規範地位。"坐而論道"，可以無所不論，民生、朝政、國運、天下事，當然亦在所論之中。"道"實則是指整體人世間的一種法則、一種定律，或説是我古老的中華民族所創造的另一種學説。所謂"論道者"，古代通常理解爲"王公"或"聖人"，實則是代指一代哲人。《考工記序》卻將論道與製器兩者截然分開，明確地予以區別，貶低萬眾的創造力，旨在維護專制統治，從而確定人們的身份地位。坐而論道者貴爲王公，親身製器者屬末流之百工（"審曲面埶，以飭五材、以辨民器"，謂觀察金、木、皮、玉、土之曲直、性狀，據以製造民人所需之器物）。《考工記序》所記雖名爲"考工"，實則是周代禮制、官制之反映，對芸芸衆生而言，這種等級關係之誘惑力超乎尋常，絕難抵禦，先民樂於遵從，樂於接受，故而崇敬王公，崇敬聖人，百代不休。因而在中國古代，科學技術大受其創。

"重道輕器"的陳腐觀念，在中國古代影響廣遠，"器"必須在"道"的限定之下進行，不得隨意製作，不得超常發揮，"道"漸演化爲統治者實施專政的得力手段。"坐而論道"，似乎奧妙無盡。魏晋時期，藉儒入道，張揚"玄之又玄"，乃至於魏晋人不解魏晋文章，本朝人爲本朝人作注，史稱"玄學"。兩宋由論道轉而談理，一代理學宗師應運而生，闡理思辨，超乎想象，就連虛幻縹緲的天宮，亦可談得妙理聯翩，後世道家竟繪出著名的《天宮圖》來。事越千載，五四運動時期，那些新文化運動主將們聯手痛搗"孔家店"，却不攻玄理，"論道""崇道""樂道""惜道"，滾滾而來，遂成千古"道"統，已經背離《易》《老》的本義。出於這樣的觀念，如何會看重"形而下"的博物與博物學？

那麼，古代先民又是如何看待與博物學密切相關的科學技術？《書·泰誓下》載，殷紂王曾作"奇技淫巧，以悦婦人"，爲百代不齒，萬世唾罵。何謂"奇技淫巧"？唐人孔穎達釋之曰："奇技謂奇異技能，淫巧謂過度工巧……技據人身，巧指器物。"所謂"奇技淫巧"，今大底可釋爲超常的創造發明，或可直釋爲科學技術。論者認爲，"百代不齒，萬世唾罵"者并不在於"奇技淫巧"這一超常的創造發明，而在於紂王奢靡無度，用以取悦婦人的種種罪孽。至於紂王是否奢靡無度，"以悦婦人"，今學界另有考證。紂王當時之所以能稱雄天下，正是由於其科技的先進，軍事的强大，其失敗在於大拓疆土，窮兵黷武，導致内外哀怨，決戰之際又遭際叛亂。所謂"以悦婦人"之妲己，祇是戰敗國的一種"貢品"而已，對於年過半百的老人並無多大"媚力"。關於殷商及妲己的史料，最早見於戰國時期成書的《國語·晋語一》，前後僅有二十七字，並無"酒池肉林""炮烙之刑"之類記載，後世史書所謂紂王對妲己的種種寵愛，實是一種演繹，意在宣揚"紅顔禍水"之説（此説最早亦源於前書。"紅顔禍水"，實當稱之爲"紅顔薄命"）。在中國古代推崇"紅顔禍水"論，進而排斥"奇技淫巧"，從而否定了科技的力量，否定了科技强弱與國家强弱的關係。時至周代，對於這種"奇技淫巧"，已有明確的法律限定："作淫聲、異服、奇技、奇器以疑衆，殺！"（見《禮記·王制》）這也就是說，要杜絕一切新奇的創造發明，連同歌聲、服飾也不得超乎常規，否則即犯殺罪！此文自漢代始，多有注疏，今擇其一二，以見其要。"淫聲"者，如春秋戰國時鄭、衛常有男女私會，謳歌相引，被斥爲淫靡之聲；"奇技"者，如年輕的公輸班曾"請以機窆"，即以起重機落葬棺木，因違反當時人力牽挽的埋葬禮節，被視爲不恭。一言以蔽之，凡有違禮制的新奇科技、新奇藝術，皆被視爲疑惑民衆，必判以重罪。這就是所謂"維護禮制"，其要害就是維護統治者的統治地位，故而衣食住行所需器物的質材及數量，無不在尊卑貴賤的等級制約之中。如規定平民不得衣錦綉，不得鼎食，商人、藝人不得乘車馬，就連權貴們娛樂時選定舞蹈的行列亦不可違制，違制即意味着不軌，意味着僭越。杜絕"奇技淫巧"，始自商周，直至明清而未衰。我國著名的四大發明，千載流傳，未料却如同國寶大熊猫一樣，竟由後世西方科學家代爲發現，實在可悲！四大發明、大熊猫之類，或因史籍隱冷，疏於查閱，或因地處山野，難以發現，姑可不論，但其他很多非常具體的發明創造，雖有群書連續記載，也常被無視，或竟予扼殺。如漢代即有超常的"女布"，因出自未嫁少女之手而得名（見《後漢書·王符傳》），南北朝時已久負盛名，稱"女子布"（見南朝宋盛弘之《荆州記》）。宋代又稱"女兒布"，被贊爲"布帛之品……其尤細者也"（見宋羅濬《寶慶四明志·郡志四》）。其後歷代製作，不斷創新，及至明清終於出現空前的妙品"女兒葛"。"女兒葛"爲細葛布的一種，其物纖細如蟬翼紗，又如傳説中的"蛟女絹"，僅重三四兩，捲其一端，整匹女兒葛便可出入筆管之中，精美絕倫，明代弘治之後曾發現於四川鄰水縣，但却被斷然禁止。明皇甫録《下陴記談》卷上："女兒葛，出鄰水縣，極纖細，必五越月而後成，不減所謂蟬紗、魚子纈之類，蓋十縑之力也。予以爲淫巧，下令禁止，無敢作者。"對此美妙的"女兒葛"，時任順慶府知府的皇甫録，并没給予必要的支持、鼓勵，反而謹遵古訓，以杜絕"奇技淫巧"爲已任，堅決下達禁令，并引以爲榮。皇甫録乃弘治九年（1496）進士，爲官清正，面對"奇技淫巧"也如此"果斷"！此後清代康熙年間，"女兒葛"再現於廣東增城縣一帶，其具體情狀，清屈大均《廣東新語·貨語·葛布》中有翔實描述，但其遭遇同樣可悲，今"女兒葛"終於銷聲匿迹。在中國古代，類似的遭遇，又何止"女兒葛"？杜絕"奇技淫巧"之風，一脉相承，何可悲也。

　　但縱觀我華夏全部歷史可知，一些所謂的"奇技淫巧"之類，雖屢遭統治者的禁弃，實則是禁而難止，况統治者自身對禁令也時或難以遵從，歷代帝王皇室之衣食住行，幾乎無一不恣意追求舒適美好，爲了貪圖享樂，就不得不重視科技，就不得不啓用科技。如

"被中香爐"（爐內置有炭火、香料，可隨意旋轉以取暖，香氣縷縷不絕。發明於漢代）、"長信宮燈"（燈內裝有虹管，可防空氣污染。亦發明於漢代）的誕生，即明證。歷代王朝所禁絕的多是認定可能危及社稷之類的"奇技淫巧"，并未禁止那些有利於民生的重大發明，也没有壓抑摧殘黎民百姓的靈智（歷史中偶有以愚民爲國策者，衹是偶或所見的特例而已）。帝王們爲維護其統治地位，以求長治久安，在"重道輕器"的同時，也極重天文、曆算、農桑、醫藥等領域的研究，凡善於治國的當權者，爲謀求其國勢得以强盛，則必定大力倡導科技，《後漢書·和熹鄧皇后紀》所載即爲顯例。和熹皇后鄧綏（公元 81—121），深諳治國之道，兼通天文、算數。永元十四年（102），漢和帝死後，東漢面臨種種滅頂之灾，鄧綏先後擁立漢殤帝和漢安帝，以"女君"之名親政長達十六年，克服了有史以來最嚴重的十年天灾，剿滅海盜，平定西羌，收服嶺南三十六個民族，將九真郡外的蠻夷夜郎等納入版圖，恢復東漢對西域的羈縻，征服南匈奴、鮮卑、烏桓等，平息了内憂外患，使危機四伏的東漢王朝轉危爲安。正是在這期間，鄧綏大力發展科技，勉勵蔡倫改進造紙術，任用張衡研製渾天儀、地動儀等儀器，并製造了中尚方弩機，這一可以連續發射的弩機，其射程與命中率令時人驚嘆，成爲當時世界上最具殺傷力的先進武器（此外，鄧綏又破除男女授受不親的陳腐觀念，創辦了史上最早的男女同校學堂，并通過支持文字校正與字詞研究，推動了世界第一部字典《說文解字》問世）。這就爲傳統的博物研究提供了巨大的空間，因而先後出現了今人所謂的"四大發明"之類。實際上何止是"四大發明"？天文、曆算等領域的發明創造，可略而不論。鄧綏之前，魯班曾"請以機窆"的起重機，出現於春秋時期，早於西方七百餘年。徐州東洞山西漢墓出土的青銅透光鏡，歐洲和日本人稱其爲"魔鏡"，當一束光綫照射鏡面而投影在墻壁上時，墻上的光亮圈内就出現了銅鏡背面的美麗圖案和吉祥銘文。這一"透光鏡"比日本"魔鏡"早出現一千六百餘年，而歐洲的學者直到 19 世紀纔開始發現，大爲驚奇，經全力研究，得出自由曲面光學效應理論，將其廣泛運用於宇宙探索中。今日，國人已能够恢復這一失傳兩千餘載的原始工藝，千古瑰寶終得重放异彩！鄧綏之後，又創造了"噴水魚洗"，亦甚奇妙，令人大開眼界。東漢已有"雙魚洗"之名（見明梅鼎祚《東漢文紀》卷三二引《雙魚洗銘》），未知當時是否可以噴水。"噴水魚洗"形似現今的臉盆。盆内多刻雙魚或四魚，盆的上沿兩側有一對提耳，提耳的設置，不衹是爲了便於提動，同時又具有另外一個功用，即當手掌撫摩時，盆内還能噴射出兩尺高的水柱，水面形成一片浪花，同時會發出樂曲般的聲響，十分神奇。今可確知，"噴水魚洗"興起於唐宋之間（見宋王明清《揮塵前録》卷三、宋何薳《春渚紀聞》卷九），當是皇家或貴族所用盥洗用具。魚洗能够噴水，其道理何在？美國、日本的物理學家曾用各種現代科學儀器反復檢測查看，試圖找出其導熱、傳感及噴射發音的構造原理，雖經全力研究，但仍難得以完整的解釋，也難以再現其效果。面對中國古代科技創造的這一奇迹，現代科學遭遇了空前挑戰，祇能"望盆興嘆"。

中華民族，中華博物學，就是在這樣複雜多變的背景之下跌宕起伏，生存發展，在晚清之前，兩千餘年來，從未停止前進的步伐，這又成爲中華民族的民族性與中華博物學的一大特點。

四、西化流弊何時休，誰解古老博物學？

自晚清以還，中華博物學沉淪百年之久，本當早已復蘇，時至今日，幸逢盛世，正益修典，又何以總是步履維艱？豈料經由西學東漸之後，在我國國內一些學人認定科學決定一切，無與倫比，日積月纍，漸漸形成了一種偏激觀念——"唯科學主義"，即以所謂是否合於科學，來判定萬事萬物的是非曲直，科學擁有了絕對的話語權。"唯科學主義"通常表現爲三種態度：一、否認物質之外的非物質。凡難以認知的物質，則稱之爲"暗物質"。這一"暗"字用得非常巧妙，"暗"，難見也！於是"暗物質"取代了"非物質"；二、否認科學之外的其他發現。凡是遇到無從解釋的難題，面對別家探索的結論，一律斥爲"僞科學"。三、否認科學範圍以外的其他一切生產力，唯有科學可以帶動社會發展，萬事萬物必須以科學爲推手。

何謂"科學"？中國古代本有一種認識論的命題，稱之爲"格致"，意謂"格物致知"，指深究事物原理以求得知識，從而認識各種客觀現象，掌握其變化規律。這種哲學我國先秦諸子久已有之，雖已歷千載百代，但却未得應有的重視，終被西方科學所取代。自16世紀始，歐洲由於文藝復興，掙脱了天主教會的長期禁錮，轉向於對大自然的實用性的探索，其代表作即哥白尼的"日心説"與伽利略天文望遠鏡的發明，同時出現牛頓的力學，這是西方的第一次科技革命。這一時期已有"科學"其實，尚無後世"科學"之名，起始定名爲英語science一詞，源於拉丁文，本意謂人世間的各種學問，隸屬於古希臘的哲學思想，是一種對於宇宙間萬事萬物的生衍關係的一種想象、一種臆解，原本無甚稀奇，此時已反響於歐洲，得以廣泛流傳。至 18 世紀，新興的資産階級取得政權，爲推行資本主義，又大力發展科學，西方科學已處於世界領先地位。時至 19 世紀 60 年代後期及 20 世紀初，歐洲發生了以電力、化學及鋼鐵爲新興産業的第二次科技革命，英語 science 一詞迅速擴展於北美和亞洲。日本明治維新時期，赴歐留學的日本學者將 science 譯成"科學"，學界認爲是藉用了中國科舉制度中"分科之學"的"科學"一詞，如同將英文 natural history 的語意翻譯成漢語"博物學"一樣，也并不準確，中國的變法派訪日時，對之頂禮膜拜，欣然接受，自家固有的"格致"一詞，如同國學中的其他語詞一樣被弃而不用，"科學"一詞因得以廣泛流傳。"科學"當如何定義？今日之"科學"包括了自然科學、社會科學、思維科學以及交叉科學。除却嚴謹的形式邏輯系統之外，本是一種具體的以實踐爲手段的實證之學。實踐與實證的結果，日積月纍，就形成了人類關於自然、社會和思維的認知體系，成爲人類評斷事物是非真僞的依據。但科學不可能將浩渺無盡的宇宙及宇宙間的萬事萬物盡皆予以實踐、實證，能够實踐、實證者甚微，因而科學總是在不斷地探索，不斷地補正，不斷地自我完善之中，其所能研究的領域與功能實在有限。當代科學可以在指甲似的晶片上，一次性地裝載五百億電晶體，可以將重達六噸以上的太空船射向太空，并按照既定指令進行各種探索，但却不能造出一粒原始的細胞來，因爲這原始細胞結構的複雜神秘，所蘊含的奇妙智慧，人類雖竭盡全力，却至今無法破解。細胞來自何處？是如何形成的？科學完全失去了話語權！造不出一粒原始的細胞，造一片樹葉尤無可能，造一棵大樹更是幻想，遑論萬千物種，足證"科學"并非萬能的唯一學問。況且，"暗物質"之外，至少在中國哲學體系中尚有"非物質"。何謂"非物質"？"非物質"是與"物質"相對而言，區別於"暗物質"的另一種存在，正如前文所述，它"無形無象、無聲無色、無始無終、無可名狀"，在中國古代稱之爲"道"。"道"可以不遵循因果關係，可以無中生有，爲"萬物之所然也，萬理之所稽也"，可以解釋萬物的由來，可以解釋宇宙的形成。今以天體學的的視野略加分析，亦可見"唯科學主義"的是非。人類賴以生存的地球，其直徑約爲 12 742 公里，是太陽系中的第三顆小行星。太陽系的直徑約爲 2 光年，太陽是銀河系中數千億恒星之一，銀河系的直徑約爲 10 萬光年，包括 1 千億至 4 千億顆恒星，而宇宙中有一千至兩千億銀河系，宇宙有 930 億光年。一光年約等於 9.46 萬億公里。地球在宇宙中衹是一粒微塵，如此渺小的地球人能創造出破解一切的偉大科學，那是癡人説夢！中華先賢面對諸多奥妙，面對諸多不可思議的現象，提出這一"無可名狀"之"道"，當然并非憑空想象，自有其觀測與推理的依據，這顯然不同於源自西方的科學，或曰是西方科學所包容不了的。先賢提出的"無可名狀"的"道"，已超越物質的範圍，或曰"道"絕非"暗物質"所能替代的。這一"無可名狀"的"道"，在當今的別樣的時空維度中已得到初步驗證（在這非物質的維度中滿富玄機）。論者提出這一古老學説，旨在證明"唯科學主義"排斥其他一切學説，過分張揚，不足稱道，絶無否定或輕忽科學之意。百年前西學東漸，尤其是西方科學的傳入，乃是我中華民族思維與實踐領域的空前創獲，是實踐與思維領域的一座嶄新的燈塔，如今已是家喻户曉，人人稱贊，任誰也不會否認科學的偉大，但却不能與偏激的"唯科學主義"混同。後世"科學"一詞，又常常與"技術"連稱爲"科學技術"，簡稱"科技"。何謂"技術"？"技術"一詞來源於希臘文"techs"，通常指個人的技能或技藝，是人類利用現有實物形成新事物，或改變原有事物屬性、功能的方法，或可簡言之曰發明創造。科學技術不同於科學，也不同於技術，也不是科學與技術的簡單相加。科學技術是科學與技術的有機結合體系，既是人類認識世界和改造世界的成果或產物，又是人類認識世界和改造世界最有力的工具或手段，兩者實難分割。某些技術本身可能祇是一種技法，而高深技術的背後則必定是科學。

出於上述"唯科學主義"偏激觀念，重建中華博物學就遭致了質疑或否定，如有學者認爲，中國古代祇有技術而没有科學，哪有什麽中華博物學？中華博物學被看作"前科學時代的粗糙的知識和技能的雜燴"，是一種"非科學性思考"，没有什麽科學價值，當然也就没有重建的必要，因爲西方博物學久已存在，無可替代。中國古代當真"祇有技術而没有科學"麽？前文已論及"科學"與"技術"很難分割，在中國古代不祇有"技術"，同樣也有"科學"。回眸世界之歷史長河，僅就中西方的興替發展脈絡略作比較，就可以看到以下史實：當我中華處於夏禹已劃定九州、建有天下之際，西方社會多處於尚未開化的蠻荒歲月；當我中華已處於春秋戰國鋼鐵文化興起之際，整個西方尚處於引進古羅馬文明的青銅器時代；當我宋代以百萬册的印數印刷書籍之際，中世紀的西方仍然憑藉修士們成年纍月在羊皮卷上抄寫複製；著名的火藥、指南針等其他重大發明姑且不論，單就中國歷朝歷代任何一件發明創造而言，之於西方社會也毫不遜色，直至清代中葉，中國的科技一直處於世界領先地位。英國科學家李約瑟主編的七卷巨著《中國科學技術史》，即認爲西方古代科學技術85%以上皆源於中國。這是西方人自發的没有任何背景、没有任何色彩的論斷，甚爲客觀，迄今未見异議。此外又有學者指出，中華傳統博物學不祇擁有科技，又超越了科技的範疇，它是"關於物象（外部事物）以及人與物的關係的整體認知、研究範式與心智體驗的集合"，"這種傳統根本無法用科學去理解和統攝"，中華古典博物學"給我們提供的'非科學性思考'，恰恰是它的價值所在"（余欣《中國博物學傳統的重建》，載《中國圖書評論》，2013 年第 10 期，第 45 ～ 53 頁）。這無疑是對"唯科學主義"最有力的批駁！是的，本書極重"科技"研究，又不拘泥於"科技"，同樣重視"非科學性思考"。

中華古典博物學的研究主體是"博物"，是"博物史"，通過對"博物""博物史"的探索，而展現的是人，是人的生存、生活的具體狀況，是人的直觀發展史。中華傳統博物學構成了物我同類、天人合一的博大的獨立知識體系，是理解和詮釋世界的另一視野，這種視野中的諸多"非科學性思考"的博物，科學無法全面解讀，但却是真真切切的客觀存在。所謂傳統博物學是"前科學時代的粗糙的知識和技能的雜燴"，是"非科學性思考"的評價，甚是武斷，祇不過是一種不自覺的"唯科學主義"觀念而已。另將"科學"與"技術"分割開來，強調什麼"科學"與否，這一提法本身就不太"科學"。對此，本書前文已論及，無須複述。我國作爲一個古老國度，在其漫長的生衍過程中，理所當然地包容了"粗糙的知識和技能"。這一狀況世界所有古國盡有經歷，并非中國獨有。"粗糙的知識"的表述似乎也并不恰當，"知識"可有高下深淺之分，未聞有粗糙細緻之別。這所謂"粗糙"，大約是指"成熟"與否，實際上中華傳統博物學所涉之"知識和技能"，并非那麼"粗糙"，常常是合於"科學"的，有些則是非常的"科學"。英國科學家李約瑟等認定古代中國涌現了諸多"黑科技"。何謂"黑科技"？這是當前國際間盛行的術語，即意想不到的超越科技之科技，可見學界也是將"科學"與"技術"連體而稱，而并非稱"黑科學"。認定中國古代"祇有技術而沒有科學"，傳統博物學是"前科學時代的粗糙的知識和技能的雜燴"之說，頗有些"粗糙"，準確地說頗有些膚淺！這位學者將傳統博物學統稱爲"前科學時代"的產物，亦是一種妄斷，也頗有些隨心所欲！何謂"前科學時代"？"前科學時代"是指形成科學之前人們僅憑五官而形成的一種感知，這種感知在原始社會時有所見，但也并非全部如此，如鑽木取火、天氣預測、曆法的訂立、灸砭的運用等，皆超越了一般的感知，已經形成了各自相對獨立的科學。看來這位學者并不怎麼瞭解中國古代科技史，并不太瞭解自家的傳統文化，實屬自誤而誤人。

中華博物學的形成及發展歷程，與西方顯然不同。西方博物學萌生於上古哲人的學説，其後則以自然科學爲研究主體，遍及整個歐洲，全面進入國民的生活領域。在這樣的文化背景之下，西方日益强大，直接影響和推動了社會的發展，因而步入世界前列。我中華悠悠數千載，所涉博物，形形色色，浩浩蕩蕩，逐漸形成了中華獨有的博物學體系，但面臨的背景却非常複雜，與西方比較是另一番天地，那就是貫穿數千載的"重道輕器"觀念與排斥"奇技淫巧"之國風，這一觀念、這一國風，其表現形式就是重文輕理，且愈演愈烈。如中國久遠的科舉制度，應試士子們本可"上談禮樂祖姬孔，下議制度輕儺玄"（見明高啓《送貢士會試京師》詩），縱論古今國事，是非得失，而朝廷則可藉此擇取英才，因而國家得以强盛。時至明代後期，舉國推行的科舉制度竟然定型爲千篇一律的八股文，泯滅了朝廷取才之道，一代宗師顧炎武稱八股之禍勝似"焚書坑儒"（見《日知録·擬題》）。清代後期爲維護其獨裁統治，手段尤爲專橫强硬，又向以"天朝"自居，哪裏會重視什麼西方的"科學技術"？"科學技術"的落伍最終導致文明古國一敗塗地，這也就是"李約瑟難題"的答案！"科學"之所以成爲"科學"，是因爲其出自實踐、實證，實踐、實證是科學的生命。實踐、實證又必須以物質爲基礎，這正與我中華博物學以浩浩博物爲研究主體相合！但中華博物學，或曰博物研究，始終被置於正統的國學之外，這一觀念與國風，極大地制約了中華博物學的發展。制約的結果如何？可以毫不誇張地説，直接阻礙了中國古代社會的歷史進程。

五、中華博物知多少，皓首難解千古謎

中華博物如繁星麗天，難以勝計，其中有諸多別樣博物，可稱之爲"黑科技"者，令人百思不得其解。如八十餘年前四川廣漢西北發現的三星堆古蜀文化遺址，距今約四千八百年至三千年左右，所在範圍非常遼闊，遠超典籍記載的成都平原一帶，此後不斷探索，不斷有新的發現，成爲 20 世紀人類最偉大的考古發現之一。該遺址內三種不同面貌而又連續發展的三期考古學文化，以規模壯闊的商代古城和高度發達的青銅文明爲代表的二期文化最具特點。二期文化中青銅器具占據主導地位，極爲神奇。衆多的青銅人頭象、青銅面具，千姿百態。還有舉世罕見的青銅神樹，該樹有八棵，最高者近 4 米，共分三層，樹枝上栖息有九隻神鳥，應是我國古籍所載"九日居下枝"的體現；斷裂的頂部，當有"一日居上枝"的另一神鳥，寓意九隻之外，另一隻正在高空當班。青銅樹三層

九鳥，與《山海經·海外東經》中所載"扶桑""若木""九日居下枝，一日居上枝"正同。上古時代，先民認爲天上的太陽是由飛鳥所背負，可知九隻神鳥即代表了九個太陽。其《南經》又曰："有木，其狀如牛，引之有皮，若纓、黃蛇。其葉如羅，其實如欒，其木若蘆，其名曰建木。"何謂"建木"？先民認爲"建木"具有通天本能，傳説中伏羲、黃帝等盡皆憑藉"建木"來往神界與人間。由《山海經》的記載可知，這神奇物又來源於傳統文化，大量青銅文化明顯地受到夏商文明、長江中游文明及陝南文明的影響。那些金器、玉器等禮器更鮮明地展現出華夏中土固有的民族色彩。如此浩大盛壯，如此神奇，這一古蜀國究竟是怎樣形成的？又是怎樣突然消失的？詩人李白在《蜀道難》中曾有絕代一問："蠶叢及魚鳧，開國何茫然？"意謂蠶叢與魚鳧兩位先帝，是在什麼時代開創了古蜀國？何以如此茫茫然令人難解？今論者續其問曰："開國何茫然，失國又何年？開失兩難知，千古一謎團。"三星堆的發掘並非全貌，僅占遺址總面積的千分之一左右，只是古蜀文化的小小一角而已，更有浩瀚的未知數，國人面臨的將是另一個陌生的驚人世界。中華民族襟懷如海，廣納百川，中外文化相容並包，故而博大精深。這些百思不得其解的神奇之物，向無答案，確屬於所謂"非科學性思考"，當代專家學者亦爲之拍案。"唯科學主義"面臨這些"黑科技"的挑戰，當然也絕難詮釋。以下再就已見出土，或久已傳世之實物爲例。上世紀 80 年代，臨潼始皇陵西側出土了兩乘銅車馬，其物距今已有兩千二百餘年，造型之豪華精美，被譽爲世界"青銅之冠"，姑且不論。兩輛車的車傘，厚度僅 0.1 ~ 0.4 厘米，一號車古稱"立車"或"戎車"，傘面爲 1.12 平方米，二號車傘面爲 2.23 平方米，而且皆用渾鑄法一次性鑄出，整體呈穹隆形，均匀而輕薄，這一鑄法迄今亦是絕技，無法超越。而更絕的是一號立車的大傘，看似遮風擋雨所用，實則充滿玄機，此傘的傘座和手柄皆爲自鎖式封閉結構，既可以鎖死，又可以打開，同時可以靈活旋轉 180 度，隨太陽的方位變化而變化，亦可取下插入野外，遮烈日，擋風雨，賞心隨意。令人尤爲稱奇的是，打開傘柄處的雙環插銷，傘柄與傘蓋可各獨立，傘柄就成了一把尖鋭的矛，傘蓋就成了盾，可攻可守。這一 0.1 ~ 0.4 厘米厚的盾，其抗擊力又遠勝今人的製造技術，令今人望塵莫及，故國際友人贊之爲罕見的"黑科技"。此外分存於西安與鎮江東西兩方的北宋石刻《禹迹圖》，尤爲奇異。此圖參閲了唐賈耽《海內華夷圖》，並非單純地反映宋代行政區劃及華夷之間的關係，而是上溯至《禹貢》中的山川、河流、州郡分布，下至北宋當世，已將經典與現實融爲一體。此圖長方約 1 平方米，宋朝行政區劃即達三百八十個之多，五個大湖，七十座山峰，更有蜿蜒數千里的長江、黃河等江川八十餘條；不衹是中原的地域，尚有與之接壤的大理、吐蕃、西夏、遼等區域，這些區域的山野江河亦有精準的繪製。作爲北宋時代的製圖人，即使能够遍踏域内、域外，也絶難僅憑一己的目力俯瞰全景。此圖由五千一百一十個小方格組成，每一小方格皆爲一百平方公里，所有城市、山野江河的大小距離，盡包容在這些格子裏，全部可以明確無誤地測算出來，其比例尺與今世幾無差異。如此細密精準，必須具有衛星定位之類的高科技纔能繪製出來，九百年前的宋人是憑藉什麽儀器完成的？此一《禹迹圖》較之秦陵銅車馬，更超乎想象，詭异神奇，故而英國學者李約瑟評之爲“世界上最神秘、最杰出的地圖”，美國國家圖書館將一幅 19 世紀據西安圖打製的拓本作爲館藏珍品。中國古代“黑科技”，又何止臨潼銅車馬與《禹迹圖》？

　　除却上述文獻記載與出土及傳世之物外，另一些則是實見於中華大地的奇特自然景觀，這些百思不得其解的神奇之物，散處天南海北，自古迄今，向無答案，亦屬於所謂“非科學性思考”，當代專家學者亦爲之拍案。“唯科學主義”面臨這些“黑科技”的挑戰，當然也絶難詮釋。我中華大地這些神奇之物，在當世尤應引起重視，國人必須迎接“超科技時代”的到來。如“應潮井”，地處南京市東紫金山南麓定林寺前。此井雖遠在深山之間，却與五公里外的長江江潮相應，江水漲則井水升，江水退則井水降，同處其他諸井皆無此現象。唐宋以來，已有典籍記載，如《江南通志·輿地志·江寧府》引唐段成式《酉陽雜俎》：“蔣山有應潮井，在半山之間，俗傳云與江潮相應，嘗有破船朽板自井中出。”《景定建康志·山川志三·井泉》：“應潮井在蔣山頭陁寺山頂第一峰佛殿後。《蔣山塔記》云：‘梁大同元年，後閣舍人石興造山峰佛殿，殿後有一井，其泉與江潮盈縮增减相應。’”何以如此，自發現以來，已歷千載，迄今無解。以上的奇特之物，多有記載，名揚天下，而另一些奇物，却久遭冷落，默默無聞。如“靈通石”，亦稱“神石”“報警石”，俗稱“猪叫石”。該石位於太行大峽谷林縣境内高家臺輝伏巖村。石體方正，紫紅色，裸露於地面約 4 立方米，高寬各 3 米，厚 2 米，象是一頭體積龐大的卧猪，且能發聲如猪叫。傳聞每逢大事（包括自然灾害、重大變革等）來臨之前，常常“鳴叫”不止，大事大叫數十天，小事則小叫數日，聲音忽高忽低，一次可叫百餘聲，百米之内清晰可聞。但其叫聲衹能現場聆聽，不可録音。何以如此怪异？同樣不得而知！中華博物浩浩洋洋，漫漫無涯，可謂無奇不有，作爲博物之學，亦必全力探究，這也正是中華博物學承担的使命。

六、中華博物學的研究範圍與狀況，新建學科的指嚮與體式如何？

中國當代尚未建立博物學會，也沒有相應的報刊，人們熟知的則是博物院館，而博物院館的職責在於收藏、研究并展出傳世的博物，面對日月星辰、萬物繁衍以及先民生息起居等數千年的古籍記載（包括失傳之物），豈能勝任？中華博物全方位研究的歷史使命祇能由新興的博物學承擔。古老中華，悠悠五千載，博物浩茫，疑難連篇，實難解讀，而新興的博物學却不容迴避，必須做出回答。

本書指稱的博物，包括那些自然物，但并不限於對其形體、屬性的研究，體現了博物古學固有的格致觀念，且常常懷有濃厚的人文情結，可謂奧妙無窮，這又迴別於西方博物學。

如"天宇"，當做何解釋？在中國傳統文化中是與"宇宙"并存的稱謂，重在強調可見的天體和所有星際空間。前已述及，天體直徑可達 930 億光年以上，實際上可能遠超想象。這就出現了絕世難題：究竟何謂天體？天體何來？戰國詩人屈原在其《天問》篇中，曾連連問天："上下未形，何由考之？""馮翼惟象，何以識之？""明明闇闇，惟時何爲？"千古之問，何人何時可以作答？天宇研究在古代即甚冷僻，被稱爲"絕學"。中國是天宇觀測探索最爲細密的文明古國之一，天象觀測歷史也最爲悠遠，殷墟甲骨、《書》《易》諸經，盡有記載，而歷代正史又設有天文、曆律之類專志，皇家設有司天監之類專職機構，憑此"觀天象、測天意"，以決國策。於是，天文之學遂成諸學之首。天宇研究的主體是天空中的各種現象，這些現象又以各種星體的位置、明暗、形狀等的變化爲主，稱之爲星象。星象極其繁複，難以辨識。於是，在天空位置相對穩定的恒星就成爲必要的定位標志。在人們目力所及的範圍内，恒星數以千計，簡單命名仍不便查找和定位，我華夏先民又將天空劃分爲若干層級的區域，將漫天看似雜亂無章的恒星位置相近者予以組合并命名，這些組合的星群稱之爲星宿。古人視天上諸星如人間職官，有大小、尊卑之分，故又稱星官，因而就有了三垣二十八宿，成爲古天宇學最重要理論依據，這一理論西方天文學絕難取代。

再如古代類書中指稱的"蟲豸"，當代辭書亦少有確解。何謂"蟲豸"？舉凡當今動物學中的昆蟲綱、蛛形綱、多足綱，以及爬行動物中的綫形動物、扁形動物、環節動物、軟體動物中形體微小者，皆爲蟲豸之屬。蟲豸形雖微小，然其生存之久、種類之繁、分布之廣、形態之多、數量之巨，從生物、生態、應用、文化等角度，其意義和價值都大异於其他各類動物，或説是其他各類動物所不能比擬的。蟲豸之屬，既能飛於空，亦能游於水，既能潛於土，亦能藏於山，形態萬千，且各具靈性，情趣互异，故古代典籍遍見記叙，不僅常載於詩文，且多見筆記、小説中。先民又常憑藉其築穴或搬遷之類活動，以預測氣象變化或靈异别端，同樣展現了一幅具體生動的蟲文化畫卷，既有學術價值，又充滿趣味性。自《詩》始，就出現了咏蟲詩，其後歷代從蝶舞蟬鳴、蟻行蛇爬中得到靈感者代不乏人，或以蟲言志，或以蟲抒懷，或以蟲爲比，或以蟲爲興，甚至直以蟲名入於詞牌、曲牌，如僅蝴蝶就有"蝴蝶兒""玉蝴蝶""粉蝶兒""蝶戀花""撲蝴蝶""撲粉蝶"等名類。唐歐陽詢《藝文類聚》收集有關蟬、蠅、蚊、蝶、螢、叩頭蟲、蛾、蜂、蟋蟀、尺蠖、螳、蝗等蟲類的詩、賦、贊等數量浩繁，後世仿其體例者甚多，如《事物紀原》《五雜俎》《淵鑑類函》《古今圖書集成·禽蟲典》等，洋洋大觀。不僅詩詞歌賦，在成語、俗語中，言及蟲豸者，亦不可勝數，如莊周夢蝶、蟓首蛾眉、金蟬脱殼、螳螂捕蟬、螳臂當車、蚍蜉撼樹、作繭自縛、飛蛾撲火（詞牌名爲"撲燈蛾"）等；不僅見諸歷代詩文，今世辭章以蟲爲喻者，仍沿襲不衰，如以蝸喻居、以蝶喻舞、以蟬翼喻輕薄、以蛇蠍喻狠毒等，比比皆是，不勝枚舉。

本博物學所指稱博物又包括了人類社會生活的各方面、領域，自史前達於清末民初，有的則可直達近現代，至巨至微，錯綜複雜。而對於某一具體實物，必須從其初始形態、初始用途的探討入手，而後追逐其發展演變過程，這樣纔能有縱横全面的認定，從而作出相應的結論，這正是新興博物學的使命之一。今僅就我中華民族時有關涉者予以考釋。今日，國人對於古代社會生活實在太過陌生，現當代權威工具書所收録的諸多重要的常見詞目，常常不知其由來，遭致誤導。如"祭壇"一詞，《漢語大詞典·示部》釋文曰：

> 祭壇：供祭禮或宗教祈禱用的臺。劉大傑《中國文學發展史》第一章三："無論藝術哲學都得屈服於宗教意識之下，在祭壇下面得着其發展生命了。"艾青《吹號者》詩："今日的原野呵，已用展向無限去的暗緑的苗草，給我們布置成莊嚴的祭壇了。"亦指上壇祭祀。侯寶林《改行》："趕上皇上齋戒忌辰，或是皇上出來祭壇，你都得歇工（下略）。"

以上引用的三個書證全部是現代漢語，檢索此條的讀者可能會認定"祭壇"乃無淵源的新興詞，與古漢語無關。豈不知《晋書·禮志下》《舊唐書·禮儀志三》《明史·崔亮傳》

諸書皆有"祭壇"一詞，又皆爲正史，并不冷僻。《漢語大詞典》爲證實"祭壇"一詞的存在，廣予網羅，頗費思索，連同侯寶林的相聲也用作重要書證。侯氏雖被贊爲現代語言大師，但此處的"祭壇"，并非"供祭禮或宗教祈禱用的臺"，"祭"與"壇"爲動賓語結構，并非名詞，不足爲據。還應指出，"祭壇"作爲人們祭祀或祈禱所用實體的臺，早在史前即已出現，初始之時不過是壘土爲臺罷了。

此外，直接關涉華夏文化傳播形式的諸多博物更是大异於西方。如"文具"初稱"書具"，其稱漢代大儒鄭玄在《禮記・曲禮上》注中已見行用。千載之後，宋人陶穀《清異録・文用》中始用"文具"一詞。文具泛指用於書寫繪畫的案頭用具及與之相應的輔助用具。國人憑藉這些文具，創造了最具特色的筆墨文化、筆墨藝術，憑藉這些文具得以描述華夏五千載的燦爛歷史。中華傳統文具究有多少？國人最爲熟悉的莫過於"文房四寶"，實際又何止"文房四寶"？另有十八種文房用具，定名爲"十八學士"，宋代林洪曾仿唐韓愈《毛穎傳》作《文房職方圖贊》(簡稱《文房圖贊》，即逐一作圖爲之贊)。實際上遠超十八種，如筆筒、筆插、筆捄、筆洗、墨水匣、墨床、水注、水承、水牌、硯滴、硯屏、印盒、帖架、鎮紙、裁刀、鉛槧、算袋、照袋、書床、筆擱、高閣，等等，已達三十種之多。

"文房四寶""十八學士"之類中華獨具的傳統文化，今國人熟知者已不甚多，西方博物又何從涉及？何可包容？

七、新興博物學的表述特點，其古今考辨的啓迪價值

當代新興博物學所展現的是中華博物本身的生衍變化以及其同物异名、同名异物等，其主旨之一在於探尋我古老的中華民族的真實歷史面貌，溫故知新，從而更加熱愛我們偉大的中華文明。

偉大的中華民族，在歷史上產生過許多杰出的思想觀念，比如，我中華民族風行百代的正統觀念是"君爲輕，民爲本，社稷次之"(見《孟子・盡心下》)，這就是强調人民高於君王，高於社稷(猶"國家")，人民高於一切！古老的中華正統對人民如此愛護，如此尊崇，在當今世界也堪稱難得。縱觀朝代更迭的全部歷史可知，每朝每代總有其興起及消亡的過程，有盛必有衰。在這部《通考》中，常有實例可證，如有關商代都城"商邑"的

記載，就頗具代表性。試看，《詩·商頌·殷武》："商邑翼翼，四方之極。"鄭玄箋："極，中也。商邑之禮俗翼翼然……乃四方之中正也。"孔穎達疏："言商王之都邑翼翼然，皆能禮讓恭敬，誠可法則，乃爲四方之中正也。"《詩》文謂商都富饒繁華，禮俗興盛，足可爲全國各地的學習楷模。"禮俗"在上古的地位如何？《周禮·天官·大宰》曰："以八則治都鄙：一曰祭祀，以馭其神……六曰禮俗，以馭其民。"這是説周代統治者以禮俗馭其民，如同以祭祀馭鬼神一樣，未敢輕忽怠慢，禮俗之地位絶不可等閑視之。古訓曰："倉廩實而知禮節，衣食足而知榮辱。"（見《史記·管晏列傳》）此處的"禮節"是禮俗的核心内容，可見禮俗源於"倉廩實"。"倉廩實"展現的是國富民强，而國富民强，必重禮俗，禮俗展現了國家的面貌。早在三千年前的商代，已如此重視禮俗。"商邑翼翼"所反映的是上古時期商都全盛時期的繁華昌明，其後歷代亦多有可以稱道的興盛時期，如"漢武盛世""文景盛世"、唐"貞觀盛世""開元盛世"、宋"嘉祐盛世"、明"永宣盛世"、清"康乾盛世"等，其中更有"夜不閉户，路不拾遺"的佳話。盛世總是多於亂世，或曰温飽時代總是多於飢寒歲月。唐代興盛時期，君臣上下已萌生了甚爲隨和的禮儀狀態，不喜三拜九叩之制，宋元還出現了"衣食父母"之類敬詞（見宋祝穆《古今事物類聚別集》卷二〇、元關漢卿《竇娥冤》第二折），這正體現了"王者以民爲天，民以食爲天"（見《漢書·酈食其傳》）的傳統觀念。中國歷史上的黎民百姓并非一直生活在水深火熱之中，在漫長的歲月中也常有温飽寧静的生活，因而涌現了諸多忠心報國的詩詞。如"但使龍城飛將在，不教胡馬度陰山"（唐王昌齡《出塞二首》之一）；"忘身辭鳳闕，報國取龍庭"（王維《送趙都督赴代州得青字》）；"僵卧孤村不自哀，尚思爲國戍輪臺"（宋陸游《十一月四日風雨大作》）；"奇謀報國，可憐無用，塵昏白羽"（宋朱敦儒《水龍吟·放船千里凌波去》）。

　　久已沉淪的傳統博物學今得重建，可藉以知曉我中華兒女擁有的是何樣偉大而可愛的祖國！偉大而可愛的祖國，江山壯麗，蘭心大智，光前裕後，莘莘學子尤當珍惜，尤當自豪！回眸古典博物學的沉淪又可確知，鴉片戰爭給中華民族帶來的是空前的傷害，不祇是漢唐氣度蕩然無存，國勢極度衰微，最爲可怕的是傷害了民族自信，爲害甚烈。傷害了民族自信，則必會輕視或否定傳統文化，百代信守的忠義觀念、仁義之道，必消失殆盡，代之而來的則是少廉寡恥，爾虞我詐，以崇洋媚外爲榮，這一狀況久有持續，對青少年的影響尤甚，怎不令人痛心！時至當代，正全力弘揚中華優秀傳統文化，全力推行科技創新，踔厲奮發，重振國風，這又怎不令人慶幸！

新興博物學在展現中華博物本身的生衍變化進而展現古代真切的社會生活之外，又展現了一種獨具中華風采的文化體系。如常見語詞"揚州瘦馬"，其來歷如何？祇因元馬致遠《天淨沙·秋思》中有"西風古道瘦馬"之句。自 2008 年山西呂梁市興縣康寧鎮紅峪村發現元代壁畫墓以來，其中的一首《西江月》小令："瘦藤高樹昏鴉，小橋流水人家，古道西風瘦馬，夕陽西下，已獨不在天涯。"在學界引發了關於《天淨沙·秋思》的爭論熱議。由《西江月》小令聯想元代的另一版本："瘦藤老樹昏鴉，遠山流水人家，古道西風瘦馬，夕陽西下，斷腸人去天涯。"於是有學人又認爲此一"瘦馬"當指"揚州藝妓"，意謂形單影隻的青樓女子思念遠赴天涯的情郎——"斷腸人"，但這小令中的"瘦馬"之前，何以要冠以"古道西風"四字？則不得而知。通行本狀寫天涯游子的冷落凄凉情景，堪稱千古絕唱，無可置疑。那麼何以稱藝妓爲"瘦馬"？"瘦馬"一詞，初見於唐白居易《有感》詩三首之二："莫養瘦馬駒，莫教小妓女。後事在目前，不信君看取。馬肥快行走，妓長能歌舞。三年五年間，已聞換一主。"金董解元《西廂記諸宮調》中的《仙呂·賞花時》又載："落日平林噪晚鴉，風袖翩翩吹瘦馬。"此處的"瘦馬"無疑確指藝妓。稱妓女爲人人可騎的馬，後世又稱之爲"馬子"，是一種侮辱性的比擬。何以稱"瘦"？在中國古代常以"瘦"爲美，"瘦"本指腰肢纖細，故漢民歌曰："楚王好細腰，宮中多餓死。""細腰"強調的是苗條美麗。"好細腰"之舉，在南方尤甚，揚州的西湖所以稱之爲"瘦西湖"，不祇是因其狹長緊連京杭大運河，實則是因湖邊楊柳依依，芳草萋萋，又有荷花池、釣魚臺、五亭、二十四橋，美不勝收，較之杭州西湖有一種別樣的美麗。國人何以推崇揚州？《禹貢》劃定九州之中就有揚州，今之揚州已有兩千五百餘年的歷史。其主城區位於長江下游北岸，可追溯至公元前 486 年。春秋時期，吳王夫差在此開鑿了世界最早的運河——邗溝，建立邗城，孕育了唯一與邗溝同齡的運河城；因水網密布，氣候温潤，公元前 319 年，楚懷王熊槐在此建立廣陵城（今揚州仍沿稱"廣陵"），遂成爲中華歷史名城之一。此後歷經魏晉等朝代多次重修，至隋文帝開皇九年（589），廣陵改稱揚州。揚州除却政治地位顯赫之外，又是美女輩出之地，歷史上曾有漢趙飛燕、唐上官婉兒及南唐風流帝王李煜先後兩任皇后周薔、周薇，號稱"四大美女"。隋煬帝楊廣又在此開鑿大運河，貫通至京都洛陽旁連涿郡，藉此運河三下揚州，尋歡作樂。時至唐代，揚州更是江河交匯，四海通達，成爲全國性的交通要衝，故有"故人西辭黃鶴樓，煙花三月下揚州。孤帆遠影碧空盡，唯見長江天際流”的著名詩篇（唐李白《黃鶴樓送孟浩然之廣陵》，今之揚州已遠離長江）。揚州在唐代是除却長安之外的最爲繁華的大都會，商旅雲聚，青樓大興，成爲文壇才士、豪門公子醉生夢死之地。唐王建《夜看揚州市》詩贊曰：“夜市千燈照碧雲，高樓紅袖客紛紛。”詩人杜牧《遣懷》更有名作：“落魄江湖載酒行，楚腰纖細掌中輕。十年一覺揚州夢，贏得青樓薄幸名。”此“楚腰纖細掌中輕”之用典，即直涉楚靈王好細腰與趙飛燕的所謂“掌中舞”兩事。杜牧憑藉豪放而婉約的詩作，贏得百世贊頌，此詩實是一種自嘲、以書懷才不遇之作，却曾遭致史家“放浪薄情”的詬病。大唐之揚州，確是令人響往，令人心醉，故而詩人張祜有“人生只合揚州死”（見其所作《縱游淮南》）之感嘆。元代再度大修的京杭大運河弃洛陽直達北京，揚州之地位愈加顯赫。總之，世界這一最古最長的大運河歷代修建，始終離不開揚州。時至明清，揚州經濟依然十分繁盛，仍是達官貴人喜於擇居之地，兩淮鹽商亦集聚於此，富甲一方，由此振興了園林業、餐飲業，娛樂中的色情業也應運而生，養“瘦馬”就是其中的一種，一些投機者低價買進窮苦人家的美麗苗條幼女，令其學習言行禮儀、歌舞繪畫及其他媚人技能技巧，而後以高價賣至青樓或權貴豪門，大發其財。除却“揚州瘦馬”之外，又催生了著名的“揚州八怪”，文化藝術色彩愈加分明。

“揚州瘦馬”本是一種當被摒弃的陋習，不足爲訓，但這一陋習所反映出的却是關聯揚州的一種別樣的文化，反映了揚州古今社會的經濟發展與變化，這當然也是西方博物學替代不了的。

結　語

綜上所述可知，中華博物學是學術研究中的另一方天地，無可替代，必須重建，且勢在必行。如何重建？如何展現我中華博物獨有的神貌？答曰：中華博物絶非僅指博物館的收藏物，必須是全方位的，無論是宮廷裏，無論是山野間，無論是人工物，無論是天然品，無論是社會中，無論是自然界裏，皆應廣予收録考釋。考釋的主旨，乃探索我中華浩浩博物的淵源、流變。此一博物學甚重“物”的形體、屬性及其淵源流變，同時又關注其得名由來，重視兩者間的生衍關係。通常而言（非通常情況當作別論），在人類社會中有其物必當有其名，有其名亦必有其物。此外，更有同物異名，或同名異物之別。探究“物”本體的淵源流變并釐清名物關係，這就是中國古典博物學的使命，這也正是最爲嚴密的格物致知，也正是最爲嚴肅的科學體系。但中國古典博物學，又必須體現《博物記》以還的國學傳統，必須體現博大的天人視野及民胞物與情懷，有助於我中華的再度振起，乃至於世界的安寧和諧。而那些神怪虛無之物，則不得納入新的博物學中，祇能作爲附録以備考。如何具體裁定，如何通盤布局，并非易事，遠超想象。因我中華民族是喜愛并嚮往神話的古老民族，又常常憑藉豐富的想象對某種博物作出判斷與解讀，判斷與解讀的結果，除却導致無稽的荒誕之外，又時或引發別樣的思考，常出乎人們的所料，具有別樣的價值。如水族中的“比目魚”，亦稱“王餘魚”“兩鰟”“拖沙魚”“鞋底魚”“板魚”“箬葉”，俗稱“偏口魚”，爲鰈形目魚類之古稱。成魚身體扁平而闊，兩眼移於頭的另一端，習慣於側臥，朝上的一面有顏色鮮明的眼睛，朝下一面似無眼睛，先民誤以爲祇有一眼，必須相互比并而行。此一判斷與解讀，始自漢代《爾雅·釋地》：“東方有比目魚焉，不比不行。”郭璞注：“狀似牛脾……一眼，兩片相合乃得行。今水中所在有之，江東又稱爲王餘魚。”事過千載，直至明代李時珍《本草綱目》問世，盡皆認定比目魚僅有一隻眼，出行必須各藉他魚另一眼（見《本草綱目·鱗四·比目魚》）。傳統詩文中用比目魚以比喻形影不離的情侶或好友，先民爭相傳頌，百代不休，直至 1917 年徐珂的《清稗類鈔》問世，始知比目魚兩眼皆可用，不必兩兩并游（《清稗類鈔·動物篇》）。古人憑藉想象，又認爲尚有與比目魚相對應的“比翼鳥”，見於《爾雅·釋地》：“南方有比翼鳥焉，不比不飛。”這一“比翼鳥”，僅一目一翼，須雌雄并翼飛行，如同比目魚一樣，亦用以比喻形影不離的情侶或好友。“比目魚”“比翼鳥”之類虛幻者外，後世又派生了所謂“連理枝”，著名詩作有唐白居易《長恨歌》曰：“在天願爲比翼鳥，在地願爲連理枝。”何謂“連理枝”？“連理枝”是指自然界中罕見的偶然形成的枝和幹連爲一體的樹木。“連理枝”之外，又出現了“并蒂蓮”之類。“并蒂蓮”亦稱“并頭蓮”“合歡蓮”等，是指一莖生兩花，花各有蒂，蒂在花莖上連在一起的蓮花。這種“連理枝”“并蒂蓮”，難以納入下述的世界通行的階元系統，也難依照林奈創立的雙名命名法命名，但却又是一種不可忽視的實物，是大自然所形成的另一種奇妙的實物。此一“并蒂蓮”如同“比目魚”“連理枝”一樣，亦用以喻情侶或好友，同樣廣見於傳統詩文。歲月悠悠，始於遠古，達於近世，先民對於我中華博物的無限想象以及與之并行的細密觀察探索，令人嘆爲觀止，凡天地生靈、袞袞萬物，無所不及，超乎想象，從而構成了一幅文明古國的壯闊燦爛畫卷。

這當是歷經百年沉淪、今得復蘇的我國傳統的博物學，這當是重建的嶄新的全方位的中華博物學。

中華博物學除却遵循發揚傳統的名物學、訓詁學、考據學及近世的考古學之外，也廣泛汲取了當代天文、地理、生物、礦物、農學、醫學、藥學諸學的既有成就，其中動植物的本名依照世界通行的階元系統，分爲界、門、綱、目、科、屬、種七類。又依照瑞典卡爾·馮·林奈（瑞文Carl von Linné）創立的雙名命名法命名。"連理枝""并蒂蓮""比目魚""比翼鳥"之屬旁及龍、鳳、麒麟、貔貅等傳説之物，則作爲附錄，劃歸相應的動物或植物卷中。這樣的研究章法，這樣的分類與標注，避免了傳統分類及形狀描述的訛誤或不確定性，即可與國際接軌。綜合古今中外，論者認爲《中華博物通考》的研究主體，可劃歸三十六大類，依次排列如下：

《天宇》《氣象》《地輿》《木果》《穀蔬》《花卉》《獸畜》《禽鳥》《水族》《蟲豸》《國法》《朝制》《武備》《教育》《禮俗》《宗教》《農耕》《漁獵》《紡織》《醫藥》《科技》《冠服》《香奩》《飲食》《居處》《城關》《交通》《日用》《資産》《珍奇》《貨幣》《巧藝》《雕繪》《樂舞》《文具》《函籍》。

存史啓智，以文育人，乃我中華千載國風。新時代習近平總書記甚重民族自信、文化自信，極力倡導"舊邦新命"，明確指出要"盛世修文"，怎不令人振奮，令人鼓舞！今日，我輩老少三代前後聯手、辛苦三十餘載、三千餘萬言的皇皇巨著——《中华博物通考》欣幸面世，并得到國家出版基金資助。這就昭示了沉淪百載的中華傳統博物學終得復蘇，這就是重建的全新中華博物學。"舊邦新命""盛世修文"，重建博物學，旨在廣續中華文脉，發揚優秀傳統文化，汲取生生不息的精神力量，再現偉大民族的深邃智慧，展我生平志，圓我强國夢！

張述錚

乙丑夾仲首書於山東師範大學映月亭
甲辰南吕增補於歷下龍泉山莊東籬齋

總　說

——漫議重建中華博物學的歷史意義與現實價值

緣　起

《中華博物通考》（下稱《通考》）是一部通代史論性的華夏物態文化專著，係"九五""十五""十四五"國家重點出版物專項規劃項目，并得到 2020 年度國家出版基金資助。全書共三十六卷，另有附録一卷，其中有許多卷又分上下或上中下，計有五十餘册，逾三千萬字。《通考》的編纂，擬稿於 1990 年夏，展開於 1992 年春，迄今已歷三十餘載，初始定名爲《中華博物源流大典》，原分三十二門類（即三十二卷）。此後，歷經斟酌修補，終成今日規模。三十餘載矣，清苦繁難，步履維艱，而大江南北，海峽兩岸，衆多學人，三代相繼，千里聯手，任勞任怨，無一退縮，何也？因本書關涉了古老國度學術發展的重大命題，足可爲當今社會所藉鑒，作者們深知自家承擔的是何樣的重任，未敢輕忽，未敢怠慢。

何謂中華物態文化？中華物態文化的研究主體就是中華浩博實物。其歷史若何？就文字記載而言，中華物態文化史應上溯於傳説中的三皇五帝時期，隸屬於原始社會。"三皇五帝"究竟爲何人，我國史家多有不同見解，大抵有三説：一曰"人間君主説"，"三皇"分别指天皇、地皇、人皇，"五帝"分别指炎帝烈山氏、黄帝有熊氏、顓頊高陽氏、帝堯陶唐氏和帝舜有虞氏；二曰"開創天下説"，三皇分別指有巢氏、燧人氏、伏羲氏，"五帝"分別指炎帝烈山氏、黄帝有熊氏、顓頊高陽氏、帝堯陶唐氏和帝舜有虞氏；三曰"道治德化説"，認爲"三皇以道治，五帝以德治"，"三皇"是遠古三位有道的君主，分別指太昊伏羲氏、炎帝神農氏及黄帝軒轅氏，五帝則是少昊金天氏、顓頊高陽氏、帝嚳高辛氏、帝堯陶唐氏和帝舜有虞氏。有關三皇五帝的組合方式，典籍記載亦不盡相同，大抵有四種，在此不予臚列。"三皇五帝"所處時間如何劃定，學界通常認爲有巢、燧人、伏羲屬於舊石器時代，有巢、燧人爲早期，伏羲爲晚期，其餘皆屬新石器時代，炎帝、黄帝、少昊、顓頊等大致同時，屬仰韶文化後期和龍山文化早期。"三皇五帝"後期，已萌生并逐步邁進文明史時代。

中華文明史，國際上通常認定爲三千七百年（主要以文字的誕生與城邑的出現等爲標志），國人則認定爲逾五千年，今又有九千年乃至萬年之説。後者可以上溯至新石器時代，如隸屬裴李崗文化的河南省舞陽縣賈湖村出土了上千粒碳化稻米，約有九千年歷史，是世界最早的栽培粳稻種子。經鑒定其中百分之八十以上不同於野生稻，近似現代栽培稻種，可證其時已孕育了農耕文化。其中發現的含有稻米、山楂、葡萄、蜂蜜的古啤酒也有九千年以上的歷史，可證其時已掌握了釀造術。賈湖又先後出土了幾十支骨笛，也有七千八百年至九千年的歷史，其中保存最爲完整者，可奏出六聲音階的樂曲，反映了九千年前，中華民族已具有相當高度的生産力與創造力、具有相當高度的文化藝術水準與審美情趣。有美酒品嘗，有音樂欣賞，彼時已知今人所稱道的"享受生活"，當非原始人所能爲。賈湖遺址的發現并非偶然，近來上山文化晚期浙江義烏橋頭遺址，除却出土了古啤酒之外，又發現諸多彩陶，彩陶上還繪有伏羲氏族所創立的八卦圖紋飾，故而國人認爲這一時期中華文明已開始形成，至少連續了九千載。中華文明的久遠，當爲世界四大文明古國之首，徹底否定了中華文明西來之説。九千載之説雖非定論，却已引起舉世關注。此外，江西省上饒市萬年縣大源鄉仙人洞遺址發現的古陶器則産生於一萬九千至兩萬年前，又遠超前述的出土物的製作時間。雖有部分學界人士認爲仙人洞遺址隸屬於舊石器遺址，并未進入文明時代，但其也足可證中華博物史的久遠。

一、何謂"博物"與《中華博物通考》？《通考》的要義與章法何在？

何謂"博物"？"博物"一詞，首見於《左傳·昭公元年》："晋侯聞子産之言，曰：'博物君子也。'"其他典籍也時有記載，如《漢書·楚元王傳贊》："自孔子後，綴文之士衆也，唯孟軻、孫况、董仲舒、司馬遷、劉向、揚雄此數公者，皆博物洽聞，通達古今。"《周書·蘇綽傳》："太祖與公卿往昆明池觀魚，行至城西漢故倉地，顧問左右莫有知者。或曰：'蘇綽博物多通，請問之。'"以上"博物"指博通諸種事物，一般釋爲"知識淵博"。此外，《三國志·魏書·國淵傳》："《二京賦》博物之書也，世人忽略，少有其師可求。"唐釋玄奘《大唐西域記·摩臘婆國》："昔此邑中有婆邏門，生知博物，學冠時彦，内外典籍，究極幽微，曆數玄文，若視諸掌。"明王褘《司馬相如解客難》："借曰多識博物，賦頌所託，勸百而風一。"這些典籍所載之"博物"，即可釋爲今義之"浩博實物"。這一浩博實物，任一博物館盡皆無法全部收藏。本《通考》指稱的"博物"既可以是天然的，也可以是人工的；既可以是静態的，也可以是動態的；既可以是斷代的，也可以是歷時的，是古今并存，巨細俱備，時空縱横，浩浩蕩蕩，但必須是我中華獨有，或是中土化的。研究這浩蕩博物的淵源流變以及同物异名或同名异物之著述即《博物通考》，而爲與西方博物學相區别，故稱之爲《中華博物通考》。

在中國古代久有《皇覽》《北堂書鈔》等類書、《儒學警語》《四庫全書》等叢書以及《爾雅》《説文》等辭書，所涉甚廣，却皆非傳統博物典籍。本書草創之際，唯有《中國學術百科全書》《中華百科全書》《中國大百科全書》之類風行於世，這類百科全書亦皆非博物學專著。專題博物學著作甚爲罕見，僅有今人印嘉祥《物源百科辭書》，俞松年、毛大倫《生活名物史話》，抒鳴、鋭鏵《世界萬物之由來》等幾種，多者收詞約三千條，少者僅一百八十餘款，或洋洋灑灑，或鳳毛麟角，各有千秋，難能可貴。《物源百科辭書》譽稱"我國第一部物源工具書"（見該書序），此書中外兼蓄，虚實并存，堪稱廣博，惜略顯雜蕪。本《通考》則另闢蹊徑，别有建樹，可稱之爲當代第一部"中華古典博物學"。

《通考》甚重對先賢靈智的追蹤與考釋。中華民族是滿富慧心的偉大民族，極善觀察探索，即使一些不足挂齒的微末之物也未忽視，且載於典籍，十分翔實生動。如對常見的鳥類飛行方式即有以下描述：鳥學飛曰翎，頻頻試飛曰習，振翅高飛曰翥，向上直飛曰翀，張翼扶摇上飛曰翆，鳥舒緩而飛、不高不疾曰翱、曰翂，快速飛行曰翼，水上飛行曰㹥，高飛曰翰，輕飛曰翾，振羽飛行曰翻，等等，不一而足。如此細密的觀察探隱，堪稱世界之最，令人嘆服！而關於禽鳥分類學，在中國古代也有獨到見解。明代李時珍所著《本草綱目》已建立了階梯生態分類系統，將禽鳥劃分爲水禽、原禽、林禽、山禽等生態類別，具有劃時代意義。這一生態分類法較瑞典生物學家林奈的《自然系統》（第十版）中的分類要早一百六十餘年，充分展示了我國古代鳥類分類學的輝煌成就，駁正了中國傳統生物學一貫陳腐落後的舊有觀念。此外，那些目力難及、浩瀚的天體，也盡在先民的觀察探索之中，如關於南天極附近的星象，遠在漢代即有記載。漢武帝元鼎六年（公元前 111），滅南越國，置日南九郡事，《漢書》及顏注、酈道元《水經注》有關 "日南" 的定名中皆有詳述，而西方於 15 世紀始有發現，晚中國一千四百餘年。再如，關於太陽黑子，在我國漢代亦有記載，《漢書·五行志》載："日黑居仄，大如彈丸。" 其後《晋書·天文志中》亦載："日中有黑子、黑氣、黑雲。" 而西方於 17 世紀始有發現，晚於中國一千六百餘年。惜自清朝入關之後，對於中原民族，對於漢民族長期排斥壓抑，致使靈智難展，尤其是中後期以來的專制國策，遭致國弱民窮，導致久有的科技一蹶不振，於是在列強的視野下，中華民族變成了一個愚昧的 "劣等" 民族。受此影響，一些居留國外或留學國外的學人，亦曾自卑自弃，本書《導論》曾引胡適的評語：中華民族是 "又愚又懶的民族"，是 "一分像人，九分像鬼的不長進民族"（見胡適《介紹我自己的思想》，1930年 12 月亞東圖書館初版《胡適文選》自序》）。本《通考》有關民族靈智的追踪考索，巨細無遺，成爲另一大特點。

　　《通考》遵從以下學術體系：宗法樸學，不尚空論，既重典籍記載，亦重實物（包括傳世與出土文物）考察，除却既有博物類專著自身外，今將博物研究所涉文獻歸納爲十大系統：一曰史志系統，即史書中與紀傳體并列，所設相對獨立的諸志。如《禮樂志》《刑法志》《藝文志》《輿服志》等，頗便檢用。二曰政書類書系統。重在掌握典制的沿革，廣求佚書異文。三曰考證系統。如《古今注》《中華古今注》《敬齋古今黈》等，其書數量無多，見重實物，頗重考辨。四曰博古系統。如《刀劍錄》《過眼雲煙錄》《水雲錄》《墨林快事》等，這些可視爲博物研究散在的子書，各有側重，雖常具玩賞性，却足資藉鑒。五曰本草系統。其書草木蟲魚、水土金石，羅致廣博，雖爲藥用，已似百科全書。六曰注疏系統。爲古代典籍的詮釋與發揮。如《易》王弼注、《詩》毛亨傳、《史記》裴駰集解、《老子》魏源本義、《楚辭》王夫之通釋、《三國志》裴松之注、《水經》酈道元注、《世說新語》

劉孝標注等。七曰雅學系統、許學系統，或直稱之爲訓詁系統，其主體就是名物研究，後世稱爲"名物學"。八曰异名辨析系統。已成爲名物學的獨立體系。如《事物异名》《事物异名錄》等，旨在同物异名辨析。九曰說部系統。包括了古代筆記、小說、話本、雜劇之類被正統學者輕視的讀物，這是正統文化之外，隱逸文化、民間文化的淵藪，一些世俗的衣、食、住、行之類日常器物，多藉此得見生動描述。十曰文物考古系統，這是博物研究中至爲重要的最具震撼力的另一方天地，因爲這是以歷代實物遺存爲依據的，足可印證文獻的真僞、糾正其失誤，多有創獲。

二、《通考》内容究如何，今世當作何解讀？

《通考》内容極爲豐富，所涉範圍極廣，古今上下，時空縱橫，實難詳盡論說，今略予概括，主要可分兩大方面，一爲自然諸物，二爲社科諸物，兹逐一分述如下：

（一）自然諸物：包括了天地生殖及人力之外的一切實體、實物，浩博無涯，可謂應有盡有。

如"太陽""月亮"，在我中華凡是太空中的發光體（包括反射光體）皆被稱爲"星"，因此漢語在吸納現代天文學時，承襲了這一習慣，將"太陽"這類自身發光的等離子物體命名爲恒星。《天宇卷》研究的主體就是天空中的各種星象。星象就是指各種星體的位置、明暗、形狀等的變化。星象極其繁複，難以辨識。於是，在天空中位置相對穩定的恒星就成爲必要的定位標志。在人們目力所及的範圍内，恒星數以千計，先民將漫天看似雜亂無章的恒星位置相近者予以組合并命名，這些組合的星群稱之爲星宿，因而就有了三垣二十八宿之說。在远古難以對宇宙進行深入探索的時代，先民未能建立起完整的天體概念，也不知彼此的運動關係，僅憑藉直感認知，將所見的最强發光體——"太陽"本能地給予更多的關注，作出不同於西方的别樣解釋。視太陽爲天神，太陽的出没也被演繹成天神駕車巡游，而夸父追日、后羿射日等典故，則承載了諸多遠古信息。先民依據太陽的陰陽屬性、形體形象、光熱情况、時序變化、神話傳說及俗稱俗語等特點，賦予了諸多别名和异稱，其數量達一百九十餘種，如"陽精""丙火""赤輪""扶桑""東君""摩泥珠"等，可見先民對太陽是何等的尊崇。對人們習見的"月亮"，《天宇卷》同樣考釋了其异名别稱及其得名由來。今知月亮异名别稱竟達二百二十餘種，較之"太陽"所收尤爲宏富。如

"太陰""玉鏡""嬋娟""姮娥""顧兔""桂影""玉蟾蜍""清凉宫"，等等。而關於"月亮"的所見所想，所涉傳聞佳話，連綿不絕，超乎所料。掩卷沉思，無盡感慨！中華民族是一個明潔温婉、追求自由、嚮往和平、極具夢想的偉大民族。愛月、咏月、賞月、拜月，深情綿綿，與月亮别有一番不解之緣！饒有趣味者，爲東君太陽神驅使六龍馭車的義和，如同爲太陰元君駕車的望舒一樣，竟也是一位女子，可見先民對於女性的信賴與尊崇。何以如此？是母系社會的遺風流韵麽？不得而知！足證《通考》探討"博物"的意義并不衹在"博物"自身，而是關乎"博物"所承載的傳統文化。

再如古代出現的"雪""雹"之類，國人多認定與今世無多大差异，實則不然。《氣象卷》收有"天山雪""陰山雪""燕山雪""嵩山雪""塞北雪""南秦雪""秦淮雪""廬山雪""嶺南雪""犬吠雪"（偏遠的南方之雪。因犬見而驚吠，故稱），等等，這些雪域不衹在長城内外，又達於大江南北，可謂遍及全國各地，令人眼界大開。這些雪域的出現，又并非遠古間事，所見文字記載盡在南北朝之後，而"嶺南雪"竟見於明清時期，致使今人難以置信。若就人們對雪的愛惡而言，有"瑞雪""喜雪""灾雪""惡雪"；若就雪的屬性而言，有"乾雪""濕雪""霧雪""雷雪"；若就降雪時間長短而言，有"連旬雪""連二旬雪""連三旬雪""連四旬雪"；若就雪的危害而言，有"致人凍死雪""致人相食雪"等，不一而足。此外，雪另有色彩之别，本卷收有"紅雪""綠雪""褐雪""黑雪"諸文，何以出現紅、綠、褐、黑等顏色？這是由於大地上各類各色耐寒的藻類植物被捲入高空，與雪片相遇，從而形成不同色彩。對此，先民已有細微觀察，生動描述，但未究其成因。1892 年冬，意大利曾有漫天黑雪飄落，經國際氣象學家研究測定，此一現象乃是高空中億萬針尖樣小蟲，在飛翔時與雪片粘連所致。這與藻類植物被捲入高空，導致顏色的變幻同理。或問，今世何以不見彩色之雪？因往昔大地之藻類及針尖樣小蟲，由於生態環境的破壞而消失殆盡。就氣象學而言，古代出現彩雪，是正常中的不正常，現代衹有白雪，則是不正常中的正常。本卷中有關雹的考釋，同樣頗具情趣，十分精彩。依雹的顏色有"白色雹""赤色雹""黑色雹""赤黑色雹"，依形狀有"杵狀雹""馬頭狀雹""車輪狀雹""有柄多角雹"，依長度有"長徑尺雹""長尺八雹"，依重量有"重四五斤雹""重十餘斤雹"，依危害則有"傷禾折木雹""擊殺鳥雀雹""擊殺獐鹿雹""擊死牛馬雹""壞屋殺人雹"等，這些記載并非出自戲曲小説，而是全部源於史書或方志，時間地點十分明確，毋庸置疑。古今氣象何以如此不同？何以如此反常？衹嘆中國古代的科研體系多注重對現象的觀察，而不求其成因，衹是將以上現象置於史志之中，予以記載而已。本《通考》對中華“博物”的考辨，不衹是展現了大自然的原貌、大自然的古今變幻，而且也提供了社會的更迭興替和民生的禍福起落等諸多耐人尋味的思考。

另如，《水族卷》中收有棘皮動物“海參”，其物在當代國人心目中，是難得的美味佳餚和滋補珍品。《水族卷》還原其本真面貌，明確指出海參爲海洋動物中的棘皮動物門，海參綱之統稱，而後依據古代典籍，考證其物及得名由來：三國吳沈瑩《臨海水土異物志》：“土肉，正黑，如小兒臂大，中有腹，無口目……炙食。”其時貶稱“土肉”，衹是“炙食”而已。既貶稱爲“土”，又止用於燒烤而食，此即其初始的“身份”“地位”，實是無足稱道。直至明代謝肇淛《五雜俎·物部一》中，始見較高評價，并稱其爲“海參”：“海參，遼東海濱有之，一名海男子。其狀如男子勢然，淡菜之對也。其性温補，足敵人參，故名海參。”“男子勢”，舊注曰“男根”，因海參形如男性生殖器，俗名“海男子”，正與形如女性生殖器的淡菜（又稱“海牝”“東海夫人”，即厚殼貽貝）相對應。此一形似“男根”之物，何以又被重視起來？國人對食療養生素有“以形補形”的觀念，如“芹菜象筋骼，吃了骨頭硬；核桃象大腦，吃了思維靈”之類，而因海參似男根，故認定其有補腎壯陽的功能，這就是“足敵人參”的主要根據之一。謝氏在贊其“足敵人參”的同時，又特別標示了其不雅的綽號“海男子”，則又從另一側面反映了明代對於海參仍非那麼珍視，故而在其當代權威的醫典《本草綱目》中未予記載。“海參”在清朝的國宴“滿漢全席”中始露頭角，漸得青睞。本卷作者在還其本真面貌的過程中，又十分自然地釐清了海參自三國之後的異名別稱。如，“土肉”“海男子”之後，又有“虷”“沙噀”“戚車”“龜魚”“刺參”“光參”“海鼠”“海瓜”“海瓜皮”“白參”“牛腎”“水參”“春皮”“伏皮”諸稱，“虷”字之外，其他十三個異名別稱，古今辭書無一收録，唯一收録的“虷”字，又含混不清。而“海參”喻稱“海瓜”，則爲英文 sea cucumber 的中文義譯，較中文之喻稱“海男子”似有異曲同工之妙，又可證西人對海參也并不那麼重視。

全書三十六卷，卷卷不同。本書設有《珍奇卷》，別具研究價值。如“孕子石”，發現於江蘇省溧陽市蘇溧地區。此石呈灰黃色，質地堅硬，其外表平凡無奇，但當人們把石頭敲開時，裏面會滾出許多圓形石彈子，直徑 21 厘米左右，和母石相較，顔色稍淺，但成分一致。因石中另包小石，好似母石生下的子石，故稱“孕子石”。這種“石頭孕子”史志無載，首次發現，地質學家們同樣百思而不得其解，衹能“望石興嘆”。再如“預報天旱井", 位於廣西全州縣内, 每年大旱來臨前二十天, 水井會流出渾水, 長達兩天之久, 附近村民見狀, 便知大旱將臨, 便提前做好抗旱準備。此外, 該井每二十四小時漲潮六次, 每次約漲五十分鐘, 水量約增加兩倍。此井如同"孕子石"一樣, 史志無載, 首次發現, 對此井的奇特現象有關專家同樣百思不得其解, 也衹能"望井興嘆"。

（二）社科諸物：自然物外, 中華博物中的社科諸物漫布於社會生活之中, 其形成發展、古今變化, 尤爲多彩, 展現了一種別樣的國情特徵和民族靈智。

如《國法卷》, 何謂"國法"? 國法係指國家之法紀、法規。國法其詞作爲漢語語詞起源甚爲久遠, 先秦典籍《周禮·秋官·朝士》中即已出現, "國法"之"法"字作"灋", 其文曰："凡民同貨財者, 令以國灋行之, 犯令者刑罰之。"同書《地官·泉府》中又有另詞"國服", 其文曰："凡民之貸者, 與其有司辨而授之, 以國服爲之息。"此"國服"言民間貿易必須服從國法, 故稱"國服"。作爲語詞, "國法""國服"互爲匹配。國法爲人而設, 國服隨法而施, 有其法必有其服, 有法無服, 則法罔立, 有服無法, 舉世罔聞。今"國法"一詞存而未改, "國服"則罕見使用。就世界範圍而言, 中國的國法自成體系, 具有國體特色與民族精神, 故西方學者稱之爲"中華法系"或"東方法系"。本《國法卷》即以"中華法系"爲中心論題, 全面考釋, 以現其固有特色與精神。中華法系如同世界諸文明古國法系一樣, 源於宗教, 興於禮俗, 而最終成爲法律, 遂具有指令性、强制性。中華法系一經形成, 即迥異於西方, 因其從不以"永恒不變的人人平等的行爲準則"自詡, 也没有立法依據的總體理論闡釋, 而是明確標示法律應維護帝王及權貴的利益。在中國古代, 從没出現過如古希臘或古羅馬的所謂絶對公正的"自然法", 毋須在"自然法"指導下制定"實在法"。中國古代的全部法律皆爲正在施行的"實在法", 但却有不可撼動的權威理論——"君權天授"説支撑。"天", 在先民心目中是無可比擬的最神秘、最巨大的力量。"天", 莊重而仁慈, 嚴厲而公正, 無所不察, 無所不能。上自聖賢哲人, 下至黎民百姓, 少有不"敬天意"、不"畏天命"者, 帝王既稱"天子", 且設有皇皇國法, 條文森然, 何人敢於反叛? 天下黔首, 非處垂死之地, 絶不揭竿而起, 妄與"天"鬥! 故而在中國古代, 帝王擁有最高立法權與司法權, 享有無盡的威嚴與尊貴。今知西周時又强化了宗族關係, 即血緣關係。血緣關係又分爲近親、遠親、异姓之親等。血緣關係成爲一切社會關係的核心, 由血緣關係擴而廣之, 又有師生、朋友及當體恤的其他人等關係。由血緣關係又進而强化了尊卑關係, 即君臣關係、臣民關係, 這些關係較之血緣關係更爲細密, 爲此而設有"八辟"之法，規定帝王之親朋、故舊、近臣等八種人，可以享有減免刑罰之特權。漢代改稱"八議"，三國魏正式載入法典。其後，歷代常有沿襲。這一血緣關係在我國可謂根深蒂固，直至今世而未衰。爲維護這尊卑關係，西周之法典又設有《九刑》，以"不忠"爲首罪。另有《八刑》以"不孝"爲首罪。"忠"，指忠君，"孝"指孝敬父母，兩者難以分割。《九刑》《八刑》雖爲時過境遷之古法，但其倡導的"忠孝"，已成爲中華民族的一種處世觀念，一種道德規範。作爲個人若輕忽"忠孝"，則必極端自私，害及民衆；作爲執政者若輕忽"忠孝"，則必妄行無忌，危及國家。今世早已摒弃愚忠愚孝之舉，但仍然繼承并發揚了"忠孝"的傳統。"忠"不再是"忠君"，而是忠於祖國，忠於人民，或是忠於信守的理想；"孝"謂善事父母，直承百代，迄今不衰。"忠孝"是人們發自心底的感恩之情，唯知感恩，始有報恩，人間纔有真情往還，纔有心靈交融。佛家箴言警語曰"上報四重恩，下濟三途苦"（見《大乘本生心地觀經》），"四重恩"指父母恩、師長恩、國土恩、衆生恩（衆生包括動植物等一切生靈）。我國傳統忠孝文化中又融入了佛家的這一經典旨意，可謂相得益彰。"忠孝"乃我文明古國屹立不敗的根基，絕不可視之爲"封建觀念"。縱觀我中華信史可知，舉凡國家昌盛時代，必是忠孝振興歲月，古今如一，堪稱鐵律。國家可敬又可愛，所激起的正是人們的家國情懷！"忠孝"這一處世觀念，這一道德規範，直涉人際關係，直涉國家命運，成爲我中華獨有、舉世無雙的文化傳統。

　　中國之國法，并非僅靠威懾之力，更有"禮治"之宣導，而關乎禮治的宣導今人常常忽略。前已述及中華法系如同世界諸文明古國法系一樣，源於宗教，興於禮俗，由禮俗演進爲禮治，禮治早於刑法之前已經萌生。自商周始，《湯刑》《呂刑》（按，《湯刑》《呂刑》之"刑"當釋爲"法"）相繼問世，尤重"禮治"，何謂"禮治"？"禮治"指遵守禮儀道德與社會規範，破除"禮不下庶人"的舊制，將仁義禮智信作爲基本的行爲規範，《孟子·公孫丑上》曰："辭讓之心，禮之端也。""辭讓"指謙和之道，尊重他人，由"禮讓"而漸發展爲"禮制"。至西周時，"禮治"已成定制。這一立法思想備受推崇。夏商以來，三千餘載，王朝更替，如同百戲，雖脚色各异，却多高揚禮制之大旗，以期社會和諧，民生安樂。不瞭解中國之禮治，也就難以瞭解中華法制史，就難以瞭解中國文化史。此後"禮治"配以"刑治"，相輔相成，久行不衰。"禮刑相輔"何以行使？答曰：升平之世，統治者無不强調禮制之作用，藉此以示仁政；若逢亂世，則用重典，施酷刑（下將述及），軟硬兩手交替使用。這就組成了一張巨大的不可錯亂、不可逾越的法律之網，這就是中華民族百代信守的國家法制的核心，這就是中華民族有史以來建國治國之道。這一"禮刑相輔"的治國之道，迥別與西方，爲我中華所獨有，在漫長而多樣的世界法制史中居於前沿地位。

在我古老國度中，國家既已形成，於是又具有了不同尋常的歷史意義與價值觀。自先秦以來，"國家"一詞意味着莊嚴與信賴。在國人心目中，"國"與"家"難以分割，直與身家性命連爲一體，故"報效國家"爲中華民族的最高志節，而"國破家亡"則爲全民族的最大不幸。三十年前本人曾是《漢語大詞典》主要執筆者之一，撰寫"國家"條文時，已注意了先民曾把皇帝直稱爲"國家"。如《東觀漢紀・祭遵傳》："國家知將軍不易，亦不遺力。"《晋書・陶侃傳》："國家年小，不出胸懷。"稱皇帝爲"國家"，以皇帝爲國家的代表或國家的象徵，較之稱皇帝爲天子，更具親切感，更具號召力。中國歷史上的一些明君仁主也多以維護國家法制爲最高宗旨，秦皇、漢武皆曾憑藉堅定地立法與執法而國勢强盛，得以稱雄天下，這對始於西周的"八辟"之法，無疑是一大突破。本書《國法卷》第一章概論論及隋唐五代立法思想時，有以下論述：據《隋書・王誼傳》及文帝相關諸子傳載，文帝楊堅少時同王誼爲摯友，長而將第五女嫁王誼之子，相處極歡，後王誼被控"大逆不道，罪當死"，文帝遂下詔"禁暴除惡"，"賜死於家"。《隋書・文四子傳》又載，文帝三子秦王楊俊，少而英武，曾總管四十四州軍事，頗有令名，文帝甚爲愛惜，獎勵有加。後楊俊漸奢侈，違制度，出錢求息，窮治宮室，文帝免其官。左武衛將軍劉升、重臣楊素，先後力諫曰："秦王非有他過，但費官物、營廨舍而已。"文帝答曰："法不可違！"劉、楊又先後諫曰："秦王之過，不應至此，願陛下詳之。"文帝答曰："我是五兒之父，若如公意，何不別制天子兒律？"文帝四子、五子皆因違法，被廢爲庶民，文帝處置毫不猶豫，毫不留情。隋文帝身爲人君，以萬乘之尊，率先力行，實踐了"王子犯法，與民同罪"的古訓。在位期間，創建"開皇之治"，人丁大增，百業昌盛，國人視文帝爲真龍天子，少數民族則尊稱其爲聖人可汗。《國法卷》主編對歷史上身爲人君的這種舉措，有"忍割親朋私情，立法爲公"的簡要評論。這一評論對於中國這種以宗族故交爲關係網的大國而論，正是切中要害。此後，唐太宗李世民、玄宗李隆基、憲宗李純等君王皆有類似之舉，終成輝煌盛世。時至明代，面對一片混亂腐敗的吏治，明太祖朱元璋更設有"炮烙""剝皮"之類酷刑嚴法，懲治的貪官污吏達十五萬之衆，即便自家的親朋故舊，也毫不留情。如進士出身的駙馬，朱元璋的愛婿歐陽倫只因販茶違法，就直接判以死刑，儘管安慶公主及儲君朱允炆苦苦哀求，也絕不饒恕。據《明史·循吏傳序》載："〔官吏〕一時受令畏法，潔己愛民，以當上指……民人安樂、吏治澄清者百餘年。"其時，士子們甘願謀求他職，而不敢輕率爲官，而諸多官員却學會了種田或捕魚，呈現了古今難得一見的別樣的政治生態。明太祖的這類嚴酷法令雖是過當，却勝於放縱，故而明朝一度成爲世界經濟大國、經濟强國。中國歷史上的諸多建國之名君仁主，執法雖未若隋文帝之果決，未若明太祖之嚴酷，但無一不重視國家安危。這些建國名君仁主"上以社稷爲重，下以蒼生在念"（見《舊唐書·桓彦範傳》），故而贏得臣民的擁戴。今之世人多以爲帝王之所以成爲帝王，盡皆爲皇室一己之私利，祇貪圖自家的享榮華富貴而已，實則并非盡皆如此。歷代君王既已建國，亦必全力保國，并垂範後世，以求長治久安。品讀本書《國法卷》，可藉以瞭解我國固有的國情狀況，瞭解我國歷史中的明君仁主如何治理國家，其方策何在，今世仍有藉鑒價值。縱觀我國漫長的歷史進程，有的連續數代，稱爲盛世；有的衰而復起，稱爲中興；有的則二世而亡，如曇花一現。一切取決於先主與後主是否一脉相繼，一切取決於執法是否穩定。要而言之：嚴守國法，則國家興盛，嚴守國法，則社會祥和，此乃舉世不二之又一鐵律。

《國法卷》雖以國法爲研究主體，却力求超越法律研究自身，力求探索法律背後的正反驅動力量，其旨義更加廣遠。因而本卷又區別於常見的法律專著。

另如《巧藝卷》，在《通考》全書中未占多大分量，但在日常社會生活中却有無可替代的獨特地位，藉此大可飽覽先民的生活境遇和精神世界。何謂"巧藝"？古代文獻中無此定義。所謂"巧藝"，專指巧智與技藝性的娛樂及各種健身活動，同時展現了與之相應的家國關係。中華民族的"巧藝"別具特色，所涉内容十分廣泛，除却一般游戲活動外，又包涵了棋類、牌類、養生、武術、四季休閑、宴飲娛樂、動物馴化等等。細閱本卷所載，常爲古人之智巧所折服。如西漢東方朔"射覆"之奇妙，今已成千古佳話。據《漢書·東方朔傳》載，漢武帝嘗覆守宫（即壁虎）於杯盂之下，令衆方士百般揣度，各顯其能，并無一言中的者，而東方朔却可輕易解密，有如神算，令滿座驚呼。何謂"射覆"？"射覆"爲古代猜測覆物的游戲。射，揣度；覆，覆蓋。"射覆"之戲，至明清始衰，其間頗多高手。這些高手似乎出於特異功能，是古人勝於今人麽？當作何解釋？學界認爲這些高手多善《易》學，故而超乎常人，但今世精於《易》學者并非罕見，却未見有如東方朔者，何也？難以作答，且可不論，但古代對動物的馴化，又何以特別精彩，令今人嘆服？

著名的唐代象舞、馬舞，久負盛名，這些大動物似通人性，故可不論，而那些似乎笨拙的小動物，如"烏龜疊塔""蛤蟆説法"之類的馴養，也常常勝過今人，足可展現先民的巧智，"'疊塔''説法'，固教習之功，但其質性蠢蠢，非他禽鳥可比，誠難矣哉！"（見明陶宗儀《輟耕録・禽戲》）古人終將蠢蠢之蟲馴化得如此聰明可愛，藉此可見古人之扎實沉着，心智之專一，少有後世浮躁之風。目前，國人甚喜馴養，寵物遍地，却未見馴出如同上述的"疊塔"之烏龜與"説法"之蛤蟆，今之馬戲或雜技團體，爲現代專業機構，也未見絶技面世。

《巧藝卷》的條目詮釋，大有建樹，絶不因襲他人成説，明確關聯了具體事物形成的歷史淵源與社會背景。如"踏青"，《漢語大詞典》引用了唐代的書證，并稱其爲"清明節前後，郊野游覽的習俗"。本卷則明確指出，"踏青"是由遠古的"春戲"演變而來。西周時曾爲禮制。漢代已有"人日郊外踏青"之俗，同時指出"踏青"還有"游春"的別稱。《漢語大詞典》與本卷的釋文内容差異如此之大，實出常人之所料。何謂"春戲"？所有辭書皆未收録。本卷有翔實考證，兹録如下：

> 春戲：古代民間春季娛樂活動。以繁衍後代和期盼農作物豐收爲目的的男女歡會活動。始於原始社會末期，西周時仍很流行。《周禮・地官・司徒》："中春之月，令會男女。於是時也，奔者不禁。若無故而不用令者，罰之。司男女之無夫家者而會之。"《墨子・明鬼篇》："燕之有祖，當齊之社稷。宋之有桑林，楚之雲夢也，此男女之所屬而觀也。"《詩・鄭風・溱洧》："溱與洧，瀏其清矣。士與女，殷其盈矣。女曰：'觀乎？'士曰：'既且。''且往觀乎！洧之外，洵訏且樂。'維士與女，伊其將謔，贈之以芍藥。"《楚辭・九歌・少司命》："秋蘭兮糜蕪，羅生兮堂下。緑葉兮素枝，芳菲菲兮襲予。夫人兮自有美子，蓀何以兮愁苦？"戰國以後逐漸演變爲單純的春游活動"踏青"。

《巧藝卷》精心地援引了以上經典，可證在中國上古時期男女歡會非常自然，而且是具有相當規模的群體性活動。此舉在中國遠古時代已有所見，青海大通縣上孫家寨出土的舞蹈紋彩陶盆，已展現了男女携手共舞的親密生動場景，那是馬家窯文化的代表，距今已有五千年歷史，但必須明確，這并非蒙昧時期的亂性之舉。這是一種男女交往的公開宣示。前述《周禮・地官・司徒》曰："中春之月，令會男女……司男女無夫之家者而會之。"其要點是"男女無夫之家者"。這是明確的法律規定，故而作者的篇首語曰："以繁衍後代和期盼農作物豐收爲目的。"這就撥正了後世對於中國古代奴隸社會或封建社會有關男女關係的一些偏頗見解，可證本卷之"巧藝"非同一般的娛樂，所展現的是中華先民多方位的生活狀態。

三、博物研究遭質疑，古老科技又誰知？

《通考》所涉博物盡有所據，無一虛指，如繁星麗天，構成了浩大的博物學體系，千載一脉，本當生生不息，如瀑布之直下，但却似大河之九曲，時有峽谷，時有險灘，終因清廷喪權辱國、全盤西化而戛然中斷，故而迥异於西方。由於西方科技的巨大影響，致使些學人缺少文化自信，多認爲中國古老的博物學，無甚價值。豈知我中華民族從不乏才俊、精英，從不乏偉大的發明，很多祇是不知其名而已。如《淮南子·泰族訓》："欲知遠近而不能，教之以金目則快射。"漢代高誘注曰："金目，深目。所以望遠近射準也。"何謂"金目"？據高注可知，就是深目。"深目"之"深"，謂深遠也（又說稱"金目"爲黃金之目，用以喻其貴重，恐非是）。"金目"當是現代望遠鏡或眼鏡之類的始祖。"金目"其物，在古代萬千典籍中僅見於《淮南子》一書，別無他載。因屬古代統治者杜絕的"奇技淫巧"，又甚難製作，故此物宮廷不傳，民間絕踪，遂成奇品。上世紀 80 年代，揚州邗江縣東漢廣陵王劉荆墓中出土一枚凸透鏡，此鏡之鏡片直徑 1.3 厘米，鑲嵌在用黃金精製而成的小圓環内，視物可放大四五倍，此鏡至遲亦有兩千餘年的歷史。廣陵墓之外，安徽亳州曹操宗族墓等處，亦有出土。是否就是"金目"已難考證。作爲眼鏡其物，發展到宋代，始有明確的文字記載，其時稱之爲"靉靆"（見明方以智《通雅·器用·雜用諸器》引宋趙希鵠《洞天清録》）。今日學者皆將眼鏡視爲西方舶來品，一說來自阿拉伯，又說來自英國，如猜謎語，不一而足；西方的眼鏡實則是由中國傳入的，如若說是西方自家發明，也晚於中國千年之久。

"金目"其物的出現絶非偶然，《墨子》中的《經下》《經說下》已有關於光的直綫傳播、反射、折射、小孔成象、凹凸透鏡成象等連續的科學論述，這一原理的提出，必當有各式透體器物，如鏡片之類爲實驗依據，這類器物的名稱曰何今已不得而知，但製造出金目一類望遠物，是情理之中的必然結果。據上述《經下》《經說下》記載可知，早在戰國時期，先賢已有光學研究的成就，與後世西方光學原理盡同。在中國漫長的古代日常生活中，隨時可見新奇的創造發明，這類創造發明所展現的正是中國獨有的科學。《導論》中所述"被中香爐""長信宮燈"之外，更有"博山爐"（一種形似傳說中神山"博山"的香爐，當香料在爐內點燃時，烟霧通過鏤空的山體宛然飄出，形成群山蒙蒙、衆獸浮動的奇妙景象，約發明於漢代）、"走馬燈"（一種竹木扎成的傳統佳節所用風車狀燈具，外貼人馬等圖案，藉燈內點燃蠟燭的熱力引發空氣對流，輪軸上的人馬圖案隨之旋轉，投身於燈屏上，形成人馬不斷追逐、物換景移的壯觀情景，約發明於隋唐時期）之類。古老中華何止是"四大發明"？此外，約七千年前，在天灾人禍、形勢多變的時代背景之下，先民爲預測未來，指導行爲方嚮，始創有易學，形成於商周之際，今列爲十三經之首，稱爲《周易》，這是今世的科學不能完全解釋的另一門"科學"，其功用不斷地爲當世諸多領域所驗證，在我華夏、乃至歐美，研究者甚衆，本《通考》對此雖有涉及，而未立專論。

那麼，在近現代，國人又是如何對待古代的"奇技奇器"的呢？著名的古代"四大發明"，今已家喻户曉，婦幼皆知，但却如同可愛的國寶大熊猫一樣，乃是西方學者代爲發現。我仁人志士，爲喚醒"東方睡獅"，藉此"四大發明"，竭力張揚，以振奮民族精神。這"四大發明"影響非凡，但在中國傳統文化中亦無重要地位，其中"火藥"見載於唐孫思邈《丹經》，"指南針""印刷術"同見載於宋沈括《夢溪筆談》，皆非要籍鴻篇，唯造紙術見於正史，全文亦僅七十一字，緊要文字祇有可憐的四十三字（見《後漢書·宦者傳·蔡倫》）。而這"四大發明"中有兩大發明，不知爲何人所爲。

在古老中國的歷史長河中，更有另一種科學技術，當今學界稱之爲"黑科技"（意謂超越當今之科技，出於人類的想象之外。按，稱之爲"超科技"，似更易理解，更準確），那就是現代科學技術望塵莫及、無法破解的那些千古之謎。如徐州市龜山西漢楚襄王墓北壁的西邊墻上，非常清晰地顯示一真人大小的影子，酷似一位老者，身着漢服，峨冠博帶，面東而立，作揖手迎客之狀。人們稱其爲"楚王迎賓圖"。最初考古人員發掘清理棺室時，并無壁影。自從設立了旅游區正式開放後，壁影纔逐漸地顯現出來，仿佛是楚王的魂魄顯靈，親自出來歡迎來此參觀的游人一樣。楚襄王名劉注，是西漢第六代楚王，死後葬於此。劉注墓還有五謎，今擇其三：一、工程精度之謎。龜山漢墓南甬道長 55.665 米，北甬道長爲 55.784 米，沿中綫開鑿，最大偏差僅爲 5 毫米，精度達 1/10000；兩甬道相距 19 米，夾角 20 秒，誤差爲 1/16000，其平行度誤差之小，大約需要從徐州一直延伸到西安纔能使兩甬道相交。按當時的技術水準，這樣的墓道是何人如何修建的？二、崖洞墓開鑿之謎。龜山漢墓爲典型的崖洞墓，其墓室和墓道總面積達到 700 多平方米，容積達 2600 多立方米，幾乎掏空了整個山體。勘察發現，劉注墓原棺室的室頂正對着龜山的最高處，劉注府庫中的擎天石柱也正位於南北甬道的中軸綫上。龜山漢墓的工程人員是利用什麽樣的勘探技術掌握龜山的山體石質和結構？三、防盜塞石之謎。南甬道由 26 塊塞石堵塞，分上下兩層，每塊重達六至七噸，兩層塞石接縫非常嚴密，一枚硬幣也難以塞入。漢墓的甬道處於龜山的半山腰，當時生產力低下，人們是用什麽方法把這些龐大的塞石運來并嵌進甬道的？今皆不得而知。

斷言"中國古代祇有技術而没有科學"者，對中國歷史的瞭解實在是太過膚淺，并不瞭解在中國古代不祇有科技，而且竟然有超越科學技術的"黑科技"。

四、當世灾難甚可懼，人間正道何處覓？

在《通考》的編纂過程中，常遇到的重要命題，那就是以上論及的"科技"。今之"科技"，在中國上古曾被混稱爲"奇技奇器"，直至清廷覆亡，迄未得到應有的重視，導致國勢衰微，外寇侵略，民不聊生。這正是西方視之爲愚昧落後，敢於長驅直入，爲所欲爲的原因。因而一個國家、一個民族，要立於不敗之地，必須擁有自家的科技！世人當如何評定"科技"？如何面對"科技"？本書《導論》已有"道器論"，今《總説》以此"道器論"爲據，就現代人類面臨的種種危機，論釋如下：

何謂"道器"？所謂"道"是指形成宇宙萬物之原本，是形成一切事理的依據與根由。何謂"器"？"器"即宇宙間實有的萬物，包括一切科技，一切發明，至巨至大，至細至微，充斥天地間，而盡皆不虛。科技衍生於器，驗證於器，多以器爲載體，是推進或毀壞人類社會的一種無窮力量，故而又必須在人間正道的制約之下。此即本書道器并重之緣由，或可視爲天下之通理也。英國自 18 世紀第一次工業革命以來，其科學技術得以高速而全方位地發展，引起西方乃至全世界的密切關注與重視，影響廣遠。這一時期，英帝國統治者睥睨全球，居高臨下，自我膨脹，發表了"生存競争，勝者執政"等一系列宏論；托馬斯·馬爾薩斯的《人口論》亦應時而起，其核心理論是："貧富強弱，難以避免。承認現實，存在即合理。"甚而提出"必須控制人口的大量增長，而戰争、饑荒、瘟疫是最後抑制人口增長的必要手段"（這一理論在以儒學爲主體的傳統文化中被視爲離經叛道，滅絕人性，而在清廷走投無路全面西化之後，國人亦有崇信者，直至 20 年代初猶見其餘緒）。在這樣的時代背景下，查爾斯·達爾文所著《物種起源》得以衝破基督教的束縛，順利出版，暢行無阻。該書除却大量引用我國典籍《齊民要術》《天工開物》與《本草綱目》之外，還鄭重表明受到馬爾薩斯《人口論》的啓示和影響。《物種起源》的問世，形成了著名的進化理論："物競天擇、優勝劣汰，弱肉強食，適者生存。"（近世對其學説已有諸多評論，此略）進化學説在人們的社會生活中留下了深刻的印迹，在世界範圍内引起巨大反響，當時英國及其他列強利用了自然界"生存法則"的進化理論，將其推行於對外擴張的殖民戰争中，打破了世界原有生態格局，在巨大的聲威之下，暢行無阻，遍及天下。縱觀人類的發展史，尤其是近世以來的發展史可知，科技的高下決定了國家的強弱，以強凌弱，已成定勢，在高科技強國的聲威之下，無盡的搜羅，無盡的采伐，無盡的探測實驗（包括核試驗），自然資源和自然環境漸遭破壞，各種弊端漸次顯露。時至 20 世紀中後期，以原子能、電子電腦、信息技術、空間技術等發明和應用爲標志、第三次科技革命的到來，學界稱之爲"科技革命的紅燈時刻"，其勢如風馳電掣，所向披靡，人類社會發生了翻天覆地的變化，時至 21 世紀，又凸顯了另一灾難，即瘟疫肆虐，病毒猖獗，危及整個人類。這一系列禍患緣何而生？天灾之外，罪魁爲人。何也？世間萬種生靈，習性歸一，盡皆順從於大自然，但求自身生息而已，别無他求，而作爲"萬物之靈"的人類，在茹毛飲血，跨越耕獵時代之後，却欲壑難填，毫無節制！爲追求享樂、滿足一己之貪婪，塗炭萬種生靈，任你山中野外，任你江面海底，任你晝藏夜出，任你天飛地走，皆得作我盤中佳餚。閑暇之日，又喜魚竿獵槍，目睹异類掙扎慘死，以爲暢快，以爲樂趣，若爲一己之喜慶，更可"磨刀霍霍向猪羊"，視之爲正常！"萬物之靈"的人類，永無休止，地表搜刮之外，還有地下的搜索挖掘，如世界著名的南非姆波尼格金礦，雖其開采僅起始於百年前，憑藉當代最先進的科技，挖掘深度已超 4000 米（我國的招遠金礦，北宋真宗年間已進行開采，至今深度不過 2000 米左右），現有 370 千米軌道，用以運送巨大的設備與成噸重的礦石，而每次開采都必須用兩千多公斤的炸藥爆破，可謂地動山摇！金礦之外，又有銀礦、鐵礦、銅礦、煤礦、水晶礦（如墨西哥的奈咯水晶洞，俗稱"神仙水晶礦"，其中一根重達 50 噸，挖出者一夜暴富），種種礦藏數以萬計。此外尚有對石油、純净水，乃至無形的天然氣等的無盡索取，山林破壞，大地沙化，水污染、大氣污染、核污染，地球已是百孔千瘡，而挖掘索取，仍未甘休，愈演愈烈，故今之地球信息科學已經發現地球性能的變异以及由此帶來可怕的全球性灾難。今日世界，各國執政者憑仗高科技，多是從一國、一族或一己之私利出發，或結邦，或聯盟，爭强鬥勝，互不相顧，國際關係日趨惡化，人類時刻面臨可怕的威脅，面臨毁滅性的核戰爭。凡此種種，怎不令人憂慮，令人悲痛？故而有學者宣稱："科技確實偉大，也確實可怕。一旦失控，後患無窮。"又稱："人類擁有了科技，必警惕成爲科技的奴隸。"此語并非危言聳聽，應是當世的警鐘，因爲人類面對强大的科技，常常難以自控，這是科技發展必然的結果。而作爲"萬物之靈"的人類，具有高智慧，能够擁有高科技，確乎超越了萬物，居於萬物主宰的地位，而執政者一旦擁有失控的權力，肆意孤行，其最終結局必將是自戕自毁，必將與萬物同歸於盡。一言以蔽之，毁滅世界的罪魁禍首是人類自己，而并非他類。

　　面對這多變的現實與可怕的未來，面對這全球性的灾難，中外科學家作了不懈努力，而收效甚微。1988 年 1 月，七十五位諾貝爾獲獎者及世界著名學者齊聚巴黎，探討了 21 世紀科學的發展與人類面臨的種種難題，提出了應對方略。在隆重的新聞發布會上，瑞典物理學家漢内斯·阿爾文發表了鄭重的演説："如果人類要在 21 世紀生存下去，必須回頭到兩千五百年前去汲取孔子的智慧。"（見 1988 年 1 月 24 日澳大利亞《堪培拉時報》原文——《諾貝爾獎獲得者説要汲取孔子的智慧》）這是何等驚人的預見，又是何等嚴正的警示！這七十五位諾貝爾獲獎者没有一位是我華夏同胞，他們對孔子的認知與崇敬，非常客觀，非常深刻，超乎我們的想象。這種高屋建瓴式的睿智呼籲，振聾發聵，可惜并没有警醒世人，也没有引起足够多的各國領導人的重視。

　　人類爲了自救，不能不從人類自身發展史中尋求答案。在人類發展史中，不乏偉大的聖人，孔子是少有的没有被神化、起於底層的聖人（今有稱其爲"草根聖人"者），他生於春秋末期，幼年失父，家境貧寒，又正值天下分裂，戰亂不斷，在這樣的不幸世道裏，孔子及其弟子大力宣導"克己復禮"，這是人類歷史上最切實際的空前壯舉。何謂"禮"？《説文·示部》曰："禮，履也。所以事神致福也。"禮本來是上古祭祀鬼神和先祖的儀式。史稱文、武、成王、周公據禮"以設制度"，此即"周禮"。"周禮"的内容極爲廣泛，舉凡國家的政治、經濟、軍事、行政、法律、宗教、教育、倫理、習俗、行爲規範，以及吉、凶、軍、賓、嘉五類禮儀制度，均被納入禮的範疇。周禮在當時社會中的地位與指導作用，《禮記·曲禮》中有明確記載："分争辯訟，非禮不决；君臣上下、父子兄弟，非禮不定；宦學事師，非禮不親；班朝治軍、涖官行法，非禮威嚴不行。"當然也維護了"君臣朝廷尊卑貴賤之序，下及黎庶車輿衣服宮室飲食嫁娶喪祭之分"（見《史記・禮書》），這符合於那個時代的階級統治背景。孔子提出"克己復禮"，期望世人克服一己之私欲，以應有的禮儀禮節規範自己的言行，建立一個理想的中庸和諧社會，這已跨越了歷史局限。孔子的核心思想是"敬天愛人"，何謂"敬天"？孔子強調"巍巍乎唯天爲大"（見《論語・泰伯》），又曰："天何言哉？四時行焉，百物生焉，天何言哉！"（見《論語・陽貨》）孔子所言之"天"，并非指主宰人類命運的上蒼或上帝，并非是孔子的迷信，因"子不語怪力亂神"（見《論語・述而》）。孔子認爲四季變化、百物生長，皆有自己的運行規律，人類應謹慎遵從，應當敬畏，不得違背。孔子指稱的"天"，實則指他所認知的宇宙。此即孔子的天人觀、宇宙觀。"巍巍乎唯天爲大"，在此昊天之下，人是何樣的微弱，面臨小小的細菌、病毒，即可淒淒然成片倒下。何謂"愛人"？孔子推行"仁義之道"，何謂"仁"？子曰："仁者，愛人！"（《論語・顏淵》）即人人相親、相愛。又曰："己所不欲，勿施於人。"意即重正義，絕不損人利己。何謂"義"？"義"指公正的道理、正直的行爲。子曰："不義而富且貴，於我如浮雲。"（見《論語・述而》）這就是孔子的道德觀與道德規範，當作爲今世處理人與自然、人與社會的規範與行動指南。其弟子又提出"親親而仁民，仁民而愛物"（見《孟子・盡心上》），漢代大儒又有"天人之際，合而爲一"的主張（董仲舒在《春秋繁露・深察名號》中，爲維護皇權的需要而建立了皇權天授的觀念），這種主張已遠遠超越了維護皇權的需要，成爲了一種可貴的哲理。時至宋代，大儒張載再度發揚孟子"親親而仁民，仁民而愛物"的襟懷，又有"民吾同胞，物吾與也"（見其所著《西銘》）之名言箴語，即將天下所有的人皆當作同胞，世間萬物盡視爲同類，最終形成了著名的另一宏大的儒學系統，其主旨則是"天人合一"論。何謂"天人合一"？"天人合一"有兩層意義：一曰天人一致，天是一大宇宙，人則如同一小宇宙，也就是說人類同天體各有獨立而相似之處；二是天人相應，這是說人與天體在本質上是相通的，是相互相連的。因此，一切人事應順乎自然規律，從而達到人與自然的和諧。達到人與自然的和諧統一，當作爲今世處理人與自然、人與社會的明確規範與行動指南。這是真正的"人間正道"，唯有遵循這一"人間正道"，人際關係纔能融洽，社會纔能和諧，天下纔能太平。

古老中國在形成"孔子智慧"之前，早已重視人與自然的關係。約在七千年前，我中華先祖已能夠通過對於蟲鳥之類的物候觀察，熟練地確定天氣、季節的變幻，相當完美地適應了生産、生活、繁衍發展的需求，這一遠古的測算應變之舉，處於世界領先地位。約四千年前，夏禹之時，已建有令今人嚮往的廣袤的綠野濕地。如《書·禹貢》即記載了"雷夏""大野""彭蠡""震澤""菏澤""孟豬""豬野""雲夢"諸澤的形成及其利用情況，如其中指出："淮海惟揚州，彭蠡既豬（瀦），陽鳥攸居；三江既入，震澤底定。篠簜既敷，厥草惟夭，厥木惟喬……厥貢惟金三品，瑶琨篠簜，齒革羽毛，惟木。"這是説揚州有彭蠡、震澤兩方綠野濕地，適合於鴻雁類禽鳥居住，適合於篠竹（箭竹）、簜竹（大竹）生長，青草繁茂，樹木高大，向君主進貢物品有金銀銅等三品，又有瑶琨美玉、箭竹、大竹以及象齒皮革與孔雀、翡翠等禽鳥羽毛。所謂"大禹治水"，并非衹是被動的抗災自救，實則是大治山川，廣理田野，調整人與大自然的關係，使之相得益彰。《逸周書·大聚解》又載，夏禹之時"且以并農力，執成男女之功，夫然則有生不失其宜，萬物不失其性，人不失其事，天不失其時……放此爲人，此謂正德"，此即所謂夏禹"劃定九州"之功業所在。其中"放此爲人，此謂正德"的論定，已蘊含了後世儒家初始的"天人合一"的觀念。西周初期，已設定掌管國土資源的官職"虞衡"，掌山澤者謂"虞"，掌川林者稱"衡"（見《周禮·天官·太宰》及賈疏）。後世民衆，繼往開來，對於保護生態環境，保護大自然，采取了各種措施，又設有專司觀察氣象、觀察環境的機構，并有方士之類的"巫祝史與望氣者"，多管道、多方位進行探測研究，從而防患於未然。《墨子·號令篇》（一説此篇非墨子所作，乃是研究墨學者取以益其書）曰："巫祝史與望氣者，必以善言告民，以請（讀爲'情'）上報守（一説即太守），上守獨知其請（情）。無［巫］與望氣，妄爲不善言，驚恐民，斷弗赦。"這裏明確地指出，由"巫祝史與望氣者"負責預告各種灾情，但不得驚恐民衆，否則即處以重刑，絕不饒恕。愛惜生態，保護自然，這是何樣的遠見卓識，這又是何樣的撫民情懷！

是的，自夏禹以來，先民對於大自然、對於與蒼生，有一種别樣的愛惜、保護之舉措，防範措施非常細密，非常全面而嚴厲。《逸周書·大聚解》有以下記載：夏禹時期設定禁令，大力保護山林、川澤，春季不准帶斧頭上山砍伐初生的林木；夏季不准用漁網撈取幼小的魚鼈，此即世界最早的環境保護法。《韓非子·內儲説上》又載：殷商時期，在街道上揚弃垃圾，必斬斷其手。西周時又有更爲具體規定：如，何時可以狩獵，何時禁止狩獵，何樣的動物可以獵殺，何樣的動物禁止獵殺；何時可以捕魚，何時禁止捕魚，何樣的魚可以捕取，何樣的魚禁止捕取，皆有明文規定，甚而連網眼的大小也依季節不同而嚴予區别。并特别強調：不准搗毁鳥巢，不准殺死剛學飛的幼鳥和剛出生的幼獸。春耕季節不准大興土木。《禮記·月令》又載："毋變天之道，毋絕地之理，毋亂人之紀。"這一"毋變""毋絕""毋亂"之結語，更是展現了後世儒家宣導并嚮往的"天人合一"說。至春秋戰國之際，法律法規的範圍更加全面，特別嚴厲。這一時期已經注意到有關礦山的開發利用，若發現了藏有金銀銅鐵的礦山，立即封禁，"有動封山者，罪死而不赦。有犯令者，左足入，左足斷，右足入，右足斷"（見《管子·地數》）。古人認爲輕罪重罰，最易執行，也最見成效，勝過重罪重罰。這些古老的嚴厲法令，雖是殘酷，實際却是一聲斷喝，讓人止步於犯罪之前，因而犯罪者甚微。這就最大限度地保護了大自然，同時也最大限度地保護了人類自己。而早在西周建立前夕，又曾頒布了令人欽敬的《伐崇令》："文王欲伐崇，先宣言曰……令毋殺人，毋壞室，毋填井，毋伐樹木，毋動六畜，有不如令者，死無赦！崇人聞之，因請降。"（見漢劉向《說苑·指武》）這是指在殘酷的血火較量中，對於敵方人民、財産及生靈的愛惜與保護。我中華上古時期這一《伐崇令》，是世界戰爭史中的奇迹，是人類應永恒遵守的法則！當今世界日趨文明，闊步前進，而戰爭却日趨野蠻，屠殺對方不擇手段，實是可怖可悲！我華夏先祖所展現的這些大智慧、大慈悲，爲後世留下了賴以繁衍生息的楚山漢水，留下了令人神往的華夏聖地，我國遂成爲幸存至今、世界唯一的文明古國。

五、筆墨革命難預料？卅載成書又何易？

《通考》選題因國内罕見，無所藉鑒，期望成爲經典性的學術專著，難度之大，出乎想象，初創伊始，即邀前輩學者南京大學老校長匡亞明先生主其事。這期間微信尚未興起，寧濟千里，諸多不便，盛岱仁、康戰燕伉儷滿腔熱情，聯絡於匡老與筆者之間，得到先生的熱情鼓勵與全力支持，每逢疑難，必親予答復，但表示難做具體工作，在經濟方面也難以爲力。因爲先生於擔任國家古籍整理領導小組組長之外，又全面主持南京大學中國思想家研究中心的工作，正在編纂《中國思想家評傳》，百卷書稿須親自逐一審定，難堪重任。筆者初赴南大之日，老人家親自接待，就餐時當場現金付款，没有讓服務員公款記賬，筆者深受感動，終生難以忘懷。此後在匡老激勵之下，筆者全力以赴，進而邀得數百作者并肩携手，全面合作，并納入國家"九五"重點出版規劃中。1996年12月，匡老驟然病逝，筆者悲痛不已，孤身隻影，砥礪前行，本書再度確定爲國家"十五"重點出版規劃項目，并將初名更爲今名。那時，作者們盡皆恪守傳統著述方式，憑藏書以考釋，藉筆墨以達志。盛暑寒冬，孜孜矻矻，無敢逸豫。爲尋一詞，急切切，一目十行，翻盡千頁而難得；爲求善本，又常千里奔波，因限定手抄，不得複印，纍日難歸！諸君任勞任怨，潛心典籍，閲書，運筆，晝夜伏案，恂恂然若千年古儒。至上世紀末，一些年輕作者已擁有個人電腦，各種信息，數以億計，中文要籍，一覽無餘，天下藏書，“千頃齋”“萬卷樓”之屬，皆可盡納其中，無須跋涉遠求。搜集檢索，祇需“指點”，瞬息可得；形成文章，亦祇需“指點”，頃刻可就。在這世紀之交，面臨書寫載體的轉換，老一輩學人步入了一個陌生的电腦世界，遭遇了空前的挑戰。當代作家余秋雨在其名篇《筆墨祭》中有如下陳述：“五四新文化運動就遇到過一場載體的轉換，即以白話文代替文言文；這場轉換還有一種更本源性的物質基礎，即以‘鋼筆文化’代替‘毛筆文化’。”由“毛筆文化”向“鋼筆文化”的轉換，經歷了漫長的數千載，而今日再由“鋼筆文化”向“電腦文化”轉換，却僅僅是二十年左右，其所彰顯的是科學技術的力量、“奇技奇器”的力量。作家所謂的“筆墨”，係指毛筆與烟膠之墨，《筆墨祭》祇在祭五四運動之前的“毛筆文化”。今日當將毛筆文化與鋼筆文化并祭，乃最徹底的“筆墨祭”。面對這世紀性的“筆耕文化”向“電腦文化”的轉換，面對這徹底的“筆墨祭”，老一輩學人没有觀望，没有退縮，同青年作者一道，毅然決然，全力以赴，終於跟上了時代的步伐！筆者爲我老一輩學人驕傲！回眸曩日，步履維艱，隨同筆墨轉型，書稿也隨之經歷了大修改、大增補，其繁雜艱辛，實難言喻。天地逆旅，百代過客，如夢如幻，三十餘年來，那些老一輩學人全部白了頭，却無暇“含飴弄孫”，又在指導後代參與其事。那些“知天命”之年的碩博生導師們皆已年過花甲，却偏喜“舞文弄墨”，又在尋覓指導下一代弟子同步前進。如此前啓後追，無怨無悔，這是何樣的襟懷？憶昔乾嘉學派，人才輩出，時有“高郵王父子，棲霞郝夫婦”投入之佳話，今《通考》團隊，於父子合作、夫婦合作之外，更有舉家投入者，四方學人，全力以赴。但蒼天無情，繼匡老之後，另有幾位同仁亦撒手人寰。上海那位《天宇卷》主編年富力强，却在貧病交加、孩子的驚呼聲中，英年早逝。筆者的另一位老友爲追求舊稿的完美，於深夜手握鼠標闃然永訣，此前他的夫人曾勸其好好休息，答說“我没有那麼多時間”！可謂鞠躬盡瘁，死而後已，這又是何樣的壯志，思之怎能不令人心酸！這就是我的同仁，令我驕傲的同仁！

　　自 2012 年之後，因面臨多種意外的形勢變化，筆者連同本書回歸原所在單位山東師範大學，于是增加了第一位副總主編——文學院副院長、古籍整理研究所所長韓品玉，解決了編務與財力方面的諸多困難，改變了多年來的孤苦狀況。時至 2017 年春，爲盡快出版、選定新的出版社，又增加了天津人民出版社總編輯、南開大學客座教授陳益民，中國職工教育研究院常務副院長、全國職工教育首席專家俞陽，臺北大學人文學院東西哲學與詮釋學研究中心主任賴賢宗教授三位爲副總主編，於是形成了現今的編纂委員會。

　　在全書編纂過程中，編纂委員會和學術顧問，以及分卷正副主編、主要作者所在單位計有：中國國家博物館、中國國家圖書館、中央文史研究館、中國佛教圖書文物館、全國總工會、中聯口述歷史研究中心、河北省文物與古建築保護研究院、河北省文物考古研究院、河北閱讀傳媒有限責任公司、北京大學、浙江大學、南京大學、南京師範大學、東北師範大學、鄭州大學、河北大學、河北師範大學、河北醫科大學、廈門大學、佛山大學、山東大學、中國海洋大學、山東師範大學、曲阜師範大學、山東中醫藥大學、濟南大學、山東財經大學、山東體育學院、山東藝術學院、山東工藝美術學院、山東省社會科學院、山東博物館、山東省圖書館、山東省自然資源廳、山東省林業保護和發展服務中心、濟南市園林和林業綠化局、濟南市神通寺、聊城市護國隆興寺、臺北大學、臺灣成功大學、臺灣大同大學、臺北中國文化大學、臺灣中華倫理教育學會，以及澳大利亞國立伊迪斯科文大學等，在此表示由衷的謝忱！

　　本書出版方——上海交通大學領導以及上海交通大學出版社領導，高瞻遠矚，認定《通考》的編纂出版，不祇是可推動古籍整理、考古研究的成果轉化，在傳承歷史智慧，弘揚中華文明，增强民族凝聚力和認同感，彰顯民族文化自信等各個方面具有重要意義。出版方在組織京滬兩地專家學者審校文字的同時，又付出時間精力，投入了相當的資金，增補了不少插圖，這些插圖多來自古籍，如《考工記解》《考工記圖解》《考工記圖説》《考古圖》《續考古圖》《西清古鑑》《西清續鑑》《毛詩名物圖説》《河工器具圖説》等等，藉此亦可見出版方打造《通考》這一精品工程的決心。而山東師範大學各級領導同樣十分重視，社科處高景海處長一再告知筆者："需要辦什麼事情，儘管吩咐。"諸多問題常迎刃而解，可謂足智善斷。筆者所屬文學院孫書文院長更親行親爲，給予了全面支持，多方關懷，令筆者備感親切，深受鼓舞，壯心未老，必酬千里之志。此前，著名出版家和龔先生早已對本書作出權威鑒定，并建議由三十二卷改爲三十六卷。本書在學術界漂游了三十餘載終得面世，并引起學界的關注。今有國人贊之曰：《通考》是中華優秀傳統文化創造性轉化、創新性發展的優异成果，是一部具有極高人文價值的通代史論性的華夏物態文化專著，凝聚了中華民族的深層記憶，積澱了民族精神和傳統文化的精髓。又有國際友人贊之曰：《通考》如同古老中國一樣，是世界唯一一部記述連續數千載生機盎然的人類生活史。國內外的評論衹是就本書的總體面貌而言，但細予探究，缺憾甚爲明顯，因本書起步於三十餘年前，三十餘年以來，學術界有諸多新的研究成果未得汲取，田野考古又多有新的發現，國內外的各類典藏空前豐富，且檢索方式空前便捷，而本書作者年齡與身體狀況又各自不同，多已是古稀之年，或已作古，或已難執筆，交稿又有先後之別，故而三十六卷未能統一步伐與時俱進，所涉名物，其語源、釋文難能確切，一些舊有地名或相關數據，亦未及修改，而有些同物異名又未及增補。這就不能不有所抱憾，實難稱完美！以上，就是本書編纂團隊的基本面貌，也是本書學術成就的得失狀況。

　　筆者無盡感慨，卅載一瞬渾似夢，襟懷未展，鬢髮盡斑，萬端心緒何曾了？長卷浩浩，古奧繁難，有幾多知音翻閱？何處求慰藉？人道是紅袖衹揾英雄泪！歲月無情，韶光易逝，幾位分卷主編未見班師，已倏而永別，何人知曉老夫悲苦心情？今藉本書的面世，聊以告慰匡老前輩暨謝世的同仁在天之靈！

張述錚

　　　　　　　丙子中呂初稿於山東師範大學映月亭
　　　　　　　甲辰南呂增補於歷下龍泉山莊東籬齋

凡　例

　　一、本書係通代史性的中華物態文化學術專著，旨在對構成中華博物的名物進行考釋。全書三十六卷，另有附錄一卷。各卷之基本體例：第一章爲概論，其後據内容設章，章下分節，爲研究考釋文字，其下分列考釋詞目。

　　二、本書所涉博物，分兩種類型：一曰"同物异名"，二曰"同名异物"。前者如"女墻"，隨從而來者有"女垣""女堞""女陴""城堞""城雉""陴堞"等，盡皆爲"女墻"的同物异名；後者如"衸"，其右上分别角標有阿拉伯數字，分别作"衸¹"（指衣襟）、"衸²"（指衣服胸前交領部分）、"衸³"（指衣服兩旁掩裳際處）、"衸⁴"（指衣袖）、"衸⁵"（指下裳）等，皆爲"衸"的同名异物。

　　三、各卷詞目分主條、次條、附條三種。次條、附條的詞頭字型較主條小，并用【　】括起。主條對其得名由來、産生年代、形制體貌、歷史演進做全面考釋，然後列舉古代文獻或實物爲證，并對疑難加以考辨，或列舉諸家之説；次條往往僅用作簡要交代，補主條不足，申説相佐；附條一般衹用作説明，格式如即"××"、同"××"、通"××"、"××"之單稱、"××"之省稱，等等。

　　四、各卷名物，或見諸文獻記載，或見諸傳世實物，循名責實，依物稽名，於其本稱、别稱、單稱、省稱，務求詳備，代稱、雅稱、謔稱、俗稱、譯稱，旁搜博采。因中華博物的形成、演化有自身規律，實難做人爲的斷代分割。如"朝制"之類名物，隨同帝王的興起而興起，隨同帝王的消亡而消亡，因而其下限達於辛亥革命；"禮俗"之類名物起源於上古，其流緒直達今世；而"冠服"之類名物，有的則起源甚晚，如"中山裝"之類。故各卷收詞時限一般上起史前，下迄清末民初，有的則可達現當代。

五、各卷考釋條目中的文獻書證一般以時代先後爲序；關乎名物之最早的書證，或揭示其淵源成因之書證，尤爲本書所重，必多方鉤索羅致；二十五史除却《史記》《漢書》外，其他諸史皆非同朝人編纂，其書證行用時間則以書名所標時代爲準；引書以古籍爲主，探其語源，逐其流變，間或有近現代書證爲後起之語源者，亦予扼要采用。所引典籍文獻名按學術界的傳統標法。如《詩》不作《詩經》，《書》不作《尚書》，《説文》不作《説文解字》等；若作者自家行文爲了强調或區別於他書，亦可稱《詩經》《尚書》《説文解字》等。文獻卷次用中文小寫數字：不用"千""百""十"，如卷三三一，不作卷三百三十一；"十"作〇，如卷四〇，不作卷四十。

六、本書使用繁體字。根據 1992 年 7 月 7 日新聞出版署、國家語言文字工作委員會發布的《出版物漢字使用規定》第七條第三款、2001 年 1 月 1 日施行的《中華人民共和國通用語言文字法》第二章第十七條第五款之規定，本書作爲大量引徵古籍文獻的考釋性學術專著，既重視博物的源流演變，又重視對同物异名、同名异物的考辨，故所有考釋條目之詞頭及文獻引文，保留典籍原有用字，包括异體字，除明顯錯別字（必要時括注正字訂誤）之外，一仍其舊。其中作者自家釋文，則用正體，不用异體，但關涉次條、附條等异體字詞頭等，仍予保留。繁體字、异體字的確定，以《規範字與繁體字、异體字對照表》（國發〔2013〕23 號附件一）及《通用規範漢字字典》爲依據。

七、行文叙述中的數字一律采用漢字小寫，但標示公元紀年及現代度量衡單位時，用阿拉伯數字。如"三十六計"，不作"36 計"；"36 米"，不作"三十六米"。

八、各卷對所收考釋詞條設音序索引，附於卷末，以便檢索。

目　録

序 言

　　《中華博物通考》（下稱《通考》）是一部通代史論性的華夏物態文化專著，係"十四五"國家重點出版物出版專項規劃項目，并得到 2020 年度國家出版基金資助。全書共三十六卷，另有附錄一卷，達三千萬字，《花卉卷》即其中的一卷。

　　何謂"花卉"？簡而言之，泛指花與草。本卷指稱的花卉，既有天然野生的，也有人工培育的，但以人工栽培具有觀賞價值的草本植物爲主體。其中包括了一些具藥用、食用或其他用途，不以觀賞價值見長之植物，也偶有一些不具任何實用價值，甚至先民厭惡有加，欲除之務盡而古籍中屢見記載者。其中有一些無甚價值的野草，又常寓有別種涵義。如"千里草"本指其漫延野外千里之遠，但在漢代却另有所指。若漢王粲《英雄記》曰"時有童謠曰'千里草，何青青，十日卜，猶不生。'"乍一聽，難解其義，"千里草"實爲"董"，"十日卜"爲"卓"。此童謠暗示漢獻帝時董卓權盛一時，以臣凌君，迅速敗亡，落得"不得生"的結局。因爲本卷編者着眼於中國古代文化之傳承，着眼於其不容忽視之史料價值，因之更具中華特色，更具學術研究價值。本卷明顯地區別於今世流行的花卉鑒賞類著作。

　　本卷簡要明確地設爲三章，第一章爲《概論》，下分"花卉名義、淵源及價值"等九節；第二章爲《花説》，下分"一二年生草本考"與"多年生草本考"二節；第三章爲《卉説》，下分"一二年生草本考"與"多年生草本考"二節。爲反映今時花卉發展的迅猛態勢，附録部分又特加了《當代時尚花卉考》。

本卷之《概論》爲全卷之綱領，除却對"花卉名義、淵源及其價值"做了通論性的考釋外，又詳盡地論述了花卉的分期，即花卉之自然生長與試植期（新石器時代）、花卉栽培之始發期（夏商周時代）、花卉栽培漸進期（秦漢時代）、花卉栽培漸盛期（魏晋南北朝時代）、花卉栽培興盛期（隋唐兩宋時代）、花卉迴蕩驟起期（元明清民國時代）、花卉振興繁榮期（中華人民共和國成立以來），共七個時期。自然生長與試植期以《孟子・滕文公上》、明董斯張《廣博物志・草木一》引《路史》等典籍爲據，復以河姆渡文化、仰韶文化、半坡文化等遺址中出土之陶片圖像及刻畫符號爲佐證，甚爲有力。花卉始發期、漸進期、漸盛期、興盛期、迴蕩驟起期及振興繁榮期，則盡皆臚舉歷代文獻的具體切實的記載，或爲經史及其注疏，或爲雅學、許學系列，或爲本草譜緒，或爲湖山園藝記叙，或爲專科專題著述。面對浩博文獻，編著者頗善決斷，力擇其有代表性者。對於罕見之上古文獻，不得不引證時，則必加客觀評語，用詞審慎，絶不附會盲從。如始發期之夏代，唯一可參證者即傳世久遠之《夏小正》，編著者做了如是論析："記載夏代物候之《夏小正》已經開始記載花卉發芽、開花、秀穗、采摘之節令……'七月莠秀'，'莠'即鳶尾科植物馬藺。'三月采蘵'，'蘵'即茄科植物龍葵。值得注意的是，其中載有四月'囿有見杏'，説明當時已有果園專門種植。不過，《夏小正》成書約在周秦，内容係據傳説整理而成，不盡可信。"這就爲讀者提供了研究綫索，留下了思考餘地。

爲便於瞭解不同時期花卉發展概況，常列有足資比較之統計數字。如周代《詩》記載花卉近一百三十種，秦漢時《爾雅・釋草》記載花卉二百餘種。對於不同時代的不同統計數字，編著者又并非一概而論、平鋪直叙，又頗善察其發展變化。試看："宋代花卉事業的一個突出特點是出現了一批記載名花品種或故實之專書。如范成大《梅譜》載梅品十二種；王貴學《蘭譜》載蘭十九種、白蘭二十三種，趙時庚《金漳蘭譜》則載蘭二十一種；歐陽修《洛陽牡丹記》載牡丹二十四品，周師厚《洛陽牡丹記》載四十四品，陸游《天彭牡丹譜》載六十五品……陳景沂《全芳備祖》堪稱古代花卉百科全書，前二十七卷收花一百三十種，後三十一卷收果、卉（專指觀賞之草）、草、木、農桑、蔬、藥七類一百三十七種。"

《概論》之最後一節題爲"花卉的命名及其美學價值"。花卉命名，一方面基於長期的園藝實踐，另一方面則基於賞鑒者的審美情趣、智慧、靈氣。本卷編著者展現出深厚的學術功底與難得的藝術才情，恰切地將命名方式分爲六類，一曰"標示產地者"，二曰"標示形態者"，三曰"標示花情者"，四曰"標示籽實者"，五曰"標示功用者"，六曰"其他"。兹擇其三例，略示如下。

"標示產地者"。①原產地。如"西番菊"來自西土，"胡菜"產於胡地。②適宜生長地。如"水蓼"水生，"瓦松""瓦花"則生於瓦隙，"墻頭草"則喜生墻頭，種則茂盛。

"標示形態者"："喝呼草""知呼草"，聞喝呼聲則葉閉……

"標示花情者"："麗春"春日始開，一派佳麗；"雁來紅"秋雁至時色嬌紅……

編著者對以上六類命名方式做出了明確而又饒有趣味的闡釋之後，又從文字學、語言學、審美學，乃至歷史典故諸方面，對花卉命名藝術做出了頗具思考價值的論析。如以人爲喻者有"老少年""少年老""千頭子""千心妓女"；以物爲喻者有"金盞""游龍""雞冠花""狗尾草"。又如以典故名花者："香菜"，本名"羅勒"，因避石勒之諱而改；"好女兒花"，本名"鳳仙花"，宋光宗（趙惇）李后小字鳳娘，因諱"鳳"而改；"虞美人草"，相傳虞姬自刎後，冢上出草，聞《虞美人曲》則應節而舞；"牽牛花"，本稱"草金鈴"，可作藥材，相傳一田野之人牽牛來換取此花，遂名"牽牛花"或"牽牛子"。如此生動的論析，一般花卉類著述中難有所見。

本卷第二章之後，再以科屬分類，系統具體地列舉了各式各樣的花卉，逐一進行考證闡釋。花卉條目皆有科屬及拉丁學名，其後則是生態、習性、產地、分布、用途，并力探其起源與得名由來，作者尤致力於對其歷史文化意義的追溯考釋。如"芍藥"一條，編著者在說明其爲芍藥科、芍藥屬，標注了拉丁學名之後，即做了如下考釋："芍藥是我國傳統古老名花之一，栽培已有三千多年歷史。有'名花第一嬌'之美稱（參見元楊允孚《灤京雜咏》詩）。根皮入藥，從種子中提出油脂可作肥皂原料，亦可作塗料，亦可地栽布置園林，亦可盆栽或供切花、插花之用。花朵豐碩，色彩絢麗，芳香馥鬱，風韵嫣然，具重要觀賞價值。除華南少數極炎熱地帶以外，分布幾遍全國。相傳起源於夏朝。宋虞汝明《古琴疏》：'帝相元年，條谷貢桐、芍藥，帝命羿植桐於雲和，命武羅伯植芍藥於後苑。'先秦文獻已屢見芍藥之名。芍藥者，與'婥約'音近義通。婥約，美好之貌。因其花容綽約，故名。"

接下來依歷史時序，考釋了芍藥名稱的變化及其在當時的社會價值。作者指出，先秦時人們已將芍藥作爲典雅的禮物相互贈送，或以其象徵高貴品德。如《詩·鄭風·溱洧》：

"維士與女，伊其相謔，贈之以芍藥。"先秦時芍藥亦稱"留夷""辛夷"。如《楚辭·離騷》："畦留夷與揭車兮，雜杜衡與芳芷。"這裏的"留夷"即芍藥，而"揭車""杜衡""芳芷"，皆爲香草名。又《九歌·湘夫人》："桂棟兮蘭橑，辛夷楣兮藥房。""辛夷"亦爲芍藥。謂以桂木爲屋棟，以木蘭爲橑，以芍藥作户楣。《楚辭》所贊頌之芍藥等花木皆被視爲吉祥華貴之物。漢代又稱爲"離草""白术"，對其功能價值有新的識別，并以之治療多種疾病。漢韓嬰《韓詩外傳》："勺藥，離草也，言將離別贈此草也。"《神農本草經·中品·芍藥》："味苦，酸平，微寒，主邪氣腹痛，除血痺，破堅積、寒熱、疝瘕，止痛，利小便，益氣。"有關藥用方面，僅引《本草經》猶感不足，又引長沙馬王堆出土之《五十二病方》爲證（此略）。編著者對於漢代之後的文獻引證同樣十分精到。如，三國魏吳普《吳氏本草》："勺藥……一名甘積，一名解倉，一名誕，一名餘容，一名白术。三月三日采。"《廣雅·釋草》："攣夷，芍藥也。"王念孫疏證："攣夷即留夷，留、攣，聲之轉也……《鄭風》之芍藥，《離騷》之留夷，《九歌》之辛夷，一物耳。"唐宋元明清，直至當代，論述尤詳。其中又引有《洛陽花木記》《揚州芍藥譜》等大量專書，記述其品種、形態、色澤及如何栽培。同時臚列唐代杜甫、白居易、李商隱，宋代蘇軾、曾鞏、楊萬里，直至明清李東陽、袁宏道、高士奇等名家之詩文，以證時人喜愛之情。最後列有芍藥的異稱、別名二十五種，名品及其異稱別名十六種。僅此一花，已擁有四十一種異稱別名，可謂宏富。

編著者依從《通考》的編纂宗旨，力求展現中華物態文化的研究精神，并統一體例，統一文風，同時力求各有側重，千差萬別，滿卷盡現我中華浩浩博物之獨特風采。

編著者筆下的另一條目"荷花"，與上述"芍藥"比較而言，可謂同中有異，異中有同。其文之起始，亦是依次介紹荷花的科屬、拉丁學名、生態、習性、產地、分布等。因荷花有原產印度之説，故而又有如下論述：

　　我國是荷花重要原產地之一，荷花生長、栽培有極爲悠久的歷史。我國科技人員於 20 世紀中期在柴達木盆地曾發現荷葉化石，距今至少有一千萬年，説明那時已有野生荷存在。20 世紀 80 年代，在新石器時期兩處古文化遺址先後出土荷花的花粉化石及兩顆炭化蓮子。據 C_{14} 測定，兩處遺址距今分別爲約七千年、五千年。我國先秦時已見諸文獻記載，時稱"荷華""荷""菡萏""芙蓉"。

此一論證之後，即致力於"荷花"得名之考證。何以稱"荷花"？轉述如下。"荷"，同"何"。百花多生山野田土裏，而此花獨生湖泊池水中，且大而艷麗，"衆不知而問"，久之則稱"荷（何）花"。因"衆不知而問，故荷之花、葉、根、實皆得名"。下文引有《爾雅·釋草》："荷，芙渠。其莖，茄；其葉，蕸；其本，蔤；其華，菡萏；其實，蓮；其根，藕；其中，的；的中，薏。"這是説"荷花"亦名"芙渠"。其莖有稱"茄"者；其本稱"蔤"，蔤指莖之白藕藏泥内；其華（即花）稱"菡萏"（稍後"菡萏"又指含苞未開者）；其實稱"蓮"（稍後荷花亦稱"蓮"或"蓮花"）；其根莖稱"藕"；蓮中的白子稱"的"；"的"中的小細條稱薏（味苦）。"衆不知而問"的結果，形成了對"荷花"最詳盡的命名，百花叢中可謂無與朋比，此乃因得"衆問"而獨厚也。這一有關得名的考證，作者首先援引宋陸佃《埤雅》。《埤雅》雖非雅學上乘之作，但其書頗多异物异言，"推闡名理，亦往往精鑿"。取"荷""何"之説，頗具慧目，若非遍閲群書而難得也。惜陸氏之説，寥寥數語，甚爲空泛，本書決審時序者復加箋正，遂成今之考證文字。（本卷如同《通考》全書他卷一樣，時得其他專家通力合作。）

人們何以如此關注荷花？秦漢時成書之《神農本草經·果部三品·上品藕實》載："藕實莖，味甘平……主補中養神，益氣力，除百疾，久服輕身耐老，不飢延年。"至南朝梁陶弘景《本草經集注》卷七又載："庖人削藕皮，誤落血中，遂皆散，不凝。醫乃用藕療血，多效也。"其後唐代孟詵《食療本草》、陳藏器《本草拾遺》，直至明代李時珍《本草綱目》，對荷花藥用性能的研究瞭解愈加細密：荷花、花蕊、花蒂、花房、蓮子、蓮薏、蓮藕、藕蔤、藕節器官不同、部位不同，其療效亦不相同，可謂荷花全株無廢物。豈止於此，秦漢時更有人甚喜食用。長沙馬王堆漢墓出土有藕片，遣册竹簡上有藕、魚、稻米調和作羹的文字記載。三國吴陸璣《毛詩草木鳥獸蟲魚疏》中又有蓮子生食或磨麵爲粥的記述。北魏賈思勰於《齊民要術》中又詳載了"蒸藕"的製法。兩宋之後除却藕與蓮子外，諸如嫩蓮葉、嫩蓮房、蓮花瓣等均可作飲食原料。佳餚名品層出不窮，本卷已載有幾十種之多，今依兩宋至明清的時序舉證如下，計有雲英粉、翰林虀、玉井飯、蓮房魚包、雪霞羹、藕條菜、藕鮓、蓮子纏、蓮莳糕、雜和虀、蓮子粥、達蓮肺羹、荷葉包鷄、炸灌藕、葷灌藕、荷香飯、蓮子粽、蓮子糕、八珍糕、藕粥、荷鼻粥、荷葉甲、蓮蓬糕、蓮花粥、鮮荷葉粥、蓮圓、煮蓮子、荷包飯，等等。其中有主食，有副食，有大餐，有小吃，有飯，有糕，有粥，有湯，甜鹵鹹香辣，脆酥軟硬，無所不備。

以上僅就荷花的實用價值而言，而在人們的精神生活中，荷花更富有特殊的神秘色彩。南北朝時，人們特别關注荷花的生長變化，若出現并蒂蓮或三頭蓮，即被視爲天降瑞異，大吉大利，上自朝廷，下至百姓，舉國歡躍，普天同慶。本卷即引有以下二例。《宋書・符瑞志》："元嘉十年七月己丑，華林天淵池，芙蓉異花同蒂。"《梁書・武帝本紀》："天監十年五月乙酉，嘉蓮一莖三花，生樂游苑。"也正是這一時期開始，佛教經典中、雕塑繪畫中，大量出現蓮花的形象。如，《華嚴經》卷一三："一切諸佛世界，悉見如來坐蓮華藏師子之座（'華'同'花'；'師'同'獅'——序者按）。"《大智度論》卷八："以蓮華軟净，欲現神力，能坐其上……於寶花上結跏趺坐。"

荷花，從"眾不知而問"，從藥用食用至精神寄托，從凡世人間直至萬衆嚮往的仙界，人神共喜，千載未衰！故而歌咏者亦是百代不絕。《詩》《楚辭》之外，名家名篇，如江河之奔涌。如漢劉向之《九嘆》、王褒之《九懷》，三國魏曹植之《芙蓉賦》，晋郭璞之《芙蓉贊》，梁簡文帝之《采蓮曲》，北周庾信之《賦得荷詩》，唐代之王勃、王維、王昌齡、孟浩然、孟郊、李白、杜甫、元稹、白居易、李商隱、杜荀鶴、盧照鄰、陸龜蒙、韓偓、李嶠、王灣，宋代之晏殊、梅堯臣、歐陽修、蘇軾、黃庭堅、王安石、蘇舜欽、柳永、李清照、楊萬里、葉夢得、姜夔、周密，或詩或詞，贊頌不絕。而周敦頤之《愛蓮説》一文，尤負盛名，其中的"出污泥而不染，濯清漣而不妖"，已將蓮花人格化，是高貴精神品質的化身，成爲千古絶唱！元明之後，作者少有引用，以避繁雜。

自西漢始，全國各地逐漸形成了多處荷花養殖觀賞中心。漢昭帝（劉弗陵）時，其御花園琳池中已植有分枝荷（一莖多枝），宮人每游宴出入，必含嚼蓮子，剪葉爲衣，或折以障日，嬉戲其間，足證其時已有新奇品種。東漢時長安城中已有私家鑿池"反植荷蕖"者，所謂"反植"，即"根在上而葉在下"。"反植"法可改變花葉的形態與色澤，以求新奇，可見民間的欣賞眼光甚高，已不滿足於常見式樣。時至唐代，長安之芙蓉池、太液池、曲江等處已廣爲種植。開元年間（713—741）大明宮的太液池中，有千葉白蓮數枝盛開，玄宗率貴戚宴賞其間，并喻楊貴妃爲"解語花"。此情此景，李白曾贊頌云："名花傾國兩相歡，長得君王帶笑看。"（《清平調・名花傾國兩相歡》）美人、荷花盛極一時，實千載佳話。有唐一代，東去齊魯，"歷城北二里有蓮子湖，周環二十里，湖中多蓮花，紅綠間明"（唐段成式《酉陽雜俎・廣知》）。此"蓮子湖"，即後世之大明湖。時至北宋，都城汴梁（今開封市）、洛陽植荷賞荷已成風尚。南宋之臨安（今杭州市）街頭已有賣"盆種荷花"者，"接天蓮葉無窮碧，映日荷花別樣紅"（見宋楊萬里《曉出净慈寺送林子方》詩），更是成爲西湖十景之一。明清時京城盡植荷花，蒔花賞花者風起雲涌，以北京之頤和園、承德之避暑山莊爲最盛。而此時唐代"歷城北二里"之"蓮子湖"已易名爲"大明湖"，所在府城濟南，因荷、因湖而再度馳名天下，贏得"四面荷花三面柳，一城山色半城湖"（清史學家劉鳳誥聯語，清書法家鐵保之手書碑刻，猶存大明湖公園）之盛譽，至今被廣爲傳頌。清代可視爲封建社會荷花發展的鼎盛時期。康熙時（1662—1722）陳淏子所撰《花鏡》收集品類達二十二種。嘉慶年間（1796—1820）出現了第一部藝荷專著，即楊鍾寶所撰《缸荷譜》（缸荷，指用缸或瓮養殖的荷）。序者統計，荷花及其名品的異名別稱，達四十六種，較前述之芍藥又多五種。同科而异屬之"睡蓮""金蓮花"的異名別稱尚未計入。

作者筆下之荷花，以歷史爲經，以地域爲緯，縱橫而論，復舉以詩詞歌賦、佳話傳說，堪稱不可多得的學術美文。

序者僅舉"芍藥""荷花"爲例。此二花讀者諸君皆十分熟悉，可藉以見其得失，做出評判，并非視其爲無可挑剔的最佳之作。其他如"搖車""瞿麥""蕓薹""菊花""蘭花""鳳仙花"，盡是大塊文章，其深度、廣度乃至文采，均不在"芍藥""荷花"之下，諸君一覽可知也。以上皆爲《花説》。

而《卉説》中的"莎草""烏頭""菟葵""芎藭"之類，時人無甚興趣，少有問津。作者對這些相對陌生的"异類"進行了全面普查，爲其逐一作出"傳記"。這些"傳記"如同可愛的花君子一樣，有形貌體態、生存環境、"祖籍今籍""社會反響""社會地位"，十分系統、全面。其中一些，平庸無奇，默默無聞，却蔓生千里，舉目可見，亦未敢忽視其存在。另有一些"作孽多端"者，可惡至極，除之不盡，恰如人世之奸佞，代有其物，史難絕書，本卷亦作"載記"。編著者目光冷峻，運筆如椽。

作者依從《通考》的編纂宗旨，力求展現中華物態文化的研究精神，并統一體例，統一文風，同時力求各有側重，因而滿卷盡現我中華浩浩花卉之獨特所在。美者盡顯其美，醜者不掩其醜，作者非爲花卉譜曲，實爲花卉作傳。花卉的存在，如同人世一樣，善衆而惡寡。

序者認爲，《花卉卷》實是一部通達古今，別開生面的學術專著。本卷主編張標教授20世紀80年代畢業於北京大學中文系，爲一代高才生，後又深造於山東大學中文系，專攻文字學，學業尤佳。出任本卷主編時，正任教於河北師範大學，學殖已日深矣，終因教學、科研重任叠加，交稿後，身神疲憊，已無暇投入。多賴陳俊强君佐助，乃至於再度編審，并補寫了《當代時尚花卉考》。陳君早年就讀於南京林學院，亦一代高才生，其後就職於山東省林業廳，半生專事花卉研究，并負責組織管理工作。張、陳二君千里聯手，相得益彰。其後，張、陳二君別有重任，書稿又轉請李紅霞、劉芳、朱麗、張浩、朱會萍諸君審校，終近完美。屈指已歷三十載矣，而主編却溘然長逝，令人痛惜！藉本書出版之機，特告慰張標先生在天之靈！

蒼天見憐，光陰益促，序者業已垂老，百般無奈，强以爲序。

張述鉾

太歲重光單閼菊月上浣於山東師範大學映月亭初稿
太歲重光赤奮若陬下浣於歷下龍泉山莊東籬齋定稿

第一章 概 論

第一節 花卉名義、淵源及價值

　　本卷所言花卉，主要指由人工栽培、具有觀賞價值的草本植物及少量木本植物，也包括一些野生的具藥用、食用和其他用途，不以觀賞價值見長之植物。偶有不具任何實用價值，先民厭惡有加，除之務盡，但我國古籍屢見記載者，因別具史料價值，故本卷亦酌情予收錄闡釋，以備識辨不時之需。它們多爲高等植物；或一二年生，或多年生；或水生，或陸生；或中土原産，或自域外引進；凡九十二科，二百五十種（不含種内細品）。

　　花與卉，原本所指不同。花，古作"𠌶""華"，本義指草木之花，係由花瓣、花萼、花蕊、花托諸部分組成之植物繁殖器官。𠌶是形聲字，从𠌶亐聲。𠌶，象形字，像草木花葉下垂。《説文·𠌶部》："𠌶，艸木華也，从𠌶亐聲。"又《𠌶部》："𠌶，艸木華葉垂，象形。"𠌶字始見於春秋，《命毁》《郘公𠌶鐘》《克鼎》等銅器上均有此字。"華"是"𠌶"的後出字，从艸𠌶聲。始見於先秦。當時還有一異體字作"荂"，仍指草木之花。《詩·周南·桃夭》："桃之夭夭，灼灼其華。"《爾雅·釋草》："華，荂也。"《説文·華部》："華，榮也，从艸从𠌶。"（榮與華統言無別，均指草木之花；析言有異，木花稱"華"，草花稱

"榮"，即《爾雅·釋草》所謂"木謂之華，草謂之榮"。）先秦兩漢最習見者爲"華"，漢代又出現從艸從白之异體字"蕐"。《後漢書·張衡傳》："天地烟熅，百卉含蕐。"李賢注引張揖《字詁》云："蕐，古花字也。"《廣雅·釋草》："蕐，華也。"今時常用之"花"字，最早見於三國。《廣雅·釋草》："花，華也。"卉之本義指草、衆草。字從三屮，寫作芔，屮即象形之草，有根有莖有枝葉。三屮即衆草。《説文·艸部》："卉，艸之總名也，从艸屮。"《方言》卷一〇："卉，草也。東越揚州之間曰卉。"《文選·左思〈吳都賦〉》："爾乃地勢坱圠，卉木蚑蔓。"劉淵林注："卉，百草總名，楚人語也。"文獻中先秦始用之。《詩·小雅·四月》："山有嘉卉，侯栗侯梅。"毛傳："卉，草也。"其實該字出現可能更早，甲骨文中已有象一株草形之"屮"，《説文》以爲古文"艸"字，亦有作偏旁用，象二草形之"艸"；亦有作偏旁用，象四草形之"芔"；亦有作偏旁用，象三草形之"卉"（甲骨文的"萑"字從卉從隹）。卉既作合體偏旁使用，依漢字造字規律推論，其獨體"卉"當早已出現，祇是至今在甲骨文中没有發現而已。

花與卉初義有别，後來在使用中出現了微妙、合乎情理之變化。花係植株局部，可以代稱全體，遂有草義。《宋書·蕭惠開傳》："寺内所住齋前，有嚮種花草甚美。"花草并見，花即草，草字用於强調其不開花者、未開花者或植株除去花外的部分，花字則强調開花者、已開者或植株局部之"花"。花既可代指草，草木相關，推而廣之，亦可代稱草木。北魏楊衒之《洛陽伽藍記·冲覺寺》："樹響飛嚶，堦叢花藥。"藥指藥用草木植物，花則指觀花草木等植物。"卉"初指草、衆草，推而廣之，亦可代稱草木。《文選·張衡〈思玄賦〉》："桑末寄夫根生兮，卉既凋而已育。"李善注引舊注："卉，草木凡名也。"元楊果《登北邙山》詩所謂"佳卉而今采作薪"之"卉"，義指草木尤爲明顯。有草大半有花，花爲草株之局部，故卉亦可代稱花。宋王禹偁《桂陽羅君游太湖洞庭詩》序："奇卉怪草，暨鳥獸蟲魚輩皆欣欣熙熙。"卉、草對用，卉當代花。正是由於二者這種自然的藉代、引申、發展，遂使朔義本别之二字變得相爲通用，在南北朝時二者終於融合爲"花卉"一詞。《梁書·處士傳·何點》："園内有卞忠貞塚，點植花卉於塚側。"此花卉泛指開花，或可供觀賞之草木植物。本卷卷名之"花卉"即取此義。花與卉雖得相通，析言之，終究有别。如張衡賦中之"百卉含蕐"，二者對用，各自持本義。本卷《花説》《卉説》中之"花"與"卉"亦對用，《花説》之"花"强調其觀賞價值，故觀花、觀葉之草木皆得收列；《卉説》之"卉"强調其植物質性，故觀賞價值遜於《花説》者之百草遂得録入。

我國素以花卉資源豐富飲譽全球，有"世界園林之母"之美名。據可靠的考古材料，花卉人工栽培之歷史，至少有七千餘年，即遠在新石器時代，各種花卉就已經開始生息繁衍於我們廣袤的國土，净化了自然環境，維護了生態平衡，美化了人們生活，并爲人們提供了日用、藥用等豐富資源，給人們帶來了難以計量的物質、精神上的效益，成爲與人類息息相關、生死與共的重要組成部分。

第二節　花卉自然生長與試植期
——新石器時代（公元前 30 世紀—前 21 世紀）

花卉之歷史，可上溯自洪荒遠古。因缺乏史料記載，難以細察。

距今七千餘年的河姆渡文化遺址中曾出土帶有盆栽萬年青花紋圖案之陶片，圖像清晰、完整、逼真，同時出土有荷花花粉化石與五葉紋陶片。本時代中期、距今約七千年至五千餘年的仰韶文化遺址也曾出土帶有多種花卉圖案之陶片及兩粒蓮子。同期的西安半坡文化遺址出土陶片上有個刻畫符號"丫"，與古代之"艸"，即甲骨文中象形字"中"極其相似，或以爲即"中"字，或以爲文字萌芽階段之符號，然其像草木之根莖枝葉則無可争辯。距今約六千年至四千餘年的山東大汶口文化遺址中出土的大陶尊上有個形體豐大、綫條遒勁、形態逼真之氏旗徽號"🌿"，正是一株枝幹勁挺秀美的草木。這些事實充分證明當時已頗重視草木之養植。

我國古代傳説中的三皇五帝大致處於新石器時代中晚期，文獻記載的有關傳説亦有關涉草木者。《史記·龜策列傳》載："五帝、三王發動舉事，必先決蓍龜。"決蓍所用蓍草即菊科植物（所舉各種植物，均詳本卷該文。全文同）。清汪灝等《廣群芳譜·卉譜二·菖蒲》引《典術》云："堯時天降精於庭爲韭，感百陰爲菖蒲。"菖蒲爲天南星科植物。明董斯張《廣博物志·草木一》引宋羅泌《路史》："帝堯世有金道華種蘭。"蘭爲蘭科植物。《孟子·滕文公上》記載帝堯世"草木暢茂"。在没有見到地下出土實物之前，人們對這些傳説或有懷疑；在見到出土實物後，兩相印證，人們纔相信這些記載并非皆屬無稽之談。

第三節　花卉栽培之始發期
——夏商周（約公元前 21 世紀—前 3 世紀）

　　記載夏代物候之《夏小正》已經開始記載花卉發芽、開花、秀穗、采摘之節令。如："十一月廣莫風至，則蘭、射干生"，"射干"即今鳶尾科植物；"四月小滿後五日，吳葵華"，"吳葵"即今錦葵科植物蜀葵；"二月榮堇"，"堇"即毛茛科植物石龍芮；"七月莠秀"，"莠"即鳶尾科植物馬藺；"三月采識"，"識"即茄科植物龍葵。值得注意的是，其中載有四月"囿有見杏"，説明當時已有果園專門種植。不過，《夏小正》成書約在周秦，内容係據傳説整理而成，不盡可信。

　　商代甲骨文中，"禾""木""屮"等均已出現，這些字就是草木形象的化身；同時相應産生了一批以它們爲偏旁的繁衍字，如"黍""年""枼"（葉）、"果""林""森""桑""芻""折""莫"等，説明花草與人們密不可分，先民對其十分熟悉，於是依據"近取諸身，遠取諸物"之原則把它們的圖像製作爲文字。"囿"字也出現了，甲骨文中或從"屮"，或從"木"，種在整齊的田園中，作🄴、🄴、🄴，或作🄴，或作🄴。純從"屮"者殆所種爲草及蔬菜（《説文·艸部》："菜，艸之可食者。"）；純從"木"者殆爲林圃、果園，從"屮"、從"木"者殆草木兼有。這些足以證實當時已有人工養植花木，同時也可推斷《夏小正》所謂"囿有見杏"的記載應是可信的。

　　周代，《詩》記載有一百三十餘種植物，多數是花卉。《周頌·良耜》"以薅荼蓼"中"蓼"係蓼科植物水蓼；《鄭風·山有扶蘇》"隰有游龍"之"游龍"係蓼科植物赤蓼，"隰有荷華"之"荷華"係睡蓮科植物荷花；《陳風·防有鵲巢》"邛有旨苕"之"苕"係豆科植物搖車；《陳風·東門之枌》"視爾如荍"之"荍"係錦葵科植物錦葵；《鄘風·載馳》"言采其蝱"之"蝱"係百合科植物貝母；《衛風·伯兮》"焉得諼草"之"諼草"係百合科植物萱草；《鄭風·溱洧》"贈之以勺藥"之"勺藥"係毛茛科植物芍藥；《檜風·隰有萇楚》之"萇楚"係酢漿草科植物楊桃；《小雅·南山有臺》之"臺"係莎草科植物莎草，"南山有枸"之"枸"係冬青科植物枸骨，"北山有萊"之"萊"係藜科植物藜；《周南·漢廣》"言刈其楚"之"楚"係馬鞭草科植物牡荆；《小雅·苕之華》之"苕"係紫葳科植物凌霄花；《邶風·谷風》"其甘如薺"之"薺"係十字花科植物薺菜；《豳風·七月》"六月食鬱及薁"之"薁"係葡萄科植物蛇葡萄；《周南·樛木》"葛藟累之"之"葛藟"係葡萄科植物野葡萄；《陳風·東門之池》"可以漚麻"之"麻"係大麻科植物大麻；《周南·卷耳》之"卷耳"係菊科植物蒼耳；《大雅·綿》"菫荼如飴"之"菫"係毛茛科植物石龍芮；《小雅·大田》"不稂不莠"之"莠"係禾本科植物狗尾草；《鄘風·桑中》"爰采唐矣"之"唐"、《小雅·頍弁》"蔦與女蘿"之"女蘿"係旋花科植物菟絲子；《衛風·淇奧》"綠竹猗猗"之"竹"係蓼科植物萹蓄；《鄘風·牆有茨》之"茨"係蒺藜科植物蒺藜；《王風·采葛》之"葛"係豆科植物鹿藿，"彼采艾兮"之"艾"係菊科植物艾蒿；《召南·采蘩》之"蘩"係菊科植物白蒿；《小雅·蓼莪》"匪莪伊蔚"之"蔚"係菊科植物牡蒿；《小雅·鹿鳴》"食野之蒿"之"蒿"係菊科植物青蒿；《唐風·采苓》"采苦采苦"之"苦"、《邶風·谷風》"誰謂荼苦"之"荼"係菊科植物苦菜；《召南·野有死麕》"白茅包之"之"白茅"係禾本科植物絲茅；《曹風·下泉》"浸彼苞稂"之"稂"係禾本科植物狼尾；《召南·騶虞》"彼茁者葭"之"葭"、《衛風·碩人》"葭菼揭揭"之"菼"、《秦風·蒹葭》之"蒹"、《豳風·七月》"八月萑葦"之"萑""葦"係禾本科植物蘆葦；《衛風·芄蘭》之"芄蘭"係夾竹桃科植物蘿藦；《小雅·我行其野》"言采其蓄"之"蓄"係旋花科植物旋花，"言采其蓫"之"蓫"係蓼科植物羊蹄；《魏風·汾沮洳》"言采其莫"之"莫"係蓼科植物酸模；《周南·芣苢》之"芣苢"係車前科植物車前；《鄭風·東門之墠》"茹藘在阪"之"茹藘"係茜草科植物茜草；《周南·關雎》"參差荇菜"之"荇菜"係睡菜科植物荇菜；《大雅·韓奕》"維筍及蒲"之"蒲"係香蒲科植物香蒲；《召南·草蟲》"言采其薇"之"薇"係豆科植物野豌豆，"言采其蕨"之"蕨"係鳳尾蕨科植物蕨菜；《召南·采蘋》之蘋係蘋科植物四葉菜；如此等等。《詩》不僅記載了這些植物的名稱、异名，并且對它們的生態環境做了觀察記錄，如葨楚、荷花生於"隰"，茨生於"牆"，茹藘生於"阪"，臺、枸、萊生於"山"，蒿生於"野"等。對某些種類的性味特徵亦有記載，如荼之味苦、莫之可食、桃花絢麗灼灼等。就《詩》所記植物的多樣性、現實性而言，其堪稱周代花木百卉的縮影。

傳爲記載周代故實之"三禮"亦不乏草木記載。《禮記·月令》幾乎逐月記述了與之相宜的農事活動及生長之草木。如正月"草木萌動"，二月"桃始華"，三月"桐始華""萍始生"，四月"王瓜生，苦菜秀"，五月"半夏生，木菫榮"，六月"樹木方盛"，九月"鞠有黃華""草木黃落",十一月"芸始生,荔挺出"等。《禮記·內則》所記貴族飲食中多種穀、蔬、果皆與植物相關。《周禮·天官·冢宰》分九職於萬民,九職之一是"園圃,毓草木",說明當時政府已把修整園圃、培育草木作爲百姓的職責,無疑將推動花卉的栽培、觀賞、研究。這是人工栽植草木於園圃之最早、最明確之記述。《周禮·地官》專設"場人",其職務是"掌國之場圃,而樹之果蓏珍異之物,以時斂而藏之"。這說明當時王都已有專人管理、爲王室服務之瓜果蔬卉園田。這一時期出現之《易經》《書》《左傳》《國語》等間或言及花卉。特別需要一提的是,《山海經》所記奇草异卉甚多,然"以耳目所及,百不一真"(《四庫提要·子部·小說家類三》)。《管子·地員》把九州土壤依性質分爲三等九十種,明確了不同土壤適宜生長之穀物草木,并總結出"凡草土之道,各有穀造,或高或下,各有草土"的種植規律,說明古人重視、研究植物與土壤的關係,以獲取最佳效益。

戰國時之《楚辭》每以芳草香木喻忠良,以惡卉代奸佞,即所謂"善鳥香草以配忠貞,惡禽臭物以比讒佞"(漢王逸《離騷序》)。該書涉及之草木,後人多有研究,如宋吳仁傑《離騷草木疏》四卷、明屠本畯《離騷草木疏補》四卷、清周拱辰《離騷草木史》等。

第四節　花卉栽培漸進期
——秦漢(公元前 3 世紀早期—3 世紀早期)

此時期產生之《爾雅》主要用以訓經,然廣泛搜羅花木,《釋木》《釋草》兩篇,堪稱當時之花木之小百科全書。《釋草》凡收二百餘種。主要詮解草之异名,如"紅,蘢古""薔蘼,蘪冬"等。對草木形態特徵一般不予介紹,偶或有之,皆極簡潔。如"苔,陵苕。黃華,蔈;白華,茇""卷心草,拔心不死"。時或於植株各部器官加以說明,頗詳密。如"荷,芙蕖。其莖茄;其葉蕸;其本蔤;其華菡萏;其實蓮;其根藕;其中的;的中薏",這是對荷花自整株而莖、葉、本、華、實、根、蓮子、蓮心之逐一剖析定名。不過,如此詳備之分析較少。

《爾雅》所記草木多與先秦文獻相合，至今仍在生長栽蒔。如"薔，虞蓼"即今蓼科水蓼（*Polygonum hydropiper*）；"紅，蘢古"即今蓼科紅蓼（*P.orientale*）；"葥，王蔧"即今莧科地膚（*Kochia scoparia*）；"柱夫，搖車"即今豆科紫雲英（*Astragalus sinicus*）；"荍，蚍衃"即今錦葵科錦葵（*Malva sinensis*）；"莔，貝母"即今天門冬科浙貝母（*Fritillaria thunbergii*）；"熒，委萎"即今百合科萎蕤（*Polygonatum odoratum*）；"大菊，蘧麥"即今石竹科瞿麥（*Dianthus superbus*）；"荓，馬帚"即今鳶尾科馬藺（*Iris lactea* var. *chinensis.*）；"荷，芙蕖"即今蓮科荷花（*Nelumbo nucifera*）；"鞠，治牆"即今菊科菊花（*Dendranthema morifolium*）；"覆，盜庚"即今菊科旋覆花（*Inula britanica*）；"蓫薚，馬尾"即今商陸科商陸（*Phytolacca acinosa*）；"篃苻、止濼，貫眾"即今麟毛蕨科貫眾（*Cyrtomium fortunei*）；"菺，戎葵"即今錦葵科蜀葵（*Althaea rosea*）；"萇楚，銚芅"即今酢漿草科楊桃（*Averrhoa carambola*）；"菋，荎豬"即今五味子科五味子（*Schisandra chinensis*）；"苕，陵苕"即今紫葳科凌霄花（*Campsis grandiflora*）；"枲，麻"即今大麻科大麻（*Cannabis sativa*）；"卷耳，苓耳"即今菊科蒼耳（*Xanthium sibiricum*）；"攫，烏階"即今菊科狼把草（*Bidens tripartita*）；"齧，苦堇"即今毛茛科石龍芮（*Ranunculus sceleratus*）；"盱，蛇床"即今傘形科蛇床（*Cnidium monnieri*）；"蘮蒘，竊衣"即傘形科小竊衣（*Torilis japonica*）；"薢茩，芙茪"即今豆科決明（*Cassia tora*）；"蘇，桂荏"即今唇形科紫蘇（*Perilla frutescens* var. *crispa*）；"葝，鼠尾"即今唇形科鼠尾草（*Salvia japonica*）；"蘥，雀麥"即今禾本科雀麥（*Bromus japonicus*）；"菭，蔓于"即今禾本科猶草（*Digitaria sanguinalis*）；"菉，王芻"即今禾本科藎草（*Arthraxon hispidus*）；"蔆，蕨攗"即今千屈菜科菱（*Trapa bispinosa*）；"唐、蒙，女蘿；女蘿，菟絲"即今旋花科菟絲子（*Cuscuta chinensis*）；"蔠葵，蘩露"即今落葵科落葵（*Basella rubra*）；"竹，萹蓄"即今蓼科萹蓄（*Polygonum aviculare*）；"茨，蒺藜"即今蒺藜科之蒺藜（*Tribulus terrester*）；"葴，寒漿"即今茄科酸漿（*Physalis alkekengi*）；"蘵，黃蒢"即今茄科龍葵（*Solanum nigrum*）；"釐，蔓華"即莧科藜（*Chenopodium album*）；"蔜，薽蔞"即今石竹科繁縷（*Stellaria media*）；"茵，芝"即今多孔菌科靈芝（*Ganoderma lucidum*）；"杜，土鹵"即今馬兜鈴科杜衡（*Asarum forbesii*）；"蕎，邛鉅"即今大戟科大戟（*Euphorbia pekinensis*）；"蔩薽，豕首"即今菊科天名精（*Carpesium abrotanoides*），"艾，冰台"即今菊科艾蒿（*Artemisia argyi*）；"蘩，皤蒿""蘩，由胡"即今菊科白蒿（*Artemisia sieversiana*）；"蔚，牡蒿"即今菊科牡蒿（*Artemisia japonica*）；"蒿，鼓"即今菊科青

蒿（*A.apiacea*）；"荼，苦荼"即今菊科苦菜（*Sonchus oleraceus*）；"菟葵，顆凍"即今菊科款冬花（*Tussilago farfara*）；"購，蔏蔞"即今菊科艾蒿（*Artemisia vulgaris*）；"鈎，藈姑"即今葫蘆科王瓜（*Trichosanthes cucumeroides*）；"薹，夫須"即今莎草科莎草（*Cyperus rotundus*）；"莞，苻離"即今莎草科水葱（*Scirpus validus*）；"稂，童梁"即今禾本科狼尾（*Pennisetum alopecuroides*）；"傅，橫目"即今禾本科結縷草（*Zoysia japonica*）；"蒹，薕；葭，蘆；葭，蘰"即今禾本科蘆葦（*Phragmites communis*）；"蕫，春草"即今夾竹桃科白薇（*Cynanchum atratum*）；"藋，芄蘭"即今夾竹桃科蘿藦（*Metaplexis japonicus*）；"茖，山葱"即石蒜科茖葱（*Allium victorialis*）；"蓨，蓚"即今蓼科羊蹄（*Rumex japonica*）；"蒤，虎杖"即今蓼科虎杖（*Polygonum cuspidatum*）；"須，薞蕪"即今蓼科酸模（*Rumex acetosa*）；"芣苢，馬舄；馬舄，車前"即今車前科車前（*Plantago asiatica*）；"苊，蒁苊"即今桔梗科薺苊（*Adenophora remotiflora*）；"茹藘，茅蒐"即今茜草科茜草（*Rubia cordifolia*）；"莕，接餘"即今睡菜科荇菜（*Nymphoides peltatum*）；"葳，馬藍"即今爵床科馬藍（*Strobilanthes cusia*）；"藘，鹿藿"即今豆科鹿藿（*Rhynchosia volubilis*）；"薇，垂水"即今豆科薇（*Vicia sativa*）；"葍，藼"即今旋花科小旋花（*Calystegia hederacea*）；"茈，茈草"即今紫草科紫草（*Lithospermum officinale*）；"蘩，月爾"即今紫萁科紫萁（*Osmunda japonica*）；"蕨，蘩"即碗蕨科蕨菜（*Pteridium aquilinum var.latiusculum*）。《釋草》無疑是溝通古今花卉之橋梁。

《神農本草經》一般也認爲出現於此時。此書雖爲藥學專書，但於草、木、米穀、果、菜均分上、中、下三品縷述其性味、功能、异名、產地。草部上品收菖蒲、赤箭等七十三種，中品收芍藥、百合等四十八種，下品收烏頭、貫衆等四十九種。草木之藥用與觀賞價值往往共存，故本書亦可看作一本早期花卉簡錄。20 世紀後期長沙馬王堆漢墓出土帛書《五十二病方》記載藥草蒺藜、牛膝、景天、石韋、僕纍（麥門冬）、商陸等五十一種（《五十二病方》，文物出版社 1979 年版）。此外，武威漢代醫簡、漢張仲景《金匱要略》《傷寒論》等亦記載某些藥草，從藥理、藥性角度加深了人們對草木之認識，推動了對它們的研究和使用。以上諸文獻共同不足是對植物形態記述過簡，或闕略。

《說文》本係字書，但其《艸部》亦載草、菜、穀、木凡百餘種。其於草木不同方言不同稱謂之記載，於草木習性、使用之說明，豐富、拓寬了人們對草木之瞭解。如"虈，楚謂之蘺，齊謂之茝，晉謂之虈""蘭，香草也""藍，染青草也""蒲，水草也，可以作席"。此外，《方言》《急就篇》中也有若干記載。

此時期公私園林建築頗重草木培植。據《三輔黃圖》載，漢武帝所修上林苑，周廣數百里，廣種奇花异木；專建扶荔宮，對南方即亞熱帶或暖溫帶植物進行室內栽培，此蓋我國早期之溫室栽培及引種馴化。私家園林，如茂陵富豪袁廣漢在北邙山下所修之園，"奇樹异草，靡不具植"（《西京雜記》卷三）。漢代辭賦家司馬相如《子虛賦》、馬融《廣成頌》、張衡《西京賦》《東京賦》等對皇室苑囿多所鋪排描繪，臚列草木亦夥，看來并非全出虛構誇張。

張騫出使西域引進多種植物，見於《漢書·西域傳》者，僅葡萄（實則中土早有野生種）、苜蓿二種；各書引稱晉張華《博物志》所記，尚有大蒜、安石榴、胡桃、胡蔥、胡荽、黃藍諸種（見北魏賈思勰《齊民要術·胡麻》）。此實開自域外引進花草之先河。

第五節　花卉栽培漸盛期
——魏晉南北朝（3 世紀早期—6 世紀末期）

《廣雅》設《釋草》一節，收草類（含豆麥）百餘種，於《爾雅》有所補苴，或增補异名。如菊科"荼"，《爾雅》存一异名"苦菜"。《爾雅·釋草》："荼，苦菜。"《廣雅》補充一异名"游冬"。《廣雅·釋草》："游冬，苦菜也。"或補其闕漏，如菊科"女菀"，亦名"女腸"，《爾雅》不載，存於《廣雅》。

《隋書·經籍志》載三國魏吳普《本草》六卷，其書已佚，就輯得佚文看，每於《神農本草經》草木异名有所增廣，并對草木形態特徵有簡要記述。如《神農本草經》"女萎"（百合科萎蕤）無异名，吳氏增補有"葳蕤""馬薰""地節""蟲蟬""烏萎""熒""玉竹"等七個，并記叙其形狀："葉青黃，相值如薑。"

《魏王花木志》見於北魏賈思勰《齊民要術·五穀果蓏菜茹非中國物產者·君遷》，已佚，當是我國最早之花木專著。

三國吳陸璣《毛詩草木鳥獸蟲魚疏》，不知何人所輯，大抵從《毛詩正義》錄出，然采摭未周，偶有所漏。蟲魚草木，今昔异名，年代迢遙，傳疑彌甚。陸去古未遠，所言不甚失真（《四庫提要·經部·詩類一》）。陸釋草木類近百條，即"蕑""茆菖""茋""蓷""杞""蕢""蔦""女

"蘿""蒲""荷""荇菜""蘋""藻""茆""蒹""葭""菉竹""茗""游龍""苹""蘩""莪""蔞""蒿""卷耳""芍藥""葑""菲""蕨""薇""薔""芑""荼""匏""（旨）苕""莫""藚""莜""萊""蕭""白茅""綯""鵻""臺""茹藘""菅""薂""蔚""葭楚""芄蘭""稂""蓫""芩""蓍"等。其最大特點爲於貫通古今稱謂時，依據實際考察，幾乎對每種植物形態特徵都做了頗爲詳盡之説明，如"芄蘭，一名蘿摩，幽州謂之雀瓢，蔓生，葉青綠色而厚，斷之有白汁，鬻爲茹滑美；其子長數寸，似瓝子"。對易混淆者則加辨析，如"女蘿，今菟絲。蔓連草上，生黄赤如金，今合藥菟絲子是也。非松蘿，松蘿自蔓松上，生枝正青，與菟絲殊異"。故本書意義，已超出對《詩》的訓釋，實際是對先秦以迄三國之草木之考察研究。

　　晋代郭璞爲《爾雅》作注，其於草木，注語簡要，或以今稱釋古名，或概述花草形狀，"所注多可據。後人雖迭爲補正，然宏綱大旨，終不出其範圍"（《四庫提要·經部·小學類一》）。晋張華《博物志》"捃采天下遺逸"，其中《異草木》《藥物》《藥論》及佚文多有關乎草木者，唯"記事采言，亦多浮妄"（《四庫提要·子部·小説家類三》）。特別值得一提者爲晋嵇含《南方草木狀》，這是最早系統記述嶺南草木之專著，"其書凡分草、木、果、竹四類，共八十種。叙述典雅"（《四庫提要·史部·地理類三》）。嵇氏分類法比瑞典植物學家林奈建立之分類系統早一千四百年，係植物分類學史上的一座豐碑。晋代前後尚有不少記録嶺表草木之著述，如三國吳萬震《南州異物志》、沈瑩《臨海異物志》，晋周處《風土記》、郭義恭《廣志》、顧微《廣州記》、劉欣期《交州記》、張勃《吳録》《吳地理志》，南朝宋沈懷遠《南越志》等。時江浙一帶已把二月十五日定爲賞花節日。

　　南北朝時出現了我國園藝學巨著——北魏賈思勰之《齊民要術》。該書於穀蔬、木果、花草之種植、管理、收采、食用靡所不載，其所總結之"順天時，量地力""人力之至，亦或可以回天"的科學種植經驗至今仍有借鑒意義。然此書"資生之業，靡不畢書"，於民生無直接關係之花草則有所輕視，即所謂"花草之流，可以悦目，徒有春花，而無秋實。匹諸浮僞，蓋不足存"（《齊民要術·序》），未免失於偏頗。

　　南朝梁陶弘景《名醫別録》《本草經集注》亦爲醫藥專書，但與草木密切相關。二書將《神農本草經》三百六十五種藥品增一倍，至七百三十種。《名醫別録》彙輯魏晋以前名醫所記資料，保存不少草木異名。如"蛇床子"，《神農本草經》僅録"蛇米"一異名，三國魏吳普《吳氏本草》亦僅收"蛇珠"一異名，《廣雅·釋草》載"蛇粟""馬床"二異名，而《名醫別録》則載有"虺床""思鹽""繩毒""棗棘""墙蘼"等五個異名。《本草經集注》注文多來自陶本人實踐所得，較爲信實。其善於描繪草木性狀，於前代有所補益。如《詩·魏風·汾沮洳》"言采其藚"之"藚"，即"澤瀉"，陸璣描述其形態"葉如車前草大，其味亦相似，徐州廣陵人食之"；《爾雅·釋草》"藚，牛脣"，郭璞注爲"如續斷，寸寸有節，拔之可復"；《神農本草經》不載形態。陶氏注曰："今近道亦有，不堪用，惟用漢中、南鄭、青、代者。形大而長，尾間必有兩歧爲好。此物易朽蠹，常須密藏之。葉狹長，叢生諸淺水中。"顯然陶注以目驗材料豐富了前代文獻內容，書中這類有獨到之見的注文頗多。

第六節　花卉栽培興盛期
——隋唐宋（6 世紀末期—13 世紀末期）

隋代皇家園林愈趨富麗，民間始廣種牡丹。唐杜寶《大業雜記》載，隋煬帝在洛陽所建西苑"名花美草隱映軒陛"。宋王應麟《玉海》載，煬帝"詔天下進花卉，易州進二十箱牡丹，有赬紅鞓紅、飛來紅……等名"。可見當時牡丹已品種多樣，聲名鵲起，栽培技藝已相當成熟。

唐代是我國封建社會全盛時期，花卉事業亦得以迅猛發展。花卉種類及品種不斷增多，牡丹、梅花最爲時人推崇。牡丹已開始人工育種，玄宗時宋單父已能培育多種顏色、形態之品種；梅花品類亦多，并形成杭州、成都東西兩大賞梅中心。花卉間之國際交流亦有發展，梅、菊、牡丹等東傳日本，"捺祇"（紅口水仙）引進中土。宮苑中牡丹類名花奇卉自不待言，公共游樂場所亦不遜色，如長安城內曲江"花卉環周，烟水明媚"（唐康駢《劇談錄》）。私人別墅，如李德裕設在平泉者，王維設在輞川者，南方之城市，如杭州、成都，甚至某些鄉野僻地，無不廣植花卉，興盛空前。

花卉事業繁盛，促使唐代詩歌作者對名花反復吟咏，形成所謂"花卉文學"。李白之咏牡丹，岑參之咏梨花，李商隱之咏殘荷，白居易之咏梅，千百年來有口皆碑。蘭花、菊花、桃花、石榴、海棠、芍藥等亦皆成爲詩人經常吟咏之題材。花卉文學之興旺，又促成了有廣大民衆參加的賞花、養花熱潮。都城牡丹"一本有直數萬者"，每逢花開，"車馬若狂，以不耽玩爲恥"（唐李肇《唐國史補》卷中）。民間專門有了養花人、賣花人（唐白居易《買花》詩）。鄉民亦有廣種花者，"黃四娘家花滿蹊，千朵萬朵壓枝低"（唐杜甫《江畔獨步尋花七絕句》之六）。盆景亦出現，章懷太子李賢墓甬道壁畫中有侍女手捧盆景者。

《新唐書·藝文志三》"農家類"載王方慶《園庭草木疏》二十一卷，今佚；《說郛》輯有九種，是前所未有之花卉巨著。唐段成式《酉陽雜俎》之草木花篇帙及相關典故頗多，然"其書多詭怪不經之談，荒渺無稽之物"（《四庫提要·子部·小說家類三》）。唐李德裕《平泉山居草木記》記私第所植花草百餘種。

唐蘇敬等《唐本草》五十三卷、孟詵《食療本草》三卷、陳藏器《本草拾遺》十卷、李珣《海藥本草》六卷、蕭炳《四聲本草》五卷、楊損之《删繁本草》五卷，五代韓保昇《蜀本草》等在前代藥書基礎上，復加鑽研，於藥草之習性、特徵、异名等多有補正。

南唐李後主宮中作隔筒，插雜花，是爲瓶花之始（見宋陶穀《清異録》）。

北宋在結束割據戰亂後，經濟發展，市井繁榮，花卉事業相應興旺，皇家園林盛况空前。徽宗於汴京東北隅所修"壽山艮嶽"，"凡天下之美，古今之勝在焉"。內有大片純林地帶，植梅竹松柏等；也有專類植物園，種藥草、穀物等；還從江南引進大量花木，"即姑蘇、武林、明越之壤，荊楚、江湘、南粵之野，移枇杷、橙柚、橘柑、椰栝、荔枝之木，金蛾、玉羞、虎耳、鳳尾、素馨、渠那、茉莉、含笑之草，不以土地之殊，風氣之異，悉生成長養於雕闌曲檻"，以至於"奇花異木，珍禽異獸，莫不畢集"（宋趙佶《艮嶽記》）。這說明當時開封園林植物的搜求、引種、布局、栽培已達到相當高的水準。

南宋都城臨安亦是盛况空前，其時西湖已成爲著名風景區，"花木亭榭，映帶參錯，氣象尤奇"（宋吳自牧《夢粱録·西湖》）。時宮禁中有賞花之舉，禁苑"悉傚西湖景物。起自梅堂賞梅，芳春堂賞杏花，桃源觀桃……至於鍾美堂賞大花爲極盛"（宋周密《武林舊事·賞花》）。其時都城所見花卉品類甚多，以杭州市井所見爲計，花品有牡丹、芍藥、梅花、碧蟬、棠棣、金林檎、郁李、迎春、長春、桃花、杏花、玉簪、水仙、薔薇、寶相、月季、小牡丹、粉團、徘徊、佛見笑、聚八仙、百合、滴滴金、石竹、木香、酴醾、白玉花、櫻桃花、萱草、栀子、蜜友、金鐙、金沙、山丹、真珠、剪紅羅、錦帶、錦堂春、笑靥、大笑、金鉢盂、菊、荷花、蘭、紫薇花、紫楊、紫荆花、鷄冠、鳳仙、杜鵑、蜀葵、黃葵、映山紅花、金銀蓮子花、罌粟、七里香、橙花、榴花、木犀、山茶、磬口茶、玉茶、千葉多心茶、秋茶、木芙蓉等六十餘種，尚不包括梅花、桃花等之細品（宋吳自牧《夢粱録·花之品》）；藥草有藁本、鬼臼、牛膝等七十餘品（宋吴自牧《夢粱録·藥之品》）。種植方法較前亦有發展，盆栽已相當普遍，宋西湖老人《西湖老人繁勝録》載“盆種：荷花、素馨、茉莉、朱槿、丁香藤”是當時最流行的盆栽。杭州馬塍温室育花最有名，所育花稱“堂花”（宋周密《齊東野語·馬塍藝花》）。賞花已成爲朝野時尚。當時江浙一帶仍沿習晉代傳統，以二月十五日爲賞花之花朝節。“浙間風俗，以爲春序正中，百花争放之時，最堪游賞”（宋吴自牧《夢粱録·二月望》）。宋周密《武林舊事·張約齋賞心樂事》還記載了士大夫逐月賞花録，如正月孟春“玉照堂賞梅”“叢奎閣賞山茶”，二月仲春“餐霞軒看櫻桃花”“綺互亭賞千葉茶花”等，凡數十件品花韵事。

時汴京、臨安花卉商品生産、流通亦有很大發展。杭州錢塘門外東西馬塍已成爲種花基地，“皆植怪松異檜，四時奇花”（宋吴自牧《夢粱録·園囿》）。汴京到三四月時，“萬花爛熳，牡丹、芍藥、棣棠、木香種種上市，賣花者以馬頭竹藍鋪排，歌叫之聲，清奇可聽”（宋孟元老《東京夢華録·駕回儀衛》）。杭州專有“花朵市”“花市”，所賣之花有“撲帶朵花”“成棄時花”“插瓶把花”，以及“羅帛脱蠟像生四時小枝花朵”（宋吴自牧《夢粱録·諸色雜貨》）。

兩宋貴族私人修建園林之風亦盛。宋李格非《洛陽名園記》載當時洛陽名園十九處，“園圃花木有至千種者”，“凡園皆植牡丹”，天王院花園子一處牡丹達數十萬株。宋灌圃耐得翁《都城紀勝·園苑》、吴自牧《夢粱録·園囿》記載臨安名園四十餘處，尚不包括“貴府富室大小園館”，園中多奇異花木。

宋代花卉事業的一個突出特點是出現了一批記載名花的品種或故實之專書。如范成大《梅譜》載梅品十二種；王貴學《蘭譜》載蘭十九種、白蘭二十三種，趙時庚《金漳蘭譜》載蘭二十一種；歐陽修《洛陽牡丹記》載牡丹二十四品，周師厚《洛陽牡丹記》則載四十四品，陸游《天彭牡丹譜》載六十五品；史正志《菊譜》記菊二十八品，范成大《范村菊譜》記菊三十六品，劉蒙《劉氏菊譜》記菊三十五品，史鑄《百菊集譜》記菊一百六十三品；王觀《揚州芍藥譜》記芍藥三十九品；陳思《海棠譜》則是有關海棠詩作的彙集。這些著述的出現表明人們對專項名花培養已有很高造詣，取得了一定成就。此外，周師厚《洛陽花木記》記載了他在洛陽躬自目擊花木五百餘種，范成大《桂海虞衡志》則載嶺南廣西花木九十六種，亦是親見筆録。陳景沂《全芳備祖》堪稱古代花卉百科全書，前二十七卷收花一百三十種，後三十一卷收果、卉（專指觀賞之草）、草、木、農桑、蔬、藥七類一百三十七種。所記雖簡，但對植物學研究可提供許多資料。蘇頌《本草圖經》記錄植物三百多種，對植物的分布、形態、用途、淵源等都有較前代更爲詳盡之叙述，并且配有相應直觀之圖畫，使人一目瞭然，加深了對草木之感性認識，推動了對草木植物之深入研究。特別值得一提的是羅願《爾雅翼》，内有《釋草》八卷，所釋一百二十種，"許慎、陸璣、張揖、曹憲、邢昺、陸佃不如此翼之爲尤悉"（元方回《爾雅翼》跋）。"其書考據精博，而體例謹嚴。"（《四庫提要・經部・小學類一》）

第七節　花卉迴蕩驟起期
——元明清至民國（13世紀末期—20世紀中期）

元明清處於我國封建社會迴蕩期，經濟不穩，終向衰敗。間有升平之世，花農蜂起，園圃遽增，技藝大進，衆多文人雅士，潛心花卉研究，躬察目驗，著述空前，或狀其生態，或叙其養植。誕生了明袁宏道《瓶史》及清吳其濬《植物名實圖考》之類巨著；此時瓶藝插花之技亦勝前代，不脛而走，遠播東瀛。18世紀之後，我國大量原生花卉，如牡丹、菊花、百合、玉蘭等外流歐美，外國花卉如金盞菊、紫茉莉等亦傳入我國。清末民初，西學東漸，一些大學或學院相繼建立，教授西方園藝原理與技術，并講求馴化試驗，培養了諸多學貫中西的專門人才。民國後期，政局動蕩，戰事頻仍，更加日寇殺掠，生靈塗炭，花卉事業蕭條冷落，幾近停頓。

自元定都燕塞後，政治中心北移，北京開始變成花卉培育生產中心，許多花卉得以栽培。據元孫國敉《燕都游覽志》載，其時之燕都已有私園建築二十餘處。明代右安門外草橋是京都產花、賣花基地。入春有梅、山茶、水仙、探春等，中春有桃、李、海棠、丁香等，晚春有牡丹、芍藥、鶯枝等；入夏則有榴花及衆草花，如蜀葵、鶯粟、鳳仙、鷄冠、玉簪、十姊妹、烏斯菊、望江南等；秋花則有紅白蓼、木槿、金錢、秋海棠、木樨、菊等；還有歷春夏秋三季之長春、紫薇、夾竹桃等；入冬則以温室育出各種花。"草橋，惟冬花支盡三季之種，壞土，窖藏之，蘊火坑暖之，十月中旬，牡丹已進御矣。"（明劉侗等《帝京景物略・草橋》）時豐臺亦是養花基地，附近十八村多爲種花專業户。"前後十八村泉

甘土沃，養花最宜，故居民多以種花爲業。"（清完顔麟慶《鴻雪因緣圖記》）

明代南北私園建築亦頗盛，北方略遜於南方。明劉侗、于奕正《帝京景物略》僅以"園"爲名者有定國公園、英國新園、英國家園、成國公園、冉駙馬園、曲水園、李皇親新園等七處，此外尚有一些名聲顯揚不以"園"名者，即所謂"園林寺院有名稱著而駢列以地，如……李園、米園之附海淀者"。南方名園保留至今者有無錫寄暢園，蘇州留園、拙政園，上海豫園等。園內可供觀瞻之奇花异卉自不待言。

明代有關花卉之著述頗富。王象晋《群芳譜》三十一卷，内有《藥譜》《木譜》《花譜》各三卷，《卉譜》二卷。《花譜》於蘭、牡丹、菊、芍藥等名花下縷記細品數十或上百種。由於作者親躬種植，涉歷咨詢，十餘載始成此書，故内中不乏真知灼見。李時珍《本草綱目》是一部劃時代之醫學巨著，也是詳備之花木總彙。"是編取神農以下諸家本草，薈粹成書。複者芟之，闕者補之，譌者糾之……舊有者一千五百一十八種，時珍所補者又三百七十四種。搜羅群籍，貫串百氏。自謂歲歷三十，書采八百餘家，稿凡三易，然後告成者，非虚語也。"（《四庫提要·子部·醫家類二》）文震亨《長物志》十二卷，第二卷主記花木四十九種。王世懋《學圃雜疏》一卷，"記其圃中所有暨聞見所及者，分花、果、蔬、瓜、豆、竹六類，各疏其品目及栽植之法。大致以花爲主，而草木之類則從略"（《四庫提要·子部·譜録類存目》）。由於作者性嗜奇花，因花出自家園圃，故行文少因循之語。朱橚《救荒本草》八卷，草部七卷記二百四十五種，木部二卷記八種。其書主要就河南草木可食救荒者加以記載，并附圖繪，"詳核可據"（《四庫提要·子部·農家類》）。高濂《遵生八箋》係養生專著，卷七《起居安樂箋·高子草花三品説》把習見百餘種花分爲"上乘高品""中乘妙品""下乘具品"等三類。"高子盆景"一節論述不同花木如何構置盆景方古雅，賞心悦目。卷一六《燕閑清賞箋·瓶花三説》分論"瓶花之宜""瓶花之忌""瓶花之法"。"四時花紀"一節簡記百餘種花之形貌、栽種，對牡丹、芍藥、蘭花記載最詳。徐霞客《徐霞客游記》十二卷，本地理學專著，然記載穀蔬外"稀少奇怪"之植物一百三十餘種，由於雲南"花木皆奇"，記達六十二種之多，且"以耳目所親，見聞較確"（《四庫提要·史部·地理類四》）。袁宏道《瓶史》分花目、品第、器具、擇水、宜稱、屏俗、花崇、洗沐、使令、好事、清賞、監戒等十二事論述插花，是我國第一部插花專書。其書對日本影響很大，形成獨立流派——宏道派。此外相關著述尚有吳彦匡《花史》十卷、周文華《汝南圃史》十二卷、王路《花史左編》二十七卷、張謙德《瓶花譜》一卷、陳詩教

《灌園史》四卷、宋詡《樹畜部》四卷，等等。記載名花專書則有張應文《羅鍾齋蘭譜》，記閩蘭奇品六種及植法；黃省曾等《菊譜》，記菊品二百餘種；陳繼儒《月季新譜》，記載洛陽月季名品四十一種。同類型著作還有薛鳳翔《牡丹史》四卷、馮時可《滇中茶花譜》、楊端《瓊花譜》等。

清代長江下游已成爲一大園藝中心。滬上出現浦東凌家花園主人、趙家花園主人等世代以種花爲主之專業户以及温室，廣東出現大批花農，北京則有開設"花廠"者，"以養花爲營業，或以時向各住宅租送，或入市叫賣，或列置求售"（湯用彬等《舊都文物略》）。同時，域外花卉亦大量輸入。清初即有日本菊花輸入，到光緒年間，域外花卉輸入已達百餘種。鴉片戰争以後，歐美商人、傳教士又携來一些花木。

花卉銷售方面，北京芍藥切花日賣萬餘枝，護國寺、隆福寺花廠四季均銷售花卉（見清富察敦崇《燕京歲時記》）。19世紀60年代，上海出現陸氏所經營的第一家花店，20世紀初又陸續出現英國人、德國人所開花店，引進域外之月季、南美蘭花等，經銷西方之花籃、花圈等。後中國人所辦花店開始行銷香花、扎花等，經營花木開始形成專門行業，并建立了行會組織。

此時有關著述主要有：汪灝等奉康熙敕命編撰之《廣群芳譜》一百卷。編寫動機、説法内容如康熙所述："比見近人所纂《群芳譜》，蒐輯衆長，義類可取，但惜尚多疏漏。因命儒臣，即秘府藏帙，擴摭薈萃，删其支冗，補其闕遺，上原六經，旁據子史，洎夫稗官野乘之言，才士之所歌吟，田夫之所傳述，皆著於篇；而奇花瑞草之産於名山，貢自遠徼絶塞，爲前代所未見聞者，亦咸列焉。"（《四庫提要・史部・政書類》）全書依序編爲天時、穀、桑麻、蔬、茶、花、果、木、竹、卉、藥等十一譜，花、卉、藥三類所收近千種。這是一部搜羅廣泛、翻檢方便之植物資料彙編。陳淏子撰《花鏡》六卷，對二百餘種觀賞植物分作花木、花果、藤蔓、花草等四類逐一考求，於植花方法做深入研究。由於作者多年親躬栽蒔，并不時詢問於花友、花農、花商，因而總結了不少寶貴經驗，至今仍有參考藉鑒價值。吳其濬《植物名實圖考》三十八卷，記載植物一千七百一十四種，於其分布、栽植、异名、形態、顔色、性味、用途均加考求記述，并附形象逼真、反映該植物特點之圖繪，是我國古代第一部最大之區域性植物志，在國内外影響很大。高士奇《北墅抱甕録》是作者放歸田里，於其北墅灌溉種植之實録。凡記果、木、花、卉、蔬、竹等二百餘種。此時期單項各花研究之專書較前有增。《菊譜》自明末之十四種增至二十四種；《蘭譜》自明末四種增至十八種；出現了我國第一部荷花專著——楊鍾寶《甁荷譜》。此外還有計楠《牡丹譜》、評花館主《月季花譜》、趙學敏《鳳仙譜》、鄒一桂《洋菊譜》、梁廷棟《種巖桂法》、樸静子《茶花譜》等。還須一提的是，清代學者郝懿行爲《爾雅》作義疏時，於草木親加考察，貫通古今，做了不少有益之補苴。如《爾雅·釋草》："蘦，邛鉅。"郭璞注："今藥草大戟也。"郝懿行疏："今按，此草俗呼猫眼睛。高一二尺，華黄而圓如鵝眼錢。其中深黄，有似目睛，因以爲名。葉如柳葉而黄，其莖中空，莖頭又攢細葉，摘皆白汁，齧人如漆。"書中像這樣結合實際的説明不在少數。

自辛亥革命到中華人民共和國成立前之三十多年中，花卉事業祇在少數城鄉有所發展。在此期間，一些大學或農學院之園藝場及某些植物園從事花卉生産及引種馴化試驗，培養專門技術人才；北京豐臺、成都、重慶、武昌、蘇州、漳州、廣東中山和順德、山東菏澤等地花農進行花木栽培及盆花、切花生産。

抗戰勝利後，上海成立花樹商業同行會，由園藝農場、花農、花店、花商八百餘户組成。滬郊花農種植面積達千餘畝，并進行温室培育，僅崇明産水仙球即達二千餘擔，行銷全國及南洋。

此時出版有關著述主要有：許衍灼《春暉堂花卉圖説》九卷，收花卉一百五十八種，依花開節序爲目編次，彙集諸家之説，間參己意。章君瑜《花卉園藝學》，介紹中西花卉，科學種植方法及現代温室、花壇之外形構造。此外尚有夏詒彬《種藝法》《種薔薇法》，以及陳俊愉《巴山蜀水記梅花》等，各有建樹。

第八節　花卉振興繁榮期
——中華人民共和國（1949 年至今）

中華人民共和國成立初期，政府在恢復國民經濟之同時，發出"綠化祖國"之號召，啓動了花卉事業之振興。各城市先後組建園林局，有組織、有計劃地恢復花卉生産，在實現大地園林化方面卓有成效地開展工作。北京林學院創辦了全國第一個園林專業，培養高級專業人才。1960 年中國園藝學會在遼寧召開了全國首屆花卉會議，明確了花卉生産化、大眾化、多樣化、科學化之發展方嚮，表明花卉發展步入全新里程。

自 1964 年起，花卉事業開始受到"極左"思潮干擾。十年"文化大革命"的動亂使方興未艾之花卉事業遭受嚴重摧殘，造成生產停滯，科研、教育中斷之惡果。

1978 年 12 月，黨和國家開始把工作中心轉移到經濟建設上來，實行改革開放，其後花卉事業進入嶄新歷史階段：多次召開全國性專門、專業會議，研討花卉資源之分類、開發、利用、商品性生產等一系列有關花卉發展問題；成功舉辦地方及全國性各種花卉、盆景展覽會；成立中國花卉協會，調查花卉資源，建立生產基地，發展商品生產，促進內外銷售，開展學術交流；農村花卉專業生產空前發展，傳統之栽培管理向現代化技術管理發展，個體、單一系統經營向多系統聯合經營發展；恢復擴大傳統定期花市，開闢常年花卉市場，推動群眾性買花、賞花、植花；出版專業報刊，普及花卉知識，傳播花卉生產、科研信息；開展確定市花活動，有百餘城市選定市花；評選出梅花、牡丹、菊花、蘭花、月季、杜鵑、山茶、荷花、桂花、水仙十種傳統名花。儘管取得以上成就，但也存在不足，諸如生產設備陳舊落後，花卉品種少、產量低、品質差，淡旺季不均，花卉基礎理論與應用技術研究亟待加強，等等。

回顧花卉歷史發展，展望前景，我國花卉事業大有希望。我們擁有豐富的花卉資源，有數千年培植花卉的寶貴經驗，有優越的社會制度，有已經或正在取得的成就，可以預見，我國花卉事業一定能在未來獲得高速發展，形成現代化科學管理的、商品化綜合開發利用的、供應國內國際市場的花卉產業。

第九節　花卉的命名及其美學價值

長期以來，先民在花卉的栽培、管理、使用，在花卉資源的調查、搜集、引進、整理、保存、傳播、研究等方面付出了巨大心力，積纍了豐富的經驗，使蘊含於花卉中的經濟價值、審美價值、文化價值越來越深刻地被人們認識，對當前的物質文明、精神文明建設也具有不可估量的意義。

花卉是大自然賜給我們的藝術品。對藝術品命名，尤其應當講求藝術。好花配美名，方不失花之價值。先民爲花卉命名，基於其長期之園藝實踐。如同母親在哺育中瞭解自己的孩子一樣，廣大花農在育花過程中瞭解了各種花卉在産地、形態、性味、功用等方面的特點與區別，於是就此命名。花名貼切恰當，凝聚着花農豐富而深切的蒔育體會。

下面僅就本卷花卉的命名來看先民對花卉栽培的貢獻、所體現的美學原則及其影響。

花名大致分作六類：

一、標示産地者。①原産地。如"西番菊"來自西土，"胡菜"原産於胡地。②適宜生長地。如"水蓼"水生，"瓦松""瓦花"生於瓦隙，"墙頭草"則喜生墻頭，種則茂盛。

二、標示形態者。①體、形、色。如"鷄冠莧"係花序似鷄冠，植株似莧；"紅藍"係花紅，葉似藍；"黃藍"係花黃，葉似藍；"紫茉莉"係花形似茉莉，色紫；"黃蜀葵"係花黃色，苗葉似蜀葵；"小桃紅"係結實如小桃，花多紅色；"丈葵"係莖幹高丈許。②體態。如"舞草"人近則舞，"虞美人草"舊傳聞《虞美人曲》則舞，"蕓薹"易出薹，采食後復出，多如雲。③枝葉。如"游龍"係枝葉放縱宛如游龍；"翹搖"係枝葉柔婉，翹然飄摇；"千心妓女""千頭子"係枝繁頭多；"喝呼草""知呼草""知羞草"，聞喝呼則葉閉；"山茄子"葉似茄；"盆甑草"葉似盆甑；"狗耳草"葉似狗耳。

三、標示花情者。①花色。如"十樣錦"有紅、紫、黃、綠四色；"老少年"脚葉深紫而頂紅；"少年老"頂黃而脚葉綠；"二色鷄冠"紫、白兩色同蒂；"赤蓼""紅蓼""朱蓼"花穗爲紅色；"棉花葵"色如木棉花；"錦葵"色斑斕似錦；"黑丑"爲黑色牽牛花；"白丑"爲白色牽牛花；"狀元紅"爲紫茉莉之紅色者。②花形。"掃帚鷄冠"爲掃帚形，"扇面鷄冠"爲扇面形，"金盞"花開如金盞，"側金盞"側開如金盞，"天王鐵塔草"花形似塔，"鳳仙花"頭翅尾足翹然如鳳，"錦茄兒"蓓蕾攢聚如茄，"錢葵"花開如錢，"米殼花"之花生於米殼之上。③花性。"迎陽花""嚮日葵"花冠隨日而移。④花期。"千日紅"花期長，自夏至冬；"雁來紅"秋雁至時色嬌紅；"錦西風"秋風起時色彩如錦；"長春花"四時不斷；"麗春"春日始開，一派佳麗。

四、標示籽實者。如"罌粟"像瓶中貯米，"米囊花"像囊中有米，"象穀"籽實如同穀米，"地麥"籽實似麥，"草金鈴"籽實如鈴，"急性子"籽實易從莢角进出。

五、標示功用者。①食用。如"油菜"籽可榨油，"御米"可供御食饌。②醫用。如"益明"籽具明目之功效，"醫子草"籽可消除目翳。③美容。"染指甲菜"，取花葉以染甲，"胭脂"可用以點唇，"粉花"取籽爲粉可敷面。

六、其他。或表明栽培季節，如"寒菜"冬天播種，復經霜雪；或表明品味，如"地葵"苗味似葵，"香菜"莖葉皆香，"惡客"全株有毒，作惡於人；或表示比較，如"賽牡丹""菊婢"等。

花卉以形、色、香爲人們感知，花名以聲音、文字被人們感知。美名爲佳卉增輝，佳卉藉美名愈麗。這些花名，無論是質直者，抑或典雅者，都像佳卉一樣，體現着一個"美"字。花名之美表現爲四個方面：

一、平實美。即不加文飾，一語破的，令人易感易知。像以產地、形態（包括通身、莖幹、枝葉、花情、果實等）、功能等直接命名的"瓦花""胡菜""丈菊""舞草""赤蓼""益明""染指甲菜"等皆具此特點。

二、文飾美。即通過一定的修辭或藝術手法，使花卉的形象特徵更鮮明地表達出來。運用最多的是比喻。如"金盞""游龍""雞冠花""狗尾草""盆甑草""天王鐵塔草"等，是以物喻物；"老少年""少年老""千心妓女""千頭子""惡客""菊婢"等，是以人喻物。"知羞草""含羞草""翹摇"等則使用了擬人手法。有時藻繪渲染，創造意境，令人意會，如"百般嬌""滿園春"等；有時選用一些亮麗字詞（金、銀、錦、美、麗、牡丹等），加重其華貴氛圍，如"金盞銀臺""錦西風""虞美人""麗春""賽牡丹"等。

三、含蓄美。深藏不露，令人回味。黑牽牛隱稱"黑丑"，動物"牛"諧音植物"牛"，牛在生肖中與丑時匹配，遂以"丑"代植物"牛"，幾多曲折，巧達其意。寓意寄托，常在話外。"長春花"本四季不斷，"長春"又蘊含有温暖適意、永葆青春、蓬勃向上等意；"滿堂紅"本指花紅，又蘊含舉家幸福、全面勝利、大吉大利等意。其他如"千日紅""狀元紅""迎陽花""壽星雞冠""鴛鴦雞冠"等皆類此。

四、情趣美。花名含典故。"香菜"本名"羅勒"，因避石勒之諱而改；"好女兒花"本名"鳳仙花"，宋光宗（趙惇）李后小字鳳娘，因諱"鳳"而改；"虞美人草"相傳虞姬自刎後冢上出草，聞《虞美人曲》則應節而舞；"牽牛花"本稱"草金鈴"，可作藥材，相傳一田野之人牽牛來換取此花，遂又名"牽牛子"。

本卷所收花卉，以花、卉獨立成篇，《花說》内復分一二年生草本考、多年生草本考；《卉說》下分一二年生草本考、多年生草本考；還附《當代時尚花卉考》。"考"内所收諸品，以花卉名筆畫結合該花所從科屬爲序。花卉名首字筆畫少者在前，多者在後，同筆畫者以"一｜丿、フ"先後爲序；花卉名科屬相同者，則據其科屬類聚，類中復以花卉名首字筆畫多寡爲序。木本之山茶花、杜鵑花、茉莉、南天竹、南燭、桂花、栀子、酴醾、薔薇、丁香、山礬、木芙蓉、木棉花、木槿、火石榴、月季花、合歡、芫花、杏花、牡丹、迎春花、辛夷、玫瑰、刺桐花、金雀花、桃花、海棠、梅花、棣棠花、紫荆花、紫藤、貼梗海棠、溲疏、結香花、賴桐花、衛矛、錦帶花、覆盆子、懸鈎子、鐵綫蓮、臘梅以及竹類，因已寫入《木果卷》，故本卷闕考。參閱陳俊愉、程緒珂《中國花經》"概論""中國花卉發展大事記""歷代花卉名著"諸節。

第二章 花 説

第一節 一二年生草本考

本節收草本花卉凡四十種。其中以一年生、一二年生者居多，二年生及本多年生、作一年生栽培者少。它們分別隸屬於莧科、石竹科、蓼科、藜科、豆科、菊科、錦葵科、茄科、旋花科、紫茉莉科、紫堇科、罌粟科、十字花科、鳳仙花科、鴨跖草科、唇形科、報春花科、白花菜科、夾竹桃科等十九科。

據文獻記載，四十種中，自外域引進者凡十餘種，即紅花、鷄冠花、鳳仙花、含羞草、紫茉莉、葵花、紫羅蘭、罌粟、鴨跖草、雁來紅等。引進時間，最早爲漢代，最遲爲明代。引進地點，有西域、印度、歐洲、南北美洲等。原產我國者（包括產地不明而我國文獻有記載、有生長栽培者）爲二十餘種，即水蓼、赤蓼、地膚、搖車、錦葵、千日紅、青葙子、王不留行、金盞草、翠菊、昨葉何草、黃蜀葵、曼陀羅花、牽牛、紫堇、虞美人、蕓薹、羅勒等。其見諸文獻時間先後不一，早者（如水蓼、搖車等）先秦已見，晚者（如翠菊、千日紅等）明清始見。有的究竟是我國原產還是自域外引進，說法不一。如鴨跖草，或說原產南美熱帶，或說本產我國；又如紅花，或說自西域引入，或說我國商代已有。

花卉之繁衍變化，情況複雜，由本節可窺一斑。有名稱不同而實際近似者，如"青葙"與"雞冠花"爲二物，李時珍謂"〔青葙〕苗葉花實與雞冠花一樣無別"。有異名而實同者，如"後庭花"是"雁來紅"之別名，也是一種高不過六寸的小雞冠花之別名。有同名而實異者，如"虞美人"別名"麗春"，"罌粟"之別名亦爲"麗春""麗春草""麗春花"，而"龍芽草"的別名又爲"麗春草"。有同一名泛指、特指不同者，如"蓼"泛指包含數種，特指則僅指"水蓼"，《神農本草經》"蓼實"之"蓼"爲泛指，北魏賈思勰《齊民要術》"種蓼法"之"蓼"爲特指。有名相近而實不同者，如"黃蜀葵""黃葵""秋葵"同爲錦葵科而有別，徐珂《清稗類鈔》就將"黃蜀葵""黃葵"混同爲一。有因古人句讀不同造成同花异名者。如《爾雅·釋草》："薔，虞蓼。"孫炎、郭璞等皆以"虞蓼"爲句，許慎則以"薔虞"爲句，遂使"薔""虞蓼""薔虞"等皆得爲稱。有同一書對同一花卉所記不同者，如明高濂《草花譜》謂"老少年"是"脚葉深紫而頂紅"，又言"純紅者老少年"。有不同書對同一花卉之花色、產地等所記不同者，如《草花譜》記"十樣錦"有"紅、紫、黃、綠四色"，李時珍則謂"一種六月葉紅者，名十樣錦"；晋張華《博物志》謂"紅花"爲"張騫所得也"，五代馬縞《中華古今注》則謂"燕脂蓋起自紂"，以紅藍花汁凝成。有古人作二物、今人作一物者，如明王象晋《群芳譜》有"翠菊"，清汪灝等《廣群芳譜》、清陳淏子《花鏡》有"藍菊"，今人認爲二者爲同物。有名同、習性同而易誤二者爲一者，如"葵花"與"冬葵"絕不相侔，然皆得稱"葵"，又皆具趨光向日性，故極易將古冬葵之"葵"誤作葵花之葵。有因本名、別名之複雜關係而改諸家爭訟者，如三國吳陸璣以爲游龍（赤蓼、茄草）即馬蓼，《廣雅》《玉篇》亦承其說，而南朝梁陶弘景認爲茄草"極似馬蓼"，宋蘇頌謂"馬蓼自是一種"，清郝懿行則謂"紅草非即馬蓼"。凡此，皆須縝密甄別，不能淆亂。

千日紅

花名。莧科，千日紅屬，千日紅（*Gomphrena globosa* Linn.）。一年生草本。莖直立，高20~60厘米，上部多分枝。葉對生，橢圓或倒卵形，全緣（葉緣平整）。夏秋開花，紅色或淡紅色，由多數小花密集成圓球形花序，每花小苞片二枚，膜質發亮。園林中宜作花壇、花境材料，亦可盆栽或作切花、乾花。花序可入藥。今栽培幾遍全國。

文獻記載約始見於清代。其花季由夏至冬，綿歷長久，故名。清陳淏子《花鏡》卷六："千日紅，本高二三尺，莖淡紫色，枝葉婆娑，夏開深紫色花，千瓣細碎，圓整如球，生於枝梢。至冬葉雖萎而花不蔫。婦女采簪於鬢，最能耐久。略用淡礬水浸過，曬乾藏於盒，來年猶然鮮麗。子生瓣內，最細而黑。"徐珂《清稗類鈔·植物類》："千日紅爲一年生草。高尺許，莖似海棠，葉長，爲橢圓形。秋初開花，色紅紫，爲頭狀花序，頗美麗，經久不凋，故有此名。亦有白花者。"參閱民國許衍灼《春暉堂花卉圖説·彙考八·千日紅》。

青葙子

花名。莧科，青葙屬，青葙子（ *Celosia argentea* Linn.）。一年生草本。莖直立，高1米左右。葉互生，卵形至披針形。夏秋之際開花，淡紅色，穗狀花序作圓柱狀。胞果卵形。嫩莖葉可作飼料，花具觀賞價值，子入藥。我國主要分布於華東、華南等地區，幾遍全國。

此稱始見於漢代，時亦稱"草蒿""萋蒿"。《神農本草經·下品·青葙子》："青葙子……一名草蒿，一名萋蒿，生平谷。"三國時省稱"青葙"。《三國志·魏書·管寧傳》："尺牘之迹，動見楷模焉。"裴松之注引三國魏魚豢《魏略》："〔青牛先生〕常食青葙芫華，年似如五六十者，人或親識之，謂其已有百餘歲矣。"南朝梁陶弘景《名醫別録》："青葙子……

青葙子
（清吳其濬《植物名實圖考》卷一一）

其子名草決明。生平谷道傍。三月采莖葉，陰乾。五月六月采子。"唐代荊襄人稱之爲"昆侖草"，見唐蘇敬等《唐本草》。宋蘇頌《圖經本草·草部下品青葙子》："青葙子，生平谷道傍，今江淮州郡近道亦有之。二月內生青苗，長三四尺。葉闊似柳，細軟。莖似蒿，青紅色。六月七月內生花，上紅下白。子黑光而扁，有似莨菪。根似蒿根而白，直下獨莖生根。"明代稱"野鷄冠""鷄冠莧"。明李時珍《本草綱目·草四·青葙》〔釋名〕："野鷄冠、鷄冠莧，子名草決明。時珍曰：青葙名義未詳……其花葉似鷄冠，嫩苗似莧，故謂之鷄冠莧。"又〔集解〕："青葙生田野間，嫩苗似莧可食，長則高三四尺。苗葉花實與鷄冠花一樣無別，但鷄冠花穗或有大而扁或團者，此則梢間出花穗，尖長四五寸，狀如兔尾，水紅色，亦有黃白色者。子在穗中，與鷄冠子及莧子一樣難辨。"《通雅·植物》："青葙之於鷄冠，當一類也……青葙、鷄冠一物，但分家鷄冠、野鷄冠耳。"按，"青葙子"之別名"草蒿"，或以爲與青葙子非一種。南朝梁陶弘景《本草經集注·草木下品·青葙子》："處處有，似麥柵花，其子甚細。後又有草蒿，別本亦作草藁。今即主療殊相類，形名又相似，極多。是爲疑，而實兩種也。"參閱明王圻等《三才圖會·草木》、清陳淏子《花鏡》卷六、清汪灝等《廣群芳譜·藥譜五·青葙》。

青葙
（明王圻等《三才圖會》卷四）

【草蒿】[1]

"青葙子"之別名。此稱漢代已行用。按，"青蒿"之別名亦稱"草蒿"，二者同名異實。見該文。

【蔞蒿】

"青葙子"之別名。此稱漢代已行用。見該文。

【青葙】

"青葙子"之省稱。此稱三國時已行用。見該文。

【昆侖草】

"青葙子"之別名。此稱唐代已行用。見該文。

【野雞冠】

"青葙子"之別名。此稱明代已行用。見該文。

【雞冠莧】

"青葙子"之別名。此稱明代已行用。花葉似雞冠，嫩苗似莧，故名。見該文。

【青箱】

同"青葙"，即青葙子。此體唐代已行用。唐皮日休等《藥名聯句》："白芷寒猶采，青箱醉尚開。"

【草決明】

"青葙子"之別名。南北朝稱青葙之籽爲此，清代則稱"青葙"。《通雅·雜考之屬》："青葙子，亦名草決明。"清吳其濬《植物名實圖考·隰草類·青葙子》："即野雞冠，有赤白各種。葉可作茹，勝於家雞冠葉。一名草決明，鄉人皆知以治目疾。"按，此與豆科決明之別名"草決明"同名異實。

【桃朱術】

"青葙子"之屬。開黃花或紫花。此稱唐代已行用。宋代亦作"陶珠術"。明李時珍《本草綱目·草四·青葙》〔附錄〕："桃朱術。炳（唐蕭炳）曰：青葙一種花黃者，名陶朱術，苗相似。藏器（唐陳藏器）曰：桃朱術生園中，細如芹，花紫，子作角。以鏡向旁敲之，則子自發。"宋蘇頌《圖經本草·草部下品·青葙子》："又有一種花黃，名陶珠術，苗亦相似，恐不堪用之。"

【陶珠術】

同"桃朱術"。此體宋代已行用。見該文。

雁來紅

花名。莧科，莧屬，雁來紅（*Amaranthus tricolor* Linn.）。一年生草本。株高1米許，葉卵圓形至披針形，暗紅色，近頂葉黃橙紅諸色相雜。秋季開花，腋生，小型，密集攢簇。種子細小，黑色有光澤。觀葉植物，宜作花壇背景或叢植點綴，亦可盆栽或作切花。全草入藥。莖葉可食或作飼料。原産亞洲、美洲熱帶，今我國各地多有栽培。以雁來時其葉遂紅，因名。

宋代已見此稱。宋陳允平《唐多令·吳江道上寄鄭可大》詞："欲寄相思無好句，聊折贈、雁來紅。"時亦作"鴈來紅"。鴈，同"雁"。宋楊萬里《鴈來紅》詩："開了原無鴈，看來不是花。"宋元之際稱底葉深紫而頂葉紅者爲"老少年"，稱紅紫黃綠間雜者爲"十樣錦"，頂葉黃底葉綠者爲"少年老"。明高濂《草花譜》："雁來紅以雁來而色嬌紅，十樣錦有紅紫黃綠四色。老少年至秋深，脚葉深紫而頂紅。少年老頂黃而葉綠。譜云：純紅者老少年。"明楊慎《雁來紅賦》："兹纖莖兮獨異，候陽鳥而敷芳。盈盈渥赭，奕奕鮮妝。"明代"十樣錦"亦稱"錦西風""錦布衲"。明王象晉《群芳譜·卉譜·老少年》："一名雁來紅，至秋深脚葉深紫而頂葉嬌紅，與十樣錦俱以子種，喜肥地……純紅者老少

雁來紅
（清吳其濬《植物名實圖考》卷一二）

年，紅紫黃綠相間者名錦西風，又名十樣錦，又名錦布衲。以雞糞壅之，長竹扶之，可以過墙。二種俱壯秋色。"明李時珍《本草綱目·草四·雁來紅》："雁來紅，莖葉穗子並與雞冠同。其葉九月鮮紅，望之如花，故名。吳人呼爲老少年。一種六月葉紅者，名十樣錦。"明代亦稱"後庭花"。明朱橚《救荒本草》卷八："後庭花，一名雁來紅。人家園圃多種之。葉似人莧葉，其葉中心紅色，又有黃色相間，亦有通身紅色者。亦有紫色者。莖葉間結實，比莧實微大。其葉衆葉攢聚，狀如花朵，其色嬌紅可愛，故以名之……救飢：採苗葉煠熟，水浸淘净，油鹽調食。曬乾煠食尤佳。"清代省稱"雁來"。清黃宗羲《小園記》："至於麗春、款冬、丈紅、段錦、雁來、燕麥……叢生砌下，遞換瞬間。"清陳淏子《花鏡》卷六："一名錦西風。葉似莧而大，枝頭亂葉叢生，有紅紫黃綠相兼；因其雜色出，故名十樣錦。春分撒子於肥土中，蓋以毛灰，庶無蟻食之患。"又"老少年"："一名雁來紅。初出似莧，其莖葉穗子與雞冠無異。至深秋本高六七尺，則脚葉深紫色，而頂葉大紅，鮮麗可愛，愈久愈妍如花，秋色

之最佳者。又有一種少年老，則頂黃紅，而脚葉綠之別。收子時，須記明色樣，則下子時，間雜而種，秋來五色眩目可觀。"清高士奇《北墅抱甕録·老少年》："莖葉俱紫，秋深雁來之候，葉變而紅，末梢一叢鮮赤如染，亦號

老少年
（明王圻等《三才圖會》卷一二）

雁來紅。此時草木就衰，而反成麗采，亦屬奇觀。"徐珂《清稗類鈔·植物類》："十樣錦，秋草也。無花，其莖葉類似雞冠。霜後則葉通紅者，名雁來紅，一半紅者名老少年。惟十樣錦於夏月即青紅相錯，不待霜也。"按，雁來紅、十樣錦、少年老，同爲莧科、莧屬植物，學名同爲 *Amaranthus tricolor*，其區別僅在顏色、生性、花期上。參閱明徐光啓《農政全書》卷五九、清厲荃等《事物異名録》卷三一、清汪灝等《廣群芳譜·卉譜二·老少年》、民國許衍灼《春暉堂花卉圖説·彙考八·雁來紅》。

【鴈來紅】

同"雁來紅"。此體宋代已行用。見該文。

【老少年】

"雁來紅"之底葉深紫而頂葉紅者。此稱宋元之際已行用。見該文。

【少年老】

"雁來紅"之底葉深紫而頂葉紅者。此稱約在宋元之際已行用。見該文。

【十樣錦】

"雁來紅"之紅紫黃綠間雜者。此稱約在宋

元之際已行用。見該文。

【錦西風】

　　“十樣錦”之別名，“雁來紅”之紅紫黃綠間雜者。錦，狀斑斕之色；西風，言開放之時。此稱明代已行用。見該文。

【錦布衲】

　　“十樣錦”之別名，“雁來紅”之紅紫黃綠間雜者。因色彩斑斕，如縫綉花布，故名。此稱明代已行用。見該文。

【後庭花】[1]

　　“雁來紅”之別名。此稱明代已行用。按，此與莧科鷄冠花之別名“後庭花”同名異實。見該文。

【雁來】

　　“雁來紅”之省稱。此稱清代已行用。見該文。

【紅素馨】

　　“雁來紅”之別名。此稱清代已行用。時“老少年”亦稱“老來紅”。清屈大均《廣東新語·草語·雁來紅》：“以雁來時開。按《擣素賦》云：見禽華以廘色。注：禽華，菊也。一種名雁來紅，秋深時莖葉俱紅。廘，敷也。禽者，雁也。花比素馨差小，五瓣鮮紅，亦名紅素馨，然無香。一名老來紅。予詩：‘秋來花亦解還童，菊葉凝丹與爾同。衰白不愁青鏡笑，玉顏吾定老來紅。’一名老少年。呂氏云：‘其品有三：一紅黃相間；一純黃，由碧而變；一純紅，由紫而變。變皆以老，皆以秋，故謂老少年。’”

【老來紅】

　　“老少年”之別名，“雁來紅”之一種。此稱清代已行用。見該文。

【雁來黃】

　　“雁來紅”之頂上葉純黃者。此稱清代已行用。清陳淏子《花鏡》卷六：“雁來黃，即老少年之類。每於雁來之時，根下葉仍綠，而頂上葉純黃。其黃更光彩可愛，非若老葉黃落者比。收子下種法，一如老少年。以上數種秋色，全在乎葉，亦須加意培植扶持。若使蚜蚰傷敗其葉，便減風味矣。”

【西風錦】

　　即錦西風。“雁來紅”之紅紫黃綠間雜者。此稱清代已行用。清高士奇《北墅抱甕錄·西風錦》：“與老少年相似。葉外青中紫，經霜色變，青者爲黃，紫者成赤。階除之下，滿目斑斕。”

【秋黃十樣錦】

　　“老少年”之別種，“雁來紅”之屬。此稱明代已行用。明王世懋《學圃雜疏·花疏》：“老少年別種有秋黃十樣錦，須雜植之，真如錦織成矣。”

鷄冠花

　　“鷄”或作“雞”。花名。莧科，青葙屬，鷄冠花（*Celosia cristata* Linn.）。一年生草本。莖直立粗壯，高 30~100 厘米不等。葉互生，長卵形或卵狀披針形，全緣。夏秋開花，肉質花序扁平，頂生，形如鷄冠；雌花着生於花序基部，花色有紅、白、黃、橙紅、紫紅、橙黃等多種，具絲絨般光澤。種實黑色。觀賞植物，宜布置花境、花徑及花壇，亦可盆栽或作切花。全草入藥。原產於非洲、美洲熱帶和印度，約在唐代傳入我國，今各地多有栽培。

　　此稱唐代已行用。唐羅鄴《雞冠花》詩：“一枝穠艷對秋光，露滴風摇倚砌傍。”宋代出現省稱"雞冠"，"雞冠"亦作"雞冠"，亦稱"洗手花"，時稱一種高不過15~16厘米者爲"後庭花"。宋袁褧《楓窗小牘》卷下："雞冠花，汴中謂之洗手花，中元節前兒童唱賣，以供祖先。"清陳元龍《格致鏡原》卷七二引宋王灼《碧雞漫志》："吳蜀雞冠花有一種小者，高不過五六寸，或紅，或淺紅，或白，或淺白，世目曰後庭花。"宋范成大《題張希賢畫雞冠》詩："號名極形似，摹寫與真逼。"宋元之際，以花形、花色命名者有"掃帚雞冠""扇面雞冠""二色雞冠"。明高濂《草花譜》："有掃帚雞冠，有扇面雞冠，有紫白同蒂，名二色雞冠。"明代稱"波羅奢花"，時據花形特點又有命名爲"鴛鴦雞冠""纓絡雞冠""壽星雞冠"者。明王路《花史左編》："雞冠花，俗名波羅奢花。"明王象晉《群芳譜・花譜・雞冠》："有掃帚雞冠，有扇面雞冠，有纓絡雞冠，有深紫、淺紅、純白、淺黃四色；又有一朵而紫黃各半，名鴛鴦雞冠；又有紫、白、粉紅三色一朵者；又有一種五色者，最矮名壽星雞冠。扇面者，以矮爲佳；掃帚者，以高爲趣。今處處有之。三月生苗，入夏高者五六尺，矮者纔數寸。其葉青柔頗似白莧菜而窄，稍有赤脉。紅者莖赤，黃者白者莖青白，或圓或扁，有筋起。六七月莖端開花。穗圓長而尖者，如青葙之穗；扁卷而平者，如雄雞之冠。花大，有圍一二尺者，層層叠捲可愛。穗有小筒，子在其中，黑細光滑，與莧實無異。花最耐久，霜後始蔫……清明下種，喜肥地，用簸箕扇子撒種則成。大片高者宜以竹木架定，庶遇風雨不摧折捲曲。"明李時珍《本草綱目・草四・雞冠》〔釋名〕："以花狀命名。"明仲弘道《雞冠花賦》："爰有一

蕳，在欄之下，鸂鶒爲群，鴨鳧作亞，丹同鶴頂，冠非鵾野。"清代稱"波羅奢"。清陳淏子《花鏡》卷五："一名波羅奢，隨在皆有。三月生苗，高者五六尺，其矮種只三寸長，而花可大如盤。有紅、紫、黃、白、豆綠五色；又有鴛鴦二色者；又紫、白、粉紅三色者，皆宛如雞冠之狀。扇面者惟梢間一花最大，層層捲出可愛。若掃帚雞冠，宜高而多頭。又若纓絡，花尖小而雜亂如帚。又有壽星雞冠，以矮爲貴者。雞冠似花非花，開最耐久，經霜始蔫。"清高士奇《北墅抱甕録・雞冠》："當暑成花，霜後始萎，若扇若簪若鳳若芝，形狀各殊，色亦有紅紫黃白碧綠之異。根生石罅中，不須肥土。其本高卑不齊，有矮不數寸者。"清厲荃《事物異名録》卷三一："雞冠花，佛書謂之波羅奢花。"徐珂《清稗類鈔・植物類》："雞冠爲一年生草，隨處自生。莖高二三尺，色赤，葉爲長橢圓形，端尖銳，互生。秋開花而小，有紅黃白數種。花序狀如雞之冠，故名。子黑細光滑。"參閱清汪灝《廣群芳譜・花譜三十一・雞冠》、民國許衍灼《春暉堂花卉圖説・彙考七・雞冠》。

後庭花
（明鮑山《野菜博録》卷二）

【雞冠花】

同"鷄冠花"。此體宋代已行用。見該文。

【鷄冠】

"鷄冠花"之省稱。此稱宋代已行用。見

該文。

【洗手花】

"鷄冠花"之別名。此稱宋代已行用。見該文。

【後庭花】 [2]

特指一種高不過20厘米的小"鷄冠花"。此稱宋代已行用。按，此與莧科"雁來紅"之別名"後庭花"同名异實。見該文。

【掃帚鷄冠】

特指一種高大而多頭的"鷄冠花"。狀如掃帚，故名。此稱宋元之際已行用。見該文。

【扇面鷄冠】

特指一種矮小、梢間一花最大之"鷄冠花"。狀如扇面，故名。此稱宋元之際已行用。見該文。

【二色鷄冠】

特指一種紫白二色同蒂之"鷄冠花"。此稱宋元之際已行用。見該文。

【波羅奢花】

佛釋語。"鷄冠花"之別名。此稱明代已行用。見該文。

【鴛鴦鷄冠】

特指一種紫黃各半之"鷄冠花"。因紫黃對稱若鴛鴦，故名。此稱明代已行用。見該文。

【纓絡鷄冠】

特指一種花尖小而雜亂之"鷄冠花"。此稱明代已行用。見該文。

【壽星鷄冠】

特指一種五色而最矮之"鷄冠花"。此稱明代已行用。見該文。

【波羅奢】

"波羅奢花"之省稱，即鷄冠花。此稱清代已行用。見該文。

【鷄冠菜】

"鷄冠花"之屬。此稱明代已行用。明朱橚《救荒本草》卷二："雞冠菜生田野中，苗高尺餘，葉似青莢菜葉而窄小，又似山菜葉而窄，梢間出穗似兔兒尾，穗却微細小，開粉紅花，結實如莧菜子……救飢：採苗葉煠熟，水浸，淘去苦氣，油鹽調食。"

王不留行

花名。石竹科，麥藍菜屬，王不留行〔*Vaccaria segetalis* (Neck.) Garcke〕。一二年生草本。莖高30~70厘米，基生葉叢生，莖上葉對生，狹長披針形，抱莖而生，無柄。初夏開花，聚傘花序，花五瓣，淡紅色或黃紫色。蒴果，卵形，殼有五棱。花具觀賞價值，苗莖及籽實入藥。主要分布於我國華北、華中等地區。相傳此物性走不止，雖王命不能留其行，故名。

漢代已見此稱。《神農本草經·上品·王不留行》："生山谷。"三國時稱"王不流行"。三國魏吳普《吳氏本草》："王不留行，一名王不流行。"南朝梁陶弘景《本草經集注·草木上品》："〔王不留行〕今處處有。人言是蓼子，亦不爾。葉似酸漿，子似菘子。"南朝宋劉義慶《世說新語·儉嗇》："衛江州在尋陽，有知舊人投之，都不料理，唯餉王不留行一斤。"宋代稱"禁宮花""翦金花"，出宋佚名《日華本草》、鄭樵《通志·昆蟲草木略·草木》。時說稱"翦金草"。宋蘇頌《圖經本草·草部上品·王不留行》："生泰山山谷，今江浙及並河近處皆有之。苗莖俱青，高七八寸已來。根黃色，如薺根；葉尖如小匙頭，亦有似槐葉者；四月開花，黃紫色，隨莖而生，如松子狀，又似猪藍花。

五月内采苗莖，曬乾用。俗間亦謂之翦金草。河北生者，葉圓花紅，與此小別。張仲景治金瘡人物，王不留行散。"明代稱"金盞銀台"。明李時珍《本草綱目・草五・王不留行》〔釋名〕："金盞銀台。時珍曰：此物性走而不住，雖有王命不能留其行，故名。吳普《本草》作'一名不流行'，蓋誤也。"又〔集解〕："多生麥地中，苗高者一二尺。三四月開小花如鐸鈴狀，紅白色，結實如燈籠草子，殼有五稜，殼内包一實，大如豆，實内細子，大如菘子，生白熟黑，正圓如細珠可愛。陶氏言葉似酸漿，蘇氏言花如菘子狀者，皆欠詳審，以子爲花葉狀也。"明袁宏道《送醫者黃生謁東諸侯》詩："而今海上單方幾，王不留行一味多。"清吳其濬《植物名實圖考・隰草類・王不留行》作賦一篇，吟咏此草一千餘言。參閱清汪灝等《廣群芳譜・藥譜四・王不留行》。

王不留行
（清吳其濬《植物名實圖考》卷一一）

【王不流行】

"同"王不留行"。此體三國時已行用。見該文。

【禁宮花】

"王不留行"之別名。此稱宋代已行用。見該文。

【翦金花】[1]

"王不留行"之別名。此稱宋代已行用。見該文。

【剪金花】

同"翦金花"，即王不留行。此體清代已行用。清陳淏子《花鏡》卷六："一名王不留行，又名剪金花。"

【翦金草】

"王不留行"之別名。此稱宋代已行用。見該文。

【剪金草】

同"翦金草"，即王不留行。此體宋代已行用。明朱橚《救荒本草》卷四："王不留行，又名剪金草……生太山山谷，今祥符沙塪間亦有之。苗高一尺餘，其莖對節生叉，葉似石竹子葉而寬短，拚莖對生，腳葉似槐葉而狹長。開粉紅花，結蒴如菘子大，似罌粟殼樣，極小，有子如葶藶子大而黑色。"

【金盞銀台】

"王不留行"之別名。此稱明代已行用。見該文。

水蓼

花名。蓼科，萹蓄屬，水蓼（*Polygonum hydropiper* Linn.）。一年生草本。莖直立或偃傾，高 1 米許，多歧枝，表皮紅褐色，光滑無毛，莖節膨大。葉披針形，全緣，兩面有黑色腺點；托葉鞘筒狀，紫褐色，有睫狀毛及腺點。秋日開小型穗狀花，淡綠色或白色微帶紅暈，有萼片四枚，呈漏斗狀，瘦果卵形，扁平。莖葉可食，亦可造酒麴、農藥及入藥。分布幾遍全國，多見於淺水及低濕地。

始見於先秦文獻記載，時單稱"蓼"，秦漢時稱"薔""虞蓼"，漢代稱"薔虞"，晉代稱"澤蓼"。《詩・周頌・良耜》："其鎛斯趙，以薅荼蓼。"毛傳："蓼，水草也。"唐孔穎達疏："《釋草》云：'薔，虞蓼。'某氏曰：薔，一名虞蓼。孫炎曰：虞蓼是澤之所生，故爲水草也。"《爾雅·釋草》："薔，虞蓼。"晋郭璞注："虞蓼，澤蓼。"某氏、孫炎及郭璞皆斷"虞蓼"爲句，與漢許慎以"薔虞"爲句不同。《説文·艸部》："蓼，辛菜，薔虞也。"今二説并存，故"薔""虞蓼""薔虞"皆得爲稱。《急就篇》卷二："葵韭葱䪥蓼蘇薑。"顏師古注："蓼有數種，葉長鋭而薄，生於水中者曰水蓼。"唐代始稱"水蓼"。唐羅隱《姑蘇城南湖陪曹使君游》詩："水蓼花紅稻穗黄，使君蘭棹泛迴塘。"明李時珍《本草綱目·草五·水蓼》〔釋名〕："志（馬志）曰：生於淺水澤中，故名水蓼。時珍曰：按《爾雅》云：'薔，虞蓼也。'山夾水曰虞。"又〔集解〕："恭（蘇恭）曰：水蓼生下濕水旁，葉似馬蓼，大於家蓼，莖赤色。水挼食之，勝於蓼子。宗奭曰：水蓼大概與水葒相似，但枝低耳。今造酒取葉，以水浸汁和麵作麴，亦取其辛耳。時珍曰：此乃水際所生之蓼。葉長五六寸，比水葒葉稍狹，比家蓼葉稍大。"明王象晋《群芳譜·卉譜·蓼》："馬蓼、水蓼，葉闊大，上有黑點。"清陳淏子《花鏡》卷五："至於馬蓼、水蓼，止可爲造酒麴中所需，並入藥用。"

按，蓼爲蓼科植物之總稱，含數種。其稱始見於先秦，多爲泛指。如《禮記·內則》"濡

水 蓼
（清吴其濬《植物名實圖考》卷一四）

豚，包苦實蓼"之"蓼"究竟言何種則不易確指（可食之蓼亦非一種）。漢代亦稱"蓼實"，出《神農本草經·中品》，因多以其實入藥，故名。此時之蓼，仍爲泛稱，故三國魏吴普《吴氏本草》稱："蓼實一名天蓼，一名野蓼，一名澤蓼。"澤蓼即水蓼，天蓼即木蓼，皆爲特指，而吴氏以"蓼實"與之等同，説明其時之"蓼"仍包羅甚廣。約自南北朝開始對蓼分類。南朝梁陶弘景《本草經集注·菜部中品·蓼實》："此類又多，人所食有三種：一是紫蓼，相似而紫色；一是香蓼，亦相似而香，並不甚辛而好食；一是青蓼，人家常有，其葉有圓有尖，以圓者爲勝，所用即此。"五代韓保昇將蓼分爲七類，載其作《蜀本草》中："蓼類甚多，有青蓼、香蓼、水蓼、馬蓼、紫蓼、赤蓼、木蓼七種。紫赤二種，葉小狹而厚；青香二蓼，葉亦相似而俱薄；馬水二蓼，葉俱闊大，上有黑點；水蓼一名天蓼，蔓生，葉似柘葉，六蓼花皆紅白，子皆大如胡麻，赤黑而尖扁；惟木蓼花黄白，子皮青滑。諸蓼並冬死，惟香蓼宿根重生，可爲生菜。"（轉引自明李時珍《本草綱目·草五·蓼》）。明王象晋《群芳譜》、清陳淏子《花鏡》皆沿用其分法。赤蓼，《花鏡》亦稱"朱蓼"。

蓼
（明王圻等《三才圖會》卷七）

【蓼】

特指水蓼。此稱先秦時已行用。一説，"青

色者蓼，紫者茶"，出晋崔豹《古今注·草木六》。見該文。

【蘠】

"水蓼"之別名。此稱秦漢時已行用。見該文。

【虞蓼】

"水蓼"之別名。此稱秦漢時已行用。虞者，山夾水也，是虞蓼猶水蓼。見該文。

【蘠虞】

"水蓼"之別名。此稱漢代已行用。見該文。

【澤蓼】

"水蓼"之別名。此稱晋代已行用。以其多生水澤之中，故名。見該文。

【家蓼】

"水蓼"之別名。此稱清代已行用。清吴其濬《植物名實圖考·隰草類·蓼》："即今之家蓼也。葉背白，有紅白二種。俗以其葉裹肉，煨食之，香烈。……《齊民要術》有種蓼法，故云家蓼矣。魏晋前皆爲茹。《本草拾遺》亦云作菜食，能入腰脚。不知何時擯於食單？近時供吟咏、飾澤國秋容而已。元郝文忠公詩：'嗟嗟好花草，焉用生此處。祇因爲詩人，故故獨不去。嘗膽如啖蔗，食蓼猶膳御。'"

毛蓼[1]

花名。蓼科，蓼屬，毛蓼（*Polygonum barbatum* Linn.）。一年生草本。高 40～100 厘米。莖直立，被疏柔毛或近秃净。單葉互生，披針形，先端漸尖，基部狹窄，兩面疏短柔毛，尤以葉緣及中脉爲甚；膜質，密生長柔毛。穗狀花序，頂生或腋生，稍分枝；花白色或淡紅色。瘦果卵形，具三棱，黑色，有光澤。秋季開花。可供觀賞。全草可入藥。我國主要分布於華東、華南及西南各地區。多見於水旁、田邊、溝谷濕地及林下。

毛 蓼
（清吴其濬《植物名實圖考》卷一四）

此稱唐代已行用，并沿稱於後世。宋唐慎微《證類本草·草部下品·毛蓼》："毛蓼，主癰腫、疽瘻、瘰癧。杵碎内瘡中，引膿血，生肌。亦作湯洗瘡兼濯足治脚氣。生山足。似烏蓼，葉上有毛，冬根不死也。"明朱橚《普濟方·脚氣門》："治脚氣（出《本草》）：右以毛蓼煎湯濯足。"明李時珍《本草綱目·草五·毛蓼》：〔集解〕"〔陳〕藏器曰：毛蓼生山足，似馬蓼，葉上有毛，冬根不死。時珍曰：此即蓼之生於山麓者，非澤濕之蓼也。"清陳大章《詩傳名物集覽》卷一〇："又毛蓼，生山麓。葉上有毛，冬根不死。"清代稱"白馬鞭""四季青"。清吴其濬《植物名實圖考·隰草類·毛蓼》："毛蓼，《本草拾遺》始著録，主治癰腫、疽瘻，引膿、生肌，今俚醫亦用之。其穗細長，花紅，冬初尚開，葉厚有毛，俗呼爲白馬鞭。"今亦稱"水辣蓼"。其花白穗長，莖葉被柔毛，可於山地景園及陰濕處栽植，亦可作切花或裝飾用材。參閲《中藥大辭典·毛蓼》。

【白馬鞭】[1]

即毛蓼[1]。其莖葉被柔毛，花白而成穗狀如鞭，故名。此稱清代已行用。見該文。

【水辣蓼】

即毛蓼[1]。名見《廣西藥植名録》。此稱多行用於廣西各地。見該文。

赤蓼

花名。蓼科，萹蓄屬，赤蓼是紅蓼
（*Polygonum orientale* Linn.）的別名。一年生
大型草本。莖直立，高達2米許，生有歧枝及
莖節，密被毛茸。大葉寬橢圓形或卵狀披針形，
互生，有柄，全緣，先端漸尖。秋季開花，圓
錐狀花序頂生或腋生，花穗長大似穀穗，粉紅
或玫瑰紅色，頭下垂。宜作庭園觀賞植物，也
可作插花或裝飾材料。果及全草入藥。適應性
強。我國大部分地區皆有生長栽培，尤喜水畔
濕地。

始見於先秦文獻記載。時稱"龍""游龍"，
"游龍"亦作"遊龍"；秦漢時稱"紅""蘢
古"，其大者稱"蘮"，"紅"亦作"葒"，"蘢
古"亦作"龍古""籠右"；漢亦稱"紅草""屈
龍"，"紅草"亦作"葒草"，"屈龍"亦作"屈
籠"，"紅"亦作"鴻"；晉代"蘢古"亦作"蘢
鼓"。《詩·鄭風·山有扶蘇》："山有喬松，隰
有游龍。"毛傳："龍，紅草也。"紅草一作"葒
草"，"游龍"一作"遊龍"。游龍之"游"爲枝
葉放縱義，毛亨不以爲名；漢儒如高誘以"游
龍"爲名，後世因之。《爾雅·釋草》："紅，蘢
古，其大者蘮。"晉郭璞注："俗呼紅草爲蘢鼓，
語轉耳。"一本"紅"作"葒"，"蘢古"作"龍
古""籠古"。《淮南子·墜形訓》："海閭生屈
龍，屈龍生容華。"高誘注："屈龍，游龍，鴻
也。《詩》云：隰有游龍。言屈字之誤。"屈龍，
一本作"屈蘢"。南北朝稱"鴻藊"。南朝梁陶
弘景《名醫別錄》："葒草……一名鴻藊。如馬
蓼而大，生水傍，五月采實。"又《本草經集
注·草木中品·葒草》："此類甚多，今生下濕

地，極似馬蓼，甚長大。《詩》稱'隰有游龍'，
注云葒草。郭景純云：即籠古也。"唐代稱"水
葒"，出唐陳藏器《本草拾遺》。唐李賀《湖中
曲》："長眉越沙采蘭若，桂葉水葒春漠漠。"五
代始稱"赤蓼"，出韓保昇《蜀本草》。宋代稱
"紅蓼""火蓼"，"水葒"亦作"水紅"。宋朱弁
《曲洧舊聞》卷四："紅蓼即《詩》所謂游龍也，
俗呼水紅；江東人別澤蓼，呼之爲火蓼。"宋蘇
頌《圖經本草·草部中品·葒草》："即水紅也。
舊不著所出州郡，云生水旁，今所在下濕地皆
有之。似蓼而葉大，亦白色，高丈餘。《爾雅》
云：紅，蘢古，其大者蘮。鄭詩云'隰有游龍'
是也。"宋孔平仲《芙蓉堂》詩："今日重來皆
蔓草，水紅無數強排秋。"明代稱"白水葒苗"。
明朱橚《救荒本草》卷一："白水葒苗，《本草》
名葒草……鄭詩云'隰有遊龍'是也。所在有
之，生水邊下濕地。葉似蓼葉而長大，有澀毛。
花開紅白，又似馬蓼，其莖有節而赤。"明李時
珍《本草綱目·草五·葒草》〔釋名〕："此蓼甚
大而花亦繁紅，故曰葒、曰鴻，鴻亦大也。"又
〔集解〕："其莖粗如拇指，有毛；其葉大如商
陸葉；色淺紅成穗；秋深子成，扁如酸棗仁而
小，其色赤黑而肉白，不甚辛，炊爛可食。"清
代稱"朱蓼"，出清陳淏子《花鏡》卷六。徐珂
《清稗類鈔·植物類》："葒爲一年生草，與蓼同
類。莖高五六尺，葉長卵形，端尖，有長柄，
莖葉密生淡紅色之毛。秋日開紅花成穗，通稱
葒草。"按，或以爲此即馬蓼。三國吳陸璣首持
此說。《毛詩草木鳥獸蟲魚疏》："游龍一名馬蓼。
葉粗大而赤白色，生水澤中，高丈餘。"《廣雅》
《玉篇》亦承其說。《廣雅·釋草》："葒、龍、
蘮，馬蓼也。"《玉篇·艸部》："蘢，馬藻。"藻，

同"蓼"。然持异説者亦有之。南朝梁陶弘景衹是認爲葒草"如馬蓼而大""極似馬蓼"，則實與馬蓼相别。宋蘇頌明確謂"馬蓼自是一種"，不同於葒草。清郝懿行《爾雅義疏》下之一則直譏陸氏之失。郝云："紅草非即馬蓼，其莖葉俱似蓼而高大，陸璣失之。"兩種觀點，各有所是，亦各有所失，似以清王念孫説較爲融通。《廣雅疏證》卷一〇上："據《别録》則馬蓼别爲一種，非葒草也。然陶注《本草》馬蓼云：'馬蓼生下濕地，莖班葉大，有黑點。亦有兩三種，其最大者名籠鼓。即是葒草。'然則葒草即馬蓼之大者，馬蓼其總名也。且陶注之所謂最大名籠鼓者，正《爾雅》所謂其大者蘬，則陶注之所謂馬蓼者，即《爾雅》所謂'紅，龍古'矣。"又，《名醫别録》又有天蓼，一名石龍，唐陳藏器以此爲葒草，又名大蓼，明李時珍沿用其説，"天蓼""石龍""大蓼"遂皆爲葒草之异名，殆誤，清王念孫已指出。《廣雅疏證》卷一〇上："案《别録》葒草無毒，天蓼有毒。《拾遺》合之，非也。《蜀本草圖經》云：木蓼一名天蓼，蓋别是一物耳。"參見本類"水蓼"。

葒草
（清吴其濬《植物名實圖考》卷一一）

【龍】

"赤蓼"之别名。此稱先秦已行用。見該文。

【游龍】

"赤蓼"之别名。因其枝葉放縱似游龍，故

名。此稱先秦已行用。見該文。

【遊龍】

同"游龍"，即赤蓼。此體先秦已行用。見該文。

【紅】

"赤蓼"之别名。此稱秦漢已行用。與"龍"聲近。見該文。

【葒】

同"紅"，即赤蓼。此體秦漢已行用。清孫星衍校注《神農本草經》引《爾雅》作此。見該文。

【鴻】

同"紅"，即赤蓼。此體漢代已行用。見該文。

【龍古】

"赤蓼"之别名。此稱秦漢已行用。見該文。

【龍古】

同"龍古"，即赤蓼。此體秦漢已行用。見該文。

【籠古】

同"龍古"，即赤蓼。此體秦漢已行用。見該文。

【龍鼓】

同"龍古"。此體晋代已行用。見該文。

【籠鼓】

同"龍古"。此體晋代已行用。見該文。

【蘬】[1]

"赤蓼"之大者。此稱秦漢已行用。見該文。

【紅草】

即赤蓼。此稱漢代已行用。因花穗爲紅色，故名。見該文。

【莔草】

同"紅草"，即赤蓼。此體漢代已行用。見該文。

【屈龍】

"赤蓼"之別名。此稱漢代已行用。見該文。

【屈蘢】

同"屈龍"，即赤蓼。此體漢代已行用。見該文。

【鴻䕵】

"赤蓼"之別名。此稱南北朝已行用。按，或作"鴻鵠""鴻薊"。見該文。

【水莔】

"赤蓼"之別名。生水中，花穗紅色，故名。此稱唐代已行用。見該文。

【水紅】

同"水莔"，即水蓼。此體宋代已行用。

【紅蓼】

"赤蓼"之別名。此稱宋代已行用。見該文。

【火蓼】

"赤蓼"之別名。此稱宋代已行用。見該文。

【白水莔苗】

"赤蓼"之俗稱。此稱明代已行用。見該文。

【朱蓼】

"赤蓼"之別名。此稱清代已行用。見該文。

地膚

花名。莧科，地膚屬，地膚〔*Kochia scoparia* (Linn.) Schrad.〕。一年生草本。直生根，主莖晚期木質化。高 1 米許，全株呈橢圓形發育。分枝繁多緊密，具短柔毛。葉互生，狹長披針形，淡綠。夏日開小花，紅色或褐紅色，穗狀花序。果實扁球形。園林中宜作邊緣植物、覆蓋植物，亦可盆栽觀葉。莖葉嫩時可食，老化後全株可壓製成掃帚。種實藥用。主要分布於我國華北及江南地區。

始見於秦漢典籍記載。時稱"莔""王蔧"。漢代"莔"亦作"萮"，"王蔧"亦作"王彗"，亦作"地膚子""地葵""地華""地脉"。三國時始作"地膚"。晋代稱"王帚""落帚"。《爾雅·釋草》："莔，王蔧。"晋郭璞注："莔，王帚也。似藜，其樹可以爲掃蔧。江東呼之曰落帚。"《神農本草經·草部·上品·地膚子》："地膚子……一名地葵，生平澤及田野。"《太平御覽》引有"一名地華，一名地脉"。馬王堆漢墓帛書《五十二病方》："有以殺本若道旁萮根二七，投澤若淵下。"整理者讀"萮"爲"莔"，以爲即地膚。《説文·艸部》："莔，王蔧也。"《廣雅·釋草》："地葵，地膚也。"南北朝稱"地麥"。南朝梁陶弘景《名醫別録·上品·地膚子》："地膚子……一名地麥，生荊州平澤及田野。"唐代稱"益明"，出唐甄權《藥性本草》。時亦稱"涎衣草"。唐蘇敬等《唐本草·草部·地膚子》："田野人名爲地麥草，北人名涎衣草。葉細莖赤，出熟田中。苗極弱，不能勝舉。"五代時稱"落帚草""落藜"。《説文·艸部》："莔，王蔧也。"南唐徐鍇繫傳："今落帚草也……今落帚或謂落藜。初生時可食，藜之類也。"宋時稱"獨帚""鴨舌草"。宋蘇頌《圖經本草·草部上品·地膚子》："今蜀川、關中近地皆有之。初生薄地，五六寸，根形如蒿，莖赤，葉青，大似荊芥。三月開黄白花，八月九月採實，陰乾用……或曰其苗即獨掃也，一名鴨舌草……根作叢生，每窠有二三十莖，莖有赤有黄，七月開黄花，其實地膚也。"時亦稱"地帚""落帚子"，出宋鄭樵《通志·昆蟲草木略》。宋元之際亦稱"千心妓女"，出《土宿本草》。明代稱"獨掃苗""白地草"。明李時珍《本草綱目·草五·地膚》〔釋名〕："白地草……時珍曰：地膚、地麥，因其子形似也；地葵，因其苗味似也；鴨舌，因其形似也；妓女，因其枝繁而頭多也；益明，因其子功能明目也；子落則老莖可爲帚，故有帚蔧諸名。"又〔集解〕："地膚嫩苗可作蔬茹。一科數十枝，攢簇團團直上，性最柔弱，故將老時可爲帚，耐用。"明朱橚《救荒本草·草部·獨掃》："獨掃，苗生田野中，今處處有之。葉似竹形而柔弱細小，拵莖而生，莖葉梢間結小青子，小如粟粒。科莖老時可爲掃帚，葉味甘。救飢：採嫩苗葉煠熟，水浸淘净，油鹽調食。曬乾煠食，不破腹尤佳。"清代稱"埽帚草"。清郝懿行《爾雅義疏》下之一："《本草》地膚，一名地葵；《别録》一名地麥；《唐本注》名涎衣草；蘇頌《圖經》名鴨舌草，皆今埽帚草也。"清代亦稱"掃帚菜"。清吴其濬《植物名實圖考·隰草類·地膚》："今河南、北通呼掃帚菜。《救荒本草》謂之獨帚，

地　膚
（清吴其濬《植物名實圖考》卷一一）

獨掃苗
（明徐光啓《農政全書》卷四七）

可爲恒蔬，莖老則以爲掃帚。"民國徐珂《清稗類鈔·植物類》："地膚爲一年生草，園圃栽種之。莖高三尺許，葉狹細，互生，花小而綠，夏日生於葉腋，嫩苗可作蔬，子甚繁。"今俗稱"掃帚苗""綠帚"，各地多有種植。按，清孫星衍校注《神農本草經》謂《爾雅·釋草》"葥，馬帚"爲此地膚；又《詩·小雅·鹿鳴》："呦呦鹿鳴，食野之苹。"或讀"苹"爲"葥"，釋爲掃帚草。二説殆失之。考"葥，馬帚"，郭注云："似蓍，可以爲埽蔧。"郝懿行義疏："今按，此草叢生，葉小圓，莖紫赤，疎直而瘦勁。野人以爲埽帚，極耐久。有高五六尺者，故曰馬帚。"馬帚與地膚，同可爲帚，然形狀相去殊遠，不當混同爲一。

【蒚】

"地膚"之别名。此稱秦漢時已行用。見該文。

【茾】

同"蒚"。"地膚"之别名。此體漢代已行用。見該文。

【王蔧】

"地膚"之别名。此稱秦漢已行用。王者，大也；蔧者，帚也。以草可爲大帚，故名。見該文。

【王彗】

同"王蔧"，即地膚。此體漢代已行用。見該文。

【地膚子】

即地膚。本指其子，恒以代全株，此花草稱呼之通例。此稱漢代已行用。見該文。

【地葵】[1]

"地膚"之别名。此稱漢代已行用。因其苗

味似葵，故名。見該文。

【地華】

　　"地膚"之別名。此稱漢代已行用。見該文。

【地脉】

　　"地膚"之別名。此稱漢代已行用。見該文。

【王帚】

　　"地膚"之別名。王，大也。狀如大帚，故名。此稱晋代已行用。見該文。

【落帚】

　　"地膚"之別名。此稱晋代已行用。見該文。

【地麥】

　　"地膚"之別名。此稱南北朝已行用。以其籽實之形似麥粒，故名。日本望玄草翻刻《大觀本草》引《名醫別録》"一名地麥"作"地裂"。見該文。

【益明】

　　"地膚"之別名。此稱唐代已行用。以其子具明目之功，故名。見該文。

【涎衣草】

　　"地膚"之別名。此稱唐代已行用。見該文。

【落帚草】

　　"地膚"之別名。此稱五代時已行用。見該文。

【落藜】[1]

　　"地膚"之別名。此稱五代時已行用。見該文。

【獨帚】

　　"地膚"之別名。此稱宋代已行用。見該文。

【鴨舌草】

　　"地膚"之別名。此稱宋代已行用。見該文。

【地帚】

　　"地膚"之別名。此稱宋代已行用。見該文。

【落帚子】

　　"地膚"之別名。以籽實代稱全株。此稱宋代已行用。見該文。

【千心妓女】

　　"地膚"之別名。此稱約行用於宋元之際。以其枝繁頭多，故名。見該文。

【獨掃苗】

　　"地膚"之別名。此稱明代已行用。見該文。

【白地草】

　　"地膚"之別名。此稱明代已行用。見該文。

【埽帚苗】

　　"地膚"之別名。埽，"掃"之古字。此稱清代已行用。見該文。

【掃帚菜】

　　"地膚"之別名。此稱清代已行用。見該文。

【千頭子】

　　"地膚"之別名。此稱清代已行用。清汪灝等《廣群芳譜·藥譜四·地膚》："一名千頭子，一名千心妓女。"見該文。

含羞草

　　花名。豆科，含羞草屬，含羞草（*Mimosa pudica* Linn.）。一年生或多年生蔓生草本。莖基部木質化，株高近1米，具倒刺毛與銳刺。葉片具柄，二至四枚，掌狀排列；小葉矩圓形，十四至四十八枚，二回羽狀複葉；感應性强，觸之則小葉閉合，葉柄下垂。夏秋開小花，頭狀花序，淡紅色。莢果扁形，有三四個莢節，每莢節内含一粒圓形種子，成熟時分節脱落。宜盆栽觀賞。全草入藥。我國各地均有栽培。原産南美洲，後傳入我國。

　　文獻記載始見於明代，時稱"喝呼草""懼

内草"。清代始稱"含羞草",亦稱"知羞草"。以手觸口喝,其葉自合,若知羞狀,故名。民國許衍灼《春暉堂花卉圖說・彙考八・喝呼草》引明周孟中《廣西通志》曰:"喝呼草幹小而直上,高可四五寸,頂上生梢,橫列如傘蓋;葉細生梢,兩旁有花盤上。每逢人大聲喝之,則旁葉下翕,故曰喝呼草。然隨翕隨開,或以指點之亦翕,前翕後開,草木中之靈異者也。俗名懼内草。"又引清陳烴章《臺灣府志》曰:"含羞草。"清屈大均《廣東新語・草語》:"知羞草,葉似豆瓣相向,人以口吹之,其葉自合,名知羞草。"清吳其濬《植物名實圖考・群芳類・喝呼草》:"按此草生於兩粵,今好事者攜至中原種之,皆生。秋開花,茸茸成團,大如牽牛子,粉紅嬌嫩,宛似小兒帽上所飾絨球。結小角成簇。大約與夜合花性形俱肖,但草本細小,高不數尺,手拂氣噓,似皆知覺,大聲响喝,即時俯伏。草木無知,觀此莫測。"徐珂《清稗類鈔・植物類》:"含羞草爲一年生草。本南美洲産,移植於我國,園圃栽之。莖高七八寸,葉爲複葉,總葉柄之頂端常生四枝,下垂。每枝有小葉甚多,略如合歡,觸之,則小葉閉合,故名。夏季開淡紅色蝶形花,叢集爲球狀。實成莢,有刺。"

　　按,徐書又載一種"怕老婆草",亦稱"喝呼草",就"喝呼草"之名與葉片隨人喝呼而開閉特

喝呼草
(清吳其濬《植物名實圖考》卷三〇)

徵看,似即含羞草;然其花淡黃,與含羞草之淡紅、粉紅有別。蓋一類二種也。姑附其原文如下:"廣西思恩府有怕老婆草,疑即含羞草也。其草每枝發十餘葉,中抽一心,長二寸許,花淡黃,若蒲公英,葉類鳳尾,細葉對生於莖,生於陰濕之處,墻角路隅皆有之。人每俯身離草尺許,大聲叱之,則其葉對對相合,良久始開,女人叱之則否。或謂此直怕老公耳,非怕老婆也。又偶呵之以氣,其葉亦合。以鐵箸夾炭火,自上微熨之,亦然。蓋一遇陽氣,即能合併也。廣東惠州山中亦有之,土人號爲喝呼草。"

【喝呼草】

　　"含羞草"之別名。此稱明代已行用。大聲喝呼則其葉自合,故名。見該文。

【懼内草】

　　"含羞草"之別名。此稱明代已行用。喝呼即閉葉,似心内有所懼,故名。見該文。

【知羞草】

　　"含羞草"之別名。此稱清代已行用。喝呼即閉葉,似知羞,故名。見該文。

摇車

　　花名。豆科,黃芪屬,摇車(*Astragalus sinicus* Linn.)。二年生草本。根莖粗壯,圓錐體,密布鬚毛。莖直立或匍匐,分枝多,有毛,偶數羽狀複葉,倒卵形或橢圓形,全緣,頂部略有缺刻,表面光澤,背具疏毛。總狀花序呈傘狀,自葉腋挺出,花冠紫色或黃白色。莢果,籽實腎形。莖葉可作飼料或綠肥,花爲蜜源,亦具觀賞價值。今稱"紫雲英"。主要分布於我國江南地區。

　　先秦已見記載,時稱"苕"。秦漢時稱"摇

車”，亦稱“柱夫”。三國時亦稱“苕饒”“翹饒”。晋代稱“翹搖車”。《詩·陳風·防有鵲巢》：“防有鵲巢，邛有旨苕。”孔穎達疏引三國吴陸璣《毛詩草木鳥獸蟲魚疏》：“苕，苕饒也，幽州人謂之翹饒。蔓生，莖如勞豆，而細葉似蒺藜而青。其莖葉綠色，可生食，如小豆藿也。”《爾雅·釋草》：“柱夫，搖車。”晋郭璞注：“蔓生，細葉，紫華，可食。今俗呼曰翹搖車。”唐代“苕饒”音轉作“苕搖”，亦稱“翹搖”“翹車”。唐陳藏器《本草拾遺》：“翹搖，幽州人謂之苕搖……俗呼翹車是矣。”宋代稱“元修菜”“巢菜”“小巢”“漂搖草”“野蠶豆”。“大巢”是巢菜之一種。宋蘇軾《元修菜》詩叙：“菜之美者，有吾鄉之巢，故人巢元修嗜之，余亦嗜之。元修云：‘使孔北海見，當復云吾家菜耶？’因謂之元修菜。”宋陸游《巢菜》詩序：“蜀蔬有兩巢：大巢，豌豆之不實者；小巢生稻畦中，東坡所謂元修菜是也。吴中絶多，名漂搖草，一名野蠶豆，但人不知取食耳。”明李時珍《本草綱目·菜二·翹搖》〔釋名〕：“翹搖，言其莖葉柔婉，有翹然飄搖之狀，故名。”又〔集解〕：“處處皆有。蜀人秋種春采，老時耕轉壅田，故薛田詩云：剰種豌巢沃晚田。蔓似豋豆，而細葉似初生槐芽及蒺藜，而色青黄。欲花未萼之際，采而蒸食，點酒下鹽，芼羹作餡，味如小豆藿。至三月開小花，紫白色，結角子似豌豆而小。”明代稱“板蕎蕎”，出明王磐《野菜譜》。蕎蕎，諧音“翹翹”，言其枝莖翹然逸揚。清代稱“野豌豆”“紅花菜”“翹翹花”“鐵馬豆”。開黄花者稱“黄花山馬豆”。清郝懿行《爾雅·釋草》下之一：“是苕饒即翹搖，方音有輕重耳。陸璣所言，即今野豌豆

也。”清吴其濬《植物名實圖考·蔬類·翹搖》：“江西種以肥田，謂之紅花菜，賣其子以開計。湖北亦呼曰翹翹花。淮南北吴下鄉人，尚以爲蔬。”又“湘南節署，隙地遍生，紫萼綠莖，天然錦屬。滇中田野有之，俗呼鐵馬豆……又有黄花者，名黄花山馬豆。滇中草花，多非一色，唯形狀不差耳”。

按，“搖車”之别名“苕”，與《爾雅·釋草》“苕，陵苕”之“苕”同名异實。陵苕（*Campsis grandiflora*），紫葳科。《詩·小雅·苕之華》毛傳“苕，陵苕也”即彼。又，搖車之别名“野豌豆”，或説《爾雅·釋草》之“薇，垂水”。《爾雅·釋草》：“薇，垂水。”清郝懿行義疏：“《六書故》引項安世曰：今之野豌豆也。莖葉華實皆似豌豆而小，芽可菹，蜀人謂之小巢菜，豌豆謂之大巢也。”參閲北魏賈思勰《齊民要術·五穀果蓏菜茹非中國物産者·苕》、清汪灝等《廣群芳譜·卉譜六·搖車》、夏緯瑛《植物名釋札記·翹搖車》。

【苕】

“搖車”之别名。此稱先秦已行用。見該文。

【柱夫】

“搖車”之别名。此稱秦漢已行用。見該文。

【苕饒】

“搖車”之别名。此稱三國時已行用。見該文。

【翹饒】

“搖車”之别名。“苕饒”之音轉异名。此稱三國時已行用。見該文。

【翹搖車】

“搖車”之别名。此稱晋代已行用。見該文。

【翹車】

　　"翹搖車"之省稱，即搖車。此稱唐代已行用。見該文。

【翹搖】

　　"搖車"之別名。此稱唐代已行用。見該文。

【苕搖】

　　"搖車"之別名。此稱唐代已行用。見該文。

【元修菜】

　　"搖車"之別名。因蘇軾故人巢元修嗜食此，因名。此稱宋代已行用。

【巢菜】

　　"搖車"之別名。此稱宋代已行用。見該文。

【小巢】

　　"搖車"之別名。亦爲"巢菜"之一種。此稱宋代已行用。見該文。

【漂搖草】

　　"搖車"之別名。此稱宋代已行用。見該文。

【野蠶豆】

　　"搖車"之別名。形似野蠶豆，因名。此稱宋代已行用。見該文。

【大巢】

　　"搖車"之別名。亦爲"巢菜"之一種。此稱宋代已行用。見該文。

【板蕎蕎】

　　"搖車"之別名。此稱明代已行用。見該文。

【野豌豆】[1]

　　"搖車"之別名。此稱清代已行用。見該文。

【紅花菜】[1]

　　"搖車"之別名。此稱清代已行用。見該文。

【翹翹花】

　　"搖車"之別名。此稱清代已行用。見該文。

【鐵馬豆】

　　"搖車"之別名。此稱清代已行用。見該文。

【黄花山馬豆】

　　"搖車"之開黄花者。此稱清代已行用。見該文。

【紫雲英】

　　即"搖車"，因花色紫故名。今南北各地多用此稱。

野百合

　　花名。豆科，猪屎豆屬，農吉利（*Crotalaria sessiliflora* Linn.）的別名。一年生直立草本，高約 20～100 厘米，莖部被平伏長毛。單葉互生，綫形或披針形，葉片大小不一，2.5~8 厘米不等。總狀花序，頂生或腋生，有花二至二十朵，花朵密集；花冠蝶形，紫藍色或淡藍色，長約 10～15 毫米，旗瓣圓形，翼瓣倒卵狀矩圓形，而略短於旗瓣，龍骨瓣内彎，與翼瓣等長。莢果長圓形，無毛。種子十至十五粒着生莢内。花期九月。主要分布於我國東北、華北、華東、華南及西南各地區。

　　此稱明代已行用。明朱橚《普濟方·諸瘡腫》："治瘡不能穿者（出《應驗方》）：用野百合子、鹽搗爛，傅之佳。"亦稱"佛指甲"。清吳其濬《植物名實圖考·山草類·野百合》："野百合，建昌、長沙洲渚間有之。高不盈尺，圓莖直韌。葉如百合而細，面青，背微

野百合
（清吳其濬《植物名實圖考》卷一〇）

白。枝梢開花，先發長苞有黄毛，蒙茸下垂，苞坼花見，似豆花而深紫。俚醫以治肺風。南昌西山亦有之，或呼爲佛指甲。”按，百合科亦有野百合（*Lilium brownii*），爲多年生鱗莖類草本花卉。本種則屬豆科一年生非鱗莖類草本植物，同名而异物，宜辨之。另，其原種野生於荒坡草地、路邊或灌叢中，故宜栽植於花壇、路邊、緑地中供觀賞。今亦稱“狸豆”“藍花野百合”“農吉利”。

【佛指甲】[1]

即野百合。此稱清代已行用。見該文。

【狸豆】

即野百合。名見《植物學大辭典》。爲今之俗稱一。

【藍花野百合】

即野百合，其花色藍，故名。爲今之俗稱一。參閲《中國主要植物圖説·豆科》。

【農吉利】

即野百合。名見《全展選編·腫瘤》。爲今之俗稱一。見該文。

萬壽菊

花名。菊科，萬壽菊屬，萬壽菊（*Tagetes erecta* Linn.）。一年生草本。粗壯直立，高20～90厘米，全株揉之具腐敗氣味。單葉對生，羽狀深裂，裂片矩圓形或披針形，葉緣具齒，近緣處尚有數枚大腺體。頭狀花序，單生，黄色至橙色，舌狀花多數，具柄，外裂舌片反捲。瘦果綫形，黑色，有光澤。萬壽菊花大色艷，常用於觀賞。葉、花尚可入藥。原産墨西哥。我國已引種多年，各地均有栽培。

清代始稱“臭芙蓉”，并行用此稱。《欽定熱河志·物産三·花之屬》：“萬壽菊，花正黄。以八月中盛開，關外處處有之，山莊産者莖高而瓣尤大。”清陳淏子《花鏡》卷五：“萬壽菊，不從根發，春間下子。花開金黄色，繁而且久，性極喜肥。”伊欽恒校注：“係菊科一年生草本，原産非洲，名見《植物名實圖考》，并云：萬壽菊大者名‘臭芙蓉’。學名：*Tagetes erecta* L.。”清吳其濬《植物名實圖考·群芳類·萬壽菊》：“《花鏡》：‘萬壽菊不從根發，春間下子。花開黄金色，繁而且久，性極喜肥。’按萬壽菊有二種：小者色艷，日照有光如倭段；大者名臭芙蓉，皆有臭氣。”萬壽菊花大，色金黄，花期長，頗受人們喜愛，其名“萬壽”，意寓吉祥、富貴、長壽。花壇、花境、花叢多有栽植，亦有用作背景或盆栽者，其花尚可用於切花。今亦稱“金菊”“黄菊”“蜂窩菊”。

萬壽菊
（清吳其濬《植物名實圖考》卷二七）

【臭芙蓉】

即萬壽菊。特指其花大者。此稱清代已行用。見該文。

【金菊】

即萬壽菊。其花色黄如金，故名。南北各地多俗用此稱。

【黄菊】

即萬壽菊。其花色黄，故名。今廣西等地多行用此稱。

【蜂窩菊】

即萬壽菊。今雲南昆明等地多俗用此稱。

金盞草

花名。菊科，金盞花屬，金盞草是金盞菊（*Calendula officinalis* Linn.）的別名。一年生或二年生草本。莖直立，高40餘厘米，被糙毛。葉互生，莖下部者匙形，全緣；上部者長橢圓形，基部稍抱莖。常夏間開花，頭狀花序單生枝端，為舌狀花與管狀花，淡黃色或深橙紅色。全草入藥；花具觀賞價值，宜於園林作花壇植物。分佈幾遍全國。以其花開如金盞，故名。

此稱宋代已行用，時亦稱"杏葉草""金盞子""醒酒花"。宋蘇頌《圖經本草·本經外草類·杏葉草》："生常州……一名金盞草。蔓生籬下，葉葉相對。秋後有子如雞頭實。"宋梅堯臣《金盞子》（鍾傅令公謂之醒酒花）詩："鍾令昔醒酒，豫章留此花。黃金盞何小，白玉碗無瑕。"清汪灝等《廣群芳譜·花譜二十五·金盞花》："《宛陵集詩注》：金盞花，一名醒酒花。"明代稱"金盞兒花""金盞花""長春花""長春菊"。明朱櫹《救荒本草》卷二："金盞兒花，人家園圃中多種，苗高四五寸，葉似初生萵苣葉，比萵苣葉狹窄而厚。拵莖生葉，莖端開金黃色盞子樣花……救飢：採苗葉煠熟，水浸去酸味，淘净，油鹽調食。"明王象晉《群芳譜·花譜·金盞花》："一名長春花……莖高四五寸，

金盞草
（清吳其濬《植物名實圖考》卷一二）

嫩時頗肥澤。葉似柳葉厚而狹，抱莖生，甚柔脆。花大如指頂，瓣狹長而頂圓，開時團團如盞子，生莖端，相續不絕。結實萼內，色黑，如小蟲蟠屈之狀。"明李時珍《本草綱目·草五·金盞草》〔釋名〕："金盞，其花形也；長春，言耐久也。"又〔集解〕："夏月結實在萼內，宛如尺蠖蟲數枚蟠屈之狀。"清陳淏子《花鏡》卷五："一名金盞草，江浙頗多。蔓生籬落間，葉似柳而厚，抱莖對生。莖上開花，金黃色，狀如盞子，有色無香，但喜其四時不絕……子落地隨出，不煩分栽。但肥多，易長花麗。若結實即摘去，則花不間斷。性不喜濕。近亦有白花種，若冬能保護，霜雪不侵，其葉不壞，則老幹來春仍開不絕。"今時家庭及園林亦習見之，通稱"金盞菊""長生菊"。

金盞兒花
（明鮑山《野菜博録》卷一）

【杏葉草】

"金盞草"之別名。此稱宋代已行用。見該文。

【金盞子】

"金盞草"之別名。此稱宋代已行用。見該文。

【醒酒花】

"金盞子"之別名。此稱宋代已行用。見該文。

【金盞兒花】

"金盞草"之別名。此稱明代已行用。見該文。

【金盞花】

"金盞草"之別名。此稱明代已行用。見該文。

【長春花】

"金盞草"之別名。因其花開時不斷，故名。此稱明代已行用。見該文。

【長春菊】[1]

"金盞草"之別名。此稱明代已行用。見該文。

【金盞】[1]

"金盞草"之省稱。此稱明代已行用。民國許衍灼《春暉堂花卉圖説》卷五："金盞……按《本草綱目》及《群芳譜》均言金盞花即杏葉草，今查形狀各異。《植物名實圖考》分爲二種，兹從之。"按，清吳其濬《植物名實圖考·隰草類·金盞草》："此草之實，不似雞頭。其葉如萵苣，不應有杏葉之名。"其書於《蔓草類》收"杏葉草"。

紅花

花名。菊科，紅花屬，紅花（*Carthamus tinctorius* Linn.）。一年生草本。莖高 1 米許，直立，帶毛刺，上部有歧枝。葉互生，廣披針形，基部抱莖，先端尖，緣具鋭利齒刺。夏季開花，頭狀花序頂生，總苞片葉狀，有刺毛，筒狀花冠，紅黄色，上部開展，先端五裂。瘦果白色。有觀賞價值，宜於花徑、

紅藍花
（宋柴源等《紹興校定證類備急本草畫圖》卷三）

花境叢植作背景材料，亦可作切花。嫩葉可食，種子可榨食油，花入藥及提取染料、化妝顔料。分布幾遍全國。原産埃及，張騫出使西域持歸。

漢代已見此稱，時亦稱"紅藍""紅藍花"。漢張仲景醫方中已使用"紅花""紅藍子"。《漢書》作"紅藍花"（清吳其濬《植物名實圖考·隰草類·紅花》）。晋代稱"黄藍"。宋寇宗奭《本草衍義》卷一七引晋張華《博物志》："紅藍花生梁漢及西域，一名黄藍，張騫所得也。"北魏賈思勰《齊民要術·種紅藍花及梔子》："花地欲得良熟，二月末三月初種也……花出，欲日日乘凉摘取，不摘則乾，摘必須盡，餘留即合。五月子熟，拔曝令乾，打取之，子亦不用。五月種晚花……一頃收花，日須百人摘，以一家手力，十不充一。"唐李中《紅花》詩："紅花顔色掩千花，任是猩猩血未加。染出輕羅莫相貴，古人崇儉戒奢華。"宋蘇頌《圖經本草·草部中品·紅藍花》："即紅花也。生梁漢及西域，今處處有之。人家場圃所種，冬而布子於熟地，至春生苗，夏乃有花。下作梂彙多刺，花蕊出梂上。圃人承露採之，採已復出，至盡而罷。梂中結實，白顆如小豆大。其花曝乾，以染真紅及作燕脂，主産後血病爲勝。其實亦同。葉頗似藍，故有藍名。又名黄藍……張仲景治六十二種

紅花菜
（明鮑山《野菜博録》卷一）

風，兼腹内血氣刺痛，用紅花一大兩。"明王象晋《群芳譜・卉譜・紅花》："花色紅黄，葉緑，似藍有刺。春生苗，嫩時亦可食。夏乃有花，花下作梂多刺，花出梂上。梂中結實，白顆如小豆大……其子搗碎煎汁入醋拌蔬食，極肥美。"明李時珍《本草綱目・草四・紅藍花》〔集解〕："紅花二月八月十二月皆可以下種，雨後布子，如種麻法……其葉如小薊葉，至五月開花，如大薊花而紅色。侵晨采花搗熟，以水淘，布袋絞去黄汁，又搗，以酸粟米泔清，又淘，又絞袋去汁，以青蒿覆一宿，曬乾，或捏成薄餅，陰乾收之。"時亦稱"紅花菜"。明朱橚《救荒本草》卷一："紅花菜，《本草》名紅藍花……苗高二尺許，莖葉有刺，似刺薊葉而潤澤……救飢：采嫩葉煠熟，油鹽調食；子可笮作油用。"清陳淏子《花鏡》卷五："春種時必候雨，或漫撒，或行壟。用灰與雞糞蓋之，後澆清糞水。四月花開，蕊出梂上……花園中或種一二，不過取其備員而已。"徐珂《清稗類鈔・植物類》："紅花爲越年生草，園圃栽植之。莖高四五尺，葉狀如箭鏃，邊有鋸齒。夏日開花，紅黄色，花冠爲管狀，列爲頭狀花序。其花以製胭脂及紅色顔料，亦名紅藍花。"按，或說此花商代已有，非漢時自西域傳入。五代馬縞《中華古今注》卷中："燕脂，蓋起自紂。以紅藍花汁凝作燕脂，以燕國所生，故曰燕脂。"

【紅藍】

"紅花"之别名。此稱漢代已行用。以其花開紅色，其葉似藍，故名。見該文。

【紅藍花】[1]

"紅花"之别名。此稱漢代已行用。見該文。

【黄藍】

"紅花"之别名。此稱晋代已行用。以其葉似藍，花初生時黄色，故名。見該文。

【紅花菜】[2]

"紅花"之别名。此稱明代已行用。見該文。

【燕支】

"紅花"之别名。此稱晋代已行用。初時亦作"燕脂"，本指紅花汁提取之顔料（見五代馬縞《中華古今注》），後以指代紅花。《爾雅翼・釋草三》："燕支，本非中國所有，蓋出西方。染粉爲婦人色，謂爲燕支粉……匈奴名妻閼氏，言可愛如燕支也，故匈奴有烟支山。"又"今中國謂之紅藍，或只謂之紅花。大抵三月初種……五月種晚花，七月中摘。深色鮮明，耐久不皺，勝於春種者。花生時但作黄色茸茸然，故又一名黄藍。杵碓水淘，絞去黄汁更擣；以清酸粟漿淘之，絞如，初即收取染紅；然後更擣而暴之，以染紅色，極鮮明。"

【番紅花】

"紅花"之别名。以出西域地，故名。此稱明代已行用。時亦稱"洎夫藍""撒法即"。明李時珍《本草綱目・草四・番紅花》〔釋名〕："洎夫藍、撒法即。"〔集解〕："番紅花出西番回回地面及天方國，即彼地紅藍花也。元時以入食饌用。按張華《博物志》言：張騫得紅藍花種於西域。則此即一種，或方域地氣稍有異耳。"清代稱"藏紅花"。清吴其濬《植物名實圖考・隰草類・紅花》："出西藏者爲藏紅花，即《本草綱目》番紅花。"又："紅藍，湖南多藝之。洛陽買販於吴越，歲獲數十萬緡，其利與棉花侔。故俗諺有紅白花以染物，其直同於所染。"按，李時珍别"紅藍花""番紅花"爲二目，今從吳其濬說，并作一條。又徐珂《清稗類鈔》於"紅花"條外，又別出"番紅花"條，稱："番紅花爲多年生草。高四五寸，地下有球莖。葉細長叢生，有並行脈。初冬開淡紫花，花蓋六片，甚香。採花柱曝乾，香尤烈。製丁幾之類，用以著色，亦爲健胃、通經之藥。"詳其形態，蓋另一種"番紅花"，二者同名異實。參閱元王禎《農書·百穀譜集·雜類》。

【泊夫藍】

"紅花"之別名。此稱明代已行用。見該文。

【撒法即】

"紅花"之別名。此稱明代已行用。見該文。

【藏紅花】

"紅花"之產於西藏者，亦泛稱"紅花"。此稱清代已行用。見該文。

葵花

花名。菊科，向日葵屬，葵花（*Helianthus annuus* Linn.）。一年生草本。株高 1～3 米，粗壯，直立，莖表粗糙，具硬剛毛。葉互生，寬卵形，有長柄，兩面毛糙。夏季開花，頭狀花序單生莖頂，具向日性，舌狀花黃色，管狀花紫褐色。瘦果，錐體，具棱，木質皮，灰色或黑色。具有較高觀賞及食用價值。宜設花境或作切花；籽實可榨油或炒食，果殼可製糠醛或釀酒；莖節可作工業原料。分布幾遍全國。原產於墨西哥，17 世紀傳入我國。

文獻記載最早見於明代，時稱"丈菊""西番菊""迎陽花"。明王象晋《群芳譜·花譜·菊》："丈菊，一名西番菊，一名迎陽花。莖長丈餘，幹堅粗如竹。葉類麻，多直生，雖有傍枝，只生一花，大如盤盂，單瓣色黃，心皆作窠如蜂房狀，至秋漸紫黑而堅。取其子種之，甚易生。花有毒，能墮胎。"稍後始稱"葵花"，亦稱"向日""西番蓮"。明文震亨《長物志·花木》："葵花種類莫定，初夏花繁葉茂，最爲可觀……一曰向日，別名西番蓮。"清代稱"向日葵""西番葵"。清陳淏子《花鏡》卷五："向日葵一名西番葵。高一二丈，葉大於蜀葵，尖狹多刻缺。六月開花，每幹頂上只一花，黃瓣大心，其形如盤，隨太陽回轉，如日東昇則花朝東，日中天則花直朝上，日西沉則花朝西。結子最繁，狀如蓖麻子而扁。只堪備員，無大意味，但取其隨日之異耳。"時亦稱"向日花""錦葵花"。清何剛德《撫郡農產考略》："葵名向日花，又名錦葵花，黃色。莖葉皆青色，約高五六尺，盤大四五寸，撫屬間種之。"清吳其濬《植物名實圖考·群芳類·丈菊》："此花向陽，俗間遂通呼向日葵。其子可炒食，微香，多食頭暈。滇黔與南瓜子、西瓜子同售於市。"民國稱"葵花子"。民國朱琛《洞庭東山物産考》："葵花子，二月下子灰土中，苗生三葉，移種園隙地。幹高六七尺至丈餘，粗盈握。葉大五六寸，邊尖多刻缺，綠色。六月幹頂開花大如盤，蕊占全部，四圍黃色，小花瓣，花朵隨日而轉，故名向日葵……秋日花謝結子，排列滿盤，每二三百粒。本大末細，如松子形，中黑邊白，仁白色，炒食甚香，性熱。其幹硬，留爲園中架棚之用。"徐珂

丈　菊
（清吳其濬《植物名實圖考》卷二九）

《清稗類鈔·植物類》："向日葵爲一年生草。莖高六七尺，葉作卵形，互生，有鋸齒，葉面粗糙。夏秋之交，莖頭開一花，爲頭狀花序，大者徑七八寸，花瓣鮮黄。其花常向太陽旋轉，故名。江浙各地多栽種於濕熱地方，高可十餘尺，冷處略短。如印度之西北，種者頗多，土人謂其能收低濕處欲發之疫氣，令人免瘧疾發熱之症。其用途有五：一、花可染皂青，子可榨油。其油略與橄欖油同。每地一畝，收子約五十斗，每斗可榨油一升。二、子之仁搗爲汁，塗擦肌膚，嫩滑而潤。三、西人有以之煮爲粥，與孩童食之者。四、亞美利加之土人將其研磨細粉而爲饅頭。五、葉可飼馬牛羊等畜，梗可爲薪。浸其灰於水中，滌净渣滓，再將水熬乾，即爲上等之碱，可製作肥皂。"夏緯瑛《植物名釋札記·向日葵》："原産墨西哥，約在明季引入中國。如今所知最早記載向日葵的文獻，爲王象晋的《群芳譜》（1621）。《群芳譜》中，尚無'向日葵'之名……'向日'之名，見於文震亨《長物志》（約1635前後）……案，古有'葵心向日'之語。古時的葵，大約是如今的冬葵（*Malva verticillata*）。所謂'葵心向日'者，大概是説它的塌地而生的幼苗，仰天向日而已，非如向日葵之花有向日之傾嚮也。以丈菊名之爲向日葵者，乃是襲用古語。"同屬有100餘種，多見於北美。我國如今常見栽培者，有狹葉向日葵、瓜葉葵、菊芋等。按，或説唐杜甫《自京赴奉先縣咏懷五百字》詩"葵藿傾太陽，物性固莫奪"中之"葵"爲向日葵，殆誤。此葵實指冬葵。一切植物皆有趨光性，不獨向日葵僅有。文獻中恒見其例。《淮南子·説林訓》："聖人之於道，猶葵之與日也，雖不能與終始

哉，其向之誠也。"三國魏曹植《求通親親表》："若葵藿之傾葉，太陽雖不爲之迴光，然終向之者，誠也。"三國吳陸璣《圓葵》詩："朝榮東北傾，夕穎西南晞。"晋潘岳《閑居賦》："襄荷依陰，時藿向陽。"《左傳·成公二年》："葵猶能衛其足"。晋杜預注："葵傾葉向日，以蔽其根。"上例均言葵藿類具趨光性，不能據此即認定"葵"爲向日葵。向日葵傳入我國，約在16世紀末、17世紀初，先自美洲傳入南洋，復由越南傳入我國雲南。又，文獻中"葵"類每每相亂，須細加考辨。明文震亨分葵爲四種：戎葵；錦葵，"其小如錢"；向日葵；秋葵，"葉如龍爪，花作鵝黄"。而清陳壽彭《寧波物産表》則言"又有秋葵，名向日葵"，蓋將秋葵與向日葵淆亂。清謝堃《花木小志》言其在湖北孝感所見"向日葵"之"奇者"，"一大石盆，用玲瓏石片，堆垛爲山坳狀，種數十幹，長不滿尺，而皆向陽"。據此形態"如錢"，蓋是錦葵，非向日葵。至於清何剛德《撫郡農産考略》徑稱向日葵爲"錦葵花"，亦此類之誤。參閲李長年《中國農學遺産選集》甲類第七種（中國農業出版社）、張標《語詞札記·葵藿》（中華書局《文史》三十輯）、張標《古語詞札記·葵、向日葵》（《河北師範大學學報》1989年第2期）。參閲本卷"黄蜀葵"文。

【丈菊】

"葵花"之古稱。此稱明代已行用。以莖高達丈許，花形似菊，故名。見該文。

【西番菊】[2]

"葵花"之別名。此稱明代已行用。按，此與波斯菊之异名"西番菊"同名异實。見該文。

【迎陽花】

"葵花"之別名。此稱明代已行用。以其逐日而走，終朝向之，故名。見該文。

【向日】

"葵花"之別名。此稱明代已行用。見該文。

【西番蓮】[1]

"葵花"之別名。此稱明代已行用。見該文。

【向日葵】

"葵花"之別名。此稱清代已行用。見該文。

【西番葵】

"葵花"之別名。此稱清代已行用。見該文。

【向日花】

"葵花"之別名。此稱清代已行用。見該文。

【錦葵花】

"葵花"之別名。此稱清代已行用。按，此蓋誤將"錦葵"與"向日葵"混同。見該文。

【葵花子】

"葵花"之別名。此稱民國已行用。以籽實代植株。見該文。

翠菊

花名。菊科，翠菊屬，翠菊〔*Callistephus chinensis*（Linn.）Nees〕。一二年生草本。莖直立，高近 1 米，多分枝，被白色粗糙毛，葉互生，葉片廣卵形或三角狀卵形，葉緣具深而不規則之粗缺刻，上部葉匙形，長柄具窄翅。花生枝頂，頭狀花序，徑 10 餘厘米，舌狀花輪生層布，有藍、紫、粉、白、黃、淡紅等多種花色。觀賞植物，宜於園林中布置花壇、花徑及花境背景，亦可盆栽，或作切花。花葉均入藥。原產我國，主要分布於東北、華北、西南等地區。

文獻記載始見於明代，時亦稱"佛螺""夏佛頂"。明王象晉《群芳譜·花譜·菊》："翠菊，一名佛螺，一名夏佛頂。蓓蕾重附層叠似海石榴花，其花，外夾瓣翠而紫，中鈴蕚而黃，徑寸有半，開於四五月。每雨後及晡時，光麗如翠羽，開最久。葉青而澤，似馬蘭，香甚，亞深，莖毛而紅。株幹肥勁，高可二三尺。八月種子。"

按，清時文獻中時見藍菊，今人或以爲此即翠菊，未知確否，始載闕疑。清吳其濬《植物名實圖考·群芳類·藍菊》："藍菊，蒿莖菊葉，先菊開花，亦如千瓣菊，有紅白藍三色，種亦有粗細；以藍色爲秋菊所無，故獨以藍著。其早者六月中開，故又呼六月菊。"清陳淏子《花鏡》卷五："藍菊產自南浙。本不甚高，交秋即開花。色翠藍黃心，似單葉菊，但葉尖長，邊如鋸齒，不與菊同。然菊放時得一二本，亦助一色。"伊欽恒校注："現名翠菊，係菊科一年生或越年生草本，名見《群芳譜》，並有'佛螺''夏佛頂'等名。原產我國。學名 *Callistephus chinensis*。"又宋史正志《史氏菊譜·雜色紅紫》中有"夏月佛頂菊"，或以爲"夏佛頂"乃"夏月佛頂菊"之省稱。疑非。明王象晉《群芳譜·花譜·菊》中即別"夏月佛頂菊"與翠菊（即"夏佛頂"）爲兩條，足見非一物。

【佛螺】

"翠菊"之別名。此稱明代已行用。見該文。

【夏佛頂】

"翠菊"之別名。此稱明代已行用。見該文。

昨葉何草

花名。景天科，瓦松屬，昨葉何草〔*Oro stachys fimbriatus*（Turcz.）Berger〕。二年生肉質草本。莖高數厘米或 10 餘厘米。葉綫狀披針形，初生時叢集於短莖，形似蓮座，頂端有半圓形軟骨質附屬物，緣似流蘇，中央具長刺，秋季抽出塔形花穗，密生多花，白色，微紅。全草入藥，花可供觀賞。我國主要分布於華北、華中等地區，恒見於屋瓦及石罅中。

昨葉何草
（清吳其濬《植物名實圖考》卷一六）

唐代已見此稱。時亦稱"瓦松""瓦花"。唐蘇敬《唐本草》："昨葉何草生上薰屋上，如蓬，初生高尺餘，遠望如松栽。"唐崔融《瓦松賦》序："崇文館瓦松者，產於屋霤之上，千株萬莖，開花吐葉，高不及尺，下纔如寸。不載於仙經，靡題於藥録……俗以其形似松，生必依瓦，故曰瓦松。"唐李華《尚書都堂瓦松》詩："華省祕仙蹤，高堂露瓦松。葉因春後長，花爲雨來濃。"唐皮日休《奉和魯望秋賦有期次韻》："應帶瓦花經汴水，更携雲實出包山。"宋代亦作"昨葉荷草""昨葉何"。宋蘇頌《圖經本草・草部中品・海藻》："瓦松，生古瓦屋上，若松子作層……瓦松，即下條昨葉荷草也……段成式言：或言構木上多松，栽土木氣泄，則生瓦松，然亦不必爾。"宋陸游《山寺》詩："林深栗鼠健，屋老瓦松長。"明代稱"向天草""天王鐵塔草"，赤者稱"鐵脚婆羅門草"。明李時珍《本草綱目・草十・昨葉何草》〔釋名〕："向天草，赤者名鐵脚婆羅門草，天王鐵塔草。"清吳其濬《植物名實圖考・石草類・昨葉何草》："此草俗云有大毒，未可輕服。燒灰沐髮，搗塗湯火傷，皆常用之。且南北老屋皆生，而《唐本草》獨云生上薰屋上。初生如蓬，高尺餘，遠望如松栽，酸平無毒。余至晋，見此草，果與他處有異。秋時作粉紅，花極繁，五瓣，白鬚，黑蕊數點。陽驕瓦灼，益復郁茂。蓋山西風烈，屋上皆落土尺許，草生其上，無異岡脊。氣飽霜露，味兼土木，較之鱗次雨飄，僅藉濕潤而生，其性狀固不得同耳。"

按，唐段成式以"昔邪"爲"昨葉何草"，似誤。宋沈括已加駁斥。《夢溪筆談・謬誤》："崔融爲《瓦松賦》云：'謂之木也，訪山客而未詳；謂之草也，驗農皇而罕記。'段成式難之曰：崔公博學，無不該悉，豈不知瓦松已有著說，引梁簡文詩'依檐映昔邪'。成式以昔邪爲瓦松，殊不知昔邪乃是垣衣，瓦松自名昨葉何。成式亦自不識。"今按，沈說是也。梁簡文帝詩本乎《廣雅・釋草》"昔邪，鳥韭也。在屋曰昔邪，在墙曰垣衣"，非昨葉何草。

【瓦松】

"昨葉何草"之別名。始見稱於唐代。以其生於屋瓦，如松之栽，故名。見該文。

【瓦花】

"昨葉何草"之別名。始見稱於唐代。生於瓦上，塔形花密，故名。見該文。

【昨葉荷草】

同"昨葉何草"。此體宋代已行用。見該文。

【昨葉何】

"昨葉何草"之省稱。此稱宋代已行用。見該文。

【向天草】

"昨葉何草"之別名。始見稱於明代。生於屋瓦，高向天空，故名。見該文。

【天王鐵塔草】

"昨葉何草" 之別名。因花形似天王鐵塔，故名。此稱明代已行用。見該文。

【鐵脚婆羅門草】

"昨葉何草" 之赤者。此稱明代已行用。見該文。

黃蜀葵

花名。錦葵科，秋葵屬，黃蜀葵〔*Abelmoschus manihot*（Linn.）Medicus〕。一二年生草本。莖高達 2 米許，分枝疏生，上具硬毛。掌狀大葉，五至九深裂，緣有粗鋸缺。夏季開花，單生於葉腋及枝頂，花冠大型，淡黃色，中心暗褐色，花萼佛焰苞狀，幾近全緣。蒴果，橢圓形，頂端尖，生黃色硬毛。全株入藥；根富黏液，可作造紙糊料；種子可做香料；花具觀賞價值，宜於園林中作背景材料，置於籬邊、牆角、隙地。我國主要分布於南方滇粵等地區。

唐代已見此稱。花黃色，苗葉似蜀葵，故名。唐薛能《黃蜀葵》詩："嬌黃新嫩欲題詩，盡日含毫有所思。" 唐韓偓有《黃蜀葵賦》。宋代省稱 "黃葵"。宋蘇頌《圖經本草·菜部》有 "黃蜀葵" 目，文具 "冬葵子" 目内，稱 "黃葵"。宋掌禹錫等《嘉祐本草》："黃蜀葵花近道處處有之。春生苗葉，頗似蜀葵，而葉尖狹，多刻缺。夏末開花，淺黃色。六七月採，陰乾之。" 宋元之際亦稱 "秋葵"。民國許衍灼《春暉堂花卉圖說》卷七引明高濂《草花譜》："秋葵花，色蜜心紫。秋花，朝暮傾陽。" 明代稱 "側金盞"。明文震亨《長物志·花木·葵花》："秋時一種，葉如龍爪，花作鵝黃者，名秋葵，最佳。" 明李時珍《本草綱目·草五·黃蜀葵》〔集解〕："黃葵二月下種，或宿子在土自生，至夏始長。葉大如蓖麻葉，深綠色，開岐丫，有五尖，如人爪形，旁有小尖。六月開花，大如椀，鵝黃色，紫心，六瓣而側，且開午收暮落，人亦呼爲側金盞花。隨即結角，大如拇指，長二寸許，本大末尖，六稜有毛，老則黑色，其稜自綻，内有六房，如芝麻房，其子累累在房内，狀如茼麻子，色黑。其莖長者六七尺，剝皮可作繩索。" 清代稱 "棉花葵"。清吳其濬《植物名實圖考·隰草類·黃蜀葵》："與蜀葵絶不類。俗通呼爲棉花葵，以其色似木棉花也。" 清陳淏子《花鏡》卷五："秋葵一名黃蜀葵，俗呼側金盞。花似葵而非葵，葉歧出有五尖，缺如龍爪。秋月開花，色淡黃如蜜，心深紫，六瓣側開，淡雅堪觀。朝開暮落，結角如手拇指而尖長。内有六稜，子極繁。冬收春種，以手高撒，則梗亦長大。" 清陳壽彭《寧波物産録》："葵有錦葵、黃葵、蜀葵諸目。" 徐珂《清稗類鈔·植物類》："黃蜀葵爲越年生草，俗名秋葵。莖高三四尺，葉掌狀分裂。夏開淡黃花，五瓣，大如金椀，人亦呼之爲側金盞花。瓣之下部色紫，陰乾爲末，傅惡創，可浸油塗湯火傷。根肥大，多黏液，且可用爲紙之糊料。"

按，今時植物學黃蜀葵、黃葵、秋葵同爲錦葵科而有別。黃蜀葵學名 *A.manihot*，黃葵學名 *A.moschatus*，秋葵學名 *A.esculentus*。又，清汪灝等《廣群芳譜·花譜二十五·側金盞》引宋范成大

秋 葵
（明王圻等《三才圖會》卷一二）

《桂海虞衡志》：“側金盞花如小黃葵，葉似槿，歲暮開，與梅同時。”考其花開時節，與黃蜀葵迥異。此殆與側金盞同名異實者。夏緯瑛《植物名釋札記·側金盞》稱范氏所言之“‘側金盞’當是錦葵科（Malvaceae）植物……也是黃色如葵之花，當與黃蜀葵相類，其名‘側金盞’者，也當與黃蜀葵別名的取義相同。”又，文獻中葵類每相淆亂。如《清稗類鈔》“黃蜀葵”條內引楊蘭坡咏蜀葵詩，此蓋將黃蜀葵、蜀葵（Althaea rosea）混同爲一。清鄒漢勳《南高平物產記》謂“藥物中冬葵子即黃蜀葵”，此蓋將冬葵（Malva verticillata）與黃蜀葵混同爲一。參見本卷“葵花”文。

【黃葵】

“黃蜀葵”之省稱。花黃色，故名。此稱宋代已行用。見該文。

【秋葵】

“黃蜀葵”之別名。此稱宋元之際已行用。見該文。

【側金盞】

“黃蜀葵”之別名。此稱明代已行用。以其花側開，色黃如金，形如酒盞，故名。見該文。

【棉花葵】

“黃蜀葵”之別名。此稱清代已行用。因色如木棉花，故名。見該文。

錦葵

花名。錦葵科，錦葵屬，錦葵（Malva sinensis Cavan.）。二年生或多年生草本。莖直立，高 50～90 厘米，多分枝，表被粗毛。葉互生，有長柄，腎形，有五至七處帶鋸齒淺圓裂，葉脉掌狀。春夏開花，數朵簇生於葉腋，花淡紫、紫紅或白色。果扁球形。繁殖以播種

爲主，亦可分株栽培。具觀賞價值，宜作花壇、花境，或用作綠化背景及點綴隙地。花葉均入藥。分布於我國各地。

先秦已有記載，時稱“荍”。秦漢稱“蚍衃”。漢代“蚍衃”亦作“芘芣”“蚍衃”。《詩·陳風·東門之枌》：“視爾如荍，貽我握椒。”毛傳：“荍，芘芣也。”《爾雅·釋草》：“荍，蚍衃。”郭璞注：“今荆葵也。似葵，紫色。謝氏云：小草，多華少葉，葉又翹起。”《説文·艸部》：“荍，蚍衃也。”三國時稱“荆葵”。《廣雅·釋草》：“荆葵，荍也。”三國吳陸璣《毛詩草木鳥獸蟲魚疏》：“荍，一名芘芣，一名荆葵。似蕪菁，華紫，綠色，可食，微苦。”宋代始稱“錦葵”。荍、荆、錦俱一聲之轉。宋蘇頌《圖經本草·草部中品·冬葵子》：“小花者名錦葵，功用更強。”《爾雅翼·釋草》：“荍，荆葵也……花似五銖錢大，色粉紅，有紫文縷之。一名錦葵。”宋元之際亦稱“錢葵”“錦茄兒”。明高濂《草花譜》：“錢葵即錦茄兒。花葉如葵，稍短而叢生，花大如錢，止有粉間深紅一色，開亦耐久。”明王象晋《群芳譜·花譜·葵》：“又有錦葵，一名荍，一名芘芣。叢低，葉微厚，花小如錢，文彩可觀。又名錢葵，色深紅、淺紅、淡紫，皆單葉。”清陳淏子《花鏡》卷五：“叢生，葉如葵。而莖長六七尺，花綴於枝，單瓣，小如錢，色粉紅，上有紫縷紋，開最繁而久，綠肥紅瘦之際，不可無此麗質點染也。下子分

錦 葵
（清吳其濬《植物名實圖考》卷三）

栽，俱與葵同。"清高士奇《北墅抱甕録·錦葵》："花小如錢，文彩斑斕可愛。高不過一二尺，而蓓蕾攢簇，吐萼盈枝。梅雨淹旬，賴此花點綴，不至寂寞。"清陳壽彭《寧波物産表》："葵有錦葵、黄葵、蜀葵諸目。"

按，晋崔豹《古今注·草木》及宋掌禹錫等《嘉祐本草》將此與戎葵、蜀葵混同，殆誤，前人已指出。清王念孫《廣雅疏證》："《古今注》云：'荆葵一名戎葵，一名芘芣。華似木槿而光色奪目，有紅有紫有青有白有赤，莖葉不殊，但花色異耳。一曰蜀葵。'其説戎葵、蜀葵之状可也，混荆葵、芘芣之名於内者，非也。"明李時珍《本草綱目·草五·蜀葵》〔集解〕："掌禹錫補注《本草》謂此（荆葵）即戎葵，非矣。然功用亦相似。"參閲明文震亨《長物志·花木·葵花》。參見本卷"葵花""黄蜀葵"文。

【茙】

"錦葵"之古稱。此稱始見於先秦。茙、錦聲轉。因花斑斕如錦，故名。見該文。

【蚍衃】

"錦葵"之别名。此稱秦漢已行用。見該文。

【芘芣】

同"蚍衃"，即錦葵。此體漢代已行用。按《説文·艸部》"茙"下清段玉裁注謂"芘芣""蚍衃""蚍衃"等皆字异音同。

【蚍衃】

同"蚍衃"，即錦葵。此體漢代已行用。見該文。

【荆葵】

"錦葵"之别名。荆、錦，一音之轉。此稱三國時已行用。見該文。

【錢葵】

"錦葵"之别名。此稱約見於宋元之際。以其花開大小如錢，故名。見該文。

【錦茄兒】

"錦葵"之别名。此稱約見於宋元之際。以其蓓蕾攢聚如茄，故名。見該文。

【旌節花】

"錦葵"之開白花者。此稱清代已行用。清吳其濬《植物名實圖考·蔬類·錦葵》："葵有數種，皆登《爾雅》……《花草譜》謂錢葵止有粉間深紅一色，不知滇南有白色者尤雅。萬彙蕃變，不可思議。若據所見以斷物類之有無，其必爲穆王之化人而後可。"又"花亦有白色者，逐節舒葩，人或謂之旌節花"。按，此與旌節花科旌節花屬之旌節花（*Stachyurus chinensis*）同名异實。

冬葵

花名。錦葵科，錦葵屬，冬葵（*Malva verticillata* Linn.）。一年生草本。高60～90厘米；莖直立，具星狀長柔毛。單葉互生，腎形至圓形，掌狀五至七淺裂，兩面被粗糙伏毛或無毛。花小，淡紅色，叢生於葉腋，花冠五瓣，倒卵形，先端微凹。果扁圓形，由十至十二心皮組成，成熟時心皮彼此分離，并與中軸脱離。根、葉、種子可入藥。莖及纖維可代麻。嫩苗可當蔬。亦可栽植供觀賞。全國各地有分布。常見於平原曠

冬 葵
（明王圻等《三才圖會》卷一〇）

野、路邊、村落附近。先秦省稱"葵"。《詩·豳風·七月》："七月亨葵及菽。"《管子·輕重甲》："去市三百步者,不得,樹葵菜。"秦漢已行用此稱。亦稱"葵菜""冬寒菜""蘄菜""金錢紫花葵""金錢葵"。《神農本草經·上品·冬葵子》:"冬葵子,味甘,寒。主五藏(臟)六府(腑)寒熱、羸瘦、五癃,利小便。久服,堅骨、長肌肉、輕身、延年。"漢桓寬《鹽鐵論·散不足》:"春鵝秋鶵,冬葵溫韭。"

我國自古有食葵、種葵之習,漢代已積纍了豐富的栽培經驗。至南北朝時栽培技術更趨成熟。漢崔寔《四民月令·六月》:"是月六日,可種葵。中伏後,可種冬葵。"北魏賈思勰《齊民要術·種葵》:"六月六日可種葵,中伏後可種冬葵。九月,作葵菹,乾葵。"并介紹了種冬葵之種子處理、選地、整地、播種、施肥、灌水、采收、加工等一系列技術。《爾雅翼·釋草四》:"葵爲百菜之主,味尤甘滑。魯漆室之女,葵爲馬踐,知憂及國……葵有赤莖、白莖,復有大小之異。"明李時珍《本草綱目·草五·葵》〔集解〕:"葵菜古人種爲常食,今人種者頗鮮。"清吳其濬《植物名實圖考·蔬類·冬葵》:"冬葵,《本經》上品,爲百菜之主,江西、湖南皆種之。湖南亦呼葵菜,亦曰冬寒菜;江西呼蘄菜。冬、蘄一聲之轉,志書中亦多載之……附《埜經堂·葵考》:葵爲百菜之主,古人恒食之。《詩·豳風》《周禮·醢人》《儀禮》諸篇,《春秋左氏傳》及秦、漢書傳,皆恒見之……唐宋以後,食者漸少,今人直不食此菜,亦無知此菜者矣。然則今爲何菜耶?曰古人之葵,即今人所種金錢紫花之葵,俗名錢兒淑氣(即蜀葵二字,吳人轉聲)者;以花爲

玩,不以葉充食也……按儀徵相國,以金錢葵爲即葵菜,是真知葵者。"按,六朝以前,古人尚多食冬葵,以爲"百菜之主",故《齊民要術》記述栽種技術甚詳。唐宋以後,食者漸少,以致人多不識此菜。但其花或白有紫暈,或略爲淺紅,人多栽植供玩賞,此習沿至今日。陳俊愉等《中國花經》收錄此花,名曰"野葵"。冬葵有栽培變種皺葉花葵(var. *crispa*)爲一年生草本,花小,白色。原產歐洲,我國有引種栽培。冬葵可作綠化材料,可植花壇、花境以賞葉觀花。

【葵】

"冬葵"之古稱。此稱先秦已行用。見該文。

【葵菜】

即冬葵。古人以葵爲蔬,譽爲"百菜之主",因名。此稱始見於先秦,後多行用於明清。見該文。

【冬寒菜】

即冬葵。此菜常秋季播種,覆養經冬,故得此名。明清多行用此稱。見該文。

【蘄菜】

即冬葵。明清江西各地多行用此稱。見該文。

【金錢紫花葵】

即冬葵。名見清阮元《揅經室集》。此稱多行用於清代。見該文。

【金錢葵】

即冬葵。名見清阮元《揅經室集》。此稱多行用於清代。見該文。

【野葵】

即冬葵。今之俗稱一。見該文。

【露葵】

即冬葵。亦稱"滑菜""衛足"。此稱宋明時多行用。《爾雅翼·釋草》："葵爲百菜之主，味尤甘滑……古者葵稱露葵。"明李時珍《本草綱目·草五·葵》："古人采葵必待露解，故曰露葵。今人呼爲滑菜，言其性也。"清汪灝等《廣群芳譜·蔬譜二·葵》："《本草》一名露葵（古人采葵必待露解），一名滑菜（言其性也），一名衛足（《爾雅翼》云：葵，揆也。葵葉傾日，不使照其足）。"

【滑菜】

即露葵。亦冬葵之別名。以其性甘滑，故稱。此稱明代已行用。見該文。

【衛足】[1]

即露葵。亦冬葵之別名。此稱多行用於明清。見該文。

【蘬】[2]

即冬葵。魏晉已行用此稱。《廣雅·釋草》："蘬，葵也。"王念孫疏證："蘬、葵，古同聲，方言有重輕耳。"《集韻·平微》："蘬，草名《博雅》：葵也。"

野西瓜苗

花名。錦葵科，木槿屬，野西瓜苗（*Hibiscus trionum* Linn.）。一年生草本。苗高30～60厘米；莖柔軟，具白色星狀粗毛。基部葉近圓形，邊緣具齒裂，中上部葉掌狀，三至五裂，裂片邊緣具羽狀缺刻或大鋸齒。花單生葉腋，花瓣五枚，淡黃色，紫心，直徑2～3厘米。蒴果，圓柱狀球形，直徑約1厘米，具粗毛，果瓣五。爲觀賞性藥用植物。全草可入藥。種子可榨油。植於庭園可供觀賞。歉年荒歲，其嫩苗幼葉尚可食以救饑。分布幾遍全國，而以江蘇、安徽、河北、貴州及東北等地較多。其葉似西瓜，故得此名。亦稱"禿漢頭"。明朱橚《救荒本草·草部·葉可食》："野西瓜苗，俗名禿漢頭。生田野中。苗高一尺許。葉似家西瓜葉而小，頗硬。葉間生蒂，開五瓣銀褐花，紫心黃蕊。花罷作蒴，蒴內結實，如楝子大。苗葉味微苦……今人傳說採苗搗傅瘡腫拔毒。"賈祖璋等《中國植物圖鑒·錦葵科·野西瓜苗》："野西瓜苗（《救荒本草》），形態：莖高半米餘，略有毛茸……一年生草本。非洲原產，栽培於庭園間。應用：供觀賞用。"今亦稱"打瓜花""山西瓜秧""小秋葵"。

野西瓜苗
（清吳其濬《植物名實圖考》卷一二）

【禿漢頭】

即野西瓜苗。此稱明代已行用。見該文。

【打瓜花】

即野西瓜苗。名見《東北常用中草藥手冊》。見該文。

【山西瓜秧】

即野西瓜苗。今東北各地多行用此稱。見該文。

【小秋葵】

即野西瓜苗。名見《貴州植物調查》。今貴州各地多行用此稱。見該文。

曼陀羅花

花名。茄科，曼陀羅屬，曼陀羅花

（ *Datura stramonium* Linn. ）。梵語mandārava的音譯。意爲悦意花或雜色花。佛教視爲神聖之物。一年生草本。莖直立，高達0.5～1.5米，主莖多木質化，分枝呈兩歧狀。葉互生，寬卵形，葉基常歪斜，葉緣爲不規則波狀。夏秋間開花，單生於葉腋或枝條分杈處，直立向上，花冠漏斗形，上部白色或暈茄紫色，筒部淡綠色。蒴果，卵形，外多具硬尖刺。株形高大，花朵別致，宜於園林栽種。全株有毒，花葉籽皆可入藥。分布於全國各地。

始見於南北朝後秦。《法華經·序品》："是時天雨曼陀羅花。""花"，一本作"華"。宋時省稱"曼陀羅"，亦稱"惡客"。宋陳與義《曼陀羅花》詩："我圃殊不俗，翠蕤敷玉房，秋風不敢吹，謂是天上香。"宋司馬光《涑水記聞》卷三："杜杞字偉長，爲湖南轉運副使。五溪蠻反，杞以金帛官爵誘出之，因爲設宴，飲以曼陀羅酒，昏醉，盡殺之。"宋姚寬《西溪叢語》卷上："昔張敏叔有《十客圖》，忘其名。予長兄伯聲嘗得三十客：牡丹爲貴客，梅爲清客……曼陀羅爲惡客，孤燈爲窮客，棠梨爲鬼客。"明代稱"風茄兒""山茄子"。明李時珍《本草綱目·草六·曼陀羅花》〔釋名〕："風茄兒、山茄子。時珍曰：《法華經》言，佛説法時天雨曼陀羅花；又道家北斗有陀羅星使者，手執此花，故後人因以名花。曼陀羅，梵言雜色也。茄乃因葉形爾。姚伯聲《花品》呼爲惡客。"又〔集解〕："曼陀羅生北土，人家亦栽之。春生夏長，獨莖直上，高四五尺，生不旁引，緑莖碧葉，葉如茄葉。八月開白花，凡六瓣，狀如牽牛花而大，攢花中折，駢葉外包，而朝開夜合。結實圓而有丁拐，中有小子。八月採花，九月採實。"又〔發明〕："相傳此花笑采釀酒飲，令人笑；舞采釀酒飲，令人舞。予常試之。飲須半酣，更令一人或笑或舞引之，乃驗也。"清楊懋建《京塵雜録·丁年玉筍志》："惟翠香面目如曼陀羅，指掌如兜羅綿。"徐珂《清稗類鈔·植物類》："曼陀羅爲一年生草。莖直上，高四五尺，葉作卵形，常有缺刻。夏日開大紫花，有漏斗形之合瓣花冠，邊緣五裂。實爲裂果，面生多刺，性有毒。以其葉雜烟草中同吸，止咳嗽，過量則致死。"今俗稱"洋金花""狗核桃"。按，或説曼陀羅之爲花名，出自附會。夏緯瑛《植物名釋札記·曼陀羅花》："曼陀羅於梵文爲'雜色'之義，則天雨之曼陀羅花，當指多樣雜色之花而言，并非一種植物之名。後人用'曼陀羅花'爲植物之名，自是出於附會。"考閲清陳淏子《花鏡》卷五。

【曼陀羅】

"曼陀羅花"之省稱。此稱宋代已行用。見該文。

【惡客】

"曼陀羅花"之別名。此稱宋代已行用。以全株有毒，作惡於人，故名。見該文。

【風茄兒】

"曼陀羅花"之別稱。此稱明代已行用。見該文。

【山茄子】

"曼陀羅花"之別稱。此稱明代已行用。以葉似茄葉，故名。見該文。

【千葉曼陀羅花】

"曼陀羅花"之一種。此稱宋代已行用。清汪灝等《廣群芳譜·花譜二十六·曼陀羅花》引宋周師厚《洛陽花木記》："有千葉曼陀羅花、層臺曼陀羅花。"

【層臺曼陀羅花】

"曼陀羅花"之一種。此稱宋代已行用。見該文。

牽牛

花名。旋花科，牽牛屬，牽牛〔*Pharbitis nil*（L.）Choisy〕。一年生藤質蔓草。莖作藤蔓，帶絨毛，長數米，攀緣纏繞於籬墻草木。葉互生，具柄，闊卵狀心形，多三裂。花一至三朵葉腋簇生，花冠作喇叭形，冠檐部徑4~5厘米，緣作波浪狀，花冠筒長3~4厘米，花色有紫、藍、紅、白諸種及鑲白邊之變種，通常朝開，午前即萎。蒴果球形，有三室，每室內種子若干粒。黑色。宜於棚架綠化或盆栽。種子入藥。分布幾遍全國。

始見於南北朝文獻記載。時稱"牽牛子"。以此藥始出於田野人牽牛易藥，遂以名。南朝梁陶弘景《本草經集注·草木下品·牽牛子》："作藤生，花狀如扁豆，黃色。子作小房，實黑色，形如梂子核……此藥始出田野人牽牛易（或作"謝"）藥，故以名之。"時亦稱"草金鈴"，出南朝宋雷斅《雷公炮炙論》。唐代稱"盆甑草"，宋代亦稱"牽牛花""牽牛子"，始省稱"牽牛"，"草金鈴"省稱"金鈴"。宋蘇頌《圖經本草·草部下品·牽牛子》："牽牛子，舊不著所出州土，今處處有之。二

牽牛子
（清吳其濬《植物名實圖考》卷二二）

月種子，三月生苗，作藤蔓繞籬墻，高者或三二丈；其葉青，有三尖角；七月生花，微紅帶碧色，似鼓子花而大；八月結實，外有白皮裹作球。每球內有子四五枚，如蕎麥大，有三棱，有黑白二種。九月後收之。又名金鈴。段成式《酉陽雜俎》云：盆甑草，即牽牛子也。秋節後斷之。狀如盆甑。其中子似䱉，蔓如山芋，即此。"宋楊萬里《牽牛花》詩："望見竹籬心獨喜，翩然飛上翠雲篸。"宋孫奕《履齋示兒編·雜記二·因物得名》："世有所出所嗜所作因以冠名者多矣……人牽牛來易藥，而名其藥曰牽牛。"宋文同《鼓子》詩："柔條長百尺，秀萼包千葉。不惜作高架，爲君相引接。"明代稱"狗耳草""天茄"；隱稱黑花者曰"黑丑"；白花者曰"白丑"。十二生肖中"牛"與"丑"相配，因以稱代。明李時珍《本草綱目·草七·牽牛子》〔釋名〕："狗耳草……近人隱其名爲黑丑，白者爲白丑，蓋以丑屬牛也。金鈴象子形，盆甑、狗耳象葉形。"又〔集解〕："牽牛有黑白二種：黑者處處，野生尤多，其蔓有白毛，斷之有白汁；葉有三尖，如楓葉；花不作瓣，如旋花而大；其實有蒂裹之，生青枯白，其核與棠梂子核一樣，但色深黑爾。白者人多種之，其蔓微紅，無毛，有柔刺，斷之有濃汁；葉團有斜尖，並如山藥莖葉；其花小於黑牽牛花，淺碧帶紅色；其實蒂長寸許，生青枯白，其核白色稍粗。人亦采嫩實，蜜煎爲果食，呼爲天茄，因其蒂似茄也。"清代稱"天茄兒"，稱一本上開黑白二色之花曰"黑白江南花"。清陳淏子《花鏡》卷四："一名天茄兒……白者紫花，黑者碧色花，結實外有白皮，裹作毯。毯內有子四五粒，狀若茄子差小，色

青，長寸許，采嫩實鹽焯或蜜浸，可供茶食。近又有異種，一本上開二色者，俗因名之曰黑白江南花。"清高士奇《北墅抱甕錄・牽牛》："牽牛蔓生，善緣，葉似楓，有三尖。花不作瓣，下小上大，曉露未乾，輕翠悦目，日出即蔫。子名天茄。"參閱清汪灝等《廣群芳譜・藥譜六・牽牛》。徐珂《清稗類鈔・植物類》："牽牛爲一年生蔓草。葉有三尖，互生。夏日開花，淺碧略紅，花冠作漏斗狀，侵晨花開，受日光而萎。實爲球形，有蒂裹之。子圓而黑。俗稱黑丑，有毒，入藥。錢塘包秋吟有《咏牽牛花》詩。"

【牽牛子】

　　"牽牛"之別名。此稱始見於南北朝。見該文。

【草金鈴】

　　"牽牛"之別名。此稱南北朝已行用。以其果形似金鈴，故名。見該文。

【盆甑草】

　　"牽牛"之別名。此稱唐代已行用。以其葉形如盆甑，故名。見該文。

【牽牛花】

　　"牽牛"之俗稱。此稱宋代已行用。見該文。

【金鈴】

　　"草金鈴"之省稱。即牽牛。此稱宋代已行用。見該文。

【狗耳草】

　　"牽牛"之別名。此稱明代已行用。以其葉形如狗耳，故名。見該文。

【天茄】[1]

　　"牽牛"之別名。此稱明代已行用。因其花蒂似茄，故名。見該文。另有月光花屬天茄，見下文。

【黑丑】

　　黑色"牽牛"之隱稱。此稱明代已行用。見該文。

【白丑】

　　白色"牽牛"之隱稱。此稱明代已行用。見該文。

【天茄兒】[1]

　　"牽牛"之別稱。此稱清代已行用。見該文。

【黑白江南花】

　　"牽牛"之變種，一本上同時開黑白兩種牽牛花。此稱清代已行用。見該文。

【丁香茄】[1]

　　"牽牛"之別名。此稱明代已行用。清代亦稱"勤娘子""薑花"。清吳其濬《植物名實圖考・蔓草類・牽牛子》："自河以北，謂之黑丑、白丑，又謂之勤娘子。其花色藍，以漬薑，色如丹。南方以作紅薑，故又名薑花。又一種子可蜜煎，俗謂之天茄，《救荒本草》謂之丁香茄，李時珍以爲即牽牛子之白者，花葉固無異也。"又："俗以牽牛花同薑作蜜饯，紅鮮可愛，而理不可曉。梅聖俞詩：'持置梅窗間，染薑奉盤餤。爛如珊瑚枝，惱翁牙齒柔。'文與可詩：'只解冰盤染紫薑。'此法自宋始矣。邵子詩：'雕零在槿先'，言其日出即收也。司馬溫公獨樂園有花庵，以牽牛瓜豆爲之。東坡以此非佳花，而前賢多賞之。觀邵子'長是廢朝眠'者，即此……俗呼此花爲勤娘子，亦有味。"

【勤娘子】

　　"牽牛"之美稱。此稱清代已行用。以其侵晨花開，夙興辛勞，妖嬌可愛，故名。

【蓋花】

"牽牛"之別稱。以其花可漬,使蓋色如丹,故名。此稱清代已行用。

蔦蘿[1]

花名。旋花科,蔦蘿屬,蔦羅〔*Quamoclit pennata*(Lam.)Bojer〕。一年生草本。莖柔弱纏繞,禿净無毛,長可達4米。葉互生,羽狀細裂,裂片條形,基部二裂片再二裂;葉柄短,扁平。聚傘花序腋生,有花數朵;花冠高脚碟狀,長2.5厘米,檐部直徑約2厘米,五淺裂,深紅色(亦有白色變種)。蒴果卵圓形。種子四枚,卵圓形,光滑無毛。主要供觀賞。全草可入藥。原産南美洲。我國各地有栽培。

"蔦蘿"之名始見於《花曆百咏》。亦稱"金鳳毛""翠翎草""蔦蘿松"。《欽定盛京通志·物産·花類》:"蔦蘿,蔓生,葉如藻,花紫紅色。"清趙學敏《本草綱目拾遺·藤部·金鳳毛》:"金鳳毛,汪連仕云:'今人呼翠翎草,翠繞如翎,細葉塌地而生,與翠雲草鳳尾不同。'敏按:此種即蔦蘿,今人編竹爲亭臺,植之盆中,秋開大紅小花者是也。治耳疔、痔漏。"清吳其濬《植物名實圖考·群芳類·蔦蘿松》:"蔦蘿松,蔓生,細葉如松針。開小筒子花似丁香而瓣長,色殷紅可愛。結實如牽牛子而小。"按,蔦蘿原産熱帶美洲,何時引入我國無從稽考。本種性喜温暖向陽環境,耐旱、耐瘠薄,唯懼霜凍嚴寒。栽培時亦需棚架支撑以誘導其生長。另,

蔦蘿松
(清吳其濬《植物名實圖考》卷二七)

本屬中尚有橙紅蔦蘿(*Q. coccinea*)、槭葉蔦蘿(*Q. sloteri*)等,均具較高的觀賞價值,我國各地均有栽培。又,蔦與蘿(女蘿)本爲兩種寄生植物,常附松木而生,兩者聯用常比喻人間之親戚關係,亦寓依附攀緣之意。如《詩·小雅·頍弁》:"蔦與女蘿,施於松柏。"宋朱熹集傳:"此亦燕兄弟親戚之詩……又言蔦蘿施於木上,以比兄弟親戚纏綿依附之意。"上述蔦蘿顯與本種殊異,此附供考。本種亦稱"錦屏封""金絲綫"。

【金鳳毛】

即蔦蘿[1]。此稱清代已行用。見該文。

【翠翎草】[1]

即蔦蘿[1]。名見汪連仕《采藥書》。此稱明清已行用。見該文。

【蔦蘿松】

即蔦蘿[1]。此稱清代已行用。見該文。

【錦屏封】

即蔦蘿[1]。今廣東各地多行用此稱。見該文。

【金絲綫】

即蔦蘿[1]。今廣西各地多行用此稱。見該文。

天茄[2]

花名。旋花科,虎掌藤屬,天茄〔*Calonyction muricatum*(Linn.)G. Don〕。一年生纏繞草本。莖圓柱形,具側扁小瘤突,幼枝綠色,老枝污紅色。單葉互生,心形,先端銳尖,上面草綠色,具稀疏平展微柔毛或無毛,下面蒼白色,具密集露狀點。花腋生,單一或成腋生少花的捲曲花序;花紫色,甚美麗。蒴果球狀卵形,具銳尖頭。種子四枚,大而平滑,三棱形,黑色,無光澤。果、嫩葉可食,亦可供觀賞。我國滇南地區有分布;湖北、湖南、

河南等地有栽培。

明清稱"丁香茄""天茄兒"。亦稱"天茄子"，今通稱"天茄"。明朱橚《救荒本草・菜部・葉可食》："丁香茄兒，亦名天茄兒。延蔓而生，人家園籬邊多

天茄子
（清吳其濬《植物名實圖考》卷三一）

種。莖紫多刺，藤長丈餘，葉似牽牛葉，甚大而無花义，又似初生嫩綵葉却小。開粉紫邊紫色心筒子花，狀如牽牛花樣。結小茄如丁香樣而大，有子如白牽牛子亦大。味微苦。救飢：採茄兒煤食或醃作菜食嫩葉。亦可煤熟油鹽調食。"明清民間多有種植者，清明播種，夏季引蔓生長以觀花葉。明徐光啓《農政全書》卷二七："天茄，清明時撒於肥地，蔓長則引上。"清吳其濬《植物名實圖考・果類・天茄子》："天茄子，《救荒本草》謂之丁香茄。茄作蜜煎，葉可作蔬，其形狀絕類牽牛子，或以爲牽牛花，殊誤。"本種花類牽牛，紫色淡雅。可用作垂直綠化，或用於棚架綠化。

【丁香茄】[2]

即天茄[2]。此稱明代已行用。見該文。

【天茄兒】[2]

即天茄[2]。此稱明代已行用。見該文。

【天茄子】[1]

即天茄[2]。此稱清代已行用。見該文。

紫茉莉

花名。紫茉莉科，紫茉莉屬，紫茉莉（*Mirabilis jalapa* Linn.）。多年生草本。常作一年生栽培，莖高 1 米許，直立，多歧枝，莖節凸出膨大。葉對生，有柄，卵形或心形，先端尖，全緣。夏秋開花，三五朵花簇生梢頭，花冠作長筒喇叭狀，邊緣

野茉莉
（清吳其濬《植物名實圖考》卷二七）

五裂，花下部有綠色萼狀苞，花色爲紅、黃、白、紫、橙等，亦有兩色或條紋、斑點相間者，花氣芳香。果實小，圓形，成熟後黑色，表皮皺皺有棱，俗稱"小地雷"。觀賞植物，其花自黃昏開至清晨，烈日下始閉合，香氣馥郁，宜叢植於園林、籬落及居舍周圍。種實內白粉可製化妝香粉，根葉藥用。原産美洲熱帶，今我國大部地區均有栽培。

文獻記載約始見於宋元之際。花似茉莉而全紫，故名。時亦稱"胭脂花"。清汪灝等《廣群芳譜・花譜二十二・紫茉莉》引明高濂《草花譜》云："紫茉莉，草本，春間下子，早開午收。一名胭脂花，可以點唇。子有白粉，可傅面。亦有黃白二色者。"一本引作"臙脂花"。清代稱"狀元紅""草茉莉""粉紅""野茉莉""粉豆花"。清陳淏子《花鏡》卷四："一名狀元紅。本不甚高，但婆娑而蔓衍易生。葉似蔓菁，秋深開花，似茉莉而色紅紫。清晨放花，午後即斂，其艷不久，而香亦不及茉莉，故不爲世重。結實頗繁，春間下子即生。"清高士奇《北墅抱甕錄・草茉莉》："草茉莉有紫白二種，花形似茉莉而跗較長，中心有鬚，暮開曉謝，殆陰類也。結子初青後黑，內有白粉，可療面

斑。"《古今圖書集成·草木典·粉花》:"有紫白二種,俗名草茉莉。"民國許衍灼《春暉堂花卉圖説·彙考五·紫茉莉》引清吳其濬《植物名實圖考》曰:"野茉莉處處有之,極易繁衍。高二三尺,枝葉紛披,肥者可蔭五六尺;花如茉莉而長大,其色多種易變。子如豆,深黑有細紋,中有瓤,白色可作粉,故又名粉豆花。曝乾作蔬,與馬蘭頭相類。根大者如拳,黑硬。"又引清趙學敏《本草綱目拾遺》曰:"此草二三月發苗,莖逢節則粗,如骨節狀;葉長尖光緑,前鋭後大。……有紫白黃三色,又有一本五色者,花朝開暮合,結實外有苞,内含青子成簇,大如豌豆,久則黑子有内白粉。宿根三年不取,大如牛蒡。"

【胭脂花】

"紫茉莉"之别名。此稱約見於宋元之際。以婦女取其花作胭脂用點唇,故名。見該文。

【狀元紅】

"紫茉莉"之别名。此稱清代已行用。以其紅花爲人推重,見該文。

【草茉莉】

"紫茉莉"之别名。此稱清代已行用。見該文。

【粉花】

"紫茉莉"之别名。此稱清代已行用。其籽有白粉,可敷面,故名。見該文。

【野茉莉】

"紫茉莉"之别名。此稱清代已行用。見該文。

【粉豆花】

"紫茉莉"之别名。此稱清代已行用。見該文。

【夜繁花】

"紫茉莉"之别名。此稱清代已行用。以其夜開朝謝,故名。徐珂《清稗類鈔·植物類》:"紫茉莉爲多年生草,蔓衍易生。莖高二尺許,葉卵形,端尖,對生,葉柄甚長。花狀如漏斗,蓓蕾略似茉莉,有紅紫白黃等色,頗美艷。晚開午收,俗名夜繁花。實圓皮皺,中有白粉,可爲化妝品。"

紫堇

花名。罌粟科,紫堇屬,紫堇(*Corydalis edulis* Maxim.)。一年生草本。葉二回羽狀全裂。春夏開淡紫色花,總狀花序,苞全縁,花瓣四片,外上方一瓣基腳有距。蒴果,綫形。莖葉可食,花供觀賞,亦入藥。主要分布於我國華中、華東及臺灣等地區。

始見於唐代,時亦稱"楚葵""蜀堇""苔菜""水萄菜",亦作"紫菫","蜀堇"亦作"蜀芹"。堇、芹,聲近義通。宋蘇頌《圖經本草·本經外草類·紫堇》:"紫堇……元生江南吳興郡,淮南名楚葵,宜春郡名蜀堇,豫章郡名苔菜。晋陵郡名水萄菜。"按,頌説源自唐玄宗《天寶單方》。《本草綱目》引蘇文"紫堇"作"紫菫","蜀堇"亦作"蜀芹"。宋元之際稱"紫芹""起貧草""赤芹"。明李時珍《本草綱目·菜一·紫堇》〔集解〕:"蘇頌之説,出於唐玄宗《天寶單方》中,不言紫堇形狀。今按《軒轅述寶藏

紫 芹
(清吳其濬《植物名實圖考》卷三)

論》云：赤芹即紫堇也。生水濱，葉形如赤芍藥，青色，長三寸許，葉上黃色，味苦澀，其汁可以煮雌製汞，伏硃砂，擒三黃，號爲起貧草。又《土宿真君本草》云：赤芹生陰厓陂澤邊水石間，狀類赤芍藥，其葉深綠而背甚赤，莖葉似蕎麥，花紅可愛。結實亦如貎蕎麥，其根似蜘蛛。嚼之極酸，苦澀。江淮人三四月采苗當蔬食之，南方頗少，太行、王屋諸山最多也。”清吳其濬《植物名實圖考·蔬類·紫芹》：“莖紫葉肥，根白長，香甜，河南多種之。”徐珂《清稗類鈔·植物類》：“紫堇爲多年生草，生於陰濕地。莖高二尺許，葉羽狀分裂，略似水芹。春暮開總狀花，色紅紫。”按，紫堇之別名與《爾雅·釋草》“芹，楚葵”（即《神農本草經·下品》“水靳”）同名異實。又，紫堇別名“水萵菜”，明王圻等《三才圖會·草木》及清汪灝等《廣群芳譜·蔬譜三·紫芹》均作“水萵菜”，未知孰是。

【楚葵】

　　“紫堇”之別名。此稱唐代已行用。見該文。

【蜀堇】

　　“紫堇”之別名。此稱唐代已行用。見該文。

【苔菜】

　　“紫堇”之別名。此稱唐代已行用。見該文。

【水萵菜】

　　“紫堇”之別名。此稱唐代已行用。見該文。

【紫菫】

　　同“紫堇”。此體唐宋已行用。見該文。

【蜀芹】

　　“紫堇”之別名。此稱唐宋已行用。見該文。

【紫芹】

　　“紫堇”之聲轉異名。此稱約在宋元之際已行用。見該文。

【起貧草】

　　“紫堇”之別名。此稱約在宋元之際已行用。見該文。

【赤芹】

　　“紫堇”之別名。此稱約在宋元之際已行用。見該文。

虞美人

　　花名。罌粟科，罌粟屬，虞美人（*Papaver rhoeas* Linn.）。一二年生草本。莖直立，高約30厘米，全株具絨毛，有乳汁。葉互生，長橢圓形，不整齊羽狀分裂。春夏開花，單生長莖頂端，含苞時下垂，花開後上仰；萼片兩枚具刺毛，花瓣四片爲圓形，花色有大紅、紫紅、粉紅、洋紅、純白等多種，有時具斑點或斑紋。蒴果球形，種實多枚。優質觀賞植物，宜於花壇、花徑、籬落、庭院條植或片植，亦可盆栽。花果均入藥，種子可提取油脂。我國主要分布於江南地區。

　　始見於唐代文獻中，時稱“舞草”。唐段成式《酉陽雜俎·草篇》：“舞草出雅州。獨莖三葉，葉如決明，一葉在莖端，兩葉居莖之半，相對；人或近之則歌及抵掌謳曲，必動葉如舞也。”宋代始稱“虞美人”，出宋王灼《碧雞漫志》卷四。相傳此草聞人歌《虞美人》曲則應節而舞，故名。時亦稱“虞美人草”，亦作“娛美人草”。宋沈括《夢溪筆談·樂律一》：“舊傳有虞美人草，聞人作《虞美人》曲則枝葉皆動，他曲不然。”宋宋祁《益部方物略記》：“翠莖纖柔，稚葉相當，逼而歌之，或合或張。”書注：“右娛美人。《蜀中傳》虞美人草，予以虞作娛，意其草柔纖，爲歌氣所動，故其葉至小者或動搖，美人以爲娛樂耳。"宋蕭海藻《咏虞美人草》詩："魯公死後一抔荒，誰與竿頭薦一觴。妾願得生墳土上，日翻舞袖向君王。"明孫齊之《題虞美人草》詩："伏劍酬君睨，留花吊楚人。風翻紅袖舞，露泫翠眉顰。"明楊慎《藝林伐山·睡蓮舞草》："舞草，虞美人草也，雅州有之。"明張岱《夜航船·植物部·草木》："虞美人草：虞美人自刎，葬於雅州名山縣。冢中出草，狀如雞冠花，葉葉相對，唱《虞美人曲》，則應板而舞，俗稱虞美人草。"清高士奇《北墅抱甕錄·虞美人》："又有舞草之名，花極娟秀。"

【舞草】

"虞美人"之別稱。此稱唐代已行用。以其聞曲則枝葉搖舞，故名。見該文。

【虞美人草】

即虞美人。此稱宋代已行用。見該文。

【娛美人草】

同"虞美人草"。此體宋代已行用。見該文。

【麗春】[1]

"虞美人"之別名。此稱明代已行用。時亦稱"百般嬌""滿園春"。清厲荃《事物異名錄》卷三二引明黃省曾《農圃書》："麗春，一名虞美人，又名百般嬌。"明王世懋《學圃雜疏·花疏》："虞美人，又名滿園春，千葉者佳。"清代稱"蝴蝶滿園春"。清陳淏子《花鏡》卷五："原名麗春，一名百般嬌，一名蝴蝶滿園春，皆美其名而贊之也。江浙最多，叢生，花葉類罌粟而小，一木有數十花。莖細而有毛，一葉在莖端，兩葉在莖之半，相對而生，發蕊頭垂下，花開始直，單瓣，叢心五色俱備，姿態葱秀。嘗因風飛舞，儼如蝶翅扇動，亦花中

之妙品，人多有題咏。"清潘榮陛《帝京歲時紀勝·五月·時品》："江西臘五色芬芳，虞美人幾枝嬌艷，則又爲端陽之佳卉也。"按，宋代有麗春草，亦稱"龍羊草""仙女蒿"，不當與此相混。宋蘇頌《圖經本草·本經外草》："麗春草……出檀嵎山川谷，檀嵎山在高密界。河南淮陽郡、潁川及譙郡、汝南郡等並呼爲龍羊草；河北近山鄴郡、汲郡名蘭艾；上黨紫團山亦有，名定參草，一名仙女蒿。"故明李時珍《本草綱目·草四》獨立"麗春草"一目（非"虞美人"）、清汪灝等《廣群芳譜》別爲兩條，麗春草在《藥譜三》，虞美人在《花譜二十五》。又，依《農圃書》及《花鏡》說，"麗春"與"虞美人"係同名异物，《廣群芳譜·花譜二十五》亦別"麗春"與"虞美人"爲兩條。姑存備考。參閱民國許衍灼《春暉堂花卉圖説·彙考四·麗春》。見"虞美人"文。

【百般嬌】

"麗春"之別名。此稱明代已行用。見該文。

【滿園春】

"麗春"之別名。此稱明代已行用。見該文。

【蝴蝶滿園春】

"麗春"之別名。此稱清代已行用。見該文。

罌粟

花名。罌粟科，罌粟屬，罌粟（*Papaver somniferum* Linn.）。一二年生草本。株高 1 米許，莖表具白粉，有分枝。葉抱莖而生，長橢圓形，緣有缺刻。春夏開花，單生枝頂，花瓣四片，色艷麗，有紅、紫、白諸色。果球形或橢圓形，籽實如米。花具觀賞價值。莖葉及籽實可食。采幼果乳汁可製成鴉片，爲重要麻醉、止痛、鎮静劑，然易導致吸食成癮。由於鴉片

内含十餘種生物鹼，性毒，故今嚴禁種植。罌，瓶也。以其果作瓶形，内含籽如粟，故名。原產亞洲北部與歐洲，至遲唐代已傳入中國。

唐代稱"罌粟花""罌子粟"，亦作"甖子粟"。唐陳藏器《本草拾遺》引嵩陽子云："罌粟花有四葉，紅白色，上有淺紅暈子。其囊形如髇頭箭，中有細米。"（轉引自明李時珍《本草綱目·穀二·罌子粟》）時亦稱"米囊花"。唐雍陶《西歸出斜谷》詩："萬里客愁今日散，馬前初見米囊花。"宋楊萬里《米囊花》詩："東君羽衛無供給，探借春風十日糧。"宋代始稱"罌粟"，亦稱"象穀""米囊""御米""囊子"，亦作"鶯粟花"。宋唐慎微《證類本草·米穀部下品·甖子粟》："甖子粟……和竹瀝煮作粥食之，極美。一名象穀，一名米囊，一名御米。花紅白色。似髇箭頭中有米，亦名囊子。"宋蘇轍《種罌粟》："畦夫告予，罌粟可儲。""罌小如罌，粟細如粟。與麥皆種，與稑皆熟。苗堪春菜，實比秋穀。研作牛乳，烹爲佛粥。"宋周密《武林舊事·張約齋賞心樂事》："四月孟夏……鷗渚亭觀五色鶯粟花。"宋蘇頌《圖經本草·穀部·罌子粟》："今處處有之，人家園庭多蒔以爲飾。花有紅白二種，微腥氣，其實作瓶子，似髇箭頭中有米極細，種之甚難。圃人隔年糞地，九月布子，涉冬至春始生，苗極繁茂矣；不爾種之多不出，出亦不茂。"明代稱"御米花""米穀花"。

甖子粟
（清吳其濬《植物名實圖考》卷二六）

明王象晉《群芳譜·花譜·罌粟》："一名米囊花，一名御米花，一名米殼花。青莖，高一二尺。葉如茼蒿。花有大紅、桃紅、紅紫、純白，一種而具數色。又有千葉、單葉，一花而具二類。艷麗可玩，實如蓮房。其子囊數千粒，大小如葶藶子。"明李時珍《本草綱目·穀二·罌子粟》〔釋名〕："其實狀如罌子，其米如粟，乃象乎穀，而可以供御，故有諸名。"又〔集解〕："罌粟秋種冬生，嫩苗作蔬食甚佳。葉如白苣，三四月抽薹結青苞，花開則苞脫。花凡四瓣，大如仰盞，罌在花中，鬚蕊裹之。花開三日即謝，而罌在莖頭，長一二寸，大如馬兜鈴，上有蓋，下有蒂，宛然如酒罌。中有白米極細，可煑粥和飯食。水研濾漿，同綠豆粉作腐食尤佳。亦可取油，其殼入藥甚多。"明王世懋《學圃雜疏》："芍藥之後，罌粟花最繁華。其物能變，加意灌植，妍好千態。曾有作黃色、綠色者，遠視佳甚，近頗不堪覩。"明朱橚《救荒本草》卷七："御米花。《本草》名罌子粟。一名象穀，一名米囊，一名囊子。處處有之。苗高一二尺，葉似靛葉色，而大邊皺多。有花义，開四瓣紅白花，亦有千葉花者。結殼似砲箭頭，殼中有米數千粒……救飢：採嫩葉煠熟，油鹽調食；取米作粥或與麵作餅，皆可食。"清高士奇《北墅抱甕錄·罌粟》："山亭水岸俱種罌粟，有大紅、淺紅、深紫、淡紫、藕合、蜜合、純白、淡綠諸色。一房千萼，簇若剪綃。相傳中秋夜令女子艷服播種，則來歲發花繁艷絕世。"清陳淏子《花鏡》卷五："種具數色，有深紅、粉紅、白紫者，有白質而絳唇者，丹衣而素純者，殷如染茜者，紫如茄色者，多植數百本，則五彩雜陳，錦繡奪目……單葉者子必滿，千葉者罌多空。故蒔花者貴千葉，作蔬入藥者不論。收鴉片者於青苞時，午後以針刺十數眼，次早其苞上精液自眼中出，用竹刀收貯瓷器内，將紙封固，曝二七日即成鴉片矣。"夏緯瑛《植物名釋札記·罌粟》："罌子粟之始見於陳藏器《本草》，大概唐時已引入我國了。"參閱明文震亨《長物志·花木·罌粟》、清汪灝等《廣群芳譜·花譜二十五·罌粟花》。

【罌粟花】

即罌粟。此稱唐代已行用。見該文。

【罌子粟】

即罌粟。此稱唐代已行用。見該文。

【甖子粟】

同"罌子粟"，即罌粟。此體唐代已行用。見該文。

【米囊花】

"罌粟"之別名。始見稱於唐代。以其花果殼如囊，中有細米，故名。見該文。

【象穀】

"罌粟"之別名。此稱宋代已行用。籽實狀如穀米，故名。見該文。

【米囊】

"罌粟"之別名。此稱宋代已行用。以其籽粒在殼内，如米在囊中，故名。見該文。

【御米】

"罌粟"之別名。此稱宋代已行用。以其可供御，故名。見該文。

【囊子】

"罌粟"之別名。此稱宋代已行用。猶米囊。見該文。

【鶯粟花】

同"罌粟花"，即罌粟。此體宋代已行用。

見該文。

【御米花】

"罌粟"之別名。此稱明代已行用。見該文。

【米殼花】

"罌粟"之別名。此稱明代已行用。見該文。

【麗春草】

"罌粟"之別名。此稱明代已見。因春季即開花，佳麗，故名。明李時珍《本草綱目·草四·麗春草》〔釋名〕："今罌粟亦名麗春草。"見"罌粟"文。

【麗春花】

"罌粟"之花瓣千片者。此稱明代已見。省稱"麗春"，亦稱"賽牡丹""錦被花"。明李時珍《本草綱目·穀二·罌子粟》〔集解〕："江東人呼千葉者爲麗春花。或謂是罌粟別種，蓋亦不然。其花變態，本自不常。有白者、紅者、紫者、粉紅者、杏黄者、半紅者、半紫者、半白者，艷麗可愛，故曰麗春，又曰賽牡丹，曰錦被花。"《山堂肆考》卷九："麗春花，罌粟花別種也。"按，罌粟有單葉、千葉之分，實皆得稱罌粟，故清陳淏子《花鏡》言"罌粟一名御米，一名賽牡丹，一名錦被花"，是則單葉、千葉之分，籠統指稱；若李時珍之説，則"麗春花""賽牡丹""錦被花"乃特指千葉者。又，或以爲"賽牡丹""錦被花"乃同科"虞美人"之別名。

【麗春】[2]

"麗春花"之省稱，特指"罌粟"之千葉者。此稱明代已見。按，"虞美人"之別名亦稱此。參見本卷"虞美人"文。

【賽牡丹】

"麗春花"之別名，"罌粟"之千葉者。此

稱明代已行用。見該文。

【錦被花】

"麗春花"之別名。"罌粟"之千葉者。此稱明代已行用。見該文。

【鶯粟】

同"罌粟"。此體明代已行用。明劉侗等《帝京景物略・草橋》："入夏，榴花外，皆草花。花備五色者：蜀葵、鶯粟、鳳仙。"

【烟苗】

"罌粟"之別名。此稱清代已行用。以其果實爲製作鴉片烟之原料，故名。徐珂《清稗類鈔・植物類》："罌粟爲越年生草。葉爲長橢圓形，有鋸齒，平滑無葉柄。花大而美艷，色紅紫。雌蕊狀如瓶，實爲乾果，狀亦如瓶，可榨油，入藥用，並作油畫。嫩葉可作蔬，實未熟時，中有漿，爲製鴉片之原料。自禁烟之令下，即禁種之，謂之曰烟苗。道光甲午廣東鄉試第三場之策題，第四問'民食'一道，中一條云：'沃土之地，往往植烟草以爲利息，甚至取其種之大害於人者而廣播之。民不知其敝精力，耗財用，大半溺於所嗜，視其爲用與菽粟等，而且勝之。將何以嚴其禁而革其俗？'此蓋言內地自種之罌粟花也。"

蕓薹[1]

花名。十字花科蕓薹屬，蕓薹（*Brassica campestris* Linn.）。一二年生草本。細莖直立，有歧枝。基生葉叢生，中上部葉互生，寬而長抱莖，緣具不規則深裂及缺刻。春季開花，頂生，黃色。角果，內含籽實多枚。具觀賞及食用價值。栽培幾遍全國。

漢代始見文獻記載，時稱"胡菜"，亦作"蕓薹"。漢服虔《通俗文》："蕓薹謂之胡菜。"以此菜易生薹，采後復出，多如雲，故名。《玉篇・艸部》："蕓，蕓薹，菜。"唐蘇敬等《唐本草》引南朝梁陶弘景《名醫別錄》："芸薹乃人間所噉菜也。"宋代稱"薹菜"，出《埤雅》。時亦省稱"薹"。宋范成大《田家雜興》詩：

蕓薹菜

（清吳其濬《植物名實圖考》卷四）

"桑下春蔬綠滿畦，菘心青嫩芥薹肥。"南朝宋亦稱"寒菜"，出胡洽《百病方》。明代稱"薹芥""蕓薹菜"。"蕓薹菜"亦作"芸薹菜"。明李時珍《本草綱目・菜一・蕓薹》〔釋名〕："時珍曰，此菜易起薹，須採其薹食，則分枝必多，故名蕓薹。而淮人謂之薹芥，即今油菜，爲其子可榨油也。羌隴氐胡，其地苦寒，冬月多種此菜，能歷霜雪，種自胡來，故服虔《通俗文》謂之胡菜，而胡洽居士《百病方》謂之寒菜，皆取此義也。或云塞外有地名雲薹，戍始種此菜，故名。亦通。"又〔集解〕："時珍曰，蕓薹方藥多用，諸家注亦不明，今人不識爲何菜。珍訪考之，乃今油菜也。九月十月下種，生葉，形色微似白菜。冬春采薹心爲茹，三月則老不可食。開小黃花，四瓣，如芥花。結莢收子，亦如芥子，灰赤色；炒過榨油，黃色，燃燈甚明，食之不及麻油。近人因有油利，種者亦廣云。"明王象晋《群芳譜・蔬譜・蕓薹菜》："單莖，圓肥，淡青色。葉附莖上，形如白菜。嫩時可炒食，既老，莖端開花如蘿蔔花，結角，中有子。"明朱橚《救荒本草》卷八："蕓薹菜。

今處處有之。葉似菠菜，葉比菠菜葉兩傍多兩叉。開黄花，結角似蔓菁角，有子如小芥子大……救飢：采苗葉煠熟，水浸淘洗净，油鹽調食。"清代分爲"油辣菜""油青葉"二種，前者味濁而肥，後者味清而腴。清吴其濬《植物名實圖考·蔬類·蕓薹菜》："即油菜。冬種冬生，葉薹供茹，子爲油，莖肥田，農圃所亟。"又："有油辣菜、油青菜二種。辣菜味濁而肥，莖有紫皮，多涎，微苦，武昌尤喜種之，每食易厭。油青菜同菘菜，冬種生薹，味清而腴，逾於萵筍，佐菌荳羹，滑美無倫。以廁葱韭，可謂蒙垢。李時珍以爲羌隴氐胡，其地苦寒，冬月種此，故謂之寒菜。今北地凍圃如滌，有此素蔬，老僧不糝酪矣。近時沿淮南北，水旱之祲，冬輒耬種於田，民雖菜色，道免饑饉。稽生亦時有之，若其積雪初消，和風潛扇，萬頃黄金，動連山澤，覺'桃花净盡菜花開'，語爲倒置。"清汪灝等《廣群芳譜·蔬譜三·蕓薹菜》："製用：曬薹菜，以春分後摘薹菜花，不拘多少，沸湯焯過控乾，少用鹽拌匀，良久曬乾，以紙袋收貯。臨用湯浸，油鹽薑醋拌食。"徐珂《清稗類鈔·植物類》："蕓薹爲蔬類植物，一名薹芥，亦稱油菜。葉大，色濃緑，無柄，葉脚包莖。春暮開黄花，爲總狀花序。果爲長角，熟則綻裂子出，嫩葉可食，子可榨油，謂之菜油，亦可食，並燃燈。"

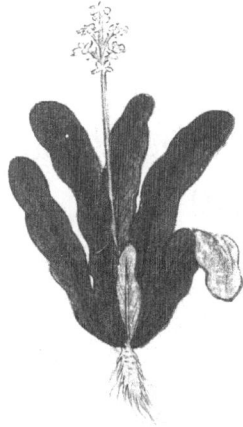
油 菜
（明汪穎《食物本草》卷一）

由於環境氣候影響及不同食用要求，今時蕓薹向兩個方嚮發展。一是葉片型蔬食，滿足日常生活所需。如人們培育出的烏金白葉片堅實暗緑，清脆可口；紫菜薹莖葉均紫，菜薹多涎微苦，別有風味，爲湖北武昌特產。一是榨油性作物，具有更強的適應性，也有更高的經濟效益。

【胡菜】

"蕓薹[1]"之別名。此稱漢代已行用。據説其種來自胡地，故名。見該文。

【蕓薹】[2]

同"蕓薹[1]"。此體漢代已行用。見該文。

【薹菜】

"蕓薹[1]"之別名。此稱宋代已行用。因此菜易生薹，故名。見該文。

【薹】[1]

"蕓薹[1]"之省稱。此稱宋代已行用。見該文。

【寒菜】

"蕓薹[1]"之別名。此稱約於南朝宋已行用。以其種於苦寒之地，寒時種植收取，故名。見該文。

【薹芥】

"蕓薹[1]"之別名。此稱明代已行用。見該文。

【蕓薹菜】[1]

即蕓薹[1]。此稱明代已行用。見該文。

【蕓薹菜】[2]

同"蕓薹菜"，即蕓薹[1]。此體明代已行用。見該文。

【雲薹】

同"蕓薹[1]"。此體宋代已行用。時亦稱"油菜""菜麻""胡蔬""黄藋"。宋蘇頌《圖經本草》："油菜，形微似白菜，葉青，有微刺。

春采苔，可以爲蔬。三月開小黃花，四瓣，若芥花，結莢收子，亦如芥子，但灰赤色，出油勝諸子。油入蔬清香，造燭甚明，點燈光亮，塗髮黑潤。餅飼猪易肥，上田壅苗堪茂。秦人名菜麻，言子出油如脂麻也。一名胡蔬，始出自隴氏胡地。一名蕓薹，産地名也。一名蕽蒅。"《通志·昆蟲草木略第一》："蕓薹亦作雲薹。"清代稱"油芥""塌科菜""菜子""蜀芥""臈菜子"，近代作"薹芹"。清黃叔璥《臺海使槎録》："正月，諸邑收菜子，一名油芥。"清陳慶林《江震物産表》："薹菜，冬月初生時名塌科菜。春時可擷薹作蔬，備醃藏，夏月收其子。"清包世臣《齊民四術》："菜子古名蕓薹、名蜀芥者，今之臈菜子也。"近代佚名《本草異名録》："蕓薹：寒菜、胡菜、薹菜、薹芥、油菜。"按，宋鄭樵視《爾雅·釋草》"薹，夫須"爲蕓薹（《通志》），前人已加駁斥。清陳經《雙谿物産疏》："鄭漁仲《通志·草木略》：蕓薹即《爾雅》'薹，夫須'。又漁仲注《爾雅》'薹，夫須'即蕓薹菜。按郭氏注'薹，夫須'，可以爲禦雨笠。邢疏引舍人；薹，一名夫須。《詩（小雅）》'南山有薹'，陸璣云：舊說夫須，莎草也，可以爲蓑笠。《都人士》云'臺笠緇撮'是也。《埤雅》釋薹，夫須，莎草也，可以爲笠，又可以爲蓑，疏而無温。故莎衆沙，與《内司服》所謂沙同意。《爾雅翼》：薹者沙草，可爲衣以禦雨，今人謂之蓑衣。然則薹實草，漁仲誤引釋雲薹何也？"今按，陳說以較鄭說爲正。又，"油菜"之名，與"菘"之別稱同名異實。參閱清王端履《重論文齋筆録》卷二。

【油菜】

　　"蕓薹[1]"之別名。此稱宋代已行用。以其籽可榨油，故名。見該文。

【菜麻】

　　"蕓薹[1]"之別名。此稱宋代已行用。因其葉可出油如芝麻，故名。見該文。

【胡蔬】

　　"蕓薹[1]"之別名。此稱宋代已行用。此菜原産胡地，故名。見該文。

【蕽蒅】

　　"蕓薹[1]"之別名。此稱宋代已行用。見該文。

【油芥】

　　"蕓薹[1]"之別名。此稱清代已行用。見該文。

【塌科菜】

　　"蕓薹[1]"之別名。特指初生者。科，同"棵"。塌科，指匍匐於地。此稱清代已行用。見該文。

【菜子】

　　"蕓薹[1]"之別名。此稱清代已行用。見該文。

【蜀芥】

　　"蕓薹[1]"之別名。此稱清代已行用。見該文。

【臈菜子】

　　"蕓薹[1]"之別名。此稱清代已行用。臈，同"臘"。因此菜生於寒冬臘月，故名。見該文。

【薹芹】

　　"蕓薹[1]"之別名。此稱近代已行用。見該文。

紫羅蘭

　　花名。十字花科，紫羅蘭屬，紫羅蘭〔Matthiola incana（L.）W.T.Aiton〕。二年生或多年生草本。莖直立，高60~70厘米，基部木質化，全株被灰色星狀茸毛。葉互生，具短柄，匙形或長橢圓形，基部葉呈翼狀，先端鈍圓，無缺刻。春夏開花，花梗粗壯，總狀花序頂生，花瓣、萼片各四枚，瓣片平展作十字形，有紫紅、淡紅、淡黄、白色等，略香。角果細長，熟時開裂，種子具翅。著名觀賞花卉，宜布置花壇、花徑，或分栽，作切花。原産歐洲，後傳入中土，今我國各地多有栽培。

文獻記載約始見於宋元之際。清汪灝等《廣群芳譜·花譜三十二·紫羅襕》引明高濂《草花譜》："紫羅蘭，草本，色紫翠如鹿葱花。秋深分本栽種。四月發花可愛。"明高濂《遵生八箋·起居安樂牋·草花三品説》："中乘妙品，若百合花……紫羅蘭、紅麥、番椒、綠豆花。已上數種，香色間繁，豐采各半，要皆欄檻春風，共逞四時妝點者也。"清代時亦稱"紫羅襕"，亦稱"墻頭草""高良薑"。清陳淏子《花鏡》卷五："紫羅襕俗名墻頭草，一名高良羌。葉似蝴蝶草而更闊嫩。四月中發花青蓮色，其瓣亦類蝴蝶花。大而起臺，紫翠奪目可愛。秋分後分栽，性喜高阜墻頭，種則易茂。"

按，或以爲陳氏所述，乃"鳶尾"，非紫羅蘭。清吳其濬《植物名實圖考·毒草類·鳶尾》："《唐本草》：花紫碧色，根似高良薑。此即今之紫蝴蝶也。《花鏡》謂之紫羅襕，誤以其根爲即高良薑。三月開花，俗亦呼扁竹。"未知孰是，姑存疑。

【紫羅襕】

同"紫羅蘭"。此體清代已行用。見該文。

【墻頭草】

"紫羅蘭"之別名。此稱清代已行用。因性喜墻阜，種則易茂，故名。見該文。

【高良薑】[1]

即紫羅蘭。此體清代已行用。徐珂《清稗類鈔·植物類》："紫羅蘭，草本。色翠花紫，如鹿葱。一名高良薑。咸豐時，仁和亮鏡仁茂

才瞻嶽曾於李應辰園中見之。每窠葉數片，疏落可愛，抽花一箭，其狀極似蘭。"

鳳仙花

花名。鳳仙花科，鳳仙花屬，鳳仙花（*Impatiens balsamina* Linn.）。一年生草本。肉質莖，高 30~80 厘米，莖節膨大，莖體呈青綠色、紅褐色或深褐色。單葉互生、對生或近輪生，無托葉，狹或闊披針形，緣有缺刻，葉柄基部兩側有腺體。花兩性，左右對稱，花梗短，單生或簇生於葉腋，多側垂；花大，有紫紅、朱紅、玫紅、雪白、駁雜等多色，有單瓣、重瓣，花瓣上時或有斑點或條紋。蒴果紡錘形；種實圓形，成熟後即由殼内彈出。花期自六月始，延續數月。品類不少。因其花色斑斕，花期長，易栽培，園林多以之布置花壇、片植或盆栽，亦可用作插花。民間多植於房前屋後，女子采以染指甲。原産印度。在我國分布極廣，南北皆有栽培，南方尤盛。

唐代文獻中已見此稱。以其花頭翅尾足具，翹然如鳳，故名。唐吳仁璧《鳳仙花》詩："香紅嫩綠正開時，冷蝶飢蜂兩不知。此際最宜何處看，朝陽初上碧梧枝。"有人根據唐張祜《聽箏》詩"十指纖纖玉笋紅，雁行輕遏翠弦中"推斷，唐代婦女已用此花染紅指甲（清朱象賢《聞見偶録》）。五代時稱"金鳳花"。五代馮延巳《南鄉子》詞："細雨泣秋風，金鳳花殘滿地紅。"宋代稱"菊婢""好女兒花"。宋詩人張來（字宛丘）稱之爲"菊婢"。明李時珍《本草綱目·草六·鳳仙》〔釋名〕："張宛丘呼爲菊婢。"宋趙麟《玉山草堂賦》："水仙舞霓裳於翠幄，菊婢羅絳幀於綠霞。"宋光宗李后小字鳳娘，宮中諱鳳，遂呼"好女兒花"（見《本

草綱目》）。時栽種廣泛，庭中階前多見之。宋歐陽修《金鳳花》詩："憶繞朱欄手自栽，綠叢高下幾番開。中庭雨過無人迹，狼籍深紅點綠苔。"宋陳景沂《水龍吟》詞："階前砌下新涼，嫩姿弱質婆娑小。仙家甚處，鳳雛飛下，化成窈窕。"對促成鳳仙再開花的方法也有記載，即將花籽逐旋摘去，則又生花（舊題宋蘇軾《物類相感志》）。對其花色描繪的詩文頗多，如晏殊、楊萬里、文同、劉敞、劉圻父、徐致中、張耒等都曾寫過。宋楊萬里《金鳳花》詩："細看金鳳小花叢，費盡司花染作工。雪色白邊袍色紫，更饒深淺四般紅。"宋人文同《鳳仙花》詩："花有金鳳爲小叢，秋色已深方盛發。英英秀質實具體，文采爛然無少闕。纖莖翩翩翠影動，紅白紛亂如點纈。"當時把此花品評爲"七品三命"（宋張翊《花經》）。女子以此染指甲之風益盛。宋周密《癸辛雜識續集上・金鳳灑甲》："鳳仙花紅者用葉搗碎，入明礬少許在內，先洗净指甲，然後以此附甲上，用片帛纏定過夜，初染色淡，連染三五次，其色若胭脂。"明吳彦匡《花史》："〔宋〕李玉英秋日採鳳仙花染指甲，于月中調弦，或比之落花流水。"時又有鳳仙花子煮魚、骨易軟之記載。宋蘇軾《物類相感志》："枳實煮魚則骨軟，或用鳳仙花子。"

元代省稱"鳳仙"，亦稱"羽客"。蓋以其花片翹飛如羽，故名。元程棨《三柳軒雜識》，"鳳仙爲羽客"（按，或作"淚客""媚客"）。明代亦稱"小桃花""夾竹桃""海葯""染指甲草""急性子""旱珍珠"，"海葯"亦作"海納"，對其異名、形態、作用等有更爲詳盡的記載與說明。明朱橚《救荒本草・小桃紅》："一名鳳仙花，一名夾竹桃，又名海葯，俗名染指甲草。

人家園圃多種，今處處有之。苗高二尺許，葉似桃葉而窄，邊有細鋸齒，開紅花，結實形類桃樣，極小，有子似蘿蔔子，取之易迸散，俗名急性子。"明王象晋《群芳譜・花譜・鳳仙》："一名海納，一名旱珍珠……人家多種之，極易生。二月下子，隨時可再種，即冬月嚴寒種之火坑，亦生苗。高二三尺，莖有紅白二色。肥者大如拇指，中空而脆。葉長而尖，似桃柳葉，有鋸齒，故又有夾竹桃之名。椏間開花，頭翅羽足俱，翹然如鳳狀，故又有金鳳之名。色紅、紫、黃、白、碧及雜色，善變，易有灑金者，白瓣上紅色數點，又變之異者。自夏初至秋盡，開卸相續，結實纍纍，大如櫻桃，形微長有尖，色如毛桃，生青熟黃，觸之即自裂，皮捲如拳，故又有急性之名。苞中有子似蘿蔔子而小，褐色，氣味微苦溫，有小毒，治産難、積塊、噎嗝，下骨哽，透骨通竅。葉甘溫滑，無毒，活血消積。根苦甘辛，有小毒，散血通經，軟堅透骨，治誤吞銅鐵。此草不生蟲蠹，蜂蝶亦多不近，恐不能無毒。花卸即去其蒂，不使結子，則花益茂。"明李時珍《本草綱目》〔釋名〕："女人採其花及葉包染指甲，其實狀如小桃，老則迸裂，故有指甲、急性、小桃諸名。宋光宗李后諱鳳，宮中呼爲好女兒花。張宛丘呼爲菊婢，韋君呼爲羽客。"明高濂《野蔌品》："鳳仙花梗，採頭芽湯焯，少加鹽曬乾，可留年餘。

小桃紅

（明鮑山《野菜博録》卷二）

以芝蔴拌供，新者可入茶，最宜炒麵觔（筋），食佳，燴豆腐素菜，無一不可。"

清代稱"指甲草""指甲花"。清屈大均《廣東新語·草語》："〔鳳仙花〕亦稱指甲草。有歌云：'指甲花連指甲草，大家染得春纖好。'"花色品種較前代大爲增長。清高士奇《北墅抱甕録》："鳳仙雜色善變，而平湖所出，視他處尤佳，紅紫碧白無所不有，有一本兩三色者，有一花兩三色者，重跗叠萼、莫能名狀。"此時産生了古代唯一的鳳仙花專著，即趙學敏的《鳳仙譜》，這表明對鳳仙花的培育、研究達到了前所未有的高度。該書分上下兩卷，上卷主要介紹品類，計十一大類，一百八十三種：即大紅類，二十七種，有青梗大紅、朱砂紅、地紅球、一丈紅、洋紅、南紅、大紅玉華球、大紅堆梅、錦邊紅、灑金大紅、鶴頂紅、紅鶴翎、二色紅、落紅、玉版朱砂、鸚哥嘴、紅臘梅、紅消息、蔴葉大紅、胭脂球、琥珀紅、紅并蒂、紫金對、紅玉座、紅單葉、紅鈴兒、紅飛鳳；桃紅類，二十一種，有碧桃球、脆桃紅、大桃紅、金綫桃紅、香桃、青梗紅梅、瓣縷紅梅、緑放桃花、勝者桃、鮮杏花、桃紅堆梅、蝴蝶桃、蟹爪、鋪絨、落地桃花、紅絲桃、桂心桃紅、紅心桃紅、小桃紅、并蒂桃花、玉殼桃花；淡紅類，二十四種，有霞紅、淡桃紅、西施桃、粉紅球、玉骨芙蓉、玉樓春、醉楊妃、醉芙蓉、玉瑪瑙、寶珠、玉芙蓉、紅梅、出爐銀、映日芙蓉、緋紅、銀紅、粉紅纏紅、銀紅堆梅、桃心粉紅、銀紅對、粉紅對、海棠對球、單葉粉紅、單銀紅；紫類，二十三種，有大紫、玫瑰紫、錦邊紫、緑放紫、荷花紫、紫芍藥、金星紫、火焰紫、墨紫、紫含笑、鳳頂紫、剪絨、醱醲紫、紅紫邊、竹葉紫、粉紫、淺紫、紫對、紫一品、叉叉紫、白路、紫蟹殼、紫金鈴；青蓮六種，有青蓮球、翠蓮、金帶青蓮、墨邊、合蒂蓮、單葉青蓮；藕合類，二十種，有翠羅球、垂絲藕合、梅心、桂心、藕合月華、藕合纏紅、塔鈴、佛座、玉邊、番衣、玉蒂、淡藕合、藤花球、二色藕合、藕合對、紅心黃心、青殼、捲筒、菱葉、咬蝶；白類，十六種，有大白、粉西施、粉孩兒、玉蛺蝶、玉醱醲、紅絲白、鵝毛積雪、龍爪白、玉葉堆梅、水紅球、白鶴翎、白飛鳳、枯白、堆灰白、大白對、單白；緑類，六種，有倒挂幺鳳、大緑、水緑球、碧緑球、雲藍、報午；黃類，五種，有黃玉球、葵花球、金杏、松皮、芋種；雜色類，十九種，有桂紅、灑紅、赭色、金霞、鼠褐、駝絨、番茄、花仡佬、花桃、洋桃、米色、龍腦、各類灑金、蒲桃錦、蛋青、紅白分枝、紅白平分、荔殼紅、單花；五色類，十二種，有七合、大紅五色、桃紅五色、紫五色、朱砂五色、銀紅五色、粉紅五色、藕合五色、白綉花、五色月花球、各種翻錦、五色單瓣。下卷依次記叙種藝、灌溉、收采、醫花、除蟲、備藥、總論（含論瓣、論朵、論梗、論葉、論子、論五色傳種、論五色粗細、論各種對子、論各種平分、論各種奇品、論各種堆梅、論鳳仙有相等細目）、雜説等。該書内容無舊説可循，來自友朋及自身實踐，"分

夾竹桃
（清吳其濬《植物名實圖考》卷三〇）

肌劈理，絡貫條疏”，至今仍有極其重要的指導、藉鑒意義。

現今此花未列入名花、重點或珍稀花卉之列，清人所記品類由於植株變异等原因，多數已不存在。據傳在江浙民間遺留品種還不少，各地也時見珍貴品種，因此，對此花亟須研究、挖掘、改良。

按，晋稽含《南方草木狀》載有一種“指甲花”，謂“其樹高五六尺，枝條柔弱，葉如嫩榆，與耶悉茗、末利花皆雪白，而香不相上下，亦胡人自大秦國移植於南海。而此花極繁細，纔如半米粒許，彼人多折置襟袖間，蓋資其芬馥爾。一名散沫花。”唐段公路《北戶錄》卷三亦載“指甲花”，形態、花色記載不及稽書詳，謂“細白色，絕芳香，今蕃人重之，但未詳其名也。又耶悉弭花，白末利花，皆波斯移植中夏”。稽氏、段氏所記，後人有認爲即鳳仙花者。如徐珂《清稗類鈔·植物類》於“鳳仙花”條即引此二書，徑視爲一物。清陳淏子《花鏡》卷五設“鳳仙花”“指甲花”兩條目，“指甲花”下云：“杭州諸山中多有之，花如木樨，蜜色而香甚。中多鬚藥，可染指甲，而紅過於鳳仙。用山土移栽盆内亦活，亦有紅、紫、黄、白數色者，而花之千態萬狀，四時不絕。”今人伊欽恒校注謂陳氏所記“指甲花”即稽氏所言“指甲花”，係千屈菜科落葉灌木散沫花，學名 *Lawsonia inermis*，與鳳仙花科鳳仙花屬之鳳仙花不同。其葉可染指甲成紅色，故名指甲花。然陳文已言明，“可染指甲，紅過鳳仙”，顯然二者不同（《花鏡》，伊欽恒校注，中國農業出版社1979年版，第327、346、276頁）。伊說可從，稽、段、陳三家所謂“指甲花”，蓋與鳳仙花之別名“指甲花”名同實异。

【金鳳花】

“鳳仙花”之別名。此稱五代已行用。見該文。

【菊婢】

“鳳仙花”之別稱。此稱宋代已行用。蓋亞於菊，位侍女之列，故名。見該文。

【好女兒花】

“鳳仙花”之別名。此稱宋代已行用。見該文。

【鳳仙】

“鳳仙花”之省稱。此稱元代已行用。見該文。

【羽客】

“鳳仙花”之別名。此稱元代已行用。見該文。

【小桃紅】

“鳳仙花”之別名。結實如小桃，花多紅色，故名。此稱明代已行用。見該文。

【夾竹桃】

“鳳仙花”之別名。此稱明代已行用。因其葉長而尖，似桃柳葉，有鋸齒，故名。見該文。

【海䫻】

“鳳仙花”別名。此稱明清已行用。見該文。

【海納】

同“海䫻”，即鳳仙花。此體明代已行用。見該文。

【染指甲草】

“鳳仙花”別名。因婦女喜采花及葉包染指甲，故稱。此稱明代已行用。見該文。

【急性子】

“鳳仙花”之別名。此稱明代已行用。以其

籽小，取之易逬散，故名。見該文。

【旱珍珠】

"鳳仙花"之別名。此稱明代已行用。見該文。

【金鳳】

"金鳳花"之省稱，即鳳仙花。此稱清代已見。清趙學敏《鳳仙譜·名義》："至今東甌呼爲指甲花，又名金鳳。"見該文。

【指甲草】

即鳳仙花。此稱清代已行用。見該文。

【指甲花】

即鳳仙花。此稱清代已行用。見該文。

【滿堂紅】

"鳳仙花"之俗稱。此稱清代已行用。通用於浙江定海一帶。出乾隆《浙江通志》。

【指甲桃】

"鳳仙花"之別名。此稱清代已行用。出清謝堃《春草堂集》。

【女兒花】

"鳳仙花"之別名。此稱清代已行用。出雍正《畿輔通志》。

【灑金】

"鳳仙花"之一品。此稱約在唐宋時已行用。因白瓣上有紅點似凝血，故名。亦稱"六色"。"灑金"，清代亦作"洒金"。明高濂《草花譜》："〔鳳仙花〕有重瓣、單瓣，紅、白、粉紅、紫色、淺紫如藍，有白瓣上生紅點凝血，俗名洒金、六色。"清陳淏子《花鏡》卷五："有重葉、單葉、大紅、粉紅、深紫、淺紫、白碧之異。又有白質紅點，色如凝血，俗名洒金。"清趙學敏《鳳仙譜·名義》各類灑金，瓣皆有黃點，映日成金色，各品俱有。

【洒金】

同"灑金"。此體清代已行用。見該文。

【六色】

"灑金"之別稱。約在唐宋時已行用。見該文。

【倒影花】

"鳳仙花"之一品。此稱約在宋代已見。清汪灝等《廣群芳譜·花譜·鳳仙》引明吳彥匡《花史》："謝長裾見鳳仙花，命侍兒進葉公金膏，以塵尾染膏灑之，折一枝插倒影山側，明年此花金色不去，至今有斑點，大小不同，若灑金，名倒影花。"清趙學敏《鳳仙譜·名義》認爲此"當是其（灑金）遺種也。"

水金鳳

花名。鳳仙花科，鳳仙花屬，水金鳳（ *Impatiens noli-tangere* Linn. ）。一年生肉質草本，高 35～70 厘米。莖淡綠色，密生細紅點。單葉互生，長橢圓形或橢圓狀披針形。先端長尖，基部楔形，近柄處有二至三對淡紅色疣狀腺體，邊緣具粗齒。總狀花序腋生；花淡紫色，徑約 2.2 厘米。蒴果肉質，圓柱形，兩端尖。花期夏、秋二季。花可供觀賞，根、花可入藥。分布於我國雲南等地。多見於山野溪邊等濕地。

明代已行用此稱。明王肯堂《證治準繩·外科·諸腫》："諸馬疳有熱者

水金鳳
（清吳其濬《植物名實圖考》卷一七）

用去熱散，有表者用荊防敗毒散，有裏者用內疏黃連湯，有表復有裏者用追疔奪命湯，却用水金鳳搗爛，縛核堆上即效。”明蘭茂《滇南本草·水金鳳》：“水金鳳，味辛，性寒……洗濕熱筋骨疼痛、疥癩等瘡。”清吳其濬《植物名實圖考·水草類·水金鳳》：“水金鳳，生雲南水澤畔。葉、莖俱似鳳仙花葉，色深綠。《滇南本草》：味辛，性寒，洗筋骨疼痛、疥、癩、癬瘡，殆能去濕。夏、秋時葉梢生細枝，一枝數花，亦似鳳仙，而有紫、黃數種，尤耐久。”水金鳳今多野生，但其花大色美，可經栽培馴化成爲觀賞花卉，既可盆栽，亦可植於花壇，是極有前途的藥花兩用植物。另，本屬有六百餘種，我國亦不少於一百八十種。常見栽培觀賞者有包氏鳳仙（ *I. bodinieri* ）、何氏鳳仙（ *I. holstii* ）、紫鳳仙（ *I. roylei* ）、蘇丹鳳仙（ *I. sultanii* ）。

野鳳仙花

花名。鳳仙花科，鳳仙花屬，野鳳仙花（ *Impatiens textori* Miq. ）。一年生草本。高約 60 厘米。莖肉質，節部膨大，分枝，綠而略帶紫紅色，具毛。單葉互生，卵形、卵狀橢圓形或橢圓狀披針形，先端尖，基部圓形而下延，邊緣具圓齒，齒間生有極細之綫形裂片。總狀花序，腋生；花梗基部有一斜卵形苞片，萼片三，中間一片居下，囊狀，特大，向後延生成彎距；花瓣五枚，淡紅色，上端一瓣直立，兩側之二瓣愈合爲一體。蒴果，角果狀，長紡錘形。花期六至七月。全草可入藥。亦可栽培供觀賞。我國分布於東北以至西南各地。

此稱清代已見行用。清吳其濬《植物名實圖考·群芳類·野鳳仙花》：“野鳳仙花，生廬山寺庵砌石間，莖葉與鳳仙花無異，而根甚紫。春時梢端發細莖，開花紅紫，亦如鳳仙花，有細白蕊，經歷數月，喜陰畏日，亦野花中之嬌艷者。與滇南水金鳳同，此生於山耳。”按，一說野鳳仙花爲多年生草本，開黃花。依賈祖璋等《中國植物圖鑒·鳳仙科·野鳳仙花》：“野鳳仙花（《植物名實圖考》）……花淡紅紫色，有長距，尖端捲曲。一年生草本，生於山麓濕地等處。應用：可栽培以供觀賞。”以上當指本種。另，野鳳仙花性喜陰濕，野生時常見於水窪及流水邊之潮濕地，故可植於近水潮濕地或林下，房舍背陰濕地，以供觀賞。亦稱作“假鳳仙花”“假指甲花”。

野鳳仙花
（清吳其濬《植物名實圖考》卷二六）

【假鳳仙花】

即野鳳仙花。名見清佚名《陸川本草》，其形似鳳仙花，故名。廣西各地多行用此稱。見該文。

【假指甲花】

即野鳳仙花。名見清佚名《陸川本草》。廣西各地多行用此稱。見該文。

鴨跖草

花名。鴨跖草科，鴨跖草屬，鴨跖草（ *Commelina communis* Linn. ）。一二年生常綠草本。莖細弱，基部匍匐分枝，上部朝上斜生，莖節明顯，可生根。葉片披針形至卵狀披針形。抱莖而生，葉鞘白色膜質，鞘口密生短毛。夏秋開小花，生於葉腋及莖頂，花下有大型葉狀苞，花蓋二片，花白色或藍色。蒴果，種類暗褐色。優質觀葉植物，宜分栽，布置窗臺、几架，也可垂吊觀賞。苗葉嫩時可食，亦入藥。花蓋片之青色液汁，可供繪畫。原產南美洲。今各地多有栽培。

　　文獻記載始見於南北朝，時稱"竹青"。清汪灝等《廣群芳譜·竹譜五·淡竹葉》引南朝宋鄭緝之《永嘉郡記》："青田縣有草，葉似竹，可染碧，名爲竹青。此地所豐草，故名青田。"唐代稱"鴨跖""芐雞舌草""碧竹了"，出唐陳藏器《本草拾遺》。宋代始稱"鴨跖草"，亦稱"雞舌草""鼻斫草""碧蟬花"。宋掌禹錫等《嘉祐本草》："鴨跖草……生江東淮南平地。葉如竹，高一二尺，花深碧，有角如鳥嘴。北人呼爲雞舌草。亦名鼻斫草，吳人呼'跖'，跖、斫聲相近也。一名碧竹子。花好爲色。"宋楊巽齋《碧蟬兒花》詩："揚葩簌簌傍疏籬，薄翅舒青勢欲飛。"明代稱"竹鷄草""竹葉菜""淡竹葉""耳環草""藍姑草"。明李時珍《本草綱目·草五·鴨跖草》〔釋名〕："竹鷄草、竹葉菜、淡竹葉、耳環草、碧蟬花、藍姑草。……時珍曰：竹葉菜處處平地有之。三四月生苗，紫莖，竹葉嫩時可食。四五月開花如蛾形，兩葉如翅，碧色可愛。結角尖曲如鳥喙，實在角中，大如小豆，豆中有細

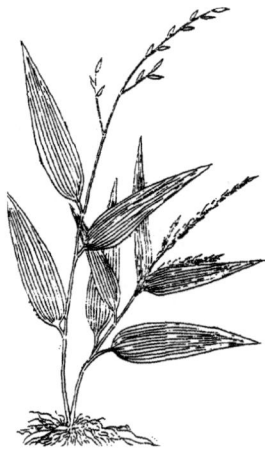

淡竹葉
（清吳其濬《植物名實圖考》卷一四）

子，灰黑而皺，狀如蠶屎。巧匠采其花，取汁作畫色及彩羊皮燈，青碧如黛也。"清代稱"小青"。清陳淏子《花鏡》卷四："一名小青，一名鴨跖草，多生南浙，隨在有之。三月生苗，高數寸，蔓延於地。紫莖竹葉，其花儼似蛾形，只二瓣，下有綠萼承之，色最青翠可愛。土人用綫收其青汁，貨作畫燈，夜色更青。畫家用以破綠等用。秋末抽莖，結小長穗，如麥冬而更堅硬，性喜陰。"同屬植物約一百

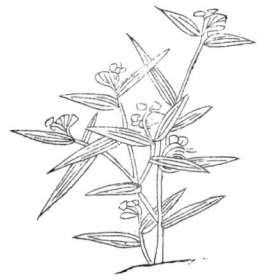

竹節菜
（明徐光啓《農政全書》
卷四七）

淡　竹
（宋柴源等《紹興校定證
類備急本草畫圖》卷四）

種。我國常見栽培的爲大苞鴨跖草，多年生，株高 1 米許，花藍色。

【竹青】

　　"鴨跖草"之別名。此稱始見於南北朝。以葉似竹，可染青，故名。見該文。

【鴨跖】

　　即鴨跖草。此稱唐代已行用。見該文。

【芐雞舌草】

　　"鴨跖草"之別名。此稱唐代已行用。見該文。

【碧竹子】

　　"鴨跖草"之別名。此稱唐代已行用。以其葉似碧綠竹子之葉，故名。見該文。

【鷄舌草】

"鴨跖草"之別名。此稱宋代已行用。見該文。

【鼻斫草】

"鴨跖草"之別名。此稱宋代已行用。見該文。

【碧蟬花】

"鴨跖草"之別名。此稱宋代已行用。見該文。

【竹鷄草】

"鴨跖草"之別名。此稱明代已行用。見該文。

【竹葉菜】[1]

"鴨跖草"之別名。此稱明代已行用。以葉似竹葉,可爲蔬茹,故名。見該文。

【淡竹葉】[1]

"鴨跖草"之別名。此稱明代已行用。按,此與禾本科多年生草本"淡竹葉"(*Lophatherum gracile*)同名異實。見該文。

【耳環草】

"鴨跖草"之別名。此稱明代已行用。見該文。

【藍姑草】

"鴨跖草"之別名。此稱明代已行用。見該文。

【小青】

"鴨跖草"之別名。此稱清代已行用。見該文。

【竹節菜】

"鴨跖草"之別名。此稱明代已行用。以其莖節似竹,嫩苗可作菜茹,故名。時亦稱"翠蝴蝶""笪竹"。清代"淡竹葉"亦省稱"淡竹"。清吳其濬《植物名實圖考·隰草類·鴨跖草》:"《救荒本草》(明朱橚撰)謂之竹節菜,一名翠蝴蝶,又名笪竹,葉可食。今皆呼爲淡竹,無竹處亦用之。"

【翠蝴蝶】

"鴨跖草"之別名。此稱明代已行用。見該文。

【笪竹】

同"淡竹",即鴨跖草。此體明代已行用。見該文。

【淡竹】

"淡竹葉"之省稱,即鴨跖草。此稱清代已行用。見該文。

羅勒

花名。唇形科,羅勒屬,羅勒(*Ocimum basilicum* Linn.)。一年生草本。株高近米許,莖四棱,多分枝,紫色,被長柔毛。葉對生,卵狀矩圓形或橢圓形,兩面密被絨毛。夏秋開花,輪生總狀花序頂生,每輪有花六朵,花冠白色或紫色。小堅果,卵球形。通株具香氣。園林中多作花境背景或地被植物。莖葉可食,亦可提取芳香油脂,果入藥。我國主要分布於華南、華北等地區。

始見於漢代。漢韋弘《賦·叙》:"羅勒者,生崑崙之丘,出西蠻之俗。"晋代避石勒諱,改稱"香菜"。晋陸翽《鄴中記》:"石虎諱言勒,改羅勒爲香菜。"南北朝稱"蘭香"。北魏賈思勰《齊民要術·種蘭香》:"蘭香者,羅勒也。中國爲石勒諱,故改,今人因以名焉。且蘭香之目,美於羅勒之名,故即而用之,……三月中,候棗葉始生,乃種蘭香。"蘭,或作"闌";作"闍""藍"者,訛。明代稱"瞖子草"。明李時珍《本草綱目·菜一·羅勒》〔釋名〕："今俗人呼爲醫子草，以其子治醫也"。又〔集解〕："禹錫（宋掌禹錫）曰：羅勒處處有之。有三種：一種似紫蘇葉；一種葉大，二十步内即聞香；一種堪作生菜，冬月用乾者。子可安入目中，去醫，少頃濕脹，與物俱出也。

時珍曰：香菜須三月棗葉生時種之乃生，否則不生。常以魚腥水、米泔水、泥溝水澆之則香而茂，不宜糞水。臞仙（明朱權）《神隱書》言：園邊水側宜廣種之。飢年亦可濟用。其子大如蚤，褐色而不光，七月收之。"明朱橚《救荒本草》卷八："香菜，生伊洛間，人家園圃種之。苗高一尺許，莖方窊，面四棱，莖色紫稔。葉似薄荷葉，微小，邊有細鋸齒，亦有細毛。梢頭開花作穗，花淡藕褐色……救飢：採苗葉煠熟，油鹽調食。"清吳其濬《植物名實圖考·蔬類·羅勒》："《甕牖閒評》不識羅勒，乃斥《事物紀原》因石勒諱改名蘭香爲非，且援鄭穆夢蘭爲証，是直

羅　勒
（清吳其濬《植物名實圖考》卷四）

香　菜
（明徐光啟《農政全書》卷五九）

以蘭香爲蘭草矣。"今羅勒同屬植物約四十種，常見栽蒔者有"丁香羅勒""零陵香"等。按，關於韋弘的《賦·叙》，此取繆啓愉説。北魏賈思勰《齊民要術·種蘭香》繆氏校注："韋弘，《漢書》韋玄成兄名弘，未知即其人否。各家書目無韋弘著述記載，此條類書亦未引。"

【香菜】[1]
　　"羅勒"之別名。此稱晋代已行用。以其莖葉皆香，可爲蔬茹，故名。見該文。

【蘭香】[1]
　　"羅勒"之別名。此稱南北朝已行用。見該文。

【醫子草】
　　"羅勒"之別名。此稱明代已行用。以其子可消除目醫，故名。見該文。

【西王母菜】
　　"羅勒"之別名。此稱南北朝已行用。明李時珍《本草綱目·菜一·羅勒》〔集解〕引南朝梁陶弘景曰："〔羅勒〕俗呼爲西王母菜，食之益人。"

【朝蘭香】
　　"羅勒"之大葉而肥者。此稱南北朝已行用。北魏賈思勰《齊民要術·種蘭香》："案今世大葉而肥者，名朝蘭香也。"

報春花

　　花名。報春花科，報春花屬，報春花（*Primula malacoides* Franch.）。一年生草本。多鬚根。葉基生，長卵形，先端圓鈍，基部楔形或心形，邊緣具不整齊缺裂，裂缺處有細鋸齒，葉面被纖毛，背面具白粉或生疏毛。傘形花序二至四輪；花萼寬鐘形，花冠淺紅色，呈高脚碟狀，直徑約 1.5 厘米。蒴果球形。花供觀賞。

尤宜供盆玩。我國主要分布於雲、貴諸省。多見於荒野、田邊等潮濕地。

唐代始行用此稱，亦稱"紫華""長樂"。明代稱"時花"。因其開花早春，有報春之意，故又名"報春花"。宋楊萬里《嘲報春花》詩："嫩黃老碧已多時，駭紫癡紅曩萬枝。始（支聲）有報春三兩朵，春深猶自不曾知。"宋樂史《太平寰宇記・劍南西道・益州》："〔土產〕長樂花紅紫，小蘇許公有賦。荼蘼花香甚，可以為酒。"明劉崧《蔣崿道中》詩："寒江水落雁圍沙，碧嶂霜餘樹隱霞。行客忽驚冬欲盡，道傍初見報春花。"清吳其濬《植物名實圖考・群芳類・報春花》："報春花生雲南。鋪地生葉如小葵，一莖一葉。立春前抽細葶，發杈開小筒子五瓣粉紅花。瓣圓中有小缺，無心。盆盎山石間，簇簇遞開，小草中頗有綽約之致。按傅元《紫華賦序》，紫華一名長樂，生於蜀。〔唐〕蘇頲亦有《長樂花賦》。《遵義府志》引《益部談資》云，長樂花枝葉皆如虎耳草，秋後叢生盆盎間，開紫色小花，冬末轉盛，鮮麗可愛。居人獻歲，以此為饋，名曰時花。核其形狀，當即此花。今滇俗亦以歲晚盆景。"

按，報春花屬植物栽培歷史久，範圍廣，亦頗受人們喜愛。本屬植物組五百種，我國大約分三十個組，從觀賞看最具代表性的有報春花組的報春花，鄂報春組的鄂報春（P. obconica），藏報春組的藏報春

報春花
（清吳其濬《植物名實圖考》卷二九）

（P. sinensis），燈臺報春組的霞紅燈臺報春（P. beesiana）、橘紅燈臺報春（P. bulleyana），鐘花報春組的鐘花報春（P. sikkimensis）及國外報春組的黃花九輪草（P. veris）、歐洲報春（P. vulgaris）等。這些花主要用於溫室盆栽，一些較耐寒的種類，或在較溫暖的粵、桂、滇、黔等地亦可露地栽培，常用以裝點花壇、假山園、岩石園。又，報春花在春節前後開花，首先報告春天來臨，往往被視為春的使者，英人以為"青春之希望"，日人譽為"良淑女"，均意寓青春、美好之意，頗受時人喜愛。時常盆栽點綴客廳、居室、書房，以增加居處之溫馨、清新的氣氛。

【紫華】

即報春花。其花淺紅若紫，故名。此稱多行用於唐宋。見該文。

【長樂】

即報春花。此稱唐代已見行用。見該文。

【時花】

即報春花。名見明何宇度《益部談資》，以為居人獻歲，以此花饋贈友人，故得此名。此稱多行用於明清。見該文。

白花菜

花名。白花菜科，白花菜屬，白花菜（Cleome gynandra Linn.）。一年生草本。高1米許，莖多分枝，全株密生黏毛，有臭氣。掌狀複葉，互生；小葉五片，倒卵形，先端急尖或鈍圓，全緣或疏具齒，稍被柔毛。總狀花序，頂生；苞片葉狀，三裂；花白色或淡紫色，直徑約6毫米。蒴果，圓柱形，長4～10厘米，具縱紋。種子腎形，黑褐色，有凸起皺折。全草可入藥。亦可食用或作觀賞。原產西印度各

地，我國從京津至廣東、海南的廣大地區及臺灣省皆有分布。常見於曠野、荒地，亦栽培於庭園。

我國引種栽培至少從明代已經開始，時稱"羊角菜""稀薟草"。明李時珍《本草綱目·菜一·白花菜》："〔釋名〕羊角菜。〔集解〕時珍曰：白花菜三月種之。柔莖延蔓，一枝五葉，葉大如拇指。秋間開小白花，長蕊。結小角，長二三寸。其子黑色而細，狀如初眠蠶沙，不光澤。菜氣膻臭，惟宜鹽菹食之。"清代稱"廖折草"。明張介賓《景岳全書·外科》："右原方用白花菜同透骨草，另煎膏二兩，攪入膏內收用。但白花菜惟西北方間有之，求覓不易，故余用獨蒜蘿蔔子代之，其功亦不減也。"明高濂《遵生八箋》卷四："《救民易方》曰：五月五日、六月六日、九月九日採稀薟草，即白花菜是也。去根、花並子净，用莖葉入甑，九蒸九曝，層層灑酒與蜜水，蒸完極香。爲末，蜜丸皂角子大。每服五七丸，米湯下。服至百日，去周身癱瘓風疾，口眼歪斜，涎痰壅塞，久臥不起，又能明目，白髮變黑，筋力強健，效不可言。"《欽定續通志·昆蟲草木略·蔬類》："白花菜，一名羊角菜；一種黃花者，名黃花菜。"清何克諫《生草藥性備要》下卷："廖折草，味甜，性平。治跌打，毒蛇咬。一名白花菜。"

按，白花菜名見明汪穎《食物本草》，以其花白可食而得名。今本《生草藥性備要》（中國醫藥科技出版社《嶺南本草古籍三種》）稱作廖折草，江蘇新醫學院《中藥大辭典·白花菜》引《生草藥性備要》作"屢析草"，未詳所據何本，今附供考。

【羊角菜】[1]

即白花菜。此稱明代已見行用。見該文。

【稀薟草】

即白花菜。此稱明代已行用。見該文。

【廖折草】

即白花菜。此稱清代已行用。一說名"屢析草"。參閱《中藥大辭典·白花菜》。見該文。

水甘草

花名。夾竹桃科，水甘草屬，水甘草（*Amsonia sinensis* Tsiang et P.T.Li）。一年生草本。高30厘米，具乳汁，莖草灰色。單葉互生，膜質，狹披針形。聚傘花序頂生；花萼五裂，裂片卵圓形；花冠高腳碟狀，長1厘米，裂片五枚，藍紫色。蓇葖果。種子具小瘤狀突起。爲藥用觀賞植物。全草可入藥。亦可栽培供觀賞。分布於我國江蘇、安徽等地。多見於原野水濕處。

宋代已入藥療疾，并已行用此稱，沿稱至今。宋唐慎微《證類本草·本草圖經·本經外草類總七十五種》："水英、麗春草、坐拏草、紫堇、杏葉草、水甘草……金燈、石蒜、蕁麻、山薑、馬腸根。"明李時珍《本草綱目·草五·水甘草》引宋蘇頌《圖經

白花菜
（清吳其濬《植物名實圖考》卷四）

水甘草
（清吳其濬《植物名實圖考》卷一四）

本草》："水甘草生筠州，多在水旁。春生苗，莖青，葉如柳，無花。土人十月、八月採，單用，不入衆藥。"清汪灝等《廣群芳譜·藥譜四·水甘草》："水甘草，〔增〕《圖經本草》：水甘草，生筠州，多在水旁，春生苗，莖青，葉如柳，無花。土人十月、八月採，單用，不入衆藥。氣味甘，寒，無毒。治小兒風熱丹毒，同甘草煎飲。"清吳其濬《植物名實圖考·隰草類·水甘草》："《圖經》：水甘草生筠州。味甘，無毒，治小兒風熱、丹毒瘡，與甘草同煎飲服。

春生苗，莖青色，葉如楊柳，多生水際，無花，十月、八月采。彼土人多單服，不入衆藥。"按，《圖經本草》以爲水甘草無花，誤矣。其花筒狀，藍色，并結菁葵果。如賈祖璋等《中國植物圖鑒·夾竹桃科·水甘草》："莖高六七分米，葉披針形，全緣；互生。五月間，莖梢分枝開花，花冠下部呈筒狀，邊緣五裂，裂狹長，藍紫色……多年生草本，生於原野水濕處。可供觀賞。"可用於湖畔、濕地綠化觀賞。附此以供參考。

第二節　多年生草本考

本節所收草本花卉凡九十五種，除少數爲二年生外，其餘均爲多年生。它們分別隸屬於百合科、石蒜科、毛茛科、石竹科、傘形科、蘭科、仙人掌科、西番蓮科、百部科、景天科、虎耳草科、鳶尾科、美人蕉科、睡蓮科、天南星科、菊科、商陸科、馬兜鈴科、鱗毛蕨科、錦葵科、澤瀉科、小蘗科、金粟蘭科、唇形科、桔梗科、藍雪科、芭蕉科、秋海棠科、玄參科、罌粟科、多然桃科、旋花科、報春花科、蓼科、蓴科等。

據文獻記載，這九十五種花卉中，自域外引進者有水仙（或說原產我國）、仙人掌、曇花、西番蓮、波斯菊等。引進時間，最早爲三國時，最遲爲清代。引進地點主要爲歐洲、美洲（如巴西、墨西哥等）。原產我國者（包括產地不明而我國有記載、有生長栽培者）爲山丹、山慈姑、玉簪、百合、貝母、卷丹、蚤休、萬年青、萎蕤、麥門冬、萱草、牛扁、芍藥、石竹、剪春羅、剪秋羅、瞿麥、白芷、石斛、白芨、蘭花、百部、佛甲草、景天、虎耳草、射干、馬藺、美人蕉、荷花、海芋、菖蒲、菊花、旋覆花、蓍、蜂斗葉、商陸、細辛、貫衆、蜀葵、澤瀉等。其見諸文獻時間先後不一，早者（如蘭花、菖蒲等）於帝堯時已出現；夏代出現的有芍藥、射干、馬藺、菊花、蜀葵等；晚者爲宋元明時出現，如剪春羅、虎耳草等。特別值得一提的是萬年青及荷花，考古發掘證實，它們在我國的生長歷史分別是七千年以上、一千萬年以上。在以上數十種花卉中，屬於我國十大名花的有水仙、蘭花、荷花、菊花等四種，屬於重要名貴珍稀花卉的有山丹、百合、芍藥、白芨等。

花卉之繁衍變化，錯綜複雜，就本節所見表現爲如下幾個方面：

一、由於稱謂交錯、記載不同，導致對同一花卉的認識出現歧義。如清孫星衍校注《神農本草經》引唐陳藏器云："《魏志·樊阿傳》：青黏，一名黃芝，一名地節，此即葳蕤。"陳氏視青黏、葳蕤爲一，後人有疑而未敢遽定。宋唐慎微《證類本草》卷六："葳蕤一名地節，極似偏精，疑即青黏，華佗所服漆葉青黏散是此也。然世無復能辨者，非敢以爲信然耳。"又如清孫星衍校注《山海經》謂"葱冬草"即麥門冬，爲百合科多年生常綠草本植物（*Liriope graminifolia*）。然清段玉裁、桂馥等皆以葱冬草爲金銀花，今植物學爲忍冬科多年生纏繞藤本植物（*Lonicera japonica*）。

二、由於斷句不同，造成對同一花卉認識之歧義。如《禮記·月令》"荔挺出"一句，漢儒有兩種讀法：鄭玄以"荔挺"爲讀，高誘以"荔"爲讀。北齊顏之推《顏氏家訓·書證》謂鄭讀爲誤，清王念孫《廣雅疏證》謂鄭讀不誤，祇好兩説并存，荔挺、荔二者同爲馬藺之別名。又如，《爾雅·釋草》："薃侯、莎、貫衆。"此清孫星衍、郝懿行讀法；晋郭璞則讀爲"薃侯，莎；莎，貫衆"，宋蘇頌、明李時珍皆承此説。後種讀法有明顯不足，故郭氏於"莎"下注云"未詳"。其實"薃侯"同"扁符"，"貫衆"之異名。前種讀法雖能貫通"薃侯""貫衆"，但"止莎"又難解。郝氏復據漢魏《本草》"貫衆一名伯藥"，謂藥、莎相假，伯、止字訛。雖能讀通，終覺牽强。又如《易·夬》："莧陸夬夬。"馬融、鄭玄、王肅等"莧陸"爲斷，謂其即商陸；而宋衷則將"莧陸"斷開，謂莧爲莧菜，陸謂商陸，似亦可通。

三、古今人對同一花卉或不同花卉認識有歧義。如唐代的"王蕊花"，古或説爲瑒花，或説爲瓊花，或説爲山礬，今人則認爲是西番蓮（*Passiflora caerulea*）。又如"山慈姑"之金燈、銀燈，古人認爲其區別僅在花色，即一爲紅色，一爲白色；今人認爲科屬不同，金燈係秋水仙科多年生草本山慈姑（*Iphigenia indica*），銀燈係石蒜科多年生草本忽地笑（*Lycoris aurea*）。

四、古代同書或不同書中對相關花卉記載不時出現自相矛盾者。如麥門冬（*Liriope graminifolia*）爲天門冬科山門冬屬多年生草本，書帶草（*Ophiopogon japonicus*）係天門冬科沿階草屬多年生草本，二者有別，古書多自立條目。清高士奇《北墅抱甕錄》謂麥門冬一名"綉墩草"，正與各書謂"書帶草"一名"綉墩草"相矛盾。又如晋嵇含《南方草木狀》謂"水葱花葉皆如鹿葱"，"婦人懷妊佩其花生男者，即此花，非鹿葱也"。據此則水蔥即萱草，與鹿蔥不同，鹿蔥非萱草。而北魏賈思勰《齊民要術》"鹿蔥"條引嵇含《宜男花賦序》又謂宜男花（萱草別名）即鹿蔥。同一作者不同作品中自相抵牾。又如宋黃庭堅以水仙單葉（瓣）者稱"金盞銀臺"，千葉者稱"真水仙"，明王象晉、高濂則稱千瓣者爲"玉玲瓏"，王世懋則謂"水仙以單瓣者爲貴"。

五、同名異名參伍交錯造成二而一者。如曇花（*Epiphyllum oxypetalum*）爲仙人掌科曇花屬多年生半灌木狀植物，其異名有"優曇鉢花""優鉢曇花""優鉢羅花""優曇花""優曇鉢羅花"等。而無花果（*Ficus carica*）爲桑科榕屬多年生植物，其別名有"映日果""蜜果""優曇鉢"等。二者科屬、體態、性能本不相同，別名亦多不同，僅有一"優曇鉢"相同，後人遂有視二者爲同物者。又如《神農本草經》草部列"瞿麥"，亦稱"苀葳"，木部又列"紫葳"，亦稱"瞿麥""瞿麥根"，是瞿麥既表草部之物，又表木部之物；苀葳，同"紫葳"，亦是兼表二物。此正清王念孫所謂"草木異物而同名者，正多此類"。

六、數說并存，難以遽斷者。如北魏賈思勰《齊民要術》引晋嵇含《宜男花賦序》謂鹿蔥即萱草，後世蘇頌、李時珍等皆從其說；而明王象晉《群芳譜》、田藝蘅《留青日札》詳加比較，區別異同，力排此說；清汪灝等《廣群芳譜》則調和二說，謂鹿蔥、萱花爲"一類而二種"。又如清吳其濬《植物名實圖考》設佛甲菜、佛指甲、景天等爲三目，前者在石草類，後二者在隰草類。而《本草綱目》設景天、佛甲草兩目，謂佛指甲即景天，未知何者爲正。再如，李時珍、王念孫據《廣雅·釋草》"鳶尾，射干也"視二者爲同物而小別，而孫星衍校注《神農本草經》謂："《廣雅》云：'鳶尾、烏蓬，射干也。'疑當作'鳶尾，烏園也；烏翣，射干也'。是二物。"

七、花卉得名緣由說解不同者。如射干，南朝梁陶弘景解作"似射人之執竿"，宋蘇頌謂"觀射干，其莖梗疏長，正如長竿狀。"清王念孫則謂："草木之名，多取雙聲叠韻。射干，叠韻字也。"

八、同一"名"在不同時代所指之"實"有別。如"昌陽"，漢代爲"菖蒲"別名；南北朝特指一種大根草蒲；唐代又稱"水草蒲"，與"石上草蒲"相對，特指根大而臭之菖蒲；明代多用作"菖蒲"別名；清代特指一種根粗大、葉無脊者，與草蒲相相別；今人又以之爲石菖蒲（*Acorus gramineus*）。又，宋代以前，蘭花指花葉俱香之菊科蘭草及澤蘭，宋以後始指今時蘭科蘭屬之花卉。宋以前，"蘭""蕙"皆指香草，宋以後，"蘭"多特指一莖一花之蘭花，"蕙"多指一莖數花之蘭花。

九、前人説誤後人訂正者。如《爾雅·釋草》："大菊，蘧麥。"晉郭璞注："一名麥句薑，即瞿麥。"《廣雅》同郭説，以麥句薑爲瞿麥。蓋誤，清學者郝懿行、王念孫均加補正。郝云："《本草》云：瞿麥一名巨句麥……郭據《廣雅》以爲麥句薑，似誤。《本草》麥句薑乃地菼，即上文'菣，豕首也'。麥句、巨句二名相亂，遂令薑麥二種異類同名矣。"

十、散文則通，對文則別者。如芷、藥，如泛言之，二者相同，皆指白芷，特指則芷指白芷之根，藥特指其葉。

本節所收名貴、珍稀、重點花卉頗多。這類花卉一般具有如下特點：

一、生長栽培歷史悠久。如荷花，據柴達木盆地發現的荷葉化石測算，其在我國生長歷史在一千萬年以上。又如萬年青，據新石器時期文化遺址河姆渡出土陶片上有其花紋圖案來測斷，其生長歷史也在七千年左右。民間有帝堯時金道華種蘭、神農炎帝以菊爲藥等傳説。《夏小正》《詩》等早期文獻已有關於菊、荷花、蘭、芍藥等的記載。

二、花色、品種繁多。以菊花言，初時僅是黃色，魏晉時增加丹色、白色，唐宋時又增加紫色、雜色。品種，宋代史鑄《百菊集譜》記錄最多，達一百六十三種；明代達九百種；20 世紀 70 年代已逾千種，現今已達七千種以上，爲前代無法比擬。品種之優，亦屬空前，以大立菊言，一本開花可達數千朵。

三、獨具觀賞價值。如蘭花以氣清、色清、姿清、韻清著稱，有"國香""王者香""第一香"等美譽。水仙以清香冷艷擅名，有"凌波仙子""歲寒友""儷蘭"等美稱。荷花花大色艷，出污泥而不染；菊花清香高雅，傲骨凌寒；芍藥爲"名花第一嬌"。

四、重要的經濟價值。如漳州水仙民國時即行銷各省，遠銷海外；豐臺芍藥在清代"擔市者日萬餘莖"；1988 年一盆"達摩蘭"在香港售價達二百萬港幣。其他如布置園林、美化環境、飲食服用、醫療保健等方面它們的功用亦不亞於群芳。

五、精心培育。以養植基地帶動廣泛栽植。如芍藥，宋代北方以洛陽，南方以揚州爲養植中心，有"揚之芍藥甲天下""揚州芍藥爲天下冠"之稱。采用新技術，培育新品種。宋代已對菊花實施嫁接，使品種劇增；采用"堂花"法，促使早放。注重中外交流。我國蘭花很早就輸入日本，也從東南亞及其他地方引入"暹蘭""墨蘭"等；當代總結我國傳統栽培蘭花經驗時，也吸收藉鑒其現代化生産、管理方法。

六、開展觀花、賞花活動。宋代揚州芍藥一開，"自廣陵，南至姑蘇，北入射陽，東至通州海上，西止滁、和州，數百里間，人人厭觀矣"。有司并舉辦"萬花會"，用花"十餘萬枝"。北宋開封，"九月重陽，都下賞菊"。南宋臨安此項活動更爲壯觀。製作菊花塔、菊花屏風，"縛成洞户"，"各出奇花比勝，謂之鬭菊會"。此習俗一直影響至今。

七、專書總結。蘭花、菊花、荷花、芍藥、鳳仙花等均有專書對其花名、品種、體態、栽培、管理等加以記述、總結，少則一二種，多則數十種。如蘭花，從宋代王貴學的《王氏蘭譜》算到近現代，即有數十種之多。

八、文化意蘊深厚。吟咏詩文多，早期優秀文學作品如《詩》《楚辭》等即有相關的描繪咏嘆；無數作者，特別是第一流的大作家（如李白、杜甫、蘇軾、陸游等）都有吟頌，很多作品有口皆碑（如周敦頤《愛蓮説》）。花卉也成了美好事物、高潔品質的化身。如蓮花象徵出污泥而不染，蘭花、菊花象徵凌寒不屈，這些花卉也成爲人格化的芳草。宗教因素在荷花上表現最爲突出。佛教中荷花以純潔、芳香著稱，是佛陀、佛教象徵，佛祖端坐於蓮花寶座，佛門衣食住行器物等均以荷花爲圖案。

九、在海外有重要影響。如菊花，原產我國，有五十餘種。自明末清初，開始傳入歐洲，而後遍及全球，國菊遂成衆"洋菊"重要親本。又如蘭花，我國的建蘭很早就輸入歐洲、南亞、日本等地。

山丹

花名。百合科，百合屬，山丹（*Lilium concolor* Salisb.）。多年生草本。地下具鱗莖塊根，卵球形，常數顆集合，白色，鱗片不多。植株較矮小，莖直立挺拔。葉互生，條形或綫狀披針形，緣與背面脉上生有乳突。夏日開花，頂生及腋生，瓣展爲星狀，花蓋片狹長而反捲，紅色或黃色。蒴果，扁球形。名貴觀賞植物，兼食用、藥用。宜叢植點綴園林，亦可盆栽；鱗莖可食，亦入藥。我國主要分布於東北、西北、華北、華中各地區。

文獻記載唐代已見。唐孟詵《食療本草》："百合紅花者名山丹。其根食之不甚良，不及白花者。"唐王建《宮詞》之四一："收得山丹紅蕊粉，鏡前洗却麝香黃。"宋孟元老《東京夢華録·駕幸瓊林苑》："下有錦石纏道，寶砌池塘，柳鎖虹橋，花縈鳳舸，其花皆素馨、末莉、山丹、瑞香、含笑、射香等閩廣二浙所進南花。"宋蘇轍《西軒種山丹》詩："乘秋種山丹，得雨生可喜。山丹非佳花，老圃有深意。"宋代稱"紅百合""連珠"，出佚名《日華本草》。時亦稱"川强瞿"，出《通志·昆蟲草木

紅百合
（清吳其濬《植物名實圖考》卷六）

略》。時亦稱"山丹花"。宋楊萬里《山丹花》詩："花似鹿葱還耐久，葉如芍藥不多深。"明代稱"紅花菜""沃丹""中庭花"。明王象晋《群芳譜·花譜·山丹》："一名紅花菜……根似百合，體小而瓣少，可食。莖亦短小，葉狹長而尖，頗似柳葉，與百合迴別。四月開花，有紅白二種，六瓣，不四垂，至八月尚爛漫……燕齊人採其花曬乾，名紅花菜。"又《花譜·沃丹》："一名山丹，一名中庭花。花小於百合，亦喜鷄糞，其性與百合略同，然易變化。開花甚紅，諸卉莫及，古曰沃丹。"清代稱"重邁"，"沃丹"亦作"渥丹"。清陳淏子《花鏡》卷五："一名渥丹，一名重邁。根葉似夜合而細小，花色朱紅，諸卉莫及。茂者一幹三四花，不但不香，而且更夕即謝，相繼只數日，性與百合同。又有黄白二色，世稱奇種。須在春時分種，亦結小子。極喜澆肥，鷄糞更妙。"清高士奇《北墅抱甕録·山丹》："山丹有赤有黄。四月蠶成繭時，此花正放，赤似渥丹，黄猶蒸栗，一莖直上，柔葉護之，與百合相仿佛，但大小異耳。"按，王象晋《群芳譜》別"山丹"與"沃丹"爲兩條，清汪灝等《廣群芳譜·花譜二十六·山丹》已指出割裂之誤，故其引用時遂合并兩條爲一條，可惜漏落"沃丹"之名。陳淏子《花鏡》本條係據《群芳譜》兩條内容歸納而成，并補入"重邁"一异名，然漏落"中庭花"一名。如此則又與百合之异名"重邁"相

渥 丹
（明王圻等《三才圖會》卷一二）

同。"重邁"究竟是山丹、百合二者的別名，還是其中一種之別名，難以遽定。

【紅百合】[1]

"山丹"之异名。此稱宋代已行用。以其爲百合之紅花者，故名。見該文。

【連珠】

"山丹"之別名。此稱宋代已行用。見該文。

【川强瞿】

"山丹"之別名。此稱宋代已行用。見該文。

【山丹花】

即山丹。此稱宋代已行用。見該文。

【紅花菜】[3]

"山丹"之別名。此稱明代已行用。按，明朱橚《救荒本草》亦載"紅花菜"，亦稱"紅藍花""黄藍"，與此同名异實。見該文。

【沃丹】

"山丹"之別名。此稱明代已行用。見該文。

【渥丹】

同"沃丹"，即山丹。此體清代已行用。見該文。

【中庭花】

"山丹"之別名。此稱明代已行用。見該文。

【重邁】[1]

"山丹"之別名。此稱清代已行用。見該文。

【四季山丹】

"山丹"之一品，四季開花。此稱明代已行用。明王象晋《群芳譜·花譜·山丹》："又有四時開花者，名四季山丹。"

山慈姑

花名。秋水仙科，山慈姑屬，山慈姑（*Iphigenia indica* Kunth）。多年生草本。地下具葱樣鱗狀球體，外皮褐色。細莖直立，上有

歧枝。葉長橢圓狀帶形，白綠色。夏季開花，花軸自葉間抽出，傘房花序生於枝莖之頂，有白、紅、黃諸色，或上有黑點。蒴果，倒卵形。具觀賞價值，宜於林下、灌叢處作地被植物，或與山石相配，布置花境。根莖入藥。主要分布於我國西南滇川一帶，多野生於松林或山坡草地。

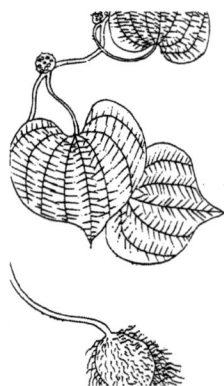

山慈姑
（清吳其濬《植物名實圖考》卷一九）

　　文獻記載唐代已見，時亦稱“金燈”“無義草”。唐王方慶《園林草木疏》：“金燈隔生，花開纍纍明艷，垂條不自支。”唐段成式《酉陽雜俎・草》：“金燈，一日九形，花葉不相見，俗惡人家種之。一名無義草。”唐陳藏器《本草拾遺》：“山慈姑生山中濕地，葉似車前，根如慈姑。”宋元之際通以紅花者爲“金燈”，白花者爲“銀燈”。明高濂《草花譜》：“金燈色紅，銀燈色白。”宋稱“金燈花”。宋晏殊《金燈光》詩：“蘭香爇處光猶淺，銀燭燒時焰不馨。”明代稱“鬼燈檠”“朱姑”“鹿蹄草”“無義草”。明李時珍《本草綱目・草二・山慈姑》〔釋名〕：“鬼燈檠、朱姑、鹿蹄草、無義草。時珍曰：根狀如水慈姑，花狀如燈籠而朱色，故有諸名。”又〔集解〕：“山慈姑處處有之。冬月生葉，如水仙花之葉而狹。二月中抽一莖，如箭簳，高尺許，莖端開花白色，亦有紅色、黃色者，上有黑點。其花乃衆花簇成一朵，如絲紐成，可愛。三月結子，有三棱。四月初苗枯，即掘取其根，狀如慈姑及小蒜，遲則苗腐難尋矣。根苗

與老鴉蒜極相類，但老鴉根無毛，慈姑有毛，殼包裹爲異爾。用之，去毛殼。”清代稱“山慈菰”，亦稱“忽地笑”。或説“忽地笑”即銀燈，特指白花者。《事物異名録・百草》：“金燈俗呼忽地笑。穿山甚廣，重九登高，燦若丹霞，亦奇草也。”清陳淏子《花鏡》卷五：

鹿蹄草
（清吳其濬《植物名實圖考》卷一四）

“金燈一名山慈菰。冬月生葉，似車前草；三月中枯，根即慈菰。深秋獨莖直上，末分數枝，一簇五朵，正紅色，光焰如金燈。又有黃金燈，粉紅、紫碧、五色者。銀燈色白，禿莖透出即花，俗呼爲忽地笑。花後發葉，似水仙，皆蒲生，須分種。性喜陰肥，即栽於屋脚墻根、無風露處亦活。”按，金燈、銀燈之別，古代以爲僅在於花色不同，今人認爲二者科屬相異，銀燈係石蒜科多年生草本忽地笑（*Lycoris aurea*）。見伊欽恒校注《花鏡》。參閲清汪灝等《廣群芳譜・花譜二十五・金燈花》。

【金燈】[1]

　　“山慈姑”之異稱。此稱唐代已行用。以其花狀如燈籠，故名。宋元之際及清代亦特指花紅者。見該文。

【無義草】

　　“山慈姑”之異稱。此稱唐代已行用。因其花與葉不相見，人惡其不義，故名。見該文。

【銀燈】[1]

　　特指“山慈姑”之花白者。此稱見於宋元

之際，後世亦加襲用，今時或以爲石蒜科植物。見該文。

【金燈花】

"山慈姑"之別名。此稱宋代已行用。見該文。

【鬼燈檠】

"山慈姑"之別稱。此稱明代已行用。見該文。

【朱姑】

"山慈姑"之別名。此稱明代已行用。見該文。

【鹿蹄草】[1]

"山慈姑"之別名。此稱明代已行用。按，試劍草之一异稱，亦爲鹿蹄草，與此同名异實。見該文。

【山慈菰】

同"山慈姑"。此體清代已行用。見該文。

【忽地笑】[1]

"山慈姑"之別名，亦特指"山慈姑"之白花者。此稱清代已行用。見該文。

【團慈姑】

"山慈姑"之屬。此稱宋代已見。産於湖南零陵。明李時珍《本草綱目·草二·山慈姑》〔集解〕引宋佚名《日華本草》："零陵間有一種團慈姑，根小如蒜，所主略同。"

玉簪

花名。天門冬科，玉簪屬，玉簪（*Hosta plantaginea* Aschers.）。多年生草本。地下根狀莖粗大，密布鬚根。苗葉基生成叢，卵形至心臟狀卵形，具長柄。夏日葉間抽出花莖，莖頂開花，排列爲總狀花序，着花九至十餘朵，每朵花瓣六花，白色，形似簪或漏斗，芳香。蒴果，三棱狀圓柱形。有觀賞價值，宜於園林中作林下地被植物，或叢植於山岩建築背光處，亦宜盆栽或作切花。全草皆入藥，花亦可提取芳香油。原産我國及日本，今各地多有栽培，喜於陰濕之地生長。分株或播種繁殖。據傳漢武帝所寵李夫人以玉簪搔頭，因以名花。故漢代當有此花及"玉簪""玉簪花"之名。清汪灝等《廣群芳譜·花譜二十六·玉簪》："漢武帝寵李夫人，取玉簪搔頭，後宮人皆效之，玉簪花之名取此。"唐代稱"內消花"。民國許衍灼《春暉堂花卉圖說·彙考八·玉簪》引唐孫思邈《海上方》："內消花即玉簪花。"唐羅隱《玉簪》詩："雪魄冰姿俗不侵，阿誰移植小窗陰？若非月姊黃金釧，難買天孫白玉簪。"宋王安石《玉簪》詩："萬斛濃香山麝馥，隨風吹落到君家。"元劉因《玉簪花》詩："玉瘦每憂和露滴，心清惟恨有絲長。"明田藝蘅《玉簪花賦》："白花六出，碧莖森森。綠苞敷艷，翠葉叢陰。皜絲垂鬚，黃檀綴心。色美如玉，形肖惟簪。"明文震亨《長物志·花木》："玉簪，潔白如玉，有微香，秋花中亦不惡。但宜墻邊連種一帶，花時一望成雪；若植盆石中，最俗。"

【玉簪花】

即玉簪。此稱約始見於漢代。因其花含苞待放時形如玉簪，故名。見該文。

玉簪花
（明王圻等《三才圖會》卷一二）

【内消花】

　　"玉簪"之別名。此稱唐代已行用。見該文。

【白萼】

　　"玉簪"之別名。此稱明代已行用。因花萼呈白色，故名。時亦稱"白鶴仙""季女"，"白萼"亦作"白蕚"。明王象晋《群芳譜·花譜·玉簪》："一名白萼，一名白鶴仙，一名季女，處處有之。有宿根，二月生苗成叢，高尺餘。莖如白菘菜，葉大如掌，團而有尖，面青背白。葉上紋如車前葉，頗嬌瑩。七月初叢中抽一莖，莖上有細葉十餘，每葉出花一朵，長二三寸，本小末大。未開時，正如白玉搔頭簪形；開時微綻四出，中吐黃蕊，七鬚環列，一鬚獨長，甚香而清，朝開暮卷。間有結子者，圓如豌豆，生青熟黑，根連生，如鬼臼射干之類，有鬚毛，舊莖死則根有一臼，新根生則舊根腐。"明王圻等《三才圖會·草木·玉簪花》："一名白萼……有紫黃二色。"明李時珍《本草綱目·草六·玉簪》〔釋名〕："白鶴仙。時珍曰：並以花象命名。"清汪灝等《廣群芳譜·花譜二十六·玉簪》："白萼象其色，白鶴象其形，季女象其卦。"清陳淏子《花鏡》卷五："春初須去其老根，移種肥地，則花多而茂。分時忌鐵器。性好水，盆石中尤宜。其花瓣入少糖霜煎食，香美可口。又法，取將開玉簪，裝鉛粉在内，以綫縛其口令乾，婦人用以傅面，經宿尚香。根不可入口，最能爛牙齒。"今俗亦稱"玉春棒""玉泡花"，多所栽蒔。按，"季女"之得名，緣自《易經》。《易·說卦》："兌，三索而得女，故謂之少女。"又"兌爲澤，爲少女"。少女即季女。八卦中兌卦卦象爲季女，以花柔弱嬌美似之，因以卦象名之。參閱夏緯瑛《植物名釋札記·玉簪花》。

【白蕚】

　　同"白萼"，即玉簪。此體明代已行用。見該文。

【白鶴仙】

　　"白萼"之別名。此稱明代已行用。因其花開如白鶴，故名。見該文。

【季女】

　　"白萼"之別名。此稱明代已行用。見該文。

【白鶴花】

　　"玉簪"之別名。此稱明代已行用。明王世懋《學圃雜疏》："玉簪一名白鶴花。"《古今圖書集成·草木典·玉簪》："一名白鶴花，宜叢種。"清高士奇《北墅抱甕録·玉簪》："即白鶴花。山谷老人題爲'江南第一'。緑葉環匝，類小甘蕉。花似玉搔頭，内玲瓏而外瑩潤。香芬酷烈，冠於秋花。"

紫玉簪

　　花名。天門冬科，玉簪屬，波葉玉簪（*Hosta undulata* L.H.Bailey）。多年生草本。葉自根際叢生，闊卵形，黄緑相間，葉柄邊緣常下延呈翅狀。夏日葉間抽細花，莖中部有葉狀苞，花生梢頂，總狀花序，深紫或淡紫色。亦具觀賞及藥用價值。原產我國及日本，今我國各地均栽培。

　　文獻記載明代已見，時亦稱"間道花""紫鶴""紫萼"。明王象晋《群芳譜·花譜·玉簪》："亦有紫花者，葉微狹，花小於白者，葉上黄緑相間，名間道花。"明王世懋《學圃雜疏》："玉簪一名白鶴；花宜叢種，紫者名紫鶴。"明文震亨《長物志·花木·玉簪》："紫者名紫萼，不佳。"清代始稱"紫玉簪"，亦稱"雞骨丹"。清陳淏子《花鏡》卷五：“紫玉簪葉上黄綠間道而生，比白者差小，花亦小而無香，先白玉簪一月而開。性亦喜水宜肥，盆栽皆可，但不及玉簪之香甜可愛。根亦最毒。”民國許衍灼《春暉堂花卉圖説·彙考八·玉簪》引清吴其濬《植物名實圖考》：“紫花者俗名鷄骨丹。用根取牙。”參閲明周文華《汝南圃史》。今統稱“波葉玉簪”。

【間道花】

“紫玉簪”之別名。此稱明代已行用。以其葉上黄綠錯出，間隔以成紋路，故名。見該文。

【紫鶴】

“紫玉簪”之別名。此稱明代已行用。見該文。

【紫萼】

“紫玉簪”之別名。此稱明代已行用。見該文。

【鷄骨丹】

“紫玉簪”之別名。此稱清代已行用。見該文。

【紫鶴花】

“紫玉簪”之別名。此稱清代已行用。清高士奇《北墅抱甕録·紫鶴花》：“紫鶴莖葉花蕊與玉簪不異，故亦稱紫玉簪。玉簪有香，紫鶴無香，而媆娟靚艷却自遠勝。五月發花，與朱萱、山梔同插瓶中，晴窗晴晝，風致不淺。”

【波葉玉簪】

“紫玉簪”今之通稱。

百合

花名。百合科，百合屬，百合（*Lilium* spp.）。多年生草本。地下具扁形或近圓形鱗莖，外無皮膜，鱗片肉質，肥厚。莖直立，圓柱形，無毛。葉披針形，互生，無柄，全緣。夏季花開莖頂，大型，單生、簇生或呈總狀花序，花被六片，二輪，離生，形似喇叭，有白、粉、橙、紫、橘紅、洋紅等色。蒴果矩圓形，種粒多數，扁平。性喜温暖乾燥，適於沙地生長。名貴觀賞植物，宜於分栽、切花及點綴園林。鱗莖可食用或藥用，花可提取香料。我國各地均有生長，以華中、西南地區最多。以其鱗莖由衆瓣合成，故名。

百 合
（明王圻等《三才圖會》
卷一二）

文獻記載始見於漢代。《神農本草經》卷二：“百合……生川谷。”三國時稱“重邁”“中庭”“重匡”。三國魏吴普《吴氏本草》：“百合一名重邁，一名中庭。”《藝文類聚》引有“一名重匡”。南北朝稱“重箱”“摩羅”“中逢花”“强瞿”“蟠”“百合蒜”，“强瞿”間轉作“强仇”。南朝梁陶弘景《名醫別録》：“百合……一名重箱，一名重邁，一名摩羅，一名中逢花，一名强瞿。生荆州川谷。二月、八月採根，曝乾。”又《本草經集注·草木中品》：“近道處處有，根如胡蒜，數十片相纍，人亦蒸煮食之。乃言初是蚯蚓相纏結變作之，世人皆呼爲强仇，仇即瞿也，聲之訛爾，亦堪服食。”《玉篇·韭部》：“蟠，百合蒜也。”唐代稱“百合花”。唐段成式《酉陽雜俎·蟲篇》：“工部員外郎張周封言：百合花合之，泥其隙，經宿化爲大胡蝶。”唐王勔《百合花賦》：“荷春光之餘煦，托陽山之峻趾。比冀莢之能連，引芝芳而自擬。"宋陸游《老學庵筆記》："蜀孟氏時，苑中忽生百合花一本，數百房，皆並蒂。"宋蘇頌《圖經本草·草部中品·百合》："春生苗，高數尺，簳粗如箭；四面有葉如鷄距，又似柳葉，青色，葉近莖微紫，莖端碧白；四五月開紅白花，如石榴嘴而大；根如葫蒜。重叠生二三十瓣……又有一種，花黃有黑斑，細葉，葉間有黑子，不堪入藥。徐鍇《歲時廣記》二月種百合法：宜鷄糞。"明代稱"蒜腦薯"，時稱花微黃甚香者爲"麝香"，花紅有黑點者爲"珍珠"。明李時珍《本草綱目·菜二·百合》〔釋名〕："蒜腦薯。時珍曰：百合之根，以衆瓣合成也；或云：專治百合病，故名。亦通。其根如大蒜，其味如山藷，故俗稱蒜腦薯……此物花葉根皆四向，故曰强瞿。凡物旁生謂之瞿，義出《韓詩外傳》。"又〔集解〕："百合一莖直上，四向生葉，葉似短竹葉，不似柳葉。五六月莖端開大白花，長五六寸，出紅蕊，四垂向下，色亦不紅；紅者葉似柳，乃山丹也。百合結實，略似馬兜鈴，其内子亦似之。其瓣種之如種蒜法。山中者宿根年年自生，未必盡是蚯蚓化成也。"明王象晉《群芳譜·蔬譜·百合》："四五月開花甚大，有麝香、珍珠……麝香花微黃，甚香；珍珠花紅有黑點，莖葉中有紫珠。"明朱橚《救荒本草》卷三："百合……開淡黃白花，如石榴嘴而大，四垂向下覆長蕊，花心有檀色，每一顆須五六花。子色圓如梧桐子，生於枝葉間，每葉一子，不在花中，此又異也。根色白，形如松子殼，四向攢生，中間出苗……救飢：採根煮熟，食之甚益人氣；又云蒸過與蜜食之，或爲粉，尤佳。"清高士奇《北墅抱甕録·百合》："有紅白二種，白者尤勝。每坏一蕊，滿庭皆香。"我國是世界百合的分布中心，計有四十餘種。常見栽培的有"山丹""卷丹""川百合""藥百合""麝香百合""臺灣百合""細葉百合等"。按，"百合""山丹""卷丹"，一類三種。或有相淆亂者，李時珍均加駁斥，并揭示三者異同。《本草綱目·菜二·百合》〔正誤〕："葉短而闊，微似竹葉，白花四垂者，百合也；葉長而狹，尖如柳葉，紅花不四垂者，山丹也。莖葉似山丹而高，紅花帶黃而四垂，上有黑斑點，其子先結在枝葉間者，卷丹也。卷丹以四月結子，秋時開花，根似百合；其山丹四月開花，根小，少瓣，蓋一類三種也。"參見本類"山丹""卷丹"。

【重邁】[2]

"百合"之別名。此稱三國時已行用。見該文。

【中庭】

"百合"之別名。此稱三國時已行用。見該文。

【重匡】

"百合"之別名。此稱三國時已行用。見該文。

【重箱】

"百合"之別名。此稱南北朝已行用。見該文。

【摩羅】

"百合"之別名。此稱南北朝已行用。見該文。

【中逢花】

"百合"之別名。此稱南北朝已行用。見該文。

【强瞿】

"百合"之別名。此稱南北朝已行用。物旁生曰瞿，此草花葉根皆四向旁出，故名。見該文。

【强仇】

"百合"之別名。即强瞿。此體南北朝已行用。見該文。

【䪥】

"百合"之別名。此稱南北朝已行用。見該文。

【百合蒜】

"百合"之別名。此稱南北朝已行用。以其鱗莖似蒜，多瓣組成，故名。見該文。

【百合花】

即百合。此稱唐代已行用。見該文。

【蒜腦薯】

"百合"之別名。此稱明代已行用。以其根莖似蒜頭，味如山薯，故名。見該文。

【麝香】

"百合"之花微黃而甚香者。此稱明代已行用。見該文。

【珍珠】

"百合"之一種，花紅有黑斑。此稱明代已行用。見該文。

貝母

花名。百合科，貝母屬，貝母（*Fritillaria thunbergii* Miq.）。多年生草本。地下具球形鱗莖。鱗片兩枚對合包裹在外。莖單生直立，不分枝，上有紫色暈。下部葉多對生，中部葉常數枚輪生，上部葉互生，葉片作綫狀披針形，上部者尖端彎蜷如捲鬚。春季開花，單生於莖頂部葉腋，二至六枚，鐘形，下垂，淡黃綠色，外面有淡綠色條綫，裏面有紫色網紋，基部有腺體。蒴果圓錘形，表皮有六條縱翼。多作藥物栽培，亦可植於園林或作切花供觀賞。我國主要分布於江浙兩湖一帶，多見於山林地區。文獻記載始見於先秦。以其根莖有瓣，如貝母包聚貝子，故名。時

貝　母
（宋柴源等《紹興校定證類備急本草畫圖》卷二）

稱"䖟"，䖟亦作"茵""虻"，秦漢始稱"貝母"，䖟亦作"茵"。《詩·鄘風·載馳》："陟彼阿丘，言采其䖟。"一本作"虻"。毛傳："䖟，貝母也。"唐孔穎達疏："陸璣疏云：䖟，今藥草貝母也。其葉如栝樓而細小，其子在根下如芋子，正白，四方連累相著有分解。"清陳奐傳疏："《淮南·氾論》注引《詩》作'言采其茵'，《毛詩》作'䖟'，假借字。"《爾雅·釋草》："䖟，貝母。"郭璞注："根如小貝，圓而白，華葉似韭。"䖟，一本作"茵"。《說文·艸部》："茵，貝母也。"清段玉裁注："《詩》'言采其䖟'，貝母。《釋草》《說文》作茵。茵，正字；䖟，假借字也。"南朝梁陶弘景《本草經集注·草木中品·貝母》："今出近道，形似聚貝子，故名貝母。"宋蘇頌《圖經本草·草部中品·貝母》："貝母，生晋地，今河中江陵府郢、壽、隨、鄭、蔡、潤、滁州皆有之。二月生苗，莖細，青色；葉亦青，似蕎麥，葉隨苗出；七月開花，碧綠色，形如鼓子花。八月採根，曬乾。又云：四月蒜熟時採之。"《集韻·平耕》：

"莔，通作蝱。"明李時珍《本草綱目·草二·貝母》釋名："《詩》云：'言采其蝱'，即此。一作虻，謂根狀如蝱也。"清代稱"蝱草花。"清陳淏子《花鏡》卷五："蝱草即貝母也。出川中者第一，出浙次之。莖葉俱似百合，花類鋼鈴，淡綠色。花心紫白色，與蘭心無異。根曰貝母，入藥治痰疾。"徐珂《清稗類鈔·植物類》："貝母爲多年生草，莖高尺許，葉狹長，莖頂三葉尤小，末卷曲。三四月開花，花蓋六片，淡黃微綠，内面有綠綫，並雜紫點甚細。地下莖如小貝群聚，色白，入藥。一名虻，《詩》'言采其虻'即此，《爾雅》作'蝱'。"

【蝱】

"貝母"之別名。此稱先秦已行用。以根狀如蝱，故名。見該文。

【莔】

同"蝱"，即貝母。此體先秦已行用。見該文。

【虻】

同"蝱"，即貝母。此體先秦已行用。見該文。

【茵】

同"蝱"，即貝母。此體先秦已行用。見該文。

【䖟】

同"蝱"，即貝母。此體先秦已行用。《管子·地員》："其山之旁，有彼黃䖟。"武威漢代醫簡："瘀方：乾當歸二分、弓窮二分……䖟一分。注：䖟即蝱字，用作䖟，爲貝母之別稱。"《玉篇·蚰部》："蝱，俗作䖟。"

【蝱草花】

"貝母"之別名。此稱清代已行用。見該文。

【空草】

"貝母"之別名。此稱漢代已行用。《神農本草經·中品·貝母》："貝母……一名空草。"三國時稱"貝父""藥實"，《廣雅·釋草》："貝父，藥實也。"王念孫疏證："貝父即貝母也。"南北朝稱"苦花""苦菜""蝱草""勤母。"南朝梁陶弘景《名醫別録》："貝母……一名苦花，一名苦菜，一名蝱草，一名勤母。生晉地。"按，"莔草"之"莔"，或作"商"，誤。清王念孫《廣雅疏證》卷一〇上："《名醫別録》云：一名藥實，一名商草。商字，即莔字之誤也。"

【貝父】

"空草"之別名。此稱三國時已行用。見該文。

【藥實】

"空草"之別名。此稱三國時已行用。見該文。

【苦花】

"空草"之別名。此稱南北朝已行用。見該文。

【苦菜】[3]

"空草"之別名。此稱南北朝已行用。見該文。

【莔草】

"空草"之別名。此稱南北朝已行用。見該文。

【勤母】

"空草"之別名。此稱南北朝已行用。一本作"勒母"。見該文。

卷丹

花名。百合科，百合屬，卷丹（*Lilium lancifolium* Thunb.）。多年生草本。地下具黃色鱗莖，瓣狀聚集。莖直立，高達1米許。葉狹披針形，互生，腋生黑色珠芽，可供繁殖。夏日開花，圓錐形總狀花序生於莖頂，有花八至二十朵，花瓣橙紅色，向外方反捲，有黑色斑點，雌蕊突出花瓣外。觀賞、服食、藥用植物。宜盆栽，鱗莖可食或入藥。我國

卷 丹
（清吳其濬《植物名實圖考》卷三）

各地均有分布，江浙尤多，常見於山坡灌木林下及草地。

　　文獻記載約始見於宋元之際。時稱“番山丹”。明高濂《草花譜》：“百合一年一起，取其大者供食，小者用肥土排之，則春發如故。山丹春時分種，番山丹八九月分種方宜。”明代始稱“卷丹”，亦稱“回頭見子”。明李時珍《本草綱目·菜二·山丹》〔集解〕：“卷丹莖葉雖同，而梢長大。其花六瓣四垂，大於山丹。四月結子在枝葉間，入秋開花在顛頂，誠一異也。其根有瓣似百合，不堪食，別一種也。”明王象晋《群芳譜·花譜·山丹》：“一種高四五尺，如萱花，花大如椀，紅斑黑點，瓣俱反卷，一葉生一子，名回頭見子，花又名番山丹。”時亦稱“黃百合”，出明周叙《洛陽花木記》。清陳淏子《花鏡》卷五：“又一種如萱花，紅質黑點似虎斑，而瓣俱反捲。一葉椏生一子，俗名回頭見子。”伊欽恒校注：“即卷丹。”清代稱“珍珠花”“倒垂蓮”“虎皮百合”。民國許衍灼《春暉堂花卉

圖説·彙考六·卷丹》引清吳其濬《植物名實圖考》卷三：“卷丹葉大如柳葉，四向攢枝而上。其顛開紅黃色，斑點星星，四垂向下；花心有檀色長蕊，枝葉間生黑子。根如百合……或謂根種一年則梢開一花云。《草花譜》番山丹、《花木記》黃百合、《群芳譜》珍珠花紅有黑點，皆此花也。滇南謂之倒垂蓮，燕薊謂之虎皮百合。”

　　按，吳氏所言《群芳譜》珍珠花，明王象晋《群芳譜》未見，清汪灝等《廣群芳譜》亦未見。《廣群芳譜·花譜三十二》有“真珠花”，似亦與此無關。疑有訛誤。參見本類“百合”。

【番山丹】

　　“卷丹”之別名。此稱宋元之際已行用。見該文。

【回頭見子】

　　“卷丹”之別名。此稱明代已行用。以其一葉腋生一珠芽供繁殖，故名。見該文。

【黃百合】

　　“卷丹”之別名。此稱明代已行用。見該文。

【珍珠花】

　　“卷丹”之別名。此稱清代已行用。見該文。

【倒垂蓮】

　　“卷丹”之別名。此稱清代已行用。見該文。

【虎皮百合】

　　“卷丹”之別名。此稱清代已行用。見該文。

蚤休

　　花名。百合科，重樓屬，蚤休（*Paris polyphylla* Sm.）。多年生草本。根狀莖肥厚，棕褐色，有斜形環節。莖單一，直立，光滑，圓柱形，高達1米許。葉片五至十枚，通常七枚，輪生莖頂，橢圓形或橢圓狀披針形。春夏

開花，花軸自輪生葉中抽出，頂開一花，花被淡黃綠色，內列呈絲狀，外列呈葉狀，蒴果球形，三至六裂瓣，子多數。宜盆栽觀賞。根莖入藥。主要分布於我國川滇黔藏等大西南地區，多野生於山坡林下及草叢中。

文獻記載始見於漢代。蚤，通"早"。以蟲蛇之毒遇此即早祛除，故名。時亦稱"蚩休"。《神農本草經・下品・蚤休》："蚤休……一名蚩休。生川谷。"唐代稱"重樓金綫""重臺""草甘遂"。唐蘇敬等《唐本草》："〔蚤休〕今謂重樓金綫者是也。一名重臺，南人名爲草甘遂。一莖六七葉，似王孫、鬼臼、蓖麻輩，葉有二三層，根如肥大菖蒲，細肌脆白。"宋代稱"螫休""紫河車"。宋蘇頌《圖經本草・草部下品・蚤休》："即紫河車也，俗呼重樓金綫。生山陽川谷及冤句，今河中、河陽、華鳳、文州及江淮間亦有之。苗葉似王孫、鬼臼等，作二三層。六月開黃紫花，蕊赤黃色，上有金絲垂下。秋結紅子。根似肥薑，皮赤肉白。四五月采根，日乾用。"明代稱"三層草""七葉一枝花""白甘遂"。明李時珍《本草綱目・草六・蚤休》〔釋名〕："三層草、七葉一枝花……白甘遂。時珍曰：蟲蛇之毒，得此治之即休，故有蚤休、螫休諸名；重臺、三層，因其葉狀也；金綫重樓，因其花狀也；甘遂，因其根狀也；紫河車，因其功用也。"又〔集

蚤　休
（清吳其濬《植物名實圖考》卷二四）

解〕："重樓金綫，處處有之，生於深山陰濕之地。一莖獨上，莖當葉心；葉綠色，似芍藥，凡二三層，每一層七葉。莖頭夏月開花，一花七瓣，有金絲蕊，長三四寸。王屋山產者至五七層，根如鬼臼、蒼朮狀，外紫中白，有粘糯二種。外丹家采制三黃砂汞，入藥洗切焙用。俗諺云'七葉一枝花，深山是我家。癰疽如遇者，一似手拈拏'是也。"參閱《通雅・植物》、明王圻等《三才圖會・草木・蚤休》。

【蚩休】

"蚤休"之別名。此稱漢代已行用。蚩者，蟲也，蟲蠱之毒，遇此即休，故名。見該文。

【重樓金綫】

"蚤休"之別名。此稱唐代已行用。葉在莖上二三層似重樓，花中金絲蕊如金綫，故名。見該文。

【重臺】

"蚤休"之別名。此稱唐代已行用。以其葉在莖上輪生二三層，如重重樓臺，故名。見該文。

【草甘遂】

"蚤休"之別名。此稱唐代已行用。以其根皮赤、肉白似甘遂，因名以別之。按，南朝梁陶弘景《本草經集注・草木下品・甘遂》言及一種白皮甘遂名草甘遂，與此名同實異。見該文。

【螫休】

"蚤休"之別名。此稱宋代已行用。螫者，蟲施毒也，蟲施毒後，病毒遇此即休，故名。見該文。

【紫河車】

"蚤休"之別名。此稱宋代已行用。按，此與《本草綱目・人一》"人胞"之別名紫河車同，

名同物別。見該文。

【紫荷車】

同"紫河車"。即蚤休。此體宋代已行用。宋范成大《紫荷車》詩："綠英吐弱綾，翠葉抱修莖。"清汪灝等《廣群芳譜·藥譜五·蚤休》引《服食經》："紫荷車根，以竹刀刮去皮，切作骰子大塊，麴裹入瓷瓶中，水煮候浮漉出，凝冷入新布袋中，懸風處待乾。每服三丸。"

【三層草】

"蚤休"之別名。此稱明代已行用。以其葉片輪生莖上有二三層，故名。見該文。

【七葉一枝花】

"蚤休"之別名。此稱明代已行用。以其莖頂通有七葉輪生，簇擁中心一花，故名。見該文。

【白甘遂】

"蚤休"之別名。此稱明代已行用。見該文。

萬年青[1]

花名。天門冬科，萬年青屬，萬年青〔*Rohdea japonica*（Thunb.）Roth〕。多年生常綠草本。地下根狀莖短粗，葉叢集其上，葉片十枚許，厚革質，豐中銳末，抱莖，兩列套叠而生。春時花莛自葉叢中抽出，單一，短於葉。肉穗花序頂生，小花多而密，淡黄色、淡綠色至白色。球形漿果，果熟後多爲紅色，種子一粒。花期五至六月。爲重要觀葉、觀果植物。植株四季長青，葉片翠綠，漿果殷紅，紅綠交映，分外喜人，故各地多盆栽，或庭院蒔植，或點綴廳堂房舍、几案窗臺，以供觀賞。根、葉、花皆可入藥。原產我國，多見於江南蘇浙一帶，其他地區亦有生長。

萬年青爲我國最早栽培花卉之一，距今約有七千年之歷史。20世紀70年代在浙江餘姚河姆渡新石器文化遺址出土的陶片上，就曾發現完整清晰、形態逼真之盆栽萬年青花紋圖案。但此後相當長一個歷史時期内文獻闕載，江浙雖有生長栽培，蓋亦時斷時續，不引人注意。至明代始見其稱。以其四季常青，歷越多年，故名。時亦稱"千年蒀"。明王圻等《三才圖會·草木》："萬年青，葉似芭蕉，隆冬不衰，以其多壽，故名。"清陳元龍《格致鏡原·草類二·雜草》引明周之璵《農圃六書》："萬年青一名千年蒀。"清康熙年間始對其形態、產地、特殊功能（以其盛衰預卜吉凶）、種植等有較詳備記載。時亦稱"蒀"。清陳淏子《花鏡》卷五："萬年青，一名蒀，闊葉叢生，深綠色，冬夏不萎。吳中人家多種之，以其盛衰占休咎。造屋移居、行聘治壙、小兒初生，一切喜事，無不用之，以爲祥瑞口號。至於結姻幣聘，雖不取生者，亦必剪造綾絹，肖其形以代之。又與吉祥草、葱、松四品，並列盆中，亦俗套也。種法：於春秋二分時，分栽盆内，置之背陰處。俗云：'四月十四是神仙生日，當删剪舊葉，擲之通衢，令人踐踏，則新葉發生必盛。'喜壅肥土，澆用冷茶。"此後這類記載頗多。清徐壽基《品芳録》："〔萬年青〕葉如帶而厚，長尺許，深碧色，有根，乾濕皆不死，結子如櫻桃，經時不壞。"清趙學敏《本草綱目拾遺·草部下·萬年青》："〔萬年青〕每枝獨瓣無歧，梗葉頗青厚，夏則生蕊如玉黍狀，開小花叢綴蕊上，入冬則結子紅色。性喜山土，人家多植之。浙婚禮多用之伴禮函，取其四季長青，有長春之義。"又引《百草鏡》："四月八日浴佛日，杭俗，人家植萬年青者，多剪其葉，棄擲街衢，云令人踏之則易長，且發新葉茂密。"清謝堃《花木小志》："〔萬年青〕葉深碧粗厚，無花有子，色紅而鮮，世取其吉，與吉祥草作移家必用之物。"時江西俚醫用以治療瘡疥腫及蛇傷等，效果顯著，故亦名"開口劍""斬蛇劍"。清吳其濬《植物名實圖考·隰草類·萬年青》："九江俚醫以治無名腫毒、疔瘡、牙痛，隱其名爲開口劍；或謂能治蛇傷，亦呼爲斬蛇劍。"清代北方亦有種植。光緒《順天府志》言及北京以此爲盆植賞玩。民國《湖北通志》載，各縣并產此物，婚禮納采問名必用之，以圖吉祥。今時園林、居戶猶多藝植，俗稱"鐵扁擔""冬不凋草""竹葉蘭""龍膽草"等，其變種則有"金邊萬年青""銀邊萬年青"等。參閱清《致富全書》《致富奇書廣集》等。

【千年蒀】

"萬年青[1]"之別稱。蒀，菳蒀，盛貌。因其四時不衰，多年旺盛，故名。此稱明代已行用。見該文。

【蒀】

"萬年青[1]"之別稱。此稱清代已行用。見該文。

【開口劍】

"萬年青[1]"之別名。此稱清代已行用。醫者謂其能快速袪除無名腫痛毒瘡，因以隱喻。見該文。

【斬蛇劍】

"萬年青[1]"之別名。此稱清代已行用。醫者謂其能迅速痊癒蛇傷，因以隱喻。見該文。

萎蕤

花名。天門冬科，黃精屬，萎蕤〔*Polygonatum odoratum*（Mill.）Druce〕。多年生草本。地下根莖肉質，圓柱形，竹節狀，多毛鬚。地上莖高近1米。葉互生，橢圓形至卵狀矩圓形，略厚，微具革質，色深綠。初夏開花，生於葉腋，花葶爲相對兩分杈，微彎下垂，花即生於其頂，下垂，作筒或鐘形，白色或黃綠色。漿果，球形，暗紫色或藍黑色。觀賞植物，宜於林中作地被，或用於花境。根莖可食或入藥。我國主要分布於西南一帶，多見於肥沃潮濕之山野林下。萎蕤本聯綿詞，通指草本紛披下垂之貌。此草根長多鬚，狀類此，因以爲名。

文獻記載始見於秦漢，時稱"熒""委萎"。《爾雅·釋草》："熒，委萎。"郭璞注："藥草也。葉似竹，大者如箭竿，有節，葉狹而長，表白裏青。根大如指，長一二尺，可啖。"漢代稱"女萎"。或謂蓋"委萎"之文省。《神農本草經·上品·女萎》："女萎……生山谷。"三國時作"葳蕤"，亦稱"玉馬""地節""蟲蟬""烏萎""玉竹""左眄"。三國魏吳普《吳氏本草》："女萎一名葳蕤，一名玉馬，一名地節，一名蟲蟬，一名烏萎，一名熒，一名玉竹……生太山山谷，葉青黃，相值如薑。二月七月采。"《太平御覽》引有"一名左眄"。南北朝始見"萎蕤"，亦作"葳緌"，時亦稱"女草""麗草""娃草"。南朝梁陶弘景《本草經集注·草木上品》："按《本經》有女萎無萎蕤，《別錄》無女萎有萎蕤，而爲用正同。疑女萎即萎

萎蕤
（清吳其濬《植物名實圖考》卷七）

蕤也，惟名異爾。今處處有，其根似黄精而小異。"南朝梁孫柔之《瑞應圖》："葳蕤者，禮備至則生……一名葳綏也。"（清汪灝等《廣群芳譜·藥譜一·葳蕤》引）南朝梁任昉《述異記》卷下："葳蕤草，一名麗草，又呼爲女草，江浙中呼娃草。"明代稱"萎香"。明李時珍《本草綱目·草一·萎蕤》〔釋名〕："萎香……時珍曰：按黄公紹《古今韻會》云：'葳蕤，草木葉垂之貌。'此草根長多鬚，如冠纓下垂之緌而有威儀，故以名之……其葉光瑩而象竹，其根多節，故有熒及玉竹、地節諸名。"又〔集解〕："處處山中有之。其根横生似黄精，差小，黄白色，性柔多鬚，最難燥。其葉如竹，兩兩相值。亦可采根種之，極易繁也。嫩葉及根，並可煮淘食茹。"又〔正誤〕："《本經》女萎，乃《爾雅》委萎二字，即《別録》萎蕤也。"清代稱"筆管子"。清郝懿行《爾雅義疏》下之一："今玉竹，野人呼筆管子。葉似竹而少肥，根似黄精而多鬚，高四五尺，三月開青華，結小圓實。其根蒸啖微苦，不及黄精尤甘美也，饑年亦可代穀。"清陳淏子《花鏡》卷四："其根横生，莖幹强直，似竹箭幹而有節。葉狹而長，表白裏青，亦類黄精而多鬚，大如指，長一二尺……亦可分根種，極易繁衍者。"按，清孫星衍校注《神農本草經》云："陳藏器云：《魏志·樊阿傳》青黏一名黄芝，一名地節。此即萎蕤。"

女 萎
（清吳其濬《植物名實圖考》卷二二）

其以青黏爲萎蕤，後人多有懷疑。宋蘇頌《圖經本草·草部上品·葳蕤》："又云葳蕤一名地節，極似偏精，疑即青黏。華佗所服漆葉青黏散是此也。然世無復能辨者，非敢以爲信然耳。"今姑從蘇説，暫不視青黏、萎蕤爲同物。

【熒】

"萎蕤"之別名。始見稱於秦漢。以其葉光瑩，故名。見該文。

【委萎】

"萎蕤"之聲轉。此稱秦漢已行用。見該文。

【女萎】

即萎蕤，蓋"委萎"之文省（見清郝懿行《爾雅義疏》下之一）。此稱漢代已行用。見該文。

【葳蕤】

同"萎蕤"。此體三國時已行用。見該文。

【玉馬】

"萎蕤"之別名。此稱三國時已行用。見該文。

【地節】

"萎蕤"之別名。此稱三國時已行用。以其地下根莖多節，故名。見該文。

【蟲蟬】

"萎蕤"之別名。此稱三國時已行用。見該文。

【烏萎】

"萎蕤"之別名。此稱三國時已行用。"委""萎"聲轉而成（見清郝懿行《爾雅義疏》下之一）。見該文。

【玉竹】

"萎蕤"之別名。此稱三國時已行用。以其葉光瑩如玉，形似竹，故名。見該文。

【左眄】

"萎蕤"之別名。此稱三國時已行用。見該文。

【葳綏】

"萎蕤"之別名。此稱南北朝已行用。見該文。

【女草】

"萎蕤"之別名。此稱南北朝已行用。見該文。

【麗草】

"萎蕤"之別名。此稱南北朝已行用。見該文。

【娃草】

"萎蕤"之別名。此稱南北朝已行用。見該文。

【萎香】

"萎蕤"之別名。此稱明代已行用。見該文。

【筆管子】

"萎蕤"之俗稱。此稱清代已行用。見該文。

【萎】

"萎蕤"之別名。此稱南北朝已行用。《玉篇·艸部》:"萎,萎蕤也。"清郝懿行《爾雅義疏》下之一:"今之萎蕤,即玉竹也。熒,《玉篇》作萎,云萎蕤也。"今按,萎蕤兼名詞、形容詞。《玉篇》萎下之"萎蕤也"一本作"草木萎蕤也",據此則萎蕤當爲形容詞。又《玉篇·艸部》:"蕤,葳蕤,草木實垂貌。"則此之葳蕤亦爲形容詞。郝氏作名詞理解,疑有誤。

【馬薰】

"萎蕤"之別名。此稱南北朝已行用。南朝梁陶弘景《名醫別錄》:"〔萎蕤〕一名馬薰。生太山山谷及丘陵。立春後採,陰乾。"明朱橚《救荒本草》卷三:"萎蕤……一名馬薰。生太山山谷及舒州、滁州、均州,今南陽府馬鞍山亦有。苗高一二尺,莖斑,葉似竹,葉闊短而肥厚,葉尖處有黃點,又似百合葉却頗窄小,葉下結青子如椒粒大……救飢:採根換水煮極熟食之。"一說,馬薰爲"烏萎"之訛,見李時珍《本草綱目·草一·萎蕤》。

麥門冬

花名。天門冬科,山麥冬屬,禾葉山麥冬〔*Liriope graminifolia*(L.)Baker〕。多年生常綠草本。根莖時或膨大作紡錘形,下多鬚根。短莖,葉叢生,寬綫形,長 30 多厘米。夏季開花,花軸自葉叢中抽出,高達 30~40 厘米,上端綴生多數小花,排列作疏穗狀花序,花蓋六枚,披針形,淡紫色。果實常開裂,黑色種子外露。具觀賞價值,園林中宜作地被植物,或作花境、花壇鑲邊材料,亦宜盆栽。根莖入藥。原產我國,主要分布於華中、華南及西南地區,多見於濕潤肥沃之峪林間。

始見於先秦文獻記載,時稱"僕纍"。《山海經·中山經》:"〔青要之山〕是多僕纍、蒲盧。"漢代始稱"麥門冬",時亦稱"蔥冬草"。《神農本草經·上品·麥門冬》:"麥門冬……生川谷及隄坂。"《說文·艸部》:"蔥,蔥冬草。"三國時稱"馬韭""虋冬""忍冬""忍陵""不死藥""隨脂""羊韭""禹韭""羊薺""愛韭""釁韭""禹餘糧","僕纍"亦作"僕壘"。三國魏吳普《吳氏本草》:"一名馬韭,一名虋冬,一名忍冬,一名忍陵,一名不死藥,一名僕壘,一名隨脂……生山谷肥地。葉如韭,肥澤叢生。采無時,實青黃。"《太平御覽》卷六八九引《吳氏本草》曰:"麥門冬,一名羊韭,秦一名烏韭，楚一名馬韭，越一名羊蓍，齊一名愛韭，一名禹韭，一名釁韭……一名禹餘糧。”南北朝稱“烏韭”“禹葭”，“羊蓍”亦作“羊蓍”，“愛韭”亦作“愛韭”，亦省稱“門冬”。南朝梁陶弘景《名醫別

麥門冬
（清吳其濬《植物名實圖考》卷一一）

錄》：“秦名烏韭，齊名愛韭，楚名馬韭，越名羊蓍，一名禹葭，一名禹餘糧。葉如韭，冬夏長生。”又《本草經集注·草木上品·麥門冬》：“處處有，以四月採。冬月作實如青珠，根似穬麥，故謂麥門冬。以肥大者爲好。”宋蘇軾《睡起聞米元章冒熱到東園送麥門冬飲子》詩：“開心暖胃門冬飲，知是東坡手自煎。”宋蘇頌《圖經本草·草部上品·麥門冬》：“葉青似莎草，長及尺餘，四季不凋。根黃白色有鬚，根作連珠形，似穬麥顆，故名麥門冬。四月開淡紅花，如紅蓼花。實碧而圓如珠。江南出者，葉大者苗如鹿葱，小者如韭。大小有三四種，功用相似。”明代稱“階前草”“不死草”。明王象晋《群芳譜·藥譜·麥門冬》：“一名階前草，一名不死草……其葉青……多縱紋，且堅韌，長及尺餘。”明李時珍《本草綱目·草五·麥門冬》〔釋名〕：“弘景曰：根似穬麥，故謂之麥門冬。時珍曰：麥鬚曰虋，此草根似麥而有鬚，其葉如韭，凌冬不凋，故謂之麥虋冬，及有諸韭、忍冬諸名。俗作門冬，便于字也。可以服食斷穀，故又有餘糧、不死之稱。”又〔集解〕：“古人惟用野生者，後世

所用多是種蒔而成。其法，四月初採根，於黑壤肥沙地栽之。每年六月、九月、十一月三次上糞及芸灌。夏至前一日取根，洗晒收之，其子亦可種，但成遲爾。”按，文獻中有將麥門冬與書帶草相淆亂者。書帶草，漢代已見，時稱“康成書帶草”。民國許衍灼《春暉堂花卉圖說·彙考九·書帶草》引晋伏琛《三齊記》：“鄭司農常居不其城南山中教授，山下草如薤，葉長尺餘，堅韌異常，時人名作康成書帶草。”後世省稱“書帶草”。唐陸龜蒙《書帶草賦》：“彼碧者草，云書帶名。先儒既没，後代還生。”明代稱“沿階草”，山明林庭棟等《江西通志》。清代稱“秀墩草”。清陳淏子《花鏡》卷五：“一名秀墩草。叢生一團，葉如韮而更細長，性柔韌，色翠綠鮮潤。出山東淄川鄭康成讀書處，近今江浙皆有。植之庭砌，蓬蓬四垂，頗堪清玩。若以細泥常加其中，則層次生高，真如秀墩可愛。”

今時植物學中，麥門冬（*Liriope spicata*）係天門冬科麥門冬，屬常綠多年生草本。書帶草（*Ophiopogon japonicus*）係百合科沿階草屬，常綠多年生草木，二者有別（形小於麥門冬）。文獻中多二目并設，如明王象晋《群芳譜》、清陳淏子《花鏡》、清汪灝等《廣群芳譜》、清高士奇《北墅抱甕錄》等皆如此。然高書中稱“麥門冬”一名“繡墩草”，則與“書帶草”一名“繡墩草”相混，遂使有別之物混同爲一。當然，麥門冬、書帶草皆循階而生，形又相似，“繡墩草”之稱未始不可加諸麥門冬，即使如此，亦不當泯没二者之別。又，《山海經·中山經》：“僕纍”，“據吳普說，即麥門冬也”（《神農本草經·草·上品》“麥門冬”條清

孫星衍校訂語）。而晋郭璞注《山海經》謂爲蝸牛，清郝懿行箋疏謂"僕纍、蒲盧，同類之物，並生於水澤下濕之地"。兹從吳氏説。又"葱冬草"爲"麥門冬"之別名，此從清孫星衍校注《山海經》之説。或説，爲忍冬科之多年生纏繞灌木之金銀花（Lonicera japonica）。《説文·艸部》："葱，葱冬草。"段玉裁注："今之金銀藤也，其花曰金銀花。"朱駿聲《通訓定聲》："今蘇俗謂之金銀花藤。"桂馥義證："葱冬草者，葱當爲忍，葱、忍聲相近。徐鍇《韻譜》："荵，忍冬草。徐鉉據李舟《切韻》所加《本草》忍冬，陶注云：今處處皆有，似藤生，凌冬不凋，故名忍冬。唐本注云：此草藤生，繞覆草木上，苗莖赤紫色，宿蔓，有薄白皮膜之，其嫩蔓有毛。葉似胡豆，亦上下有毛，花白蕊紫。"又，"虋冬"一名可表示三種植物，除麥門冬外，還有天門冬科之天門冬（Asparagus cochinchinensis），异名亦爲虋冬；薔薇科之薔薇（Rosa multiflora），即古薔蘼，异名亦爲虋冬。清郝懿行《爾雅義疏》已言明此意（"薔蘼、虋冬"條下）。今統稱禾葉山麥冬。

【僕纍】

"麥門冬"之別名。此稱先秦已行用。見該文。

【僕壘】

同"僕纍"，即麥門冬。此體三國時已行用。見該文。

【葱冬艸】

"麥門冬"之別名。此稱漢代已行用。見該文。

【馬韭】

"麥門冬"之別名。此稱三國時已行用。馬者，大也。以其葉似韭而大，故名。見該文。

【虋冬】

"麥門冬"之別名。此稱三國時已行用。虋、門，聲近相通。虋者，麥鬚根也。此草根多鬚，葉凌冬不凋，故名。見該文。

【忍冬】

"麥門冬"之別名。此稱三國時已行用。以其耐寒，凌冬不死，故名。見該文。

【忍陵】

"麥門冬"之別名。此稱三國時已行用。明李時珍《本草綱目·草五·麥門冬》引作"忍凌"。陵、凌聲近相通。見該文。

【不死藥】

"麥門冬"之別名。此稱三國時已行用。見該文。

【隨脂】

"麥門冬"之別名。此稱三國時已行用。見該文。

【羊韭】

"麥門冬"之別名。此稱三國時已行用。見該文。

【禹韭】

"麥門冬"之別名。此稱三國時已行用。見該文。

【羊薺】

"麥門冬"之別名。此稱三國時已行用。見該文。

【㝅韭】

"麥門冬"之別名。此稱三國時已行用。㝅，愛之异體。見該文。

【愛韭】

"同"㝅韭"，即麥門冬。此體南北朝已行

用。見該文。

【虋韭】

　　"麥門冬"之別名。此稱三國時已行用。同"虋"，麥虋根。此草根如麥鬚，葉如韭，故名。見該文。

【禹餘糧】[1]

　　"麥門冬"之別名。此稱三國時已行用。按，此與中藥、褐鐵礦礦石"禹餘糧"名同實異。見該文。

【烏韭】

　　"麥門冬"之別名。此稱南北朝已行用。見該文。

【禹葭】

　　"麥門冬"之別名。此稱南北朝已行用。見該文。

【羊薯】

　　"麥門冬"之別名。即羊薺。薯、薺，聲近相通。此體南北朝已行用。見該文。

【門冬】

　　"麥門冬"之省稱。此稱南北朝已行用。見該文。

【階前草】

　　"麥門冬"之別名。此稱明朝已行用。人恒植階前供觀賞，故名。見該文。

【不死草】

　　"麥門冬"之別名。此稱明清已行用。以其四季不謝，故名。見該文。

【麥冬】

　　"麥門冬"之省稱。此稱清代已行用。清高士奇《北墅抱甕録·麥門冬》："麥冬生土中，根鬚之上，四月抽小莖，開淡紅花，結實圓碧，惟吳越有之。"

【禾葉山麥冬】

　　"麥門冬"今通用稱。

萱草

　　花名。阿福花科，萱草屬，萱草（*Hemerocallis fulva* Linn.）。多年生草本。植株叢生，地下具肉質、紡錘狀塊根。條帶狀葉基生，無葉柄，排作兩列。單一花莖，粗壯，自葉叢中挺出，高約1米。聚傘花序着生頂部，花朵十數枚。花冠鐘狀，花色豐富，通呈橘黄或橘紅色，朝開暮謝。花期達數月。革質蒴果，成熟種子黑色，具光澤。花色雅麗，緑葉展發於早春。適應性强，管理粗放，園林中宜於花壇、花境、路畔、疏林、草坡、假山、石罅等處叢植、行植或片植，亦可盆栽或作切花。根入藥。嫩苗葉及花可食。在我國已有三千年以上的生長栽培史。分布較廣，歷史上以魯、冀、遼、豫、隴、甘、鄂、湘、徽、蘇、浙、閩、桂等省最爲常見。此稱先秦已行用，亦作"諼草"。《爾雅·釋訓》："諼，忘也。"據說此草可令人忘憂，故名。《詩·衛風·伯兮》："焉得諼草，言樹之背。"毛傳："諼草，令人忘憂。"陸德明釋文："諼，本又作萱。"漢代作"蕙草"，亦稱"忘憂""忘憂草""丹棘"。《説文·艸部》："蕙，令人忘憂之艸也。從艸憲聲。《詩》曰'安得蕙草'。蘐，或從煖。萱，或从宣。"晋張華《博物志·藥論》引漢《神農本草經》曰："中藥養性，

萱 草
（宋柴源等《紹興校定證
類備急本草畫圖》卷三）

謂合歡蠲忿，萱草忘憂。"晋崔豹《古今注·問答釋義》："〔董仲舒〕答（牛亨問）曰：欲忘人之憂，則贈之以丹棘；丹棘一名忘憂草，使人忘其憂也。"魏晋時此草已在宮廷內種植；大概亦以食用，故宗廟祭禮用之。文人已將其作爲吟咏對象。時亦稱"鹿劍""妓女""宜男""宜男花""鹿葱""令草"。據說女子懷孕後佩戴此可生男孩，故名"宜男"。三國魏吳普《吳氏本草》："一名丹棘，一名鹿劍，一名妓女。"（清汪灝等《廣群芳譜·花譜·萱花》引）三國魏曹植《宜男花頌》："草號宜男，既曄且貞……綠葉丹華，光采晃曜。"北魏賈思勰《齊民要術·五穀果蓏菜茹非中國物産者》："〔晋周處〕《風土記》曰：'宜男，草也。高六尺，花如蓮，懷妊人帶佩，必生男。'陳思王《宜男花頌》云：'世人有女求男，取此草食之，尤良。'稽含《宜男花賦序》云：'宜男花者，荊楚之俗，號曰鹿葱，可以薦宗廟。'"晋夏侯湛《忘憂草賦》："遠而望之，若丹霞照青天；近而觀之，若芙蓉鑒綠泉。萋萋翠葉，灼灼朱華。曄若珠玉之樹，焕若景宿之羅。充后妃之盛飾兮，登紫微之内庭。"晋傅玄《宜男花賦》："猗猗令草，生於中方。花曰宜男，號應禎祥。"南北朝稱"紫萱""療愁花""萱草花""宜男草"，爲人歌咏。《太平廣記》卷四〇三引南朝梁任昉《述異記》："萱草一名紫萱，又呼爲忘憂草，吳中書生呼爲療愁花。"梁徐勉《萱草花賦》："華而不艷，雅而不質，隨晦明而舒卷，與風霜而榮悴。"梁元帝《宜男草》詩："可愛宜男草，垂采映倡家。何時如此葉，結實復含花。"隋唐五代時，野外猶有生長，庭院栽植尤爲廣泛。因其多樹於階除兩側，故有"護階君

子"之稱。時亦稱"忘憂花"。唐詩人李白、李商隱、杜牧、白居易、孟郊、陳子昂等均有歌咏。隋魏澹《咏階前萱草》詩："緑草正含芳，霍靡映前堂。"唐陳子昂《魏氏園亭人賦一物得秋亭萱草》詩："昔時幽徑裏，榮耀雜春叢。今來玉墀上，銷歇畏秋風。"唐聶夷中《游子吟》詩："萱草生堂階，游子行天涯。"唐吳融《忘憂花》詩："繁紅落盡始淒凉，直道忘憂也未忘。"宋陶穀《清異録·草木》："孟昶時，每臘日内官各獻羅體圈金花樹子，梁守珍獻忘憂花，縷金於花上，曰獨立仙。"又"常保衡呼麥門冬、鹿葱爲護階君子"。宋代田野種植更多，對其藥理、藥用及食用均有記載，蘇軾、陸游、黃庭堅、朱熹、司馬光等人均有咏唱詩文。宋蘇頌《圖經本草·草部下品·萱草》："俗謂之鹿葱。處處田野有之。味甘，無毒，主安五臟，利心志，令人好歡樂無憂，輕身明目。五月採花、八月採根用。今人多採其嫩苗及花跗作菹，云利胸膈，甚佳。"宋朱熹《萱草》詩："春條擁深翠，夏花明夕陰。北堂罕悴物，獨爾澹冲襟。"時已用爲瓶花。金周昂《萱草》詩："萬里黃萱好，風烟接路傍。迹疎雖異域，心密竟中央。染練成初色，移瓶得細香。"元代稱"歡客"。元程榮《三柳軒雜識》："萱草花爲歡客。"明代稱

鹿 葱

（明汪穎《食物本草》卷一）

"川草花""無憂""療憂""鵝脚花""綠葱",省稱"萱花",始對其形態、花色、用途、種藝等有較系統記載。明朱橚《救荒本草·萱草花》："俗名川草花……人家園圃中多種,其葉就地叢生,兩邊分垂,葉似菖蒲葉而柔弱,又似粉條兒菜葉而肥大。葉間攛葶,開金黃花……救飢:採嫩苗葉煤熟,水浸淘净,油鹽調食。"明高濂《遵生八箋·燕閑清賞箋·四時花紀》:"萱花俗名鵝脚花。"明王圻等《三才圖會·草木》:"萱花一名綠葱。"明李時珍《本草綱目·草五·萱草》〔釋名〕:"其苗烹食,氣味如葱,而鹿食九種解毒之草,萱乃其一,故又名鹿葱。"又〔集解〕:"萱宜下濕地,冬月叢生,葉如蒲蒜輩而柔弱,新舊相代,四時青翠。五月抽莖開花,六出四垂,朝開暮蔫,至秋深乃盡,其花有紅黃紫三色。結實三角,內有子,大如梧子,黑而光澤。其根與麥門冬相似,最易繁衍。"明王象晋《群芳譜·花譜·萱》:"一名無憂,一名療憂……苞生,莖無附枝,繁葶攢連,葉四垂。花初發如黃鵠嘴,開則六出,時有春花、夏花、秋花、冬花四季,色有黃、白、紅、紫、麝香,重葉、單葉數種。"又"春食苗,夏食花,其穉芽、花跗皆可食。性冷,能下氣,不可多食"。又"採花入梅醬砂糖,可作美菜。鮮者積久成多,可和雞肉,其味勝黃花菜"。又"雨中分勾萌,種之初宜稀,一年後自

萱 花
（明王圻等《三才圖會·草木圖會》卷一二）

然稠密。或云:用根向上、葉向下種之,則出苗最盛。夏萱固繁,秋萱亦不可無。蓋秋色甚少,此品亦庶幾可壯秋色耳。"明王志堅《表異錄·植物一》:"令草,宜男花也。"清代稱"紅萱"。種植益廣,品種區分更細。清陳淏子《花鏡》卷五:"萱花……有三種:一千葉,夏開,其枝柔,不結子;一單葉,後開,其枝勁,結子,子圓而黑,俗名石蘭;又一種,色如蜜者,花差小,而香清葉細,可作高齋清供。"清高士奇《北墅抱甕錄》:"萱花可玩可餐。葉色媚綠,花有蜜色、朱色之異,蜜色者有香,朱色者不香,今皆種之。"清乾隆間《浙江通志·物產》:"東陽東白山,有古寺遺址,廣延數百畝,多生萱花,開時,居人持筐採之。"清雍正間《陝西通志·物產》:"萱花,土人取作菜,名黃花。"目前,亟須加強對野生種的培育、馴化、改良及優良品種的引進,使這一古老而有巨大潛力及發展前景的花卉發揮其應有的作用。按,賈思勰引晉嵇含《宜男花賦序》謂鹿葱即萱草,後世蘇頌、李時珍皆從其説,明王象晋則否認此説,其《群芳譜·花譜·萱》:"鹿葱,色頗類萱,但無香耳,鹿喜食之,故以命名。然葉與花莖皆各自一種。萱葉綠而尖長,鹿葱葉團而翠綠。萱葉與花同茂,鹿葱葉枯死而後花。萱一莖實心而花五六朵節開,鹿葱一莖虛心而花五六朵並開於頂。萱六瓣而光,鹿葱七八瓣,《本草》注'萱'云,即今之鹿葱,誤。"清陳淏子承此説。汪灝等《廣群芳譜》折中二説,謂:"古人亦以鹿葱爲萱花,蓋一類而二種也。"未知孰是,姑存備考。又晉嵇含《南方草木狀》卷上云:"水葱花葉皆如鹿葱,花色有紅黃紫三種,出始興。婦人懷妊佩其花生男者,即此花,非鹿葱也。

交廣人佩之極有驗。"依此説，則水葱爲萱草，與鹿葱有别。而北魏賈思勰《齊民要術》"鹿葱"條引其《宜男花賦序》則謂宜男花即鹿葱，二者自相矛盾，未知孰是。李時珍謂嵇含之水葱亦萱草之類，不知確否。

【諼草】

同"萱草"。此體先秦已行用。見該文。

【蕙草】

同"萱草"。此體漢代已行用。見該文。

【忘憂】

"萱草"之别稱。此稱漢代已行用。見該文。

【忘憂草】

"萱草"之别稱。此稱漢代已行用。見該文。

【丹棘】

"萱草"之别名。此稱漢代已行用。見該文。

【鹿劍】

"萱草"之别名。此稱三國時已行用。見該文。

【妓女】

"萱草"之别稱。此稱三國時已行用。見該文。

【宜男】

"萱草"之别名。此稱三國時已行用。見該文。

【宜男花】

"萱草"之别名。此稱三國時已行用。見該文。

【鹿葱】[1]

"萱草"之别名。以其氣味如葱，鹿食之可解毒，故名。此稱晋代已行用。見該文。

【令草】

"萱草"之别名。此稱晋代已行用。見該文。

【紫萱】

"萱草"之别名。此稱南北朝已行用。見該文。

【療愁花】

"萱草"之别稱。此稱南北朝已行用。見該文。

【萱草花】

即萱草。此稱南北朝已行用。見該文。

【宜男草】

即萱草。此稱南北朝已行用。見該文。

【護階君子】

即萱草。因其夾階除而生，似保護者，又似高雅君子，故名。此稱約在唐、五代時已行用。見該文。

【忘憂花】

即萱草。此稱唐代已行用。見該文。

【歡客】

"萱草"之别名。因其忘憂，呈現歡快狀，故名。此稱元代已行用。見該文。

【川草花】

"萱草"之别名。此稱明代已行用。見該文。

【無憂】

猶忘憂，即萱草。此稱明代已行用。見該文。

【療憂】

猶忘憂，即萱草。此稱明代已行用。見該文。

【鵝脚花】

"萱草"之别名。此稱明代已行用。見該文。

【緑葱】

"萱草"之别名。以葉緑、氣味似葱，故名。此稱明代已行用。見該文。

【萱花】

“萱草”之别名。此稱明代已行用。見該文。

【紅萱】

“萱草”之别名。此稱清代已行用。見該文。

【麝香萱】

“萱草”之一種。色淡黄。此稱南北朝已見。南朝梁任昉《述異記》：“香似紅藍而甚芳，今吴下所植，有麝香萱，其花淡黄，比常萱差瘦弱，香全類茉莉，爲可貴也。”

【金臺】

“萱草”品種之一。此稱明代已行用。明王世懋《學圃雜疏》：“萱草小而絕黄者，呼爲金臺。”

【香萱】

“萱草”之一種。亦稱“黄萱”“金萱”。此稱明代已行用。明王圻等《三才圖會·草木》：“萱花有五六種。一香萱，又名黄萱，又名金萱，甚佳。一蜜萱，不時有花。一秋萱，秋著花，冬不葉凋。一緑萱，有千葉及單葉者。”明王世懋《學圃雜疏》：“萱草忘憂，其花堪食。又有一種小而純黄者，曰金萱，甚香而可食，尤宜植於石畔。”

【黄萱】

即香萱。此稱明代已行用。見該文。

【金萱】

即香萱。此稱明代已行用。見該文。

【秋萱】

一種秋天開花之“萱草”。此稱明代已行用。見該文。

【蜜萱】

“萱草”之一種。此稱明代已行用。花色如蜜，花開不時，故名。見該文。

【緑萱】

“萱草”之一種。此稱明代已行用。見該文。

【滿山紅】

特指“萱草”之開紅花者。此稱清代已行用。清郭柏蒼《閩産録異》：“福州稱萱草之開黄花者爲宜男草，開紅花者爲滿山紅。”

鬱金香

花名。百合科，鬱金香屬，鬱金香（*Tulipa × gesneriana* Linn.）。多年生草本。鱗莖扁圓錐形，直徑約 2 厘米，外被淡黄色纖維狀皮膜。葉基出，三至五枚，帶狀披針形至卵狀披針形，長 10～20 厘米，寬 1～6.5 厘米，全緣并呈波狀，常被毛。花單生，直立，生於莖頂；花大形，杯狀，花被片六枚，離生，有白、黄、橙、紅、紫紅諸色或爲複色，并有條紋、重瓣品種。蒴果，三室，室背開裂。種子多數，扁平。花期三至五月。是春季園林中重要球根花卉。宜用花境叢植及帶狀布置，可作花壇材料大片群植，也可盆栽或作切花。分布於地中海沿岸、中亞、土耳其和我國新疆等地。現各地均有栽培。

此稱魏晉時已行用。亦稱“鬱香”“紅藍花”“紫述香”“草射香”“茶矩摩”。晉魚豢《魏略》：“鬱金香生大秦國，二月、三月有花，狀如紅藍，四月、五月採花即香也。”《舊唐書·天竺國傳》：“貞觀十五年，尸羅逸多自稱摩伽陀王，遣使朝貢太宗，降璽書慰問……逸多率其臣下東面拜受敕書，復遣使獻火珠及鬱金香、菩提樹。”《通志·草類》：“鬱金香生大秦國，花如紅藍花，四五月採之即香。陳藏器謂《説文》云：鬱，芳草也。”宋馬志等《開寶本草·木部中品·鬱香》：“鬱香，味苦，温無毒。”

明李時珍《本草綱目·草三·鬱金香》:"〔釋名〕鬱香、紅藍花、紫述香、草麝香、茶矩摩。……〔集解〕〔陳〕藏器曰:鬱金香生大秦國,二月、三月有花,狀如紅藍,四月、五月采,花即香也。"《御定月令輯要·歲令下》:"鬱金香:〔增〕《魏略》:鬱金香生大秦國,二三月花如紅藍,四五月採之其香。十二葉,爲百草之英。"《廣西通志·物產》:"〔柳州府〕鬱金香,羅城出。案《本草綱目》:生大秦國,二三月有花,狀如紅藍,四五月採花即香也。古樂府所云鬱金蘇合香即此。"

按,《魏略》以爲"鬱金香生秦國",陳藏器云"生大秦國"。其實秦國即大秦國,又稱犁軒、海西,是古代中國史書對羅馬帝國之稱謂。漢和帝永元九年(97),西域都護班超遣甘英使大秦,至桓帝延熹九年(166),大秦皇帝安敦遣使來中國;晋武帝太康年間(280—289),大秦國又遣使來中國,遂兩國交好。鬱金香有可能在交往中携至中原。《魏略》與陳藏器所謂"生秦國",或許指此事,後人皆以爲鬱金香是引入花卉。然我國新疆也是鬱金香之原產地之一。另,古籍中名"鬱金"者尚有薑科之薑黄(*Curcuma longa*)及鬱金(*C. aromatica*),其塊莖、塊根可爲香料,亦可供染料。晋左芬《鬱金頌》:"伊此奇草,名曰鬱金。越自殊域,厥珍來尋。芬香酷烈,悦目欣心。"唐李白《客中作》詩:"蘭陵美酒鬱金香,玉椀盛來琥珀光。"皆指薑科之薑黄或鬱金,而非謂百合科之鬱金香,當辨之。參閱江蘇新醫學院《中藥大辭典·鬱金香》文。

【鬱香】

即鬱金香。此稱宋代已行用。見該文。

【紅藍花】 [2]

即鬱金香。其花多色,紅藍皆有,故名。此稱明代已行用。見該文。

【紫述香】

即鬱金香。此稱明代已行用。見該文。

【草麝香】

即鬱金香。此稱明代已行用。見該文。

【茶矩摩】

即鬱金香。名見《金光明經》,爲鬱金香之梵語音譯名。此稱明代已行用。見該文。

滇百合

花名。百合科,百合屬,滇百合(*Lilium bakerianum* Coll. et Hemsl.)。多年生草本。鱗莖寬卵形至近球形,直徑約4厘米,由十餘枚至數十枚鱗片組成;鱗片白色,卵形或卵狀披針形,肉質,富含澱粉。莖從鱗莖中央抽出,直立,高50～150厘米,被乳突或乳突狀毛,下部三分之一無葉,上部生葉。葉多達五十餘枚,散生,綠色,堅紙質,橢圓形或狹橢圓形、卵形、倒披針形。花白色、黃色,鐘狀,下垂,內有紫紅色斑點,花被片橢圓形,上部外翻,先端漸尖。蒴果上舉。種子淡棕色,扁平,叠生,近圓形。主要分布於我國雲南各地。清代始稱"紅百合"。清吳其濬《植物名實圖考·蔬類·紅百合》:"紅百合生雲南山中。大致如卷丹,葉短花肥,瓣色淡紅,內有紫點,綠心黃蕊中出一長鬚,圓突如乳,比卷丹爲雅。"《雲南植物志·百合科·滇百合》以爲《植物名實圖考》之紅百合即今滇百合,唯花色黃、白爲异,今附供考。

【紅百合】 [2]

即滇百合。此稱清代已行用。見該文。

蜘蛛抱蛋

花名。天門冬科，蜘蛛抱蛋屬，蜘蛛抱蛋（*Aspidistra elatior* Blume.）。多年生草本。根狀莖圓柱形，直徑 4 ～ 10 毫米，具節，節上有鱗片；橫生。葉單生，稀二枚叢生；新葉周邊二鱗葉，鱗葉暗紫色，革質，長圓形，葉長圓披針形或披針形，深綠色，微有黃白斑點，革質，先端急尖，邊緣軟骨質，具小齒；葉柄長而明顯，堅挺，綠色，圓柱形。花莖短，靠地生，花被鐘狀，外面

蜘蛛抱蛋
（清吳其濬《植物名實圖考》卷九）

略帶紫色或暗紫色，裏面下部淡黃或淡紫色，上具八深裂裂片，裂片近三角形，向外彎展。花期七至九月。可供觀賞，亦爲藥用。主要分布於我國雲南、四川、貴州等地，各地有栽培。清代已行用此稱。亦稱"飛天蜈蚣""哈薩喇""一葉""一帆青"。清吳其濬《植物名實圖考·山草類·蜘蛛抱蛋》："蜘蛛抱蛋一名飛天蜈蚣，建昌、南贛皆有之。狀如初生棕葉，下細上闊，長至二尺餘，粗紋韌質，凌冬不凋。近根結青黑實如卵，橫根甚長，稠結密鬚，形如百足，故以其狀名之。土醫以根卵治熱症；南安土呼哈薩喇，以治腰痛、咳嗽。"江蘇新醫學院《中藥大辭典·蜘蛛抱蛋》："異名：一葉（清周煌《琉球國志略》），一帆青（琉球國吳繼志《質問本草》），飛天蜈蚣，哈薩喇（《植物名實圖考》）……"按，同屬約十三種，我國

產八種。其中九龍盤（*A. lurida*）、卵葉蜘蛛抱蛋（*A. typica*）、叢生蜘蛛抱蛋（*A. caespitosa*）等，俱有一定觀賞價值。又，本種另有二變種：灑金蜘蛛抱蛋（var. *punctata*）、白紋蜘蛛抱蛋（var. *variegata*）。蜘蛛抱蛋葉大而舒展，耐陰性強，適於庭園樹蔭下散植，亦可盆栽作室內裝飾，尚可作切花用材。

【飛天蜈蚣】

即蜘蛛抱蛋。根莖橫走而多鬚根，形似蜈蚣，故名。此稱清代已行用。見該文。

【哈薩喇】

"蜘蛛抱蛋"之安南（越南古稱）語音譯名。此稱清代已行用。見該文。

【一葉】

即蜘蛛抱蛋。亦作"一葉蘭"。其葉單生，故名。名見清周煌《琉球國志略》，此稱清代已行用。見該文。

【一帆青】

即蜘蛛抱蛋。名見琉球國吳繼志《質問本草》。此稱清代已行用。見該文。

水仙

花名。石蒜科，水仙屬，中國水仙（*Narcissus tazetta* Linn. var. *chinensis* Roem.）。多年生草本球根花卉。鱗莖球狀，外被肉質鱗片，頭部中心處生頂芽及側芽，底部生有白色圓形細長根。基生葉、花葶同時自頂部抽出，葉片綠色，帶狀，細長而無鋸緣，頂端鈍圓；花葶直立，中空，每球抽一至十枚花葶不等。兩性花，五至七朵，着生花葶頂端，傘狀花序；花色白或淡黃，花片六枚，分內外兩層，基部結合作筒狀。副花冠淺杯狀，黃色。雄蕊六枚，雌蕊一枚。子房三室，果實爲蒴果，花期二至

三個月。此花耐寒，綻放於萬物尚未復蘇之時；易植，一碟清水，數粒石子，即可育成；更兼株叢嬌小，葉片青綠，清香冷艷，多用爲"歲朝清供"之年花，宜陳放於窗頭案角，又適合裝點園林庭院，增添雅趣。亦可作切花

水　仙
（明王圻等《三才圖會》
卷一二）

之用。根可入藥，花可提取香料。爲我國十大名花之一。我國主要分布於東南沿海及華中、華南等地，以福建漳州、上海崇明擅名，其他地區亦有零星栽培養植。

古書記載，水仙在六朝時出現，時稱"雅蒜"。明文震亨《長物志·花木》："水仙，六朝人乃呼爲雅蒜。"但此説缺乏力證，不可盡信。一般認爲，水仙是唐代自拂林國（即今意大利）傳入中土，時稱"捺祇"。唐段成式《酉陽雜俎·木篇》："捺祇，出拂林國，苗長三四尺，根大如鴨卵，葉似蒜葉，中心抽條甚長，莖端有花六出，紅白色，花心黃赤，不結子。其草冬生夏死。"按，捺祇，拉丁文音譯，即水仙。據此，則距今有一千二百餘年之歷史。據《新唐書》《唐會要》等書記載，自唐太宗貞觀十七年（643）到玄宗開元十年（722）的八十年中，拂林國曾五次遣使來華，水仙可能於那時携入。文獻中恰好又記載"唐玄宗賜虢國夫人紅水仙十二盆，盆皆金玉七寶所造"（清汪灝等《廣群芳譜·花譜·水仙》引明吳彥《花史》）。故此，拂林國傳入説比較可信。"水仙"之稱也是此時

出現的。因其生於低濕地，不能缺水，故名。

宋代有關記載開始增多。時變稱"水仙花""天葱""凌波仙子""金盞銀臺"，"盞"亦作"琖"。宋黃庭堅《王充道送水仙花五十枝欣然會心爲之作咏》詩："凌波仙子生塵襪，水上輕盈步微月。"宋楊萬里《水仙花》詩："銀臺金盞談何俗，攀弟梅兄品未公。寄語金華老仙伯，凌波仙子更凌空。"《南陽詩注》："此花外白中黃，莖幹虛通如葱，本生武當山谷間，土人謂之天葱。"（上《廣群芳譜》引）時對其體態已有詳細記載。宋周師厚《洛陽花木記》："水仙叢生下濕地，根似蒜頭，外有薄赤皮，冬生葉如萱草，色綠而厚，春初於葉中抽一莖，莖頭開花數朵，大如簪頭，色白，圓如酒杯，上有五尖，中承黃心，宛然盞樣，故有金盞銀臺之名。"對栽培方法亦有記載。如爲使株型美觀，當鱗莖頂芽、側芽萌動，欲發未發之時，磚覆其上，要防止花隱葉内（參見宋蘇軾《格物麤談》）。又如水仙球莖懸挂於通風處，可使其夏季過後再種（參見宋温革《分開瑣碎錄》）。當時已加分類，把單瓣者稱"金盞銀臺"，重瓣者稱"真水仙"。宋楊萬里《咏千葉水仙花并序》："世以水仙爲金盞銀臺，蓋單葉者，其中有一酒盞，深黃而金色；至千葉水仙，其中花片捲皺密蹙，一片之中，下輕黃而上淡白，如染一截者，與酒杯之狀殊不相似，安得以舊日俗名辱之？要之，單葉者當命以舊名，而千葉者乃真水仙云。"按，宋趙彥衛《雲麓漫鈔》引此作"金琖銀臺"。當時水仙的栽培，除中州洛陽外，尚有湖北荆州，浙江杭州、蕭山等地。宋黃庭堅《劉邦直送水仙花》詩："錢塘昔聞水仙廟，荆州今見水仙花。"吳自牧《夢粱錄·物

產》記載臨安“花之品”中有“水仙”。明吳彥匡《花史》：“宋楊仲淵自蕭山致水仙一二百本，極盛，乃以兩古銅洗菑之，學《洛神賦》體，作《水仙花賦》。”吟咏詩文大量出現。宋高似孫有《水仙花前賦》《水仙花後賦》，其他如朱熹、辛棄疾、陳與義、張耒、劉克莊、范成大、張孝祥、林洪等亦有佳作傳世。元代稱“雅客”。當時丹青手多以入畫。元程棨《三柳軒雜識》：“水仙爲雅客。”元張伯淳《題趙子固水仙圖》詩：“見畫如花花似畫，西興渡口晚晴時。”元陳旅《題水仙花圖》詩：“莫信陳王賦《洛神》，凌波那得更生塵。”

明代水仙的種植、應用較前代已有發展。栽種更爲廣泛，幾乎遍及江南，且出現了嘉定這樣的良種基地。清汪灝等《廣群芳譜》引明于若瀛曰：“水仙，江南處處有之，惟吳中嘉定種爲最，花簇葉上，他種則隱葉內耳……金陵即善植者，十叢不一二花。”杭州錢塘江岸，亦是無處不植。明高濂《遵生八箋·燕閑清賞箋·水仙花》：“杭之近江水處，菜户成林，種者無枝不花。”栽種經驗更加豐富。明鄺璠《便民圖纂》概括爲“六月不在土，七月不在房，栽向東籬下，開花朵朵香”的種植歌訣，後代廣傳。明汪機《本草會編》、李時珍《本草綱目》、王象晉《群芳譜》等都有較全面的介紹，兹録《群芳譜·花譜·水仙》對其應用的記述：“根味苦微辛，寒滑無毒，治癰腫及魚骨鯁。花作香澤塗身、理髮去風氣。”時亦稱“歲寒友”“野蒜”“配玄”“儷蘭”“女星”“女史花”“姚女花”。明王世懋《學圃雜疏》：“其物得水則不枯，故曰水仙，稱其名矣。前接臘梅，後迎江梅，真歲寒友也。”《廣群芳譜》引明陳

繼儒《太平清話》：“寶慶（今湖南邵陽一帶）人呼水仙野蒜。”又引《三餘帖》：“和氣旁薄，陰陽得理，則配玄榮於庭，配玄即今水仙花也，一名儷蘭，一曰女星。”又引《内觀日疏》：“姚姥……夢觀星墜於地，化爲水仙花一叢，甚香美，摘食之。覺而產一女，長而令淑有文，因以名焉。觀星即女史，在天柱下，故迄今水仙花名女史花，又名姚女花。”時已將其列入瓶花，評爲“一品九命”（明張謙德《瓶花譜》）。明王世懋《學圃雜疏》：“凡花重臺者爲貴，水仙以單瓣者爲貴，出嘉定，短葉高花，最佳種也，宜置瓶中。”

清代至民國時，水仙的栽培更爲廣泛，遍及南北，形成漳州的養植基地，并開始商品化生產，行銷遠至國外。當時廣東每年秋天市場上充斥南下之水仙頭。清屈大均《廣東新語·草語·水仙》：“水仙頭，秋盡從吳門而至。以沙水種之，輒作六出花，隔歲而不再花，必歲歲買之。牡丹亦然。予詩：‘冬盡人人爭買花，水仙頭共牡丹芽。’”據清黃叔璥《臺海使槎録》卷三載，清代廣東市場出售水仙頭，多標產地爲臺灣，其實爲漳州或蘇州海運而至，蘇州產不及漳州產肥大。又據民國《大中華福建省地理志》載，水仙爲漳州特產，行銷各省，從廈門運抵美國者頗多，塞北滿蒙民衆於室内火炕上養植。由於獨具的美化環境、生活及賞心悦目的作用，盆栽（包括瓶插）很盛行。清陳淏子《花鏡》卷五記述了有關方法：“十一月間，用木盆密排其根，少着沙石實其罅，時以微水潤之，日曬夜藏，使不見土，則花頭高出於葉。”又：“一概花木最畏鹹水，惟梅花與水仙，插瓶宜鹹水養。”徐珂《清稗類鈔·植物

類》引清沈玉遮《咏水仙花》詩描繪了盆栽的雅趣，云："藝以瑣碎石，浴以清冷泉。襯以石子瘦，佐以銅盆圓。"

現今，水仙已列入我國十大名花。福建漳州、上海崇明已形成兩大培育基地。有關部門科研人員積極開展雜交育種試驗，致力於新品種的培育，增強其在家庭園林中的美化作用。按，黃庭堅以單葉者稱"金盞銀臺"，千葉者稱"真水仙"，以千葉者爲貴。後世有不同説法：明王象晉謂"一云，單者名水仙，千葉名玉玲瓏"；高濂謂"單瓣者名冰仙，千瓣者名玉玲瓏，又以單瓣者名金盞銀臺"；王世懋謂"水仙以單瓣者爲貴"。今統稱"中國水仙"。

【雅蒜】

"水仙"之別稱。據明文震亨《長物志·花木》所載，此稱六朝時已行用。見該文。

【榇祇】

拉丁語"水仙"之音譯。此稱唐代已行用。見該文。

【水仙花】

"水仙"之別名。此稱宋代已行用。見該文。

【天葱】

即水仙。根莖似葱，故名。此稱宋代已行用。見該文。

【凌波仙子】

"水仙"之美稱。此稱宋代已行用。以其高出水波之上，意態似天仙，故名。見該文。

【金盞銀臺】[1]

即水仙。白花似臺，黃蕊似盞，故名。此稱宋代已行用。見該文。

【金琖銀臺】

同"金盞銀臺"，即水仙。琖，同"盞"。

此體宋代已行用。見該文。

【雅客】

"水仙"之美稱。以其意態高雅，與人相伴，故名。此稱元代已行用。見該文。

【歲寒友】

"水仙"之美稱。以其盛開於歲尾天寒之時，故名。此稱明代已行用。見該文。

【野蒜】

"水仙"之俗稱。形狀如蒜，不能食用，故名。此稱明代已行用。見該文。

【配玄】

即水仙。此稱明代已行用。見該文。

【儷蘭】

即水仙。此稱明代已行用。蓋以其能與蘭花相匹，故名。見該文。

【女星】

即水仙。此稱明代已行用。見該文。

【女史花】

即水仙。此稱明代已行用。見該文。

【姚女花】

即水仙。此稱明代已行用。見該文。

【凌波第一花】

"水仙"之美稱。此稱清代已行用。清康熙《見案頭水仙花偶作二首》詩之一："翠帔緗冠白玉珈，清姿終不污泥沙。騷人空自吟芳芷，未識凌波第一花。"

【中國水仙】

"水仙"今之通稱。

石蒜

花名。石蒜科，石蒜屬，石蒜〔*Lycoris radiata*（L'Hérit）Herb.〕。多年生草本。鱗莖闊橢圓形或近球形，外被紫褐色鱗莖皮，直徑約 1.4～4

厘米。葉基生，條形或帶形，長 14～30 厘米，肉質，全緣。花葶在葉前抽出，實心，傘形花序，有花四至六朵，花鮮紅或具白色邊緣。蒴果，常不成熟。花期九至十月。原産我國，分布於長江流域至西南地區。多生於陰濕山坡、路邊、林緣諸地。各地有栽培。爲觀賞兼藥用植物，其鱗莖可入藥，亦栽植供觀賞。

我國識別應用石蒜歷史悠久，宋代始行用"石蒜"一名，亦稱"水麻"。後世亦稱"烏蒜""老鴉蒜""蒜頭草""婆婆酸""一枝箭""銀鎖匙""蟑螂花"。宋唐慎微《證類本草》：《本草圖經·本經外草類總七十五種》：'水英、麗春草、坐拏草、紫堇……石蒜、蕁麻、山薑、馬腸根。'"明朱橚《普濟方·諸瘡腫門》："治毒腫（出《本草》）：用石蒜搗敷貼。"明李時珍《本草綱目·草二·石蒜》："〔釋名〕烏蒜、老鴉蒜、蒜頭草、婆婆酸、一枝箭、水麻。時珍曰：蒜以根狀名，箭以莖狀名。〔集解〕〔蘇〕頌曰：水麻生鼎州、黔州，其根名石蒜，九月采之。或云金燈花根，亦名石蒜，即此類也。時珍曰：石蒜處處下濕地有之，古謂之烏蒜，俗謂之老鴉蒜，一枝箭是也。春初生葉，如蒜秧及山慈姑葉，背有劍脊，四散布地。七月苗枯，乃於平地抽出一莖如箭簳，長尺許。莖端開花四五朵，六出，紅色。如山丹花狀而瓣長，黃蕊長鬚。其根狀如蒜，皮色紫赤，肉白色。此有小毒，而《救荒本草》言其可煤熟水浸過食，蓋爲救荒爾。"明徐光啓《農政全書》卷五一引《救荒本草》："老鴉蒜，生水邊下濕地中。其葉直生，出土四垂，葉狀似蒲而短，背起劍脊。其根形如蒜瓣，味甜。"清趙學敏《本草綱目拾遺·草部·老鴉蒜》："老鴉蒜，一名銀鎖匙，一名石蒜、一枝箭……蟑螂花，根即老鴉蒜。"《欽定續通志·昆蟲草本略》："石蒜，古謂之烏蒜，俗謂之老鴉蒜、一枝箭是也。《圖經》謂之水麻，《綱目》謂之蒜頭草。葉如蒜秧及山慈姑，花紅色，如山丹而瓣長，黃蕊長鬚，根似蒜，皮色紫赤，肉白色。"石蒜各地多有分布，且記載頗詳。如《浙江通志·物産三·寧波府》"石蒜，《普陀山志》：根似蒜，一莖數苞，狀如龍爪而小，銀笋。"《陝西通志·物産一·藥屬》："〔石蒜〕水麻生鼎州，其根名石蒜（宋蘇頌《圖經本草》）。"

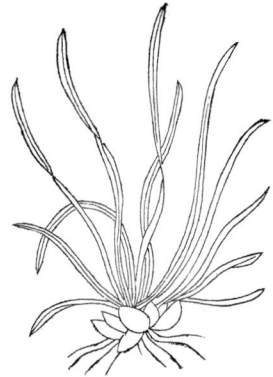

老鴉蒜
（明徐光啓《農政全書》卷五一）

按，李時珍以《救荒本草》之老鴉蒜爲石蒜，清吳其濬《植物名實圖考·蔬類·老鴉蒜》則認爲"根形殊不類"，并以爲"《救荒本草》斷不至以毒草濟人，此是《綱目》誤引之過。考《救荒本草》并無花葉不相見之語，其圖亦無實"。清吳其濬以爲"雷公鑿"根葉與老鴉蒜圖符，生麥田中，鄉人取以飼畜，其性無毒。其味淡，荒年掘食之，故老鴉蒜斷非石蒜，而是雷公鑿。此亦備一説，今附供考。

【水麻】[1]

即石蒜。名見宋蘇頌《圖經本草》。此稱宋代已行用。見該文。

【烏蒜】

即石蒜。此稱明代已行用。見該文。

【老鴉蒜】

即石蒜。此稱明代已行用。見該文。

【蒜頭草】

即石蒜。其根如蒜，故名。此稱明代已行用。宋嚴用和《世醫·得效方》作“酸頭草”，或以爲音訛名。此附。見該文。

【婆婆酸】

即石蒜。此稱明代已行用。見該文。

【一枝箭】

即石蒜。名見明王永輔《惠濟方》。此稱明代已行用。見該文。

【銀鎖匙】

即石蒜。此稱清代已行用。見該文。

【蟑螂花】

即石蒜。名見清趙學敏《本草綱目拾遺》引《王都官方》。此稱多行用於清代。見該文。

文殊蘭

花名。石蒜科，文殊蘭屬，文殊蘭〔*Crinum asiaticum Linn.* var. *sinicum*（Roxb. ex Herb.）Baker〕。多年生草本。幹短而粗壯，鱗莖，直徑約 10 ~ 15 厘米。葉多數，聚生於幹頂，劍形，長可達 1 米，先端漸尖，全緣，基部抱莖。花莖直立，粗壯；傘形花序頂生，佛焰苞長約 10 厘米，分裂至基部；花白色，亦植於庭園供觀賞。其鱗莖、根、莖、果實均可入藥。芳香。蒴果，近球形，淺黃色，徑約 5 厘米。

我國主要分布於

文蘭樹
（清吳其濬《植物名實圖考》卷三〇）

福建、臺灣、廣東、海南、廣西、湖南、四川等省區。野生者多見於河畔、低窪草叢中。明清時始行用此稱。亦稱“萬年青”“秦瓊劍”“牛黃繖”“千層喜”“文蘭樹”“羅裙帶”“扁擔葉”。清乾隆《文殊蘭》詩：“色相何曾似九畹，人云蘭亦曰蘭然。拈來漫擬稱名誤，應是文殊示別傳。”清何克諫《生草藥性備要》上卷：“萬年青，味腥，性甜，平。似蘭花葉樣。”清吳其濬《植物名實圖考·隰草類·牛黃繖》：“牛黃繖，江西、湖南有之，一名千層喜。長葉綠脆，紋脉潤，層層抽長，如抱焦心，長者可三四尺，斷之有涎絲。俚醫以治腫毒，目爲難得之藥。亦間有花，即廣中文殊蘭。”又《植物名實圖考·群芳類·文蘭樹》：“文蘭樹産廣東。葉如萱草而闊長，白花似玉簪而小，園亭石畔多栽之……”清李调元《南越筆記》：“文殊蘭葉長四五尺，大二三寸而厚，花如玉簪，如百合而長大，色白甚香，夏間始開，是皆蘭之屬。江西、湖南間有之，多不花。土醫以其汁治腫毒，因有秦瓊劍諸俚名。”清趙學敏《本草綱目拾遺·草部·羅裙帶》：“《職方典》：出廣西南寧府。葉滑嫩。長二寸許，似帶。”參閱《中藥大辭典·羅裙帶》。今亦稱“十八學士”“文珠蘭”。

【萬年青】[2]

即文殊蘭。此稱清代已行用。見該文。

【秦瓊劍】

即文殊蘭。其汁液爲解毒良藥，故名。此稱清代已行用。見該文。

【牛黃繖】

即文殊蘭。此稱清代已行用。見該文。

【千層喜】

即文殊蘭。此稱清代已行用。見該文。

【文蘭樹】

即文殊蘭。此稱多行用於清代。見該文。

【羅裙帶】

即文殊蘭。其葉長如帶，故名。此稱多行用於清代。見該文。

【扁擔葉】

即文殊蘭。此稱多行用於清代。見該文。

【十八學士】

即"文殊蘭"。今之俗稱一。見該文。

【文珠蘭】

即文殊蘭。今之俗稱。"珠"或"殊"之形訛。見該文。

百子蓮

花名。石蒜科，百子蓮屬，百子蓮（*Agapanthus africanus* Hoffmg.）。多年生常綠草本。葉二裂基生，光滑。花葶高可達90厘米；頂生傘房花序，有花十至五十朵，外被兩大蒼片，花後即落；花漏斗形，長至5厘米，鮮藍色，花期春季。有大花、小花、花葉、重瓣及白色、不同濃淡藍色等品種。原產南非。此稱明代已行用。謂荷花房生百子者。舊傳以蘇州府學前所生最著名，葉、莖、花皆大。因蓮房結子甚多，故名。清汪灝等《廣群芳譜·花譜·荷花》引明王世懋《學圃雜疏》："蓮花種最多，惟蘇州府學前者，葉如傘蓋，莖長丈許，花大而紅，結房曰百子蓮，此最宜種大池中。"清陳淏

百子蓮
（清吳其濬《植物名實圖考》卷三〇）

子《花鏡》卷五："百子蓮，出蘇州府學前，其花極大，房生百子。"按，文獻中百子蓮當屬荷花之一種，與今通稱石蒜科百子蓮名同實异也。

忽地笑 [2]

花名。石蒜科，石蒜屬，黃花石蒜〔*Lycoris aurea*（L'Hérit）Herb.〕。多年生草本。鱗莖肥大，近球形，直徑約5厘米，外被黑褐色鱗莖皮。葉基生，質厚，寬條形，上部漸狹，長可60厘米，寬約1.5厘米。上面黃綠色，具光澤，下面灰綠，中脉在上面凹下，而於下面隆起。傘形花序，有花五至十朵，花較大，具梗，梗着生花葶上，花黃色或橙色，兩側稍對稱，長約7厘米，花被筒長約2厘米，裂片六，邊緣稍皺曲。蒴果，每室有種子數粒。花期夏季。果期秋季。鱗莖可入藥。花大且美，可供觀賞，目前尚無人工栽培，可移植於庭園假山陰濕處以爲點綴。我國主要分布於湖南、湖北、江西、浙江、安徽、江蘇、福建、臺灣、廣東、廣西、貴州、四川、雲南諸省區。喜生於陰濕肥沃的岩石隙地間。此稱明代已見行用。亦稱"大一枝箭""鐵色箭""鹿葱""祖先花"。明李時珍《本草綱目·草二·石蒜》："〔集解〕時珍曰：……一種葉如大韭，四五月抽莖，開花如小萱花黃白色者，謂之鐵色箭，功與此（指石蒜）同。二物並抽莖開花，後乃生葉，葉花不相見，與金燈同。"清陳淏子《花鏡》卷五："銀燈色白，禿莖透出即花，俗呼爲忽地笑。"清顧張思《風土録》卷四："《群芳譜》云：'鹿葱色類萱，無香，鹿喜食之，故名。'"江蘇新醫學院《中藥大辭典·大一枝箭》："大一枝箭（《滇南本草》），异名：鐵色箭（《綱目》），忽地笑（《汝南圃史》），鹿葱（《群芳譜》），祖先花（《滇南

本草圖譜》）……爲石蒜科植物黃花石蒜的鱗莖（指藥用部分）。”按，鹿葱，亦作鹿蔥，因與萱草相似，常被誤作萱，實則并非同物。宋趙彥衛《雲麓漫鈔》卷四：“《本草經》云：‘萱一名忘憂，一名鹿蔥。’今驗此花，中有鹿斑紋，與萱小同而大異，其開花亦不並時，則知當以有鹿斑者爲鹿蔥，無斑文者爲萱云。”由此辨晰甚明。另，石蒜屬尚有鹿蔥（*Lycoris* × *squamigera*），亦與此異，亦宜辨之。百合科山慈菇俗名亦爲忽地笑，亦宜辨之。

【大一枝箭】

即忽地笑[2]。此稱明代已見行用。見該文。

【鐵色箭】

即忽地笑[2]。此稱明代已行用。見該文。

【鹿蔥】[2]

即忽地笑[2]。此稱明代已行用。見該文。

【祖先花】

即忽地笑[2]。此稱明代已行用。見該文。

【金燈】[2]

“忽地笑[2]”之別稱。以其色金黃，故名。此稱明清已行用。《格致鏡原》卷六九引《太倉志》曰：“金燈，俗呼忽地笑。穿山甚廣，重九登高，燦若丹霞，亦奇草也。”見該文。

【銀燈】[2]

“忽地笑[2]”之別稱。此稱清代已行用。見該文。

牛扁

花名。毛茛科，烏頭屬，牛扁（*Aconitum ochranthum* C.A.May.）。多年生草本。地下莖粗壯似胡蘿蔔，常微彎。基生葉兩種：一種叢生作披針狀，一種帶長柄挺出作掌狀。莖生葉互生，淺綠色。夏季開花，淡紫或黃綠色。殼果。全草入藥，亦具觀賞價值。我國主要分布於華中、華南等地區。文獻記載始見於漢代，亦作“牛萹”。《神農本草經·下品·牛扁》：“牛扁……可作浴湯，殺牛虱小蟲，又療牛病。生川谷。”南朝梁陶弘景

牛　扁
（明王圻等《三才圖會》卷五）

《名醫別錄》：“牛扁生桂陽川谷。”又南朝梁陶弘景《本草經集注·草木下品·牛扁》：“今人不復識此。”唐代稱“扁特”“扁毒”。明李時珍《本草綱目·草六·牛扁》〔集解〕引唐蘇敬等《唐本草》：“此藥似堇草、石龍芮輩，根如秦艽而細，生平澤下地。田野人名爲牛扁，療牛虱甚效。太常名扁特，或名扁毒。”宋代“扁特”聲轉作“便特”。宋蘇頌《圖經本草·草部下品·牛扁》：“牛扁出桂陽川谷，今潞州、寧州亦有之……今潞州止一種名便特。六月有花，八月結實。采其根苗搗末，油調，殺蟣虱。根苗主療大都相似。疑此即是牛扁，但‘扁’‘便’不同，豈聲近而字訛乎？”按，孫星衍注《神農本草經》謂“陶弘景云，太常貯名扁特，或名扁毒”，今檢陶氏《名醫別錄》及《本草經集注》均無是語，殆出《唐本草》，孫注可能有誤。參閱清汪灝等《廣群芳譜·藥譜五·牛扁》、吳其濬《植物名實圖考長編·毒草類·牛扁》。

【牛萹】

同“牛扁”。此體漢代已行用。見該文。

【扁特】

"牛扁"之別名。此稱唐代已行用。見該文。

【扁毒】

"牛扁"之別名。此稱唐代已行用。見該文。

【便特】

"扁特"之聲轉別名。此稱宋代已行用。見該文。

芍藥

花名。芍藥科，芍藥屬，芍藥（*Paeonia lactiflora* Pall.）。多年生草本。肉質粗壯宿根，依品種不同，有直根型、披根型、鬚根型等三種根系，莖由根部簇生，基部圓柱形，上多棱角，高 1 米許。二回三出羽狀複葉，呈橢圓、狹卵、披針等形，末梢尖而長，全緣微波，葉表爲綠色、黃綠色或深綠色等。花開於莖端或略下葉腋處，花大，直徑或達十數厘米，花瓣五至十枚，花色有紅、白、黃綠、紫、混合色等多種。雄蕊多數，心皮三至五，無毛。果實呈橢圓、紡錘、瓶形等，表皮光滑。芍藥是我國傳統古老名花之一，栽培已有三千多年的歷史。有"名花第一嬌"之美稱（參見元楊允孚《灤京雜咏》詩）。根皮入藥，從種子中提取油脂可作肥皂原料，亦可作塗料，亦可地栽布置園林，亦可盆栽或供切花、插花之用。花朵豐頭，色彩絢麗，芳香馥鬱，風韵嫣然，具重要觀賞價值。除華南少數極炎熱地帶以外，分布幾遍全國。

相傳起源於夏朝。宋虞汝明《古琴疏》："帝相元年，條谷貢桐、芍藥，帝命羿植桐於雲和，命武羅伯植芍藥於後苑。"先秦文獻已屢見芍藥之名。芍藥者，與"婥約"音近義通。婥約，美好之貌。因其花容婥約，故名。先秦稱"留夷""辛夷"，"芍藥"亦作"勺藥"。當時人們已經把它作爲典雅的禮物相互贈遺或以它象徵高貴品德。《山海經·北山經》："〔繡山〕其草多芍藥、芎藭。"《詩·鄭風·溱洧》："維士與女，伊其相謔，贈之以芍藥。"芍藥，一本作"勺藥"。《楚辭·離騷》："畦留夷與揭車兮，雜杜衡與芳芷。"又《九歌·湘夫人》："桂棟兮蘭橑，辛夷楣兮藥房。"漢代稱"離草""白术"，"芍藥"亦作"勺樂"。時對其藥性、功能已有認識，并以治多種疾病。漢韓嬰《韓詩外傳》："勺藥，離草也，言將離別贈此草也。"《神農本草經·中品·芍藥》："味苦，酸平，主邪氣腹痛，除血痺，破堅積、寒熱、疝瘕，止痛，利小便，益氣。"清張英《淵鑑類函》卷三六九："原《本草經》曰：芍藥一名白术，生山谷及中岳。"長沙馬王堆出土《五十二病方》經常用以治病。如"睢（疽）病：冶白薟（蘞）、黃蓍（耆）、芍藥、桂、畺（薑）、椒、朱臾，凡七物。"名醫張仲景恒以醫治傷寒，他開的單方中就有"芍藥甘草附子湯方""桂枝去芍藥加蜀漆龍骨牡蠣救逆湯方"等（《傷寒論》）。由於它具有調和五味、祛毒的作用，當時用它製作醬、羹等食品或作調料用。《文選·枚乘〈七發〉》："熊蹯之臑、芍藥之醬。"李善注引韋昭《上林賦》注曰："芍藥，和齊鹹酸美味也。"漢揚雄《蜀都賦》："有伊之徒，調夫五味，甘甜之和，芍藥之羹。"漢王充《論衡·譴告》篇："釀酒於罌，烹肉於鼎，皆欲其氣味調得也。時或鹹苦酸淡不應口者，猶人勺藥失其和也。"後人於此有詳備闡發。《爾雅翼·釋草》："其根可以和五臟，制食毒。古者有芍藥之醬，合之於蘭桂五味，以助諸食，因呼五味之和爲芍藥……今人食馬肝、馬腸者，猶合芍藥而煮之，古之遺法。馬肝，食之至毒者，文成以是死。言食之毒，莫甚於馬肝，則制食之毒者，宜莫良於芍藥，故獨得藥之名。”三國時瞭解更深，异名增多。時亦稱“甘積”“解倉”“誔”“餘容”“攣夷”。三國魏吳普《吳氏本草》：“芍藥……一名甘積，一名解倉，一名誔，一名餘容，一名白术。三月三日采。”《廣雅·釋草》：“攣夷，芍藥也。”王念孫疏證：“攣夷即留夷，留、攣，聲之轉也……《鄭風》之勺藥，《離騷》之留夷，《九歌》之辛夷，一物耳。”時對其已有簡單分類，分作木芍藥、草芍藥兩類，宮廷中已見種植。晋崔豹《古今注·問答釋義》：“芍藥有二種，有草芍藥，有木芍藥。木者花大而色深，俗呼爲牡丹，非也。”清張英《淵鑑類函》卷三六九：“晋館閣名暉章，殿前芍藥花六畦。”南北朝稱“犁食”“解食”“鋌”“花藥”“紅藥”，對其產地亦有記載，南朝宮禁園林，官署多有種植，廣陵亦開始蒔藝。南朝梁陶弘景《名醫別錄·草木·上品·芍藥》：“〔芍藥〕一名犁食，一名解食，一名鋌。生中岳。”又《本草經集注·草木中品·芍藥》：“今出白山、蔣山、茅山最好，白而長大，餘處亦有而多赤，赤者小利。俗方以止痛，乃不減當歸。道家亦服食之，又煮石用之。”《南史·后妃傳·張貴妃》：“至德二年，乃於光昭殿前起臨春、結綺、望仙三閣，高數十丈……其下積石爲山，引水爲池，植以奇樹，雜以花藥。”南朝齊謝朓《直中書省》詩：“紅藥當階翻，蒼苔依砌上。”《宋書·徐湛之傳》：“〔廣陵〕城北有陂澤，水物豐盛，湛之更起風亭月觀，吹臺琴室，果竹繁茂，花藥成行。”有專題吟咏作品出現，説明當時有一定影

響。《南史·王筠傳》：“筠幼而警悟，七歲能屬文，年十六爲《芍藥賦》，其辭甚美。”

隋唐時芍藥栽種漸廣，形成以洛陽爲中心的花卉生產地，影響更大，以至杜甫、白居易、韓愈、柳宗元、李商隱、元稹、孟郊、張九齡、張泌等都有詩歌吟唱。如韓愈《芍藥歌》：“花前醉倒歌者誰，楚狂小子韓退之。”白居易《草詞畢遇芍藥初開偶成十六韻》：“兩三叢爛漫，十二葉參差。背日房微斂，當階朵旋欹。釵莖抽碧股，粉蕊撲黃絲。動盪情無限，低斜力不支。”時亦稱“婪尾香”。婪尾春即末杯酒（唐人多名酒爲春），芍藥殿春，故喻指此花如酒醉人。彼時已用作插花。宋陶穀《清異錄·草木》：“〔唐〕胡嵩詩曰：‘瓶裏數枝婪尾春。’時人罔喻其意。桑維翰（五代時人）曰：‘唐末文人謂芍藥爲婪尾春者，婪尾酒乃最後之杯，芍藥殿春，亦得是名。’”

宋代爲經濟、社會、文化迅猛發展時期，揚州漸成爲花卉生產中心，出現了一系列專書及相關著作。記載洛陽產者，爲周師厚《洛陽花木記》，總計四十一品種，皆千葉型，内中黃花者、紅花者各十六種，紫花者六種，白花者兩種，桃花者一種。記載揚州產者，有劉攽《芍藥譜》、王觀《揚州芍藥譜》、孔武仲《揚州芍藥譜》、艾丑《芍藥譜》及紹熙《廣陵志》等。劉書所載，凡三十一種，分上、中、下三品：上品八種，即冠群芳、賽群芳、寶妝成、盡天工、曉妝新、點妝紅、叠香英、積嬌紅；中品十四種，即醉西施、道妝成、菊香瓊、素妝殘、試梅妝、淺妝匀、醉嬌紅、凝香英、石嬌紅、縷金囊、怨春紅、妒鵝黃、蘸金香、試濃妝；下品九種，即宿妝殷、取次妝、聚香

絲、簇紅絲、效殷妝、會三英、合歡芳、擬繡韉、銀含稜（據明高濂《遵生八箋·燕閑清賞箋·四時花紀》引）。王書在劉書基礎上，又增入八個新品種（即御衣黄、黄樓子、袁黄冠子、峽石黄冠子、鮑黄冠子、楊花冠子、湖纈、黽池紅），凡收三十九個品種。孔書所載，凡四十種，即御衣黄、青苗黄、樓子、尹家二色黄樓子，絳州紫苗黄樓子、峽石黄、圓黄、鮑家黄、石壕黄、楊家花、袁黄冠子、龜地紅、湖纈、黄樓子、壽州青苗、黄絲頭、道士黄、白纈子、金綫樓子、金繫腰、沔池紅、紅纈子、青苗旋心、玉逍遥、紅樓子、緋子紅、楊花冠子、胡家纈、二色紅、髻子紅、茅山紫樓子、茅山冠子、柳浦冠子、軟條冠子、當州冠子、蓬頭緋、多葉鞍子、髻子紅、多葉紹熙等（按，"髻子紅"重出。亦據《遵生八箋》，實爲三十九種）。艾書凡記二十四種。《廣陵志》凡記三十二種，據《遵生八箋》所録，實爲三十種，即御愛黄、御衣黄、玉盤盂、玉逍遥、紅都勝、紫都勝、觀音紅、色金紫、黄樓子、尹家黄、黄壽春、出群芳、蓮花紅、瑞連紅、霓裳紅、柳浦紅、芳山紅、延州紅、綴珠紅、玉板纈、玉冠子、紅冠子、紫鱠盤、小紫球、鎮淮南、倚欄嬌、單緋、胡纈玉樓子、粉緣子、紅旋心。品類如此之多，表明進入人工栽植成熟階段，并積纍了豐富經驗。當時形成北方以洛陽爲中心、南方以揚州爲中心的養植基地。特别是揚州芍藥口碑極佳，有"揚之芍藥甲天下""揚州芍藥爲天下冠"之贊譽。劉攽《芍藥譜·序》言揚州"人家園圃及佛舍所種，凡三萬餘株"，王觀《揚州芍藥譜·序》言僅朱氏"南北二圃所種，幾於五六萬株"。賞花之狀尤爲壯觀。劉攽《芍藥譜·序》："芍藥始開時，可留七八日，自廣陵，南至姑蘇，北入射陽，東至通州海上，西止滁和州，數百里間，人人厭觀矣"。宋蘇軾《東坡志林》載，有司曾"作萬花會，用花十餘萬枝"。瓶插供佛，也曾有空前盛大之舉。蘇軾《玉盤盂詩并序》："東武舊俗，每歲四月，大會於南禪、資福兩寺，以芍藥供佛。而今歲最盛，凡七千餘朵，皆重跗累蕚，繁麗豐碩。中有白花，正圓如覆盂，其下十餘葉稍大，承之如盤，姿格絶異。"栽種方法、技藝，時見記載。宋沈作喆《寓簡》："吾自高曾世傳種花，但栽培及時，無他奇巧，蓋以不傷其性，自得天真，故根壿耐久；近世厭常而反古，專尚奇麗。吾爲衣食所迫，不能免俗，乃用工力智巧，翦剔移徙，雜以肥沃藥物注灌，花始變而趣時態，十有七八異於常品矣。然不能久遠，經數歲輒瘦悴。"這段話反映出兩種樹藝方法：傳統的順天致性、純任自然的方法，新潮的憑藉技巧、追求奇麗的樹藝方法。二者各自短長，在相互比較、競争中推動技藝的發展、品種的改良。王觀《揚州芍藥譜·序》言及修根、分根、培壅、剪子等一整套管理方法："方九月十月時，悉出其根，滌以甘泉，然後剥削老硬病腐之處，揉調沙糞以培之，易其故土。凡花大約三年或二年一分，不分則舊根老硬，而侵蝕新芽，故花不成就。分之數，則小而不舒。不分與分之太數，皆花之病也。花顏色之深淺與葉蕊之繁盛，皆出於培壅剥削之力。花既萎落，亟翦去其子，屈盤枝條，使不離散，故脉理不上行，而皆歸於根。"這些方法至今仍有參考價值。文人學士蘇軾、蘇轍、曾鞏、梅堯臣、王禹偁、楊萬里、黄庭堅、張孝祥、姜夔、陳師道、周必大、王十朋等均有歌咏之作。如蘇軾《題趙昌芍藥》詩：“揚州近日紅千葉，自是風流時世妝。”楊萬里《玉盤盂》詩：“欲比此花無可比，且云冰骨雪肌膚。”

明代栽種更加廣泛，除以揚州爲中心的江南外，北方亦多種植。嘉靖《河南通志》言及芍藥出中嶽山谷間，各府州均産。宮禁寺廟、私家園林等亦悉心養植。李東陽《内閣賞芍藥》詩：“禁苑栽培真得地，化工雕刻本何心。”文徵明《禁中芍藥》詩：“仙姿綽約絳羅紳，何日移根傍紫宸？”黄姫水《石佛院看芍藥》詩：“偶移畫鷁同杯酒，不道空門有豔花。”王涣《昭慶寺看芍藥》詩：“一半春光過牡丹，又開芍藥遍禪關。”黄姫水《息園賞芍藥》詩：“淺白深紅鬬合歡，絲絲香雨書難乾。”新的品種不斷出現。明王世懋《學圃雜疏·花疏》：“芍藥本出揚州，故南都極佳。一種蓮香白，初淡紅，後純白，香獨如蓮花，故以名……其他如墨紫、朱砂紅之類，皆妙甚。”插花更有講究，有主有次。明袁宏道《瓶史》：“芍藥，以鶯粟、蜀葵爲婢。”栽培方法更爲細緻。明王象晋《群芳譜·花譜·芍藥》：“分花自八月至十二月，其津脉在根，可移栽。春月不宜，諺云：‘春分分芍藥，到老不開花。’以其津脉發散在外也。栽向陽則根長枝榮，發生繁盛。相離約二三尺，一如栽牡丹法，不可太遠、太近。穴欲深，土欲肥，根欲直。將土鉏虚，以壯河泥拌猪糞或牛羊糞，栽深尺餘尤妙。不可少屈其根梢，只以水注實，勿踏，築覆以細土，高舊土痕一指。自驚蟄至清明，逐日澆水，則根深枝高，花開大而且久，不茂者亦茂矣。以雞矢和土，培花叢下，渥以黄酒，淡紅者悉成深紅。”李時珍從藥用角度，總結其根、葉、色特徵。《本草綱目·草三·芍藥》〔集解〕：“昔人言洛陽牡丹、揚州芍藥甲天下。今藥中所用，亦多取揚州者。十月生芽，至春乃長，三月開花。其品凡三十餘種，有千葉、單葉、樓子之異。入藥宜單葉之根，氣味全厚。根之赤白，隨花之色也。”

清代到民國，發展勢頭很盛，品種增多。據成書於康熙時代的陳淏子《花鏡》一書統計，把前人書中雷同的删去，“耳目所不及辨者”不計算，尚有八十八種，已超越前代。其中黄色十八品，爲御袍黄、袁黄冠子、黄都勝、道妝成、金帶圍、縷金囊、峽石黄、妒鵝黄、鮑家黄、黄樓子、御愛黄、二色黄、怨春妝、青苗黄、黄金鼎、醮金香、楊家黄、尹家黄；深紅色二十五品，爲冠群芳、盡天工、賽群芳、醉嬌紅、簇紅絲、甌池紅、擬繡韡、積嬌紅、楊花冠子、紅纈子、試濃妝、赤城標、湖纈子、蓮花紅、會三英、紅都勝、點妝紅、綴蕊紅、髻子紅、緋子紅、駢枝紅、宮錦紅、柳浦紅、硃砂紅、海棠紅；粉紅色十七品，爲醉西施、淡妝匀、怨春紅、妒嬌紅、合歡芳、素妝殘、取次妝、效殷紅、倚欄嬌、紅寶相、瑞蓮紅、霓裳紅、龜地紅、芳山紅、沔池紅、紅旋心、觀音面；紫色十四品，爲寶妝成、凝香英、宿妝殷、聚香絲、醮金香、墨紫樓、叠英香、包金

辛　夷
（宋柴源等《紹興校定證類備急本草畫圖》卷四）

紫、紫都勝、紫鱠盤、金繫腰、紫雲裁、小紫球、多葉鞍子；白色十四品，爲曉妝新、銀含棱、菊香瓊、試梅妝、蓮香白、玉冠子、玉版纈、玉逍遥、覆玉瑕、玉盤盂、壽州青苗、粉緣子、鎮淮南、軟條冠子。乾隆時，揚州品種已逾百；民國初年，滬上一家私營花圃自稱有四百種，其時已出現進口新品種。清代北京豐臺名氣已超過揚州。清高士奇《北墅抱甕録·芍藥》："芍藥之種，古推揚州，今以京師豐臺爲盛。"時有"豐臺芍藥甲天下"之譽（清潘榮陛《帝京歲時紀勝》）。清汪灝等《廣群芳譜·花譜·芍藥》引清周篔《析津日記》："芍藥之盛，舊數揚州……今揚州遺種絶少，而京師豐臺，連畦接畛，倚擔市者萬餘莖。"徐珂《清稗類鈔·植物類》："順天豐臺爲養花之地，竹籬茅舍，三三兩兩，轆轤之聲不斷。其地本以芍藥者，春時車馬往來，游人如蟻。園丁貪利，繁苞未放，即剪入擔頭唤賣，故所見略無紅紫，惟餘緑葉青枝而已。"

當今世界芍藥的品種已達一千多個，尤其是北美，由於氣候合宜，栽種極廣，培育出許多新品種。我國的培植，以山東菏澤、江蘇揚州等爲重點基地，有關人員正努力挖掘傳統品種，吸收域外良種，雜交培育新品種。古老名花，展現出無限前程。

【勺藥】

同"芍藥"。或説，"制食之毒，莫良于勺，故得藥名"。此體先秦已行用。見該文。

【留夷】

"芍藥"之別名。此稱先秦已行用。見該文。

【辛夷】

"芍藥"之別稱。此稱先秦已行用。見該文。

【離草】

"芍藥"之別名。此稱漢代已行用。傳爲離別之際所贈，故名。見該文。

【白术】

"芍藥"之別名。此稱漢代已行用。見該文。

【甘積】

"芍藥"之別名。此稱三國時已行用。見該文。

【解倉】

"芍藥"之別名。此稱三國時已行用。見該文。

【誕】

"芍藥"之別名。此稱三國時已行用。見該文。

【餘容】

"芍藥"之別名。此稱三國時已行用。見該文。

【攣夷】

"芍藥"之別名。與"留夷"爲一聲之轉。此稱三國時已行用。見該文。

【犁食】

"芍藥"之別名。此稱南北朝已行用。見該文。

【解食】

"芍藥"之別名。此稱南北朝已行用。見該文。

【鋌】

"芍藥"之別名。此稱南北朝已行用。見該文。

【花藥】

即芍藥。此稱南北朝已行用。見該文。

【紅藥】

即芍藥。此稱南北朝已行用。見該文。

【婪尾春】

"芍藥"之別名。此稱唐代已行用。見該文。

【可離】

"芍藥"之別名。此稱漢代已行用。因分別時相贈，故名。晉崔豹《古今注·問答釋義》："牛亨問曰：'將離，相贈以芍藥者何？'（仲舒）答曰：'芍藥，一名可離，故將別以贈之。亦猶相招召贈之以文無，文無亦名當歸也。'"宋代亦稱"將離"。《太平御覽》卷六七三："芍藥，一名何離，故將別贈以芍藥。"清陳淏子《花鏡》卷五："芍藥，古名將離。因人將離別則贈之也。"

【將離】

"芍藥"之別名。此稱宋代已行用。見該文。

【花相】

"芍藥"之美稱。此稱宋代已行用。宋楊萬里《多稼亭前兩檻芍藥紅白對開二百朵》詩："好爲花王作花相，不應只遣侍甘泉。"按，花王乃牡丹，花相爲芍藥。

【近客】

"芍藥"之別名。此稱宋代已行用。宋龔明之《中吳紀聞》："張敏叔以芍藥爲近客。"

【白犬】

"芍藥"之別名。此稱宋代已行用。清汪灝等《廣群芳譜·花譜·芍藥》引宋劉放《芍藥譜》："昔有獵於中條山，見白犬入地中，掘得一草根，攜歸植之，明年花開，乃芍藥也。故謂芍藥爲白犬。"

【艷友】

"芍藥"之別名。此稱宋代已行用。宋曾慥《高齋漫錄》："芍藥爲艷友。"

【嬌客】

"芍藥"之美稱。此稱元代已行用。元程棨《三柳軒雜識》："芍藥爲嬌客。"

【黑牽夷】

"芍藥"之別名。此稱明代已行用。明王象晉《群芳譜·花譜·芍藥》："一名黑牽夷。"

【冠群芳】

深紅色"芍藥"之一品。此稱宋代已行用。以其艷甲群芳，故名。枝莖堅硬，葉粗大稀疏。花瓣密攢，徑 10 厘米許，高 10 餘厘米，旋心花冠，深紅色。宋王觀《揚州芍藥譜·上元上》："冠群芳，大旋心冠子也。深紅堆葉，頂分四五旋，其英密簇，廣可及半尺，高可及六寸。艷色絕妙，可冠群芳，因以名之。枝條硬，葉疏大。"參閱明王象晉《群芳譜·花譜·芍藥》、清陳淏子《花鏡》卷五、清汪灝等《廣群芳譜·花譜二十四·芍藥》、民國許衍灼《春暉堂花卉圖說》卷三。

【試濃妝】[1]

深紅色"芍藥"之一品。此稱宋代已行用。時亦稱"緋多葉"。明代亦作"試濃粧"，清代作"試濃妝"。綠葉硬挺，背面紫色。紅花片五至七重構成花冠，片呈平頭條狀。宋王觀《揚州芍藥譜·下之上》："試濃妝，緋多葉也。緋葉五七重，皆平頭，條赤而綠，葉硬，皆紫色。"明王象晉《群芳譜·花譜·芍藥》作"試濃妝"，清陳淏子《花鏡》卷五作"試濃妝"。

【試濃粧】

同"試濃妝"。此體明代已行用。見該文。

【試濃妝】[2]

同"試濃妝"。此體清代已行用。見該文。

【緋多葉】

"試濃妝"之別名。此稱宋代已行用。見該文。

【淺妝勻】[1]

粉紅色"芍藥"之一品。此稱宋代已行用。似紅纈子而粉紅色無斑點，宋王觀《揚州芍藥譜·中之上》："淺妝勻，粉紅冠子也。是紅纈中無點纈者也。"明王象晋《群芳譜·花譜·芍藥》作"淺妝勻"。清陳淏子《花鏡》卷五："淡妝勻，似紅纈子而粉紅無點，纈花之中品。"按，民國許衍灼《春暉堂花卉圖説》卷三作"殘妝勻"，疑"殘"乃"淺"之訛。

【淺妝勻】[2]

同"淺妝勻[1]"。此體明代已行用。見該文。

【淡妝勻】

即淺妝勻[1]。此稱清代已行用。見該文。

【取次妝】[1]

淡紅色"芍藥"之一品。此稱宋代已行用。延及後世。與"緋多葉"（即"試濃妝"）相近，均淡紅至極，花片甚多，花冠平形。宋王觀《揚州芍藥譜·下之中》："取次妝，淡紅多葉也。色絶淡，條葉正類緋多葉，亦平頭也。"明代作"取次粧"，出王象晋《群芳譜·花譜·芍藥》。清代亦作"取次妝"。清陳淏子《花鏡》卷五："取次妝，平頭而多葉，其色最淡。"

【取次粧】

同"取次妝"。此體明代已行用。見該文。

【取次妝】[2]

同"取次妝"。此體清代已行用。見該文。

【御衣黃】

黃色"芍藥"之一品。此稱宋代已行用。延及後世。黃色花片稀疏，末端微碧，花蕊見於花片間，有"黃色之冠"的美譽。宋王觀《揚州芍藥譜·新收八品》："御衣黃，黃色淺而葉疏，蕊差深，散出於葉間，其葉端色又微碧，高廣類黃樓子也。此種宜升絶品。"明王象晋《群芳譜·花譜·芍藥》："御衣黃……黃花之冠。"清代稱"御袍黃"。清陳淏子《花鏡》卷五："御袍黃，色初深後淡，葉疏而端肥碧。"

【寶妝成】

紫色"芍藥"之一品。此稱宋代已行用，延及後世。枝莖堅挺，葉平展。花冠高30厘米許，徑10餘厘米，大花瓣中曲生小花瓣，回環裏抱。宋王觀《揚州芍藥譜·上之上》："寶妝成，鬐子也。色微紫，於上十二大葉中密生曲葉，回環裏抱團圓。其高八九寸，廣半尺餘。每一小葉上絡以金綫，綴以玉珠，香欺蘭麝，奇不可紀。枝條硬而葉平。"明代亦作"寶粧成"。明王象晋《群芳譜·花譜·芍藥》："寶粧成……爲紫花之冠。"

【寶粧成】

同"寶妝成"，此體明代已行用，見該文。

【曉妝新】[1]

白色"芍藥"之一品。此稱宋代已行用，延及後世。花冠作小旋心，花瓣頂端有殷紅色小點，每朵三至五點。宋王觀《揚州芍藥譜·上之上》："曉妝新，白纈子也。如小旋心狀，頂上四向，葉端點小殷紅色，每一朵上或三點或四點或五點，像衣中之點纈也。綠葉甚柔而厚，條硬而絶低。"明代亦作"曉粧新"，出明王象晋《群芳譜·花譜·芍藥》。清代亦作"曉妝新"。清陳淏子《花鏡》卷五："曉妝新，花如小旋心，頂上四向，葉端有殷紅小點……結白花。上品。"

【曉粧新】

　　同"曉妝新[1]"。此體明代已行用。見該文。

【曉妝新】[2]

　　同"曉妝新[1]"。此體清代已行用。見該文。

【抓破臉】

　　"芍藥"之一品。此稱清代已行用。白瓣中有紅絲一縷，似臉抓破，故名。徐珂《清稗類鈔·植物類》："京師芍藥奇麗，其香較牡丹爲蘊籍，花容細膩，則又過之。玉瓣千層，紅絲一縷，殊艷絕也。而北人每呼之曰'抓破臉'。秦大樽官京師時，聞之，輒爲絕倒。"

飛燕草

　　花名。毛茛科，翠雀屬，翠雀（*Delphinium grandiflorum* Linn.）。多年生草本。莖高35~65厘米，全株被柔毛。莖具分枝。葉互生，掌狀深裂，裂片綫形；基生葉與莖生葉皆具長柄。總狀花序頂生，萼片五枚，瓣狀，藍色。蓇葖果三個聚生。花期九至十月。花供觀賞。全草可入藥。我國主要分布於雲南、山西、河北、寧夏、四川、甘肅、黑龍江、吉林、遼寧、新疆、西藏等省區。多見於山坡、草地及固定沙丘上。明清時稱"小草烏"。明朱橚《普濟方·諸瘡種門》："〔搽瘡藥〕小草烏（小指面塊挫極碎）右以臘月豬膏，入少許輕粉，量用搽末瘡上。丹膏，治一切瘡癬。"清吳其濬《植物名實圖

小草烏
（清吳其濬《植物名實圖考》卷二三）

考·毒草類·小草烏》："小草烏生雲南山中，與月下參同。無大根、有毒，外科用之。"近代稱"貓眼花""百部草""鷄爪蓮"。今通稱"翠雀花""大花飛燕草"。此花性喜冷涼氣候，忌炎熱；耐寒，耐旱，亦稍耐陰。其花形別致，狀似藍色飛燕栖於枝梢，淡雅可人。宜植於花壇、花境，亦可供切花用材。參閱江蘇新醫學院《中藥大辭典·翠雀花》文。

【小草烏】[1]

　　即飛燕草。其根有毒，有如草烏，故名。此稱明代已行用。見該文。

【貓眼花】

　　即飛燕草。此稱行用於近代。名見《中藥通報》。見該文。

【百部草】[1]

　　即飛燕草。此稱行用於近代。名見《中國高等植物圖鑒》。見該文。

【鷄爪蓮】

　　即飛燕草。此稱行用於近代。名見《吉林中草藥》。今吉林各地多行用此稱。見該文。

【翠雀花】

　　即"飛燕草"。今之通稱一。見該文。

【大花飛燕草】

　　"飛燕草"今之通稱一。見該文。

還亮草

　　花名。毛茛科，翠雀屬，還亮草（*Delphinium anthriscifolium* Hance）。多年生草本。莖高30~80厘米，等距地生葉，分枝。二至三回羽狀複葉，對生，稀互生，有較長柄或短柄，基部葉在開花時常枯萎；葉菱狀卵形或三角狀卵形。總狀花序，有花二至十五朵；萼片菫色或紫色；花瓣紫色，上部變寬。蓇葖果。種子扁

球形，上部具螺旋狀排列的橫膜翅。爲花藥兼用植物。其花色紫，淡雅別致，可作花壇、花境材料。我國主要分佈於廣東、廣西、貴州、湖南、江西、福建、浙江、江蘇、安徽、河南及山西南部。常見於海

還亮草
（清吳其濬《植物名實圖考》卷一三）

拔 200 ～ 1200 米之低山丘陵荒坡草叢、溪邊草地。清代已行用此稱。亦稱“還魂草”“對叉草”“蝴蝶菊”。清吳其濬《植物名實圖考·隰草類·還亮草》：“還亮草，臨江、廣信山圃中皆有之，春初即生。方莖五棱，中凹成溝，高一二尺。本紫梢青，葉似前胡葉而薄。梢間發小細莖，橫擎紫花，長柄五瓣，柄蓋花歕，宛如翔蝶。中翹碎瓣尤紫艷，微露黃蕊。花罷結角，翻尖向外，一花三角，間有四角。一名還魂草，一名對叉草，一名蝴蝶菊。”參閱《中國植物志·毛茛科·還亮草》。

【還魂草】

即還亮草。此稱清代已行用。見該文。

【對叉草】

即還亮草。此稱清代已行用。見該文。

【蝴蝶菊】

即還亮草。此稱清代已行用。見該文。

雲南翠雀花

花名。毛茛科，翠雀屬，雲南翠雀花（*Delphinium yunnanense* Franch.）。多年生草本。莖高 60 ～ 90 厘米，下部被反曲短柔毛，上部無毛，自中部或下部分枝，疏生四至六葉。最下部葉開花時枯萎，下部葉有長柄；葉五角形，三深裂。總狀花序狹長，疏生三至十朵花，萼片藍紫色；花瓣無毛，瓣片倒卵形，二裂至中部，腹面有黃色髯毛。花期八至十月。供觀賞。亦可入藥。我國主要分佈於雲南、四川、貴州等省。多見於海拔 1000 ～ 2400 米山坡草地或灌叢中。宋明時已入藥，以其根圓白多鬚似參，始稱“月下參”，亦沿稱於後世。明蘭茂《滇南本草·月下參》：“月下參，性溫熱，味苦平。”清吳其濬《植物名實圖考·毒草類·月下參》：“月下參生雲南山中。細莖柔綠，葉花又似蓬蒿、蔞蒿輩；又似益母草而小。發細葶，擎葺葵宛如飛鳥昂首翹尾，登枝欲鳴。開五瓣藍花，上三勻排，下二尖并，內又有五茄紫瓣，藏於花腹，上一下四，微吐黃蕊，一柄翻翹，色亦藍紫，蓋即《菊譜》雙鸞菊、烏頭一類。滇人以根圓白多細鬚，爲月下參。《滇南本草》：味苦平，性溫熱，治九種胃寒，氣痛；健脾、消食、治噎、寬中、痞滿、肝積，左右肋痛、吐酸。其性亦與烏頭相近。”按，翠雀屬約三百種，廣布於地球之北溫帶地區，我國約一百一十三種，除臺灣、廣東、海南外，其餘各省區市都有分佈，其中不少種均花形美麗，花色鮮艷，可供觀賞。譬如飛燕草（*D. ajacis*）、穗花翠雀（*D. elatum*）、麗江翠雀（*D. likiangense*）、

月下參
（清吳其濬《植物名實圖考·毒草類》卷二三）

康定翠雀（*D. tatsienense*）、唇花翠雀（*D. cheilanthum*）等均爲優良觀賞花卉。本種花如翠雀，色藍静雅，可作花境、花壇用材，亦可作切花。然植株有毒，需加注意。今亦稱"小草烏""細草烏""鷄脚草烏""倒提壺"。

【月下參】

即雲南翠雀花。此稱多行用於明清。見該文。

【小草烏】[2]

即雲南翠雀花。名見《雲南中草藥》，今之俗稱。見該文。

【細草烏】

即雲南翠雀花。名見《雲南中草藥》，今之俗稱。見該文。

【鷄脚草烏】

即雲南翠雀花。名見《中國高等植物圖鑒》，今之俗稱。見該文。

【倒提壺】

即雲南翠雀花。今貴州各地多行用此稱。見該文。

耬斗菜

花名。毛茛科，耬斗菜屬，耬斗菜（*Aquilegia vulgaris* Linn.）。多年生草本。莖高 40～80 厘米，具細柔毛。葉基生或莖生，葉端裂片闊楔形。花頂生，下垂（重瓣者近直立），花萼五片，呈花瓣狀；花瓣卵形，五枚，紫色，亦有藍、白色者。花期五至七月。葉可食。花可供觀賞。原產歐洲、西伯利亞至北美諸地。我國有栽培。

明代已行用此稱。明朱橚《救荒本草·草部·葉可食》："耬斗菜，生輝縣太行山山野中。小科苗，就地叢生。苗高一尺許，莖梗細

弱。葉似牡丹葉而小，其頭頗圓。"明鮑山《野菜博録·草部》："耬斗菜，生山野中。小科苗，就地叢生，苗高尺許，莖梗細弱。葉似牡丹葉小，其頭頗圓。味甜。"清吴其濬《植物名實圖考·蔬類·耬斗菜》："耬斗菜，《救荒本草》：耬斗菜，生輝縣太行山山野中。小科苗，就地叢生。苗高一尺許，莖梗細弱。葉似牡丹葉而小，其頭頗圓。味甜。"按，耬斗菜以其花似耬斗（播種所用之農具）而得名。毛茛科耬斗菜屬植物七十餘種，多產於温帶地區，我國分布約八種。常見者有山耬斗菜，又名山莛環（*A. buergeriana*），花瓣黄色，萼片紫色；加拿大耬斗菜（*A. canadensis*），花瓣檸檬黄色，萼片黄或紅色；金花耬斗菜（*A. chrysantha*），花瓣淡黄色，萼片深黄而帶紅暈，此種有淡黄耬斗菜、金黄耬斗菜及紅距耬斗菜等變種；洋牡丹（*A. flabellata*），花徑約 5 厘米，花瓣白色，花萼紫色；紅花耬斗菜（*A. formosa*），花瓣黄色，萼片紅色；華北耬斗菜（*A. yabeana*），花下垂，萼、瓣均紫色；尖萼耬斗菜（*A. oxysepala*）；綠花耬斗菜（*A. viridiflora*），花冠黄綠色；藍花耬斗菜（*A. coerulea*），花大型，藍色或白色，又，本種又有大花、白花、紅花、重瓣、斑葉等變種，均爲著名觀賞花卉。另，"耬斗菜"亦該屬植物之統稱。而《中國高等植物圖鑒》以 *A. viridiflora* 爲耬斗菜，《中國花經》等以 *A. vulgaris* 爲耬斗菜，今俱附供考。本種今亦稱"耬斗花""漏斗菜"。

【耬斗花】

即耬斗菜。今之俗稱。參閲陳俊愉等《中國花經·耬斗菜》。見該文。

【漏斗菜】

同"耬斗菜"。今之俗稱一。見該文。

秋牡丹

花名。毛茛科，歐銀蓮屬，秋牡丹〔*Anemone hupehensis* Lem. var. *japonica*（Thunb.）Bowles et Stearn〕。打破碗花花的變種。多年生草本。莖高 1 米許。三出複葉，具毛；小葉三裂或數裂。秋日，莖上分枝開花，花大，紫紅色，重瓣，形似菊。主要供觀賞。主要分布於我國西南地區；廣東、江西、福建、江蘇、安徽等省亦有栽培。此稱明代已行用。時人種植秋牡丹已頗富經驗。如明宋詡《竹嶼山房雜部·種花卉法》："秋牡丹，苞生花而小，形如牡丹，色紅。苞體時，雨中分而種之。"明高濂《遵生八箋》卷一六："秋牡丹花，草本，遍地延蔓，葉肖牡丹，花開淺紫，黃心，根生，分種。"明王象晋《群芳譜·花譜·秋牡丹》："秋牡丹，草本。遍地蔓延。葉似牡丹差小，花似菊之紫鶴翎，黃心。秋色寂寥，花間植數枝足壯秋容。分種易活，肥地爲佳。"其花頗美，常爲文人描畫欣賞。清鄒一桂《小山畫譜》卷上："秋牡丹，草花，花葉俱似牡丹但小耳。花紫色，如杯，大黃心。"清代稱"秋芍藥""壓竹花"。清陳淏子《花鏡》卷五："秋牡丹一名秋芍藥，以其葉似二花，故美其名也。其花單葉似菊，紫色黃心，先菊而開，嗅之其氣不佳，故不爲

秋牡丹
（明王圻等《三才圖會》卷一二）

人所重。春分後可移栽，肥土即活。"清吳其濬《植物名實圖考·群芳類·壓竹花》："壓竹花一名秋牡丹，雲南園圃植之。初生一莖一葉，如牡丹葉，濃綠糙澀，抽葶高二尺許，附葶葉微似菊葉，尖長多叉。葶端分叉。

壓竹花
（清吳其濬《植物名實圖考》卷二九）

又抽細葶打苞，宛如罌粟。秋開花如千層菊，深紫縟豔，大徑寸餘，綠心黃暈，蕊擎金粟，一本可開月餘。"按，銀蓮花屬植物有一百五十多種，我國分布五十四種以上，見於栽培者尚有銀蓮花（*A. cathayensis*）、歐洲銀蓮花（*A. coronaria*）、希臘銀蓮花（*A. blanda*）、孔雀銀蓮花（*A. hortensis*）、大花銀蓮花（*A. sylvestris*）。另外，秋牡丹的原種打破碗花花（*A. hupehensis*），及其另一變種水棉花（var. *alba*）等亦被廣泛栽培供觀賞。參閱賈祖璋等《中國植物圖鑒·毛茛科·秋牡丹》。

【秋芍藥】

即秋牡丹。此稱清代已行用。見該文。

【壓竹花】

即秋牡丹。此稱清代已行用。見該文。

草玉梅

花名。毛茛科，歐銀蓮屬，草玉梅（*Anemone rivularis* Buch.-Ham.）。多年生草本，有根狀莖（木質），高 15 ～ 65 厘米。基生葉三至五片，腎狀五角形，三全裂，具長柄。聚傘花序，長 10 ～ 30 厘米，二至三回分枝；花白色，徑

2～3厘米。瘦果狹卵球形，稍扁。花期五至八月。爲花藥兩用植物。根狀莖、葉可入藥，全草可爲農藥。亦可供觀賞。我國主要分布於西藏、廣西、貴州、湖北、四川、甘肅、青海諸省區。常見於高山草坡及溪邊、湖畔等

草玉梅
（清吳其濬《植物名實圖考》卷二九）

陰濕地。明代稱“虎掌草”，清代始行用此稱。明蘭茂《滇南本草·虎掌草》：“性寒，味微苦辣，有小毒。”清吳其濬《植物名實圖考·群芳類·草玉梅》：“草玉梅生雲南。鋪地生葉，抽葶開尖瓣白花如積粉。”賈祖璋等《中國植物圖鑒·毛茛科》：“草玉梅（《植物名實圖考》）。〔形態〕莖粗大……六七月間枝頂抽生花梗，梗端着生一花，呈白色。”今通稱“溪畔銀蓮花”。俗稱“虎掌葉”“漢虎掌”“見風青”“五倍葉”。參閱《雲南植物志·毛茛科·草玉梅》。參閱江蘇新醫學院《中藥大辭典·虎掌草》文。

【虎掌草】

即草玉梅。此稱明代已行用。見該文。

【溪畔銀蓮花】

即“草玉梅”。其拉丁語譯名，亦今通稱。見該文。

【虎掌葉】

即草玉梅。今雲南各地多行用此稱。見該文。

【漢虎掌】

即草玉梅。今雲南各地多行用此稱。見

該文。

【見風青】

即草玉梅。名見《雲南植物志·毛茛科》《貴州民間方藥集》。今雲貴諸省多行用此稱。見該文。

【五倍葉】

即草玉梅。名見《雲南植物志·毛茛科》。今雲南、廣西諸省區多行用此稱。見該文。

側金盞花

花名。毛茛科，側金盞花屬，側金盞花（*Adonis amurensis* Regel. et Radde）。多年生草本。根狀莖粗短，具多數鬚根。開花時高5～15厘米，花後漸達20～35厘米，下部偶有分枝，近基部具少數淡褐色或白色膜質鞘。葉二型，下部葉具長柄，無毛；葉三角型，三回羽狀全裂，一回裂片二至三對，末回裂片狹卵形至披針形，具短尖。花杯狀單個，頂生，萼片白色或淡粉紅色；花瓣金黃色。瘦果，倒卵形。花期三至四月。爲花、藥兼用植物。全草可入藥。其植株矮小，頂凌而花，有傲雪凌霜特性，被譽爲“林海雪蓮”。可作花壇、花徑、草地邊緣之配材，亦可用以點綴假山、石園。自古多有盆栽觀賞者。主要分布於我國東北各地。野生者多見於疏林下或山坡陰濕地灌木叢中。

宋代始稱“側金錢花”。宋范成大《桂海虞衡志·志花》：“側金錢花，如小黃葵，葉似槿，歲暮開，與梅同時。”亦作“側金盞花”，以其花黃而形如杯盞，故名。明陸楫《古今説海》卷一一：“側金盞花，如小黃葵，葉似槿，歲暮開，與梅同時。”《御定月令輯要·十二月令》：“側金盞花，〔增〕《桂海花志》：側金盞花，如小黃葵，葉似槿，歲暮開，與梅同時。”清汪灝

等《廣群芳譜·花譜四十六·金盞（附録側金盞花）》：“〔增〕《桂海虞衡志》：“側金盞花，如小黄葵，葉似槿，歲暮開，與梅同時。”其花在南方立春已開，故又曰“獻歲菊”。此稱清代已行用。清范咸《重修臺灣府志·物産·草木》：“梅、桂、海棠……含笑、獻歲菊，七里香、月桃、交枝蓮。”《附考》引《臺灣志略》：“獻歲菊，立春始開，其性尤殊凡菊。”按，賈祖璋等《中國植物圖鑒·毛茛科·側金盞花》以爲“側金盞花”語本《桂海虞衡志》，查今版《桂海虞衡志》（上海古籍出版社版）作“側金錢花”，而《廣群芳譜》引作“側金盞花”，今附供考。又，側金盞花初春開放（一説立春開花），花、葉似菊，故又有“獻歲菊”“長春菊”“歲菊”“冰裏花”“冰凉花”“頂冰花”“早春花”“冰郎花”“雪蓮”“福壽草”諸稱。參閲陳俊愉等《中國花經·側金盞花》、江蘇新醫學院《中藥大辭典·福壽草》。

【側金錢花】

即側金盞花。此稱宋代已行用。見該文。

【長春菊】[2]

即側金盞花。名見《事物紺珠》。此稱明清已行用。見該文。

【獻歲菊】

即側金盞花。臺灣各地立春始花，似有獻歲意，故名。此稱清代已行用。《中藥大辭典·福壽草》以爲此即側金盞花。見該文。

【歲菊】

即側金盞花。名見《漳州府志》。此稱清代已行用。參閲《中藥大辭典·福壽草》。見該文。

【福壽草】

即側金盞花。此稱清代已行用。見該文。

【雪蓮】

即側金盞花。此稱清代已行用。名見清七椿園《西域聞見録》。見該文。

【冰裏花】

即側金盞花。謂其早春頂凌而花故以名之。今之俗稱一。名見《東北植物藥圖志》。見該文。

【冰凉花】

即側金盞花。名見《藥材學》。今之俗稱。見該文。

【頂冰花】

即側金盞花。今東北各地多行用此稱。見該文。

【早春花】

即側金盞花。其花早春而放，故名。今北方諸省多行用此稱。見該文。

【冰郎花】

即側金盞花。名見《吉林中草藥》。今吉林各地多行用此稱。見該文。

石竹

花名。石竹科，石竹屬，石竹（*Dianthus chinensis* Linn.）。多年生草本。全株粉緑色，莖直立，高 30 厘米，莖節似竹節。葉抱莖對生，綫狀披針形，末梢漸尖。夏季開花，花單生或數朵簇生於莖頂，萼下有尖長苞片，花徑 3 厘米許，花瓣淡紅色或白色，瓣先端邊緣有淺缺，作鋸齒狀，芳香。蒴果包於宿存萼内。園林及家第均可栽植供觀賞。全草入藥。原産我國，現主要分布於東北、西北、華北及長江流域。

其稱唐代文獻已見，時亦稱"石竹花"。唐王績《石竹咏》詩："萋萋結綠枝，曄曄垂朱英。"唐陸龜蒙《石竹花咏》詩："而今莫共金錢鬬，買却春風是此花。"清汪灝等《廣群芳譜·花譜二十五·石竹》引唐段成式《酉陽雜俎》："衛公言，蜀中石竹有碧花。"宋王安石《石竹花》詩："種玉亂抽青節瘦，刻繒輕染絳花圓。"宋元之際把石竹分作兩種：單瓣的稱"石竹"，千瓣的稱"洛陽花"。明高濂《草花譜》："石竹有二種：單瓣者名石竹，千瓣者名洛陽花。"元虞集《賦石竹》詩："積雪初消萼綠華，東風吹動絳綃霞。"民國許衍灼《春暉堂花卉圖説·彙考三·石竹》引元李衎《竹譜詳錄》："石竹，京都人家好種之階砌旁。叢生，葉如竹，莖細，亦有節。暮春花開枝杪，或白，或紅，或粉紅，或有紅紫暈；或重葉多葉不等。惟深朱殷色者，最爲難得。花盡有子成房，刈去再生，至秋又花，仍如春盛。亦有野生者，今處處有之。"明代稱"鵝毛石竹""繡竹""石竹子"。明周叙《洛陽花木記》："草花中有石竹，花粉紅。鵝毛石竹，一名繡竹。"明吳彦匡《花史》："石竹花須每年起根，分種則茂，但枝蔓柔弱，易至散漫，須用小竹扶之，用細竹或小葦圍縛，則不摧折。"明王象晉《群芳譜·花譜·石竹》："草品，纖細而青翠。花有五色，單葉千葉，又有翦絨，嬌艷奪目，婗

石竹子
（明徐光啓《農政全書》
卷四六）

娟動人。"明李時珍《本草綱目·草五·瞿麥》〔集解〕："石竹葉似地膚葉而尖小，又似初生小竹葉而細窄，其莖纖細有節，高尺餘，梢間開花。田野生者，花大如錢，紅紫色。"明朱橚《救荒本草》卷一："石竹子……苗高一尺已來，葉似獨掃葉而尖小，又似小竹葉而細窄，莖亦有節，梢間開紅白花而結蒴，内有小黑子……救飢：採嫩苗葉煠熟，水浸淘净，油鹽調食。"清人亦稱"石菊"。清陳淏子《花鏡》卷五："一名石菊，又名繡竹。枝葉如苕，纖細而青翠。夏開紅花，赤深紫數色。千葉如剪茸。結子細黑。向陽喜肥，每年起根分種方茂……花開亦耐久，而惜不香。若能使霜雪不侵，其幹若漸老，亦可作盆景。枝扦插皆活。"清高士奇《北墅抱甕錄·石竹》："纖柔易生，枝蔓青翠，花具五色，婗娟動人。以時培灌，亦能作木本重臺。"清代稱"獅子頭"。清吳其濬《植物名實圖考·群芳類·獅子頭》："獅子頭即千葉石竹。花瓣極多，開放不盡，初開之瓣已披，後開之瓣方長，一花之上，仰垂各異，徒有縟麗，殊乏整齊。"徐珂《清稗類鈔·植物類》："石竹爲多年生草。多栽植於庭園，莖高尺許，葉細長而尖，對生。花有重瓣、單瓣，色白，亦有深紅、淡紅者，狀頗類瞿麥花。惟花瓣上部分裂甚淺，花下之苞亦較長而尖，故易辨別，俗呼爲洛陽花。"

按，石竹與瞿麥形甚相似，故明清以來，每相淆亂。如《本草綱目》〔釋名〕以石竹爲瞿麥異名。《植物名實圖考·隰草類·瞿麥》視瞿麥爲石竹子，皆此之類。陳淏子《花鏡》別石竹、洛陽花爲兩目，謂"石竹一名石菊，又名繡竹""洛陽花一名蘧麥"，似亦欠妥。又，瞿

麥之名見諸先秦，文獻有徵；石竹之名，見諸唐代。然其初始，蓋當上溯至南北朝。南朝梁陶弘景《本草經集注·草木中品·瞿麥》：“今出近道，一莖生細葉，花紅紫赤可愛，合子葉刈取之。子頗似麥，故名瞿麥。此類乃有兩種：一種微大，花邊有叉丫……復一種，葉廣相似而有毛，花晚而甚赤。”陶所言瞿麥有兩種，石竹蓋在其中。前代學者已注意到此。清郝懿行《爾雅義疏》下之一：“今按，石竹華大如錢，葉形似竹，莖亦有節，以是得名。其華紅紫赤白，共翠葉相鮮，如陶所云也。”郝氏之言，實際是把石竹之初見上推至南北朝。

【石竹花】

　　即石竹。此稱唐代已行用。見該文。

【洛陽花】

　　“石竹”之別名。亦特指石竹之千瓣者。此稱宋元之際已行用。見該文。

【鵝毛石竹】

　　“石竹”之別名。此稱明代已行用。見該文。

【繡竹】

　　“石竹”之別名。此稱明代已行用。見該文。

【石竹子】

　　即石竹。此稱明代已行用。見該文。

【石菊】

　　“石竹”之別名。此稱清代已行用。見該文。

【獅子頭】

　　“石竹”之別名。此稱清代已行用。見該文。

瞿麥

　　花名。石竹科，石竹屬，瞿麥（*Dianthus superbus* Linn.）。多年生草本。莖直立，高30厘米許，有歧枝與莖節。葉抱莖對生，狹披針形。夏季開花，頂生，疏圓錐花序，花徑3厘米許，花瓣先端深裂作細絲，有粉紅、紫紅、白諸色，芳香。蒴果。園林住宅皆可培育供觀賞。全草藥用。原産我國，今各地多有栽培。

　　始見於秦漢，時稱“大菊”，作“蘧麥”。《爾雅·釋草》：“大菊，蘧麥。”郭璞注：“一名麥句薑，即瞿麥。”漢代始稱“瞿麥”，亦稱“巨句麥”。《神農本草經·中品·瞿麥》：“瞿麥……一名巨句麥。生川谷。”三國時稱“茈葳”。《廣雅·釋草》：“茈葳、麥句薑，蘧麥也。”南北朝稱“大蘭”。南朝梁陶弘景《名醫別錄》：“瞿麥……一名大菊，一名大蘭。生太山川谷。立秋采實陰乾。”又《本草經集注·草木中品》：“今出近道，一莖生細葉，花紅紫赤可愛，合子葉刈取之。子頗似麥，故名瞿麥。此類乃有兩種：一種微大，花邊有叉椏，未知何者是？今市人皆用小者。復一種，葉廣相似而有毛，花晚而甚赤。”後人推斷兩種中之一種爲與瞿麥近似之石竹（參見本類“石竹”條）。石竹之名約始見於唐代，五代時始與瞿麥嚴加區分，時“瞿麥”亦作“句麥”。《説文·艸部》：“菊，大菊，蘧麥也。”南唐徐鍇《繫傳》：“今謂之瞿麥，又名句麥；其小而華色深者，俗謂石竹。”宋代“茈葳”亦作“茈萎”。宋蘇頌《圖經本草·草部下品·瞿麥》：“苗高一尺以來，葉尖小，青色；根紫黑色，形如細蔓菁；花紅紫赤色，亦似映山紅，二月至五月開；七月結

瞿麥
（清吳其濬《植物名實圖考》卷一一）

實作穗，子頗似麥，故以名之。立秋後合子葉收采，陰乾用……《爾雅》謂之大菊，《廣雅》謂之茈萋是也。”明代稱“南天竺草”。明李時珍《本草綱目・草五・瞿麥》〔釋名〕：“南天竺草。時珍曰：按陸佃解《韓詩外傳》云：生於兩旁謂之瞿，此麥之穗旁生故也。《爾雅》作蘧。”

按，此條有五事尚須考辨：

一、郭璞注及《廣雅》以“麥句薑”爲瞿麥，殆誤，清學者已指出。清郝懿行《爾雅義疏》下之一：“《本草》云：瞿麥一名巨句麥……郭據《廣雅》以爲麥句薑，似誤。《本草》麥句薑乃地菘，即上文‘蘵，豕首也’。麥句、巨句二名相亂，遂令薑麥二種異類同名矣。”清王念孫《廣雅疏證》卷一〇上：“麥句薑當爲巨句麥。《本草》云：瞿麥一名巨句麥；天名精一名麥句薑。二物不同，巨句麥、麥句薑之名相混，因誤以麥句薑爲蘧麥。郭璞注《爾雅》‘大菊，蘧麥’云一名麥句薑，即仍此誤也。”合郝、王二家説，知《神農本草經》天名精即地菘、蘵、豕首之異稱爲麥句薑，瞿麥異稱爲巨句麥，郭注及《廣雅》以麥句薑釋瞿麥，故誤。

二、或將瞿麥與石竹等同爲一，似亦欠妥，前人亦已指出。民國許衍灼《春暉堂花卉圖説・彙考三・瞿麥》：“按《本草綱目》及《植物名實圖考》均以石竹併入瞿麥，惟《廣群芳譜》分瞿麥與石竹爲二種。查石竹花與瞿麥花相類，惟石竹花瓣之上部分裂，細而淺，呈牙齒狀，萼筒下之苞，有四枝至六枝，較瞿麥爲長，而上端甚尖鋭。瞿麥萼下之苞，短而闊，花瓣之頭深裂，呈絲狀。近世植物學分類法，其學名亦各不同。”許氏之説可取。清汪灝等《廣群

芳譜》列瞿麥於《穀譜》，列石竹於《花譜》。今植物學分類，二者同在石竹科，學名不同。石竹爲 *Dianthus chinensis*，瞿麥爲 *Dianthus superbus*。清陳淏子《花鏡》設洛陽花、石竹兩目，謂洛陽花一名蘧麥，石竹一名繡竹，與常規分法（石竹、洛陽花爲一種，蘧麥爲一種）不同，似亦欠妥。

三、《神農本草經》草部中品列瞿麥，即《廣雅》之“茈萋”；木部中品又列“紫葳”。紫葳於三國時稱“瞿麥根”“瞿麥”。茈萋與紫葳音同异物，紫葳之异稱“瞿麥根”“瞿麥”亦別是一物，不當混同於草部茈萋之异稱瞿麥，即二瞿麥亦是同名异物。此王念孫之説。《廣雅疏證》卷一〇上：“《神農本草》云：紫葳一名陵苕，一名芰草，生西海。陶注引李當之云是瞿麥根。《御覽》引吳普《本草》云：紫葳一名瞿麥。紫葳即茈萋，瞿麥即蘧麥，是李當之、吳普並以茈萋（按，當爲紫葳）爲蘧麥也……案，《本草》紫葳一名陵苕，即《名醫別錄》‘鼠尾，一名陵翹’者。《詩》義疏云陵苕一名鼠尾，七八月中華紫是也。《本草》瞿麥、紫葳分見，則不以紫葳爲瞿麥。然李當之言紫葳是瞿麥根，則目驗當時瞿麥根亦有名紫葳者。吳普云一名瞿麥。蓋以瞿麥有紫葳之名矣。紫葳以色得名。《小雅・苕之華》箋云陵苕之華紫赤而繁，故陵苕謂之紫葳。陶注《本草》瞿麥云花紅紫赤可愛。故瞿麥亦謂之紫葳（茈萋）。草木異物而同名者，正多此類。”

四、宋佚名《日華本草》將燕麥、杜姥草與石竹、瞿麥淆混，殆誤，前人亦已指出。明李時珍《本草綱目・草五・瞿麥》〔釋名〕：“《日華本草》云‘一名燕麥，一名杜姥草’者，誤

矣。"明朱橚《救荒本草》亦有類似失誤,其謂:"石竹子,《本草》名瞿麥,一名巨句麥,一名大菊,一名大蘭,又名杜母草、燕麥、蘥麥。"

五、北魏賈思勰亦提到一種瞿麥,據近人研究,殆爲一種野生燕麥,與石竹科之瞿麥名同實別。《齊民要術·大小麥》:"種瞿麥法:以伏爲時。一名地麵。良地一畝,用子五升,薄田三四升。畝收十石。渾蒸,曝乾,舂去皮,米全不碎。炊作飧,甚滑。細磨,下絹篩,作餅亦滑美。然爲性多穢,一種此物,數年不絶。"繆啓愉校注:"瞿麥,未詳。《爾雅·釋草》:'大菊,蘧麥。'郭璞注:'一名麥句薑,即瞿麥。'邢昺疏:'案《本草》……陶注云:今出近道。一莖生細葉,花紅紫赤,可愛,子頗似麥,故名瞿麥。'"這頗像石竹科的瞿麥(*Dianthus superbus*)。明朱橚《救荒本草》卷上(卷一)有石竹子,據說就是瞿麥,但"蒴内有小黑子,味苦辛",是采葉不采子的。明李明珍《本草綱目》指爲即石竹。這些都不是《齊民要術》所稱可以作飧作餅食的瞿麥。從文中采用"渾蒸,曝乾,舂去皮"的脱殼辦法和"多穢"的特性看來,似是一種在半栽培過程中的野生燕麥。參見本類"石竹"。

【大菊】

"瞿麥"之异名。此稱秦漢已行用。見該文。

【蘧麥】

同"瞿麥"。此體秦漢已行用。見該文。

【巨句麥】

"瞿麥"之別稱。此稱漢代已行用。巨句,與"瞿"音近。見該文。

【句麥】

"巨句麥"之省稱,即瞿麥。此稱五代時已行用。見該文。

【茈葳】

"瞿麥"之別稱。此稱三國時已行用。見該文。

【茈蔆】

同"茈葳",即瞿麥。此體宋代已行用。見該文。

【大蘭】

"瞿麥"之別名。此稱南北朝已行用。見該文。

【南天竺草】

"瞿麥"之別名。此稱明代已行用。見該文。

剪春羅

花名。石竹科,剪秋羅屬,剪春羅(*Lychnis coronata* Thunb.)。多年生草本。莖直立,高1米許,有歧枝,表皮光滑。葉對生,長卵形,無柄,緣有細缺刻。春夏開花,花生於莖頂及葉腋,數朵簇生,花徑3厘米許,六出,花瓣先端有不規則淺裂,似剪裁而成,紅黃色或白色。蒴果,内有細子。觀花地被植物,宜植於園中林下,亦可布置花壇,或盆栽及作切花。根入藥。我國主要分布於長江流域。

文獻記載宋代已見。宋翁元廣《剪春羅》詩:"誰把風刀剪薄蘿,極知造化著功多。"明代亦作"剪春羅",稱"剪紅羅""碎剪羅","剪紅羅"亦作"剪紅羅"。明王象晋《群芳譜·花譜·剪春羅》:"一名剪紅羅。蔓生,二月生苗,高尺餘。柔莖綠葉,似冬青而小,對生抱莖。入夏,開深紅花如錢大,凡六出,周迴如剪成,茸茸可愛。結實大如豆,内有細子。人家多種之盆盘中，每盆數株，竪小竹葦，縛作圓架如筒，花附其上，開如火樹，亦雅玩也。"明李時珍《本草綱目·草五·翦春羅》〔釋名〕："翦紅羅。"明高濂《遵生八箋·起居安樂箋·高子草花三品説》："中

翦春羅
（清吴其濬《植物名實圖考》卷一四）

乘妙品，若百合花、五色戎葵、白雞冠、矮雞冠……剪春羅。"民國許衍灼《春暉堂花卉圖説·彙考五·剪春羅》引明吴彦匡《花史》："剪春羅一名碎剪羅。"清代稱"翦金花"。清高士奇《北墅抱甕録·剪春羅》："葉緑而濃，開花極盛，每瓣缺刻甚多，有如蜀羅被剪。發莖叢密，足充階砌之觀。"清陳淏子《花鏡》卷五："攢枝而上。入夏每一莖開一花，六出，緋紅色，周迴茸茸，類剪刀痕。但有色無香，不若剪秋紗之鮮麗更可愛也。"清吴其濬《植物名實圖考·隰草類·翦春羅》："江西湖南多呼爲翦金花。"徐珂《清稗類鈔·植物類》："剪春羅爲多年生草，一名剪紅羅。莖葉皆有毛，莖高二尺許，葉卵圓，端極尖，入夏開花，六瓣，多紅色，較石竹稍大，周圍缺刻如剪，故名。"

【剪春羅】

同"翦春羅"。此體明代已行用。見該文。

【翦紅羅】

"翦春羅"之別名。此稱明代已行用。見該文。

【剪紅羅】

同"翦紅羅"，即翦春羅。此體明代已行

用。見該文。

【碎剪羅】

"翦春羅"之別名。此稱明代已行用。按，清汪灝等《廣群芳譜·花譜二十五·翦春羅》引作"碎翦羅"。見該文。

【翦金花】[2]

"翦春羅"之別名。此稱清代已行用。見該文。

【翦紅紗花】

"翦春羅"之屬。此稱明代已行用。明李時珍《本草綱目·草五·翦春羅》〔集解〕："又有翦紅紗花。莖高三尺，葉旋覆，夏秋開花，狀如石竹花而稍大，四圍如翦，鮮紅可愛。結穗亦如石竹穗，中有細子。"

翦秋羅

花名。石竹科，翦秋羅屬，翦秋羅（*Lychnis senno* Sieb. et Zucc.）。多年生草本。莖直立，高 60~70 厘米，全株密布絨毛。葉對生，無柄，長卵形，全緣，兩面具細毛，中脉上尤多。夏秋開花，生於主莖及枝莖頂端。聚傘花序，鮮紅色，上有白色條紋，花瓣有不規則深剪裂。觀賞植物，宜於配置花壇、花徑，或點綴假山、籬落及池畔，亦可盆栽或作切花。全草入藥。我國主要分布於北方各地。

文獻記載約始見於明代。民國許衍灼《春暉堂花卉圖説·彙考五·剪春羅》引明高濂《草花譜》云："花有五種，春夏秋冬羅，以時名也。春夏二羅，色黄紅，不佳；獨秋冬，紅深色美。"明代此名已行用，亦稱"漢宫秋"，亦作"剪秋羅"。明王世懋《學圃雜疏·花疏》："翦秋羅色正紅，聲價稍重於翦春羅，然當盛夏已開矣。"明王象晉《群芳譜·花譜·剪秋

羅》：“一名漢宮秋。色深紅，花瓣分數岐，尖峭可愛，八月間開。春時待芽出土寸許，分其根種之，種子亦可。喜陰地，怕糞觸種肥土，清水灌之，用竹圈作架扶之。”明高濂《遵生八箋·起居安樂箋·草花三品説》：“上乘高品，若幽蘭、建蘭、蕙蘭、朱蘭、白山丹、黄山丹、剪秋羅。”清代稱“翦秋紗”。清高士奇《北墅抱甕録·剪秋紗》：“剪秋紗長莖小朵，弱不勝風，白瓣五出，上有紅絲。命童子削竹作小屏，編花於上，亦殊豔冶。”清陳淏子《花鏡》卷五：“一名漢宮秋。葉似春羅而微深有尖，八九月開花，有大紅、淺紅、白三色。花似春羅而瓣分數歧……其色更豔，秋盡尤開。喜陰，不用太肥。春分後分栽，用肥土種，清水澆，不可曝於烈日中。若下子種，在二月中，篩細泥鋪平，摻子於上。將稻草灰密蓋一層，河水細灑，以濕透爲度。嫩秧防驟雨濺泥，極能損壞苗葉。”參閱清汪灝等《廣群芳譜·花譜四六·翦秋羅》、《淵鑑類函》卷四七〇。

【漢宮秋】

“翦秋羅”之別名。此稱明代已行用。見該文。

【剪秋羅】

同“翦秋羅”。此體明代已行用。見該文。

【翦秋紗】

“翦秋羅”之別名。此稱清代已行用。見該文。

白芷

花名。傘形科，當歸屬，白芷〔*Angelica dahurica*（Fisch. ex Hoffm.）Benth. et Hook. f. ex Franch. et Savat.〕。多年生草本。地下根長30多厘米，白色，粗細不等。莖直立，不足30厘米。葉柄長，每柄上生三枚葉片，兩枚對生，一枚頂生，均有三深裂。夏季開花，白色，傘形花序簇生於枝莖頂端。果實長橢圓形。具觀賞價值，根入藥。主要分布於我國北部、中部、東部地區。文獻記載始見於先秦。

白　芷
（清吳其濬《植物名實圖考》卷二五）

芷，初生根杆，以其色白，故名“白芷”。《楚辭·招魂》：“獻歲發春兮汩吾南征，菉蘋齊葉兮白芷生。”宋蘇頌《圖經本草·草部中品·白芷》：“今所在有之，吳地尤多。根長尺餘，白色，粗細不等；枝杆去地五寸以上；春生葉，相對婆娑，紫色，闊三指許；花白，微黄；入伏後結子，立秋後苗枯……以黄澤者爲佳。楚人謂之藥。”明李時珍《本草綱目·草三·白芷》〔釋名〕：“徐鍇云：初生根幹爲芷，則白芷之義取乎此也。王安石《字説》云：茝香可以養鼻，又可養體，故茝字從臣，臣音怡，養也……芬芳與蘭同德，故騷人以蘭茝爲詠，而《本草》有芳香、澤芬之名，古人謂之香白芷云。”清陳淏子《花鏡》卷五：“采根入藥，名香白芷。葉可合香，煎湯沐浴，謂之蘭湯。”

【藥】

“白芷”之別名。此稱先秦已行用。《山海經·西山經》：“號山其木多漆、椶，其草多藥、蘼、芎藭。”郭璞注：“藥，白芷別名。”間或特指，白芷之葉亦稱“藥”。《楚辭·九歌·湘夫人》：“辛夷楣兮藥房。”王逸注：“藥，白芷也。”洪興祖補注：“《本草》：白芷，楚人謂之藥。《博雅》曰：芷，其葉謂之藥。”《淮南子·脩務訓》：“身若秋藥被風，髮若結旌。”高誘注：“藥，白芷，香草也。”唐陸龜蒙《采藥賦》序：“藥，白芷也。香草美人，得以比之君子。”

【蘺】[1]

“白芷”之別名。此稱先秦已行用。時亦作“蘮”。《山海經·西山經》：“號山其木多漆、椶，其草多藥、蘺、芎藭。”郭璞注：“蘺，香草也。”蘺，一本作“蘮”。《楚辭·王逸〈九思·怨上〉》：“菽蘺兮蔓衍，芳蘺兮挫枯。”舊注：“蘺，香草名也。”南朝宋謝靈運《郡東山望溟海》詩：“白花皜陽林，紫蘮曄春流。”《廣韻·平聲》：“蘺，白芷別名。”按，“蘺”“藥”古音同，或說二者同字《説文·艸部》“蘺”字，清段玉裁注：“《説文》無藥字，囂聲、約聲同在二部，疑蘺、藥同字耳。”

【蘮】

同“蘺”，即白芷。此體先秦已行用。見該文。

【芷】

即白芷。此稱先秦已行用。時亦作“茝”。芷、茝，古同聲，或謂即一字。《楚辭·離騷》：“扈江離與辟芷兮，紉秋蘭以爲佩。”洪興祖補注：“〔芷〕白芷，一名白茝。生下澤，春生葉，相對婆娑，紫色，楚人謂之藥。”又《離騷》：“蘭芷變而不芳兮，荃蕙化而爲茅。”又《九歌·湘夫人》：“沅有茝兮醴有蘭，思公子兮未敢言。”《荀子·勸學》：“蘭槐之根是爲芷。”楊倞注引南朝梁陶弘景云：“即《離騷》所謂蘭茝也，蓋苗名蘭茝，根名芷也。”清王念孫《廣雅疏證》卷一〇上：“芷與茝古同聲，芷即茝也。”

《説文·艸部》“茝”字，段玉裁注：“此一物而方俗異名也。茝，《本草經》謂之白芷。茝、芷同字，臣聲、止聲同在一部也……《埤倉》曰：齊茝一曰藥。按屈原賦有茝有芷又有藥，王注曰：藥，白芷也。《廣雅》曰：白芷，其葉謂之藥。”

【茝】[1]

同“芷”，即白芷。此體先秦已行用。見該文。

【白茝】

同“白芷”。此體漢代已行用。時亦稱“芳香”。《神農本草經·中品·白茝》：“白茝……長肌膚，潤澤，可作面脂。一名芳香。生川谷。”

【芳香】

“白茝”之別名。此稱漢代已行用。以其爲芳草，具香氣，故名。見該文。

【蘺】[1]

“白芷”之別名。此稱漢代已行用。時亦稱“莞”“夫蘺”，葉稱“蒚”。《説文·艸部》：“蘺，楚謂之蘺，晋謂之蘺，齊謂之茝。”又：“莞，夫蘺也。”又：“蒚，夫蘺上也。”三國時稱“澤芬”，“夫蘺”又作“苻離”。三國魏吳普《吳氏本草》：“白芷一名蘮，一名苻離，一名澤芬，一名莞。”南北朝“莞”亦作“莞”，“夫蘺”亦作“苻離”，葉稱“蒚麻”。南朝梁陶弘景《名醫別録·中品·白芷》：“白芷……一名莞，一名苻蘺，一名澤芬。葉名蒚麻，可作浴湯。生河東川谷下澤，二月八月采根暴乾。”

按，此條有三事須説明及考辨：

一、莞、蒚所指。莞指白芷，亦指蒲類；蒚指白芷葉，亦指蒲草之棒穗，即蒲黄。《集韻·平桓》：“莞，蒲類。”《玉篇·艸部》：“蒚，蒲蒻，謂今蒲頭有臺，臺上有重臺，中出黃，即蒲黃。”

二、《爾雅·釋草》之“莞，苻蘺，其上蒻”與《說文·艸部》之“莞，夫蘺也”“蒻，夫蘺上也”所指是否相同。清段玉裁、王念孫皆以爲相同，爲白芷之异名。段氏注《說文》“莞，夫蘺也”謂：“見《釋草》。‘莞’，《釋草》亦作‘莞’；‘夫’亦作‘苻’。”又注“蒻，夫蘺上也”謂：“見《釋草》。”段氏將二者類比，實視二者爲一。王念孫《廣雅疏證》卷一〇上言：“《名醫別録》云：白芷一名白茝，一名薋，一名莞，一名苻蘺，葉名蒿麻。蓋即以爲《爾雅》之‘莞，苻蘺，其上蒻’矣。”此亦等同二物。前代學者亦有持异議者。清孫星衍校注《神農本草經》謂二者非同草。其稱：“按《名醫》‘一名莞’云云，似即《爾雅》‘莞，苻蘺，其上蒻’。而《說文》別有‘莞，夫蘺也’‘蒻，夫蘺上也’。是非一草。舍人云：白蒲一名苻蘺，楚謂之莞。豈蒲與茝相似，而《名醫》誤合爲一乎？”晋郭璞注“莞，苻蘺”早已言明其爲蒲屬，與白芷無干。其謂“今西方人呼蒲爲莞蒲，蒻謂其頭臺首也；今江東謂之苻蘺，西方亦名蒲，中莖爲蒻，用之爲席”。清郝懿行亦承其說，其義疏謂：“莞，《說文》作莞，云夫蘺也；蒻，夫蘺上也。《楚辭》注：莞，夫蘺也。《詩經·斯干》箋：莞，小蒲也。正義引某氏曰：《本草》云：白蒲一名苻蘺，楚謂之莞蒲……《爾雅》之莞，乃蒲屬……此莞似蒲，故亦抽莖作臺，謂之爲蒻……《本草》白芷，《別録》一名白茝，一名薋，一名莞，一名苻蘺，葉名蒿麻，蓋因苻蘺、江蘺相涉而誤耳。”權衡二說，蓋以孫、郭、郝諸家説爲長，故姑

從之。

三、“葯”之所指。“葯”爲“白芷”异名，然《廣雅·釋草》又謂“白芷，其葉謂之葯”，二說似相抵牾，王念孫之疏證較爲圓通。根葉對舉，則白芷指根，葉指葯，然二者終爲一物，故“葯”亦得稱爲白芷。王云：“是白芷根與葉殊色，故以‘白芷’名其根，又別以‘葯’名其葉也。若然，則《九歌》云‘辛夷楣兮葯房，芷茸兮荷屋’；《七諫》云‘捐葯芷與杜衡兮’；《九懷》云‘芷閭兮葯房’。當竝是根葉分舉矣。但芷葯雖根葉殊稱，究爲一草，故王逸《九歌》注云：‘葯，白芷也。’《西山經》：‘虢山其草多葯。’《淮南·脩務訓》：身若秋葯被風。郭璞、高誘注竝與王逸同，是白芷亦得通稱爲葯也。白芷葉又名蒿麻。”

【莞】

“蘺”之別名。即白芷。此稱漢代已行用。見該文。

【莞】[1]

同“莞”，即白芷。此體南北朝已行用。按，清汪灝等《廣群芳譜·卉譜二·白芷》引《本草綱目》作“筦”。見該文。

【夫蘺】

“白芷”之別名。此稱漢代已行用。見該文。

【苻蘺】[1]

同“夫蘺”，即白芷。此體三國時已行用。按，白蒲之別名亦稱此。見該文。

【苻蘺】

同“夫蘺”，即白芷。此體南北朝已行用。見該文。

【澤芬】

“白芷”之別名。此稱三國時已行用。以其

香澤芬芳，故名。見該文。

石斛

花名。蘭科，石斛屬，石斛（*Dendrobium nobile* Lindl.）。多年生常綠草本。地下鬚根密布。莖直立，高10厘米許，叢生，黃綠色，多橫節，節間有清晰之縱溝紋。葉片橢圓披針形，窄而厚，近革質，脉平行，生長於莖上部。夏季開白花於莖頂，花瓣頂端呈淡紫色。宜盆栽觀賞，莖入藥。我國主要分布於江南地區，多見於水邊及木石之上。

始見於漢代，時稱"禁生""林蘭"。《神農本草經·上品·石斛》："石斛……一名林蘭。"《太平御覽》引有"一名禁生。"南北朝稱"杜蘭""石蓫"，生於櫟木上者稱"木斛"。南朝梁陶弘景《名醫別錄》："〔石斛〕一名杜蘭，一名石蓫。生六安山谷水旁石上，七月、八月采莖陰乾。"又《本草經集注·草木上品》："今用石斛出始興。生石上，細實，桑灰湯沃之，色如金，形似蚱蜢髀者爲佳。近道亦有，次於宣城，生櫟樹上者名木斛，其莖形長大而色淺。六安屬廬江，今始安亦出木斛，至虛長，不入丸散，惟可爲酒漬煮湯用爾。"南朝宋盛弘之《荊州記》："耒陽龍石山多石斛，精好如金釵。"唐代據其莖節特點分爲"麥斛"及"雀髀斛"二種。麥斛莖節似大麥，雀髀斛莖節似雀髀。見唐蘇敬等《唐本草》。宋蘇頌《圖經本草·草部上品·石斛》："生六安山谷水傍石上，今荊、湖、川、廣州郡及溫、台州亦有之，以廣南者爲佳。多在山谷中。五月生苗，莖似小竹節，節間出碎葉；七月開花，十月結實；其根細長，黃色，七月、八月采莖……其江南生者有二種：一種似大麥，纍纍相連，頭生一葉，名麥斛；一種

莖大如雀髀，葉在莖頭，名雀髀斛。惟生石上者勝。亦有生櫟木上者，名木斛，不堪用。"宋寇宗奭《本草衍義·石斛》："石斛細若小草，長三四寸，柔韌，折之如肉而實。今人多以木斛混之，亦不能明。"明代稱"金

石　斛
（清吳其濬《植物名實圖考》卷一六）

釵""金釵花""千年潤"。明李時珍《本草綱目·草九·石斛》〔釋名〕："金釵……時珍曰：石斛石義未詳。其莖狀如金釵之股，故古有金釵、石斛之稱。今蜀人栽之，呼爲金釵花。"又〔集解〕："石斛叢生石上，其根糾結甚繁，乾則白軟。其莖葉生皆青色，乾則黃色，開紅花。節上自生根鬚，人亦折下，以砂石栽之，或以物盛挂屋下，頻澆以水，經年不死，俗稱爲千年潤。石斛短而中實，木斛長而中虛，甚易分別。處處有之，以蜀中者爲勝。"清趙翼《鎮安土風》詩："石斛花論價，桄榔麵可溲。"參閱宋姚寬《西溪叢語》卷下、明王圻等《三才圖會·草木·石斛》、清汪灝等《廣群芳譜·藥譜六·石斛》。

【禁生】

"石斛"之別名。此稱漢代已行用。見該文。

【林蘭】

"石斛"之別名。此稱漢代已行用。見該文。

【杜蘭】

"石斛"之別名。此稱南北朝已行用。見該文。

【石蓫】

"石斛"之別名。此稱南北朝已行用。見該文。

【木斛】

"石斛"之生於櫟木上者。此稱南北朝已行用。見該文。

【麥斛】

"石斛"之莖節似大麥、纍纍相連者。此稱唐代已行用。見該文。

【雀髀斛】

"石斛"之莖節似雀髀者。此稱唐代已行用。見該文。

【金釵】

"石斛"之別名。此稱明代已行用。以其莖節形似金釵，因名。見該文。

【金釵花】

"石斛"之別名。此稱明代已行用。見該文。

【千年潤】

"石斛"之別名。此稱明代已行用。見該文。

【金釵石斛】

"石斛"之別名。此稱清代已行用。徐珂《清稗類鈔·植物類》："石斛爲多年生草，產於山中巖石或古樹。莖高五六寸，有節，稍類木賊而中實。每節生葉一片，葉狹而厚，有平行脉。夏月開花，色淡紅或白。拔其根，以砂石栽之，或盛以籃，挂屋下，數澆以水，經年不死。莖可入藥，舊稱蜀產者爲勝。亦稱金釵石斛，以其狀如金釵股也。"

白芨

花名。蘭科，白及屬，白芨（*Bletilla striata* Rchb.f.）。多年生草本。地下有扁球形塊莖，指狀排列，假鱗莖黃白色。莖粗壯，直立。葉抱莖互生，闊披針形，向背面彎曲，膜質，葉表多縱向溝紋。花莖單一，自葉叢中央抽出，初夏開花，總狀花序頂生，有花數朵，紫紅色或白色，唇瓣橢圓形，三淺裂，中裂片有縱皺。蒴果，圓柱形，兩端尖，表皮有縱棱突起。爲我國重要花卉，宜作林下、林緣地被植物或叢植於花徑、山岩旁，亦可盆栽。根塊莖可提取澱粉或作工業原料，亦入藥；古代曾以之加水研磨硃砂，供圈點書卷之用。

產於我國中南部山區至西南省區，廣布於長江流域一帶。文獻記載始見於漢代，時亦作"白及"，稱"連及草""甘根"。《神農本草經·下品·白及》："白及……一名甘根，一名連及草。生川谷。"《太平御覽》引作"白芨"。三國魏吳普《吳氏本草》："〔白及〕莖葉似生薑藜蘆；十月華，直上，紫赤色；根白，連，二月八月九月采。"南北朝亦作"白給"。南朝梁陶弘景《名醫別錄》："白給……生山谷，如藜蘆，根白相連，九月采。"又《本草經集注·草木下品·白及》："近道處處有之。葉似杜若，根形似菱米，節間有毛。方用亦稀，可以作糊。"宋蘇頌《圖經本草·草部下品·白及》："生北山川谷，又冤句及越山，今江淮河陝漢黔諸州皆有之，生石山上。春生苗，長一尺許，似栟櫚及藜蘆，莖端生一臺。葉兩指大，青色。夏花開紫，七月結實，至熟黃黑色。至冬而葉

白 及
（明王圻等《三才圖會》
卷四）

凋。根似菱米，有三角，白色，角端生牙。"宋元之際佛釋稱"罔達羅喝悉多"。明李時珍《本草綱目・草九・白及》〔釋名〕："其根白色，連及而生，故曰白及。其味苦，而曰甘根，反言也……《金光明經》謂之罔達羅喝悉多。又《別錄・有名未用》：白給，即白及也。"又〔集解〕："一科止抽一莖，開花長寸許，紅紫色，中心如舌。其根如菱米，有臍，如凫茈之臍，又如扁殼螺旋紋，性難乾。"清王士禛《香祖筆記》卷九："余丙子使蜀，山路上見白芨花，因得'西風盡日濛濛雨，開遍空山白芨花'之句。"徐珂《清稗類鈔・植物類》："白芨為多年生草，多植於園圃。高一二尺，葉長，闊寸許，有平行脉。夏月開花，色紅紫或白。根入藥，並可為糊。"今時俗稱雙腎草、呼良薑、凉薑、紫蘭等。按，或以為《廣雅・釋草》"菤蘇，白莶也"即白及。其實形狀性味不同；清王念孫疏證亦未將二者相關係。上說殆誤。

【白及】

　　同"白芨"。此體漢代已行用。以其根白色，連及而生，故名。見該文。

【白給】

　　同"白芨"。此體南北朝已行用。見該文。

【連及草】

　　"白芨"之別名。此稱漢代已行用。見該文。

【甘根】

　　"白芨"之別名。此稱漢代已行用。見該文。

【罔達羅喝悉多】

　　佛釋語。"白芨"之音譯。此稱約在宋元之際已行用。見該文。

【蘭草】[1]

　　"白芨"之別名。因其花似蘭，故名。此

稱行用於清代黔地。清吳其濬《植物名實圖考・山草類・白及》："山石上多有之。開紫花，長瓣微似甌蘭，其根即用以研朱者。凡瓷器缺損，研汁黏之不脱；雞毛拂之，即時離解。"清黄元治《黔中雜記》謂："白芨根，苗婦取以浣衣，甚潔白。其花似蘭，色紅不香……白及為補肺要藥，磨以膠瓷，堅不可坼，研朱點易，功並雌黄，既以供濯取潔，又以奇艷為容。陰崖小草，用亦宏矣。彼俗稱蘭草。"

蘭花

　　花名。蘭科，蘭屬，蘭花（*Cymbidium* spp.）。蘭類植物之通稱。多年生草本。叢生鬚根，圓柱形，無主根、支根之分，長而粗，肉質。褐根呈青綠或暗灰色，潜根為白或亞白色。莖由根莖、花莖組成。根莖作球或柱形，生於根與葉結合處，膨大多節，吸儲水分及養分。花莖亦名花莛、花梗，由根莖基部生出，一般一枝，亦有多枝者，下部有葉鞘保護。葉片二至七八枚不等，呈帶形或橢圓形，革質或肉質，葉態有立或直立、半直立或弧曲、彎垂等三類。花生莖端，單生，兩性，總狀花序，花序生長形態有直立生長、傾斜彎曲、下垂等三種。花被六瓣，分内外兩圈排列。花色淡黄綠，亦有白紫者。多為春季開花，亦有夏季、秋季、冬季開花者。蒴果，三角形或六角形，成熟後黑褐色。每顆蒴果内含種實數萬或數十萬枚。

蘭　花
（清吳其濬《植物名實圖考》卷二六）

我國傳統重要名花之一，以氣清、色清、姿清、韵清著稱。盆栽或盆景可廣用於點綴、增加環境高雅清幽之意趣，亦可作切花或用於園林露地配置，且可供繪畫之用。名貴品種身價極高。1987 年在香港蘭展時，一盆墨蘭"大屯麒麟"標價三十萬港幣，1988 年一盆"達摩蘭"則達二百萬港幣。根葉花果種皆入藥，花還可供食用，製作名菜名湯，香氣還可熏茶。世界上蘭科植物在兩萬種以上，按其生態習性，大致分爲地生蘭、附生蘭、腐生蘭等三類，多見於我國東南、西南地區。上古文獻已有記載。因其葉似馬蘭，故名。

古人認爲"蘭"類植物，自上古至於唐代，一類稱"蘭"，一類稱"蕙"，皆香草之屬。二稱皆見於先秦。"蘭"稱"蕑""國香""王者香""幽蘭"。"蕑"亦作"薑""蓮"，時稱"薑草"。《夏小正》："五月蓄蘭。"《易·繫辭上》："同心之言，其臭如蘭。"《詩·鄭風·溱洧》："溱與洧方渙渙兮，士與女方秉蕑兮。"毛傳："蕑，蘭也。"釋文："蕑，《韓詩》云：蓮也。"孔穎達疏引陸璣疏云："其莖葉似藥草澤蘭，廣而長節，節中赤，高四五尺，漢諸池苑及許昌宮中皆種之，可著粉中。藏衣著書中，辟白魚。"《山海經·中山經》："吳林之山，其中多薑草。"袁珂校注："懿行按：《説文》云：'薑，香草，出吳林山。'本此經爲説也。《眾經音義》引《聲類》云：'薑，蘭也。'又引《字書》云：薑與蕑同，蕑即蘭也。"又"〔青要之山〕有草焉，其狀如薑。"校注："薑，蘭也。"《管子·地員》："五臭疇生，蓮與蘪蕪、薰本、白芷。"王念孫以爲此處"蓮""蘭"通（《廣雅·釋草》"蕑，蘭也"疏證）。《左傳·宣公三年》："以蘭

有國香，人服媚之如是。"漢蔡邕《琴操·猗蘭操》："〔孔子〕自衛反魯，過隱谷之中，見薌蘭獨茂，喟然嘆曰：'夫蘭當爲王者香，今乃獨茂，與眾草爲伍，譬猶賢者不逢時，與鄙夫爲倫也。'"《楚辭·離騷》："余既滋蘭之九畹兮，又樹蕙之百畝。畦留夷與揭車兮，雜杜衡與芳芷。"又："時曖曖其將罷兮，結幽蘭而延佇。"時"蕙[1]"稱"薰"。《左傳·僖公四年》："一薰一蕕，十年尚猶有臭。"杜預注："薰，香草。"漢代"蘭""蕙"皆稱"香草"，"蘭"亦稱"水香""蘭英"。當時"蘭"又分出一支，稱"澤蘭"。因多生水澤旁，故名。亦稱"虎蘭""龍棗"。《神農本草經·上品·蘭草》："一名水香，生池澤。"又《草部下品·澤蘭》："一名虎蘭，一名龍棗。生大澤旁。"《説文·艸部》："蘭，香草也。"又"薰，香草也"。《楚辭·王逸〈九思·憫上〉》："懷蘭英兮把瓊若，待天明兮立踯躅。"約於漢魏之際始見"蘭花"之稱，不過所指相當於先秦之"蘭"。《淵鑑類函》卷四〇八引舊題漢袁康《越絶書》："'句踐種蘭渚山'注云：'渚山，王右軍蘭亭是也。今會稽山，蘭花甚盛。'"三國時"蕙"稱"蕙草"，"蘭"稱"都梁香"，"澤蘭"稱"水香"。《廣雅·釋草》："薰草，蕙草也。""都梁香"出三國魏李當之《李氏藥錄》（詳下）。三國魏吳普《吳氏本草》："澤蘭一名水香……生下地水旁，葉如蘭，二月生香，赤節，四葉相值枝節閒。"晉代"蘭"稱"蘭苕"。《文選·郭璞〈游仙詩〉》："翡翠戲蘭苕，容色更相鮮。"李善注："蘭苕，蘭秀也。"南北朝"蘭"稱"煎澤草""蘭香""燕草""大澤蘭"。南朝宋盛弘之《荊州記》："都梁有山，下有水清淺，其中生蘭草，因名都梁香。"南朝

梁陶弘景《本草經集注·草木上品·蘭草》："太伯所居，故呼大吳。今東間有煎澤草，名蘭香，亦或是此也，生濕地。李（李當之）云：是今人所種，似都梁香草。"清吳其濬《植物名實圖考·群芳類·蘭花》："蘭花即陶隱居所謂燕草。""大澤蘭"之名出南朝宋雷斆《雷公炮炙論》。時"澤蘭"亦稱"都梁香""虎蒲"。南朝梁陶弘景《名醫別錄》：〔澤蘭〕一名虎蒲。"又《本草經集注·草木下品·澤蘭》："今處處有。多生下濕地。葉微香，可煎油。或生澤傍，故名澤蘭，亦名都梁香，可作浴湯。人家多種之，而葉小異。"唐代"蘭"稱"蘭澤""蘭澤香草"。唐陳藏器《本草拾遺》："蘭草生澤畔，婦人和油澤頭，故云蘭澤。"唐蘇敬等《唐本草》："蘭即蘭澤香草也。圓莖紫萼，八月花白，俗名蘭香。煮以洗浴，生溪澗水旁，人間亦多種之，以飾庭池。陶所引煎澤草、都梁香者是也。"宋代始見"蘭花"之稱，與此前"蘭花"所指不同，乃今時植物學所劃分之蘭科蘭屬之蘭花。此時之"蘭""蕙"亦與以往不同，"蘭"指"蘭花"中一莖一花者，"蕙"指一莖數花者。宋趙時庚《金漳蘭譜》："依山疊石，盡植花木，叢雜其間。繁陰布地，環列蘭花，掩映左右。"宋黃庭堅《書幽芳亭》："蘭蕙叢生，初不殊也。至其發華，一幹一華而香有餘者蘭，一幹五七華而香不足者蕙。蕙雖不若蘭，其視椒楸則遠矣。世論以爲國香矣。"宋代稱"蘭"爲"燕尾香""香水蘭""女蘭"，稱"蕙"爲"零陵香"，"蕙[2]"稱"蕙花"，"蘭"稱"香祖""第一香""幽客"。宋馬志《開寶本草》："葉似馬蘭，故名蘭草。其葉有歧，俗呼燕尾香。時人煮水以浴風，故又名香水蘭。"該書稱

薰草爲"零陵香"。《爾雅翼·釋草》："今野人謂蘭爲幽蘭……一名女蘭。"宋楊萬里《題蕙花初開》詩："孤幹八九花，一花破初薿。西風淡無味，微度成香吹。"宋陶穀《清異錄·花》："蘭雖吐一花，室中亦馥郁襲人，彌旬不歇，故江南人以蘭爲香祖。"又"蘭無偶，稱爲第一香"。宋姚寬《西溪叢話》卷上："予長兄伯聲，嘗得三十客。牡丹爲貴客，梅爲清客，蘭爲幽客。"明代"蘭"稱"省頭草""孩兒菊""千金草"，"澤蘭"稱"孩兒菊""風藥"，"蕙"稱"黃陵草"。明李時珍《本草綱目·草三·蘭草》〔釋名〕："蕳、水香、香水蘭、女蘭、香草、燕尾香、大澤蘭、蘭澤草、煎澤草、省頭草、都梁香、孩兒菊、千金草。"時珍曰："都梁即今之武岡州也，又臨淮盱眙縣亦有都梁山，產此香。蘭乃香草，能辟不祥。陸璣《詩疏》言，鄭俗，三月男女秉蕳於水際，以自被除。蓋蘭以闌之，蕳以閑之，其義一也。《淮南子》云：'男子種蘭，美而不芳。'則蘭須女子種之，女蘭之名，或因乎此。其葉似菊，女子、小兒喜佩之，則女蘭、孩菊之名，又或以此也。唐瑶《經驗方》言：'江南人家種之，夏月采置髮中，令頭不膩，故名省頭草。'其說正合煎澤之義……近世但知蘭花，不知蘭草。惟虛谷方回考訂，極言古之蘭草即今之千金草，俗名孩兒菊者，其說可據。"又〔集解〕："蘭草、澤蘭，一類二種也。俱生水旁下濕處。二月宿根生苗成叢，紫莖素枝，赤節綠葉，葉對節生，有細齒，但以莖圓，節長而葉光有歧者爲蘭草，莖微方，節短而葉有毛者爲澤蘭。嫩時並可挼而佩之，八九月後漸老，高者三四尺，開花成穗如雞蘇花，紅白色，中有細子。雷斆《炮炙

論》所謂大澤蘭，即蘭草也；小澤蘭，即澤蘭也。《禮記》：佩悅蘭茝。《楚辭》：紉秋蘭以爲佩。《西京雜記》載漢時池苑種蘭以降神，或雜粉藏衣書中辟蠹者，皆此二蘭也。今吳人蒔之，呼爲香草。夏月刈取，以酒油灑制，纏作把子，貨爲頭澤佩帶，與《別錄》所出太吳之文正相符合。諸家不知二蘭乃一物二種，但功用有氣血之分，故無定指……或云，家蒔者爲蘭草，野生者爲澤蘭，亦通。"又《薰草》〔釋名〕："零陵香。"〔集解〕引宋蘇頌《圖經本草》云："今湖廣諸州皆有之。多生下濕地，葉如麻，兩兩相對。莖方，常以七月中旬開花，至香，古云薰草是也。嶺南人皆作窑竃，以火炭焙乾，令黃色，乃佳；江淮亦有土生長者，亦可作香，但不及湖嶺者。至枯槁，香尤芬薰耳。古方但用薰草，不用零陵香。今合香家及面脂澡豆諸法皆用之，都下市肆貨之甚便。"又《澤蘭》〔釋名〕："孩兒菊、風藥……時珍曰：'與蘭草爲一物二種。'"〔集解〕引宋蘇頌《圖經本草》："今荊、徐、隨、壽、蜀、梧州，河中府皆有之。根紫黑色，如粟根。二月生苗，高二三尺。莖幹青紫色，作四稜。葉生相對，如薄荷，微香。七月開花，帶紫白色，萼通紫色，亦似薄荷花。三月采苗陰乾。荊湖嶺南人家多種之，壽州出者無花子。此與蘭草大抵相類，但蘭草生水旁，葉光潤，根小紫，五六月盛。而澤蘭生水澤中及下濕地，葉尖，微有毛，不光潤，方莖紫節，七月、八月初采，微辛，此爲異爾。"時"蕙"稱"黃陵香""廣零陵香"。明王象晉《群芳譜》："蕙草一名薰草，一名香草，一名燕草，一名黃零香，即今零陵香也。零陵，地名，舊治在今全州，湘水發源，出此

草。今人所謂廣零陵香者，乃真薰草。今鎮江丹陽，皆蒔此草刈之，灑以酒，芬香更烈。"清代"蘭"稱"千金花""千金草花"，"蘭花"稱"九畹花""玉整花""草蘭""甌蘭"。清趙學敏《本草綱目拾遺》："千金花此即千金草花，即《本經》蘭草，今所呼孩兒菊、省頭草是也。"清陳維崧《采桑子·題畫蘭小冊》詞："只有章華，淪落天涯，忍看靈均九畹花。"（按，此稱源自屈原《離騷》"余既滋蘭之九畹兮"）明王圻等《三才圖會·草木》："蘭一名玉整花。"徐珂《清稗類鈔·植物類》："蘭爲常綠多年生草，俗稱草蘭，多生浙東，故又名甌蘭。葉細長而尖，長尺許，有平行脉，由根叢生。春日開花，淡黃綠色，瓣上有細紫點……皆一莖一花，幽香清遠。種類甚多。"

蘭在我國有悠久的生長、栽培、研究歷史，積纍有豐富經驗，培育有許多名貴品種。種蘭時間大約可上溯至五千年以前。據傳說，"帝堯世有金道華種蘭"（《廣博物志·草木一》引《路史》）。先秦已對其清香氣質認識很深，"國香""王者香"等贊語已行於世，文獻中有關記載屢見不鮮。春秋之際，越王句踐藝蘭種於渚山，青年男女執蘭以被除不祥，屈原《離騷》反復吟咏以表達忠貞高潔情志。漢魏時，對其形態特徵、藥用已有記載，宮廷中已開始用於園林點綴。三國吳陸璣《毛詩草木鳥獸蟲魚疏》："漢諸池館及許昌宮中皆種之。"三國魏曹植《公宴》詩："秋蘭被長坂。"魏文帝，晋陶淵明、張華等皆有咏蘭之作。南北朝時對其體態、功用的認識又有深入。"燕草""大澤蘭""煎澤朝"等名目的出現即證明。宮庭植蘭之風益盛。南朝梁武帝《紫蘭始萌》詩："種蘭玉臺

下，氣暖蘭始萌。"唐代植蘭已波及民間，咏蘭的詩賦大量出現。唐太宗、李白、韓愈、劉禹錫、杜牧、陳子昂、楊炯、顏師古、陳陶、李嶠等皆有作品傳世。唐太宗《芳蘭》詩："春暉開紫苑，淑景媚蘭場。"李白《古風》："孤蘭生幽園，衆草共蕪没。"顏師古《幽蘭賦》："惟奇卉之靈德，稟國香於自然。"楊炯《幽蘭賦》："惟幽蘭之芳草，稟天地之純精。抱青紫之奇色，挺龍虎之嘉名。"

　　宋代在蘭花史上是極爲重要的歷史時期。表現有二。其一，正前代之失。宋以前所謂"蘭"，多指今日菊科之蘭草（*Eupatorium chinense*）及澤蘭（*E. japonicum*）。經朱熹、寇宗奭等人考辨，始逐步將今日蘭花與古代野生香草之"蘭"區別開。朱熹《楚辭集注辯證上》："蘭蕙，名物。《補注》所引《本草》，言之甚詳，已得之矣。復引劉次莊云：'今沅澧所生，花在春則黄，在秋則紫，而春黄不若秋紫之芬馥。'又引黄魯直云：'一幹一花而香有餘者，蘭；一幹數花而香不足者，蕙。'則又疑其不同，而不能決其是非也。今按《本草》所言之蘭，雖未之識，然亦云似澤蘭，則今處處有之，可推其類以得之矣。蕙則自爲零陵香，而尤不難識。其與人家所種，葉類茅而花有兩種如黄說者，皆不相似，劉說則又詞不分明，未知其所指者果何物也？大抵古之所謂香草，必其花葉皆香，而燥濕不變，故可刈而爲佩。若今之所謂蘭蕙，則其花雖香，而葉乃無氣，其香雖美，而質弱易萎，皆非可刈而佩者也。其非古人所指甚明，但不知自何時而誤耳？"古今之"蘭"判然有別，故其《咏蕙》詩云："今花得古名，旖旎香更好。"而寇宗奭《本草衍義》則從形態上描述

了今日之蘭的特徵。寇云："蘭草，諸家之說異同，是曾未的識，故無定論……今江陵鼎澧州山谷之間頗有。山外平田即無，多生陰地於幽谷。葉如麥門冬而闊且韌，長及一二尺，四時常青，花黄，中間葉上有細紫點。有春芳者爲春蘭，色深；秋芳者爲秋蘭，色淡……開時滿室盡香，與他花香又別。"儘管宋人從植物角度做了嚴格區分，但由於屈原等前賢已賦予蘭花以美好高潔的象徵及"國香"等貴冠，後世往往視蘭古今如一。其二，研究蘭的專著開始出現。代表者有王貴學《王氏蘭譜》、趙時庚《金漳蘭譜》。王氏之書"凡六則。一曰品第之等，二曰灌溉之候，三曰分析之法，四曰沙泥之宜，五曰愛養之地，六曰蘭品之産……王世貞嘗云：'《蘭譜》惟宋王進叔（貴學）本爲最善。'"（《四庫提要·子部·譜録類》）此時始分蘭爲白蘭、紫蘭兩大類。《金漳蘭譜》堪稱最早而系統的藝蘭專書。書中載名蘭二十一種，逐一記其名目、花形、葉貌。其中紫蘭六種，即陳夢良、吳蘭、潘花（稱"仙霞"）、趙十四、何蘭、金棱邊；白蘭十五種，即濟老、竈山、黄殿講（稱"碧玉榦""西施花"）、李通判、葉大施、惠知客、馬大同、鄭少舉、黄八兄、周染、夕陽紅、觀堂主、名弟、弱腳、魚魷。《王氏蘭譜》則載名蘭四十二種，其中紫蘭十九種，即陳夢良、吳蘭、仙霞、趙十使、何蘭、大張青、蒲統領、陳八斜、淳監糧、大紫、許景初、石門紅、小張青、蕭仲紅、何首座、林仲禮、粉妝成、茅蘭、金棱邊。白蘭二十三種，即竈山、濟老（亦名"一綫紅"）、惠知客、施蘭、李通判、鄭白善、鄭少舉、仙霞、馬大同、黄八兄、周染、夕陽紅、雲嶠、林郡馬、青蒲、獨頭蘭、

觀堂主、名第、魚觥蘭（亦名"趙蘭"）、碧蘭、翁通判、建蘭、廣蘭。此外，南宋臨安已有"花市"（宋周密《武林舊事·諸市》），所賣各種花中即有"蘭花"。宋吳自牧《夢粱録·諸色雜貨》："四時有撲帶朵花，亦有賣成窠時花、插瓶把花、柏桂、羅漢葉，春撲帶朵桃花、四香、瑞香、木香等花，夏撲金燈花、茉莉、葵花、榴花、梔子花，秋則撲茉莉、蘭花、木樨、秋茶花，冬則撲木春花、梅花、瑞香、蘭花、水仙花、臘梅花。"宮廷內更是園林亭榭遍布，各種花木競麗，定期"賞花"，有"采蘭"之舉。以上事實說明當時"蘭花"在民間、官方都有一定市場。咏蘭詩文大量涌現。蘇軾、陸游、王安石、蘇轍、楊萬里、范成大、梅堯臣、朱熹、劉克莊以及李綱等都有詩文流傳。李綱《幽蘭賦》："播青芬於今古，亦何以異於幽蘭。"蘇軾《題楊次公春蘭》詩："春蘭如美人，不采羞自獻。"陸游《蘭》詩："香來知有蘭，遽求乃弗獲。"楊萬里《蘭花》詩："政坐國香到朝市，不容霜節老雲霞。"畫蘭之風初起，鄭所南、趙孟堅皆以此擅名。

　　元明是種蘭昌盛時期，東南閩浙已成爲蘭花栽培中心。明張應夕《蘿籬齋蘭譜》、王象晋《群芳譜》、王世懋《學圃雜疏》、陳詩教《灌園史》、馮京第《蘭易》《蘭易十二翼》《蘭史》、吳彥匡《花史》、周文華《汝南圃史》、王路《花史左編》等書都程度不同地記載有關於蘭花的內容，爲蘭花栽培提供了新的經驗。李時珍在宋儒考辨基礎上，復加闡發，遂使古蘭、今蘭界劃判然。《本草綱目·草三·蘭草》〔正誤〕："二氏（按宋寇宗奭、元朱震亨）所說，乃近世所謂蘭花，非古之蘭草也。蘭有數種，蘭草、

澤蘭生水旁，山蘭即蘭草之生山中者。蘭花亦生山中，與三蘭迴别。蘭花生近處者，葉如麥門冬而春花；生福建者，葉如菅茅而秋花。黃山谷所謂一幹一花爲蘭，一幹數花爲蕙者，蓋因不識蘭草、蕙草，遂以蘭花强生分别也。蘭草與澤蘭同類，故陸璣言，蘭似澤蘭，但廣而長節。《離騷》言其緑葉紫莖素枝，可紉可佩可藉可膏可浴。鄭詩言士女秉蘭。應劭《風俗通》言尚書奏事，懷香握蘭。《禮記》言，諸侯贄薰，大夫贄蘭。《漢書》言蘭以香自燒也。若夫蘭花，有葉無枝，可玩而不可紉佩藉浴，秉握膏焚……古之蘭似澤蘭，而蕙即今之零陵香。今之似茅而花有兩種者，不知何時誤也。熊大古《冀越集》言世俗之蘭，生於深山窮谷，决非古時水澤之蘭也。陳《遯齋閑覽》言，楚騷之蘭，或以爲都梁香，或以爲澤蘭，或以爲猗蘭，當以澤蘭爲正。今人所種如麥門冬者，名幽蘭，非真蘭也。故陳止齋著《盜蘭說》以譏之。方虛谷訂《蘭說》，言古之蘭草，即今之千金草，俗名孩兒菊者。今之所謂蘭，其葉如茅而嫩者，根名土續斷。因花馥郁，故得蘭名也。楊升菴云：世以如蒲萱者爲蘭，九畹之受誣久矣。又吳草廬有《蘭說》其詳，云蘭爲醫經上品之藥，有枝有莖，草之植者也。今所謂蘭，無枝無莖，因黃山谷稱之，世遂謬指爲《離騷》之蘭……世俗至今猶以非蘭爲蘭，何其惑之難解也。"元代吳師道、薩都剌、揭傒斯，明代楊慎、李東陽、文徵明等皆有咏詩文行世。文徵明《建蘭》詩："靈根珍重自甌東，紺碧吹香玉兩叢。"

　　清至民國植蘭又有新的發展。種植區域已由南方擴展至北方，自我培育及自域外引進的新品種不斷出現，賞蘭之習俗漸成。除《古今

圖書集成》《廣群芳譜》《植物名實圖考長編》《花鏡》《清稗類鈔》《春暉堂花卉圖説》等書中對蘭花有記載外，藝蘭專書達二三十種。計有清朱克柔《第一香筆記》、屠用寧《蘭薰鏡》、吳傳澐《藝蘭要訣》、張光照《興蘭譜略》、許蕭龢《蘭蕙同心録》、袁世俊《蘭言述略》、鮑薇省《藝蘭雜記》、楊子明《藝蘭説》、孫侍洲《心蘭記》、劉孟詹《藝蘭記》、陳研耕《王者香集》、周荷亭《種蘭法》、餘姚黃氏《蘭蕙鏡》、杜文瀾《藝蘭四説》、劉文祺《藝蘭譜》、芬室主人《藝蘭秘訣》、金石壽《培蘭要則》、莊繼光《翼譜叢談》、區金策《嶺海蘭言》、冒襄《蘭言》、岳梁《養蘭説》，民國吳恩元《蘭蕙小史》、于照《都門藝蘭記》、夏詒彬《種蘭法》等。其中不少人有多年藝蘭經驗或酷嗜養蘭，因而書中每有超越前人之處。如《蘭蕙同心録》第一次將所記五十七種蘭品逐一繪圖摹寫；《蘭蕙小史》則首次將一百多種蘭花名品攝像刊印，在蘭花分類上，繼承前人之説，又有新的發展。此外，清屈大均《廣東新語》載粤蘭數十品，記其容姿體態，有椏蘭（亦名“隔山香”）、公孫佀、出架白、青蘭、青幹、紫幹、黃蘭、小紅紋、草蘭、風蘭、鹿角蘭、石蘭、小玉蘭、倒蘭、報喜蘭、催生蘭、賀正蘭、夜蘭、翡翠蘭、鶴頂蘭、鳳蘭、龍蘭、朱蘭、球蘭、竹葉蘭、文殊蘭等。還有“暹蘭”，來自暹羅斛，故名。《清稗類鈔・植物類》曾記載當年一資助蘭花會盛況：“上海康腦脱路有徐園，某歲開蘭花會。園有堂，額曰印鴻；後有庭，庭之北又有屋三楹。自堂而至於斯，咸羅列名蘭，幽香撲鼻，沁人肺腑。花之式不同，花之位置高下亦不等。有瓣似荷花者，有長而尖者，有素心者，有白而鑲邊者，有心中如人面口目俱備者。有葉作蝴蝶式者，皆一莖一花，惟一莖並蒂二花者爲特色。”《蘭蕙小史》亦載光緒年間杭州藝術者私家舉辦“蕙花會”。同書言及“餘姚以蒔蘭蕙爲業者，不下數十家”，蒔蘭專業户已出現。又“如蒔有名貴之種，天井上面必罩以鐵絲網，防偷竊也”，備極愛護名貴品種。清代鄭板橋畫蘭且咏蘭，不少詩畫迄今爲人珍藏。僅舉一例，《題蘭竹石圖軸》詩：“蘭花本是山中草，還向山中種此花。塵世紛紛植盆盎，不如留興伴烟霞。”

中華人民共和國成立以後，蘭花的栽培在現代生物學、植物學、園林學理論指導下，步入更科學、更健康的發展軌道，在陶冶情操、美化環境，加強精神文明建設，促進經濟發展上起着重要的作用。國家創立了有關科研機構、大專院校、實驗基地，培養出不少知名專家學者，又通過組建學會、舉辦花展、創辦報刊傳播交流信息，推動蘭花栽種的普及與提高，取得了明顯成效。有關專書有姚毓謬、諸友仁《蘭花》，四川成都園林局《四川的蘭蕙》，嚴楚江《厦門蘭蕙》，鄭承康《養蘭》，沈淵如、沈蔭椿《蘭花》，吳應祥、陳心啓《國産蘭屬分類研究》，吳應祥、沈蔭椿《蘭花》，吳應祥《中國蘭花》等。此外中國科學院植物研究所編纂的《中國高等植物圖鑒》以及陳俊愉等主編的《中國花經》等對蘭花的形態分類、生長栽培、管理防護、應用分布等均有較細密的論述。

目前蘭花的蒔種已遍及多數省份，形成科學理論與傳統經驗相結合，專業化、工業化生産與個人栽培相結合，商品化經營與美化環境相結合的良好局勢。我國蘭花對世界及周邊國家都産生過積極影響。歐洲的建蘭源自我國，日本約在宋明之際開始引入我國蘭花（日本學者田邊賀堂《蘭栽培之枝節》認爲“建蘭由中國秦始皇使者徐福携來”）。東南亞國家之建蘭、墨蘭，多隨華僑傳入。國外的蘭花及其研究、生産也對我國起到推動作用。廣蘭中“暹蘭”即來自域外。20世紀初，英國、德國的專家都曾對我國蘭科植物做過科學研究、整理，有參考藉鑒價值。周邊國家對蘭花培育的現代化、企業化管理，占領國際蘭花市場的方略已引起我國有關部門高度重視并加以藉鑒。

　　按，本條尚有一事須考辨、説明，即“蘭”與“蕙”的關係及“蘭蕙”一詞的使用。《楚辭·離騷》：“余既滋蘭之九畹兮，又樹蕙之百畝。”屈原“蘭”“蕙”對用，有別。《廣雅·釋草》：“蕳，蘭也。”又：“薰草，蕙草也。”是二者又有別。《神農本草經·草部上品》收“蘭草”，《草部中品》收“澤蘭”，李時珍認爲蘭草、澤蘭“一物二種”（《本草綱目·草三·澤蘭》）。南北朝時《名醫別録》收有蘭草、澤蘭，又收有“薰草”（即蕙草），是二者又有別。根據今人研究，在宋代以前，古代所謂“蘭”，乃今日菊科之“蘭草”（又名“華澤蘭”）（*Eupatorium chinense*），“澤蘭”（*E. japonicum*）；所謂“薰”，很可能是唇形科的藿香（*Agastache rugosa*）（吳應祥《中國蘭花》第一章第一節“古代的蘭蕙”，中國林業出版社1993年版）。從宋代開始，文獻中所謂“蘭”纔多指今時植物學上蘭科、蘭屬之蘭花。不過此時人們又對蘭、蕙認識不一。鄭樵認爲“蘭”即“蕙”，蕙即“零陵香”（“薰”的异名），被李時珍譏爲“臆見，殊欠分明”（《本草綱目·草三·薰草》）。於後世影響

大者爲黄庭堅於《書幽芳亭》中所提出的“一幹一花而香有餘者蘭，一幹五七花而香不足者蕙”。後世如宋朱熹《楚辭辯證》，《爾雅翼·釋草》、清屈大均《廣東新語·草語》、徐珂《清稗類鈔》等皆承其説。李時珍認爲這是“强生分別”（《本草綱目·草三·蘭草》），不一定恰當。根據今人研究，“蘭屬植物的花一般有多朵”，最多者可達五十朵以上，祇有春蘭多爲一朵。如果把多花者稱爲蕙，那“雖然能將春蘭和蕙蘭分開，但多花的蘭很多，却不止蕙蘭一種”。因此現在一般主張“蘭屬分組應以蘭和蕙爲基礎，同時結合先進科學方法”。這樣，我國蘭屬三十一種，分爲下列五個組、兩個亞組。即①蘭組；②蕙組（含小花亞組、大花亞組）；③垂花組；④寬葉組；⑤幽花組（吳應祥《中國蘭花》第三章第四節“花”、第四章第一節“蘭屬的分組”）。從上面的分析可以看出，就植物學角度言，“蘭”與“蕙”，宋代以前同以後所指不同。但是這種不同不會影響它們同屬於常人理解的“香草”範疇，再加上自古以來人們已賦予“蘭”“蕙”美好象徵，在文學中表現尤爲突出，形成一種歷史積澱，造成古今無別的假象。爲此，對於文獻中所提到的“蘭蕙”，應做具體分析，得出合乎實際的結論。如晋張華《情詩二首》之二：“游目四野外，逍遥獨延佇。蘭蕙緣清渠，繁華陰緑渚。”此蘭蕙非實指，乃“衆芳草”之代稱，源自屈原滋蘭樹蕙、畦留夷揭車、雜杜蘅芳芷。又如唐劉禹錫《令狐相公見示新栽蕙蘭二草之什，兼命同作》詩：“上國庭前草，移來漢水潯。”此“蕙蘭二草”蓋宋代以前之“蘭草”“薰草”。又如宋趙時庚《金漳蘭譜》：“分種蘭蕙，須至九月節氣

方可分栽。"明張應文《羅鍾齋蘭譜》:"興杭蘭蕙稍用盆栽。"此蘭蕙蓋皆指今時之蘭花。有些名實淆亂者尤須細加甄別。如上引清陳維崧詞,題内稱"蘭花",指"蘭花[2]",詞内"靈均九畹花",所指爲"蘭花[1]"。對這種以古之蘭草混同後世蘭花的現象,我們應做出正確之分析、合理之判斷。

【蘭】[1]

　　"蘭花"之別名。此稱先秦已行用。見該文。

【蕑】

　　"蘭花"之別名。此稱先秦已行用。蘭、蕑音近義通。見該文。

【蘭】

　　同"蕑",即蘭花。此體先秦已行用。見該文。

【國香】

　　"蘭花"之美稱。此稱先秦已行用。因其爲舉國最香之物,故名。見該文。

【王者香】

　　"蘭花"之美稱。此稱先秦已行用。因其芳香,堪爲君王所用,故名。見該文。

【幽蘭】

　　"蘭花"之別名。此稱先秦已行用。生於清幽之地,葉似馬蘭,故名。見該文。

【蓮】

　　蕑之異稱,即蘭花。此體先秦已行用。見該文。

【蕑草】

　　"蘭花"之別名,此稱先秦已行用。見該文。

【蕙】[1]

　　"蘭花"之屬。此稱先秦已行用。見該文

【薰】

　　即蕙[1],"蘭花"之屬。此稱先秦已行用。見該文。

【香草】[1]

　　"蘭花"之別名。此稱漢代已行用。見該文。

【香草】[2]

　　即蕙[1],"蘭花"之屬。此稱漢代已行用。見該文。

【水香】[1]

　　"蘭花"之別名。此稱漢代已行用。多生水畔,芳香,故名。見該文。

【蘭英】

　　"蘭花"之別名。此稱漢代已行用。見該文。

【澤蘭】[1]

　　"蘭花"之一種。此稱漢代已行用。見該文。

【虎蘭】[1]

　　即澤蘭,"蘭花"之一種。此稱漢代已行用。見該文。

【龍棗】[1]

　　即澤蘭,"蘭花"之一種。此稱漢代已行用。見該文。

【蕙草】

　　即蕙[1],"蘭花"之屬。此稱三國時已行用。見該文。

【都梁香】[1]

　　"蘭花"之別名。此稱三國時已行用。因多生於都梁山下水中,故名。見該文。

【水香】[2]

　　即澤蘭,"蘭花"之一種。此稱三國時已行用。見該文。

【蘭茝】

　　"蘭花"之別名。此稱晉代已行用。見該文。

【煎澤草】¹

"蘭花"之別名。此稱南北朝已行用。婦人以其煎油澤頭，故名。見該文。

【蘭香】²

"蘭花"之別名。此稱南北朝已行用。見該文。

【燕草】

"蘭花"之別名。此稱南北朝已行用。因其葉展開如燕，故名。見該文。

【大澤蘭】¹

"蘭花"之別名。此稱南北朝已行用。見該文。

【都梁香】²

即澤蘭，"蘭花"之一種。此稱南北朝已行用。見該文。

【虎蒲】¹

即澤蘭，"蘭花"之一種。此稱南北朝已行用。見該文。

【蘭澤】

"蘭花"之別名。此稱唐代已行用。見該文。

【蘭澤香草】

"蘭花"之別名，此稱唐代已行用。見該文。

【蘭】²

"蘭花"之別名。通指一莖一花者。此稱宋代已行用。見該文。

【蕙】²

"蘭花"之別名。通指一莖數花者。此稱宋代已行用。見該文。

【燕尾香】¹

"蘭花"之別名。此稱宋代已行用。因其葉歧出如燕尾，故名。見該文。

【香水蘭】¹

"蘭花"之別名。此稱宋代已行用。因其可煮香水以浴，故名。見該文。

【女蘭】¹

"蘭花"之別名。此稱宋代已行用。據說女子種之乃香，故名。或云，女子喜佩戴之，故名。見該文。

【零陵香】

即"蕙¹"，"蘭花"之屬。此稱宋代已行用。因關於湖南零陵，故名。見該文。

【蕙花】

即蕙²，"蘭花"之一種。此稱宋代已行用。見該文。

【香祖】

即"蘭²"，"蘭花"之別名。此稱宋代已行用。因其爲香之尊輩，故名。見該文。

【第一香】

即蘭²，"蘭花"之別名。此稱宋代已行用。堪稱香中首位，故名。見該文。

【幽客】

即蘭²，"蘭花"之別名。此稱宋代已行用。以清幽之質與人相伴，故名。見該文。

【省頭草】¹

"蘭花"之別名。此稱明代已行用。婦女以其葉煎油澤頭，故名。見該文。

【孩兒菊】¹

"蘭花"之別名。此稱明代已行用。孩兒喜佩戴之，故名。見該文。

【千金草】¹

"蘭花"之別名，此稱明代已行用。見該文。

【孩兒菊】²

即澤蘭，"蘭花"之一種。此稱明代已行

用。見該文。

【風藥】[1]

即澤蘭，"蘭花"之一種。此稱明代已行用。以其煮水沐浴可療風病，故名。見該文。

【黃陵草】

即蕙[1]，"蘭花"之屬。此稱明代已行用。見該文。

【黃陵香】

即蕙[1]，"蘭花"之屬。此稱明代已行用。見該文。

【廣零陵香】

即蕙[1]，"蘭花"之屬。此稱明代已行用。見該文。

【千金花】

"蘭花"之別名。此稱清代已行用。見該文。

【千金草花】

"蘭花"之別名。此稱清代已行用。見該文。

【九畹花】

"蘭花"之別名。此稱清代已行用。見該文。

【玉整花】

"蘭花"之別名。此稱清代已行用。見該文。

【草蘭】

"蘭花"之別名。此稱清代已行用。見該文。

【甌蘭】[1]

"蘭花"之別名。此稱清代已行用。因多產於古甌地（今浙江一帶），故名。見該文。

【閩蘭】

"蘭花"之產於福建者。此稱明代已行用。見該文。

【劍蘭】[1]

"蘭花"之產於福建者。此稱清代已行用。因葉背似劍脊，故名。見該文。

【碧蘭】

"蘭花"之產於廣州者。色碧，多花，葉修，蘭中奇品。此稱宋代已行用。宋王貴學《王氏蘭譜》："碧蘭，色碧，壯者二十餘萼。葉最修長，得於所養，則萼修於葉。花葉齊色，香韵而幽，長三尺五寸有餘。更有一品而花葉俱短三四寸許，愛濕惡燥，最怕烈日，不得其本性則腐爛。此廣州之奇品也。"清代稱"粵蘭"。清高士奇《北墅抱甕錄》："真珠蘭出自閩粵。"徐珂《清稗類鈔·植物類》："閩之竈山，產一綫紅，有花，對節；粵之丫蘭，一莖有兩花，皆貴種也。"

【粵蘭】

"蘭花"之產於廣東者。此稱清代已行用。見該文。

【杭蘭】

"蘭花"之產於杭州者。此稱明代已行用。宋代杭州蘭花已很習見，祇是尚未見"杭蘭"之稱。宋吳自牧《夢粱錄》多次提及臨安之蘭花。秋冬市面皆售蘭花（參見《夢粱錄·諸色雜貨》），蘭蕙之名與牡丹、荷花、迎春等并列（參見《夢粱錄·花之品》）。宋周密《武林舊事》載宮禁園林"悉倣西湖景物"，暮春有"采蘭"之舉（《武林舊事·賞花》）。明代"杭蘭"之稱已見。特色獨具：多一枝一花者，葉闊，花甚香。幾與建蘭抗衡。明張應文《羅鍾齋蘭譜》："宜興、杭州皆有本山蘭蕙，土人掘取以竹籃裝售吳中。其花香與閩埒，但質則一妍一癯，而葉甚不及耳。杭最早出，興即繼之。凡爲品，白者上，紫次之，青又次之。唯大垛不動、叢生結密者，乃受培植。"明王象晋《群芳譜》："杭蘭惟杭城有之，花如建蘭，香甚，一枝一花，葉較建蘭稍闊。有紫花黃心，色若胭脂；有白花黃心，白若羊脂。花甚可愛……花紫白者名蓀，出法華山。其類有春蘭、夏蘭、秋蘭、素蘭、石蘭、竹蘭、鳳尾蘭、玉梗蘭。春蘭花生葉下，素蘭花生葉上，至其綠葉紫梗，則如今所見，大抵林愈深而莖愈紫爾。"清代稱"甌蘭"，蓋泛指浙江所產。徐珂《清稗類鈔·植物類》："浙之甌蘭，有曰報春先者，葉細而長，四時常青。秋發蕊，冬末春初而花。有紫莖、玉莖、青莖之別，一莖一花。其紫花黃心、白花紫心者，酷似建蘭而香尤盛。盆種之，清芬可至一月而不萎。又有蕙蘭，亦名九節蘭，葉似甌蘭而長，一莖有八九花，形似甌蘭而瘦，其香亦不若焉，花時在甌蘭之後。"見該文。

【甌蘭】 [2]

"蘭花"之產於江浙者。此稱明代已行用。見該文。

【贛蘭】

"蘭花"之產於贛（江西）者。此稱清代已行用。葉狹而薄，花小香淡，色暗。明代稱"贛州蘭花""贛花"。明王世懋《學圃雜疏》："閩產為佳，贛州蘭花（按，一本作'葉'）不長勁，價當減半。"明張應文《羅鍾齋蘭譜》："蘭自遠方來者，大都二途：曰閩曰贛。閩少而優，贛多而劣。道之遠近險易實為之。葉闊厚而勁直、色蒼闊者，閩也；葉隘薄而散亂、色灰燥者，贛也。閩花大萼多而香韻有餘，贛花小萼少而香韻不足，宜詳辨之。凡購蘭用閩勿用贛。"清代始稱"贛蘭""贛江蘭"。清莊繼光《翼譜叢談》："建蘭葉短細而花透出其上，莖白而花淡黃且殊其唇，一莖可七八蕊，香則幽遠

而令人靜。贛蘭則葉粗而長，花叢押於中，莖紫而花近綠，一莖可十一二蕊，香不免有檀降氣矣。紫亦蘭中莠也。荊溪蘭一莖一蕊，香亞於建而品在贛蘭上。一友市贛蘭數本，鵠列階序，邀予賞之。予至，見春葉高可二尺許，輒曰：'何處幾束荻蘆堆入朱楹乎？'聞者絕倒。王百穀遺予詩曰：'章江茉莉貢江蘭，夾竹桃花不奈寒。'"

【贛花】

"蘭花"之產於贛者。此稱明代已行用。見該文。

【贛州蘭花】

"蘭花"之產於贛者。此稱明代已行用。見該文。

【贛江蘭】

"蘭花"之產於贛者。此稱清代已行用。見該文。

【紫蘭】

"蘭花"之紫色者。此稱宋代已行用。宋王貴學《王氏蘭譜》設《紫蘭》一節，逐一詳記名稱、花色、莖葉、品第等情況。如："陳夢良，有二種，一紫榦，一白榦。花色淡紫，大似鷹爪，排釘甚疏，壯者二十餘萼。葉深綠，尾微焦而黃。好濕惡燥，愛肥惡濁。葉半出架而尚抽，蕊幾與葉齊而未破。昔陳承議得於官所而奇之，陳夢良，字也。棄之雞柵傍，一夕吐萼二十五，與葉俱長三尺五寸有奇，人寶之，曰陳夢良……其葉森潔，狀如劍脊，尾焦。眾蘭頂花皆並俯，惟此花獨仰，特異於眾。"又如："蒲統領，色紫，壯者十數萼。淳熙間，蒲統領引兵逐寇，忽見一所，似非人世，四周幽蘭，欲摘而歸。一老叟前曰：此處有神主

之，不可多摘。取數穎而歸。"王書凡列"紫蘭"十九品，其中三種（許景初、石門紅、小張青）爲紅色者。趙時庚《金漳蘭譜》一書於《敘蘭容質》一節列六種（名目詳上文）。後世多相沿襲，或略有增損。如明王象晋《群芳譜》列"紫蘭"十八種，全同前代。徐珂《清稗類鈔·植物類》列十種，前九種（即全棱邊、陳夢良、吳蘭、潘花、何蘭、仙霞花、大張青、趙師傅、蒲統領）皆同前代，僅"都梁"爲補入者，且是"紫莖綠花"者。

【白蘭】

"蘭花"之白色者。此稱宋代已行用。宋王貴學《王氏蘭譜》設《白蘭》一節，逐一詳記其名稱、花色、莖葉及有關情況。如："濟老，色微綠（《金漳蘭譜》作'色白'），壯者二十五萼。逐瓣有一綫紅暈界其中。餘絕高花繁則榦不能制，得所養則生。紹興間，僧廣濟修養窮谷，有神人授數穎。蘭在山陰久矣。師今行果已滿，與蘭齊芳。僧植之巖下，架一脉之水溉焉，人植而名之。又名一綫紅，以花中界紅脉若一綫然。榦花與竈山相若，惟竈山花開，玉頂下花如落，以此分其高下。此花慳生蕊，每歲只生一。"又如："黃八兄，色潔白，壯者十三萼。葉綠而直，善於抽榦。頗似鄭花，多猶荔之十八娘。"王書凡列"白蘭"二十三品，其中有碧色者九品（即竈山、濟老、鄭白善、馬大同、林郡馬、獨頭蘭、碧蘭、廣蘭、魚魫蘭），黃色者一品（即施蘭），淡紫色一品（即翁通判）。宋趙時庚《金漳蘭譜·敘蘭容質》出"白蘭"一目，凡列十五種（詳上文），內中有碧色者四品（即竈山、馬大同、弱脚、魚魫蘭），黃色者一品（即施花），紅色者一品（即

夕陽紅）。其叙"白蘭"容質狀態，如："鄭少舉，色白，有十四萼，瑩然孤潔，極爲可愛。葉則修長而瘦，散亂，所謂蓬頭少舉也。亦有數種，只是花有多少、葉有軟硬之別。白花中能生者，無出於此。其花之姿質可愛，爲百花之翹楚者。"後世"白蘭"名目多以此爲基礎而略有損益，如明王象晋《群芳譜》列"白蘭"二十二種，僅黃殿講、葉大施二種不見於《王氏蘭譜》，多出《金漳蘭譜》者有葉大施、鄭白善、仙霞、朱蘭、雲嶠、林郡馬、獨頭蘭、碧蘭等八種。徐珂《清稗類鈔·植物類》載有十種，不見於王書、趙書所載者僅玉整、四季蘭二品（"四季蘭"之名於明張應文《羅鍾齋蘭譜》已見）。

【紅蘭】

"蘭花"之紅色者。此稱清代已行用。早在宋代已有紅色蘭花，如宋王貴學《王氏蘭譜》所載石門紅、小張青、許景初皆此類，該書言其"色紅""花色鮮紅"。後世亦不斷記載此類名品，明代有"朱蘭"，明清時有"火燒蘭"，稱"紅蘭"。清代始有紅色蘭花總稱之"紅蘭"出現。明張應文《羅鍾齋蘭譜》："朱蘭，花莖俱紅，赫如渥赭，光彩耀日，短葉婀娜，香倍他花。"清吳其濬《植物名實圖考·群芳類·紅蘭》："《邵陽縣志》：紅蘭生谷中，每經野燒，葉盡而花獨發，俗稱火燒蘭。花微赭，瓣有紅絲，心有紅點，惟香淡而不能久。按，紅蘭，長沙山中皆有之。葉厚勁而闊，有光，與春蘭異。開花亦小，都無香氣。考《粤西偶記》，全州有赤蘭亭，亭左右前後皆大松千章，獨二松高大倍常。松上生赤蘭如寄生，葉似建蘭，花開赤色，香聞數里。聞有上樹分其種者，雷震

而死。其言近誕。雖不知其色香何似，然既有紅蘭一種，則亦非曇花可比。"清趙學敏《本草綱目拾遺》："紅花者名紅蘭，氣臭濁不入藥；黃花者名蜜蘭，可以止瀉；青色者惟堪點茶，或蜜浸，取其甘芳通氣。分素心者名素心蘭。"

紅 蘭
（清吳其濬《植物名實圖考》卷二六）

建蘭

花名。蘭科，蘭屬，建蘭〔*Cymbidium ensifolium* (Linn.) Sw.〕。多年生草本。根粗而長肉質。葉較寬直，綠色。夏、秋開花。我國主要分布於南方。以品種多、花色繁、精品多、栽種歷史久而著稱。此稱宋代已見。因產於福建，故名。宋王貴學《王氏蘭譜·白蘭》："建蘭，色白而潔，味苦而幽。葉不甚長，只近二尺許，深綠可愛。最怕霜凝，日曬則葉尾皆焦。愛肥惡燥，好濕惡濁，清香皎潔，勝於漳蘭，但葉不如漳蘭修長。此南建之奇品也。"明清以來，把花色不同之蘭花，祇要是產於福建者，統稱"建蘭"，與宋代"建蘭"相比，其所指範圍要更大。明代稱"閩蘭"。明張應文《羅鍾齋蘭譜》："閩蘭除常品眾所共識，其奇品曾來此地，余親見而得之者，一曰玉魫，二曰金棱邊，三曰朱蘭，四曰四季蘭，別品之廳曰珍珠蘭，植而不花者曰樹蘭。"明王世懋《學圃雜疏》："建蘭盛於五月……其種亦多。玉魫為第一，白幹而花上出者是也；次四季，次金邊。

名曰蘭，其實皆蕙也，閩產為佳。"清莊繼光《翼譜叢談》："建蘭葉短細而花透出其上，莖白而花淡黃且原其唇，一莖可七八蕊，香則幽遠而令人靜。"清高士奇《北墅抱甕録》："建蘭極不易養。今得數盆，各抽箭五十餘莖，含風受露，異香茂發。夏秋之際，清韻殊多。"清趙學敏《本草綱目拾遺》："建蘭有長葉、短葉、闊葉諸種，其花備五色：色黑者名墨蘭，不易得……紅花者名紅蘭……黃花者名蜜蘭……青色者惟堪點茶或蜜浸，取其甘芳通氣；分素心者名素心蘭。"清陳淏子《花鏡》於其品類、栽植論之頗詳。其述紫花之建蘭，計有金棱邊、陳夢良、吳蘭、潘花、何蘭、仙霞、大張青、趙師博、蒲統領、都梁、淳監糧、許景初、何景座、林仲禮、莊觀成、蕭仲初、朱蘭等品，白花之建蘭，計有濟老、碧玉幹、惠知客、馬大同、綠衣郎、魚魫、玉整花、黃八兄、周染、名弟、李通判、大施、玉小娘、觀堂主、夕陽紅、青蒲、四季蘭等。其中大多數名目，均見於宋王貴學《王氏蘭譜》及趙時庚《金漳蘭譜》。今世伊欽恒校注《花鏡》時有如下考辨："建蘭代表福建原產的大葉種。據王象晉記載：'建蘭，莖葉肥大，蒼翠可愛，其葉獨闊，葉短而花露者尤佳。'趙時庚《金漳蘭譜》記載有二十品種（實為二十一種）；王貴學《蘭譜》記載二十二品種，其中只有一個獨頭蘭代表春蘭，其餘都是建蘭。建蘭又分為：甲、素心蘭（*Cymbidium soshin*），如魚魫蘭，為古代保存至今的著名品種；乙、四季蘭（*C. ensifolium*），葉粗壯而直立，一莖開花五六朵，黃白色，瓣上有紫紅脈，舌上有紫色斑點，有芳香，如赤穗觀音、玉真等。"清代稱"劍蘭"。徐珂《清稗類鈔·植物類》："建蘭至秋始開，一莖十數花，素瓣卷舒，清芬徐引。以産於福建，故名建蘭。或以其葉背有劍脊，又名劍蘭。以葉短者佳。"唐昌蒲亦稱"劍蘭"，與此殊异，宜辨之。

【劍蘭】[2]

"建蘭"之别稱。此稱清代已見行用。見該文。

漳蘭

花名。漳蘭，多年生草本。爲建蘭之著名變型。此稱宋代已行用。宋時與"建蘭"相伯仲，明代有"閩中之閩"之美譽。宋王貴學《王氏蘭譜》："〔建蘭〕愛肥惡燥，好濕勿濁，清香皎潔，勝於漳蘭，但葉不如漳蘭修長。"明張應文《羅鍾齋蘭譜》："凡購蘭用閩勿用贛，而又有閩中之閩焉。自福州抵泉、漳五百里而遥，所産蘭彌奇，道路彌艱阻，梯山航海得之者尤邁等倫。"徐珂《清稗類鈔·植物類》："宛平查蓮坡所居天津水西莊之澹宜書屋，雜蒔漳蘭，有一蕚而十瓣者。蓮坡大喜，驚爲創見，乃招同人賦詩以張之。"

墨蘭

花名。蘭科，蘭屬，墨蘭〔*Cymbidium sinense*（Jackson ex Andr.）Willd.〕。多年生草本。假鱗莖粗壯。葉二至四枚，簇生，寬而長，深緑色，有光澤，較整齊，梢直立。冬末至早春開花，有花十二至十八朵，紫褐色，香味較濃。産福建、廣東等地。清代已見此稱。清趙學敏《本草綱目拾遺》："建蘭有長葉、短葉、闊葉諸種，其花備五色。色黑者名墨蘭，不易得。"清代有一種"報歲蘭"，稱"墨蘭"，即"墨蘭"之一種。徐珂《清稗類鈔·植物類》："報歲蘭爲

蘭之异種。葉闊而厚，花如蕙，色深紫，亦謂之墨蘭。其開常在臘月，故名報歲蘭。閩粵多有之。"按，墨畫之蘭稱"墨蘭"，須與此别。如元韓性《題趙子固墨蘭》詩，湯垕《畫鑒》"〔趙孟堅〕墨蘭最得其妙"，明陶宗儀《輟耕録·狷潔》"〔鄭所南〕工畫墨蘭"，清鄭燮《題墨蘭圖軸》詩，此"墨蘭"皆爲墨所繪。

高斑葉蘭

花名。蘭科，斑葉蘭屬，高斑葉蘭〔*Goodyera procera*（Ker-Gawl.）Hook.〕。多年生草本。莖直立，高 30 ～ 90 厘米，通常生多枚葉片。葉大而厚，矩圓形或狹橢圓形，長 8 ～ 15 厘米，寬 2 ～ 5.5 厘米，先端漸尖，基部漸狹而成長而厚的葉柄。總狀花序，花稠密似穗狀，花小，白色而微帶淡緑，芬香。蒴果紡錘形。花期春、夏。葉大而花香，可供觀賞。其全株亦供藥用。主要分布於我國西藏東南部、四川南部及西部、雲南西南部、廣西、廣東、福建、海南、臺灣等省區。常見於海拔 500~1500 米之山坡林下及溝旁陰濕處。清代稱作"石風丹"。清吳其濬《植物名實圖考·石草類·石風丹》："石風丹生大理府。似石韋有莖，梢開青花，作穗如狗尾草，俚醫用之。云性温，味苦，無毒；通行十二經絡，養血、舒肝、益氣、滋腎；入筋祛風，入骨除濕。蓋亦草血竭一類。"清代石風丹作爲雲南景東府重要物産，早

石風丹
（清吳其濬《植物名實圖考》卷一七）

已載入史册，以爲可以治療瘡毒。《欽定大清一統志·景東廳》："〔土産〕：鹽、孔雀、竹鷂、娑羅布、羊肚布（織文如羊肚）、苦子、净瓶蕉（布子而生，本大末鋭，儼若净瓶）、青紙、石風丹、仙茅。"《雲南通志·物産》："〔景東府〕娑羅布、羊肚布（織文如羊肚）、青紙、石丹（生石上，能療瘡毒）、仙茅、苦子、净瓶蕉（布子而生，本大末鋭，形如净瓶）、孔雀、竹鷂。"高斑葉蘭現多野生，可馴化爲栽培花卉，用作温濕地區園林緑化中的陰生花卉或地被植物。今稱"石鳳丹""蘭花草"。

【石風丹】

即高斑葉蘭。此稱多行用於清代。見該文。

【石鳳丹】

即高斑葉蘭。名見成都《常用草藥治療手册》。此稱多行用於四川各地。見該文。

【蘭花草】

即高斑葉蘭。今四川各地多行用此稱。見該文。

鵝毛玉鳳花

花名。蘭科，玉鳳花屬，鵝毛玉鳳花〔*Habenaria dentata*（Sw.）Schltr.〕。多年生草本。春日自宿根抽莖，長30～40厘米。葉狹而尖。夏日，莖梢開花二三朵，白色，有長距；唇瓣闊大，細裂如剪裁。花極美，唇瓣白如鵝毛，故名。常栽培以供觀賞。分布於我國西南各地區。見於山野濕地。

此稱始見於宋代典籍。宋宋祁《益部方物略記·鵝毛玉鳳花》："華而無采，狀類翔鳳，么質毛輕，翩欲飛動。"書注："鵝毛玉鳳花，本至卑，纖蓬如釵股，秋開，不蘙而鬖，狀似禽，故曰鳳；色白，故曰玉；以其分輕，故曰

毛。"後人多循宋祁予以記述，文字或有增改。如宋吳曾《能改齋漫録·方物》："〔花戚裏〕旌節、玉盤金盞、鵝毛玉鳳，出蜀中、瑞聖、瑞香、御米、都勝、玉簪。"明何宇度《益部談資》卷上："宋祁有《益部方物贊》：曰海椶，曰楠，曰橙，曰竹柏，曰海芋……曰鵝毛玉鳳花，曰蒟，曰真珠菜，曰朝日蓮，曰蟬花，曰㯶麻，曰水硫黄。"明徐應秋《玉芝堂談薈》卷三五："又鵝毛玉鳳花，本至卑，纖蓬如釵股，秋開，不剪而鬖狀似禽，故曰鳳；色白故曰玉；以其分輕故曰毛。"《御定月令輯要·秋令》："鵝毛玉鳳花，〔增〕《益部方物略記》：鵝毛玉鳳花，本至卑，纖蓬如釵股，秋開，狀似禽，故曰鳳；色白，故曰玉；以其分輕，故曰毛。"賈祖璋等《中國植物圖鑒·蘭科·鵝毛玉鳳花（〈益部方物記〉）》："〔生態〕：多年生草本。生於山野濕地，也常供栽培。〔應用〕：供觀賞用。"

仙人掌 [1]

花名。仙人掌科、仙人掌屬，仙人掌〔*Opuntia dillenii*（Ker Gawl.）Haw.〕。多年生肉質多漿植物。莖長橢圓形而扁平，多數連接，肥厚多肉，緑色，表面稀疏分布刺叢，褐色，刺座多被褐色或白色短綿毛。夏季開花，花冠黄色，短漏斗形，被緑色鱗片。漿果肉質，倒卵形或梨形，紅色。宜於盆栽觀賞，果可食。全國多地有栽培。原産墨西哥，後傳入中土。

文獻記載三國時已見，時稱"平慮草"，後人推斷此即仙人掌。明清盛稱之，"仙人掌"之名遂出。以其肉質莖扁平如掌，故名。時稱"老鴉舌""霸王樹"。民國許衍灼《春暉堂花卉圖説·彙考八·仙人掌》引清吳震方《嶺南雜記》曰："《南安府志》：《三國志》載孫皓時有

菜生工人吳平家，高四尺，厚三分，如枇杷形，上廣尺八寸，下莖廣三寸，而邊生綠葉，東觀案圖作平慮草。按，此即今仙人掌，人呼爲老鴉舌。郡中有高至八九尺及丈許者……《南越筆記》：瓊州有仙人掌，自下而上，一枝一掌，無花葉，可以辟火。臣謹按《南安志》據《吳志》以仙人掌爲即平慮，足稱賅洽。"又引《八種畫譜》曰："仙人掌一名霸王樹。"又引《滇志》曰："仙人掌肥厚多刺，相接成枝，花名玉英。色紅黃，實如小瓜，可食。"明黃佐《仙人掌賦序》："仙人掌者，奇草也。多貼石壁而生，惟羅浮黃龍金沙洞有之。葉勁而長，若齟齬狀，發苞時外類芋魁，內攢瓣如翠毬，各擎子珠如掌然。青赤轉黃而有重殼，剖之厚者在外如小椰，可爲匕勺，薄者在裹如銀杏衣，而裹圓肉，煨食之，味兼芡栗，可補諸虛，久服輕身延年，俗呼爲千歲子，云移植惟宜沙土。"清陳淏子《花鏡》卷四："仙人掌出自閩粵，非草非木，亦非果蔬，無枝無葉，又並無花。土中突發一片，與手掌無異。其膚色青綠，光潤可觀。掌上生米色細點，每年只生一葉於頂，今歲長在左，來歲則長在右，層累而上。植之家中，可鎮火災。如欲傳種，取其一片，切作三四塊，以肥土植之，自生全掌矣。近今南浙，亦間或有之。"同屬植物多至三百餘種，有球形、鞭形、竹節形等。

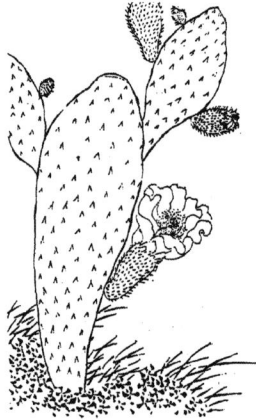

仙人掌
（清吳其濬《植物名實圖考》卷一五）

以其適應性強，常作爲砧木接以仙人球等，造型美觀，易開花，城鄉多有栽培。

按，宋蘇頌《圖經本草 · 本經外草類》、明李時珍《本草綱目 · 草九》均載有"仙人掌草"，清汪灝《廣群芳譜 · 卉譜六》即以此爲仙人掌，疑誤。考蘇頌所繪圖及"葉細而長"解說，實爲草本植物，與此木質、肉質之品非一物。又，鳶尾科植物射干別名仙人掌，與此同名异物。

【平慮草】

"仙人掌[1]"之古稱。此稱三國時已行用。見該文。

【老鴉舌】

"仙人掌[1]"之別名。此稱明清已行用。見該文。

【霸王樹】

"仙人掌[1]"之別名。此稱明清已行用。見該文。

【霸王樹】

同"霸王樹"，即仙人掌[1]。此體明代已行用。明高濂《遵生八箋 · 霸王樹》："霸王樹，產廣中。本肥，狀生如掌，色翠綠，上多米色點子，葉生頂上，稱爲奇樹可也。"

曇花

花名。仙人掌科，曇花屬，曇花〔*Epiphyllum oxypetalum*（DC.）Haw.〕。多年生半灌木狀常綠植物。主莖圓柱狀，高者近 3 米許；枝莖肉質扁平，葉狀，多具二棱，緣作緩波狀淺缺；老枝無刺，幼枝有刺，刺座位於淺缺處。夏秋晚間開花，大形，漏斗狀，長、徑各 15 厘米許，白色，清香。開花時間短，高溫時半小時即萎謝，故有"曇花一現"之說。漿果，紅色；籽實，黑色。多盆栽，亦可植園中。花及莖入藥。我國南北皆有栽培，南方熱帶多露地栽植。

原產美洲熱帶叢林，南北朝時傳入我國。時稱"優曇鉢花"，係梵語udumbara的譯稱。佛教視此花之開爲佛之瑞應。《法華經·方便品》："佛告舍利弗，如是妙法，諸佛如來時乃說之，如優曇鉢花時一現耳。"《南齊書·竟陵文宣王子良傳》："子良啓進沙門於殿户前誦經，世祖爲感，夢見優曇鉢花。"《長阿含經·游行經》："〔佛〕告諸比丘，汝等當觀如來時時出世，如優曇花時一現耳。"時亦音訛作"優鉢曇花"。《梁書·諸夷傳·波斯國》："國中有優鉢曇花，鮮華可愛。"唐代"優曇鉢花"省稱"優曇"，亦稱"優鉢羅花"。唐張説《唐玉泉寺大通禪師碑》："遂推爲兩京法主，三帝國師，仰佛日之再中，慶優曇之一現。"唐岑參《優鉢羅花歌序》："參嘗讀佛經，聞有優鉢羅花……交河小吏有獻此花者，云得之於天山之南。其狀異於衆草，勢龍嵸如冠弁，嶷然上聳，生不傍引，攢花中折，駢葉外包，異香騰風，秀色媚景。"宋蘇轍《那吒》詩："佛如優曇難值遇，見者聞道出生死。"明代"優曇鉢花"省稱"優曇花""曇花"。明郭棐《雲南志》："優曇花，在安寧州西北十里曹溪寺右，狀如蓮，有十二瓣，閏月則多一瓣，色白氣香，種來西域，亦娑羅花類也。後因兵燹伐去，遂無其種。今忽一枝從根旁發出，已及拱矣。"（清汪灝等《廣群芳譜·花譜三十二·優曇花》引）《金瓶梅詞話》第五五回："又有那瓊花、曇花、佛桑花，四時不謝，開的閃閃爍爍，應接不暇。"清趙翼《哭亡兒耆瑞》詩："早知不是我家兒，何事曇花現暫時。"清吳其濬《植物名實圖考·木類·優曇花》："優曇花生雲南，大樹蒼鬱，幹如木犀，葉似枇杷，光澤無毛，附幹四面錯生。春開花如蓮……色白，亦有紅者。一開即斂，故名。"清代稱"優曇鉢羅花""娑羅樹"。徐珂《清稗類鈔·植物類》："優曇鉢羅花，西域種也，簡稱之亦曰曇花。世稱曇花一現，若以爲幻夢之空花耳。不知佛書所言，即座湧蓮花之比，事固神奇，樹亦實有也。舊傳滇南有三樹，一在大理府和山之麓，稱和山花。大理有四景：上關花，下關風，蒼山雪，洱海月。上關即和山，花即優曇鉢羅也。樹高可六七丈，似桂，花白色。十二瓣，閏歲則十三。佛日盛開，異香芬馥。中有一穗如稗……一在雲南城（即省城也）土主廟，府志載：廟中優曇，一名娑羅樹，高二十丈，枝葉叢茂。每歲四月，花開如蓮……"又："一在安寧州曹溪寺。安寧州城之北有湯泉，楊升庵所題天下第一温泉者是也。温泉西岸有寺曰曹溪，寺中曇花一株，扶疏百尺，綠葉似娑羅，有九絲。白花如蓮，分九瓣，香如水沈，有蜜氣。其心紫色如球，惟不結實。相傳爲西域僧念佛珠所種。康熙壬子四月，花盛開，滇枭許鶴沙屬州牧試采柔條插之，活一枝。是年冬，鶴沙還雲間，遂攜以歸。其明年，苗芽怒生，幹長三尺，喜甚。"又"吳青壇《嶺南雜記》載：曇花似百合花而

優曇花
（清吳其濬《植物名實圖考》卷二五）

色紫，合二三十朵攢爲一朵，香烈異常。吳寶崖《曠園雜志》載，武林沈氏園有曇花一株，得自泉州仙游縣西山龍華寺僧，根如芋，葉如蒲，高七八尺，花叢葉吐，一蓓三十餘花，外殷紫，内微紅，似辛夷，香極清。”又：“乾隆丙辰，長洲朱象賢游滇，所見之三株，則皆在雲南。象賢且曰：‘撫署之一爲最大，高可二丈許，本大可圍二尺，蒼苔斑駁，枝幹夭矯。其外則督署、府署各一，皆不及也。其葉其花，略如玉蘭，所異者，大小與香色耳。三四月之交，作花，茂者七八月亦花。花朵大於玉蘭，色白而不潔，花英微綠。每朵九瓣，初開三瓣，其餘含而不放，次日又吐三瓣，中心尚含，第三日九瓣全舒，則已萎敗，不堪著目。香遠則清，若采折在手，近鼻嗅之，則濁不可耐，以濃郁太甚也。’”按，今人或以此爲無花果，疑誤。無花果（Ficus carica），桑科、榕屬，原産地中海，亦無“曇花一現”之説，與此仙人掌科之曇花顯非一物。此誤之産生，蓋受清人影響。清人稱“優曇鉢”爲無花果。清高士奇《天禄識餘·優曇鉢》：“今廣東新興縣有優曇鉢，似枇杷，無花而實，即所謂無花果也。”清陳淏子《花鏡》卷三：“無花果，一名優曇鉢，一名映日果，一名蜜果。”然無花果之體態特徵與曇花迥乎不同，不得以二者同有“優曇鉢”之異名遂將二物相混。參閱夏緯瑛《植物名釋札記·曇花》。

【優曇鉢花】

即曇花。“曇花”之梵語譯稱。此稱南北朝已行用。見該文。

【優鉢曇花】

即曇花。“優曇鉢花”之音訛。此稱南北朝

已行用。見該文。

【優曇】

即曇花。“優曇鉢花”之省稱。此稱唐代已行用。見該文。

【優鉢羅花】

即曇花。“優曇鉢花”音轉而成。此稱唐代已行用。見該文。

【優曇花】

即曇花。“優曇鉢花”之省稱。此稱明代已行用。見該文。

【優曇鉢羅花】

即曇花。“曇花”之梵語釋稱。此稱清代已行用。見該文。

【娑羅樹】

“曇花”之別名。此稱清代已行用。見該文。

西番蓮[2]

花名。西番蓮科，西番蓮屬，藍花鷄蛋果（Passiflora caerulea Linn.）。常綠草質藤本纏繞植物。蔓細如絲，捲鬚腋生。葉互生，掌狀，五至七深裂，基部楔形，在寒冷之地冬季亦凋謝。花單生，花瓣披針狀，約與萼片等長；夏月正午開花，外瓣白色，内有稱副冠的絲狀體多條，爲深紫及紫色，雄蕊之藥可轉動。果實肉質，橢圓形，黃色。宜於園林籬落栽培觀賞。主要分布於我國嶺南及西南地區。

原産巴西，約在清代傳入我國。文獻記載清代已見，時亦稱“西洋蓮”“西洋菊”，“西洋菊”亦作“西洋鞠”。清汪灝等《廣群芳譜·花譜十·西番蓮》：“西番蓮，花淡雅似菊之月下西施。自春至秋，相繼不絶，亦花中佳品。春間將藤壓地，自生根，隔年鑿斷分栽。”清屈大均《廣東新語·草語·西洋蓮》：“西洋蓮，蔓細如絲，朱色，繚繞籬間。花初開如黄白蓮十餘出，久之十餘出者皆落，其蕊復變而爲菊。瓣爲蓮而蕊爲菊，以蓮始而以菊終，故又名西洋菊。有時更從殘萼吐花，纍三四重，經月不謝。其花始則一大者，變爲一小者，繼則一舊者變爲一新者，一而二，二而三，三而四五，花花不窮，蓋花之善變而不失其本者也。其種來自西洋，廣人多雜以玉繡毬、薔薇、凌霄等花，環植庭除，開時諸色相間，謂之天然錦屏。"清李調元《南越筆記》作"西洋鞠"（據民國許衍灼《春暉堂花卉圖説·彙考七·西番蓮》所引）。清代亦稱"轉心蓮"。清吳其濬《植物名實圖考·群芳類·西番蓮》："西番蓮即轉心蓮。"

按，唐代之"玉蕊"（稱玉蕊花）究竟爲何花，其説不一。或説爲瑒花，或説爲瓊花，或説爲山礬，今人伊欽恒認爲即西番蓮。明王象晋《群芳譜·花譜·玉蕊》："玉蕊花，所傳不一。唐李衛公以爲瓊花，宋魯端伯以爲瑒花，黄山谷以爲山礬，皆非也。宋周必大云：唐人甚重玉蕊花，故唐昌觀有之，集賢院有之，翰林院亦有之，皆非凡境也。予自招隱寺遠致一本，蔓如荼䕷，冬凋春榮，柘葉紫莖，花苞初甚微，經月漸大，暮春方八出，鬚如冰絲，上綴金粟，花心復有碧筩，狀類膽瓶，其中別抽一英，出衆鬚上，散爲十餘蕊，猶刻玉然，花名玉蕊乃在於此。"伊欽恒詮釋："現名西番蓮（*Passiflora caerulea*），又叫紫西番蓮，爲西番蓮科常緑纏繞植物。"伊欽恒校注清陳淏子《花鏡》卷五時亦持此説，未知確否。《廣群芳譜》別玉蕊、西番蓮爲二目，一在《花譜十六》，一在《花譜十》。參閲宋洪邁《容齋隨筆·玉蕊杜鵑》、明曹學佺《蜀中廣記》卷六一。今統稱藍花鷄蛋果。

【西洋蓮】

"西番蓮[2]"之別名。此稱清代已行用。見該文。

【西洋菊】

"西番蓮[2]"之別名。此稱清代已行用。見該文。

【西洋鞠】

同"西洋菊"，即西番蓮[2]。此體清代已行用。見該文。

【轉心蓮】

"西番蓮[2]"之別名。此稱清代已行用。見該文。

【藍花鷄蛋果】

"西番蓮[2]"今之通用稱。見該文。

百部

花名。百部科，百部屬，百部〔*Stemona japonica*（Bl.）Miq.〕。多年生蔓草。地下有紡錘狀肉質塊根簇生。莖長1米許，攀附他物上升。葉卵形，有平行脉，二至四枚輪生。春夏之交開花，淡緑色，單生或簇生於葉片基部。蒴果卵形，紫褐色。園林中宜作宿根爬蔓植物供觀賞；根莖可煮食，多藥用。主要分布於我國華東地區，恒野生於山坡叢林，亦有人工培育者。

原産我國，晉代

百 部
（清吳其濬《植物名實圖考》卷二二）

已見文獻記載，時稱"百部草"。以其根莖百十相連如部伍，故名。《博物志·佚文》："九真一種草，似百部，但長大爾。懸火上令乾，夜取四五寸，切短含咽，汁主暴嗽，甚良。"晉葛洪《抱朴子·仙藥》："楚人呼天門冬爲百部，然自有百部草，其根俱有百許，相似如一也，而其苗小異也。真百部苗，似拔揳。"因其多以根莖入藥，故南北朝稱"百部根"。南朝梁陶弘景《名醫別錄》："百部根，微溫，有小毒。主治咳嗽上氣。"又《本草經集注·草木中品·百部根》："山野處處有。根數十相連，似天門冬而苦强……《博物志》云：九真有一種草似百部……疑此是百部。恐其土肥潤處，是以長大爾。"宋代稱"婆婦草"，出佚名《日華本草》。宋蘇頌《圖經本草·草部中品·百部》："百部根，舊不著所出州土。今江湖、淮陝、齊魯州郡皆有之。春生苗，作藤蔓；葉大而尖長，頗似竹葉，面青色而光；根下作撮如芋子，一撮乃十五六枚，黃白色。二月、三月、八月采，暴乾用。"明代稱"野天門冬""野天門草""白并""婆婦"，明李時珍《本草綱目·草七·百部》〔釋名〕："野天門冬。時珍曰：其根多者百十連屬，如部伍然，故以名之。"又〔集解〕："百部亦有細葉如茴香者。其莖青肥，嫩時亦可煮食。其根長者近尺，新時亦肥實，但乾則虛瘦無脂潤爾。生時擘開去心曝之。"明王象晉《群芳譜·藥譜·百部》："一名野天門冬，一名婆婦草……莖多者五六十，長尖内虛。根數十相連，似天門冬而苦。"明張岱《夜航船》："百部，多年生草本。其根多者百十連屬。又名野天門草，供藥用。"《通雅·植物》："白并、婆婦，即百部也。"清代稱一株下有八十三條塊根

者爲"地仙苗"，據説食之長壽。清汪灝等《廣群芳譜·藥譜六·百部》："或一窠八十三條者，號曰地仙苗。若修事，餌之可千歲也。"參閲明王圻等《三才圖會·草木·百部》。

【百部草】

即百部。此稱晉代已行用。見該文。

【百部根】²

即百部，以局部代全株。此稱始用於南北朝。見該文。

【婆婦草】

"百部"之別名。此稱宋代已行用。或作"㜮婦草"，出《通雅·植物》。㜮，"婆"之异體。見該文。

【野天門冬】

同"野天虋冬"，即百部。此體明代已行用。見該文。

【野天門草】

"百部"之別名。此稱明代已行用。見該文。

【白并】

"百部"之別名。此稱明代已行用。見該文。

【婆婦】

"婆婦草"之省稱，即百部。㜮，"婆"之异體。此稱明代已行用。見該文。

【地仙苗】

"百部"之一種，一莖下有八十三條塊根。此稱清代已行用。見該文。

佛甲草

花名。景天科，景天屬，佛甲草（*Sedum lineare* Thunb.）。多年生宿根肉質草本。莖叢生，高 10 厘米許，初時直立，後下垂，柔軟而脆。葉綫狀披針形，尖長而小，基部有短距，多三葉輪生，背光處緑色，日照處黃緑色。夏

季開小花，花莖直立，聚傘花序頂生，黃色，披針狀。良好耐陰地被植物，可分栽，具觀賞價值。全草入藥。

我國主要分布於華中地區，多見於山石瓦牆上。文獻記載約始見於宋代。宋蘇頌《圖經本草·本經外草類·佛甲草》："佛甲草，生筠州……多附石向陽而生，有似馬齒莧，細小而長，有花，黃色。不結實。四季皆有，采無時，彼土人多用之。"一本作"佛黃草"，疑"黃"字誤。明代稱"佛指甲"。明李時珍《本草綱目·草九·佛甲草》〔集解〕："二月生苗成叢，高四五寸，脆莖，細葉柔澤如馬齒莧，尖長而小。夏開黃花，經霜則枯，人多栽于石山瓦牆上，呼爲佛指甲。"清吳其濬《植物名實圖考·石草類·佛甲草》下形異名同兩種佛甲草。第一種即蘇頌所述。

按，明朱橚《救荒本草》卷三載"佛指甲"一目，李時珍以爲當是景天，非佛甲草。朱文云："佛指甲，生密縣山谷中。科苗高一二尺，莖微帶赤黃色；其葉淡綠，背皆微帶白色，葉如長匙頭樣，似黑豆葉而微寬，又似鵝兒腸葉甚大，皆兩葉對生。開黃花。結實形如連翹微小，中有黑子，小如粟粒。其葉味甜。"清吳其濬《植物名實圖考》列三目：佛甲草、佛指甲、景天。前者在石草類，後二者在隰草類。吳書

佛指甲
（清吳其濬《植物名實圖考》卷一二）

"佛指甲"文全引《救荒本草》文，并謂"《本草綱目》誤以爲即景天，其花實絕不相類"，未知李、吳二家孰説爲正。參閲清汪灝等《廣群芳譜·卉譜六·佛甲草》。

【佛指甲】[2]

"佛甲草"之別名。此稱明代已行用。或説，此別是一草，非佛甲草。

景天

花名。景天科，景天屬，景天（*Sedum spectabile* Boreau.）。多年生宿根肉質草本。地下莖肥厚。莖直立，圓柱形，高 60~70 厘米，光滑無毛，淡綠色，略被白粉。葉對生，無柄，質厚，白綠色，卵狀披針形，周緣疏生鈍鋸齒。夏秋開花，小花簇生，排列作傘房狀聚傘花序，花瓣五枚，黃色或白色略帶紅暈，雄蕊十枚，雌蕊五枚。蓇葖果。具觀賞價值，宜配合多種花卉布置花壇、花境，亦可片栽作地被植物。全草入藥。主要分布於長江流域以北地區。

原產我國。約始見於漢代文獻記載，時稱"慎火""戒火""火母"。《神農本草經·上品·景天》："景天……一名戒火，一名慎火。"《太平御覽·草木》引有"一云水母"，"水"殆誤，《經史證類大觀本草》作"火"，近正。南北朝稱"救火""據火""慎火草"。南朝梁陶弘景《名醫別錄·草本上品·景天》："景天……一名火母，一名救火，一名據火。

景　天
（宋柴源等《紹興校定證類備急本草畫圖》卷二）

生太山川谷。四月四日、七月七日採，陰乾。"
又《本草經集注·草木上品·景天》："今人皆盆
盛養之於屋上，云以辟火。"南朝梁范筠
《咏慎火》詩："忘憂雖無用，止燄或有施。"宋蘇頌
《圖經本草·草部上品·景天》："景天，生泰山
山谷，今南北皆有之。人家多種於中庭，或以
盆盛植於屋上，云以辟火，謂之慎火草。春生
苗，葉似馬齒而大，作層而上。莖極脆弱。夏
中開紅紫碎花，秋後枯死，亦有宿根者。"宋
王十朋《慎火草》詩："何如栽此草，有火自
能妨。"明代稱"護火草""辟火""護火"。明
王象晋《群芳譜·藥譜·景天》："一名護火草，
一名辟火，人多種於石山上。二月生苗，脆
莖，微帶黃赤色，高一二尺，折之有汁。葉淡
綠，色光澤柔厚，狀似長匙頭及胡豆葉而不尖。
夏開小白花，結實如連翹而小，中有黑子如
粟……極易生，折枝置土中，澆灌旬日便活。"
明李時珍《本草綱目·草九·景天》〔釋名〕：
"護火。"參閱清汪灝等《廣群芳譜·藥譜六·景
天》。

【慎火】
　　"景天"之別名。此稱漢代已行用。以其盆
栽施諸屋頂可辟火，故名。見該文。

【戒火】
　　"景天"之別名。此稱漢代已行用。見該文。

【火母】
　　"景天"之別名。此稱漢代已行用。見該文。

【救火】
　　"景天"之別名。此稱南北朝已行用。見
該文。

【據火】
　　"景天"之別名。此稱南北朝已行用。見

該文。

【慎火草】
　　"景天"之別名。此稱南北朝已行用。見
該文。

【護火草】
　　"景天"之別名。此稱明代已行用。見該文。

【辟火】
　　"景天"之別名。此稱明代已行用。見該文。

【護火】
　　"景天"之別名。此稱明代已行用。見該文。

【火燄草】[1]
　　"景天"之別名。此稱清代已行用。因有防
護火焰作用，故名。時稱"佛指甲""八寶""八
寶草"。清吳其濬《植物名實圖考·隰草類·景
天》："〔景天〕今俗呼火燄草，京師謂之八寶，
亦名佛指甲。盆盛養於屋上，南方秋深始開花。
李時珍以《救荒本草》佛指甲爲景天，今景天
花淡紅繁碎，亦無白汁，非一種也。雩婁農曰：
景天名甚麗，如蘇頌言即八寶草，南北種於屋
上以辟火，此不待訪詢而知也。"

【佛指甲】[3]
　　"景天"之別名。此稱清代已行用。見該文。

【八寶】
　　"景天"之別名。此稱清代已行用。見該文。

【八寶草】
　　"景天"之別名。此稱清代已行用。見該文。

【火秧】
　　"景天"之別名。此稱清代已行用。清屈大
均《廣東新語·草語·慎火》："廣人多種屋上
以防火，一名戒火。其形如火始然，又名火秧。
扁者不枝不葉，圓者多枝葉，叢生成樹，四稜
有芒刺，皮中有白漿能盲人。廣人以作籬落，

村墟間笐竹爲圍，火秧、露頭花爲界，在在皆然。諺曰：'爾有垣墻，我有火秧。'"

虎耳草

花名。虎耳草科，虎耳草屬，虎耳草（*Saxifraga stolonifera* Curt.）。多年生常綠草本。地下細鬚錯結密布。地上具絲狀匍匐莖，紫紅色，被疏毛，着地即生新苗。葉自根處叢生成束，小型，腎狀，密生茸毛，葉面有白色斑點及網狀脉紋，葉背紫紅色，葉柄頗長，葉緣有鈍齒，波浪狀。夏秋開花，花梗自葉叢中抽出，圓錐花序頂生，花小型，白色，具紫斑或黃斑，花瓣五枚，三枚小，兩枚大。蒴果。

虎耳草
（清吳其濬《植物名實圖考》卷一六）

觀賞植物，宜於園林陰濕地、溪池畔栽種，或作吸水石盆景及盆栽懸挂室内。全草入藥。以葉形似虎耳，故名。我國秦嶺以南各地均有分布，多生於1500米海拔以下山地、河谷、水泉等陰濕處。

此稱約始見於明代，時稱"石荷葉"，省稱"虎耳"。明李時珍《本草綱目·草九·虎耳草》〔釋名〕："石荷葉。"〔集解〕："虎耳生陰濕處，人亦栽於石山上。莖高五六寸，有細毛。一莖一葉，如荷蓋狀，人呼爲石荷葉。葉大如錢，狀似初生小葵葉及虎之耳形。夏開小花，淡紅色。"明王象晋《群芳譜·卉譜·虎耳草》："莖微赤，高二三寸，有細白毛……面青背微紅，亦有細赤毛。"清代稱"金絲草""金絲荷葉"。

清陳淏子《花鏡》卷四："俗名金絲草。其葉類荷錢，而有紅白絲繚繞其上。三四月間開小白花。春初栽於花砌石罅、背陰高處，常以河水澆之，則有紅絲延蔓遍地，絲末生苗，最易繁茂；但見日失水，便無生理矣。"《事物異名錄·虎耳草》："一名金絲荷葉。《群芳譜》又名石荷葉。"徐珂《清稗類鈔·植物類》："虎耳草爲常綠多年生草。產於濕地，高五六寸，葉圓，有剛毛，背赤，匐枝爲絲狀，卧地延長，隨處生苗。夏日抽莖開花，色白，五瓣，三小二大。"參閱清汪灝等《廣群芳譜·卉譜六·虎耳草》。

【石荷葉】

"虎耳草"之別名。此稱明代已行用。以其可植於石上，葉似荷，故名。見該文。

【虎耳】

"虎耳草"之省稱。此稱明代已行用。見該文。

【金絲草】

"虎耳草"之別名。此稱清代已行用。見該文。

【金絲荷葉】

"虎耳草"之別名。此稱清代已行用。見該文。

【系系葉】

"虎耳草"之別名。此稱清代已行用。清吳其濬《植物名實圖考·石草類·虎耳草》："栽種者多白紋，自生山石間者淡綠色，有白毛，却少細紋。治瘄耳，過用或成聾閉，喉閉無音。用以代茶，亦治吐血。簡易草藥名爲系系葉。"

射干

花名。鳶尾科，射干屬，射干〔*Belamcanda*

chinensis（Linn.）DC.）。多年生草本。地下根狀莖橫走，旁生細小支根。葉劍形扁平，嵌叠狀排作兩行。夏日抽生花莖，上部有歧枝，傘房花序頂生，花被片長寸許，橘黃色，帶淡紅斑點。蒴果卵形，籽實圓形，黑而有光澤。觀賞植物，園林中叢植於花徑及草地。根莖入藥。適應性強，分布幾遍全國。

射　干
（明王圻等《三才圖會》卷四）

原産我國，約始見於上古夏代。《夏小正》："十一月廣莫風至，則蘭、射干生。"《荀子·勸學》："西方有木焉，名曰射干。莖長四寸，生於高山之上，而臨百仞之淵。"唐楊倞注："《本草》藥名有射干，一名烏扇。"南北朝亦作"夜干"。南朝梁陶弘景《本草經集注·草木下品·射干》："此即是烏翣根。庭臺多種之，黃色，亦治毒腫。方多作夜干字，今射亦作夜音。"唐代稱"鳳翼"。唐陳藏器《本草拾遺》："射干、鳶尾二物相似，人多不分。射干即人間所種爲花卉名鳳翼者，葉如烏翅，秋生紅花，赤點。鳶尾亦人間所種，苗低下於射干，狀如鳶尾，夏生紫碧花者也。"宋蘇頌《圖經本草·草部下品·射干》："今在處有之，人家庭院間亦多種植。春生苗，高二三尺；葉似蠻薑，而狹長橫張，疏如翅羽狀，故一名烏翣，謂其葉耳；葉中抽莖，似萱草而強硬；六月開花，黃紅色，瓣上有細文；秋結實作房，中子黑色；根多鬚，皮黃黑，肉黃赤……鳶尾布地而生，葉扁闊於

射干。"明代稱"鬼扇""扁竹""仙人掌""紫金牛""野萱花""紫蝴蝶"。明李時珍《本草綱目·草六·射干》〔釋名〕："鬼扇、扁竹、仙人掌、紫金牛、野萱花……頌曰：射干之形，莖梗疏長，正如射之長竿之狀，得名由此爾……時珍曰：其葉叢生，橫鋪一面如烏翅及扇之狀，故有烏扇、烏翣、鳳翼、鬼扇、仙人掌諸名；俗呼扁竹，謂其葉扁生而根如竹也；根葉又如蠻薑，故曰草薑。"又〔集解〕："射干即今扁竹也。今人所種多是紫花者，呼爲紫蝴蝶。其花三四月開，六出，大如萱花，結房大如拇指，頗似泡桐子，一房四隔，一隔十餘子，子大如胡椒而色紫，極硬，咬之不破，七月始枯。陶弘景謂射干、鳶尾是一種，蘇恭、陳藏器謂紫碧花者是鳶尾，紅花者是射干，韓保昇謂黃花者是射干，蘇頌謂花紅黃者是射干，白花者亦其類，朱震亨謂紫花者是射干，紅花者非。各執一說，何以憑依？謹按，張揖《廣雅》云：鳶尾，射干也……《土宿真君本草》云：射干即扁竹。葉扁生，如側手掌形，莖亦如之，青綠色。一種紫花，一種黃花，一種碧花，多生江南湖廣川浙平陸間……據此則鳶尾、射干本是一類，但花色不同，正如牡丹、芍藥、菊花之類，其色各異，皆是同屬也。"清代稱"秋蝴蝶"。清陳淏子《花鏡》卷五："射干，一名扁竹，一名秋蝴蝶。生南陽，今所在有之。仲春引蔓布地，苗似瞿麥，葉似薑而狹長，葉中抽莖，似護莖而硬。六月開花，黃紅色，亦有紫碧者，瓣上有細紋……分根、下子種俱可。"

按，南朝梁陶弘景《本草經集注》釋射干之得名爲"似射人之執竿者"，宋蘇頌《圖經本草》釋爲"觀射干，其莖梗疏長，正如長竿狀"。

疑不妥。射干，叠韵字命名，此王念孫説。《廣雅疏證》卷一〇上："案，《子虚賦》云：騰遠射干。張氏彼注云：射干似狐，能緣木。射干之獸，不得謂之狀如竿。則射干之草，亦不如陶氏、蘇氏所説也。蓋草木之名，多取雙聲疊韻。射干，疊韻字也。射字，古音在虞部；干字之聲，亦有轉入此部者。《禹貢》'惟箘簵楛'，《史記·五帝紀》別本'楛'作'杆'，徐廣云'杆音楛'是也。"又，射干一名指三物：獸、木、草。《本草綱目·草六·射干》〔集解〕引唐陳藏器云："射干之名有三：佛經'射干貊撅'，此是惡獸，似青黃狗，食人，能緣木；阮公云'射干臨層城'者是樹，殊有高大者；《本草》射干是草，即今人所種者也。"又《荀子·勸學》所謂"射干"，或以爲木，非草。參閲宋王觀國《學林·射干》。

【夜干】

同"射干"。此體南北朝已行用。見該文。

【鳳翼】[1]

"射干"之別名。此稱唐代已行用。以其葉似鳳鳥之翼，故名。見該文。

【鬼扇】

"射干"之別名。此稱明代已行用。其葉如扇，故名。見該文。

【扁竹】

"射干"之別名。此稱明代已行用。以其葉扁，根如竹，故名。見該文。

【仙人掌】[2]

"射干"之別名。此稱明代已行用。以其葉側生，作仙人掌狀，故名。見該文。

【紫金牛】

"射干"之別名。此稱明代已行用。見該文。

【野萱花】

"射干"之別名。此稱明代已行用。以其莖、葉、花皆類萱草，故名。見該文。

【紫蝴蝶】[1]

"射干"之別名。此稱明代已行用。見該文。

【秋蝴蝶】

"射干"之別名。此稱清代已行用。見該文。

【烏扇】

"射干"之別名。以其葉叢生，如烏翅之扇狀，故名。此稱漢代已行用。時稱"烏蒲"。其時認爲"鳶尾"與"射干"有別，故《神農本草經》列爲兩條。《神農本草經·草部下品·射干》："射干……一名烏扇，一名烏蒲，生川谷。"又《鳶尾》："鳶尾……下三蟲，生山谷。"三國時《廣雅》以爲射干、鳶尾一物，蓋二者同類而微別，渾言則鳶尾亦射干。時稱"黃遠"，"烏扇"亦作"烏萐"。《廣雅·釋草》："鳶尾、烏萐，射干也。"王念孫疏證："是鳶尾、射干一種而小異，故鳶尾亦得謂之射干。"三國魏吳普《吳氏本草·草木類·射干》："射干，一名黃遠也。"南北朝稱"烏吹""烏園""草薑"，"烏扇"亦作"烏翣"。南朝梁陶弘景《名醫別録》："〔射干〕一名烏翣，一名烏吹，一名草薑。生南陽川谷，生田野。三月三日采根陰乾。"又："鳶尾……一名烏園。生九疑山谷，五月采。"按，李時珍、王念孫據《廣雅》"鳶尾，射干也"，視二者爲同物而小有別，亦有視二者爲二物者。清孫星衍《神農本草經·下品·鳶尾》校注："案，《廣雅》云'鳶尾、烏萐，射干也。'疑當作'鳶尾，烏園也；烏翣，射干也'。是二物。"又，烏扇之"扇"、烏萐之"萐"、烏翣之"翣"，一聲之轉，相通。《荀子·勸學》王先謙集解引清盧文弨曰："注烏扇，宋本與《本草》同，元刻作'烏翣'。《廣雅》：'烏蓮，射干也。'蓮、翣同所夾反，是二字皆可通。"《廣雅·釋草》清王念孫疏證："案，翣與蓮通，翣、扇一聲之轉。高誘注《淮南·說林訓》云：'扇，楚人謂之翣。'翣，字亦作箑。《方言》云：'扇，自關而東謂之箑。'箑、蓮皆從疌聲。射干之葉，橫張如扇，故謂之烏扇，又謂之烏蓮也。"烏，各本或訛作"鳥"，王氏亦指出其誤。見該文。

【烏蒲】

"射干"之別名。此稱漢代已行用。見該文。

【鳶尾】[1]

"射干"之別名。此稱漢魏時已行用。見該文。

【黃遠】

"射干"之別名。此稱三國時已行用。見該文。

【烏蓮】

烏扇之异稱，即射干。此稱三國時已行用。見該文。

【烏翣】

即射干。扇、翣一聲之轉，翣、蓮相通。此體南北朝已行用。見該文。

【烏吹】

"射干"之別名。此稱南北朝已行用。見該文。

【烏園】[1]

"射干"之別名。此稱南北朝已行用。見該文。

【草薑】

"射干"之別名。以其根葉似蠻薑，故名。

此稱南北朝已行用。見該文。

【烏蓮草】

"射干"之別名。此稱晉代已行用。《文選·宋玉〈高唐賦〉》："青荃、射干，揭車苞並。"晉郭璞注："射干，烏蓮草也。"《廣韻·平仙》："蓮，郭璞云：蓮尾草，一名射干。"按，蓮，清王念孫認爲是"蓮"字之訛。《廣雅疏證》卷一〇上："蓮，曹憲音所夾反，各本譌作蓮，今竝訂正。"見該文。

【蓮尾草】

即射干。此稱晉代已行用。蓮，同"鳶"。見該文。

【馬蟔花】

即"射干"。此稱見於清代。民國許衍灼《春暉堂花卉圖説·彙考六·射干》引清吳其濬《植物名實圖考》："此草北地謂之馬蟔花。江南亦多，六月開花。"

【白蝴蝶】

即"射干"。此稱見於清末民國時。民國許衍灼《春暉堂花卉圖説》卷七引明夏旦《藥圃同春》曰："射干花一名白蝴蝶，微香。"

【冷水丹】[1]

開白花之"射干"。此稱見於清代。清吳其濬《植物名實圖考》："白花射干，江西湖廣多有之。二月開花，白色有黃點，似蝴蝶花而小；葉光滑紛披，頗似知母……俚醫謂之冷水丹，以爲行血通關節之藥……惟此花二月開，黃花者六月開，莖葉花實都不甚類俗。"

馬藺

花名。鳶尾科，鳶尾屬，馬藺（*Iris lactea* Pall.）。多年生草本。根狀莖短而粗壯，基部具紅褐色殘葉裂成之纖維狀毛。葉基生，堅韌，狹綫形。春季開花，藍紫色，一至三朵生於莖頂，外輪花片匙形，中具黃色條紋；内輪花片倒披針形，直立。花柱具分枝，三枚，瓣狀。蒴果長橢圓形。宜作園林、河堤地被植物，具觀賞及固土價值。根可製刷子，葉可作造紙原料，花與種子入藥。主要分布於我國華北及江淮流域，多見於溝渠壕瀆之旁及草地。

此物約始見於夏代，時稱"荓"。《夏小正》："七月荓秀。"《管子·地員》："蔞下於荓，荓下於蕭。"秦漢稱"馬帚"。馬帚，大帚。因其可製爲掃帚，故名。或説，可爲馬刷，故名。《爾雅·釋草》："荓，馬帚。"郭璞注："似蓍，可以爲掃彗。"郝懿行義疏："今按此草叢生，葉小圓，莖紫赤，疏直而瘦勁，野人以爲掃帚極耐久，有高五六尺者，故曰馬帚。馬之言大也。"漢代始稱"馬蘭"，見諸應劭《通俗文》。元揭傒斯《重建濟州會源牐碑》："又募民采馬蘭之實，種之新河兩涯，以錮其潰沙。"明代稱"鐵掃箒""蠡草"，"鐵掃箒"亦作"鐵掃帚"。明李時珍《本草綱目·草四·蠡實》〔釋名〕："鐵掃帚……時珍曰：《爾雅》云荓，音瓶，馬帚也。此即荔草，謂其可爲馬刷，故名。今河南北人呼爲鐵掃帚是矣。"又〔集解〕："蠡草生荒野中，就地叢生，一本二三十莖……葉中抽莖，開花結實。"

按，一説，荓非馬帚、馬蘭。《説文·艸部》："荔，草也。"清段玉裁注："李時珍以馬帚之荓當之，誤也。"又《通俗文》所出"馬蘭"之名，《類説》作"馬蘭"；北魏賈思勰《齊民要術·五穀果蓏菜茹非中國物産者·東風》引《廣州記》："東風……香氣似馬蘭"，除日本金澤文庫鈔本、明鈔南宋本作"馬蘭"外，他本均作"馬藺"（參見繆愉《齊民要術校釋》）。清郝懿行認爲"馬蘭"乃"馬藺"之訛。《顏氏家訓·書證》王利器集解引郝氏："俗人呼爲馬蘭，非也，蓋馬藺之譌爾。"姑從其説。

【荓】

"馬藺"之別名。此稱先秦已行用。見該文。

【馬帚】

"馬藺"之別名。此稱秦漢已行用。見該文。

【鐵掃箒】

"馬藺"之別名。此稱明代已行用。以其可製堅硬耐用之掃帚，故名。見該文。

【鐵掃帚】

同"鐵掃箒"，即馬藺。此體明代已行用。見該文。

【蠡草】

同"荔草"，即馬藺。此稱明代已行用。見該文。

【荔挺】

"馬藺"之別名。此稱始見於先秦。漢代稱"馬薤""蠡實""劇草""三堅""豕首"，"馬薤"亦作"馬薤"。《禮記·月令》："仲冬之月……芸始生，荔挺出。"漢鄭玄注："荔挺，馬薤也。"一本作"馬薤"。《神農本草經·中品·蠡實》："蠡實……一名劇草，一名三堅，一名豕首。生川谷。"三國時稱"劇荔華""澤藍"，出

蠡 實
（清吳其濬《植物名實圖考》卷一一）

三國魏吳普《吳氏本草·草木類》。唐代稱"馬藺子"，出唐蘇敬等《唐本草·草部》。宋代馬藺子音轉爲"馬楝子"。宋蘇頌《圖經本草·草部中品·蠡實》："蠡實，馬藺子也，北人音訛呼爲馬楝子。生河東川谷，今陝西諸郡及鼎、澧州亦有之，近京尤多。葉似薤而長厚；三月開紫碧花；五月結實作角子，如麻大而赤色有棱；根細長，通黄色，人取以爲刷。三月采花，五月采實，並陰乾用。"清吳其濬《植物名實圖考·隰草類·蠡實》："北地人今猶以其根爲刷，柔韌細潔，用久不敝。凡裹角黍、縛花、接木，皆用其葉，亦便……其葉可繩，其實可藥，其根可刷。明吳寬詩：'爲帚或爲拂，用之材亦良。'根長者任之矣。又'高岸崩時合用栽'，則此草乃堪護堤捍水耶？"

按，馬藺之得名，馬者，大也，其葉似薤而大，故名。清王念孫《廣雅疏證》卷一〇上："荔葉似薤而大，則馬藺所以名矣。"又宋寇宗奭據陶弘景及《日華本草》懷疑蠡實、馬藺爲一物，李時珍予以駁斥。《本草綱目·草四·蠡實》〔正誤〕："宗奭曰：蠡實，陶隱居言方藥不用，俗無識者，《本草》諸家所注不相應。若果是馬藺，則《日華子本草》不當更言可爲蔬菜。蓋馬藺葉出土已硬，又無味，馬牛皆不食，豈堪人食？今不敢以蠡實爲馬藺，更俟博識。時珍曰：'《別錄》蠡實亦名荔實，則蠡乃荔字之訛（聲轉）也。'張揖《廣雅》云：'荔又名馬藺。其説已明。'又按周憲王（朱橚）《救荒本草》言其嫩苗味苦，煠熟，換水浸去苦味，油鹽調食，則馬藺亦可作菜矣。寇氏但據陶説疑之，欠考矣。"李氏説殆可取。唯《廣雅》"荔又名馬藺"，今本未見，不知李氏所據所本。參

閱清汪灝等《廣群芳譜·藥譜四·蠡實》、夏緯瑛《植物名釋札記·馬藺》。

【馬薍】

"馬藺"之別名。此稱漢代已行用。見該文。

【馬薤】

同"馬薍"，即馬藺。此體漢代已行用。見該文。

【蠡實】

"馬藺"之別名。此稱漢代已行用。見該文。

【劇草】

"馬藺"之別名。此稱漢代已行用。見該文。

【三堅】

"馬藺"之別名。此稱漢代已行用。見該文。

【豕首】[1]

"馬藺"之別名。此稱漢代已行用。見該文。

【劇荔華】

"馬藺"之別名。此稱三國時已行用。見該文。

【澤藍】

"馬藺"之別名。此稱三國時已行用。見該文。

【馬藺子】

"馬藺"之俗稱。此稱唐代已行用。見該文。

【馬楝子】

"馬藺子"之音轉異名，即馬藺。此稱宋代已行用。見該文。

【荔】

"馬藺"之別名。此稱漢代已行用。時稱"馬荔""荔草"。《説文·艸部》："荔，艸也。似蒲而小，根可作刷。"清段玉裁注引程瑤田曰："荔，今北方束其根以刮鍋。"《史記·司馬相如列傳》："其高燥則生葴菥苞荔。"裴駰集解

引徐廣曰："荔音力詣反。草，似蒲。"《呂氏春秋·仲秋紀》："荔挺出。"漢高誘注："荔，馬荔。挺生出也。"一本作"荔草挺出也"。《淮南子·時則訓》："是月也，荔挺出，芸始生。"高誘注："荔，馬荔，草也。"《廣雅·釋草》："馬䕡，荔也。"清王念孫疏證："馬荔猶言馬蘭也。"南北朝稱"旱蒲"，"蠡實"亦作"荔實"。北齊顏之推《顏氏家訓·書證》："河北平澤率生之。江東頗有此物，人或種於階庭，但呼爲旱蒲，故不識馬薤。"南朝梁陶弘景《名醫別錄》："〔蠡實〕一名荔實……生河東川谷。五月采實，陰乾。"旱蒲之稱，"蓋荔草似蒲而生旱地"（清王念孫《廣雅疏證》卷一〇上），故以爲名。

按，《禮記·月令》"荔挺出"一名，漢代兩種斷法，鄭玄以"荔挺"爲讀，高誘以"荔"爲讀。北齊顏之推《顏氏家訓·書證》以鄭讀爲誤，清王念孫廣爲論證，謂鄭讀可以成立。如《廣雅疏證》卷一〇上："案，如高氏所説，則是荔草挺然而出也。檢《月令》篇中，凡言'萍始生''王瓜生''半夏生''芸始生'，草名二字者，則但言'生'，一字者，則言'始生'以足其文，未有狀其生之貌者；倘經意專以'荔'之一字爲草名，則但言'荔始出'可矣，何煩又言'挺'也？且據顏氏引《易通卦驗》'荔挺不出'，則以'荔挺'二字爲草名者，自西漢時已然；又《逸周書·時訓》篇'荔挺不生，卿士專權'，亦與《通卦驗》同。鄭氏注殆相承舊説，非臆斷也。莛、挺古同聲而通用。《説文》云：'莛，莖也。'荔草抽莖作華，因謂之荔莛矣。《神農本草經》謂之蠡實，《名醫別錄》謂之荔實；《御覽》引吳普《本草》謂之劇

荔華，而《月令》則謂之荔莛。或以實名，或以華名，或以莖名，義有專屬而名則通稱也。故荔莛始出，猶未有莛也；而名爲荔莛，則曰荔莛出，猶王瓜始生，猶未有瓜也，而名爲王瓜，則曰王瓜生耳。《月令》自言荔莛，他書自言荔，兩不相妨也。"今從王説，鄭、高二讀法并取，"荔挺""荔"二名共存。見該文。

【馬荔】

"馬蘭"之聲轉异名。此稱漢代已行用。見該文。

【荔草】

"馬蘭"之別名。此稱漢代已行用。見該文。

【旱蒲】

"馬蘭"之別名。此稱南北朝已行用。生於旱地而似蒲，故名。見該文。

【荔實】

"馬蘭"之別名。此稱南北朝已行用。見該文。

白射干

花名。鳶尾科，鳶尾屬，白射干（*Iris dichotoma* Pall.）。多年生草本。根狀莖較粗壯，橫生，常呈不規律結節狀；鬚根多，細長。莖分枝，高 25～75 厘米，二歧分枝。葉劍形，嵌叠狀。花三至五朵簇生，白色，有少數紫褐色或紅紫色斑點，直徑 2～2.5 厘米，外輪花被具黃色條紋，近方形。蒴果狹長圓形。種子暗褐色，橢圓形，兩端具翅狀物。花可供觀賞。全草可入藥。主要分布於我國東北、華北及山東、江西、湖北、湖南、江蘇等地。常見於山地、丘陵、草地。清代稱"白花射干""冷水丹"。清吳其濬《植物名實圖考·毒草類·白花射干》："白花射干，江西、湖廣多有之。二月

開花，白色有黃點，似蝴蝶花而小，葉光滑紛披，頗似知母，亦有誤爲知母者。結子亦小，與蝴蝶花共生一處，花罷蝴蝶花方開。俚醫謂之冷水丹，以爲行血、通關節之藥。"此花與鳶尾同屬，花較鳶尾小，但素白淡雅，別有韵味，亦可在園林中叢植或布置花

白花射干
（清吳其濬《植物名實圖考》卷二四）

壇，尚可於石旁、池畔、沿路栽植。唯需留意者，此花略有小毒，不宜采食。今稱"白花鳶尾""二歧鳶尾""金盞子花"。

【白花射干】

即白射干。其花色白，故名。此稱清代已行用。見該文。

【冷水丹】 [2]

即白射干。此稱清代已行用。見該文。

【白花鳶尾】

即白射干。今之通稱一。見該文。

【二歧鳶尾】

即白射干。此花二歧分枝，故名。亦今之通稱一。見該文。

【金盞子花】

即白射干。今之俗稱一。見該文。

蝴蝶花

亦稱"鳳翼"花名。鳶尾科，鳶尾屬，蝴蝶花（*Iris japonica* Thunb.）。多年生草本。高40~55厘米。根狀莖細弱，入地淺，橫生，

黃褐色，有節。葉互生，二列，劍形，長30～60厘米，寬2.5～4厘米，革質。花葶高於葉，具條棱；花多數，排列成頂生、長而疏之總狀花序；花淡紫或淡藍色，直徑5～6厘米，外輪三花被裂片倒卵形，頂端稍凹缺，邊緣微齒裂，下半部黃色，中部具鷄冠狀突起。蒴果倒卵狀圓柱形或倒卵狀楔形。種子圓球形，具假種皮。花可供觀賞。全草可入藥。全國各地有分布。常見於林緣陰濕地。此稱見於明清。時人種植蝴蝶花已頗富經驗。明高濂《遵生八箋·燕閑清賞箋下·蝴蝶花》："蝴蝶花，草花，儼若蝶狀，色黃，上有赤色細點，闊葉。秋時分種。"《月令輯要·秋令》："蝴蝶花，〔增〕《草花譜》：草花，儼如蝶狀，色黃，上有赤色細點，闊葉。秋時分種。"清吳其濬《植物名實圖考·毒草類·白花射干》："白花射干……似蝴蝶花而小，葉光滑紛披，頗似知母，亦有誤爲知母者。結子亦小，與蝴蝶花共生一處，花罷蝴蝶花方開。"依《圖考》所述，其花大於白射干，并與白射干混生一處，所謂蝴蝶花似指本種。今附供考。

【鳳翼】 [2]

"蝴蝶花"之別稱。以其花似鳳翼，故名。此稱見於清代。《畿輔通志·物産》："蝴蝶花，一名鳳翼。"見該文。

鳶尾 [2]

花名。鳶尾科，鳶尾屬，鳶尾（*Iris tectorum* Maxim.）。多年生草本。根狀莖短而粗壯，堅硬，淺黃色。葉劍形，薄紙質，淡綠色。花葶單或二分枝，每枝具一至三花，苞片倒卵狀橢圓形，長4～7厘米，花藍紫色，與葶幾等長。蒴果狹矩圓形，具六棱，外皮堅

韌，有網紋。種子多數，球形或圓錐形，深棕褐色，具假種皮。庭園多有栽培以供觀賞。其根莖可入藥。主要分布於我國雲南、四川、陝西、湖北、浙江、江蘇等省。野生者常見於海拔 800～1800 米之山地灌木林緣。

鳶　尾
（清吳其濬《植物名實圖考》卷二四）

我國栽培利用鳶尾歷史悠久。秦漢時行用此稱。南北朝稱"烏園"。《神農本草經·下品·鳶尾》："鳶尾，味苦，平。主蠱毒、邪氣、鬼注，諸毒，破癥瘕積聚，去水，下三蟲。生山谷。"注引南朝梁陶弘景《名醫別錄·草木下品·鳶尾》："〔鳶尾〕，一名烏園。生九疑山谷。五月采。"唐孫思邈《備急千金要方》卷一："野葛、狼毒、毒公、鬼臼、莽草……鳶尾、蒏藜（入酒）、女菀、菓耳……茺蔚子、王不留行、蘮蒘子、菟絲子（入酒），右草木之類四十八種。"宋唐慎微《證類本草·草部下品·鳶尾》："鳶尾，味苦，平，有毒。主蠱毒、邪氣、鬼疰諸毒，破癥瘕積聚，去水，下三蟲，療頭眩，殺鬼魅，一名烏園。生九疑山谷。五月采。"明代稱"烏鳶"。明李時珍《本草綱目·草六·鳶尾》："〔釋名〕烏園，根名鳶頭。時珍曰：'並以形命名。烏園當作烏鳶。'"清代稱"紫蝴蝶"。《欽定續通志·昆蟲草木略》："鳶尾，射干苗也。一名烏園，其根謂之鳶頭。"清吳其濬《植物名實圖考·毒草類·鳶尾》："鳶尾，《本經》下品。《唐本草》：花紫碧色，根似高良薑。此即今之紫蝴蝶也。《花鏡》謂之紫羅欄，誤以其根即高良薑。三月開花，俗亦呼扁竹。"

按，《植物名實圖考》以爲《花鏡》之"紫羅欄"即鳶尾，實誤。紫羅欄今稱紫羅蘭，爲十字花科植物紫羅蘭（*Matthiola incana*），原產地中海沿岸，現廣爲栽培，多用作花壇、花境或作盆栽、切花用材。又，鳶尾屬植物多達二百多種，我國野生分布亦有四十五種之多，大多爲美麗花卉。常見栽培者有四類：一是根莖粗壯、肥大，喜排水良好而適度濕潤、含石灰的鹼性壤土者，如矮鳶尾（*I. chamaeiris*）、香根鳶尾（*I. florentina*）、德國鳶尾（*I. germanica*）、銀苞鳶尾（*I. pallida*）；二是較喜水濕與酸性土壤者，如東北鳶尾（*I. kaempferi*）、燕子花（*I. laevigata*）、菖蒲鳶尾（*I. pseudacorus*）、西伯利亞鳶尾（*I. sibirica*）；三是生長健壯，極耐乾旱者，如琴瓣鳶尾（*I. spuria*）；四是喜沙質壤土與充足陽光，喜凉爽、忌炎熱，秋季生長，早春開花，初夏休眠者，如西班牙鳶尾（*I. xiphium*）等。今稱"藍蝴蝶""扁竹花""蛤蟆七"。

【烏園】[2]

即鳶尾[2]。此稱南北朝已行用。見該文。

【烏鳶】

即鳶尾[2]。此稱明代已行用。見該文。

【紫蝴蝶】[2]

即鳶尾[2]。其花藍紫，形似蝴蝶，故名。此稱清代已行用。見該文。

【藍蝴蝶】

即鳶尾[2]。其花藍紫，形似蝴蝶，故名。廣東各地今多行用此稱。見該文。

【扁竹花】

即鳶尾[2]。今之俗稱一。見該文。

【蛤蟆七】

即"鳶尾[2]"。今之俗稱一。語本陳俊愉等《中國花經·鳶尾》。見該文。

美人蕉

花名。美人蕉科，美人蕉屬，美人蕉（*Canna indica* Linn.）。多年生草本。地下具塊根。葉片長橢圓形，綠色或黃褐色。四季開花，由莖內抽出花梗，上爲總狀花序，疏散，小型，常兩朵聚生，最外三個退化雄蕊呈倒披針形，僅有一個雄蕊的一室花藥發育，花有深紅、淺紅、鮮紅諸色。蒴果。爲園林庭院重要觀賞植物。花可入藥。我國各地多有栽培，南方尤多。

其源蓋漢代之芭蕉，芭蕉名見《三輔黃圖》，《史記·司馬相如列傳》稱"猼且"，《漢書》作"芭苴"。芭蕉之紅色者即此。唐代稱"紅芭蕉""紅蕉""紅蕉花"。唐韓偓《紅芭蕉賦》："瞥見紅蕉，魂隨魄消，陰火與朱華共映，神霞將日腳相燒。"唐柳宗元《紅蕉》詩："晚英值窮節，綠潤含朱光。"唐李紳《紅蕉花》詩："紅蕉花樣炎方識，瘴水溪邊色最深。葉滿叢深殷似火，不惟燒眼更燒心。"唐段成式《酉陽雜俎》："南中紅蕉，花時有紅蝙蝠集花中。"宋蘇頌《圖經本草·草部下品·甘蕉根》："蕉類亦多……紅者如火炬，謂之紅蕉。"宋代始稱"美人蕉"。宋袁褧《楓窗小牘》："花石綱，百卉臻集。廣中美人蕉大都不能過霜節。惟鄭皇后宅中鮮茂倍常，盆盎溢坐，不獨過冬，更能作花。"宋范成大《桂海虞衡志·志花》："紅蕉花，葉瘦類蘆箬，心中抽條，條端發花，葉數層，日拆一兩葉，色正紅，如榴花荔子，其端

各有一點鮮綠，尤可愛，春夏開至歲寒猶芳。"宋宋祁《益部方物略記》："蕉無中幹，花產葉間，綠葉外敷，絳質凝殷。右紅蕉花。於芭蕉蓋自一種，葉小，其花鮮明可喜。蜀人語染深紅者謂之蕉紅，蓋仿其殷麗云。"明清以閩、兩廣所產最負盛名。時稱一種數年方開黃紅色花者爲"金蓮寶相"。明王世懋《學圃雜疏·花疏》："芭蕉惟福州美人蕉最可愛。歷冬春不凋，常吐朱蓮如簇。吾地種之能生，然不花，無益也。又有一種名金蓮寶相，不知所從來。葉尖小如美人蕉，種之三四歲或七八歲始一花。南都戶部、五顯廟各有一株，同時作花，觀者雲集。其花作黃紅色，而瓣大於蓮，故以名。"又《閩部疏》："余以盛冬入福州，芭蕉葉無凋者，廨中美人蕉纈紅鮮甚；比出過延平，已入春，而蕉葉始放，乃知二百里外蕉無冬葉矣。"清汪灝等《廣群芳譜·藥譜六·芭蕉》："美人蕉，自東粵來者，其花開若蓮，而色紅若丹。產福建福州府者，其花四時皆開，深紅照眼，經月不謝。中心一朵，曉生甘露，其甜如蜜……產廣西者，樹不甚高，花瓣尖大，紅色如蓮，甚美。又有一種，葉與他蕉同，中出紅葉一片，亦名美人蕉。"清陳淏子《花鏡》卷五："美人蕉一名紅蕉。種自閩粵中來。葉瘦似蘆箬，花若蘭狀，而色正紅如榴……二月下子，冬初放向陽處，或掘坑

美人蕉
（清吳其濬《植物名實圖考》卷二六）

埋之。如土乾燥，則潤以冷茶，來春取出，則根自發。若子種，不如分根，當年便可有花。"清高士奇《北墅抱甕錄·美人蕉》："美人蕉自粤東來。葉雖不大，而翻風滴雨，自有幽姿。其花開若小蓮而色正赤，惟中心一朵，曉生甘露，嘗之如飴。"清代稱"蘭蕉""百日紅"。清屈大均《廣東新語·草語》："一種瘦葉，花若蕙蘭而色紅……名蘭蕉，亦名美人蕉。"徐珂《清稗類鈔·植物類》："紅蕉，一名美人蕉。形似芭蕉而小，閩廣多有之。花如蓮蕊，葉葉遞開，紅赤奪目，久而不謝，名百日紅。"按，芭蕉之得名，屈大均解作"巴者，焦也，其葉巴而不隙，焦而長懸，故合言之曰芭蕉也"。蕉有多種，有結實可食者，有華而不實者，美人蕉屬於後者。參見《木果卷》芭蕉。

【紅芭蕉】

"美人蕉"之別名。此稱唐代已行用。見該文。

【紅蕉】

"美人蕉"之別名。此稱唐代已行用。見該文。

【紅蕉花】

"美人蕉"之別名。此稱唐代已行用。見該文。

【金蓮寶相】

"美人蕉"之一種。花黃紅色，數年方開一次。此稱明代已行用。見該文。

【蘭蕉】

"美人蕉"之別名。此稱清代已行用。見該文。

【百日紅】

"美人蕉"之別名，此稱清代已行用。見該文。

【朱蕉】

"美人蕉"之屬。此稱清代已行用。清屈大均《廣東新語·草語》："朱蕉，葉芭蕉而幹棕竹，亦名朱竹。以枝柔不甚直挺，故以爲蕉。葉紺色，生於幹上，幹有節，自根至梢，一寸四五節或六七節甚密。然多一幹獨出無旁枝者，通體鐵色微朱，以其難長，故又名鐵樹。吾家種之成林。客有見者，愛其葉，則以爲朱蕉，而朱竹之名隱；愛其幹，則以爲朱竹，而朱蕉之名隱；愛其華，則以爲鐵樹開花不易，而皆以爲鐵樹，而朱蕉、朱竹之名並隱。"見該文。

荷花

花名。蓮科，蓮屬，荷花（*Nelumbo nucifera* Gaertn.）。多年生水生草本。根狀莖初時細瘦如指，後橫生分節，圓柱形，一般四至七節，節向下生鬚根，向上抽葉及花莖。夏秋之時，主節膨大爲藕。葉大，深綠色，圓形，具多條輻射狀葉脉，全緣，質厚而柔韌。夏季開花，花深紅、淡紅、淡綠或白色，單生於花莖頂端；單瓣或重瓣，兩性，萼片四至五枚，雄蕊、雌蕊均多數，心皮離生，藏於蜂窩狀海綿質花托内。心皮内含胚珠一兩個，花謝後花托膨大爲果實。堅果，俗稱蓮子，橢圓形卵狀。藕、蓮子均可食、入藥。花大色艷，清香淡雅，青波翠蓋，極具觀賞價值。可盆栽，亦可水植，爲家庭、園林美化之佳品，我國重要名花之一。分布幾遍全國各地，多見於湖塘淺水之中。

我國是荷花重要原產地之一，荷花生長、栽培有極爲悠久的歷史。我國科技人員於20世紀中期在柴達木盆地曾發現荷葉化石，距今至少有一千萬年，説明那時已有野生荷存在。20

世紀 80 年代，在新石器時期兩處古文化遺址先後出土荷花的花粉化石及兩顆炭化蓮子。據 C_{14} 測定，兩處遺址距今分別爲約七千年、五千年。我國先秦時已見諸文獻記載，時稱"荷華""荷""菡萏""芙蓉"。稱"荷花"的原因，據後人研究，荷同"何"，衆不知而問，遂稱"荷花"。衆不知而問，故荷之花、葉、根、實皆得名。當時人們已把它作爲一種可愛、美好的象徵在詩文中反復歌咏。《詩·鄭風·山有扶蘇》："山有扶蘇，隰有荷華。"又《陳風·澤陂》："彼澤之陂，有蒲與荷……彼澤之陂，有蒲菡萏。"《楚辭·離騷》："製芰荷以爲衣兮，集芙蓉以爲裳。"《九歌·湘夫人》："築室兮水中，葺之兮荷蓋。"周代已有食用藕莖、蓮子的記録。《周書》："魚龍成則藪澤竭，藪澤竭則蓮藕掘。"東晋王嘉《拾遺記·周穆王》記載穆王西巡，西王母向他"進洞淵紅藕，嶄州甜雪，崑流素蓮，陰岐黑棗，萬歲冰桃，千常碧藕，青花白橘。素蓮者，一房百子，凌冬而茂"。

在出土銅器上，有以荷瓣爲飾者，説明人們已經把它作爲美好的象徵納入生活。秦漢時對荷花的形態有更全面、細緻的瞭解與記載。《爾雅·釋草》："荷，芙渠。其莖，茄；其葉，蕸；其本，密；其華，菡萏；其實，蓮；其根，藕；其中，的；的中，薏。"晋郭璞注："別名芙蓉，江東呼荷。"宋邢昺疏："江東呼荷、菡萏、蓮華也。"漢代稱"水芝丹"，"芙渠"亦作"扶蕖"《説文·艸部》："蓮，扶蕖之實也。"《神農本草經·上品·蕅實莖》："一名水芝丹，生池澤。"三國時"芙渠"亦作"芙蕖"。三國魏曹植《洛神賦》："迫而察之，灼若芙蕖出淥波。"晋代稱"水花""水芝"，"芙蓉"亦作"芙容"。

晋崔豹《古今注·草木》："芙蓉，一名荷華。生池澤中，實曰蓮，花之最秀異者。一名水芝，一名水花，色有赤白紅紫青黃，紅白二色差多，花大者至百葉。"漢魏時宮廷中開始有荷池荷塘供玩賞嬉戲。清汪灝等《廣群芳譜·花譜·荷花一》引《三輔黃圖》："漢昭帝琳池中，植分枝荷，宮人貴之。每游宴出入，必皆含嚼。或綴以爲衣，或折以障日，以爲戲弄。"《魏書·釋老志》："明帝曾欲壞宮西佛圖……遂徙於道東，爲作周閣百間，佛圖故處，鑿爲濛泛池，種芙蓉於中。"私家建築亦有挖池養荷者。《文選·王逸〈魯靈光殿賦〉》："圓淵方井，反植荷蕖，發秀吐榮，菡萏披敷。綠房紫菂，窋咤垂珠。"李善注："反植者，根在上而葉在下。"唐段成式《酉陽雜俎·廣動植四·草篇》："荷，漢明帝時池中有分枝荷，一莖四葉，狀如駢蓋，子如玄珠，可以飾珮也。靈帝時有夜舒荷，一莖四蓮，其葉夜舒晝卷。"晋代已有盆栽荷花。晋王羲之《東書堂帖》："敝宇今歲植得千葉者數盆，亦便發花，相繼不絶，今已開二十餘枝矣。"漢代對其藥性功效頗有認識，用以健身强體。"藕實莖，味甘平，寒無毒，主補中養神，益氣力，除百疾，久服輕身耐老，不飢延年。"（《神農本草經·果部三品·荷花》）長沙馬王堆漢墓出土有藕片，遣册竹簡上有以藕、魚、稻米調和作

荷
（明王圻等《三才圖會》卷一二）

羹的文字記載（二十簡："鮮鰒（鰒）禺（藕）鮑白羹一鼎"）。三國時有蓮子生食、磨麵爲飯煮粥之記述，後代各種蓮子粥即濫觴於此。三國吳陸璣《毛詩草木鳥獸蟲魚疏》："芙蕖莖爲荷，其花未發爲菡萏，已發爲芙蕖，其實蓮，青皮裹白子爲的，的中有青，長三分如鈎爲薏，語曰'苦如薏'者也。的，五月中生，生啖脆；至秋表皮黑，的成可食，可磨以爲飯，輕身益氣，令人强健，又可爲糜。"歌咏詩文大量涌現。如《漢樂府·相和曲》："江南可采蓮，蓮葉何田田。魚戲蓮葉間，魚戲蓮葉東，魚戲蓮葉西，魚戲蓮葉南，魚戲蓮葉北。"三國魏曹植《芙蓉賦》："覽百卉之英茂，無斯華之獨靈。結修根於重壤，泛清流而擢莖。"晋郭璞《芙蓉贊》："泛葉雲布，映波頳熙。伯陽是食，饗比靈期。"此外漢閔鴻《芙蓉賦》、劉向《九嘆》、王褒《九懷》、晋孫楚《蓮花賦》、潘岳《芙蓉賦》、張華《咏荷》詩等等，都直接或間接咏嘆。

南北朝稱"蓮華"，"蓮華"亦作"蓮花"。蓮藕的種植有較大發展，北魏賈思勰《齊民要術》中首次總結了以蓮子或以藕種植的兩種種法。蓮子種法："八月、九月，收蓮子堅黑者，於瓦上磨蓮子頭，令皮薄。取墐土作熟泥，封之，如三指大，長二寸，使蒂頭平重，磨處尖銳。泥乾時，擲於池中，重頭沉下，自然周正，皮薄易生，少時即出。其不磨者，皮既堅厚，倉卒不能生也。"種藕法："春初掘藕根節頭，著魚池泥中種之，當年即有蓮花。"當時并蒂蓮、三頭蓮等異種不斷出現。且被視爲瑞異之象，舉國重視，記於國史。如，《宋書·符瑞志》："元嘉十年七月己丑，華林天淵池，芙蓉異花同蒂。"又"元嘉十七年十月，尋陽弘農祐幾湖，芙蓉連理"。《梁書·武帝本紀》："天監十年五月乙酉，嘉蓮一莖三花，生樂游苑。"藕的食用與藥用，都較前有新的發展。北魏賈思勰《齊民要術·蒸缹法》詳細記載了"蒸藕"的製法："水和稻穰、糠，揩令净，斫去節，與蜜灌孔裏，使滿，溲蘇麵，封下頭，蒸。熟，除麵，瀉去蜜，削去皮，以刀截，奠之。"這實際上是早期蜜漬藕，對後代果餞的形成有直接影響。醫家開始用藕莖治血症，療效顯著。南朝梁陶弘景《本草經集注》卷七："宋帝時，太官作羊血䐑，庖人削藕皮，誤落血中，遂皆散，不凝。醫乃用藕療血，多效也。"此時吟咏詩文亦不少，如梁簡文帝《采蓮賦》《采蓮曲》，梁元帝《采蓮賦》《咏同心蓮》詩，南朝宋江淹《蓮華賦》，南朝宋鮑照《芙蓉賦》、南朝梁沈約《咏芙蓉》詩，北周庾信《賦得荷》詩，南朝梁吳均《采蓮》詩以及顔延之、傅亮、劉孝威、劉緩、朱超、江洪等的作品。需要强調的是，佛教與荷花有密切關係。伴隨着佛教的廣泛傳播，荷花的影響越來越大，中外荷文化的融會交流使其内容更爲豐富。在佛教裏，荷花以純潔、芳香著稱，是佛、佛教的象徵，故佛祖總是端坐於蓮花寶座之上。《華嚴經》："一切諸佛世界，悉見如來坐蓮華寶師子之座。"《大智度論》卷八："以蓮花軟净，欲現神力，能坐其上，令不壞故。……又以諸花綿小，無如此花……是故諸佛隨世俗故，於寶花上結跏趺坐。"佛教各類建築、衣食住行用品也多以荷花爲飾物，現存南北朝大型佛教洞窟（如敦煌莫高窟、雲岡石窟等）中到處可見荷花圖飾。

唐代"荷華"已作"荷花"。時栽種更廣，

江南吳越，齊魯大地，都城長安芙蓉池、太液池、曲江等處多有種植。唐李白《子夜吳歌》："鏡湖三百里，菡萏發荷花。"唐段成式《酉陽雜俎·廣知》："歷城北二里有蓮子湖，周環二十里，湖中多蓮花，紅綠間明。"唐姚合《咏南池嘉蓮》詩："芙蓉池裏葉田田，一本雙花出碧泉。"唐韓愈《奉酬盧給事雲支四兄曲江荷花行見寄》詩："曲江千頃秋波净，平鋪紅雲蓋明鏡。"當時新品種如千葉蓮、重臺蓮等競相出現，好品種也有交流。據説洛陽原本沒有白蓮，後白居易携種北歸，方始種之。五代王仁裕《開元天寶遺事·解語花》："明皇秋八月，太液池有千葉白蓮數枝盛開，帝與貴戚宴賞焉。左右皆嘆羨久之，帝指貴妃示於左右曰：'争如我解語花！'"唐李德裕《平泉山居草木記》："水物之美者，荷有蘋洲之重臺蓮，芙蓉湖之白蓮。"唐李紳有《重臺蓮》詩，唐皮日休有《重臺蓮花》詩。宋程大昌《演繁露·白蓮花》："洛陽無白蓮花，白樂天自吳中帶種歸，乃始有之。"唐白居易《題白蓮》詩："本是吳州供進藕，今爲伊水寄生蓮。"當時慣例，池苑有嘉蓮出現，乃吉祥徵兆，臣下百官要表賀朝廷，故文獻中有唐崔融《爲百官賀千葉瑞蓮表》、唐權德輿《中書門下賀神龍寺渠中瑞蓮表》、唐張仲素《賀西內嘉蓮表》、唐柳宗元《爲王京兆賀嘉蓮表》等。藕的食用由廣而精，開始進入佳肴，當時的"雲英麨""翰林虀"都用藕。宋陶穀《清異録·羞饌門》："鄭文寶（由南唐入宋——引者按）'雲英麨'，予得食，酷嗜之。寶贈方：藕、蓮、菱、芋、鷄頭、荸薺、慈姑、百合，并擇净肉，爛蒸之，風前吹晾少時，石臼中搗極細，入川糖、蜜熟，再搗，令相得，

取出作一團，停冷性硬，净刀隨意切食。糖多爲佳，蜜須合宜，過則大稀。"又："翰林虀：每用時菜五七種，擇去老壽者，細長破之，入湯審硬軟。作汁量淺深，慎啟閉，時檢察。待其玉潔而芳香，則熟矣……冬春用熟笋，夏秋用生藕，亦刀破，令形與虀同。既熟，攪於羹中，極清美。"荷花的醫學價值進一步被發掘認識，唐孟詵《食療本草》、唐陳藏器《本草拾遺》對蓮實、藕、蓮房、荷葉等的藥性功能都有詳盡説明，較前代更爲深入細緻。唐代咏荷詩文較前代數量大增。除去上面提到的一些作者外，如杜甫、李商隱、王維、王勃、劉禹錫、元稹、王昌齡、孟郊、孟浩然、盧照鄰、陸龜蒙、韓偓、李嶠、張九齡、杜荀鶴、王灣等都有作品流傳，爲荷文化形成作出巨大貢獻。

宋代荷花栽培依然保持强勁的發展勢頭，汴梁、洛陽植荷賞荷已成風尚。盆栽已相當普遍，臨安街頭好有賣"盆種荷花"者（參見宋西湖老人《西湖老人繁勝録》）。蘇轍寫詩記述自己在西湖畔盆種蓮花的情況："鄰父閔我獨，遺我數寸根。澳水不入園，庭有三尺盆。兒童汲甘井，日晏泥水温。及秋尚百日，花葉隨風翻。舉目得秀色，引息收清芬。"内廷亦有盆荷。明吳彦匡《花史》："宋太平興國時，内出玉津園瑞蓮一盆示輔臣，花與葉悉似合歡而生。"當時發明一種水培法養荷，將整盆荷花沉入水底，令其生長。元虞裕《談撰》："元豐間，掖庭水殿落成，嘉致既備，偶失種蓮。宋即購於都城，得器缶所植者百餘本，連缶沉水底，再夕視之，則蓮已開盈沼矣。"明吳彦匡《花史》："宋孝宗於池中種紅白荷花萬柄，以瓦盆別種，分列水底，時易新者，以爲美觀。"插花

亦見諸載籍。宋葉夢得《避暑録話》卷上：“公每暑時，輒凌晨攜客往遊。遣人走邵伯，取荷花千餘朵，以畫盆分插百許盆，與客相間。遇酒行，即遣妓取一花傳客，以次摘其葉。盡處則飲酒，往往侵夜載月而歸。”時西湖荷花堪稱天下之最，不少詩文加以描繪贊頌。宋吳自牧《夢粱録·物產》：“荷花，紅白色千葉者，西湖荷蕩邊風送，荷香馥然。”宋柳永《望海潮》詞：“重湖叠巘清嘉，有三秋桂子，十里荷花。”宋楊萬里《曉出净慈寺送林子方》詩之二：“畢竟西湖六月中，風光不與四時同。接天蓮葉無窮碧，映日荷花別樣紅。”當時畫家有西湖十景之贊，其中之一是“麯院荷風”（宋吳自牧《夢粱録·西湖》）。其得名之由，明田汝成《西湖游覽志》謂：“宋時取金沙澗之水，造麴以釀官酒，其地多荷花。”康熙三十八年“聖祖御書十景，改‘麯院’爲‘曲院’，易‘荷風’爲‘風荷’。恭摹勒石亭上”（參見清翟灝《湖山便覽》）。西湖所產“綉蓮”、扁孔藕以味美著稱（宋吳自牧《夢粱録·物產》）。宋代食用藕的記載較前代更爲詳盡。宋林洪《山家清供》所載“玉井飯”“蓮房魚包”“雪霞羹”“石榴粉”等四樣美食均須用藕段、蓮房、蓮花瓣等爲原料，《吳氏中饋録》記有“藕梢鮓”製法。臨安市肆已有藕製成品菜出售。宋吳自牧《夢粱録·物產》載有“藕條菜”，周密《武林舊事·市食》載有“藕鮓”。宋代文學巨匠晏殊、梅堯臣、蘇軾、陸游、歐陽修、王安石、李清照、范成大、姜夔、葉夢得、吳自牧等皆有咏荷之作，而影響最大者，蓋周敦頤之《愛蓮説》。“出淤泥而不染，濯清漣而不妖”，已經把蓮花描繪爲高貴的精神品質的化身，把人們對蓮花的喜愛注入

了新的内容。

明代較前代又有巨大發展。南北兩京盡植荷花，蒔花賞花者風起雲涌。李時珍對荷花的產地分布、種植生長、花色品類、食用藥用做了全面系統的總結，至今仍然具有多方面的、重要的實用價值及藉鑒意義。明李時珍《本草綱目·果六·蓮藕》〔集解〕：“蓮藕荆揚豫益諸處湖澤陂池皆有之。以蓮子種者生遲，藕芽種者最易發。其芽穿泥成白蒻，即薏也。長者至丈餘，五六月嫩時，没水取之，可作蔬茹，俗呼藕絲菜。節生二莖：一爲藕荷，其葉貼水，其下旁行生藕也；一爲芰荷，其葉出水，其旁莖生花也。其葉清明後生。六七月開花，花有紅、白、粉紅三色。花心有黃鬚，蕊長寸餘，鬚内即蓮也。花褪蓮房成菂，菂在房如蜂子在窠之狀。六七月采嫩者，生食脆美。至秋，房枯子黑，其堅如石，謂之石蓮子。八九月收之，斫去黑殼，貨之四方，謂之蓮肉。冬月至春掘藕食之，藕白有孔有絲，大者如肱臂，長六七尺，凡五六節。大抵野生及紅花者，蓮多藕劣；種植及白花者，蓮少藕佳也。其花白者香，紅者艷，千葉者不結實。別有合歡並頭者；有夜舒荷，夜布晝卷；睡蓮花，夜入水；金蓮花，黃；碧蓮花，碧；繡蓮花，如繡，皆是異種。”此外，書中依次介紹了蓮實、藕、藕蔤、藕節、蓮薏、蓮蕊鬚、蓮花、蓮房、蒂等的性能、功用。明高濂《遵生八箋·燕閑清賞箋》記載荷花爲六種，即紅蓮、白蓮、并蒂蓮、臺蓮、四面蓮、黃蓮。該書還詳細記載瓶花、盆種荷花（即後世“碗蓮”）方法。瓶花之法：“荷花，采將亂髮纏縛折處，仍以泥封其竅，先入瓶中至底，後灌以水，不令入竅，竅中進水則易敗。”

盆種荷花:"老蓮子裝入雞卵殼內,將紙糊好,開孔,與母雞混衆子中同伏,候雛出取開,收起蓮子。先以天門冬爲末,和羊毛角屑拌泥,安盆底,種蓮子在內,勿令水乾,則生葉,開花,如錢大可愛。"明袁宏道《瓶史·器具》也言及瓶插荷花。明王象晋《群芳譜·蔬譜》收羅品類達二十餘種,有重臺蓮、并頭蓮、一品蓮、四面蓮、灑金蓮、金邊蓮、衣鉢蓮、千葉蓮、黄蓮、金蓮、分香蓮、分枝荷、夜舒荷、紅蓮、睡蓮、四季蓮、佛座蓮、金鑲玉印蓮、斗大紫蓮、碧蓮、錦邊蓮等。在食用方面,明代已開始製取藕粉。萬曆《杭州府志》:"春藕汁,去滓,曬粉,西湖所出爲良,今出唐棲及艮山門外。姚思勤《東郊土物藕粉》詩:'誰碾玉玲瓏,遶磨滴芳液。濯泥本不染,漬粉詎太白?鋪奩曝秋陽,片片銀刀畫。一撮點湯調,犀匙溜滑澤。'"明高濂《遵生八箋·飲饌服食箋》具體記述了"藕粉"製法:"取粗藕,不限多少,洗净截斷,浸三日夜,每日換水,看灼然潔净,漉出,搗如泥漿,以布絞净汁。又將藕渣搗細,又絞汁盡,濾出惡物,以清水少和攪之,然後澄去清水,下即好粉。"出現了一些有風味特色的食品,如高濂書中所載"蓮子纏",是以煮熟蓮肉用糖霜裹纏,烘乾而成的小食品;明宋詡《宋氏養生部》所載"蓮蕋糕"是用蓮子粉製作的糕品。其他尚有"雜和罋""蓮子粥",等等。

清代是荷花發展的鼎盛時期。康熙時陳淏子所撰《花鏡》凡收集品類二十二種,即分香蓮、四面蓮、低光蓮、并頭蓮、重臺蓮、四季蓮、朝日蓮、睡蓮、衣鉢蓮、金蓮、錦邊蓮、夜舒蓮、十丈蓮、藕合蓮、碧蓮花、黄蓮花、品字蓮、百子蓮、佛座蓮、碧臺蓮、紫荷花等。嘉慶年間出現我國第一部藝荷專書,即清楊鍾寶《缸荷譜》。書中記有"藝法六條",即出秧、蒔藕、位置、培養、喜忌、藏秧等,對缸養荷花有一定藉鑒作用。該書搜羅荷品達三十三種,空前之多。計有單瓣十大種、重臺一種、千葉九大種、單瓣七小種、千葉六小種。單瓣十大種爲:硃砂大紅、朱家大紅、杭州大紅、嘉興大紅、綠放白蓮、粉放白蓮、一捻紅、銀紅、大水紅、淡水紅。重臺一種爲白蓮。千葉九大種爲:蜜鉢、大白、小白、小小白、小桃紅、灑金、錦邊、臺蓮、佛座蓮。單瓣七小種爲:大紅、綠放圓瓣小白蓮、粉放尖瓣小白蓮、小水紅、加單瓣十大種內之一捻紅、銀紅、大水紅。千葉六小種爲:小水紅、銀紅鉢,加千葉九大種內之蜜鉢、小桃紅、灑金、錦邊。時諸地園林多以荷花爲飾物,如北京的頤和園、承德的避暑山莊等都是如此。西湖十八景之一爲"蓮池松舍"(清李衛等《西湖志》),泉城濟南被描繪作"四面荷花三面柳,一城山色半城湖"(清劉鶚《老殘游記》)。鄉野溝池壕塹,亦多植此,觀賞兼謀生。清屈大均《廣東新語·草語·蓮菱》:"廣州郊西……周迴廿餘里,多是池塘,故其地名曰半塘,土甚肥腴多膏物。種蓮者十家而九,蓮葉旁復點紅糯。夏賣蓮花及藕,秋以蓮葉爲薪。其蓮多紅,以宜藕宜實也,花白者任人采之,紅者則否,葉則否。采葉恐傷其藕,采紅花恐傷其實也。"時碗蓮亦稱"子蓮",對其養植已積纍相當多的經驗。徐珂《清稗類鈔·植物類》:"子蓮爲蓮之小者,用蓮子所種,葉莖細小,花如彈丸,離披數瓣,淡不成紅。其種法:用頭棄雞卵三枚,穴其頂,每一納三蓮實，封固，雜雞卵中，令雞孵之。雛出之日，取蓮實滌净，養泥水中，根生寸許細藕，便能作花。"蓮藕食品多不勝舉，如"建蓮肺羹""荷葉包雞""炸灌藕""葷灌藕""荷香飯""蓮子粽""蓮子糕"（參見佚名《調鼎集》），"八珍糕"（清朱彝尊《食憲鴻秘》），"藕粥""荷鼻粥"（清曹庭棟《養生隨筆》），"荷葉甲"（清林蘇門《邗江三百吟》），"蓮蓬糕"（《紅樓夢》），"蓮花粥""鮮荷葉粥"（清黃雲鵠《粥譜》），"藕圓""煮蓮子"（清薛寶辰《素食説略》），"荷包飯"（清屈大均《廣東新語》）等。

民國時期，由於戰伐迭起，民生凋敝，荷花的養植呈現衰敗之勢，到中華人民共和國成立前，品種僅有十幾個。經過多年的恢復、扶植、發展，荷花的養植呈現良好勢頭，其觀賞、經濟價值得到有效的開發、利用。據武漢地區有關科研機構調查，我國荷花品種達三十五個。不少大中城市舉辦過荷展，有的將荷花命名爲市花，研究、培育基地正在形成壯大。新技術的采用、新品種的開發、商品化的經營，必將使古老的荷花綻放出更絢爛的异彩。

【荷華】

同"荷花"。此體先秦已行用。見該文。

【荷】[1]

"荷花"之省稱。此稱先秦已行用。見該文。

【菡萏】

"荷花"之別稱。此稱先秦已行用。見該文。

【芙渠】

"荷花"之別名。此稱漢代已行用。見該文。

【扶蕖】

同"芙渠"。即荷花。此體漢代已行用。見該文。

【芙蕖】

同"芙渠"。即荷花。此體三國時已行用。見該文。

【芙蓉】

"荷花"之別名。此稱先秦已行用。見該文。

【芙容】

同"芙容"。即荷花。此體晋代已行用。見該文。

【水芝丹】

"荷花"之別名。此稱漢代已行用。見該文。

【水花】

"荷花"之別名。此稱晋代已行用。見該文。

【水芝】

"荷花"之別名。此稱晋代已行用。見該文。

【蓮華】

"荷花"之別名。此稱南北朝已行用。見該文。

【蓮花】

同"蓮華"，即荷花。此體南北朝已行用。見該文。

【分枝荷】

"荷花"之一品。亦稱"低光荷"。據傳爲西漢昭帝植於淋池之荷。因其一莖四葉，故名。前秦王嘉《拾遺記·前漢下》："昭帝始元元年，穿淋池，廣千步。中植分枝荷，一莖四葉，狀如駢蓋，日照則葉低蔭根莖，若葵之衛足，名曰低光荷。實如玄珠，可以飾佩。花葉葳蕤，芬馥之氣，徹十餘里。食之令人口氣常香，益脉理病。宫人貴之，每游宴出入，必皆含嚼。或剪以爲衣，或折以蔽日，以爲戲弄。"

【低光荷】

"分枝荷"之別稱。因其葉受光照則低垂護

莖，故名。此稱漢代已行用。見該文。

【底光荷】

同"低光荷"。"荷花"之一種。此體明代已行用。明王象晉《群芳譜・蔬譜・蓮藕》："分枝荷，一名底光荷。"

【夜舒荷】

"荷花"之一品。亦稱"望舒荷"。此稱見於東漢。相傳爲南土獻於漢靈帝之荷。其葉夜舒晝捲，故名。前秦王嘉《拾遺記・後漢》："靈帝初平三年……渠中植蓮，大如蓋，長一丈，南國所獻；其葉夜舒晝卷，一莖有四蓮叢生，名曰夜舒荷；亦云月出則舒也，故曰望舒荷。"明李時珍《本草綱目・果六・蓮藕》〔集解〕："有夜舒荷，夜布晝卷。"

【望舒荷】

即夜舒荷。因其望雲月出則展葉，故名。此稱漢代已行用。見該文。

【并頭蓮】

"荷花"之一品。因一莖共生兩蓮，平首玉立，故名。此稱約始見於晉代，時稱"嘉蓮"。明代稱"合歡並頭蓮""并蒂"。清汪灝《廣群芳譜・花譜・荷花》："并頭蓮：晋泰和間生於玄圃，謂之嘉蓮。今所在有之。最易生，能傷別蓮，宜獨種。"元王實甫《西廂記・長亭送別》："但得一個并頭蓮，强如狀元及第。"明李時珍《本草綱目・果六・蓮藕》〔集解〕："別有合歡並頭者。"明高濂《遵生八箋・燕閑清賞箋・四時花紀》："蓮花六種，紅白之外，有四面蓮，千瓣四花；兩花者，名並蒂，總在一蕊發出。"清陳淏子《花鏡》卷五："並頭蓮，紅白俱有，一幹兩花，能傷別花，宜獨。"

【嘉蓮】

"并頭蓮"之別名。此稱晋代已行用。見該文。

【合歡並頭蓮】

"并頭蓮"之別稱。此稱明代已行用。見該文。

【并蒂】

即并頭蓮。蒂聯蓮首，遂以代頭，故名。此稱明代已行用。見該文。

【黃蓮】

亦稱"黃蓮花"。"荷花"之一品。花色黃，故名。其稱見於南北朝。清汪灝等《廣群芳譜・花譜・荷花》引南朝宋王韶之《神境記》："九嶷山，過半路皆行竹松下，狹路有清澗，澗中有黃色蓮，芳氣竟谷。"清代稱"黃蓮花"。清陳淏子《花鏡》卷五："黃蓮花，色淡黃而香甚，其種出永州半山。"

【黃蓮花】

即黃蓮，"荷花"之一品。此稱清代已行用。見該文。

【重臺蓮】

"荷花"之一品。一花開後，蓮房内又生花，故名。其稱約始見於唐代。唐皮日休《重臺蓮花》詩："欹紅嫷婿力難任，每葉頭邊半米金。可得教他水妃見，兩重元是一重心。"清陳淏子《花鏡》卷五："重臺蓮花放後，房中眼内復吐花，無子。"清汪灝等《廣群芳譜・花譜・荷花》："重臺蓮，一花既開，從蓮房内又生花，不結子。"

【朝日蓮花】

"荷花"之一品。花色有黃、白、紅等種。此稱宋代已行用。其花隨日移而傾朝，故名。

民國許衍灼《春暉堂花卉圖説·彙考七·蓮》引宋宋祁《益部方物略記》："朝日蓮花，色或黃或白，葉浮水上，翠厚而澤，形如菱花差大。開則隨日所在，日入輒斂，而自藏於葉下，若葵藿傾太陽之比。"清陳淏子《花鏡》卷五："朝日蓮，紅花，亦如葵花之向太陽也。"

【碧臺蓮】

"荷花"之一品。此稱明代已行用。以其白花瓣上有一綠點，故名。清陳淏子《花鏡》卷五："碧臺蓮，白瓣上有翠點，房內復抽綠葉。"參見本類"百子蓮"。

【錦邊蓮】

"荷花"之一品。約始見稱於明代。因白花瓣邊緣處似有胭脂色，故名。清陳淏子《花鏡》卷五："錦邊蓮，白花，每瓣邊上有一綿紅暈或黃暈。"參見本類"百子蓮"。

【四面蓮】

"荷花"之一品。此稱見於明代。以其一蒂千瓣，四面皆吐黃心，故名。清汪灝等《廣群芳譜·花譜·荷花》："四面蓮，周圍共四萼。"清陳淏子《花鏡》卷五："四面蓮，色紅，一蒂千瓣如球，四面皆吐黃心。"參見本類"并頭蓮"。

【千葉黃】

"荷花"之一品。此稱約始見於明代。明王圻等《三才圖會·草木》："〔荷花〕有千葉黃、千葉白、千葉紅、有紅邊白心，有馬蹄蓮，子多而大，有墨荷，並佳種。"

【千葉白】

"荷花"之一品。此稱明代已行用。參見本類"千葉黃"。

【千葉紅】

"荷花"之一品。此稱明代已行用。參見本類"千葉黃"。

【馬蹄蓮】

"荷花"之一品。此稱明代已行用。參見本類"千葉黃"。此與天南星科馬蹄蓮屬之馬蹄蓮同名異實。

【墨荷】

"荷花"之一品。此稱明代已行用。參見本類"千葉黃"。

【子午蓮】

"荷花"之一品。此稱明代已行用。時稱"茈碧花"。因產於茈碧湖，故名。清代稱"子午蓮"，以其花子時開則午時斂，午時開則子時斂，故名。民國許衍灼《春暉堂花卉圖説》引明劉棐《雲南志》曰："浪穹縣西北五里，有寧河，一名茈碧湖。水上有花曰茈碧，形如蓬而差小，有白者，有淺紅錦邊者，葉如荷葉，花葉本皆長五六丈。晝則上浮，夜則拳曲入底。微風蕩之，香氣殊常。"又引清吳其濬《植物名實圖考》曰："子午蓮，滇曰茈碧花。生澤陂中，葉似蓴有歧，背殷紅，秋開花，作綠苞，四坼爲跗，如大綠瓣。內舒千層白花，如西番菊，黃心，亦作千瓣，大似寒菊。"

【茈碧花】

"子午蓮"之別名。此稱明代已行用。見該文。

【繡蓮花】

"荷花"之一品。花色如繡，故名。此稱明代已行用。明李時珍《本草綱目·果六·蓮藕》〔集解〕："繡蓮花，如繡。"

【佛座蓮】

“荷花”之一品。花瓣衆多而短，形似佛座，故名。此稱清代已行用。清汪灝等《廣群芳譜·花譜·荷花》：“他如佛座蓮、金鑲玉印蓮、斗大紫蓮、碧蓮、錦邊蓮諸品，尤爲絶勝。”清陳淏子《花鏡》卷五：“佛座蓮，花有千瓣，皆短而不甚高過房。”

【一品蓮】

“荷花”之一品。此稱清代已行用。亦稱“品字蓮”。因一蒂三花，形如品字，故名。清汪灝等《廣群芳譜·花譜·荷花》：“一品蓮，一本生三萼。”清陳淏子《花鏡》卷五：“品字蓮，一蒂三花，開如品字，不能結實。”

【品字蓮】

即一品蓮。此稱清代已行用。見該文。

【四季蓮】

“荷花”之一品。產於儋州（今海南島西北部）。其花四時不凋，故名。此稱清代已行用。清汪灝等《廣群芳譜·花譜·荷花》：“四季蓮，儋州清水池，其中四季荷花不絶，臘月尤盛。”

【衣鉢蓮】

“荷花”之一品。此稱清代已行用。產於雲南。清陳淏子《花鏡》卷五：“衣鉢蓮，花盤千葉，蕊分三色。產滇池。”

【十丈蓮】

“荷花”之一品。此稱清代已行用。高十丈許，故名。清陳淏子《花鏡》卷五：“十丈蓮，清源所生，百餘尺，聳出峰頭。”

【藕合蓮】

“荷花”之一品。此稱清代已行用。花色爲藕合，故名。清陳淏子《花鏡》卷五：“藕合蓮，千葉大花，紅色中微帶青暈。”

【紫荷花】

“荷花”之一品。此稱清代已行用。清陳淏子《花鏡》卷五：“紫荷花，花似辛夷而色紫，亦異種也。”

【金邊荷花】

“荷花”之一品。此稱清代已行用。徐珂《清稗類鈔·植物類》：“廬山有金邊荷花。初在山北晉慧遠大師之寺中，其後則移植山南矣。”

睡蓮

花名。睡蓮科，睡蓮屬，睡蓮（*Nymphaea tetragona* Georgi）。多年生水生草本。根莖短，直立。葉叢生，具細長葉柄，浮於水面，表面濃綠，背面暗紫。花單生，白色，徑 7~12 厘米，亦浮於水面，中午開花，夜間閉合，次日中午復開，如此三至四日，花瓣八至十七片，排列數層；雄蕊多數，蕊金黄色；柱頭膨大，放射狀。花期七至八月，果熟期十月。產亞洲東部，我國各地均有栽培。日本、歐洲及西伯利亞廣爲分布。我國唐代文獻已見其稱。因其晝開，夜沉入水，似睡去，故名。清汪灝等《廣群芳譜·花譜·荷花》引唐段公路《北户錄》：“睡蓮，葉如荇而大，沉於水面。其花布葉數重，凡五種色。當夏晝開，夜入水底，次日復出，生南海。”明王圻等《三才圖會·草木》：“南海有睡蓮，曉起朝日，夜低入水。”明李時珍《本草綱目·果六·蓮藕》〔集解〕：“睡蓮花，夜入水……皆是異種。”

金蓮花

花名。亦稱“金芙蓉”“旱地蓮”“大紅鳥”。旱金蓮科，旱金蓮屬，金蓮花（*Tropaeolum majus* Linn.）。多年生草本。莖蔓生，灰綠色，光滑無毛；葉互生，具長柄，近圓形，盾狀，形似蓮葉而小，具九條主脉，葉綠色，有波狀鈍角；花腋生，梗細長，花瓣五片，有花距，花色紫紅、橘紅、乳黃等，花期二至三月（秋播）或七至九月（春播），在氣候適合條件下，全年可開花。原產南美洲。我國各地均有栽培。其名約始見於宋金之際。花有黃、紅二種。以其花似荷而黃似金，故名。明代稱"金芙蓉""旱地蓮"，清代稱"大紅鳥"。民國許衍灼《春暉堂花卉圖說·彙考七·蓮》引清吳其濬《植物名實圖考》曰："金蓮花，直隸圖中有之，蔓生，綠莖脆嫩，圓葉如荷，大如荇葉，開五瓣紅花，長鬚茸茸，花足有短柄，橫翹如鳥尾，京師俗呼大紅鳥，山西五臺尤多，以爲佛地靈葩。性寒，或乾其花，入茶甌中，插枝即生，不喜驕陽。《山西通志》：'金蓮花，一名金芙蓉，一名旱地蓮，出清涼山。'金世宗嘗幸金蓮川。周伯琦《紀行詩》跋：'金蓮川草多異花，有名金蓮花者，似荷而黃，即此種也。'"清汪灝等《廣群芳譜·花譜·金蓮》："金蓮花出山西五臺山，塞外尤多，花色金黃，七瓣兩層，花心亦黃色，碎藥平正，有尖小長狹黃瓣，環繞其心。一莖數朵，若蓮而小，六月盛開，一望徧地，金色爛然，至秋花乾而不落，結子如粟米而黑。其葉綠色，瘦尖而長，五尖或七尖。"又引宋周師厚《洛陽花木記》："金蓮花出嵩山頂。"徐珂《清稗類鈔·植物類》："金蓮花，草本，蔓生，直隸、山

金蓮花
（清吳其濬《植物名實圖考》卷二一）

西等省有之……夏季葉腋開花五瓣，瓣萼皆深黃，瓣心有紅點，色甚艷。至秋，花乾而不落。康熙時，聖祖賜以此名，高宗亦有詩詠之。"參閱明李時珍《本草綱目·果六·蓮藕》。

【金芙蓉】

"金蓮花"之別名。此稱明代已行用。見該文。

【旱地蓮】

"金蓮花"之別名。此稱明代已行用。見該文。

【大紅鳥】

"金蓮花"之俗稱。因花色紅，形如大鳥，故名。此稱清代已行用。見該文。

海芋

花名。天南星科，海芋屬，海芋〔*Alocasia macrorrhiza*（Linn.）Schott〕。多年生草本。植株粗壯，高1米許，表皮粗糙似木。大葉，闊箭形，互生，具長柄。初夏開小花，肉穗自葉腋間抽生，外被大型佛焰苞，黃綠色。觀葉花卉，宜於裝點室內。全草入藥。主要分布於我國南方。

約始見於宋代文獻記載，時亦稱"隔河仙"。宋宋祁《益部方物略記》："木幹芋葉，擁踵盤戾。農經弗載，不用治厲。右海芋，生不高四五尺，葉似芋而有斡，根皮不可食。方家號隔河仙，云可用變金，或云能止瘧。"明代稱"觀音蓮""羞天草""天荷"，稱小者爲"野芋"。明李時珍《本草綱目·草六·海芋》〔釋名〕："觀音蓮、羞天草、天荷。"又〔集解〕："海芋生蜀中，今亦處處有之。春生苗，高四五尺；大葉如芋葉而有幹；夏秋間抽莖，開花如一瓣蓮花，碧色，花中有藥，長作穗，如觀音

像在圓光之狀，故俗呼爲觀音蓮……其根似芋魁，大者如升盌，長六七寸，蓋野芋之類也。《庚辛玉册》云：差天草，陰草也，生江廣深谷澗邊。其葉極大，可以禦雨，葉背紫色，花如蓮花。根葉皆有大毒，可煨粉霜硃砂。小者名野芋。"清代稱"一瓣蓮""旱金蓮""觀音芋"。清陳淏子《花鏡》卷五："一名，旱金蓮，又名觀音芋。葉大如芋。秋間開白花，只一大瓣，狀如蓮花；其大瓣中花小，遠視之，頗類佛像，故有觀音之稱。"清高士奇《北墅抱甕錄·觀音蓮》："觀音蓮葉形類芋而大，片葉可以蔽人。色最媚綠，中心抽莖，發花白色，瓣若小蓮，土人謂可救毒螫，以此得觀音之名。"參閱《通雅·植物》、清汪灝等《廣群芳譜·藥譜五·海芋》。

【隔河仙】

"海芋"之別名。此稱宋代已行用。見該文。

【觀音蓮】

"海芋"之別名。此稱明代已行用。以其大花狀如蓮，小花如觀音像，故名。見該文。

【差天草】

"海芋"之別名。此稱明代已行用。見該文。

【天荷】

"海芋"之別名。此稱明代已行用。見該文。

【野芋】[1]

特指"海芋"之小者。此稱明代已行用。見該文。

【一瓣蓮】

"海芋"之別名。此稱清代已行用。以其花型如蓮，一大瓣，故名。見該文。

【旱金蓮】

"海芋"之別名。此稱清代已行用。見該文。

【觀音芋】

"海芋"之別名。此稱清代已行用。以其葉如芋，花似觀音，故名。見該文。

菖蒲

花名。天南星科，菖蒲屬，菖蒲（*Acorus calamus* Linn.）。多年生常綠水生草本。地下根盤曲多節，每寸有數節至數十節。葉狹長似劍，青綠色，長達 100 厘米許，排列作兩行，主脉顯著。初夏開花，黃色，花莖自葉間抽出，肉穗花序圓柱形，着生莖端，花氣香濃。宜盆栽供觀賞。根莖可食或入藥，全草可提取芳香油、澱粉及製作農藥或作纖維原料。舊俗端午稱蒲節，人家懸其於門者。全國各地多有野生及栽培，常見於水畔及濕地。

原産我國，早在上古即已出現，時稱"堯韭""菖蒲"，據說是天降精氣、感受百陰而成。清汪灝等《廣群芳譜·卉譜二·草蒲》："《典術》：堯時天降精於庭爲韭，感百陰爲菖蒲。"先秦文獻稱"昌"。以其爲蒲類之昌盛者，故名。或說，昌，始也，先也，生於百草之先，故名。《周禮·天官·醢人》："朝事之豆，其實韭菹、醓醢、昌本。"漢鄭玄注："昌本，昌蒲根。"《韓非子·難四》："屈到嗜芰，文王嗜菖蒲菹。非正味也，而二賢尚之，所味不必美。"漢代亦作"昌蒲"，稱"昌陽"，"昌陽"亦作"昌羊"。《神農本草經·上品·昌蒲》："昌蒲……一名昌陽。"《淮南子·說山訓》："昌羊去蚤蝨而來蛉窮。"漢高誘注："昌羊，昌蒲。"三國魏吳普《吳氏本草》："昌蒲一名堯韭。"晉代開始注意到菖蒲須生石上。《抱朴子·仙藥》："菖蒲生須得石上。一寸九節已上，紫花者尤善也。"南北朝"昌陽"亦作"菖陽"，并特指一種大根菖蒲。其時菖蒲內已有"石上菖蒲"與"溪蓀"即"蘭蓀"之分。溪蓀雖根形氣色極似石上菖蒲，但葉無脊。南朝梁陶弘景《名醫別錄》："菖蒲……一名菖陽。生上洛池澤及蜀郡嚴道。一寸九節者良。"

菖 蒲
（明王圻等《三才圖會》卷一）

又南朝梁陶弘景《本草經集注·草木上品》："今乃處處有，生石磧上。概節爲好，在下濕地，大根者名昌陽，止主風濕，不堪服食……真昌蒲葉有脊，一如劍刃，四月五月亦作小釐華也。東間溪側又有名溪蓀者，根形氣色極似石上菖蒲，而葉正如蒲，無脊。俗人多呼此爲石上菖蒲者，謬矣……《詩》詠多云蘭蓀，正謂此也。"唐李德裕《平泉草木記》："茅山溪中有溪蓀，其花紫色。"或作"谿蓀"。唐代菖蒲稱"水菖蒲"，指水中一種根大而臭之菖蒲，與"石上菖蒲"有別。唐陳藏器《本草拾遺》："〔菖蒲〕一名昌陽，生水畔，人亦呼爲菖蒲，與石上菖蒲別。根大而臭，一名水菖蒲。"宋代始見"石菖蒲"之名，特指葉有劍脊、植於乾燥沙石土中者，而此時"水菖蒲"亦指生於溪澗水澤、葉無脊者。宋蘇頌《圖經本草·草部上品·菖蒲》："今處處有之，而池州戎州者佳。春生青葉，長一二尺許，其葉中心有脊，狀如劍；無花實；五月十二月采根，陰乾。今以五月五日收之。其根盤屈有節，狀如馬鞭大。一根傍引三四根，傍根節尤密，一寸九節者佳，亦有一寸十二節者。采之

初虛軟，暴乾方堅實。折之中心色微赤，嚼之辛香少滓。人多植於乾燥沙石土中，臘月移之尤易活……此即醫方所用石菖蒲也。又有水菖蒲，生溪澗水澤中甚多，葉亦相似，但中心無脊；采之乾後輕虛多滓，殊不及石菖蒲，不堪入藥用。但可搗末，油調塗疥瘙。今藥肆所貨，多以兩種相雜，尤難辨也。"宋陳承《本草別說》："今陽羨山中生水石間者，其葉逆水而生，根鬚絡石，略無少泥土，根葉極緊細，一寸不啻九節，入藥極佳。二浙人家以瓦石器種之，旦暮易水則茂，水濁及有泥滓則萎。近方多用石菖蒲，必此類也。"宋蘇軾《石菖蒲贊序》："凡草木之生石上者，必須微土以附其根，如石韋、石斛之類，雖不待土，然去其本處輒槁死。惟石菖蒲並石取之，濯去泥土，漬以清水，置盆中，可數十年不枯……其輕身延年之功，既非昌陽之所能及，至於忍寒苦，安澹泊，與清泉白石爲伍，不待泥土而生者，亦豈昌陽之所能髣髴哉？"明朱橚《救荒本草》卷三："又一種名蘭蓀，又謂溪蓀。根形氣色極似石上菖蒲，葉正如蒲無脊，俗謂之菖蒲。"按，"俗謂之菖蒲"一語，南朝梁陶弘景《本草經集注·草木上品》作"俗人多呼此爲石上菖蒲者，謬矣"。明李時珍《本草綱目·草八·白菖》作"溪蓀也，俗謂之水菖蒲"。未知孰是。

明代稱"水劍草"。此時"昌陽""堯韭""菖歜""蓀""水劍草"等皆泛指菖蒲。菖蒲復分爲"泥蒲""水蒲""石菖蒲"（含兩種）"錢蒲"等五類，"泥蒲"稱"泥菖蒲""白菖"，"水蒲"稱"水菖蒲""溪蓀"。五類之外，尚有"虎鬚蒲""龍錢蒲""香苗""劍脊""金錢""牛頂""臺蒲"等品類。時"石菖蒲"省稱"石蒲"，"虎

鬚蒲"省稱"虎鬚"。明王象晋《群芳譜·卉譜·菖蒲》："一名昌陽，一名菖歊，一名堯韭，一名蓀。有數種：生於池澤，蒲葉肥根，高二三尺者，泥蒲也，名白菖；生於溪澗，蒲葉瘦根，高二三尺者，水蒲也，名溪蓀；生於水石之間，葉有劍脊，瘦根密節，高尺餘者，石菖蒲也；養以沙石，愈剪愈細，高四五寸，葉茸如韭者，亦石菖蒲也；又有根長二三分，葉長寸許，置之几案，用供清賞者，錢蒲也。服食入藥，石蒲爲上，餘皆不堪。此草新舊相代，冬夏常青……種類有虎鬚蒲，燈前置一盆可收燈烟，不薰眼。泉州者不可多備，蘇州者種類極粗。蓋菖蒲本性，見土則粗，見石則細。蘇州多植土中，但取其易活耳。法當於四月初旬收緝幾許，不論粗細，用竹剪净剪，堅瓦敲屑，篩去粗頭，淘去細垢，密密種實，深水蓄之，不令見日。半月後長成，粗葉修去。秋初再剪一番，斯漸纖細。至年深月久，盤根錯節，無塵埃油膩相染，無日色相干，則自然稠密，自然細短。或曰，四月十四菖蒲生日，修剪根葉無踰，此時宜積梅水漸滋養之。又有龍錢蒲，此種盤旋可愛，且變化無窮，缺水亦活。夏初取橫雲山砂土，揀去大塊，以淘净粗者先盛半盆，取其洩水細者蓋面，與盆口相平。大窠一可分十，小窠一可分二三。取圓滿而差大者作主，餘則視盆大小旋繞明植。大率第一迴不過五窠六窠，二迴倍一，三迴倍二，斯齊整可觀。經雨後其根大露，以沙再壅之。只須置陰處，朝夕微微灑水，自然榮茂，不必盛水養之。一月後便成美觀，一年後盆無餘地，二年盡可分植矣。藏法與虎鬚蒲略同。此外又有香苗、劍脊、金錢、牛頂、臺蒲，皆品之佳者……乃若

石菖蒲之爲物，不假日色，不資寸土，不計春秋，愈久則愈密，愈瘠則愈細，可以適情，可以養性。"明李時珍《本草綱目·草八·菖蒲》〔釋名〕："昌陽、堯韭、水劍草。時珍曰：菖蒲乃蒲類之昌盛者，故曰菖蒲。又《呂氏春秋》云：冬至後五十七日菖始生。菖者，百草之先生者，於是始耕。則菖蒲、昌陽又取此義也……方士隱爲水劍，因葉形也。"又〔集解〕："菖蒲凡五種：生於池澤，蒲葉肥根，高二三尺者，泥菖蒲，白菖也；生於溪澗，蒲葉瘦根，高二三尺者，水菖蒲、溪蓀也；生於水石之間，葉有劍脊，瘦根密節，高尺餘者，石菖蒲也；人家以砂栽之一年，至春劚洗，愈剪愈細，高四五寸，葉如韭，根如匙柄粗者，亦石菖蒲也；甚則根長二三分，葉長寸許，謂之錢蒲是矣。服食入藥須用二種石菖蒲，餘皆不堪。"明王世懋《學圃雜疏·花疏》："菖蒲以九節爲寶，以虎鬚爲美，江西種爲貴。本性極愛陰。"

清代劃分异於明代，以昌陽爲一類，指葉無脊、根粗大者；以菖蒲、菖歊、堯韭、水劍爲一類。菖蒲下又分"泥菖""水菖""石菖"三種，另有"金錢""牛頂""虎鬚""劍脊""香苗""臺蒲"等六種佳品。時"水劍草"省稱"水劍"。清陳淏子《花鏡》卷五："一名堯韭。生於池澤者，泥菖也；生於溪澗者，水菖也；生水石之澗者，石菖也。葉青長如蒲蘭，有高至二三尺者。葉中有脊，其狀如劍，又名水劍。其根盤曲多節，亦有一寸十二節至二十四節者。仙家所珍，惟石菖蒲，入藥。品之佳者有六：金錢、牛頂、虎鬚、劍脊、香苗、臺蒲。凡盆種作清供者，多用金錢、虎鬚、香苗三者。性喜陰濕，總之用沙石植者葉細，泥土植者葉粗。

其法：在夏初以竹剪修净，取細沙或瓦屑密種，深水蓄之，勿令見日。秋初再剪，不染塵垢及犯油膩並猫喫水，則葉青翠，細軟如絲。尤畏熱手撫摩，宜作一綫捲小杖，時挹其葉。霜降後須藏於密室，或以缸蓋之，至春後始出，不見風雪。歲久不分，便細密可愛。若石上種者，尤宜洗净，當澆雨水，勿見風烟。夜移就露，日出即收。如患葉黄，壅以鼠糞或蝙蝠屎，用水灑之。若欲苗直，以棉裹箸頭，每朝捋之。又一種生下濕，而葉無脊，根粗大如指者名昌陽。肥則開花結子，候子老收之……昔人種訣云：'春遲出（春分方出），夏不惜（四月十四日菖蒲生日，用竹剪去净，自生，不愛惜）。秋水深（深水養之），冬密藏（須藏密室）。'又忌訣云：'添水不換水（添者慮其乾，不換存元氣），見天不見日（見天沾雨露，見日恐焦枯）。宜剪不宜分（頻剪則細，或逐葉摘剥更妙，分多則葉粗），浸根不浸葉（浸根則潤，浸葉則爛）。'……蒲花人食之，可以長年，然不易得。昔蘇子由盆中菖蒲忽開九花，人以爲瑞。蒲之根，白節疏者可作菹，俗於端陽午時，和雄黄春碎，下酒飲，謂之蒲節酒。"

今時植物學之分類，大抵以明代劃分爲依據，大別有四：一類稱泥菖蒲、白菖，稱"菖蒲"。天南星科。學名 *Acorus calamus*，體態特徵具本類之首。一類稱石菖蒲。天南星科，多年生草本，學名 *Acorus gramineus*。株高 30 厘米許，全株具香氣，地下根莖橫生。葉基生，劍狀條形，主脉不顯著，無柄，全緣，末梢尖，質韌，有光澤。初夏抽花莖，肉穗花序圓柱形，頂生，花兩性，黄綠色，密生。漿果，肉質，倒卵形。一類水菖蒲，即溪蓀。鳶尾科，多年生草本。葉狹長，初夏自葉間抽花莖，頂端開二三朵大型白或紫花，花瓣六片，外層三片下垂，其基部有網狀斑紋。一類錢蒲。學名 *A. gramineus* var. *pusillus*。株高僅 10 厘米許，葉細小，硬挺。

按，菖蒲一品，尤爲複雜。初爲一物，後分多品；分化之後，時或泛稱，時或特指，錯雜不一。加之異名繁夥，每多抵牾，或名同而實異，或異名而同指，或大名、小名交互使用，恒見同一名於不同時代、不同文獻中所指有別。如"昌陽"，於漢代爲"菖蒲"之異名，統稱，而在清代，陳淏子《花鏡》以之爲與菖蒲完全對應的一大類，今人伊欽恒校注《花鏡》復以爲石菖蒲（*Acorus gramineus*），以菖蒲爲白菖（*Acorus calamus*）。其實石菖蒲、白菖在明代僅是菖蒲五類中的兩（或三）小類的類名，而在唐代，昌陽又名水菖蒲，在蘇軾之贊文中，石菖蒲又與昌陽對用有別。今兹撰述，多客觀臚列諸家成說，間參己意，但求存其大體、明其演變概況而已。

【堯韭】

"菖蒲"之別名。此稱先秦已行用。以堯時生於庭園，葉形似韭，故名。見該文。

【昌】

亦作"菖"。"菖蒲"之別名。此稱先秦已行用。見該文。

【昌蒲】

同"菖蒲"。此體漢代已行用。見該文。

【昌陽】

亦作"昌羊""菖陽"。"菖蒲"之別名。此稱漢代已行用。按，南北朝亦特指一種大根菖蒲；唐代稱之爲"水菖蒲"，特指根大而臭之菖蒲；明代其用法大體同於漢代，爲菖蒲之异稱；清代特指一種葉無脊、根粗大者，與菖蒲相對相別；今人以之爲石菖蒲（*Acorus gramineus*）。見該文。

【昌羊】

同"昌陽"。即菖蒲。此體漢代已行用。見該文。

【菖陽】

同"昌陽"，即菖蒲。此稱南北朝已行用。按，此時特指一種大根菖蒲，與菖蒲同類而有别。見該文。

【石上菖蒲】

"菖蒲"之一種，此蓋石菖蒲之前身。此稱南北朝已行用。晋代《抱朴子》已有菖蒲須生石上記載，然未形成專名；至此殆已形成準專名。見該文。

【溪蓀】

"菖蒲"之一種。此稱南北朝已行用。側生於溪，葉無脊，根形氣色極似石上菖蒲。至明代成爲菖蒲五種之一。見該文。

【蘭蓀】

即溪蓀。"菖蒲"之一種。此稱南北朝已行用。見該文。

【水菖蒲】

"菖蒲"之一種。此稱唐代已行用。此時特指一種根大而臭之菖蒲；宋代則指生於溪澗水澤、葉無脊之菖蒲；明代成爲菖蒲五種之一。見該文。

【石菖蒲】

"菖蒲"之一種。此稱宋代已行用。蓋由南北朝"石上菖蒲"緊縮爲專名。此時特指葉有劍脊，植於乾燥沙石土中之菖蒲。明代列入

菖蒲五種，通常含兩類：一類生水石之間，葉有劍脊；一類爲家庭以砂栽植者。清代省稱"石蒲"。今時植物學襲用其名，然形態似與古之所指有别。最大區別是古石蒲葉有劍脊，而今時所稱則劍脊不甚明顯。見該文。

石菖蒲
（明王圻等《三才圖會》
卷一二）

【水劍草】

"菖蒲"之别名。此稱明代已行用。以其生於水中，葉形似劍，故名。見該文。

【泥蒲】

"菖蒲"之一種。此稱明代已行用。以其根部非必在水石中，而在泥水中，故名。今時植物學所謂菖蒲（*Acorus calamus*）稱泥蒲，殆與泥蒲原指有别。見該文。

【水蒲】

"菖蒲"之一種。此稱明代已行用。即南北朝之溪蓀，然與宋"根大而臭"之水菖蒲似有别。今時植物學亦襲用此稱，爲鳶尾科。見該文。

【錢蒲】

"菖蒲"之一種。此稱明代已行用。以其株葉小如錢，故名。今時植物學猶用此稱，學名 *A. gramineus* var. *pusillus*。見該文。

【泥菖蒲】

即泥蒲，"菖蒲"之一種。此稱明代已行用。見該文。

【白菖】

即泥蒲，"菖蒲"之一種。此稱明代已行用。按，王念孫《廣雅疏證》卷一〇上引《名醫別録》云："白昌，一名水宿，一名莖蒲。"今檢陶氏於《神農本草經》"菖蒲"條下書録前代名醫所記及注文，皆無是語；語出"果菜米穀有名無實"之卷七（參閱尚志鈞、尚元勝輯校本《本草經集注》，人民衛生出版社 1994 年版），"一名水宿"前奪"一名水昌"句。然此數語所指是否爲菖蒲，不得而知。故孫星衍校注《神農本草經》稱引詳賅，未見此數語。李時珍《本草綱目·草八》於"菖蒲"目後復出"白菖"目，亦有令人費解之處。例如：一、"菖蒲"目已以昌陽爲菖蒲之異名，而"白菖"目復以爲白菖之異名，豈非菖蒲即白菖？二、"菖蒲"分菖蒲爲五種，白菖、溪蓀兩種均在其内；而"白菖"目又以溪蓀爲白菖之異名，則二者實爲一物，如何與前五種之説相銜接？三、"白菖"目内又分菖蒲爲二種：一種爲白菖，即泥菖蒲；另一種爲溪蓀，稱石菖蒲。白菖即泥菖蒲與"菖蒲"目五種之分相吻合，而溪蓀爲石菖蒲則與五種之分大相徑庭。溪蓀自爲一種，石菖蒲自爲一種（且内含兩類）。如此分合不定、交叉錯雜者，姑存疑待考。

【虎鬚蒲】

省稱"虎鬚"。"菖蒲"之一種。此稱明代已行用。見該文。

【虎鬚】[1]

"虎鬚蒲"之省稱，"菖蒲"之一種。此稱明代已行用。見該文。

【龍錢蒲】

"菖蒲"之一種。此稱明代已行用。見該文。

【香苗】

"菖蒲"之一種。此稱明代已行用。見該文。

【劍脊】

"菖蒲"之一種。此稱明代已行用。見該文。

【金錢】

"菖蒲"之一種。此稱明代已行用。見該文。

【牛頂】

"菖蒲"之一種。此稱明代已行用。見該文。

【臺蒲】

"菖蒲"之一種。此稱明代已行用。見該文。

【石蒲】

"石菖蒲"之省稱，"菖蒲"之一種。此稱明代已行用。見該文。

【泥菖】

即泥蒲，"菖蒲"之一種。此稱清代已行用。見該文。

【水菖】

即水蒲，"菖蒲"之一種。此稱清代已行用。見該文。

【石菖】

即石蒲，"菖蒲"之一種。此稱清代已行用。見該文。

【水劍】

"水劍草"之省稱，"菖蒲"之別名。此稱清代已行用。見該文。

【昌歜】

亦作"菖蜀"。"菖蒲"之別名。此稱先秦已行用。歜，氣盛。菖蒲辛香之氣發起充盛，故名。《左傳·僖公三十年》："王使周公閲來聘，饗有昌歜、白、黑、形鹽。"杜預注："昌歜，昌蒲菹。"按，昌歜初爲昌蒲製作之菜肴，後世代指昌蒲。唐韓愈《贈無本》詩："來尋吾何能，無殊嗜昌歇。”宋蘇軾《南歌子·游賞》詞：“菰黍連昌歇，瓊彝倒玉舟。”明代亦作“菖歇”，參閱明王象晉《群芳譜·卉譜·菖蒲》。清代亦作“菖歇”。清陳淏子《花鏡》卷五：“一名菖歇。”《説文·艸部》：“歇，盛氣怒也。”清朱駿聲通訓定聲：“菖蒲辛香之氣發起充盛，故以爲名。”

【菖歇】

同“昌歇”，即菖蒲。此體明代已行用。見該文。

【菖歇】

同“昌歇”，即菖蒲。此體清代已行用。見該文。

【荃】

“菖蒲”之別名。此稱先秦已行用。《楚辭·離騷》：“荃不察余之中情兮，反信讒而齎怒。”王逸注：“荃，香草。”唐柳宗元《吊屈原文》：“荃蕙蔽匿兮，胡久而不芳？”《爾雅翼·釋草》：“荃，菖蒲也。”《説文·艸部》“茆”，清段玉裁注：“菖蒲一名昌陽。按，或單呼曰昌，或曰堯韭，或曰荃，或曰蓀。”

【蓀】

“菖蒲”之別名。始見於先秦。《楚辭·九歌·湘君》：“薜荔柏兮蕙綢，蓀橈兮蘭旌。”王逸注：“蓀，香草也。”唐杜甫《別李義》詩：“憶昔初見時，小襦繡芳蓀。”宋沈括《夢溪筆談·辯證》：“香草之類，大率多異名。所謂蘭蓀，蓀即今菖蒲是也。”《集韻·平陽》：“菖，菖蒲，蓀也。通作昌。”清顧炎武《關中雜詩》：“名譽蓀蘭竝，文章日月同。”

【菖】

同“昌”。“菖蒲”之單稱。此體始見於先秦。《呂氏春秋·任地》：“冬至後五旬，七日菖始生。菖者，百草之先生者也，於是始耕。”高誘注：“菖，菖蒲，水草也。”宋蘇軾《僕年三十九在潤州道上過除夜》詩之二：“釣艇歸時菖葉雨，繰車鳴處楝花風。”清朱駿聲《説文通訓定聲·壯部》：“昌也，字亦作菖。”

【茆】

“菖蒲”之別名。此稱漢代已行用。《説文·艸部》：“茆，昌蒲也。”茆，三國時亦作“卯”。《廣雅·釋草》：“卯、昌陽，菖蒲也。”按，上引《説文》據大徐本，清段玉裁校訂作“茆，茆茮，昌蒲也。”注謂“茆茮之名，未見所出”。據段注，“茆茮”亦爲菖蒲之別名。

【卯】

同“茆”。即菖蒲。此體三國時已行用。見該文。

【菖蒲花】

“菖蒲”之別名。此稱南北朝已行用。元代稱“隱客”。《後魏典略》：“孝文帝南巡至新野，臨潭水而見菖蒲花，乃歌曰：‘兩菖蒲，新野樂。’”清汪灝等《廣群芳譜·卉譜二·菖蒲》引《花史》：“趙隱之母傅氏，於山澗中見菖蒲花大如車輪。”元程棨《三柳軒雜識》：“菖蒲花爲隱客。”

【隱客】

“菖蒲”之別名。此稱元代已行用。見該文。

【蒲】[1]

“菖蒲”之單稱。此稱唐代已行用。唐杜甫《過南岳入洞庭湖》詩：“翠牙穿裛漿，碧節吐寒蒲。”唐李咸用《和殷衙推春霖即事》：“柳眉低帶泣，蒲劍銳初抽。”宋代稱“天猪”。宋葉廷珪《海録碎事·百工·藥名》：“天猪，菖蒲也。"按，蒲與香蒲科"蒲草"之單稱同名異物。

【天猪】

"菖蒲"之別名。此稱宋代已行用。見該文。

野芋 [2]

花名。天南星科，芋屬，野芋（*Colocasia antiquorum* Schott）。多年生濕性草本。塊根球形。莖匍匐。葉柄肥厚，直立，長達 1 ～ 2 米；葉片薄革質，表面略光亮，盾狀卵形，基部心形，長達 50 厘米以上。肉穗花序，花序柄短於葉柄，佛焰苞蒼黃色，長 15 ～ 25 厘米，管部淡綠色，長圓形。根莖可入藥，亦可馴化供觀賞。我國主要分布於江南各省。常見於林下陰濕處。各地有栽培。魏晋時行用此稱。南北朝稱"老芋"。後世稱"野芋芋""野芋頭"。晋張華《博物志·藥物》："野芋食之煞人，家芋種之三年不收，後旅生，亦不可食。"《太平御覽》卷九五引北魏崔鴻《十六國春秋·蜀錄》："李雄剋成都，衆甚飢餒，乃將民就穀於郪，掘野芋而食之。"《爾雅翼·釋草》："《本草》唐本注：有青芋、紫芋、白芋等凡六種。青芋毒多，須灰汁易水煮熟乃堪食。紫芋正爾蒸煮食之，白芋等兼肉作羹大佳。野芋大毒不堪噉也。"明李時珍《本草綱目·菜二·芋》〔集解〕引陶弘景曰："又別有野芋，名老芋，形葉相似如一（與芋）。"〔附錄〕："野芋，〔陶〕弘景曰：'野芋形葉與芋相似，芋種三年不采成枯芋（音吕），並能殺人。誤食之煩悶垂死者，惟以土漿及糞汁、大豆汁飲之，則活矣。'〔陳〕藏器曰：'野芋生溪澗側，非人所種者，根、葉相似。又有天荷，亦相似而大。'"清趙學敏《本草綱目拾遺·諸蔬部·野芋芋》："野芋芋（青芋、土芋

藤、野芋頭、鬼芋）。氾勝之《農書》：芋有六種，五野芋，六青芋。野芋有大毒，殺人。"又："野芋頭，《文堂集驗》：一名仙人掌，同野芋一種，但此種葉較小，略似茨菇，葉有尖。"按，野芋可視爲芋（芋頭）之野生類型或逸生植株，學名可寫作 *Colocasia esculentum* var. *antiquorum*，*Colocasia antiquorum* 爲同一物種的不同拉丁學名。亦或爲另一種，尚待研究。野芋雖以野生爲主，然可通過引種馴化使之家化，以供陰濕地綠化時點綴景物。

【老芋】

即野芋 [2]。名見南朝梁陶弘景《本草集經注》，此稱南北朝已行用。見該文。

【野芋芋】

即野芋 [2]。此稱多行用於清代。見該文。

【野芋頭】 [1]

即野芋 [2]。此稱多行用於清代。見該文。

千年健

花名。天南星科，千年健屬，千年健〔*Homalomena occulta*（Lour.）Schott〕。多年生草本。根莖匍匐。鱗葉綫狀披針形，長 15 厘米許，向上漸狹，銳尖。花序一至三，生於鱗葉之腋部，花序柄通常短於葉柄；佛焰苞綠白色，長圓形至橢圓形，長約 5 厘米，花前葉捲成紡錘形，盛開時上部略展開成短舟狀，具 1 厘米長喙。種子褐色，圓形。根莖可入藥。亦可栽培供觀賞。我國主要分布於廣東、海南、廣西、雲南諸省區。多見於海拔 80 ～ 1100 米溝谷密林下及竹林、山坡灌叢中。此稱清代已行用。清趙學敏《本草綱目拾遺·草部·千年健》："朱排山《柑園小識》：'千年健出交趾，近產於廣西諸上郡，形如藤，長數尺，氣極香烈。可入

藥酒，風氣痛老人最宜食此藥，忌萊菔。'"清趙其光《本草求原·山草部·千年健》："千年健，辛，温。袪風，壯筋骨，已勞倦。"清吳其濬《植物名實圖考·蔓草類·大血藤》："廣西《梧州志》：千年健浸酒，袪風、延年，彼中人以遺遠，束以色絲，頗似降真香。"按，《植物名實圖考》之大血藤亦名千年健、大活血，爲木通科植物大血藤 *Sargentodoxa cuneata*。該書引廣西《梧州志》所云千年健則指天南星科植物（即本種），參閱《雲南植物志·天南星科·千年健》。又，本種今多野生，亦可於陰濕地引種馴化以供觀賞。

象頭花

花名。天南星科，天南星屬，紫盔南星（*Arisaema franchetianum* Engl.）。多年生宿根草本。高 20 ~ 60 厘米。塊莖常數個簇生，扁球形，直徑 1 ~ 6 厘米或更大。鱗葉二至三枚，披針形，膜質，淡褐色，帶紫色闊斑。葉一枚；小葉片三，無小葉柄，中間小葉闊卵形或近倒闊卵形，長 9 ~ 18 厘米，頂端漸尖至驟尖，側生葉較小；葉柄長 9 ~ 18 厘米。花單性，雌雄异株；肉穗花序，總花梗短於葉柄，佛焰苞深紫色，具白色條紋，上部筒狀長約 5 厘米，口部具狹耳，上部彎曲如盔狀，長約 3 ~ 7 厘米。漿果，綠色，倒圓錐形。種子一至二枚，近卵形。花期五至七月。民間多爲藥用。亦可馴化供觀賞。我國特產，主要分布於雲南、貴州、廣西等省區。生於海拔 960 ~ 3000 米之山谷、草坡及林下。以其花頗似大象垂頭伸鼻，故名"象頭花"。清吳其濬《植物名實圖考·毒草類·象頭花》："象頭花生雲南。紫根長鬚，根旁生枝，一枝三葉，如半夏而大，厚而澀。一枝一花，花似南星，其包下垂，長尖幾二寸餘，宛如屈腕。又似象垂頭伸鼻，其色紫黑，白筋凸起，條縷明勻，極似夷錦。南星、蒟蒻，花狀已奇，此殆其族，而尤詭異……主治同天南星，即由跋之別種。亦有綠花者，結實亦如南星，而色殷紅。"按，象頭花今多野生，然可馴化栽培以供庭園綠化。最宜植於林下、溪谷等陰濕處，亦可點綴石景。唯須注意此草有毒，切勿入口服食。今通稱"紫盔南星"。俗稱"老母猪半夏""野芋頭""紅南星""野磨芋""狗爪南星"。

象頭花
（清吳其濬《植物名實圖考》卷二三）

【紫盔南星】

即象頭花。其佛焰苞紫色，上部彎曲如盔狀，故名。今之通稱。見該文。

【老母猪半夏】

即象頭花。今雲南各地多行用此稱。見該文。

【野芋頭】[2]

即象頭花。今雲南各地多行用此稱。見該文。

【紅南星】

即象頭花。今雲南各地多行用此稱。見該文。

【野磨芋】

即象頭花。今廣西各地多行用此稱。見該文。

【狗爪南星】

即象頭花。今貴州各地多行用此稱。見該文。

菊花

花名。菊科，菊屬，菊花〔*Dendranthema morifolium*（Ramat.）Tzvel.〕。多年生宿根草本。主根與莖相連，幾成一體；細根叢生密布於主根周圍，汲取水份與養料；主根側生不定芽，其下有纖維狀根系，亦可萌生不定芽，不定芽可分生發育爲新植株。分地上莖、地下莖兩部分，地上莖有高、中、矮三種株型，高度自40厘米至2米不等。莖直立或展開，勁挺粗壯，下部木質化，上部多歧枝，革質。稚莖嫩綠或紫褐色，附生灰色柔毛或茸毛，老莖變爲灰褐色。莖節生葉，莖頂開花。花落後地上莖漸次枯萎，翌年春由地下莖蘗芽抽生。單葉，互生，每節一片。葉柄長1~2厘米，葉片濃綠色，卵圓形至闊披針形，邊緣有鋸齒或深刻，先端尖，基部爲心形。葉背有白色柔毛，具短柄。葉片的大小、厚薄、形狀等皆隨品種不同而异。花生枝端或葉腋，總狀花序，直徑2~30厘米，花序外有綠色花苞，內着筒狀花、舌狀花兩種，筒狀花兩性，舌狀花雌性。花色豐富，紅、黃、白、綠、紫及諸雜色幾乎無所不有。瘦果，扁平楔形，表皮具縱棱紋，褐色。因其品類繁多，色澤悅目，傲霜怒放，極具觀賞價值。多配置於園林之花境、花壇、假山、林帶中，亦可製爲盆花、盆景、花籃、大立菊、懸崖菊等。莖、葉、花皆入藥，具有多種療效。以花釀酒泡茶，亦有祛病延年之功。嫩花嫩葉，亦可食用。原產我國，有五十餘種，栽培幾遍全國，爲我國重要名花之一。

先秦稱“蘜”，亦名“鞠”“菊”。蘜，從鞠。鞠，窮也。花事至此而窮盡，故名（《埤雅》説）。《周禮·秋官·蟈氏》：“掌去鼃黽，焚牡蘜，以灰灑之，則死。”《禮記·月令》“〔季秋之月〕鞠有黃華。”鄭玄注：“鞠

菊
（清吳其濬《植物名實圖考》卷一一）

本又作菊。”《爾雅翼》卷三引《周書》：“菊不黃華，土不稼穡。”秦漢稱“治墻”，亦作“治蘠”。《爾雅·釋草》：“蘜，治墻。”郭璞注：“今之秋華菊。”一本“治墻”作“治蘠”。漢代始稱“菊花”，稱“節華”“陰威”“朱嬴”“女節”“女華”“日精”，“菊花”亦作“鞠華”“菊華”，“節華”亦作“節花”。《神農本草經·上品》：“鞠華……一名節華，生川澤及田野。”《太平御覽》卷九九六引《本草經》：“黃菊花一名節花……一名陰威，一名朱嬴。”漢崔寔《四民月令》：“女節、女華，菊華之名也；治蘠、日精，菊根之名也。”（明李時珍《本草綱目》卷一五引）漢蔡邕《月令章句》：“菊，草名也……黃華者，土氣之所成也。”三國時稱“白華”“女莖”。三國魏吳普《吳氏本草》：“菊華，一名白華，一名女華，一名女莖。”南北朝稱“更生”“周盈”“傅延年”“陰成”。南朝梁陶弘景《名醫別錄·草本·上品·菊》：“菊花……一名女節，一名女華，一名女莖，一名更生，一名周盈，一名傅延年，一名陰成。生雍州川澤及田野，正月采根，三月采葉。”宋代稱“壽

客""延壽客"。以其服食後可延年益壽,故名。宋姚寬《西溪叢語》卷上:"瑞香爲閨客,菊爲壽客。"宋吳自牧《夢粱錄·九月》:"今世人以菊花、茱萸浮於酒飲之,蓋茱萸名'辟邪翁',菊花爲'延壽客'。故假此兩物服之,以消陽九之厄。"明代稱"傳公""延年""帝女花""金蕊"。明王象晋《群芳譜·花譜·菊》:"一名傳公,一名周盈,一名延年,一名更生,一名陰成,一名朱嬴,一名帝女花……宿根在土,逐年生芽,莖有棱,嫩時柔,老則硬,高有至丈餘者。葉綠,形如木槿而大,尖長而香。花有千葉單葉、有心無心、有子無子、黃白紅紫粉紅間色淺深大小之殊,味有甘苦之辨。大要以黃爲上,白次之。"明李時珍《本草綱目·草四·菊》〔釋名〕:"金蕊。"清代稱"九花"。九,指重九節。此時菊開,故名。清富察敦崇《燕京歲時記·九花山子》:"九花者,菊花也。每屆重陽,富貴之家以九花數百盆,架度廣廈中,前軒後車至,望之若山,曰九花山子。四面堆積者曰九花塔。"徐珂《清稗類鈔·植物類》:"菊爲越年生草,古作鞠。春由宿根生,夏至後分植,深秋開花。莖略帶木質,葉有缺刻,花冠周圍爲舌狀,中部爲管狀,列爲頭狀花序。"

菊花在我國有悠久生長歷史,據說神農氏已以之爲藥,不盡可信。文獻記載,至遲在夏代,人們不僅看到菊開的盛景,并且把它同耕作季節相聯繫,定作播種麥子的節候特徵。《大戴禮記·夏小正》:"九月榮鞠(菊)。鞠,草也,鞠榮而樹麥,時之急也。"如果沒有反復、深入地觀察,不會有如此恰當的概括。愛國詩人屈原反復吟咏自況,正是看中它芳香的氣質、高潔的品味、凌寒不屈的傲骨。《楚辭·離騷》:

"朝飲木蘭之墜露兮,夕餐秋菊之落英。"又《九章·惜誦》:"播江離與滋菊兮,願春日以爲糗芳。"據古書記載,在秦代的咸陽曾出現過購買菊花的盛大市場。如果這一記載確實,說明當時秦都一帶藝菊、賣菊、賞菊已有一定規模。

到漢代,其藥用價值始爲世重,成爲愈疾健體的上乘良藥。故《神農本草經》列入草部上品,稱其"主風,頭眩腫痛,目欲脱,淚出,皮膚死肌,惡風溼痺。久服,利血氣,輕身,耐老延年"。飲用價值亦始爲人知,"菊花酒"已於漢代宮廷釀出,據說九月九日飲此酒可益壽避灾,後世重陽節登高、賞菊、飲酒,遂成定俗。舊題晋葛洪《西京雜記》卷三:"九月九日佩茱萸,食蓬餌,飲菊花酒,令人長壽。菊花舒時,並采莖葉,雜黍米釀之,至來年九月九日始熟,就飲焉,故謂之菊花酒。"菊花水的食療價值亦開始被人們發現,至有"長壽村"出現及官員令下屬逐月供菊花水之美事。宋史鑄《百菊集譜》卷三引漢應劭《風俗通》:"南陽酈縣有甘谷,谷水甘美。云其山上有大菊,水從山上流下,得其滋液。谷中有三十餘家,不復穿井,悉飲此水,上壽百二三十,中百餘,下七八十者。"又:"考之《本草》,菊花輕身益氣故也。司空王暢、太尉劉寬、太尉袁隗爲南陽太守,聞有此事,令酈縣月送水二十斛,用之飲食。諸公多患風眩,皆得愈。"直接服食菊花,亦見諸載籍。漢劉向《列仙傳》:"文賓取嫗,數十年輒棄之。後嫗老,年九十餘,復見賓年更壯,拜泣。至正月朝會鄉亭西社中,賓教令服菊花、地膚、桑上寄生、松子以益氣。嫗亦更壯,復百餘歲。"菊的保健作用,引發良種菊之移植,至有酈縣菊遷移京師洛陽之盛舉。

南朝宋盛弘之《荆州記》："酈縣菊水，太尉胡廣（東漢）久患風，羸弱，汲此水後疾遂瘳，年近百歲。非惟天壽，亦菊延之。此菊甘美，廣後收菊播之京師，處處傳植。"時漢禁内蓋視作與蘭等列之著名觀賞花草，故漢武帝《秋風辭》咏嘆云："秋風起兮白雲飛，草木黄落兮雁南歸。蘭有秀兮菊有芳，懷佳人兮不能忘。"

魏晋時，栽植益廣，自河洛三秦至齊魯大地，自帝都林苑，至四原陵阿，乃至民間庭院籬落，皆有蒔藝。晋傅玄《菊賦》："布濩河洛，縱横齊秦。"晋傅統妻《菊花頌》："布濩高原，蔓衍陵阿。"晋陶潛《歸去來兮辭》："三徑就荒，松菊猶存。"又《飲酒》詩："采菊東籬下，悠然見南山。"對菊花花色記載由單純的"黄"擴展至"丹"（或"赤"）、"白"，可食與不可食之種别亦能識别判斷。三國魏鍾會《菊華賦》："紛葩韡曄，或黄或赤。"晋嵇含《菊花銘》："煌煌丹菊，翠葉紫莖。""白菊"之名，首見於晋郭義恭《廣志》。晋張華《博物志·藥物》："菊有二種，苗花如一，惟味小異，苦者不宜服。"吟咏詩文益多，三國魏文帝、鍾會，晋潘尼、盧諶、傅玄、嵇含、成公綏、袁崧、傅統妻及陶潛等皆有佳作傳世，多吟其風操、姿容、價值。咏風操者，魏文帝《與鍾繇書》："是月（九月）律中無射，言群木庶草無有射而生，至於芳菊紛然獨榮。非夫含乾坤之純和，體芬芳之淑氣，孰能如此？"晋袁崧《菊》詩："靈菊植幽崖，擢穎凌寒飈。春露不染色，秋霜不改條。"咏姿容者，三國魏鍾會《菊華賦》："縹幹緑葉，青柯紅芒。芳實離離，暉藻煌煌。"晋盧諶《菊花賦》："翠葉雲布，黄蕊星羅。"咏價值者，晋傅玄《菊賦》："服之者長壽，食之者通神。"晋成公綏《菊頌》："其莖可玩，其葩可服。"曹丕因其"輔體延年，莫斯之貴"，故於重九"謹奉一束"贈鍾繇，"以助彭祖之術"。以菊相贈，蓋亦首創之舉。時於仕女佳麗賞菊，亦有描繪，從中得窺當時賞菊盛況之一斑。三國魏鍾會《菊華賦》："乃有毛嬙、西施，荆姬、秦嬴，妍姿妖艷，一顧傾城。擢纖纖之素手，雪皓腕而露形，仰撫雲鬐，俯弄芳榮。"

南北朝時，名醫陶弘景擴大了菊花的醫療範圍，詳細記載了藥用菊之根莖葉花實之采製，對可食菊與不可食菊的區分較晋張華更爲細膩，并對白菊藥效做了説明。南朝梁陶弘景《名醫别録》："治腰痛，去來陶陶。除胸中煩熱，安腸胃，利五脉，調四肢。"又"正月采根，三月采葉，五月采莖，九月采花，十一月采實，皆陰乾"。南朝梁陶弘景《本草經集注·草木上品·菊花》："菊有兩種：一種莖紫氣香而味甘，葉可作羹食者，爲真；一種青莖而大，作蒿艾氣，味苦不堪食者，名苦薏，非真。其葉正相似，惟以甘苦别之爾。"又"有白菊，莖葉都相似，惟花白。五月取，亦主風眩，能令頭不白"。正因爲菊花之藥用、服食、觀賞等價值深爲人們認識，采菊的場面自然習見不鮮。南朝梁簡文帝《采菊篇》："相呼提筐采菊珠，朝起露濕沾羅襦。"這祇是衆多勞動情景之一。時重九飲菊酒辟邪已成習俗。南朝梁吳均《續齊諧記》："〔九月九日〕令家人各作絳囊，盛茱萸繫臂，登高飲菊花酒，此禍可除。"

唐代栽培、繁育取得明顯成效，出現了紫菊及雜色菊。此類花花型大，色彩璀璨，宜於觀賞而不宜藥用，故此形成觀賞菊與藥用菊對峙并存的局面。唐陳藏器《本草拾遺》記載了變异的內情，謂"白菊生平澤，紫者白之變，紅者紫之變也"。宋史鑄《百菊集譜》引《孫真人種花法》并記載了當時菊花名品十二種，即紅葉菊、千葉甘菊、金鈴菊、紫榦菊、千葉白菊、紫菊、掃葉菊、黃簇菊、青心柿菊、五色菊、蓮子菊、大黃金菊等。菊花的發展，推動了菊文化的繁榮，達官貴人，文人名士掀起咏菊詩潮，自唐太宗、德宗至杜甫、李商隱、杜牧、劉禹錫、白居易、韓愈、元稹、釋皎然、皮日休、鄭谷、陸龜蒙、李山甫、羅隱、司空圖、齊己、韓偓、崔顥等皆有錦篇行世。唐太宗《殘菊》詩："細葉雕輕翠，圓花飛碎黃。"唐白居易《重陽席上賦白菊》詩："滿園花菊鬱金黃，中有孤叢色借霜。"唐杜牧《九日齊山登高》詩："塵世難逢開口笑，菊花須插滿頭歸。"又"九日黃花插滿頭"。唐代重視重陽節，宮掖民間，頭插菊花似慶，君臣吟詩唱和，官員獻菊酒祝壽。宋史鑄《百菊集譜》卷三引唐佚名《輦下歲時紀》："九日宮掖間爭插菊花，民俗尤甚。"《新唐書·韋貫之傳》："九月九日帝（唐德宗）爲《黃花歌》，顧左右曰：'安可不示韋綬（翰林學士）？'即遣使持往，綬遽奉和附使進。"又《新唐書·文藝傳·李適》："凡天子饗會游豫，唯宰相及學士得從……秋登慈恩浮圖，獻菊花酒，稱壽。"以乾菊爲藥枕，蓋始見於此時。服菊末可免醉酒，亦有記載。唐孫思邈《千金方》："常以九月九日取菊花作枕袋枕頭，大能去頭風，明眼目。"又"九月九日菊花末，臨飲服方寸匕，主飲酒令人不醉"。時亦有以菊苗爲蔬肴之事。唐馮贄《雲仙散錄》引《蠻甌志》："白樂天方入關，劉禹錫正病酒，禹錫乃饋菊苗薤、蘆菔鮓，換取樂天六班茶二囊

以醒酒。"唐元結《菊圃記》："在藥品是良藥，爲蔬菜是佳蔬。"以菊爲茶飲，始於此時。宋史鑄《百菊集譜》："菊花，古人惟以泛酒，後世又以入茶，其事皆得於名公之詩。唐釋皎然有《九日與陸處士羽飲茶》詩云：'九日山僧院，東籬菊也黃。俗人多泛酒，誰解助茶香。'"

宋代在菊花的栽培、管理、觀賞、研究等許多方面都較前代有長足發展。種植地域擴大，自北而南，幾乎無處不有；自宮禁至民間，觸目皆見黃花。時吳人沈競搜羅各地名品，包括潛山、潛江、舒州、臨安、長沙、婺女、金陵等地。西南之蜀地亦多種植。宋景煥《牧豎閒談》："蜀人多種菊，以苗可入菜，花可入藥，園圃悉植之，郊野人多采野菊供藥肆。"當時初步形成了以洛陽、臨安爲首的養植基地，露天平地栽培發展爲盆栽，并使用嫁接方法培育新品種。宋史鑄《百菊集譜·雜說》引蘇軾贈朱遜之詩序中云："洛人善接花，歲出新枝，而菊品猶多。"宋溫革《分門瑣碎錄》言及將白菊、黃菊靠近，可使植株開花黃白兼半。《百菊集譜》則載嫁接方法作："黃白二菊各披去一邊皮，用麻皮扎合，其開花則半黃半白。"在繁育方面，宋代已實現了菊花由無性繁殖到有性繁殖的轉變，宋周密《癸辛雜識》記述了播種培育的方法。爲使菊花早開，宋人發明了催花法，也稱"堂花"技術。宋溫革《分門瑣碎錄》最先記載："菊花大蕊未開，逐蕊以龍眼殼罩之；至欲開時，隔夜以琉璜水灌之，次早去其罩即大開。"宋周密《齊東野語》卷一六首次使用"堂花"一語，所謂"堂花"，乃"花之早放者"，然後詳細記述了杭州東西馬塍兩個園藝基地實施催花早放的方法。宋范成大《范村菊譜》

記載一種"打尖"技術:"伺春苗尺許時,掇去其顛;數日則歧出兩枝,又掇之,每掇益歧,至秋則一幹所出數百千朵。"正是這種蓬勃發展的局面,促成一批藝菊專書的出現,記載菊花的產地、名稱、花色、花形、種植、管理以及應用、故實、相關詩文等。最先出現的是宋周師厚的《洛陽花木記》,凡記當地菊花二十六品。名目為菊(單葉)、金鈴菊、紫幹子、萬鈴菊、球子菊、雞冠菊、地棠菊、千葉大黃菊、五色菊、粉紅菊、碧菊、千葉晚紅菊、黃簇菊、柿葉菊、青心菊、葉紅菊、黃窠廷子、探白子、白菊、六月紫菊、紅香菊、釵頭菊、紫菊(亦謂之厚蓮)、金錢菊(一名夏菊)、川金錢(深紅色單葉)、川剪金。嗣後宋劉蒙撰《劉氏菊譜》,著錄洛陽三十五種菊品,每品皆敘列其名目、產地、花形花色,時或兼及名稱由來、歷史掌故。茲錄其名目如下:龍腦(一名小銀臺)、新羅(一名玉梅、倭菊)、都勝、御愛、玉球、玉鈴、金萬鈴、大金鈴、銀臺、棣棠、蜂鈴、鵝毛、球子、夏金鈴、秋金鈴、金錢、鄧州黃薔薇黃二色、甘菊、酴醾、玉盆、鄧州白、白菊、銀盆、順聖淺紫、夏萬鈴、秋萬鈴、繡球、荔枝、垂絲粉紅、楊妃合蟬紅二色、桃花。此後范成大著《范村菊譜》,著錄黃花者十七品,白色者十九品,共計三十六品。黃花十七品為:勝金黃(一名大金黃)、疊金黃(一名明州黃,又名小金黃)、棣棠菊(一名金觔子)、疊羅黃、麝香黃、千葉小金錢、太真黃、單葉小金錢、垂絲菊、鴛鴦菊、金鈴菊(一名荔枝菊)、球子菊、小金鈴(一名夏菊花)、藤菊、十樣菊、甘菊(一名家菊)、野菊;白花十九品為:五月菊、金杯玉盞、喜容、御衣黃、萬鈴菊、蓮花菊、芙蓉菊、茉莉菊、木香菊(一名腦子菊)、酴醾菊、艾葉菊、白麝香、白荔枝、銀杏菊、波斯菊、佛頂菊(亦名佛頭菊)、桃花菊、胭脂菊、紫菊(一名孩兒菊)。據范氏稱,他曾見到"東陽人家《菊圖》,多至七十種"。又有宋史正志撰《史氏菊譜》,著錄黃菊十三品、白菊十品、雜色紅紫五品,凡二十八品。黃菊十三品為:大金黃、小金黃、佛頭菊、小佛頭菊、金墩菊、金鈴菊、深色御袍黃、淺色御袍黃、金錢菊、球子黃、棣棠菊、甘菊、野菊;白菊十品為:金盞銀臺、樓子佛頂、添色喜容、纏枝菊、玉盤菊、單心菊、樓子菊、萬鈴菊、腦子菊、荼蘼菊;雜色紅紫五種為:十樣菊、桃花菊、芙蓉雞、孩兒菊、夏月佛頂菊。時吳人沈競亦著譜錄《菊名篇》,搜羅各地菊品三十餘種、宮禁園圃近六十種,凡九十餘種。各地者為玉盤盂、金鈴菊、春菊、佛頭菊、枇杷菊、丁香菊、蜂兒菊、水晶菊、茉莉菊、鋪茸菊、大笑菊、御愛、笑靨、孩兒黃、滿堂金、小千葉丁香、壽安真珠、疊羅、艾葉球、白餅、十月白、孩兒白、銀盆、荔枝菊、十樣菊、大金錢、小金錢、金盞銀臺、銷金北紫菊、銷銀黃菊、乾紅菊、荷菊、腦子菊、茱萸菊、麝香菊、水仙菊;宮禁中者為:御袍黃、御衣黃、白佛頭、黃佛頭、黃新羅、白新羅、戴笑菊(即大笑菊)、橙子菊、薔薇菊、茉莉菊、楂子菊、大金錢、小金錢、金盞銀臺、金盞金臺、明州黃、泰州黃、黃素馨、白素馨、黃木香、白木香、牡丹菊、黃酴醾、大金黃、小金黃、夏菊、桃花菊、銷金菊、金鈴菊、蹙緱菊、燕脂菊、白喜容、黃喜容、黃笑靨、金井銀欄、金井玉欄、鵝兒菊、棣棠菊、丁香菊、萬鈴菊、玉盆菊、鐵脚黃鈴、黑葉兒、輕黃菊、黃纏枝、白纏枝、勝金黃、賽金錢、早紫菊、早蓮菊、團圓菊、柳條菊、枝亭菊、鞍子菊、碧蟬菊、鈸兒菊。以上周氏、劉氏、范氏、史氏、沈氏之書，當時被合稱爲“一記四譜”。此外文保雍亦有譜，已佚。後史鑄於越地“就吾鄉遍涉秋園，搜拾所有，悉市種而植之。俟其花盛開，乃備述諸形色而紀之”，“是爲《越譜》”，亦稱《百菊集譜》，與上“一記四譜”合稱“一記五譜”。史鑄所記，正出一百三十一名，附注三十二名，總計一百六十三名。兹錄其“諸菊品目”如下：九華菊、佛頂菊（亦名佛頭菊、黃佛頂、大佛頂、小佛頂、樓子佛頂、夏月佛頂）、御愛黃、御袍黃（深色、淺色）、御衣黃、勝金黃（大金黃、小金黃）、側金盞、金絲菊、金錢菊（大金錢、小金錢、千葉小金錢、單葉小金錢、賽金錢）、金鈴菊（亦名塔子菊、大金鈴、小金鈴、夏金鈴、秋金鈴）、金萬鈴（夏萬鈴、秋萬鈴）、金墊菊、金盞銀臺（亦名水仙菊）、金盞金臺、金杯玉盤、金井銀欄、金井玉欄、滴滴金（夏菊也）、滿堂金、銷金菊、銷金北紫、銷銀黃菊、玉盤盂、玉鈴菊、玉甌菊、玉盆菊、銀盤菊、輪盤菊、銀臺菊、銀盆菊、珠子菊、水晶菊、玉球菊、繡珠菊、球子黃、錦菊、綉菊、疊金黃（亦名明州黃）、疊羅黃、白疊羅、垂絲菊（黃色）、垂絲粉紅、鋪茸菊、蹙綾菊、荔枝菊（白荔枝）、銀杏菊、橙黃菊、柑子菊、枇杷菊、密友菊、酴醾菊（黃色、白色）、木香菊（黃色、白色）、丁香菊、桃花菊、牡丹菊、素馨菊（黃色、白色）、棣堂菊、茉莉菊、薔薇菊、蓮花菊（附荷菊）、芙蓉菊、雞冠菊、臘梅菊、松菊、柿葉菊、柳條菊、楂子菊、茱萸菊、艾菊、龍腦菊、新羅菊（黃色、白色）、鄧州黃、鄧州白、明州黃、泰州黃、淮南菊、襄陽紅、大笑菊、笑靨菊（黃色、白色）、喜容菊（黃色、白色）、添色喜容（喜容千葉）、都勝菊、纏枝菊（黃色、白色）、徘徊菊、甘菊、野菊（黃色、白色）、藤菊（亦名一丈黃）、寒菊（黃色、白色）、春菊、五月菊、九日菊、十月白、十樣菊、黃二色、紅二色、樓子菊、鞍子菊、腦子菊、麝香黃（白麝香）、燕脂菊、粉團菊、凌風菊、朝天菊、月下白、楊妃菊（粉紅色）、楊妃裙（黃色）、太真黃、孩兒菊（黃色、白色、粉紅色）、波斯菊、鴛鴦菊、鷺鷥菊、鵝兒菊、鵝毛菊、蜂兒菊、蜂鈴菊、碧蟬菊、合蟬菊、五色菊、紫菊、順聖淺紫、石菊、丹菊（九月開）、紅菊（五月開，附乾紅菊）、碧菊、青心菊、單心菊、黃簇菊、鐵脚黃鈴菊、黑葉兒菊、鈸兒菊、釵頭菊。時又有胡融，著《圖形菊譜》二卷，載菊品四十一種。其名如下：御袍黃、酴醾、銀荔支（一名太師菊）、金荔支、大金錢、小金錢、添色喜容（一名醮金）、七寶黃（又名十樣黃）、七寶白、金堆、金鈴、大眉心、小眉心、金球、銀球、龍腦、桃花、金盞金臺、銀盞銀臺、大白（又名霜下菊）、小白夏佛羅（一名佛頂菊）、秋佛羅、甘菊（一名石決）、小金荔支、野菊、一丈黃（一名沿籬菊）、茉莉、金甌、玉盤、毛心、釵頭金、侍御、臘梅（一名道衣黃）、尖葉白、小堆金、白玉錢、檀香黃、小金佛頭、疊金、大金佛羅。另有宋馬揖《菊譜》，亦亡佚。上述菊譜的競相問世，所記菊品名目之多、情狀之細，展現出宋代菊業的興盛。當時重九舉辦菊會，開展觀菊、賞菊活動，以菊美化環境，陶冶情操，豐富人們的文化生活。宋孟元老《東京夢華錄·重陽》記載北宋都城開封"九月重陽，都下賞菊，有數種：其黃白色蕊若蓮房，曰萬齡菊，粉紅色曰桃花菊，白而檀心曰木香菊，黃色而圓者曰金鈴菊，純白而大者曰喜容菊，無處無之。酒家皆以菊花縛成洞户，都人多出郊外登高"。南宋都城臨安重九也有類似活動。《致富广集五記》記載："臨安園子，每至重九，各出奇花比勝，謂之鬥菊會。"《杭州府志》記載："臨安有花市，菊花時製爲花塔。"宋史鑄《百菊集譜》記載："臨安西馬塍園子，每歲至重陽謂之鬥花，各出奇異，有八十餘種。"民間百姓美化環境別出心裁，各臻其致。宋范成大《范村菊譜》記載："江東人喜種之（荔枝菊），有結爲浮圖樓閣高丈餘者。余頃北使過欒城，其地多菊，家家以盆盎遮門，悉爲鸞鳳亭臺之狀。"宋代詩文大家如蘇軾、陸游、王安石、歐陽修、黃庭堅、楊萬里、李清照、胡仔、范成大、梅堯臣、王禹偁、張孝祥、范仲淹、文與可以及金元好問等皆有佳作行世。咏嘆其高潔資質者，如宋陸游《九月十二日折菊》詩："黃菊芬芳絶世奇，重陽錯把配萸枝。開遲愈見凌霜操，堪笑兒童道過時。"比興寄托者，如宋李清照《醉花陰》詞："東籬把酒黃昏後，有暗香盈袖。莫道不銷魂，簾捲西風，人比黃花瘦。"歌咏其用途者，如宋歐陽修《菊》詩："欲知却老延齡藥，百草枯時始見花。"記載其情性者，如宋蘇軾《仇池筆記》云："菊，黃中之色，香味和正，花、葉、根、實皆長生藥也。北方隨秋早晚，大略至菊有黃花乃開，嶺南冬至乃盛，地暖百卉造作無時，而菊獨後開。考其理，菊性介烈，不與百卉並盛衰，須

霜降乃發，嶺南常以冬至微霜也。仙姿高潔如此，宜其通仙靈也。"描述菊花造型藝術者，如宋楊萬里《經和寧門外賣花市見菊》詩："平地拔起金浮屠，瑞光千尺照碧虛。乃是結成菊花塔，蜜蜂作僧僧作蝶。菊花幛子更玲瓏，翡翠六扇排屏風。金綫裝面密如積，金鈿滿地無人拾。"宋范成大《菊塔》詩："東籬秋色照疏蕪，挽結高花不用扶。净洗西風塵土面，來看金碧萬浮圖。"宋代在菊的應用上也有前進。時人已製作"菊糕"，作爲重九節饋贈禮品（參見宋周密《乾淳歲時記》）。菊花酒的製作，較漢代方法簡便。通常將菊花曝乾，酒浸若干時即成（宋吳仁傑《離騷草木疏》）。菊花酒在醫務中，廣泛應用於治療頭風、痰結、脱髮等症（宋蘇頌《圖經本草·草部上品·菊花》）。菊花此時也已成爲丹青手潑墨的對象。宋范成大《范村菊譜》："五月菊，花心極大，每一鬚皆中空，攢成一區球……近年院體畫草蟲，喜以此菊寫生。"元代由於戰亂頻仍，菊花種藝趨於衰勢，僅元楊維楨《黃華傳》記録菊品一百三十六種。

明代菊花養植復歸繁榮。品種記載最高者達九百種，數量大大超越前代。植菊專書及相關著作數較前代亦有增長。明李時珍的《本草綱目》雖非藝菊專書，但其對菊的品類、形態、習性、功能、用途的認識是十分深刻精闢的。《本草綱目·草四·菊》〔集解〕："菊之品凡百種，宿根自生，莖葉花色，品品不同。宋人劉蒙泉、范致能、史正志皆有《菊譜》，亦不能盡收也。其莖有株蔓紫赤青綠之殊，其葉有大小厚薄尖秃之異，其花有千葉單葉、有心無心、有子無子、黃白紅紫、間色深淺、大小之別，其味有甘、苦、辛之辨，又有夏菊、秋菊、

冬菊之分。大抵惟以單葉味甘者入藥,《菊譜》所載甘菊、鄧州黃、鄧州白者是矣。甘菊始生於山野,今則人皆栽植之。其花細碎,品不甚高。蕊如蜂窠,中有細子,亦可撒種。嫩葉及花皆可煠食。白菊花稍大,味不甚甘,亦秋月采之。菊之無子者,謂之牡菊。燒灰撒地中,能死蟁蠅。說出《周禮》。”另一位“花痴”“花農”王世懋在《學圃雜疏》中於此也不乏獨到見解。他說:“菊至江陰、上海、吾州而變態極矣,有長丈許者,有大如盌者,有作異色、二色者,而皆名粗種。其最貴乃各色剪絨,各色撞,各色西施,各色狼牙,乃謂之細種。種之最難,須得地得人,燥濕以時,蟲蠹日去,花須少而大,葉須密而鮮,不爾便非上乘……甘菊可作湯,寒菊可入冬,皆賤種也,而皆不可廢。又有一種五九月開,亦異種也。”此時出現的專書,主要有黃省曾《藝菊譜》、周履靖《菊譜》、盧璧《東籬品彙錄》、陳繼儒《種菊法》、屠承熾《渡花居東籬集》以及文應魯《菊譜》、佚名《樂休園菊譜》等。

周氏所記,凡二百二十餘品。茲錄之於下:金鶴翎、銀鶴翎、蜜鶴翎、紫鶴翎、紅鶴翎、金芍藥、銀芍藥、金寶相、銀寶相、金西施、白西施、病西施、蜜西施、錦西施、蠟瓣西施、蜜褐西施、玉板西施、銀紅西施、二色西施、陰陽西施、韡鬖西施、瑪瑙西施、黃牡丹、蜜牡丹、白牡丹、錦牡丹、紫牡丹、粉牡丹、紅牡丹、二色牡丹、紫剪絨、剪蘇桃、黑蘇桃、紅蘇桃、白粉球、二色粉球、紫粉球、粉萬管、射香球、紅繡球、粉妲己、紫妲己、雀舌牡丹、紫霞觴、黃鶴頂、白鶴頂、檀香鶴頂、瑪瑙鶴頂、鶴頂紅、紅心鶴頂、粉紅鶴頂、金絲鶴頂、瑪瑙盤、瑪瑙紅、瑪瑙黃、二色瑪瑙、粉玉盤、瑤臺雪、萬卷樓、一捧雪、賽瓊花、玉菡萏、葵菊、二色菡萏、出爐銀、水紅蓮、二色芙蓉、菡萏紅、白佛見笑、嘉興秋牡丹、吳江秋牡丹、常熟秋牡丹、白蠻球、粉蠻球、大楊妃、二色楊妃、退姿白、浦花、紅玉蓮、錦瑞香球、金瑞香球、紫瑞香球、散瓣瑞香、八寶瑞香球、紅瑞香球、白瑞香球、西番蓮、紅楊妃、紫楊妃、金褒姒、白褒姒、紫褒姒、粉褒姒、紫撓頭、呂公袍、班鳩翎、玉蓮環、瑣圍、闊板大紅球、細葉小花球、大紅獅子球、黃四面、錦四面、白四面、紫四面、樓子紅、紫袍金帶、灑金紅、蜜尊、導金蓮、通州紅、紫雙飛、蜜探、金芙蓉、錦芙蓉、紫芙蓉、玉芙蓉、紅芙蓉、黃荼蘼、白荼蘼、黃芍藥、金雀舌、白雀舌、錦雀舌、粉雀舌、紫雀舌、蜜芍藥、白芍藥、紫芍藥、金雀舌、白雀舌、錦雀舌、粉雀舌、紫雀舌、蜜雀舌、相袍紅、銀朱紅、倚欄嬌、赭袍黃、勝荷紅、采石黃、紫薔薇、黃麗、福州紫、鄧州白、鄧州黃、蜜疊雪、白疊雪、蓮肉紅、紅娥嬌、玉娥嬌、粉蓮、海棠春、佛座蓮、黃樓子、茄菊、紫袍金甲、檀香球、白羅球、臘鎖口、金鎖口、黃木樨球、白木樨球、白羅傘、羅山錦、羅山紫、紫綬金章、紫間金、勝緋桃、萬管紅、剪金紅、紅剪絨、黃玉樓春、白玉樓春、二色并、通州黃、金蓮寶相、紅蓮寶相、大金球、御袍黃、玉指甲、金剪絨、蜜彩球、水晶球、雞冠紫、象牙球、銀紅雞冠、雞冠紅、狀元紫、金鳳毛、銀紐絲、龍鬚黃、鸞羽黃、剪金黃、勝紫衫、傲霜黃、荔枝丹、報君知、白雪團、黃丁香、黃萬管、赤丁香、紫玉蓮、錦八寶、僧衣紅、錦玲瓏、五色梅、黃都勝、五月白、狀元黃、金紐絲、賓州紅、粉剪球、茶菊、紫剪球、黃玉蓮、相袍黃、錦荔枝、金盞銀臺、甘菊、小金眼、大金錢、銀茉莉、冬菊、白冬菊、黃鸞裘。

嗣後明高濂在《遵生八箋·燕閑清賞箋·四時花紀》中總結出藝菊九法，即分苗法和土法、澆灌法、摘苗法、删蕊法、捕蟲法、扶植法、雨暘法、接菊法，對後代很有影響。書中并記載了名品一百八十六種（無形態介紹），即御袍黃、太師紅、綠芙蓉、赤金盤、瓊芍藥、金芍藥、蜜芍藥、紫牡丹、白牡丹、黃牡丹、紅牡丹、病西施、黃西施、賽西施、醉西施、白西施、醉楊妃、剪霞綃、合蟬菊、賽楊妃、太真紅、太真黃、狀元紅、狀元黃、玉寶相、金寶相、鶴頂紅、紫玉蓮、佛座蓮、勝金蓮、金佛蓮、西番蓮、太液蓮、錦芙蓉、玉芙蓉、金芙蓉、粉雀舌、蜜雀舌、紫蘇桃、黃疊羅、白疊羅、一捧雪、清心白、鶯羽黃、金絡索、玉玲瓏、紫霞觴、瑞香紫、醮金盤、相袍紅、僧衣褐、火煉金、黃茉莉、白茉莉、黃薔薇、荔枝紅、勝緋桃、勝瓊花、琥珀盤、黃鶴翎、紫鶴翎、白鶴翎、瑪瑙盤、一捻紅、金鳳仙、玉蝴蝶、錦雪紅、白粉團、紫粉團、粉鶴翎、金鎖口、錦鎖口、錦絲桃、粉絲桃、紫絨毬、檀香毬、白絨毬、蜜絨毬、殿秋香、黃繡毬、剪金毬、象牙毬、木紅毬、錦繡毬、水晶毬、晚黃毬、十彩毬、粉繡毬、大金毬、小金毬、銀紐絲、二色楊妃、紅萬卷、黃萬卷、粉萬卷、二色西施、錦牡丹、粉褒姒、紫褒姒、出爐金銀、二名、錦褒姒、白褒姒、紅牡丹、蠟瓣西施、縷金妝、醮金白、灑金紅、劈破玉、海雲紅、

錦雀舌、金孔雀、紅剪絨、紫剪絨、黃剪絨、白剪絨、無心對有心、鄧州白、鄧州黃、福州紫、錦心綉口、賓州紅、黃都勝、順勝紫、大小金鈴、錦丁香、金紐絲、呂公袍、黃白木香菊、麝香黃、波斯菊、試梅妝、紫袍金帶、粉蠟瓣、白蠟瓣、黃羅傘、金盞銀臺、紫羅繖、紅羅繖、玉盤盂、垂絲粉紅、桃花菊、芙蓉菊、石榴紅、金章紫綬、玉樓春、海棠春、紫羅袍、鳳友鶯交、觀音面、玉棠仙、頭陀白、黃五九菊、玉蓮環、倚蘭嬌、金帶圍、四面鏡白菊、玉帶圍、五月白、纏枝菊、五月翠菊、白佛頂、黃佛頂、九煉金、六月菊（名滴露）、玉指甲、紅荔枝、紫荔枝、七月菊（名鐵錢）、金荔枝、銀荔枝、錦荔枝、白五九菊、紫金鈴、紅粉團、黃粉團、樓子佛頂、紫粉團、紅傅粉、雙飛燕、墨菊、勝緋桃、荷花毬、紫萬卷、甘菊、藍菊。

明末王象晉有豐富的栽植經驗，在《群芳譜·花譜》中，凡記錄菊名二百七十八種，且逐一記其花色形態，計黃色九十一種，白色八十種，紫色三十種，紅色三十六種，粉紅色二十四種，异品十七種。黃色者爲：甘菊、都勝、御愛、金芍藥、黃鶴翎、木香菊、大金黃、小金黃、勝金黃、黃羅傘、報君知、金鎖口、銀鎖口、鴛鴦錦、御袍黃、青梗御袍黃、側金盞、狀元黃、剪金球、黃繡球、晚繡球、大彩球、大金球、小金球、球子、金鈴菊、金萬鈴、小金鈴、夏金鈴、秋金鈴、蜂鈴、大金鈴、千葉小金錢、單葉小金錢、小金錢、大金錢、金錢、荔枝菊、金荔枝、荔枝紅、棣棠、金錘子、九煉金、黃二色、橙菊、小御袍黃、黃萬卷、鄧州黃、金絲菊、垂絲菊、錦牡丹、檀香球、麝香黃、黃寒菊、薔薇、鵝毛、金孔雀、

黃九五菊、九日黃、殿秋黃、小殿秋黃、疊羅黃、繳蓋黃、小金眼、太真黃、黃剪絨、黃粉團、錦雀舌、金玲龍、錦絲桃、黃牡丹、金紐絲、錦西施、黃西施、瑪瑙西施、二色瑪瑙、錦褒姒、鴛鴦菊、波斯菊、茉莉菊、紫粉團、錦麒麟、鶯羽黃、鵝兒黃、樓子佛頂、黃佛頂、黃佛頭、佛頭菊、小黃佛頂、兔色黃、野菊；白色者爲：九華菊、喜容、金杯玉盞、粉團、龍腦、新羅、玉球、出爐銀、白繡球、玉牡丹、玉芙蓉、銀紐絲、一拿雪、玉寶相、臘瓣西施、白燼羅、一團雪、玉玲瓏、玉玲、白麝香、蓮花菊、萬鈴菊、月下白、水晶球、芙蓉菊、象牙球、劈破玉、大笑、徘徊、佛頂、玉樓春、酴醾、玉盆、波斯、白西施、銀盆、木香菊、銀盆、鄧州白、白菊、金盞銀臺、佛頂菊、淮南菊、茉莉菊、萬鈴菊、玉盤菊、粉薔薇、玉甌菊、白褒姒、銀杏菊、銀芍藥、小銀臺、白九五菊、八仙菊、白粉團、蠟瓣粉西施、白牡丹、鷥鷥菊、蘸金白、瓊玲瓏、碧蕊玲瓏、白佛頂、小白佛頂、白絨球、白剪絨、銀荔枝、白木香、碧桃菊、艾葉菊、白鶴頂、白鶴翎、粉蝴蝶、白蠟瓣、腦子菊、纏枝菊、樓枝菊、單心菊、五月菊、殿秋白、寒菊；紫色者爲：狀元紫、順聖淺紫、紫牡丹、碧江霞、雙飛燕、孩兒菊、紫茉莉、朝天紫、剪霞綃、佛座蓮、瑞香紫、紫絲桃、墨菊、夏萬鈴、秋萬鈴、荔枝紫、紫褒姒、賽西施、紫芍藥、繡球、紫鶴翎、紫玉蓮、瑪瑙盤、紫薔薇、紫羅傘、紫繡球、紫剪絨、水紅蓮、雞冠紫、福州紫；紅色者爲：狀元紅、錦心繡口、紫袍金帶、大紅袍、紫霞觴、紅羅傘、慶雲紅、海雲紅、燕脂紅、縷金妝、出爐金、火煉金、水紅球、紫骨朵、醉楊妃、太真紅、樓子紅、紅萬卷、一捻紅、紅剪絨、錦綉球、鶴頂紅、雞冠紅、猩猩紅、繡芙蓉、桃花菊、錦荔枝、紅牡丹、紅茉莉、芙蓉菊、二色蓮、襄陽紅、賓州紅、土朱紅、紅二色、冬菊；粉紅色者爲：桃花菊、粉鶴翎、垂絲粉紅、粉蠟瓣、粉西施、合蟬菊、灑金紅、孩兒菊、紅粉團、樓子粉西施、醉西施、勝緋桃、粉褒姒、大楊妃、賽西施、粉玲瓏、垂絲粉紅、八寶瑪瑙、紫芙蓉、粉萬卷、粉繡球、夏月佛頂菊、佛見笑、紅傅粉；异品者爲：珠子菊、丹菊、十樣錦、滿天星、二色西施、二色楊妃、赤金盤、錦丁香、檀香菊、梅花菊、海棠菊、蜜西施、蜜鶴翎、蜜繡球、紫絨球、僧衣褐、刺蝟菊。

明代一些文人墨客也留有咏菊之作。如唐寅《菊花》詩："多少天涯未歸客，借人籬落看秋風。"文徵明《咏菊》詩："零落萬紅炎景盡，獨垂舞袖向西風。"何景明有《白菊賦》《後白菊賦》。明末清初，我國菊花開始傳入歐洲，爾後遍及世界，故國菊爲"洋菊"重要親本。

清代菊業仍然保持旺盛發展勢頭。藝菊專著之多，超過此前任何一代。主要有劉承瀟《菊譜》、陸廷燦《藝菊志》、寧郡王弘晈（所謂"秋明主人"）《菊譜》、鄒一桂《洋菊譜》、葉天培《菊譜》、閔廷楷《養菊法》《海天秋色譜》、徐京《藝菊簡易》、計楠《菊說》、許兆熊《東籬中正》、吳昇《九華新譜》、蕭清泰《藝菊新編》、顧祿《藝菊須知》、程岱葊《西吳菊略》、

玉芙蓉
（清吳其濬《植物名實圖考》卷一七）

何鼎《蔬香小圃菊志》、柳灝《菊譜》、張漢超《菊譜》、臧穀《問秋館菊錄》、邵承熙《東籬纂要》、慕陶居士《藝菊法》、吳儀一《徐園秋花譜》、陳葆善《藝菊瑣言》等。此外，汪灝等《廣群芳譜》、陳淏子《花鏡》、吳其濬《植物名實圖考》及其《長編》、《古今圖書集成》等書中也有大量相關材料。清代第一部資料翔實的記載菊花品名的著述當推《花鏡》。是編記載有菊名凡一百五十二種，其中黃色五十二種，白色三十二種，紅色四十一種，紫色二十七種。黃色者有：御袍黃、報君知、金鎖、金孔雀、赤金盤、龍腦、繡芙蓉、黃都勝、大金錢、剪金黃、黃牡丹、金鈕絲、黃蠟瓣、黃金傘、荔枝黃、金鈴菊、蜜繡毬、枝亭菊、蜜西施、蜜蓮、蠟瓣西施、瓊英黃、棣棠菊、冬菊、太真黃、黃鶴領、木香黃、鶯乳黃、勝金黃、黃佛頭、黃粉團、鄧州黃、笑靨、金芙蓉、小金錢、蜂鈴、繖蓋黃、鴛鴦金、波斯菊、喜客、添色喜容、鵝兒黃、金纓絡、黃疊羅、甘菊、檀香毬、大金毬、五九菊、金絡索、垂絲菊、二色瑪瑙、滿天星；白色者有：九華菊、玉毬、水晶毬、徘徊菊、白佛頂、白鶴領、玉玲瓏、青心白、蘸金白、金盞銀臺、白牡丹、萬卷書、瓊盆、白木香、瑶井欄、白繡球、疊雪羅、銀鈴菊、銀盆菊、靈根菊、酴醾白、瓊芍藥、試梅粧、玉蝴蝶、碧蕊玲瓏、一拿雪、新羅、換新粧、樓子菊、白剪絨、劈破玉、八仙菊；紅色者有：鶴頂紅、菡萏紅、火煉金、紅繡毬、紅粉團、錦鱗鮮、荔枝紅、賓州紅、醉瓊環、胭脂紅、狀元紅、粉西施、大紅袍、瓊環、垂絲粉、勝緋紅、銀紅絡索、縷金粧、金絲菊、錦荔枝、賽芙蓉、勝荷花、海棠春、晚香紅、嬌容變、太真紅、醉楊妃、一捻紅、錦雲標、二喬、川金錢、猩猩紅、襄陽紅、紅羅縬、海雲紅、紅萬卷、佛見笑、粉鶴翎、錦心繡口、桃花菊、十樣錦；紫色者有：腰金紫、紫霞觴、紫芙蓉、紫絨毬、紫蘇桃、紫袍金帶、剪霞綃、瑞香紫、紫羅傘、瑪瑙盤、紫萬卷、鷄冠紫、墨菊、旱蓮、夏紫、碧蟬菊、銷金北紫、葡萄紫、紫牡丹、紫雀舌、刺蝟菊、金絲菊、碧江霞、荔枝紫、雙飛燕、紫芍藥、順聖紫。

　　嗣後鄒一桂作《洋菊譜》，記三十六種。所謂"洋菊"，或說，康熙年間，"長洲黃菊盛開，人相傳爲洋菊，云自海外賈舶所載以至"（徐珂《清稗類鈔·植物類》）。而據鄒氏自述，"洋菊出乾隆年間"，"冒以洋名，實出中國"。後來他"奉旨召入内殿，各爲之圖，定以佳名，而御題其上，裝成巨册"。這些菊"花具五色，圓者如毬，扁者如盤如輪。花瓣皆有筒，或短筒，或長筒，或筒末出瓣如匙，或但有筒而無瓣"。茲錄三十六名於下：銀佛座、金佛座、宫花錦、錦貝紅、雪羅襦、珊瑚枝、紫霞綃、七寶盤、杜叢紫、千金笑、蜜荷花、紫絲蓮、檀心暈、雪蓮臺、雨鵑紅、絨錦心、佛手黃、湧金輪、粉翎兒、錦標紅、月華秋、紅玉環、昭容紫、銀絲針、秋月白、海紅蓮、萬點紅、青心玉、錦麟祥、金赤芾、鷺鷥管、朝陽紫、金縷衣、紫金魚、墜紅絲、金鳳羽。

　　嘉慶年間浙江秀水一私人養菊者計楠，著《菊說》，所錄佳菊凡六類一百八十種，佳種所來，"近則嘉興、平湖、海鹽、松江、上海、嘉定、湖州，遠則湖北、揚州、江寧"。茲錄其名如下（僅"大花新種"類有形態描繪）。"松子類"九品：金粟、雪鶴、水緑、紫蟬、金紅、琥珀、銀紅、老肝紅、新肝紅；"寶相類"八品：西火放、東火放、青放、土黃、金蓮、蜜蓮、銀蓮、蜜喬銀；"細種"五十品：大玉夾、大紅剪絨、蠟瓣、金剪絨、綠剪絨、小玉夾、鵝毛幢、紅豆幢、銀剪絨、大紅芒刺、蜜芒刺、銀芒刺、金紅芒刺、醉仙桃、松花鶴翎、銀紅鶴翎、金葡萄、銀紅葡萄、天仙紫、天仙黃、天仙錦、桃超、雪芽超、龍鬚幢、桂花幢、瑪瑙夾、玉指夾、松花夾、紫夾、珠海夾、小金幢、蜜幢、大紅幢、銀幢、金碧玉、銀紅碧玉、金丁香、銀紅丁香、古色丁香、白丁香、鴛鴦合、桃花球、大癩球、吉香球、鶴塔、玉蝴蝶、大紅松殼、金松殼、銀紅松殼、白松殼；"中種"二十五品：錦松超、鵝毛球、魏紅幢、烏雲幢、魏紫幢、文君面、葛衣、錦荔子、綠萬玉、火煉金、雪獅子、素輝、水天碧、勝裙、金雀、發管幢、麥柴幢、金珀、銀珀、錦心繡口、古色篆、鶴頂大紅、雄黃篆、金交絲、銀交絲；"大花老種"三十八品：金帶圍、銀帶圍、青蓮帶圍、蜜帶圍、水紅帶圍、王夔龍、金夔龍、大紅夔龍、蜜夔龍、銀紅夔龍、紫夔龍、金佛座、鵝黃佛座、銀紅佛座、雪佛座、沈香佛座、五彩雲球、西湖蓮、紫福蓮、小桃紅、大紅荷花、金荷花、銀紅荷花、血牙荷花、金紅荷花、玉荷、蜜荷、胡銅芙蓉、黃牡丹、蜜牡丹、紫牡丹、紫祥雲、紫芝獻瑞、睡孩、金背大紅、落霞幢、金鈎、金蒲團；"大花新種"五十品：朱砂蓮、琥珀蓮、梅紅蓮、紫金蓮、庫墨蓮、五麒麟、銅雀臺、迎風蝶、紫苑清華、函關紫氣、寶山樓閣、寶石樓臺、玉指含香、楊妃新浴、醉西施、月下姣蛾、壑流霞、冷香博士、墨池烟霞、層巒積雪、銀紅嬌

艷、春江鴨綠、粉黛生春、點胭脂、海霞烘日、駝峰鋪錦、慶雲湛露、石家錦幛、赤瑛盤、萬珠盤、藕絲裳、日照金輪、珊瑚樹、鵝群戲水、黃月天香、松雲、古雪春、藏經球、出水芙蓉、湘妃滴泪、蘆花秋月、晚霞落照、紫雲、佛指拈華、紫羅袍、銀臺堆錦、露浥青蓮、月映紅紗、墨光琉璃、濟陽紅、泥金百合。後計氏於該書末加入《新種續錄》一節，補入"新種"五十六種。錄之如下：青雲佳士、紫霧凝霜、彩鸞騰漢、太平福、蜜連環、絳雲袍、墨花吐焰、紫霞壽客、粉底紅蓮、旭日鳳鳴、玉如意、瑞金蓮、錦邊青蓮、錦邊大紅、丹鳳、血牙芙蓉、梅妃曉妝、紫梅灑雪、珊瑚塔、雪盤龍、碧梧金鳳、冰盤托月、白鶴寒光、琥珀蓮臺、風雲際會、大紅佛座、綠牡丹、青心玉帶、曇鉢幽香、金殿朝陽、鶴舞金樓、小山松雪、鳳舞瑤臺、岳陽三醉、桃腮含露、金鼎紅丹、杏花春雨、玉笛梅花、蘭紅燈焰、紫燕掠波、錦帳雲屏、烟凝紫玉、眉尊脣朱、萍實含波、紫袈裟、黃衫客、錦葵、綠雲球、玉堂春、藕色蓮臺、金莖承露、金卮、京兆紅、吳興紫、天水白、樂安黃。

清末至民國，社會腐朽，經濟衰敗，列強入侵，兵燹、災荒交加，科技落後，導致菊業蕭條冷落。民國期間，藝菊專書僅兩種：黃藝錫《菊鑑》，繆甫孫《由里山人菊譜》。另外，許衍灼《春暉堂花卉圖說》、徐珂《清稗類鈔》保留有若干相關內容。值得一提的是，當時南京金陵大學園藝系保存有良菊六百餘品。

中華人民共和國成立以後，菊業迅速得到恢復振興。1958 年在杭州舉辦的第九屆菊展上展出品種達九百多種；1963 年上海龍華苗圃

所育菊品達一千二百餘種，北京北海公園已達一千三百餘種。由於傳統工藝的發揚光大及高新技術的引進，不僅菊質提高，而且品種劇增，品種已達七千種以上，較歷史上任何時期都多。品種之優，也是空前的。以大立菊言，一本開花可達五千朵以上。古老黃花，正展現出無限生機及廣闊前景。

【鞠】

同"菊"。"菊花"之古稱。此體先秦已行用。見該文。

【鞠】

同"菊"。"菊花"之古稱。此體先秦已行用。見該文。

【菊】

"菊花"之單稱。此稱先秦已行用。見該文。

【治墻】

"菊花"之別名。此稱秦漢已行用。見該文。

【治蘠】

同"治墻"，即菊花。此體秦漢已行用。見該文。

【節華】

"菊花"之別名。以其按固定節序開花，故名。此稱漢代已行用。見該文。

【節花】

同"節華"，即菊花。此體漢代已行用。見該文。

【陰威】

"菊花"之別名。此稱漢代已行用。見該文。

【朱嬴】

"菊花"之別名。此稱漢代已行用。見該文。

【女節】

"菊花"之別名。此稱漢代已行用。見該文。

【女華】

"菊花"之別名。此稱漢代已行用。見該文。

【日精】

"菊花"之別名。此稱漢代已行用。見該文。

【鞠華】

同"菊花"。此體漢代已行用。見該文。

【菊華】

同"菊花"。此體漢代已行用。見該文。

【白華】

"菊花"之別名。此稱三國時已行用。見該文。

【女莖】

"菊花"之別名。此稱三國時已行用。見該文。

【更生】

"菊花"之別名。此稱南北朝已行用。見該文。

【周盈】

"菊花"之別名。此稱南北朝已行用。見該文。

【傅延年】

"菊花"之別名。此稱南北朝已行用。見該文。

【陰成】

"菊花"之別名。此稱南北朝已行用。見該文。

【壽客】

"菊花"之美稱。此稱宋代已行用。見該文。

【延壽客】

"菊花"之美稱。此稱宋代已行用。見該文。

【傅公】

"菊花"之別名。蓋"傅延年"之尊稱、省

稱。此稱明代已行用。見該文。

【延年】

"菊花"之别名。蓋"傅延年"之省稱。此稱明代已行用。見該文。

【帝女花】

"菊花"之别名。此稱明代已行用。見該文。

【金蕊】

"菊花"之别名。蓋花蕊多金黄，故名。此稱明代已行用。見該文。

【九花】

"菊花"之别名。此稱清代已行用。見該文。

【甘菊】

"黄菊"之一品。莖杆嫩青老紫，葉淡緑；九月開深黄色小花，香濃。葉可作羹烹茶。約在晋代，始爲人知。據説東晋陶淵明《飲酒》詩之五"采菊東籬下，悠然見南山"所采即此。南北朝時始對其形態特徵有粗略記述。南朝梁陶弘景《本草經集注·草木上品》："菊有兩種：一種莖紫氣香而味甘，葉可作羹食者，爲真；一種莖青而大，作蒿艾氣……其華正相似，唯以甘苦别之爾。"宋代始見此稱。以其葉味甘，故名。宋史正志《史氏菊譜·黄》："甘菊，色深黄，比棣棠頗小。"時稱"家菊"。宋范成大《范村菊譜·黄花》："甘菊，一名家菊。人家種以供蔬茹。凡菊葉皆深緑而厚，味極苦，或有毛；惟此葉淡緑柔瑩，味微甘，咀嚼香味俱勝，擷以作羹及泛茶，極有風致……花差勝野菊，甚美，本不繫花。"宋劉蒙《劉氏菊譜·甘菊第二十》："甘菊，生雍州川澤，開以九月。深黄單葉，閭巷小人且能識之，固不待記而後見也。然余竊謂古菊未有瑰異如今者，而陶淵明、張景陽、謝希逸、潘安仁等，或愛其香，或詠其色，或采之於東籬，或泛之於酒斝，疑皆今之甘菊花也。"宋史鑄《百菊集譜·越中品類》："甘菊，陶隱居云菊有兩種……日華子亦云菊有兩種，花大氣香莖紫者爲甘菊，花小氣烈莖青者名野菊。"明代稱"真菊""茶菊"。明王象晋《群芳譜·花譜·菊》："甘菊，一名真菊，一名家菊，一名茶菊。花正黄，小如指頂，外尖瓣，内細萼，柄細而長，味甘而辛，氣香而烈；葉似小金鈴而尖更多，亞淺，氣味似薄荷。枝幹嫩則青，老則紫。實如葶藶而細。"

【家菊】

"甘菊"之别名。此稱宋代已行用。見該文。

【真菊】

"甘菊"之别名。此稱明代已行用。見該文。

【茶菊】

"甘菊"之别名。此稱明代已行用。以其葉可爲茶飲，故名。見該文。

【大金黄】

"黄菊"之一品。此稱宋代已行用。亦稱"勝金黄""都勝"。出陳州，九月末開花。花心密，鵝黄色，葉形圓厚，有雙紋。宋史正志《史氏菊譜·黄》："大金黄，心密，花瓣大如大錢。"宋范成大《范村菊譜·黄花》："勝金黄，一名大金黄。菊以黄爲正，此品最爲豐縟而加輕盈。花葉微尖，但條梗纖弱，難得團簇作大本，須留意扶植乃成。"宋劉蒙《劉氏菊譜·都勝第三》："都勝，出陳州，開以九月末。鵝黄千葉，葉形圓厚，有雙紋。花葉大者，每葉上皆有雙畫直紋，如人手紋狀，而内外大小重疊相次蓬蓬然，疑造物者著意爲之。"明代稱"添色喜容"。明王象晋《群芳譜·花譜·菊》："都勝，一名勝金黄，一名大金黄，一名添色喜容。

蓓蕾殷紅，瓣闊而短，花瓣大者皆有雙畫直紋，內外大小重疊相次面黃背紅開也，黃暈漸大，紅暈漸小。"清代稱"黃都勝"。清汪灝等《廣群芳譜·花譜二十七·菊花一》："都勝，一名勝金黃，一名大金黃……葉綠皺而尖，其亞深，瘦則如指，肥則如掌。莖紫而細，勁直如鐵，瘦矬，肥則高可六七尺。葉常不壞，小花中之極美者也。"清陳淏子《花鏡》卷五："黃都勝，千葉，圓厚，變紋。"

【勝金黃】

"大金黃"之別名。此稱宋代已行用。見該文。

【都勝】

"大金黃"之別名。此稱宋代已行用。見該文。

【添色喜容】

"大金黃"之別名。此稱明代已行用。見該文。

【黃都勝】

"大金黃"之別名。此稱清代已行用。見該文。

【金芍藥】

"黃菊"之一品。此稱清代已行用。亦稱"金寶相""賽金蓮""金牡丹""金骨朵"。莖高2米餘，順幹扶疏。綠葉潤澤，彎長。花愈開愈黃，徑厚均10厘米許，瓣寬氣香。號爲"菊中極品"。清汪灝等《廣群芳譜·花譜二十七·菊花一》："金芍藥，一名金寶相，一名賽金蓮，一名金牡丹，一名金骨朵。蓓蕾黃紅，花金光，愈開愈黃；徑可三寸，厚稱之，氣香，瓣闊。葉綠而澤，稀而弓，長而大。亞深，枝幹順直而扶疏，高可六七尺。菊中極

品。"參閱許衍灼《春暉堂花卉圖説》卷九。

【金寶相】

"金芍藥"之別名。此稱清代已行用。見該文。

【賽金蓮】

"金芍藥"之別名。此稱清代已行用。見該文。

【金牡丹】

"金芍藥"之別名。此稱清代已行用。見該文。

【金骨朵】

"金芍藥"之別名。此稱清代已行用。見該文。

【金盞銀臺】[2]

"白菊"之一品。此稱見於宋代。莖高2米許，傾欹，細瘦。青葉，狹長多尖。花徑六七厘米，四邊白，中筒瓣鵝黃。殘謝時淡紅色。因四圍白如銀臺，中筒黃瓣似金盞，遂名。宋史正志《史氏菊譜·白》："金盞銀臺，心突起，瓣黃，四邊白。"宋史鑄《百菊集譜·越中品類》："金盞銀臺，大如折二，此以形色而爲名也。惟初開似之，爛開則其狀輒變。"清代稱"萬鈴菊""銀萬管"，省稱"銀臺"。清汪灝等《廣群芳譜·花譜二十七·菊花一》："金盞銀臺，一名銀臺，一名萬鈴菊，一名銀萬管。花外單瓣或夾瓣，薄而尖，白而瑩；中筒瓣初鵝黃，後牙色，徑可二寸，殘則淡紅。葉青而狹，長而多尖，其亞深，葉根冗甚，枝幹細，傴蹇，高可五六尺。"清陳淏子《花鏡》卷六："金盞銀臺，外單葉，中筒瓣。"

【萬鈴菊】

"金盞銀臺[2]"之別名。此稱清代已行用。

見該文。

【銀萬管】

　　"金盞銀臺[2]"之別名。此稱清代已行用。見該文。

【銀臺】

　　"金盞銀臺[2]"之省稱。此稱清代已行用。見該文。

【荼蘼菊】

　　"白菊"之一品。此稱宋代已行用。亦作"酴醾菊"。莖高 1 米餘，偃斜纖柔，莖葉皆靛色。葉皺而尖。九月末開花，初開微黃，後純白，徑 6~7 厘米；開放時間長，殘謝時粉紅。宋史正志《史氏菊譜・白》："荼蘼菊，心青黃，微起如鵝黃，色淺。"宋范成大《范村菊譜・白花》："酴醾菊，細葉稠疊，全似酴醾，比茉莉差小而圓。"宋劉蒙《劉氏菊譜・酴醾第二十一》："酴醾，出相州。開以九月末。純白千葉，自中至外，長短相次，花之大小正如酴醾，而枝幹纖柔，頗有態度。若花葉稍圓，加以檀蕊，真酴醾也。"明代稱"白荼蘼"。明黃少曾等《菊譜・名號》："白荼蘼，白色千葉。"清代稱"玉芙蓉""銀芙蓉""酴醾白"。清汪灝等《廣群芳譜・花譜二十七・菊花一》："玉芙蓉，一名酴醾菊，一名銀芙蓉。初開微黃，後純白，徑二寸有半；香甚，開早，瓣厚而瑩，疏而爽，開最久，其殘也粉紅。葉靛色，微似銀芍藥，皺而尖，葉根多冗，莖亦靛色，枝幹偃蹇，高僅三四尺。"清陳淏子《花鏡》卷五："酴醾白，出湘州，有刺。"

【酴醾菊】

　　同"荼蘼菊"。此體宋代已行用。見該文。

【白荼蘼】

　　"荼蘼菊"之別名。此稱明代已行用。見該文。

【玉芙蓉】

　　"荼蘼菊"之別名。此稱清代已行用。見該文。

【銀芙蓉】

　　"荼蘼菊"之別名。此稱清代已行用。見該文。

【酴醾白】

　　"荼蘼菊"之別名。此稱清代已行用。見該文。

【白雪團】

　　亦稱"一團雪""簇香毬""鬬嬋娟"。"白菊"之一品。此稱明代已行用。莖高 2 米餘，枝幹堅勁。葉色青白，厚大尖長，闊如掌。花極白，瓣如勺，徑約 6~7 厘米。開遲，持續時間久，殘而紫紅。明黃省曾《菊譜・名號》："白雪團，白千葉，小花。"清代稱"一團雪""簇香毬""鬬嬋娟"。清汪灝等《廣群芳譜・花譜二十七・菊花一》："一團雪，一名白雪團，一名簇香毬，一名鬬嬋娟。花極白晶瑩，瓣如勺，長而厚，疏朗香清，中萼黃，開遲，最久。徑可二寸，殘時紫紅，葉稀似艾，白而青，大而長，尖而厚，闊如掌，亞最深，葉極耐日，深冬五色斑然如畫，枝幹勁直，高可六七尺。"

【一團雪】

　　"白雪團"之別名。此稱清代已行用。見該文。

【簇香毬】

　　"白雪團"之別名。此稱清代已行用。見該文。

【闘嬋娟】

"白雪團"之別名。此稱清代已行用。見該文。

【順聖淺紫】

亦作"紅繡毬"。亦稱"紫景朵""大紅繡毬"。"紫菊"之一品。此稱宋代已行用。莖高2米許，紫色，勁直。葉綠而稀。九月開花，花型大，徑7~8厘米；初深紫，後淺紫。宋劉蒙《劉氏菊譜·順聖淺紫第二十六》："順聖淺紫，出陳州、鄧州。九月中方開。多葉，葉比諸菊最大，一花不過六七葉，而每葉盤疊凡三四重，花葉空處間有筒葉輔之。大率花形枝幹類垂絲棣棠，但色紫花大爾。余所記菊中，惟此最大，而風流態度，又為可貴。"清代省稱"順聖紫"，亦稱"朝天紫"。清陳淏子《花鏡》卷五："順聖紫，一花不過六七葉……其花最大可觀。"清汪灝等《廣群芳譜·花譜二十七·菊花一》："朝天紫，一名順聖紫。蓓蕾青碧，花初深紫，後淺紫；氣香，瓣初如兔耳，後尖而覆，鬅鬆而整齊，徑二寸有半。葉綠而稀，尖岊，細密如繡，葉根清净，枝幹細，紫，勁而直，高可五六尺。"

【順聖紫】

"順聖淺紫"之省稱。此稱清代已行用。見該文。

【朝天紫】

"順聖淺紫"之別名。此稱清代已行用。見該文。

【水紅蓮】

"紫菊"之一品。此稱明代已行用。莖高3米餘，枝幹勁直。葉稀疏而寬大。花開早，初為紫色，漸淡如水紅。明王象晋《群芳譜·花譜·菊》："水紅蓮，花粉紫，初開似紫牡丹，其後漸淡。"清代稱"菡萏紅""荷花毬""粉牡丹""紫粉蓮""紫粉樓"。清汪灝等《廣群芳譜·花譜二十七·菊花一》："水紅蓮，一名菡萏紅，一名荷花毬，一名粉牡丹，一名紫粉蓮，一名紫粉樓。花粉紫，初開似紫牡丹，其後漸淡如水紅花色，徑二寸，形團，瓣疏，開早。葉綠，稀而可數，闊大而厚，皺而蹙似芡葉，枝幹勁直，高可一丈。或以為太液蓮，非。"按，明黃省曾《菊譜·名號》載有兩品菊，一為"水紅蓮"，一為"菡萏紅"。其名與此全同，然別為兩目，又皆為"粉紅色"，不知與此是否同物。

【菡萏紅】

"水紅蓮"之別名。此稱清代已行用。見該文。

【荷花毬】

"水紅蓮"之別名。此稱清代已行用。見該文。

【粉牡丹】

"水紅蓮"之別名。此稱清代已行用。見該文。

【紫粉蓮】

"水紅蓮"之別名。此稱清代已行用。見該文。

【紫粉樓】

"水紅蓮"之別名。此稱清代已行用。見該文。

【紫玉蓮】

"紫菊"之一品。此稱明代已行用。花紫而紅，蠟質，徑6~7厘米，花瓣勺形。明王象晋《群芳譜·花譜·菊》："紫玉蓮，花紫而紅。"清代稱"紫荷衣""紫蠟瓣"。清汪灝等《廣群芳譜·花譜二十七·菊花一》："紫玉蓮，一名紫荷衣，一名紫蠟瓣。蓓蕾青綠，花紫而紅，質如蠟，徑可二寸，瓣如勺，終始上豎。葉全似朝天紫。"

【紫荷衣】

"紫玉蓮"之別名。此稱清代已行用。見該文。

【紫蠟瓣】

"紫玉蓮"之別名。此稱清代已行用。見該文。

【燕脂菊】

"紅菊"之一品。此稱宋代已行用。花色爲深紅淺紫。宋范成大《范村菊譜·白花》："燕脂菊，類桃花菊，深紅淺紫，比燕脂色尤重。比年始有之，此品既出，桃花菊遂無顏色，蓋奇品也。"明代稱"燕脂紅"，出明王象晉《群芳譜·花譜·菊》。清代亦作"胭脂菊"，出清汪灝等《廣群芳譜·花譜二十七·菊花一》。時亦稱"胭脂紅"。清陳淏子《花鏡》卷五："胭脂紅，其紅勝胭脂。"

【燕脂紅】

"燕脂菊"之別名。此稱明代已行用。見該文。

【胭脂紅】

同"燕脂紅"，即燕脂菊。此體清代已行用。見該文。

【胭脂菊】

同"燕脂菊"。此體清代已行用。見該文。

【紅繡球】

"紅菊"之一品。此稱明代已行用。莖高一米餘，勁直。葉緣而小，圓闊似球。花開早，先紅紫，後紫紅，徑6厘米許。明黃省曾《菊譜·名號》："紅繡球，大紅千葉，如毬。"清代稱"紫骨朵""大紅繡毬"，亦作"紅繡毬"。清汪灝等《廣群芳譜·花譜二十七·菊花一》："紫骨朵，一名大紅繡毬，一名紅繡毬。蓓蕾鮮紅，頂如泥金。開甚早，先紅紫，後紫紅，徑可二寸有半，厚二寸，瓣明潤豐滿如榴子，其徹也攢簇如毬。葉類紫霞觴，葉綠而小。根有冗，枝幹勁直，高可四五尺。"清陳淏子《花鏡》卷五："紅繡毬，葉圓似毬，喜肥。"

【紅繡毬】

同"紅繡球"。此體清代已行用。見該文。

【紫骨朵】

"紅繡球"之別名。此稱清代已行用。見該文。

【大紅繡毬】

"紅繡毬"之別名。此稱清代已行用。見該文。

【紫霞觴】

"紅菊"之一品。此稱明代已行用。莖高1米許。青色葉寬而有折皺。開花早。初深紅，漸變淡爲木紅。明王象晉《群芳譜·花譜·菊》："紫霞觴，似狀元紅，厚而大。開早，初重紅，稍開即木紅。"清代稱"紫霞杯"。清汪灝等《廣群芳譜·花譜二十七·菊花一》："紫霞觴，一名紫霞杯……葉青闊而皺，亞深，葉根多冗，枝幹挺勁，高可四五尺。"按，明黃省曾《菊譜·名號》亦載一"紫霞觴"，"紫色千葉"，殆與此同名別種。

【紫霞杯】

"紫霞觴"之別名。此稱清代已行用。見該文。

【桃花菊】

省稱“桃花”。亦稱“桃紅菊”。“淡紅菊”之一品。此稱宋代已行用。開花早，瓣如桃花，一蕊十三至十四片，粉紅色，濃淡在桃杏紅梅之間。宋史正志《史氏菊譜·雜色紅紫》：“桃花菊，花瓣全如桃花。秋初先開，色有淺深，深秋亦有白者。”宋范成大《范村菊譜·白花》：“桃花菊，多葉至四五重，粉紅色，濃淡在桃杏紅梅之間。未霜即開，最爲妍麗，中秋後便可賞。”宋劉蒙《劉氏菊譜·桃花第三十五》：“桃花粉紅，單葉中有黃蕊，其色正類桃花，俗以此名，蓋以言其色爾。花之形度雖不甚佳，而開於諸菊未有之前，故人視此菊如木中之梅焉。枝葉最繁密，或有無花者，則一葉之大，逾數寸也。”宋史鑄《百菊集譜·越中品類》：“桃花菊，又名桃紅菊。花瓣如桃花粉紅色，一蕊凡十三四片。開時長短不齊，經多日乃齊，其心黃色，內帶微綠。此花嗅之無香，惟拈破聞之，方知有香。至中秋便開，開至十餘日漸變爲白色。或生青蟲，食其花片，則衰矣。其綠葉甚細小。”參閱明王象晋《群芳譜·花譜·菊》、清汪灝等《廣群芳譜·花譜二十七·菊花一》、清陳淏子《花鏡》卷六。

【桃紅菊】

“桃花菊”之別名。此稱宋代已行用。見該文。

【桃花】

“桃花菊”之省稱。此稱宋代已行用。見該文。

【垂絲粉紅】

“粉紅菊”之一品。此稱宋代已行用。菊出自洛陽，九月開花，瓣細如茸，攢聚相次，枝幹纖弱如垂絲。宋劉蒙《劉氏菊譜·垂絲粉紅第三十一》：“垂絲粉紅，出西京。九月中開。千葉，葉細如茸，攢聚相次，而花下亦無托葉。人以垂絲目之者，蓋以枝幹纖弱故也。”明王象晋《群芳譜·花譜·菊》：“垂絲粉紅……花淡紅如銀紐絲。”清汪灝《廣群芳譜·花譜二十七·菊花一》：“垂絲粉紅……其花淡紅似銀紐絲，而瓣不紐。其朵俱垂，色態嬌艷，與醉西施、醉楊妃各不相涉。或謂三名即一物，非也。”清代省稱“垂絲粉”。清陳淏子《花鏡》卷六：“垂絲粉，淡紅色，葉細如茸。”

【垂絲粉】

“垂絲粉紅”之省稱。此稱清代已行用。見該文。

【粉鶴翎】

亦稱“粉紐絲”“玉盤丹”“粉雀舌”“荷花紅”。“粉紅菊”之一品。此稱明代已行用。枝幹扶疏順直，莖高 2 米餘。青葉稀疏而寬大。花開大如芍藥，瓣尖長寬大。明王象晋《群芳譜·花譜·菊》：“粉鶴翎，花粉紅，大如芍藥，瓣尖長而大，背淡紅。”清汪灝等《廣群芳譜·花譜二十七·荷花一》：“粉鶴翎，一名粉紐絲，一名玉盤丹，一名粉雀舌，一名荷花紅……初開鮮濃，既開四面支撐，紫飮騰耀，後漸白紐絲。葉青而稀，闊大如掌，亞深，葉根多冗，枝幹順直而扶疎，高可七八尺。”

【粉紐絲】

“粉鶴翎”之別名。此稱清代已行用。見該文。

【玉盤丹】

“粉鶴翎”之別名。此稱清代已行用。見該文。

【粉雀舌】

“粉鶴翎”之別名。此稱清代已行用。按，明黄省曾《菊譜·名號》載有一種淡紫菊名粉雀舌者。見該文。

【荷花紅】

“粉鶴翎”之別名。此稱清代已行用。見該文。

【二色西施】

异品菊之一品。此稱明代已行用。亦稱“紅二色”“黄二色”“平分秋色”。花開時間最長，徑約10厘米，初開淡紅、淡黄參半，半開時五彩寶色，全開則淡桃紅色。明王象晋《群芳譜·花譜·菊》：“二色西施，一名紅二色，一名黄二色，一名平分秋色……開最久。”清代稱“二色白”。清汪灝等《廣群芳譜·花譜二十七·菊花一》：“二色西施，一名紅二色，一名黄二色，一名二色白……徑可三寸，厚半之，開最久。瓣葉枝幹皆與白西施同。初開時數朵淡紅，數朵淡黄，迥然不類；半開時五彩寶色，炫爛奪目；開徹則皆淡桃紅色矣。”按，明黄省曾《菊譜·名號》亦載一“二色西施”，形態爲“淡黄、純白色千葉”，殆與此有别。又宋劉蒙《劉氏菊譜》亦載一種“黄二色”，爲“九月末開，鵝黄雙紋多葉，一花之間，自有深淡兩色”，殆與此有别。

【紅二色】

“二色西施”之别名。此稱明代已行用。見該文。

【黄二色】

“二色西施”之别名。此稱明代已行用。見該文。

【平分秋色】

“二色西施”之别名。此稱明代已行用。見該文。

【二色白】

“二色西施”之别名。此稱清代已行用。見該文。

【赤金盤】

异品菊之一種。此稱明代已行用。莖高3米許，紫紅色，順直扶疏。葉稀，末團。花初開紅黄而赤，後漸成醬色；花徑約6厘米，花瓣如杓而尖。明王象晋《群芳譜·花譜·菊》：“赤金盤，花初開紅黄而赤金……其後漸作醬色。”清代稱“脂暈黄”“琥珀杯”。清汪灝等《廣群芳譜·花譜二十七·菊花一》：“赤金盤，一名脂暈黄，一名琥珀杯……徑可二寸，形薄而瓦，瓣如杓而尖。葉稀，綠而澤，其末團。枝幹紫紅，順直而扶疎，高可一丈。”

【脂暈黄】

“赤金盤”之别名。此稱清代已行用。見該文。

【琥珀杯】

“赤金盤”之别名。此稱清代已行用。見該文。

【蜜繡毬】

异品菊之一種。亦稱“金翅毬”“金鳳團”“蜜西牡丹”。此稱明代已行用。莖高1米餘，枝幹傾欹。葉稠密、寬大、尖長。花開遲，蜜色瑩潤，殘謝時紅色艷麗。明王象晋《群芳譜·花譜·菊》：“蜜繡毬，花蜜色瑩潤……氣香，瓣舒，開遲。”清汪灝等《廣群芳譜·花譜二十七·菊花一》：“蜜繡毬，一名金翅毬，一名金鳳團，一名蜜西牡丹。花蜜色瑩潤，徑二

寸餘，氣香，瓣舒，開遲，其殘也紅而麗。葉
青而稠，大而尖，亞深，葉根冗，枝幹偃蹇，
高可四五尺。”

【金翅毬】

“蜜繡毬”之別名。此稱清代已行用。見
該文。

【金鳳團】

“蜜繡毬”之別名。此稱清代已行用。見
該文。

【蜜西牡丹】

“蜜繡毬”之別名。此稱清代已行用。見
該文。

一枝黃花

花名。菊科，一枝黃花屬，一枝黃花（*Soli dago decurrens* Lour.）。亦稱“野黃菊”“灑金花”“黃花一枝香”“黃花仔”“金鎖匙”“滿山黃”“黃柴胡”。多年生草本。高 15～60 厘米。爲毛果一枝黃花之變種。莖直立，下部光滑無毛，上部微有茸毛。單葉互生，卵形至矩圓形，上部葉片狹小，近全緣，下部葉具柄并有微齒。圓錐花序，由腋生總狀花序再聚集而成，花黃色。瘦果，近圓柱形。花期十月。花可供觀賞，常用作花境背景材料，或叢植於庭園中，亦可作切花用於觀玩。其全草尚可用爲中藥材。分布幾遍全國。常見於山野、林緣、灌叢等地段。亦有人工栽培者。我國利用一枝黃花歷史很久，此稱清代已行用。清吳其濬《植物名實圖考·山草類·一枝黃花》：“一枝黃花，江西山坡極多。獨莖直上，高尺許，間有歧出者。葉如柳葉而寬，秋開黃花，如單瓣寒菊而小。花枝俱發，茸密無隙，望之如穗。土人以洗腫毒。”按，一枝黃花屬約一百三十種，許多都不乏

觀賞價值，常見栽培觀賞者有高莖一枝黃（*S. altissima*）、芳香一枝黃（*S. odora*）及原產美洲的加拿大一枝黃花（*S. canadensis*）等。

【野黃菊】

即一枝黃花。花多野生，故得此名。名見《南寧市藥物志》，今廣西各地多行用此稱。見該文。

【灑金花】

即一枝黃花。名見《江西民間草藥》。今江西各地多行用此稱。見該文。

【黃花一枝香】

即一枝黃花。名見《廣西中藥志》。此稱多行於廣西各地。見該文。

【黃花仔】

“一枝黃花”之俗稱。閩東各地多行用此稱。見該文。

【金鎖匙】

即一枝黃花。浙江各地多行用此稱。見該文。

【滿山黃】

即一枝黃花。秋日花開，滿山皆黃，故名。今浙江各地多行用此稱。見該文。

【黃柴胡】

即一枝黃花。今巴蜀各地多行用此稱。見該文。

旋覆花

花名。菊科，旋覆花屬，旋覆花。〔*Inula japonica*（Miq.）Komarov〕。多年生宿根草本。莖直立，高 70~80 厘米，細而光滑，上部有分枝。葉互生，基部抱莖，長橢圓形，桃柳葉狀，夏秋開花，深黃色，較大型頭狀花序生於枝莖頂部，外爲舌狀花冠，中爲筒狀花冠。花具觀

賞價值，亦可入藥。全國各地均有分布，多野生於原野、山麓及道邊。以其花數層，圓轉而下覆，故名。始見於秦漢文獻記載，時稱"覆""盜庚"。漢代亦作"旋復花"，亦稱"金沸草""盛椹"。晋代省稱"旋復"，亦作"旋覆"。《爾雅·釋草》：

旋覆花
（明鮑山《野菜博錄》卷二）

"覆，盜庚。"晋郭璞注："旋復似菊。"一本作"旋復"。《神農本草經·下品·旋復花》："旋復花……一名金沸草，一名盛椹。生川谷。"南北朝始作"旋覆花"，稱"戴椹"，唐代稱"金錢花""毘尸沙"，宋代稱"滴滴金"，明代稱"夏菊""艾菊""疊羅黃"。南朝梁陶弘景《名醫別錄》："旋覆花……一名金沸草，一名盛椹，一名戴椹。"宋蘇頌《圖經本草·草部下品·旋覆花》："旋覆花，生平澤川谷，今所在皆有之。二月已後生苗，多近水旁，大似紅藍而無刺，長一二尺已來，葉如柳，莖細。六月開花如菊花，小銅錢大，深黃色，上黨田野人呼爲金

六月菊
（明鮑山《野菜博錄》卷二）

錢花。七月、八月采花暴乾。今近都人家園圃所蒔金錢花，花葉並如上說，極易繁盛，恐即此旋覆也。"宋謝邁《滴滴金》詩："滿庭黃色抑何深，一滴梅霖一滴金。"明王象晋《群芳譜·花譜·滴滴金》："一名夏菊，一名艾菊，一名旋覆花，一名疊羅金。莖青而香，葉青而長，尖而無椏，高僅二三尺。花色金黃，千瓣最細，凡二三層，明黃色，心乃深黃。中有一點微綠者，巧小如錢，亦有大如折二錢者，所產之地不同也。自六月開至八月，苗初生，自陳根出，既則遍地生苗，繇花梢頭露滴，入土即生新根，故名滴滴金。"明李時珍《本草綱目·草四·旋覆花》〔釋名〕："宗奭曰：花緣繁茂，圓而覆下，故曰旋覆。時珍曰：諸名皆因花狀而命也。《爾雅》云：覆，盜庚也。蓋庚者，金也。謂其夏開黃花、盜竊金氣也。《酉陽雜俎》云：金錢花一名毘尸沙，自梁武帝時始進入中國。"又〔集解〕："花狀如金錢菊，水澤邊生者花小瓣單，人家栽者花大蕊簇，蓋壤瘠使然。其根細白，俗傳露水滴下即生，故易繁，蓋亦不然。"明朱橚《救荒本草》卷一："〔旋覆花〕莖細如蒿稈，開花似菊花……救飢：採葉煠熟，水浸去苦味，淘净，油鹽調食。"清代分爲兩種：一種爲人家所種，深黃色花，俗稱"金盞"；一種野生，淺黃色花，葉有細毛，俗稱"毛耳朵"。清郝懿行《爾雅義疏》下之一："今按此（盜庚）有二種：人家庭院植者，華色深黃，名曰金盞；生下溼者，華淺黃色，葉有細毛，俗呼毛耳朵是矣。"參閱清陳淏子《花鏡》卷五，民國許衍灼《春暉堂花卉圖說·彙考七·旋覆花》。

【覆】

"旋覆花"之單稱。此稱秦漢已行用。見

該文。

【盗庚】

"旋覆花"之別名。此稱秦漢已行用。天干之"庚"與五行之"金"相配,其花夏開,盗竊金氣,故名。見該文。

【旋復花】

同"旋覆花"。此體漢代已行用。南朝梁陶弘景《本草經集注》亦作"旋覆華"。見該文。

【金沸草】

"旋覆花"之別名。此稱漢代已行用。見該文。

【盛椹】

"旋覆花"之別名。此稱漢代已行用。見該文。

【旋復】

"旋覆花"之省稱。此稱晋代已行用。見該文。

【旋覆】

"旋覆花"之省稱。覆,同"覆"。此稱晋代已行用。清孫星衍校注《神農本草經》引作"旋復"。見該文。

【戴椹】

"旋覆花"之別名。此稱南北朝已行用。見該文。

【金錢花】

"旋覆花"之別名。此稱唐代已行用。以其花形正如金錢,故名。見該文。

【毘尸沙】

即旋覆花。佛釋語,"旋覆花"之譯稱。此稱唐代已行用。見該文。

【滴滴金】

"旋覆花"之別名。此稱宋代已行用。以花梢滴露即生新根繁衍,故名。見該文。

【夏菊】

"旋覆花"之別名。此稱明代已行用。以其夏季開花如菊,故名。見該文。

【艾菊】

"旋覆花"之別名。此稱明代已行用。見該文。

【疊羅黄】

"旋覆花"之別名。此稱明代已行用。以其花黄色,二三層重疊羅列,故名。清汪灝等《廣群芳譜·花譜二十六·滴滴金》引作"疊羅金"。見該文。

【金錢菊】

"旋覆花"之別名。此稱明代已行用。以其花形似金錢,亦似菊,故名。清汪灝等《廣群芳譜·花譜二十六·滴滴金》引明吴彦匡《花史》:"一名金錢菊。"見該文。

【金盞】[2]

"旋覆花"之家蒔、花色深黄者。此稱清代已行用。見該文。

【毛耳朵】[1]

"旋覆花"之野生、花色淺黄、葉有毛者。此稱清代已行用。見該文。

【六月菊】

"旋覆花"之俗稱。此稱始行用於清代。清桂馥《札樸·鄉里舊聞》:"六月菊,鄉里俗呼也,即《爾雅》之盗庚,《本草》之旋復花。"見該文。

蓍

花名。菊科,蓍屬,蓍(*Achillea millefolium* Linn.)。多年生草本。一本多莖,莖直立,通常高達1米,疏生柔毛。葉互生,無葉柄,下部葉花期萎謝，中部葉長帶狀披針形，篦狀羽裂，裂片邊緣有銳鋸齒，基部裂片抱莖。夏秋開花，紅紫或淡紅或白色，頭狀花序頂生，密集成傘房狀，周圍之花爲舌狀花冠，中部之花爲筒狀花冠。瘦果，倒寬披針形，帶翅，無冠毛。全草入藥，莖葉可提取香料，園林中可用作地被植物。我國中部北部地方多有分布。古人視爲靈異之草，認爲其能預卜吉凶，常取其莖以占卜。其得名亦體現此意。蓍，通"耆"，年老多壽之謂。此草多壽，如老者能預知休咎禍福，故名。

蓍
（清吳其濬《植物名實圖考》卷一一）

原産我國，迄今已有數千年之生長歷史。據傳遠在三皇五帝、夏商周時代已用以占測。《史記·龜策列傳》："聞古五帝三王發動舉事，必先決蓍龜。"又："略聞夏殷欲卜者，乃取蓍龜，已則棄去之，以爲龜藏則不靈，蓍久則不神。至周室之卜官，常寶藏蓍龜。"《易·繫辭上》："探賾索隱，鉤深致遠，以定天下之吉凶，成天下之亹亹者，莫大乎蓍龜。"正由於此，古書中的有關記載，往往帶有不科學的誇張迷信色彩，如七十年長一莖，千年蓍三百莖同本，蓍旁無虎狼毒螫、神龜守之、青雲覆之等，此類皆不足憑信，應予剔除。《史記·龜策列傳》："龜千歲乃游蓮葉之上，蓍百莖共一根。又其所生，獸無虎狼，草無毒螫。"裴駰集解引徐廣曰："劉向云龜千歲而靈，蓍百年而一本生百莖。"又："聞蓍生滿百莖者，其下必有神龜守之，其上常有青雲覆之。傳曰：'天下和平，王道得，而蓍莖長丈，其叢生滿百莖。'"清汪灝等《廣群芳譜·卉譜三·蓍》引漢王充《論衡》："蓍草七十年生一莖，神靈之物，故生遲也。"晋張華《博物志·雜説下》："蓍一千歲而三百莖同本，以老，故知吉凶。蓍末大於本爲上吉。"先秦單稱"蓍"。《詩·曹風·下泉》："洌彼下泉，浸彼苞蓍。"毛傳："蓍，草也。"三國吳陸璣《毛詩草木鳥獸蟲魚疏》："蓍似藾蕭，青色，科生。"漢代稱"蓍草"，見前《論衡》例。時稱"蓍實"。《神農本草經·上品·蓍實》："蓍實……生山谷。"漢張衡《思玄賦》："文君爲我端蓍兮，利飛遯以保名。"大徐本《説文·艸部》："蓍，蒿屬，生十歲百莖。《易》以爲數。天子蓍九尺，諸侯七尺，大夫五尺，士三尺。"段注本作"生千歲三百莖"。唐劉長卿《歲日見新曆因寄都官裴郎中》詩："愁占蓍草終難決，病對椒花倍自憐。"宋蘇頌《圖經本草·草部上品·蓍實》："生少室山谷，今蔡州上蔡縣白龜祠旁。其生如蒿，作叢，高五六尺，一本一二十莖，至多者三五十莖，生便條直，所以異於衆蒿也。秋後有花，出於枝端，紅紫色，形如菊，八月、九月采其實，日乾入藥。今醫家亦稀用。其莖爲筮，以問鬼神，知吉凶，故聖人贊之，謂之神物。"明李時珍《本草綱目·草四·蓍》〔釋名〕："按班固《白虎通》載孔子云：蓍之爲言耆也。老人歷年多，更事久，事能盡知也。陸佃《埤雅》云：'草之多壽者，故字從耆。'"又〔集解〕："蓍乃蒿屬，神草也。故《易》曰：蓍之德圓而神。"清陳淏子《花鏡》卷五："蓍，神草也，爲百草之長……《易》

取五十莖爲卜筮之用，揲則其應如餉，産於文王、孔子墓土者更靈，取用以末大於本者爲佳。"清吳其濬《植物名實圖考·隰草類·蓍》："明楊塤《蓍草臺記》：臺畔二十頃皆産蓍。洪武中禁民樵采，厥後臺荒地侵，汝太守重修之。《上蔡縣志》：舊時生蓍草臺廟圈，圈廢，今生曠野。唯《陳州志·物産》：蓍，羲陵者佳。余，豫人也。一舟過陳州，再驅上蔡，皆未得登故墟而攬靈莽。陳之人斷蓍尺餘，以通饋問；而曲阜之蓍，時時見於筮者。此外蓋無聞焉。"今時園林尚有栽培。用於觀賞，不作占卜。

【蓍草】

"蓍"之俗稱。此稱漢代已行用。見該文。

【蓍實】

"蓍"之別名。此稱漢代已行用。見該文。

【官私草】

"蓍"之別名。此稱清代已行用。徐珂《清稗類鈔·植物類》："蓍，高二三尺，葉細長分裂，花白或淡紅，略似菊花，莖多者一株五十餘。古取其莖以爲占筮之用，今兒童輒取之以爲鬭草之戲，呼曰官私草。私音同蓍。"今俗稱"蚰蜒草""鋸齒草"。見該文。

蜂斗葉

花名。菊科，蜂斗菜屬，蜂斗菜〔Petasites japonicus（Sieb. et Zucc.）Maxim.〕之別名，多年生草本。形狀類款冬，然開紅花，葉如荷而呈斗形，故名。可栽植供觀賞。我國分布於西南、西北、東北等地區。約始見自唐宋時。亦稱"水斗葉"。明李時珍《本草綱目·草五·款冬花》引宋蘇頌《圖經本草》："又有紅花者，葉如荷而斗直，大者容一升，小者容數合，俗呼爲蜂斗葉，又名水斗葉，則蘇氏（按，唐蘇恭）所謂大如葵而叢生者是也。"明代省稱"蜂斗"。明王圻等《三才圖會·草木三·款冬花》："又有紅花者，葉如荷，而斗直，大者容一升，小者容數合，俗呼爲蜂斗葉，又名水斗葉。"

【水斗葉】

"蜂斗葉"之別名。此稱唐宋已行用。見該文。

【蜂斗】

"蜂斗葉"之省稱。此稱明代已行用。見該文。

波斯菊

花名。菊科，秋英屬，秋英（Cosmos bipinnatus Cav.）之別名。多年生草本。葉似菊花，狹細而尖。花色茶褐，花期長。果實名龍珠果。具觀賞價值。在我國各地少有栽培。始見於明代，稱"西蕃菊"。自域外傳入中土。明王圻等《三才圖會·草木·波斯菊》："一名西蕃菊。有中貴携植普陀，取子種出甚佳，作花甚繁而久。其子落地即生，仍復作花。"清代亦作"西番菊"。清陳淏子《花鏡》卷五："西番菊葉如菊，細而尖。花色茶褐，雅淡似菊之月下西施。自春至秋，相繼不絶，亦佳品也。春間將藤壓地自生根，隔年絶斷，分栽即活。"按，"丈菊"，即向日葵，亦稱"西番菊"，學名Helianthus annuus，與此同名異實。參閱明王象晉《群芳譜·花譜·菊》、清汪

波斯菊
（明王圻等《三才圖會》
卷一二）

灝等《廣群芳譜·花譜三十·丈菊》、民國許衍灼《春暉堂花卉圖説》卷九、夏緯瑛《植物名釋札記·向日葵》。

【西蕃菊】

"波斯菊"之异名。此稱明代已行用。見該文。

【西番菊】[1]

同"西蕃菊"。即波斯菊。此體清代已行用。見該文。

華澤蘭

花名。菊科，澤蘭屬，華澤蘭（*Eupatorium chinense* Linn.）。多年生草本。高達 1.5 米。枝蜿蜒狀，稍被短柔毛。單葉對生，具短柄，卵形或橢圓狀披針形，邊緣有規則粗齒，脉明顯并生密毛。頭狀花序，有短柄，有花五至六朵，并在莖之頂端排列成緊密聚傘花序；小花管狀，兩性，先端五裂，裂片三角狀。瘦果圓柱形，微有毛，常有五棱。花期七至九月。根可入藥，亦可栽植供觀賞。主要分布於我國浙江、安徽、福建、廣東、廣西、貴州、四川等省區。多見於山坡、林緣、林下、灌叢及路旁等地。

我國栽培利用華澤蘭歷史頗久，秦漢始稱"蘭草""水香"。《神農本草經·上品·蘭草》："蘭草，味辛，平。主利水道，殺蠱毒，辟不祥。久服，益氣、輕身、不老、通神明。一名水香。生池澤。"南北朝稱"大澤蘭"。南朝宋雷敩《雷公炮炙論》上卷："大澤蘭，雷公云：凡使，須要識別雌雄，其形不同。大澤蘭葉皆圓，根青黃，能生血、調氣、養榮合；小澤蘭迴別。"稱"蕳""香水蘭""女蘭""香草""燕尾香""煎澤草""蘭澤草""省頭草""都梁香""孩兒菊""千金草"。明李時珍《本草綱目·草三·蘭草》："〔釋名〕蕳（音閑）、水香、香水蘭、女蘭、香草、燕尾香、大澤蘭、蘭澤草、煎澤草、省頭草、都梁香、孩兒菊、千金草。〔馬〕志曰：葉似馬蘭，故名蘭草。其葉有歧，俗呼燕尾香。時人煮水以浴風，故又名香水蘭。〔陳〕藏器曰：蘭草生澤畔，婦人和油澤頭，故云澤蘭。盛弘之《荆州記》云：都梁有山，下有水清淺，其中生蘭草，因名都梁香。時珍曰：都梁即今之武岡州也，又臨淮盱眙縣亦有都梁山，產此香。蘭乃香草，能辟不祥。陸璣《詩疏》言：鄭俗，三月男女秉蕳於水際，以自被除。蓋蘭以蘭之，蕳以閑之，其義一也。《淮南子》云：'男子種蘭，美而不芳。'則蘭須女子種之，女蘭之名，或因乎此。其葉似菊，女子、小兒喜佩之，則女蘭、孩菊之名，又或以此也。唐瑶《經驗方》言：'江南人家種之，夏月采置髮中，令頭不膩，故名省頭草。'其説正合煎澤之義。古人蘭蕙皆稱香草，如零陵香草、都梁香草。後人省之，通呼爲香草爾。近世但知蘭花，不知蘭草。惟虛谷方回考訂，極言古之蘭草即今之千金草，俗名孩兒菊者，其説可據。"清嚴西亭等《得配本草》卷二："蘭草，一名省頭草，一名孩兒菊，亦名香草。辛，平……蘭草、澤蘭，一類二種，俱生水旁下濕處。紫莖、素枝、赤節、綠葉，葉對節生，有細齒，但以莖圓節長，葉光有

省頭草
（清吴其濬《植物名實圖考》卷一〇）

歧者爲蘭草。莖微方，節短，葉有毛者爲澤蘭。嫩時並可采而佩之。”

按，蘭草古人識之甚早，別名、异稱自然較多，而稱蘭者又有多種，故將蘭草、澤蘭、山蘭、蘭花等常相混談。正如李時珍《本草綱目·草三·蘭草》〔正誤〕曰：“夫醫經爲實用，豈可誤哉？”故李時珍對古儒、醫家諸説予以考訂，以爲蘭草與澤蘭爲一類二種，生於水旁，山蘭即蘭草之山中者，蘭花則與三蘭迥别，自是另類。詳情見《本草綱目》〔正誤〕。依現代植物學分類看，蘭草與澤蘭形態特徵非常接近，主要區别在於本種葉卵形，邊緣有規則圓齒，基部圓形或截形；而澤蘭（*E. japonicum*）與蘭草同科同屬，葉爲橢圓形或矩圓形，邊緣有深淺或大小不等的鋸齒。基部楔形而漸狹。當然，由於分布區不同，又見有兩種之間的中間形，這或許也是造成混淆的原因之一。另，華澤蘭爲蘭草今之通用名，意爲中國澤蘭。栽培觀賞時宜植於溝、湖等水濕處。參見本卷“澤蘭”文。參閲侯寬昭《廣州植物志·菊科·蘭草》。

【蘭草】 [2]

即華澤蘭。此稱秦漢已行用。見該文。

【水香】 [3]

即華澤蘭。此稱秦漢已行用。見該文。

【蕑】

即華澤蘭。此稱魏晋已行用。見該文。

【都梁香】 [3]

即華澤蘭。此稱三國時已行用。始見於三國魏李當之《李氏本草》。見該文。

【大澤蘭】 [2]

即華澤蘭。此稱南北朝時已行用。見該文。

【煎澤草】 [2]

即華澤蘭。此稱南北朝時已行用。名見南朝梁陶弘景《名醫别録》。見該文。

【蘭澤草】

即華澤蘭。唐代已行用此稱。名見唐蘇敬等《唐本草》。見該文。

【香水蘭】 [2]

即華澤蘭。名見《開寶本草》。此稱宋代已行用。見該文。

【燕尾香】 [2]

即華澤蘭。此稱宋代已行用。名見宋劉翰等《開寶本草》。見該文。

【千金草】 [2]

即華澤蘭。此稱得名於元代方回之考訂，故元代始行用此稱。見該文。

【女蘭】 [2]

即華澤蘭。見明李時珍《本草綱目》。此稱明代已行用。見該文。

【香草】 [3]

即華澤蘭。見明李時珍《本草綱目》，此稱明代已見行用。見該文。

【省頭草】 [2]

即華澤蘭。事見明唐瑶《經驗方》。江南夏月采以置髮中，令頭不膩，故名。此稱多行用於明代。見該文。

【孩兒菊】 [3]

即華澤蘭。昔傳其葉似菊，女子、小兒喜佩之，故名。此稱明代已行用，并沿稱至今。見該文。

【班骨相思】

即華澤蘭。亦作“斑骨相思”。亦稱“土牛膝”“多鬚公”“六月霜”“白鬚公”“六月雪”“牛舌大黃""小羅傘""廣東土牛膝""大麻""飛機草""石辣""白花薑"。清何克諫《生草藥性備要》上卷："班骨相思，味甘，性平。治跌打傷，壯筋骨，補足脛，煲水洗亦可。一名土牛膝，又名多鬚公，又名六月雪。馬食者最良。"清趙其光《本草求原・山草部・班骨相思》："班骨相思，即六月霜、土牛膝、白鬚公、多鬚公。甘、平。壯筋骨，健腰膝，理跌打。馬食良。"江蘇新醫學院《中藥大辭典・廣東土牛膝》："廣東土牛膝，异名：班骨相思、土牛膝、多鬚公、六月霜（《生草藥性備要》），白鬚公（《本草求原》），牛舌大黃、小羅傘（《嶺南采藥錄》），六月雪（《陸川本草》）、大麻（《廣西中草藥》），飛機草、石辣、白花薑（《南方主要有毒植物》）。基原：爲菊科植物華澤蘭的根。"我國植物多以藥、果、花等爲名，故上述藥名亦指該種植物。

【班骨相思】

同"班骨相思"。此稱清代已行用。見該文。

【土牛膝】

即班骨相思。此稱清代已行用。見該文。

【多鬚公】

即班骨相思。此稱清代已行用。見該文。

【六月霜】

即班骨相思。此稱多行用於清代。見該文。

【白鬚公】

即班骨相思。此稱清代已行用。見該文。

【牛舌大黃】[1]

即班骨相思。名見蕭步丹《嶺南采藥錄》。此稱清代已行用。見該文。

【小羅傘】

即班骨相思。名見蕭步丹《嶺南采藥錄》。此稱清代已行用。見該文。

【六月雪】

即班骨相思。名見《陸川本草》，此稱多行用於廣西陸川等地。見該文。

【廣東土牛膝】

"班骨相思"今之通稱。見該文。

【大麻】[1]

即班骨相思，今廣西各地多行用此稱。見該文。

【飛機草】

"班骨相思"之別稱。見該文。

【石辣】

"班骨相思"之別稱。見該文。

【白花薑】

"班骨相思"之別稱。見該文。

商陸

花名。商陸科，商陸屬，商陸（*Phytolacca acinosa* Roxb.）。多年生草本。地下塊根肥厚，似圓錐體。莖粗大，直立，高1米餘，圓柱形，分枝，綠色。葉闊大，卵形，互生，質柔嫩，全緣，形似烟葉。夏日開花，總狀花序頂生或側生，花無瓣，有萼片五枚，花白色或淡紅色。漿果扁球形，成熟時紫紅色，果序直立。宜於庭院栽培，或片植於山坡隙地以供觀賞。根入藥，全草可製取農藥。主要分布於我國南方諸省，多見於山坡林緣及屋角。

先秦文獻中對此已有記載，時稱"蒐陸"。秦漢稱"蕩薚""馬尾"。"蕩薚"之得名，因"此物能逐蕩水氣，故曰蕩薚（薚）"（參見明李時珍《本草綱目・草六・商陸》〔釋名〕）。漢代始稱"商陸"，亦稱"蕩根""夜呼""蕩"。漢魏時"蕩"亦作"薚"。三國時稱"常蓼"，"商陸”亦作“蔏陸”。“常蓼”之名，緣自“‘商’與‘常’、‘蓼’與‘陸’古字音又同也”（參見清郝懿行《爾雅義疏》下之一）。“蔏陸”之名，緣自“‘薚’與‘蔏’，‘蓫’與‘陸’聲相近”（清王念孫《廣雅疏證》卷一〇上）。晋代稱“當陸”。《易·夬》：“莧陸夬夬，中行，無咎。”孔穎達正義：“馬融、鄭玄、王肅皆云：莧陸一名商陸。”《爾雅·釋草》：“蓫薚，馬尾。”晋郭璞注：“《廣雅》曰：‘馬尾，蔏陸。’《本草》云：别名薚。今關西亦呼爲薚，江東呼爲當陸。”《神農本草經·下品·商陸》：“商陸……一名募根，一名夜呼。生川谷。”《説文·艸部》：“募，草。枝枝相值，葉葉相當。”段玉裁注：“陶隱居曰：其花名募。是則絫呼曰蓫募，單呼曰募。或謂其花募，或謂其莖葉募也 。”《廣雅·釋草》：“常蓼、馬尾，蔏陸也。”南北朝稱“蔁柳”“藰”“章陸”，“蓫薚”亦作“蓫募”。“蔁柳”之名，緣自“蔁”與“蔏”，“柳”與“陸”音相近（參見清郝懿行《爾雅義疏》下之一）。《玉篇·艸部》：“蔁，蔁柳，當陸别名。”又：“藰，章陸。”又：“募，蓫募、馬尾，蔏陸也。”宋代稱“章柳根”。宋蘇頌《圖經本草·草部下品·商陸》：“商陸，俗名章柳根，生咸陽山谷，今處處有之，多生於人家園圃中。春生苗，高三四尺；葉青，如牛舌而長；莖青赤，至柔脆；夏秋開紅紫花作朵，根如蘆菔而長。八月、九月内采根暴乾……有赤白二種：花赤者根赤，花白者根白。赤者不入藥，服食用白者。”明代稱“當庭陸”“白昌”，“蔁柳”亦作“章柳”。明王象晋《群芳譜·卉譜·商陸》：“一名當陸，一名白昌，一名夜呼，一名章柳，一名馬尾。所在有之，人家園圃亦種爲蔬。”時“蔁陸”亦作“章陸”。明朱橚《救荒本草》卷三：“〔章柳根〕一名章陸……苗高三四尺，莖麄似雞冠花，莖微有綫楞，色微紫赤，葉青如牛舌，微闊而長。根如人形者有神。”明李時珍《本草綱目·草六·商陸》〔釋名〕：“〔商陸〕又訛爲當陸，北音訛爲章柳。或云：枝枝相值，葉葉相當，故曰當陸。或云：多當陸路而生也。”清代俗稱“王母柳”。清郝懿行《爾雅義疏》下之一：“今按此草（蓫薚）俗名王母柳。其形狀悉如《圖經》所説，但今所見皆赤華，無白華者耳。”

按，北魏賈思勰引三國吴陸璣《義疏》謂藡、荻之本根爲蓫薚、馬尾，殆誤。清郝懿行、王念孫均加駁斥。北魏賈思勰《齊民要術·五穀果蓏菜茹非中國物産者·烏蓲》：“《義疏》云：‘藡，或謂之荻；至秋堅成即刈，謂之‘萑’。三月生。初生其心挺出，其下本大如箸，上鋭而細，有黄黑勃，著之污人手。把取正白，啖之甜脆。一名蓫薚，揚州謂之馬尾……幽州謂之旨苹。”《爾雅義疏》下之一：“《齊民要術》引《詩義疏》以藡、荻根下白而甜脆者一名蓫薚，揚州謂之馬尾，幽州謂之旨苹，誤矣。”清王念孫《廣雅疏證》卷一〇上：“案藡荻萑不與蓫薚、馬尾同物，乃以所見之馬尾與藡謂之荻，堅成謂之萑者，合爲一類，誤矣。”又“莧陸”理解有别説。或以爲“莧”爲“莧

章柳根
（明徐光啓《農政全書》卷五一）

菜”，“陸”爲“商陸”。又《廣雅疏證》卷一○上：“宋衷云：莧，莧菜也；陸，商陸也。”或以爲“莧陸”爲草之柔脆者。《易·夬》孔穎達正義：“莧陸，草之柔脆者。子夏傳云：莧陸，木根草莖，剛下柔上也。”今從馬、鄭之説，以莧陸爲商陸。又，宋鄭樵以商陸、菖、蒿蕫、薑茅等爲一物，明毛晉以《詩》“言采其蓫”之“蓫”爲商陸，前人已加駁正。清吳其濬《植物名實圖考·毒草類·商陸》：“此草非難識者，《通志》乃並菖及蒿蕫、薑茅而爲一物。菖即旋花，蒿蕫，藜類，薑茅，菖華之赤者，以意併合，乃至雜糅。毛晉以蓫薚之名謂即《詩》‘言采其蓫’，前人亦無及者。蓫爲羊蹄。”又，商陸之別名“夜呼”，其得名由來，吳書亦言及，謂：“夜呼之名，殆假託鬼神之隱語。毛晉據《荊楚歲時記》三月三日杜鵑初鳴，盡夜口赤，上天乞恩，至章陸子熟乃止。以爲章陸子未熟以前，爲杜鵑鳴之候，故稱夜呼，亦務爲博奥。”

【莧陸】

“商陸”之別名。此稱先秦已行用。見該文。

【蓫薚】

“商陸”之別名。此稱秦漢已行用。以其能逐蕩水氣，故名。見該文。

【蓫募】

同“蓫薚”，即商陸。此體南北朝已行用。見該文。

【馬尾】

“商陸”之別名。此稱秦漢已行用。見該文。

【募根】

“商陸”之別名。此稱漢代已行用。見該文。

【夜呼】

“商陸”之別名。此稱漢代已行用。見該文。

【薚】

“蓫薚”之省稱，即商陸。此稱漢代已行用。見該文。

【募】

“蓫薚”之省稱，即商陸。募，同“薚”。（參見《説文·艸部》“募”段玉裁注）。此稱漢代已行用。見該文。

【常蓼】

即商陸。音轉而成。此稱三國時已行用。見該文。

【蒿陸】

同“商陸”。此體三國時已行用。見該文。

【當陸】

“商陸”之別名。此稱晋代已行用。或説，此爲“商陸”之訛；又云，枝枝相值，葉葉相當，故名；又説，多當路而生，故名。見該文。

【葦柳】

“商陸”之別名。此稱南北朝已行用。見該文。

【章柳】

同“葦柳”，即商陸。此體明代已行用。見該文。

【薊】

“商陸”之別名。此稱南北朝已行用。見該文。

【葦陸】

“商陸”之別名。此稱南北朝已行用。二名古音相近。見該文。

【章陸】

同“葦陸”，即商陸。此體明代已行用。見

該文。

【章柳根】

　　"商陸"之別名。此稱宋代已行用。見該文。

【當庭陸】

　　"商陸"之別名。此稱明代已行用。見該文。

【白昌】

　　"商陸"之別名。此稱明代已行用。見該文。

【王母柳】

　　"商陸"之別名。此稱清代已行用。見該文。

【香母豆】

　　"商陸"之別名。此稱清代已行用。清吳其濬《植物名實圖考·毒草類·商陸》:"今處處有之,有紅花、白花兩種,結實大如豆而扁有棱,生紅熟黑。江南卑濕,易患水腫,俚醫多種之,以爲療水貼腫要藥。其數十年者,根圍尺餘,長三四尺,堅如木……商陸初生,莖肥嫩,葉攢密,秋開花結實,粒小。宿根莖硬,葉稀,春花夏實,秋時已枯。江西上高謂之香母豆,云婦人食之宜子,蓋難憑信。"

細辛

　　花名。馬兜鈴科,細辛屬,細辛(*Asarum sieboldii* Miq.)。多年生宿根草本。根狀莖密布,細長,芳香且辛辣。臨近地面莖基先端生葉一至二片,葉片腎狀心形,緣有粗糙刺毛,兩面疏生短茸毛。花單生葉腋,貼近地面,紫色,鐘形。蒴果,肉質,近球形。宜盆栽作室内觀葉植物。根莖入藥。主要分布於我國西北、華中、華東地區,多見於林下陰濕處。

　　文獻記載始見於先秦,時稱"少辛""小辛"。《山海經·中山經》:"〔浮戲之山〕其東有谷,因名曰蛇谷,上多少辛。"郭璞注:"細辛也。"《管子·地員》:"其山之淺……群藥安生,薑與桔梗,小辛大蒙。"漢代始稱"細辛"。以其根細味辛,故名。《神農本草經·上品·細辛》:"細辛……一名小辛。生山谷。"三國時稱"細草""細條"。三國魏吳普《吳氏本草》:"細辛一名細草……如葵葉,色赤黑,一根一葉相連。"《廣雅·釋草》:"細條、少辛,細辛也。"晋張華《博物志·物類》:"魏文帝所記諸物相似亂真者……杜衡亂細辛。"南朝梁陶弘景《本草經集注·草木上品·細辛》:"今用東陽臨海者,形段乃好,而辛烈不及華陰高麗者。"宋蘇頌《圖經本草·草部上品·細辛》:"細辛,生華山山谷,今處處有之,然它處所出者,不及華州者真。其根細,而其味極辛,故名之曰細辛。二月、八月采根,陰乾用。今人多以杜蘅當之……用時須細辨耳。杜蘅春初於宿根上生苗,葉似馬蹄形狀,高三二寸;莖如麥藁粗細,每窠上有五七葉或八九葉,別無枝蔓;又於葉莖間鱗内蘆頭上,貼地生紫花,其花似見不見;暗結實如豆大,窠内有碎子,似天仙子。苗葉俱青,經霜即枯。其根成窠,有似飯帚密鬧,細長四五寸,微黄白色,味辛。江淮俗呼爲馬蹄香,今人多誤用,故此詳述之。"宋沈括於細辛、杜衡之別亦加辨證。《夢溪筆談·藥議》:"東方、南方所用細辛皆杜衡也,又謂之馬蹄香也。黄白拳局而脆,乾則作團,非細辛也。細辛出華山,極細而直,深紫

細　辛
(清吳其濬《植物名實圖考》卷七)

色，味極辛，嚼之習習如椒，其辛更甚於椒。故《本草》云：細辛水漬令直，是以杜衡僞爲之也。襄漢間又有一種細辛，極細而直，色黃白，乃是鬼督郵，亦非細辛也。"明李時珍《本草綱目·草二·細辛》〔集解〕："大抵能亂細辛者，不止杜衡，皆當以根苗色味細辨之。葉似小葵，柔莖細根，直而色紫，味極辛者，細辛也；葉似馬蹄，莖微粗，根曲而黃白色，味亦辛者，杜衡也；一莖直上，莖端生葉如繖，根似細辛，微粗直而黃白色，味辛微苦者，鬼督郵也；似鬼督郵而色黑者，及已也；葉似小桑，根似細辛，微粗長而黃色，味辛而有臊氣者，徐長卿也；葉似柳而根似細辛，粗長，黃白色而味苦者，白微也；似白微而白直味甘者，白前也。"清代稱"細辛花"。清陳淏子《花鏡》卷五："細辛花，出華山者良。一葉五瓣三開，花紅，狀似牽牛。根可入藥。"清吳其濬《植物名實圖考·山草類·細辛》："江西俚醫以葉大而圓者爲杜蘅，葉尖長者爲細辛。"徐珂《清稗類鈔·植物類》："細辛，爲多年生草，所在有之。葉闊而尖，甚狹，有長葉柄直生於根莖。花三瓣，色紫黑。根入藥。"參閱清汪灝等《廣群芳譜·藥譜二·細辛》。

【少辛】

"細辛"之別名。此稱先秦已行用。少，亦細小。根細小而味辛，因名。見該文。

【小辛】

"細辛"之別名。此稱先秦已行用。見該文。

【細草】

"細辛"之別名。此稱三國時已行用。見該文。

【細條】

"細辛"之別名。此稱三國時已行用。見該文。

【細辛花】

"細辛"之別名。此稱清代已行用。見該文。

蜀葵

花名。錦葵科，蜀葵屬，蜀葵〔*Althaea rosea*（L.）Cav.〕。多年生草本。常作二年生栽培。莖直立，少分枝，高3米餘，全株被柔毛。葉互生，具長柄，葉片近圓形，葉基心臟狀，緣具五至七淺裂。花腋生，夏秋開放，有單瓣、複瓣二種：單瓣者花瓣五枚，複瓣者除外輪花瓣爲平瓣者外，其餘內部者多爲皺瓣；花色有紅、白、紫、粉、黃諸種。以其植物挺拔，花繁葉闊，色澤豐富，宜於園林中作花境、花壇之背景材料，或作建築物周邊之綠化美化材料。根入藥，莖纖維質可作工業原料。原產我國，今各地園林庭院多有種植。據傳其種來自蜀地，故名。

文獻記載始見於夏代，時稱"吳葵"。《夏小正》："四月小滿後五日，吳葵華。"秦漢稱"菺""戎葵"，晋代始稱"蜀葵"。《爾雅·釋草》："菺，戎葵。"晋郭璞注："今蜀葵也。似葵，華如木槿華。"《太平御覽》卷九九四引晋傅玄《蜀葵賦序》："蜀葵，其苗如瓜瓞，嘗種之一，一名引苗而生華，經二年春乃

蜀 葵
（清吳其濬《植物名實圖考》卷三）

發。”時“戎葵”亦作“茇葵”。晋崔豹《古今注·草木》："荆葵一名茇葵，一名芘芣，華似木槿而光色奪目，有紅有紫有青有白有黄，莖葉不殊，但花色有異耳。一曰蜀葵。"（按，崔氏誤將蜀葵、戎葵與荆葵、芘芣混爲一談，後世《嘉祐本草》承其誤説。）南朝梁任昉《述異記》卷下："茇葵本胡中葵，似葵而大者。"後世（清代）"胡葵"之稱，蓋本此。南北朝稱"吴葵華"，出南朝梁陶弘景《本草經集注·果菜米穀有名無實》。宋代稱"戎葵花"。宋謝翺《種葵葡萄下》詩："戎葵花種葡萄下，年年葉長見花謝。"宋蘇頌《圖經本草·菜部·冬葵子》："凡葵有數種，有蜀葵，《爾雅》所謂'菺，戎葵'者是也……戎蜀蓋其所自出，因以名之。"宋楊萬里《蜀葵》詩："紅白青黄弄淺深，旌分幢列自成陰。"明王世懋《學圃雜疏·花疏》："蜀葵，五色千葉者佳，性亦能變，黑者如墨，藍者如靛，大都罌粟類也。"明李時珍《本草綱目·草五·蜀葵》〔集解〕："蜀葵，處處人家植之。春初種子，冬月宿根亦自生苗。嫩時亦可茹食，葉似葵菜而大，亦似絲瓜，葉有歧叉。過小滿後長莖，高五六尺，花似木槿而大……惟紅白二色入藥。其實大如指頭，皮薄而扁，内仁如馬兜鈴仁及蕪荑仁，輕虛易種。其稭剥皮可緝布作繩。"明文震亨《長物志·花木·葵花》："一曰戎葵，奇態百出，宜種曠處。"清高士奇《北墅抱甕録·戎葵》："余前居苑西時植之最多。自四月至十月，花開不斷。今園居地大，尤得栽蒔。葵愛日而不喜肥，但以清水灌之，一莖百藥，灼灼照人。諸色間雜，尤極絢爛。"清代稱"胡葵""大紅華""秫稭華""秫齊華"。清郝懿行《爾雅義疏》下之一：

"蜀葵似葵而高大，戎、蜀皆大之名，非自戎蜀來也。或名吴葵、胡葵，胡、吴亦皆謂大也。今蜀葵葉如葵而大，莖高丈許，江南呼爲丈紅華，京師呼秫稭華，登萊又呼秫齊華，竝蜀葵之聲相轉耳。"清吴其濬《植物名實圖考·蔬類·蜀葵》："陳標《咏蜀葵》詩云：'能共牡丹爭幾許，得人輕處祇緣多。'流傳以爲絶妙好詞矣……記兒時在京華，廚人摘花之白者，劑以麵，油灼食之甚美。"今俗稱"熟其花""蜀季花""端午錦"，栽培幾遍全球，園林籬落習見之。

按，明王象晋《群芳譜》謂蜀葵"一名露葵""一名滑菜"殆誤。露葵、滑菜皆冬葵菜之别名，故李時珍《本草綱目·草五》别立"葵"目（即冬葵），以露葵、滑菜爲其异名。今時植物學冬葵亦爲錦葵科，然學名 *Malva verticillata*，與蜀葵别。參見本類"錦葵"文。又《爾雅翼·釋草》謂"今謂葵非一種"，"惟黄者特異，葉大而衢深，有如龍爪，黄花紫心，六瓣而側，今人亦謂之側金盞"。清郝懿行已指出其誤。《爾雅義疏》下之一："《爾雅翼》引《古今注》云：'戎葵似木槿，而光色奪目，有紅有紫有青有白有黄，莖葉不殊，但花色異耳。'按此説蜀葵是，而言黄則非，黄者名黄蜀葵，葉如龍爪，雖冒葵名，實非葵類。崔豹、羅願竝以此爲蜀葵，誤矣。"今植物學黄蜀葵爲錦葵科、秋葵屬，學名 *Abelmoschus manihot*，與蜀葵有别。徐珂《清稗類鈔·植物類》"黄蜀葵"條下叙述其特徵，又舉楊蘭坡《咏蜀葵》詩，似亦將蜀葵、黄蜀葵等同爲一。

【吴葵】

"蜀葵"之别名。此稱見於先秦。吴，大

也。葉似葵而莖高大，故名。見該文。

【菺】

"蜀葵"之別名。此稱秦漢已行用。見該文。

【戎葵】

"蜀葵"之別名。此稱秦漢已行用。據傳其種來自戎地，故名。一說，戎，大也。葉似葵而莖高大，故名。見該文。

【莪葵】

同"戎葵"，即蜀葵。此體晋代已行用。見該文。

【吳葵華】

"蜀葵"之別名。此稱南北朝已行用。見該文。

【戎葵花】

"蜀葵"之別名。此稱宋代已行用。見該文。

【胡葵】

"蜀葵"之別名。此稱清代已行用。胡，大也。葉似葵而莖高大，故名。見該文。

【大紅華】

"蜀花"之別名。此稱清代已行用。見該文。

【秫稭花】

"蜀葵"之別名。此稱清代已行用。秫稭，或謂"蜀葵"之聲轉。見該文。

【秫齊花】

"蜀葵"之別名。此稱清代已行用。秫齊，"蜀葵"之聲轉。見該文。

【蜀葵花】

即蜀葵。此稱南北朝已行用。南朝梁王筠《蜀葵花賦》："惟茲奇草，遷花西道……疏莖密葉，翠萼丹華。"唐代稱"一丈紅"。唐李德裕《平泉草木記》："浙中人種葵，俗名一丈紅，有五色。"唐岑參《蜀葵花歌》："昨日一花開，

今日一花開……請君有錢向酒家，君不見蜀葵花！"清汪灝等《廣群芳譜·花譜二十五·蜀葵》引《西墅雜記》："成化甲午，倭人入貢，見欄前蜀葵花，不識，因問之，題詩云：'花如木槿花相似，葉比芙蓉葉一般。五尺欄杆遮不盡，尚留一半與人看。'"

【一丈紅】

"蜀葵"之別名。此稱唐代已行用。以其莖高可丈，紅花遍綴，故名。見該文。

【檽穀】

"蜀葵"之別名。此稱宋代已行用。《廣韻·上馬》："檽，檽穀，南人食之。或云茮葵。"一本字作"檽"。《集韻·上馬》："檽，穀名，可食；一曰茮葵。"

【衛足】[2]

"蜀葵"之別名。此稱明代已行用。以其傾葉向日以衛其根足，故名。明王象晋《群芳譜·花譜·葵》："能自衛其足，又名衛足。葉微大。花如木槿而大，肥地勤灌，可變至五六十種；色有深紅、淺紅、紫、白、墨紫、深淺桃紅、茄紫、藍數色，形有千瓣、五心、重臺、重葉、單葉、剪絨、鋸口、細瓣、圓瓣、重瓣數種。昔人謂其疏莖密葉，翠萼豔花，金粉檀心，可謂善狀此花已。五月繁華莫過於此，庭中籬下無所不宜。莖有紫白二種，白者爲勝。"清代稱"衛足葵"。清陳淏子《花鏡》卷五："一名戎葵，一名衛足葵。言其傾葉向日，不令照其根也。來自西蜀，今皆有之。葉似桐，大而尖。花似木槿而大，從根至頂，次第開出，單瓣者多，若千葉、五心、重臺、剪絨、鋸口者，雖有而難得。若栽於向陽肥地，不時澆灌，則花生奇態，而色有大紅、粉紅、深紫、淺紫、

純白、墨色之異。好事者多雜種於園林，開如繡錦奪目。八月下種，十月移栽，宿根亦發。嫩苗可食。當年下子者無花。其根漚水中一二日，取皮作線，可以爲布。枯梗燒作灰，藏火，耐久不滅。”

【衛足葵】

“蜀葵”之別名。此稱清代已行用。見該文。

【白蜀葵】

“蜀葵”之開白花者。此稱唐代已行用。唐武元衡《宜陽所居白蜀葵答詠柬諸公》詩：“紅豔世方重，素華徒可憐。”

【白葵花】

即白蜀葵，“蜀葵”之開白花者。此稱明代已行用。明高啓《白葵花》詩：“素彩發庭陰，涼滋玉露深。”

【翦稜蜀葵】

“蜀葵”之一種。此稱明代已行用。清汪灝等《廣群芳譜·花譜二十五·蜀葵》引明周叙《洛陽花木記》：“洛陽有翦稜蜀葵、九心蜀葵。”民國許衍灼《春暉堂花卉圖説·彙考六·蜀葵》引作“剪稜蜀葵”。

【九心蜀葵】

“蜀葵”之一種。此稱明代已行用。見該文。

澤瀉

花名。澤瀉科，澤瀉屬，澤瀉〔*Alisma orientale*（Sam.）Juzepcz〕。多年生水生或沼生草本。地下具球形塊莖，褐色，密布細鬚。葉基生，具長柄，卵狀橢圓形，全緣。夏季花軸自葉叢抽起，開小白花，傘形排列，兩性，内輪被片花瓣狀，外輪被片萼片狀；總花軸多五至七枚輪生，逐層集成大型輪枝圓錐花序。瘦果扁平，頂端具宿存花柱，背面帶淺溝。株形美觀，宜配置於園林水中澤畔。根莖藥用。嫩葉可食。分布幾遍全國，多見於淺水及沼澤低濕地。以其能宜通人體水道，消水，如澤之瀉，故名。

原産我國。文獻記載始見於先秦。時稱“藚”，秦漢稱“牛脣”“蕍”“蕮”，漢代始稱“澤瀉”，稱“水瀉”“芒芋”“鵠瀉”，“水瀉”亦作“水舄”“水蕮”。《詩·魏風·汾沮洳》：“彼汾一曲，言采其藚。”毛傳：“藚，水舄也。”《爾雅·釋草》：“藚，牛脣。”郭璞注：《毛詩》傳曰：水舄也。如續斷，寸寸有節，拔之可復。”郝懿行義疏：“藚即澤瀉，與上‘蕍，蕮’同。’又“蕍，蕮。”郭璞注：“今澤蕮。”郝懿行義疏：“即澤瀉也。”《神農本草經·上品·澤瀉》：“澤瀉……久服耳目聰明，不飢，延年輕身，面生光，能行水上。一名水瀉，一名芒芋，一名鵠瀉，生池澤。”《説文·艸部》：“藚，水舄也。”三國時“澤瀉”亦作“澤蕮”“澤舄”。三國吳陸璣《毛詩草木鳥獸蟲魚疏》：“藚，今澤蕮也。其葉如車前草大，其味亦相似，徐州廣陵人食之。”清孫星衍校注《神農本草經》引作“澤舄”。南北朝稱“及瀉”。南朝梁陶弘景《名醫別録·草木上品·澤瀉》：“〔澤瀉〕一名及瀉。”又《本草經集注·草木上品·澤瀉》：“今近道亦有，不堪用，惟用漢中南鄭、青州、代州者。形大

澤 瀉
（明鮑山《野菜博録》卷二）

而長，尾間必有兩歧爲好。此物易朽蠹，常須密藏之。叢生淺水中葉狹而長。”宋蘇頌《圖經本草·草部上品·澤瀉》：“生汝南池澤，今山東河陝江淮亦有之，以漢中者爲佳。春生苗，多在淺水中。葉似牛舌草，獨莖而長。秋時開白花，作叢，似穀精草。五月、六月、八月采根，陰乾。今人秋末采，暴乾用。”明代稱“禹孫”。明李時珍《本草綱目·草八·澤瀉》：“禹孫。時珍曰：去水曰瀉，如澤水之瀉也。禹能治水，故曰禹孫。”清代稱“河芋頭”。清郝懿行《爾雅義疏》下之一：“按此即今河芋頭也。華葉悉如《圖經》所説，根似芋子，故《本草》有芒芋之名。”

【藚】

　　“澤瀉”之別名。此稱先秦已行用。見該文。

【牛唇】

　　“澤瀉”之別名。此稱秦漢已行用。見該文。

【蕍】

　　“澤瀉”之別名。此稱秦漢已行用。見該文。

【蕮】

　　“澤瀉”之別名。此稱秦漢已行用。見該文。

【水瀉】

　　“澤瀉”之別名。此稱漢代已行用。以其有消除體内積水之功，故名。見該文。

【芒芋】

　　“澤瀉”之別名。此稱漢代已行用。以其塊根似多毛芋頭，故名。見該文。

【鵠瀉】

　　“澤瀉”之別名。此稱漢代已行用。見該文。

【水舄】

　　“澤瀉”之別名。此稱漢代已行用。見該文。

【水蕮】

　　同“水舄”，即澤瀉。此體漢代已行用。見該文。

【澤舄】

　　“澤瀉”之別名。此稱三國時已行用。見該文。

【澤蕮】

　　同“澤舄”“澤瀉”。此體三國時已行用。見該文。

【及瀉】

　　“澤瀉”之別名。此稱南北朝已行用。見該文。

【禹孫】

　　“澤瀉”之別名。此稱明代已行用。以其具消除體内瘀水之功，似禹之孫，故名。見該文。

【河芋頭】

　　“澤瀉”之俗稱。此稱清代已行用。見該文。

【水蓍菜】

　　“澤瀉”之別名。此稱明代已行用。明朱橚《救荒本草·草部·澤瀉》：“澤瀉，俗名水蓍菜……葉紋脉豎直，葉叢中間攛葶，對分莖叉；莖有綫楞，梢間開三瓣小白花，結實小青細子……救飢：採嫩葉煠熟，水浸淘凈，油鹽調食。”清吳其濬《植物名實圖考·水草類·澤瀉》：“澤瀉，《本經》上品。《救荒本草》謂之水蓍菜，葉可煠食。”按，北魏賈思勰《齊民要術》卷一〇載有一種“生水中，大葉”之“蓍菜”，未知是此否。見該文。

【野慈姑】

　　“澤瀉”之俗稱。此稱清代已行用。因葉似慈姑，故名。時閩人稱爲“如意菜”。徐珂《清稗類鈔·植物類》：“澤瀉，爲多年生草，俗稱野慈姑，葉似慈姑而小。初夏莖端結蕊，淡碧色，形似如意。此時苗嫩可食，閩人謂爲如意菜。花白色，地下球莖可供藥用。"

【如意菜】

"澤瀉"之方言稱名。此稱清代已行用。因莖端結蕊時形似如意，故名。見該文。

八角蓮

花名。小檗科，鬼臼屬，八角蓮〔*Dysosma versipellis*（Hance）M. Cheng ex Ying〕。多年生草本。根莖橫卧，具粗壯鬚根。肉質莖，直立，高 20 ~ 40 厘米。莖生葉一片，偶有二片於近莖頂處相接而生，葉柄長約 14 厘米，盾狀圓形，直徑約 20 ~ 30 厘米，四至九淺裂，裂片廣三角形，葉緣具細齒。傘形花序，先於莖頂與葉交叉處，花五至八朵簇生，花瓣六片，暗紅色。漿果，圓形，成熟時黑色。五至六月開花。九至十月果期。八角蓮喜陰耐濕，花、葉皆美，具較高的觀賞價值，可植於庭園假山、石隙、林蔭下以爲點綴。亦可盆栽玩賞。全草可入藥。分布於我國長江流域各省。常見於闊葉林與竹林陰濕處。此稱明清已行用。時人以爲此草可以服蛇，醫一切毒蛇咬傷。明徐應秋《玉芝堂談薈》卷三五："《湖廣通志》：綏寧有草名八角蓮，可以服蛇，諺云：'識得八角蓮，可與蛇共眠。'"清趙學敏《本草綱目拾遺·草部·八角蓮》："《涌幢小品》：〔八角蓮〕綏寧產之，可以伏蛇。諺云：'識得八角蓮，可與蛇共眠。'治一切毒蛇傷。"本屬中尚有六角蓮（*D. pleiantha*）、川八角蓮（*D. veitchii*）等均有一定觀賞價值。今稱"金魁蓮""旱八角""葉下花""獨脚蓮""山荷葉"。

【金魁蓮】

即八角蓮。名見《分類草藥性》。此稱清代已行用，沿稱於今世。見該文。

【旱八角】

即八角蓮。貴州各地多行用此稱。見該文。

【葉下花】

即八角蓮。此花着生於葉下，故名。今貴州各地多行用此稱。見該文。

【獨脚蓮】[1]

即八角蓮。此花每莖獨生一葉（偶生二葉），其葉如蓮，故名。今江西各地多行用此稱。見該文。

【山荷葉】[1]

即八角蓮。此花獨莖生一葉，其狀如荷，又生山地，故名。今浙江各地多行用此稱。見該文。

水晶花

花名。金粟蘭科，金粟蘭屬，絲穗金粟蘭〔*Chloranthus fortunei*（A. Gray）Solms〕之別名。多年生草本。高 20 ~ 30 厘米。莖節明顯，節上生鱗片狀小葉。單葉對生，常兩對着生莖端，近紙質；葉片廣卵形或橢圓形，長 4 ~ 12 厘米，先端漸尖或鈍，基部廣楔形，葉緣具糙齒，齒尖有一腺體。花序單一，穗狀，花兩性，無花被，雄蕊三枚，絲狀，基部合成一體，乳白色。全草可入藥。亦可馴化用於觀

水晶花
（清吳其濬《植物名實圖考》卷九）

賞。主要分布於我國山東、浙江、江蘇、安徽、江西、湖北、四川、廣西、廣東、福建等省區。多見於山坡及林下陰濕地。此稱清代已行用。清吳其濬《植物名實圖考·山草類·水晶花》："水晶花，衡山生者葉似繡毯花葉而小，紫莖有節，花如銀絲，作穗長寸許，夏至後即枯。"水晶花雖無花被，但其雄蕊乳白，狀如銀絲，可植於石旁、樹下陰濕之處，以添韵味，今通稱"絲穗金粟蘭"。又稱"四塊瓦""土細辛""四對葉""銀綫草"。參閱江蘇新醫院《中藥大辭典·水晶花》文。

【絲穗金粟蘭】

"水晶花"今之通用名。

【四塊瓦】

即水晶花。其葉片常兩對簇生枝端，狀如四塊瓦。故名。此稱多行用於廣西各地。見該文。

【土細辛】[1]

即水晶花。此稱亦多行用於廣西各地。見該文。

【四對葉】

即水晶花。枝端常對生四葉，故名。今浙江各地多行用此稱。見該文。

【銀綫草】

即水晶花。其花雄蕊乳白，狀如銀綫，故名。浙江各地多行用此稱。見該文。

丹參

花名。唇形科，鼠尾草屬，丹參（*Salvia miltiorrhiza* Bunge）。多年生草本。高 30～80 厘米，全株密被黃白色柔毛及腺毛。根紅色，肥厚如參，故名。奇數羽狀複葉對生，具柄；小葉三至五枚，罕七枚，頂端小葉最大，柄亦最長；小葉卵形或廣卵形，葉緣具齒。總狀花序，頂生或腋生，密被腺毛及長柔毛；花唇形，藍紫色。小堅果，橢圓形，黑色。花期五至七月。根可入藥。亦可供觀賞。我國大部分地區有分布。各地亦有栽培。

此稱秦漢已行用。亦稱"郤蟬草""赤參""木羊乳"。省稱"郤蟬"。《神農本草經·上品·丹參》："丹參，味苦，微寒。主心腹邪氣，腸鳴幽幽如走水，寒熱積聚。破癥除瘕，止煩滿，益氣。一名郤蟬草。山川谷。"孫星衍等注引三國魏吳普《吳普本草》："丹參，一名赤參，一名木羊乳，一名郤蟬草。"又引《廣雅》曰："郤蟬，丹參也。"南北朝稱"逐馬"。唐宋時稱"奔馬草"。《通志·草類》："丹參，葉如薄荷，花如蘇。曰郤蟬草，曰赤參，曰木羊乳，曰山苓（《本草》作參），曰奔馬。俗謂之逐馬，言驅風之馳也。"宋唐慎微《證類本草·草部上品·丹參》："丹參，味苦，微寒，無毒。主心腹邪氣，腸鳴幽幽如走水，寒熱積聚，破癥除瘕，止煩滿，益氣養血，去心腹痼疾結氣，腰脊強脚痹，除風邪留熱。久服利人。一名郤蟬草，一名赤參，一名木羊乳。生桐柏山川谷及太山。"明盧之頤《本草乘雅半偈·本經上品》："丹參，氣味苦，微寒，無毒。主心腹邪氣，腸鳴幽幽如走水……覈曰：丹參一名赤參、山參、逐馬、郤蟬草、奔馬草、木羊乳也。出陝西河東州郡及隨州，處處山中皆有。"

丹　參
（清吳其濬《植物名實圖考》卷七）

明李時珍《本草綱目・草一・丹參》："〔釋名〕赤參，山參（《日華》），郤蟬草，木草乳，逐馬，奔馬草。〔蕭〕炳曰：丹參治風軟脚，可逐奔馬，故名奔馬草，曾用，實有效。"清吳其濬《植物名實圖考・山草類・丹參》："丹參，《本經》上品，處處有之。春花，亦有秋花者；南方地暖，得氣早耳。"

丹參多作藥用，入心、肝經，具活血化瘀之功效，爲醫治心血管疾病的主要藥物。復方丹參片、丹參滴丸等均以丹參爲主製劑。用於觀賞是近年推廣之新發展。陳俊愉等《中國花經・丹參》："丹參花色淡雅，秀麗恬静，適作園林地被植物，也可作花徑、花境、林緣材料。"丹參以其花、藥兼備之功能，會有極大發展前景。今稱"紅根""紫薰參""山紅蘿蔔""活血根""紅參""野蘇子根""大紅袍""蜂糖罐"。

【郤蟬草】

即丹參。此稱秦漢已見行用。見該文。

【赤參】

即丹參。其根皮色赤，故名。此稱三國時已行用。見該文。

【木羊乳】

即丹參。此稱三國時已行用。見該文。

【郤蟬】

"郤蟬草"之省稱。即丹參。此稱三國時已行用。見該文。

【逐馬】

即丹參。此草爲藥可活脚風，可逐奔馬，故名。此稱南北朝已行用。見該文。

【奔馬草】

即丹參。此稱唐代已行用。見該文。

半邊蓮

花名。桔梗科，半邊蓮屬，半邊蓮（*Lobelia chinensis* Lour.）。多年生蔓性草本。高約 20 厘米。莖細長，直立或匍匐，綠色，無毛，多節，具白色乳汁。單葉互生，葉綠色，無柄，多爲披針形，少有長卵圓形，葉緣具疏齒。花單生於上部葉腋，具細長花柄；花萼綠色，上部五裂，下部筒狀；花冠淺紅色，長約 8～10 毫米，下部筒狀，一側開裂，如唇形，上部五裂，裂片倒披針形，白色或紅紫色，偏嚮一方，花冠喉部裂片連接處有綠色小突起物，花冠筒内壁密生茸毛。蒴果，基部尖銳。種子細小，橢圓形，微扁。花可供觀賞。全草可入藥，爲著名民間蛇藥。分布於我國長江中下游及以南各地區。其花唇形，僅半邊而如蓮狀，故名"半邊蓮"。

此稱明代已行用。亦稱"急解索"。明李時珍《本草綱目・草五・半邊蓮》："〔正誤〕時珍曰：半邊蓮，小草也。生陰濕塍塹邊。就地細梗引蔓，節節而生細葉。秋開小花，淡紅紫色，止有半邊，如蓮花狀，故名。又呼急解索。"《御定佩文韻府・一先韻》："〔半邊蓮〕《本草》：半邊蓮，小草也。秋開小花，淡紅紫色，止有半邊如蓮花狀，故名。"清何克諫《生草藥性備要》下卷："半邊蓮，味甜，性平。治蛇咬傷，敷瘡，消腫毒。梗似丁癸草樣，半邊紫紅花。俗云：識得

半邊蓮
（清吳其濬《植物名實圖考》卷一四）

半邊蓮，不怕共蛇眠。"清吳其濬《植物名實圖考·隰草類·半邊蓮》："半邊蓮，詳《本草綱目》。其花如馬蘭，只有半邊，俚醫亦用之。"清趙其光《本草求原·隰草部·半邊蓮》："半邊蓮，甘，平，淡。消腫散毒，治惡瘡、蛇傷。諺云：'識得半邊蓮，不怕共蛇眠。'白花者良。"各地都有出產，時人以爲肝眙出產者入藥最優良。《江南通志·食貨志》："〔泗州〕半旁蓮，肝眙出者良。"半邊蓮莖細枝柔，花小然形異，頗耐觀賞。園林綠化中可作地被，亦可點綴路邊、草坪及湖沼、溝溪岸畔。尚可用建花壇。今亦稱"蛇舌草""魚尾花""半邊菊""半邊花""小蓮花草""偏蓮""蛇啄草"

【急解索】

即半邊蓮。此稱明代已行用。見該文。

【半旁蓮】

即半邊蓮。此稱清代已行用。見該文。

【蛇舌草】

即半邊蓮。因能醫治蛇傷而得名。此稱多行用於福建各地。見該文。

【魚尾花】

即半邊蓮。名見《江西中藥》，此稱多行用於江西各地。見該文。

【半邊菊】

即半邊蓮。名見《廣西中藥志》，此稱多行用於廣西各地。見該文。

【半邊花】

即半邊蓮。其花開半邊，故名。名見《浙江民間草藥》，此稱多行用於浙江各地。見該文。

【小蓮花草】

即半邊蓮。名見《湖南藥物志》，湘鄂等地多行用此稱。見該文。

【偏蓮】

即半邊蓮，此稱多行用於江西各地。見該文。

【蛇啄草】

即半邊蓮。今上海市多行用此稱。見該文。

白雪花

花名。百花丹科，百花丹屬，百花丹（*Plumbago zeylanica* Linn.）之別名。多年生蔓生草本。亞灌木狀，高 2 ～ 3 米。莖細弱，基部木質，多分枝，光滑無毛，有棱槽，綠色。單葉互生，卵圓形至卵狀橢圓形，先端尖，全緣，基部闊楔形，漸狹而成短柄；葉柄基部擴大而抱莖。穗狀花序頂生或腋生；花冠高腳杯狀，白色而略渲染藍色。蒴果膜質。花期九至十月。花美，可供觀賞。全草可入藥。主要分布於我國廣東、海南、廣西、臺灣、福建、四川、雲南等地。

清代稱"白花丹""山坡苓""假茉莉""蛇總管"。清何克諫《生草藥性備要》上卷："白花丹，味苦，性寒，無毒。散瘡、消腫、袪風，治蛇咬。煮鱔魚頭，治疳疾痢癥。煲肉食，去眼膜，迎風下淚之癥能止。一名山坡苓，一名假茉莉，又名蛇總管。"該屬植物有六種，均產熱帶、亞熱帶地區，我國華南及西南地區分布三種。栽培觀賞者僅此一種。另，藍雪花（*P. auriculata*），原產非洲南部，世界各熱帶地區都有栽培，我國河北、江蘇、浙江、廣東等地亦有栽培。此外尚有紫雪花（*P. indica*）、小藍雪花（*P. micrantha*）亦可供栽培觀賞。白雪花色白淡雅，可植庭園或作盆栽，亦可扎成屏風支架，以增雅趣。

【白花丹】

即白雪花。此稱清代已行用。見該文。

【山坡苓】

即白雪花。此稱清代已行用。見該文。

【假茉莉】

即白雪花。其花色白如茉莉，故名。此稱清代已行用。見該文。

【蛇總管】

"白雪花"之俗稱。此草可治蛇咬傷，因得是名。此稱清代已行用。見該文。

地涌金蓮

花名。芭蕉科，地涌金蓮屬，地涌金蓮〔*Musella lasiocarpa*（Franch.）C. Y. Wu ex H.W.Li〕。多年生常綠草本。植株叢生，具水準生長之匍匐莖，地上部爲假莖，高約 1 米。葉大型，長橢圓形，狀類芭蕉而短小。花序蓮座狀，着生於假莖上；苞片兩列，有花二列，金黃色。漿果肉質，不開裂。地涌金蓮花色金黃，花形奇特，花期特長（可達二百餘天），是優良觀賞植物，常被植於花壇中心或山石之旁，亦可於窗前、墻隅列植觀玩。其花可入藥。分布於我國雲南等地。

此稱明清已行用。明蘭茂《滇南本草·地涌金蓮》："地涌金蓮，味苦澀、性寒。治婦人白帶，血崩日久，大腸出血。"清吳其濬《植物名實圖考·群芳類·地湧金蓮》："地湧金蓮生雲南山中。如芭蕉而葉短，中心突出一花，如蓮色黃，日坼一二瓣，瓣中有蕊，與甘露同。新苞抽長，舊瓣相仍，層層堆積，宛如雕刻佛座。……《滇本草》：味苦澀，性寒，治婦人白帶、久崩、大腸下血，亦可固脱。"雲南早有栽蒔觀賞之習。《雲南通志·物產·花屬》："牡丹，有紅黃紫香粉紅數種；茶花，奇甲天下，明晉安謝肇淛謂其品七十有二，豫章鄧渼紀其十德，爲詩百咏，趙璧作譜近百種，以深紅軟枝分心卷瓣者爲上……地涌金蓮，開花者勝。"按，清陳淏子《花鏡》亦有"地湧金蓮"，賈祖璋等《中國植物圖鑒》以爲是天南星科臭松屬植物 *Symplocarpus foetidus*，伊欽恒校注《花鏡》亦從其說，其實非同種植物。

地涌金蓮
（清吳其濬《植物名實圖考》卷二九）

秋海棠

花名。秋海棠科，秋海棠屬，秋海棠（*Begonia grandis* Dry.）。多年生草本。地下具塊莖。莖直立，光滑，高約 60 厘米。單葉互生，斜卵形，先端尖，邊緣具細齒，上面生細刺毛，背面及葉帶紫紅色；葉腋間生小珠芽，落地後可生成新株。聚傘花序，腋生；花大，花淡紅色。蒴果，具不等大之三翅，胞背開裂。花期八至九月。花大葉美，可供觀賞。全草可入藥。原產我國，主要分布於長江以南各省區，向北至山東、河北等地。多見於陰濕地。各地有栽培。我國栽培秋海棠至少已有數百年歷史。

明代已行用此稱，稱"八月春""斷腸花""斷腸草""相思草"。上自宮廷，下至俚庶，皆尚秋海棠，栽植、觀賞、書畫，無所不含。明呂毖《明宮史·飲食好尚》："八月，宮中賞秋海棠、玉簪花。自初一日起，即有賣月餅者。加以西瓜、藕，互相餽送。"明汪砢玉

《珊瑚網・名畫題跋十六》："自題《畫秋海棠》：翠葉紛披花滿枝，風前裊裊學低垂。墙根昨夜開無數，誰說秋來少艷姿。"明王士騏《題秋海棠》詩："是花偏灼灼，開處幾叢叢。弱質不禁露，幽懷欲訴風。"明王象晋《群芳譜・花譜・秋海棠》："秋海棠，一名八月春。草本，花色粉紅，甚嬌豔。"引《采蘭雜志》曰："昔有婦人懷人不見，恒灑淚於北墻之下。後灑（淚）處生草，其花甚媚，色如婦面，其葉正綠反紅，秋開，名曰斷腸花，即今秋海棠也。"時人對秋海棠之生態特徵及栽培方法已頗熟悉。明夏旦《藥圃同春・七月》："秋海棠，喜陰畏日，葉秀花雅。最宜澆以便水。忌手蹟。"清陳淏子《花鏡》卷五："秋海棠一名八月春，爲秋色中第一。本矮而葉大，背多紅絲如胭脂，作界紋。花四出，以漸而開，至末朵結鈴，子生枝椏。花之嬌冶柔媚，真同美人倦粧。性喜陰濕，多見日色即瘁。九月收子，撒於盆内或墻下，明春自發。但老根過冬，則花更盛，不必澆肥。"清鄒一桂《小山畫譜》卷上："秋海棠，草本。葉尖圓，鋸齒，大者如盤，紅筋密布，反面微綠，而筋全紅。逐節而上花開四出，圓瓣，兩大兩小，黄心如小毬，有微柄擎出花心，花枝對生，紅柄如絲，藥圓扁，有蒂如三角鈴者，有有苞無蒂者。子如豆生於葉間，落地即萌，明秋開花。其舊根經冬復發，花葉更肥。"清趙學敏《本草綱目

秋海棠
（明王圻等《三才圖會》卷一二）

拾遺・花部・秋海棠》："《大觀錄》：'秋海棠亦名斷腸草，其根葉有毒，犬馬食之即死，浸花水飲之害人。'《漳州府志》：'秋海棠歲每生苗，其莖甚脆，葉背作紅亂紋，云是相思血也。相傳昔人有以思而噴血階下，遂生此，故亦名相思草。'"

按，秋海棠屬約五百種，廣布於世界熱帶、亞熱帶地區。我國約有九十種，大部分産南部及西南部各地區。常見栽培種分鬚根類與球莖類及根莖類數類。鬚根類有銀星秋海棠（*B. argenteo-guttata*）、花葉秋海棠（*B. cathayana*）、裂葉秋海棠（*B. heracleifolia*）、竹節秋海棠（*B. maculata*）；球根類有中華秋海棠（*B. sinensis*）及秋海棠；根莖類則主要有蟆葉秋海棠（*B. rex*）等。秋海棠喜陰濕，忌陽光直射。既怕乾旱，又不耐澇，最宜配置於陰濕地，如點綴於樹下、岩石旁及建築物陰影下或花壇、花境中。又《大觀錄》以爲此花之根葉有毒，可致犬馬死，但《藥性考》則以爲無毒。陳俊愉《中國花經・秋海棠》："全草和塊根可入藥。莖味酸，無毒，在江南一帶兒童常采摘食用。"今俱附供考。

【八月春】

即秋海棠，其花秋開，因得是名。此稱明代已行用。見該文。

【斷腸花】

即秋海棠。昔傳此花係妊婦泣泪而生，故名。此稱明代已行用。見該文。

【斷腸草】

即秋海棠。此稱明代已行用。見該文。

【相思草】[1]

即秋海棠。昔傳此草爲相思血生成，故名。

此稱明清已行用。見該文。

粗喙秋海棠

花名。秋海棠科，秋海棠屬，粗喙秋海棠（*Begonia crassirostris* Irmsch.）。多年生肉質草本。球莖膨大，呈不規則狀，橫走。莖直立，高 1~1.5 米，細弱，微彎曲，多節，具棱，粉紅色。單葉互生，具柄，葉披針形至卵狀披針形，邊緣具疏齒，齒尖有突頭。二歧聚傘花序，腋生；花白色。蒴果，下垂。種子多數，極小，淡褐色，光滑。爲花藥兼用植物。可栽培供觀賞。全草可入藥，俚醫以治婦人疾病，順通經絡。主要分布於我國福建、廣東、海南、廣西、湖南、貴州、雲南、江西等省區。多見於山谷水旁、密林等陰濕處，亦見於河畔、山地陰坡疏林、灌叢中。

紅小姐
（清吳其濬《植物名實圖考》卷九）

清代始稱"紅小姐"。清吳其濬《植物名實圖考·山草類·紅小姐》："紅小姐生南安。莖葉微似秋海棠，與紅孩兒相類。而葉面綠，無赤脈，背淡紅，紋赤。蓋一種而微異。俚醫以治婦人內竅不通，順經絡、升氣、補不足，氣味甘温。"今稱"紅半邊蓮""紅蓮""鬼邊榜""肉半邊蓮"。

【紅小姐】

即粗喙秋海棠。此稱清代已行用。見該文。

【紅半邊蓮】

即粗喙秋海棠。名見《廣西藥植名録》。今廣西各地多行用此稱。見該文。

【紅蓮】

即粗喙秋海棠。名見《廣西藥植名録》。今廣西各地多行用此稱。見該文。

【鬼邊榜】

即粗喙秋海棠。名見廣州軍區空軍後勤部隊衛生部《常用中草藥手册》。今廣州等地多行用此稱。見該文。

【肉半邊蓮】

即粗喙秋海棠。今廣西各地多行用此稱。見該文。

獨牛

花名。秋海棠科，秋海棠屬，獨牛（*Begonia henryi* Hemsl.）。多年生草本。根狀莖球形，直徑 8~10 毫米，具殘存褐色鱗片，周圍生有多數纖維狀根。葉均基生，通常一至三片，具長柄，葉之輪廓三角狀卵形或寬卵形，稀近圓形，邊緣具大小不等之三角形圓齒，葉面深綠或褐色，散生褐色柔毛。二歧聚傘狀花序，花兩或四朵，粉紅色。蒴果，下垂。種子極多，小而長圓，淡褐色，較平滑。花期八至九月。花可供觀賞，宜布置於山石、墻下等陰濕地，亦可栽於盆中點綴居室。主要分布於我國雲南、四川、貴州、湖北、廣西等地。喜生於山坡陰濕岩石上或石灰岩山隙、路旁，亦見於常綠闊葉混交林下。

清代始有記載，并已行用此稱。清吳其濬《植物名實圖考·石草類·獨牛》：

獨牛
（清吳其濬《植物名實圖考》卷一七）

"獨牛生雲南山石間。初生一葉，似秋海棠葉而光滑無鋸齒，淡綠厚脆，疎紋數道，面有紫暈如指印痕。莖高三四寸，從莖上發苞開花。花亦似海棠，只二瓣，黃心一簇。盆石間植之有別趣，且耐久。"參閱《中國植物志·秋海棠科·獨牛》文。

紅孩兒

花名。秋海棠科，秋海棠屬，紅孩兒〔*Begonia palmata* var. *bowringiana*（Champ. ex Benth.）J. Golding et C. Kareg.〕。爲裂葉秋海棠之變種。多年生草本。莖、葉柄密被銹色交織絨毛；葉形與大小多變，通常卵形，具淺至中裂，裂片三角形至窄三角形，先端漸尖，邊緣具齒或微具齒，葉面被短硬毛，背面沿脈被銹褐色交織絨毛。二至三回二歧聚傘花

紅孩兒
（清吳其濬《植物名實圖考》卷九）

序；小花玫瑰色或白色，花被片外面密生混合毛。花、葉俱美，可供盆栽觀賞，常用以室內裝飾，點綴。主要分布於我國廣東、海南、臺灣以及閩、桂、湘、贛、川、滇及香港等地。多見於河邊陰濕處及山谷、密林岩壁上，亦見於常綠闊葉林下、石山林下石壁上。古代俚醫亦用治腰痛諸疾。此稱清代已見行用。清吳其濬《植物名實圖考·山草類·紅孩兒》："紅孩兒生南安。高尺許，根如薑而嫩，紅黃色。莖似魚兒牡丹，葉似木芙蓉而尖歧稍短。秋冬開花，極肖秋海棠。結實作角，如魚尾形而末小

團，皮薄如榆莢；子紅黃色，亦似魚子。俚醫以治腰痛。"參閱《中國植物志·秋海棠科·紅孩兒》。

柳穿魚

花名。車前科，柳穿魚屬，柳穿魚（*Linaria vulgaris* Mill.）。多年生草本。高 20 ~ 70 厘米，莖常分枝。葉條形至條狀披針形，全緣。總狀花序頂生，被腺毛；花較密；花冠二唇形，花筒長，基部有距，喉部閉合，淡黃色，下唇之突起處具橙黃色斑點。蒴果近球形。種子盤狀，具翅。花期六至九月。爲花藥兼用植物。可植於初夏花壇，亦用於配景或盆栽觀賞，尚可造型賞玩或作切花材料。其花尚可入藥，用於清熱解毒，散瘀消腫。分布於我國長江以北各地，尤以東北、內蒙古爲多。適生於沙地、草原及乾旱山坡、山溝路旁等地。其枝細柔，花形似魚，因名"柳穿魚"；其花發於夏至，凋於冬至，亦名"二至花""如意花"。俱行用於明清。清陳淏子《花鏡》卷四："柳穿魚，一名二至花。葩甚細而色微紺。謂之柳穿魚者，以其枝柔葉細似柳，而花似魚也。其花發於夏至，斂於冬至，故名二至花，又名如意花。性喜陰燥，而惡肥糞，宜用豆餅浸水澆；或熟豆壅根亦可。吳門花市，多結成樓、臺、鳥、獸形以售。"

按，柳穿魚屬共百餘種，常見觀賞者有小金魚草（*L. maroccana*）、彎距柳穿魚（*L. bipartita*，多爲一年生草本植物）。本種爲多年生植物，性耐寒、喜陽，在排水良好而又較濕潤的土壤中生長良好。可用分株或播種繁殖，播種苗第二年可開花。生長季節適當摘心，可使植株矮化，株形緊湊，開花繁盛，提高觀賞價值。又，清鄒一桂《小山畫譜》卷上亦有柳

穿魚，文曰："柳穿魚，木本，低小，葉如垂柳，花穗下垂，一枝百朵，粉色，如貫魚狀，花三瓣，中紅外白。"《畫譜》之柳穿魚低小，葉如垂柳，花穗下垂，似與本種相類，然《畫譜》認爲其屬木本，且花色粉紅，則與本種殊異，宜辨之。

【二至花】

即柳穿魚。此稱清代已行用。見該文。

【如意花】

即柳穿魚。此稱明清已行用。見該文。

兔兒尾苗

花名。車前科，婆婆納屬，兔兒尾苗（ *Veronica longifolia* Linn. ）。多年生草本。莖直立，高近 1 米，光滑，通常不分枝。單葉對生，偶三至四葉輪生；葉披針形，先端漸尖，基部心形、截形或寬楔形，邊緣具齒。總狀花序頂生，細長，單生或複生；花冠藍色或紫色，四裂，裂片披針形，雄蕊二枚，伸出花冠之外。蒴果，卵球形，稍扁，頂端微凹。嫩苗及葉可供食用，舊時多用於度荒。亦栽於庭園供觀賞。主要分布於我國新疆、内蒙古及東北各省區。野生於林下及山坡草地。

此稱明代已行用。時人多用其葉於荒年救飢。明朱橚《救荒本草·草部·葉可食》："兔兒尾苗，生田野中。苗高一二尺，葉似水蔳菜而狹短，其尖頗齊。梢頭出穗如兔尾狀，開花白色，結紅葞葖如椒

兔兒尾苗
（明徐光啓《農政全書》
卷五〇）

目大。其葉味酸。救飢：採嫩苗葉，煠熟，水浸淘净，油鹽調食。"明徐光啓《農政全書》卷五〇："兔兒尾苗，生田野中。苗高一二尺，葉似水蔳葉而短，其目大，其葉味酸。"賈祖璋等《中國植物圖鑒·玄參·兔兒尾苗》："兔兒尾苗（救荒本草）……生態：多年生草本，栽培庭園間。應用：供觀賞用。"兔兒尾苗，因總狀花序如兔尾形而得名。《農政全書》及諸《救荒本草》刻本均有脱漏，原文應爲："葉似水蔳葉而狹短，其尖頗齊。梢頭出穗，如兔尾狀。開花白色。結紅葞葖如椒目大。"另，此花野生林下或山坡草地，似較耐陰，庭院綠化時可植林下山石陰處以供觀賞。亦稱"長尾婆婆納"。

【長尾婆婆納】

"兔兒尾苗"今之通稱之一。見該文。

荷包牡丹

花名。罌粟科，馬褲花屬，荷包牡丹〔 *Dicentra spectabilis* (Linn.) Lem. 〕。多年生草本。高 30 ~ 60 厘米。根莖粗壯。三出羽狀複葉，極似牡丹。總狀花序頂生，花生於一側，花序彎垂；花瓣四片，交叉排列爲兩層，外層稍聯合爲心形，基部膨大呈囊狀，形似荷包，故得此名。外層花瓣玫瑰紅色，内瓣瘦長而尖出於外，白色或粉紅色。蒴果細長圓形。種子細小，具冠毛。花期四至六月。叢株美麗，花朵玲瓏別致，常用作觀賞。其根莖可爲藥用。原產我國北部及日本、

荷包牡丹
（清吴其濬《植物名實圖
考》卷二七）

俄羅斯西伯利亞地區；我國主要分布於華北、西北、東北及雲南等地。我國栽培利用荷包牡丹已有數百年歷史。

清代已行用此稱。亦稱"魚兒牡丹""土當歸""活血草"。栽培經驗已頗豐富。清陳淏子《花鏡》卷五："荷包牡丹，一名魚兒牡丹。以其葉類牡丹，花似荷包，亦以二月開，因是得名。一幹十餘朵，纍纍相比，枝不能勝壓而下垂，若俛首然。以次而開，色最嬌豔。根可分栽，若肥多則花更茂而鮮。黃梅雨時，亦可扦活。"時人對此花之自然分布及其與類似植物的分別，已很了然。清吳其濬《植物名實圖考·群芳類·荷包牡丹》："《花鏡》：荷包牡丹一名魚兒牡丹……按此花北地極繁，過江漸稀，或以爲即當歸，誤。"清趙學敏《本草綱目拾遺·草部上·土當歸》："荷包牡丹之根，今人呼活血草，即土當歸也。汪連仕云：用其根搗汁，酒冲服之，令人沉醉，金瘡之聖藥也。"時人愛其花美，種蒔、觀賞、書畫，時而有之。《御製詩四集·古今體三十七首》："《荷包牡丹》：鼠姑葉具體而微，君子花形是也非。恰似佩囊密懸帶，俗名何礙號依稀。"清鄒一桂《小山畫譜》卷上："荷包牡丹，草本，葉似牡丹綠嫩而小，花一枝綴十餘朵，花形如荷囊，兩角超起，中拖一心如垂帶，端有兩黑點，着枝處紅絲懸掛，纍纍可愛。"荷包牡丹屬約二十種，主產亞洲及北美。常見栽培種：大花荷包牡丹（*D. macrantha*），分布於四川、貴州等省；加拿大馬褲花（*D. canadensis*），原產北美洲；僧帽荷包牡丹（*D. cucullaria*），原產美國。

【魚兒牡丹】

即荷包牡丹。此稱多行用於清代。見該文。

【土當歸】

即荷包牡丹。其根入藥，名曰土當歸。花以藥名，故稱。此稱清代多行用。見該文。

【活血草】

即荷包牡丹。其名活血草，花以藥稱，故名。此稱清代已行用。見該文。

【朝鮮牡丹】

"荷包牡丹"之別稱。據傳此花產於朝鮮，因得是名。亦稱"當歸花"。此稱清代已行用。《日下舊聞考·物產一》："〔補〕荷包牡丹，草本，一名朝鮮牡丹。花似僧鞵菊而深紫色，其以牡丹名者因其葉相類也。京師槐樹斜街慈仁寺藥王廟花市恒有之。(《六街花事》)"《畿輔通志·土產·花屬》："荷包牡丹，即當歸花，一名朝鮮牡丹。苑西集碧葉紅苞，娟潔可喜。爲春時草花第一。"

【當歸花】

即朝鮮牡丹。亦荷包牡丹之別稱。此稱多行用於清代。見該文。

博落迴

花名。罌粟科，博落迴屬，博落迴〔*Macleaya cordata*（Willd.）R.Br.〕。多年生直立草本。基部灌木狀，具乳黃色漿汁，高 1～4 米。莖綠色，光滑，被白粉，中空，上部多分枝。單葉互生，寬卵形或近圓形，先端急尖、漸尖、鈍或圓形，基部心形，邊緣七或九裂，裂片邊緣波狀或具缺刻、細齒，背面具白粉。大型圓錐花序，多花，萼片狹倒卵狀長圓形、船形，黃白色；花無瓣。蒴果，倒卵形或倒披針形。種子通常四至八枚，卵珠形。花期六至八月。爲藥用兼觀賞植物。全草有大毒，但可作外用藥或農藥，切不可內服。亦可栽培供觀賞。主要分布於我國貴州、廣西、廣東、福建、江西、湖南、湖北、安徽、浙江、江蘇、河南、陝西、甘肅等省區。多見於海拔 150 ～ 830 米低山丘陵林地、灌叢、草叢中。

唐代始行用此稱。亦作"博落回"。省稱"落迴"。因其莖中空，吹之作聲如博落迴，故名。唐段成式《酉陽雜俎·廣動植·草篇》："落迴，一曰博落迴。有大毒，生江淮山谷中。莖葉如麻，莖中空，吹作聲如勃邏迴，因名之。"宋唐慎微《證類本草·草部中品·博落迴》："博落迴，有大毒。主惡瘡瘻根、瘤贅瘜肉、白癜風……生江南山谷。莖葉如草麻，莖中空，吹作聲如博落迴。折之有黃汁，藥人立死，不可入口也。"明朱橚《普濟方·諸風門》："治白癜風：用博落迴和百丈青、雞桑灰爲末敷之。"明李時珍《本草綱目·草六·蓖麻》〔附錄〕："博落迴（《拾遺》），〔陳〕藏器曰：有大毒。主惡瘡瘻根、瘤贅瘜肉、白癜風、蠱毒精魅、溪毒瘡瘻。和百丈青、雞桑灰等分，爲末敷之。蠱毒精魅當別有法。生江南山谷。莖葉如蓖麻。莖中空，吹之作聲如博落迴。折之有黃汁，藥人立死，不可輕用入口。"清汪灝等《廣群芳譜·藥譜五·蓖麻》："附錄：〔原〕博落迴，生江南山谷。莖葉如蓖麻，莖空，吹之作聲，折之有黃汁。大毒，不可入口。"清吳其濬《植物名實圖考·毒草類·滇鈎吻》："余檢《自僵之牘》，湘中則黃藤，豫章則水莽、博落迴，粵、閩則大、小葉斷腸草，滇則草烏、火把花，又有蟲如草，長寸許，亦名斷腸草，牛馬食之立斃。"亦稱"號筒草""渤勒回""號筒杆""黃薄荷""喇叭竹""山火筒"。江蘇新醫學院《中藥大辭典·博落回》："博落迴，异名落迴（《酉陽雜俎》），號筒草、勃勒回（《植物名實圖考長編》），號筒杆（《湖南野生植物》）……"陳俊愉等《中國花經·博落迴》："博落迴 *Macleaya cordata*，別名：落迴、喇叭竹、山火筒。"

按，博落迴本作"簸邏迴"，省稱"簸邏"，亦作"簸羅""哱囉""哱羅"。古之吹奏樂器，多以海螺殼爲之。古軍中亦用作號角（參閱《舊唐書·音樂志》、元王逢《古從軍行》之三、明戚繼光《練兵實紀·練耳目》），此草中空，可吹作簸邏迴聲，故取其諸音名爲博落迴。此花莖高大，葉如扇，花繁茂，宜植庭園之僻隅或林緣池旁。唯須注意此草有大毒，切忌入口食用，入藥時應謹遵醫囑。

【落迴】

"博落迴"之省稱。此稱唐代已行用。見該文。

【號筒草】

即博落迴。博落迴爲古藥"簸邏迴"之諧音，形如號筒，故名。名見《植物名實圖考長編》。此稱清代已行用。見該文。

【勃勒回】

同"博落迴"。此體清代已行用。見該文。

【號筒杆】

即博落迴。名見《湖南野生植物》。其杆中空可爲號，因名。此稱湘、鄂諸地多行用。見該文。

【黃薄荷】

即博落迴。今之俗稱一。見該文。

【喇叭竹】

即博落迴。今之俗稱一。見該文。

【山火筒】

即博落迴。名見《中國花經·博落迴》。今

之俗稱一。見該文。

黃海棠

花名。金絲桃科，金絲桃屬，黃海棠（*Hypericum ascyron* Linn.）。多年生草本，高達1米，全體無毛。莖直立，具四棱。單葉對生，寬披針形或長圓形，先端尖，全緣，基部抱莖，無柄。花數朵組成頂生聚傘花序；花大，黃色，直徑近3厘米；萼片五枚，卵圓形。蒴果圓錐形，成熟時五瓣裂，內生多數細小種子。花期六至七月。花大

金絲桃
（清吳其濬《植物名實圖考》卷二七）

而金黃，可供觀賞。全草可入藥。分布於我國東北及黃河、長江流域各地區。多見於開闊山坡、林緣、草叢。我國采集利用黃海棠歷史頗久，清代稱"湖南連翹""黃花劉寄奴"。清吳其濬《植物名實圖考・隰草類・湖南連翹》："湖南連翹生山坡。獨莖方棱，長葉對生，極似劉寄奴。梢端葉際開五瓣黃花，大如盂，長鬚迸露，中有綠心，如壺盧形。一枝三花，亦有一花者。土人即呼爲黃花劉寄奴，以治損傷、敗毒。"黃海棠花期長，花色鮮亮，植株亦高，適宜作花境背景，亦宜植於疏林、草坪邊緣。尚可作切花。今稱"紅旱蓮""大黃心草""假連翹""金絲桃"。亦通稱"長柱金絲桃"。按，黃海棠原屬藤黃科，藤黃科今分作金絲桃科與山竹子科，黃海棠列金絲桃科。此附。

【湖南連翹】

即黃海棠。此稱清代已行用。見該文。

【黃花劉寄奴】

即黃海棠。此稱清代已行用。見該文。

【紅旱蓮】

即黃海棠。名見《江蘇植物志》，今江蘇各地多行用此稱。見該文。

【大黃心草】

即黃海棠。名見《廣西中獸醫藥用植物》，此稱多行用於廣西各地。見該文。

【假連翹】

即黃海棠。其花金黃頗似連翹，故名。此稱見於《南寧市藥物志》。見該文。

【金絲桃】

即黃海棠。名見《遼寧經濟植物志》。見該文。

【長柱金絲桃】

"黃海棠"今之通稱一。見該文。

旋花 [1]

花名。旋花科，打碗花屬，旋花〔*Calystegia sepium*（Linn.）R.Br.〕。多年生草本。全體無毛。莖纏繞，伸長，有細棱。葉形多變，三角狀卵形或寬卵形，全緣或基部稍伸展爲具二至三大齒之裂片。單花腋生，漏斗狀，白色或偶帶淡紅、紫色。蒴果卵形，被增大的宿存苞片與萼片包被。種子黑褐色，表面有小疣。觀賞性藥用植物。我國主要分布於雲南、江蘇、安徽、江西、湖北、湖南、廣西、貴州、四川及東北、華北等地。多見於山坡灌叢或路旁與生荒地。

此稱秦漢已行用，字作"旋華"，亦稱"筋根華""金沸""美草""山薑"。《神農本草經・草部上品・旋華》："旋華，味甘，溫。主益氣，去面皯黑，色媚好。其根味辛。主腹中寒熱邪

氣，利小便。久服，不飢、輕身。一名筋根華，一名金沸。生平澤。"孫星衍等注："《名醫（別録）》：生豫州。五月采，陰乾。案：陶弘景云：東人呼爲山薑，南人呼爲美草。《本草衍義》云：世又謂之鼓子花。"唐代稱"旋

旋　花
（清吳其濬《植物名實圖考》卷二二）

薑"，宋代稱"續筋根""豚腸草"，明代稱作"天劍草"。宋唐慎微《證類本草·草部上品·旋花》："旋花，味甘，温，無毒。主益氣，去面䵟黑，色媚好。其根味辛，主腹中寒熱邪氣，利小便。久服不飢，輕身。一名筋根花，一名金沸，一名美草。生豫州平澤。五月采陰乾。"明李時珍《本草綱目·草七·旋花》："〔釋名〕旋薑、筋根、續筋根、鼓子花、狗腸草、美草、天劍草、纏枝牡丹。〔蘇〕恭曰：旋花即平澤旋薑也。其根似筋，故一名筋根。……〔蘇〕頌曰：《別録》言其根主續筋，故南人呼爲續筋根，一名狗腸草，象形也。〔寇〕宗奭曰：世俗謂之鼓子花，言其花形肖也。時珍曰：其花不作瓣狀，如軍中所吹鼓子，故有旋花鼓子之名。"

　　本種因常生籬落間，因名"籬天劍""籬打碗花"。旋花之名李時珍以爲"其花不作瓣狀，如軍中所吹鼓子"，鼓子乃軍中樂器，圓形；而旋有圓意（參見《莊子·達生》成玄英疏："旋，規也。規，圓也。"），旋花圓而如鼓子，故得此稱。今人夏緯瑛則以爲："'旋花'的名稱和'旋麥'一樣，是因爲它花開時間暫

短之故。"此亦備一説。另旋花科另有旋花屬（*Convolvulus*），與此打碗花屬并非同屬，宜辨之。

【旋華】

　　同"旋花[1]"。"華"爲"花"之古字。此體秦漢已行用。見該文。

【筋根華】

　　即旋花[1]。此稱秦漢已行用。見該文。

【金沸】[1]

　　即旋花[1]。此稱秦漢已行用。見該文。

【美草】[1]

　　即旋花[1]。此稱南北朝已行用。見該文。

【山薑】[1]

　　即旋花[1]。此稱南北朝已行用。見該文。

【旋薑】[1]

　　即旋花[1]。此稱唐代已行用，名見唐蘇敬等《唐本草》。見該文。

【續筋根】[1]

　　即旋花[1]。此稱宋代已行用，名見宋蘇頌《圖經本草》。見該文。

【豚腸草】

　　即旋花[1]。此稱宋代已行用。名見宋蘇頌《圖經本草》。其蔓纏繞如豚腸，故名。見該文。

【天劍草】[1]

　　即旋花[1]。此稱明代已行用，名見明李明珍《本草綱目》。見該文。

【籬天劍】

　　即旋花[1]。花生籬間，因以得名。今之通稱一。見該文。

【籬打碗花】

　　即旋花[1]。今之通稱一。見該文。

【鼓子花】[1]

省稱"鼓子"。即旋花。此稱唐代已行用。唐鄭谷《長江縣經賈島墓》詩："重來兼恐無尋處，落日風吹鼓子花。"宋辛棄疾《臨江仙·簪花屢墮戲作》詞："鼓子花開春爛熳，荒園無限思量。"明李時珍《本草綱目·草七·旋花》："其花不作瓣狀，如軍中所吹鼓子，故有旋花鼓子之名。"清黃宗羲《小園記》："因買瓦盆百餘，以植草花……鈴兒、鼓子、忘憂、含笑。"

【鼓子】

"鼓子花[1]"之省稱。此稱明清多行用。見該文。

藏報春

花名。報春花科。報春花屬，藏報春（*Primula sinensis* Sabine ex Lindl.）。多年生草本，全株被腺狀剛毛。葉大，略作心形，邊緣淺裂，裂片具不規則鋸齒，膜質。傘形花序一至二輪，每輪有花數朵，花冠高腳碟狀，粉紅或玫瑰紅色，直徑 1～2 厘米，冬、春開花。蒴果，圓塔形。主要分布於我國四川、湖北、陝西及甘肅等省。藏報春是我國栽培多年的報春花，以其分布近藏地，人多异之，故名。清代已行用此稱。清吳其濬《植物名實圖考·群芳類·藏報春》："藏報春，滇南圃中植之。葉如蜀葵，葉多尖叉，就根生葉，長柄肥柔。初春抽葶開花，如報春稍大。

藏報春
（清吳其濬《植物名實圖考》卷二九）

跗下作苞，花出苞上，一葶數層，一層四五苞，與報春同時，而不如報春繁縟耐久。滇近藏，凡花以藏名者，異之也。"按，藏報春原種淡紅或玫瑰色，而現代品種花型更大，花色有桃紅、橙、深紅、藍、白諸色。著名品種有"大白花"（cv. *alba-magnifica*）、"裂瓣"（cv. *fimbriata*）、"皺葉"（cv. *filicifolia*）及"星花"（cv. *stellata*）等，此外尚有四倍體類型。藏報春較耐寒，可用爲冬春冷室盆栽觀賞。今亦稱"中國櫻草""大種櫻草""年景花"。

【中國櫻草】

"藏報春"之拉丁學名之通釋名。報春花科原名櫻草科，藏報春又產於我國，故得此稱。見該文。

【大種櫻草】

"藏報春"今之通稱一。見該文。

【年景花】

即藏報春。此花冬春開放，恰值年末歲首，因此得名。見該文。

金綫草

花名。亦作"金線草"。蓼科，金綫草屬，金綫草〔*Antenoron filiforme*（Thunb.）Roberty et Vautier〕。多年生草本。高 50～100 厘米。莖直立，節膨大。單葉互生，橢圓形或長矩圓形，全緣，兩面均被長糙伏毛并散布棕色斑點；托葉鞘筒狀，膜質，抱莖，被毛。穗狀花序，頂生或腋生，花小，紅色。瘦果卵圓形，棕色，表面光滑。秋季開花。爲花藥兩用植物。可供觀賞。全草可入藥。主要分布於我國山東、河南、山西、陝西、湖北、四川、貴州、雲南、廣西、廣東、江西、浙江、江蘇等省區。常見於山地林緣及路旁陰濕處。

唐代始稱"毛蓼"。宋舒岳祥《閬風集》卷七〔七言長律〕序曰："金綫草，葉圓如錦葵、芝草，青紫色，有脉如荷葉。夏間作花，如蜂蛾蜻蜓之屬。宜植階砌陰濕處。花心有紅紫細斑，不生子，於其根莖之側四散垂條如蕈絲，杪如蕨菜芽條所著處輒生根成莖葉。以其條似線故得名。"明李時珍《本草綱目·草五·毛蓼》〔集解〕引唐陳藏器曰："毛蓼生山足，似馬蓼，葉上有毛，冬根不死。"此稱清代已行用。亦稱

金綫草
（清吴其濬《植物名實圖考》卷一九）

毛蓼
（清吴其濬《植物名實圖考》卷一四）

"重陽柳""蟹殼草""白馬鞭"。清陳淏子《花鏡》卷五："金線草俗名重陽柳。長不盈尺，莖紅葉圓，重陽時特發枝條。又有細紅花，藂藂附於枝上，別有一種風致。一云蟹殼草。葉圓如蟹殼，節間有紅線條。長尺許，生岩石上，或並池邊。性寒涼，能活湯火瘡。"清吴其濬《植物名實圖考·隰草類·毛蓼》："毛蓼，《本草拾遺》始著録，主治癰腫、疽瘻，引膿、生肌，今俚醫亦用之。其穗細長，花紅，冬初尚開，葉厚有毛，俗呼爲白馬鞭。"《浙江通志·物產七》："〔温州府〕金線草，《雁山志》名蟹殼

草。葉圓如蟹殼，蔓生，節間有紅線，長尺許，生巖石上。性亦寒涼，治湯火瘡。"今亦稱"人字蓼""野蓼"。參閱江蘇新醫學院《中藥大辭典·金綫草》文。

【毛蓼】[2]

即金綫草。此稱唐代已行用。名見唐陳藏器《本草拾遺》。見該文。

【金線草】[1]

同"金綫草"。

【重陽柳】

即金綫草。此稱清代已行用。見該文。

【蟹殼草】

即金綫草。此稱清代已行用。見該文。

【白馬鞭】[2]

即金綫草。此稱清代已行用。見該文。

【人字蓼】

即金綫草。名見《廣西中藥志》。今之俗稱一。見該文。

【野蓼】

即金綫草。名見江西《草藥手册》。今之俗稱一。見該文。

砂仁

花名。薑科，豆蔻屬，砂仁（*Amomum villosum* Lour.）。多年生草本。高達 1～2 米，具匍匐莖；地上莖直立，叢生，葉二列，無柄；葉片長披針形，先端尾狀、全緣。穗狀花序自根狀莖發出，花七至十三朵，白色。蒴果橢圓形，紫色。花期五至六月。爲花、藥兼用植物。砂仁初夏開花，盛夏結果，花殊美并有異香，頗具觀賞價值。成熟之果實、種子稱"砂仁"，可入藥。而花亦以藥名。分布於我國廣東、廣西、雲南、福建、海南諸省區。

唐代稱"縮砂蔤"。宋明時稱"縮砂仁""草砂仁",省稱"縮砂"。明李時珍《本草綱目·草三·縮砂蔤》〔集解〕引唐李珣曰:"縮砂蔤生西海及西戎、波斯諸國。多從安東道來。"又引宋蘇頌曰:"今惟嶺南山澤間有之。苗莖似高良薑,高三四尺。葉青,長八九寸,闊半寸已來。三月、四月開花在根下,五六月成實,五七十枚作一穗,狀似益智而圓,皮緊厚而皺,有粟紋,外有細刺,黄赤色。"元王好古《湯液本草·草部·縮砂》:"縮砂,氣温,味辛。無毒。"宋陳直原著、元鄒鉉增補《壽親養老新書》卷三:"清韻湯:縮砂仁二兩,石菖蒲一兩、甘草半兩。右末,入鹽點服。"清趙其光《本草求原·芳草部·砂仁》:"砂仁,即縮砂蔤。陽春所産,先辛酸而鹹,次微苦,苦盡則甘。"清吳其濬《植物名實圖考·芳草類·縮砂蔤》:"縮砂蔤,《嘉祐本草》始著録。《圖經》,苗莖似高良薑。今陽江産者,形狀殊異,俗呼草砂仁。"清屈大均對其名稱考釋頗詳。《廣東新語·草語》:"縮砂蔤,陽春、新興皆産之,而生陽江南河者大而有力。其種之所曰果山,以縮砂蔤爲果山,猶專以素馨爲花田也。曰縮砂者,言其殼;曰蔤者,言其仁;曰縮砂蔤者,

砂 仁
(明汪穎《食物本草》卷一)

言其鮮者;曰砂仁者,言其乾者也。八月采之,以嫩者蜜漬爲貨,售於嶺外最珍,其税頗重。"亦作"縮砂蜜"。亦稱"陽春砂"。江蘇新醫學院《中藥大辭典·砂仁》:"砂仁,异名:縮砂仁、縮砂蜜(《藥性論》),縮砂蔤(《海藥本草》)。原植物:陽春砂。"

【縮砂蔤】

即砂仁。此稱唐代已見行用,名見唐李珣《海藥本草》。見該文。

【縮砂蜜】

同"縮砂蔤"。即砂仁。此體唐代已行用。名見唐甄權《藥性論》。見該文。

【縮砂】

"縮砂仁"之省稱。即砂仁。此稱元代已行用。見該文。

【縮砂密】

同"縮砂蔤"。即砂仁。名見唐甄權《藥性論》。見該文。

【縮砂仁】

即砂仁。名見唐甄權《藥性論》。見該文。

【草砂仁】

即砂仁。此稱清代已行用。見該文。

【陽春砂仁】

即砂仁。名見清李調元《南越筆記》。此稱清代已行用。見該文。

高良薑[2]

花名。薑科,山薑屬,高良薑(*Alpinia officinarum* Hance)。多年生草本。莖叢生,直立。葉二裂;無柄;葉片狹綫狀披針形,長15～30厘米,先端尖,基部漸狹,全緣或具不明顯疏鈍齒;葉鞘開放,抱莖,邊緣膜質。圓錐形總狀花序,頂生,長5～15厘米,花稠

密，兩性，花冠管漏斗狀，唇瓣闊大，白色，具紅色斑點與黃暈；雄蕊具長絲。爲花藥兼用植物。花美，可供觀賞。根莖可入藥。主要分布於我國嶺南、西南地區，以及海南、臺灣等地。廣東、雲南有栽培。

高良薑因産古高良郡而得名。亦作“膏涼薑”。省稱“良薑”。此稱南北朝已行用。亦稱“蠻薑”“佛手根”。高良薑自古便是重要貢品。《新唐書·地理志》：“崖州珠崖郡，下，土貢金、銀、珠、玳瑁、高良薑。”又“欽州寧越郡，土貢金、銀、翠羽、高良薑。”《宋史·地理志》：“化州，下，陵水郡，軍事。本辯州，太平興國五年改。開寶中，廢陵羅縣。元豐户九千三百七十三，貢銀、高良薑。”又：“天聖元年，徙州治南賓砦。元豐户一萬五百五十二，貢高良薑、翡翠毛。”明李時珍《本草綱目·草三·高良薑》：“〔釋名〕蠻薑，子名紅豆蔻。時珍曰：陶隱居言此薑始出高良郡，故得此名。按高良，即今高州也。”《欽定續通志·昆蟲草木略》：“高良薑，一名蠻薑。子名紅豆蔻。”清吳其濬《植物名實圖考·芳草類·高良薑》：“高良薑，滇生者葉潤根肥，破莖生葶，先作紅苞，光燄炫目。苞分兩層，中吐黃花，亦兩長瓣相抱。復突出尖，黃心長寸半許，有黑紋一縷，上綴金黃蕊如半米。另有長鬚一縷，尖擎小綠珠。俗以上元摘爲盂蘭供養，故圃中多植之。”又《芳草類·杜若》：“杜若，《本經》上品……沈存中以爲即高良薑，以生高良而名……有土醫云，即良薑也。”今亦稱“小良薑”“海良薑”。江蘇新醫學院《中藥大辭典·高良薑》：“〔異名〕高涼薑（《本草集經注》）、良薑（《局方》）、蠻薑、佛手根（《履巉巖本草》）、小良薑

（《中藥志》）、海良薑（《藥材學》）。”參閱賈祖璋等《中國植物圖鑒·蘘荷科·高良薑》。

【膏涼薑】

同“高良薑[2]”。名見南朝梁陶弘景《本草集經注》。此稱南北朝已行用。見該文。

【蠻薑】

即高良薑[2]。此稱宋代已行用。名見宋王介《履巉巖本草》。見該文。

【佛手根】

即高良薑[2]。此稱宋代已行用。名見宋玠《履巉巖本草》。見該文。

【小良薑】

即高良薑[2]。名見《中藥志》。見該文。

【海良薑】

即高良薑[2]。今之俗稱一。見該文。

【紅荳蔻花】

“高良薑[2]”之別稱。此稱宋代已行用。宋范成大《桂海虞衡志·志花》：“紅荳蔻花，叢生，葉瘦如碧蘆，春末發，初開花先抽一幹，有大籜包之，籜解花，見有一穗數十蕊，淡紅，鮮妍如桃杏花色，蕊重則下垂如蒲萄，又如火齊纓絡及剪彩鸞枝之狀。此花無實，不與草荳蔻同種。每蕊心有兩瓣相并，詞人託興如比目、連理云。”亦稱“紅豆蔻”，以其子盛而紅，故名。《廣東通志·物産志·花》：“紅荳蔻花，叢生，葉瘦如碧蘆，春末先抽一幹，有大籜包之，籜解花見。”

按，高良薑，并非因花色淡紅，鮮妍如桃杏而得名。清吳其濬《植物名實圖考·芳草類·高良薑》：“高良薑，滇生者葉潤根肥，破莖生葶，先作紅苞，光燄炫目……按良薑、山薑、杜若、草果，葉皆相類，方書所載，多相

合併。嶺南諸紀，述形則是，稱名亦無確詁，蓋方言侏僖，難爲譯也。唯《南越筆記》，目覘手訂，又復博雅有稽。余使粵，僅寶山一過，未能貯籠。頃以滇南之卉與《南越筆記》相比附，大率可識。其云高良薑出於高涼，故名根爲薑，子爲紅豆蔻……又云，凡物盛多謂之蔻，是子如紅豆而叢生，故名紅豆蔻。"清屈大均《廣東新語·草語》："高良薑，種自高涼，故名，不曰涼者，言爲薑之良也。其根爲薑，其子爲紅豆蔻，子入饌……其根不堪食，而藥中多用之，人不以其子而掩其根，所重在根，故不曰紅豆蔻，而曰高良薑也。蔻者何？揚雄《方言》云：'凡物盛多謂之蔻。'是子形如紅豆而叢生，故名紅豆蔻，然其花亦以紅豆蔻名。"參閱賈祖璋等《中國植物圖鑒·蘘荷科·高良薑》。

【紅豆蔻】

即紅荳蔻花。此稱明清已行用。見該文。

【山薑花】[1]

即高良薑[2]。此稱晋代已行用。晋嵇含《南方草木狀》卷上："山薑花，莖葉即薑也。根不堪食。於葉間吐花作穗如麥粒，軟紅色。"宋蘇軾《地黄》詩："崖蜜助甘冷，山薑發芳辛。"清屈大均《廣東新語·草語》："高良薑……花發於春末，先抽一幹，有大籜包之，籜解花見，一穗數十蕊，淡紅鮮妍如桃杏。蕊重則下垂如蒲萄。每蕊心有兩瓣相並，色兼紅白。予詩云：'心如紅豆蔻，兩瓣若相連。'又云：'與郎同一身，如彼豆蔻蕊。蕊心紅復紅，兩瓣相依倚。'一名山薑花。劉禹錫詩：'故人博羅尉，遺我山薑花。堆盤多不識，綺席乃增華。'"

山薑花
（宋柴源《紹興校定證類備急本草畫圖》卷五）

第三章 卉 說

第一節 一二年生草本考

　　本節所收卉草凡五十一種，其中以一年生或二年生者居多。它們分別隸屬於桑科、水蕨科、菊科、毛茛科、列當科、傘形科、豆科、亞麻科、唇形科、椴樹科、馬齒莧科、禾本科、報春花科、菱科、十字花科、旋花科、落葵科、蓼科、大戟科、蒺藜科、茄科、穀精草科、玄參科、爵床科、藜科、石竹科、多孔菌科等二十七科。

　　此五十一種，據文獻記載，除黃麻自東南亞輸入外，其餘五十種皆原產我國。文獻記載最早者爲大麻，傳說軒轅黃帝時先民早已熟悉此物；認識最晚者爲黃花蒿、列當、亞麻、排草香、續隨子、穀精草、黃麻等七種，約見於宋代文獻；其餘介於二者之間。夏代已記錄者爲龍葵、石龍芮、薏苡等三種，先秦出現者還有水蕨、卷耳、馬齒莧、蓁、稗、蓨草、蓋草、菱、薺菜、菟絲子、萹蓄、蒺藜、藜、靈芝等十四種；秦漢時已記錄者爲狼把草、蛇床、蘪蕪、決明、紫蘇、鼠尾草、雀麥、落葵、酸漿、繁縷、蓼藍、澤漆、蜀羊泉、爵床等；南北朝已記錄者爲牛蒡、鼠麴草、鱧腸、香薷、菘藍、蕺菜、蓖麻、劉寄奴草等八種；唐代已記錄者則有石胡荽、鬼針草、補骨脂、薺薴等四種。

本節所收草卉繁育滋演、名實關係的複雜情況主要表現爲以下諸方面。

一、名稱分合有別，同類亦得通稱。如決明、草決明在南北朝以前爲同等互稱的异名；自南北朝始，決明分爲兩種，一種稱"馬蹄決明"，一種稱"草決明"，則此時"草決明"已是"決明"中一種。明代亦分兩種，一種還是"馬蹄決明"，亦稱"望江南"；一種是"茳芒決明"，亦稱"青勒子""山扁豆"。以上南北朝至明朝分稱有別。至清陳淏子《花鏡》謂決明"俗名望江南"，是所謂"同類亦得通稱"（清王念孫語）。

二、以局部代整體爲名。"麻實名苴，因之麻亦名苴。"（《説文・艸部》"苴"段注）"麻子名蕡，因名有子之麻爲蕡，猶麻子名苴，因名有子之麻爲苴"（清王念孫《廣雅疏證》卷一〇上）。

三、易淆亂之名物當辨析。二名相近非必一物，如雀麥學名 *Bromus japonicus*，燕麥學名 *Avena sativa*，非一物，而晋郭璞注《爾雅》混同爲一，清吳其濬《植物名實圖考》已揭示。又如二字相通非必一物。爵，用同"穛"，但爵麥（即雀麥）非穛麥。《説文・艸部》"蘥"下段注："或云爵麥即穛麥，誤也。"穛，同"燋"。燋，早取穀，絶非爵麥。再有一字之差爲二物，如馬齒莧省稱"馬莧"，"荔草"名"荔"，亦名"荔挺""馬薤"。馬莧、馬薤僅一字之差，非一物。南北朝講《禮》的名儒有誤馬莧爲馬薤者，北齊顔之推《顔氏家訓・書證》已指出。誤字不得爲名。《玉篇・艸部》："葈，枲耳也。"《列子》釋文：《倉頡篇》枲耳之枲作葈，清王念孫正確指出，葈、葈并"葈"字之誤。葈從艸凶聲，隸變作"葈"。又如，"蒙"的別名有"玉女"與"王女"，清錢大昕正確指出《玉》誤"王"確，"女蘿"（即蒙）之大者謂之王女，猶王彗、王芻，魚有王鮪，鳥有王雎也"。

四、泛指無別，特指有別。泛指則"麻枲""牡麻""雄麻""華麻""苴麻""苧麻""雌麻""子麻"等皆指大麻，特指則"麻枲""牡麻""雄麻""華麻"等指大麻之雄株，"苴麻""苧麻""雌麻""子麻"等指大麻之雌株。

五、釋名無煩曲説。卷耳之別名"羊負來"，舊説中原無此，有羊負卷耳子自蜀而來，故名。清王念孫駁斥此説，謂"負來叠韻字，無煩曲説；草名取於牛馬羊豕雞狗者，不必皆有實事。況'采采卷耳'，《周南》所詠，又不得言中國無此草也"。釋名非必一説。如"薺"之得名，一説同"濟"，其生濟濟衆多，故名。或説，薺從齊聲，齊聲字多有瑣小細碎義，此草細小瑣微，故名。二説皆通。

六、諸説不同、是非難定者。如明朱櫹《救荒本草》別"稗子"（即稗）、"穆子"爲兩條，而清郝懿行《爾雅義疏》謂“稗即穄子”。又如宋寇宗奭《本草衍義》以絆根草爲“菵”，明李時珍把“馬唐”并入“菵”，清吳其濬《植物名實圖考》則認爲以上二家做法皆不妥。

七、斷句失誤。《詩·衞風·淇奧》：“綠竹猗猗。”毛傳：“綠，王芻也。竹，萹竹也。”毛傳不誤。而三國吳陸璣謂“綠竹，一草名，其莖葉似竹，青綠色”，誤。唐孔穎達舉《詩》“終朝采綠”例證明“綠竹”當斷開，亦確。《爾雅·釋草》：“唐、蒙，女蘿；女蘿，菟絲。”此一種斷法，一物四名，即唐、蒙、女蘿、菟絲。另一種斷法：“唐蒙，女蘿；女蘿，菟絲。”此斷法一物三名，即唐蒙、女蘿、菟絲。清郝懿行據《詩》“爰采唐矣”、《管子》“小辛大蒙”指出，唐、蒙當斷開，確。

大麻 [2]

草名。大麻科，大麻屬，大麻（*Cannabis sativa* Linn.）。一年生草本。莖高 1~2 米，基部圓形，莖梢及中部呈方形，皮有溝紋。掌狀複葉，披針形，緣有鋸齒。五六月開花，花單性，雌雄異株，雄花排成圓錐狀，雌花排成球狀或穗狀。瘦果卵形，具棱，子深綠色。莖皮纖維長而堅韌，可織麻布、搓繩。子可入藥，榨油。主要栽種區域爲我國北方。

藝麻在我國有久遠歷史，據説在黃帝時已開始種麻績麻。明羅頎《物原·食原》：“軒轅始種桑麻蔬果草木。”又《衣原》：“軒轅妃嫘祖始育蠶緝麻。”先秦已成爲主要食用作物之一，在黃河流域廣爲種植。先秦要籍如《書》《夏小正》《詩》《周禮》《儀禮》《禮記》《左傳》《論語》《孟子》《墨子》《管子》《吕氏春秋》等都有有關記載。《管子·地員》：“相高下，視肥墝，觀地宜……使五穀桑麻皆安其處。”此言麻之種植。《禮記·內則》：“饙、酏、酒、醴、

芼、羹、菽、麥、蕡、稻、黍、粱、秫，唯所欲。”鄭玄注：“蕡，熬枲實。”此言麻之餐食。《詩·陳風·東門之池》：“東門之池，可以漚麻。”鄭玄箋：“於池中柔麻，使可緝績作衣服。”此言麻之紡績。秦漢至三國時，《神農本草經》《五十二病方》《吳氏本草》等對其藥理、療效等始加記載，用途進一步擴大。三國吳陸璣《毛詩草木鳥獸蟲魚疏》首次總結了雌雄異株現象，且稱雄株爲“麻枲”，雌株爲“苴麻”。《氾勝之書》《四民月令》等對麻的種植、管理、收穫都有記載，表明已積纍了一定經驗。《爾雅》《説文》《廣雅》以及有關文獻中都保存有不少相關資料。南北朝到元代，麻的種植、使用又有發展，初步形成了長江流域以北的主產區。北魏農學家賈思勰在《齊民要術》中設《種麻》《種麻子》兩章，研究整理出完整系統的種麻方法。嗣後，唐韓鄂《四時纂要》、宋陳旉《農書》、元魯明善《農桑輯要》、元王禎《農書》等專業書籍中均有記載。特別是王禎，他於種

植之外，又將漚池、刈刀、績筐、小紡車、大紡車、蟠車、繡刷、布機、𦁐車、繩車、紉車、旋椎、耕索、呼鞭、牛衣等農器逐一記載、圖繪，標明當時對麻的加工技術有深入鑽研及明顯成效。"南人不解刈麻，北人不知治苧"（元王禎《農書·農器圖譜集》），這句俗語概括了當時麻產區分佈特點，一直延續至今。明清至近代，植麻仍占據相當重要的地位。明太祖規定，"凡農民田五畝至十畝者，栽桑麻木縣各半畝，十畝以上者倍之"（明余繼登《典故紀聞》卷一）。明徐光啓《農政全書》、李時珍《本草綱目》、宋應星《天工開物》，以及清張履祥《張氏補農書》、舊題陳眉公《致富奇書廣集》、張宗法《三農紀》、包世臣《齊民四術》等均有程度不同記載。值得注意的是，對於有關"麻"的文獻遺產研究頗用力，出現一批有相當影響的成果。如清王夫之《詩經稗疏》、陳大章《詩傳名物集覽》、程瑤田《九穀考》、劉寶楠《釋穀》，民國高潤生《爾雅穀名考》。今時，由於麻的食用價值不及稻麥，紡織價值不及棉花，故此種植已不及

麻蕡
（明王圻等《三才圖會》卷一一）

山絲苗
（明徐光啓《農政全書》卷五七）

前代之盛。

其稱謂甚繁。先秦稱"枲"，亦稱"麻"。當時是地方給中央王朝的貢品。《書·禹貢》："岱畎絲、枲、鉛、松、怪石。"孔傳："岱山之谷出此五物，皆貢之。"據說周始祖棄兒時即樹藝之。《史記·周本紀》："棄爲兒時……其游戲，好種樹麻菽。"《詩·齊風·南山》："藝麻如之何，衡從其畝。"鄭玄箋："樹麻者必先耕治其田。"時亦稱"蕡"，"蕡"亦作"黂""苴""墳"。《周禮·天官·籩人》："朝事之籩，其實麷、蕡。"鄭玄注："蕡，枲實也。"《禮記·內則》："菽、麥、蕡、稻、黍、粱。"陸德明釋文："蕡，字又作黂，大麻子。"後常以麻子之稱代替"大麻"，故清段玉裁《說文解字注·艸部》謂："麻實名苴，因之麻亦名苴。《草人》用蕡。"《周禮·秋官·司烜氏》："凡邦之大事，共墳燭庭燎。"鄭玄注："故書'墳'作'蕡'。鄭司農（鄭衆）云：'墳燭，麻燭也。'"《廣雅·釋草》："苴，麻也"。北魏賈思勰《齊民要術·種麻》引《爾雅》孫炎注曰："苴，麻子。"

【枲】[1]

"大麻[2]"之異稱。此稱先秦已行用。見該文。

【麻】

"大麻[2]"之古稱。此稱先秦已行用。見該文。

【蕡】

"大麻[2]"之異稱。此稱先秦已行用。見該文。

【黂】

同"蕡"，即大麻[2]。此體先秦已行用。見該文。

【苴】

即大麻[2]。此體先秦已行用。見該文。

【墳】

同"蕡"，即大麻[2]。此體先秦已行用。見該文。

【苴】

"大麻[2]"之別名。此稱先秦已行用。本指麻子，亦以指代植株。《詩·豳風·七月》："九月叔苴，采荼薪樗，食我農夫。"毛傳："苴，麻子。"《左傳·襄公十七年》："晏嬰麤縗斬，苴経帶，杖，菅屨，食粥，居倚廬，寢苫，枕草。"杜預注："苴，麻之有子者，取其麤也。"秦漢時亦稱"枲實""芓""麻母"，三者本皆麻之籽實，後皆代株體。《爾雅·釋草》："黂，枲實。"郭璞注："《禮記》曰：'苴，麻之有黂。'"又"枲，麻"。郭璞注："別二名。"又"芓，麻母"。郭璞注："苴，麻盛子者。"漢代稱"檾""林"，"芓"亦作"芓"，"蕡"亦作"䕡"，"枲"亦作"䅺"。《說文·艸部》："檾，芓也。"又"芓，麻母也。從艸，子聲。一曰，芓即枲也"。又"苴，枲實也。從艸，肥聲。䕡，苴或從麻蕡"。又《木部》："枲，麻也。從木台聲。䅺，籒文枲從林從辝。"又《林部》："林，苴之總名也。"時亦稱"牡麻""苴麻""麻子""芓麻""麻蕡""麻勃"。漢崔寔《四民月令》："牡麻，無實，好肥理。一名為枲也。"又"苴麻，麻之有蘊者，芓麻是也。一名黂"。又"二三月可種苴麻"。又"麻之有實者為苴"。《神農本草經·上品·麻蕡》："一名麻勃。麻子，味甘平，主補中益氣，肥健不老，神仙。生川谷。"時亦稱"麻實"。《淮南子·齊俗訓》："胡人見黂，不知其可以為布。"高誘注："黂，麻實也。"《玉篇·麻部》："黂，枲實。"明代稱"山絲苗"，"麻蕡"亦作"麻䕡"。明朱橚《救荒本草》："山絲苗，《本草》有麻蕡，一名麻勃，一名芓，一名麻母。生太山川谷，今處處皆有之，人家園圃中多種蒔，績其皮以為布。苗高四五尺，莖有細線楞，葉形狀似柳葉，而邊皆有叉牙鋸齒。每八九葉攢生一處，又似荊葉而狹，色深青，開淡黃白花，結實小如菉豆顆而匾……救飢：採嫩葉煠熟，換水浸去邪惡氣味，再以水淘洗净，油鹽調食……子可炒食，亦可打油用。"明王圻等《三才圖會》："麻䕡、麻子，生泰山谷，今處處有之，皆田圃所蒔，績其皮以為布者。一名麻勃，此麻花上勃勃者，七月七日采；麻子，九月采。"

【枲實】

"大麻[2]"之別名。此稱秦漢時已行用。見該文。

【芓】

"大麻[2]"之別名。此稱秦漢時已行用。見該文。

【芓】

同"芓"。即大麻[2]。此體漢代已行用。見該文。

【麻母】

"大麻[2]"之別名。此稱秦漢時已行用。見該文。

【檾】

"大麻[2]"之別名。此稱漢代已行用。見該文。

【林】

"大麻[2]"之別名。此稱漢代已行用。見該文。

【䕡】

同"蕡"。即大麻[2]。此體漢代已行用。見該文。

【綀】

同“枲”。即大麻[2]。此體漢代已行用。見該文。

【牡麻】

“大麻[2]”之别稱。此稱漢代已行用。亦特指有華無實之雄株。見該文。

【苴麻】

“大麻[2]”之别稱。此稱漢代已行用。亦特指雌株。見該文。

【麻子】

初指麻之籽實，後爲“大麻[2]”之别稱。此稱漢代已行用。見該文。

【荸麻】

“大麻[2]”之别名。此稱漢代已行用。亦特指雌株。見該文。

【麻蕡】

“大麻[2]”之别名。此稱漢代已行用。見該文。

【麻黂】

同“麻蕡”，即大麻[2]。此體明代已行用。見該文。

【麻勃】

“大麻[2]”之别名。此稱漢代已行用。見該文。

【麻實】

“大麻[2]”之别名。此稱漢代已行用。見該文。

【山絲苗】

“大麻[2]”之别名。此稱明代已行用。見該文。

【麻枲】

“大麻[2]”之别名。亦特指雄株。此稱三國時已行用。三國吴陸璣《毛詩草木鳥獸蟲魚疏》稱麻之雄者爲“麻枲”“牡麻”，雌者名“苴麻”“荸麻”（據明李時珍《本草綱目·穀一·大麻》〔釋名〕）。時亦稱“麻藍”“青欲”“青葛”“麻花”。三國魏吴普《吴氏本草》：“麻藍一名麻蕡，一名青欲，一名青葛。”又“麻勃一名麻花”。“麻花”據《本草綱目》〔正誤〕，孫星衍校注《神農本草經》作“花”，無“麻”。晋代稱“火麻”，“火”亦作“夥”。清張宗法《三農紀》引晋郭義恭《廣志》云：“火麻，言其衆長朋生協茂同榮也；一名夥麻，謂結實多而果多也。”南北朝稱“䕠”。《玉篇·麻部》：“䕠，麻也。”《集韻·平尤》：“䕠，枲也。”時“雄麻”之稱已行用。北魏賈思勰《齊民要術·種麻》：“白麻子爲雄麻。”宋代始稱“大麻”，以其較胡麻爲大，故名。時亦稱“漢麻”，以與自域外所來之“胡麻”相别。《爾雅翼·釋草》：“胡麻，大宛之種，張騫得之以歸……又以其胡物而細，故别謂中國之麻爲漢麻，亦曰大麻。”時亦稱“好麻”。清張宗法《三農紀》引《爾雅翼》云“青葛一名好麻”（按，今本《爾雅翼》未見）。時亦稱“大麻子”，“雌麻”之稱亦行用。《通志·昆蟲草木略第一》：“麻子者，大麻子也。脂麻爲胡麻，此爲漢麻；脂麻爲細麻，此爲大麻，亦謂之枲。然有牝牡。”宋王讜《唐語林·補遺》：“雄麻有花，而雌者結實。欲識麻之雌雄，以此辨之。”宋蘇頌《圖經本草·米部·麻蕡麻子》：“農家種麻法，擇其子之有斑文者，謂之雌麻，云用此則結實繁，它子則不然。”明代稱“黄麻”。明李時珍《本草綱目·穀一·大麻》〔釋名〕：“黄麻，俗名。”〔集解〕：“大麻即今火麻，亦曰黄麻。處處種之，剥麻收子。有雌有雄：雄者爲枲，雌者爲苴。大科如油麻。葉狹而長，狀如益母草葉，一枝七葉或九葉。五六月開細黄花成穗，隨即結實，大如胡荽子，可取油。剥其皮作麻。其秸白而有棱，輕虛可爲燭心。"清王夫之《詩經稗疏·陳風·麻紵》："麻一名麻䕡，《爾雅翼》謂之漢麻，《本草》謂之大麻，一名火麻……大抵麻之類不一，有火麻，有紵麻，有檾麻，有唐麻，而脂麻、南麻，皮不可績，以其莖葉似枲，故亦蒙麻號。要之，徒言麻者，則火麻是也。"清代"麻"亦作"蔴"，"黃麻"亦作"黃蔴"。舊題清陳眉公《致富奇書廣集·授時篇》："蔴宜早種，故先種之。播種黃蔴。"

【麻藍】

　　"大麻[2]"之別名。此稱三國時已行用。見該文。

【青欲】

　　"大麻[2]"之別名。此稱三國時已行用。見該文。

【青葛】[1]

　　"大麻[2]"之別名。此稱三國時已行用。見該文。

【麻花】

　　"大麻[2]"之別名。此稱三國時已行用。亦特指麻之花。見該文。

【火麻】

　　"大麻[2]"之別名。此稱晋代已行用。因衆長同榮，興盛如火，故名。見該文。

【夥麻】

　　同"火麻"，即大麻[2]。此體晋代已行用。因其籽實多（即夥），故名。見該文。

【雄麻】

　　特指麻之雄株，亦泛指"大麻[2]"。此稱南北朝已行用。見該文。

【漢麻】

　　"大麻[2]"之別名。此稱宋代已行用。見該文。

【好麻】

　　"大麻[2]"之別名。此稱宋代已行用。見該文。

【大麻子】[1]

　　"大麻[2]"之別名。此稱宋代已行用。見該文。

【雌麻】

　　特指麻之雌株，亦泛指"大麻[2]"。此稱宋代已行用。見該文。

【黃麻】[1]

　　"大麻[2]"之別稱。此稱明代已行用。見該文。

【黃蔴】

　　同"黃麻"。即大麻[2]。此體清代已行用。見該文。

【蔴】

　　同"麻"，即大麻[2]。此體清代已行用。見該文。

【春麻子】

　　"大麻[2]"之早春種者。早春種麻，漢代已有記載（見前）。"春麻子"之稱，此稱唐代已行用。時稱晚春所種爲"秋麻子"。唐陳藏器《本草拾遺》："麻子早春種爲春麻子，小而有毒；晚春種爲秋麻子。入藥佳，壓油可以油物。"清代"莩麻"亦作"子麻"，亦稱"種麻""秋麻"，"牡麻"亦稱"水麻""華麻""夏麻"，"華麻"亦作"花麻"。清程瑤田《九穀考》："牡麻，其俗呼花麻，花落後即先拔而漚之，剝取其皮，是爲夏麻。夏麻之色白，《詩》言'八月載績'，夏刈之，則八月可績也。苴麻其俗呼子麻，八九月間子熟則落，一莖中熟有先後，農人以數次搖其莖而拾取之。《詩》言'九月叔苴'，叔，拾也，拾取子盡，乃刈，漚其皮而剝之，是爲秋麻，色青而黯。"清郝懿行《爾雅義疏》下之一："要其正稱則枲、麻通名耳。今俗呼枲麻爲種麻，牡麻爲華麻。牡麻華而不實，枲麻實而不華。”徐珂《清稗類鈔·植物類》：“大麻，俗稱火麻，爲一年生草，植於園圃。莖高七八尺，葉作掌狀深裂。其花雌雄異株，收穫及功用各異。雄曰枲，亦曰牡麻；雌曰苴麻，亦曰子麻。夏至前後開花，雄花色淡綠，多花粉；雌花色綠，甚小。牡麻於花落後，即拔而漚取其皮，纖維柔韌，可織夏布，俗稱水麻；苴麻至秋乃刈，亦可織麻布，惟粗硬不潔白，喪服用之，俗稱秋麻。其實謂之蕡，古以供籩豆之實。子可食，古爲九穀之一。《禮》‘食麻與犬’是也。”

按，麻之雌雄异株，蓋天然所就，由來甚久。秦漢文獻中尚未嚴格區分，故《爾雅》“麻”“枲”并提。至漢代始有區分，故《四民月令》“牡麻”“苴麻”并見，牡麻亦稱“枲”，爲無實者；苴麻亦稱“苴”“枲麻”“麢”，爲麻之有實者。至三國吳陸璣始明確謂麻之雄者爲“麻枲”“牡麻”，雌者爲“苴麻”“枲麻”。後世多從其說。又，植物之命名，或以花英代植株，或以籽實代植株，不勝枚舉。初時本指花英、籽實，行用既久，遂以局部代稱全體。此現象於“大麻”中表現尤爲突出，故前修每加強調。清王念孫《廣雅疏證》卷一〇上：“麻子名苴，因名有子之麻爲苴。”《說文·艸部》：“葩，枲實也。”段玉裁注：“麻實名葩，因之麻亦名葩。”

【秋麻子】

“大麻[2]”之晚春種者。此稱唐代已行用。見該文。

【子麻】

同“枲麻”，即大麻[2]。此體清代已行用。

亦特指雌株。見該文。

【種麻】

“大麻[2]”之別名。此稱清代已行用。亦特指雌株。見該文。

【秋麻】

“大麻[2]”之別名。此稱清代已行用。亦特指雌株。見該文。

【水麻】[2]

“大麻[2]”之別名。此稱清代已行用。亦特指雄株。見該文。

【夏麻】

“大麻[2]”之別名。此稱清代已行用。亦特指雄株。因夏月即割取漚麻，故名。見該文。

【華麻】

“大麻[2]”之別名。此稱清代已行用。亦特指雄株。因有華（花）無實，故名。見該文。

【花麻】

同“華麻”，即大麻[2]。此體清代已行用。見該文。

水蕨

草名。鳳尾蕨科，水蕨屬，水蕨〔Ceratopteris thalictroides（Linn.）Brongn.〕。一年生草本。高30厘米許。根狀莖，短而直立。葉片光潤，叢生，葉柄四棱，漂浮水中。具營養葉與孢子葉二種。營養葉二至四回羽狀深裂，裂片披針形；孢子葉狹長，裂片綫形，緣略反捲。全草入藥，嫩葉可食。主要分布於我國江南各地區，多見於池塘、水田或溝渠中。

先秦已有記載，時稱“芹”，亦作“菫”。距今至少有三千多年的生長歷史，古人以爲味美之菜。《吕氏春秋·本味》伊尹回答商湯之問，稱“菜之美者，有雲夢之芹”。芹，或作

"葿"。《說文·艸部》："葿，菜之美者，雲夢之葿。"明代始稱"水蕨"。明李時珍《本草綱目·菜二·水蕨》〔集解〕："水蕨似蕨，生水中。《呂氏春秋》云：'菜之美者，有雲夢之葿。'即此菜也。"唐陸龜蒙《中酒賦》："剪雲夢葿，采泮宮芹。"按，清段玉裁《說文解字注·艸部》"葿"下注："《呂氏春秋》伊尹對湯曰：菜之美者，雲夢之芹。高注：雲夢，楚澤，芹生水涯。許作葿，蓋殷微二韻轉移最近，許君采自伊尹書，與《呂覽》字異，音義則同。《廣韻》曰：葿菜似蕨，生水中。"參閱清汪灝等《廣群芳譜·蔬譜三·水蕨》。

【芹】

"水蕨"之別名。此稱先秦已行用。見該文。

【葿】

即水蕨。此稱先秦已行用。見該文。

【葿蕨】

"水蕨"之別名。此稱清代已行用。時亦稱"龍鬚菜"。清吳其濬《植物名實圖考·蕨類·蕨》："水蕨生水中，北地謂之龍鬚菜……水邊生者曰葿蕨。余舟行溮水，有大聲出於硤中，就視之，則居人以木桶就溪杵蕨。"

【龍鬚菜】

"水蕨"之別名。此稱清代已行用。見該文。

牛蒡

草名。菊科，牛蒡屬，牛蒡（*Arctium lappa* Linn.）。二年生大型草本。根肉質。莖粗壯，高 1 米餘，有微毛，帶紫色，上部多分枝。葉互生，有柄，呈廣卵形至心臟形，背面密生白毛。夏秋開花，花管狀，淡紫色，頭狀花序簇生，具先端呈鈎刺狀的總苞片。瘦果長橢圓形或倒卵形，先端有刺毛一束。根可食，枝葉可作飼料，種子可入藥。我國自東北至西南地區均有分布，野生或栽培。

此稱始見於南北朝，時亦稱"惡實""鼠粘"，出南朝梁陶弘景《名醫別錄》。宋代俗稱"鼠粘子"。宋蘇頌《圖經本草·草部中品·惡實》："惡實，即牛蒡子也。生魯山平澤。今處處有之。葉如芋而長，實似葡萄核而褐色，外殼如栗棣，小而多刺，鼠過之，則綴惹不可脱，故謂之鼠粘子，亦如羊負來之比。根有極大者，作菜茹尤益人，秋後采子入藥。"明代稱"大力子""蒡翁菜""蝙蝠刺""牛菜""便牽牛""夜叉頭"。明李時珍《本草綱目·草四·惡實》〔釋名〕："大力子、蒡翁菜、便牽牛、蝙蝠刺。"又時珍曰："其實狀惡而多刺鈎，故名。其根葉皆可食，人呼爲牛菜，術人隱之，呼爲大力也。俚人謂之便牽牛，河南人呼爲夜叉頭。"又〔集解〕："牛蒡古人種子……三月生苗，起莖高者三四尺。四月開花成叢，淡紫色。結實如楓棣而小，萼上細刺百十攢簇之，一棣有子數十顆。其根大者如臂，長者近尺，其色灰黔。七月采子，十月采根。"清代以根製脯，清王士禎《香祖筆記》卷六："〔牛蒡脯製法〕十月以後，取牛蒡根洗乾，去皮，用慢火少煮，勿太爛，硬者熟煮，並搥令軟，下雜料物，如蕉脯法，浥焙取乾。"清吳其濬《植物名實圖考·隰草類·惡實》："牛蒡子多刺而獨以惡名，

惡 實
（清吳其濬《植物名實圖考》卷一一）

何也？初生葉大如芋，形固可駭；莖尤肥，宜能果腹；醫者蓄其實爲良藥。竟體皆有功於人，而蒙不韙之名，名顧可憑乎？"按，南朝梁陶弘景《名醫別錄》"惡實"，宋寇宗奭《圖經衍義》作"牛蒡子"，明劉文泰《本草品彙精要》作"鼠粘子"。"實"字下，日本丹波康賴《醫心方》卷三〇有"一名牛蒡，一名鼠黏草。"參閱清汪灝等《廣群芳譜·藥四·牛蒡》。

【惡實】

"牛蒡"之別稱。此稱約始見於南北朝。以其實狀惡多刺，故名。見該文。

【鼠粘】

"牛蒡"之別稱。此稱南北朝已行用。以其實外殼小而多刺，鼠過之則黏附，故名。見該文。

【鼠粘子】

"牛蒡"之俗稱。此稱宋代已行用。見該文。

【大力子】

"牛蒡"之別稱。此稱明代已行用。見該文。

【蒡翁菜】

"牛蒡"之別稱。此稱明代已行用。見該文。

【蝙蝠刺】

"牛蒡"之俗稱。此稱明代已行用。以其實似蝙蝠而多刺，故名。見該文。

【牛菜】

"牛蒡"之俗稱。此稱明代已行用。見該文。

【便牽牛】

"牛蒡"之俗稱。此稱明代已行用。見該文。

【夜叉頭】

"牛蒡"之俗稱。此稱明代已行用。以其實狀惡如夜叉首，故名。見該文。

【牛蒡子】

"牛蒡"之俗稱。此稱明代已行用。明朱橚《救荒本草·牛旁子》："《本草》名惡實……救飢：採苗葉煠熟。"

石胡荽

草名。菊科，石胡荽屬，石胡荽〔Centipeda minima（Linn.）A. Br. et Asch.〕。一年生草本。莖細弱，基部匍匐。葉互生，細小，倒卵狀橢圓形，緣微有鋸缺，無柄。秋季開花，頭狀花序，單生於葉腋，花黃色，管狀。瘦果橢圓形。全草入藥。分布於我國華東及中南各省，生長於路旁，荒野及陰濕地。

始見於唐代，出唐蕭炳《四聲本草》。因多生於石縫，形似胡荽，故名。時亦稱"天胡荽""鷄腸草"。五代亦稱"鵝不食草"，出五代陳士良《食性本草》。明代稱"野園荽"。明李時珍《本草綱目·草九·石胡荽》〔釋名〕："野園荽。"又時珍曰："石胡荽，生石縫及陰溼處小草也。高二三寸，冬月生苗，細莖小葉，形狀宛如嫩胡荽。其氣辛薰不堪食，鵝亦不食之。夏開細花，黃色，結細子。極易繁衍，僻地則鋪滿也。案，

石胡荽
（清吳其濬《植物名實圖考》卷一六）

鷄腸草
（清吳其濬《植物名實圖考》卷四）

（唐）孫思邈《千金方》云：'一種小草，生近水渠中溼处，狀類胡荽，名天胡荽，亦名鷄腸草。'即此草也。與繁縷之鷄腸名同物異。"

【天胡荽】

"石胡荽"之別稱。此稱唐代已行用。見該文。

【鷄腸草】

"石胡荽"之別稱。此稱唐代已行用。見該文。

【鵝不食草】

"石胡荽"之別稱。此稱五代時已行用。以其氣辛，鵝亦不食，故名。見該文。

【野園荽】

"石胡荽"之別稱。此稱明代已行用。見該文。

【滿天星】

"石胡荽"之別名。此稱清代已行用。時亦稱"沙飛草""地胡椒""大救駕"。清吳其濬《植物名實圖考·石草類·石胡荽》："《四聲本草》收之，即鵝不食草，詳《本草綱目》。以治目瞖，研末嗅之。《簡易草藥》有滿天星、沙飛草、地胡椒、大救駕諸名，亦治跌打損傷。

野園荽
（清吳其濬《植物名實圖考》卷五）

滿天星
（清吳其濬《植物名實圖考》卷一二）

或云能治痧症，蓋取其辛，能開竅。"

【沙飛草】

"石胡荽"之別名。此稱清代已行用。見該文。

【地胡椒】

"石胡荽"之別名。此稱清代已行用。見該文。

【大救駕】

"石胡荽"之別名。此稱清代已行用。見該文。

卷耳

草名。石竹科，卷耳屬，卷耳（*Cerastium arvense* L.）。一年生草本。莖高 1 米餘，直立，有歧枝。葉互生，有長柄，作寬三角形，先端尖，緣有缺刻。春夏開花，頭狀花序頂生或腋生，單生，雌雄同株。果實倒卵形，大小如桑椹果，周身皆細刺，易附着於他物之上。株莖可作纖維或農藥原料，莖葉果荒年皆可食，果入藥。分布幾遍全國，多野生於田野山間。

文獻記載始見於先秦，時亦稱"菤"；秦漢時稱"苓耳"，"卷耳"亦作"菤耳"；漢代稱"枲耳實""胡枲""地葵""莫""菓耳""檀菜""葹""苓"，"胡枲"亦作"胡荾"，"菓"作"枲"；三國時稱"常枲""耳璫""爵耳"，"菓耳"亦作"枲耳"。《詩·周南·卷耳》："采采卷耳，不盈頃筐。"毛傳："卷耳，苓耳也。"孔穎達疏引三國吳陸璣《毛詩草木鳥獸蟲魚疏》云："葉青白色，似胡荽，白華，細莖蔓生，可煮爲茹，滑而少味。四月中生子，正如婦人耳中璫。今或謂之耳璫草……幽州人謂之爵耳。"《楚辭·離騷》："資菉葹以盈室兮，判獨離而不服。"漢王逸注："葹，枲耳也。"宋洪興祖補

注："葹，商支切。形似鼠耳，詩人謂之卷耳，《爾雅》謂之苓耳，《廣雅》謂之枲耳，皆以實得名。"《爾雅・釋草》："卷耳，苓耳。"晋郭璞注："《廣雅》云，枲耳也，亦云胡枲，江東呼爲常枲。或曰，苓耳形似鼠耳，叢生如盤。"《神農本草經・中品・枲耳實》："枲耳實……一名胡枲，一名地葵。生川谷。"《淮南子・覽冥訓》："夫瞽師庶女，位賤尚菜。"漢高誘注："菜，菜耳，菜名也，幽冀謂之檀菜，雒下謂之胡菜。"清孫星衍校注《神農本草經》引此"菜"作"枲"。《楚辭・王逸〈九思・哀歲〉》："椒瑛兮涅污，菜耳兮充房。"原注："菜耳，惡草名也。"漢崔寔《四民月令》："伏後二十日爲麴，至七月七日乾之，覆以胡菜。"（據清汪灝等《廣群芳譜・藥譜四・卷耳》引）《說文・艸部》："葹，卷耳也。"又："苓，卷耳也。"《廣雅・釋草》："苓耳、葹、常枲、胡枲，枲耳也。"晋代稱"羊負來"，"胡枲"亦作"胡蒠"。蒠，與"枲"同音（清王念孫《廣雅疏證》卷一〇上）。晋張華《博物志》佚文："洛中有人驅羊入蜀，胡蒠子多刺，粘綴羊毛，遂至中國，故名羊負來。"南北朝稱"常思菜""劚"，"枲耳實"亦作"菜耳實"，"常枲"亦作"常思"。枲，與"思"古音同（清郝懿行《爾雅義疏》下之一）。南朝梁陶弘景《名醫別

菜　耳
（明王圻等《三才圖會》卷二）

錄》："菜耳實……一名葹，一名常思。生安陸川谷及六安田野，實熟時采。"又南朝梁陶弘景《本草經集注・草木中品・菜耳實》："此是常思菜，偁人皆食之。以葉覆麥作黃衣者，一名羊負來。"《玉篇・艸部》："劚，即菜耳。"宋代稱"道人頭"，"胡枲"亦作"胡葈"。宋蘇頌《圖經本草・草部中品・菜耳》："今之所有皆類此，但不作蔓生耳。或曰此物本生蜀中，其實多刺，因羊過之，毛中黏綴，遂至中國，故名羊負來，俗呼爲道人頭。"《集韻・上止》："葟（葟），胡葟（葟），草名，枲耳也。"明代稱"菺草""必栗香""豬耳""喝起草""野茄""縑絲草""進賢菜"。明王象晋《群芳譜・卉譜・卷耳》："一名常思，一名菺草，一名必栗香。葉如鼠耳，叢生如盤。性甚奈拔，其心不死。可以毒魚，搗碎置上流，魚悉暴鰓。入書笥中，白魚不能損書。"明李時珍《本草綱目・草四・菜耳》〔釋名〕："豬耳……進賢菜、喝起草、野茄、縑絲草。時珍曰：其葉形如菜麻，又如茄，故有菜耳及野茄諸名。其味滑如葵，故名地葵，與地膚同名。詩人思夫賦《卷耳》之章，故名常思菜。張揖《廣雅》作常菜，亦通。"徐珂《清稗類鈔・植物類》："〔枲耳〕一年生草，野生。葉爲卵形，端尖，有缺刻及鋸齒，互生。夏日開綠花，單性，雌雄同株。雄花在花軸之上部，列爲小頭狀花序，雌花隱於囊狀總苞之内，總苞滿生小刺，鈎著人衣。嫩苗及實，遇儉歲，人亦食之。"

按，此條尚有六事須考辨說明。一、關於"卷耳"之別名"胡菱"。《爾雅・釋草》"卷耳"條郭璞注，據北魏賈思勰《齊民要術・五穀果蓏菜茹非中國物産者・胡菱》所引，與通常所

引不同，有"胡荽"之名。其文云："《爾雅》云：'菱耳，苓耳。'《廣雅》云：'枲耳也，亦云胡枲。'郭璞曰：'胡荽也，江東呼爲常枲'。"又賈氏本文下《詩·周南·卷耳》舊注亦見"胡荽"之名。其文作："《周南》曰：'采采卷耳。'毛云：'苓耳也。'注云：'胡荽也'。"蓋胡荽亦卷耳異名，約見於晋代前後。二、關於"卷耳"之別名"白胡枲"（一作"白胡荽"）。清孫星衍校注《神農本草經·中品·枲耳實》引《詩·周南·卷耳》"（陸璣云）：葉青白色，似胡荽，白華，細莖蔓生，可煮爲茹，滑而少味。四月中生子，正如婦人耳璫，今或謂之耳璫草。鄭康成謂是白胡荽，幽州人謂之爵耳。"明李時珍《本草綱目·草四·枲耳》〔釋名〕引作"白胡枲"。而唐孔穎達《毛詩正義》無鄭康成此語。故不知"白胡荽"（枲）到底是否是"卷耳"異名。三、關於"卷耳"之別名"薬"《說文·艸部》訓此爲卷耳，清學者多以爲是傳寫之誤。清錢坫斠詮："《繫傳》本無此字，《廣韻》則有薬無薬，疑原爲一文，後人妄加之耳。'苓，卷耳'在後，不應於此先見。"段玉裁注："鉉、鍇本篆皆作薬，從艸婁聲。鉉本薬下又出薬篆，云卷耳也，從艸務聲；鍇本無薬，張次立依鉉補之……《玉篇》云：薬，莫屋、莫老二切，毒艸也，此顧野王原本，而薬下引《說文》卷耳也，又出薬字，莫候切，引《說文》毒艸也。此孫强、陳彭年輩據俗本《說文》增之。今改正篆文作'薬，毒艸也'，而删'薬，卷耳也'之云。卷耳果名薬，則當與'苓，卷耳也'同處矣。"一說，薬訓卷耳，假藉爲薬。出清朱駿聲《說文通訓定聲·孚部》。今姑從後說，以"薬"爲"卷耳"異名。四、關於"卷耳"之別名"耳璫"。始見於三國吳陸璣《毛詩草木鳥獸蟲魚疏》，然諸家所引不同。北魏賈思勰《齊民要術·五穀果蓏菜茹非中國物産者·胡荽》、宋蘇頌《圖經本草·草部中品·菓耳》皆引作"耳璫草"；清王念孫《廣雅疏證》卷一〇上引作"璫草"。殆傳寫致誤，然大同小別，其名義未變。五、"羊負來"之命名。舊説羊負卷耳子自蜀入中土，中土遂有之，故名。清王念孫《廣雅疏證》卷一〇上駁此説，王云："案，負來叠韻字，無煩曲説；草名取於牛馬羊豕鷄狗者，不必皆有實事；況'采采卷耳'，《周南》所詠，又不得言中國無此草也。"六、關於"卷耳"之异名"薭"。清王念孫謂此爲"薭"字之訛。《廣雅疏證》卷一〇上："《玉篇》：薭，且己切，枲耳也。薭當爲薭字之誤，薭蓋從艸凶聲而讀如枲，猶恖從凶聲而讀如司。《廣韻》《集韻》胡枲垃作胡菓（菓），菓（菓）即薭字筆劃小异耳。《列子》釋文引《倉頡篇》枲耳之枲作薭，亦薭之誤。"

【薬】

"卷耳"之別名。此稱先秦已行用。見該文。

【苓耳】

"卷耳"之別名。此稱秦漢已行用。見該文。

【菤耳】

同"卷耳"。此體秦漢已行用。見該文。

【胡枲】

"卷耳"之別名。此稱漢代已行用。見該文。

【胡菓】

同"胡枲"，即卷耳。此體漢代已行用。見該文。

【胡蒠】

同"胡枲"，即卷耳。此體晋代已行用。見

該文。

【地葵】[2]

　　"卷耳"之別名。此稱漢代已行用。以其葉味滑如葵菜，故名。見該文。

【枲】

　　"卷耳"之別名。此稱漢代已行用。枲，大麻。以其葉形如麻，因名。見該文。

【枲】[2]

　　同"枲"，"卷耳"之別名。此體漢代已行用。此與大麻（ *Cannabis sativa* ）之別名"枲"同名异物。見該文。

【枲耳】

　　"卷耳"之別名。此稱漢代已行用。以其葉形如枲麻，實形如耳璫，故名。見該文。

【枲耳實】

　　"卷耳"之別名。此稱漢代已行用。見該文。

【檀菜】

　　"卷耳"之別名。此稱漢代已行用。清汪灝等《廣群芳譜・藥四・卷耳》引作"禮菜"。見該文。

【莃】

　　"卷耳"之別名。此稱漢代已行用。見該文。

【苓】

　　"卷耳"之別名。此稱漢代已行用。見該文。

【常枲】

　　"卷耳"之別名。此稱三國時已行用。見該文。

【耳璫】

　　"卷耳"之別名。此稱三國時已行用。以其實形如婦女之耳璫，故名。見該文。

【爵耳】

　　"卷耳"之別名。此稱三國時已行用。見

該文。

【枲耳】

　　同"枲耳"，"卷耳"之別名。此稱三國時已行用。見該文。

【羊負來】

　　"卷耳"之別名。此稱晋代已行用。傳説羊負枲耳子自蜀入至中土，因名。不足憑信。

【常思菜】

　　"卷耳"之別名。此稱南北朝已行用。以《詩・周南・卷耳》所賦爲婦思夫之事，故名。見該文。

【常思】

　　即卷耳。此稱南北朝已行用。或説，"常思菜"之省稱，亦通。見"卷耳"文。

【葈】

　　"卷耳"之別名。此稱南北朝已行用。見該文。

【枲耳實】

　　同"枲耳實"，即卷耳。此體南北朝已行用。見該文。

【道人頭】

　　"卷耳"之別名。此稱宋代已行用。見該文。

【胡葈】

　　同"胡枲"，即卷耳。此體宋代已行用。見該文。

【蒔草】

　　"卷耳"之別名。此稱明代已行用。見該文。

【必栗香】

　　"卷耳"之別名。此稱明代已行用。見該文。

【豬耳】

　　"卷耳"之別名。此稱明代已行用。或作

"猪耳"。見該文。

【喝起草】

"卷耳"之別名。此稱明代已行用。見該文。

【野茄】

"卷耳"之別名。此稱明代已行用。以其葉形似葉茄，故名。見該文。

【縑絲菜】

"卷耳"之別名。此稱明代已行用。見該文。

【進賢菜】

"卷耳"之別名。此稱明代已行用。見該文。

【蒼耳】

"卷耳"之別名。此稱約在秦漢已行用。時亦稱"葈耳"。《列子·楊朱》："昔人有美戎菽甘枲莖芹萍子者，對鄉豪稱之。"殷敬順釋文："枲，胡枲也。《倉頡篇》云：葈耳也，一名蒼耳。"唐杜甫《驅竪子摘蒼耳》詩："卷耳況療風，童兒且時摘。"宋蘇軾《東坡雜記》："藥至賤而爲世要用，無若蒼耳者。他藥雖賤，或地有不産，惟此藥不問南北夷夏、山澤斥鹵、泥土沙石，但有地則産。其花葉根實皆可食，食之則如藥治病。"（據清汪灝等《廣群芳譜·藥譜四·卷耳》引）明朱橚《救荒本草》卷四："蒼耳，《本草》名葈耳，俗名道人頭……葉青白，類粘糊菜葉；葉莖秋間結實，比桑椹短而多刺……救飢：採嫩苗葉煠熟，換水，浸去苦味，淘净，油鹽調食。其子炒微黄，搗去皮，磨爲麵，作

蒼　耳
（明徐光啟《農政全書》
卷五二）

燒餅，蒸食亦可；或用子熬油點燈。"清吳其濬《植物名實圖考·隰草類·葈耳》："今通呼爲蒼耳……《酒經》謂之道人頭，以爲麴藥。北地今尚熬子爲油，氣清色綠，點燈宜目。"徐珂《清稗類鈔·植物類》："枲耳，一名蒼耳，一年生草，野生。葉爲卵形，端尖，有缺刻及鋸齒，互生。夏日開綠花，單性。雌雄同株，雄花在花軸之上部，列爲小頭狀花序，雌花隱於囊狀總苞之内。總苞滿生小刺，鈎著人衣。嫩苗及實，遇儉歲，人亦食之。"清郝懿行《爾雅義疏》下之一："今蒼耳葉青黄色，圓銳而澀，高二三尺。俗言稀見其華子如蓮實而多刺，娛時亦堪摘以下酒。未見有蔓生者，陸疏與郭異；郭云叢生，今亦未見。"按，殷敬順釋文"葈耳"之"葈"原本作"葏"，王念孫以爲是"葈"字之訛，今正。

【枲耳】

同"枲耳"，即卷耳。此體秦漢已行用。見該文。

狼把草

草名。菊科，鬼針草屬，狼把草（*Bidens tripartita*）。一年生草本。莖直立，基部分枝，高可達100厘米許。葉對生，中上部之葉通常爲三至五深裂，頂端葉或不分裂。秋季開花，頭狀花序頂生，花管狀兩性，黄色。瘦果扁平，楔形，沿棱邊具硬毛。全草可提取黄色染料、入藥；果實可榨油。廣布我國各地，多見於路邊、荒野。

秦漢文獻已載，時稱"櫌"，亦作"櫻"，亦稱"烏階"。晋代稱"烏杷"。唐代始稱"狼把草"，亦作"狼杷草"，亦稱"郎耶草"。宋代稱"狼杷"。明代稱"鼠尾草"。《爾雅·釋草》：

"攫,烏階。"晋郭璞注:"即烏杷也。"宋邢昺疏:"今俗謂之狼杷是也。"清郝懿行義疏引唐陳藏器《本草》作"狼杷草"。唐陳藏器《本草拾遺》:"狼把草生山道旁,與秋穗子並可染皂。"又曰:"郎耶草生山澤間,高三四尺,葉作雁齒,如鬼針苗。"宋蘇頌《圖經本草·本經外草類·狼把草》:"主療丈夫血痢,不療婦人。若患積年疳痢,即用其根,俗間頻服有效。患血痢者,取草二斤,搗絞取汁一小升,内白麵半雞子許,和之調令勻,空腹頓服之。極重者,不過三服;若無生者,但收取苗,陰乾,搗爲散,患痢者取散一方寸匕,和蜜水半盞服之。"明李時珍《本草綱目·草五·狼把草》〔釋名〕:"方士言此草即鼠尾草,功用亦近人,但無的據耳。"

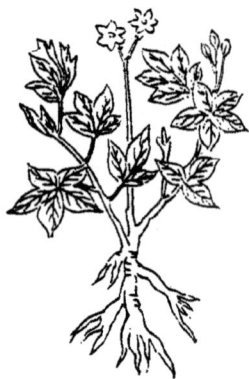

狼杷草
（清吴其濬《植物名實圖考》卷一四）

鼠尾草
（清吴其濬《植物名實圖考》卷一四）

【攫】

"狼把草"之別稱。此稱秦漢已行用。見該文。

【櫡】

同"攫"。即狼把草。《爾雅·釋草》一本作此。此體秦漢已行用。見該文。

【烏階】

"狼把草"之別稱。此稱秦漢已行用。見該文。

【烏杷】

"狼把草"之別稱。此稱晋代已行用。見該文。

【狼杷草】

同"狼把草"。此體唐代已行用。見該文。

【郎耶草】

"狼把草"之別稱。此稱唐代已行用。見該文。

【狼耙】

"狼把草"之別稱。耙,"把"之音轉。此稱宋代已行用。見該文。

【鼠尾草】[1]

"狼把草"之別稱。此稱明代已行用。見該文。

鬼針草

草名。菊科,鬼針草屬,鬼針草（*Bidens bipinnata* Linn.）。一年生草本。方莖直立,上多歧枝。中下部葉對生,三出二回羽狀複葉;上部葉互生,羽狀分裂,漸小,秋季開花,黃色,頭狀花序生於莖頂。瘦果綫形,具棱,頂端具三四枚冠毛。因冠毛如針,易刺附於人物,故名。全草入藥。廣布於我國各

鬼針草
（清吴其濬《植物名實圖考》卷一四）

地，多見於路邊池岸。

文獻記載約始見於唐代，時省稱"鬼針"。亦稱"鬼釵"。明李時珍《本草綱目·草五·鬼針草》〔集解〕引唐陳藏器《本草拾遺》："（鬼針草）生池畔，方莖，葉有椏子，作釵脚，著人衣如針。北人謂之鬼針，南人謂之鬼釵。"參閱清汪灝等《廣群芳譜·藥譜四·鬼針草》。

【鬼針】

"鬼針草"之省稱。此稱約始行用於唐代。見該文。

【鬼釵】

"鬼針草"之別稱。因葉椏權如釵，故名。此稱始行用於唐代。見該文。

【鬼鍼】

即鬼針草。此體清代已行用。清吳其濬《植物名實圖考·隰草類·鬼鍼草》："《本草拾遺》始著錄。秋時莖端有鍼四出，刺人衣，今北地猶謂之鬼鍼。"按，吳氏《植物名實圖考長編·隰草類》作"鬼釵草"。

黃花蒿

草名。菊科，蒿屬，黃花蒿（*Artemisia annua* Linn.）。一年生草本。莖直立，中上部多分枝。中部葉三回羽狀全裂，裂片綫形；上部葉漸小，一回羽狀細裂。秋季開黃花，頭狀花序球形，多數，外層雌花，內層兩性花，排列爲尖塔形圓錐狀。瘦果，長圓形。全草入藥，亦可配製農藥及提取芳香油。莖苗可嫁接菊花。廣布於我國南北各地，生長於路邊、林間及荒地。

始見記於秦漢期間，時稱"臭蒿""草蒿""黃花蒿"。清汪灝等《廣群芳譜·花譜·黃花蒿》引《神農本草》："黃花蒿，一名臭蒿，一

名草蒿。"《格致鏡原》卷六八引同此。明李時珍《本草綱目·草四·黃花蒿》："香蒿、臭蒿通可名草蒿。此蒿與青蒿相似，但此蒿色綠帶淡黃，氣辛臭不可食，人家采以罨醬黃酒麴者是也。"清吳其濬《植物名實圖考·隰草類·黃花蒿》："俗呼臭蒿，以覆醬豉。《本草綱目》始收入藥。"參閱清汪灝等《廣群芳譜·卉譜三·黃花蒿》。

草 蒿
（明王圻等《三才圖會》卷四）

【臭蒿】

"黃花蒿"之別稱。此稱宋代已行用。見該文。

【草蒿】[2]

"黃花蒿"之別稱。此稱宋代已行用。按，《神農本草經》下品之"青蒿"亦稱"草蒿"，與此名同實异。見"黃花蒿"文。

鼠麴草

草名。菊科，湿鼠曲草屬，鼠曲草（*Gnaphalium affine* D. Don）。二年生草本。莖基部即分枝，呈叢生狀，全株密生白色綿毛。葉互生，倒披針形或匙形。頭狀花序簇生於枝頂，初夏開花，黃白色。瘦果長圓形。全草入藥，亦可提取芳香油，嫩葉可食。廣布於我國各地，生長於田埂荒地路旁。

始見記於南北朝。時稱"鼠麴"。南朝梁宗懍《荆楚歲時記》："〔三月三日〕取鼠麴汁蜜和粉，謂之龍舌料，以厭時氣。"時亦稱"鼠耳""無心"。南朝梁陶弘景《名醫別錄》："鼠耳一名無心，生田中下地，厚葉肥莖。"唐代始

稱“鼠麴草”，亦稱“香茅”“鼠耳草”。唐陳藏器《本草拾遺》：“鼠麴草生平崗熟地，高尺餘，葉有白毛黃花……山南人呼爲香茅……江西人呼爲鼠耳草也。”時亦稱“蚍蜉酒草”，蓋因蚍蜉食此而得名，出唐段成式《酉陽雜俎》。宋代稱“茸母”，出宋徽宗詩。元代稱“佛耳草”，出元李杲《用藥法象》。明代稱“黃蒿”。明汪機《本草會編》：“佛耳草，徽人謂之黃蒿。”時亦稱“米麴”“毛耳朵”。明李時珍《本草綱目・草五・鼠麴草》〔釋名〕“米麴”時珍曰：“麴言其花黃如麴色，又可和米粉食也。鼠耳言其葉形如鼠耳。又有白毛蒙茸似之，故北人呼爲茸母。佛耳，則鼠耳之訛也。今淮人呼爲毛耳朵，則香茅之茅，似當作毛。”又〔集解〕：“原野間甚多。二月生苗，莖葉柔軟。葉長寸許，白茸如鼠耳之毛。開小黃花成穗，結細子。楚人呼爲米麴，北人呼爲茸母。故邵桂子《甕天語》云：‘北方寒食，采茸母草和粉食。’宋徽宗詩‘茸母初生認禁煙’者是也。”清代作“鼠麯草”，亦稱“水蟻草”。清吳其濬《植物名實圖考・隰草類・鼠麯草》：“《酉陽雜俎》蚍蜉酒，鼠耳也，即此。今江西、湖南皆呼爲水蟻草，或即蚍蜉酒之意。煎餅猶用之。”徐珂《清稗類鈔・植物類》：“鼠麴草爲一年生草，原野甚多。高尺許，葉長，本狹末闊，互生，有白色軟毛。春夏之間，莖梢簇生小黃花，列爲頭狀花序，北人稱爲茸母。”參閱宋唐愼微《政和證類本草》、明劉文泰等《本草品彙精要・草部・鼠麴草》。

【鼠麴】

　　即鼠麴草。此稱南北朝已行用。以其葉形如鼠耳，花黃如麴色，故名。見該文。

【鼠耳】

　　“鼠麴草”之別稱。此稱南北朝已行用。以其葉形如鼠耳，故名。見該文。

【無心】

　　“鼠麴草”之別稱。此稱南北朝已行用。見該文。

【香茅】[1]

　　“鼠麴草”之別稱。此稱唐代已行用。或說，“茅”乃“毛”之訛。其莖白毛密布，故名。見該文。

【鼠耳草】

　　“鼠麴草”之別稱。此稱唐代已行用。見該文。

【蚍蜉酒草】

　　“鼠麴草”之別稱。此稱唐代已行用。見該文。

【茸母】

　　“鼠麴草”之別稱。此稱宋代已行用。以其株白毛蒙茸，故名。見該文。

【佛耳草】

　　“鼠麴草”之別稱。此稱元代已行用。明李時珍以爲“佛耳”乃“鼠耳”之訛。見該文。

【黃蒿】

　　“鼠麴草”之別稱。此稱明代已行用。見該文。

【米麴】

　　“鼠麴草”之別稱。此稱明代已行用。以其花黃似米麴，故名。見該文。

【毛耳朵】[2]

　　“鼠麴草”之別稱。此稱明代已行用。以其葉似毛茸鼠耳，故名。見該文。

【鼠麴草】

同"鼠麴草"。此體清代已行用。見該文。

【水蟻草】

"鼠麴草"之別名。此稱清代已行用。見該文。

鱧腸

草名。菊科，鱧腸屬，鱧腸（*Eclipta prostrata* Linn.）。一年生草本。莖基部作匍匐狀，主莖可高達數十厘米。葉對生，呈橢圓狀披針形或綫狀披針形。秋季開花，花白色，頭狀花序頂生或腋生。全草入藥。廣布於我國各地，多見於近水濕地。

始見記於南北朝，時稱"旱蓮"。北周庾信《和迴文詩》："旱蓮生竭鑊，嫩菊養秋鄰。"唐代始稱"鱧腸"。以此草莖柔，斷之有墨汁出，似鱧魚之烏腸，故名。唐蘇敬等《唐本草·草部·鱧腸》："鱧腸生下濕地，所在坑渠間多有。苗似旋覆。二月八月采，陰乾。"宋代稱"蓮子草""旱蓮子""金陵草"。通開白花，開黃花者亦稱"蓮翹"。宋蘇頌《圖經本草·草部中品·鱧腸》："即蓮子草也。舊不載所出州郡，但云生下濕地。今處處有之，南方尤多。此有二種，一種葉似柳而光澤，莖似馬齒莧，高一二尺，開花細而白，其實若小蓮房。蘇恭云苗似旋覆者是也。一種苗梗枯瘦，頗似蓮花而黃色，實亦作房而圓，南人謂之蓮翹者。二

鱧　腸
（宋柴源等《紹興校定證類備急本草畫圖》卷三）

種摘其苗，皆有汁出，須臾而黑，故多做烏髭髮藥用之，俗謂之旱蓮子。三月、八月采，陰乾，亦謂之金陵草。"明代稱"墨煙草""墨頭草""墨菜""猢孫頭""豬牙草"。花黃紫色者稱"小連翹"。明李時珍《本草綱目·草五·鱧腸》〔釋名〕："墨煙草、墨頭草、墨菜、猢孫頭、豬牙草。"又時珍曰："鱧，烏魚也，其腸亦烏。此草柔莖，斷之有墨汁出，故名，俗呼墨菜是也。細實頗如蓮房狀，故得蓮名。"〔集解〕："旱蓮有二種：一種苗似旋覆而花白細者，是鱧腸；一種花黃紫而結房如蓮房者，乃是小連翹也。"清代稱"旱蓮草"。清吳其濬《植物名實圖考·隰草類·鱧腸》："即旱蓮草……《救荒本草》蓮子草結實如蓮房，即此。"

旱　蓮
（清吳其濬《植物名實圖考》卷三八）

【旱蓮】

"鱧腸"之別名。此稱南北朝已行用。不生水中，結實如蓮，故名。見該文。

【蓮子草】

"鱧腸"之別稱。此稱宋代已行用。見該文。

【旱蓮子】

"鱧腸"之別稱。此稱宋代已行用。見該文。

【金陵草】

"鱧腸"之別稱。此稱宋代已行用。見該文。

【蓮翹】

"鱧腸"之開黃花（或黃紫花）者。此稱宋代已行用。見該文。

【墨煙草】

"鱧腸"之別稱。此稱明代已行用。見該文。

【墨頭草】

"鱧腸"之別稱。此稱明代已行用。見該文。

【墨菜】

"鱧腸"之別稱。此稱明代已行用。見該文。

【猢孫頭】

"鱧腸"之別稱。此稱明代已行用。見該文。

【豬牙草】

"鱧腸"之別稱。此稱明代已行用。見該文。

【小蓮翹】

"鱧腸"之開黃紫花（或黃花）者。此稱明代已行用。見該文。

【旱蓮草】

"鱧腸"之別名。此稱清代已行用。見該文。

石龍芮

草名。毛茛科，毛茛屬，石龍芮（*Ranunculus sceleratus* Linn.）。一年生或二年生草本。根如薺菜根形。圓莖光滑，中空，叢生，高約 30 厘米，上有分枝，每枝三葉。葉片大體呈三角或五角形，基本葉和中部葉有長柄，近花處葉無柄，狹長披針形。春季於莖頂抽枝開花，小型，黃色，五瓣。瘦果多枚相聚，呈卵狀圓錐形。苗葉可食，根、皮及子入藥。廣布我國各地，多見於近水濕地。

在我國至少有三千年以上的生長歷史。始見載於夏代，時稱"堇"。《夏小正》："二月榮堇。"先秦亦作"菫"。秦漢時稱"齧""苦堇"。《詩·大雅·緜》："周原膴膴，堇荼如飴。"《禮記·內則》："堇、苴、枌、榆、免、薧、滫，瀡以滑之。"《爾雅·釋草》："齧，苦堇。"晉郭璞注："今堇葵也。葉似柳，子如米，汋食之，滑。"漢代始稱

"石龍芮"。芮，短小貌。因其生於川澤石邊，其葉芮芮短小，故名。亦稱"魯果能""地椹"。《神農本草經·中品·石龍芮》："一名魯果能，一名地椹。生川澤石邊。"《說文·艸部》："堇，草也。根如薺，葉如細柳，蒸食之，甘。"三國時省稱"龍芮"，亦稱"薑苔""天豆""水堇"。三國魏吳普《吳氏本草》："龍芮，一名薑苔，一名天豆。"南北朝稱"石能""彭根"。南朝梁陶弘景《名醫別錄》："〔石龍芮〕一名石能，一名彭根。"唐蘇敬等《唐本草》："今用者俗名水堇，苗似附子，實如桑椹，生下濕地，五月熟。"明代稱"胡椒菜"。明李時珍《本草綱目·草六·石龍芮》〔釋名〕："弘景曰：生于石上，其葉芮芮短小，故名。恭（蘇恭）曰：實如桑椹，故名地椹……時珍曰：芮芮，細兒，其椹之子細芮，故名。"又〔集解〕："蘇恭言水堇即石龍芮，蘇頌非之，非矣。按漢《吳普本草》：石龍芮一名水堇。其說甚明……水堇即俗稱胡椒菜者，處處有之，多生近水下濕地。高者尺許，其根如薺。二月生苗，叢生。圓莖分枝，一枝三葉，葉青而光滑，有三尖，多細缺。江淮人三四月采苗，瀹過，曬蒸黑色爲蔬。四五月開細黃花，結小實，大如豆，狀如初生桑椹，青綠色。搓散則子甚細，如葶藶子，即石龍芮也。"清代河南方言稱"鬼見愁"。清吳其濬《植物名實圖考·毒草類·石龍

石龍芮
（清吳其濬《植物名實圖考》卷二四）

芮》："今處處有之。形狀正如水菫，生水邊者肥大，平原者瘦小。其實亦能灸瘒，固始呼爲鬼見愁。"

　　按，"胡椒菜"之名，《本草綱目》〔釋名〕言出明朱橚《救荒本草》。今檢其書，未見。姑闕疑。參閱清汪灝等《廣群芳譜·藥譜五·苦菫》。

【菫】

　　"石龍芮"之別稱。此稱先秦已行用。見該文。

【堇】[1]

　　同"菫"，即石龍芮。此體先秦已行用。見該文。

【蔨】

　　"石龍芮"之別稱。此稱秦漢已行用。見該文。

【苦菫】

　　"石龍芮"之別稱。此稱秦漢已行用。見該文。

【魯果能】

　　"石龍芮"之別稱。此稱漢代已行用。按《太平御覽》引作"食果"。見該文。

【地椹】

　　"石龍芮"之別稱。此稱漢代已行用。以其實如桑椹，生於地，故名。見該文。

【龍芮】

　　"石龍芮"之省稱。此稱三國時已行用。見該文。

【薑苔】

　　"石龍芮"之別稱。此稱三國時已行用。見該文。

【天豆】

　　"石龍芮"之別稱。此稱三國時已行用。見該文。

【水菫】

　　"石龍芮"之別稱。此稱三國時已行用。見該文。

【石能】

　　"石龍芮"之別稱。此稱南北朝已行用。見該文。

【彭根】

　　"石龍芮"之別稱。此稱南北朝已行用。見該文。

【胡椒菜】

　　"石龍芮"之俗稱。此稱明代已行用。見該文。

【鬼見愁】

　　"石龍芮"之別名。此稱清代已行用。見該文。

【菫菜】

　　"石龍芮"之別名。此稱唐代已行用。《爾雅翼·釋草》："《本草》唐本注云：此菜野生，非人所種，俗謂之菫菜。葉似蒮，花紫色。"清郝懿行《爾雅義疏》下之一："今按菫類有三：烏頭，一也；苵藋，二也，菫菜，三也。"按，《爾雅翼·釋草》引《爾雅·釋草》"蔨，苦菫"。郭璞注："今菫菜，葉如柳。""菫菜"，蓋"菫葵"之訛。

列當

　　草名。列當科，列當屬，列當（*Orobanche coerulescens* Steph.）。一年生寄生草本。全株無葉綠素，莖單一，直立，肉質，高約 30 厘米，黃褐色，具絨毛。葉退化成鱗片狀，互生。夏季開花，花序於莖上部成密穗狀，花冠藍紫色，具兩唇，上唇全緣，下唇三淺裂。蒴果卵狀橢圓形，內含種子多枚。全草入藥。產於我國華北北部及東北地區，多見於山坡草地，或寄生於其他植物。

列 當
（清吳其濬《植物名實圖考》卷一六）

文獻記載此稱約始見於宋代，時亦作"栗當"，亦稱"草蓯蓉""花蓯蓉"。宋馬志等《開寶本草》："列當生山南巖石上，如藕根，初生掘取，陰乾。"宋唐慎微《證類本草》卷一一："列當，味甘，溫無毒……亦名栗當，一名草蓯蓉。""花蓯蓉"之名出宋佚名《日華本草》。宋蘇頌《圖經本草·草部上品·肉蓯蓉》："又有一種草蓯蓉，極相類，但根短莖圓，紫色。比來人多取，刮去花，壓令扁，以代肉者，功力殊劣耳。"清汪灝等《廣群芳譜·藥譜一·列當》："以其功劣於肉蓯蓉，故謂之列當。"清吳其濬《植物名實圖考·石草類·列當》："《開寶本草》始著錄。生原州、秦州等州，即草蓯蓉。治勞傷，補腰腎，代肉蓯蓉，即此。"今俗稱"兔子拐棒"。參閱明李時珍《本草綱目·草一·列當》。

【栗當】

"列當"之別稱。此稱宋代已行用。見該文。

【草蓯蓉】

"列當"之別稱。此稱宋代已行用。見該文。

【花蓯蓉】

"列當"之別稱。此稱宋代已行用。見該文。

蛇牀

"牀"同"床"。草名。傘形科，蛇床屬，蛇床〔Cnidium monnieri (Linn.) Cusson〕。一年生草本。莖直立，圓柱形，高50~60厘米，有分枝，表面有縱溝紋，疏生細柔毛。葉互生，三出三回羽狀全裂，終裂片綫形；基生葉有長柄，柄基部擴大成鞘狀。複傘形花序頂生及腋生，夏季開花，瓣五枚，白色。雙懸果卵形，果稜翅狀。子入藥。廣布全國各地，生於田野、路旁、溪溝邊等濕地。

始載於秦漢典籍，時稱"盰""虵牀"。《爾雅·釋草》："盰，虵牀。"晉郭璞注："蛇牀也，一名馬牀。"漢代始稱"蛇牀"，亦稱"蛇牀子""蛇米"。《神農本草經·上品·蛇牀子》："一名蛇米，生川谷及田野。"《淮南子·氾論訓》："夫亂人者，芎藭之與藁本也，蛇牀之與麋蕪也。"三國時亦稱"蛇珠""馬牀""虵粟"，"蛇牀"亦作"虵牀"。三國魏吳普《吳氏本草》："蛇牀，一名蛇珠。"《廣雅·釋草》："虵粟、馬牀，虵牀也。"晉張華《博物志》卷四："魏文帝所記諸物相似亂者：武夫怪石似美玉，蛇牀亂麋蕪。"郭璞注曰："麋蕪似蛇牀而香也。"南北朝稱"思益""繩毒""棗棘""墻蘼"，"虵粟"亦作"蛇粟"。南朝梁陶弘景《名醫別錄》："一名蛇粟，一名虵牀，一名思益，一名繩毒，一名棗棘，一名墻蘼。生臨淄，五月采實。陰乾。"又《本草經集注·草木上品》："近道田野墟落間甚多，花葉正似麋蕪。"《新唐書·地理志五》："土貢：金、銀、銅器……兔絲、蛇粟。"宋蘇頌《圖經本草·草部上品·蛇牀子》："三月生苗，高三二尺，葉青碎，作叢似蒿枝。每枝上有花頭百餘，結同一窠，似馬芹類。四五月乃開白花，又似散水。子黄褐色，如黍米，至輕虛。"明李時珍《本草綱目·草三·蛇牀》〔釋名〕："蛇虺喜臥于下食其子，故有蛇牀、蛇粟諸名。其葉似蘼蕪，故曰墻蘼。"（明鮑山《野菜博録》卷一）又〔集解〕："其花如碎米攢簇。其子兩片合成，似蒔蘿子而細，亦有細稜。凡花實似蛇牀者，當歸、芎藭、水芹、藁本、胡蘿蔔是也。"清郝懿行《爾雅義疏》下之一："今按，蛇牀高四五尺，華葉繁碎，獨莖作叢，細子攢生，普盤如結，故有粟米諸名。華白而實繁，故名墻蘼。"徐珂《清稗類鈔·植物類》："蛇牀爲多年生草，濕地甚多。莖初臥地，後昂起，高尺餘。葉作羽狀分裂，互生。夏月開小花，色白，五瓣，爲複織形花序，花瓣尖端微曲。子黄褐色如黍米，入藥。"參閱清汪灝等《廣群芳譜·藥譜三·蛇床》。

蛇牀子

【盰】

"蛇牀"之別稱。此稱秦漢已行用。見該文。

【虺牀】

"蛇牀"之別稱。此稱秦漢已行用。以蛇虺喜臥其下食其子，故名。見該文。

【蛇牀子】

即蛇牀。此稱漢代已行用。見該文。

【蛇米】

"蛇床"之別稱。以其花如碎米攢生（一說細子攢生），故稱。此稱漢代已行用。見該文。

【蛇珠】

"蛇牀"之別稱。此稱三國時已行用。見該文。

【馬牀】

"蛇牀"之別稱。此稱三國時已行用。見該文。

【虵粟】

"蛇牀"之別稱。此稱三國時已行用。其子如蛇之粟，蛇喜食之，故名。見該文。

【蛇粟】

同"虵粟"。即蛇床。此體南北朝已行用。見該文。

【虵牀】

同"蛇牀"。此體三國時已行用。見該文。

【思益】

"蛇牀"之別稱。此稱南北朝已行用。見該文。

【繩毒】

"蛇牀"之別稱。此稱南北朝已行用，見該文。

【棗棘】

"蛇牀"之別稱。此稱南北朝已行用。見該文。

【墻蘼】

"蛇床"之別稱。以其葉似蘼蕪，故稱。此稱南北朝已行用。見該文。

蕳蓽

草名。傘形科，竊衣屬，蕳蓽〔*Torilis scabra*（Thunb.）DC.〕。二年生草本。高40~50厘米，全株具硬毛。數回羽狀複葉，小葉披針形至卵形。夏季開花，花小，白色，複傘形花序。果爲雙懸果，具短刺毛，易附於人衣。果實入藥。分布幾遍全國，生長於原野、路旁及荒地。此稱始見記於秦漢，亦稱"竊衣"。漢代亦作"薽荲"，亦稱"薽荲草"，宋代俗稱"鬼麥"。《爾雅・釋草》："薽荲，竊衣。"郭璞注："似芹可食，子大如麥，兩兩相合，有毛著人衣。"宋邢昺疏："俗名鬼麥者也。"郝懿行義疏："今按此草高一二尺，葉作椏缺，莖頭攢蔟，狀如瞿麥，黃蘂蓬茸，即其華蔓，黏著人衣不能解也。郭注云是其毛……其實是其華下芒刺耳。"《楚辭・王逸〈九思・憫上〉》："薽蓁兮青葱，槀本兮萎落。"自注："薽荲，草名。"洪興祖補注："《集韻》：薽荲，似芹，可食。"《說文・豕部》："豦……讀若薽荲草之薽。"《太平御覽》卷九九八引三國魏孫炎曰："江淮間食之，其花著人衣，故曰竊衣。"參閱北魏賈思勰《齊民要術・五穀果蓏菜茹非中國物產者》、清汪灝《廣群芳譜・卉譜六・薽荲》。

【竊衣】

"薽荲"之別名。此稱秦漢時已行用。以其花附著人衣，故名。見該文。

【薽荲】

同"薽荲"。此體漢代已行用。見該文。

【薽荲草】

即薽荲。此稱漢代已行用。見該文。

【鬼麥】

"薽荲"之別名。此稱宋代已行用。見該文。

決明

草名。豆科，決明屬，決明〔*Senna tora*（Linn.）Roxb.〕。一年生半灌木狀草本。莖高30~40厘米，披短柔毛。偶數羽狀複葉互生，小葉三對，倒卵形，頂端具突尖。夏秋開花，生於葉腋，瓣五枚，黃色。莢果呈長角狀，略

有四棱；子菱狀方形，一端平截，一端斜尖，淡褐色，有光澤。子入藥。我國各地多有栽培。

秦漢時稱"薢茩""芙光"。《爾雅・釋草》："薢茩，芙光。"郭璞注："芙明也。葉黃銳，赤華，實如山茱萸。"漢代稱"決明子"。《神農本草經・上品・決明子》："生川澤。"三國時始稱"決明"，亦作"茨明"，亦稱"羊角""草決明""羊明"。《廣雅・釋草》："茨明，羊角也。"王念孫疏證："決明亦作茨明，結實如羊角，故名。"三國魏吳普《吳氏本草》："決明子，一名草決明，一名羊明。"自南北朝始分爲二種：一種稱"馬蹄決明"；一種稱"草決明"，亦稱"萋蒿子"。南朝梁陶弘景《本草經集注》："葉如茳芒子，形似馬蹄，呼爲馬蹄決明；又別有草決明，是萋蒿子。""草決明"明代亦稱"茳芒決明""青葙子""山扁豆"。明李時珍《本草綱目・草五・決明》〔釋名〕："此馬蹄決明也，以明目之功而名……草決明即青葙子，陶氏所謂萋蒿是也。"〔集解〕："決明有二種：一種馬蹄決明，莖高三四尺，葉大於苜蓿，而本小末尖，晝開夜合，兩兩相帖。秋開淡黃花五出，結角如初生細豇豆，長五六寸。角中子數十粒，參差相連，狀如馬蹄，青綠色，入眼目藥最良。一種茳芒決明，《救荒本草》所謂山扁豆是也。苗莖似馬蹄決明，但葉之本小末尖，正似槐葉，夜亦不合。秋開深黃花五出，結角大如小指，長二寸許。角中

決明子
（宋柴源等《紹興校定證類備急本草畫圖》卷二）

子成數列，狀如黃葵子而扁，其色褐，味甘滑。二種苗葉皆可作酒麹，俗呼爲獨占缸。但茳芒嫩苗及花與角子，皆可瀹茹及點茶食；而馬蹄決明苗角皆靭苦，不可食也。”時“馬蹄決明”亦稱“望江南”。明朱橚《救荒本草·山扁豆》：“生田野中，小科，苗高一尺許，梢葉似蒺藜葉微大，根葉比苜蓿葉頗長，又似初生豌豆葉。開黃花，結小匾角兒，味甜。”書中又有“望江南”：“其花名茶花兒，人家園圃中多種……今人多將其子作草決明子代用。”清吳其濬《植物名實圖考·隰草類·決明》：“有茳芒、馬蹄二種。茳芒決明，《救荒本草》謂之山扁豆角，豆可食；馬蹄決明，《救荒本草》謂之望江南，葉可食。今京師花圃，猶呼爲望江南，栽蒔盆中也。杜老《秋雨嘆》一詩，而決明入詩簡矣。東坡云：蜀人但食其花，穎州並食其葉。山谷亦云‘縹葉資芼羹’，則當列蔬譜。而北地少茶，多摘以爲飲。”清陳淏子《花鏡》卷五：“俗名望江南，隨處有之。二月取子畦種，夏初生苗。葉似苜蓿，大而粗疏。根帶紫色。七月開淡黃花，間有紅白花。晝開夜合者，結角如細豇豆，子青緑而微鋭，一莢數十粒，參差相連，狀如馬蹄，可作酒藥，並眼目藥。”徐珂《清稗類鈔·植物類》：“決明，葉淺緑，花黃，嫩苗與花及角子，皆可瀹茹，或點茶以食之。”夏緯瑛《植物名釋札記·望江南》：“‘望江南’，

山扁豆
（明徐光啓《農政全書》卷五七）

原爲一種曲牌之名，與植物本無關係。藥物中有決明，又有草決明，都是醫治目疾之藥。開目曰‘決眥’。目疾，視而不明，治目疾之藥可使目開而明，故名‘決明’。今此植物之種子可代決明之用，亦即可使目望之而明，故名曰‘望江南’；不過祇取義一個‘望’字，而以曲牌之名代之。這，還是藥物或有隱語之名的慣技。”

按，“薢茩”“英光”，寫法不一。宋蘇頌《圖經本草·草部上品·決明子》引《爾雅》作“英茪”，清吳其濬《植物名實圖考》引“薢茩”作“薢蒩”。又，蘇頌、吳其濬等皆以《爾雅》之“薢茩”即決明。明李時珍則謂“蘇頌言薢茩即決明，殊不類，恐別一物也”，故其〔釋名〕未列“薢茩”“英光”諸名。未知孰是。又，清吳其濬謂“《廣雅》謂之（指‘薢茩’）羊躑躅，恐有脱簡，不應有此誤也”。今按，《廣雅·釋草》“茨明，羊角也”與“羊蹢躅，英光也”別爲兩條，清王念孫於“羊蹢躅，英光也”下疏證謂“此與《爾雅》‘薢茩，英光’同名異實”。此説可與吳説相參證。又，“馬蹄決明”與“草決明”分稱有別，有時亦得通稱，故《廣雅·釋草》王念孫疏證云：“蓋同類者，亦得通稱。”參閲清汪灝等《廣群芳譜·藥譜四·決明》）。

望江南
（明徐光啓《農政全書》卷五三）

【薢茩】²

　　“決明”之別稱。此稱秦漢時已行用。見該文。

【䒗茪】

　　“決明”之別稱。此稱秦漢時已行用。見該文。

【決明子】

　　即決明。此稱漢代已行用。見該文。

【芪明】

　　同“決明”。此體晋代已行用。見該文。

【茪明】

　　同“決明”。此體三國時已行用。見該文。

【羊角】¹

　　“決明”之別稱。因其莢果形似羊角，故名。此稱三國時已行用。見該文。

【草決明】

　　“決明”之別稱。此稱三國時已行用。一說，“決明”之一種。見該文。

【羊明】

　　“決明”之別稱。此稱三國時已行用。清王念孫《廣雅疏證》謂乃“羊角”之誤。見該文。

【馬蹄決明】

　　“決明”之一種。此稱南北朝已行用。因其莢角中籽粒相連，狀如馬蹄，故名。見該文。

【萋蒿子】

　　“決明”之一種，即草決明。此稱南北朝已行用。見該文。

【茫芒決明】

　　“決明”之一種，即草決明。此稱明代已行用。見該文。

【青勒子】

　　“決明”之一種，即草決明。此稱明代已行用。見該文。

【山扁豆】

　　“決明”之一種，即草決明。此稱明代已行用。見該文。

【望江南】

　　“決明”之一種，即馬蹄決明。此稱明代已行用。見該文。

補骨脂

　　草名。豆科，松豆屬，補骨脂（*Psoralea corylifolia* Linn.）。一年生草本。全株被少量黄白色毛。莖直立，高 40~50 厘米。葉互生，呈闊卵形，具黑褐色腺點，緣有鋸齒，先端鈍。花腋生，多數密集，成穗形總狀花序，冠蝶形，淡紫或白色，開於夏季。莢果扁圓，熟黑。子呈扁腎形，淺黄色，可入藥。主要分布於我國西南至中部地區。

　　文獻記載約始見於唐代，時稱“婆固脂”，出唐甄權《藥性本草》。宋代始稱“補骨脂”。以其子具補骨脂之功，故名。時亦稱“胡韭子”。宋馬志《開寶本草》：“補骨脂生嶺南諸州及波斯國。”宋蘇頌《圖經本草·草部中品·補骨脂》：“生廣南諸州及波斯國，今嶺外山坂間多有之，不及番舶者佳。莖高三四尺，葉似薄荷，花微紫色，實如麻子，圓扁而黑，九月采。或云胡韭子也。胡人呼若婆固脂，故別名破故紙。”明李時珍《本草綱目·草三·補骨脂》〔釋名〕：“補骨脂言其功也。胡人呼爲婆固脂，而俗訛爲破故紙也。胡韭子，因其子之狀相似，非胡地之韭子也。”參閱明王圻等《三才圖會·草木·補骨脂》、清汪灝等《廣群芳譜·藥譜三·補骨脂》、清吳其濬《植物名實圖考·芳草類·補骨脂》。

【婆固脂】

"補骨脂"之別稱。此稱唐代已行用。見該文。

【胡韭子】

"補骨脂"之別稱。此稱宋代已行用。見該文。

【補骨鴟】

即"補骨脂"。此稱唐代已行用。時亦訛作"破故紙"。清吳其濬《植物名實圖考長編·芳草類·補骨脂》:"今人多以胡桃合服,此法出於唐鄭相國自叙云:'予爲南海節度,年七十有五。越地卑濕,傷於内外,衆疾俱作,陽氣衰絶,服乳石補益之藥,百端不應。元和七年,有訶陵國舶主李摩訶知予病狀,遂傳此方並藥……此物本自外番隨海舶而來,非中華所有,番人呼爲補骨鴟,語訛爲破故紙也。'"

【破故紙】

"補骨脂"之訛稱。此稱唐代已行用。見該文。

亞麻

草名,亞麻科,亞麻屬,亞麻(*Linum usitatissimum* Linn.)。一年生草本。莖高60~150厘米,細而柔韌,被有臘質。葉披針或匙形。複總狀花序,花藍色或白色。蒴果,籽扁卵形,暗褐色,有光澤。按用途可分爲纖維用亞麻、油用亞麻(即"胡麻")、兼用亞麻,籽可入藥、榨油。傳說漢張騫自西域帶入,不可盡信。最早加以記載的是宋代文獻,時僅作藥用,後漸次用其油燃燈、調菜,皮織布,稭爲薪,籽實治餅肥田。多爲野生,絶少栽植。

約始見於山東兗州,後陝西、西南地區均有生長。宋代稱"亞麻子",亞,諧音作"鴉",故亦稱"鴉麻"。宋蘇頌《圖經本草·本經外草類·亞麻子》:"亞麻子出兗州威勝軍……苗葉俱青,花白色。八月上旬采其實用。又名鴉麻。治大風疾。"一本作"鵶麻"。明代始作"亞麻",亦稱"壁虱胡麻"。明李時珍《本草綱目·穀一·亞麻》:"今陝西人亦種之,即壁虱胡麻也。其實亦可榨油點燈,氣惡不堪食。"虱,本或作"蝨"。清張宗法《三農紀》卷六:"亞麻,《方土記》云:莖葉頗似荒蔚,開藍花,葉如柳而緊,苗綠葉青,形略芝麻,結角四五稜,子形若角糜米而細,可榨油,油色青綠,燃燈甚明,入蔬香美。皮可績布,稭可作薪,餅可肥田。蘇恭(按,恭爲頌之訛)云:出兗州威勝軍。漢使張騫得種外地,以弧盛入中土,故秦晋呼之。北方芝麻少植,多種亞麻,以亞麻作芝麻,故以胡爲弧矣。考《本草》名亞麻,其稱名亞於胡麻也……植蓺,春深種肥熟土,宜稀;苗生,耘耨草;秋熟割稭,樹棚曬乾;杖敲子,以净爲度。"(按,《方土記》,撰者及撰寫年代不詳,估計在宋清之間。)民國時亦稱"胡麻"。民國高潤生《爾雅穀名考》:"亞麻、蕁麻,亦皆麻類。亞麻或作鴉麻。蘇頌曰:出兗州,苗葉俱青,花白色。按,今亞麻並有黄、藍、粉、紫等色。八月上旬,采其食用。李時珍曰:今陝西人亦種之,即壁蝨胡麻也。按,今山陝人即呼胡麻。其實亦可榨油點燈。"參閱明王圻等《三才圖

胡 麻
(明王圻等《三才圖會》
卷一一)

會・草木》、清汪灝等《廣群芳譜・穀譜四・亞麻》。

【亞麻子】

"亞麻"之古稱。此稱宋代已行用。見該文。

【鵶麻】

同"亞麻"。此體宋代已行用。見該文。

【鴉麻】

同"亞麻"。此體宋代已行用。見該文。

【壁虱胡麻】

"亞麻"之別稱。此稱明代已行用。見該文。

【壁蝨胡麻】

同"壁虱胡麻"。即亞麻。蝨,同"虱"。此體明清時已行用。清吳其濬《植物名實圖考・穀類・威勝軍亞麻子》:"又名鴉麻,治大風疾。李時珍以爲即壁蝨胡麻,臭惡,田家種植絕稀。"

【胡麻】

"亞麻"之別名。此稱民國時已行用。見該文。

香薷

草名。唇形科,香薷屬,香薷〔*Elsholtzia ciliata* (Thunb.) Hyland.〕。一年生草本。莖高80~90厘米,方形,紫色,分枝。葉對生,卵形或橢圓狀披針形,有柄,柄被毛,葉緣有鋸缺。莖葉皆俱濃香。夏秋開花,花冠小,略作唇形,淡紫色,多數,密集成偏向一側之穗狀花序,頂生於莖梢或枝梢,花萼鐘形。小堅果,矩圓形。全草入藥,莖葉可食或提取芳香油,亦係蜜源植物。主要分布於我國東北、東南及西南地區,多見於山野路緣河畔。

文獻記載約始見於南北朝,時亦作"香菜",單稱"菜"。薷,義同"菜"。以其莖香

葉柔,故名。南朝梁陶弘景《本草經集注・果菜米穀有名無實》:"〔香薷〕處處有此,惟供生食。"《玉篇・艸部》:"菜,香菜,菜蘇類也。"唐代稱"香茸",出唐孟詵《食療本草》;時亦稱"香菜",出唐孫思邈《千金方》。

香薷
(明王圻等《三才圖會》卷一〇)

《集韻・平尤》:"菜薷,香菜,菜名。或作薷。"宋蘇頌《圖經本草・菜部・香薷》:"香薷,舊不著所出州土。陶隱居云:家家有之。今所在皆種,但北土差少,似白蘇,而葉更細,十月中采,乾之。一作香菜,俗呼香茸。"明朱橚《救荒本草》卷八:"香菜生伊洛間,人家園圃種之。苗高一尺許,莖方窊,面四棱,莖色紫,稍葉似薄荷葉,微小,邊有細鋸齒,亦有細毛。梢頭開花作穗,花淡藕褐色……救饑:採苗葉煠熟,油鹽調食。"明代稱"蜜蜂草"。明王象晉《群芳譜・藥譜・香薷》:"一名香菜,一名香茸,一名香菜,一名蜜蜂草。有野生者,有家蒔者。方莖尖葉,有刻缺,似黃荊葉而小。九月開紫

香菜
(《明徐光啓《農政全書》卷五九)

花成穗，有細子。汴洛作圃種之，暑月作蔬生茹。"明李時珍《本草綱目·草三·香薷》〔釋名〕："薷，本作菜。《玉篇》云：菜，菜蘇之類是也。其氣香，其葉柔，故以名之。草初生曰茸。孟詵《食療》作香戎者，非是。俗呼蜜蜂草，像其花房也。"又〔集解〕："中州人三月種之，呼爲香菜，以充蔬品。丹溪朱氏惟取大葉者爲良，而細葉者香烈更甚，今人多用之。"清陳淏子《花鏡》卷五："香菜即香薷……生食亦可，又暑月要藥。"參閱清汪灝等《廣群芳譜·藥譜三·香薷》。

【香菜】

即香薷。此稱南北朝已行用。見該文。

【菜】

即香薷。此稱南北朝已行用。見該文。

【香茸】

"香薷"之別名。此稱唐代已行用。見該文。

【香菜】[2]

"香薷"之別名。此稱唐代已行用。以其莖葉皆香，可爲蔬茹，故名。見該文。

【蜜蜂草】

"香薷"之別名。此稱明代已行用。以其花可供蜜蜂采以釀蜜，故名。見該文。

【蚊子草】

"香薷"之別名。此稱明代已行用。清吳其濬《植物名實圖考·芳草類·香薷》引明《廣西通志》："香薷有香臭二種。其香者，今人夏月以代茶，能清暑，名蚊子草。"

【石香菜】

"香薷"之生於石上者，實即香薷。此稱宋代已行用。時亦稱"石蘇"。宋唐慎微《證類本草·草部中品·石香菜》："石香菜味辛香，溫，無毒。主調中溫胃，止霍亂吐瀉、心腹脹滿、臍腹痛、腸鳴。一名石蘇，生蜀郡陵榮資簡州及南中諸處，在山巖石縫中生。二月、八月采，苗莖花實俱用。"時亦作"石香薷"。宋蘇頌《圖經本草·菜部·香薷》："彼間又有一種石上生者，莖葉更細，而辛香彌甚，用之尤佳。彼人謂之石香薷。"明李時珍《本草綱目·草三·石香菜》〔集解〕："香薷、石香薷，一物也，但隨所生而名爾。生平地者葉大，崖石者葉細，可通用之。"

石香菜
（宋柴源等《紹興校定證類備急本草畫圖》卷二）

【石香薷】

即香薷。此稱宋代已行用。見該文。

【石蘇】

"香薷"之別名。此稱宋代已行用。見該文。

【大葉香薷】

"香薷"之屬。此稱清代已行用。清吳其濬《植物名實圖考·芳草類·香薷》："大葉香薷生湖南園圃，葉有圓齒，開花逐層如節，花極小，氣味芳沁。蓋香草之族，而軼其真名。"按，疑此即香薷。石香薷葉小，平地生者葉大。見"香薷"文。

紫蘇

草名。唇形科，紫蘇屬，紫蘇〔*Perilla frutescens*（L.）Britt.〕。一年生草本。株高可達1米許。莖方形，帶紫色，上部被有紫色長柔毛。葉對生，卵形或圓卵形，兩面或背面帶紫色。夏季開花，紅或淡紅色。種子榨油，嫩葉作蔬菜，子、莖、葉均可入藥。分布於我國河北、山東及華南等地區。

紫　蘇
（《明徐光啓《農政全書》卷五九）

此稱約始見於秦漢時，時稱"蘇""桂荏"。《爾雅·釋草》："蘇，桂荏。"晋郭璞注："蘇，荏類，故名桂荏。"漢代稱"荏""公蕡""薔""蘘荼"。三國時稱"蕾"。晋代稱"薔""野蘇""薰荼""赤蘇"。《方言》卷三："關之東西或謂之蘇，或謂之荏，周鄭之間謂之公蕡（郭璞注：今江東人呼荏爲薔），沅湘之南或謂之薔（郭璞注：今長沙人呼野蘇爲薔），其小者謂之蘘荼（郭璞注：薰荼也）。"漢枚乘《七發》："秋黃之蘇，白露之茹。"《廣雅·釋草》："公蕡、蘘荼、蕾、薔、荏，蘇也。"晋葛洪《肘後方》："傷寒氣喘不止，用赤蘇一把，水三升，煮一升，稍稍飲之。"南朝梁陶弘景《名醫別錄》："蘇葉下紫色而氣甚香。其無紫色者不香似荏者，名野蘇，不堪用。"唐代始稱"紫蘇"，出唐孟詵《食療本草》。宋代蘇分水蘇、白蘇、魚蘇、山魚蘇等數種。宋蘇頌《圖經本草·菜部·蘇》："蘇，紫蘇也。舊不著所出州土。今處處有之。葉下紫色而氣甚香，夏采莖葉，秋采實。其莖並葉通心經，益脾胃，煮飲尤勝，與橘皮相宜，氣方中多用之。實主上氣咳逆，研汁煮粥尤佳，長食之，令人肥健。若欲宣通風毒，則單用莖，去節大良。謹按《爾雅》謂蘇爲桂荏。蓋以其味辛，而形類荏，乃名之。然而蘇有數種，有水蘇、白蘇、魚蘇、山魚蘇，皆是荏類。水蘇別條見下。白蘇方莖，圓葉，不紫，亦甚香，實亦入藥。魚蘇似菌蔯，大葉而香，吳人以煮魚者，一名魚蓊。生山石間者，名山魚蘇，主休息痢，大小溲頻數，乾末米飲調服之，效。"明李時珍《本草綱目·草三·蘇》〔釋名〕："蘇，從穌，音酥，舒暢也。蘇性舒暢，行氣和血，故謂之蘇。曰紫蘇者，以別白蘇也。蘇乃荏類，而味更辛如桂，故《爾雅》謂之桂荏。"又〔集解〕："紫蘇、白蘇皆以二三月下種，或宿子在地自生。其莖方，其葉團而有尖，四圍有鉅齒，肥地者面背皆紫，瘠地者面青背紫，其面背皆白者即白蘇，乃荏也。紫蘇嫩時采葉，和蔬茹之，或鹽及梅滷作葅食甚香，夏月作熟湯飲之。五六月連根采收，以火煨其根，陰乾則經久葉不落。八月開細紫花，成穗作房，如荊芥穗。九月半枯時收子，子細如芥子而色黃赤，亦可取油如荏油。《務本新書》云：'凡地畔近道可種蘇，以遮六畜，收子打油，燃燈甚明，或熬之以油器物。'《丹房鏡源》云：'蘇子油能柔五金八石。'《沙州記》云：'乞弗虜之地，不種五穀，惟食蘇子。'故王禎云：蘇有遮護之功，又有燈油之用，不可闕也。"明王象晋《群芳譜·藥譜·紫蘇》："一名赤蘇，一名桂荏。又一種白蘇。皆二三月下種，或宿子在地自生。莖方，葉圓而有尖，四圍有鋸齒。肥地者面背皆紫，瘠地背紫面青，其面背皆白即白蘇也。五六月連根收采，以火煨其根，陰乾則經久葉不落。八月開細紫花，成穗作房如荊芥穗。九月半枯時收子，子細如芥子而色黃赤。莖葉子俱辛溫，無毒。氣辛入氣分，色紫入血分。解肌發表，行氣寬中，消痰利肺，和血溫中，止痛定喘，開胃安胎，散風寒，解魚蟹毒，治蛇犬傷，爲近世要藥。"清代稱"紫菜"。清吳其濬《植物名實圖考·芳草類·蘇》："今處處有之，有面背俱紫、面紫背青二種。湖南以爲常茹，謂之紫菜，以烹魚尤美。有戲謂蘇字從魚以此者，亦水骨水皮之謔耳。又以薑梅同醃製之，暑月解渴、行旅尤宜。"徐珂《清稗類鈔·植物類》："紫蘇爲一年生草，園圃栽植之。莖方，高二尺餘，葉卵形，端尖，有鋸齒，對生，背紅紫色。夏日出長花莖，開小唇形花，色白或淡紅，爲總狀花序。實如芥子，莖葉實皆爲藥品。"

按，"蘇"與"荏"，漢代互稱。南北朝始有白、紫之分。陶弘景謂"荏狀如蘇，高大白色"，此蓋白蘇，即荏；又謂蘇"葉下紫色，而氣甚香"，此蓋紫蘇。明代復合蘇、荏爲一。清吳其濬《植物名實圖考·芳草類·荏》："荏，《別錄》中品，白蘇也。南方野生，北地多種之，謂之家蘇子，可作糜、作油。《齊民要術》謂雀嗜食之，《益部方物記略》有荏雀，謂荏熟而雀肥也。李時珍合蘇、荏爲一。但紫者入藥、作飲，白者充飢、供用，性雖同而用異。"又："蘇，《別錄》中品。"參閱清汪灝等《廣群芳譜·藥譜三·紫蘇》。

【蘇】

"紫蘇"之省稱。此稱秦漢時已行用。見該文。

【桂荏】

"紫蘇"之別稱。此稱秦漢時已行用。以蘇爲荏類，味辛如桂，故名。見該文。

【荏】

即紫蘇。泛稱則荏、蘇無別，特指則荏爲

白蘇，蘇爲紫蘇。此稱漢代已行用。見該文。

【公賁】

"紫蘇"之別名。此稱漢代已行用。見該文。

【䔡】

"紫蘇"之別名。此稱漢代已行用。見該文。

【釀菜】

"紫蘇"之別名。或謂紫蘇之小者，或謂即香薷。此稱漢代已行用。見該文。

【蒩】

"紫蘇"之別名。此稱三國時已行用。見該文。

【薔】

"紫蘇"之別名。此稱晋代已行用。見該文。

【野蘇】

"紫蘇"之別名。此稱晋代已行用。見該文。

【薰菜】

"紫蘇"之別名。一說，即香菜（薷）。薰，香也。此稱晋代已行用。見該文。

【赤蘇】

"紫蘇"之別名。此稱晋代已行用。見該文。

【紫菜】[1]

"紫蘇"之別名。此稱清代已行用。見該文。

【葶薴】

"紫蘇"之別名。此稱先秦已行用。《山海經·中山經》："〔熊耳之山〕有草焉，其狀如蘇而赤華，名曰葶薴，可以毒魚。"《廣雅·釋草》："薴，蘇也。"王念孫疏證："諸書無言蘇名薴者，薴上當有葶字。《中山經》云：熊耳之山有草焉，其狀如蘇而赤華，名曰葶薴，可以毒魚。葶薴似蘇而以爲蘇。"

鼠尾草[2]

草名。唇形科，鼠尾草屬，鼠尾草（*Salvia*

japonica Thunb.）。一年生草本。莖方形，高 30 厘米許。葉對生，莖下部葉爲二回羽狀複葉；莖上部葉爲一回羽狀複葉；具短柄，頂生小葉爲卵狀披針形。花二至六朵，頂生，圓錐狀排列，有淡紅、淡藍、淡紫或白色。小堅果橢圓形。莖作染料，入藥，全株爲觀葉地被植物，多用於裝點園林。今俗亦稱"秋丹參"。分布於我國華東、華中、西南等地區。

始載於秦漢典籍。時稱"蒢""鼠尾"。《爾雅·釋草》："蒢，鼠尾。"三國時稱"山陵翹"。三國魏吳普《吳氏本草》："鼠尾，一名蒢，一名山陵翹。治痢也。"南北朝始稱"鼠尾草"。以其穗形似鼠尾，故名。時亦稱"陵翹"。南朝梁陶弘景《名醫別錄·草木下品·鼠尾草》："一名陵翹。生平澤中，四月采葉，七月采花，陰乾。"又《本草經集注》："田野甚多，人采作滋染皂。又用療下瘻，當濃煮取汁，令可丸服之。今人亦用作飲。"唐代稱"烏草""水青"，出唐陳藏器《本草拾遺》。宋蘇頌《圖經本草·草部下品·鼠尾草》："鼠尾草，舊不載所出州土，云生平澤中，今所在有之。惟黔中人采爲藥，苗如蒿，夏生莖端，作四五穗，穗若車前，花有赤白二色。"明李時珍《本草綱目·草五·鼠尾草》〔釋名〕："鼠尾以穗形命名。"明代稱"鼠菊"。清吳其濬《植物名實圖考·隰草類·鼠尾草》引明朱橚《救荒本草》稱之"鼠菊"，"葉可煠

鼠尾草
（清吳其濬《植物名實圖考》卷一四）

食"。清代俗稱"蔓草""鴟子嘴"。清郝懿行《爾雅義疏》下之一："按，今蔓草，野人呼鴟子嘴。結莢銳長，形如鳥嘴，亦似鼠尾也。"徐珂《清稗類鈔·植物類》："鼠尾草，爲多年生草。《爾雅》謂之蒢。高二三尺，莖

鼠　菊
（明徐光啓《農政全書》卷四六）

方，葉爲掌狀複葉，對生。花淡紫色，成唇形，花序爲總狀。舊說花及莖葉俱可染皂。"一說，《詩·小雅·苕之華》之"苕"即鼠尾，亦名"陵時"，見三國吳陸璣《毛詩草木鳥獸蟲魚疏》。按，今時多以此"苕"爲凌霄，即紫葳。

【蒢】

"鼠尾草[2]"之別稱。此稱秦漢已行用。見該文。

【鼠尾】

即鼠尾草[2]。此稱秦漢已行用。見該文。

【山陵翹】

"鼠尾草[2]"之別稱。此稱三國時已行用。見該文。

【陵翹】

"鼠尾草[2]"之別名。此稱南北朝已行用。見該文。

【烏草】

"鼠尾草[2]"之別稱。此稱唐代已行用。以其草可以染皂，故名。見該文。

【水青】

"鼠尾草[2]"之別稱。此稱唐代已行用。見

該文。

【鼠菊】

　　"鼠尾草[2]"之別名。此稱明代已行用。見該文。

【蔓草】

　　"鼠尾草[2]"之別稱。此稱清代已行用。見該文。

【鵶子嘴】

　　"鼠尾草[2]"之別稱。此稱清代已行用。以其莢形長如鳥嘴，故名。見該文。

薺薴

　　草名。唇形科，石薺薴屬，薺薴（*Mosla grosseserrata* Maxim.）。一年生草本。莖方形，細弱，高 100 厘米許，多分枝。葉對生，卵圓形。秋季開花，淡紫紅色，唇形，花冠下唇三裂，上唇微缺，多輪密集成頂生之頭形總狀花序。小堅果近球形。莖與葉可提取芳香油，乾燥全草可入藥。主要分布於我國東南部。

　　約始見記於唐代，時亦稱"青蘇"。唐李賀《秦宮》詩："斫桂燒金待曉筵，白鹿青蘇夜半煑。"唐陳藏器《本草拾遺》："按蘇恭言，江左名水蘇爲薺薴。按水蘇葉有雁齒，氣香而辛。薺薴葉稍長，其上有毛，氣臭，亦可爲生菜。"宋代稱"臭蘇""青白蘇"，出宋佚名《日華本草》。明李時珍《本草綱目·草三·薺薴》〔釋名〕："日華子釋水蘇云，一名臭蘇，一名青白蘇，正此草也，誤作水蘇爾。其形似水蘇而臭，似白蘇而青，故有二名。"又〔集解〕："薺薴處處平地有之。葉似野蘇而稍長，有毛，氣臭。山人茹之，味不甚佳。"清吳其濬《植物名實圖考·芳草類·水蘇》："即雞蘇，澤地多有之。李時珍辨別水蘇、薺薴，一類二種，極確。"參閱

清汪灝等《廣群芳譜·藥譜三·薺薴》。

【青蘇】

　　"薺薴"之別稱。此稱唐代已行用。見該文。

【臭蘇】

　　"薺薴"之別稱。此稱宋代已行用。以其葉似蘇而氣臭，故名。見該文。

【青白蘇】

　　"薺薴"之別稱。以其形似白蘇而青，故名。此稱宋代已行用。見該文。

黃麻[2]

　　草名。錦葵科，黃麻屬，黃麻（*Corchorus capsularis* L.）。一年生草本。莖青色或紫色，成熟時黃褐色。狹長尖葉對生，有缺刻。黃花，單生或簇生。蒴果，球形或圓筒形，表皮有皺紋。種實黑綠色或褐色，味苦。根、葉藥用，嫩葉可食，莖皮可織布，製繩、履、紙等。喜生長於肥濕之地，我國主要分布於南方，以浙粵所產居多。據説原產東南亞，後傳入我國。宋蘇頌《本草圖經》最先著錄，原書佚此條，據《政和本草》卷二四引作："葉如荏而狹尖，莖方，高四五尺，黃花，生子成房，如胡麻角而小。嫩葉可食，甚甘滑，利大腸。皮亦可作布，類大麻，色黃而脆，俗亦謂之黃麻。其實黑色，如韭子而粒細，味苦如膽。杵末，略無膏油。"明代稱"絡麻"。當時種植很廣，故不少書中有關於種植季節、土壤、管理之記載。明鄺璠《便民圖纂·耕穫類》："種絡麻，地宜肥濕，早者四月種，遲者六月亦可，繁密處芟去則長。"明王象晋《群芳譜·農事歲譜》："二月，驚蟄、春分。種植：絡麻。"又"四月，立夏、小滿。整頓：絡麻。"明戴羲《養餘月令》於"正月上""二月上""六月上"皆有月內"種

絡麻"之記載。清代稱"綠麻"。時廣東、浙江食用，栽植頗廣。清佟世思《鮓話》："土人（指廣東恩平一帶）無論男女，皆不著褌，以絡麻布數尺圍下體。"清屈大均《廣東新語·草語》："麻多舊根，一年凡四刈。五月刈者曰首苧，性柔；末刈者脆。其苗之穉者可苫，是曰麻蘆。廣人多以醋炒食之。廣州多青麻，高州多黃麻。"清佚名《紹興新昌縣物產表》："製品及雜產：綠麻。"清吳其濬《植物名實圖考·穀類·黃麻》："生南安。紫莖，尖葉長寸餘，與火麻絕異，結子不殊，土人績之。大麻，李時珍謂俗名黃麻。今北地無此名，或即此也。"

【絡麻】

"黃麻[2]"之別名。此稱明代已行用。見該文。

【綠麻】

"黃麻[2]"之別名。此稱清代已行用。見該文。

馬齒莧

草名。馬齒莧科，馬齒莧屬，馬齒莧（*Portulaca oleracea* Linn.）。一年生肉質草本。莖多分枝，紫紅色或褐綠色，常伏臥地面。葉互生或接近對生，倒卵形，肥厚多汁。夏季於枝端開小花，黃色，單生或簇生，朝開暮閉。蒴果，熟時上部開裂，子數十粒。莖葉可食，有酸味。全草入藥。我國廣泛分布，生於園地、路旁、田邊及荒地。以其葉形如馬齒，性滑如莧菜，故名。

文獻記載始見於先秦，時稱"莧"。《易·夬》："莧陸夬夬，中行無咎。"清吳其濬謂："莧，馬齒莧。"（見其《植物名實圖考·蔬類·馬齒莧》）後世分莧爲六種：赤莧、白莧、人莧、紫莧、五色莧、馬莧（參見五代韓保昇《蜀本草》）。漢代稱"莧實""馬莧"。《神農本草經·上品·莧實》："一名馬莧。"三國時稱"豚耳"。《廣雅·釋草》："豚耳，馬莧也。"南北朝始稱"馬齒莧"，省稱"馬齒"，亦稱"莧實"。南朝梁陶弘景《名醫別錄·草木上品·莧實》："一名馬莧，一名莫實，細莧亦用。生淮陽川澤及田中，葉如藍，十一月采。"又南朝梁陶弘景《本草經集注·菜部上品·莧實》："今馬莧別一種，布地生，實至微細，俗呼爲馬齒莧。"北齊顏之推《顏氏家訓·書證》："馬莧堪食，亦名豚耳，俗曰馬齒。"唐杜甫《園官送菜》詩："苦苣刺如針，馬齒葉亦繁。"宋黎靖德《朱子語類》卷七二："莧、陸是兩物。莧者馬齒莧，陸者章陸，一名商陸，皆感陰氣多之物。"宋代稱"五行草"。宋蘇頌《圖經本草·菜部·馬齒莧》："雖名莧類，而苗葉與人莧輩都不相似。又名五行草，以其葉青、梗赤、花黃、根白、子黑也。"明代稱"五方草""長命菜""九頭獅子草"。明李時珍《本草綱目·菜二·馬齒莧》〔釋名〕："五方草、長命菜、九頭獅子草。"又時珍曰："其葉比並如馬齒，而性滑利似莧，故名。俗呼大葉者爲犾耳草，小葉者爲鼠齒莧，又名九頭獅子草。其性耐久難燥，故有長命之稱。《寶藏論》及《八草靈變篇》並名馬齒龍芽，又名五方草，亦五行之義。"清汪灝等《廣群芳譜·蔬譜二·馬齒莧》："馬齒龍芽處處有之。柔莖佈地，葉對生，比並圓整如馬齒，故名。六七月開細花，結小尖實，實中細

馬齒莧
（清吳其濬《植物名實圖考》卷三）

子如葶藶子狀。苗煮熟曬乾可爲蔬。"清吴其濬《植物名實圖考·蔬類·馬齒莧》:"淮南人家,采其肥莖,以針縷之,浸水中揉去其澀汁,曝乾如銀絲,味極鮮,且可寄遠。"

莧
（清吴其濬《植物名實圖考》卷三）

按,本條有三事須考辨、說明。一、《禮記·月令》之"荔挺"非此,前人已駁其誤。北齊顏之推《顏氏家訓·書證》:"《月令》云:'荔挺出。'鄭玄注云:'荔挺,馬薤也。'《説文》云:'荔,似蒲而小,根可爲刷。'《廣雅》云:'馬薤,荔也。'《通俗文》亦云馬藺。《易統通卦驗玄圖》云:'荔挺不出,則國多火災。'蔡邕《月令章句》云:'荔似挺。'高誘注《吕氏春秋》云:'荔草挺出也。'然則《月令》注荔挺爲草名,誤矣。河北平澤率生之。江東頗有此物,人或種於階庭,但呼爲旱蒲,故不識馬薤。講《禮》者乃以爲馬莧堪食,亦名豚耳,俗曰馬齒。江陵嘗有一僧,面形上廣下狹。劉緩幼子民譽,年始數歲,俊悟善體物,見此僧云:'面似馬莧。'其伯父劉綏因呼爲荔挺法師。綏親講《禮》,名儒尚誤如此。"二、"莧陸夬夬"之"莧",諸

莧 實
（宋柴源等《紹興校定證類備急本草畫圖》卷五）

家解說不同。三國魏王肅"莧陸"連讀,解作"草之柔脆者也"。子夏解作"莧陸,木根草莖,剛下柔上也"。馬融、鄭玄、王肅等謂"莧陸,一名商陸"。黃遇云:"莧,人莧也;陸,商陸也。"(唐孔穎達《周易正義》)本文從宋朱熹、清吴其濬等說,莧爲馬齒莧。三、莧實非馬莧,乃白莧。此三國魏李當之之說。清孫星衍校注《神農本草經》:"李當之云莧實,當是今白莧。"南朝梁陶弘景《本草經集注》亦主此說。本文不從此說。

【莧】

"馬齒莧"之單稱。此稱先秦已行用。見該文。

【莧實】

"馬齒莧"之別稱。此稱漢代已行用。見該文。

【馬莧】

"馬齒莧"之別稱。此稱漢代已行用。見該文。

【豚耳】

"馬齒莧"之別稱。此稱三國時已行用。見該文。

【馬齒】

"馬齒莧"之省稱。此稱南北朝已行用。見該文。

【莫實】

"馬齒莧"之別名。此稱南北朝已行用。一說,有誤字。見《神農本草經》清孫星衍校注。

【五行草】

"馬齒莧"之別稱。此稱宋代已行用。以其葉青、梗赤、花黃、根白、子黑,五色恰與五行相合,故名。見該文。

【五方草】

　　"馬齒莧"之別稱。此稱明代已行用。應五行之數，生於五方，故名。見該文。

【長命菜】

　　"馬齒莧"之別稱。此稱明代已行用。見該文。

【九頭獅子草】

　　"馬齒莧"之別稱。此稱明代已行用。見該文。

【狨耳草】

　　"馬齒莧"之別稱。此稱明代已行用。狨耳，同"豚耳"。一說，爲"馬齒莧"之大葉者。見該文。

【鼠齒莧】

　　"馬齒莧"之小葉者。此稱明代已行用。見該文。

【漿板草】

　　"馬齒莧"之別名。此稱清代已行用。徐珂《清稗類鈔·植物類》："馬齒莧爲一年生草，原野自生。莖微赤，平臥地上，葉形如倒卵，質厚而軟。花小，五瓣，色黃。莖葉嫩時可煮曝爲蔬，俗稱漿板草。"

莠

　　草名。禾本科，狗尾草屬，狗尾草〔Setaria viridis (Linn.) Beauv.〕之別名。一年生草本。莖有節，高低視生長地肥瘠，壯者可達1~2米，弱者則不足20~30厘米。葉片闊綫形。夏季開花，圓錐花序密集成圓柱狀，形似狗尾。可作牧草。廣布於我國各地，雜生田間地角及荒地。

　　始載於先秦典籍。《書·仲虺之誥》："若苗之有莠，若粟之有秕。"《詩·小雅·大田》："既堅既好，不稂不莠。"朱熹注："莠，似苗。皆害苗之草也。"《孟子·盡心下》："惡似而非者，惡莠恐其亂苗也。"趙岐注："莠之莖葉似苗。"時亦稱"蓩"。《穆天子傳》卷一："珠澤之藪，方三十里，爰有藿葦莞蒲，茅萯兼蓩。"晉郭璞注："蓩，莠屬。"《廣雅·釋草》："蓩，莠也。"唐代稱"狗尾"。唐劉肅《大唐新語·忌戒》："或謂之曰：'何不與給事同籍？五品家當免差科。'仁相曰：'誰能向狗尾底避陰凉？'"《太平御覽》卷九九八引《韋曜問答》："'《甫田》維莠，今何草？'答曰：'今狗尾也。'"明代稱"狗尾草""光明草""阿羅漢草"。明李時珍《本草綱目·草五·狗尾草》〔釋名〕："莠草秀而不實，故字從秀。穗形象狗尾，故俗名狗尾。其莖治目痛，故方士稱爲光明草，阿羅漢草。"〔集解〕："原野垣墻多生之，苗葉似粟而小，其穗亦似粟，黃白色而無實。采莖筒盛，以治目病。"清吳其濬《植物名實圖考·隰草類·莠》："今北地饑年，亦碾其實作飯充腹，亦呼曰莠草子，其莖可去贅瘤。"徐珂《清稗類鈔·植物類》："狗尾草，一名莠，爲一年生草，原野自生。高一二尺，葉細長，葉柄如鞘以包莖。夏日莖頂叢生細實，有綠色長芒，集合爲穗，形似狗尾，故名。"

　　按，蓩，一名二物，一指苦蓩，一指狗尾草。《說文·艸部》："蓩，草也，從艸，要聲。《詩》曰：'四月秀蓩。'"劉向

莠
（清吳其濬《植物名實圖考》卷一二）

説，此味苦，苦蔞也。”五代徐鍇繫傳：“按，字書云：狗尾草也。”今按，小徐之解，似將苦蔞與狗尾混同爲一。清段玉裁於“蔞”下注：“小徐按字書云：狗尾草。夫狗尾即莠，莠四月未秀，非莠明矣。”今按，段注雖指出小徐之誤，然於“蔞”兼表苦蔞、狗尾二物似未言及。

【蔞】

“莠”之別名。此稱先秦已行用。見該文。

【狗尾】

“莠”之俗稱。此稱唐代已行用。以其穗形似狗尾，故名。見該文。

【狗尾草】

“莠”之俗稱。此稱明代已行用。見該文。

【光明草】

“莠”之俗稱。此稱明代已行用。以其莖治目眚，予人光明，故名。見該文。

【阿羅漢草】

“莠”之別稱。此稱明代已行用。見該文。

貫衆

草名。鱗毛蕨科，貫衆屬，貫衆（*Cyrtomium fortunei* J. Sm.）。多年生草本蕨類植物。地下根莖直而多分枝，紫黑色，表具鱗片。地上根莖短粗，棱形，直立。葉叢生，奇數一回羽狀複葉，羽片十至二十對不等，小鐮刀形，正面深綠，反面淡綠，革質。孢子囊群圓形，膜質囊群蓋盾狀，散生於葉背。多以分株與孢子繁殖。觀賞植物，園林中宜配置於石罅屋角，亦可盆栽，或作切花。根莖及葉入藥，亦可製作農藥；根莖亦爲釀造材料。廣布於我國南北各地，多生於林陰下石隙及陰濕角落，耐旱耐寒。文獻記載此稱始見於秦漢。以本根一條而衆枝貫之，故名。時亦稱“止濼”“萹苻”。《爾

雅·釋草》：“萹苻、止濼，貫衆。”晋郭璞注：“葉圓，銳莖，毛黑，布地冬不死。一名貫渠，《廣雅》云貫節。”濼，或作“鑠”。漢代稱“貫節”“貫渠”“百頭”“虎卷”，“萹苻”亦作“扁符”。《神農本草經·下品·貫

貫衆

（清吳其濬《植物名實圖考》卷八）

衆》：“貫衆……一名貫節，一名貫渠，一名百頭，一名虎卷，一名扁符。生山谷。”三國時稱“貫來”“貫中”“渠母”“伯芹”“藥藻”“黃鐘”，“貫中”亦作“貫鐘”。三國魏吳普《吳氏本草》：“貫衆一名貫來，一名貫中，一名渠母，一名貫鍾，一名伯芹，一名藥藻，一名扁符，一名黃鍾……葉黃，兩兩相對，莖黑毛聚生，冬夏不死。四月花白，七月實黑，聚相連卷旁行生。三月八月采根，五月采葉。”《廣雅·釋草》：“貫節，貫衆也。”晋葛洪《抱朴子·至理》：“萑蘆貫衆之煞九蟲，當歸芍藥之止絞痛。”南北朝稱“草鴟頭”“伯萍”。南朝梁陶弘景《名醫別錄》：“一名伯萍，一名藥藻，此謂草鴟頭。”又《本草經集注·草木下品·貫衆》：“近道亦有，葉如大蕨，其根形色毛芒全似老鴟頭，故呼爲草鴟頭。”宋代稱“鳳尾草”。宋蘇頌《圖經本草·草部下品·貫衆》：“生玄山山谷及冤句少室山，今陝西河東州郡及荊襄間多有之，而少有花者。春生苗赤，葉大如蕨，莖稈三棱，葉綠色似小鷄翎。又名鳳尾草。根紫黑色，形如大瓜，下有黑鬚毛，又似老鴟。”明代稱“黑狗

脊"。明李時珍《本草綱目 · 草一 · 貫眾》〔釋名〕："黑狗脊⋯⋯時珍曰：此草葉莖如鳳尾，其根一本而眾枝貫之，故草名鳳尾，根名貫眾、貫節、貫渠，渠者，魁也。吳普《本草》作貫中，俗作貫仲、管仲者，皆謬稱也。《爾雅》云：瀙，音灼，貫眾，即此也。《別錄》一名伯萍，一名藥藻，皆字訛也。"又〔集解〕："多生山陰近水處。數根叢生，一根數莖，莖大如箸。其涎滑。其葉兩兩對生，如狗脊之葉而無鋸齒，青黃色，面深背淺。其根曲而有尖嘴，黑鬚叢簇，亦似狗脊根而大，狀如伏鴟。"

按，《爾雅 · 釋草》："篇苻、止瀙，貫眾。"郭璞斷作："篇苻，止。瀙，貫眾。"蘇頌、李時珍皆承其説。篇苻，同"扁苻"，即《神農本草經》貫眾之別名，不當分斷為另一物。故清孫星衍校注《神農本草經》改讀。孫氏言："扁苻，止。郭璞云未詳。據經云'一名篇苻'即此也。《爾雅》當云：篇苻、止瀙，貫眾。"此種讀法糾正郭氏明顯失誤。可取；然"止瀙"當作何解？孫氏未言。清郝懿行據唐陸德明《爾雅音義》引漢魏《本草》貫眾一名"伯藥"，謂"藥""瀙"相假，"伯""止"字訛，則止瀙實伯藥，即貫眾，庶近正。其《爾雅義疏》下之一云"《釋文》云'篇苻'，止。郭云：未詳。《本草》乃是貫眾。云：'貫眾，一名貫節，一名貫渠，一名百頭，一名虎卷，一名篇苻，一名伯萍，一名藥藻，此謂草鴟頭也。'按，今《本草》伯藥作伯萍，餘如《釋文》所引⋯⋯⋯篇苻名見《本草》，唯'止瀙'二字《本草》所無。郭讀'篇苻，止'為句，故云'未詳'。然據《本草》一名伯藥，《釋文》：瀙，孫，餘若反，是即藥字之音，或藥、瀙聲借，伯、止形

譌。若讀'止瀙'為句，即伯藥矣。"今從郝説，"止瀙"為句。又，《説文 · 艸部》："苹，艸也。"孫星衍校注《神農本草經》引此，蓋以貫眾一名貫中、貫鐘，遂以"苹"當之。考段玉裁、桂馥、朱駿聲、王筠等訓釋《説文》均未言及此，故不從孫説。

狗脊
（明王圻等《三才圖會》卷二）

【止瀙】

"貫眾"之別名。此稱秦漢已行用。依郝懿行説，止乃"伯"之訛，瀙、藥聲近相通。伯藥，貫眾別名，此名見於唐陸德明《爾雅音義》所引漢魏之際《本草》（蓋合《神農本草經》《吳氏本草》而成）。見該文。

【篇苻】

"貫眾"之別名。此稱秦漢已行用。見該文。

【扁苻】

同"篇苻"，即貫眾。此體漢代已行用。見該文。

【貫節】

"貫眾"之別名。此稱漢代已行用。以其一主根莖下復貫穿其他枝根筋節，故名。見該文。

【貫渠】

"貫眾"之別名。此稱漢代已行用。渠，魁也，主也。大主根莖為枝根貫穿，故名。見該文。

【百頭】

"貫眾"之別名。此稱漢代已行用。主根下有多頭枝根，故名。按，《太平御覽 · 草木》引《神農本草經》作"白頭"。見該文。

【虎卷】

"貫衆"之別名。此稱漢代已行用。見該文。

【貫來】

"貫衆"之別名。此稱三國時已行用。清王念孫《廣雅疏證》卷一〇上引三國魏吳普《吳氏本草》作"貫來"。見該文。

【貫中】

"貫衆"之別名。此稱三國時已行用。主根貫穿枝根之中，故名。或説，"貫衆"之聲轉，亦通。見該文。

【貫鐘】

同"貫中"，即貫衆。此稱三國時已行用。見該文。

【渠母】

"貫衆"之別名。此稱三國時已行用。見該文。

【伯芹】

"貫衆"之別名。此稱三國時已行用。見該文。

【藥藻】

"貫衆"之別名。此稱三國時已行用。《名醫別録》或作"樂藻"。見該文。

【黄鍾】

"貫衆"之別名。此體三國時已行用。見該文。

【草鴟頭】

"貫衆"之俗稱。此稱南北朝已行用。以此草根形毛色全似鴟頭，故名。鴟，或作"鵄"。見該文。

【伯萍】

"貫衆"之別名。此稱南北朝已行用。見該文。

【鳳尾草】[1]

"貫衆"之別名。此稱宋代已行用。以其葉莖均如鳳尾，故名。按，此與水龍骨科金星草之別名鳳尾草异物同名。見該文。

【黑狗脊】

"貫衆"之別名。此稱明代已行用。以其黑鬚攢聚如狗脊根，故名。見該文。

【狗脊】[1]

"貫衆"之別名。此稱清代已行用。徐珂《清稗類鈔·植物類》："狗脊爲多年生草，生於山地。葉叢生，爲羽狀複葉，質厚，色淡綠，葉面有齒。爲無性芽，背生子囊群。地下根莖色黑如狗脊骨，有黄毛如狗形者，俗稱金毛狗脊，皆入藥。"

【金毛狗脊】[1]

"貫衆"之根莖黄毛如狗脊者。此稱清代已行用。參見本條"狗脊"文。

雀麥

草名。禾本科，雀麥屬，雀麥（*Bromus japonicus* Houtt.）。一年生草本。秆高30~100厘米，分枝細弱下垂。葉片綫形，兩面具細柔毛。夏季開花，圓錐花序開展，含七至十四朵小花，外稃有芒。穎果狹細，呈壓扁狀。秆葉可作牧草，籽粒可作飼料。我國華北、東北、西北和華中地區均有分布，生於山坡、荒野和路旁。

始載於秦漢典籍，時亦稱"蘥"。漢代作"爵麥"。爵，通"雀"。《爾雅·釋草》："蘥，雀麥。"郝懿行義疏："今驗此草，葉如小麥，而結穗疎散，枝莖柔纖，隨風摇動，如不自勝。"《説文·艸部》："蘥，爵麥也。"唐代稱"杜姥草""牛星草"。唐王燾《外臺秘要方》："雀麥一名杜姥草，俗名牛星草。"（按，清吳其濬

《植物名實圖考長編·穀類·雀麥》引作"牡姥草"）唐蘇敬等《唐本草·草部·雀麥》："雀麥處處有之，生故墟野林下，苗葉似小麥而弱，其實似穬麥而細。"明李時珍《本草綱目·穀一·雀麥》〔集解〕引明朱橚《救荒本草》："每穗又分小叉十數箇，子亦細小，舂去皮，作麨蒸食及作餅食，皆可救荒。"按，古多混雀麥、燕麥爲一。晋郭璞《爾雅·釋草》注首爲之，後李時珍、郝懿行等皆承其說，清吳其濬始加駁正、區別。清吳其濬《植物名實圖考·穀類·雀麥》："《唐本草》始著錄，《救荒本草》圖說極晰。與燕麥異，前人多合爲一種。按《爾雅》：'蘥，雀麥。'《說文》作爵麥，別無異名，郭注乃以爲即燕麥。今燕麥附莖結實，離離下垂，尚似青稞；雀麥一莖十餘，小穗，乃微似稌。二種皆與麥同時，而葉相似，其實殊非麥類。"吳說是，今植物學燕麥學名 *Avena sativa*，雀麥學名 *Bromus japonicus*，不當混。又，或謂穭麥爲雀麥，亦誤，前人已駁之。《說文·艸部》"蘥"下段玉裁注："或云，爵麥即穭麥，誤也。《招魂》《七發》皆云穭麥，穭即糔字之異者。古爵、焦聲同，在弟二部。許云：糔，早取穀也。《招魂》王注云：'擇麥中先熟者也'，義正同。"清郝懿行《爾雅義疏》下之一："邵氏正義引枚乘《七發》云：穭麥。按，穭音捉。鄭注《內則》：生穬曰

雀　麥
（清吳其濬《植物名實圖考》卷一）

糔。《說文》作糔，云早取穀也。糔與穭音義同，可知穭麥非爵麥矣。"又，或說爲瞿麥，亦誤。明李時珍《本草綱目·穀一·雀麥》〔釋名〕："《日華本草》謂此爲瞿麥者，非矣。"參閱清汪灝等《廣群芳譜·穀譜一·雀麥》。

【蘥】

"雀麥"之別稱。此稱秦漢時已行用。見該文。

【爵麥】

"雀麥"之別稱。此稱漢代已行用。見該文。

【杜姥草】

"雀麥"之別稱。此稱唐代已行用。見該文。

【牛星草】

"雀麥"之別稱。此稱唐代已行用。見該文。

稗

草名。禾本科，稗屬，稗〔*Echinochloa crusgalli*（Linn.）P.Beauv.〕。一年生草本。秆直立，光滑，葉片綫狀披針形，葉面粗糙，葉鞘無毛。圓錐花序直立開展；小穗密集於穗軸一側，具硬毛，第一外稃有一粗芒。穎果小，橢圓形，光亮平滑，先端具小尖頭。稗通常有兩種：一種生於沼澤、水田，稱水稗；一種生於旱地，稱旱稗。又因其無芒，亦名光頭稗。稗米可食或製糖、釀酒，莖葉作飼料。我國分布廣泛。

始見記於先秦。稗者，卑也。爲禾之卑賤者，故名。《左傳·定公十年》："若其不具，用秕稗也。"晋杜預注："稗，草之似穀者。"《孟子·告子下》："五穀者，種之美者也。苟爲不熟，不如荑稗。"秦漢"稗"亦作"粺"。《孔子家語·相魯》："若其不具，是用秕粺。"魏王肅注："粺，草之似穀者。"三國時亦稱"稗草"。

三國魏曹植《七啓》："芳菰精粺。"李善注："粺與稗，古字通。"《晋書·江表傳》："吳孫亮五鳳元年，交阯稗草化爲稻。"南北朝始見"烏禾"，乃稗之一種。時亦稱"稗子"，本指稗之籽實，後以指代全草。南朝梁陶弘景《本草經集注》：

稗 子
（清吳其濬《植物名實圖
考》卷二）

"稗子亦可食。又有烏禾，生野中如稗，荒年可代糧而殺蟲，煮以沃地，螻蚓皆死。"唐陳藏器《本草拾遺》："稗有二種：一種黄白色，一種紫黑色。紫黑者似芑有毛，北人呼爲烏禾。"元方回《種稗歎》詩："一斗稗子價幾何，已值去年三斗米。"明朱橚《救荒本草》卷四："稗子有二種：水稗生水田邊，旱稗生田野中。今皆處處有之。苗葉似穇子，葉色深緑，脚葉頗帶紫色，稍頭出匾穗，結子如黍粒大，茶褐色……救飢：採子搗米煮粥，蒸食尤佳，或磨作麵食皆可。"明李時珍《本草綱目·穀二·稗》〔釋名〕："稗乃禾之卑賤者也，故字從卑。"又〔集解〕："稗處處野生，最能亂苗。其莖葉穗粒並如黍稷。一斗可得米三升，故曰：五穀不熟不如稊稗。稊苗似稗而穗如粟，有紫毛，即烏禾也。《爾雅》謂之莣。"清王筠《説文句讀·禾部》："今之稗有數種，自生者，種而生者，生於水者，皆性自爲稗。"清吳其濬《植物名實圖考·穀類·稗子》："稗能亂苗，亦有二種：有圓穗如黍者，有扁而數穗同生者。與米同舂則雜而帶殼，別而杵之則粒白而細，煎粥滑美。北地多種之於塍，非稂莠比也。"

按，《爾雅·釋草》："稊，蕛。"郭璞注："蕛似稗。"據此則蕛、稗爲二物，故《爾雅翼》稱："稊與稗二物也，皆有米而細小。"然唐陳藏器分稗爲二種，烏禾是其一，明李時珍進而指烏禾爲《爾雅》之蕛。二説不知孰是。又《救荒本草》卷七"稗子"（即稗）、"穇子"對出爲兩條，清郝懿行《爾雅·釋草》義疏又謂"稗即穇子"。二説亦不知孰是。姑存備考。參閱清汪灝等《廣群芳譜·穀譜二·蕛稗》。

【粺】

同"稗"。此體秦漢已行用。見該文。

【稗草】

"稗"之俗稱。此稱三國時已行用。見該文。

【烏禾】

"稗"之一種。以其呈紫黑色，故名。此稱南北朝已行用。見該文。

【稗子】

"稗"之俗稱。此稱南北朝已行用。見該文。

蓏草

草名。禾本科，馬唐屬，馬唐〔*Digitaria sanguinalis*（Linn.）Scop〕之別名。一年生草本。莖叢生於根際，斜立或匍匐於地面，莖節處可生根。葉綫形至披針形，鞘具白毛。夏季於莖端抽穗三至十枚，作指狀排列；每穗含兩小花，總狀花序，小穗有短柄，緑色。全株可爲牧草，籽實可製澱粉。廣布於我國南北各地區，生於路旁、荒地。始見記於先秦，時稱"蓏"。秦漢時亦作"菡"，亦稱"蔓于"。《左傳·僖公四年》："一薰一蓏，十年尚猶有臭。"晋杜預注："蓏，臭草。"《管子·地員》："其草魚腸與蘋，其木乃柳。"《爾雅·釋草》："茜，蔓于。"晉郭璞注："草生水中，一名軒于。"漢代亦稱"軒芋"，亦作"軒于"，亦單稱"于"。《史記·司馬相如列傳》："蓮藕菰蘆，菴蘭軒芋。"裴駰集解引《漢書音義》："軒芋，蘋草也。"《漢書·司馬相如傳》作"軒于"。《後漢書·馬融傳》："其土毛則摧牧薦草，芳茹甘荼、苨其、蕓蒩、昌本、深蒲、芝茢、堇、荁、蘘荷、芋渠、桂荏、莧葵、格、韭、菹、于。"李賢注："于，軒于也。"三國時稱"馬唐""馬飯"。《廣雅·釋草》："馬唐，馬飯也。"南北朝稱"羊麻""羊粟"。南朝梁陶弘景《名醫別錄·中品·馬唐》："馬唐……一名羊麻，一名羊粟。生下濕地。莖有節，生根。"唐代始稱"蘋草"。唐陳藏器《本草拾遺·蘋草》："馬食之如糖如飯，故名馬唐、馬飯。"又："生南方廢稻田中，節節有根，著土如結縷草，堪飼馬。"明李時珍《本草綱目·草五·蘋》〔釋名〕："羊亦食之，故曰羊麻、羊粟。其氣痈臭，故謂之蘋。蘋者，痈也，朽木臭也。此草莖頗似蕙而臭。"清代俗稱"蘆子"。清郝懿行《爾雅義疏》下之一："今驗此草（茜），俗人即名蘆子。"

按，宋寇宗奭以絆根草爲蘋，明李時珍把"馬唐"并入蘋，後世有以爲不確者。清吳其濬《植物名實圖考·隰草類·絆根草》："《本草衍義》謂即薰蘋之蘋，恐未的。"又《隰草類·茜》："李時珍併入《別錄》有名未用之馬唐，又以爲即薰蘋之蘋，恐未確。"又或以香薷爲蘋，或以爲誤，或以爲長。《本草綱目·草五·蘋》〔釋名〕："孫升《談圃》以爲香薷者，誤矣。"清吳其濬《植物名實圖考·隰草類·茜》："《大學》曰：'如惡惡臭'，臭必惡而

後屏，非與香對稱。周人尚臭，臭陰臭陽，灌用鬯臭，皆芳氣也。薰蘋有臭，後人以蘋爲穢草，然則薰之臭亦穢耶？寇宗奭以《拾遺》之水蘋釋薰蘋，孫公《談圃》以香薷爲茜，二説皆未知所本，然《談圃》説長。李時珍宗《衍義》而駁之，蓋未深考。"二説之是非，殊難遽定，姑存疑。參閱清汪灝等《廣群芳譜·卉譜六·蘋》。

【蘋】

"蘋草"之單稱。此稱先秦已行用。蘋，痈也。痈，朽木臭味。以其草氣味痈臭，故名。一説，蘋，游也。其草蔓生水中，隨水高下泛然浮游，故名（徐鍇説）。見該文。

【茜】

同"蘋"。即蘋草。此體秦漢已行用。見該文。

【蔓于】

"蘋草"之別稱。此稱秦漢已行用。見該文。

【軒芋】

"蘋草"之別稱。此稱漢代已行用。見該文。

【軒于】

同"軒芋"，即蘋草。此稱漢代已行用。見該文。

【于】

"軒于"之省稱。即蘋草，此稱漢代已行用。見該文。

【馬唐】

"蘋草"之別稱。此稱三國時已行用。唐，通"餳"，即糖。馬食如糖，故名。見該文。

【馬飯】

"蘋草"之別稱。此稱三國時已行用。以馬喜食之如飯，故名。見該文。

【羊麻】

"猶草"之別稱。此稱南北朝已行用。見該文。

【羊粟】

"猶草"之別稱。此稱南北朝已行用。以羊食之如粟,故名。見該文。

【蘆子】

"猶草"之俗稱。此稱清代已行用。見該文。

薏苡

草名。禾本科,薏苡屬,薏苡(*Coix lacrymajobi* Linn.)。一年生或多年生草本。根系強大,宿性根。秆直立粗壯,有分枝。葉綫狀披針形,中脉粗厚,邊脉多而細,平行。五六月開花,花單性,雌雄同株,總狀花序腋生或頂生;雌小穗位於花序基部,外面包有骨質念珠狀總苞;雄小穗數叢,排於花序上部,無柄或具柄。穎果橢圓形,淡褐色,有光澤。籽粒(薏苡仁)含澱粉,可食用、釀酒、入藥。廣布於我國各地,田野、近道多有,今則主要人工種植。在我國至少有三千年以上的生長歷史。

約始見於夏代。《史記·夏本紀》:"名曰文命。"張守節正義:"《帝王紀》云:'父鯀妻修已,見流星貫昴,夢接意感,又吞神珠薏苡,胸坼而生禹。'"漢趙曄《吳越春秋》:"鯀娶於有莘氏之女,名曰女嬉,年壯未孳。嬉於砥山,得薏苡而吞之。意若爲人所感,因而姙孕。"漢代稱"薏苡仁""解蠡"。《神農本草經·草部上品·薏苡仁》:"一名解蠡,生平澤及田野。"《後漢書·馬援傳》:"初,援在交阯,常餌薏苡實,用能輕身省慾,以勝瘴氣。南方薏苡實大,援欲以爲種,軍還,載之一車。"時亦作"蔨苜",亦

稱"蔨英""虋"。《說文·艸部》:"蔨,薏苜……一曰蔨英。"又:"虋,艸也……一曰薏苜。"三國時稱"起實","薏苡"亦作"蔨苜"。《廣雅·釋草》:"虋,起實,蔨苜也。"南北朝稱"屋菼","簳珠"。"虋",亦作"贛"。南朝梁陶弘景《名醫別錄》:"一名屋菼,一名起實,一名贛。生真定。八月采實。"又《本草經集注·草木上品·薏苡仁》:"近道處處有,多生人家。交阯者子最大,彼土呼爲簳珠"。"起實",一本作"苣實"。宋代"薏苡仁"亦作"薏苡人",亦稱"薏珠子"。宋蘇頌《圖經本草·草部上品·薏苡人》:"今所在有之。春生苗,莖高三四尺,葉如黍,開紅白花作穗子。五月、六月結實,青白色,形如珠子而稍長,故呼薏珠子。小兒多以綫穿如貫珠爲戲。八月采實。"明代稱"回回米""西番蜀秫""草珠兒"。明李時珍《本草綱目·穀二·薏苡仁》〔釋名〕:"薏苡名義未詳。其葉似蠡實葉而解散,又似芑黍之苗,故有解蠡、芑實

薏 苡
(清吳其濬《植物名實圖考》卷一)

薏苡仁
(宋柴源等《紹興校定證類備急本草畫圖》卷二)

之名。虋米乃其堅硬者，有贛強之意。苗名屋菼。《救荒本草》云：回回米，又呼西番蜀秫。俗名草珠兒。"明謝肇淛《五雜俎·物部三》："京師有薏酒，用薏苡實釀之，淡而有風致，然不足快酒人之吸也。"明宋應星《天工開物·酒母》："近代燕京，則以薏苡仁爲君，入麴造薏酒；浙中寧紹則以綠豆爲君，入麴造豆酒，二酒頗擅天下佳雄。"清汪灝等《廣群芳譜·藥譜七·薏苡》："薏苡仁爲末，同粳米煮粥，日日食，補正氣。"清吳其濬《植物名實圖考·穀類·薏苡》："江西、湖南所產頗多。"又"今南方候暖，薏苡高如木，實形似李，但小耳"。清屈大均《廣東新語·草語·薏苡》："一曰虋米，亦曰薏珠子，交趾人呼爲斛珠。食以代米，或雜米中熟之。諺曰：'食米得薏，薏一米二。從郎二米，儂只一薏。'又曰：'郎是斛珠兒，儂是薏珠子。自憐同一珠，甘苦長相似。'"徐珂《清稗類鈔·植物類》："薏苡爲一年生草。葉狹長，有平行脉。花生於葉腋，實橢圓。其仁白色，可雜米中作粥飯及磨麵，並入藥。"

【薏苡仁】

"薏苡"之別稱。此稱漢代已行用。見該文。

【薏苡人】

同"薏苡仁"，即薏苡。此體宋代已行用。見該文。

回回米
（明徐光啓《農政全書》
卷五二）

【解蠡】

"薏苡"之別稱。此稱漢代已行用。以其葉似蠡實而分解四散，故名。見該文。

【菩苴】[1]

同"薏苡"。此體漢代已行用。見該文。

【菩苴】[2]

同"薏苡"。此體三國時已行用。見該文。

【菩英】

"薏苡"之別稱。此稱漢代已行用。見該文。

【虋】

"薏苡"之別稱。此稱漢代已行用。見該文。

【贛】

同"虋"。即薏苡。此體南北朝已行用。見該文。

【起實】

"薏苡"之別稱。此稱三國時已行用。見該文。

【芑實】

同"起實"。"薏苡"之別稱。此稱南北朝已行用。因其實似芑苗之實，故名。見該文。

【屋菼】

"薏苡"之別稱。此稱南北朝已行用。見該文。

【斛珠】

"薏苡"之別稱。此稱南北朝已行用。見該文。

【虋米】

"薏苡"之別稱。此稱南北朝已行用。出南朝梁陶弘景《名醫別錄》。見該文。

【薏珠子】

"薏苡"之別稱。此稱宋代已行用。見該文。

【回回米】

"薏苡"之別稱。此稱明代已行用。見該文。

【西番蜀秫】

"薏苡"之別稱。此稱明代已行用。見該文。

【草珠兒】

"薏苡"之俗稱。此稱明代已行用。見該文。

【菩蔓珠】

"薏苡"之別稱。此稱清代已行用。時亦稱"芭實"。清陳淏子《花鏡》卷四："一名芭實，隨在有之。若留有宿根，二三月自生。葉如初生芭蕉，五六月抽莖，開細黃花，結實青白色，上尖下圓，其殼薄仁粘者，即薏苡也。一種殼厚堅硬者，俗名菩蔓珠，小兒多穿作念佛數珠為戲。"

【芭實】

"薏苡"之別名。此稱清代已行用。以其葉似芭蕉，故名。見該文。

藎草

草名。禾本科，藎草屬，藎草〔*Arthraxon hispidus*（Thunb.）Makino〕。一年生草本。莖細柔，基部平臥或傾斜，亦或基部即生分枝，有節，節復生根。葉互生，卵狀披針形，先端尖，基部抱莖。秋季開花，總花序二至十枚在莖頂作指狀排列，紫褐色或灰綠色，小穗對生。穎果纖細。莖葉汁可作黃色染料，亦可藥用。廣布於我國各地，田間、溝渠、荒地均可生長。

此稱始見於先秦，時稱"綠"；秦漢時稱"王芻"，"綠"亦作"菉"。漢代始稱"藎草"。藎諧音"進"，古代此草貢進王者，故名。時亦省稱"藎"，"綠"音轉亦作"戾""蠡"。三國時稱"菉蓐草""鴟腳莎""黃草"。晋代稱"白腳莎"，

"菉蓐草"省稱"菉蓐"，亦作"鹿菉"，"鴟腳莎"亦作"鴟腳沙"。《詩·衛風·淇奧》："瞻彼淇奧，綠竹猗猗。"毛傳："綠，王芻。"陸德明釋文："郭璞云：今呼白腳莎……一云即菉蓐草。"孔穎達疏引某氏作"鹿蓐"。《爾雅·釋草》："菉，王芻。"三國魏孫炎注："即菉蓐草也，今呼為鴟腳莎。"晋郭璞注："菉蓐也，今呼鴟腳沙。"《神農本草經·草部下品·藎草》："生川谷。"《急就篇》卷四："雷矢、雚菌、藎、兔盧。"唐顏師古注："藎草治久咳，殺皮膚小蟲，又可以染黃而作金色。"《說文·艸部》："戾，艸也，可以染留黃。"《漢書·百官公卿表》"金璽戾綬"顏師古注引晋灼曰："戾，草名也，出琅邪平昌縣，似艾，可染綠，因以為綬名也。"三國魏吳普《吳氏本草·草木類·藎草》："王芻，一名黃草。"唐蘇敬等《唐本草·草部·藎草》："青衣縣名，在益州西。今處處平澤溪澗側皆有。葉似竹而細薄，莖赤圓小。荊襄人煮以染黃，色極鮮好。俗名菉蓐草。"明李時珍《本草綱目·草五·藎草》〔釋名〕："此草綠色，可染黃，故曰黃、曰綠也。戾、蠡，乃北人呼綠字音轉也。古者貢草入染人，故謂之王芻，而進忠者謂之藎臣也。"清代俗稱"淡竹葉"。清郝懿行《爾雅義疏》下之一："按此即今淡竹葉也。其葉如竹，花色深碧，人取汁入畫如點黛。"

按，或說《詩

淡竹葉
（清吳其濬《植物名實圖考》卷一四）

"綠竹"爲一物，前人已駁其誤。《詩·衛風·淇奧》"綠竹猗猗"唐孔穎達正義："陸璣云：'綠竹，一草名。其莖葉似竹，青綠色，高數尺，今淇隩旁生此，人謂此爲綠竹。'此説亦非也。《詩》有'終朝采綠'，則'綠'與'竹'別草，故傳依《爾雅》，以爲王芻，與篇竹異也。"

【綠】

　　"藎草"之別稱。此稱先秦已行用。因其草綠色，故名。見該文。

【菉】

　　同"綠"。即藎草。音近相通。此體秦漢已行用。見該文。

【王芻】

　　"藎草"之別稱。此稱秦漢已行用。古代貢此草爲王者漂染之用，故名。見該文。

【藎】

　　"藎草"之省稱。此稱漢代已行用。見該文。

【菮】[1]

　　"藎草"之別稱。乃"菉"之音轉。此稱漢代已行用。見該文。

【藗】

　　"藎草"之別稱。亦"菉"之音轉。此稱漢代已行用。見該文。

【菉蓐草】

　　"藎草"之別稱。此稱三國時已行用。見該文。

【鴟脚莎】

　　"藎草"之別稱。此稱三國時已行用。見該文。

【鴟脚沙】

　　同"鴟脚莎"。即藎草。此體晋代已行用。見該文。

【黄草】[1]

　　"藎草"之別稱。此稱三國時已行用。以其可染黄，故名。見該文。

【白脚莎】

　　"藎草"之別稱。此稱晋代已行用。見該文。

【菉蓐】

　　"菉蓐草"之省稱。即藎草。此體晋代已行用。見該文。

【鹿蓐】

　　同"菉蓐"。即藎草。此稱晋代已行用。見該文。

【淡竹葉】[2]

　　"藎草"之別稱。此稱清代已行用。見該文。

排草香

　　草名。唇形科，排草香屬，排草香〔*Anisochilus carnosus*（L.f.）Wall.〕。一年生草本。根白色，多鬚。莖有數棱，上具窄翅，下部匍匐地面，莖節着地處可生根。葉互生，短梗紙質，大小不等，卵形或卵狀披針形，全緣。夏季開黄花，單生於葉腋。蒴果球形，子多枚，細小，多角形。全草入藥，亦可提取芳香油。主要分布於我國中南、西南地區。

　　約始見記於宋代。時稱"排草"。宋范成大《桂海虞衡志·志香》："排草出日南，狀如白茅，香芬烈如麝香。亦用以合香，諸草香無及之者。"明代稱"排草香"。明李時珍《本草綱目·草三·排草香》〔集解〕："排草香出交阯，今嶺南亦或蒔之。草根也，白色，狀如細柳根。"清吳其濬《植物名實圖考·芳草類·排草》："生湖南永昌府。獨莖，長葉，長根，葉參差生，淡綠，與莖同色，偏反下垂，微似鳳仙花葉，光澤無鋸齒。夏時開細柄黄花，五瓣尖長，有淡黃蕊一簇。花罷結細角，長二寸許。枯時束以爲把，售之婦女，浸油刡髮，根莖香味與元寶草相類。"又《廣西志》排草屢載所出，亦無形狀。《南越筆記》以爲莖穿葉心，則似元寶草也。"清屈大均《廣東新語·香語》："種排草香。予沙亭鄉江畔，有沙地二三十畝，其種宜排草。農人以重價佃之，春以播秧，至六月始種排草，十月收之。其根長五六尺，賣以合香。葉以泥漬使乾，賣與番人爲藥。每地一畝，以半種薑芋，以半種排草，以菜䰞壅之。次年則以種薑芋者種排草，必相易也。農人喜種排草，其利甚厚。惜宜種之地，不能多有。"又《草語》："其可佩者曰排草。狀如白茅，對節生葉，葉兩兩相連，長五六寸，而幹中穿。以細嫩者爲貴。番禺人種之，動至數畝。以其葉售於海外諸番，諸番歲有瘡痏，煎其葉爲湯，浣之即愈。其根莖以合諸香爲囊，能使衆味久而不滅。"參閱清汪灝等《廣群芳譜·卉譜一·排草》。

【排草】

"排草香"之省稱。此稱宋代已行用。見該文。

【留香草】

"排草香"之別名。此稱清代已行用。因其根莖與諸香配合製成香袋後，能使衆味留而不滅，故名。時亦稱"眷香""茅香根""燈臺草""相思草""元寶草"。清吳其濬《植物名實圖考長編·芳草類·排草香》引清李調元《南越筆記》："排草狀如白茅，對節生葉，葉兩兩相連，長五六寸，而幹中穿，以細嫩者爲貴。番禺人種之，動至數畝，以其葉售於海外諸番，歲有瘡痏，煎其葉爲湯，浣之即愈。其根、莖

以合諸香爲囊，能使衆味久而不滅，故一名留香草，亦曰養香。"又引清羅思舉《簡易草藥》："茅香根即燈薹草，又名相思草。清明前後出，秋枯，梗圓，穿梗出葉，葉青透香，亦有紫色者。花亦有紫、黃色者，子綠色，痧症要藥。"吳氏謂：

元寶草
（清吳其濬《植物名實圖考》卷一〇）

"今以《南越筆記》及羅思舉《簡易草藥》所述及圖校之，乃是一種。此草形狀特異，一葉中穿，故有燈臺、相思之名。又其葉末圓而上翹，土人亦呼元寶草。《本草從新·草部·隰草類·元寶草》：'元寶草，辛寒，補陰，治吐血衄血。生浙江田塍間，一莖直上，葉對節生，如元寶向上，或三四層，或五六層。'按狀亦彷彿。根香如都梁，所謂如茅者，指其根形色耳。夏間葉中抽莖，莖又分叉，開五瓣黃花，江西、湖南處處有之。"按，吳氏《植物名實圖考·芳草類·排草》謂排草"似元寶草"，《長編》則呼排草爲元寶草，二書似自相矛盾。

【養香】

"排草香"之別名。此稱清代已行用。見該文。

【茅香根】

"排草香"之別名。此稱清代已行用。見該文。

【燈臺草】

"排草香"之別名。此稱清代已行用。因其

一莖中穿，形似燈臺，故名。見該文。

【相思草】[2]

"排香草"之別名。此稱清代已行用。見該文。

【元寶草】

"排香草"之別名。此稱清代已行用。因其葉梢圓而上翹，形似元寶，故名。見該文。

【瓶香】

"排草香"之屬。此稱唐代已見。明李時珍《本草綱目·草三·排草香》〔附錄〕："瓶香。珣（李珣）曰：案陳藏器云：生南海山谷，草之狀也，其味寒無毒……耕香。藏器曰：生烏許國，莖生細葉……時珍曰：二香皆草狀，恐亦排草之類也。"

【耕香】

"排草香"之屬。此稱唐代已行用。參見本類"瓶香"。

菱

草名。千屈菜科，菱屬，菱（*Trapa bispinosa* Roxb.）。主要有四角菱（*T. quadrispinosa*）、烏菱（*T. bicornis*）等。一年生水生草本。根生水底泥中，圓莖上展，與葉柄相連。葉兩型：水上葉簇生枝端，廣菱形，緣有鋸齒，葉柄中部膨脹成浮囊；沉浸葉對生，羽狀細裂。夏末秋初開花，單生於葉腋，花瓣四枚，淡紅或白色，受精後沒入水中，長成果實，俗稱菱角。果實可食。我國各地池澤多

菱
（明王圻等《三才圖會》
卷一一）

有野生或栽培。

始見於先秦，時作"薐"。《周禮·天官·籩人》："加籩之實，薐芡栗脯。"秦漢亦稱"蕨攗""薢茩""芰光"。《爾雅·釋草》："薐，蕨攗。"晉郭璞注："薐，今水中芰。"又"薢茩，芡光"。郭注："或曰，薐也，關西謂之薢茩。"漢代"薐"始作"菱"，亦作"薩"。《說文·艸部》："薐，芰也。從艸，淩聲。楚謂之芰，秦謂之薢茩。薩，司馬相如說薐從遴。"《漢書·司馬相如傳上》："唼喋菁藻，咀嚼菱藕。"漢代稱"水栗"。出漢應劭《風俗通》。晉郭義恭《廣志》："鉅野大菱大於常菱。淮漢之南，凶年以芰爲蔬。"南北朝把三角、四角之菱稱"芰"，兩角者稱"菱"，見南朝梁王（或作"伍"）安貧《武陵記》。唐段成式《酉陽雜俎·草木·菱》："今人但言菱芰，諸解草木書亦不分別……今蘇州折腰菱多兩角。成式曾於荊州，有僧遺一斗郢城菱，三角而無芒，可以挼莎。"宋代俗稱"薐角"，亦稱"芰實"。"薐角"出《爾雅·釋草》宋刑昺疏。宋蘇頌《圖經本草·果部·芰實》："芰，菱實也。舊不著所出州土。今處處有之。葉浮水上，花黃白色，花落而實生，漸向水中乃熟。實有二種，一種四角，一種兩角。兩角中又有嫩皮而紫色者謂之浮菱，食之尤美。"明代稱"沙角"。明李時珍《本草綱目·果五·芰實》〔釋名〕："沙角。時珍曰：其葉支散，故字從支；其角棱峭，故謂之菱。"又〔集解〕："芰菱有湖濼處則有之。薐落泥中，最易生發。有野薐、家薐，皆三月生蔓延引。葉浮水上，扁而有尖，光面如鏡。葉下之莖有股如蝦股，一莖一葉，兩兩相差，如蝶翅狀。五六月開小白花，背日而生，晝合宵炕，

隨月轉移。其實有數種：或三角、四角，或兩角、無角。野菱自生湖中，葉、實俱小。其角硬直刺人，其色嫩青老黑。嫩時剝食甘美，老則蒸煮食之。野人暴乾，剁米爲飯爲粥，爲饎爲果，皆可代粮。其莖亦可暴收，和米作飯，以度荒歉，蓋澤農有利之物也。家菱種於陂塘，葉實俱大，角柔而脆，亦有兩角彎卷如弓形者，其色有青、有紅、有紫，嫩時剝食，皮脆肉美，蓋佳果也。老則壳黑而硬，墜入泥中，謂之烏菱。冬月取之，風乾爲果，生、熟皆佳。夏月以糞水澆其葉，則實更肥美。"清代亦稱"菱薢"。清郝懿行《爾雅義疏》下之一："今棲霞人猶謂菱爲菱薢，此古之遺言矣。"清屈大均《廣東新語·草語·蓮菱》："種菱亦然。菱畢收則種茨菰。菱去其三角、四角者，以三角、四角者敗種，蓋芰也，兩角乃菱也。菱花隨月，故鏡背多作菱花。"

按，許慎《説文》視菱、薢茩爲一，有駁之者。《本草綱目·果五·芰實》〔釋名〕："案《爾雅》薢茩乃決明之名，非厥攈（菱）也"。然亦有贊同者。晋郭璞即以爲薢茩"或曰菱也"，清郝懿行《爾雅義疏》謂"郭於《爾雅》，兩存其説"，"薢茩、英光、蕨攈，俱以聲轉爲義"。又："菱名薢茩，已詳上文。英光即薢茩之音轉，蕨攈又即英光之音轉，芰又蕨攈之合聲也。"二説孰是姑存疑。

【菱】

同"菱"。此體先秦已行用。以其角棱峭，故名。一説特指二角之菱。見該文。

【蔆】

同"菱"。此體先秦已行用。《戰國策·楚策四》："游於江海，淹乎大沼，俯喝鱔鯉，仰

齧蔆衡。"《玉篇·艸部》："蔆，同菱，亦作菱。"《爾雅翼·釋草》："蔆生水中，實兩角或四角，一名芰。"又："吳楚之風俗，當菱熟時，士女相與采之，故有采菱之歌以相和。"清吳其濬《植物名實圖考·果類·芰》："《爾雅》：'薢，蕨攈，又薢茩。'注：或曰蔆也。"見"菱"文。

【薢】

同"菱"。此體漢代已行用。見該文。

【蕨攈】

"菱"之別稱。此稱秦漢已行用。或作"厥攈"，參閲明李時珍《本草綱目·果五·芰實》引。見該文。

【薢茩】[1]

"菱"之別名。此稱秦漢已行用。見該文。

【英光】

"菱"之別名。此稱秦漢已行用。見該文。

【水栗】

"菱"之別稱。此稱漢代已行用。見該文。

【菱角】

"菱"之俗稱。此稱宋代已行用。見該文。

【芰實】

"菱"之別名。此稱宋代已行用。見該文。

【沙角】

"菱"之別稱。此稱明代已行用。見該文。

【菱薢】

"菱"之別名。此稱清代已行用。見該文。

【芰】

"菱"之別名。此稱先秦已行用。自南北朝始，亦特指三角或四角之菱。史載，楚國官員屈到尤喜食。《國語·楚語上》："屈到嗜芰，有疾，召其宗老而屬之曰：'祭我必以芰。'"三國吳韋昭注："芰，菱也。"晋左思《魏都

賦》：“丹藕凌波而的皪，綠芰泛濤而浸潭。”唐杜甫《佐還山後寄》詩之三：“隔沼連香芰，通林帶女蘿。”清吳其濬《植物名實圖考·果類·芰》：“三角、四角爲芰，兩角爲菱。”又：“余嘗過邗溝，達苕霅，陂塘水滿，菱科漾溢，寶鏡花搖，橐韜紅絢，牽荇帶而通舟，裹荷葉而作飯。”按，或以“芰”爲鷄頭（芡），前人已駁正。明李時珍《本草綱目·果五·芰實》〔釋名〕：“楊氏（明楊慎）《丹鉛録》以芰爲鷄頭，引《離騷》‘緝芰荷以爲衣’，言菱葉不可緝衣，皆誤矣。”

芰
（清吳其濬《植物名實圖考》卷三二）

【浮根菱】

“菱”之一種。此稱漢代已見。亦稱“青水菱”。明李時珍《本草綱目·果五·芰實》〔集解〕：“漢武帝昆明池有浮根菱，亦曰青水菱，葉没水下，菱出水上。”

【青水菱】

即浮根菱。此稱漢代已行用。見該文。

【倒生菱】

“菱”之一種。此稱漢代已見。亦稱“紫菱”。前秦王嘉《拾遺記·前漢下》：“昭帝始元元年，穿淋池……亦有倒生菱，莖如亂絲，一花千葉，根浮水上，實沉泥中，泥如紫色，名紫菱，食之不老。”

【紫菱】

即倒生菱。此稱漢代已行用。見該文。

【紅菱】

“菱”之一種。此稱見於唐代瓜州。出唐段成式《酉陽雜俎》。見該文。

【烏菱】

“菱”之一種。此稱宋代已見。宋蘇軾《六月二十七日望湖樓醉書五絶》之三：“烏菱白芡不論錢，亂繫青菰裹綠盤。”宋蘇轍《食菱》詩：“野沼漲清泉，烏菱不值錢。”按，此殆指老而殼黑之菱，非即今時科學分類之烏菱。

菘藍

草名。古代五藍之一種。十字花科，菘藍屬，菘藍（*Isatis indigotica* Fortune）。一年生或二年生草本。莖高50厘米許，植株粉綠色。葉互生，呈長橢圓形或長倒卵形，全緣或有不明顯鋸齒，抱莖，基部有寬圓形垂耳。春夏開花，花小，瓣四枚，黃色，排成圓錐花序，花梗細長而下垂。角果長橢圓形，扁平，邊緣有翅，頂端楔形或有凹缺，成熟時紫黑色。根入藥，葉可提取靛藍。多見於我國華中、華南地區。南北朝已見記載。南朝梁陶弘景《本草經集注·草木上品·藍實》：“此即今染繢碧所用者。至解毒，人卒不能得生藍汁，乃漬繢布汁以解之，亦善。”按，此所指殆即菘藍。至唐代始見其稱。唐蘇敬等《唐本草·草部·菘藍》：“陶氏（弘景）所説乃菘藍，其汁抨爲澱甚青者。”宋蘇頌《圖經本草·草部上品·藍實》：“有菘藍，可以爲澱。”《爾雅翼·釋草四》：“菘藍，其汁抨爲澱，堪染青。”明李時珍《本草綱目·草五·藍》〔集解〕：“菘藍，葉如白菘。”清陳淏子《花鏡》卷五：“菘藍，葉如槐，可以爲澱。”清吳其濬《植物名實圖考·隰草類·藍》：“李時珍分别五種（按，爲蓼藍、菘藍、馬藍、吴藍、甘藍），極確晰。爲澱則一，而花葉全別。今俗所種，多是蓼藍、菘藍。"參見本類"馬藍""蓼藍""木藍"諸文。參閲清汪灝等《廣群芳譜・卉譜三・藍》。

【茶藍】

"菘藍"之別名。此稱明代已行用。明宋應星《天工開物・藍靛》："茶藍即菘藍。"

蔊菜

草名。十字花科，蔊菜屬，蔊菜〔*Rorippa indica*（L.）Hiern〕。一年生草本。莖直立或伏卧，近基部有分枝，全株無毛。葉互生，下部葉有柄，葉長橢圓形，羽狀淺裂，頂裂片寬卵形，側裂很小。春季開小花，黃色，四瓣，總狀花序。長角果，綫形；種子多數，卵形，褐色。嫩苗葉可食，全草入藥，子可榨油。分布於我國華中、華南、華東、西南等地區，多野生於路旁、田園、荒地。

始見記於南北朝。時作"草"。宋代始稱"蔊菜"，亦省稱"蔊"。蔊，同"焊"。以其辛辣焊人，故名。宋朱熹《次韻公濟惠蔊》詩："褰裳勤采擷，枝筋嚏芳香。"宋楊萬里《羅仲憲送蔊菜謝以長句》詩："學琴自有譜，相鶴自有經。蔬經我繙盡，不見蔊菜名。"明代稱"辣米菜"，"蔊菜"亦作"草菜"。明汪穎《食物本草・菜部・草菜》："蔊菜，柔梗細葉。三月開細花，黃色。結細角，長一二

蔊　菜
（清吴其濬《植物名實圖考》卷六）

分，角内有細子。野人連根葉拔而食之，味極辛辣，根葉皆可食，呼爲辣米菜。"《正字通・艸部》："草，別作蔊。"明李時珍《本草綱目・菜一・蔊》〔釋名〕："蔊味辛辣，如火焊人，故名。亦作辣。陳藏器《本草》有䕺菜，云辛菜也，南人食之。不著形狀。今考《唐韻》《玉篇》並無䕺字，止有蔊字，云辛菜也。則䕺乃蔊字之訛爾。"又〔集解〕："蔊菜生南地，田園間小草也。冬月布地叢生，長二三寸，柔梗細葉。三月開細花，黃色。結細角長一二分，角内有細子。野人連根葉拔而食之，味極辛辣，呼爲辣米菜。"清劉獻廷《廣陽雜記》卷二："衡山水月林主僧静音，餽余閩林茶一包，蔊菜一瓶……蔊，土音坎，字書音罕，曰：其味辛。與黃豆同煮，以器罨之，而沃之以臘醋，久之辣極，與京師之辣菜味同，而鮮美過之。"清代俗稱"辣米子"。清吴其濬《植物名實圖考・蔬類・蔊菜》："俗呼辣米子。田野多有，人無種者，蓋野菜也。《江西志》以朱子供蔬，遂矜爲奇品。云生源頭至潔之地，不常有，亦耳食之論。吾鄉人摘而醃之爲菹，殊清辛耐嚼。伶仃小草，其與薺殆辛甘各據其勝。然薺不擇地而生，此草惟生曠野，喜清而惡濁，蓋有之矣。"徐珂《清稗類鈔・植物類》："蔊爲蔬類植物，通稱蔊菜。冬月叢生於田圃。莖高二三寸，葉橢圓而長，有缺刻。春日開小黃花。實爲細角，長一二分，中有細子。農人連根葉拔而食之，味極辛辣。"按，清吴其濬《植物名實圖考長編・蔬類・蔊菜》引唐陳藏器《本草拾遺》作"狷菜"，并載《字林》曰："狷，辛菜。"則狷字晋代已見，自可爲"蔊"之異名，非必蔊字之訛。

【草】

"葷菜"之單稱。草，同"葷"。此稱南北朝已行用。見該文。

【葷】

"葷菜"之單稱。此稱宋代已行用。見該文。

【蕲菜】

"葷菜"之別稱。此稱唐代已行用。李時珍認爲蕲乃"葷"字之訛。見該文。

【辣米菜】

"葷菜"之別稱。此稱明代已行用。見該文。

【草菜】

同"葷菜"。此體明代已行用。見該文。

【辣米子】

"葷菜"之別名。此稱清代已行用。見該文。

薺菜

草名。十字花科，薺屬，薺菜〔*Capsella bursa-pastoris* (Linn.) Medik. 〕。一二年生草本。基生葉叢生，羽狀或完整或分裂，有柄；莖生葉狹披針形，基部耳狀抱莖，緣有缺刻，葉被茸毛。春天開花，總狀花序頂生及腋生，花小，花瓣四枚，白色。短角果，內含多數種子，子長橢圓形，淡褐色。嫩株可作蔬菜，全草入藥。

薺　菜
（《明徐光啓《農政全書》卷五九》）

分布幾遍全國，野生於田間、村邊、路旁，亦有人工養植。

始見記於先秦典籍。時稱"薺"。《詩・邶風・谷風》："誰謂荼苦，其甘如薺。"漢董仲舒《春秋繁露》："薺以美。冬，水氣也，薺，甘味也，乘於水氣故美者，甘勝寒也。"南朝梁陶弘景《名醫別錄》："薺類甚多，此是今人所食者。葉作菹、羹亦佳。"宋代始稱"薺菜"。舊題宋蘇軾《物類相感志》："三月三日收薺菜花，置燈檠上，則蚊蟲飛蛾不敢近。"明代稱"護生草""蝸螺薺""地英菜"。時分薺菜爲"沙薺""大薺""菥蓂"等三種。明李時珍《本草綱目・菜二・薺》〔釋名〕："薺生濟濟，故謂之薺。釋家取其莖作挑燈杖，可辟蚊蛾，謂之護生草，云能護衆生也。"又〔集解〕：

薺
（清吳其濬《植物名實圖考》卷三）

江　薺
（明王磐《野菜譜》卷一）

碎米薺
（明王磐《野菜譜》卷一）

"薺有大小數種。小薺葉花莖扁，味美。其最細小者，名沙薺也。大薺科葉皆大，而味不及。其莖硬有毛者，名菥蓂，味不甚佳。並以冬至後生苗，二三月起莖五六寸，開細白花，整整如一。結莢如小萍，而有三角。莢內細子如葶藶子。"清厲荃《事物異名錄》卷三一引《正字通》："正二月開花，名蝸螺薺，俗呼地英菜。"清陳維崧《浣溪沙·雨中由楓橋至玉齊門》詞："薺菜綠平齊女墓，梨花雪壓伍胥潮，柳枝和恨一條條。"清代稱"净腸草"。清吳其濬《植物名實圖考·蔬類·薺》："湖南候暖，冬初生苗，已供匕筯，春初即結實。其花能消小兒乳積，投之乳中，旋化爲水，肉食者可以蕩滌腸胃，俗亦謂之净腸草，故燒灰治紅白痢有效。陸放翁詩：'目有食薺糝甚美'，蓋蜀人所謂東坡羹也。今燕京歲首亦作之，呼爲翡翠羹。"

菥 蓂
（清吳其濬《植物名實圖考》卷三）

倒灌薺
（明王磐《野菜譜》卷一）

蒿柴薺
（明王磐《野菜譜》卷一）

清郝懿行《爾雅義疏》下之一："薺抽莖開小白華，子細薄，黃黑色，味甘，即菥也（按，《爾雅·釋草》'菥'爲'薺實'之稱），其根名蘆。"徐珂《清稗類鈔·植物類》："薺爲蔬類植物，到處產生。葉在下部者羽狀分裂，在上部者有缺刻，嫩時可食。老後莖高尺餘，花四瓣，色白。實扁平三角形，中有細子。"

按，"薺"之得名，其説不一。一説，薺，同"濟"。其生長濟濟衆多，故名。又説，薺從齊聲，齊有瑣小細碎義。此草小而瑣細，故名。今人夏緯瑛《植物名釋札記·薺菜》："《周禮·天官·醢人》'五齊'注云：'齊當爲韲……凡醢醬所和，細切爲韲，全物若腍爲菹。'是齊聲之字有細碎之義。薺菜小草，其苗葉多缺裂，'薺菜'之爲名，大蓋是取其植物小而細碎之義。"

【薺】

"薺菜"之單稱。此稱先秦已行用。見該文。

【百歲羹】

"薺菜"之別名。此稱宋代已行用。以其人人得製作，百歲可常享，因以指代。宋陶穀《清異錄》："俗號薺爲百歲羹。言至貧者亦可具，雖百歲可常享。"

【東風薺】

"薺菜"之別名。此稱明代已行用。因春天東風吹則薺菜出生，故名。明高濂《遵生八箋·飲饌服食箋·野蔬類》："東風薺，即薺菜也。採薺一二升，洗净，入淘米三合，水三升，生薑一芽頭搥碎，同入釜中和匀，上澆麻油一蜆殼，再不可動，以火煮之，動則生油氣也，不着一些鹽醋。若知此味，海陸八珍皆可厭也。"

【護生草】

　　"薺菜"之別稱。此稱明代已行用。以其莖作挑燈杖，可避蚊蛾，護衆生，故名。見該文。

【蝸螺薺】

　　"薺菜"之別稱。此稱明代已行用。見該文。

【地英菜】

　　"薺菜"之別稱。此稱明代已行用。見該文。

【沙薺】

　　一種細小之"薺菜"。此稱明代已行用。見該文。

【大薺】

　　一種棵葉皆大之"薺菜"。此稱明代已行用。見該文。

【菥蓂】

　　"薺菜"之莖硬有毛者。此稱明代已行用。見該文。

【江薺】

　　一種臘月生長之"薺菜"。此稱明代已行用。明王磐《野菜譜》："江薺（生臘月，生熟皆可用。花時不可食，但可作齏）……倒灌薺（采之熟食，亦可作齏）……蒿柴薺（其葉可食，其稭可燃）。掃帚薺（春采，熟食）……碎米薺（三月采，止可作齏）。"明高濂《遵生八箋・飲饌服食箋・野蔬類》："倒灌薺，採之熟食，亦可作齏。"又"碎米薺，三月採，止可作齏"。

【倒灌薺】

　　一種生長於旱田之"薺菜"。此稱明代已行用。見該文。

【蒿柴薺】

　　一種葉可食、莖可燃之"薺菜"。此稱明代已行用。見該文。

【掃帚薺】

　　一種春采之"薺菜"。此稱明代已行用。見該文。

【碎米薺】

　　一種和米作齏之"薺菜"。此稱明代已行用。見"江薺"文。

【野白薺】

　　"薺菜"之四時可采食者。此稱明代已行用。見"窩螺薺"文。

【净腸草】

　　"薺菜"之別名。此稱清代已行用。以其可化腹中積食，蕩滌腸胃，故名。見該文。

菟絲子

　　草名。旋花科，菟絲子屬，菟絲子（_Cuscuta chinensis_ Lam.）。一年生纏繞寄生草本。莖細而柔，作橙黃色絲狀，多以豆科、菊科、藜科等植物作爲纏附寄主，隨處可生出盤狀吸根，汲取寄生體養分而生。葉退化作小鱗片幾近於無。夏秋時開細小白花，微有紅色，花冠之緣端五裂，簇生莖側。蒴果爲扁圓體球形，種子細小，黑色。種實可提取油脂及入藥。對農作物生長有一定危害。分布幾遍全國。古説其草下有伏菟之根（實際是靠吸盤吸吮營養寄生），上莖如絲，故名。

　　先秦文獻中已有記載。時稱"菟丘"，亦作"菟邱"（"古讀丘如欺，與絲叠韻。""丘"與"絲"聲近相通。見清郝

菟絲子
（清吴其濬《植物名實圖考》卷二二）

懿行《爾雅義疏》下之一）。亦稱"唐""女
蘿""蒙""兔絲"，"女蘿"亦作"女羅"。《山
海經·中山經》："帝女死焉，其名曰女尸，化
爲䔄草，其葉胥成，其華黃，其實如菟丘，服
之媚於人。"郭璞注："菟丘，菟絲也。"王念
孫《廣雅疏證》引作"菟邱"。《詩·鄘風·桑
中》："爰采唐矣，沬之鄉矣。"毛傳："唐，蒙，
菜名。"又《小雅·頍弁》："蔦與女蘿，施於松
柏。"毛傳："女蘿，菟絲。"陸德明釋文："在
草曰兔絲，在木曰松蘿。"《管子·地員》："群
藥安生，薑與桔梗，小辛大蒙。"《呂氏春秋·精
通》："人或謂兔絲無根，兔絲非無根也；其根
不屬也，伏苓是。"《楚辭·九歌·山鬼》："若
有人兮山之阿，被薜荔兮帶女羅。"王逸注：
"女羅，兔絲也。"秦漢時稱"王女"，"兔絲"
亦作"菟絲"。《爾雅·釋草》："唐、蒙，女蘿；
女蘿，菟絲。"郭璞注："別四名。"又："蒙，
王女。"郭璞注："蒙即唐也，女蘿別名。"郝
懿行義疏："錢氏大昕《養新錄》云'今本譌
王爲玉，唯唐石經不誤'；按宋雪牎本亦不誤，
今從之。"漢代亦作"兎絲子"。"兔絲子"，亦
稱"菟蘆"。《神農本草經·草部上品·兔絲子》：
"一名菟蘆。生川澤。"一本作"兎絲子"。三國
時始稱"菟絲子"，亦稱"玉女""松蘿""蔦
蘿""鴨蘿""複實""赤網"。"菟丘"亦作"兔
邱""免丘"。三國吳陸璣《毛詩草木鳥獸蟲魚
疏》："今菟絲蔓連草上生，黃赤如金，今合藥
菟絲子是也。"三國魏吳普《吳氏本草·草木
類·兔絲》："兔絲一名玉女，一名松蘿，一名
蔦蘿，一名鴨蘿，一名複實，一名赤網。生山
谷。"《廣雅·釋草》："兔邱，兔絲也。"郝懿
行《爾雅義疏》引作"兔丘"。南北朝"菟絲

子"亦作"菟系子"，"菟蘆"亦作"兔縷""兔
纍"。南朝梁陶弘景《名醫別錄·上品·菟絲
子》："〔菟絲子〕一名菟縷……一名玉女，一
名赤網，一名菟纍。生朝鮮田野，蔓延草木之
上，色黃而細爲赤網，色淺而大爲菟纍。九月
采實曝乾。"一本作"菟系子"。又《本草經集
注·草木上品·菟絲子》："田野墟落中甚多，皆
浮生藍、紵麻、蒿上。舊言下有茯苓，上生菟
絲，今不必爾。"南朝宋謝朓《詠兔絲》："輕絲
既難理，細縷竟無織。爛漫已萬條，連綿復一
色。"唐代稱"野狐絲"，省稱"狐絲"。唐段成
式《酉陽雜俎·草木·菟絲子》："野狐絲，庭
有草，蔓生，色白，花微紅，大如粟。秦人呼
爲野狐絲。"唐元稹《兔絲》詩："君看兔絲蔓，
依倚榛與荆。"唐李白《古意》詩："君爲女蘿
草，妾作兔絲花。……女蘿發馨香，兔絲斷人
腸。"宋蘇頌《圖經本草·草部上品·菟絲子》：
"今近京亦有之，以冤句者爲勝。夏生苗，如絲
綜蔓延草木之上。或云無根，假氣而生。六七
月結實，極細如蠶子，土黃色……又書傳多云：
菟絲無根，其根不屬地。今觀其苗，初生纔若
絲，遍地不能自起，得他草梗則纏繞，隨而上
生，其根漸絶於地而寄空中，信書傳之説不謬
矣。然云：上有菟絲，下有茯苓，伏苓抽則菟
絲死。又云：菟絲初生之根，其形似兔，掘取
剖其血以和丹，服之。今人未見其如此者。豈
自一類乎？"明代稱"火燄草""金線草""赤
綱"，"兔纍"亦作"菟虆""菟藟"。"赤綱"
殆"赤網"之訛。明王象晉《群芳譜·卉譜·兔
絲》："一名兔虆……一名火焰草，一名野狐絲，
一名金線草。蔓生，處處有之，以冤句者爲勝，
生懷孟林中及黑豆上者入藥更良。夏生苗，色

紅黃如金，細絲遍地，不能自起，得草梗則纏繞而生。其子入地，初生有根，及長延草物，其根自斷。無葉有花，白色微紅，香亦襲人。結實如秕豆而細，色黃，生於梗上。"明李時珍《本草綱目·草七·菟絲子》〔釋名〕："菟藘……赤綱。"又〔集解〕："按寧獻王《庚辛玉冊》云：火焰草即兔絲子，陽草也，多生荒園古道。"

按，本條有三事須考辨。一、"唐蒙"之句讀，一法，"唐""蒙"斷開，二者皆爲菟絲子別名。此晋郭璞、宋蘇頌等人説。《圖經本草·草部上品·菟絲子》："謹按《爾雅》云：唐、蒙，女蘿；女蘿，菟絲。釋曰：唐也，蒙也，女蘿也，菟絲也，一物四名。"另一法，"唐蒙"爲句，則"唐蒙"爲一名，亦爲菟絲子別名。此孫炎、舍人、陶弘景等人説。唐孔穎達《毛詩正義》卷一四："舍人曰：唐蒙名女蘿，女蘿又名菟絲。孫炎曰：別三名。"陶弘景《名醫別録·上品·菟絲子》稱"菟絲子"一名"蓎蒙"。權衡二説，以前説較妥。《詩》有"唐"，《管子》有"蒙"，即分讀之力證。清郝懿行《爾雅義疏》下之一："郭（郭璞）云：別四名……孫炎曰別三名，舍人以唐蒙爲一物，孫炎以爲別三名，竝與郭異。郭注爲長。"二、"王女"抑或"玉女"？當以"王女"爲正。《説文·艸部》："蒙，王女也。"段玉裁注："王或作玉，誤。"清錢大昕《十駕齋養新録·王女》："《釋艸》'蒙，王女'注：蒙即唐也，女蘿別名。案，女蘿之大者謂之王女，猶王彗、王芻，魚有王鮪、鳥有王雎也。今本譌王爲玉，唯唐石經不誤。"三、松蘿、菟絲子是否一物。毛傳以女蘿、菟絲、松蘿爲一物，而《神農本草經》

草部有兔絲子，木部別有松蘿（一名女蘿）目，三國吳陸璣遂以爲二物。此後諸説紛出，明李時珍、清段玉裁等贊同陸説，清郝懿行則持否定態度。郝氏認爲，《爾雅》"女蘿，菟絲"清清楚楚，自可兼有所包。《爾雅義疏》下之一："《頍弁》傳云：女蘿、菟絲，松蘿也。按《本草》菟絲一名菟蘆、一名菟縷、一名唐蒙、一名王女，不言女蘿；而木部別有松蘿，一名女蘿，似爲二物。故陸璣疏云：今菟絲蔓連草上生，黃赤如金，今合藥菟絲子是也，非松蘿。松蘿自蔓松上，生枝正青，與菟絲殊異。陸蓋據《本草》以匡毛而不知義乖雅訓也。且菟絲雖多依草，亦或附木，《爾雅》'女蘿，菟絲'自足，兼有所包。故《頍弁》釋文：在草曰菟絲，在木曰松蘿。吳普《本草》亦云：菟絲一名松蘿，竝與《爾雅》合矣。"清王念孫以爲草部之菟絲與木部之松蘿爲二物，但二物同類，統同則二者得通稱，辨異則二者有別。《廣雅疏證》卷一〇上："此言女蘿，下文言菟絲，別二物也。《神農本草》云：松蘿一名女蘿，在木部；菟絲一名菟蘆，在草部。《名醫別録》云：松蘿生熊耳山川谷松樹上，菟絲生朝鮮川澤田野，蔓延草木之上……然則女蘿、松蘿與菟絲爲二物矣。但此二物，究亦同類……《博物志》云：女蘿寄生菟絲，菟絲寄生木上，則二物以同類相依附也，故女蘿、菟絲亦得通稱……高誘注《吕氏春秋》《淮南子》亦云：'菟絲一名女蘿。'此則皆本《爾雅》，合爲一類。或主統同，或主辨異，義得兩通也。"

今按，今時植物學松蘿（ *Usnea florida* ）係梅衣科松蘿屬，植物體呈樹枝狀，灰白或灰綠色，與旋花科之菟絲顯別，故《神農本草經》

木部之松蘿與草部之菟絲絕不得相淆。王念孫別此爲二物，確；然以爲同類，則欠妥。毛傳所謂"女蘿、菟絲、松蘿"似當理解爲草部之菟絲，別名亦稱女蘿、松蘿，然非梅衣科之松蘿，是松蘿、女蘿之名兼屬旋花科、梅衣科兩物。郝懿行所謂"《爾雅》女蘿菟絲自足，兼有所包"，若理解作松蘿、女蘿分屬兩科、表兩物，確；然混淆木部、草部之界限則欠妥。陸璣疏表達似不够嚴謹，其所謂松蘿究屬何科，不明確。若爲旋花科，則其結論誤；若爲梅衣科，確。參閱清吳其濬《植物名實圖考·蔓草類·菟絲子》。

【菟丘】

即菟絲子。丘、絲古韵相近而通。此體先秦已行用。見該文。

【菟邱】

同"菟丘"。即菟絲子。此體先秦已行用。見該文。

【兔邱】

同"菟丘"。即菟絲子。此體三國時已行用。見該文。

【兔丘】

同"菟丘"。即菟絲子。此體三國時已行用。見該文。

【唐】

"菟絲子"之別名。此稱先秦已行用。見該文。

【女蘿】

"菟絲子"之別名。此稱先秦已行用。見該文。

【兔絲】

即"菟絲子"。此稱先秦已行用。見該文。

【菟絲】

同"兔絲"。即菟絲子。此體秦漢時已行用。見該文。

【女羅】

同"女蘿"。即菟絲子。此體先秦已行用。見該文。

【蒙】

"菟絲子"之別名。此稱先秦已行用。見該文。

【王女】

"菟絲子"之別名。秦漢時已行用。見該文。

【菟絲子】

同"菟絲子"。此體漢代已行用。見該文。

【兔絲子】

同"菟絲子"。此體漢代已行用。見該文。

【菟蘆】

"菟絲子"之別名。此稱漢代已行用。見該文。

【玉女】

"菟絲子"之別名。乃"王女"之訛，由來已久。至三國時習非爲是，始成專名。見該文。

【松蘿】

"菟絲子"之別名。此稱三國時已行用。見該文。

【蔦蘿】 [2]

"菟絲子"之別名。此稱三國時已行用。見該文。

【鴨蘿】

"菟絲子"之別名。此稱三國時已行用。見該文。

【複實】

"菟絲子"之別名。此稱三國時已行用。見

該文。

【赤網】

"菟絲子"之別名。此稱三國時已行用。亦特指色黄而細之菟絲。見該文。

【菟系子】

"菟絲子"之別名。此稱南北朝已行用。見該文。

【兔縷】

"兔蘆"之別名。即菟絲子。此稱南北朝已行用。見該文。

【兔纍】

"兔蘆"之別名。即菟絲子。此稱南北朝已行用。亦特指色淺而大之菟絲。見該文。

【兔蘽】

同"兔纍"。即菟絲子。此體明代已行用。見該文。

【兔藟】

同"兔纍"。即菟絲子。此體明代已行用。見該文。

【野狐絲】

"菟絲子"之別名。此稱唐代已行用。見該文。

【狐絲】

"野狐絲"之省稱,即菟絲子。此稱唐代已行用。見該文。

【火焰草】[2]

"菟絲子"之別名。此稱明代已行用。見該文。

【金線草】[2]

"菟絲子"之別名。此稱明代已行用。以其柔細蔓莖紅黄如金綫,故名。見該文。

【赤綱】

"菟絲子"之別名。此稱明代已行用。綱與網形近,蓋"赤網"之訛。《群芳譜》《廣群芳譜》等皆作"赤綱"。見該文。

落葵

草名。落葵科,落葵屬,落葵(*Basella rubra* Linn.)。一年生纏繞草本。莖綠色或紫紅色。葉肉質,卵形或近圓形,基部心形。夏秋開花,花小,帶紅,穗狀花序,腋生。花後花被增大,變紫色,多汁,包其果實。嫩枝葉可食,全草入藥。分布於我國各地。在我國生長歷史悠久。

秦漢文獻中已有記載,時稱"蔠葵""蘩露","蔠葵"亦作"終葵","蘩露"亦作"繁露"。晋代稱"承露"。《爾雅·釋草》:"蔠葵,蘩露"。晋郭璞注:"承露也。大莖,小葉,華紫黄色。"郝懿行義疏:"《考工記·玉人》云:'大圭杼,上終葵首。'鄭注:'齊人謂椎曰終葵'……此草葉圓而剡上,如椎之形,故曰終葵。"清吳其濬《植物名實圖考·蔬類·落葵》引《爾雅》作:"終葵,繁露。"南北朝始稱"落葵",亦稱"天葵"。南朝梁陶弘景《名醫別錄·下品·落葵》:"落葵……主悦澤人面。一名天葵,一名繁露。"又《本草經集注·菜部下品·落葵》:"又名承露。人家多種之,葉惟可餚鮓食,性冷滑……其子紫色,女人以漬粉傅面爲假色,少入藥用。"宋代稱"藤葵""胡燕脂"。明代

落　葵
(清吳其濬《植物名實圖考》卷四)

稱"藤菜""御菜""燕脂菜""染絳子"。宋唐慎微《證類本草·菜品部下下品·落葵》引宋馬志《開寶本草》:"落葵一名藤葵,俗呼爲胡燕脂。"明李時珍《本草綱目·菜 二·落葵》〔釋名〕:"藤菜……御菜、燕脂菜。"又時珍曰:"落葵葉冷滑如葵,故得葵名。釋家呼爲御菜,亦曰藤兒菜……其葉最能承露,其子垂垂亦如綴露,故得露名。"又〔集解〕:"時珍曰:落葵三月種之,嫩苗可食。五月蔓延,其葉似杏葉而肥厚軟滑,作蔬和肉皆宜。八九月開細紫花,累累結實,大如五味子,熟則紫黑色。揉取汁,紅如燕脂,女人飾面、點唇及染布物,謂之胡燕脂,亦曰染絳子,但久則色易變耳。"參閱清汪灝等《廣群芳譜·蔬譜二·蔜葵》、清陳淏子《花鏡》卷五。

【蔜葵】

"落葵"之別稱。此稱先秦已行用。見該文。

【終葵】

同"蔜葵"。即落葵。此體先秦已行用。見該文。

【蘩露】

"落葵"之別稱。此稱先秦已行用。以其葉能承露,子如綴露,故名。見該文。

【繁露】

同"蘩露"。即落葵。此體先秦已行用。見該文。

【承露】

"落葵"之別稱。此稱晋代已行用。以其葉能承露,故名。見該文。

【天葵】[1]

"落葵"之別稱。此稱南北朝已行用。見該文。

【藤葵】

"落葵"之別稱。此稱宋代已行用。見該文。

【胡燕脂】

"落葵"之俗稱。此稱宋代已行用。見該文。

【藤菜】

"落葵"之別稱。此稱明代已行用。見該文。

【燕脂菜】

"落葵"之別稱。此稱明代已行用。見該文。

【御菜】

"落葵"之別稱。此稱明代已行用。見該文。

【染絳子】

"落葵"之別稱。此稱明代已行用。見該文。

【胭脂豆】

"落葵"之別名。此稱清代已行用。時亦稱"木耳菜"。清吳其濬《植物名實圖考·蔬類·落葵》:"大莖小葉,華紫黃色,即胭脂豆也。湖南有白莖綠葉者,謂之木耳菜,尤滑。"

【木耳菜】

"落葵"之別名。此稱清代已行用。見該文。

萹蓄

草名。蓼科,萹蓄屬,萹蓄(*Polygonum aviculare* Linn.)。一年生草本。莖自基部多分枝,平臥或直立,節明顯。單葉互生,狹橢圓形;托葉鞘筒狀抱莖而生,白色透明。夏秋開花,花小,綠白或紅色,數朵簇生於葉腋。瘦果卵形,有三棱,黑色,具不明顯小點。全草入藥。廣布於我國各地,常見於田野、路旁。

先秦文獻已見記載,時稱"竹""萹"。秦漢始稱"萹蓄"。漢代稱"萹竹","萹蓄"亦作"萹茿","萹竹"亦作"萹苪""篇竹",亦稱"苪""薄"。《詩·衛風·淇奧》:"瞻彼淇奧,綠竹猗猗。"毛傳:"竹,萹竹也。"《楚辭·九章·思美人》："解萹薄與雜菜兮，備以爲交佩。"王逸注："萹，萹畜也。"《爾雅·釋草》："竹，萹蓄。"郭璞注："似小藜，赤莖節，好生道旁，可食，又殺蟲。"《說文·艸部》："萹，扁茿。"唐陸德明《經典釋文》引《韓詩》："薄，萹茿也。"《神農本草經·草部下品·萹蓄》："生山谷。"《太平御覽》引有"一名篇竹"。南北朝稱"蓄辯""萹蔓"，"萹竹"亦作"扁竹"。《太平御覽》卷九九八引三國魏吳普《吳氏本草·草木類·萹蓄》："萹蓄，一名蓄辯，一名萹蔓。"南朝梁陶弘景《本草經集注·草木下品·扁竹》："處處有之，布地而生，花節間白，葉細綠，人呼爲扁竹。"宋蘇頌《圖經本草·草部下品·萹蓄》："萹蓄，亦名萹竹，生東萊山谷。今在處有之。春中布地生道旁，苗似瞿麥，葉細綠如竹，赤莖如釵股，節間花出甚細，微青黃色，根如蒿根，四五月采苗，陰乾。"明代稱"粉節草""道生草"。明李時珍《本草綱目·草五·萹蓄》〔釋名〕："粉節草、道生草。"又時珍曰："許慎《說文》作扁筑，與竹同音。節間有粉，多生道旁，故方士呼爲粉節草、道生草。"又〔集解〕："其葉似落帚葉而不尖，弱莖引蔓，促節。三月開細紅花，如蓼藍花，結細子。"清代稱"萹竹草"，山東登萊甚多。清郝懿行《爾雅義疏》下之一："今登萊人呼萹竹草……此草登萊尤多。"時亦稱"竹葉菜"。清吳其濬《植物名實圖考·隰草類·萹蓄》："《救荒本草》亦名扁竹，苗葉可煠食。今直隸謂之竹葉菜。"又"此草喜鋪生陰隰地，美白如簪，誠善體物矣"。徐珂《清稗類鈔·植物類》："萹蓄爲一年生草，多生於道旁。莖高尺許，葉狹長而厚，略似竹葉，故亦稱扁竹。夏月葉腋開淡紅花，甚細，嫩葉可入藥。"按，或説《詩·衛風·淇奧》之"緑竹"爲一物，誤。"緑"爲禾本科"藎草"之別名，"竹"爲蓼科"萹蓄"之別名。參見本卷"藎草"文。

【竹】

"萹蓄"之別稱。此稱先秦已行用。見該文。

【萹】

"萹蓄"之省稱。此稱先秦已行用。見該文。

【萹竹】

"萹蓄"之別稱。此稱秦漢已行用。見該文。

【萹茿】

同"萹竹"。"萹蓄"此體漢代已行用。見該文。

【篇竹】

同"萹竹"。此體漢代已行用。見該文。

【茿】

即萹蓄。"萹茿"之單稱。此稱漢代已行用。見該文。

【萹畜】

同"萹蓄"。此體漢代已行用。見該文。

【薄】

即萹蓄。與"茿""蓄"音近相通。此稱漢代已行用。見該文。

【蓄辯】

"萹蓄"之別稱。此稱三國時已行用。明李時珍《本草綱目》引作"扁辨"。見該文。

萹 蓄
（明王圻等《三才圖會》
卷四）

【萹蔓】

　　“萹蓄”之別稱。此稱三國時已行用。明李時珍《本草綱目》引作“扁蔓”。見該文。

【粉節草】

　　“萹蓄”之別稱。因莖節間多粉，故名。此稱明代已行用。見該文。

【道生草】

　　“萹蓄”之別稱。因多生道路兩旁，故稱。此稱明代已行用。見該文。

【萹竹草】

　　“萹蓄”之俗稱。此稱清代已行用。見該文。

【竹葉菜】²

　　“萹蓄”之俗稱。此稱清代已行用。見該文。

蓼藍

　　草名。古代五藍之一種。蓼科，萹蓄屬，蓼藍（*Polygonum tinctorium* Ait.）。一年生草本。葉長橢圓形，乾後變藍色。秋末莖頭葉腋抽長梗，着生紅色小花，穗狀花序，花小無瓣，僅有紅色花萼。葉可提取染料及入藥。分布於我國各地。

　　文獻中漢代已見，時稱“蓼靛”“藍實”。漢崔寔《四民月令》：“今南北所種，除大藍、小藍、槐藍之外，又有蓼靛，花葉梗莖皆似蓼，種法各土農皆能之。”《神農本草經·草部上品·藍實》：“生平澤。”唐代始稱“蓼藍”。以其葉如蓼，故名。唐蘇恭《唐本草·草部·蓼藍》：“《本經》所用，乃是蓼藍實也。其苗似蓼

藍 實
（宋柴源等《紹興校定證類備急本草畫圖》卷二）

而味不辛，爲澱惟作碧色爾，但可染碧，而不堪作澱，即醫方所用者也。”《通志·昆蟲草木略一》：“藍有三種：蓼藍如蓼染綠，大藍如芥染碧，槐藍如槐染青。三藍皆可作澱，色成勝母。”明代始見一種小葉蓼藍，稱“莧藍”。明宋應星《天工開物·藍靛》：“凡藍五種，皆可爲澱。茶藍即菘藍，插根活。蓼藍、馬藍、吳藍等皆撒子生。近又出蓼藍小葉者，俗名莧藍，種更佳。”明李時珍《本草綱目·草五·藍》〔集解〕：“蓼藍葉如蓼，五六月開花，成穗細小，淺紅色，子亦如蓼。歲可三刈，故先王禁之。”明《貴州通志》：“永寧州靛山在慕役司，水迴山轉，其中深箐可種藍。藍有木藍、蓼藍，耕久而益有收。”清陳淏子《花鏡》卷五：“蓼藍但可染碧，而不堪作澱。”徐珂《清稗類鈔·植物類》：“藍爲一年生草，葉如蓼，故亦名蓼藍。莖高二尺餘，秋冬之交抽長梗，開小紅花成穗。其葉可製染料，即靛青也。靛青向推佛山、澳門，次爲樂平及潮陽之水靛，再次爲富陽山靛、黃渡水靛。後以德之靛油運華，以上産地均改種雜糧、蔬菜矣。”按，宋寇宗奭《本草衍義·草部·蓼藍》謂：“藍實即大藍實也，謂之蓼藍，非是。”明李時珍已指出：“宗奭以藍實爲大葉藍之實，皆非矣。”參閱清吳其濬《植物名實圖考·隰草類·藍》。參見本卷“馬藍”“菘藍”“木藍”諸文。

【蓼靛】

　　“蓼藍”之別稱。此稱漢代已行用。見該文。

【藍實】

　　“蓼藍”之別稱。此稱漢代已行用。一説，藍實即大藍實，出宋寇宗奭《本草衍義》。明李時珍以寇説爲誤，獨立藍實爲藍之一種。見

該文。

【莧藍】

"蓼藍"之小葉者。此稱明代已行用。見該文。

蓖麻

草名。大戟科，蓖麻屬，蓖麻（*Ricinus communis* Linn.）。一年生或多年生草本。全株表面光滑，高2米許。莖通常呈綠色、青灰色、紫紅色，中空有節，有分枝。葉互生，大掌狀，具長柄，七至九出深裂，緣有不規則鋸齒。夏秋季開花，花序圓錐狀，頂生。花單性，雌雄同穗，雄花位下部，蕊多枚，呈黃色；雌花位上部，呈粉紅色。蒴果，有刺或無刺，三室，每室一子。子表面有光澤，具黑、

蓖 麻
（明王圻等《三才圖會》卷四）

白、棕色斑紋。子可榨油、入藥。分布幾遍全國，多散見於田邊地角、路旁籬落。

文獻記載中此稱南北朝已見，時亦作"萆麻"，亦稱"萆麻子"。《玉篇·艸部》："萆，萆麻。蓖，同萆。"南朝宋雷敩《雷公炮炙論》："其萆麻子形似巴豆，節節有黃黑斑點。"唐代"萆麻子"亦作"蓖麻子"。萆，同"蓖"。唐蘇敬等《唐本草·草部·蓖麻子》："此（按，指'蓖麻子'）人間所種者，葉似大麻葉而甚大。其子如蜱，音卑。又名萆麻。今胡中來者，莖赤，樹高丈餘，子大如皂莢核，用之益良。"（據《政和本草》引）宋蘇頌《圖經本草·草部

下品·蓖麻子》："今在處有之。夏生苗，葉似葎草而厚大，莖赤有節如甘蔗，高丈許。秋生細花，隨便結實，殼上有刺，實類巴豆，青黃斑褐，形如牛蜱，故名。"明李時珍《本草綱目·草六·蓖麻》〔釋名〕："蓖亦作蜱。蜱，牛虱也。其子有麻點，故名蓖麻。"又〔集解〕："其莖有赤有白，中空。其葉大如瓠葉，每葉凡五尖，夏秋間椏裏抽出花穗，纍纍黃色。每枝結實數十顆，上有刺，攢族如蝟毛而軟。凡三四子合成一顆，枯時劈開，狀如巴豆，殼內有子大如豆。殼有斑點，狀如牛蜱。再去斑殼，中有仁，嬌白如續隨子仁，有油，可作印色及油紙。"明陳憲章《種蓖麻》詩之一："山渠面面擁蓖麻，銷盡春風一院花。"清汪灝等《廣群芳譜·藥譜五·蓖麻》："今北方人種之田邊，牛馬過者不食，其毒可知。"清陳淏子《花鏡》卷五："在處有之。夏生苗葉，似葎草而厚大。莖赤有節，如甘蔗，高丈餘而中空。"徐珂《清稗類鈔·植物類》："蓖麻爲一年生草，所在有之。莖高六七尺，中空如竹，葉甚大，掌狀深裂，有長柄。秋開單性花，爲圓錐花序，雌花在上，色淡紅；雄花在下，色淡黃。實熟則裂開，子有黑斑，可以榨油，謂之蓖麻油。質厚，爲輕瀉藥，又可製印泥。"

【萆麻】

同"蓖麻"。此體南北朝已行用。以其葉似大麻，籽如牛蜱，故名。蜱，同"萆"。見該文。

【萆麻子】

"蓖麻"之別名。以籽實稱代植株。此稱南北朝已行用。見該文。

【萞麻子】

　　同“莗麻子”，即萞麻。此體唐代已行用。見該文。

【蓖麻】

　　同“萞麻”。此體宋代已行用。時亦作“萞麻”“篦麻”。清張宗法《三農紀》卷六引宋蘇頌《圖經本草·草部下品·萞麻》：“春生苗。莖中空有節，葉若葹葉，或赤或碧，凡五尖。苗高六七尺。秋間椏中抽出花穟，纍纍黃色，每枚結實數十顆，上有軟刺如蝟，一顆内包三四子。熟時破殼，子大半指，皮有白黑紋，亦有白紫紋，形微長而末圓。頭上小白點，遠視之若牛蜱然。中有仁嫩白，可入藥，可榨油、然燈，可入印色。一名萞麻（按一本作‘篦’），言其實形如牛蜱也。”明代亦作“蠅麻”“菎麻”“荜麻”。明王象晋《群芳譜·藥譜》：“萞麻（萞亦作蠅，牛蝨也），處處有之……今北方人種之田邊，牛馬過者不食，其毒可知。”《正字通·艸部》：“萞，布非切，音卑。菎麻……本作菎，一作萞，俗作荜。”明戴羲《養餘月令》：“二月下，栽博……荜麻……皆以春分前後種之。”清何剛德《撫郡農産考略》：“荜麻，草本，節節生枝，柔而不韌，葉類梧桐而尤大。似竹，中空，高可盈丈，皮青色。子形如豆，外包堅殼。”民國時亦稱“包麻子”“大麻子”“大麻”，“大麻”亦作“大蔴”。籽實外殼呈紅色者，稱“紅麻子”；球狀大外殼上無毛刺者，稱“光頭麻子”。民國高潤生《爾雅穀名考》：“萞麻，今俗多種於地畔（俗呼包麻子，亦曰大麻子）。”又：“子無刺者，俗名光頭麻子；有色赤者，俗名紅麻子。其作印色法：須先將油入豬脬内，懸之檐下，經風日曬，晾愈久愈良。

極陳者傾於紙上，如水銀球，漬痕不溢。以和陳艾、硃砂作印泥，甚可愛也。”民國劉逵九《山西農家俚言淺解》：“大蔴種的早，樹小實又飽；大蔴種的遲，樹大實又秕（榮河）。又說：種在九里，收在十里。大蔴就是萞麻。”

【萞麻】

　　同“萞麻”。此體宋代已行用。見該文。

【篦麻】

　　同“萞麻”。此體宋代已行用。見該文。

【蠅麻】

　　同“萞麻”。此體明代已行用。見該文。

【菎麻】

　　同“萞麻”。此體明代已行用。見該文。

【荜麻】

　　同“萞麻”。此體明代已行用。見該文。

【包麻子】

　　“萞麻”之別名。此稱民國時已行用。因其籽實有帶刺毛或不帶刺毛外殼包裹，仁實外復有硬殼包裹，故名。見該文。

【大麻子】[2]

　　“萞麻”之別名。此稱民國時已行用。見該文。

【大麻】[3]

　　“萞麻”之別名。此稱民國已行用。見該文。

【大蔴】

　　同“大麻[2]”。“萞麻”之別名。此體民國時已行用。見該文。

【紅麻子】

　　“萞麻”之籽實外殼呈紅色者。此稱民國已行用。見該文。

【光頭麻子】

　　“萞麻”之大外殼上光滑、無毛刺者。此稱

民國已行用。見該文。

澤漆

　　草名。大戟科，大戟屬，澤漆（*Euphorbia helioscopia* Linn.）。二年生草本。高 30 厘米許，全株含乳汁，基部分枝，帶紫色。葉互生，匙形或狹倒卵形，邊緣有鋸齒，無柄。春夏開花，莖頂有五片輪生葉狀苞；總花序多歧，聚傘狀，頂生，有五傘梗，每傘生三小傘梗，每小傘梗又第三回分爲兩杈。蒴果無毛，子卵形，表面有凸起網紋。植株有毒。可製農藥，莖葉入

澤　漆
（明鮑山《野菜博錄》卷二）

藥。廣布於新疆、西藏以外之全國各地，生於溝邊、路旁、田野。生時掐葉有白汁似漆黏人，故名。

　　始見記於漢代。《神農本草經·草部下品·澤漆》：“生川澤。”三國時稱“柒莖”。《廣雅·釋草》：“柒莖，澤漆也。”南北朝“柒莖”亦作“漆莖”。南朝梁陶弘景《名醫別錄》：“漆澤，一名漆莖，大戟苗也，生太山川澤，三月三日，七月七日采莖葉陰乾。”宋蘇頌《圖經本草·草部下品·澤漆》：“澤漆，大戟苗也。生泰山川澤。今冀州、鼎州、明州及近道有之。”明代稱“猫兒眼睛草”“綠葉綠花草”“五鳳草”。明李時珍《本草綱目·草六·澤漆》〔釋名〕：“弘景曰：生時摘葉有白汁，故名澤漆。”又〔集解〕：

“《別錄》、陶氏皆言澤漆是大戟苗……然大戟苗洩人，不可爲菜，今攷《土宿本草》及《寶藏論》諸書，並云澤漆是猫兒眼睛草，一名綠葉綠花草，一名五鳳草。江湖原澤平陸多有之。春生苗一科，分枝成叢，柔莖如馬齒莧，綠葉如苜蓿葉，葉圓而黃綠，頗似猫睛，故名猫兒眼。莖頭凡五葉，中分，中抽小莖五枝，每枝開細花青綠色，復有小葉承之，齊整如一，故又名五鳳草、綠葉綠花草。掐莖有白汁粘人，其根白色有硬骨。或以此爲大戟苗者，誤也。五月采汁煮雄黃，伏鍾乳，結草砂，據此則澤漆是猫兒眼睛草，非大戟苗也。今方家用治水蠱、脚氣有效，尤與《神農》本文相合。自漢人集《別錄》，誤以爲大戟苗，故諸家襲之爾。用者宜審。”清代稱“打碗科”“猫眼”。清吳其濬《植物名實圖考·毒草類·澤漆》：“相承以爲大戟苗，李時珍訂以爲即猫兒眼睛草。今處處有之，北地謂之打碗科。”又：“澤漆，大戟，漢以來皆以爲一物。李時珍據《土宿本草》以爲即猫兒眼睛草。此草於端午熬膏，敷百疾皆效，非碌碌無短長者。諺曰‘誤食猫眼，活不能晚’，殊不然，然亦無入飲劑者。觀其花葉俱綠，不處污穢，生先衆草，收共來牟，雖賦性非純，而飾貌殊雅。”徐珂《清稗類鈔·植物類》：“澤漆爲一年生草，生於道旁。莖高七八寸，葉爲倒卵形。春暮，莖頂生五葉，分五枝，開淡褐色小花。有毒，莖葉均入藥。”按，徐書別條又載“猫兒眼草”，謂“葉紋如猫兒眼，故名”。蓋與此“猫兒眼睛草”非一物。如同物，則當於“澤漆”文內言“一名猫兒眼草”，不當另立條目。參閱清汪灝等《廣群芳譜·藥譜五·澤漆》。

【桼莖】

"澤漆"之別稱。桼，漆之古字。以其莖有汁似漆，故名。此稱三國時已行用。見該文。

【漆莖】

"澤漆"之別稱。同"桼莖"。此體南北朝已行用。見該文。

【貓兒眼睛草】

"澤漆"之別稱。此稱約在明代已行用。因葉圓黃綠，頗似貓目，故名。見該文。

【綠葉綠花草】

澤漆之別稱。此稱約在明代已行用。因其花葉并綠，故名。見該文。

【五鳳草】

"澤漆"之別稱。此稱約在明代已行用。因其莖端有五葉，中抽小莖五枝，枝端有花，下又有小葉承之，故名。見該文。

【打碗科】

"澤漆"之別名。此稱清代已行用。科，同"棵"，植株。見該文。

【貓眼】

"貓兒眼睛草"之省稱。即澤漆。此稱清代已行用。見該文。

續隨子

草名。大戟科，大戟屬，續隨子（*Euphorbia lathyris* Linn.）。一二年生草本。莖强壯直立，含乳汁。莖下部葉密生，綫狀披針形；上部葉對生，卵狀披針形，先端漸尖，基部近心形抱莖。夏秋開花，腋生，總苞片壺狀。蒴果球形，光滑。籽富油脂，可製肥皂、入藥。我國各地均有生長栽培。

文獻中始見載於宋代。以其葉中生葉，層層相續，故名。宋唐慎微《證類本草·草部下品·續隨子》引宋馬志等《開寶本草》："續隨子生蜀郡，苗如大戟。處處亦有之。"時亦稱"千金子""千兩金""菩薩豆"。宋掌禹錫等《嘉祐本草》："苗如大戟，一名拒冬，一名千金子。"佚名《日華本草》："一名菩薩豆，千兩金，葉汁傅白癜面皯。"此物曾作爲方物入貢於朝廷。《宋史·地理志五》："〔仙井監〕貢苦藥子、續隨子。"時亦稱"拒冬"。因其秋種冬長，春秀秋實，故名。宋蘇頌《圖經本草·草部下品·續隨子》："今南中多有，北土差少。苗如大戟，初生一莖，莖端生葉，葉中復出數莖相續。花亦類大戟，自葉中抽薹而生，實青有殼，人家園亭中多種以爲飾。秋種冬長，春秀夏實，故又名拒冬。實入藥，采無時。"明李時珍《本草綱目·草六·續隨子》〔釋名〕引蘇頌曰："葉中出葉，數數相續而生，故名。"清陳淏子《花鏡》卷五："一名續隨子，一名菩薩豆。"參閱清汪灝等《廣群芳譜·藥譜五·續隨子》。

【千金子】

"續隨子"之別稱。此稱宋代已行用。見該文。

【千兩金】

"續隨子"之別稱。此稱宋代已行用。見該文。

【菩薩豆】

"續隨子"之別稱。此稱宋代已行用。見該文。

【拒冬】

"續隨子"之別稱。此稱宋代已行用。見該文。

【聯步】

"續隨子"之別稱。此稱明代已行用。明李

時珍《本草綱目·草六·續隨子》〔釋名〕："聯步。"

蒺藜

草名。蒺藜科，蒺藜屬，蒺藜（*Tribulus terrestris* Linn.）。一年生草本。莖匍匐在地，如蔓有毛。偶數羽狀複葉，對生，由五至七對

蒺 藜
（清吴其濬《植物名實圖考》
卷一一）

小葉組成。夏日開花，着於葉腋，黃色，五瓣，雄蕊十枚，雌蕊一枚。果實爲五個分果，周身具四枚銳刺。果入藥。全國各地皆有生長，多見於路旁隙地，刺人手足。

始見於先秦文獻記載。蒺，疾；藜，利。以其刺人疾速而鋒利，故名。時作"蒺藜"，亦稱"茨"，"茨"亦作"薺""薋"。《易·困》："六三，困於石，據於蒺藜。"清汪灝等《廣群芳譜》卷九六引作"蒺藜"。《詩·鄘風·墻有茨》："墻有茨，不可掃也。"毛傳："茨，蒺藜也。"《説文·艸部》引作"墻有薺"。《楚辭·離騷》："薋菉葹以盈室兮，判獨離而不服。"王逸注："薋，蒺藜也。"洪興祖補注："今《詩》'薋'作'茨'……《爾雅》亦作'茨'。布地蔓生，細葉，子有三角刺人。"《爾雅·釋草》：

"茨，蒺藜。"郝懿行義疏："茨，《説文》作薺……通作薋，《玉篇》作薋。"漢代亦稱"疾藜子""旁通""屈人""止行""豺羽""升推""君水香"。《神農本草經·草部上品·疾藜子》："疾藜子……一名旁通，一名屈人，一名止行，一名豺羽，一名升推。生平澤或道旁。"《太平御覽》引有"一名君水香"。時"蒺藜"亦作"蒺棃""即棃"。《説文·艸部》："薺，蒺棃也，從艸齊聲。《詩》曰：'墻有薺。'"段注本作"疾棃"，孫星衍校注《神農本草經》引作"蒺棃"，《釋文》引《本草》作"即棃""蒺藜"。馬王堆漢墓帛書《五十二病方》："以疾棃、白蒿封之。"南北朝時亦稱"休羽"，"疾藜子"亦作"蒺藜子"，"蒺藜"亦作"即藜"。南朝梁陶弘景《名醫別録·上品·蒺藜子》："蒺藜子……一名休羽，一名升推，一名即藜，一名茨。"休羽，一本作"豺羽"。又《本草經集注·草木上品·蒺藜子》："多生道上，而葉布地，子有刺，狀如菱而小。長安最饒，人行多著木屐。今軍家乃鑄鐵作之，以布敵路，亦呼蒺藜。"宋代始分"白蒺藜""杜蒺藜"二種。白蒺藜產於同州沙苑牧馬草地，故明代亦稱"沙苑蒺藜"；杜蒺藜即路旁習見者。宋蘇頌《圖經本草·草部上品·蒺藜》："蒺藜子生馮翊平澤或道旁。七月、八月採實暴乾，又冬採，黃白色……又一種白蒺藜，今生同州沙苑，牧馬草地最多，而近道亦有之。綠葉細蔓，綿布沙上；七月開花，黃紫色，如豌豆花而小；九月結實作莢子，便可採。其實味甘而微腥，褐綠色，與蠶種子相類而差大，又與馬薸子酷相類。"明李時珍《本草綱目·草五·蒺藜》〔釋名〕："蒺，疾也；藜，利也；茨，刺也。其刺傷人，甚疾而利也。屈

人止行，皆因其傷人也。"又〔集解〕："宗奭曰：'蒺藜有二等：一等杜蒺藜，即今之道旁布地而生者，開小黄花，結芒刺；一種白蒺藜，出同州沙苑牧馬處，子如羊内腎，大如黍粒，補腎藥……'時珍曰：'蒺藜葉如初生皂莢葉，整齊可愛。刺蒺藜狀如赤根菜子及細菱，三角四刺，實有仁。其白蒺藜結莢長寸許，内子大如脂麻，狀如羊腎而帶緑色，今人謂之沙苑蒺藜。'"明王象晋《群芳譜・卉譜・蒺藜》："多生道旁及墻頭，葉四布。莖淡紅色，旁出細莖，一莖五七葉排兩旁如初生小皂莢。葉圓整可愛，開小黄花，結實，每一朵蒺藜五六枚，團砌如扣；每一蒺藜子如赤根菜子及小菱，三角四刺，子有仁。"徐珂《清稗類鈔・植物類》："蒺藜爲二年生草，生於海濱砂地。莖平卧，葉爲偶數羽狀複葉。夏日開小花，五瓣，色黄。實大約三分許，有刺。一種白蒺藜，出陝西之沙苑者，莢長寸許，子大如脂麻，謂之沙苑蒺藜，皆可入藥。"參閲清汪灝等《廣群芳譜・藥譜四・蒺藜》。

【蒺蔾】[1]

同"蒺藜"。此體先秦已行用。見該文。

【疾黎】

同"蒺藜"。此體漢代已行用。見該文。

【蒺黎】

同"蒺藜"。此體漢代已行用。見該文。

【蒺犁】

同"蒺藜"。此體漢代已行用。見該文。

【疾藜】[2]

同"蒺藜"。此體漢代已行用。見該文。

【即梨】

同"蒺藜"。此體漢代已行用。見該文。

【即藜】

同"蒺藜"。此體南北朝已行用。見該文。

【茨】

"蒺藜"之別名。此稱先秦已行用。茨，刺也。以其實鋭角刺人，故名。見該文。

【薺】[2]

同"茨"，即蒺藜。此體先秦已行用。一説，蒺藜之合音。《説文・艸部》"薺"朱駿聲《通訓定聲》説。見該文。

【薋】

同"茨"，即蒺藜。此體先秦已行用。《説文・艸部》"薋"，清段玉裁謂爲"薺"之假藉字。

【疾藜子】

"蒺藜"之別名。此稱漢代已行用。見該文。

【蒺藜子】

"蒺藜"之別名。同"疾藜子"。此體南北朝已行用。見該文。

【旁通】

"蒺藜"之別名。此稱漢代已行用。以其長於路刺人，行人祇能繞行而過，遂名。見該文。

【屈人】

"蒺藜"之別名。此稱漢代已行用。以其刺扎人，人受委屈，故名。見該文。

【止行】

"蒺藜"之別名。此稱漢代已行用。以其有刺，妨人行走，故名。見該文。

【豺羽】

"蒺藜"之別名。此稱漢代已行用。見該文。

【升推】

"蒺藜"之別名。此稱漢代已行用。見該文。

【君水香】

"蒺藜"之別名。此稱漢代已行用。見該文。

【休羽】

　　"蒺藜"之別名。此稱南北朝已行用。明王象晋《群芳譜·卉譜》作此。見該文。

【白蒺藜】

　　"蒺藜"之一種。此稱宋代已行用。亦作"白蒺藜"。産於同州沙苑。見該文。

【杜蒺藜】

　　"蒺藜"之一種。此稱宋代已行用。見該文。

【沙苑蒺藜】

　　即白蒺藜。此稱明代已行用。因産於沙苑，故名。明李時珍《本草綱目·草五》獨立"白蒺藜"目。明王象晋《群芳譜·卉譜·蒺藜》作"沙苑蒺藜"。見該文。

蜀羊泉

　　草名。茄科，茄屬，青杞（*Solanum septemlobum* Bunge）之別名。一年生或多年生直立草本或半灌木。棱莖，具茸毛，白色，纏繞他物生長。葉互生，卵形，五至七裂，裂片披針形。花藍紫色，頂生或腋外生，呈聚傘狀。漿果圓或橢圓形，熟時紅色種子扁圓。全草入藥。我國各地多有生長。

　　始見記於漢代。《神農本草經·草部中品·蜀羊泉》："生川谷。"三國時稱"㯅姑"。《廣雅·釋草》："㯅姑、艾但、鹿何，澤翺也。"王念孫疏證："〔艾但、鹿何、澤翺〕，未詳。"南北朝稱"羊

蜀羊泉
（清吳其濬《植物名實圖考》卷一一）

泉""羊飴"。南朝梁陶弘景《名醫別録·草木中品·蜀羊泉》："蜀羊泉……一名羊泉，一名羊飴，生蜀郡山谷。"唐代"㯅姑"亦作"漆姑"。唐張彥遠《歷代名畫記·論畫工用搨寫》："林邑崑崙之

青杞
（明鮑山《野菜博録》卷二）

黃，南海之蟻鉫，雲中之鹿膠，吳中之鰾膠，東阿之牛膠、漆姑汁鍊煎，並爲重采，鬱而用之。"明李時珍《本草綱目·草五·蜀羊泉》〔集解〕引唐蘇恭曰："此草俗名漆姑，葉似菊花，紫色，子類枸杞子，根如遠志，無心有糝。所在平澤有之，生陰濕地。三月、四月采苗葉陰乾。"又〔釋名〕："能治漆瘡，故曰漆姑。"明代稱"青杞"。清吳其濬《植物名實圖考·隰草類·蜀羊泉》："〔明朱橚〕《救荒本草》謂之青杞，葉可煠食。"按，宋蘇頌《圖經本草·本經外草類》載有"老鴉眼睛草"，"或云即漆姑草，漆姑即蜀羊泉"。明李時珍謂老鴉眼睛草"乃龍葵也"，蘇説誤（參見"龍葵"文）。又《植物名實圖考·隰草類》載"八字草"，"小草蔓生，莖細如髮，本紅梢綠，微有毛；一枝三葉，似三葉酸而更小，葉極稀疎。土人搗碎，敷漆瘡"。吳氏疑其爲蜀羊泉，然"未敢遽定"。參閱清汪灝等《廣群芳譜·藥譜四·蜀羊泉》。

【㯅姑】

　　"蜀羊泉"之別稱。此稱三國時已行用。見該文。

【漆姑】

同"桼姑",即蜀羊泉。以其能治漆瘡,故名。此體唐代已行用。今世漆姑草(*Sagina japonica*),爲一二年生小草本,與此名同异物。見該文。

【羊泉】

"蜀羊泉"之省稱。此稱南北朝已行用。見該文。

【羊飴】

"蜀羊泉"之別稱。此稱南北朝已行用。見該文。

【青杞】

"蜀羊泉"之別名。此稱明代已行用。見該文。

酸漿[1]

草名。茄科,酸漿屬,酸漿(*Alkekengi officinarum* Moench)。一年生或多年生草本。莖高1米許,直立,不分枝。葉互生,卵形有尖,緣有不規則缺刻。六七月開花,花冠乳白色。漿果包藏在囊狀花萼内,熟時呈橘紅色或深紅色。根、莖、花、實均可入藥。可栽植於園林供觀賞。分布於我國各地,生長於田野、山林。

始載於秦漢典籍。時稱"葴""寒漿"。《爾雅·釋草》:"葴,寒漿。"郭璞注:"今酸漿草,江東呼曰苦葴。"漢代始稱"酸漿",亦稱"醋漿",皆以其子味酸得名。《神農本草經·草部中品·酸漿》:"一名醋漿。生川澤。"三國時稱"酢漿"。三國魏吳普《吳氏本草》:"酸漿,一名酢漿。"晋代稱"苦葴""苦藏""洛神珠""王母珠""皮弁草"。晋崔豹《古今注·草木》:"苦葴,一名苦藏,子有裹,形如皮弁。始生青,熟則赤。裹正圓如珠子,亦隨裹青赤,長安兒童謂爲洛神珠,一曰王母珠,一曰皮弁草。"唐代稱"燈籠草"。唐蘇敬等《唐本草·草部·酸漿》:"燈籠草所在有之,枝幹高三四尺,有紅花,狀若燈籠,内有紅子可愛,根、莖、花、實並入藥用。"宋寇宗奭《本草衍義·草部中品·酸漿》:"今天下皆有之。苗如天茄子,開小白花,結青殼,熟則深紅,殼中子大如櫻,赤紅色。中復有細子,如落蘇之子。食之有青草氣。"宋蘇頌《圖經本草·草部中品·酸漿》:"生荆楚川澤及人家田園中,今處處有之。苗似水茄而小,葉亦可食。實作房如囊,囊中有子如梅李大,皆赤黄色,小兒食之尤有益,可除熱。根似菹芹,色白,絶苦,搗其汁飲之,治黄病多效。"宋代稱"苦耽"。宋沈括《夢溪筆談·藥議》:"苦耽即《本草》酸漿也……河西番界中酸漿有盈丈者。"元代内廷植之,稱"紅姑娘草"。清吳其濬《植物名實圖考·隰草類·酸漿》引明徐一夔《元故宮記》:"椶殿有紅姑娘草,絳囊朱實,頗形詠歎,不知此田塍間物耳。偶然得地,遂與玉樹琪花,俱稱懸圃靈卉。"明代稱"天泡草""醋母草","紅姑孃"亦作"紅姑娘"。明李時珍《本草綱目·草五·酸漿》〔釋名〕:"天泡草。"又時珍曰:"酸漿,以子之味名也。苦葴、苦耽,以苗之味名也。燈籠、皮弁,以角之形名也。王母、洛神珠,以子之形名

酸 漿
(宋柴源等《紹興校定證類備急本草畫圖》卷二)

也。按楊慎《厄言》云：《本草》燈籠草、苦耽、酸漿，皆一物也。修《本草》者非一時一人，故重複耳。燕京野果名紅姑孃，外垂絳囊，中含赤子如珠，酸甘可食，盈盈遶砌，與翠草同芳，亦自可愛。蓋姑孃乃瓜囊之訛，古者瓜姑同音，孃囊之音亦相近耳。"明徐光啓《農政全書》卷四六："酸漿草，《本草》名酢漿草，一名醋母草。"清代"苦葴"音轉作"苦精"。清郝懿行《爾雅義疏·釋草》："按，苦葴，今呼苦精，聲相轉也。子外稃如皮弁，一名皮弁草……今京師人以充茗飲，可滌煩熱，故名寒漿；其味微酸，故名酸漿矣。"清代稱"九古牛"，或說爲"紅姑娘"之訛。清吳其濬《植物名實圖考·隰草類·酸漿》："北地謂之紅姑娘……《庚辛玉册》云：川陝燈籠草最大，葉似龍葵，嫩時可食。滇產高不及丈，而葉肥綠有圭棱，異於北地，俗呼九古牛，亦紅姑娘之訛也。又有一種微矮小，即苦耽。其根橫長蔓延，數十莖叢茁，花如琖而五角，色白，與《蜀本草》王不留行同。但彼經秋子綠不紅，以此爲別。"清高士奇《天禄識餘·紅姑娘》："今京師人家多種之，紅姑娘之名不改也。"徐珂《清稗類鈔·植物類》："酢漿草爲原野自生之雜草，莖多臥地，葉爲掌狀複葉，小葉成三角形，有長柄。夏日抽花莖，開五瓣淡黃花。實成蒴，熟則綻裂，飛散種子。"

姑娘菜
（明徐光啓《農政全書》卷五二）

按，此條有二事須考辨、說明。一、苦葴、黃蒢與酸漿之關係。晋崔豹《古今注》視苦葴、酸漿（苦蒛）爲一物，又謂"葴，一名葴子，實形如皮弁，其子圓如珠"，則其視"葴"亦猶酸漿。至宋掌禹錫則明確地認爲苦葴即《爾雅·釋草》之"葴，黃蒢"。對三者關係，李時珍辨析極精。其謂："龍葵（即黃蒢）、酸漿，一類二種也；酸漿、苦葴，一種二物也。但大者爲酸漿，小者爲苦葴，以此爲別……其龍葵、酸漿，苗葉一樣，但龍葵莖光無毛，五月入秋開小白花，五出，黃蕊，結子無殼，纍纍數顆同枝，子有蒂蓋，生青，熟紫黑；其酸漿同時開小花，黃白色，紫心白蕊，其花如盃狀，無瓣，但有五尖，結一鈴殼。凡五稜，一枝一顆，下懸如燈籠之狀。殼中一子，狀如龍葵子，生青熟赤，以此分別，便自明白。"清郝懿行於此亦有論述，似將龍葵、苦葴全然等同。《爾雅·釋草》："葴，黃蒢。"義疏："《顏氏家訓·書證篇》云：'江南別有苦菜，葉似酸漿，其華或紫或白，子大如珠，熟時或赤或黑，此菜可以釋勞。'即《爾雅》葴，黃蒢也。今河北謂之龍葵。按，此即上文'葴，寒漿'，華小而白，開作五出，中心甚黃，故名黃蒢。根味絕苦，故名苦菜，又名苦葴。"二、《本草綱目》引明楊慎《厄言》："蓋姑孃者，乃紅瓜囊之訛。"未知孰是。三、《神農本草經》（人民衛生出版社1982年版）草部本經"酸漿""醋漿"，《吳氏本草》"酢漿"，《爾雅》"寒漿"，郭璞注"寒漿草"，此中"漿"，皆作"醬"。又《本草經集注》（人民衛生出版社1994年版）草木中品"酸漿"條校注者謂《醫心方》、孫本（清孫星衍、孫馮翼合輯《神農本草經》）、黃本（清

黃奭輯《神農本草經》)、問本（問經堂叢書本
《神農本草經》)、周本（清周學海刊周氏醫學叢
書初集《神農本草經》)等“漿”皆作“醬”。

【葴】

“酸漿”之別稱。此稱秦漢已行用。見該文。

【寒漿】

“酸漿”之別稱。此稱秦漢已行用。以作茗
飲可消煩滌熱，故名。見該文。

【薂蔣】

同“寒漿”，“酸漿”之別名。此稱南北朝
已行用。《玉篇·艸部》：“薂，薂蔣也。”南朝
梁劉峻《東陽金華山棲志》：“薂蔣逼側於池湖，
菅蒯駢填於原隰。”

【醋漿】

“酸漿”之別稱。此稱漢代已行用。以其子
味酸如醋，故名。見該文。

【酢漿】[1]

同“酸漿”，“酸漿”之別稱。此體三國時
已行用。見該文。

【苦葴】

“酸漿”之別稱。此稱晉代已行用。其苗味
苦，故名。見該文。

【苦蘵】

“酸漿”之別稱，通常指酸漿之矮小者。此
稱晉代已行用。見該文。

【洛神珠】

“酸漿”之別稱。此稱晉代已行用。籽實如
珠，故名。見該文。

【王母珠】

“酸漿”之別稱。此稱晉代已行用。以其實
如珠，故名。見該文。

【皮弁草】

“酸漿”之別稱。此稱晉代已行用。以籽實
外稃如皮弁，故名。見該文。

【燈籠草】

“酸漿”之別稱。此稱唐代已行用。以開花
後萼肥大呈囊狀，包圍漿果，熟時色紅，狀似
燈籠故名。見該文。

【苦耽】

“酸漿”之別稱。此稱宋代已行用。以其苗
味苦，故名。見該文。

【紅姑娘草】

“酸漿”之別名。此稱元代已行用。因其果
實呈紅色，鮮麗可愛，故名。見該文。

【天泡草】[1]

“酸漿”之別稱。此稱明代已行用。見該文。

【醋母草】[1]

“酸漿”之別稱。此稱明代已行用。見該文。

【紅姑孃】

“酸漿”之別名。孃，同“娘”。此稱明代
已行用。見該文。

【苦精】

“酸漿”之別名。“苦葴”之音轉。此稱清
代已行用。見該文。

【九古牛】

“酸漿”之別名。或説爲“紅姑娘”之音
訛。此稱清代已行用。見該文。

【姑娘菜】

“酸漿”之別名。此稱明代已行用。時亦稱
“燈籠兒”“掛金燈”。明朱橚《救荒本草·姑娘
菜》：“俗名燈籠兒，又名掛金燈。《本草》名酸
漿，一名醋漿。生荊楚川澤及人家田園中，今
處處有之。苗高一尺餘，苗似水莨而小，葉似

天茄兒葉窄小，又似人莧葉頗大而尖。開白花，結房如囊，似野西瓜，蒴形如撮口布袋；又類燈籠樣，囊中有實，如櫻桃大，赤黃色……採葉煤熟，水浸，淘去苦味，油鹽調食。子熟，摘取食之。”

【燈籠兒】

“酸漿”之別名。因果實如燈籠狀，故名。此稱明代已行用。見該文。

【掛金燈】

“酸漿”之別名。果實如燈，着枝如挂，故名。此稱明代已行用。見該文。

龍葵

草名。茄科，茄屬，龍葵（*Solanum nigrum* Linn.）。一年生草本。莖直立，高 1 米許，多分枝。葉互生，卵形，近全緣。夏季開白花，花小，四至十朵聚生成傘狀聚傘花序。漿果球形，生青綠，熟後紫黑色。全草入藥。廣布於我國南北各地，多於荒地野生。在我國至少有三千年生長歷史。

約始見於夏代，時稱“蘵”。《夏小正》：“三月采蘵。”“蘵”，秦漢稱“蘵”，亦稱“黃蒢”。《爾雅·釋草》：“蘵，黃蒢。”郭璞注：“蘵草葉似酸漿，華小而白，中心黃，江東以作菹食。”南北朝始稱“龍葵”，亦稱“苦菜”。北齊顏之推《顏氏家訓·書證》：“江南別有苦菜，葉似酸漿，其花或紫或白，子大如珠，熟時

龍　葵
（宋柴源等《紹興校定證類備急本草畫圖》卷五）

或赤或黑，此菜可以釋勞。案：郭璞注《爾雅》，此乃蘵，黃蒢也。今河北謂之龍葵。”唐蘇敬等《唐本草·草部·龍葵》：“苦蘵即龍葵也，俗亦名苦菜，非荼也。”宋代稱“苦葵”“天茄子”“老鴉眼睛草”。宋蘇頌《圖經本草·菜部·龍葵》：“龍葵舊云所在有之，今近處亦稀，惟北方有之，北人謂之苦葵。”又《本經外草類》：“老鴉眼睛草，生江湖間……葉如茄子葉，故名天茄子。”明代稱“水茄”“天泡草”“老鴉酸漿草”。明李時珍《本草綱目·草五·龍葵》〔釋名〕：“水茄、天泡草、老鴉酸漿草。”時珍曰：“龍葵，言其性滑如葵也。苦以菜味名，茄以葉形名，天泡、老鴉眼睛皆以子形名也。與酸漿相類，故加老鴉以別之。”又〔集解〕：“龍葵、龍珠，一類二種也，皆處處有之。四月生苗，嫩時可食，柔滑。漸高二三尺，莖大如筋，似燈籠草而無毛。葉似茄葉而小。五月以後開小白花，五出黃蕊。結子正圓，大如五味子，上有小蒂，數顆同綴，其味酸。中有細子，亦如茄子之子。但生青熟黑者爲龍葵，生青熟赤者爲龍珠。功用亦相彷彿，不甚遼遠。”清代稱“天泡果”。清吳其濬《植物名實圖考·隰草類·龍葵》：“李時珍以爲《圖經》老鴉眼睛草，俚醫亦曰天泡果，其赤者爲龍珠，處處有之。”徐珂《清稗類鈔·植物類》：“龍葵爲一年生草。高二三尺，葉爲卵形，夏日節間抽細莖，開小白花，爲傘形花序。花後結球形之漿果，色黑，

天茄苗兒
（明徐光啓《農政全書》卷五二）

大如豌豆，性有毒。莖葉煎汁，可治頑癬。”

按，明李時珍《本草綱目》本條對“老鴉眼睛草”“苦菜”的同名异物問題，“老鴉眼睛草”的歸屬問題，“龍葵”與“吳葵”關係問題，均有説明及考辨，兹録於下：“五爪龍亦名老鴉眼睛草，敗醬、苦苣並名苦菜，名同物異也。”又：“蘇頌《圖經·菜部》既註龍葵，復於《外類》重出老鴉眼睛草，蓋不知其即一物也。又謂老鴉眼睛是蜀羊泉，誤矣。蜀羊泉葉似菊，開紫花，子類枸杞。”又：“楊慎《丹鉛録》謂龍葵即吳葵，反指《本草》爲誤。引《素問》《千金》‘四月吳葵華’爲證。蓋不知《千金方》言吳葵即蜀葵，已自明白矣。今並正之。”參閲清汪灝等《廣群芳譜·蔬譜二·龍葵》。

【識】

“龍葵”之別稱。此稱先秦已行用。見該文。

【蘵】

同“識”。此體秦漢已行用。見該文。

【蔵】

同“識”。即龍葵。此體南北朝已行用。清郝懿行《爾雅義疏》下之一：“蔵，《玉篇》作蘵，云蔵草葉似酸漿。”

【黃蒢】

“龍葵”之別稱。此稱秦漢已行用。見該文。

【苦菜】[1]

“龍葵”之別稱。此稱南北朝已行用。以其味苦，故名。見該文。

【苦葵】

“龍葵”之別稱。此稱宋代已行用。以其味苦，性滑如葵，故名。見該文。

【天茄子】[2]

“龍葵”之別稱。此稱宋代已行用。以其葉形如茄子，故名。見該文。

【老鴉眼睛草】

“龍葵”之別稱。此稱宋代已行用。以其籽實形似老鴉目，故名。見該文。

【水茄】

“龍葵”之別稱。此稱明代已行用。見該文。

【天泡草】[2]

“龍葵”之別稱。此稱明代已行用。以籽實如泡，故名。見該文。

【老鴉酸漿草】

“龍葵”之別稱。此稱明代已行用。以其籽實如老鴉目，形似酸漿，故名。見該文。

【天泡果】

“龍葵”之別稱。此稱清代已行用。見該文。

【天茄苗兒】

“龍葵”之別名。此稱明代已行用。明朱橚《救荒本草·天茄苗兒》：“生田野中，苗高二尺許，莖有線楞。葉似姑娘草葉而大，又似和尚菜葉却小。開五瓣小白花，結子似野葡萄大，紫黑色，味甜。采嫩葉煠熟，水浸去邪味，淘净，油鹽調食。其子熟時亦可摘食，今人傳説采葉傅貼腫毒金瘡，拔毒。”

穀精草

草名。穀精草科，穀精草屬，穀精草（*Eriocaulon buergerianum* Koern）。一年生草本。細莖叢生。葉片綫形或長披針綫形，聚生於短莖端。夏秋間開花，花白色，單性，呈頭狀花序。蒴果。花穗可入藥。我國普遍分布，生於田野及沼澤地。

約始見記於宋代。傳其爲穀田精氣所生，

故名。時亦稱"戴星草"。宋蘇頌《圖經本草·草部下品·穀精草》："穀精草，舊不載所出州土。今處處有之。春生於穀田中，葉稈俱青，根花並白色，二月、三月內采花用，一名戴星草，以其葉細，花白而小圓似星，故以名爾。"明代稱"文星草""流星草"。明李時珍《本草綱目·草五·穀精草》〔釋名〕："文星草、流星草。"又時珍曰："穀田餘氣所生，故曰穀精。志（馬志）曰：白花似星，故有戴星諸名。"又〔集解〕："此草收穀後，荒田中生之，江湖南北多有，一科叢生，葉似嫩穀。秧抽細莖，高四五寸。莖頭有小白花，點點如亂星。九月采花，陰乾。云二三月采者，誤也。"參閱清汪灝等《廣群芳譜·藥譜四·穀精草》。

穀精草
（明王圻等《三才圖會》
卷五）

【戴星草】

"穀精草"之別稱。以花白似星，生於頂端，故名。此稱宋代已行用。見該文。

【文星草】

"穀精草"之別稱。此稱明代已行用。見該文。

【流星草】

"穀精草"之別稱。此稱明代已行用。見該文。

劉寄奴草

草名。列當科，陰行草屬，劉寄奴草（*Siphonostegia chinensis* Benth.）。一年生草本。全株被柔毛，莖上部具分枝，稍有棱。葉對生，上部漸互生，三至四對羽狀分裂，裂片綫形。秋季開花，花黃色，唇形。蒴果長橢圓形。全草入藥。廣布於我國華北及東北諸地區。

約始見於南北朝。據傳南朝宋武帝劉裕小名寄奴，首得此草，曾用以治癒金瘡，因稱。南朝梁任昉《述異記》卷上："宋武帝微時，伐荻於新洲，見大蛇長數丈，遂射之，傷。明日復往觀之，聞杵臼聲，覘見數青衣童子搗藥，問其故，答曰：'我王爲劉寄奴所射，今合藥傅之。'帝曰：'何神也？'童子不答，帝叱之，皆散。收得藥，人因名此草爲劉寄奴。"唐蘇敬等《唐本草·草部·劉寄奴》："劉寄奴草生江南。莖似艾蒿，長三四尺，葉似山蘭草而尖長，一莖直上，有穗葉互生，其子似稗而細。"宋蘇頌《圖經本草·草部下品·劉寄奴》："劉寄奴草，生江南。今河中府、孟州、漢中亦有之。春生苗，莖似艾蒿，上有四棱，高三二尺以來。葉青似柳，四月開碎小黃白花，形如瓦松，七月結實似黍而細，一莖上有數穗互生，根淡紫色，似萵苣。六月、七月采，苗、花、子通用也。"宋代稱"金寄奴""烏藤菜"。《通志·草木略》："江南人因漢時謂劉爲卯金刀，乃呼劉爲金，是以又有金寄奴之名。江東人謂之烏藤菜云。"明李時珍《本草綱目·草四·劉寄奴草》〔集解〕："劉寄奴一莖直上。葉似蒼术，尖長糙澀，面深背淡。九月莖端分開數枝，一枝攢簇十朵小花，白瓣黃蕊，如小菊花狀。"今世通稱"陰行草""鬼麻油"。按，明朱橚《救荒本草》載有"野生薑"，葉如菊，排生，莖、花俱如蒿而花白，結黃白小蒴，俗呼菊葉蒿，亦名劉寄奴。兩劉寄奴蓋同名異物。參閱清吳其濬《植物名實圖考・隰草類・劉寄奴》。

【金寄奴】

"劉寄奴草"之別稱。此稱宋代已行用。以劉字俗說由"卯、金、刀"組成，遂以"金"代劉，故稱。見該文。

【烏藤菜】

"劉寄奴草"之別稱。此稱宋代已行用。見該文。

爵床

草名。爵床科，爵床屬，爵床〔*Rostellularia procumbens*（Linn.）Nees〕。一年生草本。高1米許，基部常呈匍匐狀。葉對生，卵形或廣披針形。夏秋開花，粉紅色，花冠兩唇形，下唇三淺裂。蒴果，含籽實四枚，表面具瘤狀皺紋。莖葉入藥。主要野生於我國華東及東南沿海地區。

始見記於漢代。《神農本草經・草部中品・爵牀》："生川谷及田野。"三國時稱"爵麻""爵卿"。三國魏吳普《吳氏本草・草木類・鄭麻》："爵麻，一名爵卿。"南北朝稱"香蘇"，出南朝梁陶弘景《名醫別錄》。唐代稱"赤眼老母草"。唐蘇敬等《唐本草・草部・爵麻》："此草生平澤熟田近道旁，似香菜，葉長而大，或如茝且細，俗名赤眼老母草。"明李時珍《本草綱目・草三・爵床》〔釋名〕："爵床不可解。按《吳氏本草》作爵麻，甚通。"又〔集解〕："原野甚多，方莖對節，與大葉香薷一樣。但香薷搓之氣香，而爵牀搓之不香微臭，以此爲別。"參閱宋唐慎微《政和證類本草・爵床》、清汪灝等《廣群芳譜・藥譜三・爵床》。

【爵麻】

"爵床"之別稱。此稱三國時已行用。見該文。

"爵床"之別稱。此稱三國時已行用。見該文。

【爵卿】

"爵床"之別稱。此稱三國時已行用。見該文。

【香蘇】[1]

"爵床"之別稱。此稱南北朝已行用。見該文。

【赤眼老母草】

"爵床"之俗稱。此稱唐代已行用。見該文。

藜

草名。莧科，藜屬，藜（*Chenopodium album* Linn.）。一年生草本。莖直立，上部葉腋可生分枝。葉菱狀卵形，緣有齒缺，下面被粉狀小粒。夏秋開花，花小，黃綠色，聚成小簇，再排於枝上成圓錐花序。果實包於花被內，籽細小，圓形黑色。嫩葉可食，全草入藥，莖之堅老者可作手杖。廣布於我國各地，田間、路旁習見。

在我國至少有二千五百年以上的生長史。始見記於先秦，時亦稱"萊"，秦漢稱"蔓華"，"萊"亦作"釐"，晋代"蔓華"音轉作"蒙華"。《山海經》："秦山有草焉。名曰藜，如荻，可以爲菹。"（引自《爾雅翼》）《詩・小雅・南山有臺》："南山有臺，北山有萊。"孔穎達疏引陸璣曰："萊，草名，其葉可食。"《左傳・昭公十六年》："斬之蓬、蒿、藜、藋，而共處之。"《韓非子・五蠹》："堯之王天下也，茅茨不翦，采椽不斲，糲粢之食，藜藿之羹。"《莊子・讓王》："孔子窮於陳蔡之間，七日不火食，藜羹不糝。"《爾雅・釋草》："釐，蔓華。"晋郭璞注："一名蒙華。"《晋書・山濤傳》："魏帝嘗賜景帝春服，帝以賜濤，又以母老，並賜藜枝一枚。"

唐代稱"鶴頂草"。宋朱弁《曲洧舊聞》卷四：
"〔藜〕其身幹輕而堅，以爲杖，則於老者尤宜。
唐人猶有編爲床者，往往見於篇什。仙方用之
爲秘藥，或入燒煉藥，多取紅心者，易名爲鶴
頂草。"明代稱"紅心灰藋""胭脂菜""落藜"。
明李時珍《本草綱目·菜二·藜》〔釋名〕："紅
心灰藋、鶴頂草、臙脂菜。"又〔集解〕："藜處
處有之，即灰藋之紅心者，莖葉稍大。河朔人
名落藜，南人名臙脂菜，亦曰鶴頂草，皆因形
色名也。"時亦稱"灰莧"。清吳其濬《植物名
實圖考·蔬類·灰藋》："《詢芻錄》（明佚名撰）：
古稱藜即灰莧。老可爲杖，蓋藜杖也。余鄉居
時，摘而焯爲疏，味微鹹，特未蒸以爲羹耳。
其莖秋時伐爲杖，輕而有致，髹以漆，則堅耐
久……北地采其子以備荒。"清郝懿行《爾雅義
疏·釋草》："萊與釐古同聲……《玉篇》《廣韵》
竝以萊爲藜，與義疏合。藜、釐聲相近也，藜
即灰藋之屬。"徐珂《清稗類鈔·植物類》："藜
爲一年生草，莖高五六尺，葉心色赤，卵形有
鋸齒，嫩時可食。花小而黃綠。莖老可爲杖。
古人讀書燃藜，以其光最明，可傳火徹夜。又
名萊……俗稱紅心灰藋。"

　　按，本條尚有數事須説明。一、北魏賈思
勰《齊民要術·五穀果蓏菜茹非中國物産者》
引三國吳陸璣《義疏》云："蘸、沛人謂雞蘇爲
萊，《三倉》云：萊，茱萸。此二草異而名同。"
明李時珍、清郝懿行等亦指出藜、雞蘇、茱萸
等三物同名。二、或謂藜爲落帚、苜蓿，前人
亦指出誤。《本草綱目·菜二·藜》："《韻府》謂
藜爲落帚，亦誤矣。"清吳其濬《植物名實圖
考·蔬類·灰藋》："後人或以爲落帚，《蓬窗續
録》乃以爲苜蓿，何其陋也。"參閲清汪灝等

《廣群芳譜·蔬譜三·藜》。

【萊】[1]

　　即藜。音近字异。此稱先秦已行用。見
該文。

【蔓華】

　　"藜"之別稱。此稱秦漢時已行用。見該文。

【釐】

　　"藜"之別稱。釐與"萊"音近相通。此體
秦漢時已行用。見該文。

【蒙華】

　　"藜"之別稱。"蔓華"之音轉。此稱晉代
已行用。見該文。

【鶴頂草】

　　"藜"之別稱。此稱唐代已行用。見該文。

【紅心灰藋】

　　"藜"之別稱。此稱明代已行用。見該文。

【臙脂菜】

　　"藜"之別稱。此稱明代已行用。見該文。

【落藜】[2]

　　"藜"之別稱。此稱明代已行用。見該文。

【灰莧】

　　"藜"之別稱。此稱明代已行用。見該文。

繁縷

　　草名。石竹科，繁縷屬，繁縷〔*Stellaria
media*（Linn.）Cyr.〕。一年生草本。莖蔓延地
上，細而中空，斷之有絲相連。葉對生，卵形。
春夏開花，花小，白色，聚傘花序。全草入藥，
亦可作豬飼料。産於我國各省區。

　　始見記於秦漢時，時稱"蔜""薄縷"。晉
代始稱"繁縷"。繁，同"繁"。以此草莖蔓
甚繁，中有一縷，故名。《爾雅·釋草》："蔜，
薄縷。"郭璞注："今繁縷也。或曰雞腸草。"南

北朝稱"蘩蔞"。南朝梁陶弘景《名醫別録·菜部下品·蘩蔞》："五月五日日中采。"唐代稱"滋草"，出唐孫思邈《千金方》。宋代作"繁縷"。宋蘇頌《圖經本草·菜部·繁縷》："今南中多生於田野間，近京下濕地亦或有之。葉似荇菜而小，夏秋間生小白黄花。其莖梗作蔓，斷之有絲縷。"明代稱"鵝腸草""鵝兒腸菜"，"蘩蔞"亦作"蘩縷"。明李時珍《本草綱目·菜二·繁縷》〔釋名〕："鵝腸菜。"時珍曰："此草莖蔓甚繁，中有一縷，故名。俗呼鵝兒腸菜，象形也。易于滋長，故曰滋草。"又〔集解〕："繁蔞即鵝腸，非雞腸也。下濕地極多。正月生苗，葉大如指頭。細莖引蔓，斷之中空，有一縷如絲。作蔬甘脆。三月以後漸老……吴瑞《本草》謂黄花者爲繁縷，白花者爲雞腸，亦不然。二物蓋相侣。但鵝腸味甘，莖空有縷，花白色；雞腸味微苦，咀之涎滑，莖中無縷，色微紫，花亦紫色，以此爲别。"清吴其濬《植物名實圖考·蔬類·繁縷》："余初至滇見有粥（鬻）鵝腸菜於市者，甚怪之，

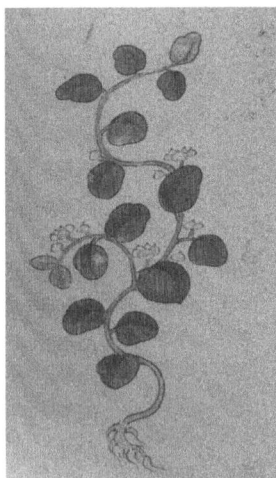

繁 縷
（清吴其濬《植物名實圖考》卷四）

蘩 蔞
（明汪穎《食物本草》卷一）

以爲此江湘間盈砌彌坑，結縷糾蔓，薙夷不能盡者。及屢行園不獲一見，命園丁蒔之畦中，亦不甚蕃，始知滇以尠而售也。"徐珂《清稗類鈔·植物類》："繁縷爲一年或越年生草，山野自生，引蔓於地，莖細長，節間有毛下向，中空，斷之，有一縷如絲。作蔬，甘脆。葉爲卵形對生，花小而白，五瓣，每瓣二裂甚深。《爾雅》'薂，薽蔞'即此。"按，郭璞注謂"薂"爲"雞腸草"并不十分肯定，衹是推測或引他人説，至唐蘇敬、宋蘇頌則肯定爲"雞腸草"。李時珍辯駁甚詳，并於"繁縷"外别立"雞腸草"條。參閲清汪灝等《廣群芳譜·卉譜六·雞腸草》。

【薂】

"蘩蔞"之别稱。此稱秦漢已行用。見該文。

【薽蔞】

"蘩蔞"之别稱。此稱秦漢已行用。見該文。

【蘩蔞】

"蘩蔞"之音變别稱。此稱南北朝已行用。見該文。

【滋草】

"蘩蔞"之别稱。此稱唐代已行用。以其易於滋長，故名。見該文。

【繁縷】

同"蘩蔞"。此體宋代已行用。見該文。

【蘩縷】

同"蘩蔞"。此體明代已行用。見該文。

【鵝腸草】

"蘩蔞"之别稱。此稱明代已行用。以其形似鵝腸，故名。見該文。

【鷺兒腸草】

"蘩蔞"之俗稱。此稱明代已行用。見該文。

靈芝

草名。多孔菌科，靈芝屬，靈芝〔*Ganoderma lucidum*（Curtis）P.Karst.〕。一年生或多年生寄生真菌。菌蓋半圓或腎形，木栓質。上面赤褐色或暗紫色，具環狀棱紋與輻射狀皺紋，有漆狀光澤，邊緣薄而平截，往往稍內捲；下面淡黃色，多細孔。菌柄長，紅褐色，皮殼堅硬，有光澤。孢子褐色，卵形。可供食用、入藥，亦可供觀賞。廣布於我國南北各地，野生於山地枯樹根上，或人工培植。

始載於先秦典籍。時稱"芝栭"，秦漢稱"茵""芝"。漢代始稱"靈芝"。以其服後益精延年，具神靈之效，據說可成仙，故名。時亦稱"芝草""神草"。《禮記·內則》："芝栭菱椇，棗栗榛柿。"孔穎達疏："庾蔚云：無華葉而生者曰芝栭……今春夏生於木，可用爲菹；其有白者，不堪食也。"《爾雅·釋草》："茵，芝。"郭璞注："芝，一歲三華，瑞草。"漢班固《郊祀靈芝歌》："因露寢兮產靈芝，象三德兮瑞應圖。"《說文·艸部》："芝，神艸也。"《後漢書·明帝紀》："永平十七年……芝草生殿前，神雀五色翔集京師。"宋蔡襄《芝草述》："福州連江縣寧善鄉崇德里保福院產芝一本，四月八日癸未，令朱定得之，詣府。質黑而堅，葉如側荷，其上又出一本，離爲六莖，枝柯聳密，中有連理，末如燕尾而朱湼之，高可尺許。"元代稱"壽潛""希夷"。元伊世珍《瑯嬛記》："靈芝，一名壽潛，一名希夷。"明朱國禎《湧幢小品》："世宗有詔采芝，宛平縣民得五本以上，御醫李果以玄岳鮮芝四十本進。三十六年九月，禮部類進千餘本。明年春，鄂縣民聚芝百八十一本爲山以獻，內有徑一尺八寸者數本，號曰仙應萬年芝山。四川巡撫黃光昇進芝四十九本。十月，禮部類進一千八百六十四本。四十三年，御醫黃金進萬壽香山四座，聚芝三百六十本爲之。"清愛菊主人《花史》："靈芝，仙品也。山中采歸，以籮盛，置飯甑上蒸熟，曬乾，藏之，不壞。用錫作管套根，插水瓶中，伴以竹葉、吉祥草，則根不朽。上盆亦用此法。"徐珂《清稗類鈔·植物類》："芝，菌類，寄生於已枯之樹木。其體如菌狀，蓋之上面有雲紋，黑褐色，下面淡褐色，有細孔，柄紫赤。其質堅硬光滑，有青、赤、黃、白、黑、紫六色。古以爲瑞草，一名靈芝，又名紫芝。長白山之芝盤峯頂多產之。乾隆時，海寧李焦餘茂才科嘗作《古樸產芝歌》。歌云：'厥草厥木本殊質，靈芝古樸迴非匹。'"

芝的品類，因劃分方法、角度、目的不同，數量不一，少則二三種，多則達數十乃至數百種。《神農本草經》卷一分赤芝、黑芝、青芝、白芝、黃芝、紫芝等六品；漢王充分青雲芝、龍仙芝、金蘭芝、九曲芝、火芝、月精芝、夜光芝、螢火芝、白雲芝、雲母芝、商山紫芝、九光芝、七明芝、鳳腦芝、五德芝、萬年芝等十六種；漢茅盈《茅君內傳》分龍仙芝、參成芝、燕胎芝、夜光洞鼻芝、玉料芝等五

芝　草
（明王圻等《三才圖會》卷七）

種；晋葛洪《抱朴子·仙藥》分爲石芝、木芝、肉芝、菌芝、草芝等五種，每種内尚“各有百許種”，如菌芝，“凡百二十種；草芝則有獨搖芝、牛角芝、龍仙芝、案珠芝、白符芝、朱草芝、五德芝等一百二十種；肉芝則有千歲燕、千歲蝙蝠、千歲龜、萬歲蟾蜍等一百二十種；石芝則有玉暗芝、七孔九光芝、石蜜芝、桂芝、石腦芝等種；木芝則有飛節芝、木渠芝、黄櫱芝、建木芝、參成芝、樊桃芝、千歲芝等種”。明朱權《臞仙神隱》分爲紫、白二種。

按，《爾雅·釋草》：“渠灌，茵，芝。”郭璞於“渠灌”下注“未詳”；於“茵，芝”下注：“芝，一歲三華，瑞草。”清郝懿行於此考辨甚精，録之於下：“《釋文》引《聲類》云：‘渠灌，茵芝也。’是渠灌一名茵芝。蓋渠之言殖也，灌猶叢也。菌芝叢生而絲殖，因以爲名。郭以渠灌一物，茵芝一物，故云‘未詳’。又以芝爲一歲三華，瑞草。蓋沿時俗符命之陋，以神芝爲瑞草，以三秀爲三華。經典言芝，止有蕈菌，別無神奇，故芝栭標於《内則》，茵芝著於《爾雅》，實一物耳。茵字不見它書，孫氏星衍嘗致疑問余。按《類聚》九十八引《爾雅》作‘菌芝’，蓋菌字破壞作‘茵’耳。證以《列子·湯問》篇云：‘朽壤之上有菌芝者，生於朝，死於晦。’殷敬順釋文引諸家説，即今糞土所生之菌也。《莊子·逍遥游》篇釋文引司馬彪、崔譔，竝以菌爲芝，然則《爾雅》古本正作‘菌芝’，故《莊》《列》諸家竝見援摭。又《神農本草》下經有‘蕈菌’，孫氏校定，疑即此灌菌，或一名渠，一名芝，未敢定也。”又，徐珂謂靈芝一名紫芝。按，《神農本草經》已見其名，爲六芝之一種，蓋後世以特稱表泛稱。

參閱明李時珍《本草綱目·菜三·芝》、清汪灝等《廣群芳譜·卉譜一·芝》。

【芝栭】

“靈芝”之別稱。此稱先秦已行用。一説，芝，水芝；栭，軟棗。見該文。

【茵】

“靈芝”之古稱。此稱秦漢已行用。見該文。

【芝】

“靈芝”之古稱。此稱秦漢已行用。見該文。

【神草】[1]

“靈芝”之別稱。此稱漢代已行用。因其延年有神异，故名。見該文。

【壽潛】

“靈芝”之別稱。此稱元代已行用。見該文。

【希夷】

“靈芝”之別稱。此稱元代已行用。見該文。

【三秀】

“靈芝”之別名。此稱先秦已行用。因其一年三次開花秀穗，故名。《楚辭·九歌·山鬼》：“采三秀兮於山間，石磊磊兮葛蔓蔓。”王逸注：“三秀，謂芝草也。”漢代稱“芝草”。漢王充《論衡·驗符》：“芝生於土……芝草延年，仙者所食。”晋左思《魏都賦》：“德連木理，仁挺芝草。”南朝梁沈約《早發定山》詩：“眷言采三秀，徘徊望九仙。”唐韓愈《與崔群書》：“鳳皇芝草，賢愚皆以爲美瑞。”前蜀杜光庭《邛州刺史張太博修金籙齋詞》：“三秀呈祥，十朋表异。”清吳偉業《西田詩》之四：“願以求長生，芝草堪采食。”

【芝草】

“靈芝”之別名。此稱漢代已行用。見該文。

第二節　多年生草本考

本節所收多年生卉草凡一百一十種，分別隸屬於馬兜鈴科、大戟科、薑科、菊科、葫蘆科、天南星科、木賊科、莎草科、唇形科、莧科、毛茛科、敗醬科、水龍骨科、禾本科、石蒜科、蘿藦科、雲香科、百合科、傘形科、列當科、蓼科、蘭科、鴨跖草科、車前科、桔梗科、烏毛蕨科、卷柏科、茜草科、龍膽科、香浦科、爵床科、馬鞭草科、小檗科、海金沙科、薔薇科、三白草科、墨角藻科、鹿蹄草科、豆科、旋花科、桑科、酢漿草科、堇草科、紫草科、紫萁科、澤瀉科、蕨科、鳳尾蕨科、石松科、蘿藦科、蕁麻科、燈心草科、蘋科、藻科等。

據文獻記載，此一百餘種中，除蒔蘿、仙茅兩種自波斯、西域引進外，其餘皆原産我國。出現時間最早者爲葛草，相傳帝堯時已有生長使用；出現最晚者爲烏臘草，清代文獻始見記載。其餘介於二者之間，計先秦已出現者爲土鹵、蘘荷、天名精、艾、白蒿、牡蒿、青蒿、茶、萎蒿、澤蘭、王瓜、莎草、烏頭、石龍芻、白茅、狼尾、菁茅、蘆葦、蘿藦、芎藭、藁本、羊蹄、酸模、杜若、車前、沙參、茜草、荇菜、香蒲、薇、菖、薜蘂、紫草、蕨、蘋、聚藻等三十六種；秦漢已出現者爲大戟、款冬花、薊、荒、菟葵、結縷、白薇、苔葱、虎杖、薺苨、馬藍、鹿藿、紫萁、女菀、馬蘭、菴閭、紫菀、虎掌、水蘇、夏枯草、薄荷、牛膝、升麻、石韋、白鮮、防葵、積雪草、獨活、肉蓯蓉、赤箭、狗脊、卷柏、秦艽、龍膽、馬鞭草、鬼臼、蛇莓、燈心草等三十八種；三國魏晉已出現者爲山薑花、蒟蒻、荊三棱、薜、毛茛、甘松、鹿角草、酢漿草、慈姑等九種；南北朝已出現者爲吉祥草、魚腥草、葎草等三種；唐代已出現者爲千里及、蒲公英、水葱、蕁麻等四種；宋代已出現者爲木賊、金星草、茅香、海金沙等四種；明代已出現者爲翻白草、鹿蹄草、翠雲草、紫花地丁等四種。

本節所涉草卉繁衍滋益、名實關係的複雜情況表現爲如下方面。

一、二物同一異名而致誤者。如芭蕉科植物芭蕉與薑科植物蘘荷同有異名"甘露"，明李時珍遂誤芭蕉、蘘荷爲一物。木類之"茗"與菊科之"苦"同有"茶"名，南朝梁陶弘景《本草經集注》、南唐徐鍇《説文解字繫傳》遂誤《爾雅》"茶，苦菜也"爲茗，唐蘇恭，清郝懿行、王念孫等皆指出其誤。"茅秀"異名亦爲"荼"，清邵晋涵《爾雅正義》以《夏小正》"四月取荼"之"荼"爲菊科之苦荼，亦誤，已有學者指出。杜蘅，爲馬兜鈴科

"土鹵"與鴨跖草科"杜若"共用之异名,清郝懿行、王念孫於此辨之極詳,汪灝等《廣群芳譜》則二物混同爲一。

二、二物狀貌相似誤合爲一。如漢高誘注《吕氏春秋》《淮南子》以"王瓜"爲栝樓。其實南朝梁陶弘景注《本草》謂栝樓狀如王瓜,《唐本草》謂王瓜葉似栝樓,二者本非同物。清王念孫指出:"《神農本草》:'栝樓生弘農川谷','王瓜生魯地平澤田野',陶注謂括樓葉有叉,唐注謂王瓜葉無叉……《豳風·東山》正義引三國魏孫炎《爾雅注》云'括樓,齊人謂之天瓜'而不云名王瓜,《御覽》引三國魏吳普《本草》云'栝樓一名澤姑'而不云藜姑。則王瓜、藜姑明不與栝樓同。"是高氏未深察之失。

三、不明瞭名實的古今變化,誤將同名異物者混同爲一。如晋左思《蜀都賦》之"蒟蒻"指二物,蒟,指胡椒科蒟醬,蒻,指天南星科蒟蒻。而明楊慎謂蒟醬即蒟蒻,誤。又如,茶別名"苦菜",南北朝江南亦有"苦菜",此乃《爾雅》"藬,黄蒢也",有以此當"荼"者,北齊顔之推謂之"大誤"。

四、對文則異,散文則通者。如烏喙、附子、天雄、奚毒諸名,清王念孫舉出大量例子闡述其異同關係。《淮南子·繆稱訓》:"天雄、烏喙,藥之凶毒也。"漢史游《急就篇》:"烏喙、附子、椒、芫華。"以上爲"天雄"與"烏喙","烏喙"與"附子"對文有別。《廣雅》:"奚毒,附子也。"《淮南子·主術訓》:"雞毒,烏頭也。"《神農本草·草部·下品》:"烏頭,一名奚毒。"是奚毒、烏頭、附子散文則通。又如,葭、菼、蘆、蒹、萑、蘆、葦、荻、烏蘆等,統言無別,皆得指蘆葦;析言則有別,《淮南子》漢高誘注謂:"未秀曰蘆,已秀曰葦。"《夏小正上》傳謂:"萑未秀爲菼,葦未秀蘆。"宋蘇頌謂"水旁下濕所生者皆名葦","人家池圃所植者皆名蘆"。明李時珍謂長丈許、中空皮薄色白者爲葭、蘆、葦;短於前者、中空皮厚色青蒼者爲菼、薍、荻、萑;最短小而中實者爲蒹。

五、斷句不一者。《爾雅·釋草》"藗侯"連讀,南朝梁陶弘景、南唐徐鍇、明李時珍等則"侯"與"莎"連讀。

六、諸家持論不一、無定説者。《爾雅·釋草》:"臺,夫須。"又:"藗侯,莎。"三國吳陸璣、宋羅願、明李時珍等皆視"臺""莎"爲一物,而徐珂則將二者嚴格區分。又如唐蘇敬、宋蘇頌并謂水蘇、薺薴爲一物,而唐陳藏器則謂"薺薴自是一物,非水蘇",明李時珍則謂"水蘇、薺薴,一類二種爾"。又如,《爾雅·釋草》"芨,堇草"一條,晋郭璞解作烏頭,毛茛科;而唐陸德明、清郝懿行等釋作陸英、蒴藋,忍冬科;清王念孫則釋爲灰藋、藜，藜科。又如，《爾雅·釋草》"孟，狼尾"與"稂，童粱"爲兩條，宋羅願、明李時珍、清王筠皆視兩條所指爲一物，清郝懿行謂此二者不當混，又謂《釋草》"薚，杜榮"與"孟，狼尾"爲一物。

七、辨誤。多爲前人有誤，後人補正者。如三國吳陸璣以馬薪蒿爲牡蒿，清郝懿行謂："馬新，《廣雅》作馬先，謂因塵也。因塵即茵陳，雖亦蒿類，而與牡蒿有別。"又如，《爾雅·釋草》："鉤，藈姑。"晋郭璞注謂王瓜；而草蔖一名王瓜。是鉤、草蔖二者同有异名"王瓜"。漢鄭玄注《禮記·月令》"四月王瓜生"，謂爲草蔖，蓋誤，明李時珍、清郝懿行、清王念孫等均已指出。有前人不誤，後人致誤，復加訂正者。如唐甄權《藥性本草》以天麻爲赤箭別名，本不誤，至宋《開寶本草》《圖經本草》等反別爲兩條，後經宋沈括考辨、明李時珍補苴，復合二者爲一。

土卤

草名。馬兜鈴科，細辛屬，杜衡（*Asarum forbesii* Maxim.）之別名。多年生草本。莖高30多厘米，根狀莖節間短，斜生，下端密生多數肉質鬚根，具特殊辛香氣。莖頂生一二片葉，形如心臟，頂部鈍圓，表皮深綠，間雜白斑，兩面均有短柔毛，葉柄長。花頂生，貼伏地表，暗紫色，花被筒鐘狀，內有突起網紋。蒴果肉質。全草入藥。爲觀葉植物佳品，宜盆栽，點綴室內案几、窗軒，亦可配置陰濕之岩石園。主要分布於我國長江流域。先秦稱"杜衡"，亦作"杜蘅"。秦漢始稱"土卤"，亦稱"杜"。《山海經·西山經》："〔天帝之山〕有草焉。其狀如葵，其臭如蘼蕪，名曰杜衡，可以走馬，食之已癭。"《楚辭·離騷》："畦留夷與揭車兮，雜杜衡與芳芷。"王逸注："衡，一作蘅。"《爾雅·釋草》："杜，土卤。"郭璞注："杜衡也。似葵而香。"漢代省稱"衡"。晋代音轉爲"土杏"。《史記·司馬相如列傳》："其東則有蕙圃衡蘭，芷若射干。"司馬貞索隱引三國魏張揖云："衡，杜衡。"又引晋張華《博物志》："一名土杏。其根一似細辛，葉似葵。"南朝梁陶弘景《名醫別錄》："〔杜蘅〕香人衣體。"唐代稱"馬蹄香"。以其葉形似馬蹄，具香，故名。唐蘇頌《圖經本草·草部中品·杜衡》："今江淮間多有之。春初於宿根上生苗，葉似馬蹄形狀，高二三寸。莖如麥蘖粗細，每窠上有五七葉或八九葉，別無枝蔓。又於莖葉間罅內蘆頭上貼地生此花，其花似見不見，暗結實如豆大。窠內有碎子，似天仙子。苗葉俱青，經霜

杜蘅
（明王圻等《三才圖會》卷二）

即枯，其根成空，有似飯帚密鬧。細長四五寸，粗於細辛，微黃……江淮俗呼爲馬蹄香。"明代稱"杜葵""土細辛"。明李時珍《本草綱目·草二·杜衡》〔釋名〕："杜葵、馬蹄香、土卤、土細辛。"徐珂《清稗類鈔·植物類》："杜衡爲多年生草，常生山中陰地。葉爲心臟形，葉腳凹陷頗深，有長柄。冬月根際開紫花，有管狀花被。根、莖可入藥。"參見本類"杜若"。參閱清汪灏等《廣群芳譜·卉譜二·杜若》。

【杜衡】[2]

"土卤"之別名。此稱先秦已行用。見該文。

【杜蘅】[2]

同"杜衡[2]"。"土卤"之別名。此體先秦已行用。見該文。

【杜】

"土卤"之別名。此稱秦漢時已行用。見該文。

【衡】

即土卤。"杜衡"之省稱。此稱漢代已行用。見該文。

【土杏】

即土卤。爲杜衡之音轉异名。此稱晋代已行用。見該文。

【馬蹄香】

"土卤"之异名。此稱唐代已行用。見該文。

【杜葵】

"土卤"之异名。此稱明代已行用。見該文。

【土細辛】[2]

"土卤"之异名。此稱明代已行用。見該文。

【槐】

"土卤"之別名。此稱先秦已行用。漢代"槐"亦作"懷"，唐宋稱"蘅薇香"。《荀子·勸學》："蘭槐之根是爲芷，其漸之滫，君子不近，庶人不服。"楊倞注："蘭、槐，香草。"《大戴禮記·勸學》："蘭氏之根，懷氏之苞，漸之滫，夫君子不近，庶人不服。"清吳其濬《植物名實圖考·山草類·杜蘅》："《本草》云：'懷即杜蘅也，又名蘅薇香。'"

【懷】

同"槐"，即土卤。此體漢代已行用。見該文。

【蘅薇香】

"土卤"之別名。此稱唐宋時已行用。見該文。

【楚蘅】[1]

"土卤"之別名。此稱先秦已行用。因出楚地，故名。《太平御覽》引《范子計然》云："楚蘅出楚國。"《廣雅·釋草》："楚蘅，杜蘅也。"

【杜衡葵】

"土卤"之別名。此稱宋代已行用。《爾雅翼·釋草》："一名土卤，又謂之杜衡葵，今俗以蘹已代之。及已獨莖，莖端四葉，葉間白花，有毒而無芳氣。"

馬兜鈴

草名。馬兜鈴科，馬兜鈴屬，馬兜鈴（*Aristolochia debilis* Sieb. et Zucc.）。多年生攀緣或匍匐狀草本，無毛。單葉互生，葉柄細，葉片三角狀狹卵形，先端漸尖或鈍，基部心形。花單生葉腋，花被喇叭狀，紫色，內被細柔毛，有五條縱脉直達花被頂端。蒴果近圓形或矩圓形，直徑 3～4 厘米。花期七至八月。根、果可入藥。亦可供觀賞。主要分布於我國黃河以南至長江流域，以及川、黔、桂諸地。

南北朝已行用此稱。省稱"兜鈴"。亦稱

"青木香""土木香"。南朝宋雷斆《雷公炮炙論·馬兜鈴》："馬兜鈴，雷公云：'凡使，采得後，去葉並蔓了，用生絹袋盛於東屋角畔懸，令乾了，劈作片，取向裏子，去革膜並令净用。'"舊題金李杲《珍珠囊指掌補遺藥性賦》卷三："風攻皮膚羊躑躅。熱主咳喘馬兜鈴。"書注："馬兜鈴，味苦，寒，無毒。治肺熱咳嗽喘促，兼瘺瘡血痔。其根，名土木香，又曰青木香。結子如鈴狀，故名兜鈴。"明代稱"都淋藤""雲南根""三百兩銀藥"。明李時珍《本草綱目·草七·馬兜鈴》："〔釋名〕都淋藤、獨行根、土青木香、雲南根、三百兩銀藥。〔寇〕宗奭曰：蔓生附木而上，葉脱時其實尚垂，狀如馬項之鈴，故得名也。時珍曰：其根吐利人，微有香氣，故有獨行、木香之名。嶺南人用治蠱，隱其名爲三百兩銀藥。《肘後方》作都淋，蓋誤傳也。"清陳淏子《花鏡》卷四："馬兜鈴一名青木香。春生苗作蔓，附木而上。"清吳其濬《植物名實圖考·蔓草類·馬兜鈴》："馬兜鈴，《開寶本草》始著録。俗

馬兜鈴
（明鮑山《野菜博録》卷二）

土青木香
（清吳其濬《植物名實圖考》卷二一）

皆呼爲土青木香，即《唐本草》獨行根也。俚醫亦曰雲南根，李時珍以爲即都淋藤。"馬兜鈴喜光而稍耐陰，適應性較强，且易於繁殖，用扡插或分株、分根等都易成活，可於庭園中成片種植，以充地被物，亦可搭設棚架任其攀緣生長，作垂直緑化。其果、根入藥，是值得發展的藥用觀賞植物。今亦稱"水馬香果""葫蘆罐""臭鈴鐺""蛇參果"。

【獨行根】

即馬兜鈴。名見《唐本草》。此稱唐代已見行用。見該文。

【土青木香】

即馬兜鈴。此稱唐代已見行用。見該文。

【青木香】

即馬兜鈴。特指其根，草以根名。此稱唐宋已行用。見該文。

【土木香】

即馬兜鈴。特指其根，可以入藥，草以藥名。此稱唐宋已行用。見該文。

【兜鈴】

"馬兜鈴"之省稱。其實如馬項之鈴，故名，此稱金元時已行用。見該文。

【都淋藤】

即馬兜鈴。此稱明代多行用。見該文。

【雲南根】

即馬兜鈴。此稱明代已行用。見該文。

【三百兩銀藥】

即馬兜鈴。明代嶺南地區多行用此稱。見該文。

【水馬香果】

即馬兜鈴。名見《江蘇植物志》，今江蘇省各地多行用此稱。見該文。

【葫蘆罐】

即馬兜鈴。今東北各地多行用此稱。見該文。

【臭鈴鐺】

即馬兜鈴。名見《河北藥材》。今河北各地多行用此稱。見該文。

【蛇參果】

即馬兜鈴。今四川各地多行用此稱。見該文。

大戟

草名。大戟科，大戟屬，大戟（*Euphorbia pekinensis* Rupr.）。多年生草本。莖高 30~100 厘米直立中空，折之有白汁。黄皮根作圓錐形。葉互生，長橢圓狀披針形，全緣，莖首五片環生，分出五枝，枝又分枝，分枝頂端有杯狀花序，花黄色或黄紫色。三棱狀球形蒴果。根莖入藥。遍布全國各地，多生道旁平澤。在我國至少有兩千年以上的生長歷史。文獻記載始見於秦漢，時稱"蕎""邛鉅"。漢代始稱"大戟"。以其藥性辛苦，如大戟刺激人之咽喉，故名。明代稱"下馬仙"。清代稱"貓眼睛"。《爾雅·釋草》："蕎，邛鉅。"郭璞注："今藥草大戟也。"清郝懿行義疏："今按此草俗呼貓眼睛，高一二尺，華黄而圓如鵝眼錢，其中深黄，有似目睛，因以爲名。葉如柳葉而黄，其莖中空，莖頭又攢細葉，摘皆白汁，齧人如漆。"《神農本草經·草部下品·大戟》卷三："大戟……一名邛鉅。"《淮南子·繆稱訓》："大戟去水，亭歷愈張，用之不節，乃反爲病。"南朝梁陶弘景《名醫別録·木品·大戟》："大戟生常山，十二月采根，陰乾。"宋蘇頌《圖經本草·草部下品·大戟》："〔大戟〕近道多有之，春生紅芽，漸長作叢，高一尺已來。葉似初生楊柳小團，三月、四月開黄紫花，團圓似杏花，又似蕪荑。根似細苦參……秋冬采根陰乾。淮甸出者莖圓，高三四尺，花黄，莖至心亦如百合苗；江南生者，葉似芍藥。"明代有"紫大戟""土大戟""綿大戟"之分。明李時珍《本草綱目·草六·大戟》〔釋名〕："下馬仙。時珍曰：其根辛苦，戟人咽喉，故名。今俚人呼爲下馬仙，言利人甚速也。"〔集解〕："大戟生平澤甚多，直莖，高二三尺，中空，折之有白漿。葉長狹如柳葉而不團，其稍葉密攢而上。杭州紫大戟爲上，江南土大戟次之，北方綿大戟色白，其根皮柔韌如綿，甚峻利，能傷人，弱者服之，或至吐血。"徐珂《清稗類鈔·植物類》："大戟爲多年生草，山野自生，莖高三尺餘，葉如箭鏃，互生，有細鋸齒。夏季開花，小而褐色，雌雄同株，有總苞，四片圍繞如萼。根入藥，有毒。"參閱明王圻等《三才圖會·草木》、清汪灝等《廣群芳譜·藥譜五·大戟》、清陳淏子《花鏡》卷五。

大 戟
（明王圻等《三才圖會》卷四）

【蕎】

"大戟"之异稱。此稱秦漢已行用。見該文。

【邛鉅】

"大戟"之异稱。此稱秦漢已行用。見該文。

【下馬仙】

"大戟"之俗稱。此稱明代已行用。以其爲

藥利人尤速，如下馬仙人，故名。見該文。

【貓眼睛】

"大戟"之俗稱。此稱清代已行用。因其圓形黃花中間深黃似貓眼，故名。見該文。

【紫大戟】

"大戟"之一種。生杭州。此稱明代已行用。見該文。

【土大戟】

"大戟"之一種。產江南。此稱明代已行用。見該文。

【綿大戟】

"大戟"之一種。此稱明代已行用。產北土。根皮柔韌似綿，故名。見該文。

山薑花 [2]

草名。薑科，山薑屬，山薑〔*Alpinia japonica*（Thunb.）Miq.〕。多年生常綠草本。高 30 厘米許。莖似根狀，四展旁出。葉互生，兩列，爲長橢圓形或闊披針形，全緣，表面具光澤，背面密布茸毛。夏季開花，於莖頂呈總狀花序，白色具紅條紋，或紫色，對生於花軸。橢圓形果。根、花、實入藥，皮葉纖維可紡織。分布於我國嶺南及所屬沿海地帶。約始見載於晋代。南北朝省稱"山薑"，亦稱"美草"。晋嵇含《南方草木狀·草類》："山薑花，莖葉即薑也。根不堪食，於葉間吐花，作穗如麥粒，軟紅色。"宋唐慎微《證類本草·草部上品·旋花》引南朝梁陶弘景《名醫別錄》：

山薑花
（宋柴源等《紹興校定證類備急本草畫圖》卷五）

"東人呼爲山薑，南人呼爲美草。"唐劉恂《嶺表錄異》卷三："山薑莖葉皆薑也，但根不堪食。亦與豆蔻花相似而微小耳。花生葉間作穗，如麥粒，嫩紅色。南人取其未大開者，謂之含胎花。"唐劉禹錫《崔元受少府自貶所還遺山薑花以詩答之》："故人博羅尉，遺我山薑花。采從碧海上，來自謫仙家。"明王圻等《三才圖會·草木》："山薑生衛州，味辛平，有小毒，開紫花，不結實。"明李時珍《本草綱目·草三·山薑》〔集解〕："山薑生南方，葉似薑，花赤色，甚辛，子似草豆蔻，根如杜若及高良薑。"清吳其濬《植物名實圖考·芳草類·山薑》："江西、湖南山中多有之，與陽藿、茈薑無別。惟根如嫩薑，而味不甚辛，頗似黃精，衡山所售黃精，多以此僞爲之。"徐珂《清稗類鈔·植物類》："山薑爲多年生草，莖高尺餘，葉尖長，似蘘荷，稍小，背有軟毛。夏日出花莖，長三寸許，花白，帶紅黃色，爲穗狀花序。實似豆蔻。根爲藥用。"參閱清汪灝等《廣群芳譜·藥譜三·山薑》。

【山薑】 [2]

"山薑花 [2]"之省稱。此稱南北朝已行用。見該文。

【美草】 [2]

"山薑花 [2]"之別稱。此稱南北朝已行用。見該文。

蘘荷

草名。薑科，薑屬，蘘荷〔*Zingiber mioga*（Thunb.）Rosc.〕。多年生草本。高約 1 米，根狀莖圓柱形，匍匐。葉互生，自淡黃色根狀莖生出，排成兩行，披針形，背面散生長伏毛，冬枯。夏秋間抽生穗狀花序，花淡紫色，花下有鱗片狀紫色苞片。蒴果，倒卵形。根似薑，可入藥。嫩芽可食。葉莖可製纖維。可植於園邊地角供觀賞。主要分布於我國西南、華南、華東、東南等地區。

始見於先秦，時稱"嘉草""苴蓴"。《周禮·秋官·庶氏》："庶氏掌除毒蠱，以攻説檜之，嘉草攻之。"《楚辭·大招》："醢豚苦狗，膾苴蓴只。"王逸注："苴蓴，蘘荷也。"漢代始稱"蘘荷"。因其葉似荷，故名。時亦稱"猼且"，"猼且"亦作"巴且""菖苴""搏且""菖菹""蓴菹"。漢史游《急就章》："老菁蘘荷冬日藏。"《史記·司馬相如列傳》："江離蘪蕪，諸蔗猼且。"裴駰集解引《漢書音義》："猼且，蘘荷也。"司馬貞索隱："搏且，上音並卜反，下音子余反。《漢書》作'巴且'……郭璞云：搏且，蘘荷屬。"又："茈薑蘘荷，葴橙若蓀。"張守節正義："蘘，人羊反。柯根旁生笋，若芙蓉。可以爲菹，又治蠱毒也。"《説文·艸部》："蘘，蘘荷也，一名菖苴。"一本作"菖菹"。漢劉向《九歎·愍命》："掘荃蕙與射干兮，耘藜藿與蘘荷。"王逸注："蘘荷，蓴菹也。"三國時稱"蓴苴"。《廣雅·釋草》："蘘荷，蓴苴也。"晉代稱"蘆苴""蘆苴"。晉崔豹《古今注·草木》："蘘荷，似蘆苴而白。蘆苴色紫，花生根中，花未散時可食，久置則銷爛不爲實矣。葉似薑，宜陰翳地種之。"晉干寶《搜神記》："今世攻蠱多用蘘荷

蘘 荷
（清吳其濬《植物名實圖考》卷三）

根，往往驗。蘘荷，或謂嘉草。"南北朝稱"白蘘荷"。"猼且"亦作"覆菹"。南朝梁陶弘景《本草經集注》卷七："今人乃呼赤者爲蘘荷，白者爲覆菹。葉同，一種爾。於人食之，赤者爲勝，藥用白者。中蠱者服其汁，並卧其葉，即呼蠱主姓名，亦主諸溪毒、沙蝨輩，多食損藥勢，又不利脚。人家種白蘘荷，亦云辟蛇。"又《名醫別錄·中品·白荷》："白蘘荷，微温，主治中蠱及瘧。"時其種植、腌藏方法已有詳細記載。北魏賈思勰《齊民要術·蘘荷芹蓼》："蘘荷宜在樹陰下，二月種之。一種永生，亦不須鋤，微須加糞，以土覆其上。八月初，踏其苗令死（不踏則根不滋潤）。九月中取旁生根爲菹，亦可醬中藏之。十月終，以穀麥種覆之（不覆則凍死），二月掃去之。《食經》藏蘘荷法：'蘘荷一石，洗漬。以苦酒六斗盛銅盆中，著火上，使小沸。以蘘荷稍稍投之，小萎便出，著席上令冷。下苦酒三斗，以三升鹽著中。乾梅三升，使蘘荷一以鹽酢澆上，綿覆罌口。二十日便可食矣。'"唐代稱"甘露"。唐柳宗元《種

白蘘荷
（明王圻等《三才圖會》卷一〇）

甘 露
（明王圻等《三才圖會》卷一〇）

白蘘荷》詩："庶民有嘉草，攻襘事久泯。"明楊慎《丹鉛錄》："《松江志》引《急就章》注曰：'白蘘荷即今甘露。'考之《本草》，其形性正同。"宋蘇頌《圖經本草·菜部中品·白蘘荷》："白蘘荷，舊不著所出州土，今荆、襄江湖間多種之，北地亦有。春初生葉，似甘蕉，根似薑而肥，其根莖堪爲菹，其性好陰，在木下生者尤美。潘岳《閒居賦》云'蘘荷依陰，時藿向陽'是也。宗懍《荆楚歲時記》曰：'仲冬以鹽藏蘘荷，以備冬儲，又以防蠱。'史游《急就篇》云：'蘘荷冬日藏。其來遠矣……'陳藏器云：'蘘荷、茜根爲主蠱之最。然有赤白二種：白者入藥，昔人呼爲覆菹；赤者堪啖，及作梅果多用之。'"明代"覆菹"亦作"覆苴"。明李時珍《本草綱目·草四·蘘荷》〔釋名〕："覆苴，許氏《説文》作葍苴。"清代江西俗稱"八仙賀壽草"。清吳其濬《植物名實圖考·蔬類·蘘荷》："余前至江西建昌，土醫有所謂八仙賀壽草者，即疑其爲蘘荷。以示滇學使家編修荔裳。編修曰：'此正是矣。吾鄉植之南墻下，抽莖開花青白色，如荷而小，未舒時摘而醬漬之，細瓣層層如剝蕉也。'余疑頓釋。他時再菹而啖之，種而蕃之，使數百年埋没之嘉蔬，一旦伴食鼎爼，非一快哉。"徐珂《清稗類鈔·植物類》："蘘荷爲多年生草，山野自生，高二三尺，葉尖長，絶類薑葉。夏月開花，花被大小不整，色淡黃，由地下莖而生。其根可爲菹。"

按，古或據顔色、大小對蘘荷加以區分。清王念孫《廣雅疏證》卷一〇上："《古今注》以紫爲蓴苴，白爲蘘荷；《別錄》注以赤爲蘘荷，白爲蓴苴。二説不同。《廣韻》則云：'蓴苴，大蘘荷名。'是又以大小分也。其實蘘荷、蓴苴皆大名，後世説者多歧耳。"又，蘘荷一名甘露，甘露即芭蕉。説出明李時珍《本草綱目·草四·蘘荷》〔集解〕，蓋誤，清學者已指出。清吳其濬《植物名實圖考·蔬類·蘘荷》："蘘荷，嘉草也。其葉如荷，故名以荷；其功除蠱，故名以嘉。依陰藏冬，列於蔬焉。詞人詠之，《本草》圖之，無異説也。近世《山居錄》《野菜譜》亦俱詳矣。楊升菴偶未之見，遂據蘘荷一名甘露，而以芭蕉之結甘露者當之。《本草綱目》《農政全書》轉相附會……夫芭蕉，世無不知者。以芭蕉易爲蘘荷，能使人不名芭蕉而名蘘荷乎？蘘荷，農圃皆知之，以蘘荷爲即芭蕉，能使人種蘘荷如種芭蕉乎？"又："今蕉之葉，可以書皮，可以織露，可以飲而止餲，於世非無益者。乃忽有對芭蕉而頌其葉似荷，功治蠱，咀其露，掘其根，以爲旨蓄禦冬。蕉若有知，不以爲晦其所長、而顯其所短邪？"今植物學芭蕉（*Musa basjoo*）爲芭蕉科之植物，與薑科之蘘荷异物。甘露，蓋芭蕉、蘘荷共有之异名，易使人據此而淆亂芭蕉、蘘荷之別。

【嘉草】

"蘘荷"之异稱。此稱先秦已行用。爲去蠱之良卉，故名。見該文。

【苴蓴】

"蘘荷"之古名。此稱先秦已行用。見該文。

【猼且】

"蘘荷"之別稱。此稱漢代已行用。見該文。

【巴且】

即蘘荷。"猼且"之音轉。此稱漢代已行用。見該文。

【蒚葅】

即蘘荷。“猼且”之音轉。此稱漢代已行用。見該文。

【蒚蒩】

“蘘荷”之別稱。“猼且”之音轉。此稱漢代已行用。見該文。

【猼且】

“蘘荷”之別名。“猼且”之音轉。此稱漢代已行用。見該文。

【葍葅】

即蘘荷。“猼且”之音轉。此稱漢代已行用。見該文。

【葍苴】

即蘘荷。“猼且”之音轉。此稱三國時已行用。見該文。

【蘠苴】

“蘘荷”之異名。“猼且”之音轉。此稱晉代已行用。見該文。

【蘠葅】

“蘘荷”之異名。“猼且”之音轉。此稱晉代已行用。見該文。

【白蘘荷】

“蘘荷”之別名。此稱南北朝已行用。見該文。

【覆葅】

“蘘荷”之異名。“猼且”之音轉。此稱南北朝已行用。見該文。

【覆苴】

同“覆葅”，即蘘荷。此體明代已行用。見該文。

【甘露】

“蘘荷”之異稱。此稱唐代已行用。見該文。

【八仙賀壽草】

“蘘荷”之俗稱。此稱清代已行用。見該文。

【荷】²

“蘘荷”之單稱。此稱漢代已行用。清吳其濬《植物名實圖考·隰草類·蘘荷》：“《七諫》云‘列樹芋荷’，謂芋渠與蘘荷也。”

【蘘草】

“蘘荷”之別名。此稱南北朝已行用。明李時珍《本草綱目·草四·蘘荷》〔釋名〕：“蘘草。”〔集解〕引南朝梁陶弘景《名醫別錄·中品·白荷》：“蘘草生淮南山谷。”

山柰

草名。薑科，山柰屬，山柰（*Kaempferia galanga* Linn.）。多年生草本。塊狀根莖，單生或數枚連接，淡綠色或綠白色，粗壯，芳香。無地上莖。葉基生，二至四枚，近圓形，長7～13厘米，寬4～9厘米，葉脈十二條，極明顯，先端急尖，葉緣及先端常渲染紫色。穗狀花序，自葉鞘生出，花四至十二朵，頂生，白色，有香氣。蒴果，球形或橢圓形。花期八至九月。葉肥大鮮綠，葉脈順暢醒目，白花綴於葉心，極爲美觀，可作盆栽點綴居室或陽臺。根莖亦可入藥或作調味品。原產印度，我國主要分布於臺灣、廣東、廣西、雲南等地。

此稱明代已見行用，亦稱“山辣”“三柰”“山賴”“三賴”“沙薑”。明李時珍《本草綱目·草三·山柰》〔釋名〕：山辣、三柰。時珍曰：山柰俗訛爲三柰，又訛爲三賴，皆土音也。或云：本名山辣，南人舌音呼山爲三，呼辣爲賴，故致謬誤。其說甚通。”清趙其光《本草求原·芳草部·山柰》：“山柰即山辣、三柰。辛，溫，無毒。入脾胃，暖中正氣。”清屈大均

《廣東新語·草語·三藾》："三藾，根似薑而軟脆，性熱消食。宜兼檳榔嚼之，以當蒟子，或以調羹湯，微辣而香。……三藾一名山柰，亦曰廉薑，可爲蘁。予詩：'山辣作金薤，蠻薑爲玉豉。'山辣者，三藾也；蠻薑，高良薑也。"侯寬昭《廣州植物志·襄荷科·山柰屬·山柰》："山柰（《本草綱目》）。別名：三藾（《廣東新語》）；沙薑（《嶺南采藥錄》）。……據《嶺南采藥錄》載：'〔沙薑〕其根味辛，性溫，無毒。暖中，辟瘴，治惡氣，寒濕霍亂，風火牙痛。'"

【山辣】

即山柰。此稱明代已行用。見該文。

【三柰】

即山柰。此稱明代已行用。見該文。

【三賴】

"山柰"之音訛稱。此稱明代已見行用。見該文。

【三藾】

"山柰"之音訛稱。清代粵人多行用此體。見該文。

【沙薑】

即山柰。清代嶺南各地多行用此稱。見該文。

千里及

草名。菊科，千里光屬，千里及（*Senecio scandens* Buch.-Ham.）。多年生草本。木質莖，細長，蔓延攀附，頂端多歧枝。葉互生，似菊而厚，呈橢圓狀三角形或卵狀披針形，緣具淺齒。花黃色，見於秋季，頭狀花序生於枝梢，排列作傘房狀。果瘦，圓柱形，具縱紋與短毛。全草入藥。分布於我國華中、華南地區，多見於路旁籬落。文獻約始見載於唐代，宋代亦作

"千里急"，亦稱"千里光"，明清時相沿稱呼。明李時珍《本草綱目·草七·千里及》引唐陳藏器《本草拾遺》："千里及，藤生道旁籬落間，葉細而厚，宣湖間有之。"宋蘇頌《圖經本草·本經外草類·千里及》："千里急生天台山中，春生苗，秋有花，彼土人并其花葉采入藥用。"又："千里光，生筠州淺山及路傍……葉似菊葉而長，枝杆圓而青，背有毛；春生苗，秋生莖葉，有花黃色，不結實。花無用。彼土人多與甘草煮作飲服。"參閱明王圻等《三才圖會·草木》、清陳淏子《花鏡》卷五"千里及"。

千里及
（清吳其濬《植物名實圖考》卷二〇）

【千里急】

同"千里及"。此體宋代已行用。見該文。

【千里光】

"千里及"之別名。此稱宋代已行用。見該文。

【九里明】

"千里及"之別名。此稱清代已行用。因其治目有效，故名。清吳其濬《植物名實圖考長編·蔓草類·千里及》："江西、湖南隨處有之。俗呼千里光，一名九里明。其葉前尖後方，作三角形而長，有微齒而密。初生葉背紫，老則退，葉中有紫紋一縷。莖長而弱，與羊桃相類。李時珍以千里光、千里急併爲一種，極確。"見"千里及"文。

女菀

草名。菊科，女菀屬，女菀〔*Turczaninovia fastigiata*（Fisch.）DC.〕。多年生草本。莖直立，高約1米，頂分數小枝，葉互生，綫狀披針形或披針形。頭狀花序小型，多數，密集成傘房狀，頂生枝端，秋季開花，周邊舌狀花白色，中央管狀花黄色。瘦果略扁，具短毛。根及根狀莖入藥。產於我國東北、華北、華中各地區。

女　菀
（清吴其濬《植物名實圖考》卷一一）

此稱始見於漢代。以其根似女體柔婉，故名。《神農本草經·草部中品·女菀》：“女菀，味辛温，主風洗洗，霍亂，洩利，腸鳴上下無常處，驚癇，寒熱百疾。生川谷或山陽。”時亦稱“菀”，乃白菀、紫菀之總稱。漢史游《急就篇》：“牡蒙、甘草、菀、藜蘆。”唐顔師古注：“菀，謂紫菀、女菀之屬也。”三國時稱“白菀”“織女菀”。三國魏吴普《吴氏本草·草木類·女菀》：“女菀一名白菀，一名織女菀。”時亦稱“女腸”。《廣雅·釋草》：“女腸，女菀也。”南北朝稱“茆”。南朝梁陶弘景《名醫别錄·中品·女菀》：“一名白菀，一名織女菀，一名茆。生漢中，正月、二月采，陰乾。”時亦稱“羊鬚草”。南朝宋雷斅《雷公炮炙論》：“紫菀有白如練色者，號曰羊鬚草。”明李時珍《本草綱目·草五·女菀》〔釋名〕：“其根似女體柔婉，故名。”〔集解〕：“白菀即紫菀之色白者也。雷斅言紫菀白如練色者名羊鬚草，恐即此物也。”參閱清汪灝等《廣群芳譜·樂譜四·紫菀》附録“女菀”。

【菀】[1]

“白菀”之單稱，亦爲白菀、紫菀之合稱。此稱漢代已行用。見該文。

【白菀】

“女菀”之别名。此稱三國時已行用。見該文。

【織女菀】

“女菀”之别稱。此稱三國時已行用。《本草綱目·草五·女菀》引作“織女菀”。見該文。

【女腸】

“女菀”之别名。此稱三國時已行用。見該文。

【茆】[1]

“女菀”之异稱。此稱南北朝已行用。見該文。

【羊鬚草】

“女菀”之异名。此稱南北朝已行用。見該文。

天名精

草名。菊科，天名精屬，天名精（*Carpesium abrotanoides* Linn.）。多年生草本。莖高近1米，直立，密被短茸，上多歧枝，枝與莖呈二叉狀。莖下部葉互生，長橢圓形似卵狀，上部葉漸小，無柄。葉片全緣。夏秋開花，黄花或紫白花，悉爲管狀，腋生，冠狀排列。褐黑色綫形瘦果，頂具短喙，分泌黏液，易着於衣物。廣布於我國各地，多生於平原川澤。

在我國至少有兩千年以上的生長歷史。始見於先秦，時稱“豨首”。《吕氏春秋·任地》：“豨首生而麥無葉。”高誘注：“豨首，草名也。”秦漢時亦稱"菥蒢""豕首"。《爾雅·釋草》:"菥蒢,豕首。"漢代始稱"天名精",亦稱"麥句薑""蝦蟇藍"。"菥蒢"省稱"蒢"。《神農本草經》卷一:"天名精……一名麥句薑,一名蝦蟇藍,一名豕首,生川澤。"《說文·艸部》:"蒢,豕首也。"段玉裁注:"《本草經》曰:天名精一名豕首。"漢代又稱"彘盧""蟾蜍蘭"。晋代"豨首"亦作"豨首"。《爾雅·釋草》郭璞注:"《本草》曰:彘盧,一名蟾蜍蘭。今江東呼豨首,可以爛龜蛹。"南北朝稱"天門精""玉門精""觐""天蔓菁""埊松""豨薟"。"彘盧"亦作"彘顱","蟾蜍蘭"亦作"蟾蜍蘭"(見南朝梁陶弘景《名醫別錄》)。時亦稱"鹿活草"。因傳以塞入受傷之麋鹿腹中,免死復生,故名。南朝宋劉敬叔《異苑》:"宋元嘉中,青州劉懂射一麋,剖五臟,以此草塞之,蹷然而起,懂怪而拔草,便倒。如此三度,懂因密録此草種之。主折傷,愈多人,因以名之。"唐代"埊松"亦作"地菘","蝦蟇藍"亦作"蝦蟆藍"。唐蘇敬等《唐本草·草部·天名精》:"天名精即活鹿草也。《別録》一名天蔓菁。南人名爲地菘。葉與蔓菁菘菜相類,故有此名。其味甘辛,故有薑稱。狀如藍而蝦蟆好居其下,故名蝦蟆藍。香氣似蘭,故又名蟾蜍蘭。"五代時"天蔓菁"音轉作"天蕪菁"。五代韓保昇《蜀本草》:"地菘也,小品,方名天蔓菁,又名天蕪菁。葉

天名精
(明王圻等《三才圖會》卷二)

似山南菘菜,夏秋抽條,頗似薄荷,花紫白色,味辛而香。"明代稱"蚵蚾草""劉懂草""皺面草""母豬芥""狐狸臊"。明李時珍《本草綱目·草四·天名精》〔釋名〕:"蚵蚾草……劉懂草、皺面草、母豬芥……時珍曰:'天名精乃天蔓菁之訛也。其氣如豕彘,故有豕首、彘顱之名。昔人謂之活鹿草,俗人因其氣臊,訛爲狐狸臊者是也。'"又〔集解〕:"天名精嫩苗緑色,似皺葉菘芥,微有狐氣。淘浸煠之,亦可食。長則起莖,開小黄花,如小野菊花。結實如茼蒿,子亦相似,最粘人衣。狐氣尤甚,炒熟則香……其根白色,如短牛膝。"

按,或説,天名精與地菘爲二物,前人已駁其謬。宋沈括《夢溪筆談·藥議》:"地菘,即天名精也。世人既不識天名精,又妄認地菘爲火蘞(一本作'枕'),《本草》又出鶴蝨一條,都成紛亂。今按,地菘即天名精。蓋其葉似菘又似名精(名精即蔓精也),故有二名。鶴蝨即其實也。"又,或説此爲藍草類之染草。《周禮·地官·掌染草》漢鄭玄注:"染草,茅蒐、橐蘆、豕首、紫茢之屬。"《爾雅·釋草》清郝懿行義疏:"鄭注《地官·掌染草》以豕首爲染草之屬。後世雖不以染,然其狀似藍,是必藍草之類,而《本草》未言。"

【豨首】

"天名精"之別名。豨首猶豕處。此稱先秦已行用。見該文。

【豨首】

"天名精"之別稱。豨,同"豨"。此體晋代已行用。見該文。

【菥蒢】

"天名精"之別稱。此稱秦漢已行用。見

該文。

【豕首】[2]

"天名精"之別稱。此稱秦漢已行用。見
該文。

【麥句薑】

"天名精"之別稱。此稱漢代已行用。以其
味甘辛似薑，遂以稱。見該文。

【蝦蟇藍】

"天名精"之別稱。此稱漢代已行用。其狀
如藍，蝦蟇喜處其下，故名。見該文。

【蝦蟆藍】

同"蝦蟇藍"。"天名精"之別稱。此體唐
代已行用。見該文。

【薽】

即"天名精"。"茢薽"之省稱。此稱漢代
已行用。見該文。

【彘盧】

即天名精。盧，後作"顱"。彘盧猶豕首。
此稱漢代已行用。見該文。

【彘顱】

同"彘盧"。"天名精"之別稱。此體南北
朝已行用。見該文。

【蟾蠩蘭】

"天名精"之別稱。蟾蠩，蝦蟆之別名。蟾
蠩蘭猶蝦蟇蘭。此稱漢代已行用。見該文。

【蟾蜍蘭】

同"蟾蠩蘭"。"天名精"之別稱。此體南
北朝已行用。見該文。

【天門精】

"天名精"之音轉別稱。此稱南北朝已行
用。見該文。

【玉門精】

"天名精"之別稱。此稱南北朝已行用。見
該文。

【覲】

"天名精"之別稱。此稱南北朝已行用。一
說，與"薽"聲形俱近致訛，見清郝懿行《爾
雅義疏》一之下。見該文。

【天蔓菁】

"天名精"之本音本名（沈括、李時珍説）。
此稱南北朝已行用。以其葉似蔓菁，故名。音
訛爲天名精。見該文。

【坴松】

"天名精"之別稱。此稱南北朝已行用。以
其葉似菘菜，故名。見該文。

【豨薟】

"天名精"之別稱。此稱南北朝已行用。見
該文。

【鹿活草】

"天名精"之別稱。此稱南北朝已行用。見
該文。

【地菘】

同"坴松"。"天名精"之別稱。此體唐代
已行用。見該文。

【天蕪菁】

即天名精。與"天蔓菁"爲一聲之轉。此
稱五代已行用。見該文。

【蚵蚾草】

"天名精"之別稱。此稱明代已行用。見
該文。

【蚵蚾菜】

"天名精"之別名。此稱明代已行用。明朱
橚《救荒本草》卷二："蚵蚾菜，生密縣山野

中，科苗高二三尺許，葉似連翹葉微長，又似金銀花葉而尖，紋皺却少，邊有小鋸齒，開粉紫花，黃心，葉味甜。”

蚵蚾菜
（明鮑山《野菜博録》卷一）

【劉懂草】

“天名精”之別稱。此稱明代已行用。因南朝宋劉懂識得此草主折傷，遂以名之。見該文。

【皺面草】

“天名精”之別稱。此稱明代已行用。因其葉表發皺，故名。見該文。

【母豬芥】

“天名精”之別稱。此稱明代已行用。見該文。

【狐狸臊】

“天名精”之別稱。此稱明代已行用。因其氣臊，遂由活鹿草音訛而成。見該文。

【鶴虱草】

“天名精”之別名。此稱明代已行用。時亦稱“杜牛膝”“皺面地菘草”“地葱”。明李時珍《本草綱目·草四·天名精》〔發明〕：“孫天仁《集效方》云：凡男婦乳蛾，喉嚨腫痛，及小兒急慢驚風，牙關緊急，不省人事者，以鶴虱草，一名皺面草，一名母猪芥，一名杜牛膝，取根洗净，搗爛入好酒，絞汁灌之，良久即甦。仍以渣傳項下，或醋調搽，亦妙。朱端章《集驗方》云：‘余被檄任淮西幕府時，牙疼大作，一刀鑷人以草藥一捻，湯泡少時，以手蘸湯挹痛處，即定。因求其方用之，治人多效，

乃皺面地菘草也，俗人訛爲地葱。’”徐珂《清稗類鈔·植物類》：“天名精，野生，葉長橢圓形，有鋸齒及密毛，面皺，臭氣甚烈。夏秋之間，出莖二尺餘，葉腋開頭狀花，綠色。根色白，別名杜牛膝，與葉皆入藥。”

【杜牛膝】

“天名精”之別名。此稱明代已行用。見該文。

【皺面地菘草】

“天名精”之別名。此稱明代已行用。見該文。

【地葱】

“天名精”之別名。此稱明代已行用。見該文。

艾

草名。菊科，蒿屬，艾（*Artemisia argyi* Lévl. et Vant.）。多年生草本。宿根叢生，莖直立，白色，高達 2 米許；莖出歧枝，枝復出小枝。葉對生，一至二回羽狀分裂，背面密生白色絲狀毛。秋季開花，淡褐色，穗狀。瘦果扁平。莖葉芳香，可提取香料或入藥。舊俗於端陽插之門户，謂可除災疫。遍布於我國各地。

我國采集利用歷史悠久。始見稱於先秦，時亦稱“病草”，秦漢稱“冰臺”；漢代稱“白蒿”；晉代稱“艾蒿”“艾草”。《詩·王風·采葛》：“彼采艾兮，一日不見，如三歲兮。”《楚辭·離騷》：“户服艾以盈要兮，謂幽蘭其不可佩。”漢王逸注：“艾，白蒿也。”《爾雅·釋草》：“艾，冰臺。”晉郭璞注：“今艾蒿。”清郝懿行義疏：“師曠謂之病草……今驗艾亦蒿屬而莖短，苗葉白色。棲霞有艾山，產艾，莖紫色，小於常艾。或烝以代茗飲，蓋異種也。”馬王堆

漢墓出土《五十二病方·胸養（癢）》："燔所穿地，令之乾，而置艾其中，置柳蕈艾上。"《後漢書·張奐傳》："吾前後仕進，十要銀艾。"唐李賢注："銀印綠綬也。以艾草染之，故曰艾也。"晋張華《博物志·物理》："積艾草，三年後燒，津液下流成鉛錫，已試，有驗。"南北朝稱"醫草"。南朝梁陶弘景《名醫別録·中品·艾葉》："艾葉味苦，微温無毒。主灸百病，可作煎，止下痢，吐血，下部䘌瘡，婦人漏血，利陰氣，生肌肉，辟風寒，使人有子。一名冰臺，一名醫草。生田野，三月三日采，暴乾，作煎，勿令見風。"南朝梁宗懍《荆楚歲時記》："五月五日雞未鳴時，采艾似人形者，攬而取之，收以灸病，甚驗。是日采艾爲人，懸於户上，可禳毒氣。"宋代稱"黄草"，見《埤雅》。宋蘇頌《圖經本草·草部中品·艾葉》："處處有之，以複道及四明者爲佳。"《爾雅翼·釋草》："蕭與艾本皆香草，古者天子摯鬯，諸侯薰，大夫蘭，士蕭，庶人艾。至《離騷》則薄之曰'户服艾以盈要兮，謂幽蘭其不可佩'，又曰'何昔日之芳草兮，今直爲此蕭艾也！'蕭艾雖非惡物，然要之庶人所服，比之蘭蕙芳草，君子所服，則有間矣。"明代稱"灸草"。明李時珍《本草綱目·草四·艾》〔釋名〕："王安石《字説》云：'艾可乂疾，久而彌善，故字從乂。'陸佃《埤雅》云：'《博物志》言，

艾
（明王圻等《三才圖會》卷三）

削冰令圓，舉而向日，以艾承其影則得火。'則艾名冰臺，其以此乎？醫家用灸百病，故曰灸草。"又〔集解〕："艾葉，《本草》不著土産，但云生田野。宋時以湯陰複道者爲佳，四明者圖形。近代惟湯陰者謂之北艾，四明者謂之海艾。自成化以來，則以蘄州者爲勝，用充方物，天下重之，謂之蘄艾……此草多生山原，二月宿根生苗成叢，其莖直生，白色，高四五尺。其葉四布，狀如蒿，分爲五尖椏，上復有小尖。面青背白，有茸而柔厚。七八月葉間出穗，如車前穗細花結實，纍纍盈枝。中有細子，霜後始枯。皆以五月五日，連莖刈取，暴乾收葉。"清汪灝等《廣群芳譜·藥譜三·艾》："相傳蘄州白家山産艾，置寸板上，灸之氣徹於背。"徐珂《清稗類鈔·植物類》："艾爲多年生草，莖白色，高四五尺，葉互生，長卵形，爲羽狀分裂，背生白毛，甚密。夏秋之交開小花，淡褐色，結實纍纍。嫩葉可食，乾後揉之，則成艾絨，醫者灼以治病，謂之灸，亦用作印泥。"

【病草】

"艾"之別名。此稱先秦已行用。因可療疾，故名。見該文。

【冰臺】

"艾"之別名。此稱秦漢已行用。古代治冰爲臺，置艾絨於後，向日可取火，故名。一説，冰，古凝字；艾，從乂聲。臺，古讀如題。是冰臺即艾之合聲（參見清郝懿行《爾雅義疏》下之一）。見該文。

【白蒿】[1]

"艾"之別稱。因其莖通爲白色，形近蒿，故名。此稱漢代已行用。見該文。

【艾蒿】

　　“艾”之別稱。因形似蒿，故名。此稱晋代已行用。見該文。

【艾草】

　　“艾”之別稱。此稱晋代已行用。見該文。

【醫草】

　　“艾”之別稱。此稱南北朝已行用。因其可醫諸病，故名。見該文。

【黄草】[2]

　　“艾”之別稱。此稱宋代已行用。見該文。

【灸草】

　　“艾”之別稱。此稱明代已行用。可灸治百病，故名。見該文。

【北艾】

　　“艾”之一種。因產於北方湯陰，故名。自宋代以質佳著名。此稱明代已行用。見該文。

【海艾】

　　“艾”之一種。產於江南四明，宋代以質佳著稱。此稱明代已行用。見該文。

【蘄艾】

　　“艾”之一種。產於蘄州，故名。明清時以質佳著稱。此稱明代已行用。見該文。

【棲霞艾】

　　“艾”之一種。產於山東棲霞。此稱清代已行用。清郝懿行《爾雅義疏》下之一：“棲霞有艾山，產艾。莖紫色，小於常艾。或㸑以代茗飲，蓋異種也。”

白蒿[2]

　　草名。菊科，蒿屬，白蒿（*Artemisia sieversiana* Ehrhart ex Willd.）。多年生草本。以其葉背多長白毛，白於衆蒿，故名。葉簇生，羽狀深裂，具柄。頭狀褐色花。古時用以祭祀、供饌、養蠶及入藥。我國廣爲分布，生於山中及川澤。

　　始見於先秦。時稱“蘩”。蘩，同“繁”。以其宜繁衍，故名。秦漢時稱“皤蒿”“由胡”。《詩・召南・采蘩》：“于以采蘩，于沼于沚。”毛傳：“蘩，皤蒿也……公侯夫人執蘩菜，以助祭神饗，德與信不求備焉。”《詩・豳風・七月》：“春日遲遲，采蘩祁祁。”毛傳：“蘩，白蒿也。所以生蠶。”《爾雅・釋草》：“蘩，皤蒿。”郭璞注：“白蒿。”又“蘩，由胡。”漢代始稱“白蒿”。《神農本草經》卷一：“白蒿……生川澤。”蘩，亦作“蕃”。《說文・艸部》：“蕃，白蒿也。”亦稱“蘩母”“旁勃”。《夏小正傳》：“蘩，由胡。由胡者，蘩母也；蘩母者，旁勃也。”三國時“由胡”亦作“游胡”，“蘩母”亦作“繁母”，“旁勃”亦作“莠勃。”三國吳陸璣《毛詩草木鳥獸蟲魚疏》：“蘩，皤蒿，凡艾白色爲皤蒿。今白蒿春始生，及秋香美可生食，又可蒸食。一名游胡，北海人謂之旁勃。”《廣雅・釋草》：“繁母，莠勃也。”唐宋時“旁勃”音變作“彭教”“蓬蒿”。《太平御覽》卷九九七引《神仙服食經》：“十一月采彭教。彭教，白蒿也。”《本草》“白蒿”唐本注云：“此蒿葉麤於青蒿，從初生至枯，白於衆蒿，所在有之。”又云：“葉似艾葉，上有白毛麤澀，俗呼蓬蒿，可以爲菹。”《爾雅翼・釋草》：“皤蒿，

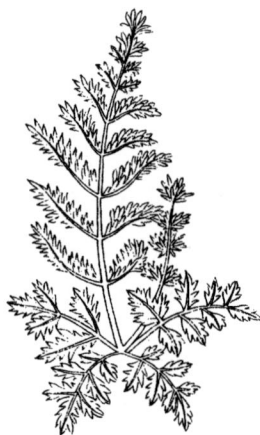

白　蒿
（明鮑山《野菜博録》卷二）

蓋今之白蒿也。比青蒿而麤，從初生至枯，白於衆蒿。春始生，及秋香美，可生食，又可蒸以爲菹，甚益人……春初此蒿前諸草生，云可以生齏。”

按，明李時珍《本草綱目·草四·白蒿》將《爾雅·釋草》“購，蔏蔞”即蔞蒿與白蒿視爲一物，殆誤。宋蘇頌《圖經本草·草部上品·白蒿》已指出其爲二物。頌言：“白蒿，蓬蒿也……今人但食蔞蒿，不復食此。或疑此蒿即蔞蒿，而孟詵又別著蔞蒿條，所説不同，明是二物。”清郝懿行《爾雅義疏》亦申明此義，郝云：“今按，白蒿，或説即蔞蒿，非也。蔞蒿初生雖白，而非白蒿，《爾雅》蔞有專條，説見下文。”清汪灝等《廣群芳譜·蔬譜二·蔞蒿》亦承李氏之誤。參閱明王圻等《三才圖會·草木·白蒿》。

【蘩】

“白蒿[2]”之古稱。此稱先秦已行用。見該文。

【蘇】

同“蘩”。即白蒿[2]。此體漢代已行用。見該文。

【蟠蒿】

“白蒿[2]”之異稱。此稱秦漢時已行用。見該文。

【由胡】

“白蒿[2]”之古稱。此稱秦漢時已行用。見該文。

【游胡】

同“由胡”。即白蒿[2]。此體三國時已行用。見該文。

【蘩母】

“白蒿[2]”之異稱。此稱漢代已行用。見該文。

【繁母】

同“蘩母”。即白蒿[2]。此體三國時已行用。見該文。

【旁勃】

“白蒿[2]”之別名。“蟠蒿”之音變。此稱漢代已行用。見該文。

【蒡勃】

同“旁勃”。即白蒿[2]。此體三國時已行用。見該文。

【彭教】

“白蒿[2]”之异名。“旁勃”之音變。此稱唐宋時已行用。見該文。

【蓬蒿】

“白蒿[2]”之別名。此稱唐宋時已行用。見該文。

牡蒿

草名。菊科，蒿屬，牡蒿（*Artemisia japonica* Kitam.）。多年生草本。主莖直立。葉互生，莖中部以下葉呈楔形，尖端作羽狀三裂；莖中部以上葉呈綫形，三裂或不裂。秋季開花，頭狀花序卵形，簇成圓錐花叢。瘦果。全草入藥。農家或以葉代茶，或燃乾草驅蚊。廣布於我國各地，多見於原野山坡。

始見於先秦文獻記載，時稱“蔚”。秦漢時稱“牡菣”。漢代稱“牡蒿”。以其爲蒿無子，故名。魏晋時稱“菣”。《詩·小雅·蓼莪》：“蓼蓼者莪，匪莪伊蔚。”毛傳：“蔚，牡菣。”孔穎達正義：“《釋草》文。舍人曰：蔚，一名牡菣。某氏曰：江河間曰菣。陸璣疏云：牡蒿也。三月始生，七月華，華似胡麻華而紫赤。八月爲角，角似小豆角，銳而長。一名馬薪蒿。”《爾雅·釋草》：“蔚，牡菣。”郭璞注：“〔蒿之〕無子者。"《説文·艸部》："蔚，牡蒿也。"唐代稱"齊頭蒿"。以其葉不似他蒿有尖，多而禿，故名。唐蘇敬等《唐本草·草部·牡蒿》："齊頭蒿也，所在有之。葉似防風，細薄而無光澤。"《爾雅翼·釋草》："蓋牡菣三月始生，七月華，華似胡麻華而紫赤；八月爲角，角似小豆，鋭而長。言無子者，蓋今青蒿葉端，皆作子如米大，蔚獨無爾。"明李時珍《本草綱目·草四·牡蒿》〔釋名〕："《爾雅》：蔚，牡菣。蒿之無子者。則牡之名以此也。諸蒿葉皆尖，此蒿葉獨多而禿，故有齊頭之名。"〔集解〕："齊頭蒿三四月生苗，其葉扁而本狹末多，有禿岐，嫩時可茹。鹿食九草，此其一也。秋開細黄花，結實大如車前實，而内子細微不可見，故人以爲無子也。"

按，三國吳陸璣以爲馬薪蒿，蓋誤，前人已指出。明李時珍《本草綱目·草四·馬先蒿》〔集解〕："《別録》牡蒿、馬先蒿原是二條，陸璣所謂有子者，乃馬先蒿，而復引無子之牡蒿釋之，誤矣。"清郝懿行《爾雅義疏》下之一："按，馬新，《廣雅》作馬先，謂因塵也。因塵即茵陳，雖亦蒿類，而與牡蒿有別。陸疏誤矣。"徐珂《清稗類鈔·植物類》："牡蒿爲多年生草，野生，高二三尺，葉本狹末廣，形如尖劈，上部有缺刻，互生。秋開小花成穗，淡褐色，似艾而小……梗、葉入藥。"參閲清汪灝等《廣群芳譜·蔬譜二·蔞蒿》。

【蔚】

"牡蒿"之別名。此稱先秦已行用。見該文。

【牡菣】

"牡蒿"之別名。此稱秦漢時已行用。見該文。

【菣】 [1]

即牡蒿。蓋"牡菣"之省稱。此稱魏晉時已行用。見該文。

【齊頭蒿】

"牡蒿"之異稱。此稱唐代已行用。見該文。

青蒿

草名。菊科，蒿屬，青蒿（*Artemisia apiacea* Hance）。多年生草本。莖直立，粗如指，具縱嚮溝紋，上部多歧枝。葉互生，二回羽狀分裂，裂片小，綫形。夏秋開小花，黄色，頭狀花序半球形，多數，呈圓錐狀，偏嚮花軸一側而生，花謝下垂。實似麻子。莖葉入藥，亦可充蔬食或作飼料。多分布於我國東北至西南各地區，常見於河岸。

始見於先秦文獻記載，時稱"蒿"。秦漢時稱"菣"。《詩·小雅·鹿鳴》："呦呦鹿鳴，食野之蒿。"孔穎達正義："孫炎曰：荆楚之間謂蒿爲菣也……陸璣云：蒿，青蒿也。荆豫之間、汝南、汝陰皆云菣也。"《爾雅·釋草》："蒿，菣。"郭璞注："今人呼青蒿。香、中炙啖者爲菣。"漢代始稱"青蒿"，亦稱"草蒿""方潰""香蒿"。"菣"亦作"蓳"。《神農本草經》卷三："草蒿……一名青蒿，一名方潰。生川澤。"《説文·艸部》："菣，香蒿也，从艸臤聲。蓳，菣或从堅。"《廣雅·釋草》："草蒿，青蒿也。"南朝梁陶弘景《本草經集注·草木下品·草蒿》："〔草蒿〕處處有之，即今青蒿，人亦取雜香菜食之。"唐韓愈《醉留東野》詩："韓子稍姦黠，自慚青蒿倚長松。"宋蘇頌《圖經本草·草部下品·草蒿》："草蒿……春生苗，葉極細，嫩時人亦取雜諸香菜食之。至夏高三五尺，秋後開細淡黄花，花下便結子，如粟米大。八九月間采子，陰乾。根莖子葉並入藥用。乾者炙作飲，香，尤佳。"明李時珍《本草綱目・草四・青蒿》〔釋名〕："《晏子》云：蒿，草之高者也。按《爾雅》諸蒿，獨莪得單稱爲蒿，豈以諸蒿葉背皆白，而此蒿獨青，異於諸蒿故耶！"又〔集解〕："青蒿二月生苗，莖粗如指而肥軟，莖葉色並深青，其葉微似茵蔯，而面背俱青。其根白硬。七八月間開細黃花，頗香。結實大如麻子，中有細子。"明宋應星《天工開物・神麴》："凡造神麴所以入藥……造者專用白麪，每百斤入青蒿自然汁、馬蓼、蒼耳自然汁相和作餅。"清郝懿行《爾雅義疏》下之一："按，黃蒿氣臭，因名臭蒿；青蒿極香，故名香蒿。黃蒿不堪食，人家采以罨醬及黃酒麴；青蒿，香美中啖也。"清吳其濬《植物名實圖考・隰草類・青蒿》："湖南園圃中極多，結實如芡實大，北地頗少。"

按，蒿類至多，青蒿之內亦有別種，尤須詳察。宋沈括《夢溪筆談・藥議》："蒿之類至多，如青蒿一類，自有兩種：有黃色者，有青色者。《本草》謂之青蒿，亦恐有別也。陝西綏銀之間有青蒿，在蒿叢之間，時有一兩株迥然青色，土人謂之香蒿。莖葉與常蒿悉同，但常蒿色綠，而此蒿色青翠，一如松檜之色，至深。餘蒿並黃，此蒿猶青，氣稍芬芳，恐古人所用，以此爲勝。"參閱明王圻等《三才圖會・草木・草蒿》、清汪灝等《廣群芳譜・卉譜三・青蒿》。

【蒿】[1]

"青蒿"之單稱。此稱先秦已行用。按，泛指則衆蒿（如黃蒿、蔓蒿等）皆得稱，特指則視具體情況確定。見該文。

【莪】[2]

"青蒿"之別名。此稱秦漢時已行用。見該文。

【草蒿】[3]

"青蒿"之別名。此稱漢代已行用。見該文。

【方潰】

"青蒿"之別名。此稱漢代已行用。見該文。

【香蒿】

"青蒿"之別名。此稱漢代已行用。見該文。

馬蘭

草名。菊科，馬蘭屬，馬蘭〔*Kalimeris indica*（Linn.）Sch. Bip.〕。多年生草本。白根赤莖，莖高約 1 米。葉互生，長橢圓狀披針形，緣有缺刻，主脉三條基出。秋季開花，頭狀花序，周邊爲舌狀花，淡紫色，中央爲管狀花，黃色。瘦果，倒卵形，頗扁，褐色。嫩苗可食或作飼料，全草入藥。我國各地均有生長，多見於原野路邊。

此稱始見於漢代。馬，大也。以其葉似蘭而大，因名。《楚辭・東方朔〈七諫・怨上〉》："蓬艾親入御於牀第兮，馬蘭踸踔而日加。"王逸注："馬蘭，惡草也。"洪興祖補注："《本草》云：馬蘭生澤旁，氣臭，花似菊而紫。《楚詞》以惡草喻惡人。"唐代稱"紫菊"。唐陳藏器《本草拾遺》："馬蘭生澤旁，如澤蘭而氣臭……北人見其花呼爲紫菊，以其似單瓣菊花而紫也。"

馬 蘭
（明汪穎《食物本草》卷一）

明李時珍《本草綱目·草三·馬蘭》〔釋名〕："其葉似蘭而大，其花似菊而紫，故名。俗稱物之大者爲馬也。"又〔集解〕："馬蘭，湖澤卑濕處甚多。二月生苗，赤莖白根，長葉有刻齒狀，似澤蘭但不香爾。南人多采汋晒乾，爲蔬及饅餡。入夏高二三尺，開紫花，花罷有細子。"今時俗稱"鷄兒腸"。參閱宋蘇頌《圖經本草·草部中品·馬蘭》、清汪灝等《廣群芳譜·花譜二十三·蘭蕙附錄馬蘭》、民國許衍灼《春暉堂花卉圖説》卷四。

【紫菊】

"馬蘭"之別名。此稱唐代已行用。見該文。

【馬蘭頭】

"馬蘭"之別名。此稱明代已行用。明朱橚《救荒本草》卷一："馬蘭頭，《本草》名馬蘭。舊不著所出州土，但云生澤傍，如澤蘭。北人見其花，呼爲紫菊，以其花似菊而紫也。苗高一二尺，莖亦紫色，葉似薄荷葉，邊皆鋸齒，又似地瓜兒葉，微大……救飢：採嫩苗葉煠熟，新汲水浸去辛味，淘洗净，油鹽調食。"

荼

草名。菊科，苦苣菜屬，苦苣菜（*Sonchus oleraceus* L.）之別名。多年生草本。莖白色或紅色，中空而脆，折之有白汁。葉狹長，帶狀，中豐末鋭，緣有鋸缺，基生葉叢生，中上部葉抱莖而生。夏秋開黃花。籽實叢集，黑色。籽上絨毛如净，隨風飄落。味苦，可入藥及食用。有野生與人工栽植之别，前者多稱"苦菜"，後者多稱"苦苣"。我國各地均有分布，多見於山坡、原野。

此稱始見於先秦，時亦稱"苦菜""苦"。《詩·邶風·谷風》："誰謂荼苦，其甘如薺。"毛傳："荼，苦菜也。"又《大雅·緜》："周原膴膴，菫荼如飴。"又《唐風·采苓》："采苦采苦，首陽之下。"毛傳："苦，苦菜也。"孔穎達正義："陸璣云：苦菜生田及澤中，得霜恬脆而美，所謂菫荼如飴……是也。"《禮記·月令》："孟夏之月……王瓜生，苦菜秀。"《吕氏春秋·任地》："〔孟夏之昔〕日至，苦菜死而資生。"《爾雅·釋草》："荼，苦菜。"郭璞注："菜可食。"漢代稱"荼草""選"。《神農本草經·草部上品·苦菜》："一名荼草，一名選。生川谷。"三國時稱"游冬"。《廣雅·釋草》："游冬，苦菜也。"清王念孫疏證："《桐君藥録》云：三月生扶疏，六月花從葉出，莖直花黃。八月實黑，實落根復生，冬不枯。則游冬之名，其取諸此乎！"南北朝稱"苦苣""苦蕒""苦蘵""苦蕒菜"。北齊顔之推《顔氏家訓·書證》："《易統通卦驗玄圖》曰：'苦菜生於寒秋，更冬歷春，得夏乃成。'今中原苦菜則如此也。一名游冬。葉似苦苣而細，摘斷有白汁，花黃似菊。"《玉篇·艸部》："蕒，苦蕒也。"又"蘵，今之苦蘵，江東呼爲苦蕒"。唐杜甫《官園送菜》詩："苦苣刺如針，馬齒葉亦繁。"宋代稱"褊苣""野苣""白苣"。清仇兆鰲注杜甫上詩引宋掌禹錫等《嘉祐本草》："苦苣，即野苣也，野生者，又名褊苣，今人家常食爲白苣。江外嶺南吳人無白苣，常植野苣以供廚饌。"明代稱"福苣""老鸛菜""天香菜"。明王象晋《群芳譜·蔬譜·苦菜》"一名福苣，一名游冬，一名天香菜。"明朱橚《救荒本草》卷八："苦蕒菜，俗名老鸛菜。所在有之，生田野中，人家園圃種者爲家苦蕒。脚葉似白菜，小葉拚莖而生，梢葉似鴉嘴形。每葉間分叉攛葶，如穿葉狀，梢間，開

黄花……救飢：採
苗葉煠熟，以水
浸洗淘净，油鹽
調食。"明李時
珍《本草綱目·菜
二·苦菜》〔釋名〕：
"天香菜。時珍曰：
苦、荼，以味名
也。經歷冬春，故曰游冬。"又〔集解〕："苦菜
即苦蕒也，家栽者呼爲苦苣，實一物也。春初
生苗，有赤莖白莖二種，其莖中空而脆，折之
有白汁出。葉侣花蘿蔔菜葉，而色緑帶碧……
開黄花如初綻野菊，一花結子一叢，如茼蒿子
及鶴虱子。花罷則收斂，子上有白毛茸茸，隨
風飄揚，落處即生。"清代稱"蘿蕒菜"。《廣
雅·釋草》清王念孫疏證："程先生易疇《通藝
録》云：苦菜有二種：一種爲苦蕒，一種北方
人呼爲蘿蕒菜也。苦蕒八九月生者，葉皆從根
出，不生莖，斷之有白汁，其味苦；春生者，
四月中抽莖作花，《月令·孟夏》苦菜秀是也。
花黄如菊，其鄂作苞，花英之本藏苞中，一英
下一子，子末生白毛如絲，英落苞開，子末之
白毛乃見，數以萬計，形圓如毬，所謂荼也。
《鹽鐵論》云秦法繁于秋荼。苦菜之荼生於秋
者，一花之跌多以萬計，洵爲繁矣。蘿蕒菜七
月生者有幹，其葉節節臺生，數葉後又生岐莖，
花如苦蕒，苞開白如毬。八九月猶盛開，其子
有形而不實。引之案，南方人呼苦蕒菜者，確
如此説。至北方人説蘿蕒菜，宿根經冬不殀，
斷其莖有白漿。取其葉和醬食之，或和餳，皆
可。其味苦。四五月花黄如菊，九月方止，不
結子，亦無白毛。高誘注《吕氏春秋·孟夏紀》

（明汪穎《食物本草》卷一）

苦　菜

謂苦菜榮而不實，殆
謂是與！"清吴其濬
《植物名實圖考·蔬
類·苦菜》詳細記有
"光葉苦蕒""滇苦
菜""苣蕒菜""野苦
蕒""家苣蕒""紫花
苦苣"等六種苦菜，
兹撮録其要："光葉
苦蕒與苣蕒絶相類，
而根不白，亦無赤
脈。開花極繁，與
家種者無異，味極苦。"又："滇苦菜即李時珍
所謂'胼'，葉似花蘿蔔菜葉，上葉抱莖，似
老鸛嘴；每葉分又攪挺，如穿葉狀……滇人亦
呼苦馬菜，貧人摘食之，四季皆有，江湖間亦
多，故李時珍以爲即苦菜，與北地苦蕒迥異，
中州或謂蒲公英。"又"苣蕒菜"，詳本條下文
"苣"。又："野苦蕒，南北多有，葉附莖有歧
如翦，根苦，北地春時多采食之，小兒提籃以
售。"明朱橚《救荒
本草·苦菜花》："苦
蕒菜，俗名老鸛菜。"
又："家苣蕒，江西
種之成畦，高至五六
尺，披其葉茹之，
《齊民要術》所謂畦
種足水繁茂，甜脆勝
野生者也。"又："紫
花苦苣，山西平隰有
之。夏開紫花，餘無
異，土人謂黄花爲甜

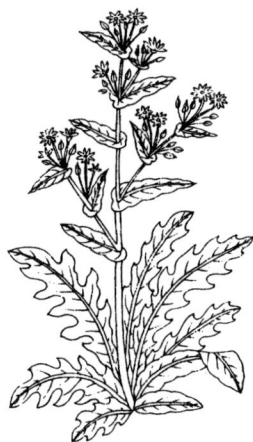

苦蕒菜
（明鮑山《野菜博録》卷
二）

白　苣
（清吴其濬《植物名實圖
考》卷四）

苣，語重如鐵苣，此爲苦苣。”

按，本條尚有三事須考辨、説明。一、“荼”與“茗”（即“苦荼”）爲二物，與“茅秀”之“荼”亦非一物。南朝梁陶弘景《本草經集注》及五代徐鍇《説文解字繫傳》皆以荼爲“茗”，蓋誤。諸家多駁其説。唐蘇恭《唐本草·草部·荼》：“陶氏謂荼爲茗，茗乃木類。按《爾雅·釋草》云：荼，苦菜也。音途。《釋木》云：檟，苦荼也。音遲遐切。二物全別，不得比例。”清郝懿行《爾雅義疏》下之一：“陶注《本草》及徐鍇《説文繫傳》並以荼爲茗，此又失之。蓋緣《釋木》‘檟，苦荼’而誤。不知《説文》‘荼，苦荼’在草部，自是菜耳。”《廣雅·釋草》清王念孫疏證：“《爾雅》釋文云：荼，苦菜，在《釋草》篇，《本草》爲菜上品。陶弘景乃疑是茗，失之矣。《釋木》篇：檟，苦荼。乃是茗耳。”又清邵晉涵《爾雅正義》以《夏小正》“四月取荼”之“荼”爲苦菜，殆亦誤，郝懿行亦如辨駁。《爾雅義疏》下之一：“邵氏正義引《夏小正》云：四月取荼。荼也者，以爲君薦蔣也。此引非也。《小正》‘取荼’，乃是茅秀，非苦菜也。蔣爲薦藉，非供食也。《詩》‘有女如荼’、《周禮》‘掌荼’、《國語》‘望之如荼’，皆謂茅秀，非《爾雅》苦菜之荼。苦菜華枯亦放白英，圓小如毬，隨風旋轉如輪而不類茅秀。”二、“苦菜”非“蘵”。南北朝稱“蘵”“黃蒢”爲“苦菜”，此異物同名。北齊顏之推《顏氏家訓·書證》：“江南別有苦菜，葉似酸漿，其花或紫或白，子大如珠，熟時或赤或黑，此菜可以釋勞。案，郭璞注《爾雅》，此乃‘蘵，黃蒢也’。今河北謂之龍葵。梁世講《禮》者，以此當苦菜；既無宿根，至春子方生

耳，亦大誤也。”三、明李時珍《本草綱目·菜二·白苣》分“苣”爲三種：“色白者爲白苣，色紫者爲紫苣，味苦者爲苦苣。”與清吳其濬所分六種不同。參閱清汪灝等《廣群芳譜·蔬譜三·苦菜》。

【苦菜】[2]

“荼”之別名。此稱先秦已行用。見該文。

【苦】

“荼”之別名。此稱先秦已行用。見該文。

【荼草】

“荼”之別名。此稱漢代已行用。見該文。

【選】

“荼”之別名。此稱漢代已行用。見該文。

【游冬】

“荼”之別名。此稱三國時已行用。以其宿根歷經冬春，故名。見該文。

【苦苣】

“荼”之別名。此稱南北朝已行用。亦特指苣之味苦者。見該文。

【苦蕒】

“荼”之別名。此稱南北朝已行用。見該文。

【苦蘵】

“荼”之別名。此稱南北朝已行用。見該文。

【苦蕒菜】

“荼”之別名。此稱南北朝已行用。見該文。

【褊苣】

“荼”之別名。此稱宋代已行用。見該文。

【野苣】

“荼”之別名。此稱宋代已行用。見該文。

【白苣】

“荼”之別名。此稱宋代已行用。亦特指苣之色白者。見該文。

【福苣】

　　"荼"之別名。此稱明代已行用。

【老鸛菜】

　　"荼"之別名。此稱明代已行用。見該文。

【天香菜】

　　"荼"之別名。此稱明代已行用。見該文。

【蔖蕒菜】

　　"荼"之別名。此稱清代已行用。見該文。

【野苦蕒】

　　"荼"之別名。此稱清代已行用。一説，爲"荼"之一種，與"光葉苦蕒""滇苦菜""苣蕒菜""家苣蕒""紫花苦苣"等等列。見"荼"文。

【苣】

　　"荼"之一種。此稱先秦已行用。《詩·小雅·采苣》："薄言采苣，于彼新田。"毛傳："苣，菜也。"孔穎達疏："陸璣《疏》云：采苣，似苦菜也。莖青白色，摘其葉，白汁出，肥，可生食，亦可烝爲茹。青州人謂之苣，西河雁門苣尤美，胡人戀之不出塞是也。"漢代音轉作"蔖"。《説文·艸部》："蔖，菜也，似蘇者。"三國時音轉作"蘆"，亦稱"蕒"。《廣雅·釋草》："蕒，蘆也。"王念孫疏證："此苦菜之一種也。蘆或作蔖，或作苣……蔖、苣聲之轉，故蔖又謂之苣。"唐代稱作"苣"。唐杜甫《種萵苣》詩序："而苣不甲坼，獨野莧菁菁。"元王禎《農書·蔬屬·萵苣》："苣數種，有苦苣，有白苣，有紫苣，皆可食。"清代稱"苣蕒菜""甜苣"。清吳其濬《植物名實圖考·蔬類·苣蕒菜》："北地極多。亦曰甜苣。長根肥白微紅，味苦回甘，野蔬中佳品也，以饎與醬拌食，或焯熟茹之。其葉長數寸，鋸齒森森，中露白脈，開花正如蒲公英。《齊民要術》引《詩義

疏》：蔖、苦葵，青州謂之苣是也……今山西野生者極肥，土人嗜之。"按，此從王念孫之説，視苣、蔖、蕒與荼同類而有別；否則無法解釋《廣雅·釋草》"游冬，苦菜也"與"蕒，蘆也"爲何別作兩條，也無法解釋《説文·艸部》"荼"與"蔖"別作兩條，訓釋不同。今人繆啓愉在《齊民要術校釋》中亦持此説。他在《種蘘荷芹蔖》一節校注中言："其實《本草經》三百六十五種藥中，只有'苦菜'，没有'蔖'，其他本草書，自《名醫別録》以至《本草綱目》，也祇有'白苣''苦苣'等，没有'蔖'。"又"卷九《作菹藏生菜法》篇'蔖菹法'條引《詩義疏》是：'蔖，似苦菜……青州謂之苣。'説明'蔖'不等於'苦菜'。"然文獻中二者之界分并非如涇渭一樣至清，而時有交混。如《玉篇·艸部》："蔖，今之苦蔖，江東呼爲苦蕒。"又"蕒，苦蕒也"。《廣韻·上蟹》："蕒，吳人呼苦蔖。"依此則蔖、蕒等又全同於荼。由於二者關係參互交錯，極爲複雜，所以應當承認其差別，也肯定其密切聯繫，有時二者相同，有時二者相異。

【蔖】

　　同"苣"。此體漢代已行用。按，北魏賈思勰《齊民要術·種蘘荷芹蔖》引《説文·艸部》作"蔖，菜，以削"。見該文。

【蘆】

　　同"苣"之別名。此稱三國時已行用。《説文·艸部》段玉裁注謂蔖或作蘆，俗訛作苣。見該文。

【蕒】

　　"苣"之別名。此稱三國時已行用。見該文。

【苣】

　　"苣"之音轉別名。此稱唐代已行用。按，

"苦苣"二字，南北朝已見，出《顏氏家訓·書證》。單稱殆始於唐代。見該文。

【苣蕒菜】

"苣"之別名。此稱清代已行用。見該文。

【甜苣】

"苣"之別名。此稱清代已行用。見該文。

【水苦蕒】

"荼"之屬。此稱宋代已行用。亦稱"半邊山""謝婆菜"。宋蘇頌《圖經本草·本經外草類》："半邊山，生宜州溪澗……二月、八月、九月采根，其根狀似白朮而軟，葉似苦蕒厚而光。一名水苦蕒，一名謝婆菜。"參閱明李時珍《本草綱目·菜二·水苦蕒》。

【半邊山】

"水苦蕒"之別名。此稱宋代已行用。見該文。

【謝婆菜】

"水苦蕒"之別名。此稱宋代已行用。見該文。

【山苦蕒】

"荼"之屬。此稱明代已行用。苗莖高70厘米許，莖似萵苣葶。明朱橚《救荒本草》卷八："山苦蕒，生新鄭縣山野中。苗高二尺餘，莖似萵苣葶而節稠，其葉甚盛。花有三五尖叉，似花苦苣葉，甚大，開淡棠褐花，表微紅，味苦。救饑：

山苦蕒
（明鮑山《野菜博錄》卷二）

採嫩苗莖煠熟，水淘去苦味，油鹽調食。"

菴藺

草名。菊科，蒿屬，菴藺（*Artemisia keiskeana* Miq.）。多年生草本。自莖直立，高1米許，上有歧枝。葉互生，形似菊而薄，具淺缺刻。根部葉幅廣，梢葉狹，有三尖。夏秋生細花軸於葉腋間，開淡黃色小花，顆粒狀，排如穗形。籽實細小，入藥。主要分布于我國東北及華南地區，生於林下，山坡、原野陰濕地。

約始見於漢代，亦作"奄閭"，亦稱"奄閭子"。《史記·司馬相如列傳》："菴藺軒芋。"司馬貞索隱引郭璞曰："菴閭，蒿，子可療病也。"《漢書》作"奄閭"。《神農本草經》卷一："奄閭子……生川谷。"菴，草屋；閭，里門，指代屋宇。據傳此草老莖可蓋覆屋上，故名。南北朝"奄閭子"亦作"菴閭子""菴藺子"。《北史·后妃傳·魏文成文明皇后》："太后嘗以體不安，服菴閭子。"宋唐慎微《證類本草·草部·上品·菴閭子》引南朝梁陶弘景《名醫別錄》："菴閭子生雍州川谷，亦生上党及道邊。"唐代稱"菴閭蒿"，出唐德宗《貞元廣利方》。明代稱"覆閭"。明李時珍《本草綱目·草四·菴藺》〔釋名〕："覆閭。"又："菴，草屋也。閭，里門也。此草乃蒿屬，老莖可以蓋覆菴閭，故以名之。"又〔集解〕："菴藺葉不似艾，似菊葉而薄，多細丫，面背皆青。高者四五尺，其莖白色，如艾莖而粗。八九月開細花，淡黃色。結細實如艾實，中有細子，極易繁衍。藝花者以之接菊。"明王圻等《三才圖會·草木一·菴閭子》："春生苗，葉如艾蒿，高二三尺。七月開花，八月結實，十月采實陰乾，今人通以九月采。江南人家多種此辟蛇。"

【奄閭】

同"菴藺"。此體漢代已行用。見該文。

【奄閭子】

"菴藺"之別稱。此稱漢代已行用。見該
文。

【菴閭子】

同"奄閭子"。即菴藺。此體南北朝已行
用。見該文。

【菴藺子】

同"菴閭子"。即菴藺。此體南北朝已行
用。見該文。

【覆閭】

"菴藺"之异名。以其老莖可蓋覆屋上，故
名。此稱明代已行用。見該文。

款冬花

草名。菊科，款冬屬，款冬（*Tussilago farfara*
Linn.）。多年生草本。根狀莖橫生地下，褐色。
葉具長柄，葉片爲心形或腎形，葉緣有鋸齒，
底面密布白色綿毛。嚴冬時節，莖頂端開花，
頭狀排列，中央爲管狀花，周圍爲黄色舌狀花
瓣。長橢圓形瘦果，具棱，有淡黄色冠毛。可
入藥，亦作地被植物。主産於我國華中、華北、
西北等地區。以野生爲多，亦有人工培育者。

在我國至少有兩千多年的生長史。秦漢時
稱"菟奚""顆凍"。據説凌冰雪而生，則草顆
受凍，故稱"顆凍"。漢代始稱"款冬花"。款
者，至也，至冬而花，故名。亦作"款東"，亦
稱"橐吾""虎須"。三國時稱"苦萃"，晋代
"款冬"亦作"款凍"。宋代稱"鑽凍"，因鑽
冰凍而生得名。《爾雅·釋草》："菟奚，顆凍。"
晋郭璞注："款凍也，紫赤華生水中。"邢昺疏：

"陶注（《神農本草
經》）云：形如宿蓴
未舒者，其腹裏有
絲，其花乃似大菊
花。唐本注云：葉
似葵而大，叢生，
花出根下是也。"
《神農本草經·草
部中品·款冬花》：
"一名橐吾……一名

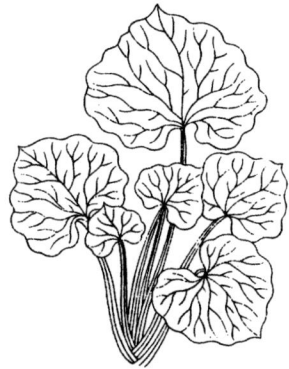

款冬花
（明鮑山《野菜博録》卷二）

虎須。"漢史游《急就篇》卷四："款東、貝母、
薑、狼牙。"《廣雅·釋草》："苦萃，款凍也。"
晋葛洪《抱朴子·廣譬》："凝冰慘慄，而不能
凋款東之華。"明李時珍《本草綱目·草五·款
冬花》〔釋名〕："按《述征記》云，洛水至歲
末凝厲時，款冬生於草冰之中，則顆凍之名以
此而得。後人訛爲款冬，即款凍爾。款者至也，
至冬而花也。"又引宋寇宗奭曰："百草中，惟
此不顧冰雪，最先春也。故世謂之鑽凍。雖在
冰雪之下，至時亦生芽。春時人采以代蔬。"又
引宋蘇頌曰："今關中亦有之，根紫色，葉似萆
薢。十二月開黄花，青紫萼，去土一二寸，初
出如菊花萼，通直而肥實無子。"徐珂《清稗類
鈔·植物類》："款冬，一名菟葵，爲多年生草，
高二尺餘，葉圓大，基部缺刻甚深，柄長二寸
許，花莖別有小葉，長卵形。春初，莖端開黄
花，爲頭狀花序。百草中此最先春，雖冰雪之
下亦生芽，故有此稱。其嫩葉可爲蔬。"按，或
説，款冬與橐吾爲二物。《廣雅·釋草》："苦
萃，款凍也。"清王念孫疏證："《急就篇》云：
'款東、貝母、薑、狼牙，半夏、皂莢、艾、橐
吾。'則是款凍、橐吾爲二物，與《本草》異

也。顏師古注云："款東即款冬，亦曰款凍。以其凌寒叩冰而生，故爲此名也。生水中，華紫赤色，一名菟奚，亦曰顆東，橐吾似款冬而腹中有絲，生陸地，華黃色，一名獸須。"

【菟奚】

即款冬花。此稱秦漢時已行用。見該文。

【顆凍】

"款冬花"之別名。此稱秦漢時已行用。見該文。

【顆東】

同"顆凍"，即款冬花。此體南北朝已行用。見該文。

【顆凍】

同"顆凍"，即款冬花。此體宋代已行用。見該文。

【款冬】

"款冬花"之省稱。此稱漢代已行用。見該文。

【款東】

同"款冬"。此體漢代已行用。見該文。

【款凍】

同"款冬"。即款冬花。此體晋代已行用。見該文。

【款凍】

同"款凍"，即款冬花。此體晋代已行用。宋代"顆凍"亦作"顆凍"。《爾雅翼·釋草》："款凍，菟奚、顆凍。郭氏（晋郭璞）曰：'款凍也，紫赤華，生水中。'蓋款凍葉似葵而大，叢生，花出根下，十一、十二月雪中出花。"

【橐吾】

"款冬花"之別名。此稱漢代已行用。見該文。

【虎須】 [1]

"款冬花"之异稱。此稱漢代已行用。見該文。

【虎鬚】 [2]

同"虎須"，即款冬花。此體南北朝已行用。時"顆凍"亦作"顆東"，亦稱"氏冬"。南朝梁陶弘景《名醫別録·中品·款冬花》："〔款冬〕一名橐吾，一名顆東，一名虎鬚，一名菟奚，一名氏冬。生常山山谷及上黨水傍。十一月采花，陰乾。"

【苦萃】

"款冬花"之异名。此稱三國時已行用。見該文。

【鑽凍】

"款冬花"之別稱。此稱宋代已行用。見該文。

【氏冬】

"款冬花"之別名。此稱南北朝已行用。見該文。

【八角烏】

"款冬花"之別名。此稱清代已行用。清吴其濬《植物名實圖考·隰草類·款冬花》："今江西湖南亦有此草，俗呼八角烏。"

紫菀

草名。菊科，紫菀屬，紫菀（*Aster tataricus* Linn.f.）。多年生草本。鬚根多數簇生，莖直立，高 1~2 米，粗壯，具疏粗毛。基生葉叢出，形大，長橢圓形，秋季開花時脱落；莖生葉互生，較狹小，上部葉綫形。莖頂開花，呈頭狀密集排列，邊緣爲藍紫色舌狀花，中央爲黃色管狀花。瘦果，倒卵狀，紫褐色。根入藥。觀賞植物，宜於園林野趣中栽植。分布於我國東北、華北以及華東等地區。

其稱約始見於漢代。《神農本草經》卷二："紫菀……生山谷。"亦作"茈菀"，省稱"菀"。《説文·艸部》："菀，茈菀也。"段玉裁注："古紫通用茈。"漢史游《急就篇》："牡蒙、甘草、菀、藜蘆。"顏師古注："菀謂紫菀。"三國時稱"青苑"，出三國魏吳普《吳氏本草》。南北朝稱"紫蒨"。南朝梁陶弘景《名醫別録·中品·紫菀》："一名紫蒨，一名青苑。"宋時亦稱"萬年茸""肺天"。宋陶穀《清異録·藥譜》："萬金茸，紫菀。"又"紫菀爲肺天"（清厲荃《事物異名録》卷三九引《清異録》）。宋蘇頌《圖經本草·草部中品·紫菀》："〔紫菀〕三月内布地生苗，其葉二四相連，五月、六月内開黃白紫花，結黑子。"明代亦稱"返魂草""夜牽牛"。明李時珍《本草綱目·草五·紫菀》〔釋名〕："返魂草、夜牽牛。"又時珍曰："其根色紫而柔宛，故名。"徐珂《清稗類鈔·植物類》："紫菀爲多年生草，高六七尺，葉長橢圓形，有鋸齒，葉面粗糙。秋日開花，爲頭狀花序，周圍爲舌狀花冠，淡紫色，中部管狀花冠，黃色。根紫而柔軟，以爲藥用。"參閲清汪灝等《廣群芳譜·藥譜四·紫菀》。

【茈菀】

同"紫菀"。此體漢代已行用。見該文。

【菀】[2]

"紫菀"之省稱。此稱漢代已行用。見該文。

【青苑】

"紫菀"之別稱。此稱三國時已行用。見該文。

【紫蒨】

"紫菀"之別名。此稱南北朝已行用。見該文。

【萬金茸】

"紫菀"之异名。此稱宋代已行用。見該文。

【肺天】

"紫菀"之异名。此稱宋代已行用。見該文。

【返魂草】

"紫菀"之异稱。此稱明代已行用。見該文。

【夜牽牛】

"紫菀"之別名。此稱明代已行用。見該文。

【關公鬚】

"紫菀"之別名。此稱清代已行用。因其根鬚似關公，故名。清吳其濬《植物名實圖考·隰草類·紫菀》："江西建昌謂之關公鬚，肖其根形。初生鋪地，秋抽方紫莖，開紫花，微似丹參。俚醫治嗽猶用之。"又《植物名實圖考長編·隰草類·紫菀》："《南城縣志》以爲關公鬚。葉皺，微似地黃葉，二四對生。抽莖開紫花，微似丹參花。根柔紫多鬚，故俗名云爾，其形狀極肖。根亦有白者，土人不復采用，主治嗽病亦同。"

蒲公英

草名。菊科，蒲公英屬，蒲公英（*Taraxacum mongolicum* Hand.-Mazz.）。多年生草本。全株含有白色乳汁。葉叢生，匙形或狹長倒卵形，邊緣羽狀淺裂或呈齒形。葉簇呈蓮座形平展。冬末春初抽花莖，頂端生一頭狀花序，爲金黃色舌狀花。果實成熟時，外形似白色絨球，茸

紫　菀

（清吳其濬《植物名實圖考》卷一一）

蒲公草
（明王圻等《三才圖會》卷五）

毛可隨風飄散。可作地被花卉，全草可入藥。分布於全國各地，華東、華北、東北等地區尤爲常見。

約始見載於唐代，時稱"蒲公草""構耨草"，亦作"鳧公英"。唐蘇敬等《唐本草・草部・蒲公草》："蒲公草，味甘平，無毒。主婦人乳癰腫，水煮汁飲之及封之，立消。一名構耨草。"唐孫思邈《千金方》作"鳧公英"。宋代始稱"蒲公英"，亦作"僕公罌"，亦稱"地丁"。宋蘇頌《圖經本草・草部下品・蒲公草》："今處處平澤田園中皆有之。春初生苗，葉如苦苣，有細刺；中心抽一莖，莖端出一花，色黃如金錢。斷其莖有白汁出，人亦啖之。俗呼爲蒲公英，語訛爲僕公罌是也。水煮汁以療婦人乳癰，又擣以傅瘡，皆佳；又治惡刺及狐尿刺，摘取根莖白汁塗之，惟多塗立差止。"宋寇

白鼓釘
（明徐光啓《農政全書》卷六〇）

孛孛丁菜
（明徐光啓《農政全書》卷五九）

宗奭《本草衍義》卷一二："蒲公草，今地丁也。四時常有花，花罷飛絮，絮中有子，落處即生，所以庭院間亦有者，蓋因風而來也。"明代稱"白鼓釘""金簪草""黃花地丁""構耨草"（亦作"耕耨草"）。清汪灝《廣群芳譜・蔬譜五・白鼓丁》引明王磐《野菜譜》："白鼓釘，一名蒲公英，一名構耨草，一名金簪草，一名黃花地丁。四時皆有，惟極寒天小而可用，采之熟食。"亦稱"孛孛丁菜""黃花苗""黃花郎"。明徐光啓《農政全書・菜部・孛孛丁菜》："又名黃花苗。生田野中。苗初塌地生。葉似苦苣葉，微短小；葉叢中間攛葶。梢頭開黃花。莖葉折之皆有白汁。味微苦……南俗名黃花郎，《本草》蒲公英。"時亦音轉作"鵓鴣英"，亦稱"蒲公丁""耳瘢草""狗乳草"。明李時珍《本草綱目・菜二・蒲公英》〔釋名〕："孫思邈《千金方》作鳧公英，蘇頌《圖經》作僕公罌，《庚辛玉册》作鵓鴣英。俗呼蒲公丁，又呼黃花地丁。淮人之謂白鼓釘，蜀人謂之耳瘢草，關中謂之狗乳草。"清代稱"黃狗頭"。清吳其濬《植物名實圖考・隰草類・蒲公草》："蒲公

草,《唐本草》始著録，即蒲公英也。《野菜譜》謂之白鼓釘，又有孛孛丁、黃花郎、黃狗頭諸名，俚醫以爲治腫毒要藥。淮江以南，四時皆有，取採良便。"按，《廣雅·釋草》："雞狗獡，哺公也。"王念孫謂"狗獡"與"構耨"、"哺公"與"蒲公"聲均相近，晋崔豹《古今注》又有"燕支花似蒲公"語，以爲"狗獡""哺公"即後世蒲公英。唯"雞、狗、獡"三字不相連，疑"雞"下奪一字。依王氏之説，則蒲公英之出現，又可自唐上推至魏晋時。

【蒲公草】

"蒲公英"之別名。此稱唐代已行用。見該文。

【構耨草】

"蒲公英"之別名。此稱唐代已行用。見該文。

【鳧公英】

"蒲公英"之音變异稱。此稱唐代已行用。見該文。

【僕公罌】

同"蒲公英"。此體宋代已行用。見該文。

【地丁】

"蒲公英"之別名。此稱宋代已行用。見該文。

【白鼓釘】

"蒲公英"之俗稱。此稱明代已行用。見該文。

【耕耨草】

"蒲公英"之异名。此稱明代已行用。見該文。

【金簪草】

"蒲公英"之別名。此稱明代已行用。見

【黃花地丁】

"蒲公英"之別稱。因其開黃花，其實獨脚如丁，故名。此稱明代已行用。見該文。

【孛孛丁菜】

"蒲公英"之別名。此稱明代已行用。見該文。

【黃花苗】

即孛孛丁菜，"蒲公英"之异稱。此稱明代已行用。見該文。

【鵓鴣英】

"蒲公英"之音轉异名。此稱明代已行用。見該文。

【蒲公丁】

"蒲公英"之俗稱。此稱明代已行用。見該文。

【耳瘢草】

"蒲公英"之俗名。此稱明代已行用。見該文。

【狗乳草】

"蒲公英"之俗稱。此稱明代已行用。見該文。

【黃花郎】

"蒲公英"之別名。此稱明代已行用。見該文。

【黃狗頭】

"蒲公英"之別稱。此稱清代已行用。見該文。

【大丁草】

一種開紫花之"蒲公英"。此稱見於明代。亦稱"燒金草"。明李時珍《本草綱目·菜二·蒲公英》〔集解〕引明人《庚辛玉册》："地丁葉侣小萵苣，花侣大旋萱，一莖聳上三四寸，斷之有白汁。二月采花，三月采根。可製汞，伏三黄。有紫花者，名大丁草，出太行、王屋諸山。陳州亦有，名燒金草。能煅硃砂。”

【燒金草】

“大丁草”之异名。此稱明代已行用。見該文。

蔞蒿

草名。菊科，蒿屬，蔞蒿（*Artemisia selengensis* Turcz. ex Bess.）。多年生草本。具地下莖。下部爲紫色莖，中部生羽狀深裂葉，上部葉三裂，裂片條形，背面披茸毛，白色。開密集的黄色花。全草可入藥。廣泛分布於我國東北地區及冀晉等省。

始見於先秦，時稱“蔞”。秦漢時稱“購”“蔏蔞”。漢代單稱“蒿”。晋代始稱“蔞蒿”。《詩·周南·漢廣》：“翹翹錯薪，言刈其蔞。”釋文引漢馬融云：“蔞，蒿也。”孔穎達疏引三國吳陸璣云：“其葉似艾，白色，長數寸，高丈餘，好生水邊及澤中，正月根牙生旁，莖正白，生食之香而脆美。其葉又可蒸爲茹是也。”《楚辭·大招》：“吴酸蒿蔞，不沾薄只。”王夫之通釋云：“蔞，蔞蒿。”《爾雅·釋草》：“購，蔏蔞。”郭璞注：“蔏蔞，蔞蒿也。生下田，初出可啖，江東用羹魚。”宋蘇軾《惠崇春江曉景》詩之一：“蔞蒿滿地蘆芽短，正是河豚欲上時。”《爾雅翼·釋

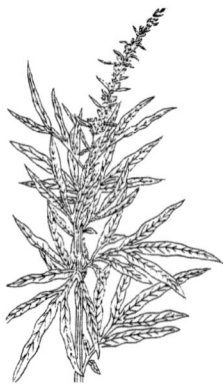

蔞　蒿
（清吴其濬《植物名實圖考》卷一二）

草》：“蔞，今古以爲珍菜。”元喬吉《滿庭芳·漁父詞》：“蔞蒿香脆蘆芽嫩，爛煮河豚。”清代京城多食者。清郝懿行《爾雅義疏》下之一：“今京師人以二三月賣之，即名蔞蒿。香脆可啖，唯葉不中食。四川人言彼處食之，亦去葉也。今驗其葉似野麻而疏，散媆亦可啖。”徐珂《清稗類鈔·植物類》：“蔞蒿爲多年生草，生水邊及澤中，莖高四五尺許，葉羽狀深裂，似艾而闊，背密生灰白色毛。秋日開花，褐色，爲頭狀花序。嫩莖香脆可啖。《爾雅》‘蔏蔞’即此。”一説，《爾雅·釋草》“繁，由胡”即此，出清汪灝等《廣群芳譜·蔬譜二·蔞蒿》。按，此説誤。本類“白蒿”（即“繁”）條下已加考辨，可參看。

【蔞】

“蔞蒿”之單稱。此稱先秦已行用。見該文。

【購】

“蔞蒿”之古稱。此稱秦漢時已行用。見該文。

【蔏蔞】

“蔞蒿”之古稱。此稱秦漢時已行用。見該文。

【蒿】[2]

“蔞蒿”之單稱。此稱漢代已行用。見該文。

【閭蒿】

“蔞蒿”之別名。此稱明代已行用。清吴其濬《植物名實圖考·隰草類·蔞蒿》：“古今皆食之，水陸俱生，俗傳能解河豚毒。《救荒本草》謂之蔏蒿。洞庭湖瀕，根長尺餘，居民掘而煮食之，儉歲恃以爲糧。”

薊

草名。菊科，薊屬。有大薊（*Cirsium*

japonicum Fisch. ex DC.）、 小 薊〔*Cirsium setosum*（Willd.）M.Bieb.〕（又名大刺兒菜）兩種。統稱皆爲薊，析言則微有別。多年生草本。大薊。具多數之肉質圓錐根。全株直立，高約 1~2 米，有硬刺，密被白色軟毛。葉互生，橢圓形或卵形，羽狀分裂，裂片具不等長的淺裂和針刺。頂生頭狀花序，雌雄异株。初夏開紫紅色花。瘦果，橢圓形，稍扁，羽狀冠毛於頂端展開。嫩葉可食，全草可入藥。分布於我國長江流域和沿海地區。小薊，體態及用途與大薊相類而有別，其主要區別爲：大薊多生山谷，小薊多生平澤；大薊高 1 米多，小薊僅高 30~40 厘米；大薊葉皺，小薊葉舒；大薊療腫，小薊無此功效。

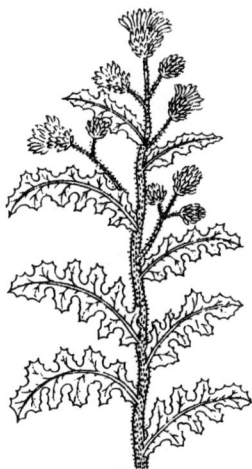

大 薊
（明鮑山《野菜博録》卷一）

此稱始見於秦漢時。薊，同"鬐"。以其花如鬐，故名。《爾雅·釋草》："薊，其實荂。"南北朝已有"大薊""小薊"之分，"大薊"亦稱"虎薊"，"小薊"亦稱"貓薊"。南朝梁陶弘

小 薊
（清吴其濬《植物名實圖考》卷一一）

景《本草經集注·草木中品·薊》："大薊是虎薊，小薊是貓薊，葉並多刺，相似，田野甚多。"唐蘇敬等《唐本草·草部·薊》："大小薊葉雖相似，功力有殊。大薊生山谷，根療癰腫；小薊生平澤，不能消腫，而俱能破血。"宋寇宗奭《本草衍義》卷一〇："大小薊皆相似，花如鬐。但大薊高三四尺，葉皺；小薊高一尺許，葉不皺，以此爲異。"宋代"小薊"亦稱"小薊根""青刺薊""千針草""刺薊"；"大薊"亦稱"大薊根""山牛蒡"。宋蘇頌《圖經本草·草部中品·小薊根》："處處有之，俗名青刺薊。二月生苗，二三寸時，並根作菜，茹食甚美。四月高尺餘，多刺，心中出花，頭如紅藍花而青紫色，北人呼爲千針草。四月采苗，九月采根，並陰乾用。大薊苗根與此相似，但肥大爾。"宋晁補之《收麥呈王松齡秀才》詩："東山刺薊深一尺，負郭家近饒盤餐。""山牛蒡"，出宋佚名《日華本草》。宋鄭樵《通志·昆蟲草木略》："〔薊〕北方曰千針草，以其莖葉多刺故也。"明代稱"馬薊""野紅花"。明李時珍《本草綱目·草四·大薊小薊》〔釋名〕："虎薊、馬薊、貓薊、刺薊、山牛蒡、鷄項草、千針草、野紅花。"又："薊猶鬐也，其花如鬐也。曰虎曰貓，因其苗狀狰獰也。曰馬者，大也。牛蒡，因其根似牛蒡根也。鷄項，因其莖似鷄之項也。千針、紅花，皆其花

刺薊菜
（明徐光啓《農政全書》卷四六）

狀也。"或説,《爾雅·釋草》"术,山薊"即此,疑誤。觀《本草綱目·草一·术》別立一條,亦稱"山薊"自明。

【大薊】

"薊"之高大者。此稱南北朝已行用。見該文。

【虎薊】

即大薊。以其苗形狰獰如虎,故名。此稱南北朝已行用。見該文。

【小薊】

"薊"之矮小者。此稱南北朝已行用。見該文。

【貓薊】

即小薊。以其苗狀如貓,故名。此稱南北朝已行用。見該文。

【小薊根】

即小薊。此稱宋代已行用。見該文。

【青刺薊】

即小薊,"薊"之矮小者。此稱宋代已行用。見該文。

【千針草】

即小薊。以其莖葉多刺似針,故名。此稱宋代已行用。見該文。

【刺薊】

即小薊。此稱宋代已行用。見該文。

【大薊根】

即大薊。此稱宋代已行用。見該文。

【山牛蒡】

即大薊。此稱宋代已行用。以其根似牛蒡根,故名。見該文。

【馬薊】

即大薊。馬,大也。此稱明代已行用。見該文。

【野紅花】

"薊"之別名。此稱明代已行用。見該文。

【刺薊菜】

"小薊"之別名。此稱明代已行用。明朱橚《救荒本草·草部·刺薊菜》:"刺薊菜,《本草》名小薊,俗名青刺薊,北人呼爲千針草。出冀州,生平澤中,今處處有之。苗高尺餘,葉似苦苣葉,莖葉俱有刺,而葉不皺,葉中心出花頭,如紅藍花而青紫色。性凉、無毒。一云味甘,性温。救飢:採嫩苗葉煠熟,水浸淘净,油鹽調食甚美。"

澤蘭 [2]

草名。菊科,澤蘭屬,澤蘭（*Eupatorium japonicum* Thunb. ex Murray）。多年生草本。葉對生,有柄,葉片爲卵圓形或披針形,邊緣有粗齒,葉背面有腺點及茸毛。秋季開花,白色頭狀花序,排成傘狀。瘦果。可製香料。葉入藥。廣布於我國,山坡草叢中尤多。

先秦時已有記載,時單稱"澤"。《儀禮·既夕禮》:"茵著用荼,實綏澤焉。"鄭玄注:"澤,澤蘭也。皆取其香且御濕也。"漢代始稱"澤蘭"。以其生於澤畔,可爲香澤,故名。亦稱"虎蘭""龍棗",省稱"蘭"。《神農本草經·草部中品·澤蘭》:"澤蘭……一名虎蘭,一名龍棗,生大澤旁。"《漢書·司馬相如傳上》:"其東則有蕙圃,衡蘭芷若。"顏師古注:"蘭即今澤蘭也。"三國時稱"水香"。三國魏吴普《吴氏本草·草木類·澤蘭》:"澤蘭一名水香……生下地水傍。葉如蘭,二月生,香。赤節,四葉相值枝節間。"《廣雅·釋草》:"虎蘭,澤蘭也。"南北朝亦稱"虎蒲""都梁香""小澤蘭";

南朝梁陶弘景《名醫別録》：“〔澤蘭〕一名虎蒲，生汝南。”又《本草經集注・草木下品・澤蘭》：“生於澤旁，故名澤蘭，亦名都梁香。”因荊州都梁山下水中長此物，故名“都梁香”。南朝宋盛宏之《荊州記》：“都梁縣有山，山下有水清淺，其中生蘭草，因名都梁。”南朝宋雷敩《雷公炮炙論》卷上：“小澤蘭迥別，葉上斑，根頭尖。”《爾雅翼・釋草》：“蘭草大都似澤蘭，其澤蘭葉尖，微有毛，不光潤，方莖紫節，八月花白，人多種於庭池。”明代亦稱“孩兒菊”“風藥”。明李時珍《本草綱目・草三・澤蘭》〔釋名〕：“此草亦可爲香澤，不獨指其生澤旁也。齊安人呼爲風藥……今俗通呼爲孩兒菊。則其與蘭草爲一物二種，尤可證矣。”又〔集解〕：“吳普所説，乃真澤蘭也；雷敩所説大澤蘭，即蘭草也；小澤蘭，即此澤蘭也。”清陳淏子《花鏡》卷五：“孩兒菊一名澤蘭。花小而紫，不甚美觀。惟嫩葉柔軟而香，置之髮中，或繫諸衣帶間，其香可以辟炎蒸汗氣，婦女多佩之，乃夏月之香草也。其種亦有二，紫梗者更香。”徐珂《清稗類鈔・植物類》：“澤蘭爲多年生草，產於濕地，每莖一葉，箭鏃形，基脚抱莖。夏日葉間抽花莖，莖端各著一花，紅紫色，可入藥。”參閱清汪灝等《廣群芳譜・花譜二十三・澤蘭》。

【澤】

“澤蘭[2]”之古稱。此稱先秦已行用。見該文。

【虎蘭】 [2]

“澤蘭[2]”之別稱。此稱漢代已行用。見該文。

【龍棗】 [2]

“澤蘭[2]”之異稱。此稱漢代已行用。見該文。

【蘭】 [3]

“澤蘭[2]”之省稱。此稱漢代已行用。見該文。

【水香】 [4]

“澤蘭[2]”之別名。此稱三國時已行用。生於水畔，可爲香澤，故名。見該文。

【虎蒲】 [2]

“澤蘭[2]”之异名。此稱南北朝已行用。見該文。

【都梁香】 [4]

“澤蘭[2]”之別名。此稱南北朝已行用。見該文。

【小澤蘭】

即澤蘭[2]。此稱南北朝已行用。見該文。

【孩兒菊】 [4]

“澤蘭[2]”之俗稱。此稱明代已行用。見該文。

【風藥】 [2]

“澤蘭[2]”之別名。此稱明代已行用。見該文。

王瓜

草名。葫蘆科，栝樓屬，王瓜〔*Trichosanthes cucumeroides*(Ser.)Maxim. 〕。多年生攀緣草木。塊根肥大，紡錘形。近心形葉片，互生，多茸毛，三至五處淺裂，莖下部葉多深裂。夏季開花，腋生，單性，雌雄异株。花白色，瓣緣細裂成絲狀。果實球形或橢圓形，熟時爲橙色。種子褐色，略呈丁字形，中央有帶狀隆起條棱。塊根入藥。分布於我國華中、華東

王　瓜
（宋柴源等《紹興校定證類備急本草畫圖》卷三）

并臺灣等地區，野生於山坡。

此稱始見於先秦。《禮記・月令》：“〔孟夏之月〕王瓜生，苦菜秀。”秦漢時稱“鉤”“蓲姑”。《爾雅・釋草》：“鉤，蓲姑。”郭璞注：“鉤瓜也。一名王瓜。實如瓝瓜，正赤，味苦。”漢代稱“土瓜”。《神農本草經・草部中品・王瓜》：“王瓜……一名土瓜，生平澤。”三國時稱“瓝瓜”。“蓲姑”亦作“蓲菇”。《廣雅・釋草》：“瓝瓜，王瓜也。”又“蓲菇，王瓜也”。南朝梁陶弘景《本草經集注・草木中品・王瓜》：“今土瓜生籬院間，亦有子，熟時赤，如彈丸大。”唐蘇敬等《唐本草》：“四月生苗延蔓，葉似栝樓葉，但無又缺，有毛刺。五月開黃花。花下結子如彈丸，生青熟赤。根似葛而細多糁，謂之土瓜根。北間者，其子纍纍相連。大如棗，皮黃肉白。苗葉相似，根狀不同。”宋代稱“赤雹子”。宋寇宗奭《本草衍義》卷一〇：“王瓜其敦徑寸，長二寸許。上微圓，下尖長，七八月熟，紅赤色。敦中子如螳螂頭者，今人又謂之赤雹子。其根即土瓜根也。於細根上又生淡黃根，三五相連，如大指許。根與子兩用。”明代稱“馬瓟瓜”“野甜瓜”“師姑草”“公公鬚”。明李時珍《本草綱目・草七・王瓜》〔釋名〕：“馬瓟瓜……野甜瓜、師姑草、公公鬚。時珍曰：土瓜其根作土氣，其實似瓜也。或云根味如瓜，故名土瓜。王字不知何義？瓜似雹子，熟則色赤，鴉喜食之，故俗名赤雹、老鴉瓜。一葉之下一鬚，故俚人呼爲公公鬚。”清汪灝等《廣群芳譜・藥譜六・王瓜》：“四月生苗，其蔓多鬚，嫩時可茹。葉圓如馬蹄而有尖，面青背淡，澀而不光。五六月開小黃花成簇。花下結子纍纍如彈丸，其敦徑寸，長二寸許，上微圓，下尖長；生青，七八月熟，赤紅色，皮粗澀。根如栝樓根之小者，用須深掘二三尺乃得正根。”按，鄭玄注《禮記》謂“萆挈”爲王瓜，高誘注《呂氏春秋》謂“括樓”爲王瓜，皆誤。按，“括樓”古籍中亦作“栝樓”。李時珍、郝懿行、王念孫等人均加考辨，指出其誤。李云：“鄭玄注《月令》‘四月王瓜生’，以爲菝葜，殊謬矣。”（《本草綱目・草七・王瓜》）郝云：“《月令》‘王瓜生’，鄭注：萆挈也。萆挈與菝挈同。《廣雅》：菝挈，狗脊也。是菝挈、王瓜非一物，鄭注誤矣。《呂氏春秋・孟夏紀》云：‘王菩生’。高誘注：‘菩，或作瓜，瓝瓜與括樓同’，以王瓜、括樓爲一物，高注亦誤矣。”（《爾雅義疏》下之一）王氏云：“《月令》鄭注云：‘王瓜，萆挈也。萆挈與菝葜同。’正義云：‘王瓜，萆挈，《魯本草》文，是萆挈一名王瓜，《本草》家即有是說。’草木多異物而同名者，此類是也。上文已云，菝挈，狗脊也，則此王瓜當如郭璞所云，不謂菝挈矣。《呂氏春秋・孟夏紀》‘王菩生’高注云：‘菩，或作瓜，瓝瓜也。’又注《淮南・時則訓》云：‘王瓜，括樓也。瓝瓜與括樓同’，如高注，則《爾雅》‘果臝之實括樓’即王瓜也。案，《本草》陶注謂栝樓狀如王瓜，《唐本草》注謂王瓜葉似栝樓，則括樓、王瓜本相類，故高注以王瓜爲括樓，然《神農本草》：‘栝樓生洪農川谷，王瓜生魯地平澤田野；陶注謂括樓葉有又，唐注謂王瓜葉無又，則括樓、王瓜，究爲二物。’又《豳風・東山》正義引孫炎《爾雅注》云‘括樓，齊人謂之天瓜’而不云名王瓜；《御覽》引吳普《本草》云‘栝樓一名澤姑’而不云名蓲姑。則王瓜、蓲姑明不與栝樓同，故《廣雅》專釋蓲菇、瓝瓜爲王

瓜，不混括樓之名於内也。"（《廣雅疏證》卷
一〇上）又，"老鴉瓜"之稱，出宋蘇頌《圖經
本草》，然蘇氏已指出其乃菟瓜，與王瓜別是一
種。其云："均房間人呼爲老鴉瓜，亦曰菟瓜。
按，《爾雅》云：'黃，菟瓜。'郭璞注云：'似
土瓜。'而土瓜自謂之藈姑，又名鉤蘇，則菟瓜
別是一物也。"（《圖經本草·草部中品·王瓜》）
《本草綱目》已引蘇氏此説，然〔釋名〕中仍
出"老鴉瓜"之稱，不知是李氏疏漏，抑或明
代相沿前代謬稱。又《説文·艸部》："蒉，王
蒉也。"《管子·地員》有"大蒉""細蒉"。孫
星衍校《神農本草經》引孔穎達説，"疑王蒉則
王瓜也"，又引蘇頌説，謂大蒉即王蒉，未知確
否。

【鉤】

"王瓜"之古稱。此稱秦漢已行用。見該文。

【藈姑】

"王瓜"之古稱。此稱秦漢時已行用。見
該文。

【藈菇】

同"藈姑"，即王瓜。此體三國時已行用。
見該文。

【土瓜】

"王瓜"之別名。此稱漢代已行用。見該文。

【苽瓟】

"王瓜"之別名。此稱三國時已行用。晋代
亦作"鉤瓟"。出《爾雅·釋草》郭璞注。見該
文。

【赤雹子】

"王瓜"之俗名。此稱宋代已行用。見該文。

【馬爬瓜】

"王瓜"之异名。此稱明代已行用。見該文。

【野甜瓜】

"王瓜"之別名。此稱明代已行用。見該文。

【師姑草】

"王瓜"之异稱。此稱明代已行用。見該文。

【公公鬚】

"王瓜"之异稱。此稱明代已行用。見該文。

【馬雹】

"王瓜"之別名。此稱明代已行用。清代
亦稱"赤雹"。清吴其濬《植物名實圖考·蔓草
類·王瓜》："馬雹，見《救荒本草》。"又："今
北地通呼爲赤雹，《本草衍義》謂之赤雹子是
也。"

【赤雹】

"赤雹子"之省稱，即王瓜。此稱清代已行
用。見該文。

虎掌

草名。天南星科，天南星屬，虎掌
（*Arisaema heterophyllum* Blume）。多年生草本。
地下塊莖呈橢圓形。葉具長柄，葉片五枚，倒
卵形或倒卵披針形，全緣，掌狀布列。初夏開
花，肉穗花序生於梢間，花序外有大型淡紫或
淡黃佛焰苞。果穗粗
大，果實密集排列，
熟時鮮紅色。耐寒，
不耐乾旱、日曬，忌
澇。用播種或分球法
繁殖。塊莖藥用或提
取澱粉。花、葉、果
具觀賞價值，可盆栽
或園林種植。主要分
布於我國東北、華北
及華中地區，多見於

虎 掌
（明王圻等《三才圖會》
卷四）

陰濕林下。

此稱約始見於漢代。因葉布分如虎掌，故名。《神農本草經》卷三：“虎掌……生山谷。”南朝梁陶弘景《本草經集注・草木下品・虎掌》：“〔虎掌〕近道亦有，極似半夏，但皆大，四邊有子如虎掌。”宋代稱“天南星”。宋蘇頌《圖經本草・草部下品・虎掌》：“生漢中川谷及冤句，今河北州郡亦有之。初生根如豆大，漸長大，似半夏而扁；累年者其根圓及寸，大者如雞卵。周匝生圓芽二三枚或五六枚。三月、四月生苗，高尺餘，獨莖上有葉如爪，五六出分布，尖而圓；一窠生七八莖，時出一莖作穗，直上如鼠尾；中生一葉如匙，裹莖作房，傍開一口，上下尖，中有花，微青褐色；結實如麻子大，熟即白色，自落布地，一子生一窠……今冀州人菜園中種之，亦呼爲天南星。”時亦稱“鬼蒟蒻”，出宋佚名《日華本草》。明代稱“虎膏”“由跋”，“天南星”省稱“南星”。明李時珍《本草綱目・草六・虎掌天南星》〔釋名〕：“虎膏……恭（蘇恭）曰：‘其根四畔有圓牙，看似虎掌，故有此名。’頌曰：‘天南星即《本草》虎掌也，小者名由跋……’時珍曰：‘虎掌因葉形似之，非根也。南星因根圓白，形如老人星狀，故名南星，即虎掌也。’”又〔集解〕：“大者爲虎掌、南星，小者爲由跋，乃一種也。今俗又言大者爲鬼臼，小者爲南星，

由　跋
（清吳其濬《植物名實圖考》卷二四）

殊爲謬誤。”徐珂《清稗類鈔・植物類》：“虎掌爲多年生草，山野自生，高二三尺，葉作掌狀分裂，葉柄甚長。花類天南星，惟花托之上部伸長，狀如長條。性有毒，其根入藥。”按，自宋《開寶本草》以來，“虎掌”“天南星”別爲兩條，《圖經本草》亦因襲之，明李時珍始合并爲一。

【天南星】

“虎掌”之別名。此稱宋代已行用。因其根形似老人星，此星位於南天，故名。按，老人星係南部天空光度較亮之二等星，古人認爲長壽之象，故亦稱“壽星”。見該文。

天南星
（明王圻等《三才圖會》卷四）

【鬼蒟蒻】

“虎掌”之別名。此稱宋代已行用。見該文。

【虎膏】

“虎掌”之別名。此稱明代已行用。見該文。

【南星】

“天南星”之省稱，即虎掌。此稱明代已行用。見該文。

【由跋】

“虎掌”之小者。此稱明代已行用。見該文。

【半夏精】

“虎掌”之別名。約行用於宋代以後。清汪灝等《廣群芳譜・藥譜五・天南星》：“《藥譜》：天南星，別名半夏精。”

【蛇芋】

“虎掌”之別名。此稱清代已行用。清吳其

潽《植物名實圖考·毒草類·天南星》："江西、湖廣山坡廢圃多有之，俗呼蛇芋，與蒟蒻相類，惟葉初生相抱如環，開花頂上有長梢寸餘爲異。"

【江州虎掌】

"虎掌"之産於古代江州者，與通常虎掌有別。此稱宋代已行用。宋蘇頌《圖經本草·草部下品·虎掌》："江州有一種草，葉大如掌，面青背紫，四畔有芽如虎掌，生三四葉爲一本，冬青……不結花實，與此名同，故附見之。"該條圖下文字説明爲"江州虎掌"。

江州虎掌
（宋柴源等《紹興校定證類備急本草畫圖》卷三）

蒟蒻

草名。天南星科，魔芋屬，蒟蒻（*Amorphophallus rivieri* Durieu）。多年生草本。地下生扁球形塊莖。先花後葉，葉一枚具三小葉，掌形，有白色或暗紫色斑紋，裂片橢圓形至卵狀長圓形。夏季開淡黄色花，單性，着生於肉質穗軸上。外裹佛焰苞，漏斗狀，暗紫色。塊莖富澱粉，可食，亦可釀酒、入藥。我國主要分布於陝、甘、鄂等省及西南各地。

約始見於晋代，時稱"蒻"。《文選·左思〈蜀都賦〉》："其園則有蒟蒻茱萸。"劉良注："繫，繫醬也……蒻，草也，其根名蒻，頭大者如斗，其肌正白，可以灰汁煮，則凝成，可以苦酒醃食之，蜀人珍焉。"唐代始稱"蒟蒻"。唐段成式《酉陽雜俎·草篇》："蒟蒻，根大如碗，至秋葉滴露，隨滴生苗。"宋代稱"蒻頭""鬼

芋"，明代稱"鬼頭""鬼肉"。宋蘇頌《圖經本草·草部下品》設"蒻頭"條，文具於"天南星"條中，有關文字作："江南吳中又有白蒟蒻，亦曰鬼芋，根都似天南星，生下平澤極多，皆雜采以爲天南星，了不可辨，市中所收，往往是也。但天南星小，柔膩肌細，炮之易裂，差可辨爾。"元王禎《農書·百穀譜·飲食》："其餘則果食之脯，米豆之麨，棲於山者有葛粉、蕨萁、蒟蒻、橡栗之利。"明李時珍《本草綱目·草六·蒟蒻》〔集解〕："蒟蒻出蜀中，施州亦有之，呼爲鬼頭，閩中人亦種。宜樹陰下掘坑積糞，春時生苗，至五月移之，長一二尺，與南星苗相似，但多斑點，宿根亦自生苗。"明方以智《通雅·植物》："鬼肉，即蒟蒻也。"清代稱"蒾蒻"。徐珂《清稗類鈔·植物類》："蒟蒻，亦名蒾蒻，爲多年生草，産蜀中，高二尺餘，葉爲掌狀複葉，花單性，有肉質穗狀花序，花苞頗巨。根圓如球，可爲食品，然與蒟醬之蒟不同。《文選·蜀都賦》：'蒟蒻茱萸。'注：'蒟，蒟醬也。蒻，草也。'則蒟、蒻本爲二物。楊慎《丹鉛總録》謂蒟醬即蒟蒻，誤。"今俗稱"魔芋""蛇六穀"等。按，蒟蒻，天南星科；蒟醬，胡椒科。左思賦中"蒟蒻"指蒟醬、蒟蒻二者，自唐代起，

蒟蒻
（明汪穎《食物本草》卷一）

蒟蒻始特指天南星科植物。後世如《圖經本草》《本草綱目》等多別"蒟醬""蒟蒻"爲兩條。

【蒻】

"蒟蒻"之古稱。此稱晋代已行用。見該文。

【蒻頭】

"蒟蒻"之別稱。此稱宋代已行用。見該文。

【鬼芋】

"蒟蒻"之別名。此稱宋代已行用。見該文。

【鬼頭】

"蒟蒻"之异名。此稱明代已行用。見該文。

【鬼肉】

"蒟蒻"之异稱。此稱明代已行用。見該文。

【蓙蒻】

"蒟蒻"之异名。此稱清代已行用。見該文。

【魔芋】

"蒟蒻"之別名。此稱清代已行用。清吳其濬《植物名實圖考·毒草類·天南星》："衡山産蒻頭,俗呼磨芋,亦曰鬼芋。滇南圃中,蒻頭林立,南星絶少……南星與蒻頭,根雖類,莖葉花實絶不相同。"

山珠南星

草名。天南星科,天南星屬,山珠半夏(*Arisaema yunnanense* Buchet)。多年生草本。塊莖扁球形,直徑 0.5 ~ 4 厘米。鱗葉鈍,具短尖,内面之鱗内長 15 ~ 30 厘米,葉一至二枚,葉柄長 40 ~ 70 厘米。基部鞘狀;幼株葉全緣,長圓狀三角形,成年植株葉片五全裂。肉穗花序,單性,花序柄較葉柄長一倍;佛焰苞緑白色,背面中央飾以淺緑色縱條紋。漿果紅色,多不育。種子二至三枚,卵球形,紅色或紅褐色。花期五至七月。爲我國特有,主要分布於我國雲、貴、川等省。常見於海拔

700 ~ 3200 米松林、松櫟混交林及荒坡、高山草地。本種依拉丁語學名應呼作"滇南星""滇半夏",清代俗稱"小南星"。清吳其濬《植物名實圖考·毒草類·天南星》:"半夏,由跋,花似南星,而皆三葉,由跋又有六七葉者,俗皆呼小南星。"按,山珠南星又稱"山珠半夏",較耐陰濕,可用以點綴陰生園景,漿果橘紅,頗爲醒目。另有由跋(*A. ringens*)亦名小南星,依據學名應譯作開口南星,自是另種,應辨之。參閲《雲南植物志·天南星科·山珠半夏》。

【小南星】

即山珠南星。此稱清代已行用。見該文。

【滇南星】

即山珠南星。因産雲南而得名。見該文。

【滇半夏】

即山珠南星,因産雲南而得名。見該文。

【山珠半夏】

即山珠南星。今之通稱一。見該文。

木賊

草名。木賊科,木賊屬,木賊(*Equisetum hyemale* Linn.)。多年生草本蕨類植物。株形直立,可達 1 米許。莖具節與節間,節間中空。地下莖棕褐色,橫卧土中。地上莖綠色,具縱列溝脊,表面粗糙,富硅質;通常不分枝。葉成鞘狀,緊包節上,頂部及基部各有一黑圈,鞘片上有極易脱落之齒。枝端生毛筆頭狀孢子葉球。全草入藥。可盆栽觀賞,亦可露地植於山坡平野作地被植物。多分布於我國東北、西北及西南各地區。

此稱約始見於宋代。以其表皮粗糙,以之磋擦器物,可使之光净無痕,如木之賊取,故

名。宋唐慎微《證類本草·草部下品·木賊》引宋掌禹錫等《嘉祐本草》："木賊出秦、隴、華、成諸郡近水地。苗長尺許，叢生。每根一榦，無花葉，寸寸有節，色青，凌冬不凋。四月采之。"宋蘇頌《圖經本草·草

木　賊
（清吳其濬《植物名實圖考》卷一四）

部下品·木賊》："所生山谷近水地有之，獨莖苗如箭筍，無葉，長一二尺，青色，經冬不枯，寸寸有節，采無時，今醫用之最多。"舊題宋蘇軾《物類相感志·器用》："刀子銹，用木賊草擦之，則銹自落。"明李時珍《本草綱目·草四·木賊》〔釋名〕："此草有節，面糙澀。治木骨者，用之磋擦則光净，猶云木之賊也。"又〔集解〕："叢叢直上，長者二三尺，狀似鳧茈苗及粽心草，而中空有節，又似麻黃莖而稍粗，無枝葉。"明代稱"節節草"。明張岱《夜航船》："木賊，即木賊草，俗稱節節草。"今俗稱"筆頭草""銼草"等。參閱明王圻等《三才圖會·草木五·木賊》、清汪灝等《廣群芳譜·藥譜四·木賊》。

【節節草】

　　"木賊"之俗稱。此稱明代已行用。以其草多節，寸寸有之，故名。見該文。

水葱[1]

　　草名。莎草科，藨草屬，水葱（Scirpus validus Vahl）。多年生草本。根壯莖粗，匍匐而生。莖高2米許，圓柱形，中空。葉鞘膜質，管狀，最頂端之葉鞘具條形葉片。夏季開小花，聚爲小穗狀，小穗多數生莖頂一側成聚傘花序。苞片鑽狀，長不及花序。小堅果表面平滑，成倒卵形或橢圓形。可用於園林，點綴池圃，莖可織席造紙，根可藥用。主要產於我國

水　葱
（明徐光啓《農政全書》卷五三）

東北、西北、華北、西南等地區，多見於湖畔沼澤及淺水中。

　　約始見於唐代文獻記載，時稱"翠菅"。明代始稱"水葱"。蓋因其生於水中，中空似葱，故名。明楊慎《丹鉛總錄·花木·翠菅》："水葱生水中，如葱而中空，又名翠菅。王維詩'水驚波兮翠菅靡'是也。此草可爲席。"按，晋嵇含《南方草木狀》卷上載有"水葱""花色有紅黃紫三種"，乃萱草之屬，見明李時珍《本草綱目·草五·萱草》；又《本草綱目·菜一·茖葱》即野葱生於水中者亦名水葱。是三者同名异實，不得相混。參閱《淵鑑類函》卷四一〇、清汪灝等《廣群芳譜·蔬譜一·葱（水葱）》。

【翠菅】

　　"水葱[1]"之別稱。此稱唐代已行用。以其翠綠如菅草，故名。見該文。

荆三棱

　　草名。莎草科，藨草屬，荆三棱（Scirpus yagara Ohwi）。多年生草本。地下莖匍匐，節膨大爲塊狀。莖直立，高1米許，具三棱，柔韌。葉互生，綫狀披針形，鞘長。夏季開小花，

黃紫色，聚生作小穗，小穗多生莖頂或着於一側，呈傘狀複聚傘花序。小堅果，倒卵形，亦有三棱。根塊富含澱粉，可釀酒或藥用；莖可造紙或紡織。我國大多數地區均有生長，多見於沼澤地。以其多生荊楚，莖葉花實俱有三棱，故名。

約始見於晋代，時稱“蔒”，出晋呂忱《字林》及葛洪《抱朴子》。《玉篇·艸部》：“蔒，草。生水中，根可以緣器。”唐代稱“黑三棱”“京三棱”。唐陳藏器《本草拾遺》：“三棱，總有三四種。京三棱黃色體重，狀若鯽魚而小；又有黑三棱，狀如烏梅而稍大，體輕有鬚，相連蔓延，作漆色，蜀人以織爲器，一名蔒者是也。”宋代始稱“荊三棱”，出宋馬志等《開寶本草》。時亦稱“鷄爪三棱”“石三棱”“草三棱”。宋蘇頌《圖經本草·草部中品·京三棱》：“舊不著所出地土，今河陝江淮荊襄間皆有之。春生苗，高三四尺，似菱蒲，葉皆三棱。五六月開花，似莎草，黃紫色。霜降後采根，削去皮鬚，黃色，微苦，似如小鯽魚狀，體重者佳。多生淺水傍或陂澤中。其根初生成塊，如附子大，或有扁者；傍生一根，又成塊，亦出苗。其不出苗，只生細根者，謂之鷄爪三棱。又不生細根者，謂之黑三棱。大小不常，其色黑，去皮即白。河中府又有石三棱，根黃白色，形如釵股；葉綠色，如蒲苗高及尺，葉上亦有三棱；四月開花，白色，如紅蓼花；五月采根，亦消積氣。下品別有草三棱條，云生蜀地，即鷄爪三棱也。其實一類，故附見於此。一說三棱生荊楚，字當作荊，以著其地，《本經》作‘京’，非也……今三棱荊湘江淮水澤之間皆有。葉如莎草，極長，莖三棱如削，大如人指，高

五六尺，莖端開花，大體皆如莎草而大，生水際及淺水中。苗下即魁，其傍有根橫貫，一根則連數魁，魁上發苗；采苗時斷其苗及橫根，形扁長如鯽魚者，三棱也。根末將盡，一魁末發苗，小圓如烏梅者，黑三棱也。又根之端鈎屈如爪者，爲鷄爪三棱，皆皮黑肌白而至輕。三者本一物，但力有剛柔，各適其用，因其形爲名。”明代“黑三棱”亦作“黑三稜”。明李時珍《本草綱目·草三·荊三棱》〔釋名〕：“三棱，葉有三棱也，生荊楚地，故名荊三棱，以著其地。《開寶本草》作京者，誤矣。又出草三棱條，云即鷄爪三棱，生蜀地，二月八月采之。其實一類，隨形命名爾。”又〔集解〕：“三棱多生荒廢陂池溼地。春時叢生，夏秋抽高莖，莖端復生數葉，開花六七枝，花皆細碎成穗，黃紫色。中有細子，其莖葉花實俱有三棱，並與香附苗葉花實一樣，但長大爾。其莖光滑三棱，如梭之葉莖，莖中有白穰，剖之織物柔韌如藤。呂忱《字林》云：‘蔒，草，生水中，根可緣器。’即此草莖，非根也。《抱朴子》言‘蔒根化鱓’，亦是此草。其根多黃黑鬚，削去鬚皮，乃如鯽狀，非本根似鯽也。”明朱橚《救荒本草》卷四：“黑三棱……今鄭州賈峪山澗水邊亦有。苗高三四尺，葉似菖蒲葉而厚大，背皆三棱，劍脊，葉中攛葶；葶上結實，攢爲刺毬狀，如楮桃樣而大，顆瓣甚多；其顆瓣形

黑三棱
（清吳其濬《植物名實圖考》卷一八）

似草決明子而大，生則青，熟則紅黃色。根狀如烏梅而頗大，有鬚蔓延相連……救飢：採嫩葶剥去麤皮，煠熟，油鹽調食。"徐珂《清稗類鈔·植物類》："三棱爲多年生草，春時叢生於荒廢陂池及濕地，葉似蒲而狹。夏秋抽莖，高四五尺，莖端開花六七枝，雄花在上，雌花在下，皆細碎成穗，黃紫色，結子甚細。其葉、莖、花、實俱有三棱。莖中有白穰，剖之，織物柔韌，如藤。荆襄、江淮、濟南、河陝皆有之。生於荆楚者曰荆三棱，可入藥。"參閲清汪灝等《廣群芳譜·藥譜三·荆三棱》。

京三棱
（明王圻等《三才圖會》
卷三）

【䔍】

"荆三棱"之別名。此稱晋代已行用。見該文。

【黑三棱】

"荆三棱"之別名。此稱唐代已行用。以其根塊皮黑，故名。見該文。

【黑三棱】

同"黑三棱"。即荆三棱。此體明代已行用。見該文。

【京三棱】

同"荆三棱"。京，蓋"荆"之訛。此體唐代已行用。見該文。

【雞爪三棱】

"荆三棱"之別名。此稱宋代已行用。以其根塊形如雞爪，故名。見該文。

【石三棱】

"荆三棱"之別名。此稱宋代已行用。見該文。

【草三棱】

"荆三棱"之別名。此稱宋代已行用。見該文。

【茣】

"荆三棱"之別名。此稱漢代已行用。時亦作"苧"。三國時稱"三棱"，清代稱"馬茣"。《説文·艸部》："茣，草也，从艸予聲。可以爲繩。"清段玉裁注："《上林賦》：'蔣茣青蘋。'張揖曰：'茣，三棱也。'郭璞音杼。按，三棱者，蘇頌《圖經》所謂葉似莎草極長，莖三棱如削、高五六尺、莖端開花是也。江蘇蘆灘中極多，呼爲馬茣，音同宁，莖可繫物，亦可辮之爲索。《南都賦》：'蘺茣蘋茪。'李注引《説文》：'苧，可以爲索。'蓋賦文本作苧。《文選·上林賦》亦作苧。苧者，茣之别字。"按，今北方湖沼地（如白洋淀）多有之，俗稱"三棱草""棱子草"。抽取其莖，曬乾後極柔韌，可編繩、草墊等。其地下塊莖似荸薺，俗稱"地梨"，生熟皆可食，甜美。

【苧】

同"茣"，即荆三棱。此體漢代已行用。見該文。

【三棱】

即荆三棱。此稱三國時已行用。見該文。

【馬茣】

"荆三棱"之別名。此稱清代已行用。見該文。

莎草

草名。莎草科，莎草屬，莎草（*Cyperus*

rotundus Linn.）。多年生草本。地下有紡錘形塊根，密布鬚毛。莖直立，具三棱。葉基生，狹長綫形，質硬，深綠而有光澤，作三縱列形，抱莖處作鞘狀。夏季開花，棕褐色，穗狀花序頂生，五指分開狀排列。莖葉可供編織，塊根藥用。分布幾遍全國，多見於山野陰濕之地。

先秦稱"縞""臺""簦""青莎"，秦漢時稱"夫須""薃侯""莎"，"臺"亦作"臺"。漢代稱"莎隨""莎侯"；"莎隨"亦作"莎蓨"，"薃侯"亦作"鎬侯"。《夏小正》："正月緹縞。"傳云："縞也者，莎蓨也。"莎隨，《爾雅》郭璞注引作"莎侯"。《詩・小雅・南山有臺》："南山有臺，北山有萊。"毛傳："臺，夫須也。"《國語・吳語》："〔夫差〕遵汶伐博，簦笠相望於艾陵。"韋昭注引唐尚書云："簦笠，夫須也。"《爾雅・釋草》："臺，夫須。"郭璞注："鄭箋《詩》云：臺可以爲禦雨笠。"郝懿行義疏："按《詩》釋文：臺，如字。《爾雅》作臺。"又："薃侯，莎，其實媞。"郝懿行義疏："《本草》《別錄》：'莎，一名夫須。須、莎、蓨俱雙聲，其根名香附，其實名媞。'《夏小正》云：'正月緹縞。'縞也者，莎蓨也。緹也者，其實也。縞鎬、隋蓨、緹媞竝聲借字也。夫須即臺，臺古讀如緹。"《説文・艸部》："莎，鎬侯也。"《楚辭・淮南小山〈招隱士〉》："青莎雜樹兮，薠草靃靡。"三國時始稱"莎草"，時亦稱"雀頭香""地毛"。"縞"音轉作"蒿"，"青

莎草
（宋柴源等《紹興校定證類備急本草畫圖》卷三）

莎"音轉作"青蓑"，"莎隨"亦作"莎隋"。三國吳陸璣《毛詩草木鳥獸蟲魚疏》："舊説，夫須，莎草也，可爲蓑笠。"清汪灝等《廣群芳譜・藥譜三・香附子》引《江表傳》："魏文帝遣使於吳求雀頭香。"《廣雅・釋草》："其蒿，青蓑也。"王念孫疏證："蓑與莎同音，青蓑即青莎也。蒿，當讀爲蘺。《爾雅》云'蘺，侯莎'是也……惟'其'字未審何字之誤耳。"又："地毛，莎隋也。"王念孫疏證："隋，與隨同。"南北朝稱"香附子""侯莎""蘺"。南朝梁陶弘景《名醫別録・中品・莎草》："莎草、香附子……一名蘺，一名侯莎，其實名緹。生田野，二月、八月采。"《北史・豆盧寧傳》："嘗與梁仙定遇於平涼川，相與肆射，乃相去百步懸莎草以射之，七發五中。"唐代稱"抱靈居士"，出唐馮贄《記事珠》。時亦稱"水香棱""香棱""莎結""草附子""水莎""地藾根""續根草""水巴戟""三棱草"。宋蘇頌《圖經本草・草部中品・莎草》："莎草，根又名香附子。舊不著所出州土，但云生田野，今處處有之。或云交州者勝，大如棗，近道者如杏仁許。苗莖葉都似三棱，根若附子，周匝多毛。今近道生者，苗葉如薤而瘦，根如筋頭大，二月、八月采。謹按《天寶單方圖》（舊説唐玄宗撰）載水香棱，功狀與此頗相類，但味差不同。其方云：水香棱……元生博平郡池澤中，苗名香棱，根名莎結，亦名草附子，河南及淮南下濕地即有，名水莎。隴西謂之地藾根，蜀郡名續根草，亦名水巴戟。今涪都最饒，名三棱草。用莖作鞋履，所在皆有。"宋代稱"回頭青"。宋陶穀《清異録》："香附子，湖湘人謂之回頭青。言就地劃去，轉首已青。"《爾雅翼・釋草》："臺

者，莎草。可以爲衣以禦雨，今人謂之蓑衣。"
又："臺，一名夫須，蓋匹夫所須。"宋元之際
佛道亦稱"月萃哆"，出《金光明經》。明代稱
"水三稜""雷公頭"。明李時珍《本草綱目·草
三·莎草香附子》〔釋名〕："《別錄》止云莎草，
不言用苗用根，後世皆用其根，名香附子，而
不知莎草之名也。其草可爲笠及雨衣，疎而不
沾，故字從草從沙。亦作蓑字，因其爲衣垂緌，
如孝子衰衣之狀，故又從衰也……其根相附，
連續而生，可以合香，故謂之香附子，上古謂
之雀頭香……其葉似三稜及巴戟，而生下濕地，
故有水三稜、水巴戟之名，俗人呼爲雷公頭。"
又〔集解〕："莎葉如老韭葉而硬，光澤，有劍
脊稜。五六月中抽一莖，三稜，中空，莖端復
出數葉。開青花成穗如黍，中有細子。其根有
鬚，鬚下結子一二枚，轉相延生。子上有細黑
毛，大者如羊棗而兩頭尖。采得燎去毛，暴乾
貨之，此乃近時日用要藥。"清郝懿行《爾雅義
疏》下之一："今驗，莎有二種：一種細莖直
上，一種麤而短，莖頭復出數莖。其葉俱如韭
葉，而細莖有三稜。實在莖端，其色赤緹，故
曰緹矣。"

按，此條有四事須考辨、說明。一、"臺
（薹）"與"莎"爲二物抑或一物，無定說。《爾
雅·釋草》別"臺""莎"爲兩條，後有承此說
視爲二物者。《爾雅翼·釋草》"臺"爲一條，
釋作"莎草"；"莎"別爲一條，釋作"莖葉都
似三稜，根若附子，周匝多毛"。徐珂《清稗
類鈔·植物類》於此二者區別甚嚴。其稱"臺"
爲"多年生草，植於水田，莖高三四尺，葉狹
長，至三尺許。夏日開單性花，雌雄皆爲穗狀
花序。秋月刈葉，乾之以製笠"。其稱"莎"則

"爲一年生草，産道旁及園圃中，甚多。莖三角
形，高尺許，葉細長而硬，多由根出。夏日莖
頂別生三葉，開黃褐色小花，成穗。葉可爲笠
及蓑衣。舊稱其根即香附子，今博物學家析爲
二種"。然清邵晋涵《爾雅正義》引三國吳陸璣
《詩義疏》云："舊說夫須（即臺），莎草也。"
李時珍《本草綱目》亦持此說。本文姑從此
說。二、關於《爾雅·釋草》"薃侯，莎"的斷
句。有兩種斷法。一種，"薃侯"連讀；一種，
"侯莎"連讀。漢許慎、清郝懿行持前讀法，故
《說文》釋"莎"爲"鎬侯"，《爾雅義疏》批
評後讀法"非"。南朝梁陶弘景、南唐徐鍇及明
李時珍等持後讀法，故《名醫別錄》言莎草名
"薃""侯莎"，《本草綱目》〔釋名〕亦出"侯莎"
之名。由於兩種斷法之正誤殊難遽定，而文獻
中不同斷法之異各亦錯出迭見，本文姑兩種斷
法之異名一并收錄。三、"莎侯"之"侯"，或
釋爲"莎草"。《爾雅·釋草》："薃侯，莎。"邢
昺疏："案《廣雅》云：地毛，莎蓨也。是蓨即
莎也，故云莎蓨。"《集韻·平支》："蓨，地毛，
莎蓨也。"四、"鎬侯"的音讀。清段玉裁《說
文解字注》："按，縞、薃、鎬同字。許讀《爾
雅》'鎬侯'爲句，鎬侯雙聲，莎隨叠韻，皆參
呼也；單呼則曰縞、曰莎，其根即今香附子。"

【縞】

"莎草"之古稱。此稱先秦已行用。見該文。

【臺】

"莎草"之古稱。此稱先秦已行用。見該文。

【薹】[2]

同"臺"，即莎草。此體秦漢時已行用。見
該文。

【蒵】

"莎草"之古稱。此稱先秦已行用。見該文。

【夫須】

"莎草"之別名。秦漢時已行用。因其可製蓑衣以防雨，爲匹夫所須，故名。見該文。

【薃侯】

"莎草"之別名。秦漢時已行用。見該文。

【鎬侯】

同"薃侯"，即莎草。此體漢代已行用。見該文。

【莎】

"莎草"之單稱。秦漢時已行用。見該文。

【莎隨】

"莎草"之別名。此稱漢代已行用。見該文。

【莎侯】

"莎草"之別名。此稱漢代已行用。見該文。

【莎蓨】

同"莎隨"，即莎草。此體三國時已行用。見該文。

【青莎】

"莎草"之別名。此稱先秦已行用。見該文。

【青蓑】

同"青莎"，即莎草。此體三國時已行用。見該文。

【雀頭香】

"莎草"之別名。多特指其根。此稱三國時已行用。見該文。

【地毛】

"莎草"之別名。三國時已行用。見該文。

【蒿】[3]

即莎草。此稱三國時已行用。見該文。

【香附子】

"莎草"之別名。多特指其根。以其根塊鬚毛附連而生，可以合香，故名。此稱南北朝已行用。見該文。

【侯莎】

"莎草"之別名。此稱南北朝已行用。按，此名得自《爾雅・釋草》"薃侯，莎"的另一種斷句法。侯、侯，異體字。

【薃】

"莎草"之別名。此稱南北朝已行用。按，此名亦得自《爾雅・釋草》"薃侯，莎"的另一種斷句法。

【抱靈居士】

"莎草"之別名。此稱唐代已行用。見該文。

【水香棱】

"莎草"之別名。此稱唐代已行用。棱，或作"稜"。見該文。

【香棱】

"莎草"之別名。此稱唐代已行用。見該文。

【莎結】

"莎草"之別名。亦特指其根。此稱唐代已行用。見該文。

【草附子】

"莎草"之別名。此稱唐代已行用。見該文。

【水莎】

"莎草"之別名。此稱唐代已行用。見該文。

【地藾根】

"莎草"之別名。此稱唐代已行用。見該文。

【續根草】

"莎草"之別名。此稱唐代已行用。見該文。

【水巴戟】

"莎草"之別名。此稱唐代已行用。以葉似

巴戟，生於濕地，故名。見該文。

【三棱草】

　　"莎草"之別名。此稱唐代已行用。以其莖呈三棱，故名。見該文。

【回頭青】

　　"莎草"之別名。以就地劃去，轉首即青，故名。此稱宋代已行用。見該文。

【月萃哆】

　　佛道語。"莎草"之別名。此稱約在宋元之際已行用。見該文。

【水三棱】

　　"莎草"之別名。此稱明代已行用。以其葉似三棱，生於濕地，故名。"棱"，字或作"稜"。見該文。

【雷公頭】

　　"莎草"之別名。此稱明代已行用。見該文。

莞²

　　草名。莎草科，藨草屬，莞（*Scirpus validus* Vahl.）。多年生草本。莖赤，高 1 米許，細圓，叢生，綠色，葉小，呈麟狀。夏季於莖頂部開淡黃褐色小花（一説，開細白花），穗狀排列。可入藥，亦可製席。分布於我國東北、華北、西南等地區，生於沼澤川谷道旁，亦可人工於水中培育。在我國至少已有兩千年以上之生長歷史。

　　此稱始見於秦漢，時亦稱"苻離"。漢代稱"茵芋"，三國時稱"卑共"，晋代稱"莆"。《爾雅·釋草》："莞，苻離。其上蒚。"郭璞注："今江東謂之苻離，西方亦名蒲。中莖爲蒚，用之爲席。"《神農本草經·草部下品·茵芋》："茵芋……生山谷。"三國魏吴普《吴氏本草》："茵芋，一名卑共。微溫有毒，狀如莽草而細軟。"《説文·艸

部》："莞，艸也，可以爲席。"南北朝稱"莞草"，亦作"芫草"；"茵芋"亦作"茵蕷"。南朝梁陶弘景《名醫別録·下品·莞》："一名莞草，一名卑共。生太山川谷。三月三日采葉陰乾。"莞草，《本草經集注》："芫草。""茵芋"，《本草綱目》引作"茵蕷"。宋蘇頌《圖經本草·草部下品·茵芋》："今雍州、絳州、華州、杭州亦有之。春生苗，高三四尺，莖赤，葉似石榴而短厚，又信石南葉，四月開細白花，五月結實。"明李時珍《本草綱目·草六·茵芋》〔釋名〕："茵芋本作因預，未詳其義。"清代稱"水葱"。徐珂《清稗類鈔·植物類》："莞爲多年生草，植於水田，又名水葱，莖高五六尺，纖細而圓，上部小葉如鱗片。夏開黃綠色小花，花序爲小穗狀，集生莖端。其莖可織席。"按，與蕓香科茵芋屬之常綠灌木同名異實。參閱清汪灝等《廣群芳譜·藥譜五·茵芋》。

【苻離】²

　　"莞²"之別稱。此稱秦漢時已行用。見該文。

【茵芋】

　　"莞²"之別名。此稱漢代已行用。見該文。

【茵蕷】

　　同"茵芋"，即莞²。此體南北朝已行用。見該文。

【卑共】

　　"莞²"之異名。此稱三國時已行用。見該文。

【莆】

　　"莞²"之別名。此稱晋代已行用。見該文。

【莞草】

　　即莞²。此稱南北朝已行用。見該文。

【芫草】

　　同"莞草"，即莞²。此體南北朝已行用。

見該文。

【水葱】²

"莞²"之异名。此稱清代已行用。見該文。

烏臘草

草名。莎草科，薹草屬，即烏拉草（*Carex meyeriana* Kunth）之別名。多年生灰綠色草本。緊密叢生。地上莖直立，三棱形，細而堅，有韌性。葉片細長柔軟。莖上具小穗二三枚，頂生者爲雄性，圓柱形；側生者爲雌性，卵形。莖葉曬乾後纖維堅韌柔軟，可製草鞋、草褥等。產於我國東北地區，沼澤地中尤多。此稱約始見於清代，時亦作"護臘草""烏拉草"，亦稱"毛子草"。護臘，草鞋。此草可爲之，故名。清魏源《聖武記》卷一："有烏臘草，近水而生，長細温軟，薦履行冰雪中，足不知寒。"清楊賓《柳邊紀略》卷三："毛子草細若綫，三棱微有刺，生淀子中，拔之頗觸手，以木椎數十下，則軟於綿矣。一名護臘草。土人語云：遼東三件寶：貂鼠、人參、護臘草。"徐珂《清稗類鈔·植物類·護臘草》："護臘，草履也，絮毛子草，細軟而暖，可禦寒……一名烏拉草。"今俗或寫作"靰鞡草"。

【護臘草】

同"烏臘草"。此體清代已行用。見該文。

【烏拉草】

同"烏臘草"。此體清代已行用。見該文。

【毛子草】

"烏臘草"之別名。此稱清代已行用。因細、多如毛，故名。見該文。

䔇

草名。莎草科，薹草屬，䔇（*Carex kobomugi* Ohwi）。多年生草本。葉由根際生，窄而長，葉緣呈鋸齒形。春季抽花莖，三棱形，株頂生花穗，雄雌异株：雄穗卵形，黄色花蕊；雌穗粗大，黄褐色。小堅果，子可食，莖葉可製紙。主要分布於我國東北地區及魯、冀兩省，生於海邊或河邊沙地。始見於晋代，時亦稱"自然穀""禹餘糧"。晋張華《博物志·異草木》："扶海洲上有草焉，名䔇。其實食之如大麥，七月稔熟，民斂穫至冬乃訖。俗名曰自然穀，或曰禹餘糧。"《玉篇·艸部》："䔇，草名。"參閱北魏賈思勰《齊民要術·五穀果蓏菜茹非中國物產者》《太平御覽》卷九〇九。

【自然穀】

"䔇"之俗名。此稱晋代已行用。見該文。

【禹餘糧】²

"䔇"之异名。此稱晋代已行用。見該文。

水蘇

草名。唇形科，水蘇屬，水蘇（*Stachys baicalensis* Fisch. ex Benth.）。多年生草本。方莖中空，直立，高1米許。葉對生，豐首銳末，緣有齒缺，具辛烈氣。夏季於節間開紫白色或水紅色花，瓣開傘狀花序。卵球形小堅果。莖葉可食及入藥。產於我國華北、東北、西北、華中、華東等地區，多見於湖塘池澤之畔。

在我國有二千至三千年以上的生長栽培歷史，係由先秦的蘇、荏類分化而出（説見《爾雅·釋草》"蘇，桂荏"郝懿行義疏）。文獻中約始見載於漢代。因形似蘇而生水岸，故名。《神農本草經》卷二："水蘇……生池澤。"三國時稱"芥蒩""勞祖""雞蘇""萊"。三國魏吳普《吳氏本草·草木類·水蘇》："芥蒩，水蘇也。"三國吳陸璣《毛詩草木鳥獸蟲魚疏》："藻，水草也，生水底。有二種，其一種如雞蘇，莖大如箸。"北魏賈思勰《齊民要術·五穀果蓏菜茹非中國物産者·藜》引陸璣《詩疏》："譙沛人謂雞蘇爲藾。"晋代稱"香蘇"（見葛洪《肘後百一方》）。南北朝"芥菹"亦作"芥苴"。南朝梁陶弘景《名醫別録·中品·水蘇》："一名雞蘇……一名芥苴，生九真，七月采。"五代韓保昇《蜀本草》："〔水蘇〕葉似白薇，兩葉相當，花生節間，紫白色，味辛而香，六月采莖葉，日乾。"宋蘇軾《石芝》詩："鏘然敲折青珊瑚，味如蜜藕和雞蘇。"元代稱"龍腦薄荷"。元吳瑞《日用本草》："水蘇即雞蘇，俗呼龍腦薄荷。"明李時珍《本草綱目·草三·水蘇》〔釋名〕："此草似蘇而好生水旁，故名水蘇。其葉辛香可以煮雞，故有龍腦、香蘇、雞蘇諸名。芥菹、芥苴當作芥蘇，乃是一名而誤録爾；亦因味辛如芥，故名。"〔集解〕："水蘇三月生苗，方莖中虛，葉似蘇葉而微長，密齒，面皺色青，對節生，氣甚辛烈。六七月開花成穗，如蘇穗，水紅色。穗中有細子，狀如荊芥子，可種易生。宿根亦自生，沃地者苗高四五尺。"徐珂《清稗類鈔·植物類》："水蘇爲山野自生之草，高二三尺，莖方，葉形如箭鏃，面皺，莖、葉皆密生粗毛。夏月莖端開脣形花，色淡紅微紫，氣甚辛烈，有毒，可作藥，亦稱龍腦薄荷。"

按，或説"薺薴"爲水蘇，始自唐蘇敬等《唐本草》，謂"此蘇生下濕水側，苗似旋覆，兩葉相當，大香馥。青齊河間人名爲水蘇，江左名爲薺薴，吳會謂之雞蘇"。宋蘇頌《圖經本草》承其説。唐陳藏器《本草拾遺》則謂薺薴自是一物，非水蘇。明李時珍本其説，詳辨其差別，謂"水蘇、薺薴，一類二種爾。水蘇氣香、薺薴氣臭爲異。水蘇三月生苗，方莖中虛，

葉似蘇葉而微長，密齒，面皺色青，對節生，氣味辛烈，六七月開花成穗，如蘇穗，水紅色，穗中有細子，狀如荊芥子，可種易生，宿根亦自生，沃地者苗高四五尺"。故其書別"水蘇""薺薴"爲兩條。參閲明王圻等《三才圖會·草木》、清汪灝等《廣群芳譜·藥譜三·水蘇》。

【芥菹】

"水蘇"之异稱。此稱三國時已行用。味辛如芥，菹爲"蘇"之訛，故名。見該文。

【芥苴】

同"芥菹"。即水蘇。此體南北朝已行用。見該文。

【勞祖】

"水蘇"之异稱。此稱三國時已行用。見該文。

【雞蘇】

"水蘇"之异稱。此稱三國時已行用。以其辛香，煮雞必用，故名。見該文。

【藾】[2]

"水蘇"之异稱。此稱三國時已行用。見該文。

【香蘇】[2]

"水蘇"之別稱。此稱晋代已行用。以其葉辛香，故名。見該文。

【龍腦薄荷】[1]

"水蘇"之別名。龍腦，指雞頭；可以煮雞，故名。此稱元代已行用。見該文。

夏枯草

草名。脣形科，夏枯草屬，夏枯草（*Prunella vulgaris* Linn.）。多年生草本。莖直立，高一米許，微具四棱，少分枝，基部匍匐

於地。葉對生，闊大，具柄，長橢圓形，緣有缺齒。初夏莖頂抽穗，長 6~7 厘米，圓柱狀，密開紫色或白色小花。每穗結小籽四枚。以其夏至後全株枯萎，故名。廣布於我國各地。

此稱約始見於漢代，時亦稱"夕句""乃東"。《神農本草經》卷三："夏枯草……一名夕句，一名乃東。生川谷。"南北朝稱"燕面"。南朝梁陶弘景《名醫別錄·下品·夏枯草》："夏枯草……一名燕面，生蜀郡川谷，四月采。"宋蘇頌《圖經本草·草部下品·夏枯草》："今河東淮浙州郡亦有之。冬至後生，葉似旋覆。三月四月開花，作穗紫白色，似丹參花。結子亦作穗，至五月枯。"明代稱"鐵色草"。明李時珍《本草綱目·草四·夏枯草》〔釋名〕："鐵色草。震亨曰：此草夏至後即枯，蓋稟純陽之氣，得陰氣則枯，故有是名。"又〔集解〕："原野間甚多。苗高一二尺許，莖微方。葉對節生，似旋復葉而長大，有細齒，背白多紋。莖端作穗，長一二寸，穗中開淡紫小花。一穗有細子四粒……嫩苗瀹過，浸去苦味，油鹽拌之可食。"明朱橚《救荒本草》卷一："〔夏枯草〕今祥符西田野中亦有之。苗高二三尺……背白，上多氣脈紋路。葉端開花作穗，長二三寸許……俗又謂之鬱臭苗，非是。"徐珂《清稗類鈔·植物類》："夏枯草爲多年生草，野生，莖方，高尺餘，葉作長卵形，端尖，莖、葉皆有毛。夏初莖端開脣形花，列爲穗狀花序，色淡紫

夏枯草
（明王圻等《三才圖會》卷五）

或白。莖、葉入藥。此草夏至後即枯，故名。"按，宋寇宗奭《本草衍義》稱之爲"臭鬱"，誤。明李時珍《本草綱目·草四·夏枯草》〔正誤〕引元朱震亨曰："臭鬱草有臭味，即茺蔚是也；夏枯草無臭味。明是兩物，俱生於春，夏枯先枯而無子，臭鬱後枯而結子。"參閱清汪灝等《廣群芳譜·藥譜三·夏枯草》。

【夕句】

"夏枯草"之別名。此稱漢代已行用。見該文。

【乃東】

"夏枯草"之別名。此稱漢代已行用。見該文。

【燕面】

"夏枯草"之別名。此稱南北朝已行用。見該文。

【鐵色草】

"夏枯草"之別名。此稱明代已行用。見該文。

【鐵色】

"鐵色草"之省稱，即夏枯草。此稱明代已行用。明方以智《通雅·植物》："《神農本草經》曰'夕句'，曰'乃東'者，所謂燕面、鐵色、夏枯草也。"

薄荷

草名。脣形科，薄荷屬，薄荷（*Mentha haplocalyx* Briq.）。多年生草本。莖爲方形，具四棱，被有微柔毛。葉對生，卵形或橢圓形，前端尖，有腺點。夏秋季開脣形花，呈紅、白或淡紫色，輪生於葉腋，花冠四裂。小堅果，卵球形。莖葉之味香而清凉，可食，或作茶飲，亦入藥。全國各地有分布，喜生水旁潮濕地。

約始見於漢代，時稱"茇苦"。《漢書·揚雄傳上》："攢並閭與茇苦兮，紛被麗其亡鄂。"顏師古注："茇苦，草名也。"《文選·甘泉賦》作"茇菇"。"茇苦"亦作"菝菇"。三國時稱"醜""菱"。《廣雅·釋草》："醜、菱，茇菇也。"晋代始稱"薄荷"。晋束皙《發蒙記》："猫以薄荷爲酒，謂飲之即醉也。"唐代稱"蕃荷""蕃荷菜"，出唐孫思邈《千金方》。五代時亦作"菝蕑"，亦稱"吳菝蕑"。宋代稱"南薄荷"。宋寇宗奭《本草衍義》卷一九："世稱此爲南薄荷，爲有一種龍腦薄荷，所以別之。"宋蘇頌《圖經本草·菜部·薄荷》："薄荷……而今處處皆有之，莖葉似荏而尖長，經冬根不死，夏秋采莖葉曝乾。"時亦稱"醉猫"。以猫食之而醉，故名。宋陶穀《清異録·蔬菜》："鍊鶴一羹，醉猫三餅。"舊注："巍（李巍）以鍊蒔蘿薄荷搗飯爲餅。"明代稱"金錢薄荷"。明李時珍《本草綱目·草三·薄荷》〔釋名〕："金錢薄荷。時珍曰：薄荷，俗稱也。"并引明汪機《本草會編》："小兒方多用金錢薄荷，謂其葉小頗圓如錢也。"時亦稱"雞蘇佛。"明李日華《紫桃軒雜綴》卷一："雞蘇佛……即薄荷，上口芳辣，橄欖久咀，回甘不盡，合此二者，庶得茶蘊。"徐珂《清稗類鈔·植物類》："薄荷爲多年生草，濕地自生，高二尺許，葉爲卵形，端尖，有鋸齒。秋月

薄　荷
（明徐光啓《農政全書》
卷五八）

開淡紫花，花冠作脣形，叢生於葉腋。莖葉有特別香氣，入藥，可製薄荷油、薄荷腦。"參閲明王圻等《三才圖會·草木·薄荷》、清汪灝等《廣群芳譜·藥譜三·薄荷》。

【茇苦】
"薄荷"之古稱。此稱漢代已行用。見該文。

【茇菇】
同"茇苦"，即"薄荷"。此體漢代已行用。見該文。

【醜】
"薄荷"之別稱。此稱三國時已行用。見該文。

【菱】
"薄荷"之异稱。此稱三國時已行用。見該文。

【菝菇】
即薄荷。此稱三國時已行用。見該文。

【蕃荷】
同"薄荷"。此體唐代已行用。見該文。

【蕃荷菜】
即薄荷。此稱唐代已行用。見該文。

【菝蕑】
即薄荷。此稱五代時已行用。見該文。

【吳菝蕑】
"薄荷"之异稱。入藥者以蘇州所產爲勝，故名。此稱五代時已行用。見該文。

【南薄荷】
"薄荷"之別名。此稱宋代已行用。入藥者以南方所產爲良，故名。以與北地產者別。見該文。

【醉猫】
"薄荷"之异稱。此稱宋代已行用。見該文。

【金錢薄荷】

"薄荷"之异名。此稱明代已行用。因葉圓如錢，故名。見該文。

【雞蘇佛】

即薄荷。此稱明代已行用。見該文。

【連錢草】[1]

"薄荷"之一種。此稱唐代已行用。宋代稱"胡薄荷""新羅薄荷"。宋蘇頌《圖經本草·菜部·薄荷》："又有胡薄荷，與此相類，但味少甘爲別。生江浙間，彼人多以作茶飲之，俗呼新羅薄荷。近京僧寺亦或植一二本者，《天寶方》名連錢草者是。石薄荷，生江南山石上，葉微小，至冬而紫色。此一種不聞有別功用。"

【胡薄荷】[1]

"連錢草"之异稱。此稱宋代已行用。見該文。

【新羅薄荷】[1]

"連錢草"之异名。此稱宋代已行用。見該文。

【石薄荷】

"薄荷"之一種。此稱宋代已行用。見本類"連錢草"文。

【臭薄荷】

"薄荷"之一種。因氣味强烈近臭，故名。此稱清代已行用。時還有一種"龍腦薄荷"。清吳其濬《植物名實圖考·芳草類·薄荷》："中州亦蒔以爲蔬。有二種，形狀同而氣味異，俗亦謂之臭薄荷。蓋野生者氣烈近臭，移蒔則氣味薄而清，可啖，亦可入藥也。吳中種之，謂之龍腦薄荷，因地得名，非有異也。肆中以糖煎之爲飴。"

【龍腦薄荷】[2]

"薄荷"之一種。此稱清代已行用。見該文。

牛膝

草名。莧科，牛膝屬，牛膝（*Achyranthes bidentata* Bl.）。多年生草本。根爲圓柱形，粗大而長。莖高 1 米許，方形帶棱。莖節如禽畜膝凸出。葉對生，橢圓如匙，具柄，末端尖細。夏秋開綠花，穗狀花序。果實具刺，倒貼莖上，易黏人衣。根入藥，苗葉可食，宜布置於園林。我國各地均有生長栽植。

始見於漢代文獻記載，時亦作"牛荕"，亦稱"百倍"。《神農本草經·草部上品·牛荕》："牛荕……一名百倍。生川谷。"《五十二病方·加（痂）》："冶牛膝、燔蝝灰等……执灑加（痂）而傅之。"三國時稱"牛莖"。《廣雅·釋草》："牛莖，牛荕也。"《抱朴子·黃白》："俗人見方，用龍膽、虎掌、雞頭、鴨跖、馬蹄、犬血、鼠尾、牛膝，皆謂之血氣之物也。"宋蘇頌《圖經本草·草部上品·牛膝》："〔牛膝〕今江淮閩粵關中亦有之，然不及懷州者爲真。春生苗，莖高二三尺，青紫色，有節如鶴膝及牛膝狀，以此名之。葉尖圓如匙，兩兩相對。於節上生花作穗，秋結實甚細……根極長大，至三尺而柔潤者爲佳。莖葉亦可單用。"明代稱"山莧菜""脚斯蹬""對節菜"。明朱橚《救荒本草·草

牛 膝
（清吳其濬《植物名實圖考》卷一一）

部·山莧菜》：“山
莧菜，《本草》名
牛膝，一名百倍，
俗名脚斯蹬……
蔡州者最長大柔
潤，今鈞州山野中
亦有之。苗高二尺
已來，莖方，青紫
色，其莖有節如
鶴膝，又如牛膝
狀，以此名之。”
明李時珍《本草綱
目·草五·牛膝》〔釋名〕：“對節菜……時珍曰：
《本經》又名百倍，隱語也。言其滋補之功，如
牛之多力也。其葉似莧，其節對生，故俗有山
莧對節之稱。”又〔集解〕：“牛膝處處有之，謂
之土牛膝，不堪服食；惟北土及川中人家栽蒔
者爲良。秋間收子，至春種之。其苗方莖暴節，
葉皆對生，頗似莧葉而長且尖觕。秋月開花作
穗，結子狀如小鼠負蟲，有澀毛，皆貼莖倒生。
九月末取根，水中浸兩宿，挼去皮，裹紮暴
乾，雖白直可貴……嫩苗可作菜茹。”徐珂《清
稗類鈔·植物類》：“牛膝爲多年生草，隨處自
生。莖高二尺許，葉橢圓而尖。花綠色，甚小，
爲穗狀花序。實有小刺，常黏著人衣。其根入
藥。”參閱明王圻等《三才圖會·草木》、清汪
灝等《廣群芳譜·藥譜四·牛膝》。

山莧菜
（明鮑山《野菜博錄》卷一）

【牛卻】

同“牛膝”。此體漢代已行用。因其莖膨大
節似牛膝，故名。見該文。

【百倍】

“牛膝”之別稱。此稱漢代已行用。因其

於人體有滋補之功，如牛有百倍之力，故名。
見該文。

【牛莖】

猶牛膝。此稱三國時已行用。見該文。

【山莧菜】

“牛膝”之別稱。此稱明代已行用。因其葉
似莧菜，遂以稱。見該文。

【脚斯蹬】

“牛膝”之俗稱。此稱明代已行用。見該文。

【對節菜】

“牛膝”之別稱。此稱明代已行用。因其節
對生，故名。見該文。

【㔉】

“牛膝”之別稱。此稱晋代已行用。清吳
任臣《字彙補·心部》引晋吕忱《字林》：“㔉，
牛膝也。藥名。”明方以智《通雅·植物》：“青
㔉謂茁也；牛膝一名㔉。”

【接骨草】

“牛膝”之別名。亦稱“四季花”。此稱
明代已行用。清吳其濬《植物名實圖考·隰草
類·牛膝》：“《廣西通志》：‘接骨草即土牛膝，
又名四季花，莖綠而圓，葉長而尖。跌傷骨節，
搗爛敷之，立效。’”

【四季花】

“牛膝”之別名。此稱明代已行用。見該文。

毛茛

草名。毛茛科，毛茛屬，毛茛（*Ranunculus
japonicus* Thunb.）。多年生草木。莖高 30 厘米
許，深裂，裂片呈綫狀披針形。初夏於莖頂分
枝開小黃花，單生，花瓣五出相連，光艷悦目。
瘦果，多枚相聚。葉及子入藥。遍生我國各地，
多見於田野澤邊下濕地。

約始見於晋代文獻記載，時稱"水茛""毛建草"。明李明珍《本草綱目·草六·毛茛》〔集解〕引晋葛洪《肘後百一方》："菜中有水茛，葉圓而光，生水旁，有毒，蟹多食之；人誤食之，狂亂如中風狀，或吐血，以甘草汁解之。又曰：毛建草，生江東地田野澤畔，葉如芥而大，上有毛，花黄色，子如蒺藜。"唐代始稱"毛茛"。唐蘇敬等《唐本草·草部·毛茛》："毛茛是有毛石龍芮也，有毒，與鈎吻無干。"宋代稱"天炙"，見宋寇宗奭《本草衍義》卷九。宋沈括《夢溪筆談·藥議》亦有類似記載，甚簡明："石龍芮今有兩種：水中生者，葉光而末圓，陸生者葉毛而末鋭；入藥用生水者，陸生亦謂之天炙，取少葉揉繫臂上，一夜作大泡如火燒者是也。"明代稱"毛董""自炙""猴蒜"。明李時珍《本草綱目·草六·毛茛》〔釋名〕："毛董、天炙、自炙、猴蒜……時珍曰：……俗名毛董，似水董而有毛也。山人截瘧，采葉按貼寸口，一夜作泡如火燎，故呼爲天炙、自炙。"又〔集解〕："毛建、毛茛即今毛董也。下濕處極多，春生苗，高者尺餘，一枝三葉，葉有三尖及細缺，與石龍芮莖葉一樣，但有細毛爲别。四五月開小黄花，五出，甚光艷。結實狀如欲綻青桑椹而有尖艄，與石龍芮子不同。人以爲鵞不食草者，大誤也。"徐珂《清稗類鈔·植物類》："毛茛爲多年生草，生於低濕之地。莖、葉皆有細毛，莖高二三尺，葉爲單葉，掌狀分裂。春暮開花，色黄，五瓣，甚光艷。實爲多數小乾果。有毒植物也。"參閱清汪灝等《廣群芳譜·藥譜五·毛茛》。

【水茛】

　　"毛茛"之别稱。此稱晋代已行用。見該文。

【毛建草】

　　"毛茛"之别稱。此稱晋代已行用。見該文。

【天炙】

　　"毛茛"之别稱。此稱宋代已行用。因以葉揉傅之於臂，即如火燒炙起泡，故名。炙，一本作"灸"。見該文。

【毛董】

　　"毛茛"之别稱。此稱明代已行用。以其似水董而有毛，故名。見該文。

【自炙】

　　"毛茛"之别稱。此稱明代已行用。亦據其燒炙起泡而得名。炙，一本作"灸"。見該文。

【猴蒜】

　　"毛茛"之别稱。此稱明代已行用。見該文。

升麻

　　草名。毛茛科，升麻屬，升麻（*Cimicifuga foetida* Linn.）。多年生草本。根皮黑色，密布鬚毛。高1米許，莖粗壯。二至三回三出羽狀複葉，橢圓形或菱形，緣略有缺刻。秋季開小白花，圓錐花序。蓇葖果，黑色，可食。根入藥。多見於我國華北、華中及西南地區。

　　約始見於漢代文獻記載。蓋因其葉似麻，其性上升，故名。時亦稱"周升麻""周麻""收麻"。《神農本草經·草部上品·升麻》："升麻……一名周升麻，生山谷。"周升

升　麻
（清吴其濬《植物名實圖考》卷七）

麻，一本作“周麻”。《漢書·地理志上》：“益
州郡：收靡。”李奇注：“靡音麻，即升麻，殺
毒藥所出也。”晋代稱“牧靡草”，南北朝省稱
“牧靡”。清汪灝等《廣群芳譜·藥譜二·升麻》
引《博物志》：“牧靡草可以解毒。鳥多誤食中
毒，必急飛往牧靡山，啄牧靡草以解之。”又引
北魏酈道元《水經注·若水》：“淾水出建寧郡
之牧靡縣南山，縣山並即草以立名……山生牧
靡，可以解毒。”南北朝時稱升麻之佳者爲“雞
骨升麻”；時始見“落新婦”之名，唐人以爲是
升麻之小者，故亦稱“小升麻”。南朝梁陶弘
景《本草經集注·草木上品·升麻》：“舊出寧
州者第一，形細而黑，極堅實，頃無復有。今
惟出益州，好者細削，皮青綠色，謂之雞骨升
麻。北部間亦有，形又虛大，黄色。建平間亦
有，形大味薄，不堪用。人言是落新婦根，不
必爾。其形自相似，氣色非也。”宋蘇頌《圖
經本草·草部上品·升麻》：“升麻，生益州川
谷，今蜀漢陝西淮南州郡皆有之，以蜀川者爲
勝。春生苗，高三尺以來；葉似麻葉，並青
色；四月、五月著花，似粟穗，白色；六月以
後結實，黑色；根紫如蒿根，多鬚；二月、八
月采，暴乾。”明李時珍《本草綱目·草二·升
麻》〔釋名〕：“其葉似麻，其性上升，故名。
按，張揖《廣雅》及吳普《本草》並云‘升麻
一名周升麻’，則周或指周地，如今人呼川升麻
之義。”〔集解〕引唐陳藏器《本草拾遺》：“落
新婦今人多呼爲小升麻，功用同於升麻，亦大
小有殊也。”按，《漢書》“收靡”，此從李奇音
讀。“收”，中華書局標點本《漢書》及上海古
籍出版社《二十五史》均作此；《廣雅·釋草》
“周麻”王念孫疏證、清汪灝等《廣群芳譜·藥

譜二·升麻》均引作“牧靡”。未知孰是。

【周升麻】

　　“升麻”之別稱。此稱漢代已行用。蓋生於
周地，故冠以“周”字。見該文。

【周麻】

　　即升麻。蓋“周升麻”之省稱。此稱漢代
已行用。見該文。

【收靡】

　　“升麻”之別稱。此稱漢代已行用。見該文。

【牧靡草】

　　“升麻”之別名。此稱晋代已行用。見該文。

【牧靡】

　　“升麻”之別名。此稱南北朝已行用。見
該文。

【雞骨升麻】

　　“升麻”中佳者。此稱南北朝已行用。見
該文。

【落新婦】

　　“升麻”之小者。此稱南北朝已行用。見
該文。

【小升麻】

　　即落新婦。此稱南北朝已行用。見該文。

菟葵

　　草名。毛茛科，菟葵屬，菟葵（*Eranthis stellata* Maxim.）多年生草本。地下塊根粗大，
具鬚毛。莖直立，光滑，紫黑色。葉具長柄，
互生，寬大，作五出掌狀，面青背紫。春季開
白花，花瓣五枚。蓇葖果，半月形。莖葉可食，
入藥。我國各地多有生長。

　　此稱約始見於秦漢時，時亦稱“菺”。《爾
雅·釋草》：“菺，菟葵。”郭璞注：“頗似葵，
而小葉狀如藜，有毛，汋啖之滑。”漢代亦作

"兔葵"。《説文 · 艸部》："蒤，兔葵也。"唐蘇敬等《唐本草 · 草部 · 菟葵》："菟葵苗如石龍芮，而葉光澤。花白似梅，其莖紫黑，煮啖極滑。所在下澤田間皆有，人多識之。六月、七月采莖葉，曝乾入藥。"唐劉禹錫《再游玄都觀絕句序》："蕩然無復一樹，唯兔葵、燕麥動摇於春風耳。"宋代稱"天葵"。宋蘇頌《圖經本草 · 菜部 · 冬葵子》："又有菟葵，似葵而葉小，狀若藜，有毛，汋而啖之甚滑。《爾雅》所謂'蒤，菟葵'是也。亦名天葵，葉主淋瀝熱結，皆有力效。"宋寇宗奭《本草衍義》卷一〇："菟葵綠葉，如黃蜀葵。其花似拒霜，甚雅；其形至小，如初開單葉蜀葵。有檀心，色如牡丹姚黃，其葉則蜀葵也。"明代稱"雷丸草"，出《外丹本草》。明李時珍《本草綱目 · 草五 · 菟葵》〔集解〕："按鄭樵《通志》云：'菟葵，天葵也。狀如葵菜，葉大如錢而厚，面青，背微紫，生於崖石。凡丹石之類，得此而後能神……'又按南宮從《岣嶁神書》云：'紫背天葵出蜀中，靈草也。生於水際，取自然汁煮汞則堅，亦能煮入石拒火也。'"清代稱"棋盤菜"。清吳其濬《植物名實圖考 · 蔬類 · 菟葵》："菟葵即野葵，比家葵瘦，小耳，武昌謂之棋盤菜。"按，菟葵本生下澤田間者，李時珍謂鄭樵生於崖石之天葵爲菟葵，後人有

不同意見。清吳其濬《植物名實圖考 · 蔬類 · 菟葵》："唯鄭樵以爲天葵生於崖石，殊謬。"又《長編》："菟葵自是野葵，李時珍據《通志》以爲天葵生於夲石，則非能動摇春風者矣。務奇炫博，注書一病。"

【蒤】

"菟葵"之別名。此稱約始見於秦漢。見該文。

【兔葵】

同"菟葵"。此體漢代已行用。見該文。

【天葵】[2]

"菟葵"之別名。此稱宋代已行用。見該文。

【雷丸草】

"菟葵"之別名。此稱明代已行用。見該文。

【棋盤菜】

"菟葵"之別名。此稱清代已行用。見該文。

烏頭

草名。毛茛科，烏頭屬，烏頭（*Aconitum carmichaeli* Debx.）。多年生草本。莖下塊根粗大，作紡錘狀圓錐形，二或三枚歧生，暗褐色。莖直立，高 1 米許，具四棱，中空，下部光潔無毛，上部略被柔絨。葉革質，有柄，葉片輪廓五角形，三全裂，側裂片又二裂，各裂片再分裂，緣有齒缺。秋季開花，總狀圓錐花序頂生，被捲曲茸毛，花成串成穗，側嚮，萼片藍紫色。蓇葖果，籽實如綠豆，初青後紅。花姿美好，宜於庭園布置或配植花境，亦作切花。根莖含烏頭碱（aconitin），有毒，入藥。主要分布於我國華中、江南、西南等地區。以塊莖形如烏頭，因稱。

始見於先秦，時稱"堇""烏喙"。秦漢時稱"茛""堇草"。《國語 · 晉語二》："驪姬受福，

菟葵
（清吳其濬《植物名實圖考》卷三）

乃眞鴆於酒，眞菫於肉。"韋昭注："菫，烏頭
也。"《戰國策·燕策一》："人之飢所以不食烏
喙者，以爲雖偷充腹，而與死同患也。"《呂
氏春秋·勸學》："是救病而飲之以菫也。"高
誘注："菫，毒藥也，能毒殺人。"《爾雅·釋
草》："芨，菫草。"郭璞注："即烏頭也，江東
呼爲菫。"漢代始稱"烏頭"，亦稱"奚毒""即
子""附子""天雄""白幕""茛"。《神農本
草經·草部下品·烏頭》："烏頭……一名奚
毒，一名即子，一名烏喙，生山谷。"又："附
子……生山谷。"又："天雄……一名白幕，生
山谷。"《説文·艸部》："茛，烏喙也。"馬王
堆漢墓《五十二病方》："毒菫不暴。"三國時
稱"芨""千秋""毒公""卑負""耿子""茛
子""稜"，"茛子"亦作"側子"。三國魏吳普
《吳氏本草·草木類·烏頭》："烏頭一名芨，一
名千狄，一名毒公，一名卑負，一名耿子……
正月始生，葉厚莖方，中空，葉四面相當，與
蒿相似。"又"烏喙……十月采，形如烏頭，有
兩歧相合，如烏之喙，名曰烏喙也……一名茛
子。"一本作"側子"。《廣雅·釋草》："爐、奚
毒，附子也。一歲爲茛子，二歲爲烏喙，三歲
爲附子，四歲爲烏頭，五歲爲天雄。"南朝梁陶
弘景《本草經集注·草木下品·烏頭》："今采用
四月烏頭，與附子同根。春時莖初生，有腦形，
似烏鳥之頭，故謂之烏頭。有兩歧共蒂，狀如
牛角，名烏喙，喙即鳥之口也。"又《附子》：
"以八月上旬采也，八角者良。凡用三建，皆熱
灰炮令折，勿過焦，惟薑附湯生用之。俗方每
用附子，皆須甘草，或人參、乾薑相配者，正
以制其毒故也。"又《天雄》："似附子，細而長
者便是，長者乃至三四寸許。此與烏頭、附子

三種，本並出建平，謂爲三建。今宜都佷山最
好，謂爲西建；錢塘間者，謂爲東建。氣力劣
弱，不相似，故曰西水猶勝東白也。"唐柳宗元
《吊屈原文》："菫喙以爲羞兮，焚棄稷黍。"韓
醇注："菫，烏頭。"《集韻·去稕》："菫，藥草，
烏頭也。"《爾雅翼·釋草》："烏喙，今之烏頭
也。"宋宋祁《益部方物略記》："附菫而生，翠
莖紫葵。生蜀者良，三建則非。右附子。生綿
州彰明縣者最良，有一子重及一兩者，花色紫。
《本草》言附子無正種，附烏頭而生，然則與烏
頭、天雄、附子共一物耳。陶弘景以天雄、烏
頭、附子皆出建平，謂之三建。唐人非之，以
綿龍二州所生爲良。今則彰明者佳。"宋代稱
"土附子"，出佚名《日華本草》。宋蘇頌《圖經
本草·草部下品·側子》："烏頭、烏喙，生朗陵
山谷。天雄生少室山谷。附子、側子生犍爲山
谷及廣漢，今並出蜀土。然四（或作'五'）品
都是一種所産，其種出於龍州……其苗高三四
尺已來，莖作四棱，葉如艾，花紫碧色作穗，
實小紫黑色如桑椹。本只種附子一物，至成熟
後有此四物……其長三二寸者爲天雄，割削附
子傍尖芽角爲側子，附子之絶小者亦名爲側子。
元種者，母爲烏頭，其餘大小者皆爲附子。"時
亦稱"鬲子""天錐""漏藍子"。宋楊天惠《彰
明附子記》："蓋附子之品有七，實本同而末
異。其初種之小者爲烏頭，附烏頭而傍生者爲
附子，又左右附而偶生者爲鬲子，又附而長者
爲天雄，又附而尖者爲天錐，又附而上者爲側
子，又附而散者爲漏藍子。皆脉絡連貫，如子
附母，而附子以貴，故獨專附名，自餘不得與
焉。凡種一而子六七以上，則其實皆小；種一
而子二三，則其實稍大；種一而子特生，則其

實特大。此其凡也。附子之形，以蹲坐正節角少爲上，有節多鼠乳者次之，形不正而傷缺風皺者爲下。附子之色，以花白爲上，鐵色次之，青綠爲下。天雄、烏頭、天錐以豐實盈握爲勝……按《本經》及志載：附子出犍爲山谷及在山南嵩高齊魯間，以今考之，皆無有，誤矣。又曰：春采爲烏頭，冬采爲附子，大謬。又云：附子八角者良，其角爲側子，愈大謬。”明代稱“金鴉”“鴛鴦菊”“草烏頭”“竹節烏頭”“淮烏頭”“兩頭尖”。明李時珍《本草綱目·草六·烏頭》〔釋名〕：“金鴉，苗名茛、茛、堇、獨白草、鴛鴦菊。汁煎名射罔……時珍曰：此即烏頭之野生於他處者，俗謂之草烏頭，亦曰竹節烏頭，出江北者曰淮烏頭，日華子所謂土附子者是也。烏喙即偶生兩岐者，今俗呼爲兩頭尖。因形而名，其實乃一物也。附子、天雄之偶生兩岐者，亦謂之烏喙，功亦同於天雄，非此烏頭也。”又〔集解〕：“處處有之，根苗花實並與川烏頭相同。但此係野生，又無醺造之法。其根外黑內白，皺而枯燥爲異爾，然毒則甚焉。”

　　按，烏頭、附子、天雄諸名甚夥，各家之說亦異，唯清王念孫《廣雅·釋草》本條疏證頗爲圓通。兹節錄於下：“荝子以下五等之名，說者不一，皆與此殊。吳普《本草》云：烏頭正月始生，葉厚、莖方、中空，葉四四相當，與蒿相似。十月採，形如烏頭。有兩岐相合，如烏之喙者，名曰烏喙。又云：側子八月採，是附子角之大者。側，與‘荝’同。《名醫別錄·下品·烏頭》云：烏頭長三寸已上爲天雄。此皆以形狀爲別者也。《御覽》引《博物志》云：物有同類而異用者，烏頭、天雄、附子一物，春夏秋冬，採之各異。《名醫別錄》云：冬月採

爲附子，春採爲烏頭。此皆以時候爲別者也。蘇頌《圖經》云：烏頭、烏喙、天雄、附子、側子，五品都是一種。冬至種之，次年八月後方成。《廣雅》云：一歲爲荝子，二歲爲烏喙，三歲爲附子，四歲爲烏頭，五歲爲天雄。今一年種之，便有此五物。豈今人種蒔之法，用力倍至，故爾繁盛也。雖然，藥力當緩於歲久者耳。今案，荝子、烏喙諸名，對文則異，散文則亦有通者。《廣韻》言：奚毒，附子也。三歲爲附子，四歲爲烏頭。而高誘注《淮南·主術訓》云：雞毒，烏頭也。《神農本草》亦云：烏頭，一名奚毒。是附子即烏頭也。《廣雅》言：一歲爲荝子，二歲爲烏喙。而《說文》云：荝，烏喙也。是荝子即烏喙也。《鹽鐵論·誅秦》篇云：如食荝之充腸也，欲其安存，何可得也？《燕策》云：人之飢，所以不食烏喙者，以爲雖偷充腹，而與餓死同患也。《後漢書·霍諝傳》云：猶療飢於附子。食荝，猶言食烏喙也。飢食烏喙，猶言療飢於附子也。此荝子、烏喙、附子三者通稱之證也。《神農本草》云：烏頭，一名烏喙，一名即子。即子，與‘荝子’同。《御覽》引《神農本草》‘即’正作‘荝’。謝靈運《山居賦》云：‘三建異形而同出。’自注云：‘三建，附子、天雄、烏頭也。’不言荝子與烏喙者，蓋以其即是烏頭矣。此荝子、烏喙、烏頭三者通稱之證也。又《墨子·雜守》篇云：‘令邊縣豫種畜烏喙。’陸羽《茶經》引《凡將篇》云：‘烏喙、桔梗。’《晉語》：‘置堇於肉。’《大雅·緜》篇正義引賈逵注云：‘堇，烏頭也。’《爾雅》云：‘茛，堇草。’郭璞注云：‘即烏頭也，江東呼爲堇。’《御覽》引崔寔《四民月令》云：‘三月可採烏頭。’凡言烏喙、烏

頭者，似亦通稱，不以歲分矣。其有對文異者。《淮南·繆稱訓》云：'天雄、烏喙，藥之凶毒者也，良醫以活人。則天雄與烏喙異也。'《急就篇》云：'烏喙、附子、椒、芫華。'則烏喙與附子異也。《博物志》引《神農經》云：'藥種有五物，四曰天雄、烏頭，大豆解之。'則天雄與烏頭異也。或以辨異，或以統同，義得兩通耳。"又《爾雅·釋草》"茛，堇草"有三説。一説，指烏頭，此郭璞説。後人有贊同者，如宋葉廷珪《海録碎事·百工·藥名》："堇草即烏頭也。"一説，爲忍冬科之陸英，即蒴藋，灌木狀草木。此唐陸德明、清郝懿行等人説。陸謂："案《本草》蒴藋，一名堇草，一名茛，非烏頭也。"清郝懿行《爾雅·釋草》本條義疏，"檢《本草》烏頭不名茛，而茛一名藋。故《説文》云：'茛，堇艸也。'又云：'藋，堇艸也。'《廣雅》云：'堇，藋也。'是藋一名堇，堇一名茛。茛堇聲轉，與烏頭別。故《詩·縣》釋文引《廣雅》云：'堇，藋也。'今三輔之言猶然，亦據時驗而言也。《爾雅》釋文引《本草》：'蒴藋，一名堇草，一名茛，非烏頭也。'是陸據《本草》及《廣雅》以駁郭注茛爲烏頭之非，陸説是也。蘇頌《圖經》云：'蒴藋生田野，所在有之。春抽苗，莖有節，節間生枝葉，大如水芹。'寇宗奭《衍義》云：'蒴藋華白，子初青

附　子
（清吴其濬《植物名實圖考》卷二四）

熟紅。'皆其形狀也。《爾雅》茛堇乃是蒴藋。"一説，爲灰藋，也即"藜"。此清王念孫説。《廣雅·釋草》："堇，藋也。"王氏疏證："今之灰藋也。《説文》云：'藋，堇草也。'《大雅·縣》篇釋文云：'《廣雅》云：堇，藋也。'今三輔之言猶然。一名拜，一名蘼藋。《爾雅》云：'拜，蘼藋。'郭注云：'蘼藋亦似藜。'陳藏器《本草》云：'灰藋，生熟地，葉心有白粉似藜。子炊爲飯，香滑。'案，灰藋今處處原野有之。四月生苗，有紫紅線棱。葉端有缺，面青，背有白灰，莖心嫩葉背面全白，野人多以爲蔬，南方婦女用以煮線，或以飼豕。八九月中結子如蒾，其紅灰者，古謂之藜。"今三説并存，姑從第一説，以茛、堇草爲烏頭。又，所謂"三建"，有二説。一爲南北朝人説。謝靈運以三建异形而同出，蓋三物皆同一種類。三歲爲附子，四歲爲烏頭，五歲爲天雄。陶弘景以天雄、烏頭、附子皆出建平，故稱"三建"。二爲宋人説。宋周密《癸辛雜識·三建湯》："三建湯所用附子、川烏、天雄，而莫曉其命名之義。比見一老醫云：'川烏建上，頭目之風虛者主之；附子建中，脾胃寒者主之；天雄建下，腰腎虛憊者主之。'此説亦似有理。"

【堇】[2]

"烏頭"之別名。此稱始見於先秦。見該文。

天　雄
（宋柴源等《紹興校定證類備急本草畫圖》卷三）

【烏喙】

"烏頭"之別名。以其根塊狀如烏口，故名。亦特指二年生成之根塊。此稱始見於先秦。見該文。

【烏豙】

同"烏喙"，即烏頭。此體漢代已行用。長沙馬王堆漢墓帛書《五十二病方》："冶烏豙、黎盧、蜀叔、庶、蜀椒、桂各一合，並和。"

【茛】

"烏頭"之別名。此稱秦漢時已行用。見該文。

【堇草】

"烏頭"之別名。此稱秦漢時已行用。見該文。

【堇艸】

同"堇草"，即烏頭。此體漢代已行用。《說文·艸部》："茛，堇艸也。从艸及聲。"

【奚毒】

"烏頭"之別名。此稱漢代已行用。見該文。

【即子】

"烏頭"之別名。此稱漢代已行用。見該文。

【附子】

"烏頭"之別名。此稱漢代已行用。按，亦特指三歲生成之塊根，此張揖說；或特指冬日所采者，此陶弘景說；或特指母體旁所附大小塊根，此蘇頌說；或特指烏頭旁生者，此楊天惠說。見該文。

【天雄】

"烏頭"之別名。此稱漢代已行用。按，亦特指五歲生成之塊根，此張揖說；或特指根莖長三二寸以上者，此陶弘景、蘇頌說；或特指附烏頭而長者，此楊天惠說。見該文。

【白幕】[1]

"烏頭"之別名。此稱漢代已行用。見該文。

【荊】

"烏頭"之別名。此稱漢代已行用。見該文。

【茛】

"烏頭"之別名。此稱漢代已行用。見該文。

【千狄】

"烏頭"之別名。此稱三國時已行用。見該文。

【毒公】

"烏頭"之別名。此稱三國時已行用。見該文。

【卑負】

"烏頭"之別名。此稱三國時已行用。按，《太平御覽》引《吳氏本草·草木類·烏頭》作"果負"。見該文。

【耿子】

"烏頭"之別名。此稱三國時已行用。見該文。

【荊子】

"烏頭"之別名。此稱三國時已行用。荊者，側也，側生於主塊莖之旁，故名。按，或特指一歲生成之塊莖，此張揖說；或特指附子頭角之大者，此吳普說；或特指附子之極小者、附子割削旁側之芽角者，此蘇頌說；或特指附烏頭而上者，此楊天惠說。見該文。

【側子】

同"荊子"，即烏頭。此體三國時已行用。見該文。

【爐】

"烏頭"之別名。此稱三國時已行用。見該文。

【蓳】

同“蕘”，即烏頭。此稱南北朝已行用。《玉篇·艸部》：“蓳，奚毒，即附子也。”見“烏頭”文。

【土附子】

“烏頭”之別名。此稱宋代已行用。見該文。

【鬲子】

“烏頭”之別名。此稱宋代已行用。亦特指附於烏頭左右偶生者。見該文。

【天錐】

“烏頭”之別名。此稱宋代已行用。亦特指附於烏頭而尖者。見該文。

【漏藍子】

“烏頭”之別名。此稱宋代已行用。亦特指附於烏頭而散者。見該文。

【金鴉】

“烏頭”之別名。此稱明代已行用。見該文。

【鴛鴦菊】

“烏頭”之別名。此稱明代已行用。見該文。

【草烏頭】

“烏頭”之別名。此稱明代已行用。見該文。

【竹節烏頭】

“烏頭”之別名。此稱明代已行用。見該文。

【淮烏頭】

“烏頭”之別名。此稱明代已行用。見該文。

【兩頭尖】

“烏頭”之別名。此稱明代已行用。因中豐頭梢銳，故名。見該文。

【雞毒】

“烏頭”之別名。此稱漢代已見行用。時亦作“雞毒”。《淮南子·主術訓》：“天下之物，莫凶於雞毒。然而良醫橐而藏之，有所用也。”高誘注：“雞毒，烏頭也。”《廣雅·釋草》王念孫疏證引作“鷄毒”。

【鷄毒】

同“雞毒”。即烏頭。此體漢代已行用。見該文。

【帝秋】

“烏頭”之別名。此稱三國時已行用。明李時珍《本草綱目·草六·烏頭》〔釋名〕：“毒公，吳普又名帝秋。”

【獨白草】

“烏頭”之別名。此稱唐代已行用。明李時珍《本草綱目·草六·烏頭》〔釋名〕引唐陳藏器《本草拾遺》：“《續漢·五行志》言，西國生獨白草，煎爲藥，敷箭射人即死者，皆此烏頭。”

【射罔】

野生“烏頭”之別名。南北朝指烏頭所煎之汁。南朝梁陶弘景《本草經集注·草木下品·烏頭》：“以八月采，擣榨莖取汁，日煎爲射罔，獵人以傅箭射禽獸，中人亦死，宜速解之。”清代指野生烏頭。清吳其濬《植物名實圖考·毒草類·附子》：“今時所用，皆種生者，南人製爲溫補要藥。其野生者爲射罔，製爲膏以淬箭，所中立斃，俗謂見血封喉，得油則解，製膏者見油則不成。”

甘松

草名。忍冬科，甘松屬，甘松（*Nardostachys chinensis* Batal.）。多年生草本。株體矮小，有强烈松節油般香氣。基生葉叢生，狹綫狀披針形；莖生葉對生，越上越小。秋季開淡紅花，花冠管狀，成球狀聚傘花序。瘦果倒卵形。根莖入藥，或製香料。以產於四川松州者味甘香，故名。主產於我國四川、甘肅、青海等省，野生於高原草原地帶。

此稱約始見於晋代。宋馬志等《開寶本草》引晋郭義恭《廣志》云："甘松出姑臧、涼州諸山，細葉，引蔓叢生，可合諸香及裹衣。"宋代稱"甘松香"。宋蘇頌《圖經本草·草部中品》："甘松香……今黔、蜀州郡及遼州亦有之，叢生山野，葉細如茅草。根極繁密，八月采，作湯浴，令人身香。"明代稱"苦彌哆"。明李時珍《本草綱目·草三·甘松香》〔釋名〕："苦彌哆……產於川西松州，其味甘，故名。《金光明經》謂之苦彌哆。"徐珂《清稗類鈔·植物類》："甘松香，草名，產黔、蜀，莖高五六寸，葉細如茅。根密，味甘。其根曝乾之，可合諸香而燒，且入藥。"參閱清汪灝等《廣群芳譜·藥譜三·甘松香》。

【甘松香】

"甘松"之別名。此稱宋代已行用。見該文。

【苦彌哆】

"甘松"之異稱。此稱明代已行用。見該文。

石韋

草名。水龍骨科，石韋屬，石韋〔*Pyrrosia lingua*（Thunb.）Farw.〕。多年生常綠草本蕨類植物。植株高 30 厘米許。根狀莖匍匐，被棕黑色鱗片。葉具長柄，單葉，葉片肥厚如皮革，背面密生淡棕色星狀細毛。孢子囊群在側脈間緊密而整齊排列，圓形。全草入藥。觀葉植物，

甘松香
（明王圻等《三才圖會》卷三）

宜於園林種植或盆栽。以其葉質如皮韋，多附於石上，故名。產於我國長江流域以南各地區。

此稱約始見於漢代，時亦稱"石鞴"。《神農本草經·草部中品·石韋》："石韋……一名石鞴。生山谷石上。"南北朝稱"石皮"。南朝梁陶弘景《名醫別錄·草木中品·石韋》："一名石皮……生華陰山谷石上，不聞水聲及人聲者良。二月采葉，陰乾。"唐代稱生於古瓦屋上者爲"瓦韋"。唐蘇敬等《唐本草·草部·石韋》："此物叢生石旁陰處，亦不作蔓。其生古瓦屋上者名瓦韋，療淋亦好。"宋蘇頌《圖經本草·草部中品·石韋》："今晋、絳、滁、海、福州、江寧府皆有之。叢生石上，葉如柳，背有毛，而斑點如皮，故以名之。"明代稱"石蘭"。明李時珍《本草綱目·草九·石韋》〔釋名〕："石蘭。時珍曰：柔皮曰韋，鞴亦皮也。"又〔集解〕："多生陰崖險罅處。其葉長者近尺，濶寸餘，柔韌如皮，背有黃毛……葉凌冬不凋。又一種如杏葉者，亦生石上，其性相同。"今俗稱"飛刀劍""小石韋"。參閱宋唐慎微《政和證類本草·石韋》、明王圻等《三才圖會·草木·石韋》、清汪灝等《廣群芳譜·藥譜六·石韋》。

【石鞴】

"石韋"之異稱。鞴猶韋，皮也。此稱漢代已行用。見該文。

石韋
（清吳其濬《植物名實圖考》卷一六）

【石皮】

"石韋"之別名。此稱南北朝已行用。見
該文。

【瓦韋】

"石韋"中生於古瓦房上者。此稱唐代已行
用。見該文。

【石蘭】

"石韋"之异名。此稱明代已行用。見該文。

金星草

草名。水龍骨科，瓦韋屬，瓦韋〔*Lepisorus
thunbergianus*（Kaulf.）Ching〕之別名。多年
生草本。蕨類植物。株體小。根狀莖粗，匍匐
横走，密布黑褐色鱗
片。單葉，葉片綫狀
披針形。孢子囊群圓
形，黄色，生於葉背
主脉與葉緣之間，呈
仁列狀，幼時有盾狀
隔絲蒙覆。全草入
藥。分布於我國中
部、南部及西南部地
區，多見於石、樹、
屋瓦上。

約始見於宋代，

金星草
（清吴其濬《植物名實圖
考》卷一六）

亦稱 "七星草" "金釧草"。明代稱 "鳳尾草"。
宋宋祁《益部方物略記》："長葉叢生，背點星
布，高竪近識，傅疽可愈。右金星草。生峨眉
青城山。葉似萱草，其背有點，雙行相偶，黄
澤類金星。人號金星草，亦云金釧草，皆以肖
似取之。今醫家以傅疽創，甚良。"宋蘇頌《圖
經本草·草部下品》："金星草，生關陝川蜀及
潭婺諸州皆有之，又名金釧草……葉青，多生

背陰石上净處，或竹
箐中少日色處，或生
大木下及背陰多年瓦
屋上。初出深綠色，
葉長一二尺，至深冬
背上生黄星點子，兩
兩相對，色如金，因
以爲名。無花實，凌
冬葉不凋。其根盤屈
如竹根而細，折之有
筋。"又同書《木蔓

七星草
（明王圻等《三才圖會》
卷七）

類》："七星草，生江州山谷石上。味微酸，葉
如柳而長，作藤蔓延，長二三尺；其葉堅硬，
背上有黄點如七星。"明李時珍《本草綱目·草
九·金星草》〔釋名〕："鳳尾草……時珍曰：即
石韋之有金星者。《圖經》重出七星草，併入。"
參閲清汪灝等《廣群芳譜·卉譜六·金星草》。

【七星草】

"金星草"之別名。此稱宋代已行用。以其
葉背上七黄點如星，故名。見該文。

【金釧草】

"金星草"之別名。此稱宋代已行用。葉
背有金點，形如金釧，故名。按，釧，一本作
"銅"。見該文。

【鳳尾草】 [2]

"金星草"之別名。此稱宋代已行用。此與
鱗毛蕨科貫衆之別名鳳尾草同名异物。

石龍蒭

草名。禾本科，石龍蒭屬，石龍蒭
〔*Lepironia articulata*（Retzius）Domin〕。多年
生草本。細莖叢生直立，高1米許。葉狹長如
綫，基部葉鞘密生白色絨毛。夏月莖端開小穗

花，總狀花序密布淡黃褐色茸毛。每兩小穗并生於一節，每小穗含小花兩朵。結小細實。莖可編席屨蓑繩、入藥及造紙等。今俗稱蓑草。分布幾遍全國，多見於道邊濕地、山石罅穴。

在我國有二千至三千年以上的生長栽蒔歷史。始見於先秦，時稱"龍脩"。

石龍芻
（清吴其濬《植物名實圖考》卷一一）

《山海經·中山經》："賈超之山……其木多柤栗橘櫾，其中多龍脩。"郭璞注："龍鬚也。似莞而細，生山石穴中，莖倒垂，可以爲席。"漢代始稱"石龍芻"。刈草爲芻。此草生水石處，可刈以飼馬，故名。時亦稱"龍鬚""草續斷""龍珠""續斷"。《神農本草經·草部上品·石龍芻》："石龍芻……一名龍鬚，一名草續斷，一名龍珠，生山谷。"馬王堆漢墓帛書《五十二病方·諸傷》："傷者，以續斷根一把……傅之。"三國時稱"龍蒭""龍多""龍本""草毒""龍華""懸莞""龍木"。"龍鬚"亦作"龍須"。三國魏吴普《吴氏本草·草木類·龍蒭》："龍蒭，一名龍多……一名龍本，一名草毒，一名龍華，一名懸莞。"《廣雅·釋草》："龍木，龍須也。"清王念孫疏證："龍脩、龍須，聲之轉也。"晋代稱"縉雲草"。晋崔豹《古今注·雜注》："孫興公問曰：'世稱黄帝煉丹於鑿硯山，乃得仙，乘龍上天，群臣援龍鬚，鬚墜而生草，曰龍鬚，有之乎？'答曰：'無也。有龍鬚草，一名縉雲

草，故世人爲之妄傳。'"南北朝稱"方賓"，見南朝梁陶弘景《名醫別録》。北魏酈道元《水經注·河水》："自洮彊南北三百里中，地草遍是龍鬚而無樵柴。"明代稱"西王母簪"，明李時珍《本草綱目·草四·石龍芻》〔釋名〕："西王母簪。時珍曰：刈草包束曰芻。此草生水石之處，可以刈束養馬，故謂之龍芻……龍鬚、王母簪，因形也。縉雲，縣名，屬今處州仙都山，產此草，因以名之。"〔集解〕："龍鬚叢生，狀如粽心草及鳧茈。苗直上，夏月莖端開小穗花，結細實，並無枝葉。今吴人多栽蒔織蓆，他處自生者不多也。"清汪灝等《廣群芳譜·卉譜六·龍鬚草》引《福建志》："武平縣梁山分十二面，奇峻疊出。昔鄉民采茗，誤至一巌，見龍鬚草蒙幕垂門。"清屈大均《廣東新語·器語·檳榔盒》："包以龍鬚草織成，大小相函，廣三寸許。"徐珂《清稗類鈔·植物類》："續斷，野生，莖高三四尺，中空有稜；葉羽狀深裂，如薊。春夏之交開紫色花。根入藥。"

【龍脩】

"石龍芻"之異稱。此稱先秦已行用。乃"龍鬚"之聲轉。見該文。

【龍鬚】[1]

"石龍芻"之異稱。此稱漢代已行用。草形似龍鬚，故名。見該文。

【龍須】

同"龍鬚"。即石龍芻。此體三國時已行用。見該文。

【草續斷】

"石龍芻"之異稱。此稱漢代已行用。見該文。

【龍珠】

　　"石龍芻"之异稱。此稱漢代已行用。見該文。

【續斷】

　　"石龍芻"之异稱。此稱漢代已行用。見該文。

【龍蒭】

　　"石龍芻"之省稱。蒭，同"芻"。此稱三國時已行用。見該文。

【龍芻】

　　同"龍蒭"，即石龍芻。此體南北朝已行用。宋曾慥《類説》卷五引前秦王嘉《拾遺記》："東海有島曰龍駒川，穆天子養八駿處。島中有草名龍芻，馬食之，日行千里。"見該文。

【龍多】

　　"石龍芻"之异稱。此稱三國時已行用。見該文。

【龍本】

　　"石龍芻"之异稱。此稱三國時已行用。見該文。

【草毒】

　　"石龍芻"之异稱。此稱三國時已行用。見該文。

【龍華】

　　"石龍芻"之异稱。此稱三國時已行用。見該文。

【懸莞】

　　"石龍芻"之异稱。此稱三國時已行用。葉或倒垂，有似莞草，故名。見該文。

【龍木】

　　"石龍芻"之异稱。此稱三國時已行用。見該文。

【緝雲草】

　　"石龍芻"之別稱。此稱晋代已行用。緝雲，地名。其地多生此草，故名。見該文。

【方賓】

　　"石龍芻"之別稱。此稱南北朝已行用。見該文。

【西王母簪】

　　"石龍芻"之別稱。此稱明代已行用。以其草形如簪，故名。見該文。

【鼠莞】

　　"石龍芻"之屬。此稱先秦已行用。時亦稱"蔫"。《爾雅·釋草》："蔫，鼠莞。"郭璞注："亦莞屬也。纖細似龍鬚，可以爲席。蜀中出好者。"郝懿行義疏："是鼠莞即龍鬚之屬……《一切經音義》四引《爾雅》作'蓳，鼠莞'，今從宋本作'蔫'，疑書寫之誤，宜據以訂正。"

【蔫】

　　"鼠莞"之別稱。此稱先秦已行用。見該文。

白茅

　　草名。禾本科，白茅屬，白茅〔*Imperata cylindrica* (Linn.) Raeusch.〕。多年生草本。根狀莖長而有節，白色味甘，柔韌似韋。葉片綫形。春夏開白花，穗狀，有絲樣絨毛。全草可作飼料，供造紙，也可用於園林點綴；根莖可入藥、製糖、釀酒。分布幾遍全國，多見於路旁、山谷、原野低濕地。在我國有悠久的生長歷史。

　　此稱始見於先秦。因葉形如茅，根白，故名。《易·大過》："初六，藉用白茅，無咎。"孔穎達疏："薦藉於物用潔白之茅，言以絜素之道奉事於上也。"《詩·召南·野有死麕》："野有死膚，白茅包之。"《莊子·在宥》："黃帝退，捐天下，築特室，席白茅。"漢代稱"茅根""蘭根""茹根"。《神農本草經·中品·茅根》："茅根……一名蘭根，一名茹根。生山谷田野。"南北朝稱"地菅""地筋""兼杜""白茅菅"。南朝梁陶弘景《名醫別錄·草木中品·茅根》："茅根……一名地菅，一名地筋，一名兼杜。生楚地山谷田野，六月采根。"又《本草經集注·草木中品·茅根》："此即今白茅菅。《詩》云'露彼菅茅'，其根如渣芹甜美。"唐代亦作"白茆"。唐岑參《至大梁却寄匡城主人》詩："長風吹白茆，野火燒枯桑。"宋代稱"茅鍼"，亦作"茅針"。宋蘇頌《圖經本草·草部中品·茅根》："茅根……今處處有之，春生苗，布地如鍼，俗謂之茅鍼，亦可啖，甚益小兒。夏生白花茸茸然，至秋而枯。其根至潔白，亦甚甘美，六月采根用。"明代稱"絲茅"。明李時珍《本草綱目·草二·白茅》〔集解〕："茅有白茅、菅茅、黃茅、香茅、芭茅數種，葉皆相似。白茅短小，三四月

白　茅
（清吳其濬《植物名實圖考》卷八）

茅芽根
（明徐光啓《農政全書》卷五三）

開白花成穗，結細實。其根甚長，白軟如筋而有節，味甘，俗呼絲茅，可以苫蓋及供祭祀苞苴之用。"明代俗稱"茅芽根"。明朱橚《救荒本草·草部·茅芽根》："茅芽根，《本草》名茅根……又名白茅菅，其芽一名茅針。"清代稱"茅荑"。清吳其濬《植物名實圖考·山草類·白茅》："其芽曰茅針，白嫩可啖，小兒嗜之。河南謂之茅荑，湖南通呼爲絲茅，其根爲血症要藥。"徐珂《清稗類鈔·植物類》："白茅爲多年生草，高一二尺，苗如鍼，俗稱茅鍼，葉細長而尖。春日先葉開花，簇生莖頂，有白毛密生，長二寸許，可爲引火之火絨。其根味甜，入藥。"參閱清汪灝等《廣群芳譜·卉譜三·茅》。

【茅根】

　　"白茅"之別名。此稱漢代已行用。見該文。

【蘭根】

　　"白茅"之別名。此稱漢代已行用。一本作"蔄根"。見該文。

【茹根】

　　"白茅"之別名。此稱漢代已行用。一本作"茹根"。見該文。

【地菅】

　　"白茅"之別名。此稱南北朝已行用。一本作"地管"。見該文。

【地筋】

　　"白茅"之別名。此稱南北朝已行用。一本作"地管"。見該文。

【兼杜】

　　"白茅"之別名。此稱南北朝已行用。見該文。

【白茅菅】

　　"白茅"之別名。此稱南北朝已行用。見

該文。

【白茆】

同"白茅"。此體唐代已行用。見該文。

【茅鍼】

"白茅"之別名。以其春苗布地如針，故名。此稱宋代已行用。見該文。

【茅針】

同"茅鍼"。此體明代已行用。見該文。

【絲茅】

"白茅"之別名。此稱明代已行用。見該文。

【茅芽根】

"白茅"之別名。此稱明代已行用。見該文。

【茅荑】

"白茅"之別名。此稱清代已行用。見該文。

【蔛】

"白茅"之屬。此稱秦漢時已行用。時亦稱"牡茅"。清代稱"甛草"。《爾雅·釋草》："蔛，牡茅。"郭璞注："白茅屬。"邢昺疏："茅之不實者也。"郝懿行義疏："按今小兒喜啖，謂之甛草。其白華初苗茸茸如鍼，亦中啖也。"

【牡茅】

"蔛"之別名。此稱秦漢時已行用。見該文。

【甛草】

"蔛"之俗稱。此稱清代已行用。甛，甜之异體。見該文。

【黃茅】

"白茅"之屬。此稱明代已行用。亦稱"黃菅"。明李時珍《本草綱目·草二·白茅》〔集解〕："黃茅似菅茅，而莖上開葉，莖下有白粉，根頭有黃毛，根亦短而細硬，無節，秋深開花，穗如菅，可爲索綯。古名黃菅。"按，古詩文多見"黃茅"，多泛指枯黃之茅草，殆非此。如唐白居易《代書詩一百韻寄微之》詩："官舍黃茅屋，人家苦竹籬。"宋蘇軾《答張文潛縣丞書》："王氏欲以其學同天下，地之美者，同於生物，不同於所生。惟荒瘠斥鹵之地，彌望皆黃茅、白葦，此則王氏之同也。"

【黃菅】

"黃茅"之別稱。此稱明代已行用。見該文。

茅香

草名。禾本科，茅香屬，茅香〔*Hierochloe odorata*（Linn.）P.Beauv.〕。多年生草本。株苗30多厘米，秆莖上挺，分三四節，表皮光滑無毛。根狀莖細毛，黃色。葉披針形，黑褐色，有細毛。夏季開花，黃色或白色，圓錐花序，頂生，穗狀，兩性。花入藥，苗葉根可作浴湯浸香。植於河堤，密根可防水土流失，莖株可供編織。分布於我國華北、西南地區，多見於背光坡谷或低濕草地。

此稱宋代已行用。因其苗葉根浸湯浴身，令人身香，故名。時亦稱"茅香花""香麻"。時稱莖葉黑褐色、花白色者爲"白茅香"。宋蘇頌《圖經本草·草部中品·茅香》："茅香花，生劍南道諸州，今陝西、河東、京東州郡亦有之。三月生苗似大麥，五月開白花，亦有黃花者；或有結實者，亦有無實者，並正月、二月采根，五月采花，八月采苗。其莖葉黑褐色而花白者，名白茅香也。"又《本經外草類·香麻》："香麻生福州，四季常有苗葉而無花。不拘時月

香 麻
（明王圻等《三才圖會》
卷七）

采之。"宋元之際釋家亦稱"嗢尸羅",出《金光明經》。明李時珍《本草綱目・草三・茅香》〔釋名〕:"蘇頌《圖經》復出'香麻'一條,云出福州,煎湯浴風甚良,此即香茅也。閩人呼茅如麻故爾。今併爲一。"〔集解〕:"茅香凡有二,此是一種香茅也;其白茅香,別是南番一種香草。唐慎微《本草》不知此義,乃以'白茅花'及'白茅香'諸注引入'茅香'之下,今並提歸各條。"參閱清汪灝等《廣群芳譜・卉譜三・茅香》。

【茅香花】

即茅香。此稱宋代已行用。見該文。

【香麻】

"茅香"之別名。此稱宋代已行用。麻,"茅"之聲轉。見該文。

【嗢尸羅】

"茅香"之別名,釋家之稱。此稱宋元之際已行用。見該文。

【白茅香】

"茅香"之一種,花白、莖葉黑褐色者。此稱宋代已行用。見該文。

狼尾

草名。禾本科,狼尾草屬,狼尾〔*Pennisetum alopecuroides*(Linn.)Spreng.〕。多年生草本。莖叢生。葉片尖而狹,綫形。秋冬時莖頂抽生圓錐花序,紫黑色,穗狀,具剛毛。嫩莖可作飼料,莖葉可造紙或編織,籽粒可食。以穗形似狼尾,故名。分布幾遍全國,多見於山坡路畔及田野荒地。

始見於先秦典籍,時稱"稂"。秦漢時始見此稱,時亦稱"童粱""孟"。《詩・曹風・下泉》:"洌彼下泉,浸彼苞稂。"毛傳:"稂,童粱。"

又《小雅・大田》:"既方既皂,既堅既好,不稂不莠。"毛傳:"稂,童粱也。"《爾雅・釋草》:"稂,童粱也。"郭璞注:"稂,莠類也。"又"孟,狼尾。"郭璞注:"似茅。今人亦以覆屋。"漢代"稂"亦作"䅎""䅍";"童粱"亦作"董蓈"。約在魏晋時亦稱"蓈尾草"。《説文・艸部》:"蓈,禾粟之采,生而不成者,謂之童蓈。從艸郎聲。稂,蓈或從禾。"《史記・司馬相如列傳》:"其卑濕則生藏莨蒹葭。"裴駰集解引《漢書音義》:"莨,莨尾草也。"三國時稱"宿田翁""守田"。三國吳陸璣《毛詩草木鳥獸蟲魚疏》:"禾秀爲穗而不成,崱嶷然謂之童粱,今人謂之宿田翁,或謂守田也。"《太平御覽》卷九九四引晋郭義恭《廣志》:"狼尾子可作黍。"南北朝時"孟"亦作"蓋"。《玉篇・艸部》:"蓋,狼尾草。"宋代稱"狼茅子"。《爾雅翼・釋草》:"稂,惡草也。與禾相雜,故詩人惡之。古者以飼馬……今人呼爲狼茅子。"宋王安石《贈陳君景初》詩:"名聲動京洛,蹤迹晦莨莠。"明李時珍《本草綱目・穀二・狼尾草》〔釋名〕:"狼尾,其穗象形也。秀而不成,嶷然在田,故有宿田、守田之稱。"〔集解〕:"狼尾莖葉穗粒並如粟,而穗色紫黄,有毛,荒年亦可采食。"清代稱"蘆秆莛"。清郝懿行《爾雅義疏》下之一:"今狼尾似茅而高,人以苫屋,俗名蘆稈莛。"徐珂《清稗類鈔・植物類》:"狼尾草爲多年生草,生於道旁,高二尺許,莖、葉皆粗糙剛硬。秋出穗五六寸,作圓柱形,如粟,花紫,密生長芒,荒年亦可采食。古時用以覆屋。"

按,《爾雅・釋草》"孟,狼尾"與"稂,童粱"原本兩條,作一條解之,蓋始於宋。《爾雅翼·釋草》即以稂爲狼尾。明李時珍《本草綱目·穀二·狼尾草》一條亦承其説，在〔釋名〕中又等列稂與狼尾。清王筠亦主此説。《説文·艸部》："莨，艸也。"王筠句讀："《釋草》之'孟，狼尾'，《詩》之'不稂不莠'，皆即此莨。"清代有人對此提出質疑。清汪灝等《廣群芳譜·穀譜二·稂》："《爾雅》云：孟，狼尾……《本草拾遺》謂即此物。按《爾雅》已釋稂曰童粱，果爲一物，不當重出也。姑存之以備考。"清郝懿行《爾雅義疏》別此兩條爲二物，於"稂，童粱"下稱"《爾雅翼》以稂爲'孟，狼尾'，誤"。然郝氏又謂《爾雅》之"蕅，杜榮"與"孟，狼尾"爲一物。郝云："《釋文》：蕅，字亦作芒；杜，舍人作牡。按，芒與蕅通。《華嚴經音義》上云：芒草一名杜榮，西域既自有之，江東亦多此類。其形似荻，皮重若笋，體質柔弱，不堪勁用。陳藏器云：芒，今東人多以爲箔，六七月生穗如荻。今按，芒草葉如茅而長大，其鋒刺人，長莖白華，望之如荼而繁，即上文'孟，狼尾也'。一名芭芒，一名芭茅。孟、芒古同聲，芒、茅聲又相轉。"郝氏説固有據，然如此説成立，則《釋草》"孟，狼尾"與"蕅，杜榮"重出并見，又當何解？郝氏亦未言。姑存兩説。又《詩·曹風·下泉》"浸彼苞稂"，漢鄭玄解作"涼草"，前人已指出其誤。《爾雅翼·釋草八》："鄭解《下泉》'浸彼苞稂'云：'稂，當作涼，涼草，蕭蓍之類。'蓋特取下章浸蕭蓍爲言，去之益遠。"

【稂】

"狼尾"之單稱。此稱先秦已行用。見該文。

【蓈】

同"稂"，即狼尾。此體漢代已行用。見

該文。

【莨】

同"稂"，即狼尾。此體漢代已行用。見該文。

【童粱】

"狼尾"之別名。此稱先秦已行用。按，或作"童粱"，出毛傳；或作"童蓈"，出唐陸德明《經典釋文》、清段玉裁《説文解字注》"蓈"下。見該文。

【孟】

"狼尾"之單稱。此稱先秦已行用。或作"盂"，訛。見該文。

【盇】

同"孟"。"狼尾"之別名。此體南北朝已行用。

【莨尾草】

即狼尾。此稱約在魏晉時已行用。見該文。

【宿田翁】

"狼尾"之別名。此稱三國時已行用。見該文。

【守田】

"狼尾"之別名。此稱三國時已行用。見該文。

【狼茅子】

"狼尾"之別名。此稱宋代已行用。見該文。

【蘆稈莛】

"狼尾"之別名。此稱清代已行用。見該文。

【細絲茅】

"狼尾"之別名。此稱清代已行用。時亦稱"藺草"。清吳其濬《植物名實圖考·隰草類·狼尾草》："葉如茅而莖紫，穗如黍而極細，長柔紛披，粒芒亦紫。湖南謂之細絲茅，河南亦謂之菵草，葉可覆屋，其粒極細。”見“狼尾”文。

【菵草】

“狼尾”之別名。此稱清代已行用。見該文。

菁茅

草名。禾本科，香茅屬，菁茅〔Cymbopogon citratus（DC.）Stapf〕。多年生草本。莖直立，粗壯，高兩米許，節具蠟粉。葉長 1 米許，寬 3~4 厘米，兩面粗糙，呈灰白色。總狀花序，花穗有兩種：一種無柄小穗，兩性，綫形或披針狀綫形，無芒，末鋭；一種有柄小穗，呈鉛紫色。全株具香氣，可提取香料或造紙，古祭祀時用以縮酒。主要分布於我國華南地區。

始見載於先秦，時亦省稱“茅”。《書·禹貢》：“包匭菁茅。”釋文：“鄭云：茅有毛刺曰菁茅。”《左傳·僖公四年》：“爾貢苞茅不入，王祭不共，無以縮酒。”杜預注：“茅，菁茅也。”孔穎達疏：“束茅立之，祭前沃酒其上，酒滲下去，若神飲之，故謂之縮。”時亦稱“三脊茅”。據傳葉有三脊，故名。《管子·輕重丁》：“江淮之間，有一茅而三脊，毋至其本，名之曰菁茅。”《漢書·王莽傳》：“予親設文石之平，陳菁茅四色之土。”晉代省稱“三茅”，亦稱“香茅”。《晉書·禮志上》：“其吉禮也，則三茅不翦，曰觀停瑄。”晉左思《吳都賦》：“綸組紫絳，食葛香茅。”《南史·江夏王劉義恭傳》：“大明元年，有三脊茅生石頭西岸，又勸封禪，上甚悦。”北魏酈道元《水經注·湘水》：“〔泉陵〕縣有香茅，氣甚芳香，言貢之以縮酒也。”宋劉敞《三脊茅記》：“古之祭祀無不用茅者，而至於封禪則必三脊茅以爲神藉。”亦稱“璚茅”。明李時珍《本草綱目·草二·白茅》〔集解〕：

“茅有白茅、菅茅、黃茅、香茅、芭茅數種，葉皆相似……香茅一名菁茅，一名璚茅。生湖南及江淮間，葉有三脊，其氣香芬，可以包藉及縮酒，《禹貢》所謂荆州‘苞匭菁茅’是也。”清汪灝等《廣群芳譜·卉譜三·茅》引漢揚雄曰：“璚茅三脊也。”又《桐柏山志》曰：“玉霄峰在縣北三十五里，產香茅。”一説，菁茅爲二物，菁爲葅類，茅爲菁茅。前人已有駁者。參閱清汪灝等《廣群芳譜·卉譜三·茅》。

【茅】

“菁茅”之省稱。此稱先秦已行用。茅葉如矛，故名。見該文。

【三脊茅】

“菁茅”之別稱。此稱先秦已行用。見該文。

【三茅】

“三脊茅”之省稱，即菁茅。此稱晉代已行用。見該文。

【香茅】[2]

“菁茅”之別名。以其具香氣，故名。此稱晉代已行用。見該文。

【璚茅】

“菁茅”之別稱。此稱明代已行用。見該文。

結縷

草名。禾本科，結縷草屬，結縷（Zoysia japonica Steud.）。多年生草本。地下具橫生根狀莖，莖節處細鬚根叢生；地上莖直立微曲，柔韌難斷。葉片爲綫狀披針形。初夏葉間抽生細稈，稈端成總狀花序，紫褐色。多成片生長，廣覆於地面。性耐旱，再生力極強。常用以鋪建草坪，亦可用爲飼料和保持水土。我國主要分布於北部和東部地區。在我國至少有兩千餘年生長史。

始見於秦漢時，時稱"傅""橫目"。漢代始稱"結縷"。以其根如綫相結，故名。三國時音近訛作"句屢草"，晉代稱"鼓箏草"，明代稱"胡繩"，清代稱"迷草"。《爾雅·釋草》："傅，橫目。"晉郭璞注："一名結縷，俗謂之鼓箏草。"清郝懿行義疏："《一切經音義》十四引（三國魏）孫炎云：三輔曰結縷，今關西饒之俗名句屢草也。按，句屢即結縷，聲相近……今按，此即今迷草也。葉如茅而細，莖閒節節生根，其節屈曲，故名句屢，猶今言傴僂也。穗作三四岐，實如秋穀，野人作餅餌食之。其莖柔韌難斷。"《漢書·司馬相如傳上》："布結縷，攢戾莎。"顏師古注："結縷蔓生，著地之處皆生細根，如綫相結，故名結縷，今俗呼鼓箏草。兩幼童對銜之，手鼓中央，則聲如箏也，因以名云。"《晉書·五行志中》："武帝太康三年平吳後，江南童謠曰：'屈縮肉，數橫目，中國當敗吳。'"明方以智《通雅·植物》："結縷，胡繩也。"徐珂《清稗類鈔·植物類》："結縷草爲多年生小草，莖細長，匍匐地面，隨處生細根，如綫相結，故有此稱。葉細長而尖，長二寸餘。花小，爲穗狀花序。"參閱清汪灝等《廣群芳譜·卉譜六·結縷》。

【傅】

"結縷"之古名。此稱秦漢時已行用。見該文。

【橫目】

"結縷"之古稱。此稱秦漢時已行用。見該文。

【句屢草】

即結縷。句屢，與"結縷"音近相通。一説，句屢通"傴僂"，其根屈曲不直，故名。此稱三國時已行用。見該文。

【鼓箏草】

"結縷"之俗稱。此稱晉代已行用。兩童相對銜之，手鼓中央，則如鳴箏。故名。見該文。

【胡繩】

"結縷"之异稱。此稱明代已行用。見該文。

【迷草】

"結縷"之別名。此稱清代已行用。見該文。

蘆葦

草名。禾本科，蘆葦屬，蘆葦〔*Phragmites australis*（Cav.）Trin. ex Steud.〕。多年生草本。地下有粗壯的根狀莖，白色，柔韌，中空，具節。葉片廣披針形，排列成兩行。夏秋間抽穗，繼而開花，花軸上密白毛如絮，花形成圓錐狀排列，紫褐色，花序長30厘米許，分枝稍伸展；小穗含四至七枚小花。莖中空，內壁有薄膜，光滑。莖可造紙、葺屋、編席等。

蘆
（清吳其濬《植物名實圖考》卷一四）

根莖稱蘆根，可入藥。園林可供水面綠化，林帶狀植於河岸或壩上，可固堤、護坡、控制雜草。廣布於我國，生長於池沼、河岸或道旁。

始見於先秦。單稱"葭""菼""蒹""萑""葦""荻"，秦漢時稱"蘼""蘆""薍"。《詩·召南·騶虞》："彼茁者葭，壹發五豝。"毛傳："葭，蘆也。"又《衛風·碩人》："葭菼揭揭"。毛傳："葭，蘆；菼，薍也。"又《秦風·蒹葭》："蒹葭蒼蒼，白露爲霜。"毛傳："蒹，薕；葭，葦也。"又《豳風·七月》："七月流火，八月萑葦。"毛傳："薍爲萑，葭爲葦。"《韓非子·十過》："公宫之垣，皆以荻蒿楛楚墙之。"《爾雅·釋草》："蒹，薕；葭，蘆；菼，薍。"漢代"菼"亦作"荻"；亦稱"雛"。《説文·艸部》："菼，萑之初生。一曰薍，一曰雛。菼，菼或从炎。"又："薍，菼也。八月薍爲萑，葭爲葦。"三國時"荻"或作"薍"。《廣雅·釋草》："薍，萑也。""蒹"或作"菺"。三國吳陸璣《毛詩草木鳥獸蟲魚疏》："蒹，水草也……青徐州人謂之蒹。"北魏賈思勰《齊民要術·物産·烏蘆》引《詩》義疏："薍，或謂之荻；至秋堅成即刈，謂之萑。三月中生。初生其心挺出，其下本大如箸，上銳而細，有黄黑勃，著之污人手。把取正白，噉之甜脆。"時亦稱"烏蘆"。《爾雅·釋草》釋文引魏張揖曰："未秀曰烏蘆。"晋代稱"薕薍"。《爾雅·釋草》晋郭璞注："似萑而細，高數尺，江東呼爲薕薍。"唐代始稱"蘆葦"。清汪灝等《廣群芳譜·卉譜四·蘆》引唐錢珝詩："風晚冷颼颼，蘆花已白頭。""人居蘆葦岸，終夜動秋聲。"宋蘇頌《圖經本草·草部下品·蘆根》："今在處有之，生下濕陂澤中。其狀都似竹，而葉抱莖生，無枝。花白作穗若茅花。根若竹根而節疏。"明李時珍《本草綱目·草四·蘆》〔集解〕："蘆有數種。其長丈許中空皮薄色白者，葭也，蘆也，葦也。短小於葦而中空皮厚色青蒼者，菼也，薍也，荻也，萑也。其最短小而中實者蒹也，薕也。皆以初生，已成得名。其身皆如竹，其葉皆長如箬葉。"清代稱"蔣荻"。清郝懿行《爾雅義疏》下之一："薍即荻也。今萊陽人謂之蔣

荻。"清吳其濬《植物名實圖考·隰草類·蘆》："强脆而心實者爲荻，柔纖而中虚者爲葦，澤國婦孺瞭如菽麥。但南多荻，北多葦。北人植葦於污凹，曰葦泊；掘其芽爲蔬，曰葦笋；織其花爲履，曰葦絮；緯之爲簾，曰葦簿；縷之爲藉，曰蘆蓆；以藩院，曰花障；以幕屋，曰仰棚。朽莖則以熻栗，新葉則以裹粽，提之爲籠，圍之爲囤，覆墻以禦雨，築基以避城，皆蘆之功也。大江之南，是多荻洲，爲柴、爲炭，則竈窯所恃也。其灰可煨、可烘，爲防、爲築，則隄岸所亟也。其芽可食，可飼。幽燕以葦代竹，江湖以荻代薪，故北宜葦而南宜蘆。又葦喜止水，荻喜急流，弱强異性，固自不同。"徐珂《清稗類鈔·植物類》："蘆爲多年生草，生於陂澤，莖高丈許，中空，葉細長而尖，有平行脈。秋開細花，甚繁密，成大圓錐花序。其莖可以製簾葺屋，或用爲薪。萌芽可食，略如竹笋，俗稱之曰蘆笋，可入藥。"

　　按，統言之，葭、菼、蒹、萑、薕、蘆、葦、薍、荻、烏蘆皆得指蘆葦；析言之，則多有區别，其區别各有側重。《淮南子·修務訓》高誘注謂"未秀曰蘆，已秀曰葦"。《夏小正》傳謂"萑未秀爲菼，葦未秀蘆"。宋蘇頌《圖經本草·草部下品》謂"水旁下濕所生者皆名葦"，"人家池圃所植者爲蘆"。明李時珍《本草綱目·草四》謂長丈許、中空、皮薄、色白者爲葭、蘆、葦；短於前者，中空、皮厚、色青蒼者爲菼、薍、荻、萑；最短小而中實者爲蒹。清汪灝等《廣群芳譜·卉譜四》謂蘆大而中空，葭、葦、華芳（"華芳"指蘆葦不妥，清郝懿行《爾雅義疏》已指出），皆指蘆；荻小而中實，萑、薍、菼、雛、薍、烏蘆，皆指荻。清王念

孫《廣雅疏證》謂"葦之始生爲葭，萑之始生
爲蒹"。又《爾雅·釋草》："蓫薚，馬尾。"三
國吳陸璣以爲葦屬，誤。前人已指出。清郝懿
行《爾雅義疏》下之一："《齊民要術》引《詩
義疏》以蘆荻根下白而甜脆者一名蓫薚，揚州
謂之馬尾，幽州謂之旨苹，誤矣。"今人繆啓愉
《齊民要術校釋》亦指出，《爾雅》所言，乃商
陸科之商陸（*Phytolacca esculenta*），與蘆葦了
不相關。清汪灝等《廣群芳譜·卉譜四·蘆》亦
存類似失誤。參閱明王圻等《三才圖會·草木
四·蘆》、清陳淏子《花鏡》卷六。

【葭】

"蘆葦"之古稱。此稱先秦已行用。見該文。

【菼】

"蘆葦"之古稱。此稱先秦已行用。見該文。

【薍】

同"菼"。即蘆葦。此體漢代已行用。見
該文。

【蒹】

"蘆葦"之古稱。此稱先秦已行用。見該文。

【兼】

同"蒹"。即蘆葦。此體三國時已行用。見
該文。

【萑】

"蘆葦"之古名。此稱先秦已行用。見該文。

【葦】

"蘆葦"之古名。此稱先秦已行用。見該文。

【荻】

"蘆葦"之古名。此稱先秦已行用。見該文。

【藡】

同"荻"。即蘆葦。此體三國時已行用。見
該文。

【蘆】

"蘆葦"之古名。此稱秦漢時已行用。見
該文。

【蘆】

"蘆葦"之古名。此稱秦漢時已行用。見
該文。

【薍】

"蘆葦"之古名。此稱秦漢時已行用。見
該文。

【雚】

"蘆葦"之古稱。此稱漢代已行用。見該文。

【烏蓲】

"蘆葦"之別名。此稱三國時已行用。見
該文。

【蒹薍】

"蘆葦"之別稱。此稱晉代已行用。見該文。

【蔣荻】

"蘆葦"之异名。此稱清代已行用。見該文。

【碧蘆】

一種秆長色深碧之"蘆葦"。此稱宋代已行
用。宋蘇頌《圖經本草·草部下品》："人家池
圃所植者爲蘆。其秆差大深碧色者，謂之碧蘆，
亦難得。"見"蘆葦"文。

仙茅

草名。仙茅科，仙茅屬，仙茅（*Curculigo
orchioides* Gaertn.）。多年生草本。根與根狀莖
肉質，圓柱狀。葉基生，三至六枚，青而軟，
腹部稍闊，具縱紋，披針形。夏季開黃花或紫
花，花葶自葉腋抽出，總狀花序，着花四至六
朵。蒴果，矩圓形。分根繁殖。根入藥。花葉
具觀賞價值，可盆栽或地栽、布置花壇。分布
於我國東南、西南及華中地區。

此稱始見於唐代。時西域婆羅門僧獻予玄宗，中土始栽種。梵語稱"河輪勒陁"。因其葉似茅，久服益身似仙，故名。唐李珣《海藥本草》卷二："其葉似茅，久服輕身，故名仙茅。梵音呼爲河輪勒陁。"宋代稱"獨茅""茅爪子""婆羅門參"，見宋馬志《開寶本草》。亦作"僊茅"。宋莊季裕《雞肋編》卷下："僊茅，一名婆羅門參，出南雄州大庾嶺上。以路北雲封寺後者爲佳，切以竹刀，洗暴通白，其寺南及他處者，即心有黑暈，以此爲別。"明李時珍《本草綱目·草一·仙茅》〔釋名〕引宋蘇頌曰："其根獨生，始因西域婆羅門僧獻方於唐玄宗，故今江南呼爲婆羅門參，言其功補如人參也。"〔集解〕引宋蘇頌曰："仙茅生西域。葉似茅，其根粗細有節，或如筆管有節，文理黃色，多涎，自武城來，蜀中諸州亦皆有之。今大庾嶺、蜀川、江湖、兩浙諸州亦有。葉青如茅而軟，且畧闊，面有縱紋；又似初生椶櫚秧。高尺許，至冬盡枯，春初乃生，三月有花如梔子，花黃色，不結實。其根獨莖而直，大如小指，下有短細肉根相附，外皮稍粗，褐色；內肉黃白色。二月八月采根曝乾，用衡山出者花碧，五月結黑子。"明方以智《物理小識·穀蔬木果類》："庾嶺三月開黃花，如梔子。東壁曰：六出而不似梔子，八月花。衡山仙茅花碧，武功山仙茅花有紫者。"明張弼《梅嶺仙茅》詩："使君昨日

仙　茅
（明王圻等《三才圖會》卷四）

纔持去，今日書來乞墓銘。"清代傳說晋葛洪煉丹於嶺南，遂生此物。清吳震方《嶺南雜記》："仙茅出庾嶺嫦娥嶂，葉似蘭，根如葽蕤，色白，八月采。人傳葛仙翁煉丹於此，上升，棄餘藥，遂生此。九製服之，溫補元氣。"清李調元《南越筆記》："仙茅產大庾嶺。自嶺之巔折而東，稍下爲嫦娥嶂。相傳葛稚川棄其餘丹，生仙茅。葉似蘭蕙，花六出，其根獨莖而直，旁有短細根相附。八月采之，濯以嶂下流泉，色白如玉，以酒蒸曬，常服補益真氣，土人多以餉客。羅浮仙茅高僅三寸，八月生黃花，根如指大，長寸許，外有白茅。生山谷中，狀如排草，以作浴湯，合諸香，甚良。"徐珂《清稗類鈔·植物類》："仙茅，草名。原產於西域，梵語爲河輪勒陁。莖高四五寸，葉似茅，夏開深黃色小花。根有節，入藥爲補益之品。亦稱婆羅門參。"

【河輪勒陁】

梵語。"仙茅"之譯稱。此稱唐代已行用。見該文。

【獨茅】

"仙茅"之別稱。也稱此稱宋代已行用。其葉似茅，其根獨而直，故名。見該文。

【茅爪子】

"仙茅"之異稱。此稱宋代已行用。以其主根旁附根簇生如爪，故名。見該文。

【婆羅門參】

"仙茅"之異稱。此稱宋代已行用。因唐代西域婆羅門僧始獻於玄宗，故名。見該文。

【僊茅】

同"仙茅"。此體宋代已行用。見該文。

白薇

　　草名。夾竹桃科，鵝絨藤屬，白薇（*Cynanchum atratum* Bunge）。多年生草本。根狀莖短，密分細支根，黃白色。圓柱形莖直立，通常不出歧枝，葉對生，橢圓形卵狀，正反均被白色絨毛。夏季開紅花或紫褐色花，腋生，簇集；花冠裂片四，具緣毛，副花冠裂片盾狀圓形。蓇葖果白色，單生。根藥用。主要分布於我國華北、東北、華中、華南等地區，多見於平原川谷路旁。

　　在我國至少有兩千年以上生長歷史。始載於秦漢時典籍，時稱“葞”“春草”。《爾雅·釋草》：“葞，春草。”漢代始稱“白薇”。薇，同“微”，細也。其根細而白，故名。《神農本草經》卷二：“白薇……生川谷。”南北朝稱“白幕”“微草”“骨美”。南朝梁陶弘景《名醫別錄》：“一名白幕，一名微草，一名春草，一名骨美。”宋蘇頌《圖經本草·草部中品·白薇》：“陝西諸郡及滁、舒、潤、遼州亦有之，莖葉俱青，頗類柳葉，六七月開紅花，八月結實。根黃白色，類牛膝而短小。三月三日采根，陰乾用。今云八月采。”明代“微草”亦作“薇草”。明李時珍《本草綱目·草二·白微》〔釋名〕：“薇草……時珍曰：微，細也。其根細而白也。按《爾雅》‘葞，春草也’，微、葞音相近，則白微又葞音之轉也。《別錄》以葞爲莽草之名，誤矣。”明朱

白　薇
（明王圻等《三才圖會》卷三）

櫹《救荒本草》卷四：“白薇……一名骨美。生平原川谷並陝西諸郡及滁州，今鈞州密縣山野中亦有之。苗高一二尺，莖葉俱青，頗類柳葉而闊短，又似女婁腳葉而長硬，毛澀，開花紅色。又云紫花，結角似地稍瓜而大，中有白瓢。根狀如牛膝根而短，黃白色。”徐珂《清稗類鈔·植物類》：“白薇爲多年生草，野生。莖高一二尺，葉爲橢圓形，背有白毛。夏月開小花，五瓣，深紫，花序爲穗狀。結莢，長二寸許，可入藥。”按，《神農本草經》“白薇”在草類中品，“莽草”在木類下品；《本草綱目》亦別爲二品。二者顯別，李時珍指出《名醫別錄》誤合爲一，確。然後世猶有沿襲其誤者。如清郝懿行謂芒草、茵草、莽草皆白薇，莽字亦作“茵”，芒與“茵”聲近，芒、莽、葞又俱一聲之轉。

【葞】

　　“白薇”之別稱。葞，微，一聲之轉，言根細微。此稱秦漢時已行用。見該文。

【春草】

　　“白薇”之別稱。此稱秦漢時已行用。見該文。

【白幕】[2]

　　“白薇”之別稱。此稱南北朝已行用。見該文。

【微草】

　　“白薇”之別稱。此稱南北朝已行用。見該文。

【骨美】

　　“白薇”之別稱。此稱南北朝已行用。見該文。

【白微】

同"白薇"。此體清代已行用。清汪灝等《廣群芳譜·藥譜二·白微》:"《本草綱目》白微一名白幕,一名骨美。"

【白龍鬚】

"白薇"之別名。以其根長而密,似龍鬚,故名。此稱清代已行用。清吳其濬《植物名實圖考·山草類·白微》:"江西、湖南所產皆同,根長繁,故俚醫呼白龍鬚。"

蘿藦

草名。夾竹桃科,蘿藦屬,蘿藦〔*Metaplexis japonica*(Thunb.)Makino〕。多年生蔓草。革質藤本,折斷後有乳白色汁液流出。葉對生,心臟形,先端尖。總狀花序生於葉腋。夏季開白花,具紫紅色斑點。結子莢形如羊角,霜後枯裂,内生種子數枚,種子上端具白色絲狀毛。莖、葉及種子皆可入藥。我國各地均有野生。

始見於先秦,時稱"芄蘭",秦漢稱"藿";三國時始稱"蘿藦",亦作"蘿摩",亦稱"雀瓢";晋代省稱"芄"。《詩·衛風·芄蘭》:"芄蘭之支,童子佩觿。"毛傳:"芄蘭,草也。"鄭玄箋:"芄蘭柔弱,恒蔓延於地,有所依緣則起。"三國吳陸璣疏:"一名蘿藦(一本作'蘿摩'),幽州人謂之雀瓢,蔓生;葉青緑色而厚,斷之有白汁,鬻爲茹,滑美;其子長數寸,如瓠子。"《爾雅·釋草》:"藿,芄蘭。"郭璞注:"藿,

蘿藦
(清吳其濬《植物名實圖考》卷二二)

芄。蔓生,斷之有白汁。可啖。"南朝梁陶弘景《本草經集注·草木上品·枸杞》:"蘿藦作藤生,摘之有白乳汁,人家多種之,葉厚而大,可生啖,亦蒸煮食之。諺云:去家千里,勿食蘿藦、枸杞。言其補益精氣,强盛陰道,與枸杞葉同也。"唐代稱"白環藤""斫合子""雞腸""薰桑"。唐陳藏器《本草拾遺》:"漢高帝用子傅軍士金瘡,故名斫合子。"又:"蘿藦,東人呼爲白環藤。生籬落間,折之有白汁,一名雀瓢。"又:"斫合子作藤生,蔓延籬落間。至秋霜合,子如柳絮。一名雞腸,一名薰桑。"明代稱"羊婆奶""婆婆針綫包""婆婆針袋兒","針"或作"鍼","綫"或作"線"。明李時珍《本草綱目·草七·蘿藦》〔釋名〕:"羊婆奶、婆婆鍼線包。"時珍曰:"白環,即芄字之訛也。其實嫩時有漿,裂時如瓢,故有雀瓢、羊婆奶之稱。其中一子有一條白絨,長二寸許,故俗呼婆婆鍼線包,又名婆婆鍼袋兒。"又〔集解〕:"時珍曰:斫合子即蘿藦子也。三月生苗,蔓延籬垣,極易繁衍。其根白軟。其葉長而後大前尖。根與莖葉斷之皆有白乳如榾汁。六七月開小長花,如鈴狀,紫白色。結實長二三寸,大如馬兜鈴,一頭尖。其殼青軟,中有白絨及漿。霜后枯裂則子飛,其子輕薄,亦如兜鈴子。"清代俗稱"苦蔞",殆"藿蘭"之聲轉。清郝懿行《爾雅義疏》下之一:"乃有小草,細葉,色兼青白,枝蔓柔弱,其瓢圓鋭,中亦出絮,娛時兒童摘啖,有白汁,味甛,疑此是蘿藦也。俗呼苦蔞,與果蠃之實同名……苦蔞與藿爲雙聲。"郝氏對陶弘景之説亦加駁斥。徐珂《清稗類鈔·植物類》:"蘿藦,一名芄蘭,爲多年生蔓草,野生。莖纏絡於他物,葉爲長心臟形,端尖,葉柄甚

長，對生。夏日葉腋抽花軸，開小白花，瓣之內面淡紫色，有白毛，實長二三寸，子附長毛如白絨，可代棉作褥，俗呼爲婆婆鍼綫包。莖可束物。"參閱清陳淏子《花鏡》卷五、清汪灝等《廣群芳譜·藥譜六·芄蘭》。

【芄蘭】

"蘿藦"之古稱。此稱先秦已行用。見該文。

【䕋】

"蘿藦"之古稱。此稱秦漢時已行用。見該文。

【蘿摩】

同"蘿藦"。此體三國時已行用。見該文。

【雀瓢】

"蘿藦"之別稱。此稱三國時已行用。見該文。

【芄】

"蘿藦"之異稱，"芄蘭"之省稱。此稱晋代已行用。見該文。

【白環藤】

"蘿藦"之异稱。此稱唐代已行用。見該文。

【斫合子】

"蘿藦"之异名。此稱唐代已行用。因斫傷後可以癒合，故名。見該文。

【雞腸】

"蘿藦"之別名。此稱唐代已行用。見該文。

【薫桑】

"蘿藦"之別名。此稱唐代已行用。見該文。

【羊婆奶】[1]

"蘿藦"之別名。以其實嫩時漿汁如奶，故名。此稱明代已行用。見該文。

【婆婆鍼綫包】

"蘿藦"之俗稱。因莢果中數粒種子有一枚帶有二寸許長絨，形似針綫包，故名。此稱明代已行用。見該文。

【婆婆針袋兒】

"蘿藦"之俗稱。此稱明代已行用。見該文。

【苦蔓】

"蘿藦"之別名。此稱清代已行用。見該文。

【蘿藦子】

"蘿藦"之別名。唐代已行用。此稱唐蘇敬等《唐本草·草部·蘿藦子》："蘿藦子味甘辛，溫，無毒。主虛勞，葉食之功同於子。"明代稱"羊角菜""羊奶科""合鉢兒""細絲藤""過路黃"。明朱橚《救荒本草·草部·羊角菜》："羊角苗又名羊奶科，亦名合鉢兒，俗名婆婆針扎兒，又名細絲藤，一名過路黃。生田野下濕地中，拖藤蔓而生，莖色青白，葉似馬兜零葉而長大，又似山藥葉亦長大，而青背頗白，皆兩葉相對生。莖葉折之，俱有白汁出，葉間出穗，開五瓣小白花，結角似羊角狀，中有白穰。其葉味甘微苦。救飢：採嫩葉煠熟，換水浸去苦味邪氣，淘净，油鹽調食。"清代稱"羊角""斑風藤"。清吳其濬《植物名實圖考·蔓草類·蘿藦》："今自河以北，皆曰羊角，江淮之間曰婆婆針線包，或曰羊婆奶，湖南曰斑風藤。"

羊角菜
（明徐光啓《農政全書》
卷五〇）

【羊角菜】[2]

"蘿藦"之別名。因結角似羊角，故名。此

稱明代已行用。見該文。

【羊奶科】

　　"蘿藦"之別名。此稱明代已行用。見該文。

【合鉢兒】

　　"蘿藦"之別名。此稱明代已行用。見該文。

【婆婆針扎兒】

　　"蘿藦"之別名。此稱明代已行用。見該文。

【細絲藤】

　　"蘿藦"之別名。此稱明代已行用。見該文。

【過路黃】

　　"蘿藦"之別名。此稱明代已行用。見該文。

【羊角】[2]

　　"蘿藦"之別名。此稱清代已行用。見該文。

【斑風藤】

　　"蘿藦"之別名。此稱清代已行用。見該文。

白鮮

　　草名。蕓香科，白鮮屬，白鮮（*Dictamnus dasycarpus* Turcz.）。多年生草本。根肉質，黃白色，主根多附支鬚。莖基木質，莖高30厘米許，無旁出歧枝。奇數羽狀複葉，橢圓卵狀或狹長披針狀，緣有缺刻，表有腺點。夏季開花，淡紫或紫白色，大型，頂生，總狀花序。蒴果，五瓣裂，裂瓣尖端有銳喙，密布腺點及白毛。嫩苗可食；根皮入藥，亦可提取香料。分布於我國東北、西北、西南等地區，多見於路旁川谷。

　　文獻記載始見於漢代。鮮，羊臭。此

白　鮮
（清吳其濬《植物名實圖考》卷七）

草根白，具羊羶之氣，故名。《神農本草經·中品·白鮮》："白鮮……生川谷。"南北朝稱"白羊鮮""白羶"。南朝梁陶弘景《本草經集注·草木中品·白鮮》："近道處處有，以蜀中者爲良。俗呼爲白羊鮮，氣息正似羊羶，或名白羶。"宋代稱"地羊膻""金爵兒椒"，"地羊膻"亦作"地羊鮮"，"金爵兒椒"亦作"金雀兒椒"。宋蘇頌《圖經本草·草部中品·白鮮》："生上谷川谷及冤句，今河中、江寧府、滁州、潤州亦有之。苗高尺餘，莖青，葉稍白如槐，亦似茱萸。四月開花，淡紫色，似小蜀葵，根似蔓菁，皮黃白而心實。四月五月采根，陰乾用……其氣息都似羊羶，故俗呼爲白羊鮮，又名地羊膻，又名金爵兒椒。其苗山人以爲菜茹。"《本草綱目》引作"地羊鮮""金雀兒椒"。明李時珍《本草綱目·草二·白鮮》〔釋名〕："地羊鮮（《圖經》）；金雀兒椒（《日華》）。"時珍曰："鮮者，羊之氣也。此草根白色，作羊羶氣；其子纍纍如椒，故有諸名。"徐珂《清稗類鈔·植物類》："白鮮，草名，一名白羊鮮，野生。莖高二尺許，下部木質，葉爲羽狀複葉。夏開白花或淡紅色花，香氣强烈。根與皮皆入藥。"參閱明王圻等《三才圖會·草木》、清汪灝等《廣群芳譜·藥譜二·白鮮》。

【白羊鮮】

　　即白鮮。此稱南北朝已行用。見該文。

【白羶】

　　猶白鮮。羶、鮮，羊臭。此稱南北朝已行用。見該文。

【地羊膻】

　　"白鮮"之別名。膻，同"羶"。此稱宋代已行用。見該文。

【金爵兒椒】

"白鮮"之別名。爵，通"雀"。此稱宋代已行用。見該文。

【地羊鮮】

即白鮮。此稱宋代已行用。見該文。

【金雀兒椒】

"白鮮"之別稱。此稱宋代已行用。以其子纍纍如椒，故名。見該文。

吉祥草

草名。天門冬科，吉祥草屬，吉祥草〔*Reineckia carnea*（Andr.）Kunth〕。多年生常綠草本。根狀莖匍匐地下或地上。葉叢生於莖頂或節上，條形或綫狀披針形，深綠色。穗狀花序着生於較短的花莖上部，秋末冬初開花，花淡紫色。以其花不易開，開則於家有喜慶事，故名。生於花軸下部者爲兩性花，上部爲雄花。花後結紫紅色漿果。根鬚發達，宜作地被栽培；亦可盆栽供觀賞。根及全草入藥。產於我國長江以南各地之陰濕地帶或林下。

此稱約始見於南北朝。北魏酈道元《水經注·河水一》："菩薩前到貝多樹下，敷吉祥草，東向而坐。"元任士林《吉祥草賦並序》："吉祥草酷似蘭而疎秀，海國有其種，率云十歲一花，然鮮有見者。余過僧智傳之室，見一本，紫莖而花，莖才二寸，綴花數十，似瑞香而斂小，近玩之有香氣。傳且謂余曰：種且十五年矣，今才一開。"明王象

吉祥草
（明王圻等《三才圖會》卷七）

晋《群芳譜·卉譜》："吉祥草，叢生，不拘水土石上俱可種。色長青，莖柔，葉青綠色，花紫，蓓結小紅子，然不易開花。候雨過，分其根種於陰崖處即活。惟得水爲佳。亦可登盆，用以伴孤石靈芝，清雅之甚，堪作書窗佳玩。或云花開則有赦，一云花開則家有喜慶事。人以其名佳，多喜種之。"清陳淏子《花鏡》卷五："吉祥草叢生畏日，葉似蘭而柔短，四時青綠不凋。夏開小花，內白外紫成穗，結小紅子。但花不易發，開則主喜。凡候雨過分根種易活，不拘水土中或石上俱可栽。性最喜濕，得水即生。取伴孤石靈芝，清供第一。"清吳其濬《植物名實圖考·群芳類·吉祥草》："《談薈》：吉祥草，蒼翠如建蘭而無花，不藉土而能活，涉冬不枯，遇大吉事則花開。"徐珂《清稗類鈔·植物類》："吉祥草爲溼地自生之多年生草。莖延貼地面，葉叢生其上，長尺餘，狹而尖，有平行脈，葉叢之下復生根鬚。花淡紫色。人家庭院多種之。"今俗稱"松壽蘭（一作松蘭）""觀音草"。按，唐陳藏器《本草拾遺》亦載一種吉祥草："生西國。味甘溫，無毒。"殆與此同名異物。參閱明王圻等《三才圖會·草木七·吉祥草》、清汪灝等《廣群芳譜·卉譜二·吉祥草》《藥譜七·吉祥草》。

茖葱

草名。石蒜科，葱屬，茖葱（*Allium victorialis* Linn.）。多年生草本。具根狀莖。鱗莖柱狀圓錐形，表皮黑褐色，呈網狀纖維質，葉片二三枚，披針狀橢圓形或矩圓形。夏季開花，白色，頂生球狀傘形花序。莖葉籽實均可藥用，苗葉可食。主要分布於我國華北、華中地區，多見於陰濕山坡。

秦漢時文獻已記載。時稱"茖""山葱"。漢代"茖"亦作"格"。晋代始稱"茖葱"。《爾雅·釋草》："茖，山葱。"晋郭璞注："茖葱，細莖大葉。"《後漢書·馬融傳上》："其土毛則摧牧薦草，芳茹甘荼……桂荏、凫葵，格、韮、菹、于。"李賢注："《爾雅》曰：'茖，山葱。'格與茖古字通。"《一切經音義》卷八："茖，一名山葱。并州以北多饒茖葱也。"宋代"山葱"亦作"山葱"。宋蘇頌《圖經本草·菜部·葱實》："葱有數種，入藥用山葱、胡葱……山葱生山中，細莖大葉，食之香美於常葱。一名茖葱。"《爾雅翼·釋草》："葱有冬葱、漢葱、胡葱、茖葱，凡四種。"明代稱"鹿耳葱""茖葱"。"茖葱"亦作"隔葱"，生於沙土者稱"沙葱"。明王象晋《群芳譜·蔬譜·葱》："茖葱，山葱也。生於山谷，似葱而小，細莖大葉。生沙地者，名沙葱。"明朱橚《救荒本草·草木類·山葱》："山葱，一名隔葱，又名鹿耳葱。生輝縣、太行山山野中。葉似玉簪，葉微圍，葉中擶葶似蒜葶，甚長而澀，梢頭結菁葖，似葱菁葖，微小。開白花，結子黑色，苗味辣。救飢：採苗葉煠熟，油鹽調食，生醃食亦可。"明李時珍《本草綱目·菜一·茖葱》〔集解〕："茖葱，野葱也。山原平地皆有之。生沙地者名沙葱，生水澤者名水葱。野人皆食之，開白花，結子如小葱頭。"清代稱"角葱"。清郝懿行《爾雅義疏》下之一："茖葱，今名角

葱，作莖生有枝格，旋摘旋生，食之不盡。其味甘而不辛，冬亦不枯。"

【茖】

"茖葱"之古稱。此稱秦漢時已行用。見該文。

【格】

同"茖"，即茖葱。此體漢代已行用。見該文。

【山葱】

"茖葱"之別名。秦漢時已行用。見該文。

【山葱】

同"山葱"，即茖葱。此體宋代已行用。見該文。

【隔葱】

同"茖葱"。此體明代已行用。見該文。

【鹿耳葱】

"茖葱"之別名。此稱明代已行用。見該文。

【沙葱】

"茖葱"之別名。此稱明代已行用。見該文。

【角葱】

"茖葱"之別名。此稱清代已行用。見該文。

【水葱】[3]

生於水澤之"茖葱"。此稱明代已行用。明朱橚《救荒本草·草部·水葱》："水葱，生水邊及淺水中，科苗彷彿類家葱而極細長，梢頭結菁葖，彷彿類葱菁葖而小。開鬖白花。其根類葱根，皮色紫黑……救飢：採嫩苗，連根揀擇洗净煠熟，水浸淘净，油鹽調食。"按，此與莎草科之水葱同名异實。

芎藭

草名。傘形科，藁本屬，芎藭（*Ligusticum chuanxiong* Hort.）。多年生草本。根堅瘦，黄黑

山　葱
（《明徐光啓《農政全書》卷五九）

色。莖數枚，叢生，上挺，黄褐色。二至三回羽狀複葉，小葉三至五對，緣全裂或深裂。夏秋時開碎白花，複傘形花序。卵形果，具鋒棱。根入藥，葉可食或爲茗飲。主要分布於我國西南、江南及關中地區。野生或蒔植者皆有之。

芎 藭
（明王圻等《三才圖會》卷一）

在我國至少有二千至三千年以上的生長歷史。此稱始見於先秦，時亦稱“山鞠藭”。芎藭，音近穹窿。或説，人頭穹窿至高，此藥上行，主頭腦諸疾，故名。《山海經·西山經》：“〔虢山〕其草多藥、䕡、芎藭。”《左傳·宣公十二年》：“叔展曰：‘有麥麴乎？’曰：‘無。’‘有山鞠藭乎？’曰：‘無。’”漢代省稱“芎”，“芎”亦作“营”，“芎藭”，亦作“营藭”，亦稱“麋蕪本”。《楚辭·劉向〈九嘆·愍命〉》：“莞芎棄於澤洲兮，瓟蠡蠹於筐簏。”王逸注：“芎，芎藭也。”馬王堆漢墓帛書《五十二病方·牝痔》：“冶麋蕪本、方風、烏家（喙）、桂皆等，漬以淳酒而垸之，大如黑叔而吞之。”《説文·艸部》：“营，营藭，香艸也。”三國亦稱“香果”，南北朝稱“胡藭”。三國魏吴普《吴氏本草·草木類·芎藭》“芎藭”下有“一名香果”。南朝梁陶弘景《名醫別録》：“一名胡藭，一名香果。其葉名蘼蕪，生武功斜谷西嶺。”宋蘇頌《圖經本草·草部上品·芎藭》：“芎藭，生武功山谷斜谷西嶺。蘼蕪，芎藭苗也。生雍州川澤及冤句，今關陝蜀川江東山中多有之，而以蜀川者爲勝。其苗四五月間生，葉似芹、胡荽、蛇牀輩，作叢而莖細……其葉倍香，或蒔於園庭，則芳馨滿徑。江東、蜀川人采其葉作飲香……七八月開白花，根堅瘦，黄黑色。三月、四月采，暴乾。一云：九月、十月采爲佳，三月、四月非時也。”明李時珍《本草綱目·草三·芎藭》〔釋名〕：“人頭穹窿窮高，天之象也。此藥上行，專治頭腦諸疾，故有芎藭之名。以胡戎者爲佳，故曰胡藭。”清代稱“川芎”。徐珂《清稗類鈔·植物類》：“芎藭爲越年生草，野生，多産於蜀中，亦稱川芎。莖高一二尺，葉似芹，分裂尤細。秋開細白花，五瓣，爲複傘形花序，全體芬馥。根可入藥。”按，“川芎”因多産於川蜀而得名，其狀則如馬銜、雀腦，故有“馬銜芎藭”“雀腦芎”等名。見該文。

【山鞠藭】

“芎藭”之別稱。此稱先秦已行用。明李時珍《本草綱目·草三·芎藭》〔釋名〕作“山鞠窮”。見該文。

【芎】

“芎藭”之省稱。此稱漢代已行用。見該文。

【营】

“芎”之异體，即芎藭。此體漢代已行用。見該文。

【麋蕪本】

“芎藭”之別稱。此稱漢代已行用。因芎藭苗葉稱蘼蕪，故其本指芎藭。麋，同“蘼”。見該文。

【营藭】

同“芎藭”。此體漢代已行用。見該文。

【香果】

“芎藭”之別稱。此稱三國時已行用。見

該文。

【蘼蕪】

即芎藭。此稱始見於先秦，時亦作"靡蕪"，亦稱"江離"。"江離"亦作"江蘺"。《山海經·西山經》："〔浮山〕有草焉，名曰薰草……臭如蘼蕪。"郭璞注："蘼蕪，香草。"《管子·地員》："五臭疇，生蓮與蘼蕪。"《楚辭·離騷》："扈江離與辟芷兮，紉秋蘭以爲佩。"王逸注："江離、芷，皆香草名。"《文選》"離"作"蘺"。秦漢時稱"蘄茝"。《爾雅·釋草》："蘄茝，蘼蕪。"邢昺疏"芎藭苗也"。漢代單稱"蘺""蘺""茝"。《說文·艸部》："蘺，楚謂之蘺，晋謂之蘺，齊謂之茝。"又："蘺，江蘺，蘼蕪。"音轉作"薇蕪"。《神農本草經·草部上品·蘼蕪》："蘼蕪……一名薇蕪，生川澤。"《淮南子·說林訓》："蛇牀似蘼蕪而不能芳。"漢張衡《南都賦》："其香草，則有薜荔蕙若，薇蕪蓀長。"晋張華《博物志》卷四："芎藭，苗曰江離，根曰蘼蕪。"南北朝"江離"亦作"茳蘺"。南朝梁陶弘景《名醫別錄·草木上品·蘼蕪》："一名薇蕪，一名茳蘺，芎藭苗也。生雍州川澤及宛朐，四月、五月采葉暴乾。"唐蘇敬等《唐本草·草部·蘼蕪》："此有二種：一種似芹葉，一種似蛇牀。香氣相似，用亦不殊。"宋蘇頌《圖經本草·草部上品·蘼蕪》："今關陝、蜀川、江東山中多有之，而以蜀川者爲勝。其苗四五月間生，葉似芹、胡荽、蛇牀輩，作叢而莖細。《淮南子》所謂'夫亂人者，若芎藭之與藁木、蛇牀之與蘼蕪'是也。其葉倍香……江東、蜀人采其葉作飲香，可以已泄瀉。七八月開白花。根堅瘦，黃黑色。"明李時珍《本草綱目·草三·蘼蕪》〔釋名〕："蘼蕪一作蘪蕪，

其莖葉靡弱而繁蕪，故以名之。當歸名蘄，白芷名蘺。其葉似當歸，其香似白芷，故有蘄茝、江蘺之名。"徐珂《清稗類鈔·植物類》："蘼蕪爲多年生草，野生。莖高尺許，葉爲羽狀複葉。夏月開小花，五瓣，色白，爲複傘形花序，有清香。"按，司馬相如《子虛賦》"江蘺蘼蕪"并舉，《上林賦》"被以江蘺，糅以蘼蕪"對用，或據此疑爲二物，殆不確。《唐本草》已指出此物有二種，一種似芹菜，一種如蛇牀。明李時珍則謂"大葉似芹者爲江蘺，細葉似蛇牀者爲蘼蕪"，庶近正。參閱清陳淏子《花鏡》卷六、清汪灝等《廣群芳譜·卉譜二·蘼蕪》。

【蘪蕪】

同"蘼蕪"。此體先秦已行用。以其莖葉靡弱而繁蕪，故名。見該文。

【江離】

"蘼蕪"之別名。此稱先秦已行用。見該文。

【江蘺】

同"江離"。"蘼蕪"之別名。此體先秦已行用。見該文。

【茳蘺】

同"江離"。即蘼蕪。此體南北朝已行用。見該文。

【蘄茝】

"蘼蕪"之別名。此稱秦漢時已行用。當歸名蘄。以其葉似蘄，香似白茝，故名。見該文。

【蘺】[2]

"蘼蕪"之單稱。此稱漢代已行用。見該文。

【蘺】[2]

即蘼蕪。此稱漢代已行用。見該文。

【茝】[2]

"蘄茝"之單稱，即蘼蕪。此稱漢代已行

用。見該文。

【薇蕪】

　　"蘪蕪"之音轉別稱。此稱漢代已行用。見該文。

【胡窮】

　　"芎藭"之別稱。此稱南北朝已行用。以產於胡地者爲良，故名。窮，同"藭"。明李時珍《本草綱目·草三·芎藭》〔釋名〕作"胡藭"。見該文。

【馬銜芎藭】

　　"芎藭"之別名。以其根節似馬銜，故名。三國時已識別此特徵。三國魏吳普《吳氏本草·草木類·芎藭》："芎藭……三月采，根有節，似馬銜。"南北朝始得此稱。明李時珍《本草綱目·草三·芎藭》〔集解〕引南朝梁陶弘景曰："今出歷陽，處處亦有，人家多種之……節大莖細，狀如馬銜，謂之馬銜芎藭。蜀中亦有而細。"宋代稱"雀腦芎"。因狀如雀腦，故名。宋蘇頌《圖經本草·草部上品·芎藭》："惟貴形塊重實、作雀腦狀者，謂之雀腦芎。"明代"馬銜芎藭"省稱"馬銜芎"。明朱橚《救荒本草·草·川芎》："川芎，一名芎藭，一名胡藭，一名香果……其節大莖細，狀如馬銜，謂之馬銜芎。"明李時珍《本草綱目·草三·芎藭》〔釋名〕："古人因其根節狀如馬銜，謂之馬銜芎藭；後世因其狀如雀腦，謂之雀腦芎。"按，此"馬銜芎藭""雀腦芎"等即上文"川芎"之異名。"川芎"之名，約始見於宋代。宋宋祁《益部方物略記·芎》："蜀中處處有之……似雀腦者善。成都九月九日藥市，芎與大黃如積，香溢於廛……人多蒔於園檻，葉落時可用作羹。蜀少寒，莖葉不萎。今醫家最貴川芎、川大黃云。"

【雀腦芎】

　　"芎藭"之別名。此稱宋代已行用。見該文。

【馬銜芎】

　　"馬銜芎藭"之省稱。即芎藭。此稱明代已行用。見該文。

【藭菜】

　　"芎藭"之異名。此稱清代已行用。時亦稱"坎菜"。清吳其濬《植物名實圖考·芳草類·芎藭》："《益部方物記》謂葉落時可用作羹。《救荒本草》：葉可調食，煮飲。今江西種之爲蔬，曰藭菜，廣西謂之坎菜。其葉謂之江蘺，亦曰蘪蕪。李時珍謂大葉者爲茳蘺，細葉者爲蘪蕪，説亦辨。"見"芎藭"文。

【坎菜】

　　"芎藭"之異名。此稱清代已行用。見該文。

【京芎】

　　"芎藭"之產於關中者。關中爲秦漢唐舊京所在，故名。此稱宋代已行用。明代稱"西芎"。時稱天台所產爲"台芎"，江南所產爲"撫芎"。宋蘇頌《圖經本草·草部中品·芎藭》："關中所出者，俗呼爲京芎。"明李時珍《本草綱目·草三·芎藭》〔釋名〕："其出關中者，呼爲京芎，亦曰西芎……出天台者爲台芎，出江南者爲撫芎，皆因地而名也。"參閱清汪灝等《廣群芳譜·藥譜三·芎藭》。

【西芎】

　　"京芎"之異名。因產於關中，位在西，故名。此稱明代已行用。見該文。

【台芎】

　　"芎藭"之一品。此稱明代已行用。因產於天台山，遂稱。見該文。

【撫芎】

"芎藭"之一品。此稱明代已行用。因產於江南撫州一帶，故名。見該文。

防葵

草名。傘形科，獨活屬，短毛獨活（*Heracleum moellendorffii* Hance）之別名，多年生常綠草本。二至三回三出複葉，葉片橢圓，尖端多三裂，形似葵花。一本十數莖，每莖有數葉，中一主莖直出。夏季於主莖頂端密生小白花，傘形花序排列，結長圓狀果實。以其葉似葵花子，根香似防風，故名。常見於我國江南地區。

約始見於漢代，亦稱"梨蓋"。《神農本草經·草部上品·防葵》："防葵……一名梨蓋。生川谷。"三國時"防葵"亦作"房葵"，亦稱"房苑""爵離""晨草""利如""方蓋"。三國魏吳普《吳氏本草·草木類·房葵》："房葵，一名梨蓋，一名爵離，一名房苑，一名晨草，一名利如，一名方蓋……莖葉如葵，上黑黃。二月生根，根大如桔梗，根中紅白。六月花白，七月、八月實白。三月三日采根。"南北朝稱"房慈""農果"，"利如"亦作"利茹"。南朝梁陶弘景《名醫別録·草木上品·防葵》："一名房慈，一名爵離，一名農果，一名利茹。"唐蘇敬等《唐本草·草部·防葵》："根葉似葵花子，根香味似防風，故名防葵。宋代"農果"亦作"農菓"，出《政

防　葵
（明王圻等《三才圖會》卷一）

和本草》卷六。宋蘇頌《圖經本草·草部上品·防葵》："今惟出襄陽，諸郡不聞有之。其葉似葵，每莖三葉，一本十數莖，中發一秆，其端開花，如葱花、景天輩而色白。根似防風，香味亦如之，依時采者乃沉水。"參閱明李時珍《本草綱目·草六·防葵》、明王圻等《三才圖會·草木一·防葵》、清汪灝等《廣群芳譜·藥譜五·防葵》。

【梨蓋】

"防葵"之別名。此稱漢代已行用。見該文。

【房苑】

"防葵"之异名。此稱三國時已行用。見該文。

【房葵】

同"防葵"。此體三國時已行用。見該文。

【爵離】

"防葵"之別名。此稱三國時已行用。見該文。

【晨草】

"防葵"之別稱。此稱三國已行用。見該文。

【利如】[1]

"防葵"之別名。此稱三國時已行用。見該文。

【方蓋】

"防葵"之別稱。此稱三國時已行用。見該文。

【房慈】

"防葵"之异稱。此稱南北朝已行用。見該文。

【農果】

"防葵"之异稱。此稱南北朝已行用。見該文。

【利茹】

同"利如"，即防葵。此稱南北朝已行用。見該文。

【農菓】

同"農果"，即防葵。此稱宋代已行用。見該文。

蒔蘿

草名。傘形科，蒔蘿屬，蒔蘿（*Anethum graveolens* Linn.）。多年生草本。葉呈羽狀分裂，終端成細長綫形。夏季開小黃花，成傘形排列。果實爲橢圓形，有廣翅，可食用，亦可提取芳香油及入藥。原産歐洲南部，我國東北西北、華南地區有栽培。

此稱始見於晋代。唐李珣《海藥本草·草部》引晋顧微《廣州記》："〔蒔蘿〕生波斯國。馬芹子色黑而重，蒔蘿子色褐而輕，以此爲別。善滋食味，多食無損。"唐陳藏器《本草拾遺》："蒔蘿生佛誓國，實如馬芹子。"宋代稱"慈謀勒"，亦番語，出宋馬志《開寶本草》。宋蘇頌《圖經本草·草部中品·蒔蘿》："今嶺南及近道皆有之。三月、四月生苗，花、實大類蛇床而香辛，六月、七月采實。"明代稱"小茴香""蒔蘿椒"。明李時珍《本草綱目·菜一·蒔蘿》〔釋名〕："小茴香。"時珍曰："蒔蘿、慈謀勒，皆番言也。"又〔集解〕引明陳嘉謨《本草蒙筌》："俗呼蒔蘿椒，內有黑子。"《警世通

蒔 蘿
（清吴其濬《植物名實圖考》卷四）

言·況太守斷死孩兒》："分明惡草蒔蘿，也甚名花登架去。"徐珂《清稗類鈔·植物類》："蒔蘿，俗稱小茴香，爲一年生草（按，當爲'多年生'）。高二三尺，葉細如絲。夏開小黃花，瓣內曲。實橢圓，微扁，子大如黍粒，黑褐色，氣味芳辛，用以調味，亦可入藥。本産於波斯國，蒔蘿，蓋番語也。廣東頗多，江蘇人醃物時輒用之，取其香也。"參閱清汪灝等《廣群芳譜·蔬譜一·蒔蘿》。

【慈謀勒】

番語。"蒔蘿"之异名。此稱宋代已行用。見該文。

【小茴香】

"蒔蘿"之別稱。此稱明代已行用。見該文。

【蒔蘿椒】

"蒔蘿"之俗名。此稱明代已行用。見該文。

積雪草

草名。傘形科，積雪草屬，積雪草〔*Centella asiatica*（Linn.）Urban〕。多年生草本。方莖細長，匍匐，從節發根。葉交互對生，腎圓形，基部心形，具掌狀脉。夏季開淡紅紫色小花，傘形花序，腋生。果實側嚮壓扁，呈雙壟形，背方各有七至九肋。全草入藥。我國中部、南部地區有生長。

約始見稱於漢代。以其性寒凉，故名。《神農本草經·草部中品·積雪草》："積雪草……生山谷。"南朝梁陶弘景《名醫別録·草木中品·積雪草》："積雪草生荆州川谷。"唐代稱"胡薄荷"，出《天寶單方圖》；亦稱"地錢草"，省稱"地錢"；一名"連錢草"。唐蘇敬等《唐本草·草部·積雪草》："此草葉圓如錢，荆楚人謂爲地錢草，徐儀《藥草圖》名連錢草。"宋代

稱"海蘇"。宋蘇頌《圖經本草·草部中品·積雪草》："今處處有之。葉圓如錢大，莖細而勁，蔓延，生溪澗之側，荊楚人以葉如錢，謂爲地錢草……段成式《酉陽雜俎》云：地錢，葉圓莖細，有蔓，一曰積雪草，一曰連錢草。謹案《天寶單行方》云：連錢草，味甘平，無毒。元生咸陽下濕地，亦生臨淄郡、濟陽郡池澤中，甚香。俗間或云圓葉似薄荷，江東吳越丹陽郡極多，彼人常充生菜食之。河北柳城郡盡呼爲海蘇，好近水生，經冬不死，咸、洛二京亦有。或名胡薄荷，所在有之。"宋寇宗奭《本草衍義》："積雪草南方多有，生陰濕地，不必荊楚。形如水荇而小，面亦光潔，微尖爲異。葉葉各生，今人謂之連錢草，蓋取象也。"宋代俗稱"新羅薄荷"。明李時珍《本草綱目·草三·積雪草》〔集解〕："按蘇恭注薄荷云：一種蔓生，功用相似。蘇頌《圖經》云：胡薄荷與薄荷相類，但味少甘，生江浙間，彼人多以作茶飲，俗呼爲新羅薄荷，《天寶方》所用連錢草是也。據二說，則積雪草即胡薄荷，乃薄荷之蔓生者爾。又臞仙《庚辛玉册》云：地錢，陰草也。生荊楚江淮閩浙間。多在官院寺廟磚砌間，葉圓似錢，引蔓鋪地，香如細辛，不見開花也。"今俗稱"活得打"。參閱清汪灝等《廣群芳譜·藥譜三·地錢》。

【胡薄荷】[2]

"積雪草"之別名。此稱唐代已行用。見該文。

【地錢草】

即積雪草。因其葉圓如錢，故名。此稱唐代已行用。見該文。

【地錢】

"地錢草"之省稱。即積雪草。此稱唐代已行用。見該文。

【連錢草】[2]

"積雪草"之异名。此稱唐代已行用。見該文。按，此與唇形科多年生匍匐草本連錢草（*Glechoma longituba*）同名异物。

【海蘇】

"積雪草"之別稱。此稱宋代已行用。見該文。

【新羅薄荷】[2]

"積雪草"之俗名。此稱宋代已行用。見該文。

獨活

草名。傘形科，獨活屬，獨活（*Heracleum hemsleyanum* Diels）。多年生草本。莖莢，羽狀複葉，葉心形，淺至深裂。莖、葉皆有毛；葉柄基部闊，抱生莖上。夏季開花，花五瓣，有黃、白、紫諸色。可入藥。主要分布於我國西部、中部地區。

此稱始見於秦漢。以其一莖直上，風吹不動，故名。時亦稱"羌活""羌青""護羌使者"。三國時稱"胡王使者"，南北朝亦稱"獨搖草"，明代稱"長生草"。《神農本草經·草部上品·獨活》："獨活……一名羌活，一名羌青，一名護羌使者。生川谷。"孫星衍等注引三國魏吳普《吳氏本草·草木類·獨活》："獨活，一名胡王使者……此藥有風花不動，無風獨搖。"南朝梁陶弘景《名醫別錄·草木上品·獨活》："一名胡王使者，一名獨搖草。"清汪灝等《廣群芳譜·藥譜二·獨活》引《文繫》："唐劉師貞之兄病風，夢神人曰：'但取胡王使者，浸酒服，便愈。'師貞訪問，皆不曉。復夢其母曰：'胡王使者，羌活也。'求而用之，兄病遂愈。"明李時珍《本草綱目·草二·獨活》〔釋名〕："長生草。弘景曰：一莖直上，不爲風摇，故曰獨活。《別錄》曰：此草得風不摇，無風自動，故名獨摇草……時珍曰：獨活以羌中來者爲良，故有羌活、胡王使者諸名，乃一物二種也。"〔集解〕："獨活、羌活乃一類二種，以中國者爲獨活，西羌者爲羌活。"明王圻等《三才圖會·草木十·獨活羌活》："獨活、羌活，出雍州川谷，或隴西南安，蜀漢出者佳。春生苗，葉如青麻，六月開花作叢，或黄或紫。結實時葉黄者是，夾石上生葉青者是。"清陳淏子《花鏡》卷四："春生苗葉，夏開小黄花，一莖直上，有風不動，無風自摇。其頭如彈子，尾若鳥尾，而兩

獨 活
（清吴其濬《植物名實圖考》卷七）

羌 活
（明王圻等《三才圖會》卷一）

片關合間，每見人輒自動摇，俗傳佩之者，能令夫婦相愛。雖非異卉，亦自有一種風致可取，根入藥用。"徐珂《清稗類鈔·植物類》："獨活爲越年生草，産羌中，故又名羌活。莖葉皆有毛，夏月莖高六七尺，葉爲羽狀複葉。秋開小花甚多，五瓣，淡緑，爲複傘形花序。實紫，根入藥。"

【羌活】

"獨活"之別名。此稱漢代已行用。以其多產於羌地，故名。見該文。

【羌青】

"獨活"之別稱。此稱漢代已行用。見該文。

【護羌使者】

"獨活"之异名。或稱護羌，"羌"之緩音。此稱漢代已行用。見該文。

【胡王使者】

"獨活"之异稱。以其多產於羌地，爲中土所用，猶如使者，故名。此稱三國時已行用。見該文。

【獨摇草】

"獨活"之別稱。此稱南北朝已行用。以其無風獨摇，故名。見該文。

【長生草】

"獨活"之別名。此稱明代已行用。見該文。

藁本

草名。傘形科，藁本屬，藁本（*Ligusticum sinense* Oliv.）。多年生草本。二回羽狀複葉，小葉卵形，緣有鋸缺。夏秋間開白花，複傘形花序。果實雙懸，有銳棱。根紫色。根入藥。產於我國西南、華中、西北等地區。以其根上苗下似禾藁，故名。

始見於先秦。《管子·地員》："五臭疇生，

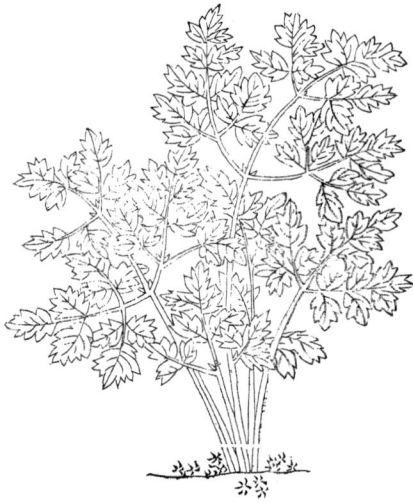

藁　本
（明徐光啓《農政全書》卷四六）

蓮與蘼蕪、藁本、白芷。"時亦稱"藁茇"，《山海經·西山經》："〔皐塗之山〕有草焉，其狀如藁茇。"亦作"稾本"。《荀子·大略》："蘭茝稾本，漸於蜜醴，一佩易之。"秦漢時稱"鬼卿""地新"。《神農本草經·草部中品·稾本》："稾本……一名鬼卿，一名地新。生山谷。"《淮南子·氾論訓》："夫亂人者，若芎藭之與藁本也，蛇牀之與麋蕪也，此皆相似也。"三國時稱"山茝""蔚香"。《廣雅·釋草》："山茝、蔚香，藁本也。"南北朝時亦稱"微莖"。南朝梁陶弘景《名醫別錄·草木中品》："一名微莖。生崇山山谷，正月、二月采根暴乾，三十日成。"唐蘇敬等《唐本草·草部·藁本》："根上苗下似禾藁，故名藁本。本，根也。"宋蘇頌《圖經本草·草部中品·藁本》："今西川、河東州郡及兗州、杭州有之。葉似白芷，香，又似芎藭，但芎藭似水芹而大，藁本葉細耳……五月有白花，七八月結子。根紫色。"明李時珍《本草綱目·草三·藁本》〔釋名〕："古人香料用之，呼爲藁本香。"又〔集解〕："江南深山中皆有之。

根似芎藭而輕虛，味麻，不堪作飲也。"參閱清汪灝等《廣群芳譜·藥譜三·藁本》。

【稾本】

同"藁本"。此體先秦已行用。見該文。

【藁茇】

即藁本。此稱先秦已行用。按，藁，或作"稾"。見該文。

【鬼卿】

"藁本"之別名。此稱漢代已行用。見該文。

【地新】

"藁本"之异稱。此稱漢代已行用。見該文。

【山茝】

"藁本"之异名。此稱三國時已行用。見該文。

【蔚香】

"藁本"之异名。此稱三國時已行用。見該文。

【微莖】

"藁本"之异名。此稱南北朝已行用。見該文。

【山園荽】

"藁本"之俗名。此稱明代已行用。明朱橚《救荒本草·草部·藁本》："（藁本）今衛輝、輝縣栲栳圈山谷間有之，俗名山園荽，苗高五七寸，葉似芎藭葉細小，又似園荽葉而稀疏，莖比園荽莖頗硬直。……救飢：採嫩苗葉煠熟，水浸淘净，油鹽調食。"見"藁本"文。

肉蓯蓉

草名。列當科，肉蓯蓉屬，肉蓯蓉（*Cistanche deserticola* Ma）。多年生寄生草本。全株無葉綠素，黄褐色。塊根肉質，莖圓柱狀。葉小，鱗片形，多數交互生呈覆瓦狀。花暗紫色，聚生成稠密的穗狀花序。蒴果，橢圓形，兩裂。生長於鹽碱地或乾河溝砂地，寄生於其他植物之根上。莖入藥。分布於我國內蒙古及西北等地區。

始見於漢代，作"肉鬆容"。《神農本草經·草部上品·肉鬆容》："肉鬆容……生山谷。"三國時聲轉作"肉蓯蓉"。"肉鬆容"亦作"肉鬆蓉"，亦稱"黑司命"，出三國魏吳普《吳氏本草·草木類·肉蓯蓉》。南朝梁陶弘景《本草經集注·草木上品》："肉蓯蓉……生河西山谷及代郡雁門，五月五日采，陰乾。"五代韓保昇《蜀本草》："出肅州福禄縣沙中。三月、四月掘根，長尺餘，切取中央好者三四寸，繩穿陰乾，八月始好，皮有松子鱗甲。"宋蘇頌《圖經本草·草部上品·肉蓯蓉》："今陝西州郡多有之，然不及西羌界中來者，肉厚而力緊。舊説是野馬遺瀝落地所生，今西人云大木間及土塹垣中多生，此非游牝之所而乃有，則知自有種類爾。或疑其初生於馬瀝，後乃滋殖，如茜根生於人血之類是也。"明李時珍《本草綱目·草一·肉蓯蓉》〔釋名〕："此物補而不峻，故有從容之號。從容，和緩之貌。"參閱元朱震亨《本草衍義·補遺》、明陳嘉謨《本草蒙筌·草部上·肉蓯蓉》、明王圻等《三才圖會·草木一·肉蓯蓉》、清汪灝等《廣群芳譜·藥譜一·肉蓯蓉》。

肉蓯蓉
（清吳其濬《植物名實圖考》卷七）

【肉鬆容】

即肉蓯蓉。此稱漢代已行用。因其根塊如肉，藥性從容和緩，故名。見該文。

【肉鬆蓉】

同"肉蓯蓉"。此體三國時已行用。見該文。

【黑司命】

"肉蓯蓉"之异稱。一作"黑司令"。此稱三國已行用。見該文。

羊蹄

草名。蓼科，酸模屬，羊蹄（*Rumex japonicus* Houtt.）。多年生草本。根長1米許，赤黃色，粗大。葉有根生、莖生兩種：根生者具長柄，狹長，橢圓，緣有波狀折皺；莖生者具短柄，狹小；托葉鞘筒狀，膜質。春夏開淡綠色花，兩性，頂生，圓錐狀花序，花被兩輪六片，每片皆有卵形瘤狀突起。瘦果。根入藥、釀酒，莖可爲飼料。主要分布於我國江南地區，多見於近水下濕之地。

在我國至少有兩千年的生長歷史。先秦稱"蓫""蓨"，秦漢時稱"蓨"。漢代始稱"羊蹄"，亦稱"牛蘈""東方宿""連蟲陸""鬼目"。《詩·小雅·我行其野》："我行其野，言采其蓫。"漢鄭玄箋："蓫，牛蘈也。亦仲春時生，可采也。"《管子·地員》："黑埴宜稻麥，其草宜蘋蓨。"唐尹知章注："蓨，草名也。"《爾雅·釋草》："蓨，苖。"北魏賈思勰《齊民要術·五穀果蓏菜茹非中國物産者》引《詩義疏》曰："今羊蹄似蘆菔，莖赤。煮爲茹，滑而不美。多噉令人下痢。幽陽謂之蓫，一名蓨，亦食之。"《神農本草經·下品·羊蹄》："一名東方宿，一名連蟲陸，一名鬼目，生川澤。"蓋以其根形似羊蹄，故名。三國時稱"𦯔"，"羊蹄"亦作"羊蹢";南北朝稱"蓄""禿菜"。《廣雅·釋草》:"蓳,羊蹄也。"清王念孫疏證引南朝梁陶弘景《名醫別錄·草木下品·羊蹄》曰:"一名蓄。陶隱居注云:今人呼爲禿菜。"明代稱"敗毒菜""牛舌菜""水黃芹",清代稱"羊髀""土大黃"。明李時珍《本草綱目·草八·羊蹄》〔釋名〕:"敗毒菜、牛舌草……水黃芹。"時珍曰:"羊蹄以根名,牛舌以葉形名,禿菜以治禿瘡名也。"又〔集解〕:"近水及濕地極多,葉長尺餘,佀牛舌之形,不佀菠棱。入夏起薹,開花結子,花葉一色,夏至即枯,秋深即生,凌冬不死。根長近尺,赤黃色,如大黃胡蘿蔔形。"清郝懿行《爾雅義疏》下之一:"今羊蹢或呼羊髀,葉長尺許,抽莖作穗,華青白色,子三棱如蕎麥,其根黏呼腫毒,俗名土大黃。"徐珂《清稗類鈔·植物類》:"羊蹄爲越年生草,産於濕地。春初叢生大葉,長尺許,形如牛舌,故亦稱牛舌菜。春末抽花莖,開淡綠色小花,成叢下垂。結子如蕎麥,謂之金蕎麥。根長近尺,紅黃色。夏至即枯,秋深復生,經冬不死。根擣汁,可治疥癬、腫毒。"

按,此條尚有下數事强調説明。一、蓫,宋鄭樵《通志》謂此爲《爾雅·釋草》之"菲"及"蕡",蓋誤,明李時珍《本草綱目·草八·羊蹄》已指出。二、"蓨"與"苵"。清郝懿行《爾雅義疏》謂蓨、蓨雙聲,古音通轉字;清桂馥《説文義證》謂"苵即蓨之異文,轉寫致誤也"。三、"牛蘈"爲"羊蹄"別名,亦爲"車前"別名,見《太平御覽》卷九九五引孫炎説,是二者同名異實。四、蓳分二種:一爲蒴藋,烏頭之類;一爲羊蹢。羊蹢分二種:一種名蓫、名蓄;一種名飱蕪,亦名酸模。前人

辨之甚詳。《廣雅·釋草》:"蓳,羊蹢也。"清王念孫疏證:"蓳有二,一爲蒴藋,烏頭之類也。《爾雅》云:'芨,蓳草。'郭注云:'即烏頭也,江東呼爲蓳。'《名醫別錄》云:'蒴藋有毒,一名蓳草,一名芨。'《説文繫傳》引字書云:'蒴藋一名蓳。'《玉篇》:'蒴藋有五葉。''蓳,一名蒠。'《廣韻》:'芨,烏頭別名。或作蒠。''蓳,蒴藋別名'。《集韻》:'芨,蓳草也。通作蒠。''蒠,草名,蒴藋也。'是蒴藋名蓳、名芨、又名蒠也。一爲羊蹢……'蹢',與'蹢'同。《爾雅》:'蓧,蓨。'蓋即蓫。一名蓨者,《集韻》:'蓳,或作苗,通作蓫,羊蹄也。'《詩》釋文:蓫,本又作蓄……《名醫別錄》云:一名蓄。陶隱居注云:今人呼爲禿菜。即是'蓄'音之誤,引《詩》云:言采其蓄。更有一種味酸者,《齊民要術》引《字林》云:蓳似冬藍,蒸食之酢。陶隱居注《本草》羊蹄云:又一種極相似而味醋,呼爲酸模。《本草拾遺》云:酸模葉酸美,人亦折食其英,葉似羊蹢,是山大黃,一名當藥。《爾雅》:'須,葑蓯'。郭注云:似羊蹢,葉細,味酢可食。是羊蹢一種名蓫、名蓄,一種名飱蕪、名酸模,而總謂之蓳也。《名醫別錄》云:蒴藋有毒,生田野;羊蹢無毒,生川澤。寇宗奭《本草衍義》云:蒴藋花白,子如綠豆;羊蹢花青白,子三棱。二者各殊。《玉篇》云:蓳,一名蒠。又云:似冬藍,食之醋,則是合蒴藋、羊蹢爲一物,誤矣。"五、清郝懿行以"土大黃"爲"羊蹄"之別名,清朱駿聲《説文通訓定聲·孚部》"蓨"下亦謂羊蹄"俗名土大黃"。然植物學土大黃學名爲 *Rumex daiwoo*,羊蹄爲 *Rumex japonicus*,二者同科同屬而有別。參閲清汪灝等《廣群芳

譜·藥譜六·羊蹄》。

【蓫】

　　“羊蹄”之古稱。此稱先秦已行用。見該文。

【蓨】

　　“羊蹄”之古稱。此稱先秦已行用。見該文。

【蓨】

　　同“蓨”。即羊蹄。此體秦漢時已行用。見該文。

【牛蘈】

　　“羊蹄”之別名。此稱漢代已行用。見該文。

【東方宿】

　　“羊蹄”之別名。此稱漢代已行用。見該文。

【連蟲陸】

　　“羊蹄”之別名。此稱漢代已行用。見該文。

【鬼目】

　　“羊蹄”之別名。此稱漢代已行用。見該文。

【蓳】

　　“羊蹄”之別名。此稱三國時已行用。見該文。

【羊蹢】

　　同“羊蹄”。此體三國時已行用。見該文。

【蓄】

　　“羊蹄”之別名。此稱南北朝已行用。見該文。

【禿菜】

　　“羊蹄”之別名。此稱南北朝已行用。以其能治禿瘡，故名。見該文。

【敗毒菜】

　　“羊蹄”之別名。此稱明代已行用。見該文。

【牛舌菜】

　　“羊蹄”之別名。此稱明代已行用。以其葉似牛舌，故名。見該文。

【水黄芹】

　　“羊蹄”之別名。此稱明代已行用。見該文。

【羊䏶】

　　“羊蹄”之別名。此稱清代已行用。見該文。

【土大黄】

　　“羊蹄”之別名。此稱清代已行用。見該文。

【羊蹄苗】

　　“羊蹄”之俗稱。此稱明代已行用。時亦稱“豬耳朵”。明朱橚《救荒本草》卷四：“羊蹄苗一名東方宿……俗呼豬耳朵。生陳留川澤，

羊蹄苗
（明徐光啓《農政全書》卷五二）

今所在有之。苗初搨地，生後攛生莖叉，高二尺餘；其葉狹長，頗似萵苣而色深青，又似大藍葉微闊，莖節間紫赤色。其花青白成穗，其子三棱，根似牛蒡而堅實。”清代稱“牛舌科”“牛舌大黄”。清吳其濬《植物名實圖考·水草類·羊蹄》：“今通呼牛舌科，亦曰牛舌大黄，子名金蕎麥，以治癬疥。”

【豬耳朵】

　　“羊蹄”之俗稱。此稱明代已行用。見該文。

【牛舌科】

　　“羊蹄”之俗稱。猶“牛舌草”。科，同“棵”。此稱清代已行用。見該文。

【牛舌大黄】[2]

“羊蹄”之別名。此稱清代已行用。見該文。

虎杖

草名。蓼科，虎杖屬，虎杖（*Reynoutria japonica* Houtt.）。多年生草本。莖直立，基部木質化，中空，具紅色或紫紅色斑點。葉寬卵形或卵狀橢圓形；托葉鞘膜質，褐色。夏日自葉腋間抽生衆多小白花，單性，雌雄异株，狀如穗，花梗中部有關節。老莖可製手杖，根入藥。產於我國長江以南及中原、陝西、齊魯等地區。

此稱始見於秦漢時。以其莖可爲杖，斑紋似虎，故名。時亦稱“蒤”。《爾雅·釋草》：“蒤，虎杖。”郭璞注：“似紅草而粗大，有細刺，可以染赤。”邢昺疏：“陶注《本草》云：

虎　杖
（明王圻等《三才圖會》
卷九）

田野甚多，狀如大馬蓼，莖斑而葉圓是也。”北魏賈思勰《齊民要術·養鵝鴨》：“〔作杬子法〕取杬木皮……無杬皮者，虎杖根、牛李根，並作用。”唐代稱“苦杖”，出唐陳藏器《本草拾遺》。亦稱“大蟲杖”，出唐甄權《藥性本草》。宋代稱“斑杖”，出宋佚名《日華本草》。明代稱“酸杖”。明李時珍《本草綱目·草五·虎杖》〔釋名〕：“酸杖。”時珍曰：“杖言其莖，虎言其斑也。”〔集解〕時珍曰：“其莖似葒蓼，其葉圓似杏，其枝黃似柳，其花狀似菊，色似桃花。合而觀之，未嘗不同也。”徐珂《清稗類鈔·植

物類》：“虎杖爲多年生草，山野自生，高一二尺至四五尺，葉闊端尖，有淡黑斑，其基部方如刀切，夏日葉腋抽花軸，開淡紅色小花，成穗。實三角形，根入藥。”按，《爾雅》“委葉”亦稱“蒤”，與虎杖稱“蒤”爲同名异物。參閱清汪灝等《廣群芳譜·藥譜四·虎杖》。

【蒤】

“虎杖”之別名。此稱先秦已行用。見該文。

【苦杖】

“虎杖”之別稱。此稱唐代已行用。見該文。

【大蟲杖】

“虎杖”之別名。此稱唐代已行用。大蟲，虎也。莖上有虎紋斑，可作手杖，故名。見該文。

【斑杖】

“虎杖”之异名。此稱宋代已行用。以其莖上有斑，故名。見該文。

【酸杖】

“虎杖”之异稱。此稱明代已行用。見該文。

酸模

草名。蓼科，酸模屬，酸模（*Rumex acetosa* Linn.）。多年生宿根草本。莖直立，有綾紋。葉綠而黃，基出葉具長柄，長圓形，先端尖形或鈍形；莖出葉無柄而抱莖。托葉鞘膜質，斜形。葉莖俱酸。夏季開花，色淡綠帶赤，圓錐花序，雌雄异株。嫩莖葉供食用或作飼料，全草及根入藥。全國各地皆有分布，多見於山野，濕處生長尤佳。

始見於先秦，時稱“莫”。秦漢時稱“須”“蕵蕪”。三國時稱“酸迷”“乾絳”。《詩·魏風·汾沮洳》：“彼汾沮洳，言采其莫。”毛傳：“莫，菜也。”孔穎達疏引三國吳陸璣曰：“五方通謂之

酸迷，冀州人謂之乾絳，河汾之間謂之莫。"馬瑞辰通釋："酸迷，一名酸模，省言之曰莫。"《爾雅·釋草》："須，蕤蕪。"郭璞注："蕤蕪，似羊蹄，葉細味酢，可食。"南北朝始稱"酸模"。以其莖葉俱酸，故名。南朝梁陶弘景《本草經集注》卷五："一種極相似（於羊蹄）而味酸，呼爲酸模，根亦療疥也。"宋佚名《日華本草》："所在有之，生山岡上。狀似羊蹄葉而小黄。莖葉俱細。節間生子，若茺尉子。"明代稱"山羊蹄""酸母"。明李時珍《本草綱目·草八·酸模》〔釋名〕："山羊蹄……酸母。時珍曰：蕤蕪乃酸模之音轉，酸模又酸母之轉，皆以味而名。与三葉酸母草同名。"又〔集解〕："平地亦有。根葉花形並同羊蹄，但葉小味酸爲異。其根赤黄色。連根葉取汁煉霜，可製雄汞。"清代俗稱"醋醋流"。清郝懿行《爾雅義疏》下之一："〔蕤蕪〕按此即今醋醋流也……葉青黄色，生啖極脆，味酸欲流，兒童謂之醋醋流。"按，唐陳藏器《本草拾遺》以山大黄、當藥、蓨爲酸模，宋邢昺、掌禹錫及清邵晋涵以蔏薞爲酸模，皆誤。前人已指出。明李時珍《本草綱目·草八·酸模》〔釋名〕："掌禹錫以蕤蕪爲蔓菁菜（蔏薞），誤矣。"清郝懿行《爾雅義疏》下之一："邢疏誤以須、蔏薞與蕤蕪爲一物，邵氏正義仍其失也。陳藏器云：即山大黄，一名當藥，一名蓨。此皆非也，所説乃是羊蹄，非蕤蕪也。"參閲清汪灝等《廣群芳譜·藥譜六·酸模》。

【莫】

"酸模"之古稱。此稱先秦已行用。見該文。

【須】

"酸模"之古稱。此稱秦漢時已行用。見該文。

【蕤蕪】

"酸模"之古名。先稱秦漢時已行用。見該文。

【酸迷】

"酸模"之音轉別名。此稱三國時已行用。見該文。

【乾絳】

"酸模"之异稱。此稱三國時已行用。見該文。

【山羊蹄】

"酸模"之异名。此稱明代已行用。見該文。

【酸母】[1]

"酸模"之音轉异名。此稱明代已行用。見該文。

【醋醋流】

"酸模"之俗稱。此稱明代已行用。見該文。

火炭母草

草名。蓼科，萹蓄屬，火炭母草（*Polygonum chinense* Linn.）。多年生蔓性草本。全株有酸味。蔓淺紅色，微具棱溝，下部堅實，多分枝，有節，紅色。單葉互生，具柄，有翅；葉卵狀長橢圓形，全緣或具細齒，脉紫紅色，葉面有人字形暗紫色斑紋，葉柄淺紅色。頭狀花序，再組成圓錐或傘房花序；小花白色、淡紅或紫色。瘦果卵形，黑色，具三棱，包於宿存之花被内。花果期七至十月。可供觀賞。全草可入藥。原産我國。分布於雲南、四川、貴州、廣西、湖南、江西、福建、廣東、臺灣諸省區。性喜温濕環境，多見於路邊、溝畔、林旁之陰濕地。

此稱宋代已行用，并沿稱於後世。省稱"火

炭母”。明李時珍
《本草綱目・草五・火
炭母草》〔集解〕引宋
蘇頌：“〔火炭母草〕
生恩州原野中。莖赤
而柔，似細蓼。葉端
尖，近梗形方。夏有
白花，秋實如椒，青
黑色，味甘可食。”
清何克諫《生草藥性
備要》上卷：“火炭
母，味酸，性寒。炒
蜜食，能止痢症。敷瘡，敷跌打，貼爛脚拔毒、
乾水、斂口。”亦稱“烏炭子”。清吳其濬《植
物名實圖考・隰草類・火炭母草》：“火炭母草，
宋《圖經》始著錄。今南安平野有之，形狀與
圖極符，俗呼烏炭子，以其子青黑如炭。”火炭
母草延蔓如藤，可作垂直綠化材料，適宜庭院、
花境、籬垣栽植，頗具野趣鄉情。

火炭母草
（明王圻等《三才圖會》
卷七）

【火炭母】

“火炭母草”之省稱。此稱清代多行用於嶺
南各地。見該文。

【烏炭子】

即火炭母草。其子色黑，故名。此稱清代
已行用。見該文。

赤箭

草名。蘭科，天麻屬，天麻（*Gastrodia
elata* Bl.）之別名。多年生腐生直立草本。全株
無葉綠素，地下有肥厚肉質塊莖多枚，細根鬚
四處延伸達 1~2 米，地上莖直立，黃赤色，節
上有膜質鱗片。夏初開花，淡綠黃色，稠密總
狀花序頂生，花冠作歪壺狀。塊根可食，亦入

藥。主要分布於我國
東北、西北、西南及
華中地區，多見於陰
濕林中。以其莖直色
赤如箭，故名。

文獻記載始見
於漢代，時稱“離
母”“鬼督郵”。《神
農本草經・上品・赤
箭》：“赤箭……一
名離母，一名鬼督
郵。生川谷。”三國時稱“神草”“閻狗”。三國
魏吳普《吳氏本草・草木類・赤箭》：“一名神
草，一名閻狗。或生太山或少室，莖箭赤無葉，
根如芋子。”晋代稱“獨搖芝”“合離草”，“獨
搖芝”省稱“獨搖”。晋葛洪《抱朴子・仙藥》：
“獨搖芝，無風自動。其莖大如手指，赤如丹
素，葉似莧；其根有大魁如斗，有細者如雞子
十二枚，周繞大根之四方，如十二辰也。相去
丈許，皆有細根如白髮以相連。生高山深谷之
上，其所生左右無草。得其大魁末，服之盡則
得千歲，服其細者一枚百歲。”《神農本草經・上
品・赤箭》清孫星衍校注引《抱朴子》云：“案
仙方中有合離草，一名獨搖，一名離母。所以
謂之合離、離母者，此草為物，下根如芋魁，
有游子十二枚周環之。”唐代稱“赤箭芝”“定
風草”，出唐甄權《藥性本草》。時“合離草”
亦省稱“合離”。唐段成式《酉陽雜俎・草篇》：
“合離，根如芋魁……一名獨搖。”唐代稱“天
麻”。見唐甄權《藥性本草》。宋蘇頌《圖經本
草・草部中品・天麻》：“天麻，生鄆州、利州、
泰山、崂山諸山，今京東、京西、湖南、淮南

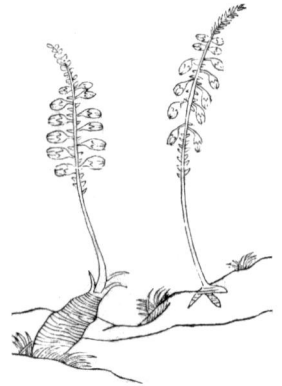

赤箭
（明王圻等《三才圖會》
卷一）

州郡亦有之。春生苗，初出若芍藥，獨出一莖直上，高三二尺，如箭杆狀，青赤色，故名赤箭脂。莖中空，依半以上，貼莖微有尖小葉；梢頭生成穗，開花結子，如豆粒大；其子至夏不落，却透虚入莖中，潛生土內；其

天　麻
（明王圻等《三才圖會》
卷三）

根形如黄瓜，連生一二十枚，大者有重半斤或五六兩，其皮黄白色，名曰龍皮。肉名天麻。二月、三月、五月、八月內采，初取得，乘潤刮去皮，沸湯略煮過，暴乾收之。嵩山、衡山人或取生者蜜煎作果食之，甚珍。”又《草部上品·赤箭》：“赤箭，生陳倉川谷、雍州及泰山、少室，今江湖間亦有之，然不中藥用。其苗獨莖如箭簳，葉生其端。四月開花，簳葉俱赤，實似苦楝子，核作五六棱，中有肉如面，日曝則枯萎。其根大類天門冬，惟無心脉耳。去根五六寸，有十餘子爲衛，似芋。三月、四月、八月采根，暴乾。”宋沈括《夢溪筆談·藥議》：“赤箭即今之天麻也。後人既誤出天麻一條，遂指赤箭別爲一物；既無此物，不得已取天麻苗爲之，兹爲不然。《本草》明稱采根陰乾，安得以苗爲之？草藥上品，除五芝之外，赤箭爲第一，此神仙補理養生上藥。世人惑於天麻之説，遂止用之治風，良可惜哉。以謂其莖如箭，既言赤箭，疑當用莖，此尤不然。至如鳶尾、牛膝之類，皆謂莖葉有所似，則用根耳，何足疑哉！”明李時珍《本草綱目·草一·赤箭》〔釋

名〕：“赤箭以狀而名，獨搖、定風以性異而名，離母、合離以根異而名，神草、鬼督郵以功而名。”〔集解〕：“《本經》止有赤箭，後人稱爲天麻。甄權《藥性》論云：赤箭芝一名天麻，本自明白；宋人馬志重修《本草》，重出天麻，遂致分辯如此……沈公（沈括）此説雖是，但根莖並皆可用。”徐珂《清稗類鈔·植物類》：“赤箭，初生時一莖直上，高三四尺，狀如箭簳，色青赤，葉尖小。初夏開淡紫花，成穗，實大如豆。根曝乾，可入藥，謂之天麻。”

按，“天麻”之稱，始見於唐甄權《藥性本草》，爲赤箭別名。宋馬志《開寶本草》始別天麻、赤箭爲兩條，蘇頌《圖經本草》承其説。經宋沈括考辨，復經明李時珍補正，其爲同物異名之理昭然，故《本草綱目》復合二者於一條。參閱明王圻等《三才圖會·草木》、清汪灝等《廣群芳譜·藥譜一·天麻》。

【離母】

“赤箭”之別名。此稱漢代已行用。以大主塊莖與小支塊莖相依而非一，如子母別離，故名。見該文。

【鬼督郵】

“赤箭”之別名。此稱漢代已行用。以其爲草上品，效驗如神官，故名。見該文。

【神草】[2]

“赤箭”之別名。此稱三國時已行用。功效如神，故名。見該文。

【閻狗】

“赤箭”之別名。此稱三國時已行用。見該文。

【獨搖芝】

“赤箭”之別名。此稱晉代已行用。以其無

風時獨自搖動，故名。見該文。

【合離草】

"赤箭"之別名。此稱晋代已行用。以主塊莖與支塊莖合而有間，故名。見該文。

【獨搖】

"獨搖芝"之省稱。即赤箭。此稱晋代已行用。見該文。

【赤箭芝】

"赤箭"之別名。此稱唐代已行用。見該文。

【定風草】

"赤箭"之別稱。此稱唐代已行用。以其有風時穩定不動，故名。見該文。

【合離】

"合離草"之省稱。即赤箭。此稱唐代已行用。見該文。

【天麻】

"赤箭"之別稱。此稱唐代已行用。見該文。

石仙桃

草名。蘭科，石仙桃屬，石仙桃（*Pholidota chinensis* Lindl.）。多年生附生草本。根莖肥厚粗壯，常匍匐。假鱗莖矩圓形或卵狀矩圓形，肉質。葉二枚，頂生，長 8 ~ 18 厘米或更長，橢圓狀披針形或倒披針形，先端漸尖，基部收縮成短柄。花葶從被鱗片包裹的幼假鱗莖頂端生出，總狀花序直立或下垂；有 8 ~ 22 朵，白綠色。花期四至五月。假鱗莖碩大似桃，青翠如碧；雙葉寬大，鮮綠光亮，頗具觀賞價值。全草可入藥。分布於我國雲南、貴州、廣西、廣東、海南、福建等省區。常見於山林下岩石上或附生於其他樹木上。其假鱗莖似桃又長石上，故名"石仙桃"。此稱清代已行用。清何克諫《生草藥性備要》卷下："石仙桃，治內傷，

化痰止咳。生在石壁之上，子似桃。"按，此草名石仙桃是其假鱗莖似桃，而并非"子似桃"，何以假鱗莖爲子，似不妥。又，同屬中有細葉石仙桃（*P. cantonensis*），葉細，革質，條狀披針形，分布於我國南部，亦可用於觀賞。石仙桃假鱗莖碩大，葉青碧，置室內清雅別致，頗耐玩賞。今亦稱"石上蓮""石穿盤""石萸肉""大吊蘭""浮石斛"。

【石上蓮】

即石仙桃。今廣東各地多行用此稱。見該文。

【石穿盤】

即石仙桃。今廣西各地多行用此稱。見該文。

【石萸肉】

即石仙桃。今福建各地多行用此稱。見該文。

【大吊蘭】

即石仙桃。今湖南各地多行用此稱。見該文。

【浮石斛】

即石仙桃。今湖南民間多行用此稱。見該文。

杜若

草名。鴨跖草科，杜若屬，杜若（*Pollia japonica* Thunb.）。多年生草本。根狀莖長而橫行，春日抽 60~70 厘米，直立，不分枝，具短柔毛。上部生七八葉，無柄，披針形，葉鞘無毛。夏日莖頂開白花，圓錐花序。漿果，球形，初呈暗紫，後變爲藍。全草入藥。主要分布於我國江南地區，多見於林陰濕地。

此稱始見於先秦。《楚辭·九歌·湘君》：

"采芳洲兮杜若，將以遺兮下女。"漢代稱"杜衡"，亦作"杜蘅"。《神農本草經·草部上品·杜若》："杜若……一名杜衡，生川澤。"《藝文類聚》引作"杜蘅"。三國時稱"楚蘅"。《廣雅·釋草》："楚蘅，杜蘅也。"南北朝時稱"杜連""白連""白芩""若芝"。南朝梁陶弘景《名醫別錄·草木上品·杜若》："一名杜連，一名白連，一名白芩，一名若芝，生武陵及冤句。"唐代稱"獯子薑"，出唐甄權《藥性本草》。宋代稱"山薑"。宋蘇頌《圖經本草·草部上品·杜若》："今江湖多有之。葉似薑，花赤色，根似高良薑而小辛味。子如豆蔻。二月、八月采根，曝乾用。"又《本經·外草類·山薑》："生衞州……開紫花，不結子，八月、九月采根用。"明代稱"良薑"。明李時珍《本草綱目·草三·杜若》〔釋名〕引宋蘇頌曰："此草一名杜蘅，而草部中品自有杜蘅條，即《爾雅》所謂土鹵者也；杜若即《廣雅》所謂楚蘅者也。其類自別，古人多相雜引用。故《九歌》云'采芳洲兮杜若'，《離騷》云'雜杜衡與芳芷'，王逸輩皆不分別，但云香草，故二名相混。"又〔集解〕："杜若，人無識者，今楚地山中時有之，山人亦呼爲良薑。根似薑，味亦辛。甄權注豆蔻所謂獯子薑，蘇頌《圖經》外類所謂山薑，皆此物也。或又以大者爲高良薑，細者爲杜若。唐時峽州貢之。"清陳淏子《花

杜　若

（宋柴源等《紹興校定證
類備急本草畫圖》卷二）

鏡》卷五："今人以杜蘅亂之，非；以藍菊名之，更非。"

　　按，杜若一名杜蘅，而杜蘅一名表二物：一爲鴨跖草科本品；一爲馬兜鈴科他品，即《爾雅·釋草》所謂"杜，土鹵"，亦名馬蹄香。明李時珍《本草綱目》別爲兩條，一在《草三》，一在《草二》。清郝懿行《爾雅·釋草》義疏、王念孫《廣雅·釋草》疏證皆辨之極詳。郝氏謂："其爲二物甚明。故《本草》衡、若別條，《離騷》《九歌》杜若與杜衡分舉，《子虛賦》亦以'衡蘭芷若'並稱，皆其證矣。"清汪灝等《廣群芳譜·卉譜二·杜若》則二者混同爲一矣。又，王氏《廣雅疏證》辨此二者"同名而異實"，極確，駁蘇頌之杜若即《廣雅》之楚蘅，似欠妥。

杜　蘅

（宋柴源等《紹興校定證
類備急本草畫圖》卷二）

【杜衡】[1]

　　"杜若"之异名。此稱漢代已行用。見該文。

【杜蘅】[1]

　　同"杜衡"。即杜若。此稱漢代已行用。見該文。

【楚蘅】[2]

　　"杜若"之別名。此稱三國時已行用。見該文。

【杜連】

　　"杜若"之別名。此稱南北朝已行用。或作"杜蓮"，出明李時珍《本草綱目·草三·杜若》〔釋名〕。見該文。

【白連】

"杜若"之別名。此稱南北朝已行用。或作"白蓮",出明李時珍《本草綱目·草三·杜若》〔釋名〕。見該文。

【白苓】

"杜若"之別名。此稱南北朝已行用。見該文。

【若芝】

"杜若"之別名。此稱南北朝已行用。見該文。

【獵子薑】

"杜若"之別名。此稱唐代已行用。見該文。

【山薑】[3]

"杜若"之別名。此稱宋代已行用。見該文。

【良薑】

"杜若"之別名。此稱明代已行用。見該文。

【高良薑】[3]

"杜若"之別名。此稱宋代已行用。宋沈括《補筆談·藥議》："杜若即今之高良薑。後人不識,又別出高良薑條,如赤箭再出天麻條,天名精再出地菘條,燈籠草再出苦耽條,如此之類極多……後人又取高良薑中小者爲杜若,正如用天麻蘆頭爲赤箭也。又有用北地山薑爲杜若者。杜若,古人以爲香草。北地山薑,何嘗有香? 高良薑花成穗,芳華可愛。"又:《本草圖經》云:'杜若苗,似山薑;花黃赤,子赤色,大如棘子,中似豆蔻,出峽山、嶺南北。'正是高良薑,其子乃紅蔻也。"

車前

草名。車前科,車前屬,車前(*Plantago asiatica* Ledeb.)。多年生草本。莖下爲鬚狀根。葉自根莖叢生,有長柄,廣卵形或長橢圓狀卵形,全緣。夏季開花,花葶數枚自簇葉抽出,直立,穗狀花序生於頂端,花冠漏斗狀,淡紫色。蓋果,黑紅色。嫩莖葉人畜皆可食,種子可榨油,全草入藥。我國各地均有分布,多野生於山原田野。

車　前
(清吳其濬《植物名實圖考》卷一一)

先秦稱"芣苢",亦作"芣苡""枹苢""枹苡",亦稱"陵舄"。秦漢時始稱"車前"。以其多生於道途車前,故名。時亦稱"馬舄"。漢代稱"車前子""當道""牛舌""牛遺";三國時稱"牛舌草";晋代稱"車前草""蝦蟆衣"。《詩·周南·芣苢》:"采采芣苢,薄言采之。"孔穎達正義引三國吳陸璣《毛詩草木鳥獸蟲魚疏》:"馬舄,一名車前,一名當道,喜在牛迹中生,故曰車前、當道也。今藥中車前子是也,幽州人謂之牛舌草,可鬻作茹,大滑。其子治婦人難產。"陸德明釋文:"苢,本作苡,音以。芣苡,馬舄也。"《周書·王會》:"康民以枹苡。"一本作"枹苢"。《莊子·至樂》:"生於陵屯,則爲陵舄。"唐成玄英疏:"陵舄,車前草也。"《爾雅·釋草》:"芣苢,馬舄;馬舄,車前。"晋郭璞注:"今車前草。大葉長穗,好生道邊,江東呼爲蝦蟆衣。"《神農本草經·上品·車前子》:"車前子……一名當道,生平澤。"《太平御覽》引有"一名牛舌",《大觀本草》引作"牛遺"。《廣雅·釋草》:"當道,馬舄也。"南北朝"蝦蟆衣"亦作"蝦蟇衣","陵舄"亦作"勝舄"。南朝梁陶弘景《名醫別録·草木

上品·車前子》："車前子……一名蝦蟆衣，一
名牛遺，一名勝舄。生真定平澤丘陵阪道中。
五月五日采，陰乾。"又《本草經集注·草木
上品·車前子》："《韓詩》乃言苤苢是木，似
李，食其實，宜子孫，誤矣。"宋蘇頌《圖經本
草·草部上品·車前子》："今江湖、淮甸近京北
地處處有之。春初生苗，葉布地如匙面，累年
者長及尺餘，如鼠尾；花甚細，青色微赤；結
實如葶藶，赤黑色……人家園圃中或種之，蜀
中尤尚。北人取根日乾，作紫菀賣之，甚誤。"
明代稱"地衣"。"蝦蟆衣"亦作"蟇蟆衣"。明
李時珍《本草綱目·草五·車前》〔釋名〕："地
衣……時珍曰：按《爾雅》云：苤苢，馬舃，
牛遺，車前。陸璣《詩疏》云：此草好生道邊
及牛馬跡中。故有車前、當道、馬舃、馬舃之
名。舃，足履也。幽州人謂之牛舌。蟇蟆喜藏
伏于下，故江東稱爲蟇蟆衣。又《韓詩外傳》
言：直曰車前，瞿曰苤苢。恐亦强説也。瞿乃
生於兩旁者。"又〔集解〕："王旻《山居錄》有
種車前剪苗食法，則昔人常以爲蔬矣，今野人
猶采食之。"明王象晋《群芳譜·卉譜·車前》：
"〔葉〕中抽數莖作長穗……圍莖上如鼠尾，花
青色微赤，甚細密。"清代通稱大葉者爲"馬
耳"，小葉者爲"驢耳"。清郝懿行《爾雅義疏》
下之一："今驗此有二種：大葉者俗名馬耳，小
葉者名驢耳。《圖經》所説葉長尺餘，似是馬耳；
今藥所收，乃是驢耳，野人亦炎啖之，其馬耳
水生，不堪啖也。"徐珂《清稗類鈔·植物類》：
"車前爲多年生草，產於北數省及東三省，葉自
地下莖叢生，成卵形而闊，常有五肋，柄甚長。
夏日葉叢中央出花莖，開淡紫色細花，花序爲
穗狀。實紫色，子入藥。一名苤苢。"今北方路

邊習見之，花莖長尺許，粗細形狀極似鼠尾，
故俗稱"老鼠尾巴"。

按，本條有四事須考辨說明。一、苤苢爲
草抑或爲木。前人多有以苤苢爲木者，駁之者
則謂苤苢一指草，一指木。唐陸德明《毛詩音
義上》："《山海經》及《周書·王會》皆云：苤
苢，木也，實似李，食之宜子，出於西戎。衛
氏傳及許慎並如此，王肅亦同。"唐孔穎達《毛
詩正義》："王肅引《周書·王會》云：苤苢如
李，出於西戎。王基駁云：《王會》所記雜物
奇獸，皆四夷遠國各齎土地異物以爲貢贄，非
《周南》婦人所得采。是苤苢爲馬舃之草，非西
戎之木也。"清段玉裁則謂苤苢是一物，非二
物。《說文解字注》"薖"："《王會》篇曰康民以
桴苢。桴苢者，其實如李，食之宜子。《詩音義》
云：《山海經》及《周書》皆云苤苢，木也。今
《山海經》無苤苢之文，若《周書》正文未嘗
言桴苢爲木。陶隱居又云：《韓詩》言苤苢是
木，食其實宜子孫。此蓋誤以説《周書》者語
繫之《韓詩》……《韓詩》何嘗説是木哉！竊謂
古者殊方之貢獻，自出其珍異以將其誠，不必
知中國所無而後獻之。然則苤苢無二，不必致
疑於許偁《周書》也。"二、車前是否牛蘈。或
謂車前爲《爾雅·釋草》之牛蘈，清郝懿行據
郭璞注含混、鄭玄與孫炎説又不同以存疑。《釋
草》："蘈，牛蘈。"郭注："今江東呼草爲牛蘈
者高尺餘許，方莖，葉長而銳，有穗，穗閒有
華，華紫縹色，可淋以爲飲。"郝義疏："《詩》
'言采其蘈'箋：蘈，牛蘈也，亦仲春時生，可
采也。陸璣《疏》以蘈爲羊蹄，鄭亦當然。《御
覽》九百九十五引孫炎曰：車前一名牛蘈。二
說不同。今按《本草》，車前一名牛遺，蓋孫所

本。蓫與蓄通，蓄有禿音，與蓨、藋聲相轉，古讀稹、遺聲又相近……〔羊蹄、車前〕二義俱與郭異。如郭所説，似即益母草，而云高尺許及有穗，穗間華又復不同。陳藏器謂天麻即益母之紫花者，是《爾雅》所謂藬。李時珍謂蓷、藬同音，乃一類二種。此皆肊説，郭義既未能定，鄭、孫又復兩歧，當在闕疑。"今按，或芣苢、牛蘈爲二物，車前兼二物之名。三、或謂芣苢爲澤瀉科之澤瀉（ *Alisma plantago-aquatica* ），誤。清郝懿行《爾雅義疏》下之一："《文選》注引《韓詩章句》：芣苢，澤瀉也……然澤瀉是蕍、舃，非馬舃，亦誤矣。"四、車前是否分爲兩種，無定説。漢代或分此爲兩小類：生於正道者爲車前，生於道兩旁者爲芣苢。清王念孫《廣雅疏證》卷一〇上："《韓詩》云：直曰車前，瞿曰芣苢。是此草又有二種，然《本草》諸家莫有言及者。"然亦有持異議者。清郝懿行《爾雅義疏》下之一："瞿謂生於兩旁。然芣苢即車前，何有瞿直之分。"

【芣苢】

　　"車前"之別名。此稱先秦已行用。見該文。

【芣苡】

　　同"芣苢"，即車前。此體先秦已行用。見該文。

【枛苢】

　　同"芣苢"，即車前。此體先秦已行用。見該文。

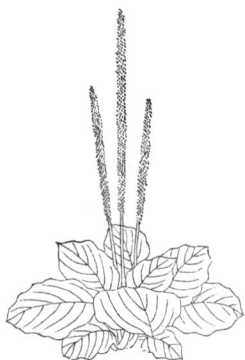

車輪菜
（明徐光啓《農政全書》
卷四六）

該文。

【枛苡】

　　同"芣苢"，即車前。此體先秦已行用。見該文。

【陵舃】

　　"車前"之別名。此稱先秦已行用。見該文。

【馬舃】

　　"車前"之別名。此稱秦漢時已行用。舃，履踐。此草生於馬匹足踐之路，故名。見該文。

【車前子】

　　即車前。其籽實入藥，遂以代指全草。此稱漢代已行用。見該文。

【當道】

　　"車前"之別名。以其生植道衢，故名。此稱漢代已行用。見該文。

【牛舌】

　　"車前"之別名。此稱漢代已行用。以其葉圓闊如牛舌，故名。見該文。

【牛遺】

　　"車前"之別名。此稱漢代已行用。見該文。

【牛舌草】

　　"車前"之別名。此稱三國時已行用。見該文。

【車前草】

　　即車前。此稱晋代已行用。見該文。

【蝦蟆衣】

　　"車前"之別名。此稱晋代已行用。以蝦蟆善伏其葉下，故名。見該文。

【蟇蟇衣】

　　同"蝦蟆衣"。此體明代已行用。

【勝舃】

　　"車前"之別名。此稱南北朝已行用。清王

念孫《廣雅疏證》卷一〇上："勝舄即陵舄……陵與勝古聲相近，故勝舄一名陵舄。勝、梜皆以尖爲聲，勝之爲陵，猶梜之爲陵也。高誘注《淮南·時則訓》云：梜讀南陽人言山陵同，是其例矣。"見"車前"文。

【蝦蟇衣】

同"蝦蟆衣"。此體南北朝已行用。見該文。

【地衣】

"車前"之別名。此稱明代已行用。見該文。

【馬耳】

"車前"之水生、大葉、不堪啖者。此稱清代已行用。見該文。

【驢耳】

"車前"之陸生、小葉、可食者。此稱清代已行用。見該文。

【車輪菜】

"車前"之別名。以其生於道旁車輪所經之地，可爲菜茹，故名。此稱明代已行用。明朱橚《救荒本草·草部·車輪菜》："車輪菜，《本草》名車前子……又似玉簪葉，梢大而薄。葉叢中心攛葶三四莖，作長穗如鼠尾……救飢：採嫩苗葉煠熟，水浸去涎沫，淘净，油鹽調食。"清代稱"蝦蟆葉"，乃蝦蟆衣之聲轉。清吳其濬《植物名實圖考·隰草類·車前》："車前之名，三尺童子知之。滇南謂之蝦蟆葉，即蝦蟆衣之轉音也。絕域方言，其名猶古。"

【蝦蟆葉】

"車前"之別名。此稱清代已行用。見該文。

沙參

草名。桔梗科，沙參屬，沙參（*Adenophora stricta* Miq.）。多年生草本。根莖圓錐形，似胡蘿蔔。莖直立，不分枝。葉長橢圓形，四片輪生。秋季開藍花，鐘狀，排成圓錐形，花絲下部雙寬，有茸毛。根入藥。主要分布於我國華東、中南等地區。

沙 參
（清吳其濬《植物名實圖考》卷七）

始見於先秦，時稱"白沙參"。《范子計然》："白沙參，出洛陽，白者善。"漢代稱"沙參"。因宜於沙地生長，故名。亦稱"知母"。《神農本草經·草部上品·沙參》："沙參……一名知母，生川谷。"三國時"沙參"亦作"沙蓡""沙葠"，亦稱"苦心""識美""虎須""白參""志取""文虎"。《廣雅·釋草》："苦心，沙蓡也。"一本作"沙葠"。三國魏吳普《吳氏本草》："白沙參，一名苦心，一名識美，一名虎須，一名白參，一名志取，一名文虎。"南北朝"虎須"亦作"虎鬚"，亦稱"文希""羊乳""鈴兒草"，出南朝梁陶弘景《名醫別錄》。明代稱"羊婆奶。"明李時珍《本草綱目·草一·沙參》〔釋名〕："羊婆奶。"又引陶弘景曰："此與人參、玄參、丹參、苦參，是爲五參。其形不盡相類，而主療頗同，故皆有參名。"又時珍曰："沙參白色，宜於沙地，故名。其根多白汁，俚人呼爲羊婆奶。《別錄》有名未用，羊乳即此也……鈴兒草，象花形也。"〔集解〕："沙參處處山原有之。二月生苗葉，如初生小葵葉，而團扁不光。八九月抽莖，高一二尺，莖上之葉則尖長如枸杞葉而小，有細齒。秋月葉間開小紫花，長二三分，狀如鈴鐸。五出白蕊，亦有白花者，並結實，大如冬青實，中有細子，霜後苗枯。其根生沙地者長尺餘，大一虎口；黃土地者則短而小，根莖皆有白汁。八九月采者白而實，春月采者微黃而虛。”明朱橚《救荒本草·草部·沙參》：“沙參……今輝縣太行山邊亦有之。苗長

知　母
（清吳其濬《植物名實圖考》卷七）

一二尺，叢生崖坡間，葉似枸杞葉微長而有叉牙鋸齒，開紫花，根如葵根，赤黃色，中正白實者佳……又有杏葉沙參及細葉沙參，氣味與此相類，但《圖經》內不曾記載此二種苗葉形容。”清代稱產於南方、根小者爲“南沙參”，產於北方、根粗大者爲“北沙參”。徐珂《清稗類鈔·植物類》：“沙參爲多年生草。莖高二三尺，葉長卵形，端尖，有鋸齒，輪生。秋時葉腋開小紫花，花冠爲鐘狀，五瓣。根似人參，產南省者根短小，曰南沙參；產北方沙地者根粗大，長尺許，曰北沙參，皆可作藥。”參閱清汪灝等《廣群芳譜·藥譜一·沙參》。

【白沙參】

　　“沙參”之古稱。因其參色白，沙地宜生，故名。此稱先秦已行用。見該文。

【知母】

　　“沙參”之別名。此稱漢代已行用。見該文。

【沙蔘】

　　同“沙參”。此體三國時已行用。見該文。

【沙薓】

　　同“沙參”。此體三國時已行用。見該文。

【苦心】

　　“沙參”之別名。此稱三國時已行用。見該文。

【識美】

　　“沙參”之別名。此稱三國時已行用。見該文。

【虎須】[2]

　　“沙參”之別名。此稱三國時已行用。見該文。

【虎鬚】[3]

　　同“虎須”。即沙參。此體南北朝已行用。見該文。

【白參】

　　“沙參”之別名。因參體色白，故名。此稱三國時已行用。見該文。

【志取】

　　“沙參”之別名。此稱三國時已行用。見該文。

【文虎】

　　“沙參”之別名。此稱三國時已行用。見該文。

【文希】

　　“沙參”之別名。此稱南北朝已行用。見該文。

【羊乳】

　　“沙參”之別名。此稱南北朝已行用。以其根多白汁，似羊乳，故名。見該文。

【鈴兒草】

　　“沙參”之別名。此稱南北朝已行用。以其花形似鈴兒，故名。見該文。

【羊婆奶】[2]

　　“沙參”之別名。此稱明代已行用。以其根

汁多似羊乳，故名。見該文。

【南沙參】

　　“沙參”之産於南方、根小者。此稱清代已行用。見該文。

【北沙參】

　　“沙參”之産於北方、根粗長者。此稱清代已行用。見該文。

【細葉沙參】

　　“沙參”之一品。此稱明代已行用。明朱橚《救荒本草·草部·沙參》：“細葉沙參，生輝縣太行山山衝間。苗高一二尺，莖似蒿蘚，葉似石竹子葉而細長，又似水蓑衣葉亦細長，梢間開紫花，根似葵根而龐如拇指，大皮色灰，中間白色。”

細葉沙參
（清吳其濬《植物名實圖考》卷八）

薺苨

　　草名。桔梗科，沙參屬，薺尼〔*Adenophora remotiflora*（Sieb. et Zucc）Miq.〕。多年生草本。全草直生略彎，富含汁液。根肥如參，味甜，葉互生，心卵形尖端，邊緣呈鋸齒。莖青白，高60~70厘米，夏秋間生出稀疏小枝，莖梢着花，花常下垂，花冠鐘狀，五裂；花有紫青色、紫藍色或紫白色。根入藥，亦可爲菜食。分布於我國內蒙古、冀魯蘇皖等地。以其多汁，似濃露濟㴲之狀，故名。

　　始見於秦漢，時稱“苨”“蒩苨”。晉代始稱“薺苨”，亦稱“隱忍草”。《爾雅·釋草》：

“苨，蒩苨。”晉郭璞注：“薺苨。”南朝梁陶弘景《本草經集注·草木中品·薺苨》：“薺苨根都似人參，而葉小異，根味甜絕，能殺毒。以其與毒藥共處，而毒皆自然歇，不正入方家用也。”唐蘇敬等《唐本草》：“薺苨、桔梗又有葉差互者，亦有葉三四對者，皆一莖直上，葉既相亂，惟以根有心爲別爾。”宋代稱“杏參”。宋蘇頌《圖經本草·草部中品·薺苨》：“今川蜀、江浙皆有之。春生苗莖，都似人參，而葉小異，根似桔梗，但無心爲異。潤州、陝州尤多，人家收以爲果，或作脯啖，味甚甘美。二月、八月採根，暴乾。”明代稱“甜桔梗”，稱其苗爲“隱忍”。明李時珍《本草綱目·草一·薺苨》〔釋名〕：“甜桔梗……苗名隱忍。時珍曰：薺苨多汁，有濟㴲之狀，故以名之。濟㴲，濃露也。其根如沙參而葉如杏，故河南人呼爲杏葉沙參。蘇頌《圖經》杏參即此也。俗謂之甜桔梗。”又〔集解〕：“薺苨苗似桔梗，根似沙參，故姦商往往以沙參、薺苨通亂人參……葛洪《肘後方》云：隱忍草，苗似桔梗，人皆食之。搗汁飲，治蠱毒。據此則隱忍非桔梗，乃薺苨苗也。薺苨苗甘可食，桔梗苗苦不可食，尤爲可證。《神農本經》無薺苨，止有桔梗一名薺苨，至《別錄》始出薺苨。蓋薺苨、桔梗乃一類，有甜、苦二種，則其苗亦可呼爲隱忍也。”時亦稱

薺苨
（清吳其濬《植物名實圖考》卷八）

"杏葉沙參""白薊
根"。明朱橚《救荒
本草·草部·杏葉沙
參》:"杏葉沙參,一
名白薊根。生密縣山
野中。苗高一二尺,
莖色青白,葉似杏葉
而小,邊有叉牙。又
似山小菜,葉微尖而
背白,梢間開五瓣白
碗子花。根形如野胡
蘿蔔,頗肥,皮色灰

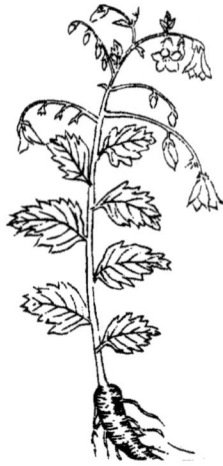

杏葉沙參
(清吳其濬《植物名實圖
考》卷八)

黪,中間白色,味甜微寒。"清代稱"利如"。
清陳淏子《花鏡》卷五:"薺苨,一名利如。"
參閱明王圻等《三才圖會·草木三·薺苨》、清
汪灝等《廣群芳譜·藥譜一·薺苨》。

【苨】

　　"薺苨"之古稱。此稱先秦已行用。見該文。

【苨薺】

　　"薺苨"之古稱。此稱先秦已行用。見該文。

【隱忍草】

　　"薺苨"之異稱。此稱晋代已行用。一説特
指薺苨苗。見該文。

【杏參】

　　"薺苨"之別名。以其根似參而葉如杏,故
名。此稱宋代已行用。見該文。

【甜桔梗】

　　"薺苨"之俗名。此稱明代已行用。見該文。

【隱忍】

　　"薺苨"之苗名。此稱明代已行用。見該文。

【杏葉沙參】

　　"薺苨"之別稱。此稱明代已行用。見該文。

【白薊根】

　　"薺苨"之异名。此稱明代已行用。見該文。

【利如】[2]

　　"薺苨"之异稱。此稱清代已行用。見該文。

狗脊[2]

　　草名。烏毛蕨科,狗脊屬,狗脊〔 *Woodwardia
japonica*(Linn.f.)Sm.〕。多年生草本蕨類植
物。根狀莖短粗直立,高 1 米許,密被棕褐色
鱗片。大葉叢生,長橢圓形,二回羽狀分裂,
裂片三角形。孢子囊群長形,生於葉主脈兩側
相對之網眼上。根狀莖含澱粉,供食用,亦入
藥。分布於我國江南地區。以其根黑色而多
歧,似狗之脊骨,故名。

　　此稱始見於漢代,時亦稱"百枝"。《神農
本草經·草部中品·狗脊》:"狗脊……一名百
枝。生川谷。"三國時稱"狗青""赤節",出
三國魏吳普《吳氏本草·草木類·狗脊》。南北
朝稱"强膂""扶蓋""扶筋"。南朝梁陶弘景
《名醫別録·草木中品·狗脊》:"〔狗脊〕一名强
膂,一名扶蓋,一名扶筋。生常山川谷。二月
八月采根,曝乾。"宋蘇頌《圖經本草·草部中
品·狗脊》:"今太行山、淄温眉州亦有。根黑
色,長三四寸,兩指許大。苗尖細碎青色,高
一尺已來。無花,具莖葉似貫衆而細。其根長
而多歧,似狗脊骨,故以名之。其肉青緑。春
秋采根,曝乾用。"
明李時珍《本草綱
目·草一·狗脊》〔釋
名〕:"恭(蘇恭)
曰:此藥苗似貫衆,
根長多歧,狀如狗之
脊骨,而肉作青緑

狗　脊
(明王圻等《三才圖
會·草木圖會》卷二)

色，故以名之。時珍曰：强脊、扶筋，以功名也。”又〔集解〕：“狗脊有二種：一種根黑色，如狗脊骨；一種有金黄毛，如狗形。皆可入藥。其莖細，而葉花兩兩對生，正似大葉蕨，比貫衆葉有齒，面背皆光。其根大如拇指，有硬黑鬚簇之。”清代稱狗形脊骨帶黄毛者爲“金毛狗脊”。徐珂《清稗類鈔·植物類》：“狗脊爲多年生草，生於山地。葉叢生，爲羽狀複葉，質厚，色淡緑，葉面有齒。爲無性芽，背生子囊羣。地下根莖色黑如狗脊骨，有黄毛如狗形者，俗稱金毛狗脊，皆入藥。”按，古文獻每以“菝葜”與“狗脊”相混。如《廣雅·釋草》：“菝挈，狗脊也。”晋張華《博物志·物類》：“拔揳與萆薢相似，一名狗脊。”故書亦恒以菝葜之形態作狗脊之形態。如《吴氏本草》“狗脊……莖節如竹，有刺，葉圓赤，根黄白，亦如竹根，毛有刺。《岐伯經》云：莖無節，葉端圓青赤，皮白有赤脉。”南朝梁陶弘景《本草經集注·草木中品·狗脊》：“今山野處處有，與菝葜相似而小異。其莖葉小肥，其節疏，其莖大直，上有刺，葉圓有赤脉。根凸凹巃嵸如羊角細强者是。”明李時珍均加考辨駁正。《本草綱目·草一·狗脊》本條〔集解〕：“吴普、陶弘景所説根苗，皆似菝葜……按張揖《廣雅》云‘菝葜，狗脊也’；張華《博物志》云：‘菝葜與萆薢相亂，一名狗脊。’觀此則昔人以菝葜爲狗脊，相承之誤久矣。然菝葜、萆薢、狗脊三者形狀雖殊，而功用亦不甚相遠。”又，“狗脊”之異名“扶蓋”“百枝”“赤節”皆有异説。明李時珍《本草綱目·草一·狗脊》〔釋名〕：“《別録》又名扶蓋，乃扶筋之誤。《本經》：狗脊，一名百枝。《別録》：萆薢，一名赤節。而吴普《本草》謂百枝爲萆薢，赤節爲狗脊，皆似誤也。”參見本類“菝葜”文。參閱清汪灝等《廣群芳譜·藥譜一·狗脊》。

【百枝】

“狗脊[2]”之別名。此稱漢代已行用。見該文。

【狗青】

“狗脊[2]”之別名。此稱三國時已行用。以其根莖肉青緑色，故名。見該文。

【赤節】

“狗脊[2]”之別名。此稱三國時已行用。或説，誤。見該文。

【强脊】

“狗脊[2]”之別名。此稱南北朝已行用。以其具加强脊力之功，故名。見該文。

【扶蓋】

“狗脊[2]”之別名。此稱南北朝已行用。或説，“蓋”乃“筋”之訛。見該文。

【扶筋】

“狗脊[2]”之別名。此稱南北朝已行用。以其具扶助筋骨之功，故名。見該文。

【金毛狗脊】[2]

“狗脊[2]”之一種。此稱清代已行用。見該文。

【狨奴】

“狗脊[2]”之別名。此稱宋代已行用。宋陶穀《清異録·藥》：“狨奴，狗脊。”

卷柏

草名。卷柏科，卷柏屬，卷柏〔*Selaginella tamariscina*（P.Beauv.）Spr.〕。多年生直立草本蕨類植物。四季常緑。全草高5~20厘米。莖直，棕褐色。頂端分枝叢生，似蓮座，緑色，扁平。葉四列，片小，端急尖，有長芒，邊緣略有齒。孢子葉球生於枝頂；孢子囊圓腎形，宜盆栽或水養供觀賞，亦入藥。我國分布甚廣。以其葉形似柏，捲曲如鷄足，故名。

此稱始見於漢代，時亦稱“萬歲”。《神農本草經·草部上品·卷柏》：“卷柏……一名萬歲。生山谷石間。”三國時稱“豹足”“求股”“神枝”，出三國魏吳普《吳氏本草·草木類上品·卷柏》。南北朝稱“交時”。南朝梁陶弘景《名醫別錄·草木類上品·卷柏》：“一名豹足，一名求股，一名交時。生常山，五月、七月采，陰乾。”又陶氏《本草經集注·草木上品·卷柏》：“今出近道。叢生石土上，細葉似柏，卷屈狀如鷄足，青黃色。用之，去下近石有沙土處。”宋蘇頌《圖經本草·草部上品·卷柏》：“今關陝沂兗諸州亦有之。宿根紫色多鬚。春生苗，似柏葉而細碎，拳攣如鷄足，青黃色，高三五寸，無花子，多生石上。”明代稱“長生不死草”。明李時珍《本草綱目·草十·卷柏》〔釋名〕：“長生不死草……時珍曰：卷柏、豹足，象形也。萬歲、長生，言其耐久也。”今又稱“還魂草”。參閱明王圻等《三才圖會·草木一·卷柏》。

卷柏
（清吳其濬《植物名實圖考》卷一六）

萬年松
（清吳其濬《植物名實圖考》卷一六）

【萬歲】

“卷柏”之別名。此稱漢代已行用。以其生命耐久，故名。見該文。

【豹足】

“卷柏”之异稱。此稱三國時已行用。以其形似豹足，故名。見該文。

【求股】

“卷柏”之异名。此稱三國時已行用。見該文。

【神枝】

“卷柏”之异名。此稱三國時已行用。見該文。

【交時】

“卷柏”之別稱。此稱南北朝已行用。見該文。

【長生不死草】

“卷柏”之別名。以其生命耐久，故名。此稱明代已行用。見該文。

【萬年松】[1]

“卷柏”之別名。此稱清代已行用。以其枝葉似松，乾之數年不死，故名。時亦稱“苔松”。清屈大均《廣東新語·草語》：“粵多異草，有曰萬年松。非松也，苔成樹而枝葉類松者也。高數寸，莖端布葉，葉上有毛，乾之數歲不死，漬以泉水，二三日碧綠如故。以他水及穢手觸之皆死，得天雨仍生，羅浮山中所產。一名卷柏，亦曰苔松。”

【苔松】

“卷柏”之別名。此稱清代已行用。因由苔長成松樹之狀，故名。見該文。

翠雲草

草名。卷柏科，卷柏屬，翠雲草〔*Selaginella*

uncinata（Desv.）Spring〕。多年生草本，蕨類植物。主莖蔓延，長約 30 厘米，柔細，匍匐而生，黄緑色或略帶紅色，兩側疏生分枝，基部及分枝處常生不定根。主莖葉疏生，短尖頭，全緣，有白邊，主脉明顯；分枝葉密生，長卵形，葉薄質，淡緑色。羽葉密似雲紋，具藍緑色瑩光，雅致清秀，宜盆栽點綴案頭、窗臺，或爲盆面覆蓋植物，供觀賞。全草入藥。分布於我國中部、南部及西南各地區，多見於温暖陰濕之地。

此稱明代已行用。明王象晋《群芳譜·卉譜·翠雲草》："性好陰，色蒼翠可愛，細葉柔莖，重重碎蘸，儼若翠鈿。其根遇土便生，見日則消，栽於虎刺、芭蕉、秋海棠下，極佳。種植：春雨時分，其勾萌種於幽崖深谷之間即活。"清代俗稱"龍鬚""劍柏"。清吳其濬《植物名實圖考·石草類·翠雲草》："生山石間，緑莖小葉，青翠可愛。《群芳譜》録之，人多種於石供及陰濕地爲玩。江西土醫謂之龍鬚，滇南謂之劍柏，皆云能舒筋絡。"清陳淏子《花鏡》卷四："無直梗，宜倒懸及平鋪在地。因其葉青緑蒼翠，重重碎蘸，儼若翠鈿雲翹，故名。但有色而無花香，非芸也。其根遇土即生，見日則萎。性最喜陰濕，栽於背陰石罅，或虎刺、芭蕉、秋海棠下，極有雅趣。種法：用舊草鞋浸糞坑一日夜，取起晒乾，再浸再晒，

翠雲草
（清吳其濬《植物名實圖考》卷一七）

凡數次，將石壓平，安放翠雲草之側，待其蔓自上，生根移栽別地，無有不活者。"

【龍鬚】 [2]

"翠雲草"之別稱。此稱清代已行用。見該文。

【劍柏】

"翠雲草"之別稱。此稱清代已行用。見該文。

【翠翎草】 [2]

"翠雲草"之別名。此稱清代已行用。亦稱"矮脚鳳毛""翠羽草""孔雀花""神錦花""鶴翎草""鳳尾草"。民國許衍灼《春暉堂花卉圖説·彙考九·翠雲草》引清汪連仕《採藥書》云："翠雲草一名翠翎草，即矮脚鳳毛。"又引清趙學敏《本草綱目拾遺·草部中·翠羽草》："翠羽草一名翠雲草、孔雀花、神錦花、鶴翎草、鳳尾草。其草獨莖成瓣，細葉攢簇，葉上有翠斑。"

【矮脚鳳毛】

即翠雲草。此稱清代已行用。見該文。

【翠羽草】

"翠雲草"之別名。此稱清代已行用。見該文。

【孔雀花】

"翠雲草"之別名。此稱清代已行用。見該文。

【神錦花】

"翠雲草"之別名。此稱清代已行用。見該文。

【鶴翎草】

"翠雲草"之別名。此稱清代已行用。見該文。

【鳳尾草】[3]

"翠雲草"之別名。此稱清代已行用。見該文。

茜草

草名。茜草科，茜草屬，茜草（*Rubia cordifolia* Linn.）。多年生攀緣草本。根橙色，方莖，有倒生刺。通常每節輪生四葉，心臟形或卵形葉片，片上紋路粗而凸，葉面粗糙。秋季開小黃花。黑色或紫黑色球形果實。根入藥或作染料。我國長江流域及黃河流域都有分布，多長於山野草叢中。

始見於先秦，時稱"蒐""茹藘""菉輪"，秦漢亦稱"茅蒐"，漢代時稱"菉""茜""蒨草""茜根"，三國時稱"地血""牛蔓"，南北朝始稱"茜草"，唐代稱"紅藍花"。《山海經·中山經》："釐山……其陰多蒐。"郭璞注："〔蒐〕茅蒐，今之蒨草也。"《詩·鄭風·東門之墠》："東門之墠，茹藘在阪。"鄭玄箋："茹藘，茅蒐，蒨草也。"又《小雅·瞻彼洛矣》："菉輪有奭。"毛傳："菉輪者，茅蒐，染草也。"鄭玄箋："茅蒐，菉輪聲也。"孔穎達疏："言古人之道茅蒐，其聲如菉輪，故名此衣爲菉輪也……今齊人名蒨爲菉輪。又《駁異義》云：'菉，草名。齊魯之間言菉輪聲如茅蒐，字當作菉，陳留人謂之蒨。'是古人謂蒨爲茅蒐，讀茅蒐其聲爲菉輪，故云茅蒐，菉輪聲也。"《爾雅·釋草》："茹藘，茅蒐。"郭璞注："今之蒨也，可以染絳。"陸德明釋文："蒨，本或作茜。"《神農本草經》卷一有"茜根"，特指其根。《史記·貨殖列傳》："千畝巵茜，千畦薑韭。"司馬貞索隱："茜音倩，一名紅藍，其花染繒赤黃也。"三國吳陸璣《毛詩草木鳥獸蟲魚疏》："茹

藘，茅蒐，蒨草也，一名地血。"又："齊人謂之茜，徐人謂之牛蔓。"南朝梁陶弘景《本草經集注·草木上品》："此則今染絳茜草也。東間諸處乃有而少，不如西多……詩云'茹藘在阪'者是也。"五代時稱"染緋草"。五代韓保昇《蜀本草》："染緋草，葉似棗葉，頭尖下闊，莖葉俱澀，四五葉對生節間，蔓延草木上。根紫赤色，所在皆有，八月采。"宋蘇頌《圖經本草·草部上品·茜根》："生喬山山谷，今近處皆有之，染緋草也……其苗蔓延草木上。"元代稱"過山龍"，出元朱震亨《本草衍義補遺》。明代稱"血見愁""風車草""四補草""西天王草""四岳近陽草""鐵塔草"。明李時珍《本草綱目·草七·茜草》〔釋名〕："血見愁、風車草。"又引《土宿真君本草》："四補草，其根茜草也。一名西天王草，一名四岳近陽草，一名鐵塔草、風車兒草。"徐珂《清稗類鈔·植物類》："茜，亦作蒨。蔓生，莖方，中空，葉長卵形，葉柄與蔓皆有刺。夏月開小白花，實黑色。根赭黃，可染絳，並供藥用。"

茜　草
（清吳其濬《植物名實圖考》卷二二）

茜　根
（宋柴源等《紹興校定證類備急本草畫圖》卷二）

參閱清陳淏子《花鏡》卷四、清汪灝等《廣群芳譜·卉譜三·茜草》。

【蒐】

"茜草"之古稱。此稱先秦已行用。見該文。

【茹藘】

"茜草"之古稱。此稱先秦已行用。見該文。

【韎韐】

即茜草。茅蒐之聲轉。此稱先秦已行用。見該文。

【茅蒐】

"茜草"之古稱。秦漢時已行用。見該文。

【韎】

"韎韐"之省稱。即茜草。此稱漢代已行用。見該文。

【茜】

"茜草"之省稱。此稱漢代已行用。見該文。

【蒨草】

同"茜草"。此體漢代已行用。見該文。

【茜根】

"茜草"之別名。此稱漢代已行用。見該文。

【地血】[1]

"茜草"之別名。此稱三國時已行用。見該文。

【牛蔓】

"茜草"之別名。此稱三國時已行用。見該文。

【紅藍花】[3]

"茜草"之异稱。此稱唐代已行用。見該文。

【染緋草】

"茜草"之异名。以其根可染緋色，故名。此稱五代時已行用。見該文。

【過山龍】

"茜草"之別稱。元代已行用。見該文。

【血見愁】

"茜草"之俗名。此稱明代已行用。見該文。

【風車草】

"茜草"之俗名。此稱明代已行用。一作"風車兒草"。見該文。

【四補草】

"茜草"之別名。此稱明代已行用。見該文。

【西天王草】

"茜草"之异名。此稱明代已行用。見該文。

【四岳近陽草】

"茜草"之异稱。此稱明代已行用。見該文。

【鐵塔草】

"茜草"之別名。此稱明代已行用。見該文。

【土茜苗】

即茜草。蒨，同"茜"。明代稱"土茜苗""土茜"。明朱橚《救荒本草·草木類·土茜苗》："土茜苗，今北土處處有之，名土茜。根可以染紅，葉似棗葉形，頭尖下闊，紋脈堅直，莖方，莖葉俱澀，四五葉對生節間。莖蔓延附草木，開五瓣淡銀褐花。結子小如菉豆粒，生青熟紅，根紫赤色……救飢：採葉煤熟，水浸作成黃色，淘净，油鹽調食。其子紅熟摘食。"清代稱"鋸子草""金線草""紅絲線"。清吳其濬《植物名實圖考·蔓草類·茜草》："湖南謂之鋸子草。又一種葉圓，稍大，謂之金線草，南安謂之紅絲線。二種通用。今甘肅用以染象牙，色極鮮，謂之茜牙。"

【土茜】

即茜草。此稱明代已行用。見"土茜苗"文。

【鋸子草】

"茜草"之別名。此稱清代已行用。見"土茜苗"文。

【金線草】³

"茜草"之別名。此稱清代已行用。見"土茜苗"文。

【紅絲線】

"茜草"之別名。此稱清代已行用。見"土茜苗"文。

荇菜

水草。睡菜科，荇菜屬，荇菜〔*Nymphoides peltatum*（S.G.Gmel.）Kuntze〕。多年生草本。白莖細而長，隨水伸縮，莖具不定根，附於水底即生。葉對生，卵圓形，背面紫赤色，浮於水面。夏秋開花，鮮黃色。全草入藥，或作飼料及綠肥，莖亦可食。園林中可點綴塘面，供觀賞。分布幾遍全國，多見於河湖池沼。

此稱始見於先秦，時亦稱"屏風"。秦漢時稱"接余""苍"。苍，同"荇"。漢代省稱"荇"，亦稱"水葵"，"接余"亦作"菨餘"。《詩・周南・關雎》："參差荇菜，左右流之。"毛傳："荇，接余也。"孔穎達疏："陸璣《疏》云：接余，白莖，葉紫赤色，正員，徑寸餘，浮在水上，根在水底，與水深淺等，大如釵股，上青下白。鬻其白莖，以苦酒浸之，肥美，可案酒是也。"《楚辭・招魂》："紫莖屏風，文緣波些。"王逸注："屏風，水葵也。"洪興祖補注："《本草》鳧葵即苍菜，生水中，俗名水葵。"《爾雅・釋草》："苍，接余。其葉，荇。"郭璞注："叢生水中，葉圓在莖端，長短隨水深淺。江東食之，亦呼為苍，音杏。"《說文・艸部》："苍，菨餘也，从艸杏聲。荇，苍

或从行，同。"漢代稱"鳧葵""茆"。《後漢書・馬融傳上》："襄荷、芋渠，桂荏、鳧葵。"李賢注："葉團似莆，生水中，今俗名水葵。"《說文・艸部》："茆，鳧葵也。"宋蘇頌《圖經本草・草部中品・鳧葵》："即苍菜也。舊不著所

荇　菜

（明汪穎《食物本草》卷一）

出州土，云生水中，今處處池澤皆有之。葉似蓴，莖澀，根甚長，花黃色，水中極繁盛。"明代稱"水鏡草""鴈子菜""荇絲菜""苍公鬚""金蓮兒""藕蔬菜"。明李時珍《本草綱目・草八・苍菜》〔釋名〕："鳧葵、水葵、水鏡草、鴈子菜、金蓮子、接余。時珍曰：按《爾雅》云：苍，接余也，其葉荇。則鳧葵當作荇葵，古文通用耳。或云，鳧喜食之，故稱鳧葵，亦通。其性滑如葵，其葉頗似苍，故曰葵曰苍。《詩經》作'荇'，俗呼荇絲菜，池人謂之苍公鬚，淮人謂之鴈子菜，江東謂之金蓮子，許氏《說文》謂之菨，音戀，《楚詞》謂之屏風。"又〔集解〕："苍與蓴，一類二種也。並根連水底，葉浮水上。其葉似馬蹄而圓者，蓴也；葉似蓴而微尖長者，苍也。夏月俱開黃花，亦有白花者。結實大如棠梨，中有細子。"明朱橚《救荒本草》卷四："荇絲菜，又名金蓮兒，一名藕蔬菜。水中拖蔓而生，葉似初生小荷葉，近莖有丫劃。葉浮水上，葉中攛莖，上開金黃花。莖味甜。救飢：採嫩莖煤熟，油鹽調食。"

按，此條有五事須考辨、説明。一、荇菜非猪蓴。或以猪蓴爲荇菜。北齊顏之推《顏氏家訓·書證》："今是水悉有之，黃花似蓴，江南俗亦呼爲猪蓴，或呼爲荇菜……而河北俗人多不識之。"唐蘇敬等亦持此説。宋馬志等《開寶本草》已指出其誤。馬氏云："〔荇菜〕葉似蓴，根極長，江南人多食之，今云是猪蓴，誤矣。今以春夏細長肥滑者爲絲蓴，至冬粗短者爲猪蓴，亦呼爲龜蓴，與鳧葵殊不相似也。"二、"屏風"有异説。《楚辭·招魂》："紫莖屏風。"王逸注："屏風，謂荷葉鄣風也。"如此則"屏風"非"荇菜"之別名。三、"水葵"亦有异説。或以之爲蓴、蒓，與荇菜有別。三國吳陸璣《毛詩草木鳥獸蟲魚疏》卷上："薄采其茆。茆與荇，葉相似。葉大如手，赤圓，有肥者著手中，滑不得停。莖大如匕柄，葉可以生食，又可鬻，滑美。江南人謂之蓴菜，或謂之水葵。諸陂澤水中皆有。"《廣韻·平諄》："蒓，水葵。"四、"菱餘"之异體。唐以前或有作"菱茶"者，誤。唐陸德明《毛詩音義上》："接余，音餘。本或作菱茶，非。"五、"鳧葵"亦有异説。本文從明李時珍説，以"鳧葵"爲"荇菜"別名。然清王念孫、郝懿行等考辨甚詳，皆謂鳧葵與荇菜爲相近之二物。《廣雅·釋草》："蘩、茆，鳧葵也。"王念孫疏證："《説文》云：'蘩，鳧葵也。'《魯頌·泮水》篇：'薄采其茆。'傳云：'茆，鳧葵也。'……釋文云：干寶云，茆，今之鼺蹄草，堪爲菹，江東有之。何承天云，此菜出東海，堪爲菹醬也。鄭小同云，江南人名之蓴菜，生陂澤中。《草木疏》同。又云：或名水葵。一云今之浮菜，即猪蓴也……《周官·醢人》：'朝事之豆，其實茆菹。'鄭注

荇絲菜
（明徐光啓《農政全書》卷五三）

云：'茆，鳧葵也。'《西山經》云：'陰山，其草多茆蕃。'郭注與鄭同。又名屏風。《楚詞·招魂》：'紫莖屏風，文緣波些。'王逸注云：'屏風，水葵也。生於池中，其莖紫色。風起水動，波緣其葉上而生文也。'《後漢書·馬融傳》：'桂荏、鳧葵。'李賢注云：'鳧葵葉團似蓴，生水中，今俗名水葵。'按此分鳧葵與蓴爲二，與鄭小同及《草木疏》异者，蓋唐代方言不稱鳧葵爲蓴，异於古也。又或江南名之爲蓴，他處則否。蓴、團古同聲，鳧葵葉團，故江南名之爲蓴矣。《廣韻》云：'蓴，水葵也。'蒓與蓴同……又案《詩經·關雎》稱荇，《泮水》稱茆，陸氏義疏分釋之，則鳧葵與荇實二物也。《唐本草》謂鳧葵即荇菜，失之。《爾雅·釋草》"荇，接余"郝懿行義疏："今按荇非蓴也，但似蓴耳。《説文》：'茆，鳧葵''蘩，鳧葵'，蓋荇與茆二物相似而异。《唐本草》謂一物，非也。茆乃是蓴，故《詩·泮水》正義引陸《疏》云：'茆與荇菜相似，葉大如手，赤圓，有肥者箸手中，滑不得停。莖大如匕柄，葉可以生食，又可鬻，滑美。江南人謂之蓴菜，或謂之水葵……莆與荇有大小之异，陸疏甚明。今莆菜葉如馬蹄，荇葉圓如蓮錢，俱夏月開黃華，亦有白華者，白或千葉，黃則單葉，俱結實如指，頂中有細子。亦可種，但宿根自生也。'"

【屏風】

　　"荇菜"之别名。此稱先秦已行用。見該文。

【接余】

　　"荇菜"之别名。此稱秦漢已行用。見該文。

【薆餘】

　　同"接余"，即荇菜。此體漢代已行用。見該文。

【莕】

　　同"荇"，即荇菜。此體秦漢已行用。見該文。

【荇】

　　"荇菜"之省稱。此稱漢代已行用。見該文。

【水葵】

　　"荇菜"之别名。此稱漢代已行用。見該文。

【鳬葵】

　　"荇菜"之别名。此稱漢代已行用。以性滑如葵菜，鳬喜食之，故名。見該文。

【茆】[2]

　　"荇菜"之别名。此稱漢代已行用。一説，爲與荇菜有别之蓴。見"荇菜"文。

【水鏡草】

　　"荇菜"之别名。此稱明代已行用。見該文。

【鴈子菜】

　　"荇菜"之别名。此稱明代已行用。見該文。

【荇絲菜】

　　"荇菜"之别名。此稱明代已行用。見該文。

【荇公鬚】

　　"荇菜"之别名。此稱明代已行用。見該文。

【金蓮兒】

　　"荇菜"之别名。此稱明代已行用。見該文。

【藕蔬菜】

　　"荇菜"之别名。此稱明代已行用。見該文。

【莕菱】

　　"荇菜"之别名。此稱南北朝已行用。《玉篇・艸部》："菱，莕菱，水草。叢生水中，葉圓，在莖端。"

【緗】

　　"荇菜"之别名。此稱約五代時行用。清汪灝等《廣群芳譜・卉譜四・荇》引《名山記》："武夷山神人八月十五日會村人，酒行命食。或云耗，即水苔也；或云緗，即荇也。"

【金蓮子】

　　"荇菜"之别名。此稱宋代已行用。《爾雅翼・釋草》："荇菜，今陂澤多有，今人猶止謂之荇菜，非難識也。葉亦捲，漸開，雖圓而稍羨，不若蓴之極圓也。葉皆隨水高低，平浮水上，花則出水，黄色六出，今宛陵陂湖中，彌覆頃畝，日出照之如金，俗名金蓮子。狀既似蓴，又豬亦好食，民皆以小舟載取以飼豬，又可糞田。或因是亦得豬蓴之名，但非蓴菜耳。"

秦艽

　　草名。龍膽科，龍膽屬，秦艽（*Gentiana macrophylla* Pall.）。多年生草本。根土黄色，圓柱形，長 20 厘米許，相糾結。基生葉較大，莖生葉三四對，葉片披針形。夏季開花，叢生於上部葉腋成輪狀，花冠筒狀，深藍紫色，裂片先端尖。蒴果，長橢圓形，子深黄色。根入藥，主要分布於我國北部地方，多見於林下、草野、皋澤。

　　漢代文獻已見，時稱"秦艽"。艽，同"糾"。以其生於秦地，根相糾結，故名。《神農本草經・草部中品・秦艽》："秦艽……生川谷。"南北朝始作"秦艽"，亦作"秦膠"。南朝梁陶弘景《名醫别録・中品・秦艽》："秦艽……生飛烏山谷。二月、八月采根，暴乾。"又《本草經集注·草木中品》："今出甘松、龍洞、蠶陵，長大黃白色爲佳。根皆作羅文相交，中多銜土，用之熟破除去。方家多作秦膠字。"《玉篇·艸部》："艽，秦艽，藥。"清龔自珍《説文段注札記》："艽，今以爲秦艽字。"唐代亦作"秦紅""秦糾"。唐蘇敬等《唐本草·草部·秦艽》："今出涇州、鄜州、岐州者良。本作紅，或作糾，作膠，正作艽也。"五代稱"秦瓜"，出五代蕭炳《四聲本草》。宋代稱"產家大器"。宋陶穀《清異録·菜譜》："產家大器，秦艽。"宋蘇頌《圖經本草·草部中品·秦艽》："今河陝州軍多有之。根土黃色，而相交糾，長一尺已來，粗細不等；枝秆高五六寸，葉婆娑，連莖梗俱青色，如萵苣葉。六月中開花紫色，似葛花，當月結子。"明李時珍《本草綱目·草二·秦艽》〔釋名〕："秦艽出秦中，以根作羅紋交糾者佳，故名秦艽、秦糾。"按，秦瓜，明李時珍《本草綱目·草二·秦艽》引作"秦爪"，清汪灝等《廣群芳譜·藥譜二·秦艽》復引作"秦瓜"，疑"爪"爲"瓜"之訛。

秦　艽
（清吳其濬《植物名實圖考》卷七）

【秦襪】

同"秦艽"。此體漢代已行用。見該文。

【秦膠】

同"秦艽"。此體南北朝已行用。見該文。

【秦紅】

"秦艽"之音轉別名。此稱唐代已行用。按，清汪灝等《廣群芳譜·藥譜二·秦艽》引作"秦紅"。

【秦糾】

同"秦艽"。此體唐代已行用。見該文。

【秦瓜】

"秦艽"之別名。五代已行用。見該文。

【產家大器】

"秦艽"之別名。此稱宋代已行用。見該文。

龍膽

草名。龍膽科，龍膽屬，龍膽（*Gentiana scabra* Bunge）。多年生草本。根索狀，呈黃白色，下抽根十餘條。莖直，高30多厘米，紫褐色。葉對生，卵形或披針形，有一或三條主脉。孟秋開花，藍紫色，聚傘花序頂生，苞片披針形，花萼、花冠呈冠鐘狀。果實爲矩圓形，子條狀，緣有翅。根入藥。我國東北及東部各地均有分布，生於山坡草叢及林緣地帶，以其葉似龍葵，味苦如膽，故名。

此稱始見於漢代，時亦稱"陵游"。《神農本草經·草部上品·龍膽》："龍膽……一名陵游。生山谷。"陵游，三國時亦作"陵遊"。《廣雅·釋草》："陵遊，龍膽也。"《抱朴子·黃白》："俗人見方用龍膽、虎掌，皆謂之血氣之物也。"南朝梁陶弘

龍膽草
（明鮑山《野菜博録》卷二）

景《名醫別録・上品・龍膽》："〔龍膽〕生齊朐胸山谷及冤句，二月、八月、十一月、十二月採根陰乾。"又《本草經集注・草木上品・龍膽》："今出近道。吳興爲勝。狀似牛膝，味甚苦。"宋代稱"草龍膽"。宋馬志《開寶本草》："葉如龍葵，味苦如膽，因以爲名。"宋蘇頌《圖經本草・草部上品・龍膽》："宿根黃白色，下抽根十餘本，類牛膝。直上生苗，高尺餘。四月生葉似柳葉而細，莖如小竹枝。七月開花，如牽牛花，作鈴鐸形，青碧色。冬後結子，苗便枯……俗呼爲草龍膽。浙中又有山龍膽草，味苦澀……與此同類而別種也。"參閱明李時珍《本草綱目・草二・龍膽》、清汪灝等《廣群芳譜・藥譜二・龍膽》。

【陵游】

"龍膽"之別名。此稱漢代已行用。見該文。

【陵遊】

同"陵游"，即龍膽。此體三國時已行用。見該文。

【草龍膽】

"龍膽"之俗稱。此稱宋代已行用。見該文。

【龍膽草】

即龍膽。此稱元代已行用。元李衎《竹譜詳録・竹品譜五・龍膽草》："龍膽草生齊朐山谷，今近道亦有之。根類牛膝，直上生苗，高尺餘。四月生葉，莖細如小竹枝，七月開花如牽牛。"明朱橚《救荒本草・草部・龍膽草》："龍膽草，今鈞州、新鄭山崗間有之。根類牛膝，而根一本十餘莖，黃白色宿根。苗高尺餘，葉似柳葉而細短，又似小竹，開花如牽牛花，青碧色，似小鈴形樣……救飢：採葉煠熟，換水浸，淘去苦味，油鹽調食。"

香蒲

水草。香蒲科，香蒲屬，香蒲（*Typha latifolia* Linn.）。多年生草本。地下具叢生鬚根及橫走粗壯主根。葉尖狹而長，排成兩行。夏季開小花，雌雄花穗同處一穗軸，形如蠟燭。蒲芽可菹食；根莖含澱粉，宜釀酒；葉柔韌，可編草席、蒲團、蒲包、蒲扇等；花絨輕暖，可供防寒；花粉入藥。分布於我國東北、華北等地區，多見於水窪沼澤地帶。

始見於先秦，時單稱"蒲"。《詩・大雅・韓奕》："其蔌維何？維筍及蒲。"《周禮・天官・醢人》："加豆之實，芹菹、兔醢、深蒲、醓醢、箈菹、鴈醢、筍菹、魚醢。"賈公彥疏："深蒲，謂蒲入水深，以爲菹。"《左傳・文公二年》："下展禽，廢六關，妾織蒲，三不仁也。"漢代始稱"香蒲"，亦作"雎"。《説文・艸部》："蒲，水艸也，或以作席。"《神農本草經・上品・香蒲》："味甘平。主五臟、心下邪氣、口中爛臭，堅齒明目聰耳，久服輕身耐老。一名雎，生池澤。"（按，《太平御覽》引作"雎蒲"）三國時稱"雎石"。三國魏吳普《吳氏本草・草木類・雎》："雎，一名雎石，一名番蒲。"南北朝稱"醮"。南朝梁陶弘景《名醫別録・上品・雎》："一名醮。生南海。"唐代稱"甘蒲"。唐蘇敬等《唐本草・草部・香蒲》："香蒲，即甘蒲，可作薦者。春初生，取白爲菹，亦堪蒸食。山南人謂之

香　蒲
（清吳其濬《植物名實圖考》卷一八）

香蒲，以菖蒲爲臭蒲也。蒲黄即此蒲之花也。”
宋代稱“蒲草”。《宋史·薛奎傳》：“知莆田縣，
請蠲南閩時税鹹魚、蒲草錢。”宋蘇頌《圖經本
草·草部上品·蒲黄》：“香蒲，蒲黄苗也。生南
海池澤，今處處有之，而泰州者爲良。春初生，
嫩葉未出水時，紅白色，茸茸然，《周禮》以爲
菹，謂其始生。取其中心入地，大如匕柄，白
色，生啖之，甘脆。以苦酒浸，如食笋，大美。
亦可以爲鮓，今人罕復有食者。至夏抽梗於叢
葉中，花抱梗端，如武士捧杵，故俚俗謂蒲槌，
亦謂之蒲厘。花黄，即花中蕊屑也，細若金粉。
當其欲開時，有便取之，市廛間亦采，以蜜搜
作果食貨賣，甚益小兒。”宋周密《澄懷録》：
“山齋之用，采蒲花如柳絮者，熟鞭，貯以方青
囊，作坐褥或卧褥。春則暴，收甚温燠，木棉
不及也。”明陳汝元《金蓮記·就逮》：“角黍包
金，香蒲切玉，是處龍舟飛競。”明李時珍《本
草綱目·草八·香蒲》〔集解〕：“蒲叢生水際，
似莞而褊，有脊而柔。二三月苗，采其嫩根。
瀹過作鮓，一宿可食。亦可煠食蒸食，及曬乾
磨粉作餅食……八九月收葉以爲席，亦可作扇，
軟滑而温。”

按，《爾雅·釋草》：“莞，苻離。”郭璞注：
“今西方人呼蒲爲莞蒲。”或據以爲此即蒲。不
確。李時珍“香蒲”條下未言此作异名，清代
學者亦多别爲二物。清郝懿行《爾雅義疏·釋
草》：“莞，《説文》作薍，云夫離也……《楚辭》
注：莞，夫離也。《詩·斯干》箋：莞，小蒲也。
正義引某氏曰：《本草》云，白蒲一名苻離，楚
謂之莞蒲。《類聚》八十二引舊注云：今水中
莞蒲可作席也。今按，莞與蘭相似，莖圓而中
空，可爲席；蒲葉闊而不圓，其細小者亦可爲

席，所謂蒲萍者也。是蒲、莞非一物爾。”《説
文·艸部》“莞”段玉裁注：“莞之言管也。凡
莖中空者曰管。莞蓋即今席子草，細莖，圓而
中空，鄭謂之小蒲，實非蒲也。《廣雅》謂之葱
蒲。”清桂馥《説文義證》：“《六書故》：莞，小
蒲也。莖葉圜長，叢生如著，可以爲席；剔取
其莖中虛白者可以漬油然鐙，故又謂之鐙心草。
蒲類而小，故謂小蒲。”又，雎，或作“睢”。
南朝梁陶弘景《名醫別録·上品·香蒲》、明朱
橚《救荒本草·香蒲》等皆有作“睢”者。又，
醮，明李時珍《本草綱目·草八·香蒲》〔釋名〕
作“醮石”，言出《吳氏本草》，然吳書爲“睢
石”，非“醮石”。

【蒲】[2]

“香蒲”之單稱。此稱先秦已行用。見該文。

【雎】

“香蒲”之別名。此稱漢代已行用。見該文。

【雎石】

“香蒲”之別名。此稱三國時已行用。見
該文。

【醮】

“香蒲”之別名。此稱南北朝已行用。見
該文。

【甘蒲】

“香蒲”之別名。此稱唐代已行用。見該文。

【蒲草】

“香蒲”之俗稱。此稱宋代已行用。見該文。

【勃盧】

“蒲”之別名。即香蒲。由勃盧反切而得
蒲名，因以稱。此稱約見於宋代。宋洪邁《容
齋三筆·切脚語》：“世人語音有以切脚而稱者，
亦間見之於書史中，如以蓬爲勃籠，槃爲勃闌，

鐸爲突落……蒲爲勃盧。”

馬藍

　　草名。爵床科，馬藍屬，馬藍〔*Strobilanthes cusia*（Nees）J.B.Imlag〕。多年生草本。葉對生，倒卵狀橢圓形或長橢圓形，全緣或具粗鋸齒，葉面有密集、狹細之鐘乳體，乾時黑綠色。穗狀花序；花苞呈葉狀，早落；花生於莖頂及葉腋，脣形花冠，紫色。根葉入藥，葉可提取染料。多分布於我國東南、西南地區。

　　此稱始見於秦漢，時亦稱“葳”。漢代稱“大藍”，晉代稱“大葉冬藍”。《爾雅·釋草》：“葳，馬藍。”晉郭璞注：“今大葉冬藍也。”漢崔寔《四民月令》：“六月可種冬藍、大藍。大藍宜平地，耕熟種之。”漢司馬相如《子虛賦》：“其高燥則生葳、菥、苞、荔、薛、莎、青薠。”《爾雅翼·釋草》：“藍數種，總謂之藍，其大葉者別名馬藍。”宋蘇頌《圖經本草·草部上品·藍實》：“有菘藍，可以爲澱者，亦名馬藍，《爾雅》所謂葳，馬藍是也。”明代稱“板藍”。明宋應星《天工開物·藍靛》：“蓼藍、馬藍、吳藍等皆撒子生。”明李時珍《本草綱目·草五·藍》〔集解〕：“馬藍，葉如苦蕒，即郭璞所謂大葉冬藍，俗中所謂板藍者。”清陳淏子《花鏡》卷五：“大藍，葉如萵苣，出嶺南，可入藥。”

　　按，藍之爲草，其稱甚古，約在三代時。《夏小正》：“五月啓灌藍蓼。”《禮記·月令》：“〔仲夏之月〕令民毋艾

大　藍
（明徐光啓《農政全書》
卷四六）

（刈）藍以染。”藍之所含種類亦多。唐蘇敬等《唐本草》分爲木藍子、菘藍、蓼藍等三種，宋蘇頌《圖經本草·草部上品》分爲蓼藍、木藍、菘藍、吳藍諸種，宋鄭樵《通志·昆蟲草木略》分爲蓼藍、大藍、槐藍等三種，明李時珍《本草綱目·草五》分爲蓼藍、菘藍、吳藍、木藍、甘藍等五種，清陳淏子《花鏡》卷五分爲大藍、菘藍、蓼藍等三種。此外尚有漢崔寔《四民月令》言及之“冬藍”，清汪灝等《廣群芳譜·卉譜三》所言之小藍等。藍之使用，或爲泛指，或爲特指；泛指則包容較廣，特指則言其中之一種。何時泛指，何時特指，需視具體情況而定。如蘇頌所謂“藍處處有之，人家蔬圃作畦種”、李時珍所謂“藍凡五種”等，皆爲泛指。藍之品類雖多，然皆得提取顏料藍靛，故得總稱藍。又按，蘇頌以菘藍爲馬藍，殆誤，明李時珍《本草綱目·草五》已指出。參見本類“蓼藍”“菘藍”“木藍”諸文。

【葳】

　　“馬藍”之別稱。此稱秦漢時已行用。見該文。

【大藍】

　　“馬藍”之別稱。此稱漢代已行用。見該文。

【大葉冬藍】

　　“馬藍”之別稱。此稱晉代已行用。見該文。

【板藍】

　　“馬藍”之別稱。此稱明代已行用。見該文。

馬鞭草

　　草名。馬鞭草科，馬鞭草屬，馬鞭草（*Verbena officinalis* Linn.）。多年生草本。高達1米許。基部木質化，莖直立，方形，上部有分枝。羽狀複葉，小葉三至九片，大小不等，

倒卵形或長橢圓形，邊緣有鋸齒。穗狀花序頂生或腋生，夏秋開花，花唇形，淡紫色或黃色。果實有鈎刺。主要分布於我國中南、華東地區。以其花序形似馬鞭狀，故名。

此稱始見於漢代。《神農本草經》卷三："馬鞭草，主治下部䘌瘡。"南朝梁陶弘景《本草經集注·草木下品·馬鞭草》："村墟陌甚多，莖似細辛，花紫色，葉微似蓬蒿也。"唐蘇敬等《唐本草》："穗類鞭梢，故名馬鞭。"又曰："苗似狼牙及茺蔚，抽三四穗，紫花，似車前。"宋蘇頌《圖經本草·草部下品》："馬鞭草，舊不載所出州土，今衡山、廬山、江淮州郡皆有之。春生苗，似狼牙……高三二尺，抽三四穗子。"明李時珍《本草綱目·草五·馬鞭草》〔集解〕："馬鞭下地甚多。春月生苗，方莖，葉似益母，對生，夏秋開細紫花，作穗如車前穗，其子如蓬蒿子而細，根白而小。"徐珂《清稗類鈔·植物類》："馬鞭草爲多年生草，原野自生，莖方，高二三尺，葉羽狀分裂，對生。夏秋之間，開細紫花，列爲穗狀花序。莖、葉均入藥。"按，《本草綱目》將"龍芽草"（一作"龍牙草"，又名"鳳頭草"）列入"馬鞭草"條內，蓋誤。龍芽草（*Agrimonia pilosa*）爲薔薇科植物，與馬鞭草异。參閱明王圻等《三才圖會·草木四·馬鞭草》、清汪灝等《廣群芳譜·卉譜六·馬鞭草》。

馬鞭草
（清吳其濬《植物名實圖考》卷一四）

鬼臼

草名。小檗科，桃兒七屬，桃兒七〔*Sinopodophyllum hexandrum*（Royle）T.S.Ying〕之別名。多年生草本。根狀莖橫走，粗壯堅硬，密布黃褐色鬚根。莖直立，肉質。莖頂有二至三片葉。莖生葉有長柄，盾圓形，三至五深裂幾近基部，裂片複三或二裂至近中部，下有白色長細毛。花單生，先葉而開，薔薇紅色，數朵簇生。漿果球形，紅色。全草入藥。可盆栽或植於園林假山供觀賞。主要分布於我國江南、西南地區。以其根莖九臼相連，毛鬚如鬼，故名。

此稱始見於漢代，時亦稱"爵犀""馬目毒公""九臼"。《神農本草經·下品·鬼臼》："一名爵犀，一名馬目毒公，一名九臼。生山谷。"三國時稱"天臼""馬目公""解毒"。"爵犀"亦作"雀犀"。三國魏吳普《吳氏本草·草木類·鬼臼》："一名九臼，一名天臼，一名雀犀，一名馬目公，一名解毒。生九真山谷及宛句，二月八月采根。"南朝梁陶弘景《本草經集注·草木下品·鬼臼》："九臼相連，有毛者良，一名九臼。生山谷，八月采，陰乾。又似鈎吻。今馬目毒公如黃精，根臼處似馬眼而柔潤。鬼臼似射干、术輩，有兩種：出錢塘近道者，味甘，上有叢毛，最勝；出會稽、吳興者，乃大，味苦，無叢毛，不如。"

鬼 臼
（清吳其濬《植物名實圖考》卷二四）

宋代稱"害母草""璃田草""羞天花""羞寒花""唐婆鏡"，"璃田草"亦作"瓊田草"。宋蘇頌《圖經本草・草部下品・鬼臼》："今江寧府、滁、舒、商、齊、杭、襄、峽州、荊門軍亦有之，多生深山巖石之陰。葉似蓖麻、重樓輩，初生一莖，莖端一葉，亦有兩岐者。年長一莖，莖枯爲一臼，二十年則二十臼也。花生莖間，赤色，三月開，後結實。根肉皮鬚並似射干……一說鬼臼生深山陰地，葉六出或五出，如雁掌。莖端一葉如傘，蓋旦時東向，及暮則西傾，蓋隨日出没也。花紅紫如荔枝，正在葉下，常爲葉所蔽，未常見日。一年生一葉，既枯則爲一臼，及八九年則八九臼矣。然一年一臼生而一臼腐，蓋陳新相益也，故俗又名曰害母草。"又《本經外草類・璃田草》："生福州，春生苗葉，無花。"宋宋祁《益部方物略記》："冒寒而茂，莖修葉廣，附莖作花，葉蔽其上。以其自蔽，若有羞狀。石羞寒花。蜀地處處有之，不爲人所愛。根莖綴花，蔽葉自隱，俗曰羞天花，子易爲羞寒花。按《本草》名曰鬼臼。"清汪灝等《廣群芳譜・藥譜五・鬼臼》引《山谷詩注》："子瞻詩所記胡道士玉芝一名瓊田草者，俗號其葉爲唐婆鏡。葉底開花，故號羞天花。以予考之，其實《本草》之鬼臼也。歲生一臼，如黄精而堅瘦，滿十二歲可爲藥。"明代稱"鬼藥""獨腳蓮""獨荷草""山荷葉""旱荷""八角盤""八角鏡"。明李時珍《本草綱目・草六・鬼臼》〔釋名〕："鬼藥……獨腳蓮、獨荷草、山荷葉、旱荷、八角盤……此物有毒，而臼如馬眼，故名馬目毒公。殺蠱解毒，故有犀名。其葉如鏡如盤如荷，而新苗生則舊苗死，故有鏡、盤、荷、蓮、害母諸名。

蘇東坡詩集云：璃田草俗號唐婆鏡，即《本草》鬼臼也。"又〔集解〕："鬼臼根如天南星相疊之狀，故市人通謂小者爲南星，大者爲鬼臼，殊爲謬誤……又鄭樵《通志》云：鬼臼葉如小荷，形如鳥掌，年長一莖，莖枯則根爲一臼，亦名八角盤，以其葉似之也。據此二說，則似是今人所謂獨腳蓮者。又名山荷葉、獨荷草、旱荷葉、八角鏡。南方處處深山陰密處有之，北方惟龍門山、王屋山有之。一莖獨上，莖生葉心而中空，一莖七葉，圓如初生小荷葉，面青背紫，揉其葉作瓜李香。開花在葉下，亦有無花者。其根全似蒼术、紫河車。"

【爵犀】

"鬼臼"之別名。此稱漢代已行用。爵，通"雀"。見該文。

【雀犀】

同"爵犀"。即鬼臼。此體三國時已行用。見該文。

【馬目毒公】

"鬼臼"之別名。此稱漢代已行用。因其有毒，臼如馬目，故名。見該文。

【九臼】

"鬼臼"之別名。此稱漢代已行用。因其根莖九臼相連，故名。見該文。

【天臼】

"鬼臼"之別名。此稱三國時已行用。其臼天然形成，故名。見該文。

【馬目公】

"鬼臼"之別名。此稱三國時已行用。因其臼形似馬目，故名。見該文。

【解毒】

"鬼臼"之別名。此稱三國時已行用。以其

具殺蠱袪毒之功效，故名。見該文。

【害母草】

“鬼臼”之別名。此稱宋代已行用。以其新苗生則舊苗死，似傷害母體，故名。見該文。

【璃田草】

“鬼臼”之別名。此稱宋代已行用。見該文。

【瓊田草】

同“璃田草”，即鬼臼。此體宋代已行用。見該文。

【羞天花】

“鬼臼”之別名。此稱宋代已行用。因其葉底開花，似自隱於下而羞見天，故名。見該文。

【羞寒花】

“鬼臼”之別名。此稱宋代已行用。見該文。

【唐婆鏡】

“鬼臼”之別名。此稱宋代已行用。見該文。

【鬼藥】

“鬼臼”之別名。此稱明代已行用。見該文。

【獨脚蓮】[2]

“鬼臼”之別名。此稱明代已行用。以其僅生一莖，葉似蓮荷，故名。見該文。

【獨荷草】

“鬼臼”之別名。此稱明代已行用。以其獨生一莖，葉似荷，故名。見該文。

【山荷葉】[2]

“鬼臼”之別名。此稱明代已行用。以葉似荷，生山中而非水中，故名。見該文。

【旱荷】

“鬼臼”之別名。此稱明代已行用。見該文。

【八角盤】

“鬼臼”之別名。此稱明代已行用。以葉裂歧出似盤，故名。見該文。

【八角鏡】

“鬼臼”之別名。此稱明代已行用。因花上大葉多角似鏡，故名。見該文。

【术律草】

“鬼臼”之別名。此稱唐代已行用。明李時珍《本草綱目·草六·鬼臼》〔集解〕引唐獨孤滔《丹房鏡源》：“术律草有二種，根皆似南星，赤莖直上，莖端生葉。一種葉凡七瓣，一種葉作數層。葉似蓖麻，面青背紫而有細毛。葉下附莖，開一花，狀如鈴鐸，倒垂青白，色黃，藥中空，結黃子。風吹不動，無風自搖。”

【獨角蓮草】

“鬼臼”之別名。此稱清代已行用。清陸祚蕃《粵西偶記》：“獨角蓮草，如黃蓮根而極大，專治癰疽腫毒。持入藥肆，肆中諸藥香氣盡消，以此爲真。三脚、五脚者次之。”

海金沙

草名。海金沙科，海金沙屬，海金沙〔*Lygodium japonicum*（Thunb.）Sw.〕。多年生草本蕨類植物。根狀莖橫臥地下，葉軸無限延生，纏繞而生，可達 3 米許。二至三回二杈分枝之羽狀複葉，邊緣有不整齊之淺鋸齒，色青翠。孢子囊群生於小羽片邊緣。成熟孢子呈黃褐色。全草入藥。其倒垂之碧綠細枝，具觀賞價值，可作懸垂吊挂之盆栽珍品，亦可露地栽培，構設綠籬。我國普遍分布；通常

海金沙
（清吳其濬《植物名實圖考》卷一四）

生長於山區路旁、溪溝旁或山坡稀疏灌木叢中，纏繞於其他植物上。今俗稱"鐵綫藤""羅網藤""蛤蟆藤"。

此稱始見於宋代。以全株曬乾後擊打，似有黃沙脱落，故名。或説，其葉黃似細沙，因名；宋掌禹錫等《嘉祐補注本草》："〔海金沙〕出黔中郡，湖南亦有。生作小株，高一二尺。七月收其全科，於日中暴之，小乾，以紙襯承，以杖擊之，有細沙落紙上，且暴且擊，以盡爲度。"明代俗稱"竹園荽"。明李時珍《本草綱目·草五·海金沙》〔釋名〕"竹園荽"。時珍曰："其色黃如細沙也。謂之海者，神異之也。俗名竹園荽，象葉形也。"又〔集解〕："江浙湖湘川陝皆有之，生山林下。莖細如綫，引于竹木上，高尺許。其葉細如園荽葉而甚薄，背面皆青，上多皺文，皺處有沙子，狀如蒲黃粉，黃赤色。不開花，細根堅强。其沙及草皆可入藥。"明王圻等《三才圖會·草木五·海金沙》："海金沙生黔中山谷，湖南亦有。初生作小株，高一二尺。七月采得，日中暴令乾，以紙襯擊取其沙落紙上，旋暴旋擊，沙盡乃止。"參閲清汪灝等《廣群芳譜·藥譜四·海金沙》。

【竹園荽】

"海金沙"之俗名。此稱明代已行用。以其葉形似園荽，故名。見該文。

蛇莓

草名。薔薇科，蛇莓屬，蛇莓〔*Duchesnea indica*（Andrews）Focke〕。多年生匍匐草本。全株被白色柔毛。複葉，小葉三片，具長柄，倒卵形或菱狀長圓形，邊緣具鈍齒。初夏開花，花單生葉腋，黃色。果實爲聚合瘦果，深紅色。花托至果期膨大，呈頭狀，海綿質，紅色。果

可釀酒，莖葉可作土農藥。宜於斜坡作地被植物。主要分布於我國遼寧以南各地，常生於田邊溝畔濕地。

蛇　莓
（清吳其濬《植物名實圖考》卷二二）

此稱始見於漢代，時作"蛇苺"。《神農本草經》："蛇苺汁，大寒。"南朝梁陶弘景《本草經集注·草木下品》："〔蛇苺〕園野亦多有。子赤色，極似苺，而不堪啖。"五代韓保昇《蜀本草》："所在有之，生下濕地。莖頭三葉，花黃子赤，儼若覆盆子，根似敗醬。"宋寇宗奭《本草衍義》："蛇苺，今田野道旁處處有之，附地生葉，如覆盆子，但光潔而小，微有皺紋。花黃，比蒺藜花差大。春末夏初，結紅子如荔枝色。"元代稱"䕔苺""蛇殘苺"。元吳瑞《日用本草》："䕔老時熟紅於地，其中空者爲䕔苺；中實極紅者爲蛇殘苺，人不啖之，恐有蛇殘也。"明代稱"地苺"。明汪機《本草會編》："近地而生，故曰地苺。"又稱"蛇藨"。明李時珍《本草綱目·草七·蛇莓》〔釋名〕："蛇藨。"〔集解〕："此物就地引細蔓，節節生根，每枝三葉，葉有齒刻。四五月開小黃花，五出，結實鮮紅，狀似覆盆，而面與蒂則不同也。其根甚細，本草用汁，當是取其莖葉并根也。"徐珂《清稗類鈔·植物類》："蛇莓爲多年生草，田野自生。莖卧地，葉以三小葉合成，互生，有長葉柄。夏初每葉腋間各生一花，色黃，五瓣。實細，色鮮紅。花托肥大，狀略似覆盆。有毒。"苺，今通作"莓"。以其莓果能治蛇咬，故名。夏緯瑛《植物名釋札

記》：“莓即草莓，其假果與草莓相似，故爲類從而名‘莓’；‘蛇莓’者，謂其能傅治蛇咬之莓耳。”今俗稱“三爪風”“蛇泡草”“龍吐珠”等。參閱清汪灝等《廣群芳譜·藥譜六·蛇莓》。

【蛇苺】

同“蛇莓”。此體始行用於漢代。見該文。

【蠶莓】

“蛇莓”之別名。此稱元代已行用。見該文。

【蛇殘莓】

“蛇莓”之別稱。此稱元代已行用。見該文。

【地莓】

“蛇莓”之異稱。此稱明代已行用。見該文。

【蛇藨】

“蛇莓”之異名。此稱明代已行用。見該文。

【蛇蛋果】

“蛇莓”之別名。清代已行用。時亦稱“疔瘡藥”“地錦”。清吳其濬《植物名實圖考·蔓草類·蛇莓》：“多生園野中，南安人以莖葉擣敷疔瘡，隱其名爲疔瘡藥，試之神效。自淮而南，謂之蛇蛋果；江漢間或謂之地錦。”又：“蛇莓多生階砌下，結紅實，色至鮮，故名以錦。雖爲莓，然第供鳥雀螻蟻耳。顧其塗敷疔毒，效甚捷而力至猛。”

【疔瘡藥】

“蛇莓”之隱稱。因其治療疔瘡有奇效，故名。此稱清代已行用。見該文。

【地錦】[1]

“蛇莓”之別名。因生於地面，果鮮似錦，故名。此稱清代已行用。見該文。

翻白草

草名。薔薇科，委陵菜屬，翻白草（*Potentilla discolor* Bunge）多年生草本。植株高 20~30 厘米。根下端肥厚，形如雞腿，長 10 厘米許，赤皮而白肉，兩頭尖峭。奇數羽狀複葉，葉片硬而厚，叢生，長橢圓形，邊緣有鋸齒。夏季開黃花，傘房狀聚傘形排列。聚合瘦果。根入藥，亦可生熟食。主要分布於我國沿海及沙原地帶。以葉下被白綿毛，翻起則露，故名。

翻白草
（清吳其濬《植物名實圖考》卷一二）

此稱約始見於明代，時稱“天藕”，出明王磐《野菜譜》。亦稱“雞腿兒”，“翻白草”亦作“飜白草”。明朱橚《救荒本草》卷三：“雞腿兒，一名飜白草，出鈞州山野中，苗高七八寸。細長鋸齒。齒葉硬厚，背白，其葉似地榆葉而細長。開黃花。根如指大，長三寸許，皮赤內白，兩頭尖觜。味甜。”亦稱“湖雞腿”。明李時珍《本草綱目·菜二·翻白草》〔釋名〕：“翻白以葉之形名，雞腿、天藕以根之味名也。楚人謂之湖雞腿，淮人謂之天藕。”又〔集解〕：“雞腿兒生近澤田地，高不盈尺。春生弱莖，一莖

雞腿兒
（明徐光啓《農政全書》卷五一）

三葉，尖長而厚，有皺紋鋸齒，面青背白。四月開小黃花。結子如胡荽子，中有細子。其根狀如小白术頭，剥去赤皮，其内白色如雞肉，食之有粉。小兒生食之，荒年人掘以和飯食。"按，清汪灝等《廣群芳譜·藥譜七》載唐陳藏器《本草拾遺》一種"雞脚草"，同書《卉譜六》引《五臺山志》載一種"雞足草"，是二者殆與此名近而異物。

【天藕】

"翻白草"之異名。以其根之味似藕，故名。此稱明代已行用。見該文。

【雞腿兒】

"翻白草"之別名。以其根形如鷄腿，食味亦如之，故名。此稱明代已行用。見該文。

【飜白草】

同"翻白草"。此體明代已行用。見該文。

【湖雞腿】

"翻白草"之別稱。此稱明代已行用。見該文。

魚腥草

草名。三白草科，蕺菜屬，蕺菜（*Houttuynia cordata* Thunb.）之別名。多年生草本。莖細長，葉對生，葉片呈心形，紫色。初夏時開淡黃色小花，穗狀排列。花萼爲苞片四枚，白色。莖、葉皆可食，然有魚腥味，遂以稱。可入藥。產於我國長江以南地區。

據傳春秋時越王勾踐曾采此而食，時稱"蕺"。《會稽志》："蕺山在府西北六里，越王嘗采蕺於是。"南北朝稱"蕺菜""菹菜"。南朝梁陶弘景《名醫別録·草木上品·蕺菜》："蕺菜味辛，微溫，主爛蠷溺瘡，多食令人氣喘。"北魏賈思勰《齊民要術·作菹藏生菜法》："蕺菹

法：蕺去毛土、黑惡者，不洗，暫經沸湯即出，多少與鹽一斤，以煖水清濤汁净洗之，及煖即出漉，下鹽酢中。若不及熱，則赤壞之。又湯撩葱白，即入冷水漉出置蕺中，並寸切，用米若椀子奠去蕺節，料理接奠，各在一邊，令滿。"唐蘇敬等《唐本草·草部·蕺菜》："蕺菜生濕地、山谷陰處，亦能蔓生。此物葉似蕎麥，莖紫赤色。山南江左人好生食，關中謂之菹菜。"元代始稱"魚腥草"。元汪復亨《南樓客觀鄉友燕集》詩："墻陰緑長魚腥草，樓外紅鮮鳳尾花。"明王圻等《三才圖會·草木十·蕺菜》："蕺菜……山谷陰處濕地有之。作蔓生，莖紫，赤葉色，如蕎麥而微小。江左人好生食之。然不宜多食，令人氣喘發虛弱，損陽氣，消精髓，素有脚弱病尤忌之，一啖令人終身不愈。關中謂之菹菜者是也。"明代"魚腥草"亦作"魚鯹草"，亦稱"紫蕺"。明李時珍《本草綱目·菜二·蕺》〔釋名〕："時珍曰：蕺字，段公路《北户録》作蕊，音戢，秦人謂之菹子。菹蕺音相近也。其葉鯹氣，故俗呼爲魚鯹草。"〔集解〕："案趙叔文《醫方》云：魚鯹草即紫蕺，葉倡荇，其狀三角，一邊紅，一邊青，可以養豬；又有五蕺，即五毒草，花葉相似，但根似狗脊。"清代稱"熱草"。清吳其濬《植物名實圖考·隰草類·魚腥草》："生陰濕地，細莖短葉，秋作細穗如綫，三叉。天陰則氣腥，馬不食之。實極小，歉歲

蕺菜
（清吳其濬《植物名實圖考》卷四）

則茂。北地謂之熱草，亦采以充飢。"

【蕺】

"魚腥草"之异名。此稱約在先秦已行用。見該文。

【蕺菜】

"魚腥草"之別名。此稱南北朝已行用。見該文。

【葅菜】

"魚腥草"之別名。此稱南北朝已行用。因其宜作葅食，故名。見該文。

【魚鯹草】

同"魚腥草"。此體明代已行用。見該文。

【紫蕺】

即魚腥草。此稱明代已行用。見該文。

【熱草】

"魚腥草"之別名。此稱清代已行用。見該文。

鹿角菜

草名。褐藻門，墨角藻科，鹿角菜屬，鹿角菜（*Pelvetia siliquosa* C.K.Tseng et C.F.Chang）。藻體褐紫或綠色，軟骨質，二叉分枝，高6~7厘米。采後新鮮時呈橄欖黃色，乾燥則爲黑色。形狀扁平而闊。基部有圓錐狀固着器。成熟時具有棒狀生殖托，雌雄同體。可食用及用作飼料。分布於我國南北沿海地帶，常生長於中潮帶岩石上。

此稱約始見於魏晋，時稱"猴葵"。出沈懷遠佚書《南越志》。以其形似鹿角，故名。北魏賈思勰

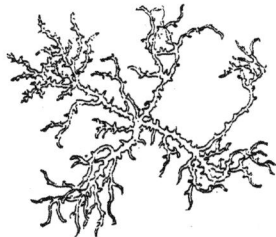

鹿角菜
（清吴其濬《植物名實圖考》卷一八）

《齊民要術·菜茹》引《南越志》曰："猴葵，色赤，生石上，南越謂之鹿角。"五代時稱"鹿角菜"。五代陳士良《食性本草》："鹿角菜生海州、登、萊、沂、密諸處海中。"《宋史·地理志五》："福州貢荔枝、鹿角菜、紫菜。"明李時珍《本草綱目·菜三·鹿角菜》〔釋名〕："猴葵。時珍曰：按沈懷遠《南越志》云：猴葵一名鹿角，蓋鹿角以形名，猴葵因其性滑也。"又〔集解〕："鹿角菜生東南海中石崖間。長三四寸。大如鐵綫，分丫如鹿角狀，紫黃色。土人采曝，貨爲海錯。"參閱明王圻等《三才圖會·草木十·鹿角菜》、清汪灝等《廣群芳譜·蔬譜三·鹿角菜》。

【猴葵】

"鹿角菜"之別名。此稱魏晋時已行用。見該文。

【鹿角】

即鹿角菜。此稱五代時已行用。見該文。

鹿蹄草 [2]

草名。杜鵑花科，鹿蹄草屬，鹿蹄草（*Pyrola rotundifolia* Linn.）。多年生草本。四季常綠。全株光滑無毛。根狀莖橫生於地。葉基生，圓形或廣橢圓形，帶革質，下面葉背及葉之長柄均具紫紅色，數枚葉聚生成簇。夏季開白花，總狀花序生於花莖頂端。蒴果，扁球形。生於山野陰濕處。全草入藥。草葉藍綠色，宜於室内盆栽觀

鹿蹄草
（清吴其濬《植物名實圖考》卷一四）

賞，亦可於園林中叢植或孤植。我國各地均有生長，主產於我國浙、皖諸省。

此稱明代已見。因葉形似鹿蹄，故名。時亦稱"小秦王草""秦王試劍草"，省稱"試劍草"。明李時珍《本草綱目·草五·鹿蹄草》〔釋名〕："小秦王草、秦王試劍草。時珍曰：鹿蹄象葉形。能合金瘡，故名試劍草。"又〔集解〕："按《軒轅述寶藏論》云，鹿蹄多生江廣平陸及寺院荒處，淮北絕少，川陝亦有。苗似菫菜，而葉頗大，背紫色。春生紫花。結青實，如天茄子。可製雌黃、丹砂。"徐珂《清稗類鈔·植物類》："鹿蹄草爲多年生之常綠草，葉橢圓而厚，有長柄，略似鹿蹄。春夏之交，葉叢中抽花莖，上開數花，色白，皆下向。舊以爲止血及金瘡藥。"今亦稱"鹿壽草""鹿銜草""破血丹""六銜草"。參閱清汪灝等《廣群芳譜·藥譜四·鹿蹄草》。

【小秦王草】

"鹿蹄草[2]"之別名。此稱明代已行用。見該文。

【秦王試劍草】

"鹿蹄草[2]"之別稱。以其能合金瘡，故名。此稱明代已行用。見該文。

【試劍草】

即鹿蹄草[2]。"秦王試劍草"之省稱。此稱明代已行用。見該文。

葛

草名。豆科，葛屬，葛〔*Pueraria lobata* (Willd.) Ohwi〕。多年生，蔓生，藤本。塊根，莖細長。大型複葉，由三小葉組成，葉背有霜。頂葉小，菱形，托葉，盾形。夏季開花，有赤紫色之蝶形花冠，總狀花序。果實爲扁莢，密生黃色粗毛。花及根入藥，根及葉可食，莖可治繩編籃，纖維可織布，爲古代衣着主要來源之一。

其在我國生長、使用歷史極其久遠。據説帝堯時已有葛製之絺。《物原·衣原》："軒轅妃嫘祖始育蠶緝麻，以興機杼，而成布帛。唐堯加以絺、苧、木綿、草布、毛纈。"絺即精製帛布。《書·禹貢》載海岱青州"厥貢鹽絺"，又載"島夷卉服"，孔穎達疏謂"島夷"爲"南島上之夷"，"卉服"爲"草服"，"以葛爲之"。《詩》作品出自中原及北方者，如《邶風·綠衣》《王風·采葛》《周南·葛覃》《齊風·南山》《魏風·葛屨》《唐風·葛生》等都有對葛之吟咏，足見先秦從南到北都有葛的分布。葛在先秦主要用途是製取衣履，自天子至庶民，皆服用之。《周禮·地官司徒》設"掌葛"一職，"以時徵絺綌之材於山農"，《天官·冢宰》設"屨人"一職，所掌王后之物有"葛屨"。《墨子·節用》言有"聖王制爲衣服之法""夏服絺綌之衣"，《列子·湯問》言及"中國之人""冬裘夏葛"。漢代始以根入藥，見《神農本草經》。後用途益廣。宋陶穀《清異録》："葛爲世用，花入藥，根參果蓏，筋備紉織，土生而具三材。"清薛蟄龍《毛詩動植物今釋》："其根可采取最良之澱粉，通常所謂葛粉者是也，莖可用之爲繩，或編之爲籃，其纖維可織爲

葛
（清吳其濬《植物名實圖考》卷二二）

布。"葛有野生、家種之分。人工栽種始自先秦，據傳勾踐曾躬親種之。舊題漢袁康《越絕書·越絕外傳記越地傳》："葛山者，勾踐罷吳種葛，使越女織治葛布。"後世多有此類記載。三國魏曹植《種葛篇》："種葛南

葛　根
（明徐光啓《農政全書》
卷五三）

山下，葛蔓自成蔭。"晉張華《博物志·藥物》："野葛食之殺人，家葛種之。"明張時徹《采葛篇》："種葛南山下，春風吹葛長。"清屈大均《廣東新語·草語·葛花菜》："高州多種葛，雷州人市之爲絺綌。"明以來農書多有采葛、練葛記載，至清張宗法《三農紀》有極簡略之蒔植記載："植蕬，宜山坡僻壤地，收苗植之，或取實種。"葛布在明清時猶相當盛行。"鬱林葛尤珍，明内監教之織爲龍鳳文也。"（清吳其濬《植物名實圖考》）據清李調元《南越筆記》記載，粤地所產名葛有十數種，以雷州所產"雷葛"最著。時有"雷葛盛行天下"之譽（清吳其濬《植物名實圖考》）。1904 年清祥林《廣東實業調查概略》中猶有"雷州多製葛布"之記載。先秦稱"葛"。《詩·周南·葛覃》："葛之覃兮，施于中谷，維葉莫莫。是刈是濩，爲絺爲綌，服之無斁。"孔穎達疏引孫炎曰："煮葛以爲絺綌。"又《王風·采葛》："彼采葛兮。一日不見，如三月兮。"毛傳："葛，所以爲絺綌也。"《周禮·地官·掌葛》："掌葛，掌以時徵絺綌之材於山農。"賈公彦疏："凡葛徵者，其

徵絺綌之材即葛是也。"漢代稱"葛草"，亦稱"絺綌草"。《楚辭·九歌·山鬼》："采三秀兮於山間，石磊磊兮葛蔓蔓。"王逸注："山石磊磊，葛草蔓蔓。"《說文·艸部》："葛，絺綌艸也。"時稱其根爲"葛根"，亦名"雞齊根"，後"葛根"亦指代"葛草"。《神農本草經·草部中品·葛根》："一名雞齊根。生川谷。"南北朝稱"鹿藿""黃斤"。南朝梁陶弘景《名醫別錄·草木中品·葛根》："一名鹿藿，一名黃斤。生汶山，五月采根，暴乾。"又《本草經集注·草木中品·葛根》："即今之葛根，人皆蒸食之。當取入土深大者，破而日乾之。生者搗取汁飲之，解溫病發熱。其花併小豆花乾末服方寸匕，飲酒不知醉。南康、廬陵間最勝，多肉而少筋，甘美。但爲藥用之，不及此聞爾。五月五日日中時，取葛根爲屑，療金瘡斷血爲要藥，亦療瘧及瘡，至良。"又《草部下品·鹿藿》："葛根之苗，又一名鹿藿。"《玉篇·艸部》："葛，蔓草也。"唐代稱"黃葛"。因治爲絺綌後，可染爲黃色，故名。唐李白《黃葛》詩："黃葛生洛溪，黃花自綿羃。"舊注："葛草延蔓而生，引長二三丈。其葉有三尖，如楓葉而長，面青背淡。莖亦青色，取其皮漚練作絲，以爲絺綌。謂之黃葛者，是取其既成絺綌之色名之。別於蔓草中之白葛、紫葛、赤葛諸名，不致相混耳。"宋蘇頌《圖經本草·草部中品·葛根》："今處處有之，江浙尤多。春生苗，引藤蔓，長一二丈，紫色。葉頗似楸葉而青，七月著花，似豌豆花，不結實，根形如手臂，紫黑色……今人多以作粉食之，甚益人。"時"雞齊根"亦省稱"雞齊"。《通志·昆蟲草木略一》："葛曰雞齊，根曰鹿藿，曰黃，而薔亦謂之鹿藿

（按，同名異實）。”時有“食葛”，據清吳其濬推斷，“蓋園圃所種，非野生有毛者爾”（《植物名釋圖考·蔓草類·葛》）。《爾雅翼·釋草》：“雞齊，一名鹿藿，一名黃斤。今之食葛，非爲絺綌者也。其生延蔓，甚者其蔓首至根可二十步。人皆掘食之，生食甜脆，亦可蒸食，有粉。今江南人兇歲，則掘取以禦兇荒。大抵南康廬陵者最勝，多肉而少筋，甘美。”明代稱“乾葛”。明李時珍《本草綱目·草七·葛》〔釋名〕：“鹿食九草，此其一種，故曰鹿藿。”〔集解〕：“葛有野生，有家種，其蔓延長，取治可作絺綌。其根外紫內白，長者七八尺；其葉有三尖，如楓葉而長，面青背淡。其花成穗，纍纍相綴，紅紫色。其莢如小黃豆莢，亦有毛。其子綠色，扁扁如鹽梅子核，生嚼腥氣，八九月采之，《本經》所謂葛穀是也，唐蘇敬等亦言葛穀是實，而宋蘇頌謂葛花不結實，誤矣。”明李中立《本草原始·草部上·葛根》：“《爾雅翼》云：‘葛，絺綌草也。’俗呼乾葛。”清陳淏子《花鏡》卷四：“葛一名鹿藿，產南方……惟廣中出者爲最。”時葛分“毛葛”“青葛”二種，毛葛遍體生毛，青葛通體無毛。清吳其濬《植物名實圖考》：“有種生、野生二種。《救荒本草》：花可煠食，根可爲粉，其薹爲葛花菜。贛南以根爲果，曰葛瓜，宴客必設之。”又：“《周詩》咏葛覃，《周官》列掌葛，今則嶺南重之，吳越亦尠。無論燕豫江西湖廣，皆產葛。凡采葛，夏月葛成，嫩而短者留之；一丈上下者，連根取，謂之頭葛。如太長，看近根有白點者，不堪用；無白點者，可截七八尺，謂之二葛。凡練葛，采後即挽成綱，緊火煮爛熟，指甲剝看，麻白不粘青即剝下，就流水捶洗净，風乾露一宿，

尤白。”又：“里老云：葛有二種，遍體皆細毛者可績布，曰毛葛；遍體無毛者，曰青葛，不可績。惟以爲束縛，則又毛葛所不逮。又毛葛亦有二種，蔓延於草上者，多枝節而易斷，成布不耐久；惟緣地而生者，有葉無枝，成布較勝於苧。”徐珂《清稗類鈔·植物類》：“葛爲多年生草，莖細長，蔓生，葉爲複葉，闊大。秋日開花，紫赤色，花冠蝶形。結實成莢，根外紫內白，入藥。搗碎取汁，製成白粉，謂之葛粉，爲小粉中最佳之品。”

【葛草】

即葛草。此稱漢代已行用。見該文。

【絺綌草】

“葛”別名。此稱漢代已行用。因其加工爲細布絺及粗布綌，故名。見該文。

【葛根】

初指葛根塊，後亦爲“葛”別名。此稱漢代已行用。見該文。

【雞齊根】

本指葛之根，後亦爲“葛”別名。此稱漢代已行用。見該文。

【鹿藿】[1]

“葛”之別名。此稱南北朝已行用。因鹿喜食之，故名。見該文。

【黃斤】

“葛”之別名。此稱南北朝已行用。見該文。

【黃葛】

“葛”之別名。此稱唐代已行用。見該文。

【雞齊】

“葛”之別名。此稱宋代已行用。見該文。

【食葛】

"葛"之代食用、不爲絺綌者。疑即下文"青葛"。此稱宋代已行用。見該文。

【乾葛】

"葛"之別名。此稱明代已行用。見該文。

【毛葛】

"葛"之遍體生毛、可織布者。此稱清代已行用。見該文。

【青葛】[2]

"葛"之遍體無毛、不可織布者。此稱清代已行用。見該文。

【葛胆】

根入土20厘米許之"葛"。此稱唐代已行用。清汪灝等《廣群芳譜·桑麻譜二·葛》引《唐本草·草部·葛根》:"葛根入土五六寸以上者名葛胆,胆者,頸也。"《爾雅翼·釋草》:"入土五六寸以上者名葛胆,服之令人吐,以有微毒也。其花藤皆可醒酒而去酒毒,服方寸匕,飲酒不知醉。"

鹿藿[2]

草名。豆科,鹿藿屬,鹿藿(*Rhynchosia volubilis* Lour.)。多年生草質纏繞藤本。全株生柔毛腺點。複葉,小葉三片,倒卵形,兩面密被白色長柔毛,下面有紅褐色腺點,三出脉。夏季開黃花,蝶形花冠,總狀花序生於葉腋。莢果長橢圓形,紅褐色,頂端有小喙,種子多爲兩粒,可食,亦入藥。我國分布於長江流域以南各地區。

此稱始見於秦漢,時亦稱"蘦"。漢代稱"蔨","鹿藿"亦作"鹿藿"。晋代稱"鹿豆"。《爾雅·釋草》:"蔨,鹿藿,其實茊。"郭璞注:"今鹿豆也。葉似大豆,根黃而香,蔓延生。"

漢代記載其藥性功效。《神農本草經·下品·鹿藿》:"生山谷。"《說文·艸部》:"蔨,鹿藿也。"《廣雅·釋草》:"蔨,鹿藿也。"南朝梁簡文帝《勸醫論》:"胡麻、鹿藿,纔救頭痛之痾。"唐蘇敬等《唐本草·草部·鹿藿》:"此草所在有之。苗似豌豆,而引蔓長粗。人采爲菜,亦微有豆氣,山人名爲鹿豆也。"明代稱"䜕豆""野綠豆"。"䜕"或作"劳","綠"或作"菉"。"䜕""綠"爲"鹿"之音轉。明李時珍《本草綱目·菜二·鹿藿》〔釋名〕:"䜕豆、野綠豆。時珍曰:豆葉曰藿,鹿喜食之,故名。俗呼䜕豆,䜕、鹿音相近也。王磐《野菜譜》作野綠豆。"又〔集解〕:"鹿豆即野綠豆,又名䜕豆,多生麥地田野中,苗葉佀綠豆而小,引蔓生,生熟皆可食。三月開粉紫花,結小莢,其子大如椒子,黑色。可煮食,或磨麵作餅蒸食。"清代稱"餓馬黃"。清吴其濬《植物名實圖考·蔬類·鹿藿》:"湖南山坡多有之,俗呼餓馬黃,以根黃而馬喜齕也。俚醫用以殺蟲。"清郝懿行《爾雅義疏·釋草》下之一:"今驗野綠豆,形狀悉如《唐注》(即《唐本草》)所説。其豆難爛,故人不食之。"徐珂《清稗類鈔·植物類》:"鹿藿爲多年生蔓草,莖葉皆褐色,葉闊,夏開黃花,爲蝶形花冠。結實成小莢,熟則赤黑,子大如花椒,扁圓而黑,可煮食,俗稱野綠豆。"今多稱"老鼠眼""痰切草"。

鹿 藿
(清吴其濬《植物名實圖考》卷三)

按，《説文·艸部》："藘，鹿藿也。"《爾雅·釋草》："藘，麃。"郭璞注："麃即莓也。"或以爲《説文》誤以"藘，麃"，作"鹿藿"字，前修已予辯駁。清郝懿行《爾雅義疏》下之一："藺，《説文》作藘，云鹿藿也，讀若剽。《繫傳》據《爾雅》'藘，麃'，疑《説文》誤。今按，《廣雅》亦云：藘，鹿藿也。是鹿藿亦名藘，無妨與麃、苺（莓）同名。徐鍇便以爲誤，非也。"清王念孫《廣雅疏證》卷一〇上："《説文》云：藘，鹿藿也。徐鍇傳云：《爾雅》鹿藿，鹿豆也，一名藺。《爾雅》'藘，麃'注云，即莓也。字與鹿豆相近，疑《説文》注誤以'藘，麃爲鹿藿'字也。案，如鍇之説，則是許氏誤讀麃爲鹿也。草之名鹿者，若鹿蓐爲王芻，鹿腸爲元參之類多矣，但言藘鹿，何以知爲鹿藿？即令許氏善於附會，亦不至謬妄如此。且《説文》所用《爾雅》與今不合者，如'虈，蔦實''夢，灌渝'之屬，皆句讀之異耳，未有誤讀本文之字而又率意增之者也。以理度之，藘爲鹿藿，必非《爾雅》'藘，麃'之誤，乃鹿藿自有此名耳。《説文》之訓，或叙述經文，或原本師説，或雜採方俗之所傳，其所取者博矣，何必《爾雅》所有者而後見之於書哉？徐氏之説，淺於窺測矣。"然有同於徐説者。段玉裁《説文解字注》"藘"下云："徐鍇曰，《釋艸》：藺，鹿藿；藘，麃。二者各物，疑字形之誤以'藘，麃'誤爲鹿藿也。玉裁按，蓋'麃'誤爲'鹿'，淺人因妄增'藿'字耳。"段氏説似不及郝氏、王氏説允當。又清吳其濬《植物名實圖考》批評李時珍"以《野菜譜》野菉豆爲勞豆，殊不類"。然徐珂承用其説，郝懿行亦承用其説。《爾雅義疏》下之一："舊説鹿豆一

名登豆，登、鹿聲轉。王磐《野菜譜》作野緑豆，緑、鹿聲同也。"未知孰是。

【藺】

"鹿藿[2]"之别稱。此稱秦漢時已行用。見該文。

【藘】

"鹿藿[2]"之别稱。此稱漢代已行用。見該文。

【鹿藿】

同"鹿藿[2]"。此體漢代已行用。見該文。

【鹿豆】

"鹿藿[2]"之别稱。此稱晋代已行用。見該文。

【登豆】

"鹿藿[2]"之异名。此稱明代已行用。見該文。

【勞豆】

同"登豆"，即鹿藿[2]。此體明清時已行用。見該文。

【野緑豆】

"鹿藿[2]"之俗名。此稱明代已行用。見該文。

【野菉豆】

同"野緑豆"，即鹿藿[2]。此體明清時已行用。見該文。

【餓馬黄】

"鹿藿[2]"之别名。此稱清代已行用。以其根黄而馬喜食，故名。見該文。

薇

草名。豆科，野豌豆屬，野豌豆（*Vicia sepium* Linn.）之别名。多年生草本。偶數羽狀複葉，卵狀矩圓形或卵狀披針形，夏秋開花，總狀花序腋生，蝶狀花冠，青紫色。莢果光滑，含子三至五粒。可作牧草，製緑肥，嫩苗可作蔬菜，全草入藥。我國北部與西北部地區多有生長，依山傍水皆有之。

此稱始見於先秦。薇,同"微"。因其莖葉細微,故稱;或説,微賤者所食,故名。秦漢時稱"垂水"。《詩·召南·草蟲》:"陟彼南山,言采其薇。"毛傳:"薇,菜也。"釋文:"薇音微,草也,亦可食。"孔穎達疏:"陸璣云:山菜也。莖葉皆似小豆,蔓生,其味亦如小豆,藿可作羹,亦可生食。今官園種之以供宗廟祭祀。"《儀禮·公食大夫禮》:"鉶芼:牛,藿;羊,苦;豕,薇。皆有滑。"《爾雅·釋草》:"薇,垂水。"郭璞注:"生於水邊。"邢昺疏:"草生於水濱而枝葉垂於水者,曰薇。"《史記·伯夷列傳》:"武王已平殷亂,天下宗周,而伯夷、叔齊恥之,義不食周粟,隱於首陽山,采薇而食之。"《説文·艸部》:"薇,菜也,似藿。"宋代稱"野豌豆""大巢菜"。清郝懿行《爾雅義疏》下之一:"《六書故》引(宋)項安世曰:今之野豌豆也。莖葉華實皆似豌豆。"明李時珍《本草綱目·菜二·薇》〔釋名〕:"案許慎《説文》云:薇,似藿。乃菜之薇者也。王安石《字説》云:微賤所食,因謂之薇。故《詩》以采薇賦戍役。孫炎注《爾雅》云:薇草生水旁而枝葉垂於水,故名垂水也。"又〔集解〕:"薇生麥田中,原澤亦有,故《詩》云'山有蕨薇',非水草也。即今野豌豆,蜀人謂之巢菜。蔓生,莖葉氣味皆似豌豆,其藿作蔬入羹皆宜……項氏云:巢菜有大小二種,大者即薇,乃野豌豆之不

薇
(清吳其濬《植物名實圖考》卷四)

實者,小者即蘇東坡所謂元修菜也。此説得之。"清代四川稱"豌豆顛"。清段玉裁《説文·艸部》"薇"下注曰:"按今四川人掐豌豆媆梢食之,謂之豌豆顛。顛,古之采於山者,野生者也。《釋草》云'垂水',薇之俗名耳。不當以生於水邊釋之。"

野豌豆
(清吳其濬《植物名實圖考》卷四)

按,依段氏説,則薇僅山生者,無水生者。後人頗有异議。清郝懿行《爾雅義疏》下之一:"《詩》言采薇,是生於山者;《爾雅》所言,是生於水者。實一物。或曰,薇名垂水,非生水濱。"清吳其濬《植物名實圖考·蔬類·薇》:"考據家以登山采薇,薇自名垂水,不可云水草。今河畔棄墻,蔓生尤肥,莖弱不能自立,在山而附,在澤而垂,奚有異也?"又,有説"薇"爲一年生者。徐珂《清稗類鈔·植物類》:"薇爲一年生草,莖高二三尺,尖端卷曲如旋渦。葉有二種,一爲綠色,差類蕨葉;一爲褐色,形細長,其上著生多數胞子囊,嫩時可食。"未知此"薇"與彼"薇"是否同物。參閲清汪灝等《廣群芳譜·蔬譜三·薇》。

【垂水】

"薇"之別稱。因其生於水邊,葉垂於水,故名。此稱秦漢時已行用。見該文。

【野豌豆】[2]

"薇"之別名。此稱宋代已行用。見該文。

【大巢菜】

　　"薇"之异名。此稱宋代已行用。見該文。

【豌豆顛】

　　"薇"之俗名。此稱清代已行用。見該文。

䓛

　　草名。旋花科,打碗花屬,打碗花(*Calystegia hederacea* Wall. ex Roxb.)之別名。多年生纏繞草本。莖紫縹或匍匐分枝。葉互生,具長柄,基部葉近橢圓形,莖上部葉三角形戟狀。夏秋間開淡粉紅色花,形如漏斗;花單生於葉腋,兩枚苞片,卵圓形,緊貼花萼。蒴果。全草入藥。地下莖可蒸食,味甘。亦可用於釀酒。遍布於我國田野,平原及丘陵地區尤多。

　　此稱始見於先秦。秦漢時"䓛"亦作"葍",亦稱"蔓茅""菈""雀弁"。《詩·小雅·我行其野》:"我行其野,言采其葍。"毛傳:"葍,惡菜也。"鄭玄箋:"葍,䓛也。亦仲春時生,可采也。"《爾雅·釋草》:"葍,䓛。"郭璞注:"大葉白華,根如指,正白可啖。"又:"葍,蔓茅。"郭璞又注:"葍,華有赤者爲蔓。蔓,葍一種耳。亦猶菱苕,華黃白異名。"又:"菈,雀弁。"清郝懿行據陸璣《疏》謂《爾雅》之葍、蔓茅、雀(亦作"爵")弁爲一物異稱。《爾雅義疏》下之一:"陸璣云:葍,一名爵弁,一名蔓。如陸說即葍、蔓、菈三者爲一物。郭以白華

旋　花
(清吳其濬《植物名實圖考》卷二二)

者名葍,赤華者名蔓,則亦以爲一物,與陸同也。"漢代稱"蔓""葬","葬"亦作"舜"。《說文·艸部》:"蔓,茅,葍也。一名舜。"又《舜部》:"舜,艸也。楚謂之葍,秦謂之蔓。"時亦稱"旋華""筋根華""金沸"。《神農本草經·上品·旋華》:"一名筋根華,一名金沸。"三國時稱"烏麩""燕葍"。《廣雅·釋草》:"烏麩,葍也。"北魏賈思勰《齊民要術·五穀·葍》引三國吳陸璣曰:"河東關內謂之葍,幽充謂之燕葍,一名爵弁,一名蔓。"南北朝稱"蕭子"。《玉篇·艸部》:"蕭,蕭子也,可食。"時亦稱"山薑""美草""續筋根","旋華"亦作"旋花","筋根華"亦作"筋根花"。南朝梁陶弘景《名醫別錄》:"旋花……一名筋根花。"又:"根主續筋,故南人皆呼爲續筋根。"又《本草經集注·草部上品·旋花》:"東人呼爲山薑,南人呼爲美草。根似杜若,亦似高良薑。"唐代稱"旋葍""筋根"。宋代稱"肫腸草""皷子花","皷子花"亦作"鼓子花"。宋蘇頌《圖經本草·草部上品·旋花》:"生豫州平澤,今處處皆有之。蘇恭云:此即平澤所生旋葍(音福)是也,其根似筋,故一名筋根……苗作叢蔓,葉似山芋而狹長,花白,夏秋生遍田野,根無毛節,蒸煮堪啖,甚甘美。五月采花,陰乾,二八月采根,日乾。"又:"一名肫腸草,俗謂皷子花也。"宋寇宗奭《本草衍義》:"世俗謂之鼓子花,言其花形肖也。"時亦稱"葍蕌"。《廣韻·入屋》:"葍,葍蕌。"又《上獮》:"蕌,葍蕌,菜名。"明代亦稱"天劍草""纏枝牡丹"。明李時珍《本草綱目·草七·旋花》〔釋名〕:"天劍草。"又時珍曰:"其花不作瓣狀,如軍中所吹鼓子,故有旋花、鼓子之名。一種千葉者,

色似粉紅牡丹，俗呼爲纏枝牡丹。”清代山東俗稱“葍子苗”。清郝懿行《爾雅義疏》下之一：“今登萊間田野多有之，俗名葍子苗……初春掘取，烝啖生食俱甘美。其葉如牽牛葉而微長，華色淺紅，如牽牛華而差小，即鼓子花也；亦有白華者，然不多見。”今又有“小旋花”“常春藤打碗花”“麵根藤兒”之俗名。

按，一説，葞、雀弁非即葍。晋郭璞注《爾雅·釋草》言“未詳”，未與“葍，葍也”相聯繫。《本草綱目》“旋花”條羅列諸异名，皆不與《爾雅·釋草》諸名溝通，蓋亦本乎郭璞之説。今姑從陸璣、郝懿行説，視葍、藑茅、雀弁爲一物。又《楚辭·離騷》：“索藑茅以筳篿兮，命靈氛爲余占之。”王逸注：“藑茅，靈草也。”此爲別一物，與“葍”之別名“藑茅”同名异物。此已有人指出。《爾雅·釋草》：“葍，藑茅。”清郝懿行義疏：“《離騷》云：‘索藑茅’，注謂‘靈草’。非也。”

【䕬】

　　同“葍”。此體秦漢時已行用。見該文。

【藑茅】

　　“葍”之別名。此稱秦漢已行用。見該文。

【葞】

　　“葍”之別名。此稱秦漢時已行用。見該文。

【雀弁】

　　“葍”之別稱。秦漢時已行用。見該文。

【藑】

　　即葍。“藑茅”之省稱。此稱漢代已行用。見該文。

【蕣】

　　即葍。此稱漢代已行用。見該文。

【舜】

　　同“蕣”，即葍。此體漢代已行用。見該文。

【旋華】

　　“葍”之別稱。此稱漢代已行用。見該文。

【旋花】[2]

　　同“旋華”，“葍”之別名。此體南北朝已行用。見該文。

【筋根華】

　　“葍”之异稱。此稱漢代已行用。以其根似筋，故名。見該文。

【筋根花】

　　同“筋根華”，即葍。此體南北朝已行用。按，《太平御覽》作“箭根”，《本草和名》作“筋根”。見該文。

【金沸】[2]

　　“葍”之异名。此稱漢代已行用。見該文。

【烏麷】

　　“葍”之异名。此稱三國時已行用。見該文。

【燕葍】

　　即葍。此稱三國時已行用。見該文。

【藆子】

　　“葍”之俗稱。藆，同“葍”。此稱南北朝已行用。見該文。

【山葍】[4]

　　“葍”之异名。此稱南北朝已行用。見該文。

【美草】[3]

　　“葍”之別名。此稱南北朝已行用。見該文。

【續筋根】[2]

　　“葍”之別名。此稱南北朝已行用。以其根主續筋，故名。見該文。

【旋葍】[2]

　　即葍。此稱唐代已行用。見該文。

【筋根】

"蕾"之別名。此稱唐代已行用。見該文。

【肫腸草】

"蕾"之俗稱。此稱宋代已行用。以其根似肫腸，故名。見該文。

【皷子花】

"蕾"之俗名。此稱宋代已行用。見該文。

【鼓子花】[2]

同"皷子花"，"蕾"之俗名。此體宋代已行用。以其花不作瓣，似軍中所吹鼓子，故名。見該文。

【蕾蓨】

即蕾。此稱宋代已行用。見該文。

【天劍草】[2]

"蕾"之別稱。此稱明代已行用。見該文。

【纏枝牡丹】

"蕾"之俗名。此稱明代已行用。以其花色粉紅似牡丹，故名。見該文。

【蕾子苗】

即蕾。此稱清代已行用。見該文。

【蕾】

"蕾"之別名。此稱約在魏晉時已行用。時亦稱"甘蕾"。北魏賈思勰《齊民要術·五穀果蓏菜茹非中國物產者·蕾》："《夏統別傳》注：蕾，蕾也，一名甘蕾。正圓，赤粗似橘。"明代稱"蕾子根""打碗花""兔兒苗""狗兒秧""秧子"。明朱橚《救荒本草·草部·蕾子根》："蕾子根俗名打碗花，一名兔兒苗，一名狗兒秧。幽薊間謂之燕蕾根，千葉者呼爲纏枝牡丹，亦名穰花。生平澤中，今處處有之。延蔓而生，葉似山藥葉而狹小，開花狀似牽牛花，微短而圓，粉紅色，其根甚多，大者如小筋籠，長

一二尺，色白味甘，性溫，採根洗净，蒸食之。或曬乾杵碎，炊飯食亦好；或磨作麵，作燒餅蒸食皆可。久食則頭暈破腹，間食則宜。"清代稱"飯藤"。清吳其濬《植物名實圖考·蔓草類·旋花》："今北人仍呼爲燕蕾，河南呼爲蕾。蕾苗肥，田中白根長數尺，味甚甘。每麥後鋤田時，婦孺就掘取生食。其赤花者煮以飼豬，湖北名爲飯藤。以凶年煮其根，可代飯也。"

蕾子根
（明徐光啓《農政全書》卷五一）

【甘蕾】

"蕾"之別名。此稱約在魏晉時已行用。見"蕾"文。

【蕾子根】

"蕾"之別名。此稱明代已行用。見"蕾"文。

【打碗花】

"蕾"之別名。此稱明代已行用。見"蕾"文。

【兔兒苗】

"蕾"之別名。此稱明代已行用。見"蕾"文。

【狗兒秧】

"蕾"之別名。此稱明代已行用。見"蕾"文。

【秧子】

"蕾"之別名。此稱明代已行用。見"蕾"文。

【飯藤】

"蕾"之別名。此稱清代已行用。見該文。

葎草

草名。大麻科，葎草屬，葎草〔*Humulus*

scandens（Lour.）Merr.〕。多年生纏繞草本。葉對生，掌狀五至七裂，邊緣有鋸齒。莖及葉柄布滿倒生短刺。秋季開花，雌雄异株。複花果近球形，全草及果入藥。全國各地均有生長。

約始見於南北朝，時稱"勒草"。以其莖葉多刺，善勒人膚，故名。南朝梁陶弘景《名醫別録》："勒草生山谷，如栝樓。"唐代音訛作"葎草"，亦稱"葛葎蔓"。唐蘇敬等《唐本草》："葎草生故墟道旁。葉似蓖麻而小且薄，蔓生，有細刺。亦名葛葎蔓。"五代時"葛葎蔓"訛作"葛勒蔓"。五代韓保昇《蜀本草》："野處多有之。葉似大麻，花黃白色，子若大麻子。俗名葛勒蔓。"明代稱"來苺草"。明李時珍《本草綱目·草七·葎草》〔釋名〕："來苺草。時珍曰：此草莖有細刺，善勒人膚，故名勒草。訛爲葎草，又訛爲來苺，皆方音也。《別録》勒草即此。"又〔集解〕："二月生苗，莖有細刺勒人。葉對節生，一葉五尖，微俱蓖麻而有細齒。八九月開細紫花成簇。結子狀如黃麻子。"明王圻等《三才圖會·草木五·葎草》："葎草，舊不著所出州土，云生故墟道傍。今處處有之。葉如蓖麻而小薄，蔓生，有細刺，花黃白，子亦類麻子。四月、五月采莖葉暴乾用。"清代省稱"葎"。徐珂《清稗類鈔·植物類》："葎爲蔓生草，莖及葉柄有細刺下向，葉掌狀分裂，多細齒。秋開小花，

葎　草
（清吳其濬《植物名實圖考》卷二二）

雄花成簇，雌花成短穗，色緑，下垂。實似松球。"今俗稱"拉拉藤"。參閱清汪灝等《廣群芳譜·藥譜七·葎草》。

【勒草】

"葎草"之古稱。此稱南北朝已行用。見該文。

【葛葎蔓】

"葎草"之別名。此稱唐代已行用。見該文。

【葛勒蔓】

"葛葎蔓"之音訛，"葎草"之俗名。此稱五代時已行用。見該文。

【來苺草】

"葎草"之別名。此稱明代已行用。見該文。

【葎】

"葎草"之省稱。此稱清代已行用。見該文。

【葛勒子秧】

"葎草"之別名。此稱明代已行用。明朱橚《救荒本草》："葛勒子秧，《本草》名葎草，蔓生，藤長丈餘。莖多細澀刺，葉似葍麻葉而小亦薄。莖葉極澀，能抓挽人。莖葉間開黃白花，結子類山絲子……救飢：採嫩苗

葛勒子秧
（明徐光啓《農政全書》卷四六）

葉煤熟，換水浸去苦味，淘净，油鹽調食。"

薜荔

草名。桑科，榕屬，薜荔（*Ficus pumila* Linn.）。常緑攀緣或匍匐，藤本灌木。含乳色汁。兩種葉：營養枝上之葉薄而小，心狀卵

形；結果枝上之葉大而厚，革質，橢圓形，下面有凸出的網脈。夏秋開花，雌雄同株，花極小，隱於花托內，爲集生肉質囊狀花序。花序後發育成倒卵形複花果，內有種子密生。種實富含膠汁，煮熟可製凉粉。莖、葉、果皆

木 蓮
（清吴其濬《植物名實圖考》卷二〇）

可入藥。宜於園林中栽植於岩坡、墙垣或樹上，四季供觀賞。產於我國中部及南部地區。

此稱始見於先秦，時亦稱"薜荔。"薜，通"薜"。《山海經·西山經》："小華之山……其草有薜荔。"《楚辭·離騷》："擥木根以結茝兮，貫薜荔之落蕊。"王逸注："薜荔，香草也，緣木而生。"唐代稱"木蓮"。唐陳藏器《本草拾遺》："薜荔夤緣樹木。三五十年漸大，枝葉繁茂。葉圓，長二三寸，厚若石韋。生子似蓮房，打破有白汁，停久如漆。中有細子，一年一熟，子亦入藥，采無時。"唐柳宗元《登柳州城樓寄漳汀封連四州》詩："驚風亂颭芙蓉水，密雨斜侵薜荔墙。"宋代稱"地錦""鬼饅頭""木饅頭"。宋蘇頌《圖經本草·草部上品·絡石》："薜荔與此極相似，但莖葉粗大如藤狀……木蓮更大，如絡石，其實若蓮房……地錦，葉如鴨掌，蔓著地上，隨節有根，亦緣木石上。"《爾雅翼·釋草》："薜荔、白芷、蘪蕪、椒、連，謂之五臭。管氏之正天下也，五臭所校謂之土。小華之山，草多薜荔。薜荔狀如烏韭而生於石上，食之止心痛；亦緣木生，在屋曰昔耶，在

墙曰垣衣。今薜荔葉厚實而圓，多蔓，好敷巖石上若罔，故云'罔薜荔兮爲帷'也。或夤緣上木，古木之上有絶大者，開華結實，其實上銳而下平，外青而中瓢，經霜則瓢紅而甘，烏鳥所啄，童兒亦食之，謂之木饅頭，亦曰鬼饅頭。其狀如餅餌中饅頭也，食之發瘴，嶺外尤多。州郡待客，取以爲高飣。"又：《山鬼歌》亦稱'被薜荔兮帶女蘿'，逸云：'薜荔、兔絲皆無根，緣木而生。山鬼亦奄忽無形，故衣之以爲飾。'古者喻物意深如此。又《九歌》曰：'采薜荔兮水中，搴芙蓉兮木末。'言責其所無，必不能也。至《九章》曰：'令薜荔以爲理兮，憚舉趾而緣木。因芙蓉以爲媒兮，憚褰裳而濡足。'此皆因其所宜而任之，顧不爲耳。薜荔，芳草，故《楚辭》特殷勤焉。"明李時珍《本草綱目·草七·木蓮》〔釋名〕："木蓮、饅頭，象其實形也。"又〔集解〕："木蓮延樹木垣墙而生，四時不凋，厚葉莖强，大於絡石。不花而實，實大如盃，微似蓮蓬而稍長，正如無花果之生者。六七月，實內空而紅。八月後，則滿腹細子，大如稗子，一子一鬚。其味微濇，其殼虛輕，烏鳥童兒皆食之。"清代稱"巴山虎""石綾""長春"。清陳淏子《花鏡》卷四："薜荔一名巴山虎。無根可以緣木而生藤蔓，葉厚實而圓勁如木，四時不凋。在石曰石綾，在地曰地錦，在木曰長春。藤好敷巖石與墙上。紫花發後結實，上銳而下平，微似小蓮蓬；外青而內有瓢，滿腹皆細子。霜降後，瓢紅而甘，鳥雀喜啄，兒童亦常採食之，謂之木饅頭。"現又稱"文頭果""木瓜藤""壁石虎""凉粉果"等。

【草荔】

同“薜荔”。此體先秦已行用。明李時珍《本草綱目·草七·木蓮》引《山海經》作“草荔”，疑誤。見該文。

【木蓮】

“薜荔”之別稱。此稱唐代已行用。見該文。

【地錦】[2]

“薜荔”之异稱。此稱宋代已行用。清代亦特指薜荔之生於地者。又，宋蘇頌《圖經本草·草部下品》有“地錦草”，與此同名异實。見該文。

【木饅頭】

“薜荔”之异名。此稱宋代已行用。因其果實形似饅頭，生於藤蔓，故名。見該文。

【鬼饅頭】

“薜荔”之异名。此稱宋代已行用。見該文。

【巴山虎】

“薜荔”之別稱。此稱清代已行用。見該文。

【石綾】

“薜荔”之异稱。亦特指薜荔之生於石上者。此稱清代已行用。見該文。

【長春】

“薜荔”之异稱。亦特指薜荔之生於木上者。此稱清代已行用。見該文。

酢漿草

草名。酢漿草科，酢漿草屬，酢漿草（*Oxalis corniculata* Linn.）。多年生草本。莖匍匐叢生，苗高 3~4 厘米。掌狀複葉，小葉三片，倒心臟形，晝開夜合。莖及葉含草酸，有酸味，故名。自春至秋開花。花黃色。蒴果，圓柱形，熟時果皮裂開，藉彈力射出種子。全草入藥。產於我國各地。

約始見於三國時，時稱“酸箕”，出三國魏李當之《李氏藥録》。唐代始稱“酢漿草”，省稱“酢漿”，亦稱“醋母”“鳩酸”“小酸茅”，見唐蘇敬等《唐本草·草部·酢漿草》。宋代省稱“酸漿”，亦稱“赤孫施”，省稱“孫施”。宋蘇頌《圖經本草·草部下品·酢漿草》：“酢漿草，俗呼爲酸漿……今南中下濕地及人家園圃中多有之，南北或亦有生者。葉如水萍，叢生，莖端有三葉，葉間生細黃花，實黑。夏月采葉用。初生嫩時，小兒多食之。南人用揩鍮石器，令白如銀。”明代稱“三葉酸”“三角酸”“酸母”“雀兒酸”“雀林草”“酸漿草”“醋母草”。明李時珍《本草綱目·草九·酢漿草》〔釋名〕：“三葉酸，三角酸，酸母……雀兒酸，雀林草。”又時珍曰：“此小草三葉酸也，其味如醋……閩人鄭樵《通志》言，福人謂之孫施。則蘇頌《圖經》‘赤孫施生福州，葉如浮萍’者，即此也。孫施亦酸箕之訛耳。”又〔集解〕：“苗高一二寸，叢生布地，極易繁衍。一枝三葉，一葉兩片，至晚自合帖，整整如一。四月開小黃花，結小角，長一二分，內有細子。冬亦

酸　漿
（清吳其濬《植物名實圖考》卷一一）

酢漿草
（清吳其濬《植物名實圖考》卷一六）

不凋。"明徐光啓《農政全書·草部·酸漿草》："酸漿草,《本草》名酢漿草,一名醋母草。"徐珂《清稗類鈔·植物類》："酢漿草爲原野自生之雜草,莖多臥地,葉爲掌狀複葉,小葉成三角形,有長柄。夏日抽花莖,開五瓣淡黃花。實成蒴,熟則綻裂,飛散種子。"按,南朝梁陶弘景《名醫別録·草木上品·酸草》載有"酸草",亦稱"醜草",莖有五葉;亦載"三葉",亦稱"三石""當田""赴魚"。殆皆與本條相近而异物。參閱清汪灝等《廣群芳譜·藥譜六·酢漿草》。

【酸箕】

"酢漿草"之异稱。此稱三國時已行用。見該文。

【酢漿】²

"酸漿草"之省稱。此稱唐代已行用。見該文。

【醋母】

"酢漿草"之別名。此稱唐代已行用。

【鳩酸】

"酸漿草"之別稱。此稱唐代已行用。見該文。

【小酸茅】

"酢漿草"之別稱。此稱唐代已行用。見該文。

【酸漿】²

"酢漿草"之异稱。此稱宋代已行用。見該文。

【赤孫施】

即酢漿草。此稱宋代已行用。見該文。

【孫施】

"赤孫施"之省稱。即酢漿草。此稱宋代已行用。見該文。

【三葉酸】

"酢漿草"之別名。此稱明代已行用。因其葉多三片,且有酸味,故名。見該文。

【三角酸】

"酢漿草"之异名。此稱明代已行用。見該文。

【酸母】²

"酢漿草"之异稱。此稱明代已行用。見該文。

【雀兒酸】

"酢漿草"之別稱。此稱明代已行用。見該文。

【雀林草】

"酢漿草"之別稱。此稱明代已行用。見該文。

【酸漿草】

即酢漿草。此稱明代已行用。見該文。

【醋母草】²

即酢漿草。此稱明代已行用。見該文。

紫花地丁

草名。菫菜科,菫菜屬,紫花地丁(*Viola philippica* Cav.)。多年生草本。植株矮小。葉均基出,具長柄,卵狀披針形或長橢圓狀披針形,基部近截形或淺心形。三四月開淡紫花,花形不整齊,五片花瓣,側瓣有毛,下方一片擴大,基部有管狀距。蒴果,橢圓形,裂爲三瓣。全草入藥。宜布置花壇,或盆栽供觀賞。産於我國各地。

此稱約始見於明代,時亦稱"箭頭草""獨行虎""羊角子""米布袋"。明李時珍《本草綱目·草五·紫花地丁》〔釋名〕:"箭頭草、獨行虎、羊角子、米布袋。"
又〔集解〕:"處處有
之。其葉似柳而微
細,夏開紫花結角。
平地生者起莖,溝壑
邊生者起蔓。"清陳
淏子《花鏡》卷四:
"紫花地丁,一名獨
行虎,隨在有之。葉
青而肥,根直如釘,
仲夏開紫色花,結

紫花地丁
(清吳其濬《植物名實圖
考》卷一三)

細角。平地生者起莖,可以不扶;溝壑邊生者
起蔓。必待竿扶。"徐珂《清稗類鈔·植物類》:
"紫花地丁爲多年生草,所在有之。高三四寸,
葉長橢圓形,有長柄,叢生。春初,葉叢出花
莖,每莖開一花,五瓣,色紫,其瓣大小不等,
中一瓣有長距。"參閲清汪灝等《廣群芳譜·藥
譜四·紫花地丁》、清陳淏子《花鏡》卷四。

【箭頭草】

　　"紫花地丁"之別名。此稱明代已行用。見
該文。

【獨行虎】

　　"紫花地丁"之別稱。此稱明代已行用。見
該文。

【羊角子】

　　"紫花地丁"之異稱。此稱明代已行用。見
該文。

【米布袋】

　　"紫花地丁"之異名。此稱明代已行用。見
該文。

紫草

　　草名,紫草科,紫草屬,紫草(*Lithospermum*
erythrorhizon Sieb. et Zucc.)。多年生草本。全
株有粗糙之硬毛。根粗壯,外表暗紫色,切面
紫紅色。夏季開花,花紫白色。卵形小堅果,
白褐色,滑净。根含紫色結晶之物質乙醯紫草
素,可作紫色染料。根入藥。多產於我國東北
各地。以其根紫、花紫,可染紫,故名。

　　此稱始見於先秦,時作"茈草"。秦漢時
稱"藐",字又作"藐"。《山海經·西山經》:"北
五十里,曰勞山,多茈草,弱水出焉。"袁珂校
注引吳任臣曰:"即紫草。"《爾雅·釋草》:"藐,
茈草。"郭璞注:"可以染紫,一名茈莫,《廣
雅》云。"漢代"藐"亦作"茢","茈草"始作
"紫草",省稱"茈",亦稱"茢""紫茢""紫
丹""紫芙"。《説文·艸部》:"藐,茈艸也。"又:
"茈,茈艸也。"又:"茢,艸也。"《周禮·地
官·掌染草》漢鄭玄注:"染草,紫茢之屬。"
《神農本草經·中品·紫草》:"一名紫丹,一名
紫芙,生山谷。"三國時稱"茈莫"。《廣雅·釋
草》:"茈莫,茈草也。"時亦稱"地血",出三
國魏吳普《吳氏本草·草木類·紫草》。莫,晋
代又作"綟"。劉昭續《後漢書·輿服志》注引
晋徐廣曰:"綟,草名也。"明代稱"鴉銜草"。
明李時珍《本草綱
目·草一·紫草》〔釋
名〕:"鴉銜草。時珍
曰:此草花紫根紫,
可以染紫,故名。《爾
雅》作茈草。瑶、侗
人呼爲鴉銜草。"又
〔集解〕:"種紫草,
三月逐壠下子,九月
子熟時刈草,春社

紫草
(清吳其濬《植物名實圖
考》卷七)

前後采根陰乾，其根頭有白毛如茸。未花時采，則根色鮮明；花過時采，則根色黯惡。”清郝懿行《爾雅義疏》下之一：“今紫草有二種，人所種者，苗葉肥大，以之染色，不及野生者，細小尤良也。”參閱清陳淏子《花鏡》卷五、清汪灝等《廣群芳譜·藥譜二·紫草》。

【茈草】

同“紫草”。此體先秦已行用。見該文。

【藐】

“紫草”之古稱。此稱秦漢時已行用。見該文。

【蘱】

同“藐”，即紫草。此體漢代已行用。見該文。

【茈】

“茈草”之省稱，即紫草。此稱漢代已行用。見該文。

【茢】[2]

即紫草。此稱漢代已行用。見該文。

【綟】

同“茢”。即紫草。此稱晉代已行用。見該文。

【紫苭】

即紫草。此稱漢代已行用。見該文。

【紫丹】

“紫草”之別稱。此稱漢代已行用。見該文。

【紫芙】

“紫草”之异名。此稱漢代已行用。見該文。

【茈莫】

“紫草”之別稱。此稱三國時已行用。見該文。

【地血】[2]

“紫草”之別名。此稱三國時已行用。見該文。

【鴉銜草】

“紫草”之俗名。此稱明代已行用。見該文。

【雅銜草】

同“鴉銜草”，即紫草。此體明代已行用。清吳其濬《植物名實圖考·山草類·紫草》引《湖南通志》：“紫草，《圖經》云生楚地，瑤人以社前者爲佳，名雅銜草。”

紫萁

草名。紫萁科，紫萁屬，紫萁（*Osmunda japonica* Thunb.）。多年生草本蕨類植物。根狀莖短，不被鱗片。葉叢生，幼葉向內捲曲，有營養葉及孢子葉之分，二回羽狀複葉，小羽片三角狀披針形。密生孢子囊。嫩葉可食。根狀莖供藥用。我國長江流域以南各地區，北至山東（嶗山）及陝西（秦嶺以南）普遍分布。生長於溪邊林下之酸性土質。

始見於先秦，時稱“蘩”“月爾”；漢代稱“茈萁”，亦稱“紫蕨”；蘩，亦作“綦”。三國時亦作“茈綦”，亦稱“蕨”；晉代亦作“紫綦”；宋代稱“綦蕨”；明代稱“迷蕨”。《爾雅·釋草》：“蘩，月爾。”晉郭璞注：“即紫綦也。似蕨可食。”《後漢書·馬融傳》：“茈萁、芸蒩、昌本、深蒱。”《說文·艸部》：“蘩，月爾也。”《廣雅·釋草》：“茈綦，蕨也。”明代始作“紫萁”。紫、茈相通。蘩、萁相假。明李時珍《本草綱目·菜二·蕨》〔集解〕：“一種紫萁，倡蕨有花而味苦，謂之迷蕨，初生亦可食，《爾雅》謂之月爾，三蒼謂之紫蕨。”清郝懿行《爾雅義疏》下之一：“紫綦即紫蕨，以其色紫，因而得名。蕨之名爲綦，猶厥之訓爲其也。以此參證，《廣雅》茈綦爲蕨，蓋不誤矣。《後漢書·馬融傳》'茈其芸菹'，茈其亦即紫綦。其綦、茈紫，俱聲借字也。《齊民要術》引《詩義疏》以綦菜即莫菜，誤。又按《釋文》引《説文》云：'綦，土夫也。'與今本異，所未詳。"《爾雅·釋草》："蕨，鼈。"郭璞注："《廣雅》云紫綦，非也。"按，郭注似誤。鼈得稱"蕨"，紫其亦得稱"蕨"，二者皆爲蕨類，前人已指出。清王念孫《廣雅疏證》卷一〇上："案草木鳥獸同類者亦得同名。紫綦，蕨之類也。《齊民要術》引《詩義疏》云：蕨，山菜也。初生似蒜，莖紫黑色。《洞冥記》云：元草黑蕨；又云：紫莖寒蕨。謝靈運《酬從弟惠連》詩'山桃發紅萼，野蕨漸紫苞'，則蕨亦紫色，故紫綦謂之蕨也。鄭樵《爾雅注》云：'綦，今謂之綦蕨，似蕨而大，可食。'羅願《爾雅翼》云：蕨生如小兒拳，紫色而肥。今野人今歲焚山，則來歲蕨菜繁生；其舊生蕨之處，蕨葉老硬敷披，人誌之，謂之蕨基。《廣雅》云：蕨，紫其，'基'豈'其'之轉邪……李時珍《本草》云：紫其似蕨，有花而味苦，謂之迷蕨，初生亦可食。是紫綦稱蕨，後世方俗語猶然也。"清郝懿行亦主此説，以爲《廣雅》"茈綦，蕨也"不誤。《爾雅·釋草》："綦，月爾。"義疏："《説文》：'綦，月爾也。'《廣雅》：'茈綦，蕨也。'茈綦即紫綦，是郭所

蕨
（明王圻等《三才圖會》卷一〇）

本；下文'蕨，鼈'注又以《廣雅》爲非，似失之矣。紫綦即紫蕨，以其色紫，因而得名。'蕨'之名爲'綦'，猶'蕨'之訓爲'其'也。以此參證，《廣雅》茈綦爲蕨，蓋不誤矣。"參閲清汪灝等《廣群芳譜·蔬譜三·蕨》。

【綦】

"紫其"之古名。此稱先秦已行用。見該文。

【月爾】

"紫其"之古稱。此稱先秦已行用。見該文。

【茈其】

同"紫其"。此體漢代已行用。見該文。

【紫蕨】

"紫其"之異稱。以其色紫，故名。此稱漢代已行用。見該文。

【綦】

同"綦"，即紫其。此體漢代已行用。見該文。

【茈綦】

同"紫其"。此體三國時已行用。見該文。

【蕨】[1]

"紫其"之异稱。此稱三國時已行用。見該文。

【紫綦】

同"紫其"。此體晉代已行用。見該文。

【綦蕨】

"紫其"之別名。此稱宋代已行用。見該文。

【蕨其】

"紫其"之屬。此稱元代已行用。《廣雅·釋草》清王念孫疏證引元戴侗《六書故》云："蕨，紫其也。生山中。其有蕨其，有狼其。"

【狼其】

"紫其"之屬。此稱元代已行用。見該文。

【迷蕨】

"紫萁"之別名。此稱明代已行用。見該文。

慈姑

草名。澤瀉科，慈姑屬，慈姑（*Sagittaria sagittifolia* Linn.）。多年生草本。葉柄粗而有棱，戟形葉片。花單性，白色花瓣，基部常綠色。八九月間自葉腋間抽生匍匐莖，鑽入泥中，其先端一至四節膨大成球莖，是爲"慈姑"，呈圓或長圓形，上有肥大之頂芽，表面有數條環狀節。總狀花序輪生於總梗，組成圓錐花叢，上部爲雄花，下部爲雌花。性喜溫濕及充足陽光，適於黏性土壤生長。以球莖之頂芽繁殖。一般春夏間栽植，冬季或翌年早春采收。球莖作蔬菜，或製澱粉、釀酒，根葉入藥。可植於園林池塘，綠化水面，亦可盆栽，點綴觀賞。長於水中，遍布我國各地，中部、南部栽培尤多。

此稱約始見於晋代，時作"茨菰"。晋嵇含《南方草木狀》卷上："綽菜夏生於池沼間，葉類茨菰，根如藕條。"南北朝音轉作"藉姑"，時亦稱"水萍"，出南朝梁陶弘景《名醫別録·草木中品·水萍》。唐代始作"慈姑"。因一根每歲生十二籽，如慈姑之乳諸子，故名。唐蘇敬等《唐本草·草部·水萍》："慈姑生水中。葉似鉀箭之鏃，澤瀉之類也。"其書中

茨 菰
（明汪穎《食物本草》卷一）

亦稱"槎丫草"。唐白居易《履道池上作》詩："樹暗小巢藏巧婦，渠荒新葉長慈姑。"宋代亦稱"河鳧茈""白地栗""翦刀草"，"慈姑"亦作"慈菰""茈菇"。宋蘇頌《圖經本草·本經外草類·翦刀草》："翦刀草，生江湖及京東近水河溝沙磧中……葉如剪刀形，莖秆似嫩蒲，又似三棱。苗甚軟，其色深青綠。每叢十餘莖，内抽出一兩莖，上分枝，開小白花，四瓣，蕊深黃色。根大者如杏，小者如栗，色白而螢滑，五月、六月、七月采葉，正月、二月采根。一名慈菰，一名白地栗，一名河鳧茈。"宋陸游《東村詩》："掘得茈菇炊正熟，一杯苦勸護寒歸。"時亦稱"燕尾草"，"翦刀草"亦作"剪刀草"，音訛亦作"翦搭草"。"慈姑"亦作"茈菰"。《爾雅翼·釋草》："又有一種根苗似鳧茈而白，亦生下田中，葉有兩岐如燕尾，又如剪刀，開白花三出，名爲茈菰，《本草》名'藉姑'，今人亦謂之剪刀草。其生陂池中者，高大比於荷蒲，然其味稍苦，不及鳧茈之美。茈菰種水中，一莖收十二實；歲有閏，則十三實。"清汪灝等《廣群芳譜·果譜十三·慈姑》引宋羅願《爾雅翼》云："一名藉姑，一名水萍，一名河鳧茈，一名白地栗；苗名翦刀草，一名翦搭草，一名燕尾草，一名槎丫草。"明代"翦刀草"音訛作"箭搭草"，亦稱"水慈菰"。明朱橚《救荒本草·草木類·水慈菰》："俗呼爲剪刀草，又名箭搭草……其莖面窊背方，背有線楞；其葉三角，似剪刀形。"明李時珍《本草綱目·果六·慈姑》〔釋名〕："慈姑，一根歲生十二子，如慈姑之乳諸子，故以名之。……河鳧茈、白地栗，所以別烏芋之鳧茈、地栗也。剪刀、箭搭、槎丫、燕尾，並象葉形也。"又

〔集解〕："慈姑生淺水中，人亦種之。三月生苗，青莖中空，其外有稜。葉如燕尾，前尖後歧。霜後葉枯，根乃練結，冬及春初，掘以爲果。須灰湯煮熟，去皮食，乃不麻澀戟人咽也。嫩莖亦可煠食。又取汁，可制粉霜、雌黃。"清陳淏子《花鏡》卷五："一名剪刀草。葉有兩歧如燕尾，又似剪。一窠花挺一枝，上開數十小白花，瓣四出而不香。生陂池中，苗之高大，比於荷蒲，一莖有十二實，歲閏則增一實，似芋而小。至冬煮食，清香，但味微帶苦，不及鳧茨。性喜肥，或糞或荳餅皆可，下肥則實大。"

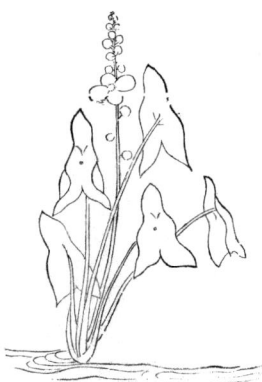

慈　菰
（明王圻等《三才圖會》
卷一〇）

水慈菰
（明徐光啓《農政全書》
卷五三）

按，慈姑別稱"水萍"，南朝梁陶弘景《本草經集注·草木中品·水萍》亦載一種水萍，亦稱"水華""水白""水蘇"，蓋與此名同實异。又，徐珂《清稗類鈔·植物類》載"山慈姑"，爲"多年生草""山野自生""地下莖狀如慈姑"，蓋"慈姑"之屬。

【茨菰】
同"慈姑"。此體晉代已行用。見該文。

【藉姑】
"慈姑"之音轉异名。此稱南北朝已行用。見該文。

【水萍】
"慈姑"之別名。此稱南北朝已行用。見該文。

【槎丫草】
"慈姑"之別稱。此稱唐代已行用。因其葉前尖後歧，似槎丫，故名。見該文。

【河鳧茈】
"慈姑"之別名。此稱宋代已行用。見該文。

【白地栗】
"慈姑"之异名。此稱宋代已行用。見該文。

【翦刀草】
"慈姑"之异稱。翦，同"剪"。葉形似剪刀，故名。此稱宋代已行用。見該文。

【剪刀草】
同"翦刀草"，"慈姑"之別名。此體宋代已行用。見該文。

【慈菰】
同"慈姑"。此體宋代已行用。見該文。

【茈菇】
同"慈姑"。此體宋代已行用。見該文。

【茈菰】
同"慈姑"。此體宋代已行用。見該文。

【燕尾草】
"慈姑"之异稱。以葉形似燕尾，故名。此稱宋代已行用。見該文。

【翦搭草】
即慈姑。翦搭，"翦刀"之音訛。此稱宋代已行用。見該文。

【箭搭草】

同"翦搭草"。"翦刀草""翦搭草"之音訛。此體明代已行用。見該文。

【水慈菇】

"慈姑"之別稱。此稱明代已行用。見該文。

蕨[2]

草名。碗蕨科，蕨屬，蕨〔*Pteridium aquilinum*（Linn.）Kuhn var. *latiusculum*（Desv. ex A.Heller）Underw.〕。多年生草本，高1米許。根狀莖橫走，蔓生土中，密披深棕色茸毛。葉大，多回羽狀複葉，一組形成長圓三角形，或闊三角形。孢子囊群生於葉背邊緣，囊群蓋膜質，條形，假囊群由變形葉緣反折而成。幼葉可食，全株可入藥。分布於全國各地，長江以北各地較多。此稱始見於先秦。蕨，通"蹶"。因其狀如雀足之蹶，故名。

秦漢時稱"虌"，漢代亦作"鼈""鷩"。唐代稱"鷩菜"。《詩·召南·草蟲》："陟彼南山，言采其蕨。"毛傳："蕨，虌也。"釋文："《草木疏》云：'周秦曰蕨，齊魯曰虌。'虌，卑滅反，本又作'鼈'。俗云其初生似鼈脚，故名焉。"孔穎達疏："毛以為言有人升彼南山之上云：我欲采其鷩菜。"《爾雅·釋草》："蕨，虌。"郭璞注："初生無葉可食，江西謂之虌。"邢昺疏引陸璣云："蕨，山菜也，初生似蒜莖，紫黑色，可食如葵是也。"《說文·艸部》：

蕨
（清吳其濬《植物名實圖考》卷四）

"蕨，虌也。"北魏賈思勰《齊民要術·作菹藏生菜法》："《詩義疏》曰：'蕨，山菜也。初生似蒜莖，紫黑色。二月中，高八九寸，老有葉，瀹爲茹，滑美如葵。今隴西、天水人及此時而乾收，秋冬嘗之；又云以進御。三月中，其端散爲三枝，枝有數葉，葉似青蒿而麤堅長，不可食。"《埤雅》："狀如雀足之拳，又如人足之蹶，故謂之蕨。"《爾雅翼·釋草》："《召南》'陟彼南山'，先蕨而後薇，蕨、薇蓋賤者所食爾。"明王圻等《三才圖會·草木十·蕨》："蕨，虌也。生山間，根如紫草，莖青紫色，末如小兒拳。"清代亦稱"蕨菜""拳菜"。清郝懿行《爾雅義疏》下之一："按今蕨菜全似貫眾而差小，初出如小兒拳，故名拳菜。"清汪灝等《廣群芳譜·蔬譜三·蕨》："處處山中有之。二三月生芽，拳曲狀如小兒拳。長則展寬如鳳尾，高三四尺。莖嫩時無葉，採取，以灰湯煮去涎滑，曬乾作蔬，味甘滑，肉羹甚美，薑醋拌食亦佳。荒年可救饑。根紫色，皮內有白粉，搗爛洗澄，取粉名蕨粉，可蒸食，亦可瀘皮作線，色淡紫，味滑美。"今又有"烏糯"之俗稱。

【虌】

"蕨[2]"之异名。此稱秦漢時已行用。見該文。

【鼈】

同"虌"，"蕨[2]"之別名。此體漢代已行用。以其初生似鼈脚，故名。見該文。

【鷩】

同"鼈"，即蕨[2]。此體漢代已行用。見該文。

【鷩菜】

"蕨[2]"之別稱。此稱唐代已行用。見該文。

【蕨菜】

"蕨[2]"之俗稱。此稱清代已行用。見該文。

【拳菜】

“蕨²”之异名。此稱清代已行用。以其初生如小兒拳，故名。見該文。

【烏昧草】

“蕨²”之別名。此稱宋代已行用。清吳其濬《植物名實圖考·蔬類·蕨》：《山堂肆考》：范文正公奉使安撫江淮，還進貧民所食烏昧草，呈乞宣示六宮戚里，用抑奢侈。《安徽志》以爲即蕨。”

鳳尾草⁴

草名。鳳尾蕨科，鳳尾蕨屬，鳳尾草（*Pteris multifida* Poir.）。多年生草本蕨類植物。高 30 ~ 70 厘米。密被綫狀披針形黑褐色鱗片。葉二型，簇生，革質，無毛；能育葉長卵形，長 25 ~ 45 厘米，寬 15 ~ 25 厘米，一回羽狀，羽片或小羽片條形；不育葉之羽片及小羽片較寬，邊緣具不整齊鋸齒。孢子囊群沿邊緣連續分布。性喜暖濕與半陰環境，常見於陰濕墻脚、井邊、石灰岩隙等地。可供觀賞。全草可入藥。分布於華東、中南、西南及河北等地。其葉如鳳尾，又常生井口邊或石隙中，故名“鳳尾草”“井蘭草”“石長生”“山鷄尾”“井茜”。清吳其濬《植物名實圖考·石草類·鳳尾草》：“鳳尾草生山石及陰濕處，有綠莖、紫莖者。一名井蘭草，或謂之石長生。”清何克諫《生草藥性備要》上卷：“山鷄尾，味辛，性平。治

鳳尾草
（清吳其濬《植物名實圖考》卷一六）

蛇咬諸毒、刀傷，能止血生肌；舂汁，調酒服，渣敷患處。研末收貯，治氣痛。”又下卷：“井茜，洗疳、疗、痔，散毒，敷瘡。”今亦稱“井欄邊草”“井蘭草”。陳俊愉等《中國花經·井欄邊草》：“井欄邊草，學名：*Pteris multifida*。別名，鳳尾草、井蘭草……井欄邊草葉叢細柔，秀麗多姿，是室內垂吊盆栽佳品，在園林中可露地栽種於陰濕的林緣巖下、石縫或墻根、屋角等處，野趣橫生。”

【井蘭草】

即鳳尾草⁴。因多生井壁陰濕處，故名。此稱清代已行用。見該文。

【石長生】

即鳳尾草⁴。因多生石隙濕土中，故名。此稱清代已行用。見該文。

【山鷄尾】

即鳳尾草⁴。枝葉舒展如山鷄尾，故名。此稱清代已行用。見該文。

【井茜】

即鳳尾草⁴。清代嶺南各地多行用此稱。見該文。

【井欄邊草】

即鳳尾草⁴。今之俗稱一。因生井口如欄，故名。見該文。

玉柏

草名。石松科，石松屬，玉柏（*Lycopodium obscurum* Linn.）。多年生常綠草本。地下莖細弱，蔓生。地上莖直立，高 20 ~ 40 厘米，上部分枝繁密，多回扇狀分叉成樹冠狀。小枝着生之葉常六列，鑽狀披針形，全緣，尖頭，革質，脉不顯，連同葉肉延生於莖上。孢子囊穗圓柱形，長 5 ~ 8 厘米，單生於末回分枝之端

部，每株通常僅一至六枚；孢子葉闊卵圓形，銳尖頭，具短柄，多行至覆瓦狀排列，孢子囊圓腎形，孢子同形。夏季成熟。可盆栽供觀賞。全草可入藥。分布於我國西南地區。

此稱南北朝已行用。亦稱"玉遂"。宋明時多植爲盆玩，俗稱"千年柏""萬年松"。明李時珍《本草綱目·草十·玉柏（《別錄》有名未用）》："〔釋名〕玉遂（《別錄》）〔陳〕藏器曰：舊作玉伯，乃傳寫之誤。"〔集解〕《別錄》曰："生石上，如松，高五六寸，紫花。用莖葉。時珍曰：此即石松之小者也。人皆采置盆中，養數年不死，呼爲千年柏、萬年松。"玉柏喜陰濕環境，最宜盆栽置案几、窗臺、石階，以點綴環境。亦可作切花瓶插觀賞。今亦稱"玉柏石松"。

萬年松
（清吳其濬《植物名實圖考》卷一六）

【玉遂】

"玉柏"之別稱。此稱南北朝已行用。見該文。

【千年柏】

"玉柏"之俗稱。此稱宋明時已行用。見該文。

【萬年松】[2]

"玉柏"之俗稱。此稱宋明時已行用。見該文。

老鸛草

草名。牻牛兒苗科，老鸛草屬，老鸛草（Geranium wilfordii Maxim.）。多年生草本。高40～80厘米。根狀莖短而直立，地上莖細長，下部呈蔓生狀。葉對生，葉柄長 1.5～4 厘米，具平伏捲曲之柔毛，葉片三至五深裂。花小，徑約 1 厘米，每梗有二花，腋生，萼片五枚，花瓣五枚，倒卵形，白色或淡紅色，具深紅色縱脉。蒴果，先端長喙狀，成熟時開裂，喙部由下而上倦曲。種子圓形，黑褐色。花期五至六月。可作園林地被植物。全草可入藥。主要分布於我國中北部地區，亦見於江蘇、安徽、浙江、湖南、四川、貴州、雲南等省。多見於山坡、草地及路旁。

此稱清代已行用。清趙學敏《本草綱目拾遺·草部下·老鸛草》："老鸛草……味苦微辛，去風疏經活血，健筋骨，通絡脈，損傷痹症，麻木皮風，浸酒常飲，大有效。"陳俊愉等《中國花經·老鸛草》以爲此草"可作園林地被植物"，可用種子或分株繁殖。秋季綠葉配以淡紅小花，頗具清雅野趣。

蕁麻

草名。蕁麻科，蕁麻屬，蕁麻（Urtica fissa E.Pritz）。多年生草本，莖高 1 米許，莖葉皆被柔毛，皮膚觸之引起刺痛。葉對生，卵形，具齒牙，有托葉。花單性，雌雄同株，穗狀花序或圓錐狀花序。瘦果藏於宿存花被內。其莖皮纖維可爲紡織原料，葉可入藥。我國南北皆有分布。種類頗多。始見於唐代，時稱"蔾草"。唐杜甫《除草》詩，原注："蔾草也。"唐白居易《送客南遷》詩："颶風千里黑，蔾草四時青。"宋代稱"蔾麻"。宋張邦基《墨莊漫錄》卷七："川峽間有一種惡草，羅生於野……土人呼爲蔾麻，其枝葉拂人肌肉，即成瘡疱。"

此時始稱"蕁麻"。宋蘇頌《圖經本草·本經外草類·蕁麻》："蕁麻生江寧府山野中。村民云：療蛇毒。"明李時珍《本草綱目·草六·蕁麻》〔釋名〕："蕁字本作藡"。又〔集解〕："川黔諸處甚多。其莖有刺，高二三尺，葉似花桑，或青或紫，背紫者入藥。上有毛芒可畏，觸人如蜂蠆螫蠱，以人溺濯之即解。有花無實，冒冬不凋。"明代稱"毛藡"。《通雅·植物》："藡麻即蕁麻。《圖經》有蕁麻。一作毛藡。"清代俗稱"蠍子草"。清查慎行《人海記》卷下："寒山有毒草，中人肌膚，毒甚蜂蠆……俗名蠍子草。"徐珂《清稗類鈔·植物類》："蕁麻爲多年生草，山野自生，高三尺許，葉卵形而尖，鋸齒甚粗，柄長，花小而單性，色白。莖、葉皆有刺，觸人覺痛。皮之纖維可製線，古謂之藡草。"民國高潤生《爾雅穀名考》："蕁麻一名毛藡……又蕁爲莐藩，見《本經》及《說文》。藡亦菜名，見《齊民要術》，均與此義異。"按，一說，藡草爲山韭。唐杜甫《除草》詩原注："藡音潛，山韭也。"參閱明王圻等《三才圖會·草木》、清汪灝等《廣群芳譜·藥譜五·蕁麻》。又，此蕁麻爲蕁麻屬多種植物的泛稱。

【藡草】

"蕁麻"之別稱。此稱唐代已行用。見該文。

【藡麻】

同"蕁麻"。此體宋代已行用。見該文。

【毛藡】

"蕁麻"之別稱。此稱明代已行用。見該文。

【蠍子草】

"蕁麻"之俗稱。此稱清代已行用。見該文。

【𧎸麻】

同"蕁麻"。此體宋代已行用。明代稱"蟊麻"。唐杜甫《除草》詩清仇兆鼇注："《益部方物贊》：𧎸麻，自劍以南，處處皆有之，或觸其葉，如蜂螫人，以溺濯之即解。莖有刺，葉或青或紫，善治風腫……李實曰：藡葉如苧麻，川人名曰藡麻，毛刺螫人，亦曰蟊麻。蟊音讁，又音釋，毒螫也。"

【蟊麻】

"蕁麻"之別名。此稱明代已行用。因毛刺螫人，故名。見該文。

燈心草[1]

草名，即燈芯草。燈芯草科，燈芯草屬，燈芯草（*Jun cuseffusus* Linn.）。多年生草本。根狀莖橫走，鬚根密生。莖細長，直立，單生，高1米許。葉片退化。夏季開花，黃綠色；花序側生於莖上，成傘狀或複傘狀。子房三室。草莖可用以造紙、織席、編鞋等，亦可入藥。我國各地均有分布，常見於沼澤濕地。以其莖管內所充乳白髓瓤可以點燈，似燈芯，故名。

漢代已有記載，時稱"藺"。《說文·艸部》："藺，莞屬。"《急就篇》第三章："蒲蒻、藺席、帳帷、幢。"《玉篇·艸部》："藺，似莞而細，可爲席。"宋代始稱"燈心草。"宋唐慎微《證類本草·草部下品·燈心草》："味甘寒無毒……生江南澤地，叢生，莖圓細而長直，人將爲席。"宋寇宗奭《本草衍義》卷一二："陝西亦有之，蒸熟待乾，折取中心白穰燃燈者，是謂熟草。又有不熟者，但生乾剝取爲生草。入藥宜用生草。"明代稱"虎鬚草""碧玉草"。明李時珍《本草綱目·草四·燈心草》〔釋名〕："虎鬚草、碧玉草。"又〔集解〕："此即龍鬚之類，但龍鬚緊小而瓤實，此草稍粗而瓤虛白。吳人栽蒔之。取瓤爲燈炷，以草織席及蓑。"清代俗稱"燈草"。徐珂《清稗類鈔·植物類》："燈心草，一名藺，爲多年生草，植於水田。莖圓而細長，高三四尺，色綠。夏日，莖之上部開黃褐色細花，莖中有白瓤，可爲燈心。莖可織席及蓑衣。俗稱燈草。"參閱《淵鑑類函》卷四一〇、清汪灝等《廣群芳譜·藥譜四·燈心草》。

燈心草
（清吴其濬《植物名實圖考》卷一四）

【藺】

"燈心草[1]"之別名。此稱漢代已行用。見該文。

【燈心草】[2]

"燈芯草[1]"之別名。此稱宋代已行用。見該文。

【虎鬚草】

"燈心草[1]"之別名。此稱明代已行用。見該文。

【碧玉草】

"燈心草[1]"之異稱。此稱明代已行用。見該文。

【燈草】

即燈心草[1]。此稱清代已行用。見該文。

【莞】[3]

"燈心草[1]"之異名。此稱三國時已行用。《廣雅·釋草》："莞，藺也。"按，莞與藺，形狀相似，作用相同（皆可爲席），故名稱得以相通，其實二者有別。前人已指出。清王念孫《廣雅疏證》卷一〇上："《玉篇》云：莞似藺而圓，可爲席；藺似莞而細，可爲席。《鹽鐵論·散不足》篇云：大夫、士蒲平單莞，庶人單藺蘧蒢，是莞與藺異也。但二者形狀相似。爲用又同，故亦得通名耳。"

【水燈心】

"燈心草[1]"之別名。此稱清代已行用。清吳其濬《植物名實圖考·隰草類·燈心草》："江西澤畔極多，細莖綠潤，夏從莖傍開花如穗，長不及寸，微似莎草花。俚醫謂之水燈心，蓋野生者，性尤清涼。"

蘋

草名。蘋科，蘋屬，蘋（*Marsilea quadrifolia* Linn.）。多年生水生蕨類植物。常見於水田、池塘、溝渠中，適於淺水生長。主根橫生泥中，柔細長莖上挺，葉浮水面。莖面於蕈荂，葉大如指頂。葉由四片合成，面青背紫，中呈十字，合如田字。夏季開小白花。全草入藥，亦可爲飼料及綠肥。我國各地都有分布，江南尤多。在我國至少已有兩千年以上的生長歷史。

始見載於先秦。《詩·召南·采蘋》："于以采蘋，南澗之濱。"毛傳："蘋，大萍也。"《左傳·隱公三年》："澗谿沼沚之毛，蘋蘩蘊藻之菜。"《楚辭·九歌·湘夫人》："鳥何萃兮蘋中？罾何爲兮木上？"漢代稱"薲"。《説文·艸部》："薲，大萍也。"段玉裁注："《釋草》曰：'苹，萍。其大者蘋……薲蘋古今字。'"唐代稱"茞菜"，宋代稱"白蘋"，明代稱"四葉菜""田字草""破銅錢"。唐陳藏器《本草拾遺》："蘋葉圓，闊寸許，葉下有一點如水沫。一名茞菜。"《爾雅翼·釋草》："苹、萍，其大者蘋。葉正四方，中折如十字，根生水底，葉敷水上，不若小浮萍之無根而漂浮也。故《韓詩》曰：'沈者曰蘋，浮者曰藻。'藻，音瓢，即小萍也。蘋亦不沈，但比萍則有根。不浮游爾。'五月有花白色，故謂之白蘋。《呂氏春秋》曰：'菜之美者，崑崙之蘋萍焉。'陸璣《詩義疏》曰：'可糝蒸爲茹。'又苦酒淹以就酒。《采蘋》之詩，大夫妻所以承先祖、共祭祀，故采蘋於南澗之濱，又采藻菜於行潦而享之。鄭箋曰：'烹蘋藻者於魚湆之中，是鉶羹之芼'。古者婦人將嫁三月，教以四德，教成祭之，牲用魚，芼之以蘋藻。蘋藻水物，與魚相宜。如會膳食者，魚則宜苽，皆水物，所以明婦順也。亦蘋之言賓，藻之言澡，柔順潔清，取以爲戒……蘋之極大者則有實。楚王渡江，有物觸王舟，其大如斗而赤，食之而甘。孔子以童謠決之曰：'萍實也。'雖皆萍之類，然實蘋矣，非無根者所能生也。又《天問》曰'靡蓱九衢'，言其枝葉分爲衢道，猶今言花五出、六出也。'靡蓱九衢'，異方之物，故特奇偉。今浮萍三衢，蘋雖大，四衢而已。九衢而大於蘋，則亦大蘋，非特萍也。又《本草》稱水萍，亦謂此物。陶隱居云'非今浮萍子'。此三事皆得萍名而實蘋也，故詳著之，使覽者無惑焉。"明李時珍《本草綱目·草八·蘋》〔釋名〕："蘋本作薲。《左傳》：蘋繁蘊藻之菜，可薦於鬼神，可羞於王公。則薲有賓之義，故字從賓。其草四葉相合，中折十字，故俗呼爲四葉菜、田字草、破銅錢，皆

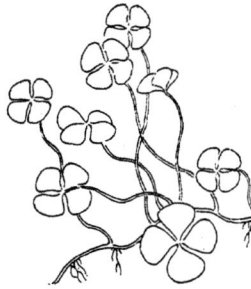

蘋
（清吳其濬《植物名實圖考》卷一八）

象形也"。又〔集解〕："蘋乃四葉菜也。葉浮水面，根連水底。其莖細於蓴荇。其葉大如指頂，面青背紫，有細紋，頗似馬蹄決明之葉，四葉合成，中折十字。夏秋開小白花，故稱白蘋。其葉攢簇如萍，故《爾雅》謂大者爲蘋也。《呂氏春秋》云'菜之美者，有崑崙之蘋'，即此。《韓詩外傳》謂浮者爲藻，沉者爲蘋；臞仙（明朱權）謂白花者爲蘋，黃花者爲荇，即金蓮也；蘇恭謂大者爲蘋，小者爲荇；楊慎《卮言》謂四葉菜爲荇；陶弘景謂楚王所得者爲蘋，皆無一定之言，蓋未深加體審，惟據紙上猜度而已。時珍一一采視，頗得其真云。其葉徑一二寸，有一缺，而形圓如馬蹄者，蓴也；似蓴而稍尖長者，荇也；其花並有黃白二色，葉徑四五寸如小荷葉而黃花，結實如小角黍者，萍蓬草也。楚王所得萍實，乃此萍之實也。四葉合成一葉，如田字形者，蘋也。如此分別，自然明白。又項氏言，白蘋生水中，青蘋生陸地。按今之田字草，有水陸二種。陸生者多在稻田沮洳之處，其葉四片合一，與白蘋一樣，但莖生地上，高三四寸，不可食。方士取以煅硫結砂煮汞，謂之水田翁。項氏所謂青蘋，蓋即此也；或以青蘋爲水草，誤矣。"按，故書往往將萍、蘋混同爲一，實爲二物。萍開黃花，蘋爲白花；萍葉如單一小荷葉，蘋開四合爲一；萍莖根相連入泥，蘋橫根生莖。

【薲】

同"蘋"。因其可祭鬼神，羞進王公，以爲賓享之物，故名。此體漢代已行用。《本草綱目》作"薲"，與"薲"同。見該文。

【苹菜】

"蘋"之別稱。此稱唐代已行用。見該文。

【白蘋】

"蘋"之別稱。此稱宋代已行用。因花開白色，故名。一説，水中生者爲白蘋。見該文。

【四葉菜】

"蘋"之异名。因其葉由四片拼合成，故名。此稱明代已行用。見該文。

【田字草】

"蘋"之別名。因其拼合之四片葉形如"田"字，故名。此稱明代已行用。見該文。

【破銅錢】

"蘋"之俗稱。此稱明代已行用。因其四葉展開，呈破銅錢之狀，故名。見該文。

【青蘋】

陸地所生之"蘋"。此稱先秦已行用。宋玉《風賦》："夫風生於地，起於青蘋之末。"清吳其濬《植物名實圖考·水草類·蘋》："蘋，四葉合成一葉，如田字形。或以其開小白花，因呼白蘋；或謂，生水中者爲白蘋，生陸地者爲青蘋，水生者可茹云。"

聚藻

草名。多年生沉水草本。藻類植物。廣布於我國各地，多見於河湖池澤中。

先秦已見，古人以其薦鬼神，可食，時稱"藻""薀藻"，秦漢稱"菶""牛藻"，"牛藻"亦作"牛薻"。漢代始稱"聚藻"。《左傳·隱公三年》："苟有明信，澗溪沼沚之毛，蘋蘩薀藻之菜……可薦于鬼神，可羞于王公。"杜預注："薀藻，聚藻

藻
（清吳其濬《植物名實圖考》卷一八）

也。"《詩·召南·采蘋》："于以采藻，于彼行潦。"毛傳："藻，聚藻也。"孔穎達疏引三國吳陸璣云："藻，水草也。生水底，有二種：其一種，葉如雞蘇，莖大如箸，長四五尺；其一種，莖大如釵股，葉如蓬蒿，謂之聚藻。"《爾雅·釋草》："菶，牛藻。"一本作"牛薻"。北齊顏之推《顏氏家訓·書證篇》："《說文》云：'菶，牛藻也，讀若威。'《音隱》：'塢瑰反。'即陸璣所謂'聚藻，葉如蓬'者也……今水中有此物，一節長數寸，細茸如絲，圓繞可愛，長者二三十節，猶呼爲菶。"宋代稱"藻聚"。《爾雅翼·釋草》："藻，水草也。生水底，橫陳於水，若自澡濯然。若流水之中，隨波衍漾，莖葉條暢，尤爲可喜。"宋蘇頌《圖經本草·草部中品·海藻》："一種莖如釵股，葉如蓬蒿，謂之聚藻，扶風人謂之藻聚，爲發聲也。二藻皆可食，熟挼其腥氣，米麪糝蒸爲茹，其佳美，荊揚人饑荒以當穀食。"明代稱"水薀""鰓草""牛尾薀"。明李時珍《本草綱目·草八·水藻》〔釋名〕："藻乃水草之有文者，潔浄如澡浴，故謂之藻。"〔集解〕："聚藻，葉細如絲及魚鰓狀，節節連如生，即水薀也，俗名鰓草，又名牛尾薀，是矣。"徐珂《清稗類鈔·植物類》："聚藻爲多年生草，一名水薀，沉生水中，葉輪生，分裂如絲，裂片細長而尖。夏日開小花，色淡紅。金魚好産卵於此藻，故蓄養金魚之器中多置之。"

按，《爾雅·釋草》郭璞注以牛藻爲馬藻，蓋誤，清郝懿行《爾雅義疏》下之一已指出。

【藻】

"聚藻"之單稱。此稱先秦已行用。見該文。

【蘊藻】

"聚藻"之別名。此稱先秦已行用。見該文。

【菩】

"聚藻"之別名。此稱秦漢時已行用。見該文。

【牛藻】

"聚藻"之別名。此稱秦漢時已行用。見該文。

【牛藻】

同"牛藻",即聚藻。此體秦漢時已行用。見該文。

【藻聚】

即聚藻。此稱宋代已行用。見該文。

【水蘊】

"聚藻"之別名。此稱明代已行用。見該文。

【鰓草】

"聚藻"之別名。此稱明代已行用。見該文。

【牛尾蘊】

"聚藻"之別名。此稱明代已行用。見該文。

【馬藻】

"聚藻"之類。生水中,葉長6~7厘米,莖長1米許,三國時對其體態特徵已有記載。北魏賈思勰《齊民要術·五穀果蓏菜茹非中國物產者》引《詩義疏》曰:"藻,水草也,生水底。有二種:其一種,葉如雞蘇,莖大似箸,長四五尺。"此即馬藻,另一種爲聚藻。晉代始見"馬藻"之名。《爾雅·釋草》"菩,牛藻。"晉郭璞注:"似藻葉大,江東呼爲馬藻。"按,郭說誤,此實聚藻,非馬藻。然"馬藻"之名始見於此。唐陳藏器《本草拾遺》:"馬藻生水中,如馬齒相連。"明代稱"水藻"。明李時珍《本草綱目·草八·水藻》〔集解〕:"藻有二種,

水中甚多。水藻,葉長二三寸,兩兩對生,即馬藻也。"清代稱"大葉藻"。清郝懿行《爾雅義疏》下之一:"陸(三國吳陸璣)說二藻之狀,其言葉如雞蘇,即今之大葉藻,郭注所謂馬藻也。"按,"水藻"亦可泛指藻類,亦可特指惡草,非必爲"馬藻"之異名。泛指類,如唐郭元超有《水藻賦》;特指例,晉張華《博物志》:"歲欲惡,惡草先生。惡草者,水藻也。"

【水藻】

"馬藻"之別名。此稱明代已行用。見該文。

【大葉藻】

"馬藻"之別名。此稱清代已行用。見該文。

【海藻】

"聚藻"之類。生海水或池澤中。清代學者認爲主要有"馬尾藻""大葉藻""海帶"等三種。

秦漢稱"薅",亦作"海藻"。《爾雅·釋草》:"薅,海藻。"本或作"薄"。郭璞注:"藥草也。一名海蘿,如亂髮,生海中。"漢代始作"海藻",亦稱"落首"。《神農本草經·中品·海藻》:"一名落首,生池澤。"三國時稱"海蘿"。《廣雅·釋草》:"海蘿,海藻也。"晉代稱"海苔"。苔,"薄"之聲轉。晉左思《吳都賦》:"草則藿蒳豆蔻,薑彙非一,江蘺之屬,海苔之類。"劉逵注:"海苔,生海中,正青,狀如亂髮,乾之亦鹽藏,有汁,名曰濡苔,臨海出之。"魏晉至南北朝"海蘿"亦作"海羅"。《初學記》引沈懷遠

海 藻
(清吳其濬《植物名實圖考》卷一八)

《南越志》云："海藻一名海苔，或曰海羅。生研石上。"南北朝"薻"亦稱"薄"。南朝梁陶弘景《名醫別録·草木中品·海藻》："〔海藻〕一名薄。"又《名醫經集注·草木中品·海藻》："生海島上，黑色如亂髮而大少許，葉大都似藻葉。"唐代分此爲"馬尾藻""大葉藻"二種。唐陳藏器《本草拾遺》："此有二種。馬尾藻生淺水中，如短馬尾，細，黑色，用之當浸去鹹味；大葉藻生深海中新羅國，葉如水藻而大。"明李時珍《本草綱目·草八·海藻》〔集解〕："海藻，近海諸地采取，亦作海菜。乃立名目、貨之四方云。"清王念孫《廣雅疏證》卷一〇上稱"海藻有三種"，即《本草拾遺》之"馬尾藻""大葉藻"及宋蘇頌《圖經本草·草部中品·海藻》所載之"海帶"。按，《爾雅·釋草》："薄，石衣（王念孫引作'薄，石衣'）。"《名醫別録·草木中品·海藻》謂"薄"爲"海藻"別名。是"薄"一稱兼表海藻、石衣二物；或如王念孫《廣雅疏證》卷一〇上所稱："孫炎注《爾雅》'薻，石衣'云：薻，古薄字。則'薻，海藻'之薻，正與'薄，石衣'之薄同字，蓋同類者得通稱也。"

【薻】

"海藻"之別名。此稱秦漢時已行用。見該文。

【薄】

同"薻"，即海藻。此體秦漢時已行用。見該文。

【海薻】

同"海藻"。此體秦漢時已行用。見該文。

【落首】

"海藻"之別名。此稱漢代已行用。見該文。

【海蘿】

"海藻"之別名。此稱三國時已行用。見該文。

【海羅】

同"海蘿"，即海藻。此體約在魏晉南北朝時已行用。見該文。

【海苔】

"海藻"之別名。此稱晉代已行用。見該文。

【薄】

"海藻"之別名。此稱南北朝已行用。見該文。

【馬尾藻】

"海藻"之一種。此稱唐代已行用。見該文。

【紫菜】[2]

"海藻"之一種。此稱宋代已行用。按，晉左思《吳都賦》"綸組紫絳"之"紫"即紫菜。

附錄：當代時尚花卉考

一、"當代時尚花卉"名義説

時尚者，近現代辭書多釋爲"當時之風尚"。"當時"亦可釋爲當代。時尚花卉，即當代流行之花卉，就是在當代應用廣泛、技術先進、品質優异的花卉種類。時尚花卉常與世界潮流同步，成爲一種風潮；而不同的國度、不同的民族之花卉，又常獨具特色。本卷則專指盛行於中國的時尚花卉。

一般來説，當代花卉均可利用現代技術或設備進行較大規模的生産。這些花卉可廣泛用於園林緑化，進行群植，形成花境或廣闊的視綫效果；還可以進行盆栽，應用於室内供觀賞等。

改革開放之後，中國經濟發展，都市擴大，人民生活水平不斷提高，對環境越加珍惜，因此都市緑化、美化之花卉備受重視。人文環境逐漸變化，高樓林立，居室擴展，人們追求自然和諧，故而居處花卉，特别是耐陰、觀葉類花卉已成時尚。花卉市場的拓展，使花卉業已經成爲新興産業，并有可能成爲支柱産業，因此可以利用現代化技術大規模生産的花卉漸成主流。隨同工作壓力增大，生活節奏加快，能够使人緩解壓力、調節情緒的花卉也備受青睞。

二、當代時尚花卉發展現狀與趨勢

當代時尚花卉大都引自國外，多數一二年生，少數多年生（因本書三十六卷中已有《木果卷》，故木本花類本卷不予收録）。主要特點，一是以種子繁殖爲主，可快速進行大量生産，迅速形成商品，滿足市場需求；二是自我繁殖能力較差，退化嚴重，需要不斷地進行雜種生産；三是品種更新快，需要連續開展育種工作；四是花色艷麗，花期相對一致，整體效果好，在園林緑化中適宜群植，在室内適宜組盆擺放；五是大多應用於現代園林或現代體育場所，修剪後整齊度高，可以形成開闊的整體效果。

當代時尚花卉已逐步形成了一些優勢生産區域，在各大城市周邊都有較大規模的花卉基地，如山東濟寧梁山以生産經營草花種子爲主；山東以濰坊青州、壽光，東營大王鎮，淄博臨淄，烟臺萊州等地爲主的應時盆花生産區域；上海草花生産基地；昆明草花生産中心；等等。應特別指出的是，我國已逐步建立了一批製種基地：20世紀80年代開始，原農業部就利用山東青島嶗山地區特有的氣候優勢，進行三色菫等草花的製種工作并出口到日本；山東馨園花卉有限公司在内蒙古建立了草花製種基地，從國外引進原種進行生產，滿足市場需求；萊州仙客來研究所進行草花的製種工作，從荷蘭引進原種，在萊州進行仙客來和一些草花的製種。此外又開展了一些育種工作，如浙江杭州花圃通過多年育種和選擇，已經得到三色菫、雛菊、金雞菊、金魚草等二十多個草花品種；北京林業大學通過多年搜集，并經過多年選擇，選出翠菊純白色、駝羽型品種和粉色蓮座型品種；北京市園林科研所進行了一串紅的育種工作并取得成功；天津市園林科研所對仙客來進行了品種選育；福建省廈門市植物園對鶴望蘭進行了品種選育；内蒙古包頭市園林科研所對小麗花進行了品種選育等。目前我國栽培技術日漸成熟，可以大批量地進行快速生產，對這些花卉的生物學特性、開花機理等的研究比較深入，并大量地應用基質，使花卉的品質逐步提高。不過從總體上說，花卉育種工作還相對落後，全國育種體系有待進一步完善。應引起特別注意的是，我們對這類花卉的種質資源保護與開發尚顯不足，尤其是對優良單株的保護開發還十分薄弱。

隨着社會的進步，經濟的發展，人民生活水平逐漸提高，人們越來越關注生態環境、區域環境和家庭室内環境建設，越來越喜愛時尚花卉。這些花卉可以廣泛應用於園林綠化，可提高生態和環境品質；在城鎮，每逢重大節假日，廣場、機關、廠礦、學校、醫院等單位常擺放大量時尚花卉；在元旦、春節等重大節日，單位、個人購置時尚花卉的需求較高，已經逐漸成爲民俗、民風的一部分。所有這些，都將促進時尚花卉的發展。

三、當代時尚花卉特點與種類

當代時尚花卉發展勢頭十分迅猛，國内不斷開發拓展經營範圍，同時也加大了引進力度，國外品種亦主動涌入，種類繁多，萬紫千紅。今時尚花卉究竟有多少種類，尚無準確統計。本文依據當代流行、品種穩定、國人喜見、具有廣泛代表性四大特點予以收錄。

本文共收錄花卉七十九種，其中花類有四十七種，分別是一串紅、三色菫、三色莧、麥仙翁、花毛茛、花菱草、紅花酢漿草、天竺葵、仙客來、彩葉草、紅花烟草、矮牽牛、蛾蝶花、金魚草、荷包花、大岩桐、非洲菫、風鈴草、桔梗、藿香薊、雛菊、非洲菊、大麗花、麥秆菊、黑心菊、瓜葉菊、百日草、花燭、紅鶴芋、風信子、君子蘭、花朱頂紅、晚香玉、小蒼蘭、唐菖蒲、鶴望蘭、薑荷花、寶林哥麗蘭、美麗蝴蝶蘭、四季秋海棠、球根海棠、蟆葉秋海棠、闊葉補血草、福祿考、荷蘭菊、蛇鞭菊、金黃六出花等，隸屬唇形科、堇菜科、荷包花科、莧科、石竹科、花毛茛科、罌粟科、酢漿草科、牻牛兒苗科、報春花科、茄科、車前科、苦苣苔科、桔梗科、菊科、天南星科、石蒜科、六出花科、鳶尾科、鶴望蘭科、薑科、蘭科、秋海棠科、白花丹科、花葱科、天門冬科等；卉類有三十二種，分別是文竹、吊蘭、草地早熟禾、林地早熟禾、加拿大早熟禾、普通早熟禾、紫羊茅、葦狀羊茅、羊茅、匍匐剪股穎、細弱剪股穎、小糠草、黑麥草、多花黑麥草、美國海濱草、貓尾草、扁穗冰草、白三葉、絳三葉、紅三葉、異穗薹草、卵穗薹草、白穎薹草、紫花苜蓿、野牛草、百喜草、狗牙根、地毯草、鈍葉草、馬蹄金、兩耳草、假儉草等，隸屬天門冬科、禾本科、豆科、莎草科、旋花科等。

以上收錄的七十九種，即具有上述四大特點的時尚花卉，并非全部名貴，重在"時尚"。

花　部

一串紅

花名。唇形科，鼠尾草屬，一串紅（*Salvia splendens* Sellow ex Wied-Neuw.）。多年生草本，常作一年生栽培。莖直立，株高約 50 ～ 80 厘米。有矮生種，株高約 30 厘米。莖光滑，有四棱。葉對生，卵形，先端尖，邊緣有鋸齒。總狀花序頂生，遍被紅色柔毛。小花二至六朵輪生，紅色。花萼鐘狀，與花瓣同色。花冠唇形。種子着生於萼筒基部，成熟後淺褐色。原產於南美，現我國各地廣爲栽培。性喜温暖及嚮陽處，喜疏鬆、肥沃土壤，也能耐半陰，忌連作。花期爲七至十月。花謝後，萼宿存，果熟期十月底。一串紅是園林中廣爲栽培的植物，常用於布置花壇、花徑、花叢，也作各種盆栽。全株可入藥。一串紅變種有：一串白

（var. *alba*），花及萼均爲白色；一串紫（var. *atropurpura*），花及萼均爲紫色；叢生一串紅（var. *compacta*），株型較矮，花序密；矮一串紅（var. *nana*），株高僅約 20 厘米，花亮紅色，花朵密集於總梗上。

三色莧

花名。莧科，莧屬，三色莧（*Amaranthus tricolor* Linn.）。一年生草本。株高 50 ～ 150 厘米。莖常分枝。葉卵狀橢圓形至披針形，長 4 ～ 10 厘米，寬 2 ～ 7 厘米，除綠色外，還呈紅、紫、黃等色或紫綠雜色。花腋生或頂生，穗狀花序下垂。胞果矩圓形，蓋裂。原產於美洲熱帶地區。我國各地均有栽培。喜陽光，好濕潤及通風環境。耐旱、耐鹼。種子自然落地，可出苗。三色莧爲著名的觀葉植物，在庭

園中宜作花壇、花徑材料，盆栽觀賞亦可。三色菫變種有：雁來紅（var. *splendens*），花密集成簇，腋生，秋季頂葉全部爲鮮紅色；雁來黃（var. *bicolor*），莖、葉與苞片均爲綠色，頂葉於初秋變鮮紅黃色；錦西鳳（var. *salicifolius*），幼苗葉片呈暗褐色，初秋時頂葉上半部變爲紅色，上中部變爲黃色，先端仍爲綠色。

三色菫

花名。菫菜科，菫菜屬，三色菫（*Viola tricolor* Linn.）。二年生草本。多分枝，稍匍匐狀生長。基生葉近心臟形，莖生葉較狹長，邊緣淺波狀，托葉大而宿存。花大，腋生，兩側對稱，徑 4～6 厘米，花瓣五，每花有黃、白、紫三色或單色。原產於歐洲，現我國廣爲栽培。喜涼爽環境。耐寒，略耐半陰。在炎熱多雨的夏季生長發育不良，且不能結實。要求肥沃、濕潤的砂質壤土。花期四至六月。三色菫是早春重要花卉，適宜布置花壇、花徑、草坪邊緣等，亦可盆栽。全株可入藥。

大麗花

花名。菊科，大麗花屬，大麗花（*Dahlia pinnata* Cav.）。多年生草本。株高 50～150 厘米。具有肥大的肉質塊根，呈圓球形、甘薯形、紡錘形等。莖直立，平滑，有分枝，節間中空。葉對生，一至三回羽狀深裂，裂片卵形。頭狀花序，徑 5～25 厘米，由中間管狀花和周邊舌狀花組成。管狀花兩性，多爲黃色；舌狀花單性，色彩艷麗，有白、黃、橙、紅、紫等色。花期六至十月。瘦果長橢圓形，果熟期一般在八至九月。原產於墨西哥海拔 1500 米的高原地區。我國各地均有栽植。既不耐寒，又畏酷暑。喜光，但不宜過強。不耐乾旱，也忌積水。要求疏鬆、肥沃、排水良好的砂質壤土。需輪作，否則塊根退化快。大麗花植株粗壯，葉片肥厚，花姿優美，適宜布置花壇，花徑及人文氣息較爲濃烈處。盆栽後可布置廳堂、會場或節日期間烘托氣氛。作切花可瓶插、配製花束、花籃等。全株可入藥。

大岩桐

花名。苦苣苔科，大岩桐屬，大岩桐〔*Sinningia speciosa*（Lodd.）Hiern〕。多年生球根草本。具圓形褐色球莖，球莖幼時圓形，長成後扁圓形，中部下凹。全株有粗毛。葉通常對生，極少三葉輪生，肉質，肥厚，長橢圓形或長橢圓卵形，邊緣有鋸齒。花頂生或腋生，呈鐘形。花大，徑約 5 厘米。花瓣絲絨狀，有青、紫、墨紅、玫紅、洋紅、白、白邊紅心、白邊藍心等色。蒴果成熟開裂，種子褐色。原產於巴西。我國各地多引種進行溫室栽培。性喜溫暖、濕潤、蔭蔽，忌陽光直曬，怕寒冷，喜大肥。大岩桐花朵大而鮮艷，呈雍榮華貴之態，是夏季置於窗臺、書桌、几架之上的優良盆栽花卉。

小蒼蘭

花名。鳶尾科，香雪蘭屬，小蒼蘭（*Freesia refracta* Klatt）。多年生草本。球莖圓錐形，外被棕褐色薄膜。莖纖細，有分枝，柔軟，綠色，高約 40 厘米。基生葉長劍形，全緣。穗狀花序頂生，每序着花五至十朵。花小，黃綠色至鮮黃色，具芳香。苞片膜質，白色。花被狹漏斗狀。蒴果近圓形。花期春季。原產於南非好望角。我國各地多有栽培。喜涼爽、濕潤的環境，要求陽光充足。耐寒性較差。要求疏鬆、肥沃的土壤。小蒼蘭花期較長，香味濃郁，是盆栽和切花的優良材料。花可提取芳香油浸膏。

小蒼蘭主要變種有：白花小蒼蘭（var. *albao*），鵝黃小蒼蘭（var. leichtlinii）。

天竺葵

花名。牻牛兒苗科，天竺葵屬，天竺葵（*Pelargonium hortorum* Beiley）。多年生草本。莖粗壯、多汁，基部稍木質化，多分枝。全株密被細白毛，具特殊氣味。葉大，互生，圓形至腎形，基部心臟形，邊緣具波狀淺裂，綠色，常具暗紅色馬蹄形環紋。傘形花序生於嫩枝頂端，花序柄長，約20厘米，有總苞。小花數朵至數十朵，有深紅、大紅、桃紅、玫紅、洋紅、白等色。果爲五分果，有喙，成熟時呈螺旋狀捲曲。種子長橢圓形，棕色至褐色。原產於南非。我國各地均有栽培。喜冷涼氣候，適溫10℃~25℃，能耐0℃低溫，在夏季高溫期進入半休眠狀態。喜陽光充足，光照不足時，不開花。喜排水良好的疏鬆土壤。耐乾燥，忌水濕。花期長，盛花期在四至六月間，管理得當，則秋季十月至次年六月可一直開花。天竺葵是布置庭院、花壇、各種會場及室內廳堂的優良材料。

金黃六出花

花名。六出花科，六出花屬，金黃六出花（*Alstroemeria aurantiaca* D. Don）。多年生草本。具肥厚根，肉質，平臥土中延長，鬚根多。莖自根莖上不定芽萌發，直立而細長。葉互生，多數，披針形，光滑，長7.5~10厘米，葉柄短而狹，葉面有數條平行脉。總花梗五，各具花二至三朵。花鮮橙色或黃色。原產於南美智利、巴西、秘魯、阿根廷及中美墨西哥等國。我國各地有栽植。較耐寒，忌積水，有一點耐旱能力。喜肥沃、濕潤、排水良好的中性土壤。

爲優良的花壇裝飾材料。可盆栽生產進行觀賞，可作切花。

寶林哥麗蘭

花名。蘭科，卡特蘭屬，寶林哥麗蘭（*Cattleya bowringiana* O'Brien）。屬氣生蘭。高約60厘米。具假球莖，長紡錘形。葉淡綠色。花自葉基部抽出，花莖長約20厘米；花大，徑約10厘米，粉紅色或紫紅色。原產於洪都拉斯。現我國各地溫室內有栽植。喜陽光充足，但忌陽光直射。要求潮濕環境，但空氣要流通。耐寒性差。栽培基質宜用排水、透氣良好的磚塊、木炭、蕨根、苔蘚等。寶林哥麗蘭花大、形美，花色艷麗，有"蘭之皇后"的稱譽。寶林哥麗蘭是著名的盆栽花卉和切花材料，還可作高雅的胸飾花。

四季秋海棠

花名。秋海棠科，秋海棠屬，四季秋海棠（*Begonia semperflorens* Link et Otto）。多年生草本。高15~30厘米。莖直立，多分枝，肉質，禿净光滑，多由基部分枝。葉互生，有光澤，卵形，基部微斜，緣有鋸齒，綠色或帶淡紅色。花腋生，數朵成簇，淡紅色。果實初時綠色，成熟時淡褐色。原產於南美巴西。現我國各地均有栽植。喜溫暖、濕潤和半陰環境，怕乾燥和積水。尤適宜空氣濕度較大的小環境。適宜裝飾於家庭書桌、茶几、案頭和商店櫥窗等，還可以配置花壇和花墻。

瓜葉菊

花名。菊科，千里光屬，瓜葉菊（*Senecio cruentus* Roth）。多年生草本，常作一二年生栽培。株高不一，20~90厘米不等。全株密生柔毛。葉具長柄，表面濃綠，背面帶紫紅色。

頭狀花序成單瓣狀或重瓣狀。花序徑 3.5～12 厘米，多數聚成傘房花序狀。花色有白、桃紅、紫藍等，具各種環紋或斑點。花期十一月至翌年四月。瓜葉菊原產於大西洋的加納利島。我國各地均引種作溫室花卉栽培。喜溫暖、濕潤的環境。不耐寒。忌炎熱乾燥，怕雨澇、強光和霜凍。要求富含腐殖質的疏鬆、肥沃、排水良好的砂質壤土。瓜葉菊是重要的溫室盆花，是冬春布置室內、廳堂、會場的優良材料。

仙客來

花名。報春花科，仙客來屬，仙客來（ *Cyclamen persicum* Mill. ）。多年生草本。具扁圓形多肉球莖。葉着生於球莖頂端的中心部位，具長柄，葉片大，肉質，心臟形，表面深綠色，多數有灰白色或淡綠色斑塊，背面紫紅色，葉緣有大小不等的齒牙，葉柄褐紅色。花單生，花瓣蕾期先端下垂，開花時上翻，形似兔兒，花色有紫紅、玫紅、緋紅、淡紅、雪青及白色等。花期長，自秋至春。蒴果球形，內含種子多數。原產於南歐及地中海一帶。我國各地均有栽植，爲重要的春花花卉。喜陽光充足和冷涼、濕潤的氣候。10℃～20℃爲最適溫度，不耐高溫。土壤要疏鬆、肥沃、排水良好，pH值 6～7。盛花期在十二月至次年五月間。仙客來株形美觀，花色艷麗，花形別致，極宜盆栽，可點綴花架、几案、書桌等，也可適用於室內水養。

百日草

花名。菊科，百日菊屬，百日草（ *Zinnia elegans* Sessé & Moc. ）。一年生草本。株高 15～100 厘米。全株具毛。葉對生，廣卵形或長橢圓形，基部抱莖，全緣。頭狀花序單生枝端，總梗長而中空。花徑 5～12 厘米。周邊舌狀雌花，一輪至多輪，有紫、紅、粉、黃、白等色。花期六至十月。瘦果扁平。原產於墨西哥。我國各地均引種栽培。喜溫暖、陽光充足的環境，也耐半陰。忌酷暑，性強健。要求排水良好、疏鬆而肥沃的土壤。百日草在庭園中用作花壇、花徑材料，叢植、條植皆可，可作切花，可作盆栽。花、葉可入藥。

朱頂紅

花名。石蒜科，孤挺花屬，花朱頂紅〔 *Amaryllis vittata* L'Hér.（ *Hippeastrum vittatum* Herb. ）〕。多年生草本。球狀鱗莖肥大，外皮黃褐色或淡綠色，褐色的鱗皮常開紅色花，淡綠色的鱗皮多開白色花或白色上具條紋的花。葉略帶肉質，兩側對生，闊帶狀。花莖自葉叢外側抽出，粗壯、中空。傘形花序，有花三至六朵，花大，花被裂片六枚，倒卵形，有白、紅、黃、紫等色。原產於秘魯。我國各地廣泛栽植。喜溫暖，冬季休眠期要求冷涼乾燥。喜陽光，但光綫不宜過強。喜濕潤，但畏澇。要求富含有機質的砂質壤土。花朱頂紅花色鮮艷，花朵碩大，喇叭形，極爲壯麗悦目。適宜盆栽，作室內几案、窗前的裝飾品，還可陳列在庭園的亭閣、廊下，也可配植於花壇。可作切花。

花菱草

花名。罌粟科，花菱草屬，花菱草（ *Eschscholzia californica* Cham. ）。多年生草本。根具肉質。株高 40～60 厘米，全株具白粉，呈灰綠色。葉互生，多回三出羽狀細裂。花單生，着生於枝端，花梗長，萼片二枚，花瓣四枚，金黃色，鮮亮。果實爲細長蒴果，種子圓球形。花期五至六月。原產於美國加利福尼亞州。我國各地均有栽植。喜冷涼、乾燥的氣候，耐寒。喜疏鬆肥沃、排水良好的砂質土壤。忌高溫，怕澇。花朵在陽光下開放，在陰天及夜晚閉合。花菱草爲優良的花壇、花徑材料，也可盆栽觀賞。

花毛茛

花名。毛茛科，毛茛屬，花毛茛（*Ranunculus asiaticus* (Linn.) Lepech.）。多年生球根花卉。地下部分爲根狀小形塊根。春季抽生直立地上莖，高 30～45 厘米，中空，有毛，單生或稀分枝。莖生葉無葉柄，二至三回羽狀深裂，葉緣有齒牙。每一花葶有花一至四朵。萼綠色。花有單瓣和重瓣，花色主要爲黃色，還有紅、白、橙等色。花期四至五月。原產於土耳其、叙利亞、伊朗等及歐洲東南部。我國各大城市均有栽培。喜陽光充足的環境和冷涼氣候。好肥。不耐寒，畏霜凍，冬季在 0℃ 即受凉害。適生於排水良好、肥沃疏鬆的砂質壤土。喜濕潤，畏積水，怕乾旱。花毛茛花朵艷麗多姿，在園林中可布置花壇、花徑或於林緣、草地叢植，亦可盆栽觀賞，或作切花。

花燭

花名。天南星科，花燭屬，花燭（*Anthurium andraeanum* Lind.）。多年生常綠草本。莖長達 100 厘米。節間短。葉片長圓狀心形或卵圓形，深綠色。佛焰苞片直立開展，革質，圓狀卵圓形，橙紅或猩紅色。佛焰花序無柄，外翻，先端黃色。終年開花不斷。分布於哥倫比亞西南部。我國各地有溫室栽培。性喜陰、溫熱、空氣濕度高而又排水通暢的環境。水養時間長，是優良的切花材料。也可進行盆栽觀賞。變種有：血紅花燭（var. *alrosanguineum*）；玫紅花燭（var. *rhodochlorum*），佛焰苞巨大，略帶三角或菱形，玫紅色，基部兩角帶綠色。

君子蘭

花名。石蒜科，君子蘭屬，君子蘭〔*Clivia miniata* (Lindl.) Bosse〕。多年生常綠草本。根系粗大，肉質纖維狀。葉基部形成假鱗莖。葉形似劍，互生排列，全緣；革質，深綠色。傘形花序頂生。每個花序有小花七至三十朵，小花有柄，在花葶頂端呈兩行排列。花漏斗狀，黃或橘黃色。漿果球形，初爲綠色或深綠色，成熟後呈紅色。花期冬、春季。原產於南非。我國各地廣泛栽培。健壯，喜溫暖濕潤而半陰的環境，忌强烈陽光直射。要求肥沃、疏鬆、透氣性良好而稍帶酸性的土壤。不耐水濕，忌排水不良和透氣性差的土壤。君子蘭花葉俱美，又耐陰，宜於室內盆栽觀賞，可作切花。

非洲菊

花名。菊科，非洲菊屬，非洲菊（*Gerbera jamesonii* Bolus）。多年生草本。株高 30～60 厘米。具蓮座葉叢。葉矩圓狀匙形，深裂或琴狀羽裂，葉背被白絨毛。頭狀花序，高出葉面 20～50 厘米，徑約 10 厘米。舌狀花條形，一至二輪或多輪成重瓣。花色有紅、橙紅、淡紅、白等。通常四季開花，尤以春秋兩季最盛。原產於南非。我國各地均有栽培。喜冬季溫和、夏季涼爽的環境。要求疏鬆、肥沃、透氣良好、排水良好、pH 值爲 6～6.5 的土壤。非洲菊主要以盆栽形式布置於廳堂、會場，還是重要的切花材料。

非洲菫

花名。苦苣苔科，非洲菫屬，非洲菫（*Saintpaulia ionantha* H.Wendl.）。多年生草本。

植株矮小，蓮座狀。全株被絨毛。無莖。葉圓形至長圓卵形，質厚，全緣或具淺齒，肉質。花序生於葉腋，花紫色、淡紫色或粉色。花期五至八月。蒴果，種子極細小。原産於非洲熱帶地區。我國各地均有栽植。性喜温暖、濕潤、陰蔽和通風良好的環境。不耐高温，夏季要避免陽光直曬。需肥沃、疏鬆的中性或微酸性土壤。非洲紫羅蘭植株小巧，花色豐富，花期較長，是室内極好的觀賞植物。非洲紫羅蘭變種有：大花種（var. *gradiflora*），花較大；白花種（var. *albescens*），花純白色；斑葉種（var. *variegata*），葉邊具黄白色斑紋。

金魚草

花名。車前科，金魚草屬，金魚草（*Antirrhinum majus* Linn.）。多年生直立草本。株高 30～90 厘米，上部有腺毛。葉披針形或矩圓狀披針形，全緣、光滑，長約 7 厘米，下部對生，上部互生。總狀花序頂生，長達 25 厘米以上。花冠筒狀，唇形，長 3～5 厘米，外被絨毛。花色有白、黄、紅、紫間色。頸部綠色者，花色除紫色外，其他各色均有；頸部紅色者，花色祇有紫、紅色。花期五至六月。蒴果卵形，種子細小。原産於地中海沿岸及北非。我國各地均引種栽植。較耐寒，喜陽光，耐半陰，不耐酷熱，宜在疏鬆、肥沃、排水良好的土壤中生長，稍耐石灰質土壤。種子能自播繁衍。金魚草花色豐富，花型奇特，花莖挺直，是初夏花壇優良的配景草花。高生種可作切花材料，用於瓶插式花籃。矮生種宜盆栽，作室内裝飾。全株可入藥。金魚草變種有：大花高生種（var. *maximum*），株高 90 厘米以上，少分枝；中生種（var. *nanum*），株高 45～60 厘米，分枝多；重矮生種（var. *pumilum*），株高 20～30 厘米，多分枝，花小；另有重瓣種，爲四倍體，花特別大。

風信子

花名。天門冬科，風信子屬，風信子（*Hyacinthus orientalis* Linn.）。多年生草本。鱗莖球形、皮膜具光澤，其色常與花色相關。葉厚，披針形。花莖中空，略高於葉，約 15～40 厘米。總狀花序上部密生小鐘狀花，基部筒狀，上部 4 裂，反捲，單瓣或重瓣，有紅、黄、白、藍、紫等色，具芳香。花期三至四月。蒴果。原産於歐洲、非洲南部和小亞細亞一帶。我國各地多有栽植。喜凉爽、空氣濕潤、陽光充足的環境。較耐寒，喜肥。宜在肥沃、排水良好的砂壤土中生長。風信子花色艷麗，植株低矮而整齊，是春季布置花徑、花壇及林緣、草坪邊緣、小徑旁的優良球根花卉。可盆栽觀賞，還可以進行水養可切花。風信子主要變種有羅馬風信子（var. *albulus*），每株能着生數支花葶，但花小，植株弱。

風鈴草

花名。桔梗科，風鈴草屬，風鈴草（*Campanula medium* Lapeyr.）。二年生草本。全株具粗毛，株高 100 厘米許。蓮座葉卵形至倒卵形，葉緣圓齒狀波形，粗糙。葉柄具翅。莖生葉小而無柄。總狀花序，小花一或二朵共生。花冠鐘狀，有 5 淺裂，基部略膨大，花色有白、藍、紫及淡桃紅等。花期五至六月。原産於南歐。我國各地有栽植。喜夏季凉爽、冬季温和的氣候。忌乾熱。喜疏鬆、肥沃、排水良好的土壤。在中性或微鹼性土壤中，也能正常生長。在庭園中，可布置花徑、花壇，也可用於岩石園，還可盆栽觀賞和切花。

薑荷花

花名。薑科，薑黃屬，薑荷花（*Curcuma alismatifolia* Gagnep.）。多年生草本。株高60～80厘米。塊狀根莖粗壯，地上莖短。具大而長圓披針形葉三至六片。穗狀花序頂生，上半部具色澤鮮明的苞葉，約十三至十八枚。花萼短圓柱狀，花冠漏斗狀，具寬花被片，有紅、紫、橙、白等色。原産於泰國北部。我國各地有栽培。性喜温暖、潮濕的環境。要求肥沃、排水良好的砂質壤土。在庭園中可作花壇、花徑材料。也可進行盆栽，供室内廳堂、門廊擺放。

桔梗

花名。桔梗科，桔梗屬，桔梗〔*Platycodon grandiflorus*（Jacq.）A. DC.〕。多年生草本。具肥厚粗壯圓錐根。莖高30～120厘米。枝鋪散，有乳汁。葉三枚輪生、對生或互生，葉片卵形至披針形，葉背被白粉。花常單生，偶或數朵聚生莖頂。花冠寬鐘狀，徑可達6.5厘米，五裂，現蕾時膨脹呈氣球狀。花色多樣，花期六至九月。分布於我國各地，多生於山坡、草叢間或林邊溝旁。性喜凉爽、嚮陽、濕潤的環境。耐寒。要求含腐殖質、排水良好的砂質壤土。桔梗花色美麗，花期長，在庭園中可作花壇、花徑材料。亦可叢植於各類岩石園，還可盆栽觀賞，也可用作切花。根

桔　梗
（明鮑山《野菜博録》卷二）

爲鎮咳、祛痰的重要藥材，又可製醬菜或釀酒。

紅花烟草

花名。茄科，烟草屬，紅花烟草〔*Nicotiana × sanderae* hort. ex W.Wats.（prosp.）〕。一年生草本。株高60～90厘米，全株被黏性柔毛。葉對生，基生葉匙形，莖生葉矩圓形至披針形。圓錐花序頂生，花朵疏散；花冠長筒狀漏斗形，花冠筒長約7厘米，三倍長於花萼，上部膨大，紅色；花期八至十月。蒴果卵球形，與宿萼等長，蒴果熟後二瓣裂。紅花烟草的原種都産在南美洲，本種是在英國育成的種間雜交種。性喜温暖、向陽，爲長日照植物，對光照長短較爲敏感。喜肥沃、疏鬆而濕潤的土壤。可自播繁殖。紅花烟草花大色艷，庭園中可作爲花徑、花叢材料或散植於林緣、路邊。葉可入藥。

紅花酢漿草

花名。酢漿草科，酢漿草屬，紅花酢漿草（*Oxalis rubra* St. -Hil.）。多年生草本。具根莖，呈紡錘形。葉叢生狀，具長柄。掌狀複葉，小葉三枚，無柄，葉倒心臟形，頂端凹陷，兩面均被白毛，葉緣有黄色斑點。花莖自基部抽生，長10～15厘米，傘形花序，花序可生十二至十四朵花，花冠五瓣，色淡紅或深桃紅。花期四至十一月。果實爲蒴果。原産於南美巴西。我國各地均引種栽植。宜在富含腐殖質、排水良好的砂質壤土中生長。喜蔭蔽、濕潤的環境，耐陰性強。在盛夏生長緩慢或進入休眠期。是一種良好的觀花地被植物，尤宜在疏林或林緣應用。可作爲花壇的鑲邊材料，也可栽植於岩石縫隙。盆栽後可布置室内陽臺、窗臺、書桌、几架等。全株可入藥。

荷蘭菊

花名。菊科，紫菀屬，荷蘭菊（*Aster novi-belgii* Linn.）。多年生草本。株高可達 100 厘米，全株光滑。葉互生，綫狀披針形。頭狀花序集成傘房狀，徑 2～3 厘米，舌狀花平展，藍紫或白色。花期夏秋。原產於北美。我國各地均有栽植。性耐寒、耐旱。喜陽光、干燥和通風良好的環境。要求富含腐殖質的疏鬆、肥沃、排水良好的土壤。荷蘭菊枝葉繁茂，綴滿小花，適宜布置花壇、花徑，可盆栽觀賞，可作切花。根可入藥。

球根海棠

花名。秋海棠科，秋海棠屬，球根海棠（*Begonia × tuberhybrida* Voss）。多年生草本。具球狀塊莖。高約 30 厘米。莖肉質，有毛。葉片斜卵形，基部深凹。花大型，有單瓣和重瓣之分，花色多種，有黃、白、橙紅、酒紅、粉、紫等色。爲園藝雜交品種。性喜温暖濕潤、夏季凉爽、較高的空氣濕度和較少的土壤水分、蔭蔽、通風良好的環境。要求富含有機質、排水良好的土壤。球根海棠花大而多，色彩艷麗，爲重要的觀花、觀葉盆栽植物，可廣泛應用於室内廳堂等處。

紅鶴芋

花名。天南星科，花燭屬，紅鶴芋（*Anthurium scherzerianum* Schott）。多年生常綠草本。莖矮。葉叢生，革質，長圓狀橢圓形或披針形，端漸尖，基部鈍或圓形。佛焰苞闊卵形，有短尖，基部圓形，鮮猩紅色。佛焰花序橙紅色，螺旋狀捲曲。主要花期二至七月。分布於哥斯達黎加、危地馬拉。我國各地均有温室栽培。喜陰、温熱、空氣濕度高而排水通暢的環境。主要以盆栽形式供室内觀賞。

唐菖蒲

花名。鳶尾科，唐菖蒲屬，唐菖蒲（*Gladiolus hybridus* C.Morren）。多年生草本。球莖扁圓形，外皮褐色膜質。基生葉劍形，互生，排成二列，草綠色。花莖自葉叢中抽出，高 90～180 厘米。穗狀花序頂生，長可達 30～60 厘米，每穗着花八至二十朵，有白、粉、黃、橙、紅、紫、藍等色，深淺不一。原產於非洲熱帶和地中海地區。我國各地均有栽植。喜光，是長日照植物。怕寒冷，不耐澇。喜凉爽氣候。喜肥沃、排水良好的砂質壤土，pH 值 5.6～6.5 爲佳。唐菖蒲在庭園中可布置花徑及專類花壇。可用於切花瓶插，製作花束、花籃。球莖可入藥。莖葉可提取維生素 C。還可作爲監測大氣污染的指示植物。

蛇鞭菊

花名。菊科，蛇鞭菊屬，蛇鞭菊（*Liatris spicata* Willd.）。多年生草本。株高約 100 厘米。具地下塊根。常從塊根上抽起 30～50 厘米高、堅挺、直立且多葉的花葶；頭狀花序寬 1～1.5 厘米，無舌狀花。葉綫形至綫狀披針形，光滑或有稀毛。全緣，互生。基生葉長可達 30 厘米，莖生葉 2～15 厘米。花期七至八月。原產於北美東部和南部。我國各地均有栽植。性耐寒，喜陽光。要求疏鬆、肥沃、濕潤的土壤。可配合其他顏色的花材布置花徑。可群植於自然式、管理粗放的花園，以地勢低窪處或水道邊更佳。可作切花。

麥秆菊

花名。菊科，蠟菊屬，麥秆菊〔*Helichrysum bracteatum*（Venten.）Willd.〕。多年生草本。常

作一二年生栽培。株高40～90厘米。全株被微毛。莖粗硬直立，僅上部有分枝。葉互生，長橢圓狀披針形。頭狀花序單生枝端，徑約3～6厘米。總苞片多層，膜質，覆瓦狀排列，外尾苞片短，内部各層苞片伸長似舌狀花，有白、黃、橙、褐、粉紅及暗紅等色。管狀花黃色。花期七至九月。瘦果灰褐色，有光澤。原產澳大利亞。我國各地均引種栽培。喜溫暖、陽光充足、乾燥的環境。不耐寒，忌酷熱。不擇土壤，適應性强。麥秆菊可作花壇，花徑植物材料，也可盆栽觀賞。因總苞片乾蠟質，乾燥後花形、花色經久不變不褪，故宜作乾花材料，可製作成花環、花籃供觀賞。

麥仙翁

花名。石竹科，麥仙翁屬，麥仙翁（*Agrostemma githago* Linn.）。一年生草本。株高30～80厘米。莖直立，單一或分枝。葉條形或長披針形，莖部合生。花單生枝端，徑約2厘米，萼管長圓卵形，外被長柔毛。花瓣五枚，紫紅色，較萼片短。蒴果卵形。產於我國黑龍江、吉林、内蒙古東部等乾旱草原或田野中。耐寒冷，耐乾旱瘠薄。麥仙翁花大美麗，在園林中宜作花壇、花徑材料或配植於路旁，也可點綴於岩石園中，以增加野趣。

荷包花

花名。荷包花科，荷包花屬，荷包花（*Calceolaria herbeohybrida* Voss）。多年生草本。常作一二年生栽培。株高30～40厘米。莖葉被細茸毛。葉對生，卵形至卵狀橢圓形，質柔軟，呈黃綠色。不規則聚傘花序，花冠二唇形，形成兩個囊狀物，下唇膨脹形如荷包，徑約4厘米，嚮上逐漸變小。有乳白、黃、橙紅等色。其間散生許多紫紅色、深褐色或橙紅色的小斑點。温室内栽培，花期二至五月。蒴果内含多粒小種子。原產於墨西哥，秘魯、智利、澳大利亞和新西蘭也有分布。我國大多作温室花卉栽培。喜温暖、凉爽、濕潤而又通風良好的環境。不耐寒。生長適温在7℃～15℃之間。畏炎熱，忌濕。喜疏鬆，肥沃、排水良好的砂質壤土。是長日照植物，延長光照時間可提早開花。荷包花花形奇特，花色艷麗多彩，花期較長，爲早春重要的室内盆栽花卉。

彩葉草

花名。唇形科，鞘蕊花屬，彩葉草（*Coleus blumei* Benth.）。多年生草本。株高30～90厘米。分枝少。葉對生，卵形，長約15厘米，葉面綠色，具黃、紅、紫等斑紋。花小，淡藍或帶白色，呈圓錐花序。花期八至九月。小堅果平滑。原產於爪哇。我國各地均有栽植。性喜温熱、嚮陽、濕潤。土壤要求疏鬆肥沃。耐寒性較差。彩葉草爲優良的觀葉植物。可盆栽觀賞，也可作花壇配植材料。枝葉還可作切花。

晚香玉

花名。天門冬科，晚香玉屬，晚香玉（*Polianthes tuberosa* Linn.）。多年生草本。地下塊莖球狀，下端生根，上端抽出莖葉。基生葉互生六至九片，細長帶狀，全緣。總狀花序頂生，高約100厘米。花白色，漏斗狀，有濃香，夜晚香味更濃。花期七至十一月。原產於墨西哥及南美洲。我國各地有栽植。喜陽光，怕寒冷，忌積水。對土壤要求不嚴，耐鹽碱，而以肥沃、疏鬆的土壤爲好。在園林中，可成片栽植或散植，還可以用來布置岩石園，也可布置於夜花園作花壇材料以聞其香，可作切花。花可提取香料。

黑心菊

花名。菊科，金光菊屬，黑心菊（*Rudbeckia hirta* Linn.）。多年生草本，一般作一二年生栽培。株高約 100 厘米。全株被粗糙硬毛。近根出葉，上部葉互生，葉匙形或闊披針形，三至五淺裂，葉緣具粗齒。頭狀花序，徑 10～20 厘米。舌狀花單輪，金黃色；筒狀花深褐色，呈半球形。花期五至九月。主要產於北美。我國各地均有栽植。性耐寒、耐旱，喜向陽通風的環境。喜疏鬆、肥沃、濕潤的砂質土壤。能自播繁衍。在庭園中，黑心菊可作花壇、花徑材料，亦可叢植、群植於建築物前、林緣、籬邊，也可作切花材料。

蛾蝶花

花名。茄科，蛾蝶花屬，蛾蝶花（*Schizanthus pinnatus* Ruiz et Pav.），一、二年生草本。株高 50～100 厘米。全株疏生微粘腺毛。葉互生，一至二回羽狀全裂。圓錐花序頂生，小花多數，花徑達 2～4 厘米。花冠短於花萼，花瓣開展，近唇狀。花色較豐富，下部花瓣色較深，通常呈紫色或堇紫色；上部花瓣較淡；中部花瓣呈盔狀，有深裂，基部有黃斑，并布有青紫色斑點；有的則全爲紅色或堇紫色。花期四至六月。蒴果二裂，種子腎形。原產於南美的智利。我國各地均引種栽植。性喜凉爽溫和的環境，喜光。要求肥沃、排水良好的土壤。蛾蝶花是北方地區早春優良室內盆花，南方溫暖地區可作爲早春花壇、花徑植物材料，高大品種亦可作切花。

闊葉補血草

花名。白花丹科，補血草屬，闊葉補血草（*Limonium latifolium* Kuntze）。多年生草本。株高 60 厘米許。多分枝，具短星狀毛。基生葉蓮座狀，長橢圓至橢圓形，全緣，長可達 25 厘米。基部漸窄成長葉柄。聚傘花序圓錐狀，高而鬆散；小花穗，單側着生，有一至二朵；花小兩性，多數無柄；花瓣基部合生，紫紅至淡藍紫色，花萼短筒狀，裂片五，白色，膜質，有毛。原產於俄羅斯、保加利亞、高加索等地。我國各地有栽培。性健壯。耐寒。耐乾旱，耐鹽碱。喜光，亦可耐半陰。可點綴海濱沙灘、沿海園林鹽碱地，形成夏末風景。也可以用於花徑栽植。可切花，進行花束配花。還可製成乾花。

矮牽牛

花名。茄科，矮牽牛屬，矮牽牛（*Petunia hybrida* Vilm.）。一年生或多年生草本。株高約 20～50 厘米，全株具黏毛。莖直立或傾臥。葉互生，卵狀，全緣，幾無柄。花單生葉腋及頂生。花萼五裂，裂片披針形。花冠筒部漏斗形，徑可達 12 厘米。花瓣變化多，有單瓣、半重瓣，瓣邊呈皺波狀，花朵顏色有白、堇、深紫、紅、紅白相間等色。花期四至十月底，如室內溫度保持 15℃～20℃，可四季開花。本種係原產南美的撞羽朝顏（*Petunia violacea* auct. non Juss.）與腋花矮牽牛（*Petunia axillaris*（Lam.）B.S.P）的雜交種。性喜溫暖、乾燥和陽光充沛的環境，不耐寒，忌積水，喜微酸性、疏鬆、肥沃、排水良好的砂質壤土。矮牽牛植株矮小，花色鮮艷，花期長，開花繁多，是一種極優良的草花。在庭園中適於花叢、花壇及自然布置，也可進行盆栽布置室內。大花重瓣品種可用作切花。種子有驅蟲功效。

福禄考

花名。花蔥科，福禄考屬，福禄考（*Phlox drummondii* Hook.）。一二年生草本。株高15～45厘米。莖直立多分枝，有腺毛。基部葉對生，上部葉有時互生。葉寬卵形，長圓形至披針形，長2.5～4厘米，先端尖，基部漸狹，稍抱莖。聚傘花序頂生，花冠高脚碟狀，直徑2～2.5厘米，裂片五枚，平展，圓形，花筒部細長，有軟毛，原種紅色。園藝栽培有淡紅、紫、白等色。花期五至六月。蒴果橢圓形或近圓形，成熟時三裂，種子倒卵形或橢圓形，背面隆起，腹面較平。原產於北美南部。我國各地均有栽植。性喜溫暖、陽光充足的涼爽環境。稍耐寒，忌酷暑。要求排水良好、疏鬆的壤土，不耐旱，忌澇。在庭園中，可作花壇、花徑植物材料。可布置岩石園，還可盆栽供室內裝飾之用。變種有：圓瓣種（var. *votundata*），花瓣裂片大而闊，外形呈圓形；星瓣種（var. *stellaris*），花瓣邊緣呈三齒裂，中齒較長；鬚瓣種（var. *firbriata*），花冠裂片邊緣呈細齒裂；放射種（var. *radiata*），花冠裂片呈披針狀長圓形，先端尖。

美麗蝴蝶蘭

花名。蘭科，蝴蝶蘭屬，美麗蝴蝶蘭（*Phalaenopsis amabilis* Bl.）。常綠草本。莖短，長約2～3厘米。葉大。花莖一至數枚，拱形，有時分枝長達20～80厘米。花大，蝶狀，徑約10厘米；唇瓣白色，裂片大，莖部黃色具紅斑。花期三至四月。原產亞洲熱帶。我國各地高檔溫室有栽培。耐陰、喜熱。適生於多濕而通風的環境。蝴蝶蘭花形如蝶，顏色艷麗，是春節期間重要的盆栽花卉。花朵可作新娘捧花、襟花、胸花等。主要變種有臺灣蝴蝶蘭（var. *formosana*），葉大、肥厚、扁平，綠或黃綠色，有如帶斑紋，花莖弓形，有分枝。花期十二月至翌年二月。原產於我國臺灣。

蟆葉秋海棠

花名。秋海棠科，秋海棠屬，蟆葉秋海棠（*Begonia rex* Putz.）。多年生草本。無地上莖，地下具平臥的根狀莖。葉基生，一側偏斜，深綠色，具皺紋，上有銀白色斑紋，葉背紅色，葉脈及葉柄有毛。花高於葉面，淡紅色，花期長。原產於南美巴西及印度東部一帶。我國各地廣爲栽植。喜溫暖，不耐寒。忌強光直曬。喜陰濕的環境，要求土層深厚、排水良好的砂質壤土。蟆葉秋海棠葉、花俱美，是室內觀花、觀葉的優良盆栽植物。

雛菊

花名。菊科，雛菊屬，雛菊（*Bellis perennis* Linn.）。多年生草本。常作二年生栽植。叢株具蓮座葉叢，葉匙狀至倒卵狀。花單生，花葶高7.5～15厘米。頭狀花序直徑一般爲5厘米。舌狀花白、淡粉、深紅或朱紅、灑金、紫等色。花期四至五月。原產於歐洲及西亞。我國各地均引種栽植。性喜冷涼、濕潤的氣候。較耐寒。喜肥沃、濕潤、排水良好的土壤。雛菊植株小巧玲瓏，花期較長，是華北地區早春至五一節前後布置花壇、花徑、草地邊緣的重要植物材料，也可用於岩石園，亦可盆栽裝飾室內案几、窗臺。

藿香薊

花名。菊科，藿香薊屬，藿香薊（*Ageratum conyzoides* Sieber ex Steud.）。一年生或多年生草本。株高30～60厘米，全株具白色柔毛。

莖披散。葉對生，卵形至菱狀卵形，具鈍齒。頭狀花序纓絡狀，密生枝頂，徑約 1 厘米。花小，筒狀，有粉藍、堇紫、白等色。花期自夏至秋。原產於美洲熱帶。我國各地均有栽植。性喜溫暖、向陽的環境。對土壤要求不嚴，適應性強。偶有自播繁衍能力。藿香薊花朵繁多，花期長，宜於庭園中布置花壇、花徑、地被等，還可點綴岩石園，也可作切花和盆栽觀賞。

鶴望蘭

花名。鶴望蘭科，鶴望蘭屬，鶴望蘭（*Strelitzia reginae* Banks）。多年生草本，高可達100 厘米以上。肉質根粗壯，莖不明顯。葉大，似旅人蕉，具長柄，對生兩側排列。花莖頂生或生於葉腋，高於葉片之上。花形佛焰苞狀，總苞紫色，花萼橙黃，花瓣亮藍。花期從九月至翌年六月。原產於南非。我國各地多有栽植。喜溫暖、濕潤的氣候，不耐寒，要求空氣濕度高。要求疏鬆、肥沃的土壤。鶴望蘭葉大姿美，花形奇特，是一種著名的大型盆栽觀花植物，適宜擺設於大房間。在南方暖地可叢植於庭園一角或點綴於花壇中心，還是一種高檔切花材料。

草　部

多花黑麥草

草名。禾本科，黑麥草屬，多花黑麥草（*Lolium multiflorum* Lam.）。一二年生草本。鬚根密集細弱。稈叢生，直立，高 50 ~ 70 厘米。葉鞘較爲疏鬆，葉舌較小或退化不顯著。葉捲曲，葉片粗糙，有光澤，長 10 ~ 15 厘米，寬 2 ~ 5 毫米。穗狀花序較長。穎果種子圓形，褐色至棕色，頂部鈍圓，具毛茸。原產於地中海沿岸，分布在歐洲南部、非洲北部及小亞細亞廣大地區。我國各地引種栽培。喜溫暖濕潤氣候，生長速度快，在長江流域冬小麥地區生長良好。不耐嚴寒，不耐高溫，適宜栽植於含水充足的壤土或黏壤土上，最適土壤 pH 值爲 6 ~ 7。適宜在陰處生長，不耐低剪。可快速形成草坪，常用於突擊綠化而需覆蓋的地方，也常用作溫暖潮濕地區暖季型草坪的冬季交播。常見品種有撒克拉-威斯（Sakura-Wase）等。

小糠草

草名。禾本科，剪股穎屬，小糠草（*Agrostis alba* Linn.）。多年生草本。具細長根狀莖，長 5 ~ 15 厘米。稈直立或基部的節膝曲呈傾斜上升，有五至六節。葉鞘無毛，多短於節間。葉片扁平，淺綠色，長 17 ~ 22 厘米，寬 3 ~ 7 毫米，邊緣和下面有小刺毛。圓錐花序尖塔形，疏鬆開展，草綠色或帶紫紅色，成熟後呈黃紫色。分枝微粗糙，基部開始着生小穗，兩個穎片等長，先端尖，外穗長 1.8 ~ 2 毫米，頂端有微小的細齒，無芒，基盤兩側有短毛。穎果種子爲長橢圓形，黃褐色。多分布於亞洲、歐洲和北美洲的溫帶地域。我國內蒙古、河北、山東、湖北、四川、陝西以及東北等地區均發現野生資源。多生長在乾燥的坡地。喜冷凉、濕潤氣候。適應性強，耐寒，亦能耐熱、耐旱。對土壤要求不高，以黏壤土及壤土爲佳，在較乾的沙土上亦能生長。不耐陰。常與草地早熟禾、紫羊茅等混播，用作公園、庭園及小型綠地的草坪綠化材料，但在混播草種中比例應不高於10%。也可將上述混播草種應用到草坪、足球場，還用作保土植物和牧草栽植。常見品種有：斯墜克（Streaker）等。

文竹

草名。天門冬科，天門冬屬，文竹（*Asparagus plumosus* Baker）。多年生草本。根稍肉質。莖柔軟、細長、具攀緣性。葉纖細如羽毛狀，水平開展，六至十二枚成束簇生，鮮綠色。主莖葉小，鱗片狀，白色，下部有三角形刺。花小，兩性白色，一至四朵生於短柄上。花期多在二至三月或六至七月。漿果球形。原產於南非。我國各地有栽培。性喜溫暖、濕潤的環境。不耐寒，好半陰。不耐乾旱。喜疏鬆、肥沃、排水良好的砂質壤土。文竹枝葉纖細，姿態瀟灑，十分清秀，爲重要的觀葉盆栽植物，可在室內辦公、茶几、書案等處擺設，還可以作切花，用於花束、花籃的陪襯材料。文竹變種有：矮文竹（var. *nanus*），莖叢生直立，葉狀枝細密而短；細葉文竹（var. *tenuissimus*），葉狀枝稍長，淡綠色，具白粉；大文竹（var. *robustus*），生長力強，葉狀枝較長。

百喜草

草名。禾本科，雀稗屬，百喜草（*Paspalum notatum* Flugge）。多年生草本。根深而發達。有粗壯木質化程度較高且節多的匍匐莖。秆密叢生，高15～80厘米，葉片長20～30厘米，偏平或對折。葉邊緣具茸毛。總狀花序二枚對生，穎果卵形。花果期六至十月。原產於南美洲巴哈馬。我國臺灣、香港、甘肅、河北、廣東、上海、雲南等地都引種栽培。適宜在溫暖濕潤的地區生長。耐寒性較強，生長勢和抗逆性強，抗旱性強，抗病蟲害能力強，具有良好的耐陰性。可生長於瘠薄的土壤，適宜的土壤pH值爲6.5～7.5。常栽植於路旁、機場和類似品質較低的草坪地區。常見品種有：阿根廷（Argentine）、巴拉圭（Paraguay）、威明頓（Wilmington）、朋沙克拉（Pensacola）、競爭者（Competitor）等。

白三葉

草名。豆科，車軸草屬，白車軸草（*Trifolium repens* Linn.）。多年生草本。植叢低矮，直根性，分枝多，根部分蘗能力及再生能力均強。根部具有與豆科根瘤菌共生的特性。莖匍匐，長30～60厘米，無毛，節上生根。掌狀複葉，互生，具長柄；小葉三，寬橢圓形、倒卵形至近倒心臟形，長1.2～3厘米，寬0.8～2厘米，先端圓或凹陷，基部楔形，邊緣有細鋸齒，兩面幾乎無毛；小葉無柄或極短；托葉卵狀披針形，抱莖。花密集成球形頭狀花序，從匍匐莖抽出；花萼筒狀；花冠白色或淡紅色；子房綫形，花柱長而稍彎。莢果卵狀長圓形，包被於膜質、膨大的宿萼內；種子褐色，近圓形。原產於歐洲，廣泛分布於溫帶及亞熱帶高海拔地區。我國雲南、貴州、四川、湖北、新疆等省區都有野生分布，長江以南各省有大面積栽培。喜光及溫暖濕潤氣候，生長最適溫度爲19℃～24℃，亦能耐半陰；不耐乾旱，稍耐潮濕；耐熱性稍差，抗寒能力較強；對土壤要求不嚴，耐貧瘠、耐酸；最適排水良好、富含鈣質及腐殖質的粒質土壤；不耐鹽鹼。可作爲觀賞草坪或作爲水土保持植被，也可用於草坪的混播種；可以固氮，爲與其一起生長的草坪草提供氮肥；可與冷地型和暖地型草混合栽培應用；撒播於暖地型草坪中，可延長草坪的綠期；可作牧草。常見品種有海法（Hafa）、那努克（Nanoluk）、瑞文德（Rivendel）等。

白穎薹草

草名。莎草科，薹草屬，白穎薹〔*Carex rigescens*（Franch.）V. L.Krecz.〕。多年生草本。具細長橫走根狀莖，稈高 5 ～ 40 厘米，基部有黑褐色纖維狀分裂的舊葉鞘。葉片短於稈，三棱形，長 5 ～ 15 厘米，寬 0.5 ～ 1.5 毫米，葉色濃綠。穗狀花序，卵形或圓形。堅果，寬橢圓形。我國北部、俄羅斯遠東地區及日本均有分布。常見於遼寧、河北、山東、河南及西北等地的山坡、路邊空地。喜冷涼氣候，耐寒力強，在 - 25℃低溫下能順利越冬。耐乾旱、耐瘠薄，能適應多種土壤類型，以在肥沃濕潤的土壤上生長最佳。耐陰中等，耐踐踏性中等。可用作公園、風景區、庭院觀賞草坪或適當踐踏的休憩草坪，也可用於高速公路、鐵路兩旁，作地被植物。

加拿大早熟禾

草名。禾本科，早熟禾屬，加拿大早熟禾（*Poa compressa* Linn.）。多年生草本。具根狀莖。稈單生，直立或基部傾斜壓扁成脊，光滑，高 30 ～ 50 厘米。葉鞘光滑，質地柔軟。葉片扁平或邊緣稍内捲，色澤呈藍灰或淺藍綠色，偏藍色是它與早熟禾屬其他種類的明顯區別。葉長 3 ～ 12 厘米，寬 1 ～ 4 毫米。圓錐花序狹窄，直立，小穗卵圓狀披針形，排列較緊密。穎果，種子紡錘形。原產於歐亞大陸的西部地區，現廣泛分布於寒冷潮濕氣候帶中更冷一些的地區。我國華北等地區引種栽培。適宜冷涼溫帶氣候，在陰處和喬木半蔭處都能生長。耐寒性強，耐踐踏能力亦強，耐乾旱，在土壤乾燥、瘠薄、質地粗劣的陡坡上也能正常生長。適宜的土壤pH值為 5.5 ～ 6.5。加拿大早熟禾常用在土地條件較差的平地、斜坡、低窪處和作為保土護坡的植物。因綠期長，也可用作晚秋及早春的牲畜牧草。

地毯草

草名。禾本科，地毯草屬，地毯草〔*Axonopus compressus*（Sw.）Beauv.〕。多年生草本。植叢低矮，莖稈短而平，根鬚較多，匍匐莖貼地蔓延。葉片柔軟，翠綠色，短而鈍，平鋪於地面，長 4 ～ 6 厘米，寬 8 毫米。穗狀花序二至三個近指狀排列於稈的頂端。穎果長卵圓形。花果期七至十月。原產於南美洲，分布於巴西、阿根廷及中、北美洲各國。我國廣東、廣西、臺灣、雲南等省、自治區有分布。常生於荒路旁、潮濕地。生長勢和適應性強，喜光，耐高溫、濕潤氣候，較耐陰。耐寒性極差。再生能力強，耐踐踏。最適宜在濕潤、酸性、土壤肥力低的沙土或沙壤土上生長。在華南地區為優良的固土護坡植物，廣泛應用於綠地中。還可用作控制水土流失及路邊草坪的材料。在我國也常用作運動場和遮蔭地草坪。

吊蘭

草名。天門冬科，吊蘭屬，吊蘭〔*Chlorophytum capense*（L.）Voss〕。多年生常綠草本。具肉質鬚根，根狀莖短。葉叢中常抽出長匍匐莖，莖先端萌發出帶氣生根的新植株。葉條形至條狀披針形，基部抱莖，較堅硬。總狀花序單一或分枝。花白色。花期春夏間。蒴果三圓棱狀扁球形。原產於南非。我國各地均有栽培。喜溫暖、半陰、空氣濕潤的環境。宜在疏鬆、肥沃的砂質壤土中生長。忌強光直射。吊蘭姿態優美，宜懸挂空間，可吸附有害氣體。在暖地園林中，可栽植於花壇邊緣。全草可入藥。吊蘭栽培變種有：金心吊蘭（var. *mediopictum*），葉中心部具黃白色縱條紋；銀邊吊蘭（var. *variegatum*），葉緣綠白色；金邊吊蘭（var. *marginatum*），葉緣黃白色。

黑麥草

草名。禾本科，黑麥草屬，黑麥草（*Lolium perenne* Linn.）。多年生草本。具細弱的根狀莖，鬚根稠密。秆叢生，質地柔軟，基部傾斜，高 50 ～ 100 厘米，具三至四節。葉鞘疏鬆，節間較短，葉舌短小。葉片質地柔軟，扁平，上面被微毛，下面平滑，邊緣粗糙。長 10 ～ 20 厘米，寬 3 ～ 6 毫米。穗狀花序直立，微彎曲，穎果種子短圓形，棕褐色至深棕色，頂端有毛茸。原產於西南歐、北非及亞洲西南部等地區。我國近年開始引入優良品種進行栽植。喜溫暖濕潤的氣候，適宜於年降水量 1000 ～ 1500 毫米、冬無嚴寒、夏無酷暑的地區生長。不耐炎熱。適宜在肥沃、濕潤、排水良好的土壤或黏土中生長，也可在微酸性土壤上生長，適宜的 pH 值爲 6 ～ 7。不耐乾旱，耐陰性與恢復能力差。耐踐踏。常與草地早熟禾、紫羊茅等草種混播，用於庭園、公園、建築綠地、公路旁、運動場、機場等草坪，混播時種子占 10% ～ 20% 爲宜。抗二氧化碳等有害氣體，可用作冶煉工業地區周邊的净化草坪。還可以用作保土植物及人工牧草地的種植材料。常見品種有：林恩（Linn.）、曼哈頓（Manhattan）、NK-100、羅妮（Norlea）、波羅（Polo）、德比（Perby）、瑞格（Regal）、百瑞（Barry）、恩威（Envy）等。

羊茅

草名。禾本科，羊茅屬，羊茅（*Festuca ovina* Linn.）。多年生草本。具有生長良好的鬚根，不具根狀莖。秆密叢生，具條棱，高 30 ～ 60 厘米，光滑，僅近花序處具柔毛。葉鞘開口直達基部，無毛。葉片內捲成針狀，質地較柔軟，稍粗糙，長 2 ～ 6 厘米。圓錐花序緊縮，小穗綠色或帶紫色。穎果種子橢圓狀長圓形，紅棕色，先端無毛。分布於歐亞大陸及北美溫帶地區。我國西北、西南地區也有分布，多生長於乾燥的坡地等處。適應性較廣，溫暖和冷涼都能够適應。耐寒冷，耐乾旱，耐炎熱。不耐踐踏。在排水良好的沙質土壤中生長良好。適宜土壤 pH 值爲 5 ～ 7。在園林中可用作花壇、花徑的鑲邊材料和作爲布置岩石園的綠化材料。也可直接用於路邊、道旁乾燥處和高爾夫球場障礙區等。常見品種有：埃麥克斯（Mx-86）、草地工號（First Meadow）等。羊茅常見變種有：細葉羊茅（var. *tenuifolla*），葉片纖細、美觀；能耐乾旱和瘠薄土壤，不耐踐踏和頻繁的剪草，可用作路邊和斜坡的種植材料；硬羊茅（var. *durivscula*），葉片纖細，耐旱，耐熱，也耐瘠薄土壤，可粗放管理，不耐嚴重踩踏，非常耐陰，可用作路邊栽培和粗放管理的綠化材料。

卵穗薹草

草名。莎草科，薹草屬，卵穗薹草（*Carex duriuscula* C. A. Mey.）。多年生草本。根狀莖細長，匍匐狀。秆疏叢生，高 5 ～ 15 厘米，纖細，平滑，基部具灰黑色的葉鞘。葉短於秆，寬約 1 毫米，内捲成針狀。穗狀花序，卵形或寬卵形，長 7 ～ 12 毫米，褐色，小穗三至六個，密生，卵形，長約 5 毫米，雄雌同序。果囊寬卵形或近圓形；小堅果，寬卵形，長約 2 毫米。花期四至五月，果期六至七月。分布於俄羅斯、我國内蒙古部分地區，我國華北、東北有天然分布，常見於乾燥草地、沙地、路旁、湖邊草地和山坡地。適生於寒冷潮濕區、半乾旱區及過渡地帶，對土壤肥力要求較低，適宜的土壤pH值爲 6.0 ～ 7.5，耐旱、耐寒、耐陰，適應性強，返青較早，耐踐踏性較差。在北方乾旱地區常作觀賞草坪，也是乾旱坡地優良的護坡植物。

兩耳草

草名。禾本科，雀稗屬，兩耳草（*Paspalum conjugatum* C.Cordem.）。多年生草本。植物具長達 1 米的匍匐莖，細弱，株高 30 ～ 60 厘米。葉片綫形，長 5 ～ 20 厘米，寬 5 ～ 10 毫米。葉鞘鬆弛，背部具脊，總狀花序二枚，纖細，交互對生。小穗覆瓦狀排成兩行。穎果卵圓形。花果期五至十月。分布於熱帶及温暖地區，生於田野、林緣、潮濕草地上。喜濕潤土壤。生活力強，擴展速度快，易形成單一群落。耐陰性強，亦耐旱、耐寒、抗病蟲害。宜在地勢低窪、排水欠佳的地段建立單一草坪。可與假儉草、結縷草混播於園林、工廠綠地中。

林地早熟禾

草名。禾本科，早熟禾屬，林地早熟禾（*Poa nemoralis* Linn.）。多年生草本。鬚根纖細，具細根狀莖。秆細弱，直徑約 1 毫米，高 45 厘米左右。葉鞘下滑，莖基部稍帶紫色，上部灰綠色。葉片質地較薄，扁平。圓錐花序開展，每節具一至三分枝。穎果紡錘形，黃褐色。我國華北地區有野生分布，世界温帶山地也廣泛分布。目前園林綠地中所有栽培品種，係從歐洲原產地選育而來。適宜於潮濕、遮蔭的環境。抗熱性、抗低温、抗旱性均差。喜質地疏鬆排水良好的土壤，與雜草競爭力屬中等，再生性與耐踐踏性能力一般。林地早熟禾常用於林隙地，也可用於公園、街道綠化、居住區等陽光不足的半陰處，還可在高爾夫球場開球區和球道作混合草種應用，也可用作牲畜的放牧草地及刈割飼草等。常見品種有：百尼（Barnemo）等。

狗牙根

草名。禾本科，狗牙根屬，狗牙根〔*Cynodon dactylon*（Linn.）Pers.〕。多年生草本。植株低矮，生長力強，具根狀莖或細長匍匐枝，長 50 ～ 80 厘米，每支十一至十二節，節間長短不一，夏秋季蔓延迅速，節間着地均可生根，分蘗一至五支。葉扁平綫條形，長 3.5 ～ 8 厘米，寬 1 ～ 2 毫米，先端漸尖，邊緣有細齒，葉色濃綠色。五至七月抽出花序，三至六分支，呈指狀排列於莖頂。結實能力極差，種子成熟後易脱落，有一定的自播能力。廣布於南、北温帶地區。我國華北以南廣大區域均有分布，常見於曠野、路邊、江河湖岸及林緣等處。喜光，但稍耐半陰，草質地較細，亦耐踐踏，在排水良好的肥沃土壤中生長良好。抗旱、耐熱能力強。在輕微的鹽碱地上，生長亦可。爲我國黃河流域以南栽培應用較廣泛的優良草種，常用於綠地、公園、墓地、運動場跑道等；還可應用於公路、鐵路、水庫等處作固土護坡綠化材料種植；可作牧草。常見品種有：海岸（Bayshore）、矮天堂（Tifdwarf）、天堂草（Tiflawn）、天堂路（Tifway）、普通（Common）、金字塔（Pyramid）、百慕大（Barmuda）等。

美國海濱草

草名。禾本科，固沙草屬，美國海濱草（*Ammophila breriligulate* Fernald.）。多年生草本。具長根莖，其上密被有光澤的鱗片。秆直立，細硬，平滑無毛或偶有極稀疏的長柔毛，高 12 ~ 25 厘米。葉鞘被長柔毛，近鞘口處毛通常較密。葉片扁平或內捲呈刺毛狀，先端尖銳，長 2 ~ 9 厘米，寬 2 ~ 5 毫米，兩面均稀疏被有少許柔毛。圓錐花分枝單生。基盤無毛。原產於美國海濱地區。我國引種栽培，作固沙植物。適於生長在寒冷潮濕氣候、海濱地區。非常抗旱。能在不穩定貧瘠的沙地上生長良好，能抵抗沙的侵蝕。抗鹽鹼、耐踐踏、耐炎熱，再生能力強。耐陰性一般。大多用於水土保持，高速公路綠化等低維護管理的草地。尤其廣泛應用在我國北方的乾旱地區。

草地早熟禾

草名。禾本科，早熟禾屬，草地早熟禾（*Poa pratensis* Linn.）。多年生草本。具細根狀莖。秆叢生，光滑，呈圓筒形，高 50 ~ 75 厘米。葉鞘疏鬆裹莖，具條狀紋。葉片條形，柔軟，密生於基部，深綠色。圓錐花序開展，分枝下部裸露。穎果，種子紡錘形，具三稜。原產於歐洲、亞洲北部及非洲北部。我國華北、西北、東北地區及長江中下游冷濕地區有野生分布，生長在山坡、河谷、路邊和草地上。耐寒，耐旱，抗風能力強。在土壤 pH 值 5.8 ~ 8.2 的條件下都能生長，在微酸性至中性土壤中生長最好。喜排水良好、質地疏鬆、肥沃的壤土。通常用種子直播建立草坪，生長 1 ~ 2 個生長季以後草坪成熟，生活周期長。草地早熟禾可用作綠地、公園、墓地、公共場所、高爾夫球道和發球區、高草區、路邊、機場、運動場以及其他用途相對一般地帶的草坪。它強大的根系以及較強的再生能力決定了特別適用於運動場和一些過度利用的場地。草地早熟禾常與紫羊茅混合使用，也可與高羊茅和多年生黑麥草混合使用。常見品種有：阿多羅（Adorno）、阿波特恩（Arboretum）、阿思達（Arsta）、A-10、A-20、A-34、瓦巴斯（Wabshe）、菲爾京（Fylkine）、愛肯妮（Eylkine）、新港（Newport）、公園（Park）等。

馬蹄金

草名。旋花科，馬蹄金屬，馬蹄金（*Dichondra repens* Forst.）。多年生草本。植株低矮，鬚根發達，莖細長，匍匐地面，被灰色短柔毛，節上生不定根，全株僅高 5 ~ 15 厘米。葉互生，葉片扁平，基生於根部，具細長葉柄，腎形，外形大小不等，表面無毛，直徑僅 1 ~ 3 厘米。花小，單生於葉腋，黃色。花冠鐘形。蒴果近球形。廣泛分布於我國長江以南各省區海拔 1300 ~ 1980 米的田邊、路邊和山坡陰濕處。喜溫暖濕潤氣候，適應性、擴展性強，耐輕微踐踏。耐陰，耐寒性差，抗旱性一般，適於細緻、偏酸、潮濕而肥力低的土壤，不耐鹼。馬蹄金草層低矮，植叢密集，侵占力極強，雜草較少，一旦形成新草坪，養護管理粗放，多用於小面積花壇、花徑及山石園，作觀賞草坪栽培；亦可布置於庭園綠地及小型活動場地；還可用作地被綠化和固土護坡植物。

匍匐剪股穎

草名。禾本科。剪股穎屬，匍匐剪股穎（*Agrostis stolonifera* Linn.）。多年生草本。秆的基部偃卧地面，具有長達 8 厘米以上的匍匐枝，有三至六節，節上生根。直立秆高 30 ～ 45 厘米。葉鞘無毛，稍帶紫色。葉片扁平、綫形，先端漸尖，長 5.5 ～ 8.5 厘米，寬 3 ～ 4 毫米，兩面均具小刺毛且粗糙。圓錐花序卵狀長圓形，綠紫色，成熟後呈紫銅色。穎果種子卵形，細小，黃褐色。原産於歐亞大陸和北美的温帶地區。我國甘肅、河北、浙江、江西、陝西等省均有野生資源。常見於濕潤的草地内。喜冷凉濕潤氣候，耐寒冷潮濕能力較强，但不耐既旱且冷的氣候。適宜在地下水位較高的潮濕地段生長。耐陰性强，但在陽光充足條件下生長更好。再生能力强，耐低修剪。要求在排水良好、濕潤、肥沃的沙質土壤中生長。適時修剪，可形成細緻、密度高、結構良好的毯狀草坪，尤其是在冬季。主要用於中國北方高爾夫球場球道、發球區、保齡球場、草地網球和高品質、細緻的草坪。也可用於庭園、公園等養護水平較高的綠地。常見品種有：普特（Putter）、凱托（Cato）、海濱（Seaside）、攝政王（Regent）、眼鏡蛇（Cobra）、北島（Northland）、哥倫比亞（Columbia）、都市〔Metroplitan（C-51）〕、羅伯卡〔Norbeck（C-36）〕、多倫多〔Toronto（C-15）〕、華盛頓（Washington）等。

扁穗冰草

草名。禾本科，冰草屬，扁穗冰草（*Agropyron cristatum* P.Beauv.）。多年生草本。鬚根，外具沙套。秆成疏叢，直立，上部緊接花序部分被短柔毛或無毛，高 20 ～ 75 厘米。葉片質地較硬而粗糙，常内捲，長 5 ～ 20 厘米。穗狀花序較粗或矩圓形。小穗無柄，着生在莖軸兩側，排列緊密，整齊，呈篦齒狀，含三至七小花。頂生小穗不孕或退化。原生於俄羅斯和西伯利亞寒冷、乾旱的平原地區。我國東北、西北等地均有分布。爲典型的旱生植物。喜乾燥、寒冷氣候，能在半沙漠地帶生長，耐鹽碱，極抗旱，耐頻繁的修剪，不耐長時間水淹和潮濕土壤，適宜肥沃的沙壤土和黏土。爲少雨地區重要的牧草和固沙草坪之一。可用作寒冷、半潮濕、半乾旱區無灌溉條件地區的運動場、高爾夫球場球道、發球區、高草區和一般草坪。

紅三葉

草名。豆科，車軸草屬，紅三葉（*Trifolium pratense* Linn.）。多年生草本。高 30 ～ 60 厘米，有疏毛。葉爲掌狀複葉，小葉三，橢圓狀卵形、橢圓形或寬橢圓形，長 2 ～ 4.5 厘米，寬 1 ～ 2.5 厘米，先端鈍圓，基部寬楔形，葉脉在邊緣有少許突出，成不明顯細齒，上面常有白斑，下面有長毛；葉柄長，莖上部的葉柄較短，被毛；小葉有短柄；托葉卵形，先端銳尖。花序腋生，花多數；總苞卵圓形，具縱脉；花萼鐘狀；花冠紫紅色或淡紫紅色；子房橢圓形，花柱絲狀，細長。莢果包被於宿存的萼内，寬卵形，長約 2 毫米；果皮膜質，具縱脉，含種子一粒。原産於小亞細亞及南歐，是歐洲各國、加拿大、美洲、澳大利亞等海洋性地區最主要的牧草之一。我國有引種，主要作觀賞植被。喜凉爽濕潤氣候，適宜在 21℃、年降水量 1000 毫米左右的地區種植。最適生長温度 15 ～ 25℃，能耐 - 8℃的低温，不耐熱，夏季高溫生長不良或死亡。容易生長於排水良好、土質肥沃、富含鈣質的粘土壤，耐鹽碱性差。一般爲種子繁殖。常用作觀賞草坪或水土保持草坪。因不耐修剪，不耐踐踏，在公園作爲觀賞草坪時應設置圍欄。可作牧草。

野牛草

草名。禾本科，野牛草屬，野牛草〔*Buchloe dactyloides*（Nutt.）Engelm.〕。多年生草本。植株纖細，具根狀莖或細長匍匐枝，高5～25厘米。葉片綫形，灰綠色，長10～20厘米，寬1～3毫米，兩面均疏生有細小柔毛。雌雄同株或异株，雄花序排成總狀，每小穗具二小花，無柄，覆瓦狀排列於穗軸一側。雌小穗具一小花，三至五枚小穗簇生成頭狀花序。種子成熟時脱落。生長於北美大平原半乾旱、半潮濕地區，現被廣泛引種栽培。適應性强，抗熱性極强，抗旱性强，也耐寒，能在－39℃的低濕條件下安全越冬。對土壤適應範圍較廣，耐貧瘠、耐鹽碱性强。性喜光，也耐半陰，抗風能力强。廣泛應用於溫暖、亞熱帶半濕潤、半乾旱及過渡帶的草坪栽植，常用於公園、墓地、體育場、機場、路邊及水土保持的草坪。一旦成坪，稍加養護，即可維持良好的草坪品質，修剪次數少。因其抗二氧化硫、氟化氫等污染氣體，可用作冶煉、化工等工業區的環境保護綠化材料。常見品種有：混合品種帝王、SPX9900、野牛（Bison）、代碼（Cody）、塔克拉瑪（Tatanka）等。

异穗薹草

草名。莎草科，薹草屬，异穗薹草（*Carex heterostachya* Bunge）。多年生草本。具橫走的細長根狀莖。秆棱柱形，纖細，高15～30厘米，基部包有棕色鞘狀葉。基生葉綫形，長5～30厘米，寬2～3毫米，邊緣常外捲，具細鋸齒。夏秋間抽穗開花，穗狀花序卵形。果囊卵形至橢圓形，膨大三棱形，橙黄色後變褐色。小堅果倒卵形，具三棱。分布於我國的東北、華北、河南、陝西、甘肅等地，朝鮮也有分布。多見於山地、路邊、水邊、林下等潮濕之處。喜光、耐陰，在正常日照五分之一的弱光下，仍能正常生長；耐旱，又極耐寒，特別抗鹽碱，能在含鹽量1.36%，pH值爲7.5的土壤中正常生長。爲北方主要綠化草種之一，常廣泛應用於封閉式草坪，栽植於喬木之下，建築物背陰處以及花壇、花徑的邊緣。也是陰濕處的優良護坡保土地被植物，栽植於河邊、湖坡、池旁。還具有防塵作用，常用於工廠、礦山綠化。可作牧草及飼料加工。

假儉草

草名。禾本科，蜈蚣草屬，假儉草〔*Eremochloa ophiuroides*（Munro）Hack.〕。多年生草本。植叢低矮，高僅10～15厘米。具發達的匍匐莖，基部節間極短（2～8毫米）；秆向上斜生；葉鞘扁平多密集生於匍匐莖和秆基部。葉片扁平，綫形，革質，先端略鈍，長2～9厘米，寬1.5～2毫米。總狀花序頂生，無柄小穗緊貼於穗軸，呈覆瓦狀排列。穎果圓形較小。花果期六至十月。主要分布於我國的南部地區，集中在長江流域以南。生長勢、擴展性强，耐旱、耐熱性强。較耐踐踏，有一定的耐陰性。耐寒性差。適應性强，在輕粘土、酸性土、微碱性土中均能正常生長，且耐瘠薄性土壤。可用於庭園草坪和其他交通流量少、管理粗放的草坪地段；也可用作固土護坡的地被植物；還可用於運動場草坪。

猫尾草

草名。禾本科，梯牧草屬，猫尾草（*Phleum pratense* Linn.）。多年生草本。鬚根發達且稠密，有短根莖。秆直立，高50～100厘米，基部常球狀膨大并宿存，具五至六節。葉鞘鬆弛，光滑無毛，葉舌膜質，長2～5毫米。葉片扁平，兩面及邊緣粗糙，長10～30厘米，寬3～8毫米。圓錐花序圓柱狀，灰綠色，小穗長圓形，穎片膜質，頂端具小尖頭。穎果種子卵形，褐黃色，稍透明，表面具不規則突起。原產於歐亞大陸的溫帶地區，我國新疆也有分布，國內一些省市有引種栽培。野生者多見於海拔1800米之草原及林緣。喜寒冷濕潤氣候。抗低溫能力強，在-30℃低溫下仍順利越冬。不耐乾旱，不耐高溫，耐熱性也一般，不耐踐踏。對土壤要求不嚴，最適宜潮濕的粘土或壤土。能耐酸性土壤，最適土壤pH值爲6～7。常與多年生黑麥草、草地早熟禾、白三葉等混合播種，用於公園、庭園及小型綠地，也可用於斜坡等處的保土植物栽培，還可用作青飼料和曬製乾草供牛、馬等牲畜食用。常見品種有：常綠（Evergreen）、海地米（Heidimij）、國王（Licing）、S-50、百萬（Barvanti）、岩地（Terranora）等。

細弱剪股穎

草名。禾本科，剪股穎屬，細弱剪股穎（*Agrostis tenuis* Sibth.）。多年生草本。具短根狀莖，秆叢生直立，高20～35厘米，有二至四節，頂節位於秆下部三分之一處。葉鞘無毛，有時帶紫色。葉片綫形，先端漸尖，質地較硬，長2.5～5厘米，寬1～2毫米，兩面及邊緣粗糙。圓錐花序長圓形開展，暗紫色。種子長橢圓形，黃褐色。廣布於歐洲、亞洲大陸的北溫帶地區。我國山西發現有野生種源。多生長於潮濕環境，喜冷涼濕潤氣候。耐寒性好，耐旱及耐熱性差，耐陰性中等，耐踐踏性差，恢復能力中等。在肥沃、潮濕、結構良好的土壤生長最佳。適生土壤的pH值爲5.5～6.5。常用於公園、街道綠地的草坪綠化，也非常適宜居住社區的綠化。一些優良的品種可用於高爾夫球場進球洞區的草坪鋪設，還可用作保土植物及牧草。常見品種有：百都（Bardot）、繼承（Heriot）、阿司多尼亞（Astoria）、海拉德（高地，Highland）、霍菲亞（Holfior）、SR7100等。

葦狀羊茅

草名。禾本科，羊茅屬，葦狀羊茅（*Festuca arundinacea* Schreb.）。多年生草本。鬚根發達，入土甚深。秆成疏叢，直立光滑，高80～100厘米。葉鞘大多光滑無毛。葉片綫形，先端長漸尖，脊背光滑，大多扁平，長15～20厘米，寬2～7毫米。圓錐花序開展，直立或下垂，每節有二至四分枝。小穗含四至五小花，淡紫色。原產於歐洲及我國新疆等地。我國黑龍江、北京、山東、江蘇等地都已引種栽培。生長具有廣泛性，適應性強，能在多種氣候與土壤條件下生長。抗寒又耐熱，耐旱又耐濕，在我國濕潤區、半乾旱區都能廣泛栽培。最適土壤pH值5.5～7.0之間，可耐pH值4～9.5的酸鹼度。抗病性強。不耐低剪。通常將之與草地早熟禾、紫羊茅等混合播種，用作庭園、運動場及飛機場的種植材料。常用品種有：愛塔（Alta）、格爾（Goar）、肯曼特（Kinmont）、肯塔基31（Kintucky31）、獵狗五號（Houndog 5）、獵狗（Houndog）、奧斯汀（Austin）、百麗（Barleduc）等。

紫羊茅

草名。禾本科，羊茅屬，紫羊茅（*Festuca rubra* Linn.）。多年生草本。具橫根莖，鬚根纖細，數量多，入土深。莖稈叢生，直徑約 1 毫米。高 45 ~ 60 厘米。葉鞘基部紅棕色并呈破碎纖維狀。葉片對折或内捲，上面披覆茸毛，葉片長 5 ~ 15 厘米，寬 1 ~ 2 毫米。圓錐花序狹窄，稍向下垂，每節有一至二分枝，小穗淡綠色，先端帶紫色。原產歐洲。我國東北、華北、西北各地區都有分布。喜凉爽濕潤氣候。適應濕潤或乾旱區内的濕潤環境生長。耐寒，耐旱，不耐熱。耐貧瘠，以沙質壤土生長良好。土壤酸碱度以 pH 值 5.5 ~ 6.5 的微酸性至中性最宜。紫羊茅可用作庭園綠化材料，花徑和花壇的鑲邊材料，固土護坡、保持水土。也可與草地早熟禾、小糠草等一齊混播，建成運動場草坪。因其草叢低矮、密集，也可供放牧之用。常見品種有：芭發拉（Barfalla）、卡賽德（Casade）、多森（Dawson）、亞特蘭大（Atlanta）、百綠（Bargreen）、皇冠（Barcrown）、馬克（Marker）等。

紫花苜蓿

草名。豆科，苜蓿屬，紫花苜蓿（*Medicago sativa* Linn.）。多年生草本。高 30 ~ 100 厘米。莖直立或斜卧，多分枝。羽狀複葉，小葉 3，倒卵形、橢圓形或披針形，長 1 ~ 2.5 厘米，寬約 0.5 厘米，先端圓鈍或截形，中脉鞘突出，基部楔形，上面無毛或近無毛，下面有白色伏毛；小葉柄長約 1 毫米，有毛托葉披針形，先端尖，有柔毛，長約 7 毫米。總狀花序腋生，花較密集，近頭狀；花萼有柔毛；花冠藍紫色或紫色，長於花萼。莢果螺旋形，有疏毛，先端有喙；種子顆粒腎形，黃褐色。分布於小亞細亞、伊朗、外高加索等地。我國栽培歷史悠久，廣泛分布於西北、華北、東北地區及江淮流域。喜溫暖半乾旱氣候，日均氣溫 15℃ ~ 20℃ 最適宜生長；不耐高溫、高濕；抗寒性強，能耐-20℃ ~ 30℃低溫；抗旱能力強；對土壤要求不嚴，沙土、黏土均可生長，但以疏鬆深厚、富含鈣質的土壤最爲適宜；開花時忌高溫多雨。常用作水土保持或觀賞植物，可作牧草。

鈍葉草

草名。禾本科，鈍葉草屬，鈍葉草（*Stenotaphrum helferi* Munro ex Hook.f.）。多年生草本。植株低矮，具匍匐莖。稈高 10 ~ 40 厘米，葉鞘光滑無毛。葉扁平，先端鈍或尖，長 5 ~ 15 厘米，寬 0.6 ~ 1.5 厘米。花序主軸扁平呈葉狀，具翼；穗狀花序嵌生於軸一側的凹穴内。小穗卵狀披針形，無柄，穗軸三棱形，小穗互生。分布於太平洋各島嶼及美洲和非洲。已在我國廣東、雲南、四川等省推廣種植。適宜在溫暖濕潤、排水良好，沙質微酸性、肥力較好的土壤及氣候較熱的地方生長。抗旱性極差，耐陰性強，耐踐踏，亦耐瘠薄。常用於溫暖潮濕氣候區的公園、風景區、庭院及不要求細緻管理的草坪，可廣泛用於各類陰地。

普通早熟禾

草名。禾本科，早熟禾屬，普通早熟禾（*Poa trivialis* Linn.）。多年生草本。具靠近地面橫向伸長的短根狀莖。稈直立或傾斜匍匐著地生根，高 45 ~ 75 厘米。葉鞘糙澀，觸摸時有粗糙感。葉舌薄膜質，長圓形。葉片扁平，淡綠色。圓錐花序圓形。穎果，種子長橢圓形。原產於歐洲。我國北京等地引種栽培。適宜寒冷、潮濕帶和過渡帶。不耐熱，不耐踐踏。根系較淺，耐旱性也差。耐陰性强，在喬木下半陰處能正常生長。能在沙壤土、粘性土中正常生長，在輕鹽碱、重黏性、積水的土壤中也能生長。適宜生長的土壤pH值爲6～7。適宜用作園林綠化草坪和運動場草坪的種植草種，也可用在碱性、重粘性、排水不暢的地區。可與紫羊茅、多年生黑麥草混播，用作園林綠地半陰處的綠化草種，也可用作運動場的混合草種，還可用作牲畜的牧草和飼料之用。常見品種有：康門（Common）、塞博（Sobre）、塞博Ⅱ（Sobre Ⅱ）、達薩斯（Dasas）等。

絳車軸草

草名。豆科，車軸草屬，絳車軸草（ *Trifolium incarnatum* Linn. ）。一年生草本。莖直立，叢生，高30～100厘米，有黃色柔毛。掌狀複葉，具長柄，小葉三，寬倒卵形至近圓形，長2～3.5厘米，寬1.2～3厘米，先端圓形，有時微凹，基部寬楔形，邊緣有鈍齒，兩面均有柔毛，無小葉柄，托葉橢圓形，先端鈍，有柔毛。花序圓筒狀，生於分枝頂端，幾無花梗，花萼筒狀，花冠紫紅色。莢果倒卵形，熟時包被於萼管内，果皮半膜質，具縱脉，含種子一粒，種子褐色，腎形。原產於地中海沿岸的撒丁島、巴利阿里群島以及其他地中海沿岸的歐洲國家。喜温暖濕潤氣候，不抗寒，不耐熱，也不耐乾旱，對土壤的要求不嚴，在黏土、沙土及微酸、微碱性土壤上均可生長，要求排水良好。一般用種子繁殖。常作觀賞草坪，一般用於公園、庭院的綠地，因不耐踐踏，需加圍欄以保護；也用作牧草。

索　引

索引凡例

一、本索引爲詞條索引，凡正文詞條欄目出現的主詞條均用"*"標示，副詞條則無特殊標識。

二、本索引諸詞條收録順序以漢語拼音音序爲基礎，兼顧古音、方言等差异，然爲方便檢索，又與音序排列法則有异，原則如下：

首先，以詞條首字所對應的拼音字母爲序排列，詞條首字相同（讀音亦同）者爲同一單元；詞條首字不同但讀音相同的各個單元，一般按照各單元詞條首字的筆畫，由簡至繁依次排列。例如以huáng爲首字的詞條，則按首字筆畫依次分作"皇""黃"等不同單元；又如以diāo爲首字的詞條，則按首字筆畫依次分作"刁""蛁""貂"等不同單元。此外，爲方便查閱和比較，在對幾個同音且各只有一個詞條的單元排序時，一般將兩個或幾個含義相同或相近的單元鄰近排列。如"埋頭蛇""貍蟲""薶頭蛇"都屬於mái爲首字的單元，且"埋頭蛇"與"薶頭蛇"含義相同，因此這三個單元的排列順序是"貍蟲""埋頭蛇""薶頭蛇"。

其次，同一單元内按各詞條第二字讀音之音序排列，第二字讀音相同者則按第三字讀音之音序排列，以此類推。例如以"皇"爲首字的單元各詞條的排列依次爲"皇成、皇帝鹵簿金節……皇貴妃儀仗金節……皇史宬……皇太后儀駕卧瓜……皇庭"。

三、本索引中詞條右側的數字爲該詞條在正文位置的起始頁碼。

四、本索引所收詞條僅限於正文、附録中明確按主、副詞條格式撰寫的詞條，而在其他行文中涉及的詞條不収録。

五、多音字、古音字或方言字詞條按其讀音分屬相應的序列或單元，如"大常"古音爲tàicháng，因此歸入音序T序列；又如"葛上亭長"，"葛"是多音字，此處讀gé，因此歸入音序G序列之ge的二聲單元；互爲通假的詞條，字雖异然而讀音同者，如"解食""解倉"皆爲芍藥別稱，因"食"與"倉"通，故"解食"讀音與"解倉"同；等等。

六、某些詞條多次出現，在正文中以詞條右上標記數字爲標志，如"朝¹""朝²""百足¹""百足²"等，索引中亦按照其右上標記數字的順序排列。詞條相同但讀音不同的則按照其讀音分屬相應的音序序列和單元。如"蟒¹"（měng）、"蟒²"（mǎng），"蟒¹"歸入音序M序列之meng的三聲單元，"蟒²"則歸入音序M序列之mang的三聲單元。

七、某些特殊詞條，如數字詞條、外文字母詞條等，則收入《索引附録》。

A

B

C

D

F

G

J

M

N

T

X

Y